吕梁年鉴

—2018

中共吕梁市委党史研究室
吕梁市地方志研究室 编

方志出版社
Publishing House of Local Records

图书在版编目（CIP）数据

吕梁年鉴. 2018 / 中共吕梁市党史研究室，吕梁市地方志研究室编. —北京：方志出版社，2020.7
ISBN 978-7-5144-4245-8

Ⅰ. ①吕… Ⅱ. ①中… ②吕…Ⅲ. ①吕梁 -2018- 年鉴
Ⅳ. ① Z522.53

中国版本图书馆 CIP 数据核字（2020）第 127665 号

吕梁年鉴（2018）

编　　者：中共吕梁市委党史研究室
　　　　　吕梁市地方志研究室
责任编辑：冯　松
出 版 者：方志出版社
　　　　　地址　北京市朝阳区潘家园东里 9 号（国家方志馆 4 层）
　　　　　邮编　100021
　　　　　网址　http: //www.fzph.org
发　　行：方志出版社图书经销中心
　　　　　电话　（010）67110500
经　　销：各地新华书店
印　　刷：山西新华印业有限公司
开　　本：889mm × 1194mm　1/16
印　　张：37
字　　数：917 千字
版　　次：2020 年 7 月第 1 版　2020 年 7 月第 1 次印刷
印　　数：001–1000 册
书　　号：ISBN 978-7-5144-4245-8　　定　　价：160.00 元

吕梁市地方志编纂委员会

名誉主任：李正印

主　　任：王立伟

副 主 任：张广勇　刘振国　张稳科　任　忠　周昌盛　王阳平　权　威
薛　波　耿万林　李鸿作

《吕梁年鉴（2018）》编辑人员

主　　编：李鸿作

副 主 编：李成明　薛　斌　李保生

执行主编：李保生

编　　辑：张卫兵　张建梅　冯学斌　阴月兰　王　娟　任林莉　杜文斌
雷晓晴　王建玲　王小华　李建华　邱朝晖　康瑞芳　李林英
刘翠翠　薛晓明　郝治文　杨　鑫　卫晋鹏　冯　宏　郭艳芳

资料征集：张卫兵　冯学斌　阴月兰　王建玲　王小华　邱朝晖　康瑞芳
李林英　刘翠翠　郝治文

校　　对：张国鑫　李　远　弓艳华

编写说明

一、《吕梁年鉴》(2018)以马克思列宁主义、毛泽东思想、邓小平理论、“三个代表”重要思想、科学发展观、习近平新时代中国特色社会主义思想为指导,坚持辩证唯物主义、历史唯物主义的立场、观点、方法和实事求是的原则,客观记述吕梁市发展的历史轨迹,力求思想性、科学性、资料性和实用性相统一。

二、《吕梁年鉴》(2018)全面真实地记载2017年吕梁市政治、经济、社会、文化等方面的基本情况、重要事项和发展变化,以及取得的成就和有关的问题,具有权威性、系统性、史料性和参考性,是社会各界人士了解吕梁、研究吕梁、建设吕梁的重要资料文献。

三、《吕梁年鉴》(2018)记事断限,上限自2017年1月1日,下限至2017年12月31日,特载内容除外。

四、《吕梁年鉴》(2018)采用条目式分类编排,设类目、分目、次分目、条目四个层次。

五、《吕梁年鉴》(2018)的资料由吕梁市直各部门、山西省驻市单位和各县(市、区)提供,有关统计资料,来源于吕梁市统计局。

六、《吕梁年鉴》(2018)计量单位使用法定计量单位,面积单位一般用“公顷”,特殊情况用“亩”。

《吕梁年鉴》编辑部

2018年12月

▲千年景区雪景

▲岚县土豆花

▲省级休闲农业与乡村旅游示范点——文水世泰湖

▲碛口古镇

▲牧童遥指处

▲孝义胜溪湖

▲汾阳工业园林

目录

特载

在市委四届四次全体会议
暨经济工作会议上的报告
…………………………… 李正印 /1
政府工作报告
——在吕梁市第三届人民代表大会第五次会议上
…………………………… 王立伟 /11
吕梁市人民代表大会常务委员会工作报告
——在吕梁市第三届人民代表大会第五次会议上
……………………………郝月生 /24
吕梁市中级人民法院工作报告
——在吕梁市第三届人民代表大会第五次会议上
…………………………… 杨泽民 /30
吕梁市人民检察院工作报告
——在吕梁市第三届人民代表大会第五次会议上
…………………………… 郭　鸿 /36
关于吕梁市 2017 年国民经济和社会发展计划执行情况与 2018 年国民经济和社会发展计划草案的报告
——在吕梁市第三届人民代表大会第五次会议上
……………………………权　威 /41
关于吕梁市 2017 年全市和市本级预算执行情况与 2018 年全市和市本级预算草案的报告
——在吕梁市第三届人民代表大会第五次会议上
…………………………… 耿万林 /52

大事记

1 月 …………………………………………… 59
2 月 …………………………………………… 61
3 月 …………………………………………… 63
4 月 …………………………………………… 65
5 月 …………………………………………… 66
6 月 …………………………………………… 68
7 月 …………………………………………… 71
8 月 …………………………………………… 73
9 月 …………………………………………… 76
10 月 ………………………………………… 80
11 月 ………………………………………… 80
12 月 ………………………………………… 82

市情概览

自然地理……………………………………83
位置……………………………………………83
面积……………………………………………83

地质……83
地貌……83
气候……84
建置沿革……84
行政区划……86
资源……87
土地资源……87
矿产资源……87
水资源……87
国民经济和社会发展……87
概况……87
农业……89
工业和建筑业……89
能源……91
固定资产投资……91
国内贸易……92
对外经济……93
交通、邮电和旅游……94
金融……95
教育和科学技术……95
文化、卫生和体育……96
人民生活和社会保障……96
脱贫攻坚、环境和安全生产……97

中国共产党吕梁市委员会

综述……98
学习贯彻习近平新时代中国特色社会主义思想……98
学习党的十九大精神……98
脱贫攻坚……98
经济转型发展……100
深化改革推进……100
民主政治建设……101
社会事业发展……101
从严治党……102
重要会议……103
中共吕梁市委四届二次全体会议暨经济工作会议……103
市委常委会召开会议……104
市委常委会召开常委（扩大）会议……106
传达习近平视察山西重要讲话专门会议……107
中共吕梁市委四届三次全体会议……107
省委十一届五次全会精神传达学习……107
组织工作……108
"两学一做"学习教育……108
"三基建设"……109
组织队伍建设……110
"百千万"人才工程推进……112
机关自身建设……112
宣传工作……113
思想理论建设……113
新闻宣传……114
精神文明建设……114
文化建设……115
媒体融合发展……115
基础设施建设……115
宣传队伍建设……115
精神文明建设……116
社会主义核心价值观建设……116
"传承好家风、争当文明户"会议……117
公民道德建设……118
文明城市创建……118
农村精神文明建设……118
先进典型的申报推荐测评……119
未成年人思想道德建设……119
统战工作……119
党委主要领导扛起主体责任……119

各级党组织统战委员设置工作……………………120
思想政治引领……………………………………120
统战基础工作……………………………………120
宗教管理…………………………………………121
党外知识分子统战工作…………………………121
新的社会阶层人士调查摸底……………………122
支持党外人士助力脱贫攻坚……………………122
引导民营企业参与脱贫攻坚……………………122
助推吕商吕才回乡创业…………………………122
“金秋光彩助学”开展…………………………123
“三基建设”……………………………………123
统战调研宣传信息工作…………………………123
政策研究……………………………………123
推进全面深化改革工作…………………………123
组织开展大调研…………………………………125
《山区经济》办刊质量提升……………………125
机构编制……………………………………126
行政审批制度改革………………………………126
重点领域体制改革………………………………126
机构编制管理……………………………………128
“三基建设”……………………………………128
直属机关工委………………………………129
思想政治建设……………………………………129
“三基建设”……………………………………130
党风廉政建设……………………………………131
精神文明建设……………………………………131
老干部工作…………………………………132
晋办发28号文件精神学习宣传贯彻落实……132
离退休干部政治待遇落实………………………132
离退休干部思想政治建设………………………133
离退休干部党组织建设…………………………133
离休费保障………………………………………133
医疗待遇保障……………………………………134
服务管理…………………………………………134
帮扶机制健全……………………………………134
学习活动阵地建设………………………………134
文体活动开展……………………………………134
信访…………………………………………134
概况………………………………………………134
特殊疑难信访问题集中攻坚……………………135
“重点信访问题源头化解”专项行动…………135
信访整治…………………………………………136
信访维稳…………………………………………136
信访基层基础规范化建设………………………136
信访干部队伍建设………………………………137
党校教育……………………………………137
“两学一做”学习教育…………………………137
干部培训…………………………………………137
科研工作…………………………………………138
师资队伍建设取得成效…………………………139
网络平台安全运行………………………………139
学员管理…………………………………………139
讲师团………………………………………139
服务市、县各级党委中心组理论学习…………139
筹备弘扬吕梁精神研讨会………………………140
筹备弘扬“胡兰精神”研讨会…………………140
“提高标准、提升能力、争创一流”大讨论…140
党史研究……………………………………141
党史资料征集……………………………………141
党史基地建设……………………………………141
党史宣传基地建设………………………………141
党史编研…………………………………………141
台湾事务……………………………………142
对台交流…………………………………………142
吕梁市孝义办事处党委……………………142
党建工作…………………………………………142
社会治安综合治理………………………………143
党风廉政建设……………………………………143

计划生育…………………………………… 144
工会工作…………………………………… 144

吕梁市人民代表大会常务委员会

综述…………………………………… **145**
概况…………………………………… 145
紧扣发展大局谋工作……………………………… 145
立法工作…………………………………… 145
法治基础夯实…………………………………… 145
转型发展…………………………………… 146
脱贫攻坚…………………………………… 146
民生改善…………………………………… 146
美丽吕梁建设…………………………………… 146
司法公正…………………………………… 146
人大代表的履职主体作用发挥………………… 147
机关建设…………………………………… 147
重要会议…………………………………… **148**
市三届人大常委会第十次会议………………… 148
市三届人大常委会第十一次会议……………… 148
市第三届人民代表大会第三次会议…………… 149
市三届人大常委会第十二次会议……………… 149
市三届人大常委会第十三次会议……………… 149
市三届人大常委会第十四次会议……………… 149
市三届人大常委会第十五次会议……………… 150
市三届人大常委会第十六次会议……………… 150
市三届人大常委会第十七次会议……………… 151
市三届人大常委会第十八次会议……………… 151
市第三届人民代表大会第四次会议…………… 152
市三届人大常委会第十九次会议……………… 152

吕梁市人民政府

综述…………………………………… **153**
经济社会发展…………………………………… 153
脱贫攻坚…………………………………… 153
转型发展…………………………………… 154
改革开放深化…………………………………… 154
基础设施建设…………………………………… 155
民生保障和改善…………………………………… 155
政府效能提升…………………………………… 155
政务决策…………………………………… **155**
吕梁市举行脱贫攻坚“春季行动”
动员会议…………………………………… 155
全市引深“铁腕治污行动”暨 2017 年
环境保护工作会议………………………… 156
全市旅游改革发展工作会议…………………… 156
全市“五城联创”、城乡环境整治、
易地扶贫搬迁现场推进会………………… 156
吕梁市举行秋季造林绿化动员会议 ………… 156
重要会议…………………………………… **156**
市政府常务会议…………………………………… 156
政务督查…………………………………… **159**
市级专项督查…………………………………… 159
配合国家、省政府专项督查…………………… 159
“13710”督办系统 …………………………… 159
民生实事督查…………………………………… 160
审计整改…………………………………… 160
建议提案办理…………………………………… 160
政务活动…………………………………… **160**
吕梁市北航中汇科技孵化器
举行揭牌仪式…………………………………… 160
中钢—北航转型升级技术研发中心
举行揭牌仪式…………………………………… 160
王立伟赴汉能控股集团考察洽谈……………… 160
吕梁—北航战略合作协议签署………………… 160
吕梁市政府与北京理工大学举行
战略合作签约仪式………………………… 161

全市“政府和社会资本合作（PPP）”
培训班开班…………………………………… 161
第十一批“吕梁山护工”走出大山
欢送仪式举行………………………………… 161
“数谷吕梁·智赢未来”
大数据产业发展推介会……………………… 161
吕梁市政府与山西农大举行
战略合作协议签订仪式……………………… 161
吕梁优质小杂粮主题推介会………………… 161
2017 山西（汾阳·杏花村）
世界酒文化博览会…………………………… 162
五名院士专家受聘
吕梁市转型发展专家（顾问）……………… 162
第四届全国煤炭深加工及焦化产业绿色发展
交流会暨吕梁市招商引资推介会…………… 162
“煤—电—铝—材”一体化
发展研讨会…………………………………… 162
政务审批…………………………………… 162
行政审批项目及便民服务事项办理………… 162
巩固“两集中，两到位”改革……………… 162
改革事项推进………………………………… 163
公共资源交易中心………………………… 163
概况…………………………………………… 163
全流程电子化建设…………………………… 163
公共资源电子化交易平台建设……………… 163
平台服务功能完善…………………………… 164
投标保证金统一管理………………………… 164
开评标区管理………………………………… 164
市政府采购中心…………………………… 164
概况…………………………………………… 164
冬季取暖用煤采购…………………………… 165
机关事务管理……………………………… 165
市委大院改造………………………………… 165
重点项目建设………………………………… 166
办公用房管理………………………………… 166
机关事务改革………………………………… 166
驻北京联络处……………………………… 167
概况…………………………………………… 167
吕梁宾馆…………………………………… 167
概况…………………………………………… 167

中国人民政治协商会议
吕梁市委员会

综 述 …………………………………… 168
坚持政协事业正确方向……………………… 168
助推脱贫攻坚再战再胜……………………… 168
助推转型发展………………………………… 169
助力增进民生福祉…………………………… 169
提升履职能力………………………………… 170
重要会议…………………………………… 170
三届七次常委会议…………………………… 170
三届三次全体会议…………………………… 170
三届八次常委会议…………………………… 171
三届九次常委会议…………………………… 171
三届十次常委会议…………………………… 171
三届十一次常委会议………………………… 171

纪检 监察

监察体制改革………………………………… 172
追责问责强化………………………………… 173
纠正“四风” ………………………………… 173
“四种形态”运用…………………………… 173
基层反腐正风………………………………… 173
巡察整改……………………………………… 173
纪检监察队伍建设…………………………… 174

民主党派和工商联

民革吕梁市委会…… 175
思想政治建设…… 175
参政议政…… 175
脱贫攻坚…… 176
爱岗敬业…… 176
民盟吕梁市委会…… 177
巩固多党合作思想政治基础…… 177
履行参政党职能…… 177
社会服务…… 178
宣传工作…… 179
组织建设…… 179
机关建设…… 180
民建吕梁市委会…… 180
思想建设…… 180
组织建设…… 180
参政议政…… 181
精准扶贫…… 181
民进吕梁市委会…… 181
思想政治建设…… 181
组织建设…… 182
参政议政…… 182
服务民生…… 182
机关建设…… 183
工商联…… 183
调查研究…… 183
参政议政…… 183
教育培训…… 183
任用安排…… 184
引导民营企业承担社会责任…… 184
“吕商·吕才回乡创业创新”工作…… 185
搭建招商引资平台…… 185
优化营商环境…… 185
组织建设…… 186

群众团体

吕梁市总工会…… 187
工会改革推进…… 187
弘扬劳模精神…… 188
全面引深“五小”竞赛…… 188
第二届吕梁护工（护理）岗位技能大赛…… 188
脱贫攻坚…… 188
维护职工合法权益…… 188
开展工会工作大观摩…… 189
职工活动阵地建设…… 189
组织开展全市职工系列文体活动…… 189
经费收缴管理使用…… 190
共青团吕梁市委…… 190
推进全市共青团改革…… 190
第三次团代会换届…… 190
“三基建设”…… 191
共青团助力脱贫攻坚…… 191
理想信念教育…… 192
服务青少年成长成才…… 192
团的建设…… 193
吕梁市妇女联合会…… 193
妇联改革…… 193
妇联组织自身建设…… 194
构建“互联网＋妇联”新格局…… 194
扶贫工作…… 195
家庭文明建设…… 196
维护妇女权益…… 197
吕梁市科学技术协会…… 198
科普宣传…… 198

第十六届吕梁市科普月…………………………… 198
科技教育…………………………………………… 198
科技助力经济转型发展………………………… 199
市领导关心科技工作者………………………… 199
科技助力精准扶贫……………………………… 199
吕梁市文学艺术联合会………………………… 199
“两提一创”大讨论活动……………………… 199
农村现实题材文艺作品采风创作……………… 200
青年作家改稿会………………………………… 200
市书法协会工作………………………………… 201
市作家协会的工作……………………………… 201
市美术家协会的工作…………………………… 201
市伞头秧歌协会工作…………………………… 201
市民间文艺家协会工作………………………… 201
市戏剧家协会工作……………………………… 202
吕梁市新闻工作者协会………………………… 202
办好三份刊物…………………………………… 202
评优评奖………………………………………… 202
庆祝第十八个记者节活动……………………… 202
编印《吕梁，一个令人向往的地方》
宣传册………………………………………… 202
对外交流工作…………………………………… 202
吕梁市残疾人联合会…………………………… 202
残疾预防重点干预……………………………… 202
残疾儿童抢救性康复项目……………………… 202
民生实事保障…………………………………… 203
残疾人精准康复服务…………………………… 203
重度残疾人护理补贴发放……………………… 204
“一店三基地”建设…………………………… 204
农村基层党组织助残扶贫工程………………… 204
农村贫困残疾人实用技术培训………………… 205
城镇残疾人职业技能培训……………………… 205
阳光家园计划实施……………………………… 205
残疾人教育……………………………………… 205
省残联基层工作服务平台录入………………… 205
第二十七次“全国助残日”活动……………… 206
“山西最美残疾人”评选活动………………… 206
山西省第九届残疾人艺术会演………………… 206
参加全省第五届特奥运动会…………………… 206
参加全国单项比赛……………………………… 207
组联工作………………………………………… 207
维权工作………………………………………… 207
吕梁市红十字会………………………………… 207
宣传工作………………………………………… 207
开展“博爱一日捐”活动……………………… 208
做好“三救”工作……………………………… 208
开展“三献”动员工作………………………… 208
红十字青少年活动和志愿服务活动…………… 209
实施项目………………………………………… 209

军事

吕梁军分区……………………………………… 210
概况……………………………………………… 210
思想政治建设…………………………………… 210
改革任务推进…………………………………… 211
国防动员………………………………………… 211
基层建设………………………………………… 211
正风肃纪………………………………………… 212
服务保障………………………………………… 212
安全稳定和部队管理…………………………… 212
队伍建设………………………………………… 212
武警山西省总队吕梁支队……………………… 213
概况……………………………………………… 213
警卫任务………………………………………… 214
兴县晋绥革命烈士陵园礼兵任务……………… 214
情报共享商谈会………………………………… 214
喜迎党的96周年华诞系列活动 ……………… 214

"坚定维护核心，自觉看齐追随"主题演讲比赛和"卫士辞章"诵读活动…………… 214
"军民携手奋进，同心合力筑梦"文艺晚会…………… 214
人民防空…………… 214
人防工程建设审批管理…………… 214
城市整体防护功能…………… 214
人防应急指挥能力提升…………… 215
人防融合发展…………… 215
人防宣传教育…………… 215

法治

政法委及综治办…………… 216
概况…………… 216
严打整治专项行动…………… 217
社会治安防控体系完善…………… 217
综治中心标准化建设…………… 218
矛盾纠纷化解体系完善…………… 218
法治吕梁建设…………… 218
执法司法规范化建设…………… 219
公安…………… 220
概况…………… 220
治安整治…………… 221
社会服务管理…………… 221
安全警卫…………… 222
村（社区）"两委"换届选举…………… 222
·公安交警·…………… 222
概况…………… 222
城乡道路交通秩序整治…………… 222
重点车辆和重点驾驶人管理…………… 224
安全隐患整改…………… 225
集成指挥平台建设…………… 226
交通安全宣传…………… 226
·公安消防支队·…………… 226
概述…………… 226
思想政治工作…………… 227
灭火救援实战能力提升…………… 227
后勤保障…………… 227
净化消防安全环境…………… 228
检察…………… 228
维护市场经济秩序…………… 228
打击刑事犯罪…………… 228
惩治腐败…………… 228
化解矛盾纠纷…………… 229
刑事诉讼监督…………… 229
民事检察监督…………… 229
行政检察监督…………… 229
刑事执行检察…………… 230
司法体制改革…………… 230
监察体制改革…………… 230
内设机构改革…………… 230
推进公益诉讼…………… 230
认真接受省检察院巡视…………… 231
班子队伍建设…………… 231
纪律作风建设…………… 231
执法司法规范化建设年…………… 231
检务公开…………… 231
接受监督…………… 231
社会综治和法治建设…………… 232
智慧检务…………… 232
法院…………… 232
概述…………… 232
队伍建设…………… 232
服务大局…………… 234
刑事审判…………… 234
民商事纠纷化解…………… 234
行政纠纷化解…………… 234

信访维稳…… 235
司法改革…… 235
执行工作…… 236
信息化建设和司法公开…… 236
审判管理…… 237
司法行政…… 237
社区矫正工作…… 237
调解工作…… 238
人民监督员工作…… 238
司法考试…… 238
律师工作…… 238
公证工作…… 238
法律援助…… 239
司法鉴定…… 239
法治宣传…… 239

经济管理和监督

发展和改革…… 240
概述…… 240
项目投资落地…… 240
投资融资…… 240
推动重大专项工作…… 241
推进产业转型…… 242
社会民生服务…… 243
体制改革…… 243
市场物价稳定…… 244
国土资源…… 244
耕地保护与土地项目整治…… 244
易地扶贫搬迁项目用地解决…… 244
重点项目用地服务保障…… 244
地质灾害防治…… 245
打击国土资源非法违法行为…… 246
矿产资源市场化配置改革…… 246
不动产统一登记…… 246
深化改革推进…… 246
国有资产投资集团公司…… 247
政府融资平台工作…… 247
投资企业工作…… 247
企业改制…… 249
工商行政管理…… 249
商事制度改革推进…… 249
市场监管新机制完善…… 249
服务地方经济…… 250
营造公平竞争市场新秩序…… 250
消费环境优化…… 250
质量管理…… 251
质量管理工作…… 251
特种设备监管…… 251
执法监督…… 252
技术基础工作…… 252
安全生产…… 252
概况…… 252
事故指标控制情况…… 253
安全生产责任落实…… 253
隐患排查治理…… 253
十九大期间安全生产工作…… 255
食品药品监督管理…… 256
概况…… 256
信息化建设…… 256
综合整治…… 257
稽查办案…… 258
监督抽验…… 258
示范创建…… 259
“双随机一公开”监管制度落实…… 259
食品药品领域社会诚信建设…… 259
行政审批制度改革…… 259
培训活动开展…… 259

食品安全进校园活动…………………………… 259
食品药品安全科普宣传………………………… 260
审计……………………………………………… 260
概况……………………………………………… 260
中央和省市重大政策措施
落实情况跟踪审计………………………… 260
财政审计………………………………………… 260
对重大民生资金与项目的审计监督…………… 260
政府建设项目审计……………………………… 260
领导干部履行经济责任情况审计……………… 260
统计……………………………………………… 261
贯彻落实《关于深化统计管理体制改革提高统计数据真实性的意见》《关于深化统计管理体制改革提高统计数据真实性的实施意见》…… 261
统计普法执法…………………………………… 262
统计方法制度改革……………………………… 263
统计监测服务…………………………………… 263
第三次全国农业普查工作……………………… 264
统计服务研判水平提升………………………… 264

工业经济

工业经济………………………………………… 266
概况……………………………………………… 266
综合能耗………………………………………… 267
经济和信息化…………………………………… 267
经济运行调控…………………………………… 267
改革任务完成…………………………………… 268
产业结构优化…………………………………… 268
环保问题整改…………………………………… 269
精准扶贫………………………………………… 269
民营经济………………………………………… 269
概况……………………………………………… 269
省级考核任务完成……………………………… 270
推进企业股份制改造…………………………… 270
市级考核任务完成……………………………… 271
中小企业发展专项基金设立…………………… 272
中小微企业转贷专项资金设立………………… 272
煤炭工业………………………………………… 273
主要指标任务完成情况………………………… 273
安全生产………………………………………… 273
重大灾害治理…………………………………… 273
煤矿安全检查…………………………………… 273
双重预防机制构建……………………………… 274
基础建设工程…………………………………… 274
供给侧结构性改革……………………………… 274
·煤炭运销集团吕梁有限公司·……………… 275
企业经济运行…………………………………… 275
体制机制改革…………………………………… 275
法人治理结构规范化…………………………… 275
安全生产管理…………………………………… 275
煤矿生产建设…………………………………… 275
煤炭贸易物流…………………………………… 276
多元产业优化…………………………………… 276
旧欠清收工作…………………………………… 276
巡视整改工作…………………………………… 276
企业环保………………………………………… 276
·离柳焦煤集团有限公司·…………………… 276
主要经济指标完成情况………………………… 276
矿井建设………………………………………… 277
转型发展项目…………………………………… 277
国企改革………………………………………… 277
企业内外发展环境改善………………………… 277
环保工作………………………………………… 278
·华晋焦煤有限责任公司·…………………… 278
主要指标完成情况……………………………… 278
安全生产………………………………………… 278
科技成果创新…………………………………… 279

环境保护…… 279
产销量同步增长…… 279
全面预算管理…… 280
企业改革推进…… 280
千万吨级焦煤企业建设…… 281
·山西中吕能源（集团）有限公司·…… 281
国企国资改革推进…… 281
债务诉讼纠纷案件处理…… 281
配合城南主题公园建设…… 282
为碛口煤矿启动创造条件…… 282
电力工业…… 282
·国网吕梁供电公司·…… 282
概况…… 282
安全生产…… 282
电网建设…… 283
优质服务…… 283
电力体制改革…… 283
服务绿色发展…… 283
电力扶贫…… 284
·山西地方电力有限公司吕梁分公司·…… 284
概述…… 284
安全管理…… 284
项目建设…… 285
营销管理…… 286
业务指导…… 286
白酒制造业…… 286
·汾酒集团·…… 286
概况…… 286
经营状况特点…… 287
深化企业改革…… 287
市场营销…… 288
汾酒品牌树立…… 289
企业管理…… 290
职工生活改善…… 290
制药工业…… 291
·吕梁中药厂·…… 291
主要经济指标完成情况…… 291
2010 版 GMP 技术改造工作完成…… 291
药品监管信息平台建设…… 291
职工培训…… 291
城镇集体工业联合社…… 292
脱贫攻坚…… 292

农林水利

农业…… 293
概况…… 293
重点工作…… 293
监督执纪…… 295
农业综合开发…… 295
概况…… 295
农村经济…… 295
农村土地承包经营权确权登记颁证…… 295
农村集体产权制度改革…… 295
农村“两委”干部任期与离任经济责任审计…… 296
农村土地流转…… 296
新型经营主体培育…… 296
农村土地仲裁体系建设…… 296
“三资”管理规范化建设…… 296
农村产权流转交易市场建立…… 296
资产收益扶贫…… 297
农民负担监管…… 297
基层宣讲调研…… 297
易地移民搬迁流入土地大户奖补…… 297
资产性收益扶贫…… 298
村级集体经济收益“破零”…… 298

"一村一品一主体"实施…………………………298
农经政策基层宣讲…………………………299
农经干部大调研…………………………299
助推脱贫攻坚…………………………299
农机…………………………301
概况…………………………301
农机重点工程建设…………………………301
农机购置补贴…………………………301
农机监理培训…………………………302
农机社会化服务体系管理…………………………302
农机合作社资产收益扶贫试点…………………………302
农产品加工…………………………292
丘陵山区机械化…………………………302
电动农机奖补政策落实…………………………302
林业…………………………302
概况…………………………302
工程建设…………………………303
身边增绿…………………………303
资金投入…………………………303
四大增收项目…………………………303
水利…………………………303
水利规划编制…………………………303
农村饮水安全巩固提升工程 …………………………303
水保生态治理…………………………304
八大重点工作推进…………………………304
河长制推行…………………………305
农田水利产权制度改革…………………………305
水利投融资体制改革…………………………305
文峪河水库管理局…………………………305
概况…………………………305
服务社会经济…………………………306
防洪保安…………………………306
工农业供水…………………………306
水力发电…………………………306
工程项目推进…………………………306
安全生产…………………………306
横泉水库管理局…………………………307
确保水库稳定运行…………………………307
确保水库安全度汛…………………………307
工程项目建设…………………………307
吕梁市柏叶口水库供水建设管理局…………………………308
概况…………………………308

交通运输

交通管理…………………………309
重点工程建设…………………………309
农村公路建设…………………………309
农村公路养管…………………………310
贫困村通客车工程…………………………311
打击非法营运…………………………311
公共交通服务…………………………311
发展智慧交通…………………………311
农村物流发展…………………………311
创新改革…………………………311
交通与旅游融合发展…………………………312
维护安全稳定…………………………312
道路运输管理…………………………313
概况…………………………313
推进村村通客车…………………………313
城乡客运一体化推进…………………………313
物流网络节点建设…………………………314
"平安交通"建设…………………………314
道路运输扬尘污染治理…………………………315
行业管理…………………………315
窗口服务…………………………316
治超工作…………………………316
打击短途非法超限超载…………………………316

科技治超…… 317
跨市合作…… 317
治超宣传…… 317
高速公路…… 317
通行费征收…… 317
服务区管理…… 318
收费系统规范管理排查整治…… 318
路域环境整治…… 318
安全生产…… 319
应急管理…… 319
隧道值守…… 319
路政和双超治理…… 319
防汛工作…… 320
吕梁公路分局…… 320
日常养护…… 320
路域环境集中整治…… 320
中央环保督查扬尘治理…… 320
养护工程…… 320
工程建设…… 321
前期工作…… 321
路政治超收费…… 321
路桥监管…… 321
“四好农村路”督导…… 321
山西汽运集团汾阳运业有限公司…… 321
2017 年主要指标完成情况 …… 321
定制客运快速发展…… 322
物流货运自营发展…… 322
新兴产业创新发展…… 322
酒品销售业务…… 322
站场经营协调发展…… 323
旅游客运…… 323
驾培汽修产业品牌发展…… 323
孝柳铁路有限责任公司…… 323
安全生产…… 323
运输生产…… 324
经营管理…… 325
职教培训…… 325
吕梁机场…… 325
概况…… 325
安全保障…… 326
运输生产…… 326
经营管理格局…… 326
机场服务…… 326
基础设施建设…… 326
节能减排…… 327

邮政　通信

邮政…… 328
概况…… 328
金融业务…… 328
包裹快递…… 328
文化传媒…… 329
渠道平台…… 329
综合性营销活动…… 329
运行能力提高…… 330
企业管理…… 330
无线电管理…… 330
“两摸一排”工作…… 330
广电台站数据核查专项工作…… 331
航空无线电频率保护工作…… 331
实施频谱使用评估专项活动…… 331
示范台站选树与换发执照…… 331
打击“伪基站”“黑广播” …… 331
销售监管…… 331
重大活动保障工作和考试保障工作…… 331
监测设施…… 331
干扰排查迅速高效…… 332

基础设施建设…… 332
宣传工作…… 332
应急机制建设…… 332
通信…… 332
·吕梁电信分公司·…… 332
概况…… 332
市场经营管理…… 333
·移动·…… 334
概况…… 334
客户服务…… 334
渠道运营…… 334
业务支撑…… 334
网络规模扩大…… 335
网络质量提升…… 335
·联通·…… 335
概况…… 335
重点业务…… 335
管理服务…… 335
网络支撑保障能力…… 336

住房和城乡建设　环境保护

住房和城乡建设…… 337
房地产市场…… 337
城市建设和管理…… 337
城市人居环境改善…… 338
村镇规划建设…… 338
建筑市场秩序规范…… 338
安全质量工作…… 338
建筑节能及装配式建筑…… 338
房地产去库存…… 339
城市执法体制改革…… 339
“十大特色镇”创建…… 339
北方地区冬季清洁取暖…… 339
垃圾分类推进…… 340
住房租赁市场规范…… 340
重点工程建设…… 340
全市重点工程推进情况…… 340
无障碍施工专项行动…… 341
领导班子成员带队分县督查…… 341
无障碍施工…… 341
吕梁市建筑勘察设计院…… 342
抓好主营业务…… 342
提高设计质量…… 342
吕梁市建筑安装总公司…… 342
生产经营…… 342
施工安全…… 343
质量管理…… 343
房地产管理…… 344
保障性住房目标任务完成…… 344
化解房地产库存抑制房地产泡沫情况…… 344
住房租赁市场规范…… 345
建立健全中央、省补助资金绩效评价制度…… 345
房地产市场管理…… 345
民生工程…… 346
住房公积金管理…… 346
概况…… 346
掌握库存情况…… 346
学习先进管理模式…… 346
加强政策业务研究…… 347
扩大公积金制度覆盖面…… 347
房地产市场健康发展…… 347
调查研究公积金现状…… 348
风险防控体系建设…… 348
信息化建设…… 349
办公条件改善…… 350
业务大厅建设…… 350

打造一站式服务平台…………………………… 350
干部队伍建设…………………………………… 350
环境保护…………………………………… 351
概况…………………………………………… 351
环境整治……………………………………… 351
环境治理……………………………………… 351
环保执法监管………………………………… 352
制度建设……………………………………… 352
环保宣传……………………………………… 352
城市管理服务……………………………… 353
巡察整改……………………………………… 353
建筑市场管理………………………………… 353
市容环境管理………………………………… 354
重点项目建设………………………………… 354
生活污水处理厂……………………………… 355
生活垃圾处理………………………………… 355
园林绿化…………………………………… 355
“三山”绿化管护……………………………… 355
吕梁新区“两山”绿化………………………… 356

旅游

旅游发展委员会……………………………… 357
概况…………………………………………… 357
旅游宣传……………………………………… 357
旅游景区体制机制改革……………………… 358
旅游规划编制………………………………… 358
旅游基础设施建设…………………………… 359
旅游厕所革命………………………………… 359
旅游市场秩序整治…………………………… 359
吕梁市“十三五”红色旅游
实施方案起草……………………………… 359
文物保护……………………………………… 360
文物修缮保护项目…………………………… 360
文物保护项目管理…………………………… 360
文物项目申报认领认养……………………… 360
文物考古勘探………………………………… 361
博物馆、纪念馆建设与陈展………………… 361
因公出访管理………………………………… 361
完成两项目标责任考核任务………………… 361
国际交流与合作……………………………… 362
旅游资源建设……………………………… 362
·晋绥边区革命纪念馆·…………………… 362
宣传宣讲工作………………………………… 362
景区基础设施建设…………………………… 362
文物安全……………………………………… 363
·北武当山风景名胜区·…………………… 363
概况…………………………………………… 363
组织参加2017第17届
中国平遥国际摄影大展…………………… 364
·碛口风景名胜区·………………………… 364
景区体制机制改革…………………………… 364
资源保护管理………………………………… 365
景区形象宣传………………………………… 365
项目建设……………………………………… 365
人才队伍建设………………………………… 366

财政 税务

财政………………………………………… 367
财政收入由“疲”转“兴”……………………… 367
服务脱贫攻坚………………………………… 367
经济转型创新………………………………… 368
民生保障……………………………………… 368
财政改革……………………………………… 370
世行项目办………………………………… 370
概况…………………………………………… 370
世行节水项目工程…………………………… 370

亚行项目的后续管理…………………………… 371

新项目争取…………………………………… 371

税务……………………………………… 372

·国家税务·…………………………… 372

概况…………………………………………… 372

税收组织……………………………………… 372

落实税收优惠政策…………………………… 372

依法治税……………………………………… 373

税收改革……………………………………… 374

放管服改革…………………………………… 376

·地方税务·…………………………… 377

概况…………………………………………… 377

信息管税效能提升…………………………… 377

国、地税合作深化…………………………… 378

税种管理……………………………………… 378

服务转型发展………………………………… 378

税收法治进程推进…………………………… 379

打击涉税违法………………………………… 379

政务管理 …………………………………… 380

金融

中国人民银行吕梁市中心支行……………… 381

支持吕梁实体经济发展……………………… 381

维护区域金融秩序稳定……………………… 382

支持外向型经济发展………………………… 382

推进征信体系建设…………………………… 383

金融服务水平提升…………………………… 383

吕梁银监分局……………………………… 384

支持实体经济发展…………………………… 384

金融服务……………………………………… 384

助力脱贫攻坚战役…………………………… 385

助推小微企业发展…………………………… 385

风险管控……………………………………… 385

整治银行市场乱象…………………………… 386

弥补监管工作短板…………………………… 386

吕梁市金融事务服务中心 ……………… 386

建立政银企沟通合作机制…………………… 386

推进“两类公司”的监管工作……………… 387

推动发展多层次资本市场…………………… 387

开展防范和打击非法集资工作……………… 387

打击恶意逃废金融机构债务………………… 387

中国工商银行吕梁分行…………………… 387

主要指标经营情况…………………………… 387

资产质量管控………………………………… 387

信贷业务……………………………………… 388

存款业务……………………………………… 388

中间业务……………………………………… 388

内控案防工作………………………………… 388

中国建设银行吕梁分行…………………… 389

主要业务经营基本情况……………………… 389

中国农业银行吕梁分行…………………… 389

概况…………………………………………… 389

存款和客户建设……………………………… 390

个贷、贴现业务规模发展…………………… 391

中间业务多元发展…………………………… 391

“清收个人类不良贷款”专项活动………… 392

打好风险防控攻坚战………………………… 392

中国农业发展银行吕梁市分行…………… 392

概况…………………………………………… 392

全力服务脱贫攻坚…………………………… 393

项目营销成效明显…………………………… 394

努力化解风险贷款…………………………… 394

加强业务经营核算…………………………… 395

基础管理不断深化…………………………… 395

交通银行吕梁分行………………………… 396

经营情况……………………………………… 396

渠道建设及面积压降方面…………………… 399

中国银行吕梁市分行……………………… 399

主要业务指标情况………………………………… 399
围绕收入抓发展…………………………………… 399
围绕考核抓管理…………………………………… 400
围绕客户抓服务…………………………………… 401
围绕全局抓党建…………………………………… 401
中信银行吕梁支行…………………………… 401
整体经营情况 ……………………………………… 401
风险管控…………………………………………… 401
邮储银行吕梁市分行………………………… 402
概况………………………………………………… 402
个金业务稳中有升………………………………… 402
三农金融业务稳健发展 …………………………… 402
公司业务稳中有进………………………………… 403
小企业贷款实现恢复发展………………………… 403
消费贷款企稳回升………………………………… 403
风险管理工作稳步推进…………………………… 403
加强基础管理……………………………………… 403
招商银行吕梁分行…………………………… 404
存贷款平稳增长…………………………………… 404
客群资产增势强劲………………………………… 404
不良清收成效明显………………………………… 404
内置信用卡部开局良好…………………………… 404
代发业务…………………………………………… 405
票据业务…………………………………………… 405
晋商银行吕梁分行…………………………… 405
主要经营指标完成情况…………………………… 405
业务转型…………………………………………… 405
精细化管理………………………………………… 407
内部改革…………………………………………… 407
内部管理…………………………………………… 407
民生银行吕梁分行…………………………… 408
经营指标完成情况………………………………… 408
公司负债业务……………………………………… 408
资产业务转型……………………………………… 408
零售创利能力提升………………………………… 408
小微结算业务……………………………………… 408
合规内控管理……………………………………… 409
降本增效…………………………………………… 409
综合管理工作……………………………………… 409
吕梁市农村信用社…………………………… 409
概况………………………………………………… 409
推动结构性改革…………………………………… 410
创收增效…………………………………………… 410
推进改制化险……………………………………… 410
支持地方经济发展………………………………… 411
确保安全经营无事故……………………………… 411
吕梁市保险行业协会………………………… 412
概况………………………………………………… 412
助推脱贫攻坚……………………………………… 412
推动市场规范发展………………………………… 413
营造金融环境……………………………………… 414
对外宣传…………………………………………… 415
发挥服务、协调沟通职能………………………… 415

商贸

招商引资……………………………………… 417
概况………………………………………………… 417
山西省逐月通报的四大主要指标完成情况…… 417
招商引资项目签约落地…………………………… 417
招商引资顶层设计………………………………… 418
招商引资方式创新………………………………… 418
项目落地工作机制建立…………………………… 418
招商引资活动……………………………………… 418
商务…………………………………………… 419
概况………………………………………………… 419
开发区改革创新…………………………………… 419
招商引资…………………………………………… 420

电商扶贫工作…… 420
开放型经济发展…… 421
内贸流通…… 421
粮食…… 422
落实粮食安全责任制考核…… 422
粮食保供稳价工作…… 422
储粮安全管理…… 423
国有企业改革…… 423
实施服务民生工程…… 423
供销合作…… 424
概况…… 424
推进供销社综合改革…… 424
营造深化供销社综合改革的舆论氛围…… 425
股份制改造基层合作社工作…… 425
专业合作社建设…… 425
物流体系建设…… 425
完善农业社会化服务体系建设…… 425
推进社有企业改制…… 426
农村合作金融发展…… 426
历史债务核实登记上报…… 426
吕梁市农产品流通协会成立…… 426
农村电子商务建设…… 427
贫困村电商人才培训…… 427
助推吕梁农产品“走出去”战略…… 427
推进“电商＋物流＋金融”扶贫新模式 …… 427
农村物流体系建设…… 428
烟草专卖…… 428
营销管理…… 428
专卖管理…… 428
企业管理…… 429
吕梁石油分公司…… 429
概况…… 429
零售业务…… 429
非油品营销…… 430
直销和分销业务…… 431
完成年度改革目标任务…… 431
增强企业挖潜增效能力…… 432
安全环保数质量工作…… 433

科学技术

综述…… 434
概况…… 434
省考核指标完成情况…… 434
科技体制改革…… 434
科技成果转移转化…… 435
推进科技扶贫…… 435
发展创新创业服务平台…… 435
科技人才引进…… 436
气 象 …… 436
公共气象服务…… 436
气象为农服务…… 436
生态文明气象服务…… 436
气象业务能力建设…… 436
气象改革和法治建设…… 437
水文…… 437
防汛测报工作…… 437
水文测验常规工作…… 438
第三次水资源评价工作…… 438
洪水预报试点工作…… 438
水文巡测工作…… 438
国家地下水工程…… 438
对生态文明建设提供技术支撑…… 439
防震减灾…… 439
防震减灾保障…… 439
地震监测预报…… 439
抗震救灾组织体系、预案体系完善…… 440
地震应急准备和抗震设防工作检查…… 440

应急队伍建设…………………………………… 440
地震应急演练…………………………………… 440
吕梁市救灾物资储备库建设…………………… 441
保障应急通讯畅通……………………………… 441
应急避难场所建设……………………………… 441
震害防御………………………………………… 441
防震减灾宣传教育……………………………… 442
山西省农业科学院经济作物研究所…………… 443
概况……………………………………………… 443
2017 年新增课题 25 项 ……………………… 443
2016 年结转课题 38 项 ……………………… 444
2017 年取得的科研成果及科研新苗头 ……… 444
技术推广………………………………………… 447
成果转化………………………………………… 448
人才建设………………………………………… 448
科研条件改善…………………………………… 449

教育

教育管理……………………………………… 450
实施第三个学前教育三年行动计划…………… 450
义务教育学校标准化建设……………………… 450
城区教育规划与建设…………………………… 450
中职教育健康发展……………………………… 451
教育精准扶贫行动计划实施…………………… 451
教师队伍建设…………………………………… 452
中小学德育建设………………………………… 453
中小学校体育艺术教育………………………… 453
学校国防教育…………………………………… 453
语言文字工作…………………………………… 453
教育信息化建设………………………………… 453
“平安校园”创建……………………………… 454
教育综合领域改革……………………………… 454
严密组织各级各类考试………………………… 454
招生考试管理…………………………………… 454
概况……………………………………………… 454
招生考试措施…………………………………… 455
贺昌中学………………………………………… 456
提前离岗教师重返讲台………………………… 456
严禁教师外出代课……………………………… 457
学科专家组成立………………………………… 457
教科研强化……………………………………… 457
学习型学校建设………………………………… 457
第六教学环节创设……………………………… 458
校园环境净化…………………………………… 458
“5+2”混合式教学模式 ……………………… 458
学生全面发展…………………………………… 458
帮助贫困学子圆梦……………………………… 458
吕梁实验中学…………………………………… 459
师资队伍建设…………………………………… 459
办学行为规范…………………………………… 459
素质教育推进…………………………………… 459
办学条件改善…………………………………… 459
吕梁学院………………………………………… 460
“1331 工程”建设 …………………………… 460
人才强校“双百工程” ………………………… 460
学科专业建设…………………………………… 460
“双提升”工程推进…………………………… 460
推进创新创业教育与就业创业工作…………… 460
实施“科研攻坚”战略………………………… 460
借智借力提升科技服务效能…………………… 461
拓展社会服务领域 …………………………… 461
“美丽校园”建设……………………………… 461
吕梁学院汾阳师范分校………………………… 461
教师队伍建设…………………………………… 461
美丽校园建设…………………………………… 461
教学条件改善…………………………………… 461
吕梁学院离石师范分校………………………… 462

教学工作新局面……………………………… 462
管理服务新台阶……………………………… 462
文化建设新面貌……………………………… 463
转型发展走出新路子………………………… 464
山西医科大学汾阳学院……………………… 464
党委换届……………………………………… 464
思想政治工作………………………………… 464
“三基建设” ………………………………… 464
“1331”工程推进…………………………… 464
临床医学专业认证…………………………… 465
引智聚才……………………………………… 465
校园基本建设………………………………… 465
“双年”活动开展…………………………… 465
教育教学改革………………………………… 465
学生教育与管理……………………………… 466
招生工作……………………………………… 466
创新创业教育………………………………… 467
师资队伍建设………………………………… 467
巡视整改“回头看”工作…………………… 467
学术治理机制完善…………………………… 467
筹资渠道和平台扩宽………………………… 467
财务管理制度改革…………………………… 467
后勤改革……………………………………… 467
智慧校园建设………………………………… 468
资源管理和使用……………………………… 468
校园安全……………………………………… 468
吕梁电大……………………………………… 468
国家开放大学吕梁学院建设………………… 468
学历教育……………………………………… 469
招生工作……………………………………… 469
吕梁教育学院………………………………… 469
科研工作……………………………………… 469
帮扶交口县基础教育………………………… 469
人事与财务制度规范………………………… 470
吕梁职业技术学院…………………………… 470
专业内涵建设………………………………… 470
理实一体化教学模式………………………… 470
实训基地建设………………………………… 471
信息化建设…………………………………… 471
教师队伍建设………………………………… 471
招生就业工作………………………………… 472
社会服务能力提升…………………………… 472
校园安全保卫………………………………… 473
吕梁卫校……………………………………… 473
岗位设置工作………………………………… 473
教学管理……………………………………… 473
护理护工培训………………………………… 474
后勤管理……………………………………… 474
附属医院工作………………………………… 475
吕梁农校……………………………………… 475
基础设施改善………………………………… 475
助力脱贫攻坚………………………………… 475
招生就业工作………………………………… 476
吕梁会校……………………………………… 476
重视师风建设………………………………… 476
深化课程改革………………………………… 476
加强教学管理………………………………… 476
创新招就工作模式…………………………… 476
拓宽招生培训渠道…………………………… 477
强化后勤管理………………………………… 477
创建平安校园………………………………… 477
吕梁艺校……………………………………… 477
教学改革……………………………………… 477
招生就业工作………………………………… 478
学生管理规范化……………………………… 478
信息数据管理规范化………………………… 478
改善办学条件………………………………… 478
服务社会……………………………………… 479

吕梁经济管理学校…………………………… 479
教学改革…………………………………… 479
学生管理…………………………………… 479
采取措施促进招生工作……………………… 479
护工护理培训工作…………………………… 480
吕梁职业中专………………………………… 480
教研教改…………………………………… 480
安全教育工作………………………………… 480
招生工作…………………………………… 481
吕梁高级技工学校…………………………… 481
创建省级文明单位获得通过………………… 481
开启吕梁技师学院建设新进程……………… 481
校企合作迈上新台阶………………………… 481
狠抓一体化教学……………………………… 482
技能大赛获佳绩……………………………… 482
招生就业工作………………………………… 482
职业培训…………………………………… 482
校园环境展现新气象………………………… 483
吕梁市聋哑职业学校………………………… 483
课堂教学管理………………………………… 483
校园文化节活动……………………………… 485
“学困生”的转化工作……………………… 485
学前语训工作………………………………… 485
学生表达训练………………………………… 485
强化考务管理………………………………… 485
职业技术教育………………………………… 485
艺术体育教育………………………………… 486
职业高中教育………………………………… 486
安全管理…………………………………… 487
后勤服务…………………………………… 487

文化

文化管理……………………………………… 489
文化扶贫抓点带面工程……………………… 489
文化精品创作工程…………………………… 490
“全民阅读·书香吕梁”工程……………… 491
公共文化基础设施建设……………………… 491
非物质文化遗产传承保护…………………… 492
文化与旅游融合……………………………… 492
构建先进文化安全传播体系………………… 493
文化行政综合执法改革……………………… 494
文化经营场所日常安全生产监管…………… 494
“扫黄打非”………………………………… 494
新闻办………………………………………… 495
新媒体传播…………………………………… 495
对外宣传…………………………………… 495
政务信息公开………………………………… 496
舆论引导工作………………………………… 496
脱贫攻坚…………………………………… 497
吕梁日报社…………………………………… 497
“两学一做”学习教育宣传………………… 497
脱贫攻坚系列报道…………………………… 497
“两提一创”大讨论宣传…………………… 498
“民生”新闻报道…………………………… 498
环保宣传…………………………………… 498
“三基建设”宣传报道……………………… 498
“吕梁山护工”宣传报道…………………… 498
“走转改”宣传报道………………………… 498
中共十九大宣传报道………………………… 498
打破常规，勇于创新………………………… 499
突出专题评论，强化旗帜引领……………… 499
作品获奖…………………………………… 499
公益广告宣传………………………………… 500
推进媒体融合发展…………………………… 500
广播电视……………………………………… 500
主题宣传…………………………………… 500
外宣工作…………………………………… 501

民生新闻…………………………………………… 501
新办节目栏目………………………………………… 501
融合传播…………………………………………… 501
主题活动…………………………………………… 502
地方志……………………………………………… 502
《吕梁市志》编纂…………………………………… 502
市县两级年鉴编纂…………………………………… 503
启动吕梁市、孝义市方志馆建设…………………… 503
完成《山西年鉴》供稿任务………………………… 503
档案………………………………………………… 503
扩大档案接收范围…………………………………… 503
国家档案局10号令的落实和
重大建设项目档案验收 ………………… 503
机关和企事业单位档案目标管理…………………… 504
新农村建设档案工作………………………………… 504
拓宽档案利用渠道…………………………………… 504
档案信息化建设 …………………………………… 504
编写档案检索工具和参考资料……………………… 504
确保档案实体和档案信息绝对安全………………… 504
推进国家重点档案保护与开发……………………… 505
推进《抗日战争档案汇编》编纂…………………… 505
重大活动档案管理…………………………………… 505
档案行政执法………………………………………… 506
档案宣传……………………………………………… 506
档案干部培训………………………………………… 506

卫生

卫生和计划生育………………………………… 507
医改工作……………………………………………… 507
健康扶贫工作………………………………………… 507
医疗服务质量提升…………………………………… 508
健康教育……………………………………………… 509
卫生计生信息化工作………………………………… 510
疾病防控和卫生监督………………………………… 510
计划生育政策落实…………………………………… 510
爱国卫生工作………………………………………… 511
卫生监督…………………………………………… 512
概况…………………………………………………… 512
医疗卫生监督………………………………………… 512
传染病防治监督……………………………………… 512
公共场所卫生监督…………………………………… 514
生活饮用水卫生监督………………………………… 515
学校卫生专项工作…………………………………… 515
放射卫生监督………………………………………… 516
职业健康检查机构规范……………………………… 517
专项稽查……………………………………………… 517
业务培训……………………………………………… 517
疾病预防控制……………………………………… 517
传染病防控…………………………………………… 517
地方病防治…………………………………………… 518
艾滋病防治…………………………………………… 518
结核病防治…………………………………………… 519
免疫规划……………………………………………… 519
实验室检验检测……………………………………… 519
卫生应急……………………………………………… 519
公共卫生监测………………………………………… 519
慢病综合防控………………………………………… 520
吕梁市人民医院…………………………………… 520
概况…………………………………………………… 520
对外宣传……………………………………………… 520
医改工作……………………………………………… 520
专业技术职务评审…………………………………… 521
设备耗材及药品“阳光采购” ………………… 521
医疗质量管理………………………………………… 521
优质护理服务………………………………………… 521
规范药事服务行为…………………………………… 521
医院感染管理………………………………………… 522

预防保健…… 522
科研教学…… 522
信息化建设…… 522
医院“三防”建设…… 523
对口支援工作…… 523
医疗安全专项整顿…… 523
山西省汾阳医院…… 523
概况…… 523
学科建设…… 524
一批新技术应用于临床…… 525
服务项目扩展…… 525
教学工作…… 525
科研工作…… 526
护理服务…… 526
院感防控…… 527
预防保健…… 527
保障合理用药用血…… 528
人才培养…… 528
职工待遇提高…… 528
医院安全运行保障…… 529
公立医院改革…… 529
等级医院评审工作…… 529
医疗质量控制体系完善…… 530
优质医疗资源下沉…… 530

社会生活

人力资源和社会保障…… 531
创业就业…… 531
社会保障…… 531
人事人才工作…… 531
信访监察…… 531
扩大城乡就业规模…… 532
职业技能培训…… 532
为“吕梁山护工”服务…… 532
民生保障…… 532
人才队伍建设…… 533
信访源头治理…… 534
人才中心…… 534
人事代理工作…… 534
人才招聘就业工作…… 534
政府购买基层公共服务岗位工作…… 535
吕梁山护工培训就业扶贫工作…… 535
人才派遣工作…… 536
网络信息工作…… 536
民政…… 536
社会救助体系持续健全…… 536
特困人员供养制度建立…… 536
医疗救助制度落实…… 537
临时救助制度健全完善…… 537
社会保障体系完善…… 537
优抚政策落实…… 537
安置工作…… 538
“双拥”工作…… 538
基层民主政治建设…… 538
防灾减灾…… 539
行政区划调整…… 539
民政服务设施建设…… 539
民族宗教…… 539
贯彻落实全国全省宗教工作会议精神…… 539
安全稳定隐患大排查大调研…… 540
部门联动机制建立…… 540
宗教教职人员素质提升…… 540
宗教团体建设…… 540
天主教选圣祝圣…… 540
交城玄中寺住持推选备案工作…… 541
专项排查整治大型露天宗教造像…… 541
宗教活动场所建设…… 541

民族团结 …… 541
老龄 …… 541
编制《吕梁市老龄事业发展“十三五”规划》 …… 541
开展“传承好家风争当文明户”活动 …… 542
参与起草出台五个涉老重要政策文件 …… 542
老龄办领导班子的调整 …… 543
开展失能、半失能老人摸底大调查 …… 543
春节救助生活困难老人活动 …… 543
提高老年人防骗意识宣传活动 …… 543
开展“关爱银龄、助老御险”活动 …… 543
“敬老月”系列活动 …… 543
脱贫攻坚 …… 545
概况 …… 545
部署实施“四大战役” …… 545
实施“三五工程” …… 546
生态扶贫 …… 546
整村搬迁 …… 546
产业扶贫 …… 546
光伏扶贫 …… 547
转移就业培训 …… 547
健康扶贫 …… 547
教育扶贫 …… 547
民政兜底 …… 547
不断加大投入力度 …… 547
公共配套设施完善 …… 548
精准帮扶到村到户到人 …… 548
宣传培训 …… 549
精准把握识别退出 …… 549
组织领导 …… 549

县市区概览

离石区 …… 551
概况 …… 551
产业建设 …… 551
城乡建设 …… 551
环境建设 …… 551
社会事业 …… 552
脱贫攻坚 …… 552
交城县 …… 552
概况 …… 552
产业建设 …… 552
城乡建设 …… 553
环境建设 …… 553
旅游 …… 553
民生事业 …… 553
文水县 …… 553
概况 …… 553
“三农” …… 553
产业建设 …… 554
城乡建设 …… 554
环境建设 …… 554
民生事业 …… 554
脱贫攻坚 …… 554
汾阳市 …… 555
概况 …… 555
农业 …… 555
产业建设 …… 555
环境建设 …… 555
社会事业 …… 556
世界酒文化博览会 …… 556
孝义市 …… 556
概况 …… 556
产业建设 …… 556
转型综改 …… 556
城乡建设 …… 557
环境建设 …… 557

民生事业…… 557

交口县…… 557

概况…… 557

产业建设…… 557

城乡建设…… 557

环境建设…… 558

民生事业…… 558

脱贫攻坚…… 558

石楼县…… 558

概况…… 558

农业…… 559

产业建设…… 559

城乡建设…… 559

社会事业…… 559

脱贫攻坚…… 559

中阳县…… 559

概况…… 559

农业…… 560

产业建设…… 560

环境建设…… 560

交通电力…… 560

邮政通信…… 560

科教文卫…… 560

民生事业…… 560

柳林县…… 561

概况…… 561

产业建设…… 561

城乡建设…… 561

民生事业…… 561

脱贫攻坚…… 561

临县…… 562

概况…… 562

农业…… 562

城乡建设…… 562

环境建设…… 562

旅游…… 562

社会事业…… 562

脱贫攻坚…… 563

方山县…… 563

概况…… 563

产业建设…… 563

城乡建设…… 563

民生事业…… 563

脱贫攻坚…… 564

兴县…… 564

概况…… 564

产业建设…… 564

环境建设…… 564

社会事业…… 564

脱贫攻坚…… 565

岚县…… 565

概况…… 565

产业建设…… 565

环境建设…… 565

旅游业…… 566

民生事业…… 566

脱贫攻坚…… 566

特 载

在市委四届四次全体会议暨经济工作会议上的报告

中共吕梁市委书记 李正印

（2018年1月18日）

市委四届二次全会以来，市委常委会深入学习贯彻习近平新时代中国特色社会主义思想，认真落实习总书记视察山西重要讲话精神，全面贯彻落实省委“一个指引、两手硬”重大思路和对吕梁抓好“三件大事”的要求，团结带领全市广大党员干部群众，埋头苦干、锐意进取，扎实组织扶贫攻坚，扎实推动转型发展，扎实坚持全面从严治党，推动各项事业取得新进展新成效。市委坚持统揽全局、协调各方，充分履行把方向、管大局、作决策、保落实职责。召开四届三次全会，就学习贯彻习总书记视察山西重要讲话精神，做好下半年重点工作作出部署。召开40次常委会、研究157个议题，加大对重点工作的推进力度，确保中央大政方针和省委各项决策部署在吕梁全面正确有效落实。

2017年是吕梁发展史上具有里程碑意义的一年。习总书记亲临吕梁视察，给吕梁革命老区干部群众带来了党中央的亲切关怀和巨大鼓舞。省委骆惠宁书记亲自包联吕梁临县，先后5次到吕梁调研指导工作，有力地推动了吕梁发展。一年来，全市上下形成了学用习近平新时代中国特色社会主义思想和党的十九大精神的浓厚氛围，脱贫攻坚再战再胜，经济发展稳中向好，转型发展态势强劲，全面从严治党向纵深推进，广大党员干部呈现出干事创业良好精神状态。一批亮点工作走在全国、全省前列，习总书记对我市组建农民造林合作社、推动生态建设与脱贫攻坚有机结合的做法给予充分肯定；汪洋副总理视察调研，对我市易地扶贫搬迁工作给予充分肯定；全国林业扶贫现场会、全国义务教育学校管理标准部署会、国家农发行助力脱贫攻坚现场会、公安部“敲门行动”现场会和全省“践行总书记讲话，深化脱贫攻坚”现场推进会、全省产业扶贫观摩培训会、全省功能食品药食同源产品项目建设现场推进会、全省县乡医疗卫生机构一体化改革推进会、全省加强“三基建设”市县现场推进会等重要会议在我市召开；吕梁投融资PPP模式、孝义公立医院改革等工作受到国务院通报表扬。全市地区生产总值、规模以上工业增加值、一般公共预算收入等主要经济指标增速位居全省第一，为全省经济增速达到并超过全国平均水平作出积极贡献。在以习近平同志为核心的党中央的亲切关怀和省委的坚强领导下，在全市人民的共同努力下，吕梁已经翻开新的一页，迈上新的征程。

一年来，市委常委会主要做了以下工作。

一、坚持把学好用好习近平新时代中国特色社会主义思想作为首要政治任务，牢牢把握正确方向

常委会认为，办好吕梁的事情，最重要的是要坚持以习近平新时代中国特色社会主义思想为指引，这是工作的根本指南和行动方向。常委会始终保持高度的政治自觉，持续部署推动全市形成学用习近平新时代中国特色社会主义思想的大格局。

去年初，市委对学习贯彻系列重要讲话精神作出专门部署，学思结合求真懂，学用结合谋发展。市委四届二次全会以学习贯彻系列重要讲话为主线，明确提出“六个坚持、六新目标”总体思路，首要目标就是把全市学用系列重要讲话提高到新境界。常委会谋划重大工作、作出决策部署，都把系列重要讲话相关论述作为重要遵循。学习习总书记以绣花功夫抓好精准扶贫的要求，我们提出了精准扶贫11条意见，部署开展了脱贫攻坚“春季行动”等系列战役。学习习总书记加快转变经济发展方式的要求，提出了一手抓传统产业改造升级、一手抓战略性新兴产业培育的转型发展举措。学习习总书记生态文明建设的要求，提出了加快吕梁山生态保护修复、推广合作社造林和实施环境保护八大攻坚战的重大行动。学习习总书记亲力亲为抓改革的要求，提出了由市级领导牵头，推进6个方面48项重大改革措施。学习习总书记全面从严治党要求，作出了全面构建良好政治生态的部署，推动各项工作取得新发展。

习总书记视察山西后，我们迅速兴起了学习贯彻习总书记视察山西重要讲话精神的热潮，重要会议传达学、中心组带头学、组织宣讲覆盖学、舆论宣传营造氛围学，形成了全社会学用习总书记重要讲话的浓厚氛围。市委四届三次全会，深刻领会习总书记对山西工作提出的总体要求及五项重大任务，出台了贯彻落实《实施方案》，开展学用讲话交流研讨，努力把学用成效转化为推动工作的实效。

党的十九大召开后，市委把学习宣传贯彻党的十九大精神作为首要政治任务，及时下发《关于学习宣传贯彻党的十九大精神的通知》，制定了市委中心组专题学习、组织宣讲、干部研讨培训、大调研、脱贫攻坚“冬季对标”、贯彻国发42号文件《实施方案》等若干方案，建立起“1+N”学习贯彻落实体系，切实在学懂、弄通、做实上见成效。常委会以上率下，原原本本学报告、学党章、学思想，把握内涵，融会贯通。全市全面开展大学习、大宣讲、大培训、大调研，举办五期市管干部专题研讨班，980名市管干部参加培训；组建380多个宣讲团分赴各行各业开展宣讲2.05万场次，进农村万人万场宣讲深入开展，受教育党员群众186.47万人次。市级领导带头开展宣讲，带头开展大调研，形成高质量调研报告52篇，带头包联驻村落实脱贫攻坚“冬季对标”等各项重大工作，推动全市形成了学习宣传贯彻党的十九大精神的大氛围、大格局，确保党的十九大精神在吕梁落地生根、开花结果。

二、持续发动战役攻势，脱贫攻坚实现再战再胜

常委会认为，脱贫攻坚是最大的政治任务、最大的民生工程。必须坚持以脱贫攻坚统揽经济社会发展全局，坚决打赢脱贫攻坚战，决不让一户贫困户掉队，决不让一个贫困人口掉队。

我们认真贯彻落实习总书记在深度贫困地区脱贫攻坚座谈会上的重要讲话精神，出台工作方案，

全力实施“三五工程”，攻坚深度贫困。紧紧围绕“445个贫困村退出，14.8万贫困人口减贫，文水、汾阳、孝义3个非贫困县整体退出，中阳、柳林2个贫困县摘帽”的目标，压茬推进脱贫攻坚“春季行动”“夏季攻势”“秋季会战”“冬季对标”行动，确保再战再胜。合作社造林、易地扶贫搬迁、财政涉农资金整合、风险补偿产业扶贫贷款“吕梁模式”、“吕梁山护工”等工作走在全国、全省前列。

我们坚决压实主体责任。市委常委会先后11次、领导小组8次部署推进脱贫攻坚工作。严格四级书记抓脱贫政治责任，“双签”责任状3216份。市委组建4个脱贫攻坚督查组，开展专项督查。先后约谈8个贫困县县委书记，省考核排名靠后的2个县县委书记大会表态，4个县县委书记就问题整改向市委常委会专题汇报；县市约谈乡镇书记15名，免职乡镇书记5名；对驻村帮扶不力的17个单位和10名第一书记进行通报批评，对扶贫领域工作不力的70名党员领导干部进行问责，推动责任落实。

我们持续发动战役攻势。去年春节后上班第一天，我们部署开展了以万名干部进村入户在一线发现问题、解决问题和春季植树造林为主要内容的脱贫攻坚“春季行动”，随后又组织了以着力破解六个难题（产业扶贫不够精准、易地扶贫搬迁力度不大、生态建设与脱贫攻坚结合不紧、转移就业扶贫不足、特殊群体致贫返贫、脱贫攻坚投入不足等问题）、开展三个专项行动、补齐三个薄弱环节为主要内容的“夏季攻势”，打响了以实施“三五工程”（突出生态建设、易地搬迁、特色产业、光伏扶贫、转移就业“五大重点”，补齐健康扶贫、教育扶贫、兜底扶贫、公共设施、区域发展“五个短板”，强化基层党建、社会帮扶、资金投入、内生动力、责任落实“五个保障”）、攻坚深度贫困为重点的“秋季会战”，开展了以思想对标、工作对标、成效对标、能力对标为主要内容“冬季对标”，一拍接一拍、一环扣一环，不断强基础、补短板，稳扎稳打、有序推进，确保脱贫攻坚再战再胜。省委脱贫攻坚第一督导组高度评价吕梁“四大战役”：体现出大思路谋划、大动作推进、大力度提升、大气候营造、大步伐跨越的“吕梁态势”。

我们着力做足脱贫成色。大力推进产业扶贫，全市98%以上贫困村实现“五有”目标，全省产业扶贫观摩培训会在我市召开。大力推进生态脱贫，全市造林105.78万亩，956个合作社通过议标承担造林任务96.3万亩，涉及贫困社员1.96万人，人均增收6000元。贫困户护林员达4896名，2.1万贫困人口实现生态脱贫，合作社造林做法全国推广。大力推进易地移民搬迁，完成2016年2.8万人搬迁任务；2017年启动实施4.5万人的搬迁工程，是省下任务的1.7倍。大力推进转移就业，培训“吕梁山护工”7期1.29万人，就业6924人，人均月收入4000元以上，央视《朝闻天下》栏目连续8期作了报道，“吕梁山护工”品牌更加响亮。双管齐下增加扶贫投入，财政专项扶贫投入14.2亿元、增长109%，居全省前列；金融扶贫落实扶贫小额贷款16.7亿元，是2016年的4倍多，3.3万贫困户受益；建立了50%新增财力集中用于攻坚深度贫困、5亿元奖补资金专项用于深度贫困项目、5个融资平台撬动社会资本的“三个五”攻坚深度贫困财政投入机制。积极构建多重防线，出台了教育、健康、社保等一系列扶贫政策，化解“支出型贫困”问题。

我们广泛凝聚帮扶合力。33位市级领导带头包联10个贫困县33个贫困村103户贫困户。1806名第一书记、1601支扶贫工作队、5359名工作队员驻村帮扶，实现了贫困村帮扶全覆盖，国定贫困县市级以上派驻第一书记比重达64.7%。孝义、汾阳、文水三个非贫县共派出173名干部、投资6850余万元，帮扶临县、石楼、岚县三个深度贫困县。242户效益好的规上企业帮扶372个贫困村，组织开展“爱心慈善捐助”公益活动，共接受捐款3606万元。

我们坚持抓党建促脱贫。加强农村两委班子建设，整顿农村软弱涣散组织427个。吸引农村本土人才回归656名，有451名进入班子、144名当选为村党组织书记。扎实开展扶贫领域不正之风和腐败问题专项治理，严肃查处扶贫领域违纪案件279件，党纪政务处分386人，其中，处理村两委主干252人。从严管理“三支队伍”。专门出台管理、考核、培训、保障等7个配套文件67项措施。对983名第一书记进行了调整轮换。坚持扶贫与扶志、扶智相结合，探索开办乡村农民夜校，开展思想政治教育、技能培训，激发群众脱贫的内生动力。这一系列超常规帮扶措施，把握了脱贫攻坚的主动权，实现了进度与质量的有机统一，为全面打赢脱贫攻坚战奠定了坚实的基础。

三、推动经济由“疲”转“兴”，开创转型发展新局面

常委会认为，吕梁不转型没有出路、转型慢就要落后，必须保持转型发展的高度自觉和战略定力，处理好稳增长和调结构的关系、“老饭碗”和“新饭碗”的关系、当前和长远的关系，走出一条吕梁特色的资源型经济转型发展新路。

我们坚决贯彻中央、省经济工作会议部署和习总书记视察山西重要讲话精神，深入贯彻新发展理念，坚持稳中求进工作总基调，把深化供给侧结构性改革和深化转型综改试验区建设有机结合起来，作为经济工作主线。进一步加强和改善党对经济工作的领导，召开市委四届二次全会暨经济工作会议进行了全面部署。常委会坚持每季度专题研究经济形势，及时解决转型发展的重大问题，分阶段提出指导经济工作的思路要求，牢牢掌握主动权。认真贯彻习总书记视察山西时提出的“扎实推进经济发展方式转变”的指示要求，市委四届三次全会出台了《关于深入学习贯彻习总书记视察山西重要讲话精神的实施方案》，提出了突出抓一批攻坚深度贫困举措的落实、抓一批重点工程项目加快推进、抓一批转型骨干项目投产达效、抓一批企业上市、抓一批大的招商引资活动、抓一批重点改革举措落地见效等工作举措，持续推动转型发展落到实处。认真落实国发42号文件和省委《行动计划》部署，出台了吕梁市贯彻落实的《实施方案》，确定了41项具体工作、122条推进措施，明确了时间表、路线图、责任书。全市上下形成了凝心聚力抓发展、真抓实干促转型的良好氛围。

我们深化供给侧结构性改革，大力推进“三去一降一补”，加快传统产业改造提升。坚决去产能，在2016年核减煤炭产能1100万吨的基础上，2017年又核减置换产能414.6万吨。有效去库存，着力打通与棚户区改造、农业转移人口进城、移民搬迁、采煤沉陷区治理之间的通道，全市商品房累计可售面积同比减少30.5%。稳步去杠杆，推动联盛集团市场化、法治化破产重整，成功化解重大金融风险。全市各项贷款余额比年初增加84.9亿元，增长8.9%，同比多增了26.3亿元。切实降成本，着力减轻企业负担，规范涉企收费行为，为企业减负8992万元。组织千名干部入企服务，解决实际问题854个，促进了企业发展。推进煤炭清洁高效开发利用。全市已有总产能4515万吨的33座矿井成为安全高效矿井，占全市煤炭产能的36%。依托园区提升焦化产业。严控总量，推动焦化产业由粗加工向精深加工、循环加工转变。成功举办第四届全国煤炭深加工及焦化产业绿色发展交流会，孝义、交城等一批焦转化项目成为行业示范项目。2017年1—11月，全市煤炭工业增加值完成444.2亿元，增长11.3%；规上工业企业利润由上年5.3亿元增加到181亿元。做大做强白酒产业。成功举办全国清香型白酒博览

会，白酒产量11.5万千升，增长40.5%，实现增加值60亿元，增长38.5%。在上海国际酒交会上，我市被授予“世界十大烈酒产区”称号。

我们不断构建和完善促进转型的体制机制、政策环境和社会氛围，大力培育战略性新兴产业。全力推动文化旅游业发展。先后启动“乘汾酒号列车，赏吕梁山风光”“吕梁——一个令人向往的地方”旅游季活动，全市旅游接待人数和旅游总收入实现双增长，旅游总收入达389.24亿元，增长33%，高于省下达任务7.89个百分点。在2017亚洲旅游产业年会上，吕梁荣获“最受欢迎旅游目的地”奖。加快推进大数据产业发展。举办了“数谷吕梁·智赢未来”推介会，4位院士以及浪潮、华为等近100家知名大数据企业参会，签约12个项目总投资60亿元，华为、浪潮、软通、中交智慧等纷纷落地吕梁。扎实推进煤电铝材一体化发展。兴县中铝华润50万吨轻合金项目基本建成，成为全省最大的铝工业项目，预计本月底首期投产试运行，交口伊电项目落实32万吨产能置换指标，柳林森泽与辽宁忠旺、河南明泰达成合作意向；孝义锦江与太原东铝合作项目正在推进，为铝系全产业链发展奠定了基础。加快新能源产业发展。建成风电项目6个，总容量24万千瓦，建成光伏电站97个，总容量29.4万千瓦。引进总投资120亿元的汉能集团移动能源项目，技术国际领先，一期工程即将建成投产。加快现代农业发展。积极发展功能农业，孝义紫晨大健康、文水大象禽业、中阳厚通、交口南山百世食安等一批经营效益好、带动能力强的农业龙头企业快速发展。全市非煤工业增加值预计完成434亿元，占规上工业增加值的49.4%；战略性新兴产业预计增长16.9%；高新技术产业增长14.3%。

我们大力实施创新驱动，强化转型发展支撑。实施“百千万人才工程”，出台了《吕梁市开发区引进高层次科技人才的实施意见》，聘请北航原党委书记张军院士、中铝广州研究院院长邓宪洲等47名院士和高端人才为吕梁转型发展顾问。推进产学研融合，中阳县中钢与北航合作建立了科研中心，已完成了螺纹钢防腐、喷煤枪材质改造等合作项目，申请了专利产品，提升了企业技术水平。支持吕梁学院享受开发区人才引进优惠政策，已引进12名博士以上高端人才。与省教育厅、科技厅和省科协签订战略合作协议，开展科技培训和人才培养合作。北航与吕梁职业技术学院建立院系合作关系，培养大数据产业急需人才。

全市经济呈现出稳中向好、结构向优态势，全市地区生产总值完成1310.3亿元，同比增长9.2%，增速连续三个季度居全省第一；规模以上工业增加值完成878亿元，同比增长11.3%，总量和增速从4月份开始连续领跑全省；一般公共预算收入完成138.78亿元，同比增长54.89%，增速从4月份开始连续位居全省第一，我市为全省经济增速达到并超过全国平均水平作出了贡献。

四、抓住重点领域和关键环节，全面深化改革、扩大对外开放形成新态势

常委会认为，吕梁发展的差距，实质上是改革的差距。必须以更大的政治勇气和智慧，全面深化改革、扩大对外开放，先行先试、善作善成，坚决破除制约发展的体制机制障碍，构建内陆地区对外开放新高地。

我们始终把抓改革作为重大政治责任，加强对改革工作的领导。市委10次召开改革领导组会议，不断加大改革落实力度、提高改革整体效能、扩大改革受益面，以过硬作风和科学方法谋划推进改革。坚持主要负责同志带头，践行“四个亲自”要求，亲力亲为抓改革、扑下身子抓落实，全力当好“施工队长”。建立和完善了市领导分工负责制、改革台账动态管理、督察考核等工作机制，推动多项改

革取得扎实成效。

我们坚持突出重点、以点带面，统筹推进“五位一体”和党的建设创新等各领域改革。全市改革工作呈现出全面发力、多点突破、纵深推进的局面。年初部署的6个方面48项244小项改革任务有力有序推进，一些重要领域和关键环节的改革取得突破性进展。深化开发区改革。重新整合布局了10个专业性开发区，其中5个省级开发区获省批复。交口、岚县、吕梁经济技术开发区通过了省级论证，开发区“三化三制”改革、企业投资项目承诺制改革试点扎实推进，转型发展载体平台作用日益显现。深化金融领域改革。率先在全省建立了PPP项目储备、签约、在建、运营、投资人、专家六库，先后五批发布7大类280个项目，总投资达1800亿元，目前有33个项目落地，14个项目开工建设，落地投资451亿元，受到了国务院通报表扬。深化电力体制改革。局域电网改革试点方案获省批复，成为全省、全国首个获批的局域电网，68户企业实现电力直接交易，节约成本1.5亿元。国发42号文件明确提出推进吕梁等地增量配电业务试点，将我市电力体制改革上升为全省转型发展重大战略。深化国有企业改革。出台《关于深化国企国资改革的指导意见》及6个配套文件，推动18户企业制定试点改革方案，汾酒集团与中汾酒业合作取得重大进展，离柳集团债转股全面启动，吕梁中药厂股权多元化改革深入推进。习总书记强调的12项民生领域改革进展顺利，就业、收入分配、社会保障、医疗、教育等改革步伐加快。

我们强调要敞开山门，大力实施招商引资、招才引智，以开放心态推进转型发展，努力构建内陆地区对外开放新高地。市、县两级积极参加和举办了一系列重大招商活动，先后引进了香港王老吉、台湾统一、深圳太太集团、北京汉能等行业龙头企业。全市签约项目234个，签约总额1672亿元，落地项目76个，总投资额586亿元。

五、加强民主政治建设，民主法治建设迈出新步伐

常委会认为，发展社会主义政治文明，必须坚持党的领导、人民当家作主、依法治国有机统一，坚定不移走中国特色社会主义民主政治发展道路。

常委会认真贯彻中国共产党地方委员会工作条例，充分发挥领导核心作用，自觉做到作任何重大决定、部署任何重大任务都以落实党中央大政方针为前提。定期听取市人大、市政府、市政协和市法院、市检察院党组的汇报，针对性提出指导意见，研究群团工作，支持国防和军队改革建设，把党的领导体现到各领域各方面。

我们坚持和完善人民代表大会制度，支持人大及其常委会依法履行职能。市人大常委会制定了《吕梁市非物质文化遗产保护条例》《吕梁市碛口古镇保护条例》《吕梁市扬尘污染防治条例》3件地方性法规，立法的引领和推动作用开始显现。市县人大组织建设得到加强，人民代表作用进一步发挥。支持政协组织创新履职方式，出台了《加强人民政协协商民主建设的实施意见》，市政协围绕精准扶贫、转型发展、保障改善民生等进行了协商议政和专题调研，形成了一批有决策参考价值的重要成果。

我们深入推进法治吕梁建设。健全完善依法治理机制，市县乡三级党委政府全部聘请法律顾问，为党委政府重大决策提供法律服务和智力支持。大力推进司法责任制改革，法检两院全面推行了司法责任制、人员分类管理、内设机构和人员工作津贴等改革，法检两院办案质量和效率明显提高。开展“看吕梁、讲法治、话平安，喜迎十九大”集中宣传及法治进农村（社区）、进企业、进学校、进机关等活动，在各领域、各行业、各层面选树法治创建示范单位，全社会遵法守法氛围日益浓厚。

我们深入贯彻中央、省委统战工作会议精神，

重大决策部署和重要人事安排及时与各民主党派、工商联、无党派人士通报协商，协助民主党派市级组织圆满完成换届工作。推进统战委员设置全覆盖。举办各类党外人士培训班20余期，培训2000余人次，统战成员的政治共识得到进一步巩固。全面贯彻党的宗教工作方针。深入推进群团改革，出台了《群团工作改革实施方案》，市工会、团市委按期换届，市妇联领导班子建设得到加强，党联系群众的桥梁纽带作用有效发挥。专门召开议军会议和全市双拥工作协调推进会，切实研究解决驻吕部队的实际问题，积极支持推动驻吕部队改革和现代化建设。继续深化与国防科技大学的战略合作，大力推进军民融合发展。各级党委（党组）加强党的领导意识明显增强，领导作用得到强化，全市上下生动活泼、安定团结的政治局面不断巩固发展。

六、加强宣传思想文化工作，进一步凝聚起发展的正能量

常委会认为，意识形态工作是党的一项极端重要的工作，必须牢牢把握“两个巩固”的根本任务，弘扬主旋律、传播正能量，不断推进理念创新、内容创新、手段创新，为改革发展稳定提供思想保证、精神力量、道德滋养、文化条件。

我们将意识形态工作纳入党建工作责任制、年度目标责任考核和市委巡视范围，建立宣传和新闻单位主要负责人列席党委常委会会议和意识形态工作分析研判制度，建立县市区委书记意识形态工作述职制度，确保掌握领导权管理权话语权。坚持党管媒体原则和正面宣传为主不动摇，形成了主流舆论强势。中央和省主流媒体对我市正面报道大幅增加，人民日报、新华社、央视、人民网、新华网、山西日报、省电视台等主流媒体刊发、播发稿件886条，其中中央主流媒体刊发281条，在全省名列前茅，吕梁对外良好形象进一步树立。坚持把互联网作为意识形态工作的重中之重，出台《加强领导干部互联网条件下能力建设的实施意见》，强化网络舆情管控，调整充实市县网信机构力量，对140名干部进行了网络能力培训，网信工作在全省排名上升到一类。推进多媒体融合发展，吕梁电视台、吕梁日报社、市新闻办均搭建起了新媒体平台。吕梁发布微信公众号在全省政务微信排行榜位居第一，吕梁发布今日头条号全国宣传影响力排名第六。

我们立足吕梁丰富的文化资源，以坚定的文化自信推动文化繁荣发展。积极培育和践行社会主义核心价值观，建立了农村宣传员制度，选聘宣传员3226名，实现了农村宣传教育常态化。持续开展“传承好家风、争当文明户”评选活动，评选村级文明户1.92万户，给予政策鼓励和信用支持，弘扬了崇德向上的新风正气。把革命精神作为吕梁最宝贵的财富，保护修缮了一批红色革命旧址，命名了11处红色遗址为全市党员干部革命教育基地，开展革命传统教育，弘扬吕梁精神，传承红色基因，用革命精神滋养思想、激励行为。大力开展文化下乡活动，推动文化产业的发展。加强对文艺创作的引导，文艺精品《吕梁汉子》在央视播出，舞台剧《吕梁英雄传》在全国巡演。

七、着力保障和改善民生，社会大局保持和谐稳定

常委会认为，人民对美好生活的向往，就是我们的奋斗目标，要落实以人民为中心的发展思想，从解决群众最关心最直接最现实的利益问题入手，统筹民生改善和经济发展，加快补齐民生短板，不断增强人民群众的获得感和幸福感。

我们统筹推进各项社会事业发展。持续加大民生投入，全市民生支出259.9亿元，占预算支出的82.5%。义务教育学校管理标准、县乡医疗卫生机构一体化、县级公立医院改革、贫困户住院患者先诊疗后付费“一站式结算”服务等工作经验得到上级充分肯定。千方百计促进就业创业，完善职业

技能培训体系，多渠道增加就业岗位。全市城镇新增就业4.2万人、农村劳动力转移就业2.8万人，城镇登记失业率2.7%。坚持教育优先发展，新建、改扩建城乡幼儿园793所，幼儿毛入园率达到97%。13个县市区全部通过了义务教育发展基本均衡国家级评估认定，全市义务教育实现基本均衡。高中教育质量稳步提升，去年全市高考二本B类以上达线1.41万人，清华、北大录取18人，实现历史性突破。县级职教中心建设稳步推进，职业教育校企合作、产教融合取得新进展。与省教育厅签署《合作协议》，410名省内高校大学生到农村中小学开展顶岗支教。教育扶贫实现学前教育到高等教育各阶段贫困家庭学生全覆盖，教育部陈宝生部长来山西调研时对我市教育扶贫政策给予高度评价。积极深化医药卫生体制改革，县级公立医院改革实现全覆盖，药品实现“零差率”销售。出台《深入推进县乡医疗卫生机构一体化改革的实施意见》，大力推进医疗、医保、医药“三医联动”，孝义、岚县、交口做法央视报道。健康扶贫扎实推进，摸排出7.3万患病贫困人口，按照大病治愈一批、慢病管理一批、重病兜底保障一批原则，分类精准施治，大病、重病救治率达到90.48%，慢病患者签约率达到了100%。市区综合医疗卫生园区加快推进。健全覆盖城乡的社会保障体系，全市城乡居民基本养老、基本医疗保险参保人数分别达185万人、315万人，社会保障水平不断提高。大力推进特色城镇化建设，开展了“五城联创”“十大特色镇”创建和“百村示范、千村整治”工作。孝义市入选全国文明城市，汾阳市、岚县创建省级文明城市，石楼县创建省级卫生城市。加快推动吕梁中心城区提档升级和新区建设，提升了城市品位。出台《农村建设导则》，推进美丽乡村建设。

我们牢固树立总体安全观，把“三个坚决防止”“三个确保不发生”作为必须守住的底线。持续开展安全生产专项治理，全市各类安全生产事故同比下降8.9%，死亡人数同比下降4.76%。以党的十九大安保维稳为抓手，持续推进以打黑除恶为重点的“三大战役”，加快“雪亮工程”“天眼工程”建设，全市刑事、治安案件发案同比下降22.4%、13.3%，人民群众的安全感和满意度明显提高。围绕“三到位一处理”总体要求，建立市级领导定期接访制度，14名市级领导接访52批次，加大对重点领域信访问题专项治理力度，信访形势平稳可控，赴省非正常集体访人次同比下降35.7%，全市社会大局保持了和谐稳定的良好局面。

八、践行绿色发展理念，生态文明建设迈出坚实步伐

常委会认为，吕梁集生态脆弱和发展粗放于一体，生态修复任务艰巨，结构性污染问题突出，必须牢固树立“绿水青山就是金山银山”的理念，坚决摒弃以牺牲生态环境换取一时一地经济增长的做法，坚持把生态文明融入经济社会发展全过程，不断提高人民群众生态福祉。

我们大力加强生态环境保护修复。实施吕梁山生态修复、生态脆弱区植被恢复、沿黄水土保持、小流域综合治理、三北防护林和天然林资源保护等重点生态工程，完成造林105万亩，完成水土流失治理50万亩，吕梁山水土保持功能进一步提升。开展了10个矿山生态环境保护与恢复治理试点示范工程建设。对全市流域面积50平方公里以上的129条河流全部实行了市县乡三级“河长制”管理，生态保护修复力度不断加大。

我们坚持以环保倒逼转型，加强环境污染综合治理。实施大气、水、土壤污染防治三项行动计划，开展了工业污染源治理、燃煤污染控制、扬尘污染整治、农村面源污染治理、重点河流综合整治等“八大攻坚战”，投资近100亿元推进50项重点环保工程建设，投资10亿元大力推进吕梁市区集中供

热工程，新增供热面积500万平方米，累计达到2000万平方米，完成集中供热、煤改气、煤改电用户12.24万户，吕梁市区集中供热基本实现全覆盖，其余12县市城区集中供热覆盖面达到90%以上。综合运用“人防、技防、联防”措施，“四个一批”和“四不两直”执法监管常态化，市区重点污染源实现实时监控，离石及周边县实行了一体化联防控污。狠抓中央和省环保督察问题的整改，交办我市群众反映的883件问题全部办结。中央、省环保督察反馈的36个问题75项整改任务，已完成43项，其余达到整改时序进度。17位市级领导带头领办了34项整改事项，有效解决了孝义焦化园区焦炉煤气“点天灯”等一批突出环境问题。全市整改环境问题1856个，取缔“散乱污”企业310户，关停淘汰企业78户，停产整改企业57户，立案处罚516户，有力推动了企业转型发展。吕梁市区全年优良天数246天，全省排名第二。

九、坚定不移推动全面从严治党向纵深发展，推动政治生态实现持久的风清气正

常委会认为，吕梁一度时期成为全省腐败重灾区，管党不严、治党不力的教训十分沉痛。经过一段时间的努力，我市反腐败斗争压倒性态势已经形成并巩固发展，党风政风社会风气明显好转。但必须以永远在路上的恒心和韧劲，全面贯彻落实中央全面从严治党的决策部署，进一步推动全面从严治党向纵深发展，努力实现党内政治生态持久的风清气正。

我们坚决扛起管党治党主体责任。市委常委会21次研究部署全面从严治党工作，全面推行了县市区委书记抓党建问题清单制度，对“两个责任”落实不力的3个党组织、129名党员领导干部进行了责任追究，其中党政一把手问责9人。扎实推进“两学一做”学习教育和主题教育。全面落实“8+5”重点任务，建立常态化的学习教育制度，深入开展“维护核心、见诸行动”主题教育。坚持典型示范，培育省级示范点11个，市级示范点133个。出台加强党内政治文化建设的19条意见，促进党内政治文化、政治生活、政治生态协调推进，培厚良好土壤。严格开展巡视巡察整改“回头看”。市委常委会带头开展“六个对照”自查，从13个方面查找出49个具体问题，县处级党组织查摆出各类问题2264个，整改率达到95%。

我们持续推进正风肃纪反腐，打出“组合拳”，做到力度不减、关口前移、标本兼治。加强党对反腐败工作的统一领导，坚决减少腐败存量，有效遏制腐败增量，全市共立案2080件，处分2031人，移送司法机关43人；查处违反中央八项规定精神和“四风”问题105件，处分148人。出台《关于进一步贯彻落实中央八项规定精神实施细则》，健全改进作风长效机制。积极实践“四种形态”，实行县级以上领导干部“廉政谈话簿”制度。充分发挥巡察利剑作用，第二轮、第三轮对4个县、15个市直单位的巡察圆满完成。市委4次研究巡察问题整改，对5名不称职的正处级党政领导干部、2名监督不力的纪检组长予以免职。监察体制改革试点成效显现，市县两级全部如期完成“转隶”工作，监委内部“纪法”衔接、监委与执法司法机关“法法”协调制度基本建立，制度优势不断转化为治理效能，6省26市来我市学习试点经验。

我们着眼于建设高素质专业化干部队伍，全面加强领导班子和干部队伍建设，激发了干事创业的精气神。树立正确选人用人导向，严格“九查”甄别，坚持事业需要选人，坚持在基层一线培养选拔干部，选拔任用市管干部405名，基层一线选拔干部141名，得到社会好评。着力加强“三基建设”。加大财政投入，全市共投入5.4亿元，是过去6年的总和，乡镇党校和“五小”设施基本实现全覆盖，新改扩建村级组织活动场所778个。乡村运转经费

高于省定标准。加大村集体经济破零，集体经济收益村占比由年初48.5%增长到89.6%。开展了对农村“两委”主干及成员、第一书记的大培训，培训基层干部2.8万名。探索社区大党委制，已组建58个。全面推行“一目录三手册”，推进机关标准化建设，提升工作效能。扎实抓好村（社区）“两委”换届工作，实行“先定事、再定人”和“先晒业绩、后绘蓝图、再选班子”的做法，力求把能干的好人选出来，全市所有村党组织全部完成换届，98%的行政村完成了村委换届，为打赢脱贫攻坚战和实施乡村振兴战略奠定了坚实基础。市县两级全部成立了非公和社会组织工委，非公经济组织和社会组织党组织覆盖率分别达88.3%、74.8%，比上年分别提高27和42个百分点。切实改进干部作风，优化发展环境，建立干部干事创业激励机制，全市干事创业氛围更加浓厚。

常委会在抓好以上重点工作的同时，统筹推进了其他各方面工作，党领导的各项事业均取得了积极成效。

一年来，市委常委会坚持把加强自身建设摆在首要位置，努力为全市各级党组织和广大党员干部作出表率。坚持理论学习不放松，全年市委中心组学习15次，牢牢把握正确政治方向，牢固树立“四个意识”，不折不扣落实党中央、省委决策部署。健全完善常委会工作机制，坚持民主集中制，增强常委班子政治性、凝聚力、战斗力。以钉钉子精神抓工作推进落实，统筹谋划部署脱贫攻坚四大战役，转型发展两个旅游季活动以及大数据推介会、白酒博览会、铝系洽谈会等系列重大活动，压茬召开“三基建设”3个现场推进会，形成抓“三件大事”持续推动、一拍接一拍抓落实的工作态势。常委会带头严格民主生活会，主动接受监督，成员之间坦诚相处，相互配合，团结干事；坚持严于律己、清正廉洁，做到“三严三实”，永葆共产党人政治本色。各位委员和候补委员对常委会工作给予大力支持和帮助。在此，我代表市委常委会，向各位委员和候补委员，向奋战在各条战线的党员干部，向全市广大人民群众，表示衷心的感谢！

我们也清醒认识到，当前全市改革发展还面临不少困难和挑战，工作尚有一些需要加强和改进的地方。主要是：攻坚深度贫困任务仍然艰巨，越往后脱贫难度越大，扶贫与扶志扶智相结合、产业扶贫等工作质量需要进一步提高；“一煤独大”产业结构尚未根本改变，新兴产业比重较低，转型发展任重道远；教育、医疗、社保、生态环保等民生事业底子薄、欠账多、基础差，还有大量工作要做；一些党员干部的能力和作风与新形势、新任务要求不相适应等。

常委会将进一步担当起解决问题的政治责任和历史责任，以习近平新时代中国特色社会主义思想为指引，全面贯彻党的十九大精神，继续深入贯彻落实习总书记视察山西重要讲话精神，坚持以脱贫攻坚统揽经济社会发展全局，围绕抓好脱贫攻坚、转型发展、全面从严治党“三件大事”，聚焦建设“示范区”“排头兵”“新高地”三大目标，拿出扎实举措，统筹推进改革发展稳定和党的建设各项工作，团结带领全市干部群众走好新征程、探出新路子、创造新业绩，以新的精神状态和奋斗姿态，奋力谱写新时代中国特色社会主义的吕梁新篇章！

政府工作报告

——在吕梁市第三届人民代表大会第五次会议上

吕梁市市长 王立伟

(2018 年 3 月 31 日)

一、2017 年工作回顾

2017 年是吕梁发展进程中极不平凡的一年，是具有重大里程碑意义的一年。6 月 21 日习总书记亲临山西视察，第一站就来到吕梁，充分肯定了吕梁精神。党和人民的领袖对老区人民的亲切关怀，使全市上下备受鼓舞、倍感振奋、干劲倍增。我们牢记总书记嘱托，在市委的坚强领导下，坚持以习近平新时代中国特色社会主义思想为指导，全面贯彻党的十九大精神和习总书记视察山西重要讲话精神，不断增强政治意识、大局意识、核心意识、看齐意识，深入贯彻落实新发展理念，扎实推进脱贫攻坚、转型升级、全面从严治党“三件大事”，吕梁同全省一样政治生态由“乱”转“治”、发展由“疲”转“兴”，脱贫攻坚再战再胜，经济社会发展取得了历史性成就、发生了历史性变革。

全年地区生产总值完成 1310.3 亿元，增长 9.2%;规模以上工业增加值完成 878.4 亿元，增长 11.3%;一般公共预算收入完成 138.8 亿元，增长 54.9%; 企业利润总额实现 195.9 亿元，增长 44.6 倍。4 项主要经济指标增速从 2015 年全省末位，2016 年由负转正进入中游，2017 年上升为第一位，实现了年初提出的“保中游、争上游”的目标。固定资产投资增长 6.2%，社会消费品零售总额增长 6.4%，城镇、农村居民人均可支配收入分别增长 6.3%、7.7%，达到 25704 元、8232 元。市区空气质量优良天数排名全省第二。以全国林业扶贫现场会等 10 多个国家和省现场会为标志，生态脱贫、光伏扶贫等一批重点工作进入全省、全国“第一方阵”，广大干部群众干事创业氛围日益浓厚，全市内生动力和外部形象都发生了深刻变化。

一年来，我们主要做了以下工作。

(一)坚持以脱贫攻坚统揽经济社会发展全局，聚焦深度贫困，脱贫攻坚再战再胜

压茬推进“春季行动”“夏季攻势”“秋季会战”“冬季对标”，全年 445 个贫困村退出、14.8 万贫困人口减贫，中阳、柳林 2 个贫困县摘帽，孝义、汾阳、文水 3 个县整体脱贫。打响具有吕梁特色的生态脱贫、护工护理培训和光伏扶贫“三张品牌”，在生态建设战场打赢增绿增收两场战役的做法得到习总书记充分肯定，国家林业局局长、扶贫办主任及全国 20 多个省区林业厅长和扶贫办主任在离石、柳林、临县观摩了现场；“吕梁山护工”品牌叫响全国，央视《朝闻天下》栏目连续 8 期报道；光伏扶贫走在全国前列。部分省区领导观摩了交城易地扶贫搬迁安置点，时任副总理汪洋同志亲临现场给予高度评价。大力实施特色产业扶贫，带动 33.1 万贫困人口增收。加大金融扶贫力度，风险补偿产业扶贫贷款模式全国推广。出台教育扶贫“5+5”资助政策，资助贫困学生 20.9 万人次；贫困人口医疗费用报销率达 87.34%，全省排名第二；13 个县市区农村低保标准与扶贫标准实现“两线合一”，低保标准全部高于扶贫标准，脱贫攻坚“三五工程”

方略开始落地生根。

（二）坚持加快转型发展不动摇，大力实施产业发展战略，产业集群化发展水平有效提升

抓住国发42号文件政策机遇，打出转型综改“组合拳”，推进九大产业转型发展。铝工业逐步发展壮大，局域电网初步建成试用，全省最大的合金铝生产线中润一期50万吨项目具备投产条件。煤焦产业向化的方向延伸，鹏飞集团与北京三聚环保公司合作的30万吨甲醇联产2亿立方米LNG项目建成投产，金达、金岩分别与宝钢、山东科瑞合作，上马了煤系针状焦、甲醇联产LNG等传统产业升级项目。白酒产业加快发展，产量和产值均增长40%以上，我市被评为“世界十大烈酒产区”之一。文化旅游产业提档升级，开展“乘汾酒号列车，赏吕梁山风光”“吕梁——一个令人向往的地方”旅游季活动，全年接待游客人数、旅游总收入增幅均超过30%，我市获2017亚洲旅游产业年会“最受欢迎旅游目的地”奖。大数据产业迅猛发展，依托华为公司引进软通动力等20家企业。规模以上工业增加值中，非煤产业占比由2013年的35.5%上升到49%，其中铝工业、白酒产业分别达16.6%、6.8%，战略性新兴产业和高技术产业增加值分别增长16.9%、14.3%，产业转型步伐不断加快，优势产业做强、新兴产业做大的格局开始显现。

（三）坚持全面深化改革开放，着力破除体制机制障碍，发展动能加速转换

认真落实“三去一降一补”重点任务，核减煤炭产能20万吨，减量置换234.6万吨；加大房地产去库存力度，全市商品房待售面积、库存消化周期实现“双下降”；多措并举降低企业负债率和实体经济成本，规模以上企业每百元主营业务收入成本减少5.79元。成立9家售电公司，38家企业参与电力直接交易，节约成本1.5亿元。加快开发区“整合改制扩区调规”，基本完成“三制”改革，省级开发区数量达到5个。19个景区完成体制机制改革，实现管理权和经营权“两权分离”。87家国有企业完成公司制改革，离柳焦煤集团等18家试点企业改革迈出坚实步伐。举办“数谷吕梁·智赢未来”大数据产业推介会、世界酒文化博览会、第四届全国煤炭深加工及焦化产业绿色发展交流会、铝工业发展论坛。搭建的这四大招商和转型发展大平台，吸引了12位两院院士、100多位专家学者及5000多名领军企业的人员参加，引进转型项目30多个，扩大了吕梁影响、塑造了吕梁新形象。大力实施“百千万人才工程”和“百校千人计划”，与北航、北理工等9所重点高校（单位）签订战略合作协议，47位院士专家被聘为吕梁转型发展顾问。建立博士后工作站、技术研发平台12个。吕梁市推广PPP模式和孝义公立医院改革受到国务院通报表扬。特别是涉及1.7万职工、1820户普通债权人、586亿元债务的联盛集团依法破产重整，初步实现“平稳重整、涅槃重生”目标，成为全国化解金融和社会风险的典型案例，受到省委、省政府和中国银监会的充分肯定。

（四）坚持实施新型城镇化发展战略，狠抓基础设施建设，城乡面貌持续改善

大力推进“双十”市政重点工程建设。新区以11.5公里吕梁大道为主干的两纵十六横路网基本建成；以两带三湖为主的水面面积达到21.81公顷、绿化面积达到155.14公顷，宜居宜业生态环境初步形成；吕梁火车站站前广场、盛地小学投入使用，水电气热讯等市政设施建成完善；社会关注的两县区16个小区69栋安置楼11369套安置房建成，4000多户群众拿到新房钥匙，进一步加快推进新区建设成为广大干部群众的期盼和共识。主城区提质改造步伐加快，投资9亿多元实施城区集中供热项目，供热面积从1477万平方米增加到近2000万平方米，热源点由原来的3个增加到5

个，惠及2万多户群众；雨污分流管网改造工程完成；城南传统工业主题公园一期、兴隆、永宁小游园等8项宜居环境改善项目基本建成或投入使用。启动“五十百千”创建活动，孝义创建全国文明城市，汾阳、岚县创建省级文明城市，石楼创建省级卫生城市，汾阳贾家庄、离石信义创建国家特色小城镇，孝义梧桐、临县碛口、柳林孟门创建省级特色小城镇。开工建设静兴、祁离2条高速和沿黄扶贫旅游公路一期工程，新改建农村公路1210公里。榆横——潍坊、上海庙——山东过境输电线路全面架通。中部引黄隧洞连通工程和柏叶口龙门供水工程建成投运。

（五）坚持以人民为中心的发展思想，着力保障和改善民生，人民获得感不断增强

扎实推进习总书记提出的12项民生实事、省政府6件实事和我市6件便民实事。全年民生支出259.9亿元，占公共财政支出的82.49%。提前一年完成“义务教育基本均衡评估认定”。孝义教育改革走在全国前列，全国义务教育学校管理标准实施部署会在孝义召开。高考二本B类以上达线人数超过1.4万，清华、北大录取18人，实现历史性突破。大力推进医疗、医保、医药“三医联动”，孝义、岚县、交口经验做法被央视报道，全省医改工作现场会在柳林召开。开展大气、水、土壤污染防治三大战役，扎实推进中央、省环保督察发现问题整改工作，投资近100亿元实施50项重点环保基础设施工程，全市空气质量和重点河流水环境质量大幅改善，17个重点河流水质监测断面达到考核要求。毫不松懈抓好安全工作，安全生产形势总体平稳，被省政府考核为优秀。深入开展扫黑除恶专项斗争，刑事案件和治安案件分别下降22.43%、13.32%，人民群众安全感有所提升。

（六）坚持不懈推进党风廉政建设，依法全面履行职能，政府效能有效提升

切实加强政府系统全面从严治党，深入推进反腐败斗争。扎实推进法治政府建设，严格执行市人大及其常委会的决议决定，主动接受人大、政协监督，人大代表建议和政协委员提案办结率达100%。建成市县乡三级“13710”电子督办平台，全年督办重点工作233件，政府执行力持续提升。建立新区建设、集中供热、扶贫等重点工作微信平台，实行“3个24小时直通车”制度，及时协调解决各类问题1000余个，实现政府服务高效率快作为。深化“放管服效”改革，取消和下放审批事项145项。扎实开展干部入企服务常态化等十大专项行动，在孝义试点推行企业投资项目承诺制。支持各民主党派、人民团体工作，国防动员、人民防空、民兵预备役建设进一步加强，粮食供销、外事侨务、文物保护、防震减灾、民族宗教、档案方志、应急管理、对台、气象等工作取得新进步。

回顾过去的一年，我们取得了来之不易、振奋人心的成绩，根本在于有习总书记这一全党拥护、人民爱戴的领袖为我们领航掌舵，在于以习近平为核心的党中央的英明领导，在于有习近平新时代中国特色社会主义思想科学指引；这些成绩的取得是省委、省政府亲切关怀、坚强领导的结果，是市委统揽全局、正确领导的结果，是市人大有效监督、市政协大力支持的结果，是全市人民勠力同心、砥砺奋进的结果。在此，我谨代表市人民政府，向全市人民、全体人大代表和政协委员，向各民主党派、人民团体和各界人士，向驻吕解放军、武警官兵和公安干警，向所有关心支持吕梁改革发展的朋友们，表示衷心的感谢和崇高的敬意！

安不忘危、兴不忘忧。我们清醒地认识到，发展不平衡不充分的问题在我市表现十分突出，政府工作还有不少问题。煤焦冶电传统产业占比较高，战略性新兴产业和高技术产业发展不足，工业转型类投资增长乏力；城乡居民收入水平滞后于经济发展水平，全省10个深度贫困县我市就有3个，增收任务仍然十分艰巨；城镇化水平不高，民生领域还有不少短板，市区学校、医院建设不能满足人口增长需要；生态环境脆弱，环保基础设施欠账较多，采暖期大气污染严重，去年市区尽管新增供热面积500万平方米，但因政策因素晋能大土河两台供热发电机组仅批复一台，部分区域供热温度不高不稳定；金融和安全领域风险隐患不容忽视，社会治安形势依然复杂；一些干部干事创业精气神不足，不敢为、不善为，庸政懒政怠政现象仍然存在，等等。对此，我们一定以不畏艰难、坚韧不拔的勇气和意志，以持之以恒、奋发有为的精神和毅力，不懈怠，不松劲，全心全意、尽心竭力认真加以解决，不辜负人民的重托！

二、2018年工作安排

2018年是全面贯彻党的十九大精神的开局之年，是改革开放40周年，是决胜全面小康、实施“十三五”规划承上启下的关键一年。做好政府工作，要全面贯彻党的十九大精神，以习近平新时代中国特色社会主义思想为指导，坚持稳中求进工作总基调，坚持新发展理念，紧扣社会主要矛盾变化，按照高质量发展的要求，统筹推进“五位一体”总体布局和协调推进“四个全面”战略布局，坚持以脱贫攻坚统揽经济社会发展全局，坚持把深化供改与深化综改结合起来，围绕建设“示范区”“排头兵”“新高地”三大目标，聚焦防范化解重大风险、精准脱贫、污染防治“三大攻坚战”，实施“十大举措”，把握“六个结合”，统筹推进稳增长、促改革、调结构、惠民生、防风险各项工作，大力推进改革开放，推动质量变革、效率变革、动力变革，促进经济社会持续健康发展。

主要预期目标是：地区生产总值增长7%左右；一般公共预算收入增长8.5%；固定资产投资增长9%；社会消费品零售总额增长7%；城镇居民和农村居民人均可支配收入分别增长6.5%、6.6%。城镇调查失业率和登记失业率分别控制在6%、4.2%以内。

约束性指标是：严格执行能源消耗总量和强度“双控”制度，万元GDP综合能耗下降率、万元GDP二氧化碳排放量、万元GDP用水量降幅等减排指标，完成省定任务。市区空气质量持续保持在全省重点城市前列。

2018年总体要求和主要指标设定，坚持高质量发展要求，充分考虑吕梁经济恢复性增长的实际，既实现量的快速增长，为转型发展和脱贫攻坚积蓄力量；又实现质的大幅提高，为产业转型和深化改革留出空间，确保速度、效益、结构、动能四个维度的同步协调、相互支撑。争取各项主要经济指标在去年“保中游、争上游”的基础上，实现“双保双创”目标，即：主要经济指标增速和总量在全省保上游，脱贫攻坚、产业转型在全省创一流。我们要“干”字当头，以对事业饱满的热情、对工作旺盛的激情，撸起袖子，甩开膀子，干出推动高质量发展的“加速度”，干出攻坚深度贫困的“绣花功”！

围绕以上目标，重点抓好以下工作：

（一）攻坚深度贫困堡垒，实现脱贫攻坚连战连胜

今年的脱贫任务更重，脱贫难度也更大，年内要确保354个贫困村退出、12.6万人减贫，方山、岚县、交城、交口、离石5个贫困县（区）摘帽脱贫。我们将全面贯彻习总书记扶贫开发重要战略思想，按照市委“脱贫攻坚要跻身全省全国第一方阵”的要求，突出“六个坚持”、把握“五个转变”，以“打不赢脱贫攻坚战，就对不起这块红色土地”的坚定决心，举全市之力再打一个漂亮仗。

提升生态脱贫、护工护理培训、光伏扶贫“三大品牌”。坚定不移推进生态脱贫。认真践行总书

记“绿水青山就是金山银山”的理念，以规模化、合作化方式集中实施“三个100万亩工程”，即荒山造林100万亩、退耕还林100万亩、经济林提质增效100万亩，全面启动国家储备林项目，加快推进森林城市建设。实施造林务工、退耕奖补、管护就业、经济林提质增效、苗圃育苗“五大项目”。进一步加大护工护理培训力度。紧紧抓住贫困人口参训、培训质量、转移就业、跟踪服务四个环节，举办“吕梁山护工就业推介会”，筹建“吕梁山护工”服务部，打造一站式“家政服务超市”，进一步打响“吕梁山护工”品牌。年内完成1.25万人的培训任务，其中贫困人口培训率力争达到60%以上、就业率达60%以上。加强与中铝、山西焦煤等大型企业合作，抓好吕梁山技工、吕梁山工匠等全民技能提升培训，实现持证上岗，不断提高贫困群众就业增收能力。扎实推进光伏扶贫。全面铺开总规模416.68MW的260个村级电站、25个联村电站、5座集中式电站建设，力争10月底前全部并网发电。进一步完善收益分配办法，保障深度贫困户优先受益，带动1124个贫困村集体经济收入稳定达到5万元以上。

坚决啃下易地扶贫搬迁“硬骨头”。以深度贫困村为重点，围绕解决“人钱地房树村稳”等问题，“六环联动”有序推进，确保2017年搬迁人口年底前全部入住，剩余4.33万人的搬迁任务年底前全部竣工。用足用好城乡建设用地增减挂钩等政策，整村拆除复垦自然村510个。大力发展后续配套产业，让贫困群众搬得出、稳得住、逐步能致富。

大力推进企业产业扶贫。广泛动员央企、省属企业和民营企业等，本着自愿、双赢、互补的原则，启动实施绿化一座山、治理一条沟、扶持一个主导产业、安排一批劳动力、救助一批特困群众等“八个一”为主要内容的多种途径、多种方式的企业帮扶。探索资源型企业以工补农，助力产业脱贫的新途径。总结推广离石泰化“三转三化”、中阳中钢帮助搬迁群众装修安置房、汾阳汾州香“政府+研究所+公司+农户”、兴县山花烂漫“公司+农户”等模式，增加贫困群众收入。

提高社会保障水平。加大健康扶贫力度。持续开展“三个一批”医疗救治行动，大力推行贫困人口住院先诊疗后付费“一站式”服务、健康扶贫“双签约”等机制，确保农村贫困人口住院总费用实际报销比例达到90%，健康扶贫政策真正落实到位。持续落实教育扶贫政策。建立教育扶贫个人资金账户，继续对贫困县农村幼儿园、义务教育和普通高中、中高等职业学校以及二本B类以上高校贫困生进行资助。对贫困县农村寄宿制学校所有寄宿生、非贫困县农村寄宿制学校的建档立卡贫困家庭子女和特殊教育学校寄宿生给予免费就餐；租房居住不在学校就餐的小学生，给予生活补助，确保建档立卡贫困家庭每一个学子真正享受到资助政策。提高兜底扶贫标准，摸清找准低保对象，稳步提高低保标准，持续推进“两线合一”，确保农村低保标准高于国家扶贫标准。加快养老保险参保人群全覆盖步伐，城乡居民基础养老金最低标准提高到103元，进一步增加60周岁以上贫困人口收入。实施贫困村提升工程，加强贫困乡村公路、安全饮水、电网、物流、互联网等基础设施建设，村级公路通畅率达到100%，年内脱贫摘帽县完成危房改造8182户，解决364个退出贫困村饮水安全问题。对整村搬迁以外退出贫困的农村，实施整村提升工程，确保贫困地区基本公共服务主要指标接近全省平均水平。

积极创新帮扶机制。凝聚帮扶合力。进一步完善驻村帮扶工作队“三四五”管理制度，继续加大工作经费支持，压实帮扶责任，发挥好“三支力量”帮扶作用；加大县际结对帮扶力度，充分发挥民主党派、工商联、群团组织等桥梁纽带作用，鼓励引导各类社会组织、企业和个人开展向贫困地区、贫困群众献爱心活动，为帮扶县提供人力、物力、财力、智力支持。创新投入机制。继续加大涉农资金整合使用力度，确保应整合和实际整合规模、支付进度均达到90%以上。创新财政投入方式，利用贫困村提升工程公司、扶贫开发公司、林投、交投、水投等五个融资平台，撬动社会资本投向脱贫攻坚；市财政新增财力50%用于脱贫攻坚，各贫困县新增财力的主要部分也要倾斜用于脱贫攻坚，实现财政专项扶贫资金投入总量和增幅保持“双较大增长”。引导和鼓励金融机构创新金融产品和服务，完善扶贫贴息贷款政策，扩大覆盖面，力争新增扶贫小额贷款10亿元。扎实开展“扶贫领域作风建设年”活动，深入推进扶贫领域腐败和作风问题专项整治，筑牢扶贫资金管理使用的“高压线”。增强内生动力。大力选树、广泛宣传脱贫致富典型，持续开展“传承好家风、争当文明户”评选活动，弘扬脱贫攻坚正能量。推广岚县经验，选聘老干部、老教师和农技员，进村入户宣讲帮扶政策、开展技能培训，不断提升贫困群众自我发展能力。

乡村要振兴，贫困一定要攻克！我们要持续精准发力，集中攻坚深度贫困县，打造脱贫特色县，巩固提升摘帽县，坚决扛起政治责任和时代责任，确保进度和质量，让脱贫成效得到群众认可、经得起历史检验！

（二）加快构建现代产业体系，着力推动高质量发展

围绕打造能源革命排头兵，以壮士断臂的勇气，延长资源产业链条，培育非煤产业、非资源产业，努力改变传统产业多新兴产业少、低端产业多高端产业少、资源型产业多高附加值产业少、劳动密集型产业多资本科技密集型产业少的状况，构建多元发展、多极支撑的现代产业体系。

推动传统产业规模化集群化发展。加快煤电铝（镁）材一体化改革发展。围绕建设孝义、兴县2个百万吨级和柳林、交口2个50万吨级铝材加工基地，按照“铝土矿不出市、氧化铝不流失、原铝水不落地”的原则，推动兴县中润一期50万吨合金铝项目全线投产，争取启动二期50万吨合金铝项目；加快柳林森泽50万吨铝镁深加工、孝义信发110万吨轻质合金、交口伊电50万吨铝材等项目前期工作，力争年内开工建设。推动局域电网增容扩网，争取晋能大土河2号机组、京能吕临105万千瓦机组并网发电，建成孝义晋能2×35万千瓦发电机组。推动煤、铝、电企业相互参股，实现大用户直供电等政策落地；引导铝工业企业围绕赤泥综合利用、煤矸石提取氧化铝等进行技术突破，创建煤电铝（镁）材一体化循环经济试点。推动煤焦传统产业向化产品方向延伸。围绕孝义梧桐、交城夏家营、离柳矿区3个千万吨和汾阳三泉500万吨新型煤化工基地提档升级，稳定减少焦化产能，推动焦化企业向园区集中集聚，向煤化工产品高端化方向发展。大力引进高新科技、金融资本和优秀人才，加快建设孝义鹏飞40万吨费托合成蜡、90万吨超级悬浮床焦油加氢和孝义金岩45万吨乙二醇联产3亿立方米LNG、孝义金达2×5亿立方米LNG项目，建成投产孝义金岩250万吨、金达150万吨大型焦化项目，推进中阳福裕220万吨焦化项目复工复建，开工建设汾阳金塔山130万吨焦化项目。推动白酒产业发展壮大。加快建设全国最大的清香型白酒生产销售基地，以汾酒集团为主建设国家级白酒交易会展中心，以杏花村经济开发区为主建设国家级白酒质量检验检测中心。支持汾酒集团改革发展，通过租购并举，推动中汾酒城释放全部产能。支持汾阳华樽、青花瓷，方山老传统、良泉，文水女皇、宗酒、龙泉等中小微白酒企业发展壮大，力争全市白酒产量和销量增长20%以上。推动钢铁产业提档升级，推进中钢50万吨矿用支护材料加工、100万吨线材深加工和航电新能源磁粉芯项

目建设，加快文水海威技术转型。列出重大技改和产业延伸项目清单，积极争取省级技术改造专项资金，市县配套专项资金，促进传统产业装备水平、产品质量和附加值逐步提高。

坚持把文化旅游产业培育成战略性支柱产业。依托丰富的旅游资源，努力建设全域旅游示范市。着力锻造黄河旅游板块，以临县碛口古镇、石楼黄河奇湾为重点，打造百里黄河旅游带。实施旅游公路率先突破，加快建设沿黄扶贫旅游公路及生态绿道项目，全面开工建设兴县至柳林军渡一期工程，建成黄河干线碛口试验段；加快建设离石—碛口、离石—千年—庞泉沟—北武当山等旅游公路，构建“城景通、景景通”的旅游公路网。全面提升景区品质，以“乘汾酒号列车、赏山口村庄”“吕梁——一个令人向往的地方”为主题，重点挖掘红色文化、廉政文化等旅游资源，持续打造“游吕梁英雄故里、看红色经典展馆”品牌。推动岚县、交城创建国家全域旅游示范县。加强与省文旅集团等旅游战略投资商对接，实施重点景区改造提升。推进交城卦山玄中寺英雄广场、方山北武当山、孝义三皇庙孝河湿地公园金龙山创建国家5A级景区，岚县白龙山、柳林抖气河、中阳柏洼山等景区争创国家AAAA级景区。加快建设完善游客服务中心、停车场、特色餐饮、宾馆等旅游配套设施，加快无线网络全覆盖，推进旅游“厕所革命”，以设施改善带动服务水平提升。建设“大数据＋旅游”平台，推行大宗旅游奖励、旅游惠民一卡通、淡旺季景区门票优惠等政策措施，拉动旅游消费快速上升。

大力培育新产业、新动能、新增长极。大数据产业，深入实施2018年行动计划，做大做强华为云服务大数据中心、吕梁军民研究院云计算中心两大品牌，大力发展数据平台经济，加快建设“数谷吕梁”，努力跨入全国大数据第一方阵。8月中旬前建成投运华为大数据中心，年底前建成投用交城中交网通西部数据中心一期工程，推动吕梁军民研究院云计算中心提升市场化运用水平，加快建设吕梁国家数据产业园、中阳区域大数据科技人才孵化区及孝义城市综合体等项目，筹建山西省大数据研究院吕梁分院。支持华为承接省直有关厅局及周边地市灾备中心项目，启动建设水利信息化平台和扶贫云、卫生云、旅游云、工业云等项目，提升“数谷吕梁·智赢未来”活动影响力和知名度。新能源产业，加快建设孝义汉能移动能源产业园区项目，确保一期20MW柔性太阳能电池组件和600MW太阳能组件制造项目投产运行，打造移动能源领跑者；加快建设文水晋能清洁能源“互联网＋光伏制造业”、离石华富星辰100MW太阳能电池组件项目。新材料产业，重点建设文水水木新碳材1万吨/年锂电池负极材料、离石中磁尚善金属软磁粉芯等项目。装备制造业，重点建设交城利虎汽车用安全玻璃、离石新龙重工煤机装备技改等项目。节能环保产业，重点建设兴安化工30万吨赤泥综合利用、柳林森泽煤铝高白氢氧化铝产品、山西国峰煤电粉煤灰综合利用、岚县三鑫继亨20万吨矿渣棉综合利用二期等项目。开工建设晋西北建筑产业园区。现代服务业，发挥吕梁机场、太中银铁路、瓦日铁路等交通大动脉作用，规划启动建设新区航空港物流区、吕梁综合物流园区，开工建设太原铁路局吕梁综合服务项目。引进红星美凯龙等行业龙头企业，在新区发展商贸服务业。发展“互联网＋”、智慧物流等衍生业态。发展监理业、评估业、咨询业等新业态。出台优惠政策，支持金融业、运输业和商贸流通业发展。

在新时代的春天里，资源型地区经济转型已经全面上升为国家战略。我们将紧紧抓住政策机遇，巩固拓展经济快速发展的良好态势，加快培育新动能，持续培植新要素，不辱使命、义无反顾地推动转型，努力走出具有鲜明吕梁特色的转型之路！

（三）深入推进“转型项目建设年”，以大平台大招商大项目夯实转型发展基础

加快开发区改革创新发展。继续推进开发区整合设立扩区，争取吕梁经济技术开发区和岚县、交口3个省级开发区年内获批，文水、交城2个省级开发区扩区获批。加快开发区体制机制改革，积极推进“三化”改革，探索“建管办分离”。复制推广山西转型综改示范区管理权限，切实向开发区授权放权。抓好开发区基础建设，已批开发区抓紧启动四至范围核定工作；按照“五规合一”要求，各开发区启动编制总体规划，加快完善基础设施建设，做好“九通一平”，推动项目尽快入区。实行“一地一策”，分类处置闲置土地，土地指标向开发区倾斜。布局好开发区产业项目，确保各开发区工业投资增长20%以上。吕梁经济技术开发区主要布局大数据产业，孝义开发区主要布局煤电铝材产业，汾阳杏花村开发区主要布局白酒产业，交城开发区主要布局煤化工和大数据产业，文水开发区主要布局新能源和装备制造业，兴县开发区主要布局煤电铝材深加工产业，岚县开发区主要布局冶金和制造业。方山、临县主要推进全域旅游文化建设。支持有条件的开发区以“区中园”模式建设高新技术产业园和国际产业合作园，努力在对外开放、招商引资、引领转型上有新的突破，积极构建内陆地区对外开放新高地。

加大招商引资力度。坚持把平台化、品牌化招商引资作为“一号工程”，举办2018年“数谷吕梁·智赢未来”论坛、第二届世界酒文化博览会、煤焦化产业发展推介会和第三届吕梁铝工业论坛四大平台招商活动，举办中国作家节。加强与全国性的行业协会、各种商会和学会等中介机构合作，举办各类招商引资引智活动。支持各县市区打造临县“枣儿红了”、岚县“土豆花开了”等特色招商平台。重新梳理完善土地、税收、资源等优惠政策，精心策划包装一批招商项目。紧盯东南沿海资本富集地和产业转移输出地，主动走出去，实施目的地招商、以企招商、专业招商、委托招商，不拘形式引商引智，吸引大型央企国企、世界500强企业、高新技术企业、知名品牌企业落户吕梁。

全力扩大转型项目投资。扎实推进传统产业升级改造、新兴产业、科技创新等6大领域、531个已确定的建设项目。精心储备和推进一批技术含量高、市场占有率高、拉动力强的项目。做深做实项目规划选址、用地预审、环评审批、核准等前期工作，掌握建设主动权。把项目落地作为关键环节，建立完善领导包联、并联审批、协调调度、市县联动、统计监测、监督考核等机制，扎实开展“集中开工月”“打击恶意阻工扰工”等专项行动，顺利推进项目建设。

着力打造“六最”营商环境。深入开展“.六最.营商环境建设年”活动，全市域推开企业投资项目承诺制改革，推行“五统一”工作机制，加快建立以“政府服务承诺＋企业信用承诺”为核心的审批管理模式。继续推进入企服务常态化，落实企业减负政策，减轻企业负担。深化“放管服效”改革，加大简政放权和审批服务力度，年内投用市级政务服务中心，争取企业开办时间减少一半，项目审批时间砍掉一半，政务服务一网办通，企业和群众办事只进一扇门，最多跑一次在吕梁逐步成为现实。凡是没有法律法规规定的证明一律取消，进一步激发市场活力和社会创造力。

（四）实施乡村振兴战略，推进农业农村优先发展

按照“产业兴旺、生态宜居、乡风文明、治理有效、生活富裕”的总要求，聚焦乡村产业振兴、人才振兴、文化振兴、生态振兴和组织振兴，建立健全城乡融合发展体制机制和政策体系，加快推进乡村治理体系和治理能力现代化，努力实现吕梁农业全面转型升级、农村全面繁荣进步、农民全面富裕发展。

大力发展现代特色农业。建设沿黄4县红枣产业基地，实施红枣产业“保卫战”；加快建设汾阳、中阳核桃和兴县小杂粮、岚县马铃薯、石楼蜂蜜、方山中药材、交口食用菌、孝义设施蔬菜、文水畜产品等基地县，规划建设一批红枣小镇、核桃小镇、沙棘小镇、土豆小镇、有机杂粮小镇等特色产业旅游小镇，真正把“一县一业、一村一品”做大做强。加快创建全国农业标准化示范市，重点打造孝义、方山、岚县、文水4个标准化生产示范县和孝义、交城2个农产品质量安全县。着力培育特色农产品品牌，把红枣、核桃、土豆、小杂粮、沙棘、蜂蜜、香菇、清香白酒打造成具有吕梁全域品牌的知名产品。

加快一、二、三产融合发展。深化农业供给侧结构性改革，大力发展功能农业，推动全产业链发展。抓好农产品深加工，强化项目审批、建设占地、用水用电、税收减免等政策支持，培育一批前景好、规模大、辐射带动能力强的农产品加工企业，带动全市农产品加工总量达到150万吨，销售收入突破160亿元。加快发展休闲农业和乡村旅游，大力实施乡村旅游富民工程，开发农家乐、乡村客栈、民俗展演、农业观光园等乡村旅游项目，推进汾阳贾家庄、离石信义、兴县蔡家崖、交城庞泉沟等一批特色旅游小镇建设，争取创建50个乡村旅游景区、100个乡村旅游客栈，把乡村旅游打造成农民增收的新渠道。进一步完善物流体系，加快建设汾阳核桃与杂粮、岚县马铃薯、方山中药材、柳林和临县红枣等专业批发市场，支持供销、邮政及各类企业延伸发展线上线下相结合的电商服务网点，全力打通特色产品走向市场的物流通道，力争年内电商销售额达到5亿元以上。大力发展会展经济，在京津、沿海分区域组织特色农产品巡展推介活动，精心筹办吕梁市首届名特优功能食品展销暨招商引资会、首届吕梁核桃产业高峰论坛，协办好第八届国际沙棘协会大会，加快吕梁特色农产品“走出去”步伐。启动“五库两平台一基金”工程，打通农业生产各个环节之间的联系，全面振兴农业产业。

全面深化农村改革。完成农村土地确权登记颁证工作，深入落实承包地“三权分置”制度，力争流转土地面积110万亩以上。推进农村“三变”改革，探索以“公司+基地+集体经济+农户”“公司+合作社+农户”等多种方式，实现资源变资产、资金变股金、农民变股东。探索林长制改革，推进集体林地“三权分置”，开展集体林托管试点。铺开农村集体产权制度改革，推进集体经营性资产股份合作制改革，组建村级集体经济合作组织，培育资产性收益扶贫试点100个，争取所有行政村集体经济收入“破零”。

推动农村各项事业全面发展。扎实推进农村四好公路建设，年内新改建农村公路1500公里；抓好饮水安全建设，年内实施757处饮水安全工程；推进人口大镇、特色小城镇和旅游重镇集中供热、供气步伐，重点对柳林李家湾、中阳金罗、方山大武、临县碛口、文水胡兰、汾阳贾家庄等人口集中乡镇和旅游重镇实施集中供热；推进天然气管网向县城周边村、国省道沿线以及输气管道途经的乡村延伸，在具备条件的乡村实施集中供气。

加快建设美丽宜居乡村，开展农村人居环境整治三年行动，继续引深“十大特色镇”“百村示范、千村整治”创建活动；继续在全市范围内的高速公路、国道、省道和县乡道路沿线，推进以绿化、美化、净化为内容的“三道三化”专项整治行动；实施农村垃圾、污水、厕所粪污治理；抓好乡村规划，突出晋西民居风格和特色；推进传统村落、宜居村庄、绿色村庄、特色景观旅游名村申报保护工作，打造让群众看得见绿、望得见水、记得住乡愁的幸福家园和美丽宜居乡村！

（五）坚决打好重大风险化解、污染防治攻坚战，营造良好的发展环境和生态环境

坚决打好防范重大风险攻坚战。稳步推进联盛集团破产重整，依法合规推进中诚一号融资风险化解，加快岚县、汾阳、离石、方山、交口农信社改制步伐，坚决守住不发生系统性区域性金融风险的底线。进一步引深打击恶意逃废债务、非法集资、网上集资专项行动，建立健全守信激励、失信惩戒制度，营造良好金融生态。严格规范和遏制政府举债行为，按照“分类管理、区别对待、逐步化解”的原则，摸清隐性债务底数，严控增量，消化存量。

坚定不移打赢污染防治攻坚战。充分运用“人防、技防、联防”，坚持“建、转、提、停、罚”综合施策，全面实施工业污染源深度治理、扬尘污染治理、农村面源污染治理、重点河流环境整治等生态环保八大治理工程，坚决完成中央、省环保督察反馈36个问题75项整改任务。持续推进吕梁市区集中供热全覆盖，供热面积在去年增加500万平方米基础上，再新增230万平方米，供热范围再新增21个周边村。在市区周边1300平方公里“一区三县”所辖区域内，推进81个村512万平方米清洁采暖改造。加强市区燃煤燃放烟花爆竹管控、大型机动车辆限行、扬尘污染整治，推动市区环境空气质量持续保持在全省重点城市前列。开工建设市区生活垃圾焚烧发电厂、餐厨垃圾处理厂、第二污水厂二期及污水收集管网工程，切实解决区域污染严重问题。以汾阳、文水、交城、孝义为重点区域，实施大气污染防治联防联控措施，推动城区环境空气质量明显好转。整治市区刘家湾沟、枣林沟、北川河一号坝至交口大桥段等黑臭水体，市区建成区率先消除黑臭水体。完成汾阳东二环西侧黑臭水体整治，其他县市黑臭水体消除比例达到80%以上。继续推进畜禽养殖粪污治理，完成90户规模养殖场粪污处理设施建设任务。推进净土行动，开展土壤污染状况详查，实施农用地土壤环境分类管理，推进土壤污染治理与修复。

全力推进生态修复治理。认真落实河长制，制定市管河流“一河一策”方案，开展河流水质改善专项整治，推进文峪河、三川河、磁窑河等重点河流水污染防治，全面禁止垃圾入河，严格控制污水入河，推动横泉水库饮用水源地保护，实现国省控断面水质达标。突出抓好黄河、汾河吕梁段和吕梁山生态重大保护修复工程。开工建设文水、孝义等沿汾县（市）堤外湿地项目，打造黄河生态经济带、汾河生态修复经济带和吕梁山国家公园“两带一园”。交口县创建森林示范县，每个县创建1—2个森林小镇，全市创建40个生态文化村。合理划定生态保护红线，推进绿色发展考核评价，着力解决环境突出问题，让我们的天更蓝、山更绿、水更清、环境更优美，让“吕梁蓝”成为我们的新名片！

（六）坚持以改革创新引领发展，不断解放和发展社会生产力

发展前进一步，改革创新就要前进一步。我们要把改革的突破点推进到离市场、离群众最近的地方。

深化能源供给侧结构性改革。提高煤炭供给体系质量。坚定走“减、优、绿”之路，坚持淘汰落后低效产能与大力发展先进产能相结合，推进交口华瑞煤业与孟家焉、蔡家沟和梁家沟3座煤矿减量重组，退出煤炭产能60万吨、减量置换61.8万吨。加快安全高效矿井建设，年内竣工投产矿井10座，新增安全高效矿井5座、先进产能600万吨，安全高效矿井比重达到80%以上。调整优化能源产业结构。加强电力需求侧管理，推进电力直接交易，力争全年直供电量达到28亿千瓦时。实施煤层气发电提速、风电壮大提升工程，年内建成柳林华晋焦煤8兆瓦、文水金地赤峪24兆瓦瓦斯发电项目，加快建设华电汾阳杨家庄10万千瓦、交口棋盘山10万千瓦、国电投河口二期50兆瓦等风电项目。

深化基础性关键领域改革。稳步推进市县国有企业改革。按照“分级管理、统筹推进”原则，通过股权融资、股权合作，吸引优质资本参与，加快推进离柳集团股权多元化改革、吕梁中药厂专业化改革重组。统筹解决好山西第四纺织机械厂、吕梁永固制砖公司和吕梁药材公司等停产停业企业的历史遗留问题；全面完成国有企业“三供一业”及教育、医疗、社区等公共服务机构的分离移交工作，有效化解国企历史包袱。推进民营企业发展壮大，坚持“两个毫不动摇”，加强合法产权保护，支持民营经济发展。继续实施民营企业“三个一”提升工程，组织培训100名企业家、1000名经营者、10000名技术骨干，提升企业整体素质。大力支持个转企、小升规、规改股、股上市，加大考核力度，年内新创办小微企业4000户，新发展“小升规”企业30户，每县至少完成1户企业股份制改造，争取全市挂牌上市3户企业。

深化投融资体制改革。创新运用基础设施和产业发展基金支撑转型。充分发挥市国投、交投、水投、林投等投资功能作用，运用好去年设立的基础设施基金，推进市政设施、道路交通、水利等基础设施建设。积极推广“政府+企业”“政府+金融机构”“政府+企业+金融机构”“企业+金融机构”等基金模式，发挥好中睿、铝基新材料等6支产业基金作用，撬动社会资本投向新兴产业发展；引导支持民间资本联合起来设立投资基金，鼓励发行企业债券，推动盘活存量、融通资金，推动转型升级。进一步推广PPP模式，举办PPP项目推介会，推进政府与社会资本合作。推动祁离高速等30个PPP项目加快建设，重点培育一批基础设施、脱贫攻坚、公共服务示范项目，形成可复制推广的典型经验。

推进科技创新和人才支撑。继续推进以科技创新为核心的全面创新，深化与签约院校单位的合作，重点支持北航中汇科技孵化器、中钢—北航技术研发中心建设省级科技孵化器和技术研究中心，加快推进吕梁国家农业科技园区建设。深入开展“百家院校科技成果走基层走进吕梁活动”，搭建与国内外先进科技成果有效对接的桥梁和纽带。加快离石、孝义、交城省级双创示范基地建设，争取中阳列入全省第二批双创示范基地，年内建成省级及以上工程技术研究中心8家、科技企业孵化器3家、众创空间11家。鼓励企业建设“双创”基地和服务平台，支持建立职工创新工作室，推动大众创业、万众创新深入发展。继续实施“百千万人才工程”和“百校千人计划”，全面落实我市《开发区引进高层次科技人才实施意见》，建立科技人才引进专项资金，对引进各类科研项目和高层次人才进行奖补，对获得国家、省级、市级科学技术进步奖的个人和单位给予专项奖励；围绕县域主导产业发展技术需求，支持县（市、区）建立院士工作站或博士后工作站。

唯改革者进，唯创新者强，唯改革创新者胜。我们要坚定不移地走改革创新之路，只要是为了人民利益的改革，我们万难不辞、万险不避！

（七）加快推进城镇基础设施建设，着力提升城镇化水平

推动城市建设提档升级。坚持主城区、新城区一体化发展，统筹规划建设宜居城市。持续实施“双十”重点工程，完善基础设施，补齐发展短板，提高城市综合承载能力。主城区建设，启动实施市区雨污分流管网改造、东川河步道、东城区供水等10个重点项目。新区建设，完成吕梁医疗卫生园区、吕梁广场、如意湖等工程建设，推动新区路网、两山绿化、吕梁高等师范专科学校、吕梁一中、吕梁三中、规划馆、群艺馆和七、八、九号湖10个重点项目建设。积极推进盛地大道、广电大楼等项目前期工作。市场化引进碧桂园、富力城，发展房地

产业，建设城市综合体。市区公共自行车在去年投放2000辆的基础上再增加1000辆。积极推进柳林撤县设区，拓展市区发展空间。进一步理顺市区两级土地、环卫、公安等管理执法体制，建立科学有效的城市管理体制机制。加快推进智慧城市、海绵城市建设，着力提升城市品质。

持续开展“五城联创”活动。交城、汾阳、交口3县(市)启动创建国家卫生城市，市区启动创建国家园林城市，汾阳、岚县、交口启动创建国家园林县城，交城启动创建省级园林县城和省级文明城市，争取孝义梧桐、临县碛口申报国家级特色小城镇，中阳枝柯、文水开栅、交口双池申报省级特色小城镇。统筹城市地上地下、“面子里子”工程，加快推进污水处理、垃圾处理、供气等公共服务设施建设，进一步提高城市公共服务水平和综合承载能力。

加快城镇基础设施建设。积极做好太原—吕梁—延安高铁前期工作，加快推进吕梁航空口岸临时开放。加快建设静兴和祁离高速公路，争取开工建设离石至隰县西纵高速和国道209市区段改线、新国道太克线三期工程，启动建设大武互通立交工程；做好汾阳至石楼高速公路前期工作。实施省道汾柳线改造工程、省道248三交—大宁公路改建工程。加快推进12处县域小水网分水口和25座调蓄水库前期工作，争取开工建设一批调蓄水库。加快峪口沟水库前期工作进度，争取尽早立项。加快孝义500千伏魏都输变电工程前期工作，开工交口、石州220千伏等输变电工程。

(八)持续保障和改善民生，让改革发展成果更多惠及人民群众

大幅提升教育能力和水平。首先要办好市区教育，新建小学10所、初中3所、高中1所，深化市区贺昌中学等8所公办中学体制机制改革。全面实施“学前教育第三期行动计划”，新建公办幼儿园29所、普惠幼儿园31所，每个乡镇都建成一所中心幼儿园。提高幼儿教师待遇，学前教育公办经费列入财政预算。推进义务教育优质均衡发展，优化农村学校布局，办好寄宿制学校。实施“高中普及攻坚计划”，加快推进普通高中新课程改革。加大县级职教中心建设力度，13个县(市、区)全部建成职教中心。支持和规范民办教育发展，办好特殊教育。实施校长、教师培训提升工程，加强师德师风建设，提高教师待遇，打造一支人民满意的教师队伍。开展最美乡村教师评选表彰工作，营造浓厚的尊师重教氛围。

加快卫生健康事业发展。推进医疗、医保、医药“三医联动”，全面深化县乡医疗卫生机构一体化改革，加快理顺县级公立医疗机构管理体制，推动分级诊疗取得更大进展。年内建成投运市人民医院和汾阳医院医技综合大楼，完成市中医院改造。启动吕梁卫生健康职业学院建设前期工作。继续开展改善医疗服务行动计划，县级医疗集团全部与三甲医院建立医联体，基层医疗卫生服务机构达标率达到95%以上，让老百姓在家门口就能享受到优质的基本医疗服务。加强疾病防控、妇幼保健和爱国卫生工作。推进农村卫生厕所改造工作。完善全面两孩配套政策，为3万名城乡怀孕妇女提供免费产前筛查和产前诊断服务。

全面发展社会事业。落实积极就业政策，实施全民技能提升工程，做好高校毕业生、农村转移劳动力、城镇就业困难人员、军队退役人员和残疾人等重点群体就业工作。加强社会保障，实施全民参保计划，参保率达到95%以上。积极推广医养结合，大力发展养老服务业，完成90个农村老年人日间照料中心建设任务。全力推动吕梁特仪工程开工建设，市社会福利院主体竣工，市儿童福利院具备运行条件，市老年公寓投入运行。启动三年棚户区改造计划，完成棚户区改造7985套。全面落实最低

工资标准、提高公职人员工资和离退休人员待遇、责任制考核奖励等政策，千方百计增加居民收入。

提升公共文化服务水平。建成吕梁图书馆。广泛开展群众性文化体育竞技活动，继续推进文化科技卫生“三下乡”、农村公益电影放映、免费送戏下乡惠民演出等文化惠民工程。加强与中央音乐学院深度合作，推动我市文化艺术事业加快发展。深入挖掘地方特色文化资源，推出一批精品力作。维修老城区体育馆，加快新区体育中心建设，做好第二届青运会吕梁赛区筹备工作。推进全民健身运动。

做好安全稳定等工作。牢固树立安全发展理念，以“四铁”要求推动全市安全生产形势持续稳定好转。扎实推进安全生产领域改革发展，建立健全安全生产责任体系、监管执法体系、预防控制体系和应急救援体系，压实各级党委政府的领导责任、行业领域的监管责任和企业的主体责任，坚决预防和遏制重特大安全事故发生。深化煤矿、道路交通、危险化学品、非煤矿山、冶金工贸等重点行业领域专项整治。按照“一张网、一张图、一张表、一盘棋”的要求，完成安全生产综合监管信息化平台建设。有序推进煤矿、非煤矿山、危险化学品等高危行业强制实施安全生产责任保险制度的落实，积极开展安全教育基地、安全文化示范企业创建活动，提升本质安全水平。深入开展食品药品重点领域薄弱环节专项治理，完善从生产到消费全链条监管，保证“舌尖上的安全”。健全立体化社会治安防控体系，试点建设“雪亮”工程，加快建设公安数据中心、合成作战平台、视频监控综合管理服务平台。深入开展扫黑除恶专项斗争，积极防范和依法严惩各类违法犯罪行为。严格执行重大事项、重点工程、重大决策社会稳定风险评估制度，从源头上、根本上预防和化解社会矛盾，确保人民生命财产安全、社会和谐稳定。重视国防教育、人防和兵役工作；加强统计、气象、文物保护、抗震设防、民族宗教、档案方志等工作。支持各民主党派和各人民团体工作。

久久为功，功成有日。我们要静心用力，坚持不懈地一年接着一年干，一件接着一件办，锲而不舍兑现各项民生承诺，让吕梁人民为工作生活在吕梁而自豪，让吕梁人民生活随着经济发展一年更比一年好！

三、扎实推进全面从严治党和政府自身建设

进入新时代，政府工作要有新气象新作为。我们一定不忘初心，牢记使命，按照习总书记提出的增强“八个本领”、锤炼“五个过硬”的要求，抓好推进全面从严治党，切实加强政府自身建设，努力当好新时代的“答卷人”。

全面加强党的政治建设。坚持和加强党的全面领导，坚持党要管党、全面从严治党。牢固树立“四个意识”，增强“四个自信”，坚定维护以习近平为核心的党中央权威和集中统一领导，自觉维护习近平总书记党中央的核心、全党的核心地位，自觉把维护以习近平为核心的党中央权威和集中统一领导作为最高政治原则和根本政治规矩，坚决执行党的政治路线，严格遵守政治纪律和政治规矩，坚决在政治立场、政治方向、政治原则、政治道路上同以习近平同志为核心的党中央保持高度一致。带头学习宣传贯彻习近平新时代中国特色社会主义思想和党的十九大精神，努力在学懂弄通做实上下真功夫、实功夫，在学习领会上先学一步、学深一层，努力带头学出觉悟、学出信仰、学出担当。坚持三个“一以贯之”，扎实开展“不忘初心，牢记使命”主题教育，不折不扣地把党中央和省委、市委各项决策部署落到实处。

全面推进法治政府建设。坚决维护宪法权威，捍卫宪法尊严，保证宪法实施。严格规范公正文明执法，做到有权不可任性，用权必受监督。认真执行市人大及其常委会的决议决定，自觉接受人大和政协监督。认真办理市人大代表建议和市政协委员提案。坚持科学民主依法决策，大力推进依法行政，落实政府法律顾问制度，推动政府工作全面纳入法治轨道。政府带头讲诚信，依法履行合同约定，带动社会诚信建设，让诚信成为吕梁的靓丽名片。

全面加强党风廉政建设。认真落实全面从严治党的主体责任，严格规范党内政治生活，推动政府系统党风廉政建设向纵深发展。严格落实中央“八项规定”和实施细则精神，驰而不息纠正“四风”，重点整治形式主义、官僚主义新表现。紧盯重点领域和关键环节，深化廉政风险防控。加强审计监督，突出抓好巡察发现问题整改落实。认真落实省委“五倡导、五反对”要求，坚决纠正表态多调门高、行动少落实差等问题，大力整治庸政懒政怠政和不作为、乱作为。认真落实市委激励干部担当作为干事创业办法、支持干部改革创新合理容错办法，为敢于担当者担当，对敢于负责者负责，推动广大干部放开手脚干事创业，干出实打实的新业绩。

全面加强效能建设。深入开展“工作落实年”活动，大力推行重点工作微信群制度，健全重点工作清单制度和责任分解机制，加大“13710”督查督办力度，完善问责和激励机制，确保每一项工作、每一条措施都落到实处。各级政府工作人员一定要扑下身子抓落实，冲锋在前、苦干实干，以“钉钉子”精神真正把各项工作落细落小落实。大力弘扬“吕梁精神”，在脱贫攻坚和转型发展主战场上，锻造一支敢担当、善作为、作风硬的干部队伍，奋力谱写新时期“吕梁英雄传”。

幸福都是奋斗出来的，蓝图都是实干实现的。让我们更加紧密地团结在以习近平为核心的党中央周围，在市委的坚强领导下，凝心聚力、奋力攻坚，为决胜全面建成小康社会、开拓转型综改新局面、开启新时代吕梁发展新征程而努力奋斗！

吕梁市人民代表大会常务委员会工作报告

——在吕梁市第三届人民代表大会第五次会议上

吕梁市人大常委会主任 郝月生

(2018年4月1日)

2017年主要工作

一年来，在中共吕梁市委的坚强领导下，市人大常委会深入学习贯彻党的十九大精神和习总书记视察山西重要讲话精神，坚持在提高政治站位中强化履职意识，在深化理论学习中提高履职能力，在深入调查研究中增强履职实效，在依法监督中彰显履职作为，在真抓实干中提升履职形象，圆满完成了市三届人大三次会议确定的各项工作任务，为推动全市经济社会发展和民主法治建设做出了积极贡献。

一、增强“四个意识”，切实把党的领导贯穿于人大工作全过程

坚持旗帜鲜明讲政治。加强思想政治建设，牢固树立“四个意识”，坚定“四个自信”，切实把讲政治的要求落到实处，严守政治纪律和政治规矩，始终在思想上、政治上、行动上同以习近平为核心的党中央保持高度一致。认真学习贯彻党的十九大精神，坚持用习近平新时代中国特色社会主义思想武装头脑、指导实践、推动工作。严格履行政治责任，加强常委会党组班子建设，坚持民主集中制，提高议事决策水平。严格遵守组织程序，坚决执行市委的决策部署，通过法规草案、作出重大决定、召开重要会议等重大事项，及时主动向市委请示报告，自觉将市委领导贯穿于人大及其常委会依法履职的全过程、各方面，保证人大各项工作与市委的决策部署同频共振、同向发力。

紧扣发展大局谋工作。围绕市委确定的抓好“三件大事”、突出“六个坚持”、实现“六新目标”的大局，在脱贫攻坚、生态建设、转型发展和供给侧结构性改革等关键领域精准发力，出台法规两部，听取和审议“一府两院”专项工作报告17项，作出决议决定12项，组织执法检查和专题调研4次，跟踪监督审议意见的研究处理情况14项，全力推动市委决策部署落地生根、开花结果。坚持党管干部原则与人大依法任免有机统一，依法任免国家机关工作人员50人次，确保市委人事安排意图顺利实现。

二、强化立法主导，努力为全市改革发展提供有力的法治保障

注重科学立法。常委会充分发挥立法主导作用，科学规划立法事项，健全完善立法程序，针对非物质文化遗产保护、扬尘污染、碛口古镇开发保护、中小学校幼儿园规划建设中存在的问题，先后组织开展立法调研、召开座谈会、专家论证会60余次，向社会公开征求意见建议4次，收集到人大代表、立法联系点和社会各界对法规草案的意见建议500余条，严格按照程序颁布施行《吕梁市非物质文化遗产保护条例》《吕梁市扬尘污染防治条例》两部地方性法规。《吕梁市碛口古镇保护条例》《吕梁市中小学校幼儿园规划建设条例》已完成初审。截至目前累计立法5部，居全省9个新授立法权的地级市之首。

夯实法治基础。开展法治宣传教育专题调研，依法作出《在全市开展第七个五年法治宣传教育的决议》，大力营造自觉尊法学法守法用法的良好社会氛围。对市政府报备的《大宗旅游接待奖励办法》等9件规范性文件进行审查，维护法制统一。认真落实宪法宣誓制度，经常委会任命的29名国家机关工作人员全部向宪法宣誓，激励和教育新任命人员自觉学习宪法，尊崇敬畏宪法，做忠诚宪法的信仰者、实践者和捍卫者。

三、突出监督重点，全力推动经济社会高质量发展

突出转型发展。听取审议全市国民经济和社会发展计划报告，支持政府深入落实国务院《关于支持山西省进一步深化改革促进资源型经济转型发展的意见》和省委、省政府行动计划，着力推进产业结构全面升级、发展动力深度转换。扎实开展铝工业发展专题调研，支持政府大力实施煤电铝材一体化战略，尽快形成较为完善的现代铝工业体系。跟踪监督《中华人民共和国旅游法》和《山西省旅游条例》执法检查报告审议意见落实情况，提出高起点规划、设计，全力打造文化旅游强市等工作建议。组织开展《农业机械化促进法》执法检查，继续强化农机社会化服务体系建设。组织开展“优化营商环境专项行动年”活动专题调研，督促政府进一步精简行政许可事项，健全信用信息公开制度与信用奖惩政策体系，营造更加公平开放的营商环境。

突出脱贫攻坚。常委会充分发挥“问诊、把脉、开处方”职能，听取审议上半年全市脱贫攻坚工作情况报告，组织开展全市扶贫资金管理使用专题调研，推动各项脱贫政策措施精准落地，聚焦发力。跟踪监督2016年全市产业扶贫和易地扶贫搬迁、大中型水库和灌区建设管理两个报告审议意见的落实情况，支持政府切实打好“春季行动”“夏季攻势”“秋季会战”“冬季对标”等脱贫战役，不断实现脱贫攻坚连战连胜。深入学习贯彻习总书记扶贫开发战略思想和视察山西重要讲话精神，依法作出《关于推进深度贫困攻坚工作的决定》，支持政府着力推进“三五工程”，坚决打赢全市脱贫攻坚这场硬仗中的硬仗。

突出民生改善。听取审议2016年市本级预算执行和其他财政收支审计报告，审查批准市本级2016年财政决算、2017年市本级财政预算调整方案，支持政府把更多的资金投向老百姓最关心最直接最迫切的民生领域。听取审议全市公共文化服务体系建设情况报告，推进公共文化服务标准化建设。听取审议吕梁市区公交体制改革情况报告，推动解决离石周边群众出行难、难出行的问题。听取审议吕梁市区集中供热工作情况报告，推动集中供热全覆盖工程快速实施，真正让“温暖工程”温暖民心。专题调研山西省中部引黄工程吕梁段施工进展情况，提出加快推进受益区县域小水网工程建设进度，着力构建多渠道、多模式、多元化的投融资体系等建议。深入实施《中华人民共和国食品安全法》执法检查，最大限度保障人民群众“舌尖上的安全”。跟踪监督2016年全市农村义务教育、基层医疗卫生机构服务能力建设、吕梁新区安置房建设、煤矿安全生产等报告审议意见落实情况，促进民生福祉改善。

突出美丽吕梁建设。听取审议全市林业重点工程和生态扶贫工作情况报告，支持政府在“一个战场”打赢生态与生计同步、增绿与增收双赢“两场战役”。听取审议2016年度全市环境状况和环境保护目标完成情况报告，支持政府以中央和省环保督察整改为契机，持续推进环境保护和生态文明建设。组织开展以“铁腕治污、净化环境”为主题的“吕梁环保行”活动，积极配合省人大“三晋环保行”在吕梁的采访检查，推动美丽吕梁建设启动了快进模式。

突出公正司法。听取审议市法院、市检察院深化司法改革、促进公正司法工作情况报告，督促和支持“两院”推进司法体制改革，努力让人民群众在司法案件审理中感受到公平正义。跟踪监督社区矫正工作报告审议意见研究处理情况，督促和支持司法部门完善衔接机制，强化日常监督，预防和减少社区服刑人员重新犯罪。积极回应人民关切，扎实做好信访工作，接待和受理群众来信来访610件次，对15件涉及面广、影响大的案件进行专题督办，被省人大授予“信访督办标兵单位”。

四、紧紧依靠代表，充分发挥人大代表的履职主体作用

优化代表履职服务保障。采取以会代训、集中参训等方式，组织常委会组成人员及部分人大代表分别在西北政法大学、厦门大学参加培训，坚持为代表寄送报刊，支持和服务代表增强学习实效，提高履职能力。

强化闭会期间代表活动。制定出台《市人大代表闭会期间依法履职的实施办法》，有效发挥代表了解民情、反映民意、集中民智的桥梁纽带作用。坚持主任会议成员联系代表小组、常委会委员联系代表制度，实现听取代表意见建议常态化。先后邀请93名三级代表列席常委会会议，组织200余名四级代表参加常委会开展的调研、视察、执法检查等活动，切实保障代表知情知政权。积极探索代表激励机制，对无固定工资收入的代表

执行代表职务时给予适当补贴，鼓励和支持代表在产业扶贫、旅游开发、电商发展等领域发挥专长、建功立业，当好政策“宣传员”、创业“示范员”和致富“指导员”。

督促代表建议意见办理。积极改进代表建议督办方式，对市三届人大三次会议上代表提出的156件建议及时集中交办，列出了建议督办“时间表”，下达了“任务书”，由主任会议成员按分工牵头督办。对主任会议确定的9件重点建议，我们先后20余次深入承办单位进行重点督办，并利用新闻媒体向社会公布，有效提高建议办理质量。听取审议“一府两院”办理有关建议及相关部门办理重点建议情况的专项报告，并分别进行了满意度测评，一批人民群众关心的民生问题得到了较好解决。

五、适应新时代要求，不断加强常委会及机关自身建设

加强学习培训。坚持把学习作为提高履职能力的“必修课”，扎实推进“两学一做”学习教育常态化制度化，组织常委会党组中心组集体学习17次，党组成员轮流为机关党员干部讲授党课，引导党员干部在学懂弄通做实上下功夫，不断提升思想境界和理论素养。采取“走出去、请进来”的培训方式，持续强化对宪法、监督法、代表法等法律法规的学习，不断提高机关干部依法履职能力。

加强党的建设。认真落实全面从严治党要求，完善《落实“三会一课”制度实施方案》等规章制度，不断把常委会党组和机关党的建设引向深入。通过专题党课、会议研讨、民主生活会等方式，教育党员干部忠实践行“四讲四有”，做新时代合格党员。出台《落实党风廉政建设主体责任实施意见》《落实中央八项规定精神实施细则》，坚持不懈落实八项规定精神，持之以恒整治“四风”问题。利用多种渠道，不定期给机关干部发送廉政信息，提醒、督促干部廉洁从政。以“三基建设”为契机，汇编《管理制度手册》《应知应会手册》《便民服务手册》，制定出台《关于进一步提高常委会会议审议质量的试行意见》，切实以制度保障常委会和机关工作有序高效运行。

加强宣传调研。聚焦常委会工作重点、民生热点、基层工作亮点和代表履职闪光点，充分发挥《人大之声》电视专题、《人大工作动态》专刊和门户网站等各种舆论阵地作用，组织征文活动，评选优秀论文，20余篇优秀论文在《山西人大》等报刊刊登，报道人大履职典型和代表风采52期，完成《吕梁市人民代表大会志》编撰工作。坚持把调查研究贯穿于立法、监督、决定、任命的全过程，主任会议成员先后70余次深入相关单位，对列入会议审议讨论的事项调研，为会议审议提供了决策依据。

一年来，常委会主动接受省人大的监督和指导，依法选举产生了52名省十三届人大代表，全力做好驻吕省人大代表的履职服务。认真履行对县乡人大工作的联系和业务指导职责，推动县乡人大机构设置进一步规范。

过去的一年，市人大常委会认真履职尽责，各方面工作取得新进展、新成效。这些成绩的取得，是在市委的坚强领导下，“一府一委两院”及县乡人大密切配合、全体人大代表积极履职、常委会组成人员共同努力的结果，也是市政协、社会各界及全市人民鼎力支持的结果。在此，我代表市人大常委会，向所有关心、支持人大工作的同志们、朋友们，表示衷心感谢和崇高敬意！

回顾一年工作，在看到成绩的同时，深感常委会工作与新时代、新气象、新作为的要求相比，与市委要求、法定职责、人民期望相比，还存在不小差距：立法质量有待进一步提高，监督领域还需进一步拓宽，创新代表工作的载体和途径仍需进一步探索，履职能力还需更好地适应新时代要求和人民期待。这些都要在今后的工作中认真研究、切实改进。

2018年工作安排

今年常委会工作的总体要求是：以习近平新时代中国特色社会主义思想为指导，深入学习贯彻党的十九大和十九届一中、二中、三中全会精神，在中共吕梁市委的坚强领导下，坚持党的领导、人民当家作主、依法治国有机统一，认真履行宪法法律赋予的职责，更好发挥代表作用，着力推进市委围绕“三大目标”、抓好“四件大事”、实施“十大举措”的决策部署落实落地，奋力开创新时代人大工作新局面！

落实这一总体要求，市人大及其常委会要始终坚持以习总书记“三个一以贯之”重要论述为指导，学深悟透习近平新时代中国特色社会主义思想的精神实质和实践要求，不忘初心，不辱使命，不断推动新时代人大工作与时俱进。

——必须始终坚持党的领导。坚决维护以习近平同志为核心的党中央权威和集中统一领导，在政治立场、政治方向、政治原则、政治道路上同党中央保持高度一致。不断提高政治站位和政治能力，严守政治纪律和政治规矩，保证中央和省委、市委决策部署在人大得到全面贯彻落实。充分发挥常委会党组在人大工作中把方向、管大局、保落实的领导作用，坚持重大事项向市委请示报告制度，确保人大工作正确的政治方向。

——必须践行以人民为中心的发展思想。人大工作的根基在人民、履职的归宿在人民，要紧紧抓住人民群众关心的教育、医疗、社会保障、食品安全、精准脱贫、生态环保等问题依法履职，在增进人民福祉上出实招，在保障改善民生上用实劲，督促“一府一委两院”认真抓好民生工作，着力解决发展不平衡不充分问题，不断满足人民对美好生活的需要，使人民群众的获得感、幸福感、安全感更加充实、更有保障、更可持续。

——必须坚持依法行使职权。要依法行使立法权、监督权、决定权、任免权，紧密联系实际，紧扣发展所需和民生所盼，健全立法主导的新机制，在以良法促进发展、保障善治上扛起责任。要围绕全市改革发展稳定大局开展工作，积极探索开展正确监督和有效监督的新办法，提高人大工作的针对性和实效性，实现与改革同步、与发展相融、与群众相连。

——必须切实保持同人民群众的密切联系。坚持从执行法律规定、履行法定职责的高度，引导代表和常委会组成人员充分认识密切联系群众的法定性和重要性，拓展联系群众的渠道，提高联系群众的能力，为依法履职、为民履职提供源头活水。

——必须坚持问题导向。加强调查研究，在调研中发现问题，寻找解决问题的途径和方法，积极探索新时代人大工作的特点和规律，主动适应新形势新要求，回答新课题，不断丰富人民代表大会制度的实践特色和时代特色。

重点做好以下工作：

一、着力提升立法质量，全面夯实法治基础

常委会要带头增强宪法意识，弘扬宪法精神，履行宪法使命，保证宪法实施，做尊崇宪法、学习宪法、遵守宪法、维护宪法、运用宪法的表率。开展以宪法为主要内容的法制宣传教育活动，让法治观念深入人心，努力形成人人学法、人人懂法、人人守法的良好局面。坚持立法进度服从立法质量，加强队伍建设和业务培训，发挥咨询专家库和基层联系点作用，探索立法听证机制，有序扩大公众参与，使制定的法规立得住、行得通，突出吕梁特色，得到全市人民认同和遵守。修改完善《吕梁市碛口古镇保护条例》《吕梁市中小学校幼儿园规划建设

条例》，年内通过施行。启动《吕梁市横泉水库饮用水源地保护条例》立法项目前期调研工作。听取审议贯彻落实《中华人民共和国妇女权益保障法》情况报告，跟踪监督《中华人民共和国食品安全法》和《事业单位人事管理条例》执法检查报告审议意见研究处理情况。对《吕梁市柳林泉域水资源保护条例》《吕梁市扬尘污染防治条例》和《吕梁市城市绿化条例》施行情况“回头看”，进行跟踪问效。加强规范性文件备案审查工作，做到有备必审，有错必纠，全力推进法治吕梁建设。

二、突出提升监督实效，服务全市发展大局

改进听取审议专项报告、执法检查、专题调研、专题询问、专项视察、跟踪监督和满意度测评等监督方式，建立健全持续跟踪与社会、舆论结合，点面结合、上下联动的全方位、立体式监督机制，努力使监督工作更富于针对性和实效性。听取审议市政府计划、预算、审计及“十三五”规划纲要实施情况中期评估、全市科技创新驱动发展、2017年度和2018年上半年脱贫攻坚、耕地保护、职业教育发展、县级综合档案馆建设、2017年度环境状况和环境保护目标完成、市区集中供热等专项工作报告，听取审议市法院执行工作报告，专题调研全市“转型项目建设年”活动情况，继续开展“吕梁环保行”，组织代表视察重点项目建设，对“一府两院”研究处理常委会2017年度所提的审议意见进行跟踪监督和满意度测评。根据全省人大预算联网监督工作要求，年内市人大、部分县级人大实现预算联网监督，着力推进预决算审查监督规范化、透明化和信息化。

三、广泛汇聚各方力量，依法行使决定权任免权

坚持党委决策、人大决定有机统一，围绕事关全市改革发展稳定大局的重大问题，积极探索行使重大事项决定权的工作机制，努力使所作决议决定更加符合客观实际，更加有利于操作实施。坚持党管干部、人大依法任免有机统一，保证组织推荐的干部人选通过法定程序成为我市国家机关工作人员。坚持向宪法宣誓制度，强化任后监督，增强被选举任命干部的宪法意识、公仆意识和勤政廉政意识，积极为经济社会发展和民主法治建设提供组织保障。

四、切实改进代表工作，增强代表履职活力

围绕习近平新时代中国特色社会主义思想、十九大精神和人大制度理论等内容开展专题培训，增强代表依法履职的意识和人民代言人的身份认同感，提高执行代表职务的能力和水平。完善代表工作机制，拓展代表参与常委会工作的途径。改进调查研究方式，不断提高建议意见“含金量”。强化代表建议跟踪督办力度，推动建议办理由“书面答复”向“有效落实”转变。建立代表履职档案登记、情况通报和考核制度，开展优秀代表评选表彰活动，充分调动代表说真话、办实事、解难题的积极性。积极开展“脱贫攻坚——人大代表在行动”活动，在脱贫攻坚中彰显人大代表的责任和担当。深入宣传优秀人大代表的履职事迹，支持、服务和保障代表在奋进新时代、奋斗新征程中，留下属于自己的时代足迹。

五、持续加强自身建设，不断提升履职水平

以永远在路上的执着，一以贯之狠抓党的建设，坚持用习近平新时代中国特色社会主义思想武装头脑，引导机关党员干部进一步坚定中国特色社会主义信念，锤炼永远听党话、跟党走的忠诚品格。扎实开展“不忘初心、牢记使命”主题教育，把初心和使命融入推动发展全过程、贯穿到依法履职各环节、覆盖到人大工作各方面。大兴调查研究之风，坚持问政于民、问需于民、问计于民，从人民伟大实践中汲取智慧和力量。制定出台常委会机关《落实党风廉政建设监督责任实施意见》《谈话函询实

施办法》等制度，推动机关党风廉政建设和反腐败工作。以“强作风、勇担当、善作为、提效能”为主题，深入开展机关纪律作风整顿活动，着力营造风清气正、团结和谐、干事创业的浓厚氛围，努力把常委会建成全面担负起宪法法律赋予的各项职责的工作机关，建成同人民群众保持密切联系的代表机关。

春风浩荡满目新，砥砺奋进正当时。让我们更加紧密地团结在以习近平为核心的党中央周围，在中共吕梁市委的坚强领导下，不忘初心、牢记使命，众志成城、真抓实干，为谱写新时代中国特色社会主义吕梁篇章而努力奋斗！

吕梁市中级人民法院工作报告

——在吕梁市第三届人民代表大会第五次会议上

吕梁市中级人民法院院长 杨泽民

(2018 年 4 月 1 日)

2017 年主要工作

一年来，全市法院在市委的坚强领导下，在市人大及其常委会的有力监督下，在市政府、市政协和社会各界的关心支持下，以习近平新时代中国特色社会主义思想为指导，认真贯彻落实党的十八大、十八届历次全会和十九大会议精神，忠实履行宪法法律赋予的职责，紧紧围绕“努力让人民群众在每一个司法案件中感受到公平正义”的工作目标，牢牢坚持司法为民、公正司法，不断提高审判质量效率、队伍素质能力和司法公信力，以审判为中心的各项工作取得新进展、新成效。2017 年，全市法院共受理各类案件 37235 件，审结 35069 件，结案率 94.18%，同比上升 10.93 个百分点，未结案件 2166 件，同比下降 67.20 个百分点。中院受理各类案件 5073 件，审结 4754 件，结案率 93.71%，同比上升 3.24 个百分点。在案件持续增长的情形下，全市法院实现了结案数、结案率、法定审限内结案率同步上升，未结案件数大幅下降的“三升一降”的良好审判运行态势，圆满完成了审判质效各项考核指标。

一、发挥审判职能作用，努力促进吕梁经济社会转型发展

围绕中心强化保障，着力服务吕梁转型发展。制定《服务和保障经济转型发展的实施意见》，主动服务保障我市经济社会发展大局。积极防范和化解金融风险，妥善审理涉中诚信托系列案件，精心组织审理联盛 32 家公司破产重整案，基本实现省委、省政府提出的平稳重整和涅槃重生的目标，守住了不发生区域性金融风险的底线。快立快审快结涉军案 6 件，为军队全面停止有偿服务提供司法保障。从严惩处扶贫领域贪污、受贿等犯罪 6 件 12 人，严厉打击环境资源犯罪 25 件 36 人，建立涉农案件快立快审、速裁速执机制，助力脱贫攻坚和生态建设。积极开展脱贫攻坚“四大战役”，下功夫重点开展狠抓基层党建、强化基础设施、发展产业扶贫、

关注改善民生“四项工程”，尤其是着力发展产业扶贫，协调投资300万余元建成食用醋场、白酒场、生猪场、鸡场等多项扶贫产业，吸收26名贫困群众务工和就业，农村集体经济实现从0到6位数的突破，整村脱贫取得显著成绩。

宽严相济惩治犯罪，着力推进平安吕梁建设。全市法院审结各类刑事案件3495件。充分发挥刑事审判职能作用，依法审理社会影响较大的张志雄等26人涉黑案，严厉打击杀人、抢劫、涉枪涉爆等严重危害社会治安的犯罪483件，从严惩处黄赌毒传拐骗等犯罪479件，妥善审理非法吸收公众存款、集资诈骗等涉众型经济犯罪26件，涉案金额38.6亿余元，切实增强群众安全感。积极配合国家监察体制改革，依法惩处贪污、贿赂、渎职等犯罪70件94人，形成法治反腐的强大震慑。开展涉诉信访、反恐安保维稳，接待来信来访852人次，清理化解赴省进京重复访滞留访案件114件，确保全国两会、中共十九大等重大节点期间“三个不发生”。对957件1307名被告人适用缓刑，对45名未成年人实行犯罪记录封存，对410名罪犯予以减刑，最大限度地减少社会对抗，促进社会和谐。

平等保护定纷止争，着力营造转型发展的良好法治环境。全市法院审结各类民商事案件20311件。充分发挥民商事审判职能作用，妥善审理公司清算、企业破产等案件102件，服务供给侧结构性改革。依法审理建设工程、土地承包、租赁等纠纷860件，保障重点项目顺利实施。平等保护各类市场主体的合法权益，公正审理买卖、房产、保险、运输等合同纠纷1423件，制裁坑害外来投资商、创业者和项目建设者的各种背信行为，维护公平交易的市场经济秩序。高效审结民间借贷纠纷3874件，保护合法借贷关系，促进经济平稳较快发展。

依法化解行政纠纷，着力促进法治吕梁建设。全市法院审结一、二审行政案件970件，审查非诉行政行为执行申请751件。严格执行合法性审查标准，判决行政机关履行法定职责、确认行政行为违法、撤销或变更行政行为130件，维护行政相对人的合法权益。推动行政机关负责人出庭145次，解决行政诉讼“告官不见官”的问题。注重协调化解，在监督和支持行政机关依法行政的同时，促进行政争议实质性解决。向行政机关发送行政审判“白皮书”或司法建议，促进行政和司法的良性互动。

二、坚持司法为民，努力满足人民群众多元司法需求

优化服务举措，让司法更便民。全市法院依托诉讼服务中心，提供诉讼引导、立案调解、查询咨询、判后答疑等一站式服务。全面实施立案登记制，对符合起诉条件的，一律当场登记立案，切实做到有案必立、有诉必理。完成诉讼服务网建设，启用12368短信发送平台，开通网上申诉信访平台，切实减轻群众诉累。文水、离石、中阳等法院开展网上预约立案，当事人足不出户即可完成立案。交口法院推行电子方式送达文书，文水法院开通手机APP，让人民群众拥有更多满足感。

聚焦民生保障，让司法更利民。严厉惩处人民群众深恶痛绝的危害食品药品安全、制售假冒伪劣商品等刑事案件48件，依法审理劳动争议、食品药品纠纷、消费者权益保护、交通事故人身损害赔偿等案件4359件，决定国家赔偿2件202万余元，成功执结追索劳动报酬、赡养费、抚养费、抚育费、抚恤金、医疗损害赔偿等案件217件2838万余元，为经济确有困难的当事人缓减免诉讼费340万余元，给予司法救助428万余元，让人民群众拥有更多幸福感。

彰显人文关怀，让司法更亲民。中院推动律师参与化解涉诉信访工作，建立律师进驻法院信访大厅值班制度，接待92人次。中院、方山法院设置法律援助中心工作站，依法为78名被告人指定辩护人，

切实保障被告人诉讼权利。全市法院充分利用“两微一网”等新媒体，及时发布审判执行、司法政务等动态信息，官网访问量超过 81 万，微博粉丝量超过 60 万，微信用户数超过 5000，点击量和发稿量居全省中院前三，充分满足了社会公众的知情权、参与权、监督权，让人民群众拥有更多获得感。

三、决胜“基本解决执行难”，努力兑现群众胜诉权益

全市法院认真开展执行大会战、执行攻坚跨年大行动，有效推进涉企合同、涉金融债权等专项执行活动，累计执结 9922 件，执行到位金额 6.89 亿元，执结率 89.96%，同比提高 16.67 个百分点。

完善执行工作机制。坚持党的领导，推动形成综合治理执行难工作格局，有效形成解决执行难的强大合力。加强与公安、国土、工商、银行等十多个部门的执行联动，完善网络执行查控，为 7451 件案件提供查询冻结服务，冻结资金 1.86 亿元，查封房产 416 套。

创新优化执行模式。大力推进执行信息化应用，充分发挥执行指挥中心“三统一”的功能作用，文水法院探索执行实施、执行裁决分类分段、团队化作业的集约化管理模式。全市 14 家法院均入驻“淘宝司法拍卖”平台，106 件执行案成功网拍，成交额 817 万余元，成交率 84.21%，溢价率 11.48%，监督记录 62 件，公开、公正、高效、廉洁的司法强制拍卖环境初步形成。

强化联合信用惩戒。累计公开失信被执行自然人 2522 人，法人及其他组织 254 个，失信被执行人名单纳入率超过 42.07%，限制乘坐飞机、高铁等高消费 1865 人次；对有能力履行而拒不履行、妨害执行的被执行人司法拘留 205 人，罚款 112 人 209.3 万元，移送拒执犯罪 11 人，“一处失信、处处受限”的信用惩戒格局已经形成。

四、全面深化司法改革，努力促进司法公正公信

以司法责任制为核心的四项基础性改革基本完成。人员分类管理基本到位。严格遴选标准与程序，从原来的 584 名法官中遴选产生 278 名员额法官，其中中院 47 名。按照“法官 + 法官助理 / 事务助理 + 书记员”的模式组建新型审判团队 79 个，统一招录书记员 207 名，将 85% 以上的人力资源配置到办案一线。司法责任制得到有效落实。办案质量终身负责制和错案责任倒查问责制逐步建立，独任法官、合议庭办案主体地位已经确立，院庭长办案工作机制得到落实，审理案件数占比 47.60%，远超全省平均水平 25 个百分点。改革裁判文书签署机制，完善审判委员会工作规则，建立专业法官会议制度，新型审判权力运行机制逐步健全。法官职业保障措施逐步完善。法官单独职务序列评定工作基本完成，法官单独工资制度基本落实。人财物省级统管稳步推进。全市法院各类编制和在职人员上划基本完成，经费和核对控制数编制工作顺利完成。

扎实推进以审判为中心的刑事诉讼制度改革。试行庭前会议、排除非法证据、法庭调查“三项规程”，严格落实非法证据排除规则，健全完善冤假错案防范纠正机制，认真开展刑事案件补查补证和证人、鉴定人、侦查人员出庭作证制度改革试点，推进庭审实质化，确保有罪的人受到公正惩罚、无罪的人不受刑事追究。一年来，全市法院刑事案件补查补正率 33%，依法宣告无罪 2 件 3 人，建议检察机关撤回起诉 2 件 3 人；召开庭前会议 26 件，排除非法证据 4 件；一审案件证人、鉴定人、侦查人员出庭 61 件，出庭率 3.2%；律师参与辩护 590 件，辩护率 25.4%；当庭宣判 276 件，当庭宣判率 12%。

积极推动家事审判方式改革。离石、孝义、石楼等 3 家法院作为试点，成立家事审判法庭，聘请家事调查员和心理辅导员，探索圆桌审判方式，建立家事回访制度，妥善审结婚姻、家庭、继承、扶

养、赡养等纠纷4233件，努力修复出现裂痕的感情，维护婚姻家庭和谐稳定。

积极开展多元化纠纷解决机制改革。坚持发扬“枫桥经验”，积极完善诉调对接工作机制，把调解工作贯穿案件审理全过程，全年以调撤方式审结民商事案件6840件，调撤率35.18%。文水法院借助县乡村三级调解组织和工商、交警、保险、医疗等职能部门力量，建立联动调解机制，将大量矛盾纠纷化解在基层、化解在矛盾激化前，取得良好效果。

五、全面深化司法公开，努力推进“智慧法院”建设

司法公开取得新进展。坚持以公开为原则，不公开为例外，加快构建开放、动态、透明、便民的阳光司法机制。开通审判流程、执行信息、裁判文书和庭审直播四大公开平台，提高审判工作透明度，倒逼法官提升司法能力。全市法院公开生效裁判文书29961份，同比提高47.78个百分点；开展“院庭长庭审直播月”活动，庭审直播1357场次，庭审直播率3.87%。

信息化建设实现新跨越。全市法院完成标准化机房改造升级等信息化基础设施建设，新建科技法庭33个，建成执行指挥中心14个，实现“一张网”办公办案，推进全业务网上办理、全流程依法公开、全方位智能服务。依托大数据管理平台，安装部署裁判文书直报系统、智能语音识别系统，积极开展电子卷宗随案同步生成应用，上线“法智罗盘”，服务审判管理，服务法官办案，以网络化、阳光化、智能化为特征的智慧法院已具雏形。

六、全面从严治党，努力打造忠诚干净担当的法院队伍

大力加强党的建设。全市法院坚持党建统领。始终把政治建设摆在首要位置，严守政治纪律和政治规矩，坚决维护习近平总书记在党中央和全党的核心地位，坚决维护以习近平同志为核心的党中央权威和集中统一领导，始终做到真诚认同核心、坚决维护核心、时刻紧跟核心。坚持思想建党。认真开展“两学一做”学习教育等系列活动，深入学习宣传贯彻习近平新时代中国特色社会主义思想和党的十九大精神，党组中心组学习26次，党支部学习57次；成立吕梁法院系统党校，院领导带头讲党课8次，着力强化理想信念教育。坚持组织建党。坚持德才兼备、敢于担当、公道正派的原则，选拔副处级以上领导干部9名，任用中层干部6名；以“三基”建设为着力点，选齐配强支部书记和党务干部，积极开展主题党日+系列活动150余次，充分发挥党组织的战斗堡垒作用和党员队伍的先锋模范作用；严肃党内政治生活，召开党组民主生活会、支部组织生活会5次，严格落实“三会一课”，积极开展批评与自我批评，让红脸出汗、咬耳扯袖成为常态，不断增强党内政治生活“四性”，克服“四化”。坚持制度建党。制定党建工作规范10件，建立中院集中听取全市基层党建工作制度，实行年初与审判工作同谋划同部署同落实、年终述职述廉述党建，首次将意识形态工作纳入党风廉政建设责任制，着力强化制度落实，并把制度建设贯穿于党的思想、组织、纪律和作风建设全过程。

加强履职能力建设。坚持“请进来”“走出去”，加强教育培训力度，组织干警参加中央政法委、国家法官学院等部门举行的培训39期1600余人次，积极开展技能比武、庭审观摩、裁判文书评比等活动，不断提升广大干警为民司法、公正司法的能力水平。一年来，有1名个人被评为“全国法院先进个人”，28名个人、10个集体获得省级表彰。

加强纪律作风建设。认真落实中央八项规定，驰而不息纠“四风”，压实“两个责任”，使用“党风廉政谈话薄”，廉政谈话268人次。深入开展“把纪律挺在前面”和“司法规范化建设年”专项活动，下大力气解决“六难三案”。强化执纪监督，处置

各类问题线索70件，给予党内严重警告5人，行政记过或记大过2人，开除1人，移送司法机关1人，司法作风进一步好转。

七、自觉接受监督，不断提高司法工作水平

全市法院自觉接受人大监督，认真负责向人大及其常委会作推进司法体制改革、促进公正司法和人大代表建议办理情况的专题报告，并根据会议审议意见，有针对性地进行整改落实。加强与人大代表、政协委员的日常联络，定期通报法院工作，邀请旁听案件审理，见证执行。办理人大代表建议3件、政协委员提案4件，做到件件有落实、事事有回音。依法接受检察机关诉讼监督，审结各类抗诉案件51件。邀请人民陪审员参与审理案件9147件，陪审率达75.8%。

一年来全市法院所取得的成绩，是市委坚强领导的结果，是人大、政府、政协和社会各界监督支持的结果，是人大代表、政协委员和有关部门同志关心帮助的结果。在此，我代表全市法院向大家表示衷心感谢，并致以崇高的敬意！

回顾一年来的工作，我们深刻体会到：必须始终坚持党的领导，才能保证法院工作的正确政治方向；必须始终坚持围绕大局，才能增强司法服务保障的针对性和实效性；必须始终坚持司法为民、公正司法，以促进社会公平正义的实绩取信于民，才能不断提升司法公信力；必须始终坚定不移地推进司法改革和信息化建设，才能不断提高司法工作能力水平，才能不断满足人民群众日益增长的司法需求；必须始终坚持发挥党建统领作用，建设"五个过硬"法院队伍，才能促进以审判为中心的各项工作不断取得新突破。

总结成绩经验的同时，我们清醒地认识到全市法院工作还存在一些困难和问题：一是人民群众日益增长的司法需求与法院工作发展不平衡、保障权益不充分之间的矛盾还需下大力气解决。二是院庭长不愿监督、不敢监督、不善监督的问题尚需解决，审判监督管理机制还需进一步健全。三是信息化建设存在"重建设、轻应用"的现象。四是部分干警作风不严、不实，服务大局的意识不强，办案"三效统一"的理念不牢，司法作风有待改进。五是司法体制综合配套改革还需加快推进。全市法院司法辅助人员配备不足、管理制度不健全；有的基层法院案多人少，员额法官办案工作压力大。对此，我们将积极争取各方支持，切实采取有效措施，努力加以解决。

2018年工作安排

2018年，全市法院将坚持以习近平新时代中国特色社会主义思想为指导，深入贯彻党的十九大精神，坚持"三个一以贯之"，增强"四个意识"，坚定"四个自信"，按照省委、市委决策部署，坚持全面从严治党，坚持过硬队伍建设，坚持司法为民、公正司法，坚持司法体制改革和智慧法院建设，努力为吕梁经济社会转型发展创造安全的政治环境、稳定的社会环境、公正的法治环境、优质的服务环境。

一、全面加强新时代党的建设，努力在建设一支既政治过硬又本领高强的法院队伍上有新作为

深入学习贯彻习近平新时代中国特色社会主义思想。准确领会精髓要义，持续学懂弄通做实党的十九大精神，坚持用习近平新时代中国特色社会主义思想武装头脑，指导实践，推动工作。始终把党的政治建设放在首位。树牢"四个意识"，坚定"四个自信"，坚决维护习近平总书记核心地位、坚决维护党中央权威和集中统一领导，永葆绝对忠诚、绝对纯洁、绝对可靠的政治本色。认真贯彻全国两会精神，拥护宪法、尊崇宪法、学习宪法、维护宪法。坚持思想建党和制度建党相结合，严格执行新形势下党内政治生活若干准则，扎实开展“不忘初心、牢记使命”主题教育活动，严格落实中央八项规定，深入开展党风廉政建设和反腐斗争，以永远在路上的执着，以刀刃向内的自我革命精神，推动全面从严治党向纵深发展。坚持党建引领，紧扣增强“八个本领”要求，努力建设一支信念坚定、执法为民、敢于担当、清正廉洁的法院队伍。

二、坚持新发展理念，努力在服务吕梁经济社会发展大局上有新作为

妥善审理涉金融、环境资源和涉农案件，持续开展扶贫攻坚，积极服务我市防范化解重大金融风险、精准脱贫、污染防治“三大攻坚战”。深入开展扫黑除恶专项斗争，严厉打击严重暴力、“两抢一盗”、非法集资等刑事犯罪，服务平安吕梁建设。平等保护各类市场主体合法权益，慎用强制执行措施，营造公平开放的营商环境。坚持创新司法理念，依法审理公益诉讼案件，重点审理好与重大项目建设有关的因土地审批、征用产生的行政纠纷，努力为吕梁经济转型发展保驾护航。加强基层法治教育，选取典型案例，深入基层，深入社区，公开审理，公开宣判，运用互联网、微博、微信等多种形式广泛宣传，增强群众法治观念，助推法治吕梁建设。

三、坚持以人民为中心，努力在满足人民群众司法新需求上有新作为

加快诉讼服务中心建设，开通12368诉讼服务热线，拓展互联网+诉讼服务，努力为人民群众提供更加便利、优质、高效的司法服务。强化人权司法保障，积极开展法律援助，加大司法救助力度，彰显司法人文关怀。深入推进家事审判方式和工作机制改革，注重家庭成员之间关系的修复和弱势群体利益的保护。加强民生司法保障，努力让人民群众的获得感、幸福感和安全感更加充实、更有保障、更可持续。

四、坚决如期打赢“基本解决执行难”这场硬仗，努力在兑现人民群众胜诉权益上有新作为

深化执行体制机制改革，推动常态化执行联动工作机制。推进执行信息化规范化建设，创新执行工作模式，完善网络查控体系，强化执行指挥中心的实体化运行。加大信用联合惩戒力度，提高失信被执行人名单纳入率，严惩拒执犯罪行为。积极开展执行攻坚年大行动，全面提升执行效率和实际到位率。

五、深化司法体制综合配套改革，努力在构建公正高效的审判机制上有新作为

完善司法体制综合配套制度，严格落实司法责任制，强化审判监督管理，执行员额法官退出机制，落实院庭长办案工作制度，加强审判绩效考核，推进内设机构改革，完善审判辅助人员管理制度，提升审判质量效率。全面深化以审判为中心的刑事诉讼制度改革，推进司法证明实质化、控辩对抗实质化、依法裁判实质化。深入推进多元化纠纷解决机制改革，加强案件繁简分流机制改革创新，有效缓解人案矛盾。

六、加快信息化建设和应用，努力在建设“智慧法院”上有新作为

全面深化人民法院信息化3.0版深度应用，加强审判执行流程节点信息公开，提高数字法院应用系统信息合格率和开庭案件同步录音录像率，推进庭审直播常态化，加大裁判文书上网力度，积极开展电子卷宗随案同步生成和深度应用，以司法大数据的智能应用服务审判执行、服务审判管理、服务人民群众，促进审判体系和审判能力现代化。

新时代、新形势、新任务对人民法院工作提出了新要求。我们将在市委的坚强领导下，在市人大及其常委会的有力监督下，不忘初心，牢记使命，上下一心，共谋发展，推动吕梁法院各项工作再上新台阶、再创新局面，为吕梁经济社会发展作出新的更大贡献！

吕梁市人民检察院工作报告

——在吕梁市第三届人民代表大会第五次会议上

吕梁市人民检察院检察长 郭鸿

（2018 年 4 月 1 日）

2017 年工作回顾

2017 年，在市委和省人民检察院的正确领导下，在市人大及其常委会的有力监督下，在市政府、市政协和社会各界的关心支持下，全市检察机关认真学习贯彻党的十九大精神，坚持以习近平新时代中国特色社会主义思想为统领，依法履行职能，全力服务大局，扎实推进改革，加强队伍建设，各项检察工作取得了新进展。

一、依法履行检察职能，推进平安吕梁、法治吕梁建设

严厉打击刑事犯罪。全面履行批捕、起诉职能，依法批准逮捕 1221 件 1584 人、提起公诉 2240 件 3129 人。与公安、法院密切配合，突出打击影响社会稳定的严重刑事犯罪，办理故意杀人案件 32 件 36 人，非法买卖、制造、运输枪支弹药、爆炸物案件 16 件 37 人，黄赌毒案件 169 件 344 人，非法吸收公众存款、骗取贷款、集资诈骗等涉众型经济犯罪案件 40 件 62 人，依法审查起诉了社会影响恶劣的方山县张志雄等组织、领导、参加黑社会性质组织罪案件和公安部督办的宋某等 21 人贩卖毒品案件。

依法严惩职务犯罪。受理监察机关移送案件 28 件 43 人，依法批准逮捕 12 件 13 人，取保候审 16 件 30 人，提起公诉 14 件 17 人。开展贪污贿赂案件刑事审判专项监督活动，提出抗诉 2 件 6 人，提请省人民检察院抗诉 2 件 2 人。加强工作衔接配合，多次召开联席会议就案件移送、律师会见、补充调查等问题进行充分沟通，以会议纪要形式与市公安局就职务犯罪案件执行逮捕措施形成统一意见，推进职务犯罪案件办理工作更加有序规范。

积极化解矛盾纠纷。健全来信、来访、电话、网络“四位一体”群众诉求表达一站式服务机制，建立 11 项接访制度，聘请律师参与信访接待，提升工作透明度和群众满意度，推进创建“全国文明接待室”。贯彻宽严相济刑事政策，依法不捕 561 人、不诉 341 人，向 55 名救助对象发放司法救助金 67 万元，积极减少社会对抗。践行“枫桥经验”，加强检调对接，办理和解、撤诉等息诉案件 105 件，努力化解矛盾纠纷。突出纠正冤错案件，立案复查刑事申诉案件 53 件，改变检察机关原处理决定、提出抗诉或再审检察建议后法院改判、发回重审 13 件，办理刑事赔偿案件 10 件。

参与社会综合治理。开展社区矫正专项巡视检察“回头看”，监督纠正监外执行和社区矫正罪犯监管违法 639 人，推动全市社区矫正工作全面、依法、规范运行。加强对未成年人的司法保护，落实未成年人刑事案件特别程序，推进专业化队伍建设，开展“防治校园欺凌、护航未成年人成长”法治进校园活动，对 1 万余名在校学生进行普法教育，在全市新建 8 所未成年人帮教基地，孝义市人民检察院牵头建立全省首家“少年司法一体化”体系，被表彰为“全国未检工作先进院”。

二、贯彻新发展理念，服务全市工作大局

服务精准脱贫战略。围绕全市脱贫攻坚大局，结合检察工作实际，修订《服务保障脱贫攻坚实施意见》，扎实推进“互联网＋阳光百姓”工程，全市录入涉农项目1683个，纳入涉农资金138亿元。扎实开展包村扶贫工作，全市检察机关派出15支扶贫工作队、15名第一书记、19名驻乡镇挂职干部，狠抓责任落实、政策落实、工作落实和成效落实，全力配合做好17个包扶村的精准脱贫工作。

服务经济转型发展。扎实开展“五个专项”活动，全力服务优化营商环境，依法批准逮捕合同诈骗、非法经营、制假售假、侵犯知识产权、非法集资等侵犯财产权和破坏社会主义市场经济秩序犯罪499件667人，提起公诉508件844人。依法履行民事执行检察监督职能，受理涉企合同执行监督案件147件，办结116件，涉案标的额7768万元。推进社会诚信体系建设，为单位和个人提供行贿犯罪档案查询35234件次。

服务保障民生民利。开展危害食品药品安全犯罪专项立案监督活动，保障人民群众舌尖上的安全，办理生产、销售假药等案件12件13人。加大对弱势群体的司法保护力度，通过法律咨询、监督立案等方式，办理支持起诉329件，帮助进城务工人员追回拖欠工资120余万元。积极推进乡镇巡回检察室建设，发挥乡镇检察室驻地、巡回的优势，方便群众在当地控告申诉、表达诉求。

三、聚焦监督主责主业，切实维护司法公平正义

强化对侦查活动的监督。前移监督关口，加强对刑事立案的监督，监督公安机关立案并作出生效判决51件75人，监督撤案38件50人，监督行政机关向公安机关移送刑事案件10件10人。发挥14个派驻公安检察室作用，加强对侦查活动的监督，依法追捕38人、追诉101人，介入命案42次，纠正侦查违法行为479件，办理延长侦查羁押期限案件97人。

强化对刑事审判的监督。重点纠正量刑畸轻畸重、同案不同判等案件，提出抗诉47件，法院改判和发回重审44件。加强对审判程序违法的监督，发出书面纠正违法通知134件，124件得到纠正，其余正在处理之中。深化量刑建议工作，提出量刑建议2467人，法院采纳2068人。

强化民事行政检察监督。开展“基层民事检察推进年”专项活动，共审查处理各类民事监督案件795件，提请抗诉29件，提出抗诉15件，提出再审检察建议后法院再审6件。加强对行政生效裁判、调解和行政审判、执行活动的监督力度，对行政执行活动提出书面纠正意见75件，对行政审判程序违法提出书面纠正意见39件，对行政生效裁判提出再审检察建议1件，提请省人民检察院抗诉2件。

强化刑事执行检察监督。加强对监狱、看守所的日常监督，纠正刑事执行违法789件，提出羁押必要性审查建议并被采纳131件，纠正超期羁押49人，审查提请减刑、假释、暂予监外执行案件547件，维护了监管场所的安全稳定。加强对法院财产刑执行的专项检察，着力解决财产刑执行中有案不立、有案不移、涉案财物管理不规范等突出问题，督促执行立案617件，监督执行涉案金额759万元，其中“五类犯罪”523万元。

四、持续深化各项改革，促进检察权规范高效运行

配合完成监察体制改革。强化政治担当，认真做好思想政治工作，全面完成了机构编制、人员设备、案件线索的划转。全市检察机关共转隶208人，占全市检察人员的23.6%，移送价值1171万元的车辆设施设备，其中车辆20台、设施设备511套。市人民检察院共转隶39人，占市人民检察院人员

的25.4%，移送价值314万元的车辆设备，其中车辆4台、侦查设备102套。

深入推进司法体制改革。通过考试考核、民主推荐等程序，遴选出249名员额检察官，85%的力量配置到司法办案一线，形成检察官、检察辅助人员和司法行政人员分类管理的格局，招录77名书记员增强办案辅助力量。制定《关于落实司法责任制的实施意见》，明确检察官办案职责权限，落实检察官办案责任制，建立检察官办案组和独任检察官两种办案组织，检察官在职权范围内依法作出决定、承担责任。配合做好省以下人财物统一管理，全市检察机关上划人员635名，市、县两级检察院均列入省一级财政预算。稳妥完成内设机构整合，全市检察机关内设机构总数量由130个减少至76个，压减41.5%，机构设置进一步优化。

全面开展提起公益诉讼改革。坚决贯彻党中央部署和全国人大常委会决定，按照上级检察机关安排，主动争取党委、政府支持，聚焦生态环境和资源保护、食品药品安全、国有财产保护和国有土地使用权出让四个重点领域，加大办案力度，开展线索摸排、案件调查，共办理公益诉讼案件56件，其中督促相关行政职能部门履行职责的2起案件被列入全省十大典型案例。通过公益诉讼，挽回国有财产直接损失4000余万元，督促修复林地耕地30.6亩，治理被污染水域、水源地38.3亩、河道18公里，清理处置各类生产废物、生活垃圾5.7万吨，整治污染企业108家。

五、自觉接受人民监督，不断提升司法文明水平

自觉接受人大监督。认真落实第三届市人大历次会议精神，及时报告司法体制改革、内设机构整合、提起公益诉讼等重大改革和工作部署推进情况，专题向市人大常委会报告《深化司法改革、促进司法公正》工作情况，办理市人大常委会转交办案件14件，做到事事有结果、件件有回音。高度重视人大代表联络工作，邀请各级人大代表视察检察工作267人次。

自觉接受民主监督。主动向市政协通报检察工作情况，定期寄送《吕梁检察情况反映》，邀请市政协委员和各界群众参加检察开放日、座谈调研、公开听证等活动，组织不起诉、不抗诉案件听证说理78件次。全面落实人民监督员制度，邀请人民监督员监督评议案件26件27人。

加强执法司法规范化建设。深化检务公开，借助门户网站、微博、微信、今日头条等新媒体，发布案件程序性信息3776条，重要案件信息28条，生效法律文书2092份。加强司法办案内部监督，采取“随机分案为主、指定分案为辅”的案件分配方式，制定《检察权运行痕迹管理规定》《案件流程监控暂行办法》，推行首办承诺、痕迹管理、案件评查等制度，建立完善员额检察官退出机制和惩戒制度，交叉评查案件150件。扎实开展“执法司法规范化建设年”活动，重点对办案规范、办案纪律等6个方面问题进行专项整治，司法作风进一步转变。

六、加强党建工作，打造过硬检察队伍

始终把政治建设摆在首位。坚持用习近平新时代中国特色社会主义思想武装头脑、推动工作，扎实开展党的十九大精神学习贯彻和“维护核心、见诸行动”“心有党中央、紧跟核心走”主题教育活动，不断强化“四个意识”。出台《党组落实意识形态工作责任制实施办法》，开展红色文化、国家公祭等主题党日活动，牢牢把握检察工作正确政治方向。

充分发挥巡视巡察利剑作用。认真接受省人民检察院党组政治巡视，对反馈的3个方面36个问题，认领认改、照单全收。召开专题民主生活会，制定整改方案清单，细化108条措施，立行立改5个方面问题，制定完善31项规章制度，同步开展对中

阳、临县两个基层检察院的巡察。经省人民检察院党组评估验收，整改完成率100%，案件线索办结率100%，测评满意度96.3%，总体评价良好。

不断加强队伍作风建设。努力提升队伍素质，以“三基建设”为抓手，推行“工作日志”制度，广泛开展专题培训、岗位练兵和业务竞赛，全市有3名干警被评为全省检察业务“标兵”“能手”。严格落实主体责任，制定《党组落实全面从严治党主体责任清单》《贯彻落实中央“八项规定”实施细则》，持之以恒纠正“四风”。开展“纪律条规宣传教育月”活动，节假日发送廉政提醒短信6000余条，开展专项检务督察18次，提醒谈话5人，函询4人。

过去的一年，全市检察机关锐意进取，开拓创新，2个集体、10名个人受到省级以上表彰，工作被《检察日报》《法制日报》等媒体宣传报道415篇次。这些成绩的取得，靠的是市委和省人民检察院的正确领导，靠的是市人大及其常委会的有力监督，靠的是市政府、市政协和社会各界的大力支持。

在肯定成绩的同时，我们也清醒地认识到，与党和人民的要求相比，检察工作中还存在着不少问题和不足。一是服务全市工作大局的意识还有待进一步提升。二是需要进一步加强自身适应性调整。三是法律监督的能力和效果需要进一步加强。四是司法责任制需要进一步深化。五是落实“谁执法、谁普法”还不到位。六是检察工作发展不平衡、不充分。对于这些问题，我们将高度重视，采取措施，下大气力认真加以解决。

2018年主要任务

2018年，全市检察机关将坚持以习近平新时代中国特色社会主义思想为指导，全面贯彻落实党的十九大和十九届一中、二中、三中全会，中央、省委、市委政法工作会议，全国、全省检察长会议，省委十一届五次全会、市委四届四次全会精神，围绕“防范化解重大风险、精准脱贫、污染防治”三大攻坚战，全面强化检察监督，坚定不移走“政治强检、服务强检、履职强检、专业强检、监督强检、改革强检、素质强检”之路，为我市经济转型、社会发展创造安全的政治环境、稳定的社会环境、公正的法治环境、优质的服务环境。

一、坚持以习近平新时代中国特色社会主义思想为指导，保持检察工作正确方向，坚定不移走政治强检之路

坚持把政治建设摆在首位，深入开展习近平新时代中国特色社会主义思想大学习、大培训，用党的创新理论武装头脑、指导实践。牢固树立“四个意识”，坚定“四个自信”，坚决维护习近平总书记党中央的核心、全党的核心地位，坚决维护以习近平同志为核心的党中央权威和集中统一领导。认真学习、大力宣传和严格实施宪法，坚决维护宪法权威。

二、坚持以脱贫攻坚统揽检察工作，着力服务保障全市工作大局，坚定不移走服务强检之路

加强对生态脱贫、护工护理就业培训和光伏扶贫“三大品牌”，以及易地扶贫搬迁、特色产业扶贫等“五大重点”脱贫工作部署的司法保障。积极参与重大社会稳定风险防范化解专项行动，依法保护企业家合法权益和正常经营活动。突出惩治破坏生态环境犯罪，推动环境治理、生态修复。

三、坚持把扫黑除恶作为重中之重，维护政治安全和社会稳定，坚定不移走履职强检之路

坚决落实扫黑除恶专项斗争工作部署，加大办案力度，出重拳、下重手，依法快捕、快诉，严厉打击10类黑恶势力犯罪。扎实做好检察环节社会治安综合治理、法治建设等工作，通过公开办案、

基层走访、案例下乡等形式，发挥执法办案的教育宣传作用，真正让黑恶势力等违法犯罪分子感受到法制的震慑，让人民群众体会到安全感、幸福感。

四、坚持以“法法衔接”为重点，更好地服务反腐败斗争，坚定不移走专业强检之路

深入贯彻国家监察体制改革部署，学习贯彻新颁布的监察法，加强刑事诉讼法与监察法的衔接，进一步完善工作机制，提高办案质量，依法采取强制措施、审查起诉和提起公诉，在依法惩治腐败犯罪中继续发挥重要作用，确保党对反腐败工作的集中统一领导。

五、坚持聚焦监督主责主业，着力维护司法公平正义，坚定不移走监督强检之路

聚焦监督主责主业，敢于监督、善于监督、依法监督、规范监督，发挥检察一体化优势，探索重大监督事项“案件”化办理模式，统筹推动刑事、民事、行政检察工作全面发展。着力推进检察监督制度化建设，全面加强对侦查活动、刑事审判、刑罚执行、民事行政的监督力度，优化监督格局，提升监督质效，着力维护司法公平正义。

六、坚持主体意识，推进司法体制综合配套工作，坚定不移走改革强检之路

全面落实司法责任制，严格落实“谁办案谁负责、谁决定谁负责”，继续深化司法体制综合配套工作，同步探索建立与新的检察权运行模式相适应的执法办案监督机制。深入推进以审判为中心的刑事诉讼制度改革，推动审查逮捕诉讼化转型。全面开展提起公益诉讼工作，服务蓝天碧水“大生态”工程，坚决维护国家利益和社会公共利益。

七、坚持全面从严治党，努力提高工作能力和水平，坚定不移走素质强检之路

加强检察机关党的建设，扎实开展“不忘初心、牢记使命”主题教育，全面开展系统内巡察工作。加强专业化建设，加强教育培训和岗位练兵，努力建设一流检察队伍。深化监督执纪“四种形态”运用，强化日常教育监督管理，坚持以“零容忍”态度查处检察人员违法违纪行为，持之以恒正风肃纪。

新时代要有新气象，新时代更要有新作为。新的一年里，全市检察机关将以习近平新时代中国特色社会主义思想为指导，在市委和省人民检察院的坚强领导下，在市人大及其常委会的有力监督下，认真落实本次大会决议和代表审议意见，坚持以人民为中心的司法理念，讲政治、顾大局、谋发展、重自强，忠实履行宪法法律赋予的职责，砥砺奋进，锐意进取，迎难而上，努力让人民群众在每一个司法案件中感受到公平正义，努力为吕梁经济社会发展做出新的更大的贡献。

关于吕梁市2017年国民经济和社会发展计划执行情况与2018年国民经济和社会发展计划草案的报告

在吕梁市第三届人民代表大会第五次会议上

吕梁市发展和改革委员会主任 权威

（2018年3月31日）

一、2017年国民经济和社会发展计划执行情况

2017年，面对复杂多变的宏观经济形势和艰巨繁重的发展改革任务，全市上下以习近平新时代中国特色社会主义思想为指引，认真学习贯彻十九大精神和习总书记视察山西重要讲话精神，坚持稳中求进工作总基调，以供给侧结构性改革为主线，加快推动转型创新发展，全力优化营商环境，统筹推进稳增长、促改革、调结构、惠民生、防风险各项工作，主要经济指标跻身全省第一方阵，实现了年初提出的“保中游、争上游”目标，向省委、省政府和全市人民交出了一份经济发展由“疲”转“兴”的“吕梁答卷”。全年地区生产总值完成1310.3亿元，同比增长9.2%，增速全省排名第一；规模以上工业增加值完成878.4亿元，同比增长11.3%，总量和增速全省排名均为第一；一般公共预算收入完成138.8亿元，同比增长54.9%，增速全省排名第一；全社会固定资产投资完成426.7亿元，同比增长6.2%；社会消费品零售总额完成461.6亿元，同比增长6.4%；城镇居民人均可支配收入完成25704元，同比增长6.3%；农村居民人均可支配收入完成8232元，同比增长7.7%。全年市区优良天数达到246天，全省排名第二。17个国省控监测断面Ⅰ－Ⅲ类水质断面比例、劣Ⅴ类水质断面比例及COD、氨氮、二氧化硫、氮氧化物减排指标均完成了省定目标任务。

——聚焦深度贫困，脱贫攻坚再战再胜

深入推进“三五工程”，脱贫攻坚力度加大、进度加快、质量提升，全年中阳、柳林2个贫困县实现摘帽，445个贫困村退出、14.8万人脱贫。全市实施易地扶贫搬迁45158人，累计完成投资13.57亿元，占计划总投资13.32亿元的102%。完成了10002户农村危房改造任务，8883户危险土窑洞改造任务。全市第一批村级光伏电站全部并网发电，光伏扶贫收益分配到村303个、到户3643户。发放扶贫小额信贷共计16.7亿元，覆盖建档立卡贫困户3.45万户，是2016年放贷总额的4倍。贫困人口医疗费用报销率达到87.34%，2.05万特困供养人员纳入保障范围，13个县市区全部实现“两线合一”。积极推进企业产业扶贫，660个贫困村、4.4万贫困人口与440户规上企业和民营企业建立利益联结机制。“吕梁山护工”叫响京城省城，风险补偿产业扶贫贷款“吕梁模式”全国推广。

——优化产业结构，转型升级蓄势聚能。准确把握国家、省重大政策利好对我市的传导效应，全面落实国发42号和晋发49号文件精神，出台《吕梁市贯彻落实国务院支持山西进一步深化改革促进资源型经济转型发展实施方案》，非煤产业增加值

占比达到49.4%，比2013年提高13.9个百分点，其中战略性新兴产业增加值增长16.9%。全省最大、吕梁第一条电解铝生产线中铝华润50万吨轻合金项目具备投产条件，一批铝后加工项目加快启动，打造全国重要的铝工业基地迈出坚实步伐。围绕延伸焦炉煤气制甲醇、煤焦油深加工、粗苯精制及深加工三大产业链，孝义鹏飞60万吨甲醇联产4亿立方LNG项目投产，孝义金州50万吨煤焦油深加工、孝义鹏飞40万吨费脱合成蜡和90万吨超级悬浮床项目等一批煤基精细化工项目加快建设。新能源产业稳步发展，装机容量（含核准在建）超过180万千瓦。大数据产业发展取得新突破，依托华为公司引进华唐、中科等一批领军企业上马10个大数据产业项目。大力发展现代服务业，全市第三产业完成增加值428.1亿元，同比增长7.6%，超上年同期1.2个百分点。全市旅游接待总人次和旅游总收入分别增长32.69%、32.89%。

——突出创新引领，动能转换持续加快

深入实施创新驱动战略，新技术、新产业、新业态、新模式加速孕育成长，高新技术产业增加值较上年同期增长14.3%。制定出台《吕梁市大力推进大众创业万众创新工作实施方案》，孝义、离石、交城被确定为省级大众创业万众创新示范基地。全市建成2家省级科技企业孵化器和5家省级众创空间。大力实施“百千万人才工程”和“百校千人计划”，与北航、北理等9所重点高校（单位）签订战略合作协议，吸引国防大学等院校建立博士后工作站、技术研发平台12个。每万人有效发明专利拥有量0.65件，有效发明专利拥有量252件。开发区改革创新加快推进。按照“整合、改制、扩区、调规”方针和“三化三制”思路，编制《吕梁市开发区改革创新发展实施方案》，整合全市21个各类园区组建10个开发区。全市省级经济开发区达到5个。山西吕梁国家农业科技园区通过科技部验收，成为全市首个国家级园区。全年新增高新技术企业9个。

——扩大有效投资，发展后劲日益增强

把抓投资和推项目作为重中之重，全市投资结构持续优化，更加聚焦“强长补短”，更加注重转型升级，更加重视扩大优化民间投资。引进孝义汉能、王老吉大健康产业园、铝工业等产业转型项目30多个，全市省市重点工程累计完成投资346.07亿元。第二污水处理厂一期工程、市区日处理50吨污泥处置中心加快建设，生活垃圾焚烧发电项目前期加快推进。投资管理创新优化。出台《吕梁市投资项目在线审批监管平台部门并联工作推进方案》，实行项目审批统一受理、集中办公、并联审批，办理时限缩短一半以上，大大加快了项目前期工作，切实营造了良好的投资环境。PPP模式推广受到国务院通报表扬。率先在全省建立了PPP项目储备库、签约库、在建库、运营库、投资人库、专家库等“六个库”。先后五批次发布PPP项目7大类、280个，总投资达1800亿元。举办了全省首场PPP项目推介会，离祁高速等30个项目与社会资本签订了投资协议。

——全面深化改革，对外开放不断扩大

以深化供改和综改相结合，一批基础性关键性改革全面展开，一些制约发展的体制机制障碍逐步破解，改革红利持续释放。供给侧结构性改革取得新进展。“三去一降一补”成效明显，淘汰汾阳市文峰焦化公司2×1.2万千瓦机组，坚决打击制售“地条钢”等违法行为。全市商品房累计可售面积119.65万平方米，同比下降30.45%，其中商品住房107.71万平方米，同比下降24.38%；全市商品房去化周期为13.82个月，其中商品住房去化周期为13.19个月。农业供给侧结构性改革有序推进，狠抓农业标准化生产，启动建设孝义国家级农业标准化示范县，兴县、岚县、方山、文水4个整县创建试点和50个国家、省、市标准化生产示范区。

电力体制改革富有成效。《山西省铝循环产业园区局域电网运营试点方案》获省批复，吕梁增量配电业务试点列入国发42号文件上升为全省战略。以局域电网为核心的吕梁电力体制改革坚实落地，吕梁局域电网基本建成。行政审批制度改革向纵深推进。率先在孝义试行企业投资项目承诺制，分四批取消、下放和调整行政审批等事项47项。出台了《关于改革和创新招商引资工作的实施意见》，理顺了招商引资管理体制和运行机制，拓展对外开放空间，全市共签约项目234个。全年利用省外直接投资达到115亿元。积极对接雄安新区建设，加快基础设施互联互通，融入京津冀。太原至延安高铁项目列入国家《中长期铁路网规划》（2016−2030），并开展项目前期研究。

——狠抓基础设施，城市品质稳步提升

坚持精准规划、精致建设、精细管理，突出重点补短板，城市建设成效明显，功能配套更加完善，城市承载力和宜居度持续增强。全市基础设施投资增长40.9%。加快推进新型城镇化。孝义市、交城县国家新型城镇化试点工作加快推进，平川四县市、离石、柳林、中阳、方山8个县（市、区）纳入《山西省中部城市群发展规划》。大力推进市区"双十"工程建设，新区如意湖公园、城南传统工业主题公园等基本建成。启动"五城联创"活动，孝义市创建全国文明城市，汾阳、岚县创建省级文明城市，石楼创建省级卫生城市。汾阳贾家庄、离石信义创建国家特色小镇。开工建设静兴、祁离2条高速和沿黄扶贫旅游公路一期工程。新建改造农村公路1210公里，新建改造供气管网130.665公里。中部引黄隧洞连通工程完成，柏叶口龙门供水工程通水。

——践行绿色发展，生态建设成效显著

坚持"绿水青山就是金山银山"的理念，立足于把生态优势转化为竞争优势，持续加强环境保护和资源节约利用。中阳、柳林、临县、兴县和石楼五县建立了国家重点生态功能区产业准入"负面清单"制度，主体功能区格局加快形成。制定出台《吕梁市生态文明体制改革实施方案》，明确了36项改革措施，有序开展碳市场创建工作，生态文明体制机制逐步完善。大力实施吕梁山生态保护修复工程，完成营造林面积105.78万亩，退耕还林81.03万亩。加快推进绿色循环低碳发展。启动《吕梁市"十三五"循环经济发展规划》编制工作。投资100亿元实施市区集中供热全覆盖工程。全市已建成或正在建设生活垃圾无害化处理场有13座。"煤改气"、"煤改电"分别完成20447户、3457户。96户重点企业水污染防治设施完成提标改造。节能减排成效明显，污染减排取得积极进展，大气、水环境质量不断改善。

——落实惠民举措，人民生活持续改善

坚持以民之所望为工作取向，加大重点民生领域服务力度，认真落实惠民举措，提高人民群众获得感。全年民生领域支出增长14.7%，占一般公共预算支出比重达82.5%。民生社会事业不断发展。认真实施第三个学前教育三年行动计划，改扩建农村幼儿园20所。大力推进现代职业教育改革发展，县级职教中心建设稳步推进。完成城市公立医院"取消药品加成"改革，制定出台了我市市级公立医院按病种收费方案，科学遴选按病种收（付）费的病种103个，全市公立医院综合改革实现全覆盖。群众医疗费用个人负担比例降至33.8%，取消药品加成让利患者约1258万元。加强采煤沉陷区治理。实施柳林县、临县、孝义市、交城县4个县（市），9个乡镇，22个自然村，3368户，9967人采煤沉陷区综合治理搬迁安置，项目已全部开工建设。实施就业优先战略和积极就业政策，全市城镇新增就业人数4.4万人，农村贫困劳动力免费职业培训1.9万人，农村转移劳动力3.92万人，高校毕业生就业率达90%以上。价格监管进一步加强。全年共受理各类价格举报599件，取消和停止了41项行政事业性收费项目。

总的来看，面对多重困难和挑战，与年初计划目标相比，全市经济总体上好于预期、好于全省平均水平，取得这样的成绩十分来之不易。这是习近平新时代中国特色社会主义思想在吕梁成功实践的集中体现，是省委“一个指引两手硬”重大思路和要求与市委、市政府一系列重大举措效应释放的集中体现，是全市上下凝心聚力、奋发有为的集中体现。同时制约经济社会发展的突出矛盾和问题依然较多，主要表现在：结构调整任重道远，虽然我们在铝工业、旅游业上做了大量的努力，但战略性新兴产业等接续产业发展不足，“一煤独大”的产业格局尚未实质性转变，煤焦冶电传统产业占工业经济的比重高达83.9%；经济下行压力较大，金融扶持实体经济力度不强，实体经济依然困难；供给侧结构性矛盾突出，产业链不够完善，低端过剩和中高端短缺并存；创新能力不强、体制机制不优、对外开放水平不高；脱贫攻坚、生态质量改善等任务仍然艰巨。需要我们正视不足，直面挑战，坚定发展信心，保持工作韧劲，全力化解矛盾、补齐短板。

二、2018年全市经济社会发展总体安排和主要任务

2018年是全面贯彻落实党的十九大精神的开局之年，是改革开放40周年，是决胜全面建成小康社会、实施“十三五”规划承上启下的关键一年，也是贯彻落实国发42号文件、省委49号文件的关键之年，做好全年各项工作意义重大。

2018年全市经济工作的总体要求是：全面贯彻党的十九大精神，以习近平新时代中国特色社会主义思想为指导，坚持稳中求进工作总基调，坚持新发展理念，紧扣社会主要矛盾变化，按照高质量发展的要求，统筹推进“五位一体”总体布局和协调推进“四个全面”战略布局，坚持以脱贫攻坚统揽经济社会发展全局，坚持把深化供改与深化综改结合起来，围绕建设“示范区”“排头兵”“新高地”三大目标，聚焦防范化解重大风险、精准脱贫、污染防治“三大攻坚战”，实施“十大举措”，统筹推进稳增长、促改革、调结构、惠民生、防风险各项工作，大力推进改革开放，推动质量变革、效率变革、动力变革，促进经济社会持续健康发展。

2018年全市经济社会发展主要经济指标计划安排是：

预期性指标：地区生产总值增长7%左右，固定资产投资增长9%，全社会消费品零售总额增长7%，公共财政预算收入增长8.5%，城镇居民和农村居民人均可支配收入分别增长6.5%、6.6%。全年新增就业人数38000人，城镇调查失业率和登记失业率分别控制在6%、4.2%以内，物价指数增幅控制在3%以下。

约束性指标：万元生产总值综合能耗下降、万元生产总值二氧化碳排放量下降、万元工业增加值用水量下降、二氧化硫、化学需氧量、氨氮、氮氧化物和烟尘、工业粉尘排放量等约束性指标完成省下达任务。贫困人口脱贫12.6万人。

为全面完成以上目标任务，需要做好以下七方面工作：

（一）攻克全面建成小康社会难点，打好“三大攻坚战”

坚守全面建成小康社会工作底线，瞄准重点难点，全力打好精准脱贫、污染防治、防范化解重大风险三大攻坚战。

确保脱贫攻坚连战连胜。全面贯彻习近平总书记在深度贫困地区脱贫攻坚座谈会上的重要讲话精神，按照省委“脱贫攻坚跻身全国第一方阵”的要求，以提高脱贫攻坚实效为导向，向深度贫困地区聚焦发力，集中攻克深度贫困堡垒，巩固脱贫成果，提

高脱贫质量，着力解决贫困地区基础设施、公共服务滞后等问题，提升贫困地区区域造血功能。继续开展驻村帮扶、企业帮扶和社会力量帮扶，加大金融、生态、易地搬迁、光伏等产业扶贫力度，今年再减少农村贫困人口12.6万人，退出354个以上贫困村，确保方山、岚县、交城、交口、离石5个贫困县实现整体摘帽。加快易地扶贫搬迁。统筹抓好新区安置配套、旧村拆除复垦、生态修复整治、产业就业保障和社区治理跟进五个环节，加快建设进度，确保2017年搬迁人口年底前全部入住，同时全面启动“十三五”期间剩余43320人的搬迁任务，建设25个集中安置点，其中兴县5个、临县13个、岚县1个、石楼县5个、交城县1个，年底前全部竣工，摘帽县搬迁户全部实现入住。制定出台《整村搬迁指导意见》和复垦土地操作流程，完成拆除510个自然村，启动土地交易业务，配套后续产业，健全治理机制，探索基层管理新模式。加快光伏扶贫项目建设。实施总规模416.68MW光伏扶贫项目，其中村级电站260个、联村电站25个，集中式电站5座，力争10月底前全部并网发电，年底前光伏收益全部分配到村到户。组建统一运维平台，完善收益分配办法，对全市光伏扶贫电站实行统一管理、统一运维、统一结算、统一分配。大力发展“光伏+”模式，提高电站综合效益。发展户用电站，探索户用光伏“小额贷款+公司担保”建设模式，鼓励建档立卡贫困户通过小额信贷，采用“扶贫开发公司统贷、建设企业双保”的办法，帮助60岁以上的贫困户建设户用电站，年内建成50个户用式光伏扶贫电站示范村。扩大扶贫小额信贷覆盖面。以户贷户用、户用光伏、合作社入股为重点，全年力争新增小额贷款10亿元，覆盖贫困户达6万户以上。实施生态扶贫提升工程。在生态建设战场上坚决打赢增绿增收两场战役，集中实施“3个100万亩工程”，即荒山造林100万亩，退耕还林100万亩、经济林提质增效100万亩。进一步提升“吕梁山护工”品牌。加大实训力度，推广临县、石楼“员工制”管理经验，举办“吕梁山护工就业培训会”，筹建“吕梁山护工”服务部，打造一站式“吕梁家政服务超市”，年内完成1.25万人的培训任务，其中贫困人口培训率力争达到60%以上。继续抓好吕梁山技工、吕梁山工匠等多种职业技能培训，不断拓宽贫困群众增收渠道。提高兜底扶贫水平。全面落实健康扶贫“三保险、三救助”政策和“双签约”机制，实施好24种大病集中救治工程，确保农村贫困人口住院费用实际报销比例达到90%。落实教育扶贫政策，持续推进“两线合一”，提高兜底扶贫标准，高位推动精准脱贫。

加强生态污染防治。以改善生态环境质量为重点，铁腕开展大气污染防治行动、清水行动、净土行动，全面推动绿色低碳发展，进一步提升生态文明建设水平。推动绿色转型，发展循环经济。编制《吕梁市循环经济发展规划》，推进孝义市国家生态文明先行示范区建设，开展循环经济发展指标试评价。开展资源环境综合承载力评估调查，建立健全环境监测预警体系，完善重污染天气应急响应机制。启动新一轮省级以上开发区园区循环化改造，抓好生活垃圾资源化利用、城市矿产基地建设等示范工程，积极构建绿色低碳循环产业体系。推动系统治理，实施专项整治。加大新建项目节能审查力度，推进粉煤灰等工业固废的规模化、高端化利用。重点推进兴安化工30万吨赤泥综合利用、柳林森泽镁铝拜耳法生产高白氢氧化铝产品等项目建设。加快燃煤治理和清洁能源替代，继续实施“煤改电”“煤改气”工程。加快推进黑臭水体整治，市区建成区率先消除，其他县市消除率达到80%以上。推动创新实践，优化生态环境。严格落实主体功能区规划，科学划定生态保护“红线”，积极开展农产品主产区产业准入负面清单等工作。深入开展生态市和生态县创建，按照省将“两河一山”打造成“两带一园”部署，加快吕梁山国家公园建设。开展水土流失综合治理，加快推进三川河、湫水河、文峪河生态修复综合整治、北川河生态治理二期、天然林保护等重点工程。全市用水总量控制在6.96亿立方米以内，全市万元地区生产总值用水量较2017年下降3..5%，万元工业增加值用水量较2017年下降2%。劣五类水质比例下降到35%以下。

着力防范化解重大风险。坚决打击违法违规金融活动，创建金融生态良好城市，确保不发生系统性、区域性金融风险。完善社会信用信息共享平台，建立健全守信联合激励和失信联合惩戒机制，深入推进“诚信吕梁”建设。牢固树立安全发展理念，强化安全生产红线意识和底线思维，把安全生产摆在首要位置。严格落实安全生产责任，认真开展安全隐患排查治理，稳步推进安全生产标准化建设。创新社会治理体制，创建平安吕梁，严厉打击各类违法犯罪活动，保持社会大局和谐稳定。

（二）持续深化供给侧结构性改革，推动经济高质量发展

聚焦“两个文件”，积极探索“大产业＋新主体＋新平台”的新路子，着力推进传统产业高端化、新兴产业规模化、支柱产业多元化，提高供给质量，加快培育新动能，推动产业迈向中高端，力争“十三五”期间煤焦、铝电、白酒光能大数据产业在工业增加值中的比重由2017年的6:2:2调整为3:3:4目标，实现“存量变革”“增量崛起”。

推进传统产业迈上中高端。加快煤电铝材一体化改革试点。围绕“十三五”期间形成300万吨电解铝及铝材加工产能，推进孝义、兴县开发区2个百万吨级和柳林、交口2个50万吨级铝材加工基地建设。力争将柳林森泽铝业50万吨电解铝、孝义信发110万吨电解铝等项目列入《山西省“煤—电—铝—材”一体化试点方案》重点工程，年内确保中铝华润一期50万吨轻合金项目全面投产，力争再推进2–3个电解铝及铝加工项目开工建设。推动煤焦产业向化产延伸。加快孝义梧桐1000万吨、交城夏家营1000万吨、离柳矿区1000万吨、汾阳三泉500万吨等四个全省一流的煤化工基地提档升级。推进孝义鹏飞90万吨煤焦油超级悬浮床加氢、40万吨费脱合成蜡等项目加快建设。推进钢铁企业升级改造，加快中钢50万吨矿用支护材料加工、100万吨线材深加工项目开工建设。

持续优化能源供给体系。落实《山西省深化煤层气（天然气）体制改革方案》，支持石楼、兴县开展煤层气发电项目前期工作，力争年内新增煤层气钻井100口以上，新建煤层气集气站2座、集气管线90公里，新增煤层气产能7亿方。积极推进中阳华润12万千瓦、交口棋盘山5万千瓦等12个总投资86.2亿元的风电项目。稳步推进6个国定贫困县村级光伏扶贫电站项目。积极争取交口申报500兆瓦光伏领跑基地项目。开工建设总投资6.5亿元的吕梁市垃圾焚烧发电项目，扩大汾阳垃圾发电项目服务半径，打造能源革命排头兵。

推动新兴产业做大做强。加快“天河二号”超算中心市场化步伐，加快推进华为云计算中心、吕梁国家数据产业园、山西中交西部高速数据中心建设进度，全力打造“吕梁数谷”，加快实现从“挖煤”向“挖数据”转变。以汾酒集团混合所有制改革为重点，推进中汾酒业与汾酒集团的实质性合作，打造白酒行业新的龙头企业。支持地方酒类企业按照规模化、品牌化的思路做大做强、集群发展，白酒产量和销量增长20%，加快建设全国最大的清香型白酒基地。大力推进光能产业全产业链发展，吸引光能开发利用上下游企业集聚。加快交口兴华科技55万吨铝基新材料、离石新龙重工煤机等装备制造业项目，加快构建现代产业体系。

加快现代服务业发展。加快把文化旅游业培育

成我市战略性支柱产业，启动《吕梁市全域旅游规划》编制工作，坚持“全市一盘棋、县县有精品”要求，制定《县域旅游规划》（含乡村旅游规划）及《吕梁沿黄旅游规划》、《吕梁关帝山旅游规划》等专项，继续打造临县碛口、汾阳贾家庄、兴县蔡家崖、交城庞泉沟、文水苍儿会等一批特色村镇。推进卦山玄中寺、方山北武当山、孝义三皇庙等5A级以及岚县白龙山、柳林抖气河等4A级景区创建。以“吕梁——一个令人向往的地方”为主题，搞好旅游形象大宣传。加快离石铁路线生产与生活物流、汾阳阳城商贸物流示范区等一批重大物流项目建设。争取引进沃尔玛、碧桂园等一批行业龙头企业，建设现代服务业集聚区和示范园区。出台《吕梁市双创示范基地建设实施方案》，加快吕梁国家双创基地建设步伐，年内建成省级以上众创空间11家，科技企业孵化器3家。

（三）深入推进“转型项目建设年”活动，努力扩大有效投资

保持抓项目建设的战略定力，落实《吕梁市贯彻落实全省转型项目建设年(2018)工作行动方案》，推动转型项目快上、快进、快成，用高质量、高效率的投入为经济发展提供强劲的支撑，争取在全省“转型项目建设年”活动中走在前列。全年实施六大领域建设项目531个，重点工程130个（含省重点工程18项）。

突出项目谋划。围绕转型谋划项目，紧扣“示范区”“排头兵”“新高地”建设，突出成长性原则、集聚性效应、有效性导向，着眼培育有竞争力的优势产业集群，切实抓好存量项目，积极引入增量项目，牢牢把项目谋划抓在手上，将煤电铝材一体化、大数据、新能源、新材料等新兴产业项目作为投资工作的重中之重，统筹抓好现代农业、现代服务业和基础设施项目，创新融资模式，继续推广政府和社会资本合作（PPP）模式，形成可复制推广的典型经验。

强化工程调度。坚持握紧拳头、集中力量办大事，对一批投资额度大、带动能力强、关联度高的重点建设项目由市级领导包干抓落实，做到“目标明确、责任具体、倒排工期、挂图作战”。突出抓好产业项目建设。坚持“抓重点、补短板、强弱项”，今年初步确定投资计划盘子为500亿元。其中：新兴产业类项目115个，计划投资175亿元；传统产业升级改造类项目35个，计划投资38亿元；服务业类项目54个，计划投资47亿元；农业类项目35个，计划投资16亿元；基础设施类项目84个，计划投资74亿元；生态保护与修复类项目42个，计划投资36亿元；社会民生类项目164个，计划投资114亿元。新兴产业类项目投资占总盘子的35%，是基础设施类项目投资的2.4倍。

优化建设环境。全面梳理制约项目建设的堵点、痛点和难点，对症下药出良方，以“革命性”举措，以“零容忍”态度持续优化项目建设环境，推动项目建设加速提质增效。开展“手续集中办理月”活动，主动帮助企业加快立项、规划、土地、环评等手续办理，为项目“松绑、让利、开绿灯、出政策”。开展“集中开工月”活动，续建项目4月底前全部实现复工，新建项目4月底前开工40%，做到应开尽开。开展“进工地、到一线、解难题”活动，每季度至少开展一次深入项目现场调研活动，切实帮助项目单位“排忧解难”。开展“打击恶意阻工扰工”专项行动，为项目无障碍施工保驾护航。开展“红顶中介专项整治”活动，重点解决垄断性强、收费乱问题，严肃查处、通报违法违规行为。

加强要素保障。努力争取中央、省年度预算内投资补助，确保超全省平均水平。加强用地管理，用足用活土地增减挂钩政策，全面盘活闲置土地资源，激活征地拆迁机制，打击违法用地，积极探索

高效用地新模式，保障重点项目建设用地。加强经济运行监测分析，及时抓准苗头性、倾向性问题，做好政策储备。鼓励政府平台公司参股投资产业项目，充分发挥国投、交投、水投等融资平台作用，支持重点领域建设项目采用企业债券、基金等筹措资金。扎实开展“十三五”规划中期评估，对已经规划的指标、任务与十九大的新目标、新任务进行充分衔接，提高政策效力。

（四）着力加快重点领域改革，激发各类市场主体活力

坚持把深化改革作为转型创新发展动力，全面深化改革开放，着力破解制约经济发展的体制机制性障碍，确保在基础性、关键性、标志性改革上实现突破，推动各项改革举措落地生根、见到实效。

扎实推进“三去一降一补”。完成煤炭、钢铁行业化解过剩产能年度任务，年内退出煤炭产能60万吨，实施减量置换61.8万吨。围绕能源供给革命，发展优质产能，推进煤炭资源综合利用，重点建设1-2个煤炭资源综合利用项目。坚持分类调控、因城施策，把去库存与新型城镇化建设结合起来，引导房地产回归居住功能。继续降成本，加大减税降费力度，减少审批环节，削减中介评估项目和费用，增强实体经济企业发展活力。

推进吕梁局域电网试点改革。围绕打造“排头兵”，以建设局域电网试点为抓手，深化能源供给侧结构性改革。推动晋能大土河电厂2号机组及临县京能2×35万千瓦机组投运，孝义晋能2×35万千瓦机组建成。争取省对吕梁局域电网试点工作的支持或授权，扩大吕梁局域电网覆盖范围，力争晋能、京能等发电机组并入局域电网，实现扩网增容。扩大电力直接交易的范围和规模，组织更多符合条件的用电企业、有配网的售电公司参加直供电，力争完成交易电量28亿度。

抓好开发区体制机制改革。将开发区作为项目落地、产业集群的重要载体，积极推进“三化三制”改革，认真落实土地等要素保障，推动开发区建设、规划、招商、运营。编制《吕梁市开发区总体发展规划》。继续推动吕梁、岚县、交口3个经济技术开发区设立，文水、交城2个开发区扩区的报批工作。深化开发区体制机制改革。探索“建管办分离”，全面推行企业投资项目承诺制管理试点，充分授权，逐步实现“一个图章管审批、一支队伍管执法、一个大厅管服务”。完善开发区政策配套。制定开发区考核办法，加大考核权重，以考核促发展。落实好支持开发区建设的各项税收优惠政策，吸引一批大项目、好项目落户开发区，力争开发区工业投资增长20%以上。

积极稳妥推进国企改革。优化国有企业股权结构，激发体制机制活力。加快推进山西离柳焦煤集团以债转股为重点的股权多元化改革和吕梁中药厂以股权结构多元化为重点的专业化改革重组及其他试点企业的改革工作，力争年底完成。推进分离办社会职能，为国有企业公平参与市场竞争创造条件。综合运用市场化、法治化手段和行政支持，加快推进山西第四纺织机械厂等停产停业企业改革，依法处置闲置的无效低效资产。

推进民营企业发展壮大。继续实施“三个一”民营企业家素质提升工程、中小企业成长工程，大力推进企业股份制改造。新创办小微企业4000户；新培育“小升规”企业30个；新认定企业技术中心20个。每县至少完成1户企业股份制改造，争取全市3户企业挂牌上市。

（五）加快融入国家重大战略，拓展对外开放新空间

以构建开放型经济新体制为重点，建立健全政策体系，扩大对外开放，不断提升开放型经济水平。

积极融入京津冀协同发展。落实《山西省深度融入京津冀协同发展规划》，出台打造内陆对外开

放新高地实施意见，提高产业发展外向度，提升利用外资的规模质量效益，形成开放新格局。加大与中国铁路总公司及上级有关部门的沟通对接力度，全力推进延安—太原—北京高铁（吕梁段）项目前期。加快推进吕梁航空口岸临时开放。

持续加大精准招商力度。全面贯彻落实市政府《关于改革和创新招商引资工作的实施意见》（吕政办发〔2018〕5号），创新模块化招商、产业链招商、以商招商等方式，实施优质精准化招商。积极参与和主办各类招商引资推介活动，利用好中博会、旅游发展大会、大数据产业推介会、世界酒文化博览会等好的招商引资平台，推介我市重点产业项目。

培育外贸竞争新优势。全面贯彻落实《吕梁市参与“一带一路”建设总体实施方案》，推动与“一带一路”沿线国家的贸易往来，鼓励和培育100户外贸企业开展对外贸易，从事外贸出口，逐步提升自身竞争力。培育或引进1户外贸综合服务企业，培育1户跨境电商示范企业，指导推动我市外贸企业入驻电商平台，举办境外采购商与外贸企业网上对接活动，促进线上线下成交。

（六）统筹城乡一体化发展，着力提升城镇化水平和质量

把加快新型城镇化作为增强城镇竞争实力的重要途径，落实乡村振兴战略重大举措，着力增强发展协同性和整体性。

落实乡村振兴战略。贯彻落实2018年中央一号文件《中共中央国务院关于实施乡村振兴战略的意见》及中央、省农村工作会议精神，大力推进农业供给侧结构性改革，深入推进农村一二三产融合发展。优化农业产业体系、生产体系、经营体系，推动农业向提质增效、可持续发展转变。建设标准化园区100个，认证“三品一标”产地面积187.5万亩、产品150个。大力实施贫困村提升工程，以贫困村“七有七到位”为重点，切实改善乡村基础条件。继续抓好农村人居环境改善工程，扎实推进农村环境“百村示范、千村整治”工程，重点打造100个乡村振兴示范村，集中开展1000个环境整治重点村，建设美丽宜居乡村。

大力实施新型城镇化。以“五城联创”活动、“一城十镇百村”建设为抓手，着力补齐城市建设短板，优化空间布局，加强城市空间规划管控，全面推进市县“多规合一”。稳步推进吕梁新区建设，完成吕梁医疗卫生园区和吕梁广场建设。全面推进吕梁高等师范专科学校、吕梁一中、群艺馆、规划馆等十个新区重点工程。围绕城市道路、水气热管网、污水垃圾处理、雨污管网及相关基础配套设施进行筹划。继续推进孝义、交城国家新型城镇化试点工作。交城、汾阳、交口启动创建国家卫生城市、市区启动创建国家园林城市活动。

加快基础设施建设。加快离石至隰县高速公路前期，力争年内开工建设。全面开工静兴高速公路建设和祁离高速公路建设。加大“四好农村路”建设力度，全年建设1500公里，完成投资20亿元。继续实施贫困村通硬化路、通客车工程，确保摘帽县和退出贫困村所有建制村全部通硬化路和具备条件的建制村全部通客车。大力推动矿产资源运输通道建设规划，完成资源通道建设规划及工可等前期工作，力争离石、兴县等总投资11亿元、87.67公里的8条公路年内开工建设。加快峪口沟水库项目前期，大力推进中部引黄等大水网、配套县城12处小水网分水口建设。加快孝义500千伏魏都输变电前期，开工建设石州220千伏等输变电工程。

（七）坚持不忘初心人民至上，切实保障和改善民生

聚焦多样性需求增加居民收入，聚焦普惠性要求推进基本公共服务均等化，多谋民生之利、多解民生之忧，全力推进重大民生工程，让发展更有“温

度”、幸福更有“质感”。

全面发展社会事业。出台《吕梁市2018年促进城乡就业创业实施意见》，大力发展就业经济，整合人力资源市场，提供全方位公共就业服务，促进高校毕业生等青年群体、农民工多渠道就业创业。实施全民技能提升工程。2018年全市培训5.95万人。加强创业孵化基地建设，新建1个省级创业孵化基地和2个市级创业孵化基地，鼓励创业带动就业。加强社会保障，全面实施全民参保计划，社会保险综合参保率达到95%以上。城乡居民基础养老金最低标准提高103元。启动吕梁特仪工程建设，推动社会福利院主体竣工，儿童福利院具备运行条件。启动三年棚户区改造计划，完成棚户区改造7985套。大力实施文化惠民工程，加强市、县、乡（镇）、村四级公共文化设施建设，进一步繁荣文体事业。

织密扎牢民生保障网。大力发展更加公平更高质量的教育，加快推进职业教育发展，13个县全部建成职教中心，力争吕梁高等师范专科学校和吕梁职业中专开工建设。全面落实实施《第三期学前教育行动计划实施方案》，新建公办幼儿园29所、普惠性民办幼儿园31所，开展城镇小区配套幼儿园专项治理。启动义务教育优质均衡工程和义务教育管理标准实施，全面铺开吕梁一中、离石江阴中学等8所实验校改革，加强普通高中学校标准化建设。继续抓好医药卫生体制改革，推进医疗卫生园区项目、护理职业学院项目建设。深入推进医保支付方式改革，实行按病种付费的病种数不少于100种。巩固完善基本药物制度，促进优质优惠、公平可及。积极推进全民健康信息平台互联互通扩面提质增效，强化疾病防控和健康促进，强化食品安全风险监测，食品污染物和有害因素监测实现13个县（市、区）全覆盖。千方百计做好人才工作，制定出台《吕梁市人才引进培养使用实施意见》《吕梁市人才流动办法（试行）》，大力弘扬优秀企业家精神和工匠精神，引进和培养一批高端管理人才和专业技术精兵，构建全新的人才流动机制。

各位代表，新时代要有新气象，更要有新作为。新的一年，全市脱贫攻坚、深化改革、加快转型、改善民生的任务将更为繁重，让我们在市委、市政府的坚强领导下，在市人大、市政协的监督支持下，认真贯彻落实全国“两会”、省委经济工作会议和市委四届四次全会暨经济工作会议精神，以习近平新时代中国特色社会主义思想为指引，以党的十九大和习近平总书记视察山西重要讲话精神为遵循，不忘初心，牢记使命，埋头苦干，攻坚克难，扎实推动各项事业持续健康发展，为决胜全面建成小康社会、奋力谱写吕梁发展新篇章作出新贡献！

有关用语说明

1. 三大目标：建设转型综改“示范区”，打造能源革命“排头兵”，构建内陆地区对外开放“新高地”。

2. 十大举措：实施大扶贫、实施大生态、实施大旅游、实施大数据、实施大转型、实施大项目、实施大改革、实施大民生、实施大培训、营造大环境。

3. 两个文件：《国务院关于支持山西省进一步深化改革促进资源型经济转型发展的意见》（国发〔2017〕42号）和《贯彻落实国务院支持山西省进一步深化改革促进资源型经济转型发展意见行动计划》（晋发〔2017〕49号）。

4. 两河一山：黄河、汾河和吕梁山。

5. 两带一园：黄河生态经济带、汾河生态修复经济带和吕梁山国家公园。

6. 三化三制：是指加快建立专业化、市场化、国际化的开发区管理运行机制和领导班子任期制、全员岗位聘任制和绩效工资制等制度。

7. 三五工程：要突出五大重点，攥紧攻坚深度贫困拳头（大力推进生态建设工程，实现增绿增收互促双赢；加快实施易地扶贫搬迁工程，确保“一方水土养不好一方人”的山庄窝铺应搬尽搬；积极发展现代特色产业，建立带动贫困户发展的利益联结机制；广泛实施光伏扶贫工程，实现资产收益全覆盖；推进“吕梁山护工”培训就业工程，促进贫困劳动力转移就业）；要补齐五个短板，着力解决深度贫困瓶颈（加大健康扶贫力度，有效化解“支出型贫困”；落实教育扶贫政策，切断贫困代际传递；完善兜底扶贫制度，构筑脱贫攻坚最后一道防线；加快公共设施建设，改善农村生产条件；统筹推进区域发展，围绕精准扶贫发力）；要强化五个保障，构建攻坚深度贫困强大合力（抓基层党建，以党建促脱贫；抓社会帮扶，凝聚强大合力；抓资金投入，拓宽融资渠道；抓内生动力，弘扬吕梁精神；抓责任落实，强化担当意识）。

8. 七有七到位：有较强支撑的主导产业，带动机制到位；有较健全的基础设施，条件改善到位；有较完善的公共服务，方便群众到位；有较稳的增收渠道，项目支持到位；有较基本的社会保障，政策扶持到位；有较整洁的村容村貌，环境整治到位；有较强的村级组织，服务能力到位。

9. “三个一”民营企业家素质提升工程：抓好100名民营企业优秀经营者高端培训和1000名有发展潜力的民营企业管理人员创业能力提升培训以及企业自主开展的10000名岗位技能培训，全面提升民营企业家素质。

10. 三品一标：无公害农产品、绿色食品、有机农产品和农产品地理标志统称"三品一标"。

11. 两线合一：低保线与扶贫线两线合一。

12. 三去一降一补：去产能、去库存、去杠杆、降成本、补短板。

13. 五城联创：创建卫生城市、园林城市、文明城市、环保模范城市、森林城市。

14. 健康扶贫“三保险、三救助”：“三保险”是通过基本医保、大病保险和补充的医疗保险，确保贫困人口住院总费用实际报销比例达到90%以上。“三救助”是对农村建档立卡贫困人口个人缴费由财政资金给予全额救助，对24种大病的晚期患者由民政部门给予一次性每人5000元的大病关怀救助，对少数农村特困人口由民政部门特殊帮扶。

15. 健康扶贫“双签约”：乡村干部、家庭医生签约团队与建档立卡贫困人口中的因病致贫、因病返贫困难群众“双签约”工作机制。

16. “四好”农村路：是中共中央总书记、国家主席、中央军委主席习近平于2014年3月4日提出的。习近平总书记指出，要求农村公路建设要因地制宜、以人为本，与优化村镇布局、农村经济发展和广大农民安全便捷出行相适应，要进一步把农村公路“建好、管好、护好、运营好”，逐步消除制约农村发展的交通瓶颈，为广大农民脱贫致富奔小康提供更好的保障。

17. 风险补偿产业扶贫贷款“吕梁模式”：体现为“政府推动，集体主导，农民参与，社会支持，市场运作”的模式。中国农业发展银行把吕梁确定为“共创省级政策性金融扶贫实验示范区”的试点市，积极与吕梁开展农业产业扶贫贷款共管基金试点工作。在基金设立上，实行政府主导，多方筹集资金，建立一定规模的共管基金，农发行放大5—10倍对扶贫企业予以信贷支持。在支持对象上，主要用于带动贫困户脱贫的当地专业大户、家庭农场、农民专业合作社、社会化服务组织等统贷统还经营主体、符合农发行贷款条件的农业产业化龙头企业和加工企业。在支持条件上，明确承贷主体必须吸纳一定数量的建档立卡贫困人口就业、参股或签订帮扶协议。

关于吕梁市2017年全市和市本级预算执行情况与2018年全市和市本级预算草案的报告

——在吕梁市第三届人民代表大会第五次会议上

吕梁市财政局局长 耿万林

(2018年3月31日)

一、2017年全市和市本级预算执行情况

2017年，全市上下坚持以习近平新时代中国特色社会主义思想为指导，全面贯彻党的十九大精神和习近平总书记视察山西重要讲话精神，在市委的正确领导和市人大及其常委会的监督指导下，坚持稳中求进工作总基调，践行新发展理念，全市公共财政收入和支出增幅创近年来最高水平，有力促进了经济社会持续健康发展。与此同时，全市预算执行情况良好。

（一）一般公共预算执行情况

1. 全市一般公共预算执行情况

2017年全市预算经市三届人大三次会议审查批准后，各县（市、区）人民代表大会相继批准了本级预算。经汇总，全市一般公共预算收入预算为1042500万元。支出预算由2023611万元变动为3223836万元，变动的主要事项是：上级一般性转移支付增加206515万元，专项转移支付增加705984万元，上年结转103806万元，调入资金54263万元，地方政府债券安排支出96600万元，动用预算稳定调节基金等因素增加33057万元。

2017年全市一般公共预算收入完成1387790万元，为预算的133.12%，同比增长54.89%；2017年全市一般公共预算支出执行3153750万元，为预算的97.83%，同比增长14.33%。

2017年全市预算收支执行的具体情况如下：

（1）主要收入项目执行情况

——税收收入完成1129140万元，为预算的146.69%，增长72.46%。其中：增值税完成584702万元（含营业税112万元），为预算的146.25%，增长74.5%；企业所得税完成124153万元，为预算的208.38%，增长198.12%，增长较高的原因主要是受益于我市经济好转，企业效益提高；个人所得税完成26196万元，为预算的148.12%，增长70.19%；资源税完成180991万元，为预算的166.49%，增长93.06%。

——非税收入完成258650万元，为预算的94.84%，增长7.21%。其中：专项收入完成92142万元，为预算的140.75%，增长22.24%；行政事业性收费收入完成43143万元，为预算的142.17%，增长54.83%；罚没收入完成34210万元，为预算的85.16%，下降3.12%；国有资源（资产）有偿使用收入完成75072万元，为预算的75.47%，下降11.34%；其他收入完成14083万元，为预算的37.85%，下降21.76%。

（2）主要支出项目执行情况

教育支出执行645264万元，为预算的98.78%，增长7.65%；医疗卫生与计划生育支出执行353020万元，为预算的99.03%，增长10.64%；

社会保障和就业支出执行391386万元，为预算的98.02%，增长3.19%；住房保障支出执行124851万元，为预算的97.67%，增长5.1%；农林水支出执行497233万元，为预算的96.76%，增长19.67%；文化体育与传媒支出执行56059万元，为预算的97.09%，增长11.86%；城乡社区支出执行184005万元，为预算的98.19%，增长18.86%；科学技术支出执行24553万元，为预算的98.35%，增长47.5%；节能环保支出执行139018万元，为预算的98.97%，增长75.95%。

2. 市本级一般公共预算执行情况

2017年市本级一般公共预算收入预算为170100万元。支出预算由364321万元变动为491649万元，变动的主要事项是：上级转移支付补助增加3313万元，上年结转17258万元，地方政府债券安排支出53800万元，调入资金、动用预算稳定调节基金等净增加支出52957万元。

2017年市本级一般公共预算收入完成268290万元，为预算的157.72%，同比增长71.15%。一般公共预算支出执行480179万元，为预算的97.67%，同比增长35.08%。

2017年市本级预算收支执行的具体情况如下:

（1）主要收入项目执行情况

——税收收入完成239992万元，为预算的174.03%，增长96.15%。其中：增值税完成125293万元（含营业税24万元），为预算的145.69%，增长74.48%；企业所得税完成26604万元，为预算的239.68%，增长198.12%；个人所得税完成5613万元，为预算的181.06%，增长70.19%；资源税完成82482万元，为预算的218.79%，增长115.23%。

——非税收入完成28298万元，为预算的87.88%，下降17.75%。其中：专项收入完成2061万元，为预算的28.23%，下降66.9%，降幅较大的主要原因是排污费、水资源费转列行政事业性收费；行政事业性收费收入完成11711万元，为预算的195.18%，增长116.55%；罚没收入完成1772万元，为预算的98.44%，下降0.34%；国有资源（资产）有偿使用收入完成10542万元，为预算的86.41%，下降47.54%，降幅较大的原因是两权价款收入减少；其他收入完成2212万元，为预算的45.14%，增长147.43%。

（2）主要支出项目执行情况

教育支出执行39608万元，为预算的100%，增长15.75%；医疗卫生与计划生育支出执行147334万元，为预算的100%，增长453.43%，增幅较大的原因是城乡居民医疗保险资金由县（市、区）列支转为市本级列支；社会保障和就业支出执行16678万元，为预算的99.94%，同口径增长16.3%；文化体育与传媒支出执行17000万元，为预算的100%，增长19.12%；节能环保支出执行16143万元，为预算的100%，增长11.36%；农林水支出执行22902万元，为预算的90.3%，同口径增长60.54%；住房保障支出执行7884万元，为预算的99.12%，同口径增长10%。上述同口径增长是考虑了一次性增减因素。

3. 中央和省对我市、市对县（市、区）转移支付执行情况

——2017年中央和省对我市转移支付1880997万元，增长16.86%。其中：一般性转移支付1175013万元，增长13.44%；专项转移支付705984万元，增长23.03%。中央和省对我市的转移支付中分配市级210784万元（含中央和省对全市城乡居民医疗保险补助115016万元），分配县（市、区）1670213万元。

2017年市对县（市、区）转移支付67826万元，下降5.02%，下降的主要原因是市级对县（市、区）配套的城乡居民医疗保险资金12694万元由县（市、区）列支转为市本级支出，同口径相比，增

长 12.8%。其中一般性转移支付 3015 万元，专项转移支付 64811 万元。

4. 市本级预备费使用情况

2017 年市本级一般公共预算安排预备费 7856 万元。年度预算执行中，预备费全部用于城区污染防治。

（二）政府性基金预算执行情况

2017 年全市政府性基金收入完成 151862 万元，为预算的 110.78%，增长 37.73%；政府性基金支出执行 279802 万元，为预算的 89.44%，增长 33.72%。

2017 年市本级政府性基金收入完成 17360 万元，为预算的 27.56%，下降 61.87%，下降的主要原因是国土出让收入下降；政府性基金支出执行 95200 万元，为预算的 96.36%，增长 97.68%。

（三）国有资本经营预算执行情况

我市纳入国有资本经营预算的企业仅有离柳集团公司一户，2017 年国有资本经营预算收支实际执行均为零。

（四）社会保险基金预算执行情况

2017 年全市社会保险基金预算收入完成 1089325 万元，为预算的 80.11%；全市社会保障基金预算支出 1020890 万元，为预算的 88.75%，收支结余 68435 万元。

2017 年市本级社会保险基金预算收入完成 431609 万元，为预算的 132.7%；市本级社会保险基金预算支出 405652 万元，为预算的 230.1%，收支结余 25957 万元。

（五）举借债务情况

2017 年，省财政厅转贷我市地方政府债券 369697 万元：新增债券 216600 万元，其中：市本级留用 117200 万元、转贷县（市、区）99400 万元，新增债券主要用于基础性、公益性项目建设；置换债券 153097 万元，其中市本级留用 42000 万元、转贷县（市、区）111097 万元，置换债券主要用于置换到期政府债务。

截至 2017 年年底，全市政府债务限额 2108000 万元，其中市本级 708500 万元、各县（市、区）1399500 万元。截至 2017 年底，全市政府直接偿还责任债务 2012915 万元，其中市本级 698093 万元，各县（市、区）1314822 万元。市县两级政府债务均未突破政府债务限额。

2018 年，全市到期政府债券 76500 万元，其中市本级到期债券 20000 万元、各县（市、区）到期债券 56500 万元，市、县财政部门将通过一般公共预算安排、置换债券置换、调入债务单位经营收益等方式，确保政府债券按期偿还，维护政府信誉。

（六）落实市人大预算决议情况

1. 狠抓财政收支管理。坚持依法征管，促进财政收入应收尽收；强化收入质量管理，严格防止出现虚收空转行为。2017 年，全市一般公共预算收入完成 138.78 亿元，同比增长 54.89%，增收 49.18 亿元，一举扭转了连续三年下降的被动局面。收入总量和增幅均为 2014 年以来最高水平，实现了从“断崖式下滑”到“稳中向好”到“呈现强劲增长态势”的重大转折。同时，不断完善支出考核奖惩机制，采取切块下达、预拨清算、盘活存量等措施，努力提高支出进度。全市一般公共预算支出累计执行 315.38 亿元，同比增长 14.33%，增支 40 亿元，预算支出执行突破 300 亿元大关。

2. 全力保障脱贫攻坚。坚持以脱贫攻坚统揽全局，坚决落实扶贫资金投入“双增长”要求，全市累计安排财政专项扶贫资金 18.19 亿元，其中市级同比增长 461%，县级同比增长 273%，10 个县区增幅超 100%。加大财政涉农资金整合，全年实际整合财政涉农资金 30.11 亿元，整合率 100%，完成支出 28.61 亿元，占整合资金的 95%，全市财政涉农资金整合工作走在全省前列。坚持问题导向，创新财政扶贫方式，积极研究制定产业扶贫实施方案，牵头设立农业产业扶贫贷款风险补偿基金，发挥财政资金杠杆效应，努力破解贫困地区产业发展投入不足问题。

3. 推动经济加快发展。认真贯彻落实新发展理念，设立总规模5亿元的吕梁市中小企业转型升级发展基金，大力支持中小企业产业转型升级和新兴产业培育壮大。积极推广实施PPP模式，全市纳入财政部PPP综合信息平台新建项目48个，其中，12个项目被认定为国家或省级示范项目。设立企业资金链应急周转保障金3000万元，累计转贷资金2.28亿元，为25户企业解决了资金周转难题。落实减税降费政策，清理取消、整合规范各类行政事业性收费和政府性基金项目37项，为企业减负5.6亿元。

4. 切实保障和改善民生。坚持集中财力办大事，进一步加大民生领域投入。2017年，全市财政民生支出259.9亿元，占一般公共预算支出的82.4%，较2016年增加33.2亿元。积极落实农业支持保护补贴、退耕还林补助标准提高、低收入农户冬季取暖补贴、“一事一议”财政奖补、美丽乡村建设和扶持村集体经济发展试点等强农惠农富农政策。及时足额下达困难群众救助、城乡居民养老保险补助等资金，受益群众达80.6万人。积极筹措资金4300万元，先后三次提高农村低保标准，提前实现“两线合一”。积极支持教育、医疗卫生事业发展，不断增强群众的幸福感。强化“三基建设”投入保障，累计投入8.97亿元，确保“三基建设”顺利推进。

5. 稳步推进财政改革。认真落实财政改革各项要求，加快建设现代财政制度，最大限度释放改革红利。各级政府和部门预决算公开的及时性明显提升、范围不断扩大、内容更加细化。实行政府债务限额管理，建立了新增债券资金项目库，对违法违规担保举债行为进行了核查整改。“以评促建”推动全市2051个行政事业单位建立了内控制度。完善政府购买服务制度，完成了市直机关政府购买服务目录的编制工作。

总的来看，2017年，我们认真践行新发展理念，努力增收节支，财政在促进经济稳步增长、民生持续改善和社会和谐稳定中发挥了重要作用。同时，我们也清醒地看到，全市财政运行和财政工作还面临一些困难和问题，主要表现在：财政收入还处于恢复性增长，持续稳定增收的基础还很薄弱；民生事业底子薄、欠账多、基础差，财政保障责任压力加重，“吃饭型”性财政特征明显；主管部门预算执行的主体责任意识不强，财政支出进度缓慢；全市地方政府债务风险总体可控，但也存在结构性风险，个别县市债务率较高；资金使用效益不高，绩效管理亟待提高等等。对此，我们一定高度重视，采取有力措施加以解决。

二、2018年全市和市本级预算草案

（一）2018年全市财政预算工作的指导思想和基本原则

坚持以习近平新时代中国特色社会主义思想为指导，全面贯彻党的十九大和十九届一中、二中、三中全会精神，坚持稳中求进工作总基调，全面落实市委四届四次全会暨经济工作会议决策部署，按照高质量发展的要求，坚持以脱贫攻坚统揽财政工作全局，以深化供改与综改为主线，围绕建设“三大目标”、抓好“四件大事”，全面落实“十大举措”，落实积极有效的财政政策，调整优化财政支出结构，保障基本公共服务，强化民生兜底；加快推进财政体制改革，实施绩效管理，全力支持打好防范化解重大风险、精准脱贫、污染防治三大攻坚战，为全市决战脱贫攻坚、决胜全面小康、推动经济稳中向好发展提供坚实财力保障。

按照上述指导思想，2018年全市预算编制遵循以下原则：

一是稳中求进，实施综合预算。充分考虑我市

经济发展状况及落实减税降费等政策因素，实事求是、积极稳妥编制财政收入预算，确保预算安排与经济社会发展相适应。统筹一般公共预算、政府性基金预算，盘活存量、用好增量，增强财力保障。强化底线思维，积极稳妥化解政府债务风险，增强财政稳定性、可持续性。

二是统筹财力，保障重点项目。认真落实市委四届四次全会暨经济工作会议部署，按照集中财力办大事的要求，在建设“三大目标”、抓好“四件大事”、落实“十大举措”上更加积极作为，全力支持打好防范化解重大风险、精准脱贫、污染防治三大攻坚战。积极助力乡村振兴战略实施。落实好“三基”建设各项投入政策。

三是压缩一般，保障基本民生。树立过紧日子思想，强化“三公”经费预算管理，实现总量零增长。压缩非刚性、非急需支出，减少绩效不高项目的资金安排。全面落实调资政策，足额保障机关干部职工工资。对农业、教育、医疗卫生、社会保障等方面的民生支出，严格按支出标准和配套比例安排，确保基本民生支出保障到位。

（二）2018年预算草案

1. 一般公共预算草案

2018年全市一般公共预算收入安排1506000万元，比上年完成数增长8.5%，其中：税收收入安排1220692万元，增长8.11%；非税收入安排285308万元，增长10.31%。全市一般公共预算支出安排3099273万元，比2017年预算同口径增长43.18%。资金构成为：全市一般公共预算收入1506000万元，加上返还性收入15300万元，一般性转移支付收入980531万元，上级专款补助284154万元，调入预算稳定调节基金等348994万元，减去专项上解等支出35706万元。

2018年市本级一般公共预算收入安排277800万元，比上年完成数增长3.54%。其中：税收收入安排223000万元，下降7.08%，下降的主要原因是孝义市列入省直管县财政垂直管理试点，其实现的收入市级不再分享；非税收入54800万元，增长93.65%，增长的主要原因是清理以前年度两权价款收入。市本级一般公共预算支出安排574593万元（不含市本级提前下达市对县的转移支付11859万元），比2017年预算增长32.48%。资金构成为：市本级一般公共预算收入277800万元，加上一般性转移支付收入169913万元、上级专款补助21696万元、返还性收入6986万元、县（市、区）上解收入56376万元、调入预算稳定调节基金92400万元，减去补助县（市、区）支出45485万元、专项上解支出5093万元。

市本级主要支出项目安排情况是：一般公共服务支出48055万元，同口径增长23%；公共安全支出15603万元，同口径增长2%；教育支出54905万元，同口径增长11%；科学技术支出9350万元，同口径增长6%；文化体育与传媒支出14772万元，同口径增长49%；社会保障和就业支出15097万元，同口径增长32%；医疗卫生与计划生育支出136157万元，同口径增长6%；节能环保支出17168万元，同口径增长122%；城乡社区支出47661万元，同口径增长158%；农林水支出57719万元，同口径增长60%；交通运输支出19355万元，同口径增长12%。

经汇总，2018年市本级行政事业单位使用财政拨款安排的“三公”经费预算4312.27万元，比上年预算减少28.62万元，同口径（下同）下降0.65%。其中：因公出国（境）经费100万元，与上年预算持平；公务接待费909.79万元，比上年预算减少12.94万元，下降1.4%；公务用车购置及运行维护费3302.48万元（其中公务用车购置100万元，公务用车运行3202.48万元），比上年预算减少15.68万元，下降0.47%。

2. 政府性基金预算草案

2018 年全市政府性基金预算收入安排 238753 万元，增长 57.22%；全市政府性基金预算支出安排 249159 万元（含上级补助收入 10406 万元），增长 35.04%。

2018 年市本级政府性基金预算收入安排 80100 万元，增长 361.41%，增长的主要原因是市本级国土出让收入计划增加；市本级政府性基金预算支出安排 85771 万元（含上级补助收入 5671 万元），增长 30.44%。

3. 国有资本经营预算草案

全市国有企业经营状况没有明显好转，国有资本经营收支预算均为零。

4. 社会保险基金预算草案

2018 年全市社会保险基金预算收入安排 933875 万元，全市社会保险基金预算支出安排 813728 万元，预算收支结余 120147 万元。

2018 年市本级社会保险基金预算收入安排 475216 万元，市本级社会保险基金预算支出安排 321002 万元，预算收支结余 154214 万元，大于全市结余的原因是部分县（市、区）企业养老保险费欠缴，企业养老保险结余为负数，拉低了全市社会保险基金收支结余。

以上预算安排的具体情况详见《2017 年全市和市本级预算执行情况与 2018 年全市和市本级预算（草案）》。

三、2018 年预算管理工作重点

（一）进一步完善财税体制改革

合理确定市与县（市、区）水资源税、环境保护税收入分成比例，确保我市水资源税、环境保护税改革顺利实施；在省级出台省与市财政事权与支出责任划分方案、确定共同事权范围的基础上，合理确定我市基本公共服务、教育、医疗卫生领域的市与县（市、区）财政事权与支出责任划分方案，明确保障标准，规范支出责任分担方式；贯彻落实省政府深化省直管县财政体制改革部署，理顺市与孝义市财政体制关系，进一步促进县域经济转型发展。

（二）深化预算管理改革

细化财政预算，提高年初预算到位率，及时将上级财政提前下达的转移支付列入预算，增加可统筹使用的财力。做实部门预算项目库建设，严格项目立项程序，防止将项目库虚化为“项目清单”。切实加强政府预决算和部门预决算公开工作的组织、指导、监督责任，明确公开主体责任，细化公开内容，扎实推进预决算公开工作。

（三）加强预算执行管理

把预算支出进度缓慢、预算约束力不强作为加强预算管理的重点。严格执行人大批准的年度预算，年度执行中除应对自然灾害等重大事项通过动用预备费方式解决外，原则上不出台新的增支政策，不追加各部门经费，从严控制预算调剂事项。进一步盘活财政存量资金，将实施进度缓慢、难以实现支付的项目及时调整到实施进度快、急需资金支持的项目上，提高资金的周转效率和使用效率。

（四）全力支持打好防范和化解重大风险攻坚战

按照“分类管理、区别对待、逐步化解”的原则，摸清隐性债务底数，严格控制增量，妥善消化存量，严格依法厘清政府债务和融资平台公司等企业债务边界，明晰责任，坚决制止违法违规融资担保行为。严禁以政府投资基金、政府购买服务等名义变相举债，坚决不允许以新增隐性债务上新项目、铺新摊子，违规举债的要终身问责、倒查责任。

（五）推广实施 PPP 模式

加强政策引导，建立和完善 PPP 推进机制。举办 PPP 项目推介会，形成推进 PPP 项目实施的工作合力。在总体 PPP 项目支出责任占一般公共预算支出不超过10%的前提下，选择优质项目开展论证，做好“两评一案”，全力推动PPP项目落地。积极研究和探索通过PPP模式化解政府存量债务，盘活存量资源，变现资金用于重点领域建设。

（六）加强预算绩效管理

加强预算绩效管理是强化预算管理和完善公共财政体系的重要手段。在绩效评价方式上，要引入第三方评价机制，着力提升绩效评价结果的科学性和公信力。将预算绩效结果纳入预决算信息公开的重要内容，并将绩效评价情况向市政府、市人大报告，提高预算绩效的监督力，使预算绩效管理信息和成果成为效能建设和预算安排的重要依据。

（七）强化财政监督

全面加强和提升财政监督检查服务财政中心工作的水平，聚焦重大财政政策和资金、聚焦重点部门，特别是要对扶贫领域财政资金开展专项监督检查，发现和纠正工作中存在的突出问题，全面规范各类扶贫资金合规合理使用。同时要加快推进内控制度建设向基层拓展，构建覆盖到乡镇的完整的财政内控体系。

2018年财政改革发展任务依然繁重，我们将在市委的坚强领导下，自觉接受市人大的依法监督，主动作为，扎实工作，锐意进取，开拓创新，努力完成全年各项任务，为我市全面建成小康社会做出新的更大贡献！

大事记

1月

3日

由省住房和城乡建设厅副厅长郝耀平带队的省政府考核组，对吕梁市2016年度住房城乡建设工作目标责任指标完成情况进行考核。吕梁市各相关部门负责人参加会议。会上，市住建局、市房产局、市公积金中心负责人分别对2016年度各项工作的完成情况、工作措施和存在问题作详细、全面的汇报。考核组对吕梁市相关工作所取得的成绩予以肯定，并对下一步工作提出建议。

3日

市委常委、常务副市长张广勇主持召开市政府党组会议，传达学习省委十一届二次全会暨经济工作会议精神。

3日至4日

副省长张复明带领省直相关部门负责人就精准扶贫、旅游文物融合发展、旅游景区景点体制改革工作，先后到方山、孝义、汾阳等地调研。省文物局局长王建武，省教育厅正厅级督学张卓玉，省旅游发展委员会副主任李贵，省扶贫办副巡视员张伟勤，市委副书记、宣传部部长雷建国陪同调研。

6日

市长王立伟主持召开市政府第17次常务会议，深入分析当前经济形势，研究部署2017年经济工作，研究讨论开发区改革创新发展、“铁腕治污行动”等事宜。

6日

吕梁市三届人大常委会召开第十七次主任会议。市人大常委会主任郝月生主持会议，副主任孙晋军、卫成印、郭卫民、刘凯，秘书长王峰出席会议。会议讨论市三届人大常委会第九次会议关于检查《中华人民共和国旅游法》和《山西省旅游条例》实施情况报告、关于全市产业扶贫和易地搬迁情况报告、关于全市煤矿安全生产工作情况报告等三个报告的审议意见，对市人大常委会各机构2017年工作计划进行安排。

9日

中共吕梁市委四届二次全体会议暨经济工作会议召开。会议由市委常委会主持。市委书记李正印在讲话中全面总结2016年全市经济工作，分析面临的经济形势，提出2017年经济工作总体要求、主要目标和重大任务。市委副书记、市长王立伟对2017年经济工作作了具体部署。会议还就贯彻落实中央经济工作会议和省委十一届二次全会暨经济工作会议精神，对科技创新、卫生与健康、国有企业党建、高校思想政治工作四个方面的工作作出安排。

10日

吕梁市委四届二次全会暨经济工作会议举行第二次全体

会议。会议由市委常委会主持。会议认真贯彻中央经济工作会议和省委十一届二次全会暨经济工作会议精神，听取市委书记李正印受市委常委会委托作的四届市委常委会简要工作报告，审议通过《四届市委全会工作规则》，表决通过《吕梁市推荐提名山西省出席党的十九大代表候选人初步人选建议名单》。市委书记李正印就做好2017年工作提出具体要求。市委副书记、市长王立伟，市委副书记雷建国，市委常委、市委委员、候补委员出席会议。

11日

全市第二轮巡察工作动员部署会议召开，吕梁市将从即日起到3月底开展市委第二轮政治巡察工作。市委常委、市纪委书记、市委巡察工作领导小组组长张稳科，市委常委、市委组织部部长、市委巡察工作领导小组副组长秦书义出席会议。会议还传达学习习近平总书记、王岐山书记关于巡视巡察工作的讲话精神以及十一届省委第一轮巡视工作动员部署会议精神，宣读《市委第二轮巡察工作安排》。

12日

山西省在文水县胡兰镇刘胡兰纪念馆举行纪念刘胡兰烈士英勇就义70周年大会。

省委常委、常务副省长高建民，省委常委、省委宣传部部长王清宪，市委书记李正印，市委副书记、市长王立伟，省军区政治部主任傅永国，市委常委、吕梁军分区政委张选，副市长、市公安局长李安林，市政府分管领导李月勤，市政府秘书长梁斌等出席纪念大会。

13日

由吕梁市委宣传部牵头组织，16个市直部门、新闻单位共同举办的2017年全市文化科技卫生“三下乡”活动暨“记者新春走基层、讲述脱贫好故事”活动启动仪式在离石区交口街道高家沟村举行。此次活动是市委宣传部结合吕梁市脱贫攻坚工作，将集中两个月时间，抽调骨干记者深入基层、深入群众，通过生动、鲜活、扎实的采访，展示吕梁市一年来脱贫攻坚取得的成效。

19日

吕梁军分区党委第一书记任职宣布大会召开。经省军区党委研究，同意增补李正印为中共山西省吕梁军分区委员会委员、常务委员会委员，任党委第一书记。省军区副司令员于占唐宣布任职批复并讲话。市委书记李正印，吕梁军分区司令员赵步道，市委常委、军分区政治委员张选，市委常委、市委政法委书记、市委秘书长李小明出席会议。

20日

吕梁市学习传达贯彻省“两会”精神大会召开。会议学习传达贯彻省“两会”精神和省委书记骆惠宁对吕梁的重要指示要求，并就学习贯彻省“两会”精神和骆惠宁对吕梁重要指示要求进行了安排部署。市委书记李正印主持并讲话。李正印传达了骆惠宁在吕梁调研时的重要指示精神、省“两会”基本情况、骆惠宁参加吕梁代表团审议时的讲话。市委副书记、市长王立伟传达省长楼阳生所作《政府工作报告》的主要精神。市人大常委会主任郝月生传达省人大常委会工作报告和省法、检两院工作报告主要精神。市政协主席传达省政协会议情况和常委会工作报告主要精神。市委副书记雷建国，市级领导和部分老领导出席会议。

23日

市三届人大常委会召开第十次会议。市人大常委会主任郝月生，副主任孙晋军、梁来茂、卫成印、郭卫民、刘凯，秘书长王峰及委员共32人出席会议，符合法定人数。卫成印主持会议。市中级人民法院代院长杨泽民、市人民检察院检察长宁建新、市政府秘书长梁斌等列席会议。第一次全体会议上，听取市人大常委会秘书长王峰所作的

《关于举行吕梁市第三届人民代表大会第三次会议议案》的说明；听取市人民政府秘书长梁斌所作的关于市三届人大一次、二次会议代表建议办理情况的报告；听取市人大常委会人事代表工委负责人所作的关于《吕梁市监察委员会副主任、委员任命和宪法宣誓程序》的决定（草案）的说明。第二次全体会议上，表决通过《吕梁市人大常委会关于举行吕梁市第三届人民代表大会第三次会议的决定》，决定市三届人大三次会议于 2017 年 2 月中旬召开；表决通过《吕梁市监察委员会副主任、委员任命和宪法宣誓程序的决定》；会议还对市人民政府关于市三届人大一次、二次会议代表建议办理情况的报告，市财政局、教育局等十个市政府部门办理重点建议情况的报告，市中级人民法院、市人民检察院关于吕梁市第三届人民代表大会第一次会议代表建议办理情况的报告进行满意度测评。

24 日

李正印主持召开市委常委会议，听取市人大常委会党组、市政府党组、市政协党组、市法院党组、市检察院党组工作情况汇报，研究讨论《关于在全市农村开展“传承好家风，争做文明户”创建活动实施方案》和《法治吕梁建设重要举措工作规划》。

2 月

3 日

为了深入贯彻落实全市脱贫攻坚“春季行动”动员会精神，市政府召集市住建、卫计、交通等相关部门负责人，就开展城乡环境卫生整治专项行动和农村基础设施建设工作作了进一步的安排部署。市委常委、常务副市长张广勇出席会议。

4 日

李正印、王立伟与太原铁路局副局长刘枫等一行会见座谈，双方就加快推进吕梁铁路物流园区及太铁吕梁新区机务段建设、尽快增开吕梁至太原城际列车、争取太原至延安客运专线等事宜进行深入商谈。

王立伟召集市直教育、发改、财政、国土、住建、新区办、人社、编办以及离石区等有关方面负责人，专题研究吕梁市区教育工作。王立伟强调，各级各部门要按照“一年大起步、二年见成效、通过三年时间的努力使市区教育有一个大的提升”的总体要求，明确责任主体，明确时限要求，落实土地、资金等具体事项，切实加快市区幼儿园、中小学、高中、职中等各级各类学校建设，上下努力、大干快上，尽快补上教育发展短板。

8 日

王立伟召集市住建、卫计、财政、国土、民政、新区办、文化、规划、城管等有关方面负责人，听取 2016 年市区城建工作情况汇报，专题研究 2017 年市区城建工作。

9 日

王立伟主持召开市政府第 19 次常务会议，研究国民经济和社会发展计划、全市和市本级财政预算等工作。

李正印、王立伟在吕梁会见导演贾樟柯，双方就如何推动市文化旅游产业发展进行交流。

李正印主持召开市委常委会，传达省纪委十一届二次全会、全省组织部长会议、全省宣传部长会议、全省统战部长会议、全省政法工作会议等会议精神，研究吕梁市贯彻落实的具体意见。会议汇报市纪委四届二次全会筹备情况，讨论《关于吕梁市 2016 年全市和市本级预算执行情况及 2017 年全市和市本级预算草案的报告》等事宜。

10 日

吕梁市召开工业经济信息化和国有资产监督管理工作会议，会议回顾总结 2016 年全市工业经济运行情况，安排部署 2017 年工作任务，动员全市经信（国资）系统干部职工开拓创新、扎实工作。

11日至12日

省委常委、省纪委书记、省监委主任任建华到临县、离石、孝义、汾阳及汾酒集团进行调研。任建华在临县纪委机关、孝义纪委机关、临县城庄镇、孝义梧桐镇、孝义振兴街道办东庄村、汾阳贾家庄村、吕梁军民融合协同创新研究院、孝义鹏飞集团、金达集团、汾酒集团等地，重点就监察体制改革、基层党风廉政建设、基层党建、脱贫攻坚、转型项目建设、企业党建等工作调研。

13日至14日

由科技日报社机关党委书记王秀义、科技部火炬中心党委书记翟立新等组成的“百家院校科技成果走基层行动”专家组一行到吕梁市，就吕梁市科技成果转移转化等相关情况调研。专家组一行先后到离石区军民融合协同创新研究院、吕梁华为大数据中心、山西中包凌云新型材料有限公司、孝义市高阳镇碧山核桃示范园、山西信发化工有限公司等地，详细了解企业的市场战略和发展过程中遇到的技术、人才等问题。王秀义表示，此次调研活动将结合吕梁产业结构特点，为当地企业提供技术和人才支撑，着力在相关领域、科技人才、科技成果转化平台建设等方面寻求新突破，为日后从全国百家院校的科技成果中筛选出科技含量高、市场前景广的技术和项目与吕梁市相关企业对接打好基础。

15日

市委常委、常务副市长张广勇召集市财政、国土、扶贫办、扶贫开发公司等相关单位负责人，主持召开易地扶贫搬迁工作会，就全市易地扶贫搬迁工作中遇到的相关问题进行研究安排。

市委常委、常务副市长张广勇主持召开吕梁市“五城联创”和“十镇百村”美丽乡村建设工作会，就具体工作进行安排部署。市农委、住建、卫计委等相关部门负责人参加会议。

市长王立伟会见中石油煤层气有限责任公司执行董事、总经理、党委书记匡立春一行，双方就加快吕梁煤层气勘探开发利用，进一步深化合作进行深入交流。市政府秘书长梁斌等参加会见。

16日

由市精神文明建设指导委员会主办，市委宣传部、市文明办、吕梁广播电视台、市歌舞剧院承办的“德耀吕梁——第四届吕梁市道德模范授奖仪式”在吕梁影剧院举行。28名吕梁道德模范走上授奖台接受颁奖，他们的感人事迹赢得全场观众的崇高敬意和热烈掌声。

16日至17日

北京航空航天大学党委书记、中国工程院院士张军，北京航空航天大学副校长魏志敏，中国工程院院士王浚带领北航部分干部和校友企业家，深入吕梁市调研定点扶贫工作。

17日

17日开发区改革创新发展工作推进会召开，传达学习全省开发区建设领导小组办公室会议和《关于加快推进开发区有关工作的通知》精神。

17日吕梁市2017年“扫黄打非”工作动员会议召开。市委副书记、市委宣传部部长雷建国出席会议并作动员讲话，市委常委、副市长张敬平主持会议。

17日中钢—北航转型升级技术研发中心在中阳县举行技术合作揭牌仪式。北京航空航天大学党委书记、中国工程院院士张军，市长王立伟共同为技术研发中心揭牌。北京航空航天大学副校长魏志敏、中国工程院院士王浚、副市长李俊平、市政府秘书长梁斌出席揭牌仪式。

20日

市三届人大常委会召开第十一次会议。市人大常委会主任郝月生，副主任孙晋军、梁来茂、卫成印、郭卫民、刘凯，秘书长王峰出席会议。副市长杨巨才、市中级人民法院代院长杨泽民、市人民检察院检察长宁建新等列席会议。

20日市委常委会召开会议，研究市三届人大三次会议、市政协三届三次会议有关事项。市委书记李正印主持会议。市委领导王立伟、雷建国、张广勇、常书铭、张敬平、张稳科、秦书义、李小明出席会议，市人大常委会主任郝月生、市政协主席、市人大常委会副主任孙晋军、市政协副主席李真列席会议。会议研究市三届人大三次会议、市政协三届三次会议有关事项，讨论提交市三届人大三次会议上审议的《政府工作报告（征求意见稿）》和《关于2016年国民经济和社会发展计划执行情况与2017年国民经济和社会发展计划（草案）的报告》。

21日

市人大常委会举行《吕梁市柳林泉域水资源保护条例》《吕梁市城市绿化条例》贯彻实施新闻发布会，对这两个条例的贯彻实施情况进行通报。市人大常委会副主任郭卫民出席。

22日至24日

中国人民政治协商会议第三届吕梁市委员会第三次全体会议在离石召开。本次会议应到委员387名，请假19名，出席委员368名，符合规定人数。会议上，市政协主席代表政协第三届吕梁市委员会常务委员会向大会作工作报告。刘继隆向大会作市政协三届二次会议以来提案工作情况的报告。会议通过政协第三届吕梁市委员会第三次会议关于常务委员会工作报告的决议；通过政协第三届吕梁市委员会提案审查委员会关于市政协三届三次会议提案审查情况的报告；通过政协第三届吕梁市委员会第三次会议政治决议。

25日

吕梁市第三届人民代表大会第三次会议召开。会议应出席代表375人，出席345人，符合法定人数。会议分别表决通过关于吕梁市人民政府工作报告的决议（草案）、关于吕梁市2016年国民经济和社会发展计划执行情况与2017年国民经济和社会发展计划的决议（草案）、关于吕梁市2016年全市和市本级预算执行情况与2017年全市和市本级预算的决议（草案）、关于市人大常委会工作报告的决议（草案）、关于市中级人民法院工作报告的决议（草案）、关于市人民检察院工作报告的决议（草案）。

2月8日至3月20日

吕梁市在市委党校、汾阳市贾家庄农村应用人才培训基地、孝义市委党校、临县白文职业中学4个培训点，同步举行全市农村“两委”主干集中培训班，全市6000余名农村“两委”主干分期参加培训。此次培训内容包括习近平总书记在河北省张家口市调研扶贫工作讲话精神、2017年中央及省委农村工作和脱贫攻坚战略部署、精准扶贫政策、省“两会”精神、吕梁市脱贫攻坚“春季行动”安排部署精神、农村集体“三资”规范管理及村级集体经济收益“破零”工程、农村“三基”建设、依法治村、农村党风廉政建设等方面。

3月

1日

市政府召开会议，专题研究第二污水处理厂建设、垃圾焚烧发电项目及“两违”集中处置、市区公共自行车及充电桩项目等事宜。市委常委、常务副市长张广勇主持会议。会议听取市城管中心、市财政局、市国土局、市住建局、柳林县等负责人对项目工程建设准备情况以及“两违”集中处置情况的汇报。

2日

市长王立伟召集部分市直单位及县、乡、村、驻村帮扶单位负责人，深入研究讨论推进易地扶贫搬迁的政策措施、解决问题的方法路径，安排部署下一阶段工作。副市长李俊平、市政府秘书长梁斌等参加会议。

2日市委常委会召开常委（扩大）会议，传达省委骆惠宁在省管干部学习贯彻十八届六中全会精神专题研讨班上的讲话精神和全省脱贫攻坚工作会议精神，研究《市管干部学习贯彻十八届六中全会精神专题研讨班工作方案》和全市脱贫工作会议筹备事宜。市委书记李正印主持。

由贺晓明、林炎志、段晓飞、马小鸣等“晋绥儿女”发起组建的晋绥文化教育发展基金会再次向兴县人民政府捐赠356万余元，用于纪念碑修缮、烈士陵园绿化及烈士遗骨迁葬等。市委书记李正印会见林炎志一行。

3日

市长王立伟主持召开市政府第二十次常务会议，学习传达全省农村工作会议和全省脱贫攻坚工作会议精神，研究煤化工、白酒、机械制造三个产业集群发展、市区大气污染防治联防联控综合治理、与省教育厅省科协战略合作等事宜。

8日

副市长李建国、市政府秘书长梁斌会见到吕梁市考察PPP项目的中建六局山西分公司副总经理王鹤、丁维等客人，双方就PPP合作项目进行座谈，市发改委、市新区建设管理中心、市住建局、市城管中心相关负责人参加座谈会。

16日

全市档案地方志会议召开。会议总结2016年全市档案、地方志工作，安排部署2017年工作。市政府分管领导李月勤出席会议。李月勤强调，全市档案与地方志工作者要齐心合力，积极工作，进一步推动档案和地方志工作迈上新台阶，要加快《吕梁市志》的编纂工作，在县一级搞好地方志的网站；加强档案的接收力度，建设功能完善的数字档案，加快完善新农村建设档案工作，提升档案工作服务中心、服务大局、服务民生的意识和能力。

21日

市委书记李正印、市长王立伟会见中国平安银行行长助理姚贵平、中信银行太原分行行长郭勇等客人，双方围绕金融推动脱贫攻坚、产业转型、重点企业发展等进行交流。

23日

由吕梁市精神文明建设指导委员会主办，中共吕梁市委宣传部、吕梁市文明办、吕梁广播电视台承办的孝老敬老爱满吕梁——2017年吕梁市“传承好家风争当文明户”活动颁奖典礼在吕梁影剧院举行。来自全市各县（市、区）的15名孝老敬老文明户模范走上授奖台接受颁奖，他们的感人事迹赢得全场观众的崇高敬意和热烈掌声。市委书记李正印出席活动并为文明户颁奖，市领导雷建国、张敬平、李小明、孙晋军出席颁奖典礼。此次“传承好家风争当文明户”活动得到社会各界广泛支持，除市文明委对当选的15户文明户给予每户2000元的现金奖励外，市文明办、吕梁军分区政治部、市农村信用联社还将在其子女参军入伍、信用贷款等方面给予优待，符合条件的情况下优先参军、优先信贷。

24日

市长王立伟主持召开市政府第21次常务会议，研究健康扶贫、兜底扶贫、教育扶贫等脱贫攻坚重点工作，部署市区2017年“双十”重点工程建设等事宜。会议研究并原则通过《关于推进2017年健康扶贫的若干意见》《关于民政兜底扶贫的若干意见》《吕梁市实施教育扶贫的若干意见》。

25日

市委书记李正印主持召开市委常委会议。会议传达学习全国“两会”精神，研究吕梁市贯彻落实意见。会议研究通过《中共吕梁市委常委会2017年工作要点（讨论稿）》，会议还研究其他工作。

28日

吕梁市总工会一届七次全委会召开，市委副书记雷建国，市人大常委会副主任、市总工会主席刘凯出席会议，会议由刘凯主持。会议听取市总工会《工会工作报告》《经审工作报告》，回顾总结2016年全市工会工作，安排部署2017年相关工作。会议还对2016年度全市工会工作模范集体和模范个人进行颁奖表彰。

4月

1日

市长王立伟主持召开市政府第22次常务会议，研究重点工程项目、贫困地区农村教育、新型城镇化规划、制造业与互联网融合发展等工作。

6日

市委书记李正印主持召开市委常委会议暨全面深化改革领导小组会议。

7日

全省产业扶贫企业与项目对接洽谈会在吕梁市举行。省农业厅副厅长张和平、副市长李俊平出席会议。在此次洽谈会上，吕梁市共筛选出115个市场前景好、投资效益高、带动贫困户能力强的产业扶贫项目，项目总投资86亿元，涉及种植业、养殖业、农产品加工、休闲观光4个类别。经过双方洽谈后，吕梁市共签订产业扶贫项目合作意向19个，项目总投资32.7亿元。

7日市政府与中国铝业公司举行工作座谈，就加快推进100万吨轻合金、华兴铝业等项目建设，协调推进铝后加工等进行深入商谈，同时就进一步密切协作联系、拓展合作领域达成广泛共识。市长王立伟、中国铝业公司副总裁许波、晋能电力集团董事长冯培一、副市长杨巨才、市政府秘书长梁斌等参加座谈。

10日

吕梁市政府和山西省科协举行战略合作签约暨吕梁市科普中国乡村e站全覆盖工程启动仪式。省人大常委会副主任、省科协主席周然，省科协党组书记、常务副主席许富昌，市委书记李正印，市委副书记雷建国，市委常委、副市长张敬平，市委常委、市委政法委书记、市委秘书长李小明，省科协党组成员、副主席郝建新出席启动仪式。启动仪式上，郝建新和张敬平签订《山西省科学技术协会、吕梁市人民政府战略合作协议》。周然、许富昌、李正印、雷建国共同启动吕梁市科普中国乡村e站全覆盖工程。

9日至11日

以全国政协人口资源环境委员会副主任、国家发改委原主任徐绍史为组长的全国政协精准扶贫监督调研组到吕梁市调研，全国政协经济委员会委员、国务院扶贫办原主任范小建，国家林业局总工程师封加平等调研组成员参加调研。副省长郭迎光，省政协副主席朱先奇，省政协常委、省政协农村委员会主任周明定，省政协委员、省政协农村委员会副主任张建忠以及省扶贫办等有关部门负责人，市委书记李正印，市委副书记、市长王立伟，市委副书记、市委宣传部部长雷建国，市政协主席，以及李小明、李俊平、白荣欣等市领导参加有关调研活动，吕梁山片区8个贫困县县委书记、县长参加座谈。调研组针对吕梁山片区脱贫问题重点在临县进行实地调研。

14日

市委书记李正印在北京拜会中国铝业公司董事长葛红林，党组成员、副总经理、中国铝业股份有限公司党委书记、总裁敖宏，总经理助理、中国铝业股份有限公司副总裁许波等，双方就进一步加快推进铝产业合作事宜进行深入交流。副市长杨巨才、市经信委及兴县政府主要负责人参加。

14日全市特色农业产业扶贫（杂粮标准化生产）培训会在兴县举行。6个杂粮生产重点县市的龙头企业、合作社、种植大户和部分植户代表，共计200余人参加培训。此次培训邀请了省农业厅认证专家郭宇飞，省农科院经作所、国家大豆产业体系岗位专家马俊奎研究员，谷子专家杨成元副研究员，高粱专家曹雄副研究员，市农委李福连和成股贤高级农艺师。培训内容包括，解读中央1号文件及中央、省、市农业农村工作会议精神及惠农政策；无公害、绿色、有机谷子、高粱、大豆生产技术；绿色、无公害、有机认证知识等。

15日

吕梁—北航战略合作协议签约暨吕梁市党政管理干部培训示范班开班仪式在北京举行。北航党委书记张军院士、市委书记李正印、市长王立伟、副市长杨巨才、市政府秘书长梁斌等出席。杨巨才代表市政府和北航副校长魏志敏签署北京航空航天大学、吕梁市人民政府战略合作协议。

16日

在国家能源互联网对全国首批56个“互联网+”智慧能源示范项目公示，吕梁市“绿色云计算中心智慧能源示范项目”列入公示项目名单，成为山西省入选示范项目的两家单位之一。

16日太原至吕梁直达特快城际列车首发仪式在太原举行，标志着太原—吕梁直达特快城际列车“汾酒号”正式开行暨“乘汾酒号列车，赏吕梁山风光”旅游季系列活动全面启动。当日7时16分，冠名为“汾酒号”的Z7835次列车从太原火车站开出，驶向革命老区吕梁，这是山西省开行的首趟省内直达特快列车。

18日

全市粮食流通工作会议召开。各县（市、区）政府分管粮食工作的副县（市、区）长及粮食局长，市农委、发改委、食药监局等市粮食安全责任制各成员单位、市粮食局机关全体人员参加会议，市长助理李月勤出席。

19日

全市民生实事和精准康复行动推进会召开，会议就“组织实施4392名残疾预防重点干预和残疾儿童抢救性康复项目”和“残疾人精准康复服务行动”进行安排部署。市委常委、副市长张敬平出席会议并讲话。

26日

市委书记李正印主持召开市委常委会议。会议学习传达骆惠宁、楼阳生在全省“践行总书记讲话、深化脱贫攻坚”现场推进会上的讲话精神，研究吕梁市的贯彻落实意见。传达《关于2016年市级党委政府和贫困县党委政府脱贫工作成效考核情况通报》；听取交口、中阳、方山、柳林、离石五县（区）脱贫攻坚工作情况汇报；讨论全市脱贫攻坚“春季行动”工作总结暨“夏季攻势”工作方案。会议学习传达骆惠宁书记在省委常委会议上分析一季度经济时的讲话精神，对全市一季度经济形势进行分析，研究部署下一步经济工作。

5月

1日

市委书记李正印主持召开市委常委（扩大）会议，学习习近平总书记关于生态文明建设的重要论述、《中共中央办公厅、国务院办公厅》，传达中央第二环保督察组督察山西省工作动员会会议精神，听取近期中央环保督察组交办吕梁市群众反映问题办理情况的汇报，安排部署配合保障中央环保督查相关工作。学习传达省委书记骆惠宁在省委十一届三次全体会议上的讲话精神，研究吕梁市贯彻落实意见。

9日

市委书记李正印主持召开市委常委会议，传达学习全省“两学一做”学习教育常态化制度化、维护核心见诸行动主题教育推进会议精神；研究讨论《中共吕梁市委关于推进“两学一做”学习教育常态化制度化、开展维护核心见诸行动主题教育的实施方案》，就全市推进“两学一做”学习教育常态化制度化、开展维护核心见诸行动主题教育提出要求；研究讨论《吕梁市健全落实社会治安综合治理领导责任制若干规定》。

9日至10日

市三届人大常委会第十四次

会议全体会议召开。5月9日市三届人大常委会第十四次会议举行第一次全体会议，市人大常委会主任郝月生，副主任孙晋军、卫成印、郭卫民、刘凯，秘书长王峰及常委会组成人员共31人出席会议，符合法定人数。会议由卫成印主持。市中级人民法院院长杨泽民、市政府秘书长梁斌、市人民检察院负责人等列席会议。会议听取市住建局负责人所作的关于切实改善吕梁市区集中供热工作状况的报告；听取市交通运输局负责人所作的关于城市公交体制改革进展情况的报告；听取市卫计委负责人所作的关于全市基层医疗卫生机构服务能力建设情况报告审议意见研究处理情况的报告；听取市水利局负责人所作的关于全市大中型水库和灌区建设管理报告审议意见研究处理情况的报告；听取市司法局负责人所作的关于在全市开展第七个五年法治宣传教育的决议（草案）的说明。会后，与会人员对以上报告和决议（草案）进行了分组审议。5月10日，市三届人大常委会第十四次会议举行第二次全体会议。市人大常委会主任郝月生，副主任孙晋军、卫成印、郭卫民、刘凯，秘书长王峰及委员共29人出席会议，符合法定人数。会议由刘凯主持。市中级人民法院院长杨泽民、市政府秘书长梁斌、市人民检察院有关负责人等列席会议。会议表决通过《吕梁市人大常委会关于在全市开展第七个五年法治宣传教育的决议》，对《吕梁市人民政府关于全市基层医疗卫生机构服务能力建设情况报告审议意见研究处理情况的报告》进行满意度测评。

10日

全市综治委全委会议召开，会议听取市公安局、检察院、中级人民法院、司法局四个成员单位相关负责人关于专项工作开展情况的汇报，通报吕梁市及36个成员单位2016年度综治工作考核全省排位情况，并就2017年的综治工作进行安排部署。

10日全市消防工作会议召开。会议听取各县（市、区）2016年消防整改工作责任清单落实情况的汇报，安排部署全市夏季消防检查工作。

15日

市长王立伟主持召开市政府第25次常务会议，研究讨论农业水价综合改革、与北理工战略合作、市区集中供热全覆盖等事宜，安排部署脱贫攻坚等重点工作。会议传达学习国务院副总理汪洋近期到吕梁市视察调研及在九省市易地扶贫搬迁推进会上的讲话精神，传达学习省委书记骆惠宁在兴县、临县驻村调研时的重要指示精神，传达到长治考察学习脱贫攻坚、城市建设等相关情况。会议原则通过《吕梁市政府与北京理工大学战略合作框架协议》。会议讨论并原则通过《吕梁市关于推进农业水价综合改革的实施方案》。会议还研究其他事项。

17日

全市志鉴"两全"目标推进电视电话会议召开。会议要求贯彻落实省政府的志鉴"两全"目标推进会精神，切实推进《吕梁市志》《吕梁年鉴》、各县（市、区）志和年鉴的编纂出版工作。

第十届中国中部投资贸易博览会期间，山西省战略性新兴产业重点项目推介对接会在合肥市举行。副省长王一新出席对接会。市长王立伟作吕梁市大数据项目推介。此次推介会吕梁市共带来166个招商项目，涉及装备制造、新能源、信息、农业产业、文化旅游、服务、基础设施等行业领域，总投资1031亿元。其中，PPP项目143个，总投资743.13亿元，大数据项目13个，总投资60亿元。举行的全省重点项目签约仪式上，孝义市城市建设投资有限公司与汉能集团投资合作的移动能源产业园一期工程项目成功签约，投资总额达62.6743亿元。

21日

吕梁市人民政府与北京理工大学战略合作签约仪式在太原举行。副省长张复明，北京理工大学校长、中国科学院院士胡海岩，市委书记李正印，北京理工大学副校长李和章，市委常委、副市长张敬平，市委常委、市委政法委书记、市委秘书长李小明，吕梁学院党委书记闫保平、副书记周富国，市政府秘书长梁斌出席签约仪式。市委副书记、市长王立伟主持签约仪式。吕梁市与北京理工大学共签署三份协议，即：《吕梁市人民政府与北京理工大学战略合作框架协议》《吕梁学院与北京理工大学现代远程教育合作办学协议》《方山县人民法院与北京理工大学法学院合作协议》。

24日

市委书记李正印主持召开市委常委（扩大）会议，学习习近平总书记对推进“两学一做”学习教育常态化制度化的重要指示和刘云山、赵乐际在推进“两学一做”学习教育常态化制度化工作座谈会上的讲话；听取中央环保督察组交办问题整改工作情况汇报及建立环保工作长效机制的意见；传达全省改革推进会议及优化营商环境电视电话会议精神，研究吕梁市贯彻落实意见；研究讨论关于召开“五城联创”会议筹备工作情况等。

25日

副市长李建国主持召开通气会，就沿黄扶贫旅游公路及生态绿道建设和国道209线吕梁新城区段改线工程有关情况作出通报，并就推进工程建设作安排部署。离石、柳林、临县、兴县、方山等相关县区和交通、发改、财政、国土等市直有关部门负责人参加会议。会议要求，市县两级和市直有关部门要高度重视两项公路交通建设，按照程序，依法依规加快推进。要积极主动作为，加强协调配合，采取有效措施，加快处理解决工程建设中遇到的土地指标、生态保护等问题，全力配合完成好公路建设任务，力争将沿黄扶贫旅游公路打造成全省集生态、观光、休闲、旅游为一体的旅游景观示范工程。

26日

吕梁市召开人民法院生效裁判“执行大会战”推进会，对全市开展“执行大会战”进行安排部署。市委常委、市委政法委书记、市委秘书长李小明，市中级人民法院院长杨泽民出席会议。

6月

1日

市长王立伟在吕梁会见冀中能源邯郸矿业集团党委书记、董事长赵鹏飞，副董事长、总经理白忠胜一行，双方就进一步加深合作，实现双赢进行深入交流。

5日

省重大项目稽查特派员张铁带领省政府采煤沉陷区综合治理考核组到吕梁市督查工作。副市长李建国汇报2014年以来的采煤沉陷区综合治理工作，市发改、财政、国土、煤炭等部门负责人参加汇报会。

市长王立伟主持召开市政府第26次常务会议，研究部署高层次科技人才引进、投资统计改革、城市公交、土地利用总体规划调整等事宜。

6日

市政协三届二十次主席会在临县召开。市政协主席主持会议。会议讨论《在全市政协组织和政协委员中开展“我为脱贫攻坚做贡献”活动工作方案》，安排部署助力民生领域改革事项落实开展六项监督调研工作，通报外出参会及学习考察情况。

7日

市政协组织部分委员进行食品药品安全监管专项监督调研并召开座谈会，市政协副主席李真出席座谈。座谈会上，相关部门负责同志汇报全市食品药品监管工作开展情况。政协委员根据调研实际，对全市食品药品安全管理现状及存在问题提出意见和建议。

8日

吕梁市召开公安机关“迎接十九大、全警保平安”1+8行动动员部署会议。市委常委、市委政法委书记、市委秘书长李小明出席会议，副市长、市公安局长李安林进行战前动员。

9日

市长王立伟主持召开市政府第27次常务会议，传达学习全省农村环境集中整治长治现场会精神，研究部署我市“五城联创”、“十大特色镇”创建、“百村示范、千村整治”以及推行河长制等工作。

9日市委书记李正印主持召开市委常委会议。会议传达学习省委全面加强“三基建设”推进会议精神，省委深入开展巡视整改自行“回头看”工作推进会议精神，研究吕梁市贯彻落实意见；研究进一步加强吕梁市2017年度目标责任考核工作的措施等。会议还研究了其他事项。

12日

国家土地督察工作推进暨政策宣讲视频会议在吕梁举行。会议邀请国家土地督察北京局于孔让专员宣讲授课。市委常委、常务副市长张广勇主持会议。

13日

市政府与科技日报社在北京签订“百家院校科技成果走基层走进吕梁”合作协议，同时“百家院校科技成果走基层”吕梁联络站在吕梁市正式挂牌成立，标志着“百家院校科技成果走基层走进吕梁”活动进入实施阶段。科技日报社副社长房汉廷，科技日报机关党委书记王秀义，市委常委、副市长张敬平出席签约仪式。

14日至16日

省人大常委会调研组到市文水、汾阳、离石、临县等地，就旅游、宗教、侨务等工作调研。

16日

市长王立伟主持召开市政府第28次常务会议，研究部署国道209线吕梁新区段公路改线、沿黄扶贫旅游公路及生态绿道建设、大数据产业发展应用、主城区中小学幼儿园建设等事宜。

全市社会稳定风险隐患大排查大整治专项活动推进会召开，市委常委、政法委书记、市委秘书长李小明出席会议并讲话，副市长、市公安局局长李安林主持会议。会议贯彻落实全省进一步深化社会稳定风险隐患大排查大整治活动专项部署会精神，对吕梁市大排查大整治活动进行再动员再部署再深化，安排部署下一步工作。

16日第十三届北京国际服务贸易交易会暨北京国际旅游博览会在国家会议中心召开。吕梁市共派出由市、县旅游局，重点旅行社和重点旅游景区组成的20人代表团参加展会，发放吕梁旅游宣传资料12种11万份，共展销酒、醋、红枣、枣加核桃等17种特色产品，共与18家旅游部门、旅游企业进行专业推介洽谈。

19日

省委常委、副省长王赋率领省煤炭、安监等部门负责人，深入交城县夏家营工业园区，实地督导巡查安全生产大排查大整治专项行动进展情况，认真听取省督导组及吕梁市安全生产、环保督察整改落实情况汇报，对下一步工作提出具体指导意见。

20日

全市贫困村创业青年农村电子商务培训班在吕梁市电子商务运营中心开班，来自柳林、方山、石楼的50余名贫困村创业青年参加首期培训。本次培训的内容包括农村电商介绍、店铺开设、商品管理、店铺运营、技能提升、品牌建设、电商监管等。培训采取理论加实际操作相结合的方式进行。授课老师来自上海电商运营团队，具有丰富的电商从业经验。

21日

21日市政协召开三届二十一次主席会议。市政协主席主持会议。会议研究市政协《关于推进我市开发区体制机制改革创新调研情况的报告(讨论稿)》;讨论通过市政协三届九次常委会议议程(草案)及日程;听取主席班子组成人员对《关于推进我市开发区体制机制改革创新调研情况的报告(讨论稿)》的意见和建议，并就进一步广泛征求意见和建议作安排。

23 日

市长王立伟主持召开市政府第二十九次常务会，研究《关于在贫困村开展互助金试点工作的指导意见》《吕梁市医药卫生服务体系规划(2016——2020 年)》《吕梁市非物质文化遗产传承保护条例》《吕梁市 2017 年开展优化营商环境专项行动工作方案》，听取目标责任制考核情况汇报。

26 日

市三届人大常委会第十五次会议举行第一次全体会议。会议听取副市长李建国所作的关于 2016 年度全市环境状况和环境保护目标完成情况的报告；听取市人大常委会农工委负责人所作的关于《中华人民共和国农业机械化促进法》和《山西省农业机械化条例》执法检查情况的报告；听取市人大常委会财经工委负责人所作的关于全市扶贫资金管理使用情况的调研报告；听取市财政局负责人所作的关于 2017 年市本级财政预算调整方案(草案)的报告；听取市扶贫开发服务中心负责人所作的关于全市 2017 年上半年脱贫攻坚工作情况的报告；听取市文化局负责人所作的关于《吕梁市非物质文化遗产保护传承条例(草案)的说明》；听取市人大常委会法工委负责人所作的关于《吕梁市非物质文化遗产保护传承条例(草案)》研究意见的报告；听取市人大常委会副主任孙晋军所作的《关于郭鸿任职议案的说明》；听取副市长李建国所作的《关于陈爱保等任免职务议案的说明》；听取市中级人民法院院长杨泽民所作的《关于张彦平任职议案的说明》；听取拟任人员所作的供职发言。

26 日至 27 日

市委书记李正印分别主持召开市委常委(扩大)会议、市直机关县处级以上领导干部会议，传达学习习近平总书记视察山西重要讲话精神，并就抓好贯彻落实作出部署。

28 日

市三届人大常委会第十五次会议举行第二次全体会议。会议表决通过吕梁市人大常委会任命及决定任免名单，任命郭鸿为吕梁市人民检察院副检察长、陈爱保为吕梁市商务局局长、曲晓东为吕梁市城乡规划局局长，决定免去刘凤平的吕梁市林业局局长职务；听取市人大常委会副主任孙晋军所作的《关于提请郭鸿为吕梁市人民检察院代理检察长决定议案》的说明，就地审议后，表决通过该议案，决定郭鸿为吕梁市人民检察院代理检察长。郝月生为新任职人员颁发任命书，随后举行新任职人员向宪法宣誓仪式；会议还表决通过《吕梁市人大常委会关于批准 2017 年市本级财政预算调整方案的决议》。

市直机关工委、市委组织部、市委老干部局联合举办“维护核心、见诸行动”纪念建党 96 周年表彰大会暨老干部文艺展演。市委常委、市委政法委书记、市委秘书长、市直工委书记李小明，市人大常委会副主任孙晋军、市政协副主席闫广聪、市政府秘书长梁斌参加会议并观看演出。会议还对在全市脱贫攻坚战场上涌现出来的先进基层党组织、优秀党务工作者和优秀共产党员进行表彰。

市政协三届九次常委会议举行第一次全体会议。市政协主席主持会议。会议传达学习习近平总书记视察山西重要讲话精神，听取副市长李建国所作的关于吕梁市开发区建设情况的报告，听取市政协副主席李真所作的关于推进吕梁市开发区体制机制改革创新调研情况的报告，听取交城、文水、汾阳、孝义 4 个省级开发区关于开发区建设情况的介绍，听取人事任免事项。

28 日市政协三届九次常委会议举行第二次全体会议。会议通过人事任免事项。决定刘凤平任市政协农村委员会副主任。本次常委会议期间，审议《关于推进吕梁市开发区体制机制改革创新调研情况的报告》。

7 月

3 日

吕梁市和山西中医药大学举行市校战略合作签约仪式。市委书记李正印，山西中医药大学党委书记马存根、校长李青山，市委常委、常务副市长张广勇，市委常委、市委政法委书记、市委秘书长李小明等出席签约仪式。张广勇代表市政府和山西中医药大学校长李青山签署市校战略合作协议。市委常委、副市长郭震威主持签约仪式。

4 日

全国公安英模山西受表彰代表先进事迹巡回报告会在吕梁市举行。报告会上，全国特级优秀人民警察、太原市公安局小店分局小店责任区刑警队队长牛继文，全国优秀人民警察、运城市公安局盐湖分局情报大队负责人胡向斌，全国优秀人民警察、阳泉市公安局刑事科学技术研究所副所长赵文军，全国优秀人民警察、晋城市公安局法制支队支队长郭建军，全国优秀基层单位代表、省公安厅交管局高速交警一支队三大队大队长刘旭文，全国优秀人民警察、吕梁市离石区公安局政工监督室副主任滕芸 6 名公安英模，分别讲述自己在从警生涯中面对生死考验、不怕流血牺牲、忠诚守护平安的英雄故事，讲述自己长期扎根基层、不计个人得失、热情服务群众的动人事迹。

吕梁市召开全国全省公安英模立功集体代表座谈会。市委、市人大常委会、市政府、市政协领导会见全国公安英模山西受表彰代表巡回报告团 6 位公安英模代表和 2016 年以来吕梁市公安机关获省部级以上荣誉的部分公安英模代表，并与他们座谈。

5 日

市委书记李正印主持召开市委常委会议。会议传达学习全省干部大会精神，研究吕梁市贯彻落实意见；研究讨论《市委常委会推进“两学一做”学习教育常态化制度化、开展维护核心见诸行动主题教育活动“五个对照”回头看整改清单》；听取市委、市人大常委会党组、市政府党组、市政协党组落实党风廉政建设主体责任进展情况；学习晋巡办发《关于推动政治巡视向纵深发展的指导意见》〔2017〕40 号的通知，研究吕梁市贯彻落实意见；研究审定《吕梁市 2016 年度“五个好”乡镇党委、“五个好”村党组织和优秀村党组织书记表彰对象名单》；传达学习张春贤在山西调研农村基层党建工作座谈会议上的讲话精神，研究《中共吕梁市委党建工作领导小组工作要点》等。

10 日

市委书记李正印主持召开市委常委会议，学习中共山西省委关于印发《山西省贯彻〈中国共产党问责条例〉实施办法（试行）》的通知和中共山西省委办公厅、山西省人民政府办公厅关于印发《山西省党政领导干部生态环境损害责任追究实施细则（试行）》的通知两个文件，研究贯彻落实意见。

“美丽中国梦、生态中国行”走进吕梁大型采风活动座谈会召开。国务院参事、中国网生态中国频道总顾问、生态经济学家、作家、书画家忽培元，中国网生态中国频道、中国风尚频道总监张一帆等采风团成员，市委书记李正印，市长王立伟，市委常委、副市长张敬平，市人大常委会副主任梁来茂，市政府副厅级领导李月勤等参加座谈。

11 日

市直机关全面加强“三基建

设”和深入开展巡视巡察整改自行“回头看”工作推进会议召开。市委办、政府办等市直机关和各县（市、区）相关工作负责人参加会议。

14 日

“吕梁——一个令人向往的地方”旅游季活动新闻发布会在太原举行，邀请新华社、《人民日报》、中央电视台、《山西日报》、山西卫视、《吕梁日报》、吕梁广播电视台等 40 多家新闻媒体和多家旅行社参加。“吕梁——一个令人向往的地方”旅游季活动举办时间为 7 月 16 日—10 月 15 日，为期三个月，主推红色文化体验游、绿色生态休闲游、黄河黄土风情游、杏花酒都文化游四大旅游路线。

按照全省统一安排，吕梁市在孝义召开试点开发区企业投资项目试行承诺制实行无审批管理落地工作现场会。市长王立伟出席会议并讲话。

市长王立伟主持召开市政府第 32 次常务会议，研究深度贫困地区脱贫攻坚、农业产业扶贫贷款风险补偿基金等事宜。

15 日

省委脱贫攻坚督导组组长、省人大常委会城乡建设环境保护工作委员会副主任郭新民，副组长赵春雷一行到离石区信义镇任家沟村、归化村就特色产业扶贫、驻村帮扶等脱贫攻坚重点工作进行督导调研。

17 日

市委副书记、市长、市政府党组书记王立伟主持召开市政府党组（扩大）会议，通报市委第二轮巡察对政府系统部分单位巡察结果，通报省审计厅对吕梁市 2017 年第二季度贯彻落实国家重大政策措施跟踪审计发现情况及全市审计工作情况；传达学习中共中央办公厅、国务院办公厅《党政领导干部生态环境损害责任追究办法》以及《山西省贯彻实施办法（试行）》，安排部署巡察和审计整改落实工作。

20 日

中国共产党吕梁市第四届委员会第三次全体会议在离石召开。会议由市委常委会主持。市委书记李正印讲话。会议深入学习贯彻习近平总书记视察山西重要讲话精神，认真落实省委十一届四次全会精神，审议通过《中共吕梁市委关于深入学习贯彻习近平总书记视察山西重要讲话精神实施方案》《中共吕梁市委实施“三五工程”攻坚深度贫困工作方案》《中共吕梁市委关于同意申报柳林县撤县设区的决议》，对进一步做好下半年重点工作作出部署。出席会议的市委委员 45 人，候补委员 7 人。不是市委委员、市委候补委员的在职市级领导，吕梁军分区司令员；市委、市人大、市政府、市政协副秘书长，市人大、市政协各专门委员会和工作机构主要负责人；市直各单位党政主要负责人，市纪委常委；各县（市、区）委书记、县（市、区）长；中央、省驻吕单位主要负责人；省级以上开发区主要负责人；党的十八大和省第十一次党代会基层代表，市第四次党代会部分基层代表；市扶贫办班子成员；部分深度贫困乡镇党委书记、村党支部书记和第一书记参加会议。省委脱贫攻坚督导组副组长赵春雷和有关人员应邀参加会议。

24 日

市长王立伟主持召开市政府第 33 次常务会议，研究讨论深化国企国资改革、“十个一批”重点工作、大数据产业等事宜。

市长王立伟会见到吕梁检查企业所属吕临能化项目建设的北京能源集团有限责任公司董事长、党组书记朱炎一行，双方就进一步加强项目合作、深化沟通交流进行座谈。

26 日

吕梁市 2017 年扶持村级集体经济发展试点竞争立项评审会召开。在评审会上，8 个参评县（市）政府主要领导通过现场陈述，生动地展示各县（市）村集体经济发展的具体规划和实施方案。由各部门组成的评审组经过严格把关，方山、临县、石楼、文水最终确定为全市2017年扶持村级集体经济发展试点县。

27日

吕梁市举行主题为“军民携手奋进，同心合力筑梦”的中国人民解放军建军90周年“双拥”文艺晚会，军地双方共叙血肉联系，共话军民鱼水深情。

28日

市长王立伟与中保投资有限责任公司副总裁盛今一行举行工作会谈，双方就推进产业扶贫项目落地、深化拓展战略合作进行交流座谈。

市委第三轮巡察工作动员部署会议召开。会议学习贯彻中央、省、市有关会议精神，要准确把握、坚决贯彻中央、省委和市委对巡视巡察工作的要求，并安排部署全市第三轮巡察工作。根据市委安排，市委巡察工作领导小组决定于即日起，分五个巡察组对方山、交口2个县和8个市直单位开展为期两个月的巡察。

31日

市委副书记、市长、市政府党组书记王立伟主持召开市政府党组会议，传达学习省委第33次常委会议精神，传达学习省政府第156次常务会议暨双月市长例会精神，传达教育部部长陈宝生在山西调研座谈会上的讲话精神，传达全省重点工程调度会精神，研究吕梁市贯彻落实意见。

31日全市2017年军地协调会在吕梁军分区召开。市委创建“双拥”模范城领导组成员单位和各驻吕部队及其所在的县（市、区）相关工作负责人参加会议。会议主要任务是协调解决各驻吕部队需要解决的军地热点难点问题，进一步做好新形势下的全市“双拥”工作。

8月

2日

由省环保厅副巡视员王志朝带队的省督查组到吕梁市督查农村生活污水综合利用情况及离石区、孝义市两个全省农村生活污水综合利用试点推进情况。

4日

全市政银企合力经济转型升级推进会暨企业慈善捐赠扶贫动员会召开。省委脱贫攻坚督导组组长郭新民、市委书记李正印、市长王立伟出席会议并讲话。

市委书记李正印主持召开市委常委会议，研究《吕梁市贯彻落实中央环境保护督察组反馈意见整改方案》《吕梁市非物质文化遗产保护条例（草案）》；传达全省人才发展体制机制改革推进会议精神，研究吕梁市贯彻落实意见。

市长王立伟主持召开市政府第35次常务会议，研究吕梁市扬尘污染防治条例，具体部署中央环保督察反馈问题整改和优化营商环境工作。会议原则通过吕梁市扬尘污染防治工作条例，要求各级各部门各单位要加强领导，协调配合，有效控制施工工地、道路建设及交通运输等方面的扬尘污染，不断改善大气环境质量。

7日

市三届人大常委会第十六次会议举行第一次全体会议。会议先后听取市发改委负责人所作的关于2017年上半年全市国民经济和社会发展计划执行情况的报告；听取市财政局负责人所作的关于2016年市本级财政决算和2017年上半年全市预算执行情况的报告；听取市审计局负责人所作的关于2016年市本级预算执行和其他财政收支的审计报告；听取市文化局负责人所作的关于全市公共文化服务体系建设情况的报告；听取市煤炭局负责人所作的关于全市煤矿安全生产工作情况报告审议意见研究处理情况的报告；听取市文物旅游局负责人所作的关于《中华人民共和国旅游法》和《山西省旅游条例》执法检查情况报告审议意见研究处理情况的报告；听取市人大农工委负责人所作的关于制定《吕梁市人民代表大会常务委员会关于推进深度贫困攻坚工作的决定（草案）》的说明；听取市人大法工委负责人所作的关于《吕梁市非物质文化遗产保护条例（草案）》修改情况及审议结果的报告；听取市环保局负责人所作的关于《吕梁市扬尘污染防治条例（草案）》的说明；听取市人大法工委负责人所作的关于《吕梁市扬尘污染防治条例（草案）》研究意见的报告；听取市人民政府副市长张敬平所作的《关于尉文龙等任免职务议案》的说明；听取市人民检察院代检察长郭鸿所作的《关于史晋斌等任职议案》的说明；听取拟任人员所作的供职发言。

8 日

省委改革办第六督察组组长、省委政研室（改革办、综改办）副主任任凯一行就吕梁市改革工作推进情况进行督察。李小明就吕梁市改革工作情况进行详细的汇报，市发改委、市经信委、市扶贫开发中心、市人民银行、市林业局依次对牵头重点改革事项推进情况进行汇报发言。

市委书记李正印、市长王立伟会见伊电控股集团有限公司董事长霍斌一行。双方就合作推进铝深加工产业项目进行深入交流。

市旅游协会成立。会议通过协会章程、协会选举办法，根据章程和选举办法。会员大会表决选举出理事、常务理事。第一届理事会表决和选举出了会长、副会长和秘书长。吕梁市旅游协会作为全市旅游行业的社会团体，吸纳会员单位 70 多个，涵盖吃、住、行、游、购、娱等与旅游有关的相关行业。协会主要职责是统一和规范会员单位经营秩序，统一对外形象和服务标准，提升吕梁市旅游行业的整体形象和服务质量。会上，吕梁市旅游协会与秦皇岛市旅游协会、全国驴兔兔旅游平台及太原、临汾、运城、长治、忻州等旅游协会签订《战略合作协议书》。

10 日

全市“习总书记视察山西暨‘7·26’重要讲话精神进基层”理论宣讲员培训会召开。会上，市委讲师团负责人宣讲解读习总书记视察山西重要讲话精神、习近平总书记“7·26”重要讲话精神，并对宣讲事宜进行安排部署。宣讲活动于 8 月 10 日起至 9 月底结束。通过主题宣讲，让习近平总书记视察山西重要讲话精神家喻户晓、深入人心，让习近平总书记重要讲话精神在吕梁落地生根、开花结果。

市长王立伟与到吕梁市督导调研“四好农村公路”的省交通运输厅厅长张志川一行举行工作座谈，双方就进一步发挥交通先导作用，加快吕梁高速公路、干线公路、农村公路建设，推进脱贫攻坚、转型发展进行深入座谈。

黄河岸边的临县碛口镇高家塔村机声隆隆。作为全省首个创新试点项目和全省旅游公路建设示范项目，吕梁沿黄扶贫旅游公路及生态绿道工程在这里正式开工。这是山西省贯彻落实习近平总书记“建设黄河沿线生态经济带”“攻坚深度贫困”的重要举措，是山西农村公路建设的标志性工程。省交通运输厅厅长张志川出席开工仪式，市长王立伟宣布开工。省交通运输厅副厅长李贵顺、总工程师王四小，省路桥集团董事长郝玉柱，市委常委、副市长李建国，副市长杨巨才，市政府秘书长梁斌等参加活动。吕梁沿黄扶贫旅游公路及生态绿道全长 320 公里，估算总投资 50 亿元，由省路桥集团负责实施。公路沿线覆盖吕梁市兴县、临县、柳林、石楼 4 县 21 个乡镇、40 万人口，其中贫困人口达 22 万。该项目 6 月 6 日签约，65 天时间就实现开工落地。此次开工实施的兴县至柳林军渡一期工程，起点位于保德与兴县界，终点位于军渡黄河大桥，全长 200 公里，其中临县段 95.7 公里建设标准为三级公路，并配套建设绿道及景观台，预留房车营地、沿线驿站等设施接口。

11 日

市政协召开产业扶贫调研座谈会。会上，市林业局、财政局、发改委、扶贫中心等 9 个部门的负责人介绍产业扶贫有关工作情况，并就存在的问题及加强产业扶贫工作提出意见和建议。

全市露天采石场整顿工作推进会召开。会议通报全市露天采石场前期整顿情况，对下一步工作做出安排部署。市安监、国土、发改等部门和各县（市、区）分管领导参加会议。

全市民营企业品牌建设专题培训会举办，市直相关部门有关负责人参加会议。培训会由市中小企业局和工商行政管理局联合举办，国家工商总局商标局的专家肖聂尊、赖莹应邀分别主讲企业商标（品牌管理）、地理标志商标注册管理的相关内容。

14 日

全市"数谷吕梁智赢未来"大数据产业发展推介会新闻发布会在省城太原召开。中央、省、市多家媒体记者参加此次新闻发布会。新闻发布会上，市经信委就全市发展大数据产业的原因、优势、前景、政策及"数谷吕梁智赢未来"大数据产业发展推介会的相关情况进行简要介绍。

15 日

省考核组听取吕梁市 2016 年度实行最严格水资源管理制度的工作汇报。市水利、发改、国土、住建、经信、环保、财政等部门的相关负责人参加汇报会。

"吕梁山护工"（第十一批）走出大山欢送仪式在离石区举行，1184 名"吕梁山护工"走出吕梁山，分别到北京、天津、太原等地就业。市长王立伟在欢送仪式上讲话。外出就业贫困学员代表、已就业"吕梁山护工"代表、家政公司代表等分别发言；石楼县、方山县主要领导作表态发言。

18 日

市长王立伟主持召开市政府第 36 次常务会议，研究部署机关事业单位工作人员养老保险制度改革、城市公交及网约车管理等事宜，听取"数谷吕梁、智赢未来"大数据产业发展推介会筹备情况汇报。

20 日

市委书记李正印、市长王立伟会见国防科技大学计算机学院政委、少将夏志和，计算机学院总工程师、技术少将、研究员徐炜遐一行。双方就推进吕梁市发展大数据产业进行深入交流。

21 日

"数谷吕梁·智赢未来"大数据产业发展推介会举行。省人大常委会副主任刘杰，副省长王一新，省政协副主席张璞，工信部信软司副司长朱皖，中国工程院院士、北京航空航天大学党委书记张军，国防科技大学计算机学院政委夏志和，市委书记李正印，市长王立伟等出席并见证签约。签约仪式上，联通山西省分公司、北京用友政务软件有限公司、中国网库集团（北京网库信息技术股份有限公司）、深圳欧克蓝科技有限公司、九次方大数据产业集团有限公司等企业与吕梁市签订合作协议 12 个，投资总额达 21.25 亿元，项目涉及大数据人才培养、大数据基础设施建设、数据加工处理、电子商务应用平台建设、大数据生产流通、数据采集存储、大数据创新运用等七个领域和离石、孝义、交城、中阳、临县等县（市、区）及吕梁职业技术学院等多家市直单位。

24 日

吕梁市组团参加第三届山西文博会重点项目签约仪式，现场签约重点文化产业项目 6 个，总投资 27.352 亿元，签约金额约 11.15 亿元。内容涉及教育、文化旅游、休闲娱乐、文化基础设施建设等方面。

市委书记李正印、市长王立伟在吕梁会见到吕梁市签署战略合作框架协议的国新能源发展集团董事长刘军，双方就深化合作、互利共赢进行深入交流。

市委书记李正印主持召开市委常委会议。会议听取全市上半年党风廉政建设和反腐败工作情况的汇报，研究讨论《关于深化国企国资改革的指导意见（讨论稿）》《关于在深化国有企业改革中坚持党的领导加强党的建设的实施意见（讨论稿）》。

25 日

吕梁市借助第三届山西文化产业博览交易会的宣传推介平台，在太原煤炭交易中心举办吕梁代表团项目推介签约暨交城全域旅游推介仪式，向各界媒体推介吕梁的文化旅游项目、展示吕梁文化与旅游融合发展的成果。山西文博会上，吕梁市共推出20个招商项目，项目总投资66.7亿元，引资49.3亿元。内容涉及文化旅游、休闲娱乐、文化基础设施建设等方面。

29 日

吕梁市2017年冬季清洁供暖工程实施方案推进会召开。市环保局、住建局、经信委、财政局及离石区相关负责人参加会议。会议讨论吕梁市2017年冬季清洁供暖工程实施方案，收集相关部门的意见和建议，以加快推进全市清洁取暖改造工作，持续改善区域环境空气质量。

30 日

市领导尉文龙、郭震威会见中国农业发展银行总行扶贫金融事业部副总裁徐一丁一行。双方就政策性金融支持深度贫困地区脱贫攻坚现场会筹备情况以及金融扶贫项目等进行交流。

31 日

由《21世纪经济报道》与南开大学旅游与服务学院发起并主办的“2017亚洲旅游产业年会”在上海召开。吕梁市荣获2017年“亚洲旅游‘红珊瑚’奖”——“最受欢迎旅游目的地”奖，市委书记李正印获2017“年度产业贡献人物”奖。

9月

1 日

市长王立伟主持召开市政府第37次常务会议，研究部署“十三五”规划纲要实施机制、城市信用体系建设、市区集中供热、209国道吕梁新区段改线、大数据产业发展等事宜。

2 日

山西省市县广播电视台新媒体发展研讨会暨台长论坛在吕梁举行。市委副书记、市委宣传部部长张广勇，中国电视艺术家协会市县电视委员会副会长、中国视协市县电视委员会红色联盟理事长、千城智联网络科技有限公司总裁滑保林，以及贵州、湖南、河北、河南、黑龙江、广东、江西、山西8个省的10个市级台和33个县级电视台领导参加会议。台长论坛上，吕梁广播电视台总编辑郭月秀、交城县广播电视台台长吕继峰、文水县广播电视台台长邢俊杰等人分别作发言。

5 日

国家开发银行山西省分行党委书记、行长马红到吕梁新区、方山县进行调研。市委书记李正印、市长王立伟会见国家开发银行山西分行行长马红一行，双方就进一步深化金融合作，支持地方扶贫开发、经济转型发展等方面进行交流。

6 日

市委书记李正印、市长王立伟会见山西医科大学党委书记张俊龙一行，双方就进一步加强市校合作进行交流。

7 日

市长王立伟主持召开市政府第38次常务会议，研究部署省环保督察组反馈问题整改、2017年冬季清洁供暖、市区集中供热全覆盖工程攻坚等事宜。

8 日

市委书记李正印主持召开市委常委会议。听取中央环保督察涉及吕梁市有关问题责任认定意见的汇报，听取省环保督察组反馈意见及吕梁市整改工作方案的汇报，研究《中共吕梁市委关于加强党内政治文化建设的实施意见（讨论稿）》《中共吕梁市委、吕梁市人民政府关于进一步贯彻落实中央八项规定精神的实施细则（审议稿）》。

市政府召开市区集中供热全覆盖工程攻坚动员会议。会议强调，市区集中供热全覆盖工程已到了冲刺决战的关键阶段，一定要站在政治的、大局的高度，牢牢盯住最后的任务不放松，市、区、乡、村、企五级联动，集中攻坚50天，掀起建设新高潮，确保工程按期建成投入使用、市民冬季如期实现供暖。市长王立伟出席并讲话。市、区相关部门及工程所涉乡、村主要负责人，施工企业代表等参加会议。

市委中心组举行学习会议，学习习近平总书记在第五次全国金融工作会议上的重要讲话、省委书记骆惠宁在省委中心组学习会议上关于认真学习贯彻全国金融工作会议精神的讲话，集中观看《金融工作要实现重实体、防风险、促改革三位一体——第五次全国金融工作会议精神解读》视频辅导。会议还听取农发行吕梁分行关于"产业扶贫模式创新"工作介绍。市委书记李正印主持会议并讲话。

9日

吕梁市政府与山西农大举行战略合作协议签订仪式。市委书记李正印致辞，市长王立伟主持。山西农大党委书记陈利根、校长赵春明，市委副书记张广勇，市委常委、市委政法委书记、市委秘书长李小明，副市长尉文龙，市政府秘书长梁斌出席仪式。山西农大郭平毅、牛颜冰、高培芳、姜玉锁、王玉国、刘群龙、杜俊杰、温银元、董淑琦等专家出席，吕梁市6个国定贫困县政府主要负责人和市直有关部门负责人出席。吕梁市与山西农业大学签署《吕梁市人民政府与山西农业大学战略合作框架协议》《农业科技示范推广协议书》，6个国定贫困县分别与山西农大有关部门签订项目任务书。签订仪式上，李正印、王立伟为山西农大党委书记陈利根教授、校长赵春明教授颁发转型发展（现代农业）专家（顾问）聘书。

12日

吕梁军分区组织全区现役干部到兴县晋绥边区革命纪念馆开展"维护核心、听从指挥"主题党日活动，缅怀革命先烈，重温入党誓词。

12日

市政府召开全市采煤沉陷区综合治理搬迁安置工作推进会。会议通报2014年至2017年吕梁市采煤沉陷区治理搬迁安置项目进展情况，并对下一步工作安排部署。

15日

市委书记李正印主持召开市委常委会议，传达学习省委第41次常委会议精神，听取全市经济转型发展情况汇报，研究讨论《吕梁市贯彻落实省环保督察组反馈意见具体问题整改措施清单》。

16日

由国家煤矿安监局副局长李万疆率领的国务院安委会督查组到吕梁市，督导检查安全生产工作。市长王立伟汇报相关工作。

16日第五届中国（山西）特色农产品交易博览会在太原举行。在当天举行的农业品牌发布大会暨签约仪式上，吕梁市4个农业项目参与签约，内容涉及畜牧养殖、大健康、农副产品加工、中药材种植加工等方面。

17日

以"山河多娇、英雄吕梁"为主题的首届山西艺术节吕梁文化艺术周在太原美术馆开幕。市委书记李正印宣布首届山西艺术节吕梁文化艺术周开幕。市长王立伟致辞，市委副书记、市委宣传部部长张广勇主持开幕仪式。

18日

市委书记李正印、市长王立伟会见中国国储能源化工集团股份公司总裁任晋阳一行，双方就煤层气开发以及战略合作事宜进行座谈交流。

21日

中国农业发展银行支持深度贫困地区脱贫攻坚现场会在吕梁市召开，推广风险补偿产业扶贫贷款“吕梁模式”。中国农业发展银行党委书记、董事长解学智，中国农业发展银行党委委员、副行长鲍建安，国务院扶贫办开发指导司副司长吴华出席会议。市委书记李正印致辞。农发行总行相关部室负责人，以及深度贫困地区、政策性金融扶贫实验示范区所在省份省级分行领导，部分市分行行长，22个扶贫重点省份省级分行扶贫业务处处长，产业扶贫风险补偿基金支持企业代表参加会议。

市委常委、常务副市长张敬平主持召开市政府办公会议，就贯彻落实《国务院关于支持山西省进一步深化改革促进资源型经济转型发展的意见》《省委省政府关于贯彻落实〈国务院关于支持山西省进一步深化改革促进资源型经济转型发展的意见〉行动计划》，推进吕梁市进一步深化改革促进资源型经济转型发展、加快创新驱动转型升级等工作进行安排部署。

22日

市委常委、副市长李建国主持召开吕梁市三川河水环境综合治理PPP项目推进会。项目建设内容主要包括城镇生活污水处理及配套管网工程、畜禽养殖污染治理工程、农村环境综合整治、水环境综合整治及生态修复工程等4类，涉及离石、方山、柳林、中阳一区四县，总投资27.6亿元。

中国农业发展银行董事长解学智一行到兴县蔚汾河河道综合治理项目，就农发行支持深度贫困地区基础设施建设、脱贫攻坚等进行调研。同日，聘请中国农业发展银行副行长鲍建安、中国农业发展银行扶贫金融事业部副总裁兼总经理徐一丁，担任吕梁脱贫攻坚（金融扶贫）专家顾问。王立伟代表市委、市政府向两位受聘专家颁发聘书。

市政协三届二十三次主席会议召开。会议讨论《关于积极发展功能农业，推进农业产业扶贫调研情况的报告》，讨论市政协三届十次常委会会议议程及有关事宜。还讨论人事事项；通报广西、江西产业扶贫考察情况，到福建省三明市学习培训情况，浙江大学学习培训情况及2016年度目标责任制考核优秀评选情况。

25日

国务院扶贫办主任刘永富到吕梁卫校、离石区信义镇归化村就脱贫攻坚工作进行调研。国家农发行副总裁徐一厅，国务院扶贫办开发指导司司长海波，省扶贫办主任刘志杰，省扶贫办副主任张建成，市委书记李正印，市委副书记张广勇，市委常委、离石区委书记常书铭，市委常委、市委政法委书记、市委秘书长李小明一同调研。

24日至26日

全国林业扶贫现场观摩会在吕梁市召开。国家林业局局长张建龙、国务院扶贫办主任刘永富出席并讲话，副省长郭迎光致辞。市委书记李正印作典型发言。会议期间，国家林业局局长张建龙、国务院扶贫办主任刘永富带领参会代表先后到吕梁机场绿化工程、柳林县龙门垣核桃经济林管理合作社与森林管护扶贫工程、离石区田家会造林专业合作社综合治理工程、临县李家湾造林专业合作社规模治理工程、曜头牧光互补扶贫项目等地实地观摩。

27日

以省国土资源厅总工程师赵福义为组长的省河长制工作第六督查组，到吕梁市进行督查。副市长尉文龙汇报工作。

全市安全生产工作会议召开。会议贯彻落实国务院安全生产大检查督察组对吕梁市督察反馈意见，对国庆节、中秋节和中共十九大期间的安全生产工作进行再安排再部署。会议通报国务院、省、市安全生产大检查督察情况以及国务院督察组抽查的两个煤矿存在的问题，并对安全大检查、安全生产工作安排部署。

市长王立伟主持召开市政府第40次常务会议，研究贯彻落实《国务院关于支持山西省进一步深化改革促进资源型经济转型发展的意见》实施方案，部署市场监管体制改革、市政府工作部门“大科（室）制”改革、市区划定禁煤区等事宜。

28日

市发改委向社会公开发布第五批政府和社会资本合作(PPP)项目名单。此次共发布项目95个，总投资366.4亿元，涉及交通运输、水利、林业、环境保护、重大市政工程、公共服务六大领域，所有项目都已明确所在地、所属行业、建设内容及规模、政府参与方式、拟采用的PPP模式、责任人及联系方式等基本信息，以吸引社会资本参与项目建设。

2017山西（汾阳·杏花村）世界酒文化博览会在山西省汾阳市开幕。博览会以“相约汾阳品味世界清香”为主题，由吕梁市人民政府、中国酒业协会主办，汾阳市人民政府、山西杏花村汾酒集团有限责任公司和中展励德国际集团有限公司共同承办，是中国酒类行业展会唯一以酒文化为主题的国际展会，开创山西酒类行业展会之最。副省长王一新、中国酒业协会理事长王延才出席并讲话。市长王立伟致辞。中国17大名酒企业负责人和全球500多家酒类行业企业代表齐聚汾阳，共品醇香美酒、共赏白酒文化、共议酒业发展。贾樟柯、白描等文化名家，国内外专家学者及嘉宾、客商等共计1500余人。开幕式结束后，汾酒封藏大典在气势宏大的国家级非物质文化遗产——汾阳地秧歌表演中拉开序幕，遵循古礼、肃穆庄严的敬天仪式由27名汾酒酿酒师傅共同咏诵祈愿歌，并现场酿酒，向来宾展示汾酒酿酒工艺，成就头锅原浆汾酒并现场封藏。

由中国酒业协会、吕梁市政府共同主办，汾阳市政府、山西杏花村汾酒集团有限责任公司、北京云酒传媒有限公司承办的世界酒文化高峰论坛在汾阳市举行。市委常委、常务副市长张敬平出席论坛并致辞。17大名酒企业负责人、文化名家、专家学者、应邀参会的嘉宾、汾阳市领导和汾酒集团经销商等约600人参与研讨。论坛邀请协会领导、国际烈酒专家、酒业商界领袖、驻华外交官以及32家世界级酒类企业，茅台、五粮液、泸州老窖等121家中国酒类企业领导出席。

29日

市委书记李正印主持召开市委常委会议，传达省委“深入学习贯彻习近平总书记系列重要讲话精神和治国理政新理念新思想新战略”经验交流会议精神、近期全国和山西省政法系统有关会议精神、省委推进县乡人大建设会议精神，研究吕梁市贯彻落实意见；听取吕梁市市场监督管理体制改革工作汇报，安排部署落实省委近期修订的《关于进一步贯彻落实中央“八项规定”精神的实施办法》和吕梁市《实施细则》的意见。

吕梁市第十二批1087名“吕梁山护工”完成培训并签约，启程前往各大城市就业。市委书记李正印代表市委、市政府对本期“吕梁山护工”即将走上依靠辛勤劳动摆脱贫困之路表示祝贺。欢送仪式上，13个县（市、区）分别与26家家政公司签订合作协议。

30日

市政府党组召开扩大会议，学习讨论吕梁市《关于进一步贯彻落实中央“八项规定”精神的实施细则》。会议由市委副书记、市长、市政府党组书记王立伟主持。

吕梁市在全国第四个烈士公祭日举行烈士公祭活动。市委书记李正印代表市委向烈士敬献花篮，市领导王立伟等领导及离石区四大班子领导，驻离石城区各部队首长，市、区两级相关部门和人民团体负责人，驻吕梁部队和武警官兵、公安干警、各民主党派和无党派人士代表、老战士及烈属代表和学生代表参加活动。

10月

3日到8日

吕梁市优秀书画摄影作品展在吕梁市群众艺术馆展出。展览共分“中国梦、劳动美、美丽乡村”摄影作品、“红色印记”书法作品、“吕梁山水美丽家园”王俊利国画作品三大部分。

9日

第二期吕梁市民营企业家转型创新素质提升高级研修班在中山大学岭南学院举行开学典礼。全市建材、农副产品、白酒、医药、旅游、电子商务等行业的企业家以及各县（市、区）中小企业局、民营经济发展局的负责人共80人培训。课程涉及宏观经济形势、市场营销、资本运作、商业模式创新等中小企业家较为关注的热点内容。

10日

全市中央和省环保督察反馈意见整改落实暨环保攻坚动员会议召开。会议要求，全市各级各部门要进一步深入学习贯彻习近平总书记视察山西重要讲话精神，深入贯彻落实国务院《关于支持山西省进一步深化改革促进资源型经济转型发展的意见》，深入推进中央和省环保督察反馈意见整改落实，交好环保督察整改的“吕梁答卷”，坚决打赢环保攻坚这场硬仗。市委书记李正印讲话。市长王立伟主持。会议以视频会议的形式召开。会上，文水县、离石区以及山西国锦煤电、孝义鹏飞实业、兴县华兴铝业、中阳钢铁公司等企业表态发言。

11日

市长王立伟主持召开市政府第41次常务会议，研究部署城乡义务教育一体化改革、秋冬季大气污染治理等工作。

12日

市委书记李正印主持召开市委常委会议。会议讨论同意市人大常委会党组提交的《吕梁市扬尘污染防治条例（草案）》，建议按法定程序做好相关工作。

12至13日

全省三大旅游板块（黄河片区）开发推进会在临县碛口召开。副省长张复明主持并讲话，省政府秘书长郭立、省旅发委主任盛佃清、省交通厅总工程师王四小等出席会议。市委副书记、市长王立伟等一同调研。

13日

第四届全国煤炭深加工及焦化产业绿色发展交流会期间，吕梁市聘请中国工程院院士杨启业、中国工程院院士金涌、国务院发展研究中心宏观经济研究部巡视员张立群、中国炼焦行业协会首席专家杨文彪、中国煤炭加工利用协会会长张绍强5名院士专家，担任吕梁市转型发展专家（顾问）。市长王立伟向受聘专家颁发聘书。

16日

由省国税局局长胡军带队的调研组到吕梁市，就贯彻落实国务院《关于支持山西省进一步深化改革促进资源型经济转型发展的意见》、实现国税工作与全省大局的有机融合、推动资源型企业转型发展专题调研，并召开座谈会广泛听取相关部门、资源型企业等各方面的意见建议。市长王立伟主持座谈会。

17日

吕梁市脱贫攻坚先进事迹首场巡回报告会举行，报告会全面展示奋战在脱贫攻坚一线各类典型的精神风貌，为全面打赢脱贫攻坚战凝聚强大正能量。市委副书记、市长王立伟出席报告会并讲话。市委副书记、市委宣传部部长张广勇主持报告会。

11月

1日

《吕梁市非物质文化遗产保护条例》正式颁布实施宣传活动

在离石世纪广场举行。截至2017年，吕梁市有联合国教科文组织公布的非物质文化遗产代表性项目一项（中阳剪纸），国家级非物质文化遗产代表性项目15项，省级非物质文化遗产代表性项目53项，市级非物质文化遗产代表性项目100项目，县（市、区）非物质文化遗产代表性项目700多项。

3日

市长王立伟主持召开市政府第42次常务会议，研究部署“农村四好路”建设、设立中小企业转型升级发展基金、2017年度目标责任考核等事宜。

6日

吕梁市新闻界举行庆祝第十八个记者节表彰会议，市委副书记、市委宣传部部长张广勇出席并讲话。会议对2016年度吕梁新闻奖获得者、2017年度吕梁十佳新闻工作者进行表彰。吕梁日报社记者部主任任昱、吕梁电视台新闻部副主任耿瑞山、孝义新闻办记者赵晓星现场讲述他们在采编过程中亲历、亲见、亲闻、亲为、亲思的过程，与大家一起分享在采访报道中的体会和感悟。

10日

吕梁市召开传达学习贯彻省委十一届五次全会精神大会。会议要求，全市上下要深入贯彻落实省委十一届五次全会精神，把学习宣传贯彻党的十九大精神持续引向深入，切实把思想和行动统一到党的十九大精神和省委的各项决策部署上来，奋力走出新时代吕梁改革发展新征程，谱写吕梁改革发展新篇章。市委书记李正印主持会议。会议传达省委书记骆惠宁在省委十一届五次全会上的讲话精神。

15日

吕梁市召开全市农村危房和危险土窑洞改造推进会。市住建局、扶贫办及临县、石楼、离石等8个贫困县（市、区）分管相关工作的负责人参加会议。

吕梁市举行第十三批“吕梁山护工”欢送仪式，1024名护工将走出大山，奔赴北京、天津、青岛、太原等地实现就业。市委书记李正印代表市委、市政府欢送勉励即将走出大山的“吕梁山护工”。

16日

市长王立伟召集市卫计、人社、财政等部门负责人，专题研究部署县乡医疗一体化改革、城乡居民医保、贫困人口医保帮扶等工作。

19日

以“世界名酒、共享荣耀”为主题的2017上海国际酒交会举行。汾酒集团、中汾酒城、汾阳王酒业、晋裕白酒、新晋商酒庄、汾阳市酒厂等10余家白酒企业“编队出征”，与世界各地的名酒企业共赴盛会。市长王立伟陪同中国轻工业联合会会长张崇和、中国酒业协会理事长王延才等到吕梁市展区进行巡馆。吕梁市与遵义、宜宾、宿迁、泸州、亳州、苏格兰、干邑、波多黎各、瓜达拉哈拉等城市一道，被评选为“世界十大烈酒产区”，标志着吕梁又增添了一张“世界级”新名片。酒交会还组织“全球名酒展示”和“全产业链展示”。吕梁市参展的10余家白酒企业，带着500余种酒类产品盛装参展，展区面积近1000平方米，成为展会上一道靓丽的风景。

27日

吕梁市民营企业家大讲坛在吕梁宾馆举办。市直有关单位、各县（市、区）中小企业局局长及2016年全市规模以上民营企业、科技型中小企业、专精特新中小企业、“小升规”中小企业及有发展潜力中小微企业的负责人400余人参加。华南理工大学工商管理学院教授，博士生导师，华南理工大学科技园董事长，华南地区著名天使投资人崔毅作题为《收购兼并与资本运作——资本运营战略思维》的专题讲座。

28日

市长王立伟与中铝公司总经

理助理、中铝股份副总裁许波一行举行工作座谈，双方围绕兴县50万吨轻合金项目尽快实现投产达效目标，就做好项目电力保障、加快吕梁局域电网建设、探索煤铝资源共采、争取国家政策支持等具体事项进行商讨。

12月

8日

市长王立伟主持召开市政府第44次常务会议，研究中小学幼儿园规划建设条例等事宜。会议原则通过《吕梁市中小学幼儿园规划建设条例（草案）》，要求继续修改完善后提交市人大常委会审议。会议还研究了其他事项。

13日

市长王立伟会见到吕梁市考察的山西文化旅游投资控股集团董事长王文保一行，双方围绕黄河旅游资源开发、进一步加强文化旅游产业合作等进行交流。

21日

吕梁市召开“煤—电—铝—材”一体化发展研讨会，邀请全国知名专家学者以及科研院所、行业企业、先行地区等方面相关人士，相互交流全国全球铝产业发展走向趋势，研讨探索新形势下铝产业发展方法路径，共同为吕梁煤电铝材一体化改革发展把脉问诊、出谋划策。市长王立伟出席会议并致辞。

市情概览

自然地理

【位置】

吕梁市位于山西省西部，北纬 36° 43′ ～ 38° 43′ ，东经 110° 22′ ～ 112° 19′ ，西隔黄河与陕北相望，东临汾水与晋中为邻，北与忻州接壤，南与临汾毗邻。吕梁市因吕梁山脉纵贯南北而得名。

【面积】

吕梁市东西最大宽度 140 千米，南北最大距离 220 千米，周边界线总长 954.3 千米。境域总面积 2.1 万平方千米，占山西省总面积的 13.5%。

【地质】

吕梁在地质构造属演化过程中华北地台的一部分。中生代的燕山运动形成山西台背斜的地廓后，吕梁复背斜基本定型；受新生代第三纪的喜马拉雅运动影响，形成汾河地堑；下更新世，形成现代的河川二级阶地和丘陵区的梁峁沟壑地貌。

境内地层发育较为齐全，除缺失奥陶系上统、志留系、泥盆系、白垩系地层外，其余各种地层均有出露。出露地层依次为：中太古界界河口群，上太古界吕梁群，下元古界岚河群、野鸡山群、黑茶山群，中上元古界下统汉高山群，古生界寒武系、奥陶系、石炭系、二叠系，中生界三叠系、侏罗系，新生界第三系、第四系等。

基底地质构造分别为前五台构造层、五台构造层、吕梁构造层。前五台期构造表现于岚县界河口至临县务周会一带出露的界河口群，在柳林上白霜、中阳柏洼山、交口长树山、西榆皮等地也有出露。五台期构造主要分布于中北部方山县开府、马坊一带以东，岚县袁家村以南，方山县周家沟以西，交城横尖以北地区。吕梁构造层主要是岚河群、野鸡山群、黑茶山群不对称褶皱带，该褶皱带主要分布于吕梁山中北部，即方山至野鸡山一带及两侧地带。

境内岩浆分布较广，并且与主要金属矿藏有着直接关系。主要散布于山区以及西部黄土丘陵区的突出山岭地带，如临县紫金山、交城县狐偃山等地。

【地貌】

吕梁地貌属晋西黄土高原的一部分。地势北高南低，至东北方向西南倾斜，一般海拔在 1000 米至 2000 米，最高海拔关帝山主峰 2831 米，最低点在石楼县和合乡崖头村黄河岸，海拔 556 米，相对高差 2275 米，市区海拔 920 米至 940 米。

地貌大致可分为中山区、丘陵区、平川区三种类型。中山区海拔 1500 米以上，区内奇峰突立，挺拔险峻，沟壑纵横，分布着众多小山川，植被覆盖较好，包括岚县、方山、离石、中阳、交口5县（区）和汾阳、孝义、文水、交城4县（市）的山区部分。丘陵区海拔900米至1500米，黄土覆盖广，厚度大，地形破碎，坡陡沟深，平地较少，植被稀少，水土流失严重，包括黄河沿岸的兴县、临县、柳林、石楼4县。平川区海拔740米至800米，地势平坦，土壤肥沃，水源充足，适宜发展现代立体化种植业，包括汾河沿岸交城、文水、汾阳、孝义4县(市)。

【气候】

吕梁市属大陆性季风气候，具有四季分明、雨热同步、光照充足的特点。

季节气候特点：春季（3月至5月）温度变化急剧，气候干燥，少雨多风。3月平均气温3℃左右，极端最低气温达−19℃；5月平均气温升至17℃，极端最高气温达39℃，当冷空气入侵时，最低气温可降至0℃以下。该季降水量一般为年降水量的15%左右，干旱是主要灾害性天气。夏季（6月至8月）温度较高，雨量集中，多有雷阵雨天气。7月平均气温为23℃左右，年极端最高气温多数出现在6月中下旬。该季降水量一般为年降水量的60%左右，大雨、暴雨多集中在7月至8月，其间易发生洪涝灾害。秋季（9月至11月）气温迅速下降，气候凉爽，秋初多连阴雨天气。9月平均气温为16℃左右，季末极端最低气温可降至−17℃至−24℃。该季降水量一般为年降水量的30%左右，2007年连阴雨日数曾长达半月以上。冬季（12月至次年2月）气候寒冷，降雪稀少。极端最低气温多出现在该季，高寒山区可达−30℃以下。该季降水量一般为年降水量的3%左右。

区域气候特点：北部4县(岚县、方山县、兴县、临县）十年九旱，主要灾害为干旱、冰雹，年降水量460毫米至500毫米，年平均气温7℃至9℃。中南部山区5县(区)(离石区、中阳县、柳林县、交口县、石楼县）十年九旱，主要灾害为干旱、冰雹，年降水量460毫米至561毫米，年均气温7℃至11℃。平川4县（市）（汾阳市、孝义市、交城县、文水县）年降水量420毫米至460毫米，年平均气温10℃至11℃。

日照：日照时数较长，太阳辐射较强，年均日照时数2487小时至2872小时，其中最少为2200小时/年，最多为3280小时/年。5月至6月日照时间最长，11月至次年2月日照时间最短。

太阳辐射：年均太阳总辐射量131千卡/平方厘米至151千卡/平方厘米，全年生理辐射量62千卡/平方厘米至74千卡/平方厘米。5月至6月太阳辐射最强，11月至次年2月太阳辐射最弱。

气温：年均气温9℃左右，1月份平均气温−10℃至−5℃，7月份平均气温19℃至24℃。极端最低温度−33.0℃，极端最高气温41℃。

降水：年均降水量仅472毫米，且降水季节分配很不均衡，主要集中在7—9月，年际变化较大。

无霜期：无霜期为133天至178天，初霜日期9月24日至10月15日，终霜日期3月19日至4月24日。

建置沿革

吕梁的建置，最早可追溯到春秋时代。当时吕梁有屈邑、平陵邑、中阳邑及瓜衍县等。公元前376年，韩、赵、魏“三家分晋”以后，吕梁为赵国境域，境内设有中阳、兹氏、大陵等。秦庄襄王四年(前246)设太原郡后，吕梁遂为太原郡境域，设有大陵、兹氏等县。

汉初，吕梁仍为太原郡境域。汉武帝元朔四年（前125）分设西河郡后，吕梁分属西河、太原、平阳三郡。大陵、平陶、兹氏为太原郡辖县；蔺、皋狼、中阳、离石、土军、隰成、临水为西河郡辖县；蒲子县为平阳郡辖县。王莽代汉后，兹氏县改兹同，大陵县改大宁，平陶县改多穰，临水县改监水。东汉始立后各县遂复旧名。东汉初，吕梁属于西河、太原、河东三郡。离石、蔺、皋狼、临水、中阳、平周为西河郡辖县；大陵、平陶、兹氏为太原郡辖县；蒲子县属河东郡。永和五年（140）九月“因匈奴寇掠，西河郡治南徙五百九十里”迁至离石县，为吕梁境内最早的郡级建置。同年，临水县并入离石。中平年间美稷县“南徙于兹氏县界，寻废”。建安二十一年（216）“南匈奴内附”，左部居于兹氏，中部居于大陵。

三国初分，吕梁为魏国境域。黄初二年（221）设置西河郡，治兹氏县，辖离石、中阳等县；大陵、平陶二县仍属太原郡，蒲子县仍为平阳郡辖县。

西晋，吕梁境内各县分属于西河国和太原国，属县未变，仅兹氏县改隰城。东晋十六国时期，吕梁境内较为混乱。后赵石勒元年（319）“以离石县境荒废”设置永石郡，寻改西河，后燕置离石护军。永兴后西河郡并入太原郡。

北魏初立，吕梁为太原郡境域，设置有大陵、平陶、兹氏等县。天兴初增设离石镇，延和三年（434）设吐京镇，太平真君九年（448），吐京镇下设岭东、岭西二县，平陶县移出区境，大陵县改受阳。太和八年（484）复置西河郡，太和十年（486）吐京镇改吐京郡，同年，废蒲子县，设汾州，吐京、西河等五郡为其辖郡。太和十七年（493）设永安县，太和二十一年（497）岭东县改新城，岭西县改吐京。东魏，吕梁仍为汾州和太原郡境域，汾州辖西河、吐京等郡，隰城、永安二县属西河郡；吐京、新城二县属吐京郡；受阳县仍属太原郡，离石境域仍设离石镇。

北齐、北周之际，吕梁为政权纷争之地，北齐斛律金所筑长城的起点——金锁关即在境内黄芦岭上，今遗址尚存。当时吕梁境内设有西汾州怀政郡、南朔州西河郡、吐京郡神武郡和并州太原都。南朔州系由汾州改称，治所仍设隰城，西河郡隶属之。离石镇改怀政郡，辖县有昌化、良泉等县，蔚汾县属神武郡，受阳县属太原郡，吐京、新城二县属吐京郡，后因裁郡改属怀政郡。北周建德年间，西汾州改称石州；大象年间，南朔州改称介州；并增设定胡、窟胡、乌突三县及同名郡。

隋，吕梁分属于离石郡、西河郡、太原郡、楼烦郡、龙泉郡。离石、修化（窟胡县改）、太和（乌突县改）、平夷、定胡、宁乡等县属离石郡，西河郡辖县有隰城、永安二县，受阳县仍属太原郡，岚城县属楼烦郡，石楼县属龙泉郡。

隰州、岚州、并州（后改太原府）。西河（隰城县改）、孝义（永安县改）二县属汾州，离石、平夷、定胡、临泉、方山属石州，宜芳、合河二县属岚州；石楼、温泉二县属隰州，交城、文水二县属并州（太原府）。

五代时期，吕梁境域内所属未变。

宋代，吕梁分属于石州、汾州、岚州、隰州，晋宁军、太原府。离石、平夷、方山为石州辖县。西河、孝义为汾州辖县；宜芳、合河为岚州辖县；石楼、温泉为隰州辖县；定胡、临泉为晋宁军辖县；交城、文水二县为太原府辖县。

金代，仅因晋宁军被撤销，辖县改属石州，其他州县的隶属未变。

元代，吕梁大部属于太原路（后改冀宁路）管辖，境内设置有交城县、文水县、兴州、岚州、临州、石州（辖离石县、宁乡县）、汾州（辖县有西河县、孝义县）。石楼为晋宁路辖县。

明初，吕梁除石楼县属隰

州外，境内州县均属太原府。县有兴县、岚县、临县、交城、文水，州有石州（辖宁乡县〕、汾州（辖孝义县）。万历二十三年（1595）五月，汾州升为府，并倚郭设汾阳县，原太原府所辖州县、临县、永宁州及辖县宁乡县和原汾州辖县改属汾州府，府治设汾阳县城。万历四十年(1612)石楼县改属汾州府，清代沿用明制，建置未变。

中华民国元年（1912）取消汾州府建置，永宁州废州改县，三年(1914)1月，永宁县改离石，宁乡县改中阳。民国七年(1918)，增设方山县。

抗日战争和解放战争期间，吕梁各县均属晋绥边区（先称晋西北）行政公署。

1949年9月，山西省人民政府成立以后，吕梁境内设兴县专区和汾阳专区，兴县专区辖有兴县、临县、离石、方山、岚县等11县，汾阳专区辖县有汾阳、孝义、交城、文水、中阳、石楼等9县。

1951年3月27日，汾阳专区撤销，交城、文水、汾阳、孝义等县划归榆次专区，中阳县划归兴县专区，石楼县划归晋南专区。

1952年7月1日，兴县专区撤销，兴县、岚县划归雁北专区，临县、方山、离石、中阳划归榆次专区。

1954年7月1日，离石、方山二县合并为离山县。1958年11月10日，文水、交城二县并入汾阳县，中阳县与离山县合并为离石县，孝义县并入介休县，岚县分别划入静乐和兴县，石楼县并入吕梁县。1959年9月19日除孝义县以外其他各县恢复建置，1961年5月恢复孝义县建置。

1971年5月，吕梁地区组建，同时恢复方山县，新增设娄烦、交口二县；1972年4月，娄烦县划归太原市；1971年10月5日，新增设柳林县。1992年孝义撤县设市；1996年离石撤县建市；1996年汾阳撤县建市。

2004年7月，吕梁撤地设市，离石改市为区。

行政区划

2017年，吕梁市下辖1区、2市、10县，13个街道办、81个镇、67个乡，232个社区居委会、3111个村委会。

地名	县(市、区)	街道办	镇	乡	社区居委会	村委会
吕梁市	13	13	81	67	232	3111
离石区（市辖区）	凤山街道办、城北街道办、滨河街道办、莲花街道办、田家会街道办、西属巴街道办、交口街道办、吴城镇、信义镇、红眼川乡、枣林乡、坪头乡 (7街道办、2镇、3乡)					
交城县	天宁镇、夏家营镇、西营镇、水峪贯镇、西社镇、庞泉沟镇、洪相乡、岭底乡、东坡底乡、会立乡 (6镇、4乡)					
文水县	凤城镇、开栅镇、南庄镇、南安镇、刘胡兰镇、下曲镇、孝义镇、南武乡、西城乡、北张乡、马西乡、西槽头乡 (7镇、5乡)					
汾阳市	文峰街道办、太和桥街道办，贾家庄镇、杏花村镇、冀村镇、肖家庄镇、演武镇、三泉镇、石庄镇、杨家庄镇、峪道河镇，西河乡、阳城乡、栗家庄乡 (2街道办、9镇、3乡)					

孝义市	新义街道办、中阳楼街道办、振兴街道办、崇文街道办，兑镇镇、阳泉曲镇、下堡镇、西辛庄镇、高阳镇、梧桐镇、柱濮镇，大孝堡乡、下栅乡、驿马乡、南阳乡、杜村乡（4街道办、7镇、5乡）
交口县	水头镇、康城镇、双池镇、桃红坡镇，石口乡、回龙乡、温泉乡（4镇、3乡）
石楼县	灵泉镇、罗村镇、义碟镇、小蒜镇、龙交乡、和合乡、前山乡、曹家垣乡、裴沟乡（4镇、5乡）
中阳县	宁乡镇、金罗镇、枝柯镇、武家庄镇、暖泉镇，下枣林乡、车鸣峪乡（5镇、2乡
柳林县	柳林镇、穆村镇、薛村镇、庄上镇、留誉镇、下三交镇、成家庄镇、孟门镇，李家湾乡、贾家垣乡、陈家湾乡、金家庄乡、高家沟乡、石西乡、王家沟乡（8镇、7乡）
临县	临泉镇、白文镇、城庄镇、兔坂镇、克虎 寨镇、三交镇、湍水头镇，林家坪镇、招贤镇、碛口镇、刘家会镇、从罗峪镇，曲峪镇，木瓜坪乡、安业乡、玉坪乡、青凉市乡、石白头乡、雷家碛乡、八堡乡、大禹乡、车赶乡、安家庄乡（13镇、10乡）
方山县	圪洞镇、马坊镇、峪口镇、大武镇、北武当镇、积翠乡、麻地会乡（5镇、2乡）
兴县	蔚汾镇、魏家滩镇、瓦塘镇、康宁镇、高家村镇、罗峪口镇、蔡家会镇、交楼申乡、恶虎滩乡、东会乡、固贤乡、奥家湾乡、蔡家崖乡、贺家会乡、孟家坪乡、赵家坪乡、圪绌上乡（7镇、10乡）
岚县	东村镇、岚城镇、普明镇、界河口镇，土峪乡、上明乡、王狮乡、梁家庄乡、顺会乡、河口乡、社科乡、大蛇头乡（4镇、8乡）

资源

【土地资源】

全市土地总面积2.12万平方千米，其中东部平川面积16.90万公顷，占8%；西部黄土高原丘陵区面积97.40万公顷，占45.90%；中部土石山区面积97.81万公顷，占46.10%。

【矿产资源】

吕梁探明有40多种矿产资源，煤、铁、铝资源储量大、品位高。全市含煤面积1.14万平方千米，占总面积的54.3%，保有储量420多亿吨，其中主要产于吕梁，被誉为“国宝”的4号主焦煤储量达114亿吨。铁矿石保有储量13亿吨，占全省的34.6%；铝土矿保有储量6.49亿吨，占全省的45.7%。

【水资源】

吕梁市年均水资源总量为14.47亿立方米，其中，河川径流量为11.1亿立方米，地下水资源量为8.9亿立方米。

国民经济和社会发展

【概况】

2017年年末，吕梁市常住人口387.89万人，比上年末增加2.4万人，增长0.62%。全年全市出生人口4.3万人，人口出生率11.12‰；死亡人口1.9万人，死亡率4.91‰；自然增长率6.21‰。

表 1 2017 年人口数及其构成

指标	年末数（万人）	比重（%）
全市常住人口	387.89	100
其中：城镇	191.04	49.25
乡村	196.85	50.75
其中：男性	200.81	51.77
女性	187.08	48.23

2017 年，吕梁市生产总值 1310.3 亿元，按可比价计算，比上年增长 9.2%。其中，第一产业增加值 56.9 亿元，增长 3.1%，占生产总值的比重 4.3%；第二产业增加值 825.3 亿元，增长 11%，占生产总值的比重 63%；第三产业增加值 428.1 亿元，增长 7.6%，占生产总值的比重 32.7%。人均地区生产总值 33886 元，按 2017 年平均汇率计算为 5019 美元。

全年全市一般公共预算收入 138.8 亿元，同比增长 54.6%。其中，税收收入 112.9 亿元，增收 47.4 亿元，增长 72.5%。分税种看，增值税、企业所得税、个人所得税和资源税共完成 91.6 亿元，同比增长 88.5%，增收 43 亿元，增长 88.5%。

全年全市一般公共预算支出 315 亿元，同比增长 14.2%。其中，财政民生支出 259.9 亿元，增长 14.7%，占一般公共预算支出比重达 82.5%。其中，教育支出 64.1 亿元，增长 7%；文化体育和传媒支出 5.6 亿元，增长 11.9%；社会保障和就业支出 39.3 亿元，增长 3.6%；医疗卫生支出 35.3 亿元，增长 10.6%；节能环保支出 14.3 亿元，增长 80.7%；住房保障支出 11.6 亿元，下降 2.4%。

全市居民消费价格比上年上涨 0.2%，其中，食品价格下降 3.4%。商品零售价格上涨 0.6%。工业生产者出厂价格上涨 34.2%，其中生产资料价格上涨 37.2%，生活资料价格下降 4.5%。工业生产者购进价格上涨 16.6%。农业生产资料价格下降 1.1%。

表 2 2017 年居民消费价格比上年涨幅

指标	涨幅（%）
居民消费价格	100%
食品烟酒	97.7
衣着	100.5
居住	100.1
生活用品及服务	100.1
交通和通信	100.4
教育文化和娱乐	101.7
医疗保健	105.7
其他用品及服务	104.3

【农业】

2017年吕梁市农作物种植面积37.24万公顷，比上年减少1.32万公顷。其中，粮食种植面积34.06万公顷，减少1.09万公顷；油料种植面积1.56万公顷，减少0.48万公顷；棉花种植面积0.005万公顷，减少0.001万公顷。在粮食种植面积中，玉米种植面积17.46万公顷，减少0.27万公顷；小麦种植面积0.173万公顷，减少0.001万公顷。

全年粮食产量99.4万吨，减少12.2万吨，下降10.9%。其中，夏粮0.5万吨，减产13.6%；秋粮98.9万吨，下降10.9%。

全年完成造林7.94万公顷，增长107.7%。

全年全市猪牛羊肉总产量9.3万吨，增长6.1%。其中，猪肉产量6.4万吨，增长9.4%；牛肉产量1.7万吨，增长4.9%；羊肉产量1.1万吨，下降8.2%。年末生猪存栏65.9万头，生猪出栏79.5万头。牛奶产量2.7万吨，下降2.3%。禽蛋产量9.2万吨，下降3.9%。水产品产量0.17万吨，下降3%。

2017年年末，全市农业机械总动力115.1万千瓦，下降20.2%。机械耕地面积26.36万公顷，增长7.6%；机械播种面积20.08万公顷，机械收获面积12.8万公顷，分别增长1.1%和5.1%。全市农机化经营总收入6.6亿元，增长6.5%。

表3 2017年主要农林产品产量及其增长速度

产品名称	产量	比上年增长 %
粮食	99.40	−10.91
其中：玉米	76.15	−11.70
小麦	0.48	−13.64
谷子	7.64	−12.72
豆类	5.00	−14.13
薯类（鲜薯）	33.84	−0.003
油料	1.69	−25..65
棉花	0.002	13.04
甜菜	–	–
蔬菜及食用菌	25.16	20.13
其中：瓜果类	1.58	28.98
园林水果	22.04	−1.12
食用坚果	5012	12.16
其中：核桃	5.08	11.95

【工业和建筑业】

2017年年末，吕梁市规模以上工业企业451家，增加3家。全年规模以上工业增加值增长11.3%。规模以上工业企业实现主营业务收入2239.1亿元，同比增长49.8%。其中，煤炭、冶金、焦炭、食品、化学、建材、装备制造、电力和医药等九大主要行业分别实现主营业务收入979.2亿元、478.7亿元、318.9亿元、258.7亿元、64.1亿元、45.6亿元、41.2亿、40.1亿元和3.4亿元；分别增长63.2%、50.7%、74.1%、5%、59.6%、20.3%、51%、31.1%和37.6%。

规模以上工业实现利税383.4亿元，同比增长261.7%；实现利润195.9亿元，同比增长44.6倍。

表4　2017年规模以上工业增加值增长速度

指标	比上年增长（%）
规模以上工业	11.3
其中：轻工业	21.63
重工业	9.89
其中：国有企业	−25.49
集体企业	22.85
股份制企业	12.9
其中：国有控股企业	20.94
其中：煤炭开采和洗选业	11.29
酒的制造业	38.45
炼焦加工业	−6.15
化学原料和化学制品制造业	34.7
黑色金属冶炼和压延加工业	15.61
有色金属冶炼和压延加工业	3.22
电力、热力生产和供应业	19.47

表5　2017年规模以上工业主要工业产品及其增长速度

产品名称	单位	产量	比上年增长(%)
原煤	万吨	10924.89	2.83
炼焦用洗精煤	万吨	7317.22	4.97
其他精煤	万吨	3198.55	−1.86
焦炭	万吨	1929.8	8.96
铁矿石原矿	万吨	2.05.1	−13.39
铁矿石产品矿	万吨	752.65	5.03
其中：精铁矿	万吨	528.8	6.53
铝土矿	万吨	813	34.01
饲料	万吨	81.55	15.14
饮料酒	千升	118670.27	39.39
其中：白酒	千升	114590.27	40.5
氢氧化铝	万吨	610.38	10.01
化肥	万吨	8.45	22.89
水泥	万吨	427.42	3.19
生铁	万吨	395.37	−2.73
钢材	万吨	287.38	6.4

氧化铝	万吨	1102.6	7.13
发电量	亿千瓦小时	183.46	17.61

表6 2017年规模以上工业企业利润总额及增长速度

单位：亿元

指标	利润总额	比上年增长%
规模以上工业	195.9	4460.8
其中：国有控股企业	62.9	417.4
其中：股份制企业	157.8	7869.2
外商及港澳台商投资企业	31.1	327.5

【能源】

2017年吕梁市一次能源生产折标准煤8306.9万吨，增长13.1%；二次能源生产折标准煤11646.6万吨，上升6.4%。

全年全市全社会用电总量166.6亿千瓦小时。其中，第一产业用电2.8亿千瓦小时，占全社会用电量的比重1.7%；第二产业用电132.1亿千瓦小时，占全社会用电量的比重79.3%，其中工业用电130.3亿千瓦小时；第三产业用电14.7亿千瓦小时，占全社会用电量的比重8.9%；城乡居民生活用电16.9亿千瓦小时，占全社会用电量的比重10.1%。

【固定资产投资】

2017年吕梁市固定资产投资（新口径）426.7亿元，同比增长6.2%。吕梁在固定资产投资（不含跨市、农户）中，国有及国有控股投资181亿元，同比增长22.2%；民间投资236.9亿元，同比下降5%。

分登记注册类型看，内资企业和个体经营投资416.4亿元，增长6.9%；外商及港澳台商企业投资10.3亿元，增长16.3%。

分产业看，第一产业投资31亿元，增长8.5%；第二产业投资229.7亿元，下降8.9%；第三产业投资166亿元，增长37%。

全市工业投资229.9亿元，下降8.8%。其中，煤炭工业投资29.9亿元，下降48.5%，非煤产业投资200亿元，增长3.1%；传统产业（煤炭、焦炭、冶金、电力）投资合计159.9亿元，增长2.6%，非传统产业投资合计70亿元，下降27.3%。

2017年吕梁市在建固定资产投资项目598个。其中，亿元以上项目192个，计划总投资158.9亿元，完成投资385.7亿元。

2017年房地产开发投资38.8亿元，下降45%。其中，住宅投资32.4亿元，下降39.8%；商业营业用房投资4.6亿元，52.7%。

表7 2017年分行业固定资产投资（不含跨市、农户）及其增长速度

单位：亿元

行业	投资额	比上年增长%
总计		
农林牧鱼业	31.0	8.5
采矿业	38.8	−46.5
制造业	116.5	4.3

电力、热力、燃气及水生产和供应业	74.7	28.9
建筑业	27.2	8
批发和零售业	2.4	−9.3
交通运输、仓储和邮政业	36.2	107.5
住宿和餐饮业	4.6	560.8
信息传输、软件和信息技术服务业	2.4	−24.3
金融业		
房地产业	50.9	−10.7
租赁和商务服务业	0.2	−20.9
科学研究和技术服务业	1.9	592.9
水利、环境和公共设施管理业	46.1	104.8
居民服务、修理和其他服务业	0.4	163.5
教育	505	26.0
卫生、社会工作	7.5	126.7
文化、体育和娱乐业	3.4	−37.7
公共管理、社会保障和社会组织	3.1	62.0

表 8　2017 年房地产开发和销售情况

指标	单位	绝对数	比上年增长（%）
投资完成额	亿元	38.82	−44.97
其中：住宅	亿元	32.38	−39.82
房屋施工面积	万平方米	714.12	−18.23
其中：住宅	万平方米	559.83	−14.94
房屋新开工面积	万平方米	120.99	−53.45
其中：住宅	万平方米	103.54	−48.08
房屋竣工面积	万平方米	62.94	−55.60
其中：住宅	万平方米	53.26	−51.17
商品房销售面积	万平方米	64.61	−27.50
其中：住宅	万平方米	58.84	−27.94

【国内贸易】

2017 年吕梁市社会消费品零售总额 461.6 亿元，增长 6.4%。按经营地统计，城镇消费品零售额 355.4 亿元，增长 6.6%；乡村消费品零售额 106.2 亿元，增长 5.7%。按消费形态统计，商品零售额 404.8 亿元，增长 6.4%；餐饮收入 56.8 亿元，增长 6.3%。

全年全市限额以上社会消费品零售额 80 亿元，增长 2.8%。限额以上行业中，批发业 1.3 亿元，增长 31.3%；零售业 74.6 亿元，增长 3.8%；住宿业 0.6 万元，增长 33.6%；餐饮业 3.6 亿元，下降 21.8%。

表 9 2017 年社会消费品零售额总额及其增长速度

指标	绝对数（亿元）	比上年增长（%）
社会消费品零售总额	461.6	6.4
分地域：城镇	355.4	6.6
其中：城区	225.8	6.7
乡村	106.2	5.7
分行业、批发业	28.0	7.9
零售业	376.1	6.4
住宿业	8.3	9.0
餐饮业	49.2	6.3

表 10 2017 年限额以上批发零售业零售额及其增长速度

指标	绝对数（万美元）	比上年增长（%）
汽车类	15.2	−2.4
石油及制品类	25.5	−1.2
金银珠宝类	1.6	5.3
家用电器和音响器材类	2.9	−23.4
通讯器材类	0.2	30.0
粮油、食品类	5.0	10.5
服装、鞋帽、针纺织品类	5.3	6.3
化妆品类	0.65	16.8
烟酒类	5.4	−5.6

【对外经济】

2017 年吕梁市海关进出口总额 2.5 亿美元，下降 12.8%。其中，进口额 0.7 亿美元，下降 44.2%；出口额 1.8 亿美元，增长 12.9%。

全年出口钢材 0.8 万吨，下降 60.6%。出口机电产品 0.16 亿美元，下降 59.3%；出口高新技术产品 0.13 亿美元，下降 56.9%。

全年进口机电产品 0.03 亿美元，下降 86.7%

表 11 2017 年海关进出口总额及其增长速度

指标	绝对数（万美元）	比上年增长（%）
进出口总额	25307	−12.8
出口额	18019	12.9
其中：一般贸易	17405	11.1
加工贸易	612	114.7

其中：机电产品	1574	−59.3
高新技术产品	1321	−56.9
其中外商投资企业		
进口额	7289	−44.2
其中：一般贸易	7273	−44.2
加工贸易	15	−33.0
其中：机电产品	318	−86.7
高新技术产品	188	−90.4

表 12 2017 年与吕梁有贸易往来的主要国家和地区进出口情况

国家和地区	出口额（万美元）	比上年增长(%)	进口额（万美元）	比上年增长(%)
中国香港	67	−13.6	0	
中国台湾	153	21.7	1	−45.6
印度	694	−74.2	0	
澳大利亚	1151	73.4	309	95.8
美国	420	−22.2	120	−82.0
巴西	118	−40.6	1067	−11.3
日本	802	66.5	81	
韩国	472	10.9	0	
德国	308	−23.4	0	
荷兰	492	−66.0	0	

【交通、邮电和旅游】

2017 年吕梁市民航旅客运输量 27.6 万人，同比增长 29%；货物运输量 4.3 万吨，同比增长 111.2%。

2017 年年末，全市民用汽车保有量 35.3 万辆（包括三轮汽车和低速货车 2674 辆），比上年末增长 10.4%；其中，私人汽车 31.1 万辆，增长 9.9%。本年新注册汽车 4.3 万辆，增长 27.4%。年末轿车保有量 22.3 万辆，增长 10.1%；其中私人轿车 21 万辆，增长 10.6%。

全年全市邮政企业和快递服务企业业务总量 5 亿元，增长 34.1%。其中，邮政业务总量 2.7 亿元，增长 21.8%。

全市快递服务企业业务量 1129.1 万件，增长 40.4%；业务收入 1.5 亿元，增长 46.2%。其中，同城业务量 248.9 万件，增长 111.9%；异地业务量 879.9 万件，同比增长 28.2%；国际/港澳台业务量累计完成 0.35 万件，同比增长 178.4%。

全年全市商业住宿设施接待入境过夜游客 0.6 万人次，接待国内旅游者 4569.9 万人次，分别增长 7.25% 和 32.7%；旅游外汇收入 227.4 万美元，增长 6.3%；国内旅游收入 389.1 亿元，增长 32.9%；旅游总收入 389.2 亿元，增长 32.9%。

表 13 2017 年末民用汽车保有量及其增长速度

单位：万辆

指标	保有量	比上年增长（%）
民用汽车	35.3	10.4
私人汽车	31.1	9.9
本年新注册汽车	4.3	27.4
轿车	22.3	10.1
私人轿车	21.0	10.6

【金融】

2017 年年末，全市金融机构本外币各项存款余额 2018.6 亿元，比年初增加 207.5 亿元，比年初增长 11.5%。各项贷款余额 1035.8 亿元，比年初增加 84.9 亿元，比年初增长 8.9%。

全年全市保费收入 49 亿元，增长 13.4%。其中，财产险保费收入 11.2 亿元，增长 4.7%；寿险保费收入 37 亿元，增长 17.5%；意外险保费收入 7713.4 万元，增长 12%；健康险保费收入 6.6 亿元，增长 8.2%。

表 14　2017 年年末金融机构本外币存贷款及其增长速度

指标	年末数（亿元）	比年初增加（亿元）
各项存款余额	2018.6	207.5
其中：住户存款	1446.6	117.4
非金融企业存款	332.9	70.3
各项贷款余额	1035.8	84.9
其中：短期贷款	172.2	26.4
中长期贷款	107.1	18.0
其中：非金融企业及机关团体贷款	756.5	40.5

【教育和科学技术】

2017 年年末，全市共有幼儿园 727 所，增加 17 所；小学 575 所，减少 1 所；普通初中 247 所，增加 3 所；普通高中 41 所，减少 3 所；中等职业学校 19 所；普通高等学校 1 所。全市学前三年毛入园率 92.63%，小学学龄儿童净入学率 98.95%，高中阶段毛入学率 95.1%。

全年全市新设立外商直接投资企业 5 家；按全口径统计实际使用外商直接投资金额 0.12 亿美元。

全市 5 个经济开发区（包括高新区）入区企业 419 家，其中 500 强投资企业 4 家。区内税收收入 51.6 亿元，增长 38%；企业主营业务收入 760.9 亿元，增长 44%。

全年全市专利申请量与授权量分别为 749 件和 422 件，分别增长 15.6% 和 3.7%；其中发明专利申请量 179 件，增长 55.6%。全年新登记科技成果 1 项。市级企业技术中心 10 家。按照国家高新技术企业认定办法，年末累计高新技术企业 26 家。

2017 年年末，全市共有市、县产品质量监督检验和计量检定技术机构 36 个。监督抽查了 291 家企业 5 类 6 种 348 批次的产品和商品。全年完成强制检定计量器具55767台件。

全市有气象台站14个，全市开展电话天气自动答询的台站1个。全市气象系统开展人工影响天气业务的单位13个，防雹、增雨累计受益面积6280平方公里，增雨量0.4亿立方米。全市卫星云图接收站1个。

全市有专业综合地震台站2个，市级地震台网中心1个。全年最大震级M2.7级。

表15 2017年各类教育发展情况

指标	招生(人)	比上年增减(人)	在校生(人)	比上年增减(人)	毕业生(人)	比上年增减(人)
初中	40849	-668	120114	106	41613	-3980
小学	46135	684	270368	4788	42408	-897
特殊教育	258	61	1410	345	94	39
学前教育	64215	6108	133938	4482	46350	-1918

【文化、卫生和体育】

2017年年末，吕梁市共有文化馆14个，文化站162个（其中，乡镇综合文化站148个），农村文化活动场所3118个。全市共有专业艺术表演团体11个，公共图书馆14个。全年全市报纸出版1种（不含高校校报）、3万份。全市共有广播电视台21座，电视台4座，调频、电视转播发射台13座，一百瓦以上调频、电视转播发射台7座。广播人口覆盖率95.58%，电视人口覆盖率93.02%，有线电视用户26.4万户。

2017年年末，全市共有卫生机构（含诊所、村卫生室）4691个，床位1.3万张。卫生防疫、防治机构14个，妇幼保健院（所、站）14个。全市卫生机构共有卫生技术人员1.6万人；卫生院卫生技术员3183人，社区卫生服务中心（站）卫生技术人员775人，其中农村乡镇卫生院3006人；防疫、防治卫生技术员332人，妇幼保健（所、站）卫生技术人员648人。全市13个县（市、区）开展了新型农村合作医疗工作，有271.41万农民参加了合作医疗。

全年全市有体育场7个，体育馆4个。全年吕梁市运动员在国内外重大比赛中获金、银、铜牌分别为29枚、21枚和31枚（包括非奥运项目比赛）。全市销售中国体育彩票3.36亿元，增长54.8%。

【人民生活和社会保障】

2017年居民人均可支配收入15554元，增长7.8%。按常住地分，城镇居民人均可支配收入25704元，增长6.3%；农村居民人均可支配收入8232元，增长7.7%。城镇占调查总户数20%的低收入家庭人均可支配收入8392元，增长8.4%；农村占人口20%的低收入者收入2846元，增长15%。

2017年年末，参加城镇职工基本养老保险39.3万人，增加3.12万人；参加城乡居民社会养老保险187.14万人，增加2.45万人；参加城镇基本医疗保险78.57万人，减少5.8万人；参加失业保险31.95万人，减少0.18万人；参加工伤保险37.89万人，减少0.13万人；参加生育保险33.6万人，基本与上年持平。

全年得到城市最低生活保障救济人数4.5万人，全年共发放城市最低保障资金1.88亿元。2.03万人纳入农村特困，250人纳入城市特困。

2017年年末，全市城镇有各种社区服务设施219个，其中综合性社区服务中心219个，各类收养性单位床位数3829张，收养人数1593人，国家抚恤、补助各类优抚对象2.01万人。

全年销售福利彩票3.28亿元，筹集社会福利资金1.18亿元，接受社会捐赠款650万元。

【脱贫攻坚、环境和安全生产】

全市推进“春季行动”“夏季攻势”“秋季会战”“冬季对标”行动，2017年445个贫困村退出，14.8万贫困人口减贫，3个非贫困县整体退出，2个贫困县摘帽。

按《环境空气质量指数（AQI）技术规定（试行）（HJ633–2012）》评价，市区优良天气数达到246天，比上年减少41天，全省排名第二；环境空气质量综合指数7.04，全省排名第五。

全市未发生重大以上事故，安全生产形势总体平稳。

（吕梁市统计局）

中国共产党吕梁市委员会

综述

【学习贯彻习近平新时代中国特色社会主义思想】

2017年，吕梁市委把学习贯彻习近平新时代中国特色社会主义思想作为根本任务，持续部署推动，不断引向深入。年初，市委明确提出“六新目标”，首要目标就是把全市学用系列重要讲话提高到新境界，对学习贯彻系列重要讲话精神作出专门部署，学思结合求真懂，学用结合谋发展，开辟吕梁发展新境界。习近平总书记视察山西后，市委兴起学习贯彻习总书记视察山西重要讲话精神的热潮，重要会议传达学、中心组带头学、组织宣讲覆盖学、舆论宣传营造氛围学，形成全社会学用习总书记重要讲话的浓厚氛围。市委四届三次全会，深刻领会习总书记对山西工作提出的总体要求及五项重大任务，出台贯彻落实实施方案，开展学用讲话交流研讨，把学用成效转化为推动工作的实效。

【学习党的十九大精神】

党的十九大召开后，吕梁市委把学习宣传贯彻党的十九大精神作为首要政治任务，下发《关于学习宣传贯彻党的十九大精神的通知》，制定市委中心组专题学习、组织宣讲、干部研讨培训大调研、脱贫攻坚“冬季对标”、贯彻国发42号文件实施方案等若干方案，建立起“1+N”学习贯彻落实体系，切实在学懂、弄通、做实上见成效。市委常委会以上率下，原原本本学报告、学党章、学思想，把握内涵，融会贯通。全市全面开展大学习、大宣讲、大培训、大调研，举办五期市管干部专题研讨班，980名市管干部参加培训；组建380多个宣讲团分赴各行各业开展宣讲2.05万场次，进农村万人万场宣讲深入开展，受教育党员群众186.47万人次。市级领导带头开展宣讲、带头开展大调研、带头包联驻村落实“冬季对标”等各项工作，推动全市形成了学习宣传贯彻党的十九大精神的大氛围、大格局，确保党的十九大精神在吕梁落地生根、开花结果。

【脱贫攻坚】

2017年吕梁市委坚持以脱贫攻坚统揽经济社会发展全局，认真贯彻落实习总书记在深度贫困地区脱贫攻坚座谈会上的重要讲话精神，出台工作方案，全力实施“三五工程”，攻坚深度贫困。围绕“445个贫困村退出，14.8万贫困人口减贫，文水、汾阳、孝义3个非贫困县整体退出，中阳、柳林2个贫困县摘帽”的目标，压茬推进“春季行动”“夏季攻势”“秋季会战”“冬季对标”行动，确保再战再胜。合作社造林、易地扶贫搬迁、财政涉农资金整合、风险补偿产业扶贫贷款“吕梁模式”“吕梁山护工”等工作走在全国、全省前列。

压实主体责任。市委常委会先后11次、领导小组8次召开推进会7次部署推进脱贫攻坚工作。严格四级书记抓脱贫政治责任，“双签”责任状3216份。市委组建4个脱贫攻坚督查组，开展专项督查。先后约谈8个贫困县县委书记，省考核排名靠后的2个县县委书记大会表态，4个县县委书记就问题整改向市委常委会专题汇报；县市约谈乡镇书记15名，免职乡镇书记5名；对驻村帮扶不力的17个单位和10名第一书记进行通报批评，对扶贫领域工作不力的70名党员领导干部进行问责，推动责任落实。

发动战役攻势。春节后上班第一天，市委部署开展以万名干部进村入户在一线发现问题、解决问题和春季植树造林为主要内容的脱贫攻坚“春季行动”，随后又组织以着力破解六个难题(产业扶贫不够精准、易地扶贫搬迁力度不大、生态建设与脱贫攻坚结合不紧、转移就业扶贫不足、特殊群体致贫返贫脱贫攻坚投入不足等问题)、开展三个专项行动、补齐三个薄弱环节为主要内容的“夏季攻势”，打响以“三五工程”(突出生态建设、易地搬迁、特色产业、光伏扶贫、转移就业“五大重点”，补齐健康扶贫、教育扶贫、兜底扶贫、公共设施、区域发展“五个短板”，强化基层党建、社会帮扶、资金投入、内生动力、责任落实“五个保障”)为重点的“秋季会战”，开展以思想对标、工作对标、成效对标、能力对标为主要内容“冬季对标”，一拍接一拍、一环扣一环，不断强基础、补短板，稳扎稳打、有序推进，确保脱贫攻坚再战再胜。省委脱贫攻坚第一督导组高度评价吕梁“四大战役”：体现出大思路谋划、大动作推进、大力度提升、大气候营造、大步伐跨越的“吕梁态势”。

做足脱贫成色。产业扶贫，全市98%以上贫困村实现“五有”目标，全省产业扶贫观摩培训会在吕梁市召开。生态脱贫，全市造林105.78万亩，956个合作社通过议标承担造林任务96.3万亩，涉及贫困社员19648人，人均可增收6000元。贫困户护林员达4896名，2.1万贫困人口实现生态脱贫，合作社造林做法全国推广。移民搬迁，完成2016年2.8万人搬迁任务；2017年启动实施4.5万人的搬迁工程，是省下任务的1.7倍。转移就业，全年培训“吕梁山护工”7期1.29万人，就业6924人，人均月收入400元以上，中央电视台《朝闻天下》栏目连续8期进行报道，“吕梁山护工”品牌更加响亮。双管齐下增加扶贫投入，财政专项扶贫投入14.2亿元、增长109%，居全省前列；金融扶贫落实扶贫小额贷款16.7亿元，是2016年的4倍多，3.3万贫困户受益；建立了50%新增财力集中用于攻坚深度贫困、5亿元奖补资金专项用于深度贫困项目、5个融资平台撬动社会资本合力的“三个五”攻坚深度贫困财政投入机制。构建多重防线，出台教育、健康社保等一系列扶贫政策，化解“支出型贫困”问题。

凝聚帮扶合力。33位市级领导带头包联10个贫困县33个贫困村103户贫困户。1806名第一书记、1601支扶贫工作队5359名工作队员驻村帮扶，实现贫困村帮扶全覆盖，国定贫困县市级以上派驻第一书记比重达64.7%。孝义、汾阳、文水三个非贫县共派出173名干部、投资6850余万元，帮扶临县、石楼、岚县三个深度贫困县。242户效益好的规上企业帮扶372个贫困村，组织开展“爱心慈善捐助”公益活动，共接受捐款3606万元。

抓党建促脱贫。加强农村两委班子建设，整顿农村软弱涣散组织427个。取消50名不能正常履职村党组织书记的资格，吸引农村本土人才回归656名，有451名进入班子、144名当选为村党组织书记，农村“两委”换届，1月底前全面完成。开展扶贫领域不正之风和腐败问题专项治理，严肃查处扶贫领域违纪案件279件，党纪政务处分385人，其中，重处分70人，处理村两委主干252人。从严管理“三支队伍”。专门出台管理考核、培训、保障等7个配套文件67项措施。对983名第一书记进行调整轮换。坚持扶贫与扶志、扶智相结合，开办乡村农民夜校，开展思想政治教育、技能培训，激发群众脱贫的内生动力。

【经济转型发展】

2017年，吕梁市地区生产总值完成1310.30亿元，增长9.20%。规模以上工业增加值完成878.40亿元，增长11.30%；公共预算收入138.80亿元，增长54.90%；企业利润总额实现195.90亿元，增长44.60倍。固定资产投资增长6.20%，社会消费品零售总额增长6.40%。城镇居民人均可支配收入达25704元，增长6.30%；农村居民人均可支配收入达8232元，增长7.70%。

传统产业改造提升加快。煤炭业，在上年核减煤炭产能1100万吨基础上，2017年又核减置换产能414.6万吨。通过技改，全市6%的煤矿成为先进产能矿井。孝义、交城等一批焦转化项目成为行业示范项目。1-11月，全市煤炭工业增加值完成404.4亿元，增长12.9%；规模以上工业企业利润由上年亏损8.9亿元转为盈利1665亿元。白酒业，成功举办全国清香型白酒博览会，白酒产量增长40.86%，实现增加值52.6亿元，增长34.4%。在上海国际酒交会上，吕梁入选“世界十大烈酒产区”。

新兴产业发展势头强劲。旅游业，先后启动“乘汾酒号列车，赏吕梁山风光”“吕梁——一个令人向往的地方”旅游季活动，全市旅游接待人数和旅游总收入实现双增长，旅游总收入达389.24亿元，增长32.89%，高于省下达任务7.89个百分点，增速全省第二。在2017亚洲旅游产业年会上，吕梁获“最受欢迎旅游目的地”奖。大数据产业，举办“数谷吕梁·智赢未来”推介会，4位院士以及浪潮华为等近100家知名大数据企业参会，签约12个项目总投资60亿元，华为、软通、中交智慧等项目纷纷落地吕梁。煤电铝材一体化，兴县中铝华润50万吨轻合金项目基本建成，成为全省最大的铝工业项目。新能源产业，建成风电项目4个，总容量19.2万千瓦，建成光伏电站93个总容量17.5万千瓦。引进总投资120亿元的汉能集团移动能源项目，技术国际领先，开展一期工程。1-11月，全市非煤工业增加值389亿元，占规模以上工业增加值的49%；战略性新兴产业增长15.5%；高新技术产业增长14%。

环保整改倒逼经济转型成效凸显。开展工业污染源治理、燃煤污染控制等“八大攻坚战”，投资近100亿元推进50项重点环保工程建设，投资10亿元推进吕梁市区集中供热工程，新增供热面积900万平方米，累计达到200万平方米，完成集中供热、煤改气、煤改电用户12.24万户，吕梁市区集中供热基本实现全覆盖，其余12县市城区集中供热覆盖面达到90%以上。实施“人防、技防、联防”综合监管，“四个一批”和“四不两直”监管执法常态化，市区重点污染源实现实时监控，离石及周边县实行一体化联防控污。狠抓中央和省环保督察问题的整改，17位市级领导带头领办34项整改事项，解决孝义焦化园区焦炉煤气“点天灯”等一批突出问题。全市整改环境问题1856个，取缔“散乱污”企业310户，关停淘汰企业78户，停产整改企业57户，立案处罚516户，推动企业转型发展。吕梁市区全年优良天数246天，全省排名第二。

【深化改革推进】

2017年，吕梁市委坚持“四个亲自”和“三个三”工作法，市委10次召开改革领导组会议，持续推动落实6个方面48项244

小项具体改革事项，一批事关全局的重大改革取得新突破。

开发区改革创新。重新整合布局10个专业性开发区，其中5个获省批复。交口、岚县、吕梁市开发区通过省级论证。1-11月，全市开发区入区企业数达414个，经营收入659亿元。

金融领域改革。以市场化、法治化方式推进联盛集团破产重整，成功化解重大金融风险。率先在全省建立PPP项目储备、签约、在建、运营四库，先后五批发布7大类280个项目，总投资达1800亿元，有14个项目开工建设，落地投资425亿元，受到了国务院通报表扬。

电力体制改革。局域电网改革试点方案获省批复，成为全省、全国首个获批的局域电网，68户企业实现电力直接交易，节约成本1.5亿元。国发42号文件明确提出推进吕梁等地增量配电业务试点，将吕梁市电力体制改革上升为国家战略。

国有企业改革。出台《关于深化国企国资改革的指导意见》及三个配套文件，推动18户企业制定试点改革方案，汾酒集团与中汾酒业合作取得重大进展，离柳集团债转股全面启动，吕梁中药厂股权多元化改革深入推进。

人才管理体制改革。实施“百千万人才工程”，与北航、北理工等签订战略合作协议，聘请43名院士专家为吕梁转型发展顾问，建立博士后工作站、技术研发平台等12个。支持吕梁学院享受开发区政策，引进12名博士以上高端人才。

切实加大招商引资力度。1-11月，全市招商引资签约项目191个，签约总额1642亿元；新注册企业6042户，同比增长57.6%。

【民主政治建设】

2017年，吕梁市委坚持党的领导、人民当家做主的有机统一，坚定不移地走中国特色社会主义民主政治发展道路。

推进民主政治建设。支持市人大及其常委会依法履行职责，市人大常委会制定《吕梁市非物质文化遗产保护条例》《吕梁市碛口古镇保护条例》《吕梁市扬尘污染防治条例》3件地方性法规。市县人大组织建设加强，人民代表作用进一步发挥。支持政协组织创新履职方式，出台《加强人民政协协商民主建设的实施意见》，市政协围绕精准扶贫、转型发展、保障改善民生等进行协商议政和专题调研，形成一批有决策参考价值的重要成果。深入推进群团改革，出台《群团工作改革实施方案》，市工会、团市委按期换届，市妇联领导班子建设得到加强。推进统战委员设置全覆盖。举办各类党外人士培训班20余期，培训2000余人次，巩固统战成员的政治共识。

推进依法治市。健全完善依法治理机制，市县乡三级党委政府全部聘请法律顾问，为党委政府重大决策提供法律服务和智力支持。推进司法责任制改革，法检两院全面推行司法责任制、人员分类管理、内设机构和人员工作津贴等项改革，法检两院办案质量和效率明显提高。开展“看吕梁、讲法治、话平安，喜迎十九大”集中宣传及法治进农村（社区）、进企业、进学校、进机关等活动，在各领域、各行业、各层面选树十个法治创建示范单位，全社会遵法守法氛围日益浓厚。开展“执行大会战”，解决“执行难”问题，市县两级法院共受理执行案件1.1万件，结案9922件，结案率89.86%，执行到位标的5.94亿元。

加强国防后备力量建设。专门召开议军会议和全市双拥工作协调推进会，研究解决驻吕部队的实际问题，支持推动驻吕部队改革和现代化建设。继续深化与国防科技大学的战略合作，推进军民融合发展。

【社会事业发展】

2017年，吕梁市委落实以人民为中心的发展思想，持续加大民生投入，民生短板加快补齐。1-11月，全市民生支出218亿元，占预算支出的82%。义务教育学校管理标准、县乡医疗卫生机构一体化、县级公立医院改革、贫困户住院患者先诊疗后付费"一站式结算"服务等工作走在全国、全省前列。

促进就业创业。完善职业技能培训体系,多渠道增加就业岗位。全市城镇新增就业4.2万人、农村劳动力转移就业2.8万人,城镇登记失业率2.7%。

推进基本公共服务体系建设。教育方面,新建、改扩建城乡幼儿园793所,幼儿毛入园率达到97%。与省教育厅签署《合作协议》,410名省内高校大学生到农村中小学开展顶岗支教,推进教育发展水平的提升。医疗事业,县级公立医院改革实现全覆盖,药品实现"零差率"销售。出台《深入推进县乡医疗卫生机构一体化改革的实施意见》,推进医疗、医保医药"三医联动",央视报道孝义、岚县、交口做法。总投资17亿元的市区综合医疗卫生园区加快推进。社会保障,全市城乡居民基本养老、基本医疗保险参保人数分别达185万人、315万人社会保障水平不断提高。

推进特色城镇化建设。开展"五城联创""十大特色镇"创建和"百村示范、千村整治"工作。孝义市入选全国文明城市。出台《农村建设导则》,推进美丽乡村建设,打造汾阳杏花、离石信义、临县碛口等一批美丽乡村建设示范点。

丰富群众精神文化生活。启动市群众艺术馆暨文化广场项目建设,148个乡镇文化站实现全覆盖,建成1800个村级文化服务中心。组织开展"助力脱贫攻坚·百日百场巡演"等文化活动,凝聚群众精气神。开展"传承好家风、争当文明户"活动,全市共评选表彰1.96万户农村"文明户",引领农村社会风尚。

加强意识形态工作。把意识形态工作纳入党建和目标责任考核,实行县市区委书记意识形态工作述职制度。开展"砥砺奋进的五年""十九大精神解读"、弘扬吕梁精神等重大主题宣传。文艺精品《吕梁汉子》在中央电视台播出,舞台剧《吕梁英雄传》在全国巡演,中央和省主流媒体对吕梁市正面报道大幅增加,《人民日报》、新华社、央视、人民网、新华网、《山西日报》、省电视台等主流媒体刊发、播发稿件886条,其中中央主流媒体刊发281条,全省第三,树立吕梁对外良好形象。有效管控网络舆情,网信工作在全省排名上升到一类。建立农村宣传员制度,选聘宣传员3226名,实现农村宣传教育常态化。

维护社会和谐稳定。持续开展安全生产专项治理,1-11月,全市各类安全生产事故同比减少56起、下降22.2%。以党的十九大安保维稳为抓手,持续推进以打黑除恶为重点的"三大战役",加快"雪亮工程""天眼工程"建设,全市刑事、治安案件发案同比下降22.2%、13.3%,提高人民群众的安全感和满意度。围绕"三到位一处理"总体要求,建立市级领导定期信访接访制度,14名市级领导接访52批次,加大对涉军、社保、城建等14个重点领域信访问题专项治理力度,信访形势平稳可控,赴省非正常集体访人次同比下降35.7%。

【从严治党】

2017年,吕梁市委以"永远在路上"的决心,推进全面从严治党向纵深发展,"三基建设"等工作走在全省前列。

扛起主体责任。市委常委会21次研究部署全面从严治党工作,推行县市区委书记抓党建问题清单制度,对"两个责任"落实不力的3个党组织129名党员领导干部进行责任追究,其中党政一把手问责9人。推进"两学一做"学习教育和主题教育。落实"8+5"重点任务。建立常态化的学习教育制度,开展"维护核心、见诸行动"主题教育。

坚持典型示范，培育省级示范点11个，市级示范点133个。出台加强党内政治文化建设的19条意见，命名11处红色遗址为首批党员干部教育基地，提升广大党员干部信念意识党章党规意识。开展巡视巡察整改“回头看”。市委常委会带头开展“六个对照”自查，从13个方面查找出49个具体问题，县处级党组织查摆出各类问题264个，整改率达到94.9%。

坚持正风反腐。全市共立案2080件，处分2031人，移送司法机关43人；查处违反中央八项规定精神和“四风”问题105件，处分148人。出台《关于进一步贯彻落实中央八项规定精神实施细则》，健全改进作风长效机制。实践“四种形态”，实行县级以上领导干部“廉政谈话簿”制度。推进市县巡察工作，发现整改一批问题。对5名不称职的正处级党政领导干部、2名监督不力的纪检组组长予以免职。监察体制改革试点的制度优势正转化为治理效能，6省26市学习吕梁试点经验。

加强“三基建设”。坚持早行动、早部署，2016年12月派出2名常委考察学习青海经验并开始试点，2017年4月全面部署。加大财政投入，全市共投入5.4亿元，是过去6年的总和，乡镇党校和“五小”设施基本实现全覆盖，新改扩建村级组织活动场所778个。乡村运转经费高于省定标准。加大村集体经济破零，集体经济收益村占比由年初48.5%增长到89.6%。开展对农村“两委”主干及成员、第一书记的大培训，培训基层干部2.8万名。探索社区大党委制，组建58个。推行“一目录三手册”，推进标准化建设。市县两级全部成立非公和社会组织工委，非公经济组织和社会组织党组织覆盖率分别达88.3%、74.8%，比上年分别提高27和42个百分点。

加强常委会班子自身建设。坚持理论学习不放松，全年市委中心组学习15次，把握正确政治方向，树立“四个意识”，落实党中央、省委决策部署。健全完善常委会工作机制，坚持民主集中制，增强常委班子政治性、凝聚力、战斗力。以钉钉子精神抓工作推进落实，统筹谋划部署脱贫攻坚四大战役，转型发展两个旅游季活动以及大数据推介会、白酒博览会、铝系洽谈会等系列重大活动，压茬召开“三基建设”3个现场推进会，形成抓“三件大事”持续推动一拍接一拍抓落实的工作态势。常委会带头严格民主生活会，主动接受监督，成员之间坦诚相处，相互配合，团结干事；坚持严于律己、清正廉洁，做到“三严三实”，为全市各级党组织和广大党员干部作出表率。

营造干事创业良好氛围。树立正确选人用人导向，严格“九查”甄别，坚持在基层一线培养选拔干部，2017年新选拔任用市管干部379名，基层一线选拔干部141名。改进干部作风，优化发展环境，建立干部干事创业激励机制，全市干事创业氛围更加浓厚。

（市委办公厅）

重要会议

【中共吕梁市委四届二次全体会议暨经济工作会议】

2017年1月9日，中共吕梁市委四届二次全体会议暨经济工作会议召开。会议由市委常委会主持。市委书记李正印在讲话中全面总结2016年全市经济工作，分析面临的经济形势，提出2017年经济工作总体要求、主要目标和重大任务。市委副书记、市长王立伟对2017年经济工作作了具体部署。会议还就贯彻落实中央经济工作会议和省委十一届二次全会暨经济工作会议精神，对科技创新、卫生与健康、国有企业党建、高校思想政治工作四个方面的工作作出安排。1月10日，市委四届二次全会暨经济工作会议举行第二次全体会议。会议由市委常委会主持。会议认真贯彻中央经济工作会议和省委十一届二次全会暨经济工作会议精神，听取李正印受市委常委会委托作的四届市委常委会简要工作报告，审议通过《四届市委全会工作规则》，表决通过《吕梁市推荐提名山西省出席党的十九大代表候选人初步人选建议名单》。李正印就做好2017年工作提出具体要求。市委副书记、市长王立伟，市委副书记雷建国，市委常委张广勇、常书铭、张稳科、张选、秦书义、李小明，市委委员、候补委员出席会议。

【市委常委会召开会议】

2017年1月24日，李正印主持召开市委常委会议，听取市人大常委会党组、市政府党组、市政协党组、市法院党组、市检察院党组工作情况汇报，研究讨论《关于在全市农村开展“传承好家风，争做文明户”创建活动实施方案》和《法制吕梁建设重要举措工作规划》。市委领导王立伟、雷建国、张广勇、张敬平、常书铭、张稳科、秦书义、李小明出席会议。市人大常委会主任郝月生，市政协副主席、秘书长闫广聪，市中级人民法院代院长杨泽民，市检察院检察长宁建新列席会议。

2017年2月9日，市委书记李正印主持召开市委常委会，传达省纪委十一届二次全会、全省组织部长会议、全省宣传部长会议、全省统战部长会议、全省政法工作会议等会议精神，研究贯彻落实的具体意见。会议还汇报市纪委四届二次全会筹备情况，讨论《关于吕梁市2016年全市和市本级预算执行情况及2017年全市和市本级预算草案的报告》等事宜。市委领导王立伟、雷建国、常书铭、张稳科、竟晖、秦书义、李小明出席会议。

2017年2月20日，市委常委会召开会议，研究市三届人大三次会议、市政协三届三次会议有关事项。市委书记李正印主持会议。市委领导王立伟、雷建国、张广勇、常书铭、张敬平、张稳科、秦书义、李小明出席会议，市人大常委会主任郝月生、市人大常委会副主任孙晋军、市政协副主席李真列席会议。会议研究了市三届人大三次会议、市政协三届三次会议有关事项，讨论了提交市三届人大三次会议上审议的《政府工作报告(征求意见稿)》和《关于2016年国民经济和社会发展计划执行情况与2017年国民经济和社会发展计划(草案)的报告》。

2017年4月6日，市委书记李正印主持召开市委常委会议暨全面深化改革领导小组会议。市委领导王立伟、雷建国、张广勇、张敬平、常书铭、张稳科、张选、李小明、郭震威出席会议。市人大常委会主任郝月生，副市长李建国、杨巨才、李安林，市政府分管领导李月勤，市政府秘书长梁斌列席2017年4月26日，市委书记李正印主持召开市委常委会议。市委领导王立伟、雷建国、张广勇、常书铭、张稳科、秦书义、李小明出席会议。市人大常委会主任郝月生、副市长杨巨才、市政府秘书长梁斌等列席会议。会议学习传达省委书记骆惠宁、省长楼阳生在全省“践行总书记讲话、深化脱贫攻坚”现场推进会上的讲话精神，研究贯彻落实意见。传达《关于2016年市级党委政府和贫困县党委政府脱贫工作成效考核情况通报》；听取交口、中阳、方山、柳林、离石五县(区)脱贫攻坚工作情况汇报；讨论全市脱贫攻坚“春季行动”工作总结暨“夏季攻势”工作方案。会议学习传达骆惠宁在省委常委会议上分析一季度经济时的讲话精神，对吕梁市一季度经济形势进行分析，研究部署下一步经济工作。

2017年5月9日，市委书记李正印主持召开市委常委会议，传达学习全省“两学一做”学习教育常态化制度化、维护核心见诸行动主题教育推进会议精神；研究讨论《中共吕梁市委关于推进“两学一做”学习教育常态化制度化、开展维护核心见诸行动主题教育的实施方案》，就全市推进“两学一做”学习教育常态化制度化、开展维护核心见诸行动主题教育提出要求；研究讨论《吕梁市健全落实社会治安综合治理领导责任制若干规定》。市委领导王立伟、雷建国、张敬平、常书铭、张稳科、张选、秦书义、李小明出席会议。市人大常委会主任郝月生、市政府秘书长梁斌等列席会议。

2017 年 6 月 9 日，市委书记李正印主持召开市委常委会议。市领导王立伟、雷建国、张广勇、常书铭、张稳科、秦书义、李小明出席会议。市政府秘书长梁斌列席会议。会议传达学习了省委全面加强“三基建设”推进会议精神，省委深入开展巡视整改自行“回头看”工作推进会议精神，研究吕梁市贯彻落实意见；研究进一步加强吕梁市 2017 年度目标责任考核工作的措施等。会议还研究了其他事项。

2017 年 7 月 5 日，市委书记李正印主持召开市委常委会议。市委领导王立伟、张广勇、张敬平、常书铭、张稳科、秦书义、李小明、郭震威出席会议。市人大常委会主任郝月生，副市长李建国、杨巨才，市政府秘书长梁斌列席会议。会议传达学习全省干部大会精神，研究贯彻落实意见；研究讨论《市委常委会推进“两学一做”学习教育常态化制度化、开展维护核心见诸行动主题教育活动“五个对照”回头看整改清单》；听取市委、市人大常委会党组、市政府党组、市政协党组落实党风廉政建设主体责任进展情况；学习晋巡办发〔2017〕40 号《关于推动政治巡视向纵深发展的指导意见》的通知，研究全市贯彻落实意见；研究审定《吕梁市 2016 年度“五个好”乡镇党委、“五个好”村党组织和优秀村党组织书记表彰对象名单》；传达学习张春贤在山西调研农村基层党建工作座谈会议上的讲话精神，研究《中共吕梁市委党建工作领导小组工作要点》等。

2017 年 7 月 10 日，市委书记李正印主持召开市委常委会议，学习中共山西省委关于印发《山西省贯彻〈中国共产党问责条例〉实施办法（试行）》的通知（以下简称《实施办法》）和中共山西省委办公厅、山西省人民政府办公厅关于印发《山西省党政领导干部生态环境损害责任追究实施细则（试行）》的通知（以下简称《实施细则》）两个文件，研究贯彻落实意见。市委领导王立伟、雷建国、张广勇、张敬平、常书铭、张稳科、秦书义、李小明、郭震威出席会议。市人大常委会主任郝月生，市政府秘书长梁斌列席会议

2017 年 8 月 4 日，市委书记李正印主持召开市委常委会议，研究讨论《吕梁市贯彻落实中央环境保护督察组反馈意见整改方案》《吕梁市非物质文化遗产保护条例（草案）》；传达全省人才发展体制机制改革推进会议精神，研究吕梁市贯彻落实意见。市委领导王立伟、张广勇、张敬平、常书铭、张稳科、秦书义、李小明出席会议，市人大常委会主任郝月生列席会议。

2017 年 8 月 24 日，市委书记李正印主持召开市委常委会议。会议听取全市上半年党风廉政建设和反腐败工作情况的汇报，研究讨论《关于深化国企国资改革的指导意见(讨论稿)》《关于在深化国有企业改革中坚持党的领导加强党的建设的实施意见（讨论稿）》。市委领导王立伟、张敬平、常书铭、张稳科、秦书义、李建国、李小明、郭震威出席会议。市政府秘书长梁斌列席会议。

2017 年 9 月 8 日，市委书记李正印主持召开市委常委会议。听取中央环保督察涉及吕梁市有关问题责任认定意见的汇报，听取省环保督察组反馈意见

及吕梁市整改工作方案的汇报，研究讨论《中共吕梁市委关于加强党内政治文化建设的实施意见（讨论稿）》《中共吕梁市委、吕梁市人民政府关于进一步贯彻落实中央八项规定精神的实施细则（审议稿）》。市委领导王立伟、张广勇、张敬平、常书铭、张稳科、张选、秦书义、李建国、李小明出席会议。市人大常委会主任郝月生、市政府秘书长梁斌列席会议。

2017 年 9 月 15 日，市委书记李正印主持召开市委常委会议，传达学习省委第 41 次常委会议精神，听取全市经济转型发展情况汇报，研究讨论《吕梁市贯彻落实省环保督察组反馈意见具体问题整改措施清单》。市委领导王立伟、张广勇、常书铭、张稳科、李建国、李小明、郭震威出席会议。市人大常委会主任郝月生，副市长李俊平、杨巨才、尉文龙，市政府分管领导李月勤，市政府秘书长梁斌列席会议。

2017 年 9 月 29 日，市委书记李正印主持召开市委常委会议，传达省委“深入学习贯彻习总书记系列重要讲话精神和治国理政新理念新思想新战略”经验交流会议精神、全国和山西省政法系统有关会议精神、省委推进县乡人大建设会议精神，研究吕梁市贯彻落实意见；听取吕梁市市场监督管理体制改革工作汇报，安排部署落实省委修订的《关于进一步贯彻落实中央“八项规定”精神的实施办法》和吕梁市《实施细则》的意见。市委领导王立伟、张广勇、张敬平、常书铭、张稳科、秦书义、李建国、李小明、郭震威出席会议。市人大常委会主任郝月生，市政府秘书长梁斌列席会议。

2017 年 10 月 12 日，市委书记李正印主持召开市委常委会议。市委领导王立伟、张广勇、张敬平、常书铭、张稳科、秦书义、李建国、李小明、郭震威出席会议。市人大常委会主任郝月生，市人大常委会副主任郭卫民，市政府秘书长梁斌列席会议。会议讨论同意市人大常委会党组提交的《吕梁市扬尘污染防治条例(草案)》下称《条例》，建议按法定程序做好相关工作。会议指出，出台《条例》是吕梁市贯彻绿色发展理念，落实中央“五位一体”总体布局和“四个全面”战略布局的重大举措，对于推进吕梁市生态建设和环境保护具有重大意义，对于以法治方式治理吕梁市扬尘污染具有很强的针对性。各级各部门要切实做好《条例》出台后的宣传工作，为贯彻落实营造良好的舆论氛围，增强全社会贯彻落实《条例》的自觉性和主动性。会议研究讨论了市委、市政府贯彻落实《国务院关于支持山西省进一步深化改革促进资源型经济转型发展的意见》和省委的《行动计划》。会议指出，贯彻落实好《国务院关于支持山西省进一步深化改革促进资源型经济转型发展的意见》和山西省的《行动计划》，对于推进吕梁市深化改革、促进资源型经济转型发展具有十分重要的意义。各级各部门要进一步引深学习贯彻习近平总书记视察山西重要讲话精神，按照省委、省政府部署要求，紧密结合吕梁实际，坚持聚焦产业转型、突出生态优先、实施创新驱动、加快改革开放的原则，紧紧围绕建设资源型经济转型发展示范区和打造能源革命排头兵，突出工作重点，细化工作措施，切实把吕梁市落实《意见》的实施方案制定好，使方案成为指导吕梁市创新驱动、转型发展的重要文件。

【市委常委会召开常委（扩大）会议】

2017 年 3 月 2 日，市委常委会召开常委（扩大）会议，传达省委书记骆惠宁在省管干部学习贯彻十八届六中全会精神专题研讨班上的讲话精神和全省脱贫攻坚工作会议精神，研究《市管干部学习贯彻十八届六中全会精神专题研讨班工作方案》和全市脱贫工作会议筹备事宜。市委书记李正印主持，市领导王立伟、张敬平、常书铭、张稳科、张选、孙晋军、李俊平、杨巨才、李真参加会议。

2017年5月1日，市委书记李正印主持召开市委常委（扩大）会议，学习习近平总书记关于生态文明建设的重要论述、《中共中央办公厅、国务院办公厅》，传达中央第二环保督察组督察山西省工作动员会会议精神，听取近期中央环保督察组交办群众反映问题办理情况的汇报，安排部署配合保障中央环保督查相关工作。学习传达省委书记骆惠宁在省委十一届三次全体会议上的讲话精神，研究贯彻落实意见。市领导王立伟、雷建国、张敬平、常书铭、张稳科、张选、秦书义、李小明、郭震威、李俊平、李建国、杨巨才、李安林，市政府分管领导李月勤，市政府秘书长梁斌参加会议。

2017年5月24日，市委书记李正印主持召开市委常委（扩大）会议，学习习近平总书记对推进“两学一做”学习教育常态化制度化的重要指示和刘云山、赵乐际同志在推进“两学一做”学习教育常态化制度化工作座谈会上的讲话；听取中央环保督察组交办问题整改工作情况汇报及建立环保工作长效机制的意见；传达全省改革推进会议及优化营商环境电视电话会议精神，研究贯彻落实意见；研究讨论关于召开“五城联创”会议筹备工作情况等。市领导王立伟、雷建国、郝月生、张广勇、张敬平、常书铭、张稳科、张选、秦书义、李小明、郭震威、李建国、杨巨才、李安林，市政府秘书长梁斌参加会议。

【传达习近平视察山西重要讲话专门会议】

2017年6月26日至27日，市委书记李正印分别主持召开市委常委（扩大）会议、市直机关县处级以上领导干部会议，传达学习习总书记视察山西重要讲话精神，并就抓好贯彻落实作出部署。李正印强调，习总书记亲临吕梁视察，在吕梁发展史上具有重要里程碑意义。全市上下一定要把习总书记的嘱托、勉励和期望铭记在心，深入学习、深刻领会、坚决贯彻习总书记视察山西重要讲话精神，坚定信心，扎实工作，切实把习总书记的亲切关怀转化为推动吕梁发展的强大动力。市委副书记、市长王立伟，市人大常委会主任郝月生出席会议。

【中共吕梁市委四届三次全体会议】

2017年7月20日，中国共产党吕梁市第四届委员会第三次全体会议在离石召开。会议由市委常委会主持。市委书记李正印讲话。会议深入学习贯彻习总书记视察山西重要讲话精神，认真落实省委十一届四次全会精神，审议通过《中共吕梁市委关于深入学习贯彻习总书记视察山西重要讲话精神实施方案》《中共吕梁市委实施“三五工程”攻坚深度贫困工作方案》《中共吕梁市委关于同意申报柳林县撤县设区的决议》，对进一步做好下半年重点工作作出部署。出席会议的市委委员45人，候补委员7人。不是市委委员、市委候补委员的在职市级领导，吕梁军分区司令员；市委、市人大、市政府、市政协副秘书长，市人大、市政协各专门委员会和工作机构主要负责人；市直各单位党政主要负责人，市纪委常委；各县（市、区）委书记、县（市、区）长；中央、省驻吕单位主要负责人；省级以上开发区主要负责人；党的十八大和省第十一次党代会基层代表，市第四次党代会部分基层代表；市扶贫办班子成员；部分深度贫困乡镇党委书记、村党支部书记和第一书记参加会议。省委脱贫攻坚督导组副组长赵春雷和有关人应邀参加会议。

【省委十一届五次全会精神传达学习】

2017年11月10日，吕梁市召开传达学习贯彻省委十一届五次全会精神大会。会议要求，全市上下要深入贯彻落实省委十一届五次全会精神，把学习宣传贯彻党的十九大精神持续引向深入，切实把思想和行动统一到党的十九大精神和省委的各项决策部署上来，奋力走出新时代吕梁改革发展新征程，谱写吕梁改革发展新篇章。市委书记李正印主持会议。王立伟、张广勇、郝月生等市级领导出席会议，市直单位副处级以上领导干部共530余人参加会议。会议传达了省委书记骆惠宁在省委十一届五次全会上的讲话精神。李正印强调，要深刻领会省委十一届五次全会精神，不断把学习宣传贯彻党的十九大精神引向深入。他指出，省委十一届五次全会对全省学习宣传贯彻党的十九大精神进行了再动员再部署，全面拉开了习近平新时代中国特色社会主义思想在三晋大地的生动实践，发出了奋力谱写新时代中国特色社会主义山西篇章的号令。全市上下要深入学习、深刻领会骆书记的重要讲话中九个“深刻把握”的要求，切实增强学习宣传贯彻党的十九大精神的思想自觉、政治自觉、行动自觉。要按照中央关于认真学习宣传贯彻十九大精神的决定和省委部署要求，在全面深入学习领会的基础上，聚焦重点，使十九大精神成为推动各项事业发展的强大动力和思想武器。要严格按照市委“1+N”工作部署，在学懂、弄通、做实上下功夫，真正让十九大精神在吕梁落地生根、开花结果。

组织工作

【“两学一做”学习教育】

2017年，吕梁市委组织部坚持以政治建设为统领，把政治建设摆在首位，发挥“两学一做”学习教育办公室、主题教育综合组职能，加强各级领导班子政治建设、思想建设。

抓好关键少数，以上率下。坚持领导带头、以上率下，层层立标杆、作示范。全市各级党委（党组）中心组累计学习1000余次，各级党员领导干部到所在支部讲党课4.8万余次。命名晋绥边区革命纪念馆等11个红色纪念馆（旧址）为党员干部教育基地，全市到党员干部教育基地接受红色革命传统教育党员干部达70余万人次。7月1日—30日集中一个月时间，自下而上举办纪念建党96周年系列活动。中共十九大召开后，将十九大精神学习纳入“两学一做”学习教育常态化制度化和维护核心见诸行动主题教育内容，建立学习宣传贯彻落实十九大精神的“1+N”工作体系。为所属基层党组织和党员发放《十九大报告全文》《中国共产党章程》《习近平总书记重要论述摘编》等20余万份，党员干部人手一册。开展十九大精神进农村万人万场宣讲活动，由基层宣讲员、乡镇（街道）宣传员、农村第一书记、驻村工作队等组成1万名左右宣讲队伍，编印宣传材料2万余册，开展宣讲1万余场。11月23日至12月9日，举办五期市管干部学习贯彻党的十九大精神专题研讨班，980名市管干部全部参加培训。

注重现场观摩，真督实导。坚持每月召开一次“两学一做”学习教育暨“三基”建设协调会，每两月召开一次现场观摩推进会，先后在离石、孝义、交口、中阳及市直机关进行观摩，现场点评指导、肯定成绩、指出问题、提出要求。坚持严督实导，采取随机抽查方式，实行“三个典型、三个问题、三条建议”督查办法，一月一督查、一查一通报。全年开展4轮督查，通报共性问题17条，个性问题138条，提出整改意见52条；对个性问题查明原因、分清责任，共约谈县级主要领导、乡镇党委书记及各类干部51人（县级主要领导11人、乡镇党委书记9人）。

坚持肃清流毒，长鸣警钟。组织1200余名县处级领导干部集中阅看严重违纪违法领导干部忏悔录，阅后人人写出学习心得体会。开展“六个对照”回头看，市委常委班子查摆出党的领导、党的建设、全面从严治党3大类49个具体问题，县处级以上党组织查摆各类问题2.6万余条。做好专题组织生活会和民主评议党员工作，全市8440个党支部召开专题组织生活会，参评党员17.98万人，占93.13%，党支部共查找问题1.97万条、党组织书记查找问题2.7万条，收到批评意见2.3万条。

突出典型带动，示范引领。在14个省级示范点的基础上，市级层面确定133个“两学一做”学习教育常态化制度化示范点，覆盖乡镇（街道）、农村（社区）、机关、学校、企业、社会组织等不同领域。开展以争创“八大先锋”为主题的“党员先锋行”主题实践活动，全市各级党组织树立农村“带富先锋”、社区“和谐先锋”和机关事业单位“爱岗先锋”等各类先锋6500余名。参与“两学一做”知识竞答活动中，参与人数达到397.9万人次，合计分数达到90906.9万分，总成绩全省排名第二。

始终服务大局，务求实效。开展党员承诺亮诺践诺、党员先锋岗、党员示范户、党员责任区、有职党员双岗双责和无职党员设岗定责、党员志愿服务、党员结对帮扶等活动。实施党员创业帮带工程，通过信贷支持、项目推介、技能培训、信息服务以及建立创业基地、孵化基地等方式，帮助党员带头致富、带领群众致富。开展在职党员进社区报到工作，全市26300名党员到所在社区报到，办理各类实事好事19560件。人民日报、央视新闻联播、新华社等中央媒体刊播《吕梁深挖红色文化疗治腐败创伤》《孝义市振兴街道东庄村大喇叭直播民主生活会》《柳林县“绣花”功夫“枣”脱贫》等8篇报道。12月12日—14日，全省学习贯彻十九大精神加强“三基建设”市县现场会在吕梁召开。

【“三基建设”】

2017年，吕梁市委组织部聚焦解决部分基层党组织带头人和骨干队伍能力素质不强、基层组织战斗堡垒作用和活力不强、党员的先锋模范作用不强、基层组织物质保障薄弱等“三不强一薄弱”问题，对准焦距、找准定位、抓住要害，补短板、强素质、创特色、促发展，提高基层党组织的政治领导力、思想引领力、群众组织力和社会号召力。

开展“三基”建设大调研，累计查找出基层党组织建设存在的12个方面的问题。根据农村、社区、机关、“两新”组织功能定位、组织特点，制定《精准推进基层党组织建设工作清单》，明确11个方面20个小项的具体指标。市委书记与县委书记、县委书记与乡镇党委书记、乡镇党委书记与村党组织书记层层签订责任状，建立问题清单、任务清单、责任清单，明确建设标准、推进步骤、完成时限。建立《软弱涣散农村基层党组织台账》《村级集体经济收入情况台账》《村级组织活动场所建设工作台账》《乡镇“五小”设施建设工作台账》《农村基层党建示范点建设调度表》等，为工作提供了参考和依据。

研究制定《吕梁市农村基层党组织建设“抓点带面”工作方案》（吕组通字〔2017〕14号），坚持抓两头带中间、抓示范带一般，选树培育汾阳贾家庄、孝义东庄等先进典型，由市县级领导包联建设农村党建示范点149个，社区、企业和机关等其他领域党建示范点284个。13名农村党组织书记被评为全省优秀村党组织书记，评选51名农村党组织书记为“全市优秀村党组织书记”。对16个市级“五个好”乡镇党委、154个市级“五个好”村党组织以及51名市级优秀农村党组织书记进行命名表彰。同时，坚持一村一策，实行整顿对象台账制、整顿措施责任制、整顿任务销号制，明确建档、反馈、通报、函询、约谈、问责“六条措施”，集中整顿农村软弱涣散基层党组织295个。

市、县两级财政投入“三基建设”5.39亿元。确定79个扶持集体经济试点村，探索出4种路径10种模式，有集体经济收益村达2575个，占行政村总数的83.5%。从市管党费中专项列支经费，向356个贫困村和226个城市社区党组织分别拨付1000元用于开展党员教育、党日活动。2017年新建275个村级组织活动场所，改扩建520个危旧狭小村级组织活动场所；新建39个、改扩建5个社区组织活动场所；完成124个乡镇“五小”设施建设。研究制定《关于异地交流到市直机关任职（挂职）干部房屋租金交通费有关事项的通知》。在全省率先出台《保障基层乡镇工作用车实施意见》。全市每个乡镇运转经费不低于60万元，村级组织运转经费平均不低于9万元；村“两委”主干基本报酬达到当地农民人均可支配收入2倍标准，并严格规范按季度发放。实施本土人才“回归”工程，建立农村本土人才（后备人才）库，吸引农村本土人才656名。以县分块，统筹吕梁市委党校、孝义市委党校、贾家庄农村实用人才培训基地、临县白文职业中学，完成全市农村“两委”班子主干及其他成员、农村第一书记、大学生村干部、后备干部及普通党员共计2.8万余人集中培训工作。市县选派1208名年轻干部到乡镇挂职帮助工作；轮换农村第一书记1087名。

坚持有利于加强党的领导、有利于开展党的组织生活、有利于党员教育管理监督、有利于密切联系群众、有利于推动事业发展的原则。在离石、孝义探索建立58个社区大党委。离石泰化集团和孝义鹏飞实业集团把党组织建在项目、车间、技改课题组等生产一线，发挥党员先锋模范作用，直接转化经济效益2000余万元。交城、石楼在推进36个行政村撤并试点工作中，同步优化设置村党组织。全市新组建非公经济党组织192个，非公经济党组织覆盖率达88.3%；新建社会组织党组织133个，社会组织党组织覆盖率达74.8%。对贫困村党组织书记进行分析研判，对36个空缺党组织书记的贫困村及时补缺，对31名“基本称职”的帮助提高，对28名“不称职”的予以撤换。联合市公安局集中整治“村霸”，摸排到黑恶霸线索319起，打击各类“村霸”223人。推进农村党组织换届选举工作，建立换届进展周报制，2855个村党组织完成换届，占行政村总数的92.3%。

【组织队伍建设】

2017年，吕梁市委组织部执行《党政领导干部选拔任用工作条例》，按照好干部“20字”标准，分析不同地区和不同单位的功能定位、岗位特点，什么样的岗位职责就配备什么样的干部，实现最合适的岗位配备最适合的人选。2017年共选拔任用市管干部370名，其中提拔使用149名、平调及免职142名、挂职兼职79名。

注重日常了解，加强分析研判。坚持把功夫下在平时，建立领导班子和领导干部信息台账，系统收集巡察、纪检、审计等部门评价和反映，全方位、多角度、立体式了解印证领导班子和领导干部情况。2017年春节过后，由市委组织副县级干部带队组成9个工作组，深入121个市直单位，与563名市管干部开展暖心谈话活动，经常性、近距离、有原则接触干部，共收集意见建议252条、个人诉求227条。研究制定《关于县（市、区）领导班子和领导干部换届运行一年后综合分析研判工作方案》（吕组通字〔2017〕21号）。8月9日至11日，由市委常委、组织部部长带队组成综合分析研判小组，对方山县党政领导班子换届一年来的运行情况及班子成员的履职表现进行综合分析研判。根据研判情况，对实绩突出、群众公认的领导班子予以奖励；对软、懒、散等问题突出的领导班子限期整改，必要时进行组织调整；对表现突出、有潜力的干部重点培养使用；对有明显不足的干部，加强教育培养锻炼；对存在问题的干部进行提醒谈话；对不胜任的干部进行组织调整。

突出转型要求，优化成长路径。研究新时期年轻干部成长规律，注重在基层一线和艰苦地区培养和考验干部。研究制定《关于做好县处级后备干部和中长期培养对象初步人选推荐报送工作的通知》，确定后备干部初步人选307名，其中具有全日制大学本科以上学历的人选202名，占65.8%；45岁以下人选230名，占74.9%；40岁以下人选157名，占51.1%；35岁以下人选74名，占24.1%；女干部人选64名，占20.8%；非党干部人选28名，占9.1%。研究制定《关于实施县处级后备干部和中长期培养对象"五个一"培养锻炼工程的方案》，通过岗位轮换、挂职锻炼、交流任职等方式，提高后备干部在不同环境下熟悉工作、开拓局面的本领和能力。市直单位50名后备干部参与脱贫攻坚一线工作；从县（市、区）抽调41名35周岁以下、全日制大学本科以上学历的同志到市直单位挂职锻炼。市直单位领导班子调整配备工作中，16名后备干部走上了领导岗位。

提升专业能力，加强教育培训。在市委党校举办市管主要领导干部专题研讨班、优秀中青年干部培训班、乡镇党委书记乡镇长研讨班等23个主体班次培训，参加培训干部3100余人次。抓好骨干队伍培训。深入实施党政领导干部履职能力提升、各类干部专业能力提升、基层干部能力提升、企业事业管理人员思维创新、专业技术人才知识更新"五大"培训工程，在浙江杭州、江苏苏州等经济发达地区和井冈山干部学院、浙江大学、厦门大学、西北政法大学等举办8个专题培训班，累计培训干部1873名。抓好专题培训。将党的十九大精神、十八届六中全会精神、习近平总书记系列重要讲话精神以及《准则》《条例》等作为重点内容，理想信念教育占培训总课时的70%以上，党性教育占总课时的25%以上。组织学制一个月以上的培训班学员赴井冈山等教学基地接受党性教育，学制一周的培训班学员赴晋绥革命纪念馆等党员干部教育基地延伸培训，筑牢理想信念根基。抓好专业能力培训。邀请省委组织部对口相关处室负责人，按专业知识与能力素质两类设置八个专题，开展组工干部专业能力提升培训，市县两级组织人事部门业务骨干及市委党校县处级领导干部进修班学员400余人参加培训。公安、教育、卫生、政法、城建等行业系统开展专业能力培训，累计培训3万余人。

坚持严管厚爱，约束激励并重。把个人报告事项抽查核实结果作为衡量领导干部是否忠诚老实的重要标尺，作为考核评价、选拔任用的重要参考，全市个人事项报告填报1047人，抽查核实405人次。坚持"凡提四必"，防止"带病提拔"，12名干部因"九查"有问题被中止选拔使用。强化组织措施运用，共函询干部79人，批评教育29人，提醒谈话13人，诫勉谈话11人。持续推进干部能上能下，研究制定《吕梁市激励干部担当作为干事创业实施办法（试行）》，对年龄较大、任职时间较长且工作勤勉敬业、表现优秀的14名副处级干部和9名正科长级干部，提任上一级别非领导职务。执行《党政领导干部任职试用期暂行规定》，对试用期满、考核不称职的吕梁市政协经济与人口资源环境委员会副主任，按规定免去试任职务。对巡察反馈问题整改力度不大、整改效果不好的市人民医院党委书记、院长，按照干部能上能下有关规定免去其职务。对因身体原因不能正常履职、不能按要求完成工作任务、不适宜担任现职的14名市直单位干部及时调整。

【“百千万”人才工程推进】

2017年，吕梁市委组织部以“百千万”人才工程为抓手，强化服务理念，发挥牵头抓总作用，着力扩大人才工作的社会影响，推动人才向艰苦地区流动，推动人才工作创新发展。

坚持党管人才原则。制定《吕梁市实施“百千万”人才工程的意见》《吕梁市委市政府特聘专家（顾问）制度》《关于进一步加强党委联系服务专家工作的实施意见》，将重点人才工作完成情况任务纳入领导班子实绩考核常态指标，进一步强化党管人才工作力度。加大引才育才力度。建立校地合作机制，与北京航空航天大学、北京理工大学、山西农业大学等30余家高校（科研单位）签订合作协议。聚焦产业需求引才，聘请北京航空航天大学党委书记张军院士和王浚院士、导演贾樟柯、中国数字文化集团总经理陈建祖、品牌中国战略规划院副院长常继生、北京社科院比凯城市发展研究院副院长古波等41名专家担任吕梁市转型发展顾问（“两院”院士11名，高端人才30名），各级各部门引进急需紧缺的实用型人才176名，助力光伏、旅游文化、大数据、扶贫等产业发展。7月、10月先后在中山大学举办2期吕梁市民营企业家转型创新素质提升高级研修班，117名民营企业家参加培训；10月23日—24日，在汾阳贾家庄举办高层次人才知识更新培训班，76名省级学术技术带头人、在职享受国务院特殊津贴专家等参加培训。创优人才发展环境。制定《吕梁市开发区引进高层次科技人才的实施意见（试行）》，明确创新搭建平台、聚焦产业需求引才的重点任务和配套支持政策。出台《关于全市开发区深化人事管理制度改革的实施方案》，推行开发区领导班子任期制、全员岗位聘任制和绩效工资制。下放事业单位岗位聘用认定权限、简化工资审核工作、完善机关事业单位公开招录（聘）制度，取消“控编进人卡”，保障用人主体自主权。完善人才评价机制，职称评聘执行“四个取消”，实行“评聘分离”，对特殊人才设立“绿色通道”，激发优秀人才创新创造活力。

【机关自身建设】

2017年11月，吕梁市委组织部机关获全国文明单位称号，是全国获此殊荣的8个组织部门之一。

以思想政治建设为核心。坚持把政治建设作为组织部门的根本性建设，以党章为根本遵循，坚持民主集中制，严肃党内政治生活。结合“两学一做”学习教育常态化制度化、维护核心见诸行动主题教育，在部机关开展“学习准则条例、净化政治生态”主题活动。落实“三会一课”制度，共召开部机关党员大会6次，市委常委、组织部部长以“公道做人正派行事”“十八大以来经济社会发展取得的重大成就”“十九大党章解读”为主题，为机关党员干部讲党课3次。部务会成员累计为所在支部及基层党组织讲党课18次。7月1日、10月18日，分别在临县南圪垛村中共中央西北局旧址、离石区高家沟高级军事会议纪念馆开展主题党日活动，重温入党誓词，学习历次党代会党章的重大修改，观看十九大开幕会议。参与“两学一做”知识竞答，每期答题参与率均达100%。部机关党员干部加强党性锻炼，树立“四个意识”，不断提高政治觉悟和政治能力。

以专业能力建设为基础。坚持“四看”工作法：向上看，看方向、看大局；向下看，看基层、看需求；向外看，学先进、学经验；向内看，找差距、找不足，着力培养组工干部的专业理论、专业知识、专业思维、专业方法。先后5次邀请省国家安全厅专家、省委组织部相关处室负责人、省委党校教授，举办组工干部安全保密、领导干部个人事项报告“两项法规”专题等专题培训。组织相关科室2次赴大同、太原等兄弟市学习干部信息管理、干部考核等先进经验。9月28日—30日，在吕梁市委党校举办吕梁市组工干部专业能力提升培训班，按专业知识与能力素质两类设置干部选拔任用、干部监督、基层组织建设、人才工作、公文写作等8个专题，市县两级组织人事部门业务骨干300余人参加培训。通过培训，部机关文稿写作等能力得到有效提升，在《党建研究》《中国组织人事报》刊文。

以制度规范建设为保障。制定完善《组工干部行为规范与工作流程》《请销假制度》《去向公示制度》《公车管理使用制度》《财务管理制度》《八项规定实施细则》等规章制度，明确提出机关工作人员纪律要求“十严禁”、负面言行“十不能”。落实岗位责任制，制定《县（市、区）委组织部重点工作日常考核测评办法》《部机关科（室、中心）及科长（主任）考核评价办法》，实行“季度通报、年度评比”制度。邀请市检察院和审计局对部机关工作进行“体检”。通过科学的制度建设，优化工作流程，提高工作效率和服务质量，形成找差距、争先进，你追我赶、奋勇争先的工作氛围。

以组工文化建设为特色。市委组织部把践行群众路线作为组工文化建设的题中之意，尽可能多地与干部群众尤其是基层干部群众接触、沟通、交朋友，发挥组织工作推动发展、服务群众、凝聚人心、促进和谐的作用。2015年以来，部机关全体党员干部进村入户，与岚县土峪乡东、西土峪村343户贫困户1078人结对帮扶，实现建档立卡贫困户帮扶全覆盖。国务院第三方评估组随机抽取岚县土峪乡东土峪村评估精准扶贫工作成效，对部机关帮扶工作给予高度认可。56名在职党员走进社区报道，开展党员志愿服务活动。“送温暖，献爱心”系列活动中，部机关党员干部为扶贫点小学送去书包、铅笔等学习用品，为深度贫困群众捐款1.34万余元，为柳林县失孤幼儿捐款6500元。4月17日，部机关全体党员干部走进离石区森林公园机关开展植树造林活动，并作为常态化志愿服务活动坚持下去。对吕梁父老乡亲的热爱成为做好组织工作的厚重感情基础。

2017年，市委组织部先后向省委组织部及相关处室书面报告23次，当面汇报16次，电话请示140余次，均得到省委组织部领导和相关处室的答复和指导。市委组织部借鉴大同、太原、长治等兄弟市的好经验好做法，汲取其他兄弟市组织工作的好思路好建议，推动市委组织部做好各项工作。

（市委组织部）

宣传工作

【思想理论建设】

2017年，吕梁市委宣传部加强思想理论建设，抓各级党委（党组）中心组学习。市委中心组全年集中学习16次，召开学用总书记视察山西重要讲话精神交流会，带动全市党员干部的理论学习。开展了系列宣讲活动。围绕学习宣传贯彻习总书记视察山西讲话精神，组建620个宣讲团，集中开展为期两个月的基层宣讲活动，累计宣讲2015场，受众66000余人次。党的十九大胜利召开后，启动“万人万场宣讲活动”，组建市县乡三级380余支10000多人的宣讲队伍，举办全市理论骨干和基层重点宣讲员培训班，编印《党的十九大精神农村宣讲手册》12000余册，宣讲2.05万场，受教育党员群众186.47万人次。开展农村社区宣传文化员选聘工作。按照“村聘乡审县备案”的原则，在167个乡（镇）、街道办的3039个农村和160个社区共选聘宣传文化员3226名，组织系列培训活动，建立健全组织保障、经费投入、考核激励三项机制，基本解决农村宣传工作没人做、不会做的问题。

【新闻宣传】

2017年，吕梁市新闻宣传开创了新局面。围绕深入学习贯彻党的十九大精神和市委市政府中心工作，持续打响系列宣传战役，全力以赴讲好吕梁故事、唱响吕梁声音、扩大吕梁影响，形成全方位、多角度、立体化、大规模的宣传声势。十九大主题宣传浓墨重彩。围绕会前、会中、会后三个阶段，分别从成就宣传、会议报道、学习贯彻三个方面进行宣传，营造浓厚的思想舆论氛围。会前，组织开展“砥砺奋进、辉煌成就”大型主题宣传活动，在新闻媒体以及公园、广场、建筑围挡、公交出租等户外场所进行长达两个月的公益广告宣传，在体育馆组织开展党的十八大以来吕梁辉煌成就图片展，营造喜迎十九大的浓厚氛围。会中，通过“十九大时光”等专栏，深入报道大会盛况；会后，组织新闻媒体开展“新时代 新气象 新作为”大型主题采访活动，在市级媒体开设“全面学习贯彻落实十九大精神”“撸起袖子加油干 扑下身子抓落实”等20多个宣传专栏，深入宣传全市上下学习贯彻党的十九大的生动实践，持续唱响了团结奋进主旋律。脱贫攻坚主题宣传亮点频现。围绕脱贫攻坚“春季行动”“夏季攻势”“秋季会战”“冬季对标”四个阶段，在新闻媒体进行高密度、持续性的宣传报道，刊发各类稿件2000余条，引领促进了各项工作部署的落实。围绕脱贫攻坚先进典型的选树宣传，组织“记者新春走基层、讲述脱贫好故事”“弘扬吕梁精神 攻坚深度贫困 寻找精准脱贫路上的领头雁”等大型采访活动，激发内生动力，凝聚脱贫合力。围绕产业扶贫、生态扶贫、移民搬迁、光伏扶贫、健康扶贫以及“吕梁山护工”等重大举措，组织市内外媒体进行深度跟踪报道，塑造吕梁坚决打赢脱贫攻坚战的良好形象。正月初五《脱贫攻坚战再踏新征程》和5月22日《山西绣花功夫“枣”脱贫》分别在央视新闻联播头条播出，《摆脱贫困：十万护工出吕梁》国庆期间在央视《朝闻天下》栏目连续8天播出，央视4套中国新闻栏目从12月24日起对吕梁市健康扶贫模式进行深度报道。1月14日，央视新闻联播《手绘2018》栏目报道了吕梁市移民搬迁工作；九集纪录片《山河犹在，大美吕梁》在老故事频道《生态中国》栏目开播，播出七集。重要会议、重大活动宣传出新出彩。围绕“数谷吕梁、智赢未来”大数据产业推进会、汾酒号列车开通、全国造林扶贫现场会、“三基建设”现场推进会、环保督察等重大会议、重要活动，持续打响系列宣传战役，邀请中央、省级媒体全程参与、广泛发稿，策划开展“人民网小城故事多”“中国民航带您看山西 走进吕梁”“美丽中国梦 生态中国行”等大型采风活动，主动向中央和省级媒体提供稿源和新闻线索。邀请人民网、新华网等10余家中央、省级网络媒体，到吕梁进行为期一周的“新时代、新梦想”新春走基层采访活动。外宣发稿数量再创新高。截至12月，在中央主要媒体发稿231条，位列全省第三；在山西电视台发稿490条，位居第三；在《山西日报》刊发专版18期，头版头条发稿14篇；在省电台发稿195条，排名第二；市委宣传部被省委宣传部授予“重大题材新闻报道组织工作优秀奖”。

【精神文明建设】

2017年，吕梁市加强精神文明建设。文明户评选引领农村新风尚。出台《关于在全市农村深入开展“传承好家风、争当文明户”活动实施方案》，举行的市级孝老爱亲文明户颁奖典礼，15户文明户受到表彰奖励。深入各县市区组织13场文明户先进事迹巡展活动，会同军分区、信用联社、民政局等部门，出台优先参军、优先安排贷款以及对符合条件的困难户实施社会救助等支持政策。到2017年年底，全市命名表彰县级“文明户”766户、乡级文明户3233户、村级文明户18154户，实现所有农村全覆盖。组织新闻媒体对评选活动和典型事迹进行了广泛报道，有效引领社会新风尚，激发打赢脱贫攻坚战的内生动力。

文明创建迈上了新台阶。吕梁市推荐复查国家级先进集体5类16个、省级先进集体9类113个，组织验收市级先进集体7类272个。推动孝义市获第五届全国文明城市桂冠，是全省唯一上榜的县级市。市委宣传部推动文明创建奖励资金的落实，县级以上文明单位的干部职工可以得到半个月到两个月的奖励。

志愿服务工作取得新突破。成立志愿服务联合会14个，注册志愿服务协会20个，建成志愿服务分队1250个，实名注册志愿者总人数突破8.5万人；创建省级学雷锋志愿服务站14个，市级30个，志愿服务成为全市一道亮丽的风景。

【文化建设】

2017年，吕梁市文化建设有了新发展。文艺精品创作亮点频现。发挥文艺扶持资金、文艺评奖的引导激励作用，组织文艺工作者打造道情剧《吕梁护工》、晋剧《汾阳王》、电影《下柳林》等一批文艺精品。电影《七儿娘》获第三十一届中国电影金鸡奖最佳中小成本故事片提名奖，短篇小说《流年》等三部作品获赵树理文学奖，歌舞剧《山里娃》获第十五届杏花奖“杏花新剧目奖”。在首届山西艺术节上，举办吕梁文化艺术周，市委宣传部获“优秀组织奖”。系列文艺精品的面世标志着吕梁市文化发展迈上新的台阶。

开展文化惠民活动。组织吕梁市农村现实题材文艺作品采风创作展演展示活动，共创作作品490多件，举办“小康路上一个也不能少”主题文艺调演，组织市县文艺院团进贫困村演出1000余场；组织“和谐吕梁”广场社区消夏文化活动；举办为期半个月的国际版画2017吕梁邀请展；在全市范围内开展“欢乐度两节·喜迎十九大”系列文化活动；与军分区联合举办“传承红色基因·弘扬吕梁精神——学习宣传贯彻党的十九大精神 创建双拥模范城主题书法美术摄影作品展”，较好地满足了群众精神文化需求。

【媒体融合发展】

2017年，吕梁市委宣传部出台《关于推动传统媒体和新兴媒体融合发展的实施意见》，以“两微一端”建设为突破，一批新媒体平台和新技术运用投入使用，报台网端联动的传媒格局初步形成。推动吕梁电视台构建了“一网两微一端一窗口”架构；吕梁日报新闻客户端“一指吕梁”上线运行；市新闻中心打造“一网四新”宣传阵地；部机关打造的吕梁文明网也加入全国文明网联盟，为宣传吕梁增添了新的渠道。

【基础设施建设】

2017年，吕梁市加强文化基础设施建设，市图书馆暨文化广场和群众艺术馆暨文化广场两个项目启动。向上争取资金264万元，新建村级综合文化服务中心33个；争取资金248万元，为62个村配备文化广播设备。爱国主义教育基地建设方面，命名吕梁市第二批市级爱国主义教育基地2个，推动刘胡兰纪念馆、晋绥边区革命纪念馆、红军东征纪念馆3个国家级爱国主义教育基地开办网上展览馆。

【宣传队伍建设】

2017年，山西省宣传文化系统组织开展为期半年多的“提高标准、提升能力、争创一流”大讨论活动，吕梁市委宣传部以此为抓手，提出了“三强化、三表率”的工作目标，并从部领导班子做起，全力以赴向这一目标迈进。

强化学习，在提升能力水平上作表率。在学习内容上，确定了“六学”，即：将党章党规、习近平总书记系列重要讲话、省委市委重大决策部署、相关法律法规、宣传业务知识、十九大精神6个方面作为必学内容。在学习方式上，每周组织1次集中学习，每次学习都确定1名人员领学或几名人员交流发言；建立“走上去”“走出去”“走下去”学习调研和科级以上干部每季度报告学习情况制度，形成理论与实践相结合的学习机制。在学习成效上，坚持“六个对照”，即：对照党章党规标准，对照中央、省委、市委要求，对照先进地区和先进典型的好做法好经验，对照人民群众的期盼，对照脱贫攻坚的工作任务，对照宣传文化工作者的职责，寻找差距，改进不足。全年组织集中学习30多次，组织外出学习调研80多人次，提升政治理论水平和业务能力。

强化支部建设，在发挥“两个作用”上作表率。坚持把党建作为主业主责，两任部长多次就加强党的建设进行研究部署和督促指导，多次带头领学宣讲，发挥头雁效应。推进“两学一做”学习教育常态化制度化、“维护核心、见诸行动”主题教育和“三基建设”，落实“三会一课”等支部组织生活各项制度，支部战斗堡垒作用不断加强。围绕《准则》《条例》和“两提一创”大讨论活动，召开2次专题民主生活会和组织生活会；围绕党章党规、总书记视察山西重要讲话精神、党的十九大精神等组织口上宣讲报告会4场；组织全体党员赴临县南圪垛接受革命传统教育；开展学习弘扬“红船精神”等主题党日活动。开展“讲帮树”活动，党员先锋模范作用凸显。7名同志长期在脱贫攻坚一线工作，全体党员结对帮扶105户建档立卡贫困户，党员到社区报到并普遍开展“三个一”活动。

强化党风廉政建设，在作风纪律上作表率。组织全体党员学习“四条例、两准则”，教育党员牢固树立纪律规矩意识，时刻牢记党员身份。贯彻落实中央、省、市关于八项规定的相关精神，改进工作作风，严格遵守公车使用、公务接待等各项规定，没有发生违规违纪行为。制定并落实部领导班子及成员党风廉政建设责任清单；开展巡视巡察整改回头看，查摆整改三个方面13条突出问题；建立健全谈话谈心工作机制，按要求使用了廉政谈话记录本，组织部机关科级以上干部《个人有关事项申报表》的填写申报工作；开展出入境证件清理回收工作；完成宣传口监察对象的筛选工作，发放《监察对象告知书》共254份，健全完善科级干部廉政档案。

（市委宣传部）

精神文明建设

【社会主义核心价值观建设】

开展系列宣传活动。2017年，吕梁市文明办在《吕梁日报》、吕梁电视台等市主要新闻媒体，开设“践行核心价值观”“我的中国梦”专栏专版；拟定系列宣传标语，运用多种形式，在全市城区主干道、旅游景点、购物中心、车站机场、公交站亭等公共场所集中推出；组织开展系列宣讲会、报告会、演讲会、研讨会等；大力弘扬主旋律，传播正能量，推动培育和践行社会主义核心价值观深入开展。

推进社会主义核心价值观进学校、进课堂。在学校增加思想品德和价值观教育内容，教育引导全市广大师生深刻理解社会主义核心价值观的精神内涵，自觉做社会主义核心价值观的坚定信仰者、积极传播者、模范实践者。

开展“家庭、家教、家风”主题活动。着重开展挖掘传承立家风、熏陶展示亮家风、工作作风育家风、融入推广扬家风等活动，倡导全市家庭编立优良家训，推出一批先进典型，引导人们继承传统美德，树立家国情怀，推动全社会形成注重家庭、注重家教、注重家风的共识，以好家风促进好政风好民风，推进社会主义核心价值观在广大家庭中落地生根。

开展“讲文明树新风”公益广告宣传。2017年，吕梁市委宣传部、市文明办推荐了一批融思想性、艺术性、感染力为一体的公益广告作品，在市、县两级新闻媒体进行持续刊播。深入推动公共活动场所、户外广告阵地、公共交通工具等领域的公益广告宣传展示，围绕中央全会、省、市党代会精神、吕梁精神、脱贫攻坚和市委的决策部署，拟定宣传标语，重点对市区主街和建筑围挡上的公益广告牌进行更新，使核心价值观的文化熏陶随处可见。认真组织刊播公益广告。据统计，吕梁日报及其晚报版共刊发约34个整版；吕梁广播电视台每天播出50次以上共播放8020分钟；吕梁人民广播电台每天播出20次以上共播放5080分钟；城市建筑围挡、广场公益广告宣传总面积达31036平方米，公交车载视频滚动播出公益广告内容。持续刊播了争当不燃放烟花爆竹的践行者、宣传者和监督者的《倡议书》。公益广告宣传在全市形成了规模，掀起了声势，营造了良好社会风尚。

推进志愿服务制度化、常态化。加强志愿者组织建设。全面推进志愿服务工作，各县和市直共建立志愿服务联合会14个，具体指导全县的各级各类志愿服务队伍的工作和活动。在各级文明单位（村镇）、文明校园都成立志愿服务队，组织进行登记注册，经常和规范开展各种类型的志愿服务活动。全市在全国志愿服务信息系统注册志愿服务协会近20个，志愿服务分队1250个。实名注册志愿者总人数突破9万人，在全省排名第四名。加强志愿服务示范点建设。全市被省文明办命名城乡社区4个、公共文化设施3个、景区景点4个、3个窗口单位学锋志愿服务站。被市文明办命名城乡社区5个、公共文化设施5个、景区景点10个、10个窗口单位学锋志愿服务站。推荐志愿服务先进典型。全市涌现出全国优秀志愿者1名，山西省优秀志愿者4名、优秀志愿服务项目4个、优秀志愿服务组织2个、优秀志愿服务社区1个、优秀志愿服务先进工作者2名。

【“传承好家风、争当文明户”】

制定方案，全面铺开活动。2017年，吕梁市委、市政府将“传承好家风、争当文明户”列为2017年度全市脱贫攻坚的一项专项行动，市文明委于2017年3月1日制定下发《关于在全市农村开展“传承好家风、争当文明户”活动实施方案》。各县（市、区）随即召开党委、政府联席会议，进行专题研究，出台具体方案，抓好试点，以点带面，全面铺开“传承好家风、争当文明户”活动。

抓好典型，以点带面推进。市委宣传部专门召开工作推进会，市委书记李正印深入基层调查研究，具体指导推动全市活动。按照市委要求，各县（市、区）进一步加强组织协调，形成工作合力，领导包乡、包村，做好试点工作，加大宣传力度，扩大活动范围，以点带面，推动全市“传承好家风、争当文明户”活动向纵深发展。

组织颁奖巡展，掀起活动热潮。吕梁市文明委在经过基层提名、县（市、区）推荐、组织实地考察等程序工基础上，命名表彰15户家庭为2017年吕梁市孝老敬老文明户荣誉称号，在离石隆重举行了2017年吕梁市“传承好家风争当文明户”颁奖典礼。吕梁电视台进行现场直播。随后又组织了2017年吕梁市“传承好家风 争当文明户”事迹巡展13场，观众达1万多人。从2017年3月份开始，全市13县

（市、区）普遍组织了县、乡、村级“文明户”评选表彰活动。到年底，全市共命名表彰县级“文明户”766户、乡级文明户3233户、村级文明户18154户，实现所有农村“文明户”评选工作全覆盖。

健全保障机制，深入持久推进。市、县均对评选出的“文明户”予以一次性物质奖励。市文明办会同吕梁军分区政治部、市农村信用联社制定了对全市村级以上文明户实行奖励的规定；会同市民政局制定了对全市村级以上文明户中符合条件的困难户实施社会救助的规定。各县（市、区）积极落实对“文明户”的有关奖励政策，切实解决“文明户”生产生活中的实际困难，形成全市开展“传承好家风、争当文明户”活动的良好推进机制。

【公民道德建设】

2017年，吕梁市组织评选推荐学习宣传道德模范活动。制定出台《吕梁市道德模范评选表彰管理办法》，进一步推动吕梁市评选表彰道德模范活动经常化、规范化、制度化。组织举办第四届吕梁道德模范授奖仪式，表彰吕梁道德模范28名，提名奖30名。组织推荐评选第六届山西道德模范，吕梁市2人入选。组织推荐评选2017年度中国好人，吕梁市1人入选。组织推荐评选2017年度山西好人，吕梁市4人入选。市文明办与市城建部门联合，在离石区市民广场制作悬挂吕梁道德模范照片及简介，建设社会主义核心价值观主题广场（公园），推动全市上下形成了学习道德模范、崇尚道德模范、争当道德模范的良好风尚。

推进道德讲堂和善行义举榜建设。在市、县文明单位中普及道德讲堂，深化道德讲堂工作，突出规范有效常态，推进道德模范、身边好人的宣传，倡导良好道德风尚。建立流动道德讲堂，深入农村、社区、企业、学校开展活动。各县（市、区）、市直机关普遍设立了善行义举榜，大力宣扬好人好事，展示善行义举，引导广大干部群众自觉履行法定义务、社会责任、家庭责任，形成“人人做好人，好人做好事，好事就上榜，好人有好报”的良好社会风尚。

【文明城市创建】

2017年，吕梁市文明城市创建迈上新台阶。孝义市创建全国文明城市，被中央文明委授予第五届全国文明城市称号（是全省唯一县级市）。汾阳、岚县连续保持省级文明城市（县城），交城创建省级文明县城工作先进县城。离石、中阳、交口、石楼连续保持市级文明城市，临县创建市级文明县城。

【农村精神文明建设】

2017年，吕梁市开展推动移风易俗、树立文明乡风，深化农村精神文明建设。制定《推动移风易俗、树立文明乡风，深化农村精神文明建设的实施意见》（吕文明委发〔2017〕13号），下发各县（市、区）、市直各有关部门贯彻落实。按照党的十九大确立的乡村振兴战略中产业兴旺，生态宜居，乡风文明、治理有效、生活富裕的总要求，以乡风民风美、人居环境美、文化生活美为目标，突出党员干部率先垂范，突出群众自觉参与，突出各司其职、通力协作，突出机制保障、常抓不懈，加强乡风民风家风建设，形成崇尚文明、勤俭节约的良好风尚，为塑造新时代吕梁美好形象提供良好的社会道德环境。开展十星级文明户、文化广场、集贸市场等创建活动，在“十三五”时期分步推进实施文明村镇创建达标。坚持文明创建与脱贫攻坚结合起来，开展好儿媳、好公婆、好邻居、好妯娌评选活动，开展孝老敬老、勤俭节约、禁毒禁赌、移风易俗教育，倡导家庭和睦、守望相助的文明风尚，倡导现代文明理念和生活方式。在乡镇、村（社区）层层推出身边好人，层层设立善行义举榜，培育新乡贤文化，健全完善村规民约，建设文明乡风。组织开展了全市农村精神文明建设工作调研活动，形成了调研报告。

【先进典型的申报推荐测评】

2017年，吕梁市文明委严格按照标准，推荐复查国家级先进集体4类16个；推荐2016—2017年度山西省群众性精神文明创建活动先进集体9类113个；配合省文明办对所推荐的省级各类先进集体进行了测评验收。市文明办组织了对7类279个申报2016—2017年度吕梁市精神文明创建活动先进集体的测评验收。文明单位创建进一步加强了“六个一”（即一堂：开办道德讲堂；一队：学雷锋志愿服务队；一牌：“道德守礼”温馨提示牌；一桌：“不剩饭、不剩菜”的文明餐桌；一网：组建网络文明传播志愿服务小组，传播正能量，争做文明人；一榜：设置“善行义举榜”）建设，树立先进典型。

【未成年人思想道德建设】

2017年，吕梁市深化主题活动。各中小学校紧紧围绕培育和践行社会主义核心价值观这一主题，结合实际开展主题团日、宣讲报告、演讲赛、上团课等活动；利用微博、微信等新媒体，在中小学校园内发布有关文字、图片、视频等宣传资料，努力营造认知、认同、践行社会主义核心价值观的浓厚氛围。开展“我的中国梦”主题教育实践活动。组织清明网上祭英烈、“六一”学习和争做美德少年、“七一”童心向党歌咏活动、“十一”网上向国旗敬礼活动。在中小学校开展“洒扫应对”“认星争优”“日行一善”“文明小博客”等主题活动。

组织开展中华经典诵读活动。接受省文明委对吕梁市未成年人思想道德建设工作测评，组织了全市未成年人思想道德建设工作测评。推荐评选第一届全国文明校园，吕梁市1所学校入选。组织推荐评选山西省第四届“美德少年”，吕梁市3人入选。

课外阵地建设。建好、管好、用好乡村学校少年宫建设项目。制定出台《吕梁市乡村学校少年宫项目管理实施办法》，规范和加强乡村学校少年宫项目管理，提升农村未成年人思想道德建设工作水平；会同有关部门组织对全市2011—2016年度乡村学校少年宫建设运行情况的年度测评；组织推荐确定2017年度中央专项彩票公益金支持乡村学校少年宫项目学校9所，组织参加2017年度全省乡村学校少年宫承建学校校长培训班学习，组织参加2017年度全省乡村学校少年宫心理健康辅导员培训班学习。成立吕梁市未成年心理健康辅导中心，组织参加2017年度全省未成年人心理健康校外辅导员培训班学习，推动加强未成年人心理健康教育阵地和辅导员队伍建设，开展学校、社区心理健康辅导活动，加强青少年人文关怀和心理疏导，培育青少年健康向上的阳光心态。加强城乡特殊群体未成年人、农村留守儿童的教育管理服务。

净化社会文化环境。组织开展寒暑假期社会文化环境专项治理，重点加强网吧、电子游戏厅等游艺场所管理、优化网络环境、净化荧屏声频和少儿出版物市场和整治校园周边环境，集中解决了一批群众反映强烈、反复举报的突出问题和违法违规行为，确保未成年人度过一个安全、健康、快乐的假期。加强青少年网站、校园网站管理，维护青少年合法权益。集中开展“扫黄打非”行动，抵制低俗媚俗现象，持续营造良好的社会文化环境，促进广大未成年人健康成长。

（市精神文明建设指导委员会）

统战工作

【党委主要领导扛起主体责任】

2017年，吕梁市、县委主要领导调整后，及时调整了统一战线领导小组，市委常委会专题听取了统战工作汇报，市委李正印书记对“支持民主党派开展脱贫攻坚民主监督工作”作出重要批示；市委中心组专题学习《骆惠宁书记换届后在各民主党派负责人座谈会上的讲话》《加强新形势下宗教工作的实施意见》；统一战线理论政策纳入党校行政学院培训计划；各县（市、区）常委会专题研究统战工作都在2次以上，方山6次。统战工作纳入年度目标责任制考核范围，均占有一定分值。

【各级党组织统战委员设置工作】

2017年，吕梁市委统战部与市委组织部联合转发《关于对全省各级党组织中设置统战委员情况开展督查调研的通知》，通过督查，推动全市基层党组织统战委员设置工作取得明显成效。2017年年底，市直机关党组织590个，配备统战委员358名，配备率61%。13县市区党组织6826个，配备统战委员5542名，配备率为81%，其中：县直单位配备1423名，配备率69%，乡镇街道配备358名，配备率90%，行政村（社区）配备2987名，配备率93%，非公党组织配备774名，配备率78%。交城、文水、方山实现县、乡、村三级党组织中设置统战委员全覆盖。临县新任命副科级统战委员35名，全部选举成为县工商联执委。交城制定出台统战委员管理办法，方山县引导统战干部和基层统战委员捐赠27230元全部用于脱贫攻坚，中阳县在各乡镇、各系统、各单位都建立了统战工作办公室。

【思想政治引领】

2017年，吕梁市委统战部把加强党外人士的思想政治引领作为首要的政治任务。组织统一战线成员深入学习贯彻习近平总书记系列重要讲话精神，指导各民主党派组织开展“不忘合作初心、继续携手前行”等主题教育活动，各民主党派结合自身特色开展了内容丰富、形式多样的活动。民革、民进吕梁市委举办“不忘合作初心、继续携手前行”主题教育知识竞赛、书法笔会、读书会。民盟举办以“学先进、做榜样、比贡献”践行社会主义核心价值观为主体的培训会、“将改革进行到底”演讲比赛。交口县在党外代表人士中开展“同心同行、学跟共进”主题教育活动，开启“两大行动统领、两大活动深化、构建四个品牌”的统战工作新模式。通过主题教育的开展，引导各民主党派、无党派人士牢固树立“四个意识”，增强了“四个自信”，在思想上拥戴核心，在政治上维护核心，在行动上紧跟核心，更加自觉地在思想上政治上行动上与以习近平为核心的中共中央保持了高度一致。

着眼增强合作共事能力，举办各类党外代表人士培训班。3月，组织宗教界人士在省财政培训中心举办为期4天的培训班，学习习近平总书记重要讲话及全国全省宗教工作会议精神。部长秦书义和市政府领导李月勤出席会议并讲话。5月，市委统战部组织各民主党派骨干成员和县处级党外干部共70余人在井冈山进行为期5天的培训，针对民营企业家及其家属和社会人士开设了“幸福大讲堂”，进一步帮助非公人士树立正确的义利观、财富观、幸福观。联合市中小企业局、市委人才办、市工商联在广东、江苏等知名院校先后举办三期“民营企业创新转型高级研修班”。邀请市委市政府特聘专家、吴琼瑛女士开展吕梁市企业经营管理人员创新改革能力提升专题培训。组织企业家参加省工商联组织的民智、民需、民意金融服务民营企业转型升级策略会、全省年轻一代企业家理想信念教育等培训班和新技术、新趋势、新市场论坛，累计培训500余人次。县市区委统战部开展多层次、全方位的党外人士教育培训，累计培训50余期，近5000人次。

【统战基础工作】

2017年，吕梁市委统战部

坚持和完善中国共产党领导的多党合作和政治协商制度，促进政党关系更加和谐。落实《吕梁市政党协商的实施意见》，制定协商计划，组织召开各类协商会、通报会、座谈会，引导民主党派和无党派人士深入调查研究，建言献策；民主党派换届平稳有序。按照省委统战部的安排，注重把规范操作贯穿换届工作的全过程，先后制定出台3个《工作纪要》，确保换届工作风清气正。在新一届民主党派领导班子中均安排1名1973年以后出生、全日制本科学历的副主委，使党派班子结构更优、梯次更合理、特色更凸显。协助各民主党派市委会建立健全主委、驻会副主委、秘书长职责分工和主委办公会、市委会（常委会）等工作制度，指导各民主党派基层组织换届工作圆满完成；做好党外干部配备工作，继续推进党外干部“育苗工程”，围绕打牢发现储备基础，抓住教育培训这个关键，抓好使用安排这个重点，有效推动了党外干部选拔配备。2017年提拔交流党外干部8名，其中政府部门安排党外县处级正职2名，分别是市中小企业局局长和林业局局长，市政协安排1名党外副秘书长。依据省十二届政协委员推荐提名工作的总体要求、基本原则和提名程序，制定推荐方案，在充分协商、广泛征求意见和严格考察的基础上，提出吕梁市10名非中共委员人选，经市委常委会研究决定后上报省换届办。

【宗教管理】

2017年，吕梁市委统战部认真贯彻落实全国全省宗教工作会议精神。市县两级重新调整市宗教工作协调领导组，召开宗教工作会议，进一步建立完善县、乡、村三级宗教工作网络，实现宗教管理工作全覆盖。维护宗教领域安全稳定。市民宗局出台《民族宗教领域矛盾隐患风险排查意见》，完善《吕梁市民族宗教突发公共事件应急预案》，建立各县市区民宗局民族宗教矛盾隐患月报告制度，与宗教代表人座谈制度，排查整治工作台账，实行领导挂牌销号制度，确保民族宗教领域矛盾纠纷及安全风险隐患早发现、早处置。开展民族宗教大排查大调研，对13个县（市、区）208处宗教活动场所进行排查调研，对梳理汇总涉及5个方面64个问题逐一进行跟踪整改。加强宗教人士的教育培养。市民宗局牵头组织各县（市、区）宗教工作干部、天主教教职人员、爱国会负责人赴长治、安阳、临沂进行5天的外出学习考察。先后举办天主教和基督教教职人员培训班2次，佛教、道教培训教职人员培训班2次，开展佛教、道教讲经交流会3次。开展“宗教道德讲堂”。围绕习近平总书记系列讲话及全国全省宗教工作会议精神、宗教政策法规、教规教义举办了知识竞赛。支持宗教团体自身建设。中阳县成立“中阳县宗教团体管理中心”，增加编制4名。汾阳市争取资金130余万元完成天主教堂的修缮工作。加强少数民族流动人口管理，汾阳市民宗局会同山西医科大摸清辖区内的少数民族人口底数。做好海外联谊工作，汾阳市成立归国华侨联合会，指导孝义市侨联圆满完成了换届，争取省海外联谊会在中阳县建设10所海联新农村卫生室。

【党外知识分子统战工作】

2017年，吕梁市委统战部制定出台“学先进、做榜样、比贡献”主题活动方案，在交城召开动员会议进行安排部署。县（市、区）依托党外知识分子联谊会创新活动载体，开展一系列富有成效的活动。兴县举办党外知识分子先进事迹报告会，出版《筑梦同心圆》——兴县党外知识分子风采录；方山、汾阳组织党外知识分子开展参观调研、专题培训、扶贫捐赠活动；孝义组织党外知识分子开展科普活动；中阳县开展诵读会等。通过各种形式的活动，广泛凝聚了正能量。

【新的社会阶层人士调查摸底】

全省新的社会阶层人士基本情况调研工作启动以后，吕梁市委统战部积极响应，在市、县、乡、村四级齐心努力下，圆满完成调查摸底任务。共完成入户调查问卷1044份，特征问卷446份，超额完成问卷46份。市委办公厅制定出台《关于加强新的社会阶层人士统战工作的实施意见》，对吕梁市新的社会阶层人士统战工作提出新的要求。市委统一战线工作领导小组印发《吕梁市新的社会阶层人士统战工作联系会议制度》，明确联系会议成员单位、主要职责、主要内容、工作原则等。12月29日，召开新的社会阶层人士统战工作会议，对全市新的社会阶层人士统战工作作出了安排部署。兴县统战部组织新的社会阶层人士去乡镇主动开展了“一帮一”“一联多”等结对帮扶行动43次，受助群众233人，受助资金总额达17.3万元。

【支持党外人士助力脱贫攻坚】

2017年，吕梁市委统战部各民主党派脱贫攻坚民主监督全覆盖。贯彻落实中央、省委统战部有关要求，市委统战部联合市扶贫开发服务中心制定《关于支持民主党派开展脱贫攻坚民主监督工作的实施方案》，6个民主党派分别对口6个国定贫困县，及时召开动员会议进行安排部署、培训指导。各民主党派结合特色优势，聚焦深度贫困中的重点难点问题和政策落实中的薄弱环节，以调研考察座谈等形式开展了有效的监督，形成调研报告，提出了切实可行的解决办法。党外人士通过《迎春座谈会》《政府报告征求意见座谈会》等形式，围绕脱贫攻坚、转型升级等方面，提出了50多条有价值的意见和建议。

【引导民营企业参与脱贫攻坚】

2017年，吕梁市委统战部开展“百企百村结对帮扶”精准扶贫行动，发挥民营企业“生力军”作用。全市201户民营企业结对帮扶294个建档立卡贫困村的近万个贫困户，有189户帮扶民营企业已经纳入全国工商联“万企帮万村”精准扶贫行动台账管理系统，数量全省名列前茅，涉及实施帮扶项目260个，投入2.16亿元，帮扶194个建档立卡贫困村36693人。交城县委统战部助力脱贫攻坚的“八大行动”成为全省乃至全国的品牌，异地搬迁工作接受了中央政治局常委、国务院副总理汪洋的视察，得到充分肯定。中阳县举办“决胜脱贫摘帽社会各界慈善捐赠晚会”，现场捐赠5372万元，全部用于脱贫摘帽。

推动汾阳、孝义、文水等非贫困县的民营企业参与临县、石楼、岚县县际扶贫工作；推动山西明坤科工贸、山西振东等12家市外知名企业以及吕梁市泰化集团、汇丰集团等15家全省有影响、有实力的大型民营企业与贫困县合作帮扶。通过开展产业合作、提供就业岗位、慈善公益合作、基础设施合作、科技人才合作等途径，助力吕梁市10个贫困县脱贫攻坚。

【助推吕商吕才回乡创业】

2017年，吕梁市委统战部实施“百千万人才工程”，召开“吕商吕才回乡创业创新座谈会”，市委书记李正印和市委统战部部长秦书义出席座谈会，诚邀吕商吕才将外面的先进理念和先进经验带回吕梁。有山东、辽宁、重庆山西商会以及晋中、太原等地的十几户吕梁籍企业家回乡创业，投资基础设施、观光农业、文化旅游、健康食品等项目，并取得了初步成效。文水县委统战部举办了“迎老乡、回故乡、建家乡”恳谈会，聘任首批近100名“文水县招商大使”，精心筛选了6个方面25个重点项目对外推介。离石区委统战部积极邀请山东省山西商会、山东青岛宝胧峰工贸有限公司，将韩国刺梨经果扶贫项目引进离石区田家会街道木问村，免费给80户农户赠送韩国刺梨苗木100亩3000余株，折合金额约5.4万元。

【“金秋光彩助学”开展】

2017年，吕梁全市93户非公企业，出资466万元，资助贫困学生1324人。累计508户企业，资助57所学校改善基础设施，资助19690余名贫困学生和优秀学子解决上学难的问题，投入资金达3.7亿元。交城县建立民营企业助力脱贫专项基金270万元，仅在金秋助学中就资助了40名贫困学生、资助资金18.3万元。

【“三基建设”】

2017年，吕梁市委统战部成立“三基”建设和效能建设领导小组，制定工作方案，制定“一目录三手册”，推动建立职能清晰、管理科学、权责明确、高效规范的工作运行机制。全面梳理和汇编部机关内部管理制度，全面推行岗位责任制、服务承诺制、首问负责制、限时办结制、A B岗制等32项制度、实行“工作职责上墙”“科室工作岗位责任统一标识牌”“工作人员去向标识牌”，促机关内部管理和日常工作规范化、制度化，有效提升工作的效率和服务质量。加强机关干部队伍建设。年内先后从县（市、区）、市直单位、统战系统经广泛推荐，综合考察确定了5名公务员选调对象，充实了工作力量；各县（市、区）也着力充实一线工作力量。临县、方山、中阳新增公务员，很大程度上解决统战工作干部紧缺的问题；政府支持力度加大，保证经费的投入，配置必要的设施设备，有效提高了合署办公的质量。石楼经费从5万元增长到40万元，交口县从6万元增长到20万元等。各县（市、区）统战部都新增办公桌椅、电脑、打印机等设备。中阳县各乡镇、各系统、各单位都建立统战工作办公室，制定统战委员工作职责和统战工作制度并全部上墙，建立金罗镇和教育系统两个统战工作示范点，推动全县基层统战工作有序开展。

【统战调研宣传信息工作】

2017年初统战举办全市信息员培训班，选派信息中心主任上挂省委统战部跟班学习，安排宣传调研信息相关科室负责人参加省委统战部举办的各类业务培训。县市区依托各自的资源禀赋，举办了专题培训、跟班学习等，有效地提升了干部的能力水平。全年在国家、省、市级刊物及互联网媒体上发表宣传稿件370余篇（件）。《山西统一战线》《山西统一战线网》登载和转载市稿件同比增长400%、150%。《吕梁统一战线》微信公众平台发布300余篇，点击量由去年的不足1万人次，上升到了3万余次。石楼拓展了宣传路径，创办《石楼统战》、门户网站、微信公众等。2017年市委统战部被中央统战部中国统一战线杂志社评为“中国统一战线宣传先进单位”；推荐上报省委统战部理论政策研究创新成果6篇、实践创新成果4篇，分别立项2篇。市委统战部牵头撰写的“弘扬优秀企业家精神，引导民营企业‘两个健康’发展”调研报告得到市委主要领导的认可，获省委统战部优秀调研成果一等奖；全年共编发《吕梁统战工作》191期，比2016年增加了66%。被中央统战部刊物《每日汇报》采用2条，实现了吕梁市近10年中央统战部信息刊物采用零的突破。被省委统战部刊物《每周汇报》采用71条，全省排名由第9位上升到了第3位。交口、石楼成立了统战信息中心，增加了人员编制。吕梁市信息直报点交城县和孝义市位居全省22个直报县前列，取得了全省第一和第二的可喜成绩。

（市委统战部）

政策研究

【推进全面深化改革工作】

高站位服务市委深改领导

小组。推动市委深化改革领导小组充实调整。经报市委同意，及时充实调整市委全面深化改革领导小组组成人员，并以吕干字〔2017〕7号文件下发，为推进全面深化改革提供了坚强的组织保障。制定出台改革工作要点。成立起草班子，在深入调研的基础上，起草《2017年吕梁市全面深化改革工作要点》，对6个方面48大项244项改革任务进行全面安排，为全市推进改革确立重点、指明方向。协调组织召开7次市委全面深改革领导小组会议。及时传达学习中央、省重大改革会议精神，审议通过《吕梁市生态文明体制改革实施方案》《吕梁市深入推进城市执法体制改革改进城市管理工作实施方案》《吕梁市深化县乡医疗卫生机构一体化改革的实施意见》等多个改革文件，印发会议纪要7期，编印吕办通报7期。创新改革信息报送。制定《吕梁市改革信息编发实施办法》，累计编发《吕梁改革信息》60期，已被山西改革信息采用9期，中央改革信息采用3期，信息采用量居全省首位。总结提炼改革成果。对2017年全市的改革成果进行了总结提炼，形成103项改革成果，编印《2017年吕梁市全面深化改革成果》。通过市领导、各县市区和市直有关单位的共同努力，截至11月底，年初确定的6个方面48项244小项改革任务，完成212项，占比87%；正在推进15项，占比6%，需要跨年度完成的17项，占比7%。其中，习总书记强调的12项民生工程改革、省委骆惠宁书记部署的4项重点改革成效显著，省考核吕梁市的5项重点改革任务全面完成。

全方位推进改革督察工作。配合省委督察组开展工作。2017年，省委改革办先后3次督察吕梁市全面深化改革工作，每次督察围绕会议座谈、实地督察、地方自查等形式展开，先后2次向吕梁市下达《督察意见反馈书》。针对反馈的内容，市委政研室认真梳理，列出问题清单、责任清单、整改清单，扎实整改。两次向省委督察组上报整改情况，得到给予肯定。做好吕梁市深化改革专项督察工作。根据市委主要领导的指示要求，先后对各县市区和市直重点单位进行2次全方位、多领域的改革专项督察。6月下旬，市委政研室抽调市直单位10人组成5个督察小组，对13县市区和28个市直部门进行了实地督察，形成《关于全市改革工作督察情况的报告》，并对县市区和相关单位提出整改意见。10月份，按照市委深改领导小组第8次会议要求，对各县市区以及承担改革任务的市直部门进行了全面督察，分5批次召集43个涉及改革部门，对照台账进度深入座谈，逐项分析研判，逐个提出整改意见，有力推动了全市面上改革工作。

推进“三合一”机构改革。按照7月25日市委全面深化改革领导小组第8次会议部署要求和《关于各市党委政策研究室加挂转型综改试验区工作领导组办公室牌子的通知》（晋编办字〔2017〕175号）精神，市委政研室于7月份启动市委政研室、改革办、综改办“三合一”机构整合工作。8月1日，市编委会议研究同意市委政研室（全面深化改革领导小组办公室）加挂国家资源型经济转型综改配套改革试验区工作领导组办公室牌子，把相关职能及5名行政编制一并整合划转至市委政研室，实行“一个机构、三块牌子”。13县市区“三合一”机构改革同步推进，划转了编制，选强配齐了人员，改革办主任统一由县级领导担任。市县两级改革办机构建设顺利推进。

长效化完善六项工作机制。建立领导分工负责的责任机制。由李正印书记和王立伟市长牵头抓总，6个方面48项改革任务都明确了责任领导、细化了责任单位，做到市级领导人人头上有指标、有任务，平均每名市级领导牵头14项改革。建立以改革推进措施清单为抓手的挂牌督办机制。围绕重点领域改革建立改革推进措施清单，明确责任主体，挂牌督办落实，形成以措施清单看落实、看作为、看成果的“三看”督办机制。建立“一月一督查”督察机制。省委、市委采取自查与督察、书面督察与实地督察、自主组织督察与积极配合省委督察相结合的形式，开展了5次改革督察，通过督察解决了一些改革的“中梗阻”问题，推动面上改革工作。建立五个层面抓改革台账。建立了市委全面深化改革工作总台账，市委书记、市长抓改革台账，市级领导抓改革台账，市直部门主要负责人抓改革台账，县市区党政主要负责人抓改革台账，形成“年初建账，年中查账，年底交账”的制度化改革推进格局。完善“一月一汇报”推进机制。形成县市区委书记、市直单位“一把手”一个月向市委常委会和市委深改小组汇报一次改革工作的常态化机制，确保党政主要领导把改革任务落实抓在手上。完善“一月一会议”研判机制。市委深改领导小组会议由两月召开一次调整为一月召开一次，加大改革专题研究力度和推动力度，对一些具有全局意义的重大改革，市县无缝对接、及时研究解决。

【组织开展大调研】

主动领题开展大调研。根据市委主要领导安排，市委政研室组成专门的写作班子撰写的《深度贫困地区绿色发展生态富民的“吕梁答卷”——岚县东口子村开展林业资产收益扶贫试点的实践与启示》调研报告，得到市委主要领导及各方面的充分认可；根据市委春季行动方案要求，围绕“改革系列配套措施”，以岚县“政府购买式造林”生态扶贫模式为切入点开展深入调研，形成市委主要领导《创新生态建设助推精准扶贫的脱贫机制》调研署名文章；围绕构筑亲清政商关系，形成市委李正印书记参加党的十九大专题材料《构建“亲清”政商关系 实现吕梁经济持久快速发展》；围绕春季行动，形成《春季行动扎实组织扶贫攻坚的思想自觉和行动自觉》；围绕夏季攻势，形成《把握方向 抓好落实 全心为民 进一步增强抓改革的思想自觉和行动自觉》，被吕梁日报刊发；根据市委统一部署，市委政研室一名副主任领题保持作风建设常态化大调研，形成《关于保持作风建设常态化的调研报告》，受到省委组织部的充分肯定；领题领导干部抓转型的能力和作风建设大调研，并撰写了调研报告。

牵头组织全市干部大调研。根据市委安排，市委政研室起草了《关于开展全市干部大调研的实施方案》，以“两办”名义下发；市委成立了市委干部大调研活动领导小组，办公室设在市委政研室，具体负责统筹协调大调研活动的整体开展。报送大调研简报2期、旬报2期，专题汇报吕梁市县两级党政主要负责人调研开展情况。市委政研室出台了机关干部大调研活动调研方案，三位处级领导干部已围绕工作重点，选定《进一步做好全面深化改革工作的调查研究与思考》《关于贯彻落实乡村振兴战略的建议》《关于发挥农村党组织在脱贫攻坚中战斗堡垒作用的调查研究》3个调研课题，目前正在开展调研工作。

组织县处级干部大调研。根据市委主要领导的批示，围绕省委骆惠宁书记对吕梁市提出的抓好“三件大事”要求，2017年的县处级领导干部调研以抓好“三件大事”为主题，并以市委制定下发《中共吕梁市委办公厅关于抓好“三件大事”专题调研的通知》。全市形成了一批高质量的调研报告，共收回136篇，其余县市区年底汇总完毕。

【《山区经济》办刊质量提升】

《山区经济》是吕梁市委主

要刊物。2017年，市委政研室围绕“三件大事”开展编发工作，共开设“脱贫攻坚”“转型之路”“从严治党”等栏目12个，全年编发《山区经济》6期，刊物栏目达到14个，编发相关文稿90余篇，提高了办刊质量，增强了刊物可读性。在提高刊物内容质量的同时，市委政研室改进封面图片、排版样式以及纸张类型，不断提高刊物的美观程度，发挥了市委主要刊物应有的宣传作用。

（市委政研室）

机构编制

【行政审批制度改革】

吕梁市编办继续加大简政放权力度，持续激发市场和社会活力。承接及时，落实到位。分四批及时落实和承接国务院、省政府四个批次取消、下放和调整的涉及吕梁市的行政审批等事项共47项，全部落实承接到位。量质并重，取放有力。围绕进一步推动开发区改革创新，增强开发区动力和活力，继续加大吕梁市行政审批等事项的取消下放和调整力度，向各县（市、区）人民政府和各省级开发区下放行政职权事项共16项。

推进市政府部门行政许可标准化建设，政府服务更加便捷化高效化。研究出台《加快推进市政府部门行政许可标准化建设工作方案》，围绕行政许可事项管理、流程、服务、受理场所、监督检查“五个方面规范”的要求，全面规范行政许可行为，提高审批效率，改进服务水平。

建立健全权责清单制度体系，进一步规范行政职权运行。为确保“两清单、两张图”落地生效，初步建立清单化、法制化、常态化的权力运行制约制度体系，制定出台《吕梁市政府部门行政职权运行监督管理办法》以及转发《山西省政府部门行政职权动态管理办法》。同时，对25个市直相关部门的359项行政职权事项集中进行动态调整。

全力开展减证便民专项行动，最大程度做到利企便民。制定方案，及早安排部署。在前期深入调研的基础上，制定出台《开展减政便民专项行动工作方案》，方案明确了两大任务，就是要加快清理审批前置申请材料，大幅清理削减行政审批事项相关证照年检和与之挂钩的政府指定培训，最大限度减少审批要件和办事条件。精心组织，全面推进落实。组织召开了全市减证便民专项行动工作推进会，印发了《减证便民专项行动工作手册》，进一步明确了工作范围、标准和要求等，特别邀请省审改办胡兴才处长对市直53个部门分管领导、牵头科室负责人以及13个县（市、区）的编办主任、法制办主任、政务大厅负责人进行专题培训，为全面加快推进减证便民专项行动提供了强有力的保障。严格审查，及时公布运行。为确保清单规范完整、依法合规，市编办组织专门力量依法对部门报送的清理意见进行审核，逐项提出保留、取消或延长审验周期等意见。对保留的清单目录，在市政府门户网站和市编办网站向社会公布，凡未列入清单的事项，一律不得再组织实施，一律不得作为行政审批的受理条件。

【重点领域体制改革】

吕梁市编办推进纪检监察体制改革，全力保障全面从严治党需要。按照“编随事走、人随编走”的原则，将原市检察院35名政法专项编制、4名全额事业编制连人带编调整到市纪委及其所属事业单位，并按程序从快办理转隶手续，按要求将市县划转政法专项编制上报省编办审批备案，确保市监委人员力量及时到位，各项业务工作无缝对接。拟定市纪委（市监委）“三定”试行方案，明确了组织架构、优化了职能配置，形成内设机构既相互协调又互相制约的工作机制。全力配合推进纪检监察全覆盖，统筹考虑原有驻在机关和新派驻机关的编制情况，共抽调派驻纪检监察组所需编制157名，设置市级派驻纪检监察组26家，顺利完成了改革各项工作任务。

推进综合执法体制改革，构建统一权威高效执法体制。成立了由政府主要负责人负责的综合行政执法体制改革领导小组，办公室设在编制部门，负责组织协调本地区体制改革工作。对吕梁市执法队伍、执法事项及机构设置、人员编制、领导职数等事项进行了多次摸底调查，充分征求相关部门意见，经反复论证修改形成切合吕梁市实际的改革方案，经省编办批复后，以市委、市政府名义印发。督促指导各县（市、区）制定改革方案并抓好组织实施，配合各主管部门推进十大领域专项改革，及时批复城市管理体制改革、文化综合执法改革等涉及的机构编制调整事项。

探索市场监管体制改革试点，打造权威高效的市场监管队伍。2017年7月，吕梁市被省政府确定为市场监管体制改革试点。为确保改革平稳推进，市编办把制定既符合政策要求、又充分切合吕梁实际的改革试点方案作为一项重大课题，多次与省编办沟通请示，3次召开座谈会征求意见和建议，2次赴有关县市区调研，多次向市领导汇报改革进展情况，在充分了解吕梁市市场监管体制机制的基础上，研究制定了适合吕梁市经济社会发展实际的改革方案。涉及改革的工商、质检、食药监三个部门人员多，经费形式多样、机构设置不同，为确保改革平稳过渡，市编办严格按照上级改革意见进行机构调整设置的同时，向省编办争取政策倾斜支持。省编办批复吕梁市市场监管部门机构编制和领导职数事项。

继续做好事业单位分类改革，激发社会公益事业内部活力。根据全省事业单位分类改革的统一安排部署，在完成对吕梁市第一批事业单位的分类批复工作的基础上，进一步严格事业单位管理，推进承担行政职能类事业单位和生产经营类事业单位分类改革工作。根据省编办下发《关于市县承担行政职能类事业单位分类批复工作有关事项的通知》，明确了事业单位登记管理、动物卫生监督、道路运输管理、公路（路政）管理、移民管理5类机构划入承担行政职能类事业单位。及时批复了市直相关部门行政职能类事业单位，重新调整了部分省编办不予认可的行政类事业单位。按照全省生产经营类事业单位改革精神，在摸清市级生产经营类事业单位现有人员编制情况下，冻结市县生产经营类事业单位人员流动。

做好开发区管理体制改革，努力推动经济转型取得新成效。大力支持推动开发区改革创新发展，配合理顺吕梁市开发区管理体制机制，通过多次与省编办沟通协调，争取批复了山西孝义经济开发区管委会、山西交城经济开发区管委会、山西文水经济开发区管委会、汾阳杏花村经济技术开发区管委会、兴县经济技术开发区管委会5个省级开发区管理机构。督促指导各相关县市科学制定开发区管委会“三定”规定，以政府文件明确开发区管委会主要职责、内设机构和人员编制等事项，大力向开发区简政放权，为开发区正常运行提供体制机制保障。对于还未设立省级开发区的其余县（市、区），市编办大力协助商务部门做好申报设立工作，根据市编委指示及时制定出台了支持开发区建设的相关政策，优先批准各县市区成立正科级的开发区筹备机构。

理顺全市旅游景区管理体制，增强旅游产业核心竞争力。新组建吕梁市旅游发展委员会，挂吕梁市文物局、外事侨务办公室的牌子，明确了旅游行业管理职能，优化了机构设置、加强了人员编制力量。调整理顺了吕梁市旅游管理权限，将晋绥边区革命纪念馆、碛口风景名胜区管理中心分别下放兴县、临县政府管理，5个市级景区的一把手分别由各县县长兼任，明确了景区建设管理的主体责任，为吕梁市旅游业全面健康发展奠定坚实基础。支持吕梁市3个旅游重点县市（汾阳、方山、交城），通过撤并或挂牌等形式在政府机构限额内组建旅游开发管理机构，明确旅游行政管理职责。

持续深入推进其他重点领域和关键环节体制改革。完成市委政研室（市委深改办、市转型综改办）“三合一”调整，及时调整修订部门“三定”规定，明确实行“一个机构、三块牌子”管理，加强市委对全面深化改革和转型综改的集中领导。推进司法体制改革，按照全省司法体制改革统一安排部署，严格审核市县法检两院编制、职数、内设机构、实有人员等信息，积极稳妥解决法检两院存在的历史遗留问题、超编人员，按时完成吕梁市法检两院机构编制和人员上划上划省级统一管理工作。推进群团体制改革。调整设置吕梁市群团机关职能、优化机构设置、加强了人员编制，分别为临县、交城县、石楼县各增加1名行政编制，为市妇联成立家庭和儿童指导服务中心、为市总工会成立了宣传信息中心，重新修订团市委“三定”规定，为群团改革提供有力的机构编制保障。配合推进医药卫生体制改革。各县（市、区）全部组建了公立医疗集团，明确了县乡公立医疗机构统一由医疗集团管理，在保持乡镇卫生院现有编制总量不变的前提下，可根据实际情况适当调整乡镇卫生院的编制。探索推进法人治理结构，进一步优化医疗集团组织结构，激发了医务人员的工作积极性。

【机构编制管理】

吕梁市编办机构编制监督检查成效显著。进一步严格机关事业单位机构编制管理，对市直编制长期空缺的事业单位，对职责相近、设置重复的事业单位进一步整合、精简，严格贯彻执行工勤人员编制、自收自支事业编制只减不增政策。严格规范领导职数的核定和使用，严格执行控编增人制度，严格审核招录计划，实有在编人员数量总体趋于稳定。完成省下达的2017年度全市核减事业编制总量1%的任务，市直共核减事业编制270名，县级共核减事业编制1813名，圆满实现省编办下达的连续3年核减2012年底编制总量5%的总目标，确保实现本届政府任期内财政供养人员只减不增。

事业单位监管不断加强。全面贯彻落实统一社会信用代码制度，为市直311家事业单位赋码并免费换发新版“事业单位法人证书”、81家行政机关及群团机关赋码并发放了“统一社会信用代码证书”。保质保量完成事业单位法人年度报告报送和公示工作，事业单位法人年度报告报送和公示237家，报送率为93%。严格事业单位登记管理，严格执行设立登记（备案）、变更登记、注销登记、证书补领等各项登记程序，加强对登记事项的监督管理，2017年度事业单位设立登记12家，变更登记87家，证书废止后重新申领13家。加强部门联合，实现信用信息共享，全年共向发改委社会信用体系建设平台推送事业单位新的登记事项或严重失信行为信息73条。

机构编制信息化管理水平持续提升。着力健全机关保密制度，完善保密防护措施，扎实做好机构编制实名制管理系统的日常更新和维护，确保实名制系统安全稳定运行。开展机构编制涉密信息系统分级保护测评基础工作。推进政务和公益机构中文域名、机关事业单位网站开办审核和资格复核工作，2017年，全市共注册中文域名3217个，注册覆盖率达113%，党政机关挂标网站157个。

【“三基建设”】

2017年吕梁市编办承担全市“三基建设”中的基础工作建设，工作开展以来，市编办把推动基础工作全面进步作为加强“三基建设”的重要内容，以实现标准化规范化精细化管理为目标，突出对标一流，坚持务实管用编制“一目录三手册”，扎实推进基础工作。印发《关于党政群机关事业单位制定基础工作目录和工作运行流程图的实施方案》《吕梁市党政群机关事业单位基础工作达标实施方案》。召开全市“三基建设”基础工作培训会，就基础工作主要工作任务和工作方法，对全市13个县（市、区）三基办负责人、编办主任和综合科科长，以及172个市直党政群机关、企事业单位负责“三基建设”的分管领导和办公室主任共计400余人进行培训，对基础工作在全市全面推开提供了指导、打牢了基础。针对全市基础工作进展缓慢、内容质量参差不齐等问题，会同市委“三基建设”领导小组办公室、市直工委对各县（市、区）和市直党政群机关、企事业单位的基础工作进行专项督查，进一步推动基础工作标准化、科学化、制度化。四是按照《基础工作达标实施方案》的工作要求，在自查评估的基础上，严格审核各单位“一目录三手册”，并提出整改意见。12月13日至14日，全省“三基建设”观摩会在吕梁召开，省委常委、组织部长吴汉圣带领全省各市、县（市、区）“三基建设”领导小组办公室主要负责人共120余人对孝义市、离石区“三基建设”进行了实地观摩。

（市编办）

直属机关工委

【思想政治建设】

吕梁市直机关工作委员会推进“两学一做”学习教育常态化制度化和开展“维护核心见诸行动”主题教育。各级基层党组织强化领导、认真组织实施。市直590多个基层党组织，26000多名干部职工参加学习，各级党组织书记讲专题党课782次，党员干部撰写学习心得体会22300多篇。利用互联网平台报送学习内容1671条，编发简报617篇。连续6期“两学一做”网上知识竞答累计参加30多万人次。发放《习总书记在山西》专题片、《习近平的七年知青岁月》《习近平总书记的成长之路》等学习资料1.7万余册。学习教育和主题教育健康有序开展。

发挥党员领导干部带头示范作用。各单位中心组坚持“每月两学”，以上率下，采取个人自学与集中学习相结合，系统学习与专题研讨相结合，理论学习与实践学习相结合等方式，主要领导干部亲自撰写理论文章249篇、辅导宣讲163次，推动形成良好学习氛围。

学习宣传贯彻习近平总书记视察山西重要讲话精神。按照省委和市委的部署，及时组织市直机关党员干部集中观看“习总书记在山西”专题片，学习习近平总书记视察山西重要讲话和在深度贫困地区脱贫攻坚座谈会上的讲话精神。党员领导干部带头学、带头讲、带头交流，班子成员亲自撰写心得体会426篇。组建35个宣讲团，在46个单位宣讲76场次，直接受教育党员2334人。组织习近平总书记视察山西重要讲话书面知识测试，党员参与测试率达98%，把学习总书记视察山西重要讲话引向深入。

学习宣传贯彻党的十九大精神。党的十九大召开以来，按照市委部署，及时印发了《关于印发〈市直机关学习宣传贯彻党的十九大精神的实施方案〉的通知》，安排部署市直各级基层党组织开展“十个一”为主要内容的系列学习宣传贯彻活动。累计发放《党的十九大报告》、新修订《中国共产党章程》、《党的十九大报告学习辅导百问》、《十九大党章修正案学习问答》等学习资料40000余本。成立市直机关十九大精神宣讲团，进单位、进社区、进农村、进学校、进企业宣讲435场次，16500余名党员干部参加知识测试，掀起全面学习宣传贯彻党的十九大精神的高潮。

【“三基建设”】

吕梁市直机关工作委员会完善基层党的组织机构。狠抓基层党组织的换届选举工作。全年新成立党委2个，党总支2个，党支部4个，新进入党委一个。共有6个党委、11个党总支、17个党支部进行了换届改选工作，有2个党委、8个党总支、2个党支部进行了增补委员工作。整顿后进基层党组织。年初，出台《关于整顿软弱涣散机关党组织的实施方案》，对选定的13个市直机关软弱涣散党组织进行整改，并对这些基层党组织的负责人进行了多次谈话，共同商讨摆脱现状的方法和思路，针对党组织班子配备不齐、党组织书记不胜任现职、班子不团结、对党员疏于管理、信访矛盾集中、无党员活动场所、党组织服务意识差等问题进行了分析研究并拿出整改办法，对一些不积极工作的党组织负责人进行了诫免谈话。市直机关的软弱涣散党组织已基本上摆脱后进支部行列进入正常。

规范基层组织生活制度。出台了《关于落实“三会一课”制度的实施方案》，市直各级基层党组织严格按照《方案》要求，每季召开一次党员大会，每月召开一次支部委员会和党小组会。党员领导干部讲党课形成常态，主要领导干部讲党课167次，副县级领导干部讲党课569次，科级党员干部讲党课782次。各级基层党组织不断丰富党课内容，创新党课形式，到市内红色教育基地、下乡帮扶点、基层一线等实地开展情景党课487次。

严格落实党员发展管理工作。严格发展党员程序，抓好发展党员入口关。按照发展党员十六字总要求，认真落实《发展党员工作实施细则》，做好发展党员工作。全年共确定入党积极分子385名，有180进行了党的基本知识的培训考试，发展新党员116名。共有113名预备党员进行了转正。加强党员管理工作，建立起市直机关党组织和党员信息库。2017年，工委组织部在原来收集信息的基础上重新进行信息采集，从6月开始至8月底，市直机关22个党委、48个党总支、520个党支部、10782名党员的信息采集经过整理校核专人进行了电脑录入，市直机关的党组织和党员信息库建成并开始投入使用，增强了市直机关工委对市直机关党员和党组织的管理工作。加强对党员党费的收缴管理和使用工作。按照市委组织部的要求，2017年在收缴党费上采用各单位先将党费交在工委的党费账上，然后到工委组织部凭票换党费收据，同时将党费收缴花名表报组织部。各单位党组织把从2008年以来的党费按标准重新进行了核查和补缴，全年共收补缴党费253.9万元，上交市委组织部101.6万元，其余部分严格按照中组部关于党费使用的规定逐一进行统一发放，主要是用于扶贫攻坚、建立基层党员活动场所、培训党员、慰问和救助党员等。

“讲帮树”主题活动效果显著。出台《关于在市直机关开展“讲帮树”主题活动，助推打赢脱贫攻坚战的实施方案》，成立宣讲团在市直十大口巡回宣讲脱贫攻坚政策、脱贫攻坚故事，掀起宣讲团巡回讲、单位主要领导干部带头讲、包村领导示范讲、下乡工作队员轮流讲、第一书记经常讲的脱贫攻坚宣讲高潮。市直机关140个基层党组织和扶贫包村党支部结成对子；8433名在职党员与贫困户结成6323个对子；落实帮扶措施13168项；组织市直机关为深度贫困群众捐款170余万元，有力助推了脱贫攻坚工作。

主体班次专题培训起到示范作用。全年组织了145名基层党组织书记参加的支部书记培训班，180名入党积极分子参加的积极分子培训班，63名党委总支书记参加的井冈山党性提升培训班和150名新进基层组织班子参加的支部委员专题培训班。有效提升了党员干部服务中心工作和服务改革发展大局的能力。

开展党性教育锤炼活动。主题党日活动特色鲜明。转发市委组织部《关于在全市基层党组织建立"主题党日"制度的通知》，519个基层党组织每月固定一日为主题党日，采取党员点题、领导领题的方式，活动前充分准备、活动中严密组织、活动后认真总结，开展主题明确、内容丰富、特色鲜明的主题党日活动，党员干部参加了主题党日活动累计达到54000多人次。各级党组织结合学习宣传贯彻党的十九大精神，开展以"弘扬红船精神"为主题的党日活动，重温入党誓词，回忆光辉历程，坚定理想信念，将学习宣传十九大精神引向深入。党内组织生活异彩纷呈。组织不忘初心、继续前进纪念建党96周年"7+1"系列活动。举办"维护核心见诸行动"纪念建党96周年表彰大会暨老干部文艺展演和"不忘初心继续前进"诗（词）联文有奖征集等大型活动；表彰29个先进基层党组织、111名优秀共产党员和41名优秀党务工作者。各级党组织普遍开展党员慰问、表彰奖励、知识竞赛、演讲比赛、红歌合唱等形式多样的纪念活动。在职党员进社区反响良好。下发《关于开展市直机关在职党员到社区报到工作的通知》，有6300余名党员到社区报到，开展志愿服务活动，为基层群众释疑解惑、排忧解难。

【党风廉政建设】

吕梁市直机关工作委员会党建主体责任层层落实。与市直机关146个基层党组织签订《市直机关基层党组织2017年党建工作清单》，把党建工作目标任务落实到基层，落实到人头。

全面开展廉政教育。按市纪委安排，组织市直党群口43名县级以上干部集中阅看《忏悔录》；对市直党群口各部门、单位行使公权力公职人员进行统计，并及时报送市纪委。

强化监督检查。纪工委紧盯节假日节点，运用明察暗访、抽样调查、专项督查等办法，对市直机关执行"八项规定"、纠正"四风"、特别是公务用车、婚丧嫁娶、三公经费使用等情况进行专项督查检查，发现并上报市纪委监委案件线索4条。召开市直机关作风纪律整顿专题民主生活会，"拖懒散"等机关病得到遏制。按照干部管理权限，先后对涉及提拔使用、评优评先、选拔出席省党代会代表、聘用市检察院人民监督员等，共65名科级干部进行了廉政审查。对市纪委监委、市委组织部转来各类案件线索6条，核查2条，对市直机关两名党员给予党内严重警告处分。

通报约谈形成机制。坚持一事一通报，累计8次对基层组织"讲帮树"、在职党员进社区、组织关系集中排查等专项活动进行了通报；坚持一会一通报，累计13次对工委组织的党建工作会议和培训参会情况进通报；坚持党建约谈制度，对没有按要求召开民主生活会的10个基层组织和13个软弱涣散基层组织负责人进行了约谈。

巡察整改立说立行。落实市纪委关于巡视巡察督查整改回头看的部署，各级基层组织结合实际制定整改清单、问题清单、责任清单，以问题清单为导向，一件一件抓整改，一件一件抓落实。工委梳理8个方面的问题清单，并制定整改清单和责任清单，做到解决一个问题，堵塞一个漏洞，完善一个制度，立下一个规矩，形成一套比较完整的机关党建工作制度体系。

【精神文明建设】

吕梁市直机关工作委员会大力培育和践行社会主义核心价值观。2017年年初，印发300多份《在全市广泛开展"推动移风易俗、树立文明乡风"活动倡议书》，号召广大机关党员干部带头践行社会主义核心价值观，带头除陈规、改陋习，携手重塑我市乡风民俗。组织开展全国志愿者信息注册工作，有72个单位的5722名党员进行注册。

深入推进基层文明创建活动。2017年是文明单位申报年，按照文明创建整体部署，组织开展省级、市级和市直文明单位创建，共有59个单位申报市级文明单位，经工委会议研究，向市文明办推荐48家；74家单位申报市直文明单位，推荐15家单位参评省级文明单位，5家参评国家文明单位。各单位健全机制，开展活动，营造机关文化氛围，显著提升了机关精神文明水平。

加强职工思想政治工作。开展“读书月”活动。工委下发《关于在市直机关开展第二届“读书月”活动的实施方案》，向广大机关党员推荐《习近平总书记系列重要讲话读本（2016年版）》《习近平关于严明党的纪律和规矩论述摘编》等30本优秀图书，围绕“读与悟”主题，开展读书征文活动，畅谈阅读的收获与感悟。4月23日“世界读书日”之际，市直机关各级党组织以“爱阅读、乐分享”“推荐一本好书”“互联网＋阅读”等主题，组织演讲、朗诵、座谈、讲座、赠书等丰富多彩的系列活动，营造浓厚氛围，掀起“读书月”活动的高潮。举办道德讲堂。切实把道德讲堂作为传播核心价值观、提升机关文明程度的重要抓手，邀请身边的道德模范、先进工作者等走进讲堂，现身说事，传播正能量，进一步提升机关干部职工的思想道德修养和文明素质。市直机关“道德讲堂”举办21期。

（中共吕梁市直机关工作委员会）

老干部工作

【晋办发28号文件精神学习宣传贯彻落实】

2017年，省委办公厅《关于进一步加强和改进离退休干部工作的实施意见》（晋办发〔2017〕28号）印发后，市委常委、组织部部长秦书义作出批示：“根据吕梁实际研究贯彻落实意见，切实加强全市离退休干部工作。”吕梁市将学习贯彻落实晋办发28号文件精神作为当前一项重要任务，作为推进“两学一做”学习教育常态化制度化、开展维护核心见诸行动主题教育的一项内容，认真组织学习，准确领会文件精神。市县老干部工作部门采取座谈研讨、集体学习等多种形式组织学习60余场次。市老干部局组织全体工作人员学习研讨，人人撰写心得体会，提出了贯彻落实的意见建议。在此基础上形成了对条件成熟的党费全额下拨和党组织书记工作补贴的落实意见，经市委组织部部务会议研究后，印发了《关于离退休干部党组织党费全额下拨和给予党组织书记工作补贴的通知》（吕组通字〔2017〕51号），对全市离退休干部党组织党费全额下拨和给予离退休干部党组织书记每月不低于100元的工作补贴，所需经费由各单位在返还党费或党组织工作经费中统筹安排。同时，研究制定《市直单位离退休干部党支部书记工作补贴发放的暂行办法》和《市直单位离退休干部党支部工作经费管理使用办法（试行）》，离退休干部党组织经费保障机制真正落到实处。

【离退休干部政治待遇落实】

2017年，吕梁市委老干局坚持市委、政府主要领导向老干部通报情况制度、重大决策征求意见制度和老干部工作报告制度。2017年1月，在全市干部大会上，市长王立伟向老干部们传达省“两会”精神，通报全市2016年经济社会发展情况。2月，王立伟主持召开《政府工作报告》征求老干部意见座谈会，5名老领导参加座谈并提出意见建议。6月，召开组织工作情况通报会，市委组织部常务副部长郭红波向老干部通报上半年全市组织工作情况。年内，市、县两级召开情况通报会35次，市县人大、政协及党委工作会议都邀请老干部代表参加。春节期间，市、县两级普遍开展走访慰问老干部活动，市四大班子领导带队走访慰问地级老干部及遗孀。在春节、七一、重阳节等重大节点全市走访慰问离退休干部15384余人次，发放慰问金、慰问品281.24万余元。

【离退休干部思想政治建设】

2017年，吕梁市委老干局推进离退休干部党员“两学一做”学习教育常态化制度化、开展维护核心见诸行动主题教育。转发省委老干部局《关于推进离退休干部党员“两学一做”学习教育常态化制度化、开展维护核心见诸行动主题教育的意见》，市县和各单位根据离退休干部党员实际，制定实施方案、工作措施，扎实开展了各项活动。在吕梁老干部工作网站、“吕梁老干部之声”微信公众号开设主题教育专栏，及时发布市县离退休干部开展主题教育情况，为老同志参加学习提供便捷平台。孝义市组织编辑出版《不忘初心》，收录《不忘初心—我的入党故事》等老干部“两学一做”体会文章63篇。组织引导老干部学习宣传贯彻中共十九大精神。党的十九大召开后，及时转发省委老干部局《关于全省离退休干部和老干部工作部门深入学习宣传贯彻党的十九大精神的通知》。市县两级老干部工作部门把组织广大离退休干部学习宣传贯彻党的十九大精神作为首要政治任务来抓，认真安排部署，创新学习载体。各县市区和市直各单位及时为老干部购买发放《中国共产党章程》《十九大报告》《党的十九大报告学习辅导百问》等学习资料。11月15-17日，举办全市离退休干部党支部书记学习十九大精神培训班，120余名离退休干部支部书记和党员骨干参加培训学习，同时，印发《学习宣传十九大精神倡议书》，号召全市离退休干部认真学习宣传贯彻党的十九大精神，坚决做党的事业的维护者、时代精神的传播者、志愿服务的参与者和文明风尚的引领者。

【离退休干部党组织建设】

2017年，吕梁市委老干局协调推动建立离退休干部党(工)委。2017年年内，岚县成立了离退休干部党工委，目前未建立的5个县正在积极筹建。同时，借助全市大抓“三基建设”的时机，在有条件的县大力推进社区老干部党组织建设，仅离石区就建立了11个社区老干部支部，有效推动了退休干部党组织和社区党建的有效融合。召开了全市离退休干部党建工作经验交流会，交城、临县、汾阳、离石、孝义5个县市区介绍了离退休干部党组织建设方面的做法和经验，有力地推动了全市离退休干部党组织建设。组织7名老干部党支部书记参加全省离退休干部党支部书记示范培训班。在全省离退休干部党组织建设经验交流会上，孝义市作大会交流发言。召开了全市离退休干部红旗党支部、优秀党员表彰暨先进事迹报告会，表彰了15个离退休干部红旗党支部和43名离退休干部优秀党员，交口县桃红坡镇老干部党支部和兴县退休干部张花云、汾阳市退休干部田广进作了先进事迹报告，掀起了学先进赶先进的热潮。方山县离退休干部党委组织离退休干部党员开展“亮身份、作承诺、当先锋、树形象”活动，交口县双池镇老干部党支部制定《关于加强党的建设为交口县全面建成小康社会贡献力量的实施方案》，全市离退休干部党组织和党员积极助力脱贫攻坚和我市经济发展。

【离休费保障】

2017年，吕梁市委老干局督促市县对新调整的离休干部离休费、企事业单位离休干部抚恤金、生活补贴、取暖费、无工作配偶的遗属补助，以及享受省级离休干部医疗待遇的自雇费等政策性规定全部落实。转发《关于调整离休干部特需经费标准的通知》，将特需费标准由500元提高到1000元。配合市人社局为市直118名离休干部办理社保卡。全年为46名市营企业离休干部发放生活费342.62万元，为32名遗属发放遗属补助27.42万元，发放取暖费32.56万元。为48名市营企业老干部报销医药费104万余元。督促落实易地安置的10名离休干部公务费、特需费和市直5个单位离休干部政策待遇。

【医疗待遇保障】

2017年，吕梁市委老干局按照《关于完善省直单位离休干部医疗保障管理的通知》（厅字〔2016〕6号）和全省完善离休干部医药费保障机制推进会精神，督促市县进一步理顺离休干部医疗渠道，确保离休干部医疗待遇落到实处。转发省《关于提高生活长期完全不能自理的离休干部护理费标准的通知》，将标准由每人每月1000元提高到2500元，年底前全部按标准落实。2017年年内，组织市直140余名离休干部和副县级以上退休干部进行了体检，全市共组织14000余名离退休干部进行了健康体检。

【服务管理】

2017年，吕梁市委老干局及时转发省委老干部局《关于进一步规范离退休干部服务管理有关事项的通知》，各县市区和市直各单位按文件要求结合实际认真进行落实。加强信访工作的预防、调解工作，年内接待来访老干部90余人，答复老干部电话咨询事宜130余件，做到件件有回音，事事有落实，保证了全市离退休干部队伍的稳定。

【帮扶机制健全】

2017年，吕梁市市直和10个县市区建立完善了帮扶机制。2017年内，对市直单位4名特困离退休干部及离休干部遗属进行救助，发放救助金1.6万元。全市共救助特殊困难离退休干部398名，发放救助金34.01万元。

【学习活动阵地建设】

2017年，吕梁市老干部活动中心与老年体协共同投资100万元新建1800平方米乒乓球馆，扩大老干部活动场所，并投资20多万元对室内场所和门球场进行了修缮，优化了活动环境。临县新建老年大学投入使用，兴县新建老年大学主体完工。10月，召开了全市老年大学工作推进会，总结交流了全市老年大学建设的经验做法，推动了老年大学的发展。

【文体活动开展】

2017年，市委老干局组织市老干部活动中心文艺队两次走进社区演出，展示老干部精神风貌，赢得社区居民的一致好评。“七一”前，与市委组织部、市直工委联合举办“维护核心、见诸行动”纪念建党96周年表彰大会暨老干部文艺展演，组织老年大学300余名老干部表演了14个精彩节目，赢得市委领导、各部门及广大观众的赞誉。重阳节，组织举办“喜迎十九大 夕阳展风采”老干部健身展示和“喜庆十九大、欢歌重阳节”快闪活动暨书法、绘画、剪纸、摄影作品展，展示8个健身项目，表演了14个精彩节目，展出了反映吕梁中共十八大以来巨大变化的175幅作品。

（中共吕梁市委老干部局）

信访

【概况】

2017年，吕梁市走访、来信、网上信访总量（国家、省、市、县四级登记）15056件次34479人次，与上年同期相比，件次下降7.5%，人次下降10.7%。其中走访5523件次19242人次（包括到市上访1143件次、7915人次；赴省上访717件次、1976人次；进京上访1061件次、1678人次），占信访总量件次的36.7%、人次的55.8%；来信3655件次7126人次，占信访总量件次的24.3%、人次的20.7%；网上投诉5878件次8111人次，占信访总量件次的39%、人次的23.5%，网上信访“主渠道”作用进一步显现。共发生省委省政府门前非正常集体上访45批次1361人次，与上年同期相比，批次下降19.6%，人次下降45.4%。赴省进京越级走访1778件次3654人次，占信访总量件次的11.8%，人次的10.6%。国家、省市交办要结果案85件，办结85件，办结率100%。处置各类信访预警信息880余件次，全国、全省“两会”，“一带一路国际高峰合作论坛”，党的十九大等重要会议重大活动期间，未发生大规模聚集上访、极端恶性事件和因工作不到位引发的负面炒作。

【特殊疑难信访问题集中攻坚】

2017年年初，吕梁市制定出台《吕梁市级领导包处疑难复杂案件和接返劝返工作制度》《关于开展特殊疑难信访问题集中攻坚活动的实施方案》，对省交办的47件和市本级排查的52件特殊疑难案件，以责任书的形式全部交由市级包联领导和县市区、市直单位主要领导包案化解。同时，为了推动疑难信访问题彻底解决，市财政预算专项资金500万元，各县市区按照信访量大的县不少于300万，信访量小的县不少于100万元的标准配套专项化解资金。省交办47件案件，责任单位化解上报46件，化解率97.9%；市自行排查交办的52件信访案件，责任单位已化解上报48件，化解率92.3%。

【“重点信访问题源头化解”专项行动】

2017年，吕梁市紧紧围绕省委提出的问题得以解决、风险得以消除、人员得以稳定的工作目标，强化政策落实，狠抓三大领域重点信访问题源头化解，切实推动专项行动深入开展。

部分军队退役人员领域，涉军大走访活动走访到位。省安排走访的两批次“九类涉军人员”13218人，经核查吕梁市实际为12598人，全部走访完成；应安置未安置退役士兵安置工作到位。省下达的261名应安置未安置退役士兵和市自行排查的558名退役人员遗留问题，全部解决到位；待安置期间生活费落实到位。省下达得261人和市自行排查的不服从安置以及1999年以来已经安置但未落实待安置期间生活补助费的7410名退役士兵，共计发放生活补助费4496.7万元；重点对象包联到位。省、市共交办和各县市区自行排查的重点人员771名，经核实718人，全部落实了“五包一”稳控责任，发放了温馨联系卡；“两参”人员慰问到位。省下达“两参”慰问任务2643人，经核定吕梁市实际为2471人，已全部组织慰问，共发放慰问金123.55万元；困难退役人员帮扶到位。对已排查出的企业失业下岗军队退役人员和重点对象中的886人（户）生活困难人员，投入资金132.13万元进行了针对性帮扶；光荣牌匾悬挂工作到位。累计发放、悬挂光荣牌匾76718户。

企业拖欠社保领域，企业军转干部“大走访”按时完成。省下达211人，经核查吕梁市实际为164人，走访任务全部完成；下岗失业转业志愿兵（士官）社保费用和工资清欠到位。省交办吕梁市企业下岗失业军队退役志愿兵（士官）任务471人，经核查实际为274人，对其中的欠保欠薪人员全部清欠到位；企业下岗、失业转业志愿兵（士官）再就业工作到位。省交办吕梁市企业下岗失业军队退役志愿兵（士官）任务471人，经核查实际为274人，其中206名失业人员实现了再就业，组织培训下岗失业转业志愿兵（士官）76人。

城乡建设领域，省交办城乡建设领域重点信访问题1132件，占全省案件总数的18.5%，按要求建立了任务清单台账和责任清单台账，累计化解1118件，化解率 98.8%。

【信访整治】

2017 年，吕梁市各县市区和市直 14 个专项工作组对诉求比较集中的信访突出问题列出任务清单，逐项进行源头化解、集中整治，取得明显整治成效。分批交办重点案件。下发《吕梁市大整治活动交办重点信访事项有关情况统计表》，摸清全市大整治活动工作任务底数，按照“系统排查、系统交办、系统督查、系统上报、系统考核”的要求，同步做好建账、对账、查账、销账、交账等工作。全市分两批共交办重点信访事项 892 件，化解 863 件，化解率 96.7%。其中省工作组交办重点信访事项 659 件（城建领域 515 件、军队退役人员领域 121 件、企业拖欠社保领域 1 件、省联席办 22 件，其他工作组未交办），化解 635 件，化解率 96.4%；市县两级自行排查交办 233 件（市联席办 91 件，县自行排查 142 件），化解 228 件，化解率 97.9%。全方位排查风险隐患。立足于源头预防，在全市范围内深入开展矛盾纠纷排查化解，通过拉网式、地毯式排查，及时发现掌握了各种矛盾纠纷和隐患苗头。市、县两级综治部门累计排查出各类风险隐患 5937 件，其中矛盾纠纷类 1967 件、公共安全类 3288 件、网络安全类 682 件，已整治 5132 件，整治率达 93%。此外，14 个市直专项工作组排查出稳控对象 1194 人，其中税务助征员 645 人、石油协解员 420 人、农电工 129 人，全部落实了“五包一”稳控措施。挂牌督办重点问题。大整治活动期间，市领导组和各县市区累计集中分析研判信访形势 80 余次，特别是党的十九大期间保安全护稳定工作启动后，全市“日报告、周研判”的工作机制基本建立。市领导组办公室根据各级各部门分析研判信息，梳理汇总挂牌督办重点案件 16 件，经市领导组组长把关审核后，全部交办有关县市区主要领导牵头办理，累计化解 15 件，化解率 93.8%。开展重复来信和网上投诉专项治理，挂牌督办重复来信 56 件，除 12 件涉法涉诉案件外全部化解；挂牌督办重复网上投诉 17 件，化解 17 件，化解率 100%。

【信访维稳】

2017 年，吕梁市严格按照中央和省、市的安排部署，紧紧围绕“三个不发生”的工作目标，攻坚克难打赢了全国全省“两会”“一带一路”国际合作高峰论坛、北戴河暑期维稳、党的十九大等重大活动期间信访维稳攻坚战。从 7 月 29 日启动了党的十九大期间信访维稳应急预案，重点抓好排查、预警、接访、劝返、化解、问责等 6 个关键环节，严格实行“零报告、日通报、日研判”等工作机制，累计下发迎接党的十九大信访信息《每日专报》45 期。从 10 月 9 日开始，市委市政府领导在市信访大厅轮流接待上访群众，代某某、李某某等一批个体访历史积案和泰和新天地回迁户、盘龙湾小区购房户等一批集体访疑难复杂信访案件得到有效化解和推动，圆满实现了党的十九大期间市委保安全护稳定的目标。10 月以来，市委、市政府领导累计接待 55 批次 1800 余人次；1–12 月，各县市区县级领导干部累计接访 3323 次、6003 批次、23560 人次，其中县市区委书记接访 389 次、2463 批次、9526 人次，一大批信访积案得到有效化解和推动。

【信访基层基础规范化建设】

全市共转交信访事项 11844 件，信访机构及时受理率为 90.5%，群众对信访机构满意率为 97.6%；有权机关及时受理率为 86.6%，按期答复率为 84.7%，群众对处理机关满意率为 97.6%。认真学习宣传贯彻国家信访局下发的《依法分类处理信访诉求工作规则》，市、县两级通过法定途径分类处理信访投诉请求清单在政府门户网站全部公开的基础上，基本实现专人负责、专机管理、规范运行；成立复查复核委员会，出台复查复核工作流程和暂行办法。全市170余名法律顾问参与信访事项化解，参与重点案件25件，提供法律咨询2600余人次，出具法律意见书58份。市县两级视频信访系统建设专项资金全部到位，系统正在建设中，2017年底投入使用。对全市1394名重点人员（包括省交办重点人员）全部逐人建立了“五包一”稳控台账，由稳控责任人亲自签字认领，进一步压实包案领导和有关责任人责任。

【信访干部队伍建设】

2017年，吕梁市市、县两级党委、政府高度重视信访干部队伍建设，市信访局新增加3名事业人员。各级党委在选好、配齐、配强信访部门领导班子的同时，对实绩突出的加大提拔、交流力度，为做好信访工作提供了强有力的组织保障。1名县信访局长被提拔到另外重要岗位，2名县信访局副局长被提拔为局长，3名县信访局局长同时兼任公安局副局长，4个县市区公安局分管信访工作的副局长兼任信访局副局长，13个县市区、165个乡镇（街道办）、3225个行政村（居委会）都明确了信访分管领导、专兼职信访员。

（市信访局）

党校教育

【“两学一做”学习教育】

2017年，吕梁市委党校根据省、市“两学一做”学习教育总体安排和部署，结合实际，继续扎实推动“两学一做”学习教育常态化制度化。

加强思想建设，不断深化学习。组织全体党员干部通过自学、集中培训、专题辅导、集体研讨等形式学习《党员领导干部廉洁从政若干准则》《关于领导干部报告个人有关事项的规定》新修订的《中国共产党党章》《习近平谈治国理政》、中共十九大报告和习近平新时代中国特色社会主义思想、习总书记视察山西重要讲话精神，严肃学习纪律，严格做到“五个一”，即制定一份学习计划，每月组织一次集中学习，开办一期学习专栏，认真写好一本学习笔记，撰写一篇学习心得。

狠抓教育培训，不断提振精神。组织全体教职工以及在校县处级干部培训班、优秀中青年干部培训班学员观看党的十九大开幕，听取十九大报告，学习十九大精神，并按照市委安排，组织全市市管县处级领导干部就贯彻落实党的十九大精神进行专题研讨。同时，组织全体教职工坚持周二、五学习制度，加大学习力度，努力在持续跟进学习、持续深化理解中做到“三个坚定不移”。

深入调查研究，不断推进工作。为深入贯彻落实党的十九大精神和习近平总书记视察山西重要讲话精神，吕梁市委党校结合实际，坚持问题导向，组织校领导和骨干教师深入十三个县(市、区）委党校、乡村、学校和定点扶贫的临县临泉镇唐家沟村进行实地宣讲、调研50场次近5000人次。大调研活动开展以来，吕梁市委党校积极行动，下基层，到一线，着重对县级党校主体班开设情况、教师队伍建设情况、基础设施建设情况、市委党校“七基地”建设情况进行调研。通过收集材料，总结经验，发现问题，完善工作，形成《关于基层党校建设的调研报告》《关于现场教学基地建设的调研报告》《吕梁市委党校现场教学基地集锦》等调研文稿。

【干部培训】

2017年，吕梁市委党校按照年初制定的工作计划，扎实推进干部教育培训工作。全年共举办各级各类培训班24期，培训轮训干部3100余人次，顺利完成了全年培训任务。完成主体班次的教学任务。成功举办学制1个月的新任市管县处级干部培训班一期、学制1个月的市管县处级领导干部进修班三期、学制2个月的优秀中青年干部培训班两期、学制7天的乡镇党委书记研讨班的一期、学制7天的乡镇长研讨班两期、学制7天的全市党校系统师资培训班一期、全市组工干部专业能力提升培训班一期、全市乡镇（街道）党（工）委组织委员培训班一期。完成全市大规模轮训干部的任务。年初举办市管干部学习贯彻十八届六中全会精神专题研讨班共五期。党的十九大胜利召开后，党校按照市委安排，于11月22日至12月8日举办市管县处级干部学习贯彻党的十九大精神专题研讨班共五期。完成北航班的培训任务。11月10日－14日、11月18日－22日分别承办了北京航空航天大学分党委书记及党务部门负责人学习十九大精神专题培训班一期、北京航空航天大学青年骨干人才十九大精神专题学习班一期。党校利用党校教育培训资源和阵地，大力开展社会培训，配合各机关、企事业单位开展各级各类人才技能培训。

在教学安排上，重点突出、内容丰富、形式多样。在主体班次的课程设置中，党的基本理论与党性教育占到2/3之多；根据不同领导干部的不同特点，课程还覆盖了经济、文化、社会、法律、军事、统战、生态、互联网大数据以及消防等领域，教学内容更丰富、更有针对性和实效性。同时，情景模拟实训室和教学录播室系统正式启用，有效地保障了教学工作的顺利开展和教学资料的采集。

为拓展党校课堂，改进干部教育培训工作，进一步增强干部教育培训的针对性和实效性，吕梁市委党校继续完善“一校四院七基地”教学体制。根据全省、全市党校工作会议精神和省委组织部、省委党校《关于进一步加强全省党性教育基地建设的意见》，吕梁市委党校继续推动现场教学基地规范、有序、系统发展，并从革命传统、廉政教育、国防教育三个方面设立刘胡兰纪念馆、刘胡兰英雄民兵班、晋绥边区革命纪念馆、120师指挥部旧址、“4·8”烈士纪念馆、高家沟军事会议旧址、于成龙廉政文化园、安国寺、红军东征纪念馆、民兵综合训练基地，共10个特色现场教学基地，并汇编成《吕梁市委党校现场教学基地集锦》，形成标准的现场教学模式。

在授课形式上，以专题教学为主，采用许多灵活多样的教学方式，如案例式、体验式、模拟实训式、现场式、激情式等教学模式，增添了教学的灵活性与趣味性。对外培训方面，吕梁市委党校与江西红色研究会和井冈山干部培训中心、延安市委党校、黑龙江省委党校、宁波市委党校、鞍山市委党校等兄弟单位签订长期对外延伸培训协议。通过延伸培训，更加坚定了学员的理想信念。为了让学员有更好的身体素质完成学习任务，吕梁市委党校举办了为期一个月的太极拳培训班，聘请专业老师教授太极拳。太极拳培训班不仅丰富了学员的业余文体生活，而且给他们繁重的学习增添了色彩和趣味。

【科研工作】

2017年，吕梁市委党校完成国家级期刊论文2篇，省级期刊论文4篇。参加全省党校行政学院系统教师论文1篇，参加全省党校行政学院系统十九大论文征文3篇。编辑出版主体班学员调研报告选编（一）——《求实》、主体班学员论文集（一）——《思索》。编辑出版的《社会主义核心价值观——农村读本》由出版部门指定为全国农村书屋教材。自编教材《我们的初心》。编撰《我们的信念》《我们的精神》。吕梁市委党校秉承学习、宣传、研究党的基本理论主阵地的办刊宗旨，突出对中国特色社会主义理论体系、党的建设理论及吕梁市经济、政治、社会、文化和生态发展的研究。筹备社科期刊《熔炉》和《咨政期刊》。

【师资队伍建设取得成效】

吕梁市委党校加强师资队伍建设，适应新形势下党校培训工作需要，建设一支理论水平高、业务能力强、教学经验丰富的教师队伍。分批分次组织教师外出进修学习和参加本校的师资班学习。2017年，组织教师远赴中央党校、国家行政学院、中国人民大学、黑龙江哈尔滨、秦皇岛、省委党校进修学习近200人次，还安排教师随县处级干部培训班和优秀中青年干部培训班到延安、井冈山红色革命圣地进行延伸培训。有计划培训全市党校系统教师120人次。吕梁市委党校联合组织部在市直单位筛选，选出并聘用了一批市直单位的在职领导和退休领导作为长期聘用教师，并根据每学专题的设置邀请省委党校优秀教师亲临授课，党校教师培训更加规范化、系统化。

【网络平台安全运行】

2017年，在市网信办和市公安局网络支队的监督指导下，吕梁市委党校有效保障了计算机网络设备和配套设施以及信息传输、运行环境的安全，保障了网络系统的正常运行和信息系统的安全运行。微信平台大力宣传报道重要会议、培训教学、学员活动等工作动态，共编发各类新闻报道40余篇，很好地宣传了党校各项工作和事业的新亮点、新举措，充分反映了本年度党校发展的新成绩、新进步。

【学员管理】

加强制度建设，形成科学有效的机制。2017年，吕梁市委党校完善和修订《市委党校培训工作流程》《市委党校班主任工作规范》《学员守则》《学员请销假制度》《学员上课、就寝抽查制度》等制度，促进学员管理工作科学化、规范化、制度化。强化监督检查，加大对学风建设执行力度。成立干部学风建设监督组，要求所有培训学员在入学时必须签写学风承诺书。学制一个月以上的主体班学员，每周不定时查到课情况和住宿情况，结合签到机数据，通报迟到早退、不遵守课堂纪律、无故旷寝、不遵守外出培训纪律等行为。短期班学员，每天严格执行签到制度，请假或者迟到早退者，缺哪一课补哪一课，无故旷课者写检查，对强化干部学风起了很好的作用。营造具有党校教育特色的文化氛围。组织健康向上、全员参与的拔河比赛、辩论赛、形式多样的学员论坛、模拟法庭以及晚会等，增强班级凝聚力和学习效果，增强学员的党性修养和品德修养。

（中共吕梁市委党校）

讲师团

【服务市、县各级党委中心组理论学习】

2017年，吕梁市委讲师团为市委中心组的集体学习和专题研讨服务，提供学习资料和部分发言稿。做好中心组集中学习时的签到、记录、资料发放和学习情况整理等工作。

2月3日，吕梁市举行市委中心组（扩大）学习会议，邀请省扶贫办主任刘志杰作脱贫攻坚专题讲座，对吕梁市脱贫攻坚工作作指导。

3月20日，市委办公厅文件印发《2017年吕梁市委中心组学习计划》。对市委中心组和各县市（区）的学习形式、内容、制度做了基本要求。规定专题学习内容15次。

市委讲师团编印《中共中央印发（县以上党和国家机关党员领导干部民主生活会若干规定）》《中国共产党工作机关条例（试行）》，下发市委中心组和各县市（区）中心组成员。

6月9日，在市委会议室召

开专题学习会议。学习习近平关于“绿水青山就是金山银山”的系列重要讲话，观看《绿色发展、走向世界》视频；传达《中共中央办公厅、国务院办公厅关于甘肃祁连山国家级自然保护区生态环境问题督查处理情况及教训的通报》。

7月17日，在市委会议室召开专题学习会议。学习习近平总书记在山西考察工作结束时的讲话精神；习近平总书记在深度贫困地区脱贫攻坚座谈会上的讲话精神；围绕习总书记视察山西两个重要讲话，重点就习总书记对山西工作提出的5项重大任务结合吕梁实际进行发言。

8月18日，在市委会议室召开专题学习会议。观看《总书记在山西专题片》；张广勇领学中央办公厅《党委（党组）网络意识形态工作责任制实施细则》和山西省委办公厅《关于加强领导干部互联网条件下工作能力建设的意见（试行）》。

8月24日，张敬平领学《习近平总书记的成长之路》。

9月8日，在市委会议室召开专题学习会议。观看《金融工作要实现重实体、防风险、促改革三位一体——第五次全国金融工作会议精神解读》视频；张广勇领学习近平总书记在全国金融工作会议上的讲话、骆惠宁在省委中心组学习会议上关于认真学习贯彻全国金融工作会议精神的讲话；农发行吕梁分行行长李琳介绍“产业扶贫模式创新”工作开展情况。

9月15日，在市委会议室召开专题学习会议。张广勇领学国发〔2017〕42号《国务院关于支持山西省进一步深化改革促进资源转型经济转型发展的意见》。

11月14日，代市委起草《吕梁市学习贯彻党的十九大精神宣讲工作实施方案》，以中共吕梁市委办公厅吕办发电〔2017〕18号印发。代市委起草《市委中心组学习贯彻党的十九大精神专题学习计划》，以中共吕梁市委办公厅吕办函〔2017〕19号印发。

【筹备弘扬吕梁精神研讨会】

2017年，吕梁市委讲师团筹备了弘扬吕梁精神研讨会，征集论文40余篇，并对相关论文作了评审。

【筹备弘扬“胡兰精神”研讨会】

2017年，市委讲师团围绕“弘扬胡兰精神、坚定理想信念”主题，深入挖掘、探索胡兰精神的时代内涵和实践要求，征集论文30余篇。

【“提高标准、提升能力、争创一流”大讨论】

按照省委宣传部《关于在全省宣传思想文化系统开展“提高标准、提升能力、争创一流”大讨论活动的通知》文件精神和市委宣传部的安排部署，结合市委讲师团实际，出台《吕梁市委讲师团关于开展“提高标准、提升能力、争创一流”大讨论活动的实施方案》。

3月7日，开展“提高标准、提升能力、争创一流”大讨论活动动员会。

3月14日，吴新元作专题辅导，学习习近平总书记系列重要讲话精神，特别是关于宣传思想文化工作的八次重要讲话精神。

3月16日，开展如何增强“政治意识、大局意识、核心意识、看齐意识”专题讨论会，谈思想认识、谈存在问题、谈改进措施、谈希望与建议。

4月11日，开展大讨论转段动员会，传达4月10日召开的宣传系统大讨论推进会会议精神，并总结回顾第一阶段的工作。针对一些突出问题，会议对活动进行再动员、再部署。

4月13日，市委宣传部督导组组长陈丁照一行三人到市委讲师团进行“两提一创”大讨论活动的督导工作。吴新元汇报市委讲师团近期开展大讨论活动的情况，市委宣传部督导组检查了市委讲师团大讨论活动的文件资料，陈丁照对市委讲师团“两提一创”大讨论活动的落实情况给予肯定。

大讨论活动进入对表对标、寻找差距阶段。4 月 27 日，市委讲师团一行 8 人“走出去”赴晋城市委讲师团学习调研。

5 月 12 日，市委讲师团一行 8 人“走出去”赴湖南省委讲师团、湘潭市委讲师团、张家界市委讲师团学习调研。

5 月 23 日，朔州市委讲师团一行 12 人到市委讲师团学习考察。

编印“提高标准、提升能力、争创一流”大讨论活动《宣传思想文化工作学习资料汇编》。

开展了“六个一”活动：对照一流标准、查找一个突出问题、提出一条合理化建议、阅读一本专业书籍、提升一项技能、制定一份整改意见。

开展了“四个一”活动：一个岗位职责、一本问题清单、一份争创一流计划书、一项工作长效机制。

根据《关于做好“两提一创”大讨论活动整改提高工作的通知》（吕宣明电〔2017〕29 号）文件要求，结合讲师团实际和前期开展“两提一创”大讨论活动情况，制定了“两提一创”大讨论整改方案。

（市委讲师团）

党史研究

【党史资料征集】

吕梁市征集中共中央后委资料。市委党史研究室会同县市区党史部门人员到上北京、下四川、过陕西，多次外出走访，跑遍后委机关在吕梁临县工作生活过的 70 多个村庄，征集到大量的宝贵资料，填补了中央后委在党史界的空缺。

征集习仲勋及中共中央西北局、陕甘宁晋绥联防军的资料。在征集中央后委资料的过程中，发现了习仲勋及中共中央西北局、陕甘宁晋绥联防军在吕梁的诸多线索，市委党史研究室集中骨干力量，赴省城，到北京、陕西、新疆等地走访知情人、老革命，收集到大量资料，整理史料，发表文章，建言献策，为推动旧址的保护开发利用起到积极作用。

征集吕梁籍早期革命家张叔平的资料。2017 年 10 月，省委党史办主任薛荣、副主任巨文辉在吕梁调研时，对吕梁籍的山西省党组织第一任领导人、革命烈士张叔平故居的修复保护工作提出指导意见。市委党史研究室去省城查阅相关资料，会同省党史办一处、宣教处到上海、杭州张叔平工作、牺牲地征集资料，填补了地方党史的又一空白。

【党史基地建设】

省市党史部门牵头，布展兴县晋绥边区革命纪念馆，临县中央后委陈列室、中央西北局旧址、陕甘宁晋绥联防军旧址，离石高家沟高级干部纪念馆、李孝黎林迈克纪念馆。红色旅游资源成为宣传吕梁的一张名片。

由吕梁市委命名 11 个红色革命遗址或纪念场馆为党员干部教育基地，并整理编印成册，2017 年 6 月 21 日习近平视察山西到吕梁时送给总书记审阅。

【党史宣传基地建设】

吕梁市在吕梁报、吕梁电视台及吕梁市委办公厅《办公室工作》党史专栏等媒体期刊，开辟宣传基地。通过发表党史文章、播放吕梁地方党史纪录片，宣传地方党史。

【党史编研】

吕梁市根据征集出版《中央后委在吕梁》，编印《习仲勋在吕梁》，制作《习仲勋在吕梁》电视专题片 3 集。

《中国共产党吕梁历史》三卷本历时 3 年多，多次审改，于 2017 年底由中央党史研究出版社正式出版。

《中共吕梁历史简明读本》《吕梁历史大事记》完成初稿。

征集编撰 2015、2016 年度《中共吕梁市委工作纪事》总计字数 50 万字。

完成《中共山西年鉴》（吕梁卷2017年版）征集编写报送任务，总计10万余字。

（市委党史研究室）

台湾事务

【对台交流】

2017年5月，在两岸高层交流中，台湾国民党原主席连战夫人一行到吕梁市交城县玄中寺进行参观访问。吕梁市对此次参访活动空前重视，市委书记李正印及市直相关部门领导亲自陪同，深入进行交流座谈，详细介绍吕梁市发展变化以及经济社会等方面所取得的巨大成就，全面介绍吕梁人文历史。

2017年10月31日，“屏东里长山西行”参访团一行30人，在省台办副主任宋英明等省台办领导的陪同下对汾阳市贾家庄、杏花村酒业集中发展区进行参观访问。在组织这次参访活动中，吕梁市委高度重视，市委秘书长、市对台工作领导组组长李小明亲自安排，市委书记李正印作出批示，强调要“按相关规定搞好接待”。汾阳市委、市政府积极配合，在接待、安保、参访路线等方面做了精心设计、认真组织。活动圆满完成。

（市委台湾工作办公室）

吕梁市孝义办事处党委

【党建工作】

2017年，制定“两学一做”教育常态化制度化活动方案并成立领导组和督导组，完善学习制度，加强对机关党员和下属基层党组织领导干部学习培训。全年共组织集体学习42次，组织培训党员86人次，组织答题考试2200余人次。同时我们利用先进的通信手段加强党建知识学习和传播。党委建立了党建工作群，各基层党组织也相应地建立了党建微信工作群共计15个，将活动有关情况及时有效地传达到基层。为提高学习质量采取多种学习形式。请专业理论教师集中培训学习。2017年先后三次邀请孝义市委党校高级讲师李开进等教师为全体基层组织干部和机关全体干部进行培训。单位各级干部分层次组织学习培训。党委书记亲自讲党课，宣讲十九大，党支部书记和各党员分别组织学习，亲力亲为，搞好学习。走出去学习。组织基层党组织主要党务干部，外出井冈山进行党性教育提高认识和学习的自觉性。写心得谈体会。同时组织参加学习知识竞答，组织学习考试验收学习战果。组织参观孝义市“三基”建设先进单位，实实在在的榜样为各基层党组织确定标准和方法。

制定十九大学习教育活动具体方案，加强组织领导，强化督促检查，定计划、分阶段持续深入开展党的十九大精神学习贯彻工作。其中，11月上旬为传达学习阶段，单位领导进行十九大报告宣讲，带头学、认真学、扎实学、发挥表率作用，迅速掀起学习宣传贯彻热潮。系统各党支部集中进行学习研讨，并作为“两学一做”学习教育常态化制度化的重要内容，实现全员覆盖，不断深化对党的十九大精神的理解和把握。将党的十九大精神纳入中心组学习重点内容，集中进行学习研讨，做到每月有重点、每次有专题。将学习贯彻十九大精神作为“两学一做”学习教育常态化制度化和各党支部“三会一课”的主题内容，通过学习讨论交流，确保广大党员全面领会、准确把握党的十九大的精神实质。同时，单位领导充分发挥示范带头作用，以上率下，带动全体党员积极学习，在系统党员中打下坚实的思想基础，做到发动充分、认识到位。订购下发十九大学习教育相关资料，促进党员干部个人自学。通过学习党的十九大报告和新修订的党章，及时了解掌握了中央、省委、市委有关领导同志关于学习贯彻党的十九大精神的重要论述。利用微信平台，每周推送两至三次十九大学习教育内容，简单直观地向每名党员干部普及十九大学习要点，营造集体学习氛围。

本系统全体党员干部紧密围绕党的十九大决策部署，不断深化对习近平新时代中国特色社会主义思想的理解和认识，促进党建督察工作的深入开展，为党员切切实实解决问题。

按照《中国共产党发展党员细则》和《吕梁市发展党员全程纪实制度》的要求，以严把党员入口关作为从严治党的重要抓手，发展的关键环节都组织召开会议，严格把关，确保发展质量。发展倾向于一线工人，注重入党积极分子的年轻化、知识化。按照此条件，2017 年共发展党员 2 名。

2017 年年初工作会上，党委与基层各党支部书记签订《党建工作责任状》，用规范的格式、量化的标准、将党建工作的各方面任务分解，落实到基层各党组织。半年之后，党委统一组织专人到各公司，对各基层党务工作者和党员进行考核，按责任状内容，督促落实，并在此基础上，评选出系统先进党务工作者 17 名，优秀党员 20 名。

2017 年，制定孝义办事处党委基础工作目录，党委管理手册和应知应会手册，将有关目录手册发到单位每位工作人员和下层各基层组织。根据组织部的要求，建立党员台账，党组织换届台账，规范党费收缴工作，完善“三会一课”等。严格管理，强化基础。

孝义办事处党委所属 17 个公司，经营情况出现严重滑坡。多数支部班子老化，结构不合理，党务工作者经济待遇低，报酬少，因公司经营状况差，工作经费无保障，思想不稳定，积极性不高。企业党员队伍中不在岗党员比重大，管理难。部分离岗党员长期不过组织生活，不参加组织学习，成为“口袋”党员，“挂空”党员。党的基层组织建设步履艰难。针对上述困难和问题，采取分类指导方法强化更新公司党的基层组织：一是对于多年没有班子的企业，由党委出面组织选举进行班子调整。如：原肉联厂党组织由于企业破产，行政班子已经解体。依离休、下岗两种情况，分别组织召开党员大会，选举产生两个支部。二是对公司稳定、工作较好任职到期的基层组织正常调整；如：日杂公司、棉麻公司等。三是对基层矛盾较多，易激化的公司，在充分听取各方意见的基础上采取直接任命的方法，选配好领导班子；如：副食公司、储运公司等，对党员人数少年龄老化，公司停产，党员又在外不便统一集中的单位采取个别征求意见的方法，配好基层支部领导；经过努力，全系统基层党组织全部配齐配全，为党建工作打下坚实的基础。

【社会治安综合治理】

签订《2017 年综治责任书》。年初工作会，党委与基层 15 个公司签订了《2017 年综治责任书》，量化了工作考核。

做好基层稳定工作。2017 年将和谐稳定工作作为党委一项重要工作，及时调查了解，提前介入，将矛盾化解到萌芽阶段。通过各级细致工作成功化解职工间矛盾 7 次、公司间矛盾 8 次；确保各公司和谐稳定发展。全年无一例越级上方案件，维护了基层的稳定工作。

【党风廉政建设】

加强廉政文化建设。学习有关文件规定等，注重正面引导，加大宣传力度。观看一批新时期廉洁从政、一心为民的先进典型光盘。深入借鉴以于成龙为代表的山西历代著名廉吏的典型事迹。加强红色传统教育，大力弘扬社会主义核心价值观，推动反腐倡廉不断深入。注重运用多种载体和形式，广泛传播廉政文化，营造拒腐防变的文化环境。用制度预防腐败。党委制定《关于进一步贯彻落实中央八项规定精神的实施细则》，在工作中严格执行，真正做到廉洁从政。

开展预防职务犯罪工作。坚持“标本兼治、综合治理、惩防并举、注重预防”的方针，坚持内部预防、专门预防和社会预防相结合，教育、制度、监督并重的原则，开展预防职务犯罪工作。制定并出台《吕梁市孝义办事处党委预防职务犯罪工作方案》，成立预防职务犯罪领导小组，完善预防职务犯罪工作机制。

【计划生育】

2017年，办事处党委强化计生管理制度，确定专人负责，积极配合孝义市计生局，按照年初签订的《2017年人口与计生工作考核责任书》，完成了孝义市2017年全年计生任务。

按照孝义市计生委的年初安排，全面完成全年计生普查任务。按时参加计生委组织的每月例会，按时报送每月的登记报表。完善计生档案资料，征订《人生》《中国人口报》等计生报刊。

【工会工作】

按照市总工会安排，结合办事处党委“两学一做”学习教育常态化制度化，开展维护核心见诸行动主题教育活动。

送温暖活动。2017年为10个基层92名困难职工送温暖36400元，全部采用银行卡发放，救助信息填入全国帮扶工作管理系统。

推荐“五一”表彰候选人。根据市总2017年全市“五一”表彰评选工作的安排，结合办事处党委实际，按表彰名额、推荐条件要求。经机关职工大会民主推荐并征求党委意见。公示推荐侯佳同志为吕梁市“五一”表彰候选人。

开展企业职工养老保险状况调查。通过对基层12个企业的调研，撰写吕梁市孝义办事处工会联合会企业职工养老保险状况调查报告。核实12个企业欠缴养老基本情况、原因及建议。为上级领导决策提供基础信息。

大病救助。商业贸易中心职工吴国文已到退休工龄，因企业欠缴养老，自己也没办法筹集资金而无法办理退休，突发急性脑出血。在孝义人民医院治疗花费81100元，又到汾阳医院治疗，生活非常困难，到处借钱治病，经本人申请，单位也向工会联合会提出救助意见，经调查核实，办事处工会联合会救助了2000元。

困难职工档案清查。明确全国总工会对精准扶贫，做好困难职工建档新要求，对所有建档困难职工重新核定，将不符合条件的剔出档案。

（吕梁市孝义办事处党委）

吕梁市人民代表大会常务委员会

综述

【概况】

2017年，吕梁市人大常委会加强思想政治建设，牢固树立“四个意识”，坚定“四个自信”，切实把讲政治的要求落到实处，严守政治纪律和政治规矩，始终在思想上、政治上、行动上同以习近平为核心的党中央保持高度一致。认真学习贯彻党的十九大精神，坚持用习近平新时代中国特色社会主义思想武装头脑、指导实践、推动工作。严格履行政治责任，加强常委会党组班子建设，坚持民主集中制，提高议事决策水平。严格遵守组织程序，坚决执行市委的决策部署，通过法规草案、作出重大决定、召开重要会议等重大事项，及时主动向市委请示报告，自觉将市委领导贯穿于人大及其常委会依法履职的全过程、各方面，保证人大各项工作与市委的决策部署同频共振、同向发力。

【紧扣发展大局谋工作】

2017年，吕梁市人大常委会围绕市委确定的抓好“三件大事”、突出“六个坚持”、实现“六新目标”的大局，在脱贫攻坚、生态建设、转型发展和供给侧结构性改革等关键领域精准发力，出台法规两部，听取和审议“一府两院”专项工作报告17项，作出决议决定12项，组织执法检查和专题调研4次，跟踪监督审议意见的研究处理情况14项，全力推动市委决策部署落地生根、开花结果。坚持党管干部原则与人大依法任免有机统一，依法任免国家机关工作人员50人次，确保市委人事安排意图顺利实现。

【立法工作】

吕梁市人大常委会充分发挥立法主导作用，科学规划立法事项，健全完善立法程序，针对非物质文化遗产保护、扬尘污染、碛口古镇开发保护、中小学校幼儿园规划建设中存在的问题，先后组织开展立法调研、召开座谈会、专家论证会60余次，向社会公开征求意见建议4次，收集到人大代表、立法联系点和社会各界对法规草案的意见建议500余条，严格按照程序颁布施行了《吕梁市非物质文化遗产保护条例》《吕梁市扬尘污染防治条例》两部地方性法规。《吕梁市碛口古镇保护条例》《吕梁市中小学校幼儿园规划建设条例》完成初审。

【法治基础夯实】

吕梁市人大常委会开展法治宣传教育专题调研，依法作出《在全市开展第七个五年法治宣传教育的决议》，大力营造自觉尊法学法守法用法的良好社会氛围。对市政府报备的《大宗旅游接待奖励办法》等9件规范性文件进行审查，维护了法制统一。认真落实宪法宣誓制度，经常委会任命的 29 名国家机关工作人员全部向宪法宣誓，激励和教育新任命人员自觉学习宪法，尊崇敬畏宪法，做忠诚宪法的信仰者、实践者和捍卫者。

【转型发展】

2017 年，吕梁市人大常委会听取审议全市国民经济和社会发展计划报告，支持政府深入落实国务院《关于支持山西省进一步深化改革促进资源型经济转型发展的意见》和省委、省政府行动计划，推进产业结构全面升级、发展动力深度转换。开展铝工业发展专题调研，支持政府大力实施煤电铝材一体化战略，尽快形成较为完善的现代铝工业体系。跟踪监督《中华人民共和国旅游法》和《山西省旅游条例》执法检查报告审议意见落实情况，提出高起点规划、设计，打造文化旅游强市等工作建议。组织开展《农业机械化促进法》执法检查，继续强化农机社会化服务体系建设。组织开展“优化营商环境专项行动年”活动专题调研，督促政府进一步精简行政许可事项，健全信用信息公开制度与信用奖惩政策体系，营造更加公平开放的营商环境。

【脱贫攻坚】

常委会发挥“问诊、把脉、开处方”职能，听取审议上半年全市脱贫攻坚工作情况报告，组织开展全市扶贫资金管理使用专题调研，推动各项脱贫政策措施精准落地，聚焦发力。跟踪监督 2016 年全市产业扶贫和易地扶贫搬迁、大中型水库和灌区建设管理两个报告审议意见的落实情况，支持政府切实打好“春季行动”“夏季攻势”“秋季会战”“冬季对标”等脱贫战役，不断实现脱贫攻坚连战连胜。深入学习贯彻习总书记扶贫开发战略思想和视察山西重要讲话精神，依法作出《关于推进深度贫困攻坚工作的决定》，支持政府着力推进“三五工程”，坚决打赢全市脱贫攻坚这场硬仗中的硬仗。

【民生改善】

听取审议 2016 年市本级预算执行和其他财政收支审计报告，审查批准市本级 2016 年财政决算、2017 年市本级财政预算调整方案，支持政府把更多的资金投向老百姓最关心最直接最迫切的民生领域。听取审议全市公共文化服务体系建设情况报告，推进公共文化服务标准化建设。听取审议吕梁市区公交体制改革情况报告，推动解决离石周边群众出行难、难出行的问题。听取审议吕梁市区集中供热工作情况报告，推动集中供热全覆盖工程快速实施，真正让“温暖工程”温暖民心。专题调研山西省中部引黄工程吕梁段施工进展情况，提出加快推进受益区县域小水网工程建设进度，着力构建多渠道、多模式、多元化的投融资体系等建议。深入实施《中华人民共和国食品安全法》执法检查，最大限度保障人民群众“舌尖上的安全”。跟踪监督 2016 年全市农村义务教育、基层医疗卫生机构服务能力建设、吕梁新区安置房建设、煤矿安全生产等报告审议意见落实情况，促进民生福祉改善。

【美丽吕梁建设】

听取审议全市林业重点工程和生态扶贫工作情况报告，支持政府在“一个战场”打赢生态与生计同步、增绿与增收双赢“两场战役”。听取审议 2016 年度全市环境状况和环境保护目标完成情况报告，支持政府以中央和省环保督察整改为契机，持续推进环境保护和生态文明建设。组织开展以“铁腕治污、净化环境”为主题的“吕梁环保行”活动，积极配合省人大“三晋环保行”在吕梁的采访检查，推动美丽吕梁建设启动了快进模式。

【司法公正】

听取审议市法院、市检察院深化司法改革、促进公正司法工作情况报告，督促和支持“两院”推进司法体制改革，努力让人民群众在司法案件审理中感受到公平正义。跟踪监督社区矫正工作报告审议意见研究处理情况，督促和支持司法部门完善衔接机制，强化日常监督，预防和减少社区服刑人员重新犯罪。积极回应人民关切，扎实做好信访工作，接待和受理群众来信来访610件次，对15件涉及面广、影响大的案件进行专题督办，被省人大授予“信访督办标兵单位”。

【人大代表的履职主体作用发挥】

优化代表履职服务保障。2017年，吕梁市人大常委会采取以会代训、集中参训等方式，组织常委会组成人员及部分人大代表分别在西北政法大学、厦门大学参加培训，坚持为代表寄送报刊，支持和服务代表增强学习实效，提高履职能力。

强化闭会期间代表活动。制定出台《市人大代表闭会期间依法履职的实施办法》，有效发挥代表了解民情、反映民意、集中民智的桥梁纽带作用。坚持主任会议成员联系代表小组、常委会委员联系代表制度，实现听取代表意见建议常态化。先后邀请93名三级代表列席常委会会议，组织200余名四级代表参加常委会开展的调研、视察、执法检查等活动，切实保障代表知情知政权。积极探索代表激励机制，对无固定工资收入的代表执行代表职务时给予适当补贴，鼓励和支持代表在产业扶贫、旅游开发、电商发展等领域发挥专长、建功立业，当好政策“宣传员”、创业“示范员”和致富“指导员”。

督促代表建议意见办理。改进代表建议督办方式，对市三届人大三次会议上代表提出的156件建议及时集中交办，列出了建议督办“时间表”，下达了“任务书”，由主任会议成员按分工牵头督办。对主任会议确定的9件重点建议，市人大常委会先后20余次深入承办单位进行重点督办，并利用新闻媒体向社会公布，有效提高建议办理质量。听取审议“一府两院”办理有关建议及相关部门办理重点建议情况的专项报告，并分别进行满意度测评，一批人民群众关心的民生问题得到了较好解决。

【机关建设】

加强学习培训。坚持把学习作为提高履职能力的“必修课”，扎实推进“两学一做”学习教育常态化制度化，组织常委会党组中心组集体学习17次，党组成员轮流为机关党员干部讲授党课，引导党员干部在学懂弄通做实上下功夫，不断提升思想境界和理论素养。采取“走出去、请进来”的培训方式，持续强化对宪法、监督法、代表法等法律法规的学习，不断提高机关干部依法履职能力。

加强党的建设。认真落实全面从严治党要求，完善《落实“三会一课”制度实施方案》等规章制度，不断把常委会党组和机关党的建设引向深入。通过专题党课、会议研讨、民主生活会等方式，教育党员干部忠实践行“四讲四有”，做新时代合格党员。出台《落实党风廉政建设主体责任实施意见》《落实中央八项规定精神实施细则》，坚持不懈落实八项规定精神，持之以恒整治“四风”问题。利用多种渠道，不定期给机关干部发送廉政信息，提醒、督促干部廉洁从政。以“三基建设”为契机，汇编《管理制度手册》《应知应会手册》《便民服务手册》，制定出台《关于进一步提高常委会会议审议质量的试行意见》，切实以制度保障常委会和机关工作有序高效运行。

加强宣传调研。聚焦常委会工作重点、民生热点、基层工作亮点和代表履职闪光点，充分发挥《人大之声》电视专题、《人大工作动态》专刊和门户网站等各种舆论阵地作用，组织征文活动，评选优秀论文，20余篇优秀论文在《山西人大》等报刊刊登，报道人大履职典型和代表风采52期，完成《吕梁市人民代表大会志》编撰工作。坚持把调查研究贯穿于立法、监督、决定、任命的全过程，主任会议成员先后70余次深入相关单位，对列入会议审议讨论的事项调研，为会议审议提供了决策依据。

2017年，常委会主动接受省人大的监督和指导，依法选举产生了52名省十三届人大代表，全力做好驻吕省人大代表的履职服务。认真履行对县乡人大工作的联系和业务指导职责，推动县乡人大机构设置进一步规范。

（市人大常委会）

重要会议

【市三届人大常委会第十次会议】

2017年1月23日，吕梁市三届人大常委会召开第十次会议。市人大常委会主任郝月生，副主任孙晋军、梁来茂、卫成印、郭卫民、刘凯，秘书长王峰及委员共32人出席会议，符合法定人数。卫成印主持会议。 市中级人民法院代院长杨泽民，市人民检察院检察长宁建新，市政府秘书长梁斌等列席会议。第一次全体会议上，听取市人大常委会秘书长王峰所作的《关于举行吕梁市第三届人民代表大会第三次会议议案》的说明；听取市人民政府秘书长梁斌所作的关于市三届人大一次、二次会议代表建议办理情况的报告；听取市人大常委会人事代表工委负责人所作的关于《吕梁市监察委员会副主任、委员任命和宪法宣誓程序》的决定（草案）的说明。第二次全体会议上，表决通过《吕梁市人大常委会关于举行吕梁市第三届人民代表大会第三次会议的决定》，决定市三届人大三次会议于2017年2月中旬召开；表决通过《吕梁市监察委员会副主任、委员任命和宪法宣誓程序的决定》；会议还对市人民政府关于市三届人大一次、二次会议代表建议办理情况的报告，市财政局、教育局等十个市政府部门办理重点建议情况的报告，市中级人民法院、市人民检察院关于吕梁市第三届人民代表大会第一次会议代表建议办理情况的报告进行了满意度测评。

【市三届人大常委会第十一次会议】

2017年2月20日，吕梁市三届人大常委会召开第十一次会议。市人大常委会主任郝月生，副主任孙晋军、梁来茂、卫成印、郭卫民、刘凯，秘书长王峰出席会议。副市长杨巨才，市中级人民法院代院长杨泽民，市人民检察院检察长宁建新等列席会议。第一次全体会议上，听取市审计局负责人所作的关于2015年度市本级预算执行和其他财政收支审计查出问题的整改工作情况报告；听取市环保局负责人所作的关于吕梁市区扬尘污染防治工作情况报告审议意见研究处理情况的报告；听取市人大常委会秘书长王峰所作的关于市三届人大三次会议筹备情况的报告；听取市人大常委会代表资格审查委员会相关负责人所作的关于代表出缺情况和补选代表的代表资格审查情况的报告；听取市人大常委会副主任孙晋军所作的《关于接受李生贵辞去山西省第十二届人民代表大会代表职务议案》的说明和《关于刘毅等任免职务议案》的说明；听取市中级人民法院代院长杨泽民所作的《关于袁守谦等免职议案》的说明；随后拟任命人员作供职发言。之后会议进行分组审议。第二次全体会议上，会议表决通过关于接受李生贵辞去山西省第十二届人民代表大会代表职务的决议；表决通过吕梁市人大常委会任免名单。郝月生为新任命人员颁发任命书，随后举行了新任职人员向宪法宣誓仪式。会议还表决通过市三届人大三次会议议程草案，市人大常委会代表资格审查委员会关于代表出缺情况和候补代表的代表资格审查情况的报告，市人大常委会向市三届人大三次会议所作的工作报告稿，市三届人大三次会议主席团和秘书长名单草案、议案审查委员会组成人员名单草案、计划和预算审查委员会组成人员名单草案、列席人员名单草案。

【市第三届人民代表大会第三次会议】

2017年2月23日至25日，吕梁市第三届人民代表大会第三次会议在离石召开。大会应出席代表375人，实到代表351人，符合法定人数。市长王立伟代表市人民政府向大会作工作报告。回顾总结2016年国民经济和社会发展成就，安排部署2017年重点工作。会议还审查了《吕梁市2016年国民经济和社会发展计划执行情况与2017年国民经济和社会发展计划（草案）》的报告，《吕梁市2016年全市和市本级预算执行情况与2017年全市和市本级预算（草案）》的报告。会议分别表决通过关于吕梁市人民政府工作报告的决议（草案）、关于吕梁市2016年国民经济和社会发展计划执行情况与2017年国民经济和社会发展计划的决议（草案）、关于吕梁市2016年全市和市本级预算执行情况与2017年全市和市本级预算的决议（草案）、关于市人大常委会工作报告的决议（草案）、关于市中级人民法院工作报告的决议（草案）、关于市人民检察院工作报告的决议（草案）。

【市三届人大常委会第十二次会议】

2017年2月25日在离石举行。会议审议和通过吕梁市人大常委会关于任命市监察委员会副主任、委员名单（草案）。

【市三届人大常委会第十三次会议】

2017年3月29日，吕梁市三届人大常委会召开第十三次会议。市人大常委会主任郝月生，副主任孙晋军、梁来茂、郭卫民、刘凯，秘书长王峰及委员共35人出席会议，符合法定人数。会议由郭卫民主持。

市委常委、常务副市长张广勇及市中级人民法院、市人民检察院有关负责人等列席会议。

会议听取市人民政府常务副市长张广勇所作的《关于郭震威任职议案的说明》；听取市人大常委会副主任孙晋军所作的《关于接受宁建新辞职请求议案的说明》；听取郭震威所作的供职发言。就地审议后，会议表决通过《吕梁市人大常委会关于接受宁建新辞职请求的决定（草案）》；表决通过吕梁市人大常委会决定任命名单（草案）；决定任命郭震威为吕梁市人民政府副市长，郝月生为郭震威颁发任命书，之后举行郭震威向宪法宣誓仪式。

【市三届人大常委会第十四次会议】

2017年5月9日，吕梁市三届人大常委会第十四次会议举行第一次全体会议。市人大常委会主任郝月生，副主任孙晋军、卫成印、郭卫民、刘凯，秘书长王峰及常委会组成人员共31人出席会议，符合法定人数。会议由卫成印主持。市中级人民法院院长杨泽民、市政府秘书长梁斌、市人民检察院负责人等列席会议。会议听取市住建局负责人所作的关于切实改善吕梁市区集中供热工作状况的报告；听取市交通运输局负责人所作的关于城市公交体制改革进展情况的报告；听取市卫计委负责人所作的关于全市基层医疗卫生机构服务能力建设情况报告审议意见研究处理情况的报告；听取市水利局负责人所作的关于全市大中型水库和灌区建设管理报告审议意见研究处理情况的报告；听取了市司法局负责人所作的关于在全市开展第七个五年法治宣传教育的决议（草案）的说明。会后，与会人员对以上报告和决议（草案）进行分组审议。

5月10日，市三届人大常委会第十四次会议举行第二次全体会议。市人大常委会主任郝月生，副主任孙晋军、卫成印、郭卫民、刘凯，秘书长王峰及委员共29人出席会议，符合法定人数。会议由刘凯主持。市中级人民法院院长杨泽民，市政府秘书长梁斌，市人民检察院有关负责人等列席会议。会议表决通过《吕梁市人大常委会关于在全市开展第七个五年法治宣传教育的决议》，对《吕梁市人民政府关于全市基层医疗卫生机构服务能力建设情况报告审议意见研究处理情况的报告》进行满意度测评。

【市三届人大常委会第十五次会议】

2017年6月26日，吕梁市三届人大常委会第十五次会议举行第一次全体会议。市人大常委会主任郝月生，副主任孙晋军、梁来茂、卫成印、郭卫民、刘凯，秘书长王峰及常委会委员共33人出席会议，符合法定人数。会议由梁来茂主持。副市长李建国、市中级人民法院院长杨泽民、市人民检察院负责人等列席会议。会议听取副市长李建国所作的关于2016年度全市环境状况和环境保护目标完成情况的报告；听取市人大常委会农工委负责人所作的关于《中华人民共和国农业机械化促进法》和《山西省农业机械化条例》执法检查情况的报告；听取市人大常委会财经工委负责人所作的关于全市扶贫资金管理使用情况的调研报告；听取市财政局负责人所作的关于2017年市本级财政预算调整方案（草案）的报告；听取市扶贫开发服务中心负责人所作的关于全市2017年上半年脱贫攻坚工作情况的报告；听取市文化局负责人所作的关于《吕梁市非物质文化遗产保护传承条例(草案)的说明》；听取市人大常委会法工委负责人所作的关于《吕梁市非物质文化遗产保护传承条例（草案）》研究意见的报告；听取市人大常委会副主任孙晋军所作的《关于郭鸿任职议案的说明》；听取副市长李建国所作的《关于陈爱保等任免职务议案的说明》；听取市中级人民法院院长杨泽民所作的《关于张彦平任职议案的说明》；听取拟任人员所作的供职发言。

6月28日，市三届人大常委会第十五次会议举行第二次全体会议。市人大常委会主任郝月生，副主任孙晋军、梁来茂、卫成印、郭卫民、刘凯，秘书长王峰及常委会委员共33人出席会议，符合法定人数。会议由卫成印主持。市中级人民法院院长杨泽民、市政府秘书长梁斌、市人民检察院负责人等列席会议。会议表决通过吕梁市人大常委会任命及决定任免名单，任命郭鸿为吕梁市人民检察院副检察长，决定任命陈爱保为吕梁市商务局局长，曲晓东为吕梁市城乡规划局局长，决定免去刘凤平的吕梁市林业局局长职务；听取市人大常委会副主任孙晋军所作的《关于提请郭鸿为吕梁市人民检察院代理检察长决定议案》的说明，就地审议后，表决通过该议案，决定郭鸿为吕梁市人民检察院代理检察长。郝月生为新任职人员颁发任命书，随后举行了新任职人员向宪法宣誓仪式；会议还表决通过《吕梁市人大常委会关于批准2017年市本级财政预算调整方案的决议》。

【市三届人大常委会第十六次会议】

2017年8月7日，吕梁市三届人大常委会第十六次会议举行第一次全体会议。市人大常委会主任郝月生，副主任孙晋军、梁来茂、卫成印、郭卫民、刘凯，秘书长王峰及委员共33人出席会议，符合法定人数。会议由郭卫民主持。市委常委、副市长张敬平，市中级人民法院院长杨泽民，市人民检察院代检察长郭鸿等列席会议。会议先后听取市发改委负责人所作的关于2017年上半年全市国民经济和社会发展计划执行情况的报告；听取市财政局负责人所作的关于2016年市本级财政决算和2017年上半年全市预算执行情况的报告；听取市审计局负责人所作的关于2016年市本级预算执行和其他财政收支的审计报告；听取市文化局负责人所作的关于全市公共文化服务体系建设情况的报告；听取市煤炭局负责人所作的关于全市煤矿安全生产工作情况报告审议意见研究处理情况的报告；听取市文物旅游局负责人所作的关于《中华人民共和国旅游法》和《山西省旅游条例》执法检查情况报告审议意见研究处理情况的报告；听取市人大农工委负责人所作的关于制定《吕梁市人民代表大会常务委员会关于推进深度贫困攻坚工作的决定（草案）》的说明；听取市人大法工委负责人所作的关于《吕梁市非物质文化遗产保护条例（草案）》修改情况及审议结果的报告；听取环保局负责人所作的关于《吕梁市扬尘污染防治条例（草案）》的说明；听取市人大法工委负责人所作的关于《吕梁市扬尘污染防治条例（草案）》研究意见的报告；听取市人民政府副市长张敬平所作的《关于尉文龙等任免职务议案》的说明；听取市人民检察院代检察长郭鸿所作的《关于史晋斌等任职议案》的说明；听取拟任人员所作的供职发言。

8月9日，市三届人大常委会第十六次会议举行第二次全体会议。市人大常委会主任郝月生，副主任梁来茂、卫成印、郭卫民、刘凯，秘书长王峰及委员共计31人出席会议。会议由刘凯主持。市委常委、副市长李建国，市中级人民法院院长杨泽民，市人民检察院代检察长郭鸿等列席会议。会议表决通过吕梁市人大常委会决定任免名单，郝月生为任职人员颁发任命书后，任职人员现场向宪法进行了宣誓；听取并审议市人大常委会副主任梁来茂所作的《关于接受张振明辞职请求议案》的说明；表决通过《吕梁市人大常委会关于接受张振明辞职请求的决定（草案）》；表决通过《吕梁市人大常委会关于2016年市本级财政决算的决议（草案）》；表决通过《吕梁市人大常委会关于推进深度贫困攻坚工作的决定（草案）》；表决通过《吕梁市非物质文化遗产保护条例（草案）》，对市人民政府关于全市煤矿安全生产工作情况报告审议意见研究处理情况的报告进行满意度测评。

【市三届人大常委会第十七次会议】

2017年10月17日—18日在离石举行。会议听取和审议市人民政府关于全市铝工业发展情况的报告；听取和审议市人大常委会关于《中华人民共和国食品安全法》执法检查情况的报告；听取和审议市人大常委会关于山西省中部引黄工程吕梁段施工进展情况的调研报告；听取和审议市人民政府关于城市公交体制改革进展情况报告审议意见研究处理情况的报告；听取和审议《吕梁市碛口古镇保护条例（草案）》审议和通过《侣梁市扬尘污染防治条例（草案）》；审议和通过《吕梁市人民代表大会常务委员会关于进一步提高市人大常委会会议审议质量的试行意见（草案）》。表决通过人事任免名单。

【市三届人大常委会第十八次会议】

2017年12月1日，吕梁市三届人大常委会第十八次会议召开。市人大常委会主任郝月生，副主任孙晋军、梁来茂、卫成印、刘凯，秘书长王峰及委员共26人出席会议，符合法定人数，会议由梁来茂主持。市委常委、常务副市长张敬平，市中级人民法院院长杨泽民，市人民检察院代检察长郭鸿等列席会议。会议听取市人大常委会秘书长王峰所作的关于举行吕梁市第三届人民代表大会第四次会议议案的说明、关于吕梁市第三届人民代表大会第四次会议筹备情况的报告；听取市人大常委会代表资格审查委员会负责人所作的关于代表出缺情况和补选代表的代表资格审查情况的报告。就地审议后，表决通过《市人大常委会关于举行吕梁市第三届人民代表大会第四次会议的决定（草案）》；表决通过《吕梁市第三届人民代表大会第四次会议议程（草案）》；表决通过《吕梁市人大常委会代表资格审查委员会关于代表出缺情况和补选代表的代表资格审查情况的报告》；表决通过《吕梁市第三届人民代表大会第四次会议主席团和秘书长名单(草案)》。

【市第三届人民代表大会第四次会议】

2017 年 12 月 5 日～6 日，吕梁市第三届人民代表大会第四次会议在离石召开。出席会议代表 371 人。大会先后举行全体会议 2 次、主席团会议 3 次。会议选举产生了吕梁市出席山西省第十三届人民代表大会代表，补选了吕梁市人民检察院检察长。

【市三届人大常委会第十九次会议】

2017 年 12 月 27 日，吕梁市三届人大常委会第十九次会议举行第一次全体会议。市人大常委会主任郝月生，副主任孙晋军、梁来茂、卫成印、郭卫民，秘书长王峰及委员共 30 人出席会议，符合法定人数，会议由郭卫民主持。市委常委、副市长李建国，市中级人民法院院长杨泽民，市人民检察院检察长郭鸿等列席会议。会议听取市财政局负责人所作的关于 2017 年市本级第二次财政预算调整方案（草案）的报告、市审计局负责人所作的关于 2016 年度市本级预算执行和其他财政收支审计查出问题整改情况的报告、市人社局负责人所作的关于贯彻实施《事业单位人事管理条例》情况的报告、市林业局负责人所作的关于全市林业重点工程和生态扶贫工作情况的报告；听取市中级人民法院院长杨泽民所作的关于深化司法改革促进公正司法的报告、市人民检察院检察长郭鸿所作的关于深化司法改革促进公正司法的报告；听取市新区办负责人所作的关于吕梁新区安置房建设及相关设施配套工作情况报告审议意见研究处理情况的报告、市人大常委会法工委负责人所作的关于《吕梁市碛口古镇保护条例（草案）》修改情况的报告、市教育局负责人所作的关于《吕梁市中小学校幼儿园规划建设条例（草案）》的起草说明、市人大常委会法工委负责人所作的关于《吕梁市中小学校幼儿园规划建设条例（草案）》研究意见的报告；听取市人大常委会副主任孙晋军所作的《关于李晓玲等免职议案的说明》、市中级人民法院院长杨泽民所作的《关于贾建荣等任免职务议案的说明》；会议还听取拟任人员的供职发言。

12 月 28 日，市三届人大常委会第十九次会议举行第二次全体会议。市人大常委会主任郝月生，副主任孙晋军、梁来茂、卫成印、郭卫民、刘凯，秘书长王峰及委员共 33 人出席会议，符合法定人数，会议由刘凯主持。副市长李俊平，市中级人民法院院长杨泽民，市人民检察院检察长郭鸿列席会议。会议表决通过《吕梁市人大常委会任免名单（草案）》，郝月生为任职人员颁发了任命书，举行新任职人员向宪法宣誓仪式。会议还表决通过《吕梁市人大常委会关于批准 2017 年市本级第二次财政预算调整方案的决议（草案）》；对市人民政府关于吕梁新区安置房建设及相关设备配套工作情况报告审议意见研究处理情况的报告、关于《中华人民共和国旅游法》和《山西省旅游条例》执法检查报告审议意见研究处理情况的报告分别进行满意度测评。

吕梁市人民政府

综述

【经济社会发展】

2017年，吕梁市经济社会发展取得了历史性成就、发生了历史性变革。全年地区生产总值完成1310.3亿元，增长9.2%；规模以上工业增加值完成878.4亿元，增长11.3%；一般公共预算收入完成138.8亿元，增长54.9%；企业利润总额实现195.9亿元，增长44.6倍。4项主要经济指标增速从2015年全省末位，2016年由负转正进入中游，2017年上升为第一位，实现了年初提出的“保中游、争上游”的目标。固定资产投资增长6.2%，社会消费品零售总额增长6.4%，城镇、农村居民人均可支配收入分别增长6.3%、7.7%，达到25704元、8232元。市区空气质量优良天数排名全省第二。以全国林业扶贫现场会等10多个国家和省现场会为标志，生态脱贫、光伏扶贫等一批重点工作进入全省、全国“第一方阵”，广大干部群众干事创业氛围日益浓厚，全市内生动力和外部形象都发生了深刻变化。

【脱贫攻坚】

2017年，吕梁市压茬推进“春季行动”“夏季攻势”“秋季会战”“冬季对标”，全年445个贫困村退出、14.8万贫困人口减贫，中阳、柳林2个贫困县摘帽，孝义、汾阳、文水3个县整体脱贫。打响具有吕梁特色的生态脱贫、护工护理培训和光伏扶贫“三张品牌”，在生态建设战场打赢增绿增收两场战役的做法得到习总书记充分肯定，国家林业局局长、扶贫办主任及全国20多个省区林业厅长和扶贫办主任在离石、柳林、临县观摩了现场；“吕梁山护工”品牌叫响全国，央视《朝闻天下》栏目连续8期报道；光伏扶贫走在全国前列。部分省区领导观摩了交城易地扶贫搬迁安置点，时任副总理汪洋亲临现场给予高度评价。大力实施特色产业扶贫，带动33.1万贫困人口增收。加大金融扶贫力度，风险补偿产业扶贫贷款模式全国推广。出台教育扶贫“5+5”资助政策（“5+5”指的是：一是实施6个国家级贫困县农村幼儿营养改善计划。二是贫困县农村义务教育学生营养改善计划全覆盖。三是对市贫困县普通高中建档立卡贫困家庭学生给予生活补助。四是对在市中等职业学校就读的建档立卡贫困家庭学生给予生活补助。五是对在市高职院校就读的建档立卡贫困家庭学生给予生活补助。同时制定了吸引贫困学生到高职学校就读的五项优惠政策。一是在高等师范就读的学生，毕业后按30%的比例择优录用为市“乡村特岗教师”，到农村学校任教。二是建档立卡贫困家庭学生，免除学费并给予一次性补助5000元；农村非建档立卡贫困家庭学生，一次性补助2000元。三是设立奖学基金，用于奖励优秀学生。四是统一提供实习、实训基地和经费。五是体育艺术类学生免除学费，发放生活补助、训练服装等费用），资助贫困学生20.9万人次；贫困人口医疗费用报销率达87.34%，全省排名第二；13个县市区农村低保标准与扶贫标准实现“两线合一”，低保标准全部高于扶贫标准，脱贫攻坚“三五工程”方略开始落地生根。

【转型发展】

2017年，吕梁市抓住国发42号文件政策机遇，打出转型综改“组合拳”，推进九大产业转型发展。铝工业逐步发展壮大，局域电网初步建成试用，全省最大的合金铝生产线中润一期50万吨项目具备投产条件。煤焦产业向化的方向延伸，鹏飞集团与北京三聚环保公司合作的30万吨甲醇联产2亿立方米LNG项目建成投产，金达、金岩分别与宝钢、山东科瑞合作，上马了煤系针状焦、甲醇联产LNG等传统产业升级项目。白酒产业加快发展，产量和产值均增长40%以上，吕梁市被评为“世界十大烈酒产区”之一。文化旅游产业提档升级，开展“乘汾酒号列车，赏吕梁山风光”“吕梁——一个令人向往的地方”旅游季活动，全年接待游客人数、旅游总收入增幅均超过30%，吕梁市荣获2017亚洲旅游产业年会“最受欢迎旅游目的地”奖。大数据产业迅猛发展，依托华为公司引进软通动力等20家企业。规模以上工业增加值中，非煤产业占比由2013年的35.5%上升到49%，其中铝工业、白酒产业分别达16.6%、6.8%，战略性新兴产业和高技术产业增加值分别增长16.9%、14.3%，产业转型步伐不断加快，优势产业做强、新兴产业做大的格局开始显现。

【改革开放深化】

2017年，吕梁市落实“三去一降一补”重点任务（“三去一降一补”是根据习近平总书记提出的供给侧结构性改革提出的。供给侧改革主要涉及产能过剩、楼市库存大、债务高企这三个方面，为解决好这一问题，就要推行“三去一降一补”的政策，即去产能、去库存、去杠杆、降成本、补短板五大任务），核减煤炭产能20万吨，减量置换234.6万吨；加大房地产去库存力度，全市商品房待售面积、库存消化周期实现“双下降”；多措并举降低企业负债率和实体经济成本，规模上企业每百元主营业务收入成本减少5.79元。成立9户售电公司，38户企业参与电力直接交易，节约成本1.5亿元。加快开发区“整合改制扩区调规”，基本完成“三制”改革，省级开发区数量达到5个。19个景区完成体制机制改革，实现管理权和经营权“两权分离”。87户国有企业完成公司制改革，离柳焦煤集团等18户试点企业改革迈出坚实步伐。举办“数谷吕梁·智赢未来”大数据产业推介会、世界酒文化博览会、第四届全国煤炭深加工及焦化产业绿色发展交流会、铝工业发展论坛。搭建的这四大招商和转型发展大平台，吸引了12位两院院士、100多位专家学者及5000多名领军企业人员参加，引进转型项目30多个，扩大了吕梁影响、塑造了吕梁新形象。实施“百千万人才工程”和“百校千人计划”，与北航、北理工等9所重点高校（单位）签订战略合作协议，47位院士专家被聘为吕梁转型发展顾问。建立博士后工作站、技术研发平台12个。吕梁市推广PPP模式和孝义公立医院改革受到国务院通报表扬。特别是涉及1.7万职工、1820户普通债权人、586亿元债务的联盛集团依法破产重整，初步实现“平稳重整、涅槃重生”目标，成为全国化解金融和社会风险的典型案例。

【基础设施建设】

2017年，吕梁市政府推进"双十"市政重点工程建设。新区以11.5公里吕梁大道为主干的两纵十六横路网基本建成；以两带三湖为主的水面面积达到327亩、绿化面积达到2326亩，宜居宜业生态环境初步形成；吕梁火车站站前广场、盛地小学投入使用，水、电、气、热、信等市政设施建成完善；社会关注的两县区16个小区69栋安置楼11369套安置房建成，4000多户群众拿到新房钥匙，加快推进新区建设成为广大干部群众的期盼和共识。主城区提质改造步伐加快，投资9亿多元实施城区集中供热项目，供热面积从1477万平方米增加到近2000万平方米，热源点由原来的3个增加到5个，惠及2万多户群众；雨污分流管网改造工程完成；城南传统工业主题公园一期、兴隆、永宁小游园等8项宜居环境改善项目基本建成或投入使用。启动"五十百千"创建活动，孝义创建全国文明城市，汾阳、岚县创建省级文明城市，石楼创建省级卫生城市，汾阳贾家庄、离石信义创建国家特色小城镇，孝义梧桐、临县碛口、柳林孟门创建省级特色小城镇。开工建设静兴、祁离2条高速和沿黄扶贫旅游公路一期工程，新改建农村公路1210公里。榆横—潍坊、上海庙—山东过境输电线路全面架通。中部引黄隧洞连通工程和柏叶口龙门供水工程建成投运。

【民生保障和改善】

2017年，吕梁市政府推进习总书记提出的12项民生实事、省政府6件实事和吕梁市6件便民实事。全年民生支出259.9亿元，占公共财政支出的82.49%。提前一年完成"义务教育基本均衡评估认定"。孝义教育改革走在全国前列，全国义务教育学校管理标准实施部署会在孝义召开。高考二本B类以上达线人数超过1.4万，清华、北大录取18人，实现历史性突破。推进医疗、医保、医药"三医联动"，孝义、岚县、交口经验做法被央视报道，全省医改工作现场会在柳林召开。开展大气、水、土壤污染防治三大战役，推进中央、省环保督察发现问题整改工作，投资近100亿元实施50项重点环保基础设施工程，全市空气质量和重点河流水环境质量大幅改善，17个重点河流水质监测断面达到考核要求。抓好安全工作，安全生产形势总体平稳，被省政府考核为优秀。开展扫黑除恶专项斗争，刑事案件和治安案件分别下降22.43%、13.32%，人民群众安全感有所提升。

【政府效能提升】

2017年，吕梁市政府加强政府系统全面从严治党，推进反腐败斗争。推进法治政府建设，执行市人大及其常委会的决议决定，主动接受人大、政协监督，人大代表建议和政协委员提案办结率达100%。建成市县乡三级"13710"电子督办平台，全年督办重点工作233件，政府执行力持续提升。建立新区建设、集中供热、扶贫等重点工作微信平台，实行"3个24小时直通车"制度，协调解决各类问题1000余个，实现政府服务高效率快作为。深化"放管服效"改革，取消和下放审批事项145项。开展干部入企服务常态化等十大专项行动，在孝义试点推行企业投资项目承诺制。

（张静洲）

政务决策

【吕梁市举行脱贫攻坚"春季行动"动员会议】

2017年2月3日，吕梁市举行脱贫攻坚"春季行动"动员会议。会议动员全市上下在新的一年里，思想认识再提升、工作措施再精准、扶贫责任再压实、作风方法再改进，扎扎实实做好2017年每一天、每一月的脱贫攻坚工作，切实把2017年脱贫攻坚的各项任务完成好。

【全市引深“铁腕治污行动”暨2017年环境保护工作会议】

2017年2月21日，吕梁市召开进一步引深“铁腕治污行动”暨2017年环境保护工作会议，认真总结2016年环保工作，分析当前全市环保工作形势和任务，安排部署2017年全市环保工作，对全市引深“铁腕治污行动”进行再动员、再部署。市长王立伟主持会议并讲话。他强调，全市各级要牢固树立“绿水青山就是金山银山”的强烈意识，像抓安全生产、经济发展一样抓环境保护，从严打击环境违法行为，全面提升生态环境质量，推动环境保护工作再上一个新台阶，使绿水青山、蓝天白云真正成为吕梁的名片和骄傲。省环保厅副巡视员刘西丹，副市长李建国，市政府秘书长梁斌，各县（市、区）长、分管副县（市、区）长、环保局长，市环境保护工作领导小组成员单位主要负责人参加会议。

【全市旅游改革发展工作会议】

2017年3月31日，吕梁市政府召开全市旅游改革发展工作会议，深入分析吕梁市文化旅游产业发展面临的新形势、新任务，研究部署加快文化旅游产业改革发展的方向、路径和举措，动员全市上下进一步创新理念，凝聚共识，积极作为，努力开创全市文化旅游产业发展的新局面。市长王立伟出席会议并讲话。市政府分管领导李月勤主持会议，市政府秘书长梁斌等参加。市直相关部门负责人，各县(市、区)长、分管副县（市、区）长等参加。

【全市“五城联创”、城乡环境整治、易地扶贫搬迁现场推进会】

2017年8月10日至11日，吕梁市政府召开全市“五城联创”、城乡环境整治、易地扶贫搬迁现场推进会，集中利用一天半时间，实地观摩临县、兴县等地经验做法，深入查找存在问题，分析研究形势任务，安排部署“五城联创”、城乡环境整治、易地扶贫搬迁、河长制等重点工作。市长王立伟强调，各级各部门要深入学习贯彻习总书记视察山西重要讲话精神，把思想和行动统一到市委、市政府的决策部署上来，提高思想认识，提高政治站位，以扎实的作风、一流的标准、务实的举措、超常的力度，持续掀起“五城联创”活动热潮，大力改善城乡环境面貌，加快推进易地扶贫搬迁进度，全面建设美丽宜居新吕梁，以优异成绩迎接党的十九大胜利召开。市委常委、副市长李建国，市政府秘书长梁斌，市直及13县（市、区）政府负责人参加会议。

【吕梁市举行秋季造林绿化动员会议】

2017年10月14日，全市秋季造林绿化动员会议在离石区田家会森林公园举行。市委书记李正印作动员讲话。号召全市干部群众全面打响秋季造林绿化攻坚战，推动生态建设与脱贫攻坚互促双赢，努力建设美丽吕梁。市长王立伟主持。市四大班子在家领导，市直各大口正处级单位“一把手”，各县（市、区）委书记或县（市、区）长，泰化集团造林队和造林合作社成员，共计200余人参加了动员会议。

重要会议

【市政府常务会议】

市政府召开第17次常务会议

1月6日，市长王立伟主持召开市政府第17次常务会议，深入分析当前经济形势，研究部署2017年经济工作，研究讨论开发区改革创新发展、“铁腕治污行动”等事宜。市委常委、常务副市长张广勇，市政府领导杨巨才、李安林、李月勤，市政府秘书长梁斌等参加会议。

市政府召开第18次常务会议

1月20日，市长王立伟主持召开市政府第18次常务会议，研究加快推进行业协会商会改革、支持服务业发展、集中整治全市露天采石场等事宜。市委常委、常务副市长张广勇，市委常委、副市长张敬平，副市长李俊平、李建国、杨巨才，市委常委、副市长，市政府秘书长梁斌等参加会议。

市政府召开第19次常务会议

2月9日，市长王立伟主持召开市政府第19次常务会议，研究国民经济和社会发展计划、全市和市本级财政预算等工作。市政府领导张广勇、张敬平、李俊平、李建国、李安林、李月勤，市政府秘书长梁斌等参加会议。

市政府召开第20次常务会议

3月3日，市长王立伟主持召开市政府第二十次常务会议，学习传达全省农村工作会议和全省脱贫攻坚工作会议精神，研究煤化工、白酒、机械制造三个产业集群发展、市区大气污染防治联防联控综合治理、与省教育厅省科协战略合作等事宜。市政府领导张敬平、李俊平、杨巨才、李安林、李月勤，市政府秘书长梁斌等参加会议。

市政府召开第21次常务会议

3月24日，市长王立伟主持召开市政府第21次常务会议，研究健康扶贫、兜底扶贫、教育扶贫等脱贫攻坚重点工作，部署市区2017年“双十”重点工程建设等事宜。市委常委、常务副市长张广勇，市委常委、副市长张敬平，副市长李俊平，市政府分管领导李月勤，市政府秘书长梁斌等参加会议。 会议研究并原则通过《关于推进2017年健康扶贫的若干意见》《关于民政兜底扶贫的若干意见》《吕梁市实施教育扶贫的若干意见》。

市政府召开第22次常务会议

4月1日，市长王立伟主持召开市政府第22次常务会议，研究重点工程项目、贫困地区农村教育、新型城镇化规划、制造业与互联网融合发展等工作。市政府领导张广勇、张敬平、李建国、杨巨才、李安林、郭震威、李月勤，市政府秘书长梁斌等参加会议。

市政府召开第25次常务会议

5月15日，市长王立伟主持召开市政府第25次常务会议，研究讨论农业水价综合改革、与北理工战略合作、市区集中供热全覆盖等事宜，安排部署脱贫攻坚等重点工作。市委常委、常务副市长张广勇，市委常委、副市长张敬平，副市长李俊平、杨巨才，市委常委、副市长郭震威，市政府秘书长梁斌等参加会议。会议传达学习了国务院副总理汪洋近期在吕梁市视察调研及在九省市易地扶贫搬迁推进会上的讲话精神，传达学习了省委骆惠宁书记在兴县、临县驻村调研时的重要指示精神，传达了赴长治考察学习脱贫攻坚、城市建设等相关情况。会议原则通过《吕梁市政府与北京理工大学战略合作框架协议》。会议讨论并原则通过《吕梁市关于推进农业水价综合改革的实施方案》。会议还研究了其他事项。

市政府召开第26次常务会议

6月5日下午，市长王立伟主持召开市政府第26次常务会议，研究部署高层次科技人才引进、投资统计改革、城市公交、土地利用总体规划调整等事宜。市委常委、常务副市长张广勇，市委常委、副市长张敬平，市政府领导李俊平、李建国、郭震威、李月勤，市政府秘书长梁斌参加会议。

市政府召开第27次常务会议

6月9日上午，市长王立伟主持召开市政府第27次常务会议，传达学习全省农村环境集中整治长治现场会精神，研究部署“五城联创”、“十大特色镇”创建、“百村示范、千村整治”以及推行河长制等工作。市委常委、常务副市长张广勇，副市长李俊平、李建国、李安林，市政府秘书长梁斌等参加会议。

市政府召开第28次常务会议

6月16日，市长王立伟主持召开市政府第28次常务会议，研究部署国道209线吕梁新区段公路改线、沿黄扶贫旅游公路及生态绿道建设、大数据产业发展应用、主城区中小学幼儿园建设等事宜。市委常委、常务副市长张广勇，市委常委、副市长张敬平，副市长李俊平、杨巨才、李安林，市政府秘书长梁斌等参加会议。

市政府召开第29次常务会议

6月23日，市长王立伟主持召开市政府第二十九次常务会，研究《关于在贫困村开展互助金试点工作的指导意见》《吕梁市医药卫生服务体系规划（2016—2020年）》《吕梁市非物质文化遗产传承保护条例》《吕梁市2017年开展优化营商环境专项行动工作方案》，听取目标责任制考核情况汇报。市领导张广勇、张敬平、李俊平、李建国、杨巨才、李安林，市政府秘书长梁斌参加会议。

市政府召开第32次常务会议

7月14日，市长王立伟主持召开市政府第32次常务会议，研究深度贫困地区脱贫攻坚、农业产业扶贫贷款风险补偿基金等事宜。市政府领导张广勇、张敬平、李俊平、李安林、郭震威，市政府秘书长梁斌等参加会议。

市政府召开第33次常务会议

7月24日，市长王立伟主持召开市政府第33次常务会议，研究讨论深化国企国资改革、“十个一批”重点工作、大数据产业等事宜。市政府领导张敬平、李俊平、杨巨才、李安林、郭震威、李月勤，市政府秘书长梁斌等参加会议。

市政府召开第35次常务会议

8月4日晚，市长王立伟主持召开市政府第35次常务会议，研究讨论市扬尘污染防治条例，具体部署中央环保督察反馈问题整改和优化营商环境工作。市领导张广勇、张敬平、李俊平、李建国、杨巨才、李安林、尉文龙，市政府秘书长梁斌等参加。会议原则通过扬尘污染防治工作条例，要求各级各部门各单位要加强领导，协调配合，有效控制施工工地、道路建设及交通运输等方面的扬尘污染，不断改善大气环境质量。

市政府召开第36次常务会议

8月18日下午，市长王立伟主持召开市政府第36次常务会议，研究部署机关事业单位工作人员养老保险制度改革、城市公交及网约车管理等事宜，听取“数谷吕梁、智赢未来”大数据产业发展推介会筹备情况汇报。市政府领导张敬平、李建国、杨巨才、郭震威、李月勤，市政府秘书长梁斌参加会议。

市政府召开第37次常务会议

9月1日下午，市长王立伟主持召开市政府第37次常务会议，研究部署“十三五”规划纲要实施机制、城市信用体系建设、市区集中供热、209国道吕梁新区段改线、大数据产业发展等事宜。市政府领导李建国、李俊平、杨巨才、李安林、尉文龙，市政府秘书长梁斌等参加会议。

市政府召开第38次常务会议

9月7日下午，市长王立伟主持召开市政府第38次常务会议，研究部署省环保督察组反馈问题整改、2017年冬季清洁供暖、市区集中供热全覆盖工程攻坚等事宜。市政府领导张敬平、李建国、李俊平、尉文龙、李月勤，市政府秘书长梁斌等参加会议。

市政府召开第40次常务会议

9月27日，市长王立伟主持召开市政府第40次常务会议，研究贯彻落实《国务院关于支持山西省进一步深化改革促进资源型经济转型发展的意见》实施方案，部署市场监管体制改革、市政府工作部门“大科（室）制”改革、市区划定禁煤区等事宜。市政府领导张敬平、李建国、李俊平、杨巨才、李安林、尉文龙、李月勤，市政府秘书长梁斌参加会议。

市政府召开第41次常务会议

10月11日，市长王立伟主持召开市政府第41次常务会议，研究部署城乡义务教育一体化改革、秋冬季大气污染治理等工作。市政府领导张敬平、李建国、李俊平、杨巨才，市政府秘书长梁斌等参加。

市政府召开第42次常务会议

11月3日，市长王立伟主持召开市政府第42次常务会议，研究部署“农村四好路”建设、设立中小企业转型升级发展基金、2017年度目标责任考核等事宜。市政府领导张敬平、李建国、李俊平、杨巨才、李安林、郭震威、李月勤，市政府秘书长梁斌参加会议。

市政府召开第44次常务会议

12月8日，市长王立伟主持召开市政府第44次常务会议，研究中小学幼儿园规划建设条例等事宜。市政府领导张敬平、李建国、李俊平、尉文龙、李月勤，市政府秘书长梁斌等参加会议。

（张静洲）

政务督查

【市级专项督查】

2017年，督查室全年印发市人民政府政务督查通知54期，督查通报8期，督查专报8期，先后组织对退役士兵安置、市区供热、散煤置换、教育扶贫、民政兜底扶贫、健康扶贫等工作进行专项督查，为市政府领导和有关部门掌握重点工作进展情况提供了依据，也促进了工作的落实和任务的顺利完成。

【配合国家、省政府专项督查】

2017年2月，国务院专项督查组就国务院第三次大督查期间发现问题的整改情况到吕梁市进行专题调研。8月，国务院进行全国第四次大督查，李克强总理亲自安排并专题听取督查情况汇报。督查室完成省政府对吕梁市此项工作的整改落实督查工作，并向省报送《关于对国务院政策措施落实中存在问题整改情况的报告》。

督查室还承担了省政府关于对贯彻落实山西省重要会议精神情况的专项督查；关于对省政府专题会议议定事项落实情况的专项督查；关于全省固定资产投资重点工程重大项目的督查调研等一系列的工作。

【“13710”督办系统】

2017年是吕梁市“13710”电子督办系统的启动之年，按照王立伟市长的指示精神，按省政府办公厅标准采购并建立吕梁市的“13710”电子督办系统，系统于1月12日上线并投入使用。为确保任务的顺利推送，为每个秘书科室配备专用的“13710”笔记本电脑。督查室指导各县（市、区）政府建立各自的督办平台，市县一级“13710”督办系统接入终端91个，其中市政府相关科室9个、市直单位69个、各县（市、区）政府13个；市县乡一级“13710”督办系统于5月1日投入使用，接入数量为789个。

全年，省、市级系统共接收任务262项，办结262项，办结率100%。市、县级系统交办任务252项，办结252项，办结率100%。县、乡一级“13710”督办系统共下发任务235项，办结

215项，办结率92%。

【民生实事督查】

2017年，市政府高度重视民生保障和改善工作，政府主要领导多次专题听取中央、省、市民生实事落实情况汇报，分析存在问题，多次深入基层调研了解民生保障和改善情况，研究具体的推进办法和措施。督查室全年连续跟踪督办民生实事办理落实工作，实行季报制度，集中向分管副市长专题汇报5次，组织召开实事工作调度会4次，现场督查3次，下发督办函41份，确保了政府领导对民生实事推进工作的了解。省政府办公厅11月份专门到吕梁市对民生实事推进情况进行专题调研，相关领导作出高度评价。

【审计整改】

2017年督查室共接受国家审计署、国家审计署太原特派办、省审计厅各类审计报告或审计发现问题情况报告共7批次，涉及143问题。上报省政府及有关厅局《整改报告》10份，通过督查，审计发现问题整改110个，整改率达77%。根据省政府要求，全年按照时间节点分3批次对2016年中央预算内投资项目执行情况进行了跟踪督查，有效推动了项目开工以及建设。通过督查，汾阳市对汾阳市省汾运二宿舍棚户区改造基础设施配套工程项目进行缓慢情况提出整改措施，对方山县城区棚户区安置东一区东二区项目未开工问题提出核查处理意见并报省发改委。

【建议提案办理】

2017年，督查室通过督办，市政府系统完成省人大代表建议5件、市人大代表建议151件，市政协提案393件的办理工作，省人大代表建议办理完成率100%，市人大代表建议、政协提案办理完成率100%。

（张静洲）

政务活动

【吕梁市北航中汇科技孵化器举行揭牌仪式】

2017年2月17日，吕梁市北航中汇科技孵化器在中阳县举行揭牌仪式。北京航空航天大学党委书记、中国工程院院士张军，市长王立伟共同为孵化器揭牌。北京航空航天大学副校长魏志敏、中国工程院院士王浚、副市长李俊平、市政府秘书长梁斌出席揭牌仪式。科技孵化企业在中阳县属于新生事物。为了服务好孵化器建设，中阳县责成专人、全程跟踪，投资100余万元，设立了3000平方米的科技孵化空间，水、电、暖、光纤等基础设施配套完善，加工车间正在按照要求逐项改造。中阳县与进驻企业共同设立专门的产业引导基金，全力支持孵化器做大做强，为北航校友企业家来吕梁投资兴业提供更完善、更优质的服务。

【中钢—北航转型升级技术研发中心举行揭牌仪式】

2017年2月17日，中钢—北航转型升级技术研发中心在中阳县举行技术合作揭牌仪式。北京航空航天大学党委书记、中国工程院院士张军，市长王立伟共同为技术研发中心揭牌。北京航空航天大学副校长魏志敏、中国工程院院士王浚、副市长李俊平、市政府秘书长梁斌出席揭牌仪式。

【王立伟赴汉能控股集团考察洽谈】

2017年3月15日，市长王立伟带领吕梁市有关人员，赴北京汉能控股集团考察座谈，参观汉能集团展厅、汉能科技示范基地，出席吕梁孝义移动能源产业园项目投资合作签约仪式，双方就推动项目落地、拓展合作领域进行了交流座谈。全国工商联副主席、全国政协委员、汉能控股集团董事局主席李河君，副市长李建国等出席相关活动。

【吕梁—北航战略合作协议签署】

2017年4月15日，吕梁—北航战略合作协议签约暨吕梁市党政管理干部培训示范班开班仪式在北京举行。北航党委书记张军院士，吕梁市委书记李正印、市长王立伟、副市长杨巨才、市政府秘书长梁斌等出席。

【吕梁市政府与北京理工大学举行战略合作签约仪式】

2017年5月21日，吕梁市人民政府与北京理工大学战略合作签约仪式在太原举行。副省长张复明，北京理工大学校长、中国科学院院士胡海岩，市委书记李正印，北京理工大学副校长李和章，市委常委、副市长张敬平，市委常委、市委政法委书记、市委秘书长李小明，吕梁学院党委书记闫保平、副书记周富国，市政府秘书长梁斌出席签约仪式。市委副书记、市长王立伟主持签约仪式。

吕梁市人民政府与北京理工大学按照“优势互补、真诚合作、促进发展、务实重效”的原则，以精准扶贫、精准脱贫为宗旨，以校地、校企、校校合作为载体，在决策咨询、产业发展、科技、教育、人才交流等方面开展广泛深入的合作，充分发挥北京理工大学人才和智力优势，实现双方共同发展。

【全市“政府和社会资本合作（PPP）”培训班开班】

2017年7月4日，全市“政府和社会资本合作（PPP）”培训班开班。中国通用咨询公司首席PPP咨询师徐作武等四位国内PPP领域知名专家受邀进行授课，各县（市、区）政府主要负责人、市直单位“一把手”等300余人参加培训。对于进一步提升吕梁市推广运用PPP模式工作的质量和水平具有重要意义。市长王立伟出席并讲话。市政府秘书长梁斌主持，中国通用咨询投资有限公司党委书记栗冀等出席。

【第十一批“吕梁山护工”走出大山欢送仪式举行】

2017年8月15日，“吕梁山护工”（第十一批）走出大山欢送仪式在离石区举行，1184名“吕梁山护工”将走出吕梁山，前往北京、天津、太原等地就业。市长王立伟在欢送仪式上强调，全市各级各部门要认真贯彻落实习总书记视察山西重要讲话精神，进一步增强打赢脱贫攻坚战的责任意识，聚焦深度贫困，实施“三五”工程，将扶贫与扶志、扶智结合起来，采取超常规举措，做好“吕梁山护工”培训就业和贫困劳动力转移就业工作，真正实现培训就业一人、稳定脱贫一户的目标。省委脱贫攻坚第一督导组副组长赵春雷，市委副书记张广勇，副市长尉文龙，市政府秘书长梁斌出席欢送仪式。

【“数谷吕梁·智赢未来”大数据产业发展推介会】

2017年8月21日，吕梁市举行“数谷吕梁·智赢未来”大数据产业发展推介会，共签约项目12个，总投资21.25亿元。签约现场，省人大常委会副主任刘杰，副省长王一新，省政协副主席张璞，工信部信软司副司长朱皖，中国工程院院士、北京航空航天大学党委书记张军，国防科技大学计算机学院政委夏志和，市委书记李正印，市长王立伟等出席并见证签约。

【吕梁市政府与山西农大举行战略合作协议签订仪式】

2017年9月9日，吕梁市政府与山西农大举行战略合作协议签订仪式。市委书记李正印致辞，市长王立伟主持。山西农大党委书记陈利根、校长赵春明，市委副书记张广勇，市委常委、市委政法委书记、市委秘书长李小明，副市长尉文龙，市政府秘书长梁斌出席仪式。山西农大郭平毅、牛颜冰、高培芳、姜玉锁、王玉国、刘群龙、杜俊杰、温银元、董淑琦等专家和吕梁市6个国定贫困县政府主要负责人和市直有关部门负责人出席。

【吕梁优质小杂粮主题推介会】

2017年9月19日，第五届中国（山西）特色农产品交易博览会吕梁优质小杂粮主题推介会在太原煤炭交易中心举行。市长王立伟以“吕梁山上好茶饭、莜面窝窝山药蛋”为主题，倾情推介吕梁小杂粮等特色农产品。13县（市、区）党政主要领导也变身推销员，登台“吆喝”家乡农特产品。推介会上，吕梁市成功签约生态养殖、农副产品加工、中药材种植等93个项目，签约总额达到62.96亿元。省农业厅、粮食局等有关方面负责人出席会议。

【2017山西（汾阳·杏花村）世界酒文化博览会】

2017年9月28日，2017山西（汾阳·杏花村）世界酒文化博览会在全国最大的清香型白酒生产基地——山西省汾阳市开幕。此次博览会以“相约汾阳品味世界清香”为主题，由吕梁市人民政府、中国酒业协会主办，汾阳市人民政府、山西杏花村汾酒集团有限责任公司和中展励德国际集团有限公司共同承办，是中国酒类行业展会唯一以酒文化为主题的国际展会，开创了山西酒类行业展会之最。副省长王一新、中国酒业协会理事长王延才出席并讲话。市长王立伟致辞。市领导郝月生、张敬平、李建国、李安林、李月勤，市政府秘书长梁斌等出席开幕式。中国17大名酒企业负责人和全球500多家酒类行业企业代表齐聚汾阳，共品醇香美酒、共赏白酒文化、共议酒业发展。出席开幕式的还有贾樟柯、白描等文化名家，国内外专家学者及嘉宾、客商等共计1500余人。

【五名院士专家受聘吕梁市转型发展专家（顾问）】

2017年10月13日，在第四届全国煤炭深加工及焦化产业绿色发展交流会期间，吕梁市聘请中国工程院院士杨启业、中国工程院院士金涌、国务院发展研究中心宏观经济研究部巡视员张立群、中国炼焦行业协会首席专家杨文彪、中国煤炭加工利用协会会长张绍强五名院士专家，担任吕梁市转型发展专家（顾问）。市长王立伟向受聘专家颁发聘书。市委常委、常务副市长张敬平，市政府秘书长梁斌参加。

【第四届全国煤炭深加工及焦化产业绿色发展交流会暨吕梁市招商引资推介会】

2017年10月12日至14日，第四届全国煤炭深加工及焦化产业绿色发展交流会暨吕梁市招商引资推介会在吕梁市孝义举行。会议由吕梁市政府与中国煤炭加工利用协会共同主办，由孝义市政府承办。会议旨在分析研究当前我国焦化行业面临的机遇挑战，交流探讨焦化产业发展趋势及技术路径，进一步推进煤炭深加工产业技术进步，促进焦化产业转型升级绿色发展。同时吕梁市借会议平台进行招商引资、项目推介。

【“煤—电—铝—材”一体化发展研讨会】

2017年12月21日，吕梁市召开“煤—电—铝—材”一体化发展研讨会，邀请全国知名专家学者以及科研院所、行业企业、先行地区等方面相关人士，相互交流全国全球铝产业发展走向趋势，研讨探索新形势下铝产业发展方法路径，共同为吕梁煤电铝材一体化改革发展把脉问诊、出谋划策。市长王立伟出席会议并致辞。市政府领导李建国、杨巨才，市政府秘书长梁斌等参加。

（张静洲）

政务审批

【行政审批项目及便民服务事项办理】

2017年1–12月，吕梁市政务大厅各窗口共受理行政审批事项3475件，正在办理199件，已办结3137件，办结率90.3%。共受理便民服务事项30164件，办结率100%。

【巩固“两集中，两到位”改革】

2017年，市政务大厅驻厅人员共有159人，驻厅行政审批单位32个，便民服务窗口10个，收费窗口1个。根据各部门权力和责任清单，30个单位成立了行政审批科，2个单位未成立行政审批科但审批事项已进大厅。市政务大厅对32个单位审批事项，进厅办理情况进行初步统计：31个单位的行政审批科全部进驻了大厅，市本级144项行政审批事项，9项未进大厅（其中有公安局的6项在公安局出入境大厅办理，卫计委的“再生育审批”未进大厅，农委的“种畜禽生产经营许可证核发和“畜禽定点屠宰证”的核发未进大厅），进驻率99.9%，授权率98%（煤炭局、教育局未授权）。市政务大厅对所涉单位的项目数量、审批流程、办结事项认真梳理，科学优化，大力精简。全年共取消21项，承接32项（其中有7项前置改后置），下放7项。在此基础上，市政务大厅不断规范审批流程，压缩办结时限，使政务大厅审批运行更加顺畅有序规范合理。

【改革事项推进】

2017年，吕梁市政务大厅推进改革事项，即实现“推行一个窗口受理、一站式办理、一条龙服务”。所有的行政审批事项在法定办理时限内，又进行了流程优化，平均办理时限由原来的11个工作日压缩到6个工作日。利用“吕梁市政务大厅微信公众号”可以预约查询办件进度。驻厅的部分窗口已经实现网上办理，比如，工商局的企业（农民专业合作社）网上注册登记，交警“12123”网上办理平台，固定资产投资项目办理平台。2017年年初全省出台《山西省政务服务管理办法》，全省将构建省、市、县统一的政务服务网上办理平台，通过实体平台、网上平台、移动客户端、自助终端等多种方式，为群众提供方便快捷的多样化政务服务。政务大厅制定“互联网＋政务服务”建设方案并上报了市政府。

（市政务大厅管理中心）

公共资源交易中心

【概况】

截至2017年12月1日，吕梁市公共资源交易中心累计发布各类信息2723条，完成各类交易654项，涉及资金62.61亿元，其中：建设工程共完成568个项目，招标控制价：59.12亿元，中标价：54.48元，节约4.64亿元，节约率7.85%；政府采购完成85个采购项目，政府采购预算：3.2亿元，中标价2.89亿元，节约0.31亿元，节约率9.69%；国土（矿业权）公开挂牌出让1宗采矿权，面积0.6734平方公里，涉及资金1800万元；主体库新增1711个（其中：招标代理169家、招标单位427家、投标企业1115家）；数字证书发放4229个。

【全流程电子化建设】

2017年，市公共资源交易中心按照《国务院办公厅关于印发整合建立统一的公共资源交易平台工作方案的通知》和《山西省人民政府办公厅印发关于整合建立统一规范的公共资源交易平台实施方案的通知》要求，在原系统基础上，通过完善各项功能，打造出更加完善的拥有“一平台四系统”的吕梁市公共资源交易系统，一平台指公共资源交易平台，包括：服务平台、交易平台、监督平台，四系统指建设工程电子交易系统、国土资源电子交易系统、政府采购电子交易系统、产权电子交易系统，并且实现建设工程、国土（矿产）类交易项目从招标、投标、开标、评标、清标、定标全流程电子化，完成了国务院“2017年6月底基本实现全流程电子化”的任务要求，同时系统通过锁定项目相关重要环节、操作程序和办理时间，实现了交易全程电子留痕、可询、可查，强化了交易流程的刚性约束，最大限度地避免人为干预国土、建设工程、政府采购领域的交易活动。

【公共资源电子化交易平台建设】

2017年9月25日，省政府发布《山西省人民政府办公厅关于切实用好统一的公共资源交易平台的通知》，市公共资源交易中心成立工作小组，拟订《吕梁市人民政府办公厅关于贯彻落实山西省人民政府办公厅关于切实用好全省统一的公共资源交易平台的通知的通知》，经市政府多次讨论、修改，于2017年10月26日以明电形式正式发文，编号为吕政办发电〔2017〕25号，文件的出台为吕梁市公共资源交易平台的建设提供坚强的制度保障。

【平台服务功能完善】

完善公共资源交易中心网站。2017年，市公共资源交易中心按照《国家发改委办公厅关于切实用好全国公共资源交易平台的通知》要求，将原“吕梁市公共资源交易中心”网站名称修改为“全国公共资源交易平台（山西省·吕梁市）”，对网站的交易服务、阳光政务、政策法规、办事指南、下载专区、互动交流等栏目进行调整充实，及时更新公共资源交易服务工作动态。对各类交易信息、主体库信息等重要信息栏进行重新布局，打造了一个开放便捷的公共资源信息共享平台。

做好数据报送和数据共享。由于只有建设工程、国土（矿产）两类交易项目数据可以实时通过系统自动上传，政府采购类数据仍需后期人工录入，为保证吕梁市公共资源交易中心各类数据的完整性，中心将数据报送形成制度性、常态化管理，安排专人每天定时检查、整理，统一推送省平台，做到所有数据应传必传，保证公共资源交易各类信息公开共享。

强化安全保障。为了加强公共资源交易服务平台运行维护和安全防护，保障用户信息、交易信息等信息的安全性，与吕梁市军民融合研究院签订了今后5年吕梁市公共资源交易信息化应用硬件平台和安全保障体系的灾备协议，依托吕梁市云计算中心的强大技术保障，最大限度地降低系统安全风险、消除了数据丢失的隐患，确保平台运行平稳高效。

【投标保证金统一管理】

2017年，中心通过开设吕梁市公共资源交易中心保证金专户，投标保证金、履约保证金必须通过投标人所在地的基本账户以银行转账方式缴纳或退还，缴纳费用时采用电子加密，只有到开标时间才可以查看保证金账号的缴费明细，做到了信息绝对保密，无一泄露，并和中国工商银行签订了保密协议，在一定程度上杜绝了可以在开标前招标代理通过保证金知道投标人信息的可能，净化了招投标市场环境。

【开评标区管理】

2017年，按照《山西省人民政府办公厅关于切实用好统一的公共资源交易平台的通知》“全面开展电子化监督”的要求，有关行政监督部门不再进行现场监督，中心充分利用监督平台开展监督工作，对评标区进出人员严格核对，专家进场登记、领取评委证挂牌上岗，确保评标的独立性和公平性。

（市公共资源交易中心）

市政府采购中心

【概况】

2017年，吕梁市政府采购服务中心共组织200余批次采购活动，完成经财政备案审批采购项目128个，采购规模27932.1万元，合同签订金额22966.2万元，节约财政资金4965.9万元，节约率为18%。从采购组织方式看：完成公开招标项目22个，项目预算23644.2万元，占到总规模的85%，合同签订金额18944.3万元，节约资金4699.9万元，节约率为20%；完成邀请招标项目1个，预算460万元，合同签订451.2万元，节约8.8万元，节约率2%；完成竞争性谈判采购项目10个，预算金额2154.6万元，合同签订金额2054.4万元，节约100.6万元，节约率5%；完成单一来源采购项目10个，项目预算390.6万元，合同签订金额357万元，节约33.6万元，节约率9%；完成询价采购项目85个，占项目总数的67%，预算金额1282.7万元，合同签订金额1159.3万元，节约123.4万元，节约10%。采购项目主要为货物和货物兼服务功能的计算机及软件系统。

从2017年采购项目的结构可以看出，吕梁市政府采购各部门采购项目正由过去的以采购现代化办公设备为主向以采购信息管理系统为主转变，市直单位的各项管理工作正由传统的管理方式向现代化、信息化、数字化管理转变。

2017年的政府采购工作具有以下特点：一是采购人的法制意识普遍提高。多数采购单位都能自觉遵守政府采购的相关法律法规，确定无倾向性、排他性的采购需求，能正确面对招标结果，并及时与中标供应商签订政府采购合同，主动配合供应商完成政府采购任务。采购单位确定得采购需求有特指性的少了，对供应商提特定资质条件的少了，特定供应商中标不能接受的少了，全年未发生一例采购人因中标供应商不满意，推签采购合同文件的。二是采购程序更加公开透明，从2017年开始，所有采购项目的各个环节均按规定上网发布，做到公开、透明、无死角，招标文件，中标供应商及主要产品的规格、型号、服务要求同时发布；标后要求采购人必须在签订合同后进行合同公示，全方位按招投标文件严格履约。三是质疑、投诉事件明显减少，全年未发生一起对采购程序产生的质疑事项，质疑的主要问题仍然集中在报名资格条件，产品技术参数数和打分的标准上。四是采购效率明显提高，在人员少、项目多、工作量大的情况下，全体人员克服困难，埋头苦干，按时限高标准完成了采购任务。一年来的实践再次证明，吕梁市政府采购服务中心是一支政治合格，专业过硬的合格的采购团队。

【冬季取暖用煤采购】

2017年接到市政府下达的冬季取暖用煤采购任务后，吕梁市政府采购中心组织精兵强将，制定公正、严密、切实可行的招标方案：根据离石城区供热现状，确定按城北供热站和西南供热站分包招标，各确定一名供应商。严格执行采购法规定，实行最低价中标法，在确保质量的前提下，谁价格低谁中标，如出现价格相同的情况，由评委会集体根据其综合指标确定。为防止一些不法商人低价中标后，不认真履约，故意干扰政府采购活动，充分体现政府采购的严肃性，规定招标时需缴纳预算价2%、156万元的保证金，签订合同时需缴纳合同金额10%的保证金，中标后或者签订合同后不依法履约的，予以无偿扣除。制定了应急方案，考虑到不因供应商数量大幅减少影响城区居民供暖，要求专家对供应商进行推荐排序，不能履约的由排名第二的负责组织剩余数量的煤炭供应，并交足保证金，以此类推。评审专家一律不在当地产生，全部由山西省财政厅专家库中抽取，确保评标公开、公平、公正。对“关联供应商”做出严格限制，“关联供应商”每包只允许一户企业报名。所有报名供应商对自己的关联情况进行如实声明，集团性关联企业报名需由总公司出具介绍信，其他“关联供应商”需以书面的方式申报其关联企业名单，确保其他企业不参与投标。2017年，此项目预算15600万元，合同支付金额11580万元，节约4020万元，节约率为25.8%。

（市政府采购服务中心）

机关事务管理

【市委大院改造】

为深入推进吕梁市国家级园林城市创建，疏解主城区功能，加快吕梁新区建设，2017年，机关事务管理局加大对市委大院的综合整治改造力度。首期重点项目——地下停车场和人防建设项目，在2016年完成的主体结构封顶基础上，2017年完成停车场装饰、水暖电及监控安装、地上景观绿化工程，新增停车位200个；通过租赁场地将汽修厂搬出大院，妥善解决了28名职工就业问题，拆除了汽修厂、外事办、对台办等6栋老旧办公楼（面积约4100平方米），并利用拆除后的空地规划停车位150个，使大院停车位达到510个；妥善解决了36户住户的安置问题，顺利完成了市公安局二层楼拆除，还成功拆除了永宁中路建行办公楼，消除了安全隐患；建设改造了大院配电室及高压线路，确保了用电安全；积极推动市邮储银行房屋置换工作，初步达成市邮储银行与吕建公司置换意向，并完成双方资产评估工作。通过整治，市委大院建筑密度明显下降，道路拥堵、停车难的问题有效缓解，大院周边环境得到初步改善。

【重点项目建设】

机关事务管理局严格按照时间节点，精心组织，加班加点，完成了市监察委员会办公楼加固改造、西配楼和餐厅建设任务，保障了市深化监察体制改革试点工作顺利进行。推进新区最大单体——市便民服务中心项目建设（占地37.7亩，总建筑面积69580平方米，概算投资3.11亿元）。2017年完成二次结构砌筑抹灰、外墙干挂石材、屋面、亮化和室内水暖电管道设备安装，完成室内墙面、地面、天棚等装饰、弱电智能化布线及部分室外工程。截至2017年12月，累计完成约占总工程量的90%。该项目已移交市新区建管中心。启动兴隆街片区A区棚户区改造。制定并公示兴隆街片征收拆迁补偿方案，认真详细测算拆迁补偿经费，研究制定拆迁建设方案。装饰改造永宁嘉苑小区配套幼儿园，公开招聘10名幼儿教师，完成设施设备采购，积极协商该园产权回购，为幼儿园正式使用奠定了基础。

【办公用房管理】

机关事务管理局认真贯彻中办、国办《党政机关办公用房管理办法》精神，起草《吕梁市办公用房管理办法》，按市委要求，征求意见；加强办公用房权属管理，按照《市直行政事业单位房屋和自有土地管理办法》及《办公用房管理办法》要求，委托专业机构对市直29个单位办公用房进行了前期测绘，为下步权属登记奠定了基础；加强调配管理，将腾退收回的近3000平方米办公用房，按规定调配给市委宣传部、市民宗局和市统计局等8个单位；根据棚改要求和满足办公需要，市机关事务管理服务中心对市直机关单位、特别是大中专院校闲置房源进行摸底调查，提出将45个单位、1377人搬出市委大院，租赁写字楼，逐步搬进新区的办公用房调配建设方案；加强维修管理，根据维修申请，现场勘察市委大院以外的市直32个单位，编制了维修预算，提出了维修方案；加强处置管理，委托专业机构，对到期的步行街和市水利局13间门面房进行公开拍租，租金354.18万元，全部上缴财政；根据市政府安排，完成吕梁学院旧校区143200平方米土地、73320平方米房屋和39877件账面原值4906万元资产的接收工作，全部移交给了离石区管理局。

【机关事务改革】

机关事务管理局推进公务用车改革。赴上海、杭州、太原等地考察学习公务用车平台建设等工作，起草《党政机关公务用车管理办法》《事业单位公务用车改革方案》和《市直党政机关标识化方案》，已报市政府；搭建车辆租赁平台，探索市场化提供车辆出行服务新路子，通过公开招标，确定车辆租赁服务商，每年为市直党政机关提供16辆车的租赁服务，为公务出行提供了保障。

打造联合餐厅。着眼于为市直机关干部职工提供更好的餐饮服务，赴省直机关餐厅学习先进的办灶经验和做法，探索经营新机制，与市直相关单位联合办灶，将市直机关干部餐厅打造成了联合餐厅和智慧餐厅，加强食材管理，推出新菜品，就餐人数明显增加。

推进公共机构节能管理。启动了全市2017年公共机构节能宣传周暨低碳日主题活动，倡导绿色消费、低碳出行，提出市区新能源汽车分时租赁项目建设方案，配合启动建设公共自行车项目。

（市机关事务管理中心）

驻北京联络处

【概况】

2017年，吕梁市人民政府驻北京联络处加强与中央有关部门的沟通联络，为吕梁市的经济社会发展服务；与国家级协会、商会和全国500强企业联络，为吕梁市经济转型发展、跨越发展服务。参加驻地政府开展的政治、经济、文化活动，建立联络机制，构建工作网络，搭建信息平台，完成市委、市政府交办的各项工作，在多渠道的信息融合中为市直各部门提供便携高效的优质服务。坚持贯彻省委、市委落实中央八项规定精神的具体要求，遵守接待服务的相关规定，按照接待日程和工作流程，做好市委、政府主要领导和吕梁市四大班子成员的以及吕梁市各单位各部门的接待服务工作，全年接待市级领导及相关部门来京开展工作、参加会议、培训，共计280余人次。吕梁市在京组织接访组，专门处理进京上访的相关具体事宜，将责任细化，分解到内设科室和专职人员，配合有关部门做好常规性的信访接待和各类重大会议、重大节日期间的信访维稳工作，2017年度的维护稳定工作总体正常。

（市人民政府驻北京联络处）

吕梁宾馆

【概况】

2017年，吕梁宾馆完成了市委、市政府交给的各项政务接待任务。2017年，吕梁宾馆共接待各类宾客67万人次，接待全国性会议5次，省级会议10次，市级会议82次，VIP客人106人次，接待副省级以上领导参加的活动17次，完成了市“两会”、市党代会、全国林业扶贫现场会、全省“三基建设”推进会，支援接待了习总书记赴兴县考察和国务院扶贫办省际交叉检查组。2017年实现主营收入6700万元，比上年增收930万元，同比增收20%，超计划700万元，不考虑固定资产折旧和贷款利息因素，同口径相比，较上年减亏600万元，实现了经济稳中向好的发展态势。

（吕梁宾馆）

中国人民政治协商会议吕梁市委员会

综 述

【坚持政协事业正确方向】

切实提高政治站位。2017年，政协把维护习总书记核心地位作为重大政治原则，引导广大委员联系吕梁市政治生态由“乱”转“治”、经济发展由“疲”转“兴”的重大变化深化认识，增强维护核心、拥戴核心、紧跟核心的思想自觉和行动自觉，坚决维护中共中央权威和集中统一领导。2017年，中共十九大召开后，专门召开政协常委会，作出政治决议，制定学习计划，组织交流研讨，迅速兴起学习贯彻热潮，激发各党派团体和社会各界人士学习新思想、贯彻新部署、致力新发展的使命情怀。

恪守根本政治原则。始终坚持党的全面领导，自觉做到重要工作在市委领导下展开，重要活动围绕党政中心任务进行，重要安排报市委审批后实施。坚持发挥市政协党组领导核心作用，围绕抓好脱贫攻坚、转型发展、全面从严治党“三件大事”谋划和推进各项工作，把方向、管大局、保落实，发挥政协职能，凝聚各方力量，把市委决策部署转化为各党派团体和社会各界人士的自觉行动。

坚持政治组织定位。以习近平总书记关于人民政协重要思想为遵循，提高建言针对性，用好政协话语权。全面落实市委《关于加强人民政协协商民主建设的实施意见》，提高常委会协商议政水平，增强监督性调研实效，创新完善政协协商民主机制。认真制定实施年度协商计划，加强协商引领，注重协同联动，确保新思想新要求和市委决策部署在政协得到全面贯彻落实。

【助推脱贫攻坚再战再胜】

致力强化攻坚力度。2017年，政协主动配合全国政协在吕梁市开展精准扶贫监督调研，推荐吕梁经验，提出政策建议，助力补齐脱贫攻坚顶层设计短板。与省政协联动开展监督性视察，重点深入深度贫困县了解政策落实情况，发现问题，提出建议，推动整改。由一名副主席常年配合省委脱贫攻坚督导组开展工作，深度支持和参与全市脱贫攻坚工作。

助推破解攻坚难题。连续两年围绕脱贫攻坚召开专题议政常委会议。聚焦深度贫困群众可持续增收难题，综合分析山区农业特色优势和发展潜力，从功能农业切入，坚持面上普遍调研和点上分析论证相结合，学习借鉴外地成功经验，提出14条意见建议，推荐19个成功案例。市委、市政府主要领导作了重要批示，一些建议已经变为实际举措得到落实。紧盯易地扶贫搬迁，瞄准关键环节，连续两年跟进，促进啃下脱贫攻坚“最硬骨头”。围绕生态扶贫、旅游扶贫、健康扶贫、移风易俗等议题开展专项调研，全方位推进攻坚深度贫困。

促进形成攻坚合力。习近平总书记视察山西、吕梁期间向全党发出攻坚深度贫困动员令后，按照市委统一部署，向全市政协委员发出“我为脱贫攻坚做贡献”号召，开展“三千委员走基层、三大行动助脱贫”行动，共结对帮扶贫困户6358户，累计捐款和争取各类资金4.36亿元。持续开展政协扶贫助学，资助62名“支出型”贫困家庭学子梦圆大学。在政协“三大平台”开辟助力脱贫专栏并将典型事例汇编成书，多角度宣传187名政协委员的扶贫实践，推动全社会形成攻坚深度贫困的浓厚氛围。

【助推转型发展】

2017年，转型发展是吕梁经济发展的主旋律。政协立足全市工作大局，把助力推动解决转型综改中存在的问题作为工作导向，围绕贯彻落实国发〔2017〕42号文件，全年开展39次调研视察活动，召开议政会、专题会等协商15次，征集提案473件，形成协商成果19件，为推动转型发展做贡献。

围绕培育新动能精准建言。抓住开发区建设这个转型综改主引擎，邀请合肥高新技术开发区主任宋道军作专题报告，就关键性问题调研论证，形成22条建议和15个案例，省政协转报省政府参阅，市委、市政府主要领导作出批示，并印发各县市区参阅。紧扣深化供给侧结构性改革，就大数据产业发展、铝工业发展、电力体制改革、煤层气开发等重大课题广泛协商，助力构建现代产业体系。积极引导经企界委员抓住机遇，在转型综改主战场建功立业。

围绕发展旅游业持续跟进。在2016年开展“黄河·碛口”旅游目的地建设专题协商基础上，承接省委、省政府“黄河、长城、太行”三大旅游板块发展新思路，持续关注顶层设计、精品景区、旅游公路等重大问题，向省政协提交“打造黄河板块碛口精品景区”提案，在省政协《文史月刊》推出碛口专刊，专题协商讨论《碛口古镇保护条例（草案）》，着力打造吕梁黄河旅游板块。围绕打响“吕梁——一个令人向往的地方”旅游品牌，召开“借力电视剧《于成龙》，助推文化旅游业发展”研讨会，建言交城国家全域旅游示范县建设，推动吕梁全域旅游发展。

围绕构建新高地发声发力。着眼将吕梁建设成为内陆地区对外开放新高地，就“优化营商环境”咨政建言。抓住全国政协、省政协在吕梁市调研视察和举办会议等契机，多角度宣传推介吕梁，讲好吕梁故事。与广东省、江西省九江市、北京市房山区等19个省、市政协组织交流互动，扩大吕梁“朋友圈”，提升吕梁“开放度”。

【助力增进民生福祉】

倾力改善民生。2017年，政协聚焦市区义务教育这一广大市民强烈关注的热点，发挥政协民主监督职能，历时半年，深入解剖，探究原因，提出22条意见建议，专题反馈协商，持续跟踪监督，一些问题得到解决。围绕加强食品药品安全监管等6个民生领域改革事项，联动调研，提出42条工作建议。组织委员技能培训1700人次，义诊1200人次，提供法律服务3400人次，广大群众得到更多实惠。

畅通社情民意。加强社情民意信息工作，收集信息1355篇，编印刊发43期，及时客观反映各界群众所思所想。紧扣社会热点难点，利用政协“三大平台”广泛征集意见建议，3.2万余人次互动交流，梳理意见建议2432条，为党政掌握基层情况、了解群众呼声提供助益。

加强团结联谊。更好发挥各民主党派、工商联和无党派人士的作用，全年提交集体提案68件，报送社情民意信息289篇。加强与宗教界代表人士、党外知识分子、非公有制经济人士、新的社会阶层人士的联系，增进政协团结联谊工作合力。

传承红色基因。突出亲历、亲见、亲闻“三亲”特色，征集出版《吕梁干部南下晋中团1、2》《吕梁干部南下·西北团名录》，创办《吕梁文史》期刊，启动《吕梁·抗美援朝》史料征集，编辑和整理文史资料190余万字，挖掘红色文化，弘扬吕梁精神，增强文化认同。

【提升履职能力】

坚决扛起主体责任。2017年，政协全面推行党建责任清单制度，加强“三基建设”，推进党的建设规范化、制度化。坚持抓好班子、带好队伍、管好委员，大力倡导扬正气、重实干、做表率，激发干事创业精气神。加强党风廉政建设，紧盯“四风”问题新表现，开展警示教育、廉政谈话等，积极支持纪检监察组开展工作，推动政治生态持久的风清气正。

大力加强履职建设。按照“懂政协、会协商、善议政”要求，努力提升“四种能力”、增强“八个本领”，全年举办“政协学堂”13期，组织中心组学习、集体学习51次。严格委员年度履职考核，评选表彰20名“优秀政协委员”和10名“最具网络人气政协委员”，公开约谈4名不称职委员，激励委员双岗履职、做好工作。

着力拓宽履职载体。政协微信公众号累计推送信息2885条，覆盖全国各省市区，中国网政协频道传播力排名稳居前十，点赞数高居首位。政协网站着力构筑综合服务平台和“网上吕梁数据库”，整理录入相关文字资料1.2亿字，图片、视频资料千余件。政协期刊对接常委会协商主题深度建言，交流范围覆盖18省50市。“三大平台”成为政协履职的新载体、新品牌，在全省政协工作经验交流会上作了典型发言。

（政协吕梁市委员会）

重要会议

【三届七次常委会议】

2017年2月20日在吕梁市召开。会议听取了市委常委、常务副市长张广勇所作的关于《政府工作报告》（征求意见稿）的说明；听取了市政协副主席李真所作的关于《政协第三届吕梁市委员会常务委员会工作报告》（讨论稿）的说明；听取了市政协副主席刘继隆所作的《政协第三届吕梁市委员会常务委员会关于三届二次会议以来提案工作情况的报告》（讨论稿）的说明；听取了市法院党组书记、代院长杨泽民所作的关于《市中级人民法院工作报告》（征求意见稿）的说明；听取了市检察院关于《市人民检察院工作报告》（征求意见稿）的说明；听取了市委办公厅、市政府办公厅关于政协第三届吕梁市委员会第一次、第二次会议以来提案办理的情况的通报以及有关人事事项的说明。会议审议了以上报告内容，并提出了意见建议。

【三届三次全体会议】

2017年2月22日至24日，中国人民政治协商会议第三届吕梁市委员会第三次全体会议在离石召开。本次会议应到委员387名，请假19名，出席委员368名，符合规定人数。会议上，市政协主席代表政协第三届吕梁市委员会常务委员会向大会作工作报告。刘继隆向大会作市政协三届二次会议以来提案工作情况的报告。会议期间，广大委员认真履行职责，讨论了政府工作报告、法院工作报告、检察院工作报告及其他报告。政协参加单位和政协委员共提交大会发言材料27篇；提交提案469件，比三届二次会议增加38%；收集小组讨论意见建议191条，收回意见建议征集卡347份，梳理汇总意见建议568条。会议通过政协第三届吕梁市委员会第三次会议关于常务委员会工作报告的决议；通过政协第三届吕梁市委员会提案审查委员会关于市政协三届三次会议提案审查情况的报告；通过政协第三届吕梁市委员会第三次会议政治决议。在完成各项议程后，市委副书记雷建国讲话。驻市十一届省政协委员；各县（市、区）委书记，不是市政协委员的县（市、区）政协主席、统战部长；各民主党派、市工商联负责人；吕梁学院、山西医科大学汾阳学院统战部长；市直党政群事业单位负责人；市政协机关副县级以上领导干部等列席了会议。

【三届八次常委会议】

2017年2月24日在吕梁召开。通过了政协第三届吕梁市委员会第三次会议选举办法；通过了政协第三届吕梁市委员会秘书长建议人选名单；通过了政协第三届吕梁市委员会第三次会议监票人、总监票人、总计票人名单；通过了《政协第三届吕梁市委员会常务委员会工作报告的决议》（草案）；通过了《政协第三届吕梁市委员会提案委员会关于市政协三届三次会议提案审查情况的报告》（草案）；通过了《政协第三届吕梁市委员会第三次会议政治决议》（草案）。

【三届九次常委会议】

2017年，6月28日上午，吕梁市政协三届九次常委会议举行第一次全体会议。市政协主席主持会议，市政协副主席李真、刘本旺、刘继隆、白荣欣、闫广聪、薛爱平，秘书长杨成元出席会议。副市长李建国应邀出席会议。本次常委会议应出席常委会组成人员73名，实际到会68名，符合规定人数。驻吕梁市十一届省政协委员，市委、市政府联系政协工作的有关领导，各民主党派市委、市农工总支、市九三支社负责人，市工商联负责人，市政协机关处级干部，各县（市、区）政协主席、分管开发区的副县（市、区）长或开发区负责人，市直有关单位负责人列席会议。会议传达学习习近平总书记视察山西重要讲话精神，听取副市长李建国所作的关于开发区建设情况的报告，听取市政协副主席李真所作的关于推进开发区体制机制改革创新调研情况的报告，听取交城、文水、汾阳、孝义4个省级开发区关于开发区建设情况的介绍，听取了人事任免事项。

2017年6月28日，吕梁市政协三届九次常委会议举行第二次全体会议。市政协主席，副主席李真、刘本旺、刘继隆、白荣欣、闫广聪、薛爱平，秘书长杨成元出席会议。副主席李真主持会议。本次常委会议应出席常委会组成人员73名，实际到会68名，符合规定人数。驻吕梁市十一届省政协委员，市委、市政府联系政协工作的有关领导，各民主党派市委、市农工总支、市九三支社负责人，市工商联负责人，市政协机关处级干部，各县（市、区）政协主席、分管开发区的副县（市、区）长或开发区负责人，市直有关单位负责人列席会议。会议通过人事事项。决定刘凤平同志任市政协农村委员会副主任。本次常委会议期间，审议《关于推进开发区体制机制改革创新调研情况的报告》，在审议过程中，大家围绕开发区体制机制创新，集思广益，建言献策，提出了许多建设性的意见和建议。

【三届十次常委会议】

2017年9月29日至30日在吕梁市召开。会议围绕发展功能农业、推进农业产业扶贫开展协商议政；会议通过了人事任免事项。

【三届十一次常委会议】

2017年11月16日在吕梁市召开。会议听取了山西省委党校教授高建生所作的党的十九大精神宣讲报告，认真学习贯彻党的十九大精神，贯彻落实省委十一届五次全会精神和市委常委（扩大）会议的决策部署，就推动全市各级政协组织、政协各参加单位和广大政协委员深入学习宣传贯彻中共十九大精神作出部署。

纪检监察

【监察体制改革】

2017年，市委监委按期完成组建挂牌。国家监察体制改革试点工作开展以来，在省委、省纪委的坚强领导与精心指导下，按照“转隶开局、平稳过渡、逐步深化、规范高效”的总体思路，党委书记强化主责首责全责意识，全力当好“施工队长”；市长王立伟亲自为新设立的监察委员会选定办公场所，几次到施工现场调研；市纪委切实负起专责，相关部门密切配合，不折不扣“按图施工”。2017年2月25日，市监委会正式组建挂牌；截至3月10日，全市13个县市区监委会也全部组建挂牌，在全省率先完成组建挂牌任务。

突出抓好“转隶”关键环节。市纪委监委把“转隶”作为关键一环紧紧抓在手上，坚持边转边融，着力破解开局难题。全面摸清底数、准确掌握转隶情况；对转隶人员进行了一对一、面对面的谈心谈话，全面了解每一位同志的思想动态和实际情况；对所有涉改人员开展了“六查”（干部档案、干部身份、个人有关事项报告、问题线索、涉案情况、工作业绩）；按照“三不增（不增加机构、职数和编制）”原则和“编随事走”原则，整体划转市县检察院涉改三部门编制224名，转隶干部210名。同时，妥善移交案件线索，明确检察官员额制入额人员待遇不变，做到了思想不乱、人心不散、工作不断。

推动全面融合。强化业务培训。组织开展了为期40天的纪律作风整顿和全员培训，并通过丰富机关活动、推动适度交流等方式，在思想上、工作上、岗位上实现了深度融合。优化人员配置。根据人岗相适、因事择人原则，在充分考虑工作经历、特点特长及个人意愿等基础上，合理定岗定位，将转隶人员融合到不同的内设机构。市级转隶39人，37人安排到相关业务室。选好用好干部。坚持正确用人导向，以高看、厚爱的态度使用转隶干部。39名转隶干部中调整32名，占转隶干部的82%，其中提任干部15名，占转隶干部的38%。通过力量整合、交流融合，充分发挥了纪检监察干部的特长，激发了工作热情。

实践探索完善制度。依据省纪委监委“4个一”制度和省委政法委“1+4”制度，制定出台《吕梁市纪委监委机关执纪监督监察工作制度》，与司法机关建立有效衔接、协调顺畅的工作制度。梳理出需市委书记把关签字的7项清单，推动形成反腐败工作由原来的结果领导向全过程领导转变。改革后，全市监察对象为69367人，比改革前增加109%，实现了对行使公权力的公职人员监察全覆盖，并实行监察对象告知制度，向全市所有监察对象进行告知。

【追责问责强化】

2017年，市委监委推行“党风廉政谈话簿”做法，对各级各部门“三清单一制度”进行督查检查。对2个党组织、78名党员领导干部进行了责任追究，对巡察整改不力、官僚主义严重的3名正县级干部免职处理，对履行监督责任不到位的2名纪检组组长和扶贫领域工作不到位的5名乡镇书记做出免职处理。

【纠正“四风”】

2017年，市委监委督查落实市县制定出台的“落实中央八项规定精神实施细则”，对领导干部工作日中午饮酒问题通报曝光。2017年共发现违反中央八项规定精神和“四风”问题83件，给予党政纪处分94人，组织处理27人。

【“四种形态”运用】

2017年，市委监委深入实践“四种形态”。1-11月，全市各级纪检监察机关运用“四种形态”处理3371人次，其中运用第一种形态处理2029人次，占比60.2%；运用第二种形态处理1061人次，占比31.4%；运用第三种形态处理212人次，占比6.3%；运用第四种形态处理69人次，占比2.1%。进一步加大谈话函询力度，1-11月，全市共处置问题线索6477件次，其中谈话函询1052件次，占比16.2%；市纪委处置问题线索169件，谈话函询99件次，占比58.6%，让红脸出汗成为常态。

巩固反腐败斗争压倒性态势。坚持无禁区、零容忍、全覆盖，力度不减、节奏不变，持续强化不敢腐的震慑效应。2017年1-11月，全市纪检监察机关共立案1373件，党政纪处分1324人，其中重处分280人，移送司法机关13人；处分县处级干部20人，其中重处分1人，移送司法机关1人。

【基层反腐正风】

2017年，市委监委严肃查处群众身边不正之风和腐败问题。严肃查处优亲厚友、吃拿卡要、贪污侵占、截留私分、虚报冒领等问题，切实维护群众切身利益。1-11月，全市查处群众身边腐败问题379件，组织处理47人，党政纪处分525人，其中重处分113人。

强化扶贫领域整风反腐。开展扶贫领域不正之风和腐败问题专项治理，13个县市区自查自纠发现问题792个，已整改落实413个，移交线索24条；11个调研检查组发现问题763个，已整改落实253个，移交线索16条。加大查处整治力度，1-11月，全市查处扶贫领域违纪案件165件，组织处理26人，党政纪处分245人，其中重处分50人；处理的271人中，村两委主干149人，占比55%。

重视解决涉纪信访情况。实行包案督导，对群众举报扶贫领域问题较多、矛盾纠纷复杂的45个重点乡镇设置举报箱。1至11月，全市各级纪检监察机关共受理信访量5464件，同比下降2%，其中接受涉纪信访举报5109件，同比下降1%。

【巡察整改】

2017年，市委监委发挥巡察利剑作用。坚持问题导向，紧盯群众身边不正之风和腐败问题，特别是扶贫领域的腐败问题，推动全面从严治党在基层落地生根。开展三轮巡察，共巡察6个县，18个市直单位，85个乡镇，162个县直机关。前两轮巡察累计发现各类问题2238个，具体问题线索1192条，移交纪委审查635条，涉及县处级干部25人，乡科级干部246人。对巡察整改不力、存在严重官僚主义的市直单位3名正处级干部作出免职处理，起到了强有力的震慑作用。

强化巡视巡察整改。在全市县以上党组织全面开展巡视巡察自行“回头看”，市委常委会带头开展自查，从13个方面查找出49个具体问题，县处级党组织查摆出各类问题2.6万余个，全部制定了问题清单、整改清单、责任清单，推进整改落实。

【纪检监察队伍建设】

2017年，市委监委推进派驻机构全覆盖。按照全面派驻、分类设置、职能明确、权责一致的原则，新设置5家驻纪检监察组，将原有的31家驻派机构整合为21家派驻纪检监察组，实现对141个市直部门和单位（不含医院、学校、企业）派驻监察全覆盖。全面铺开县级派驻纪检监察机构改革和乡镇改革试点工作。

健全内控机制。市纪委带头执行《中国共产党纪律检查机关监督执纪工作规则（试行）》，严格工作规程、落实请示报告制度，严控自由裁量权。强化内部监督制约，分设“前台”、“后台”，将执纪监督和执纪审查部门职责分开，使执纪监督、执纪审查、案件审理各环节相互协调、相互制约。

从严管理监督干部。坚持刀刃向内，严肃查处私存线索、跑风漏气、以案谋私等违纪违法行为，坚决防止“灯下黑”。1-11月，接收反映纪检监察干部问题线索56件。第一种形态处理35人，其中谈话函询9人、初核2人、提醒谈话19人、批评教育1人、通报批评1人、诫勉谈话3人；第二种形态处理10人，其中党内警告4人、严重警告1人、行政警告3人、组织处理免职2人。

（市纪委监委）

民主党派和工商联

民革吕梁市委会

【思想政治建设】

加强理论学习，凝聚思想共识。2017年，民革吕梁市委按照省委统一部署，组织开展“不忘合作初心，继续携手前进”“拥戴核心，合作奋进”等主题、专题教育活动。组织学习习近平新时代中国特色社会主义思想和中共十九大精神、骆惠宁书记走访民主党派省委重要讲话精神、民革十三大精神、统一战线基本理论、《习近平总书记成长之路》《习近平的七年知青岁月》等，深刻理解把握新时代、新征程、新使命，了解习近平总书记成长历程，感悟习近平总书记在治国理政中所展现出的理论勇气、雄韬伟略和历史担当，感悟习近平总书记作为中国共产党和中华民族领导核心的领袖风范和人格魅力，使广大民革党员从灵魂深处树立“拥戴核心，合作奋进”的思想自觉。

开展主题活动，强化政治引领。组织“拥戴核心，合作奋进”主题手机摄影作品展评活动。党员透过小小镜头，聚焦吕梁风光之美、百姓生活之美和建设成就之美，亲身感受中共十八大以来，在以习近平总书记为核心的中共中央领导下，取得的中国特色社会主义伟大成就和祖国大地发生的历史性变革，引导民革党员树牢“四个意识”，坚定“四个自信”；组织党员赴重庆开展“观故居，走多党合作之路”活动。通过翔实史料，了解民革前辈为争取民族独立、国家富强和促进祖国统一不懈奋斗的光辉业绩，学习他们同中国共产党肝胆相照、荣辱与共、亲密合作的崇高思想境界和优良传统。通过活动，重温历史，认知初心，加深了对多党合作制度的认识和理解，增强了作为中国特色社会主义参政党的历史责任感和时代使命感；组织和参加专题培训，结合学习中共十九大和民革十三大精神，通过报告会了解当前国内国际政治经济形势，准确把握面临的机遇和挑战，及时领会中央、省、市落实中共十九大精神，对经济社会发展、脱贫攻坚、小康建设等方面的总体布局和战略举措，强化大局意识。

【参政议政】

2017年，民革吕梁市委围绕脱贫攻坚、经济转型、社会治理、教育发展、医疗改革、法治吕梁和生态文明建设等重点领域精准选题，调查研究，建言献策。撰写市政协大会发言3篇，提案43件。其中，关于重视加强农村社会治理的建议等5件提案被列为重点提案。《关于产业扶贫应开阔视野实施区域协同发展的建议》，针对脱贫攻坚民主监督中发现的基层产业扶贫以县、乡小区域的自我封闭产业发展格局问题，提出对接大市场、联通大区域、产业衔接、搭车提效等建议；提交《关于回应民生关切，办人民满意教育的建议》《关于完善配套措施，支持新型节能产业发展的建议》《关于落实优化营商环境政策，激发经济发展活力的建议》等建议。

开展“脱贫攻坚民主监督”工作，按照“寓监督于帮扶之中，寓帮扶于监督之中”原则，成立强有力领导机构，制定针对性强的方案，集中优势力量组成专家小组，创新监督方式，市委会调研组五赴方山县、圪洞镇，召开座谈会，听取县乡两级政府脱贫攻坚情况汇报，就教育扶贫、产业扶贫、光伏扶贫、健康扶贫等方面进行交流；深入移民搬迁安置点、光伏扶贫、种养植产业基地实地调研；走访贫困户，倾听他们的困难和期盼，了解保障政策落实和扶贫资金项目管理使用情况；查看了乡镇脱贫攻坚建档立卡贫困户“一户一册”资料，与当地干部群众面对面交流，了解贫困家庭的致贫原因，查阅“帮扶政策落实卡”和扶贫手册等相关资料。聚焦贫困人口的精准识别和精准脱贫情况、落实脱贫攻坚责任制情况、扶贫资金项目管理使用五个方面进行专项监督调研，并将调研中发现的问题和建议及时向当地政府作了反馈交流。做到察实情，出实招，不辱使命。并形成“关于脱贫攻坚民主监督的调研报告”，针对发现问题，提出 11 条工作改进意见，体现了参政党的时代担当。

【脱贫攻坚】

2017 年，民革吕梁市委坚持“发挥优势、突出重点、体现特色、量力而行、务求实效”的原则，聚焦脱贫攻坚大局，依托基层支部和专委会，动员党员广泛参与，开展脱贫帮扶活动。柳林支部创建党员见学基地，运用多种形式对贫困户开展就业技能培训，激发内生动力，提高脱贫本领，安置 22 名贫困户劳动力走上就业岗位；社会服务专委会组织医疗队伍深入石楼、交口、方山等县，开展贫困村医疗义诊和重大疾病义务筛查诊疗；社会服务专委会、青年工作专委会和柳林支部共同组织志愿者开展帮扶孤寡老人、孤儿和助残爱心活动；青年工作专委会深入校园对贫困学生实施“点亮微心愿，情暖零距离”助学行动；汾阳支部联合汾阳正能量协会深入敬老院，开展“送温暖献爱心义诊”活动，开展义务植树活动；市委法律服务中心和汾阳支部深入社区、学校、机关、企业基层一线开展法律宣传、法律援助，特别在息诉息讼方面发挥了积极作用；孝义支部依托孝义皮影，赴临县碛口风景区免费为贫困户传授表演技能，使 15 户贫困户走上就业岗位；市直一支部联合吕梁学院艺术系、皇美琴行，共同承办第十九届桑塔 . 塞西莉亚国际钢琴比赛吕梁选拔赛；离石支部联合市委教育科技专委会开展弘扬国学活动。杨斌、孟宪斌、马跃进、侯建海、王德华、李富国等党员积极开展扶贫济困，李怡萍、范俞平、李焕龙、温福兰等党员充分发挥自身优势，积极开展文化教育服务。

【爱岗敬业】

2017 年，民革吕梁市委副主委陈红帅通过严格评审，晋升为吕梁学院艺术系唯一的教授，崔承宇被山西省律师协会评为“山西省优秀律师”，王志强荣获“科技局立项奖”和“新技术新项目二等奖、优秀组织奖”，郭黎媛获山西省“五小”竞赛优秀成果一等奖、“山西省五一劳动奖章”，郭晓军获“山西省五一劳动奖章”，任静、牛娟被评为“吕梁市优秀政协委员”，马宝珍获“山西新闻三等奖”，王莉被评为扶贫“驻村帮扶先进工作者”，郭智勇被评为“2017 年度优秀工作者”。

（民革吕梁市委）

民盟吕梁市委会

【巩固多党合作思想政治基础】

2017年，民盟吕梁市委会带领全市盟员深入学习贯彻中共十八大各次全会和十九大会议精神，学习习近平总书记系列重要讲话精神和新时代中国特色社会主义理论，学习民盟中央、民盟省委，吕梁市委重大会议精神，开展各类主题教育活动，内化于心，外化于行，不断增强广大盟员对中国特色社会主义的道路自信、理论自信、制度自信、文化自信。

组织开展集中培训，提升盟员理论素养。在吕梁社会主义学院举办了以“学先进、做榜样、比贡献”践行社会主义核心价值观为主题的全体盟员学习培训会，听取民盟山西省委会专职副主委、吕梁市政协副主席刘本旺所作的《坚持中共领导的理论与实践》专题讲座。邀请市政协办公厅、市委统战部、民盟各直属基层组织所在地中共党组织、市工商联、市直工委、市文明办、市妇联、市总工会、各兄弟党派等共计300余人参加培训。为提升盟员参政议政工作能力和水平，切实履行参政议政职能，盟市委会邀请民盟山西省委会参政议政部部长刘振海作了《履职尽责 为建设小康社会做贡献——谈如何做好提案及社情民意工作》专题讲座。参政议政骨干信息员、近三年入盟的新盟员、市政协信息专干等100余人参加了培训。盟市委会召开主委会、全委会等专题学习培训，学习习近平总书记在中共十九大会议上的报告，在省部级主要领导干部专题研讨班上的重要讲话精神，在民建、工商联联组会上的讲话精神、视察山西讲话精神和“7・26”重要讲话精神等一系列重要讲话精神；学习省委骆惠宁书记在全省干部大会上的讲话、走访民主党派省委会时的讲话；学习民盟中央第十二次全国代表大会精神，民盟山西省第十一次代表大会精神和各次常委会会议精神等。

参加各类学习培训，加强盟员思想教育。高永安等9位骨干盟员赴江西井冈山红色历程干部培训中心参加吕梁市民主党派骨干成员和县处级党外干部培训班。盟市委会组织市委委员、各专委会主任及机关全体人员赴离石区高家沟村高级军事会议纪念馆进行了考察学习，接受革命传统教育。结合市委、市政府“书香吕梁”建设和市文化局“我读书・我快乐”活动，盟市委会主办、文化专委会协办了“善待生命・快乐生活”美文朗读和“快乐工作・幸福生活”读书品鉴主题活动，离石城区80余名盟员参加活动。盟市委会多次参加民盟中央、民盟省委、吕梁市委、市政府、市政协和市委统战部举行的各类学习培训。高永安应邀为市委党校中青年优秀干部培训班作了题为《当代中国的政治制度》的专题讲座。

深入开展主题活动，坚定盟员理想信念。盟市委会开展了“不忘合作初心、继续携手前进”专题教育活动，“拥戴核心、合作共进”主题教育活动、“学先进、做榜样、比贡献”践行社会主义核心价值观主题活动等一系列主题教育活动，进一步坚定了盟员的理想信念。盟市委会举办以“学先进、做榜样、比贡献”践行社会主义核心价值观为主题的全体盟员学习培训会。举办“将改革进行到底”主题演讲比赛，各直属基层组织的12名选手参与了活动。在盟省委会举办的“将改革进行到底”主题演讲比赛中，贺中支部盟员马江新获二等奖，在20名选手中位居第五。

【履行参政党职能】

把握大局，认真建言，努力提高政治协商实效。2017年，民盟吕梁市委会对中共吕梁市委、市政府、市政协、市委统战部等召开的协商会、座谈会、征求意见会，都做到积极认真参与。对吕梁市大政方针的制定提出建议，10多位盟员参加《政府工作报告》征求党外人士意见座谈会，所提意见或建议多处予以采纳。盟市委会还应邀列席每次政协常委会，并参与讨论。

加强调研，努力提高参政议政质量和水平。科学管理，认真调研，参政议政成果丰硕。2017年初，盟市委会创新工作思路，改善工作方法，导入科研课题管理模式，从开题报告、研究方案、课题推进等方面，尽可能做到程序化、规范化。所选定的农村医保、康养产业、农村集体资产股份制改革三个课题，应时应势，被盟省委会确定为重点调研课题。各课题组在完成吕梁市内部调查的基础上，通过文献调研和网络调研，精心选择各个课题的国家级试点地区，集中一周时间，分赴福建省福州、漳州、三明市，山东济南、河北石家庄，山东潍坊、天津市武清区、长治潞城市、孝义市进行考察学习。分别形成《关于农村医保运行情况的调研报告》《关于我市康养产业发展的建议》《关于推进我市农村集体产权制度改革的调研报告》，力争为吕梁市委、市政府决策提供参考，助力脱贫攻坚。在吕梁市“两会”召开期间，盟员中的人大代表、政协委员建言献策：在人代会上，共提交建议10件；在政协会议上，共提交集体提案10件，刘继红代表盟市委会作题为《提升政府效能 优化发展环境》的大会发言，文化专委会主任刘凌云也作个人大会发言。民盟界政协委员共提交提案31件，涉及扶贫、教育、就业、环境等多个方面，全部予以采纳。盟市委会连续13年被吕梁市四大办公厅评为“政协提案先进单位”，撰写的集体提案《关于推进非物质文化遗产保护利用的提案》《关于进一步提高基层基本公共卫生服务水平的建议》《促进教育均衡 打造教育品牌 全面提高教育教学质量》获“二〇一六年度优秀提案”。盟市委会被市政协办公厅评为“2016年度政协微信公众平台民主党派动态栏目优秀奖”。

广泛参与，关注民生，积极反映社情民意。2017年，盟市委会不断完善信息工作机制，广泛发动盟员参与，通过多种渠道采编社情民意，先后向盟省委会、市政协、市委统战部报送社情民意48条，盟省委采用15条，为盟省委提供集体提案10篇，采用1篇。

调研帮扶，全面监督，开展脱贫攻坚民主监督。2017年6月，按照中共吕梁市委的统一安排，民盟吕梁市委会对口中阳县（重点是车鸣峪乡）开展脱贫攻坚民主监督工作。盟市委会高度重视，多次召开会议专题研究，讨论制定了民主监督工作实施方案，并在中共吕梁市委统战部和中阳县委统战部的指导配合下，开展了形式多样的工作。广泛开展调研，全面监督整体脱贫攻坚工作。盟市委会组织领导组成员深入中阳县进行调研，听取了县、乡领导的工作汇报，深入到车鸣峪乡查看贫困户档案，走访河底村贫困户，参观地质灾害移民和扶贫移民整合项目河底新村、食用菌示范基地香菇、木耳种植园、光伏扶贫项目，了解金融扶贫贷款“带资入企”模式的运行情况，明确监督工作的重点和任务。帮扶监督相结合，助力脱贫攻坚工作。组织食用菌、养牛、小杂粮方面的专家共计15人开展了“送农技下乡助力精准扶贫”活动，畜牧专家、农业种植专家盟员作了专题讲座，并深入到田间地头面对面手把手进行技术指导，结合当地实际情况，对今后的种植发展方向提出许多合理的建议。组织吕梁学院骨干教师赴中阳职中开展教师组和学生组两场针对性极强的支教培训。

【社会服务】

2017年，民盟吕梁市委会本着“办好事、做实事”的宗旨，发挥民盟优势，推进社会服务工作，民盟的社会影响力逐步提高。

六一儿童节到来之际，盟市委会和离石支部、中阳小组“烛光行动”走进离石区坪头乡中心校和中阳县车鸣峪乡河底小学开展“庆六一·送温暖”活动，为学校学生捐赠衣物、图书等共计4000元，为坪头乡敬老院老人捐助生活用品价值2000余元。

盟市委会联合市关心下一代工作委员会、团市委、市妇联共同主办，童芽蒙正国学馆馆长柳忠明盟员承办2017年吕梁市第一届“彩玛杯”少儿国学风采展演活动并取得良好成绩；和市直支部为柳林县三交镇横岭村村民免费书写、赠送春联千余幅。

在盟市委会的号召下，全市242名盟员为罹患急性髓性白血病的山西省文联系统支部盟员杨扬捐款28350元；市委会组织机关干部向深度贫困群众献爱心捐款800元。

主委高永安与山西省科协联系，为5名建档立卡贫困大学生争取到助学金共计5万元。

【宣传工作】

2017年，盟市委会利用《吕梁盟务》、《友》、网站、微信公众号、全市盟员微信群进行广泛宣传。在民盟山西省委会组宣工作会议上作为全省四个市级组织之一作了大会交流发言，给与会人员留下了深刻印象，有效地扩大了民盟吕梁的社会影响。

主动与盟中央、盟省委会、吕梁报社、吕梁电视台、吕梁广播电台、吕梁新闻办微信公众平台“吕梁发布”、吕梁第一民生、大美吕梁等沟通、联系，及时报道各项宣传活动。一年来，共向盟省委报送盟务工作动态信息167条，28篇被《山西盟讯》采用，30余篇被盟省委网站刊登，50余篇被《吕梁政协》微信公众号刊登，10次活动在吕梁电视台和《吕梁日报》分别报道，微信公众号连续多次位列团结网统计的“全国100位有影响力的民主党派地方组织”微信公众号排行榜中前100名，在全国市级盟组织中榜上有名。

盟市委依托盟员之家进行广泛宣传，精选7家有特色的基层组织或盟员开办工作室进行挂牌，将思想宣传工作融入盟员之家的各项活动。

利用调研考察的机会，盟市委与天津、潍坊、济南、石家庄、福州、漳州、三明、长治等兄弟地市级盟组织加强联络，学习各家盟务工作的先进做法。

【组织建设】

2016年，盟市委会、各基层组织、各专委会顺利完成换届，2017年，盟市委会根据工作需要，增设了农业专委会，一大批政治可靠、人品高尚、业务精通、履职有为的年轻盟员走进各级班子中，为班子队伍建设注入新的活力。

按照保证数量、提升质量的发展原则，在保持界别优势的同时，重点发展参政议政专门人才、有发展潜力的中青年人才，以及新社会阶层代表性人士，入盟前综合考虑年龄、知识、专业等结构，并严格按组织发展规程考察、吸收，两次召开主委会议研究组织发展工作，共有38人加入盟组织。全市盟员为478名，平均年龄46岁，其中副高以上职称115人，县级以上盟员19人，科级以上盟员67人，中级职称以上盟员331人，占74%；全市盟员中有省人大代表1人，市人大代表8人，县级人大代表13人，市政协委员32人，县政协委员76人，政治安排达29%。

盟市委会努力强化人才发展、发现、培养工作，在各次公开推荐中努力对优秀中青年盟员进行了推荐。2017年，民盟山西省委会召开第十一次代表大会。盟市委10名代表参加大会，主委高永安当选为民盟山西省第十一届委员会常委和出席民盟第十二次全国代表大会代表；副主委刘继红当选为民盟山西省第十一届委员会委员。民盟吕梁8名盟员在盟省委会成立的二十个专门委员会中担任主任或副主任。

【机关建设】

2017年，盟市委会着力打造学习型、服务型、制度型、和谐型机关。机关人员在学习中不断坚定理想信念，增长知识才干，提高综合能力；在服务基层组织、服务盟员中亲身磨炼，建立了良好的服务关系；及时解答盟员们提出的相关问题，热情接待来机关的每位盟员，机关成为真正的“盟员之家”；结合“三基建设”考核，进一步完善工作制度，规范工作程序；与兄弟党派友好往来，共同发展，与各党派能做到资源共享，和睦相处、团结一致，共塑党派新形象。

参加市委、市政府及其他部门召开的各种会议、活动，贯彻落实会议精神。接受综治、计生、档案局、三基建设、工会等的检查验收，连续八年被市文明办评为“文明和谐单位”。

（民盟吕梁市委会）

民建吕梁市委会

【思想建设】

2017年，民建吕梁市委把学习贯彻习近平总书记重要思想摆在首位，与学习贯彻中共十八大和十八届历次全会精神及重大决定部署相结合，统筹推进主委会、市委会、会员大会学习，召开全市民建会员代表大会，交流学习经验，深刻领会精髓要义，把握立场观点方法，努力在学思践悟中融会贯通，在推进工作中增强学习贯彻的自觉性和坚定性。牢固树立“四个意识”，坚定“四个自信”，进一步坚定全市民建会员接受中国共产党领导的政治信念、坚定走中国特色社会主义发展道路的理想信念。

市委会主委、各支部主委、副主委等骨干会员参加了中央、省组织的各种培训20余人次，特别是赴井冈山、浙江大学参加了培训，并邀请省政协副主席、原民建山西省主委王宁作专题讲座。在市委会的要求下，各基层组织共开展学习培训30余次，在学习中提升会员政治理论素养，坚定会员政治信念。

市委会充分利用民建中央、省委网站及《吕梁政协》《民讯》等杂志、吕梁政协网站等重要平台，对内宣传与对外宣传并重，传统媒体与新兴媒体并用，加大宣传力度，树立了民建良好的形象。不断完善中国民主建国会吕梁市委员会网站，2017年全市各级组织在市级网站刊登新闻稿件56篇，其中民建中央和省委网站采用45篇，刊登调研报告社情民意10余篇，此外社会服务、会员风采等栏目也不断更新，使广大会员及时了解市委会以及基层组织的主要工作和会务动态，很好地搭建了会内外交流沟通的平台。

【组织建设】

严格程序、规范操作，完成换届工作

2017年3月，根据《中国民主建国会章程》和吕梁市民主党派换届工作相关规定，在民建山西省委和中共吕梁市委的正确领导和监督指导下，在全体会员及全体代表的大力支持下，经过民主推荐、组织考察、大会选举，顺利产生了新一届民建吕梁市委员会，民建吕梁市委换届选举工作顺利完成。新一届市委会团结带领全市广大会员，统一思想，增进共识，把政治交接贯穿于全会工作各方面，始终以此为中心点，以加强全体会员的政治意识和政党意识为抓手，着力推进“五大能力”建设。

规范会员发展，加强基层组织建设

市委会不断推进民建组织建设的科学化、规范化和制度化，基层组织建设取得新发展。换届以来，市委会不断加强民建基层组织建设，坚持会员属地管理原则，按属地新成立5个小组，科学划分到现有基层支部中，市直三支部和汾阳二支部分别确定支部办公地点，并举行挂牌仪式，使基层支部活动更加灵活有序，有效提高了会员参加活动的积极性，涌现出一大批的优秀会员。此外，进一步规范发展会员的程序，努力把好“进口关”，注重质量的同时兼顾数量，保持特色的同时优化结构，坚持“三为主”的总体工作思路，严格按照发展比例分配发展会员，认真做好发展前的考察、引导，吸收政治素质好、层次高，参政议政能力强的优秀人才，根据实际情况，兼顾公平与公正，新发展会员14名，吕梁市的会员队伍壮大到295名。

健全管理制度，提升机关服务水平

市委会以吕梁民建第二次代表大会为契机，形成了一套规范的换届程序，并形成较为完善的换届制度。同时，根据实际，建立健全了机关财务管理制度等各项管理制度，加强民建机关作风建设，规范机关廉政制度。不断规范基层组织活动，在活动数量和质量方面做出了明确的制度要求。不断完善年终考核制度、表彰制度，增强了制度的可操作性。

【参政议政】

2017年，民建吕梁市委认真贯彻中共十八大及历次全会精神和十九大精神，紧紧围绕“五位一体”总体布局和“四个全面”战略布局，紧扣全市中心工作深入调查研究，精心安排部署，组织会员赴市重点项目、农村、厂矿、企业、学校等进行视察调研，广接地气，广聚民意，市委会组织会员广泛深入调研，组织民建市委委员、各支部委员70余人对汾阳九都村镇银行、新晋商酒庄、远峰新东辉公司、孝义紫晨大健康公司调研视察，组织民建市委委员对吕梁市中小企业局视察调研。7月份以来，按照市委统战部要求，以服务吕梁大局为引领，多次赴石楼县开展脱贫攻坚工作监督调研，详细了解当地脱贫攻坚工作的基本情况、主要做法与成效、工作存在的问题及建议，并形成一份内容翔实的调研监督报告。通过一系列的视察、调研，广大会员迸发出了极高的参政议政热情，撰写并上交提案20余篇，其中，重点提案两件；收集社情民意及建议40余件，提交课题两篇，获得了吕梁市政协的表彰。民建吕梁市委也以此为依据，评选出优秀会员5名。

【精准扶贫】

2017年，民建吕梁市委依托民建中央思源基金会的思源救护项目举办“2017思源救护中国行”暨芭莎公益基金山西（吕梁）站救护车捐赠接收仪式，为吕梁市6个国家贫困县争取到10辆救护车。开展以“送岗位、促就业、助脱贫”为主题的贫困劳动力中阳县专场招聘会活动，市直三个支部组织会员企业赴中阳县招聘各类劳务人员200余人，其中建档立卡贫困人口46人。

民建吕梁市委组织各支部开展帮扶活动，组织会员自筹经费，购买生物有机菌肥，送至石楼县裴沟乡后土门村，帮助贫困家庭脱贫增收致富。帮扶临县城庄镇前南峪村建设1000亩优质核桃园，并开展栽植管护技术培训6天。为南圪垛村捐赠电脑1台，支持开展农村电商业务。组织20余名会员赴石楼县灵泉镇开展农村基层义诊活动，为群众送医送药、宣讲保健知识，组织会员捐资助学、助残帮扶等活动。多次赴汾阳西武堡村开展扶贫工作，发展核桃经济林1000余亩，组织会员企业在造林绿化方面捐款50余万元。

（民建吕梁市委）

民进吕梁市委会

【思想政治建设】

搭建平台打造学习型组织。以平台建设促进学习，以思想引领凝聚共识，不断夯实思想政治基础。2017年，民进吕梁市委依托吕梁民进网站和吕梁民进微信公众平台，及时转载、刊发学习内容，强化政党意识；依托吕梁民进教育基地，分3批次组织入会积极分子和全体会员进行了现场教育，学习民进会史，弘扬优良传统；依托吕梁民进主委大讲坛、“移动课堂”，开展了基层组织工作培训、参政议政工作培训、参政党理论研讨、中共十九大精神宣讲，举办了国学讲堂、创业论坛等专题讲座，践行核心价值观。同时，市委会还组织部分会员参加相关单位组织的专题培训、集中轮训活动，强化学习意识，提升思想政治素养。

【组织建设】

特色活动凝聚政治共识。学思并行重研究，知行合一提素质，突出特色增活力。组织开展了“学习贯彻中共十九大精神、民进十二大精神”书画作品征集活动和书画笔会，营造学习氛围；组织开展红色教育活动，赴西柏坡革命圣地、唐山李大钊纪念馆、井冈山革命根据地以及离石高家沟高级军事会议纪念馆、林迈可李效黎纪念馆，传承初心之志，筑牢同心之基。组织开展重大纪念日主题活动，妇女节好家风宣讲、劳动节向劳模致敬、青年节义务植树、建党日读书会、教师节国学讲堂、中秋节电影招待会等主题活动，紧紧围绕中共吕梁市委、政府脱贫攻坚“四季攻略”要求，凝聚会员的智慧和力量，增强组织的凝聚力和战斗力。

典型带动强化思想引领。开展“身边的先进”事迹宣讲活动，先后组织15位优秀会员从生活、家庭、工作、事业等方面分享自己的事迹，营造榜样示范氛围；开展优秀评选活动，市委会根据综合考核排名推送6个基层组织、15名会员获民进山西省委会表彰，13个支部参加省委会星级基层组织评选，1个支部、50名会员受市委会表彰，营造比学赶超的浓厚氛围；组织向各级各类报刊推送文章50余篇，发出民进好声音，树立民进新形象。

【参政议政】

精选课题精准调研。围绕决胜脱贫攻坚、实现全面小康目标任务，充分发挥界别特点和专业优势，市委会与各基层组织、各专委会分别就中等教育发展、文化旅游建设、脱贫攻坚政策落实等问题进行了20多次专题视察调研，先后向省委会、市政协、市委统战部提交了调研报告15篇。参政议政成果获民进山西省委会表彰的一等奖3篇、二等奖4篇。

广聚众智参政议政。广泛发动会员开展“做诤友、进忠言、献良策”“一人一建议”活动收集社情民意信息，为市“两会”参政议政提供素材。经过精选共向市政协三届三次会议提交了20件集体提案、18篇大会发言材料；会员中的市人大代表、政协委员提交了个人提案、建议近百件，其中3件集体提案被评为优秀提案，民进吕梁市委再获“政协提案先进集体奖”。确定10月为社情民意信息攻坚月，通过下发重点信息选题、指定专人撰写信息等办法，加强社情民意信息工作，取得了一定的突破，全年共收到会员报送信息123篇，经过整理完善《吕梁民进信息》采用77篇，上报民进省委和吕梁市政协69篇。

民主监督助力脱贫。根据中共吕梁市委统一安排，岚县普明镇为民进吕梁市委脱贫攻坚民主监督乡镇，市委会出台工作方案，按界别分5个监督小组，明确做好脱贫攻坚调研员、监督员、宣讲员、战斗员的目标任务。5个监督小组联动开展活动，先后4次深入岚县进行有针对性的深度调研，坚持问题导向，坚持精准监督，并将民主监督与实际帮扶有机结合，做脱贫攻坚的参与者，及时发现问题、反馈意见，形成调研报告建言献策，开展医疗服务健康扶助等，获得了广泛好评。

【服务民生】

2017年，民进吕梁市委深入开展“同心·智力帮扶工程”“同心·文化惠·民工程”系列活动。联合民进山西省人民医院支部、山西大医院支部、山西医科大学各支部联合开展专题讲座、“两癌”筛查、医疗义诊活动等，助力健康脱贫；发挥文化教育人才优势，开展“春联万家”“国学讲堂”进乡村、进校园、进社区、进企业活动，促进基层文化繁荣；建立“互联网+”民进智库，开展在线微课堂、远程教育、视频指导等服务，将实地帮扶与在线指导相结合，提高了服务效率；开展“书香彩虹——安龙行动”图书捐赠活动，发动全市民进会员向深度贫困群众献爱心。

【机关建设】

拓展思路激发活力。2017年，民进吕梁市委加强干部培训，组织市委委员、专委会主任、支部主委、机关干部、骨干会员等分批次共参加了13次各级组织开展的专题培训，增强“四个意识”，提升“五种能力”；成立新会员支部，让新会员尽快熟悉党派工作，投身履职实践；实施组织发展计划，统筹人员结构，规划组织发展，将组织发展和后备干部队伍建设相结合；集聚专业人才成立民进吕梁开明书画院，壮大文化服务队伍。

星级创建强化三基。参照执政党加强“三基建设”（基层组织、基础工作、基本能力）要求，按照省委会“创建星级基层组织”活动要求，强化基层组织建设督导工作。严格考核督导，由市委会班子成员带队考核验收，有11个支部达到三星级以上标准（共19个基层组织）；加强互补共建，赴民进唐山市委、晋中市委取经学习，在参加民进中央会议、省委会议中，通过交流学先进扩思路；鼓励各基层组织之间开展横向交流，取长补短，“三基”建设得到很好的提升。

（民进吕梁市委）

工商联

【调查研究】

2017年3月，在全省“提信心、解难题、促发展”民营企业调研中，深入离石、柳林、孝义等6县开展调研，组织税务、环保、经信、国土、金融等10部门召开“民营经济调研座谈会”，围绕民营企业发展现状、困难问题、诉求建议等情况，通过省调研组，就企业存在的困难和需要省级层面解决的问题以及优化投资营商环境的意见建议等，向省委、省政府反映。2017年7月，按照市委李书记的安排，市人大常委会副主任、市工商联主席梁来茂带队，深入中阳县下枣林乡、汾阳市贾家庄乡、离石区田家会镇穆冋村、兴县康宁镇花子村等地，就“晋商晋才回乡创业”中，吕梁籍企业家回乡投资的赤松茸、韩国刺梨、草莓、葡萄、黄瓜等高效农业项目进行考察调研，为给吕梁市推动农业产业的供给侧改革提供借鉴和学习。2017年11月，在市委安排的干部大调研中，梁来茂主席赴兴县、交口等5县就食品安全工作，赵权中书记赴汾阳、孝义等4县就弘扬企业家精神促进“两个健康”发展，王卫平副主席赴交城、柳林、临县、石楼等5县就重点企业项目和企业扶贫情况进行了调研。

【参政议政】

市工商联积极参加市委、市政府组织的民主协商会，坚决拥护市委、市政府的决策部署。在市政协三届三次全会上，组织企业家政协委员提交提案累计达56件，市工商联提交集体提案12件，其中《关于促进我市民营经济健康发展的建议》《关于对我市红枣加工企业发展的思考与建议》《关于加强传统企业“互联网+”的进程，努力整合线上线下资源的建议》等3件提案被评为优秀提案，市工商联被评为“政协提案先进单位”。反映社会问题，全年报送市政协社情民意15条。同时，完成全国工商联民营企业信息直报点和省工商联五大行业民营企业经济运行观察点工作。

【教育培训】

2017年内，先后多次组织开展素质培训。2017年5月，举办第三期“幸福大讲堂”，邀请中国道教协会常务副秘书长周高德道长就“道德经”进行解读，引导非公有制经济人士树立正确的幸福观、道德观、财富观，300多人参加。2017年5月，梁来茂主席和赵权中书记带队，在江苏省“新加坡国立大学苏州研究院”举办“民营企业家综合能力提升和创新转型发展培训班”，就家庭企业传承、高效团队建设、“一带一路”与企业国际化发展、“互联网+”等进行培训，52名工商联常委参加培训，并实地参观考察苏州科沃斯机器人电子商务公司和苏州东菱振动试验仪器公司。2017年6月，邀请市委、市政府特聘专家、浙江省凤凰军民融合创新研究院吴琼瑛女士，以“时势造英雄”为题，就如何解放思想、抓住机遇、创新转型、推动发展，开展“吕梁市企业经营管理人员创新改革能力提升专题培训”，各县市区工商联负责人和民营企业共152人参加。2017年7月，和市中小企业局在广东省中山大学（岭南学院）举办“吕梁市民营企业家创新转型高级研修班”，就宏观经济形势走向、资本运作与投资风险管理、资源型地区民营企业转型创新发展、家族企业基业长青等内容进行了培训，其间由梁来茂主席带队，50多位优秀民营企业家深入立白集团、中博会和广东山西商会等地进行实地考察和交流学习。组织企业家参加省工商联组织的民智、民需、民意金融服务民营企业转型升级策略会、全省年轻一代企业家理想信念教育培训班、省工商联新任执常委以上代表人士培训班、年轻一代企业家“学习十九大·迈步新时代”专题培训班和新技术、新趋势、新市场论坛，累计培训500余人次，为吕梁市企业家搭建了学习、交流、合作、提升的平台，极大地提振企业家发展信心，帮助企业家把握发展机遇，厘清发展方向，把力量凝聚到促进全市非公有制经济健康发展、引导非公有制经济人士健康成长上来。

【任用安排】

在十二届山西省工商联换届中，推荐非公经济代表人士36人为参会代表，20人为省工商联执委，7人当选为省工商联常委，张子玉当选为省工商联副主席，曹建军、侯清泉当选为省总商会副会长。推荐34人担任山西省青年企业家商会会员。推荐2人担任全国工商业联合会第十二次代表。推荐7位企业家为十二届省政协委员人选和后备人选，进一步提升非公有制经济人士的荣誉感和归属感，畅通其参政议政的渠道。推荐中钢、古特金、泰化、鹏飞、泰兴5户企业为省经信委、国资委、科技厅、人社厅、工商联联合表彰的“山西省优秀民营企业”对象。政治安排和表彰推荐中，坚持综合评价从严，并注重从各行业、各领域龙头企业中选人，先进性、代表性、广泛性相结合，树立正确的选人用人导向，引导他们做新时代优秀的中国特色社会主义事业建设者。

【引导民营企业承担社会责任】

“百企百村结对帮扶”精准扶贫行动

2017年，动员市、县工商联执委以上企业参与“百企百村结对帮扶”精准扶贫行动，按照帮扶协定，开展帮扶工作。一是全市有201户民营企业参与行动，结对帮扶294个建档立卡贫困村的近万个贫困户，其中189户帮扶民营企业纳入全国工商联“万企帮万村”精准扶贫行动台账管理系统，实施帮扶项目260个，投入2.16亿元，帮扶194个贫困村36693人。二是530户小微企业和个体工商户结对帮扶2698个非贫困村的贫困户7561人。初步形成产业扶贫、商贸扶贫、就业扶贫、智力扶贫、公益扶贫、造血扶贫、统筹扶贫等七种模式的帮扶新格局。

引导非公企业开展县际帮扶

发挥工商联优势，多方位多层次内引外联。一是推动非贫困县的民营企业参与县际扶贫工作。吕梁泰化、柳林汇丰、汾阳新晋商酒庄、汾阳王酒业、孝义鹏飞、文水大象、胡兰食品等市工商联会员企业，在临县、石楼、岚县开展县际扶贫。二是积极争取省工商联（总商会）副主席（副会长）企业参与全省“企业与贫困县合作帮扶”工作。山西明坤科工贸集团董事长梁俊明、山西振东健康产业集团公司董事长李安平、山西民营资产置换协会会长马累平等12名市外企业家以及吕梁市泰化集团张子玉、汇丰集团曹建军、新晋商酒庄侯清泉等，15名全省有影响、有实力的大型民营企业通过开展产业合作、提供就业岗位、慈善公益合作、基础设施合作、科技人才合作等途径，助力吕梁市10个贫困县脱贫攻坚。

引导非公企业参与教育扶贫、拥军优属等光彩事业。与市委统战部、市光彩会连续7年组织全市非公有制企业开展“金秋光彩助学”活动。2017年，全市有93户非公企业和商会，出资1266万元，资助贫困学生2924人。吕梁市该活动累计有508户企业，资助57所学校改善基础设施，资助19690余名贫困学生和优秀学子解决上学困难，投入资金达3.7亿元。争取省工商联、省科技扶贫促进会为吕梁市10名贫困大学生提供助学救助，确定3名贫困大学生，每生捐助1万元。引导民营企业和商会协会，在省科技扶贫协会为吕梁市离石、石楼、中阳、交城4区县10所学校，捐助10台理光印刷一体机（每台价值9.8万元）教育扶贫项目中，由吕梁市3户企业和1个协会为每所学校配套捐助2.5万元的耗材和1万元的科普图书。四是按照市委、市政府安排，先后两次参与“吕梁市技工技师（退役军人）培训”工作，与市民政局、市人社局共同欢送80余名参训的退役军人赴浙江、广东等地民营企业就业；在“八一建军节”前，和市文化产业商会一道深入吕梁武警支队教导大队开展节日慰问，为教导大队全体官兵送上了节日慰问品，促进了军地关系和谐。

【“吕商·吕才回乡创业创新”工作】

引深上年市委市政府“迎老乡、邀客商、兴吕梁”活动工作，2017年4月5日，市工商联与市委统战部、市招商局在吕梁宾馆召开“吕商吕才回乡创业创新座谈会”，邀请吕商吕才增强信心、鼓足干劲，把外面的先进理念和先进经验带回来，在回乡投资的同时实现自身的创新转型发展。李正印书记、秦书义部长、梁来茂主席出席会议，20余位吕梁籍企业家、晋商商会会长、工商联（总商会）企业家、关心吕梁发展的媒体领袖等共50余人参加会议。二是8月邀请美国中华海外总商会会长曹新和中国国际（香港）晋商联合会主席李振環先生，在吕梁市汾阳裕园食品、中阳慧仁核桃公司就核桃干果生产、核桃饮料加工、核桃油生产及市场销售情况进行考察，组织与市发改委、市招商局进行对接座谈，市委常委、统战部长秦书义参加座谈会并讲话，邀请他们来吕梁投资发展，帮助吕梁对接外部市场，实现新的发展。

【搭建招商引资平台】

协助省工商联、省扶贫办在吕梁召开“全省产业扶贫企业与项目对接洽谈会”，山西新大象养殖股份公司、山西中苑生态公司、山东泸河集团等企业与项目单位现场签约。吕梁市签约20个项目，签约金额33亿元。组织19名企业家参加产业扶贫政银企洽谈会。

【优化营商环境】

推荐上报吕梁市中阳钢铁公司和孝义鹏飞实业公司等14家民营企业，获得2016年度全国工商联上规模民营企业表彰；推荐民营企业参与全省100强民营企业评选活动，吕梁市共有14家企业上榜，上榜总数名列全省第三；将山西晶旭新能源有限公司开展的“新型高效微通道光伏光热一体化的热电联产系统在农村推广应用”项目，报送为全国工商联民营企业科技成果。按照优化营商环境工作的总体要求和市政府入企服务工作常态化工作要求，结合实际开展了政府对民营企业的承诺和民营企业政策落实回头看专项督查调研行动。与市经委和市入企服务办公室多次沟通确认，对2016年全市入企服务涉及的422户民营企业（注：许多企业无法联系到，有的因环保原因倒闭，有的属于国控等），通过调查问卷形式，调查企业219户，其中无政府承诺的205户，有政府承诺的14户企业中9户已经办结，其余5户正在办理中，相关情况已及时报送市经委。

【组织建设】

不断壮大会员队伍

以思想素质好、实力强、影响大、热心工商联工作为标准开展会员吸收工作，新发展会员108个，其中：个人会员16个、团体会员23个、其余会员69个。2017年全市工商联会员总数7369个，个人会员4759个，团体会员183个，企业会员2427个。商会总数183个，其中乡镇商会有119个、街道商会有16个、行业商会有29个，异地商会3个，市场商会3个，其他商会13个。建立了县级以上执常委数据库，并进行动态管理更新，为实施精准服务奠定了较好的工作基础。

抓县级工商联换届工作

2016年方山、文水和工商联完成换届，2017年全市其余11个县市区工商联全部完成换届。在此轮换届中，交城、文水、中阳、石楼、方山5县新换了党组书记，交城、文水、孝义、交口、中阳、石楼、离石、兴县、方山、岚县10县新换了工商联主席，其中文水、孝义、中阳、柳林、兴县5县工商联主席由非公有制经济代表人士担任。新一届县级工商联领导班子整体上呈现年轻化、专业化态势。组织7名市县工商联主席和党组书记，参加了省委组织部、省委统战部、省工商联联合举办的“市县工商联和商会负责人培训班”。

抓好“五好”县级工商联暨“四好”商会建设

就2017年“五好”县级工商联建设提出了具体的工作目标任务、工作措施和工作要求，通过微信、电子信箱和现场指导的方式进行指导帮助，不遗余力为县市区工商联夯实基础工作。2017年年初党组书记赵权中带队深入吕梁市文化产业商会、吕梁市温州商会、吕梁市酒店餐饮协会、吕梁市离石区电子商务商会进行专题调研，结合会议精神和吕梁市实际研究出台具体的“四好”商会实施意见和工作方案，指导要求全市工商联开展“四好”商会建设。8月份召开吕梁市“五好”县级工商联暨“四好”商会建设孝义现场推进会，省、市领导及各县市区工商联共计70余人参加会议。孝义市工商联、离石区工商联、吕梁市文化产业商会、交城商贸发展商会介绍成功经验。孝义市工商联、离石区工商联和柳林县工商联被全国工商联评为2017年全国“五好”县级工商联。市工商联表彰吕梁市文化产业商会、交城商贸发展商会等7家商会为市级“四好”商会。

（吕梁市工商联）

群众团体

吕梁市总工会

【工会改革推进】

认真学习传达领会工会改革精神，试点先行。2017年，在反复学习讨论省委、市委有关群团改革精神及“山西省工会系统改革推进会”精神的基础上，吕梁市总工会将改革事项分为三类（即：工会代表、委员、班子组成人员配备比例等已经明确的不折不扣地落实；工会干部社会化等需要深入探索的结合实际全力推动创新；其他需要党委政府或上级工会明确的认真开展调查研究，分析研判，以书面形式向市总提出意见和建议），4月27日，确定孝义等六个县市为试点先行先试，主动参与市委群团工作改革，放大工会声音。2017年4月，吕梁市总工会邀请分管工会工作的市委副书记到工会机关调研，“山西省工会系统改革推进会”以后，及时将会议内容和要求整理成书面材料，向市委分管领导汇报，对《中共吕梁市委群团工作改革方案(征求意见稿)》的一、二、三稿多次书面提出修改完善建议，力争以市委的角度纳进市委群团工作改革方案中，变成下一步的工作措施，更大力度推进工会改革。推动工会改革方案出台，确保合法有效。市总工会根据有关法律法规和省市群团工作改革文件精神及《山西省总工会改革实施方案》等相关规定要求，结合吕梁工会工作实际，在征求县(市区)工会、市直系统(行业)工会和部分基层工会的意见，呈请市编办、市委组织部和省总工会审核完善后，于8月18日将《吕梁市总工会改革实施方案（讨论稿）》《〈吕梁市总工会改革实施方案（讨论稿）〉有关事项说明》提交市委常委会讨论，市总党组书记、常务副主席王海生代表市总工会就《方案》中具有吕梁特色的11项向市委常委作了重点说明。《吕梁市总工会改革实施方案》于8月22日正式印发。推进工会改革措施落实，取得有效成果。及时将省总9月1日会议精神向市委汇报，市委副书记张广勇批示“请各县市区委书记高度重视，加大工作力度，加快改革进度，圆满完成任务，不拖全省全市后退”，以市委名义下发各县市区委。市总通过“改革进度周通报”等指导督促各级工会认真贯彻落实工会改革精神。截至2017年年底，11个到届的县市区总工会已经按照工会改革要求召开工代会，完成换届选举工作。未到届的中阳县总工会、临县总工会补选了兼挂职副主席。11个到届的县市区总工会全部实现主席高配，县级工会共配备兼挂职副主席58名，按规定配备了经审委主任和女工委主任。吕梁市工会第二次代表大会于12月26—27日召开，完成了各项议程，选举产生了新一届市总工会领导班子，配备兼挂职副主席6名。省人大常委会副主任、省总工会主席田喜荣等一行在孝义调研后，对吕梁工会工作改革给予高度评价，并在省总工会全委会议上对吕梁工会2017年工作充分肯定。

【弘扬劳模精神】

2017年4月29日召开吕梁市2017年“五一”表彰大会，表彰并授予25个单位“吕梁市五一劳动奖状”、45个集体“吕梁市工人先锋号”、84名个人“吕梁市五一劳动奖章”。圆满完成省总“五一”送奖活动。13个县市区在五一期间先后召开了表彰大会，对本地区的县先进集体和个人进行表彰，开展了演讲赛、文艺会演、劳模事迹专题宣传等不同形式系列活动，大力弘扬劳模精神、劳动精神、工匠精神。

【全面引深“五小”竞赛】

2017年3月召开了全市职工“五小”竞赛总结观摩活动，组织参会人员观摩了2017年全市42项获得省表彰的“五小”竞赛活动优秀成果。6月1日，联合团市委、市科协召开全市“五小”竞赛协同推进动员会，联合下发了《关于深入开展“五小”竞赛活动的通知》。2017年全市“五小”竞赛参赛单位达2967家，参赛职工32万人，同比分别增长了100%、52%。参赛企事业的职工参与率达到90%以上。完成职工“五小”竞赛优秀创新成果368项，选送了100个优秀项目参加全省评选，其中42个项目分别获得了山西省“五小”竞赛优秀成果一、二、三等奖。吕梁市总工会、孝义市总工会、汾阳市总工会分别获得五小竞赛优秀组织奖。吕梁的“五小”竞赛由被动落后，跻身到全省先进行列。

【第二届吕梁护工（护理）岗位技能大赛】

2017年，吕梁市总工会制定《第二届吕梁护工（护理）

岗位技能大赛实施方案》，以“爱我吕梁、护工（护理）光荣、岗位评优”为主题，结合吕梁护工（护理）人员全国分散就业的实际，通过邮寄宣传资料、竞赛方案、报名审批表等途径，采取用工家庭评价、家政公司、护工（护理）联合工会及县级工会审核推荐等创新措施，组织年龄在18周岁以上，在家政工作岗位工作的吕梁籍护工（护理）人员7235人开展岗位技能大赛。现在正进入实施阶段，将评选出三大类九个项目“金牌护工”“银牌护工”“铜牌护工”，为助推“吕梁护工”品牌建设做出贡献。

【脱贫攻坚】

2017年，吕梁市总工会将“工会就业创业援助月”和市委的脱贫攻坚战略结合起来，各级工会按照“两个结合”（脱贫攻坚与困难职工解困脱困相结合、脱贫攻坚与增强基层工会活力相结合），主推“两个一批”（培训一批和帮扶救助一批），同当地人社局、团委、妇联及家政服务公司等机构联合，共举办专场招聘会12场次，为31000余人提供免费就业服务，成功介绍4654人就业。组织市总帮扶点——岚县普明镇贯家庄村全体党员干部和贫困户代表等开展了“特色培训”，给予贫困户每户每亩400元的马铃薯种植补助。并在该村规划了“工会林”，2017年11月，组织机关干部职工和市直系统（行业）工会干部60余人，首次植树700余株，约20余亩。

【维护职工合法权益】

引深工资集体协商工作。2017年，吕梁市总工会出台《关于组织开展2017年“工资集体协商月”活动的通知》，在全市范围内组织开展以“协商沟通、凝心聚力、共谋发展、共促和谐”为主题，以“协商法治化、程序规范化、内容合法化、效果明显化”为基本要求的第十六次“集体合同和工资集体协商月”活动。各县市区总工会，市直各系统（行业）工会以困难企业为重点，深入基层进行协商指导，调查所到困难企业的工资发放情况，预防因协商沟通不畅引发的集体性劳动争议案件。在2017年6月12日召开的全省工会法律和集体合同工作表彰推进会上，吕梁市霍州煤电集团吕梁山煤电有限公司工会、汾阳市总工会等集体和交城工会孙龙等个人获得了表彰。

深化职工劳动保护工作。将吕梁市工会劳动保护工作要点通过电子邮箱、微信群等方式及时传达到基层，与市安监局联合下发《关于以“总结提高年”活动为统领开展2017年度“安康杯”竞赛活动的通知》，开展2017年“安全生产月”宣传咨询月活动，散发宣传资料3000多份。组织广大职工群众开展以“两法一条例”（《安全生产法》《职业病防治法》《山西省安全生产条例》）为主要内容的职工职业安全健康知识竞赛。为了进一步提升吕梁煤矿井口群众安全工作站的整体水平，促进全市群众安全生产健康有序发展，在省总工会的协调下，2017年10月底，吕梁市总工会一行16人赴晋城市观摩学习煤矿井口群众安全工作站的先进经验，回来后逐县逐企业就煤矿井口群众安全工作站、班组安全建设、群监员队伍建设、安全隐患排查治理、职业病防治以及职工职业健康档案进行检查落实，及时发现问题，落实任务，培育典型、推进工作进度，收效显著。

开展农民工维权工作。按照省总工会要求，市、县总工会悬挂“农民工有困难找工会，拿不到工资找工会”宣传条幅，维权热线电话实行24小时值班，全天候接访。在“农民工维权”专项行动中，全市收到农民工维权案件78件（其中省总转办案件24件），涉及金额48万元，24万元已经处理完毕，其余移交有关部门处理。交口县总工会一家就办理农民工讨薪48件。

【开展工会工作大观摩】

2017年是市、县两级工会换届之年，也是工会工作改革全面推进之年。为了使新任县市工会干部尽快熟悉工会工作，结合山西省总工会和市委安排部署，市总工会组织县市区总工会主席、常务副主席，市总工会班子成员、各部室（中心）负责人共40余人，从11月20日起，对各县市区工会工作进行了为期14天的一条龙观摩调研考核。通过听工作汇报、看不同类型的基层工会典型和有本地特色的转型发展企业、查日常工作和创新改革工作相关资料进行考核打分，推动县市区工会互相学习，取长补短，整体推进。参加人员一致认为拓宽了视野，开阔了思路，增进了感情，形成了在竞争中干事创业的新局面。

【职工活动阵地建设】

2017年，吕梁市总工会积极推动“建设全市职工文化阵地示范点30个”“县（市、区）普遍都有2-3个职工文化阵地示范点”目标任务的落实。吕梁市职工活动中心对外开放运行，前期确定的30个职工活动阵地建设示范点开始验收。

【组织开展全市职工系列文体活动】

2017年7月至10月，吕梁市总工会组织举办了“脱贫攻坚杯”全市职工乒乓球比赛、“和谐吕梁杯”市直系统（行业）职工全健排舞大赛、“维护核心见诸行动”全市职工书法比赛、“弘扬吕梁精神”市直系统（行业）职工太极拳交流展演、“转型发展杯”全市职工羽毛球大赛和第三届“携手并肩、爱在吕梁”“送你一朵玫瑰花”联谊会等六项“中国梦·劳动美”喜迎党的十九大全市职工系列文体活动，全市13个县市区总工会、12个市直系统（行业）工会等共组织了110余支代表队，3000余名职工群众直接参加，层层选拔推荐期间，参与本次系列活动的职工群众近2万余人，在丰富职工的精神文化生活的同时，营造了喜迎十九大的浓厚氛围。

各级工会也结合实际开展各项活动，如孝义市总工会举办了“展现孝义职工风采，创建全国文明城市”首届中国梦、劳动美职工书画、摄影优秀作品展和第二届职工乒乓球锦标赛。文水县工会组织1000多名职工开展“中国梦劳动美”工会知识自行车环游宣传活动。交口县总工会组织开展了庆“五一”系列活动。在省总举办的第二届女职工乒乓球大赛中，吕梁市取得了50岁以上组个人第一、团体第五的好成绩。在省总举办手工艺品展时，收到各基层报回展品6大类157件，其中62件选送省总参展。

【经费收缴管理使用】

2017年，吕梁工会经费收缴实现了历史性突破：地税代征首次突破亿元大关，达到1.14亿元，比上年增长158.79%；市县财政划拨经费达3940余万元，比上年增长30.40%。同时，吕梁市总工会全力推动工会经费集中支付工作，此项工作在13各县市区工会全面开展。在经费使用上，吕梁市总工会将全年收入的70%用于补助返回下级工会，其中，40%用于困难职工帮扶救助，30%用于补贴乡镇（街道）工会和困难基层工会，确保把更多的经费直接用于基层和普通职工。

（市总工会）

共青团吕梁市委

【推进全市共青团改革】

2017年，共青团吕梁市委认真学习贯彻落实中央、省委、市委党的群团工作会议精神，深入分析共青团改革所面临的新情况和新问题，制定出台《共青团吕梁市改革实施方案》。《方案》按照“强三性”、“去四化”的改革要求，坚持“当下改”与“长久立”相结合，紧紧抓住机构设置、干部来源、运行机制和团员发展等改革重点，科学制定推动吕梁共青团改革的4个方面、19项具体措施，用建章立制保障共青团改革措施务实管用、形成合力，从而扎实推进全市共青团改革。

根据市委安排，团市委还负责牵头起草《中共吕梁市委群团工作改革实施方案》，为全市群团改革工作做出了自己的贡献。团市委积极履行牵头职责，充分发挥综合协调作用，在认真领会上级群团改革精髓和充分调研紧密结合吕梁实际的基础上，又主动借鉴部分兄弟市群团改革方案，最终形成《中共吕梁市委群团工作改革实施方案（征求意见稿）》。在充分吸收各方面意见的基础上，最终形成《中共吕梁市委群团工作改革实施方案（讨论稿）》，并经8月18日市委常委会研究审议通过，8月23日正式印发。

【第三次团代会换届】

2017年，全省共青团改革攻坚推进大会会议召开之后，共青团吕梁市委严格按照推进会会议精神开展换届工作，特别是坚持改革导向，做到换届与改革互促互动。团市委严格按照《中国共产主义青年团章程》《共青团吕梁市委换届工作实施方案》《共青团吕梁市委改革实施方案》，指导基层团组织坚持自下而上、上下结合、反复酝酿、逐级遴选，从选拔条件、程序、人员结构等方面综合考量，真正推选出符合改革方案要求的团代表。共青团吕梁市第三次代表大会于9月20日顺利召开。会议选举产生了共青团吕梁市第三届委员会委员35名，候补委员16名，出席共青团山西省第十五次代表大会代表46名。

严格按照改革方案中“打造专职、挂职、兼职相结合的干部队伍”的具体要求，共青团吕梁市委三届一次全会选举产生了吕梁市第三届常委会委员11名，书记1名，专职副书记2名，挂职副书记2名，兼职副书记4名。其中，2名挂职副书记从党政机关、国有企业、事业单位、高等学校、团的地方领导机关和社会组织、非公有制经济组织等领域选拔，4名兼职副书记从有议事能力的先进青年典型、青年社会组织负责人、专家学者中选拔。挂兼职副书记数量达到了专职书记、副书记的2倍，挂职、兼职比例达到50%。换届后，市县两级团的代表大会、全委会、常委会中基层和一线代表比例分别不低于80%、50%、25%，其中各县（市、区）团委共配备专职团干部37名，兼职团干部37名，挂职团干部18名。通过换届，进一步配齐配强了团市委的领导班子；从工作需要出发吸纳社会挂兼职副书记六名，则进一步增强了团市委领导班子的生机活力。

【“三基建设”】

2017年，在群团改革的大背景下，团市委高度重视机关效能建设，结合“三基建设”工作要求，制定出台“三基建设”工作方案，成立以团市委郭清智书记为负责人的工作机构。以“三基建设”工作为统领，团市委根据精简效能、权责统一、系统完整、公开透明、监督制衡的原则，把健全制度、完善机制、加强管理摆在更突出的位置，积极探索建立符合共青团工作实际的规范性制度和监督、制约、激励机制，先后制定、完善《共青团吕梁市委岗位责任制》《共青团吕梁市委服务承诺制》《共青团吕梁市委首问负责制》《共青团吕梁市委限时办结制》《共青团吕梁市委AB岗制》《共青团吕梁市委一次性告知制》《共青团吕梁市委工作计划规范管理制度》和《共青团吕梁市委“13710”工作制度》等多个制度，基本实现以制度管人、以制度管事、以制度管权。

以推进改革为契机，团市委对改革后的各个部门职责进行梳理、细化，充分论证后制定工作标准，明确岗位职责，形成工作说明书，实现责任到人。在此基础上，依据各个部室的工作职责，分别针对性的制定了六个部室的工作流程图，并上下反复征求各基层团组织的意见，同步通过各种媒介向社会公示，最终确定团市委各项工作流程，实现机关各项工作的有序运转。在效能建设八项制度之外，在原有制度基础上，团市委还不断充实、完善党建各项工作制度，认真扎实开展“三会一课”和“主题党日活动”等党内生活制度，严格按时按标准缴纳党费，初步实现了党建工作的规范化、制度化、经常化。

在不断完善团市委机关自身“三基建设”各项工作的同时，团市委坚持以上率下，早谋划，早动手，积极在全市各级团组织中宣传“三基建设”的重大意义，认真组织全市各级团组织结合工作实际严格按照市委的工作要求开展“三基建设”。

【共青团助力脱贫攻坚】

2017年，团市委积极按照市委各项工作要求，全员出动，对标对表，充分发挥团组织覆盖面广的优势，积极整合各类社会资源，认真在所包联的贫困村方山县积翠乡刘家庄村开展脱贫攻坚工作，切切实实帮助贫困户早日脱贫。

聚焦吕梁山护工（护理）培训，制作微信图文手册和宣传片，开展青年择业观教育，鼓励贫困青年走出大山、实现稳定就业。实施农村青年电商培育工程，举办各类电商培训班20场，培训青年近4000人次，指导成立青年电子商务创业协会，为青年电商人才创业发展提供平台。开展希望工程系列活动，募集善款69.8万元，资助158名贫困生圆梦大学。

开展“吕梁脱贫攻坚青春榜样”选树活动，通过广播、电视、网络、微博、微信等媒体进行广泛宣传，全市累计产生56名脱贫致富青年先锋候选人、104名第一书记青年标兵候选人、25个扶贫济困青年组织候选集体，最终45名个人、10个集体命被名为“吕梁脱贫攻坚青春榜样”。为宣传典型，学习榜样，扩大影响，团市委还组织了“吕梁脱贫攻坚青春榜样”深入各县（市、区）和大中专院校开展事迹报告、巡回演讲、故事分享等活动，从而在全市掀起大力弘扬以艰苦奋斗、改革创新为主要特征的吕梁精神，动员社会各方力量投入脱贫攻坚，助力全市脱贫攻坚掀起新的高潮。

【理想信念教育】

2017年，团市委坚持以科学的理论武装青少年，通过讲座、培训等形式，组织各级团干、优秀学生和青年代表，深入学习贯彻落实党的十九大精神以及习近平总书记系列重要讲话精神，特别是习近平新时代中国特色社会主义思想，坚定青少年走中国特色社会主义道路的理想信念。坚持以优良的传统感召青少年，利用入队、入团、主题团、队会等时机，广泛开展“红领巾相约中国梦”“红领巾向党”“与信仰对话”“奋斗的青春最美丽”“向上向善好青年”“优秀护工进校园”等主题分享活动100多场，引导广大青年学有榜样、赶有目标。

坚持以创新的工作媒体吸引青少年，积极探索利用新媒体有效引导青年，运用青年喜欢的交流、聚集、联络的方式作为工作载体，增强社会化动员的时代感和实效性。按照全团“青年之声”互动社交平台建设要求，成立吕梁市“青年之声”服务联盟，并正式开通“青年之声·吕梁”网上交流互动平台。截至2017年底，“青年之声·吕梁”青年互动社交平台已入驻专家552位，特邀专家473位，提问数3156个，专家回答率90.9%，好评数2961。深化网上正面宣传和舆论引导斗争，在团属网站、微博、微信平台上开设主题栏目或话题，推动党的部署和要求通俗化、青年化。截至2017年年底，登记注册网络文明青年志愿者3200余人，团市委自建网络媒体累计发布各类信息3120余条，官微点击率达到16.4万人次，官网总访问量达到60.2万人次。

【服务青少年成长成才】

竭诚维护青少年合法权益。2017年成立团市委任专项组组长由单位市预防青少年违法犯罪专项组工作领导机构。根据共青团改革方案增设权益部，明确权益部为具体承载科室，配备专职工作人员，负责日常工作。根据工作任务需要增补了市网信办、市残联为成员单位，完善预青组、未保委工作领导体系，进一步理顺各成员单位工作范围、工作职责，并且按照省预青组的要求，各县市区分别制作综治委预防青少年违法犯罪专项组和未成年人保护委员会公章各4枚。针对五类重点青少年风险隐患，全市共排查整治有不良行为或严重不良行为青少年4名，农村留守儿童60名，服刑人员未成年人子女7名共计71名。针对农村留守儿童，各县预青组联合预青组成员牵头单位及爱心人士、青年志愿者、青年企业家开展27场关爱留守儿童活动，动员70多名社工人才参加，覆盖全市青少年及其家长2700人次。针对有不良行为或严重不良行为青少年，与市检察院联合选配优秀检察官为全市重点中小学配备法制辅导员，强化青少年法制意识。针对闲散青少年，团市委联合多家部门举办招聘会2场，提供就业岗位3567多个，涉及电子商务、金融商贸、教育培训、企业管理、市场营销、财务、护工家政等多个行业专业帮助青年就业。同时，团市委积极引导闲散青少年在吕梁市直中专学校进行学习，掌握一门技术。针对服刑人员未成年人子女，引导教育服刑人员未成年人子女，加强心理教育，帮助减压，目前服刑人员未成年人子女已整治5名。组织各学校开展“守护青春”山西青少年法治广播，每周播放1期音频节目，覆盖全市70%以上的初中和高中。以“防治校园欺凌护航未成年人成长”为主题的检察开放日活动，加强未成年人法制教育。积极联系教育部门大力开展“青少年远离毒品”“青春自护暑期行动”和“绿色网络行动”等系列活动，利用学校橱窗、板报、红领巾广播站等渠道宣传“一法一条例”开展“法制宣传进校园”专题活动，有效增强了青少年的防范意识和自我保护能力。把握“6·26”禁毒日，在世纪广场举行以“青春无毒 美丽绽放”为主题的宣传活动，宣传毒品危害，切实提高了青少年拒毒、防毒能力。建设“12355”青少年维权和心理咨询服务热线平台，为青少年提供法律服务、心理疏导、成长指导、就学引导、就业辅导等公益服务。深入开展“青少年维权岗”创建活动。参与市级优秀“青少年维权岗”创建18个，参与省级优秀“青少年维权岗”创建5个。

推动青年就业创业工作。整合、利用社会资源服务青年就业创业，积极协调有关职能单位多次联合开展青年创业就业培训。积极与邮储银行、信用社等金融部门沟通，共同探索青年创业小额贷款的担保方式创新和解决风险控制问题，主动为创业青年解决贷款难的问题。大力开展青年创业推优和创业大赛工作，在全市积极推选“农村青年致富带头人”和“青年创新创业大赛”等项目，充分尊重青年人才，大力表彰和选树青年人才典型，营造了“大众创业、万众创新”氛围。组织青年投身转型发展火热实践。积极动员广大青年参与全市文明创建和安全生产工作，连续3年举办青年人才专场招聘会，协调金融机构发放青年创业小额贷款，建立国家、省、市三级“青年就业创业见习基地”，真抓实干为青年创业创新搭建平台、促进交流、链接资源。

举办历时7个多月的“泰化杯”第三届“创青春”吕梁青年创新创业大赛。大赛吸引了全市639名创业青年参加，项目涉及现代农业、服务业、互联网等多个领域，参赛人数在全省“创青春”市级大赛中名列第一。比赛共有7个项目进入决赛，大赛评比出一等奖1名、二等奖2名、三等奖3名、优秀奖8名。吕梁青年创新创业大赛成为我市青年投身创新创业事业、奉献青春智慧、实现人生梦想的展示舞台，成为全市各级团组织服务广大青年创新创业的又一项品牌工作。

【团的建设】

2017年，团市委着力延伸团的工作手臂，注重加强对青年社会组织的联系、服务和引导。积极与新兴的青年自组织联合开展植树造林、希望工程等各类主题活动，并大力支持青年自组织独立自主开展学雷锋、献爱心等各类公益活动。

着力强化团干部队伍建设，扎实开展“两学一做”学习教育活动，进一步增强团干的政治意识、大局意识、核心意识和看齐意识；深入开展“团干部如何健康成长”大讨论活动，聚焦团干部成长中存在的突出问题；坚持眼睛向下、重心下移，持续开展“走进青年、转变作风、改进工作”活动，建立团干“1+100”直接联系青年制度。

着力抓好团员队伍建设，规范团员队伍的建设和管理，控制团员总量，保证团员质量，保持队伍合理规模和结构，严格团员团籍管理，在坚持标准、保证质量的前提下，进一步壮大团员队伍，扩大团组织的覆盖面；同时，完善“团建带队建”，建立学校入团管理机制，全面做好团队衔接工作；规范入团仪式，开展团员意识教育，大力培养团员的政治意识、组织意识、模范意识，不断增强共青团员的光荣感和责任感；坚持开展优秀团员、优秀团干部、优秀青年志愿者、优秀少先队员等评选活动。

（共青团吕梁市委）

吕梁市妇女联合会

【妇联改革】

2017年，成立由市妇联党组书记为组长，各县（市、区）妇联主席为成员的基层妇联组织深化改革工作领导小组，及时制定出台了基层妇联组织深化改革实施方案和村（社区）妇联组织改建指导意见，对全市妇联系统改革工作进行了全面的安排部署。召开妇联系统改革工作推进会，要求基层妇联组织因地制宜采取有力措施不拘一格建组织，不拘一格选人才，推进妇联系统改革工作。13个县（市、区）妇联，有11个县市全部配备兼职副主席，并完成各项改建工作。98个乡镇（街道）配备专职副主席，148个乡镇（街道）配备兼职副主席，配备率达90%。社区妇代会改建妇联完成率达100%，村妇代会改建妇联完成率达100%。按照“党建带妇建、妇建服务于党建”的工作要求，推进乡镇（街道）妇联组织区域化建设，不断延伸组织链条和服务触角，着力构建全方位、多层次、开放式妇女组织网络。60%乡镇妇联已进行区域化改建。在全面完成会改联、大力推进乡镇（街道）妇联组织区域化建设的基础上，紧密结合《山西省妇联改革实施方案》《中共吕梁市委群团工作改革方案（征求意见稿）》和《中共吕梁市委关于进一步加强和改进党的群团工作的八条意见》等相关文件和会议精神，通过调研走访、召开座谈会等，结合实际制定出台《吕梁市妇联改革实施方案》。

【妇联组织自身建设】

2017年，吕梁市妇联开展了“两学一做”学习教育活动和丰富多彩的“巾帼心向党 建功新时代”群众性主题教育活动，在妇女群众中营造出学党史、听党话、跟党走，做党的好女儿的浓厚氛围。将妇联系统改革工作列入年度目标责任制考核，将县（市、区）妇联开展村（社区）妇代会改建工作、县乡兼职副主席配备及乡镇妇联班子建设作为重点考核内容。加强妇儿工委办公室建设。除孝义、方山、岚县外，又有交口、兴县、中阳获批成立妇女儿童工作委员会办公室。着力促进“妇女之家”建设。围绕建设“坚强阵地”和“温暖之家”的总目标，立足本职、狠抓落实，建立健全管理规范，筑牢“妇女之家”阵地基础。在妇女之家建设实现全覆盖的基础上，健全了“妇女之家”领导机构、活动计划，加强了“妇女之家”的规范管理和协调服务，做到了机构完善、场所固定、管理规范、工作活跃。推动做好两委换届农村女妇女进“两委”工作。根据《中共山西省委办公厅 山西省人民政府办公厅印发关于认真做好第十一届村民委员会换届选举工作的实施意见的通知》以及市委召开的村（社区）“两委”换届会议精神，市妇联积极行动，严密部署，下发《关于在全市第十一届村级组织换届选举中认真做好妇女进村“两委”工作的通知》（吕妇发〔2017〕16号）文件，要求县、乡、村三级妇联组织必须抓住这次村“两委”换届选举工作契机，实现村妇联主席进100%进“两委”班子，从而进一步织密织牢妇联基层网络，加强妇联基层工作力量，巩固好前期“会改联”改革成果，重构基层妇联组织形态。

【构建“互联网＋妇联”新格局】

2017年，吕梁市妇联创新建立“吕梁山护工（网上）妇联”新平台。为适应新形势下妇女儿童事业发展，以改革创新的实际行动加强妇联网络及新媒体建设，搭建更加方便快捷的沟通平台。创新建起护工网上妇联新平台，让走出大山的护工姐妹享受到全方位而又专业系统的服务。平台已录入护工1万余人，链接企业微信号1300余个，建立市、县妇联领导群1个、护工全员群1个，群聊人数达1983人。平台先后发布各类知识的音频、视频资料200余个；开通技师直通、律师直通、心理咨询在线直播8次，参与互动5000余人次，参与在线咨询600余人次；平均每天进入网上妇联各个板块观看视频、浏览文字资料等进行互动的护工达1000余人次。吕梁山护工（网上）妇联这一“互联网＋妇联”模式，使妇联组织实现了哪里有妇女群众，妇联的服务就跟进到哪里，开拓了妇联工作的新局面，得到了全国妇联党组书记、副主席、书记处第一书记宋秀岩的充分肯定!《中国妇女报》7月14日头版头条进行了报道。

建立吕梁市妇联微信群、吕梁市妇联微信公众号，入驻了今日头条号。建立“妇联主席、各县市区妇联、各大口妇委会”三个工作交流微信群，县乡妇联也都建立了自己的微信群，且13个县市区全部入住“今日头条号”，充分运用网络和新媒体建立与各行各业妇女群众的广泛联系，为妇女干部相互学习、交流提供了平台。建设了妇女网络宣传员、评论员，巾帼网络文明志愿者队伍，增强了妇联组织在网络空间的影响力，积聚网上巾帼正能量。

【扶贫工作】

2017年，吕梁市妇联助力服务脱贫，携手打造“吕梁山护工”品牌。一是坚持问题导向、聚焦重点难点，深入调研妇女群众的就业意向、困难以及需求，通过问计基层、问需群众，真正了解妇女群众期盼需求，切实找准妇联组织和妇女工作的突破点。二是充分运用城乡、社区“妇女之家”，大力宣传打造“吕梁山护工”的重大意义，宣传市委市政府开展这项工作的精神实质和核心内容，宣传市委市政府对培养护工工作的重视支持和对广大妇女的亲切关怀，大力激发广大妇女群众脱贫致富的信心决心。三是做强巾帼家政，引领输转就业。动员组织1800余名贫困妇女参加政府主导的“吕梁山护理护工”免费培训，实现了就业脱贫。开展各类护理护工培训35期2030人，帮助800余名贫困妇女脱贫；建立8个巾帼家政服务示范基地，累计安排就业2000余人次，人均月收入达到了3000元。

发展生产扶贫，着力提升造血功能。一是做实巧手产业，实现居家就业。举办培训40期5000余人次，培养了一批技艺精湛的专业人才和手艺娴熟的操作者。抓典型，建立妇女手工艺示范基地11个，实现了“一人创业带动一批人就业”的倍增效应。二是发展农村电商，助推网络脱贫。电商创业的准入门槛相对较低，是妇联助力脱贫攻坚、推动生产扶贫的重要途径。加大了电商人才的培育力度，各级妇联举办电商培训班9期，累计培训电商人才1200名，并选送25余名妇女电商带头人参加省市两级培训。按照市委要求，市妇联深入临县林家坪镇南圪垛村调研妇女发展工作，举办巾帼脱贫电商培训班——南圪垛专场，为期4天，40余名妇女参加。积极为妇女电商与专业合作社、农产品生产基地、农业产业化龙头企业之间的联系对接提供帮助，搭建农村电商创业交流平台，重点宣传农村电商创业政策和创业典型。

链接社会扶贫，汇聚扶贫力量。一是做好“两癌”救助工作，推动社会力量扶贫。各级妇联举办预防“两癌”健康知识培训班40期，5000余人参加培训班。举办“两癌”健康知识讲座30期，参加人数达到5000余人。发放宣传资料65000份，招贴画3000张。组织健康知识大篷车25次，参与人数达23286人。举办“两癌”知识大赛，参加人数80人。举办“两癌”主题活动8次，参加人数1900人。同时严格做好“两癌”救助工作。严格条件，严格审查，2017年网上申报“两癌”患病妇女300余人，救助“两癌”患病妇女82人，共计82万元。二是认真贯彻落实省政府六件民生实事之一《36个贫困县建档立卡农村妇女“两癌”免费检查》工作，并取得良好成效。吕梁市承担“两癌”免费检查项目实施任务的有岚县、兴县、临县、方山、中阳、石楼6个县。为了确保这项民生实事落实到位，及时制定出台《吕梁市贫困县建档立卡农村妇女“两癌”免费检查实施方案》，成立项目检查领导组和医疗技术指导组。充分发挥下乡扶贫队、第一书记、单位帮扶责任人的三支力量开展工作，项目四月份启动实施，截至10月30日，方山、中阳、临县三个县已全部完成检查任务数，完成率达100%；截至11月27日岚县任务完成率达100.1%。兴县、石楼完成任务数分别达到96.8%、95.0%。全市接受检查妇女68003人，任务完成率达99.5%。

关爱妇女、儿童，为他们点亮希望之灯。2017年2月23日接到省妇联权益部转来《10岁女孩写作文：把我卖了，换钱给妈妈治病吧！》一文后，市妇联第一时间和临县妇联、离石区妇联取得联系、核实情况。同时，通过微信公众号向全市妇女发出《汇聚爱心 情暖人间——帮助我们身边年轻的妈妈，拯救一个家》的倡议书，号召全市广大妇女伸出援助之手，献出一片爱心，一起挽救这位身患尿毒症的妈妈。"三八"节前夕，市妇联主席李晓娥、副主席高凤带着全市妇女的问候与祝福又专程来到了山西省人民医院肾内一科看望薛晓林，鼓励其增强战胜病魔的信心，重燃生活的希望，并送上慰问金3000元。

驻村精准扶贫，助力脱贫攻坚。一是深入下乡点——临县三交镇双塔村开展精准扶贫，因户施策，因人施策，联户帮扶，制定了个性化的帮扶计划。二是全额资助村内文化水平相对较高、年轻、有意愿从事电商经营的四位妇女赴浙江义乌进行电商学习。3月28日，为进一步提升双塔村妇女从事电子商务活动的实战能力，增强其创业就业能力，市妇联工作队又协调临县妇联在临县高级中学举办全市巾帼脱贫电商培训班—双塔村专场，培训为期4天。三是六一期间为双塔村的218名小朋友带去价值10090元的慰问品。四是争取单位支持，协调并由单位出资补足水利局从供水点到入户的资金缺口，让村民在家中吃上自来水。

【家庭文明建设】

弘扬家庭美德。吕梁市妇联积极启动开展2017年"寻找最美家庭"活动。依托城乡、社区"妇女之家"，发动群众积极参与自荐、互荐、评议、投票等，持续广泛开展寻找最美家庭活动。先后推荐评选出"吕梁市最美家庭"21户，8户家庭获评"三晋最美家庭"，2户家庭获评"全国最美家庭"。

培树良好家风。借助媒体宣传，扩大活动影响。为开展好2017年寻找最美家庭活动，市妇联充分利用吕梁妇联微信公众平台，上下联动，对上关注"寻找最美家庭"官方微博、山西省妇联官方微博，对下要求各县（市、区）开通微博、微信，积极关注相关微博、微信，并参与互动相关话题；进一步弘扬家庭美德，传播文明家风，传递社会正能量，扩大最美家庭社会影响力，2017年"三八"期间，市妇联精心设计，对2016年推荐上报的32户吕梁市"最美家庭"开展了网上点赞投票活动，通过为期一周的点赞活动，参与点赞投票人数达62515人，形成了学习最美、弘扬最美、传播最美的良好社会效应。在全市深入开展发现最美、争当最美、传承最美——"最美家庭"创建活动。为了激发带动更多的家庭培育良好家风，2017年4月组织开展了为"最美家庭"上门送奖专题活动，市妇联专程来到方山县圪洞镇、柳林县柳林镇看望慰问了三晋"最美家庭"代表刘兰则家庭和刘燕林家庭。上门为她们颁发了三晋"最美家庭"奖牌，并携手吕梁美年健康体检部为她们分别送去了价值500元的健康体检卡。

创建平安家庭。成立"平安家庭"创建活动领导组，制订下发《吕梁市"平安家庭"创建活动领导组各成员单位工作职责》《吕梁市"平安家庭"创建活动领导组工作制度》《2017年全市"平安家庭"创建工作实施方案》等相关文件，对2017年度吕梁市"平安家庭"创建工作的指导思想、目标任务、工作措施、工作要求、工作职责进行了明确。深化“建设平安吕梁 巾帼在行动”活动，大力开展“七五”普法宣传，不断提高妇女依法维护自身权益能力。2017年，市妇联将“平安家庭”的重点下移至基层，依托省市县三级第一书记，开展“送法到基层、到家庭、到妇女身边”活动，大力宣传《中华人民共和国婚姻法》、《中华人民共和国反家庭暴力法》等法律法规，教育引导家庭成员自觉守法、遇事找法、解决问题依法、维护权益靠法。在全市范围内开展了市级“平安家庭”及“平安家庭”创建活动先进单位评选，印发“平安家庭”宣传手册，联合政法委及公检法司等单位开展法律宣传，评选表彰市级“平安家庭”示范户50户，“平安家庭”创建活动先进单位13个。

开展家庭教育。命名了7个市级家庭教育指导中心，为广大家长和儿童提供家庭教育指导服务。举办2017年吕梁市家庭教育骨干培训班。来自全市13个县（市、区）的妇联主席、儿童工作部部长、家庭教育指导服务示范基地负责人心理咨询服务志愿者等300余人参加了两天的学习培训，为加快我市家庭教育指导服务机构发展，提升家庭教育指导队伍专业化水平奠定了基础，点燃了火种。开展“我爱我家·同悦书香”亲子阅读活动。向全市所有的家长、同学们发出倡议，倡议广大家长和孩子每天共同阅读半小时；倡议家长和孩子把亲子阅读作为家庭生活中的基本生活方式；倡议广大家长和孩子积极尝试丰富多样的亲子阅读方式。并为下乡点三交双塔小学带去有关历史、科学、家庭教育等方面的各类书籍1000余册，价值人民币1万余元，丰富他们的课余生活。组织了六一慰问活动，深入市直机关幼儿园、八一街幼儿园、长治路小学和朝阳小学进行了六一慰问活动，并为孩子们送去了慰问金共计8万元。

发挥组织引领。邀请全国、省、市一些知名专家做客吕梁女性文化学堂，为机关女干部、妇女群众做专题讲座，引导广大女性经营幸福家庭、实现精彩人生。制定下发《〈吕梁市妇女发展“十三五”规划〉目标责任分解书》和《〈吕梁市儿童发展“十三五”规划〉目标责任分解书》（吕妇儿工委字〔2017〕4号）为吕梁市妇女儿童事业实现新发展明确了目标。为村妇代会、妇女之家赠阅了《中国妇女报》《山西妇女报》《生活朝》等报刊，丰富妇女精神文化生活。

【维护妇女权益】

维权机制建设。吕梁市妇联抓住侵犯妇女权益、影响家庭稳定的重点问题，推动解决妇女和家庭最关心最直接最现实的利益问题。建立“市、县、乡（镇）、村（社区）”四级排查体系。对已发生或易发生家庭婚姻、邻里纠纷的家庭进行了为期一个月的集中排查，建立相应的动态管理台账，并做到矛盾原因登记在册，纠纷关系底清数明。坚持问题导向，边排查边化解。健全畅通婚姻家庭信访网络渠道，建立健全领导接待日制度、例会制度和情况通报制度、妇联专干担任法院特邀陪审员等各项制度，加强对所涉人员的思想政治工作，疏导各种社会矛盾和纠纷，努力把问题解决在基层，消灭于萌芽状态。

开展系列宣传。以“万家联动、送法到家、服务到家、行动到家”为工作重点，全方位，为广大妇女提供近在身边的维权服务，共发放宣传资料8万份，接待来信来访来电165件，结案率达95%。专门印发《关于做好反家暴法宣传工作的通知》，通过发放宣传资料、利用微信等新媒体传播、在城区主街道悬挂《中华人民共和国反家庭暴力法》宣传标语等方式增强妇女群众的法律意识。邀请法官、检察官、律师等志愿者组成《中华人民共和国反家庭暴力法》巡讲团，奔赴13个县（市区）的社区、乡村举办了20期《中华人民共和国反家庭暴力法》巡回讲座，推动《中华人民共和国反家庭暴力法》的贯彻实施。“6·26”期间举办禁毒宣传活动，组织观看禁毒警示片，3500多人在“不让毒品进我家，无毒万家兴”倡议书上签字。

做好排查化解工作。启动吕梁市婚姻家庭指导员培训工作。共培训婚姻家庭指导员70名，并督促建立“婚姻家庭调解”工作站53个，使广大市民一旦有婚姻家庭方面的问题时，可以就近得到专业的帮助。联合吕梁市舒悦心理咨询中心组建了妇联巾帼志愿者心理健康服务团，通过走访、心理疏导等超前预防措施，为妇女儿童和家庭提供心理健康服务，将纠纷隐患消除在萌芽状态。截至2017年12月，全市共排查出家庭情感、邻里纠纷140起，有效化解整治132起，整治率达到94.2%。

（市妇女联合会）

吕梁市科学技术协会

【科普宣传】

2017年，吕梁市市县科协组织在市县电视台开办《科普大篷车》《科普大篷车（农村版）》和《沃土》三个科普类电视栏目；编印《吕梁科普》杂志4期；在交城、孝义、文水、岚县开展中国科协流动科技馆巡展活动；利用市县科普大篷车在临县、方山、交口等县开展科普大篷车“进校园”“进社区”活动，有11所中小学1万余名师生参与；邀请营养专家刘立教授为临县120余名党员干部作了“科学生活方式，健康必由之路”专题讲座。邀请中华预防医学会副会长孔灵芝作客岚州大讲坛，为岚县干部职工作了《饮食与健康、亚健康与慢性病防控》的专题讲座；发挥新媒体优势，交城县科协开辟“掌中交城”APP教育科技·健康养生在线，孝义市科协利用“孝义一号”直播平台，开设“流动科技馆巡展项目直播平台”，离石区科协开办微信公众号，临县科协在临县湫河之声APP广播栏目开辟科普临县专栏。

【第十六届吕梁市科普月】

2017年9月8日，吕梁市市直和离石区40多个成员单位170多名技术人员在世纪广场开展现场咨询和科普宣传。各县市区开展各具特色的主题科普活动。方山县围绕“创新驱动发展，科学破除愚昧”主题在开展科普宣传活动；汾阳市举办了科技创新成果展示活动；交城县开展了中小微企业人才素质提升星火工程—职业技能培训；孝义市开展了科普大篷车进农村、进社区、进学校、进企业活动。科普月期间，全市共举办技术咨询、科技培训、医疗义诊和学术报告100余场（期），累计展出各类展板1500余块，发放宣传资料3万余份，解决工农业生产生活中技术难题100余项，参与群众达3万余人次，在全社会广泛营造了浓厚的科普氛围。2017年，市县科协围绕“三下乡”、科技周、食品安全周、防灾减灾日和宪法日等主题活动，广泛开展了科普宣传。

【科技教育】

2017年，吕梁市组织选手参加第三十二届山西省青少年科技创新大赛和第十七届山西省青少年机器人竞赛，1名科技辅导教师获得二等奖，8组选手获得竞赛奖；组织临县、岚县、兴县33名师生赴南开大学参加为期一周的全国青少年高校科学营山西分营活动；推荐19名科技骨干教师参加山西省青少年教育活动骨干教师培训；选派19名教师参加山西省科学调查体验活动科技教师培训，并有19所学校被评为山西省科学调查体验活动推广示范学校；组织临县、岚县科技教师100余人参加中国科协青少年科技辅导员协会在太原举办的2017年吕梁科技辅导员培训班；邀请刘立、李良两位教授在临县、岚县、方山、离石和孝义举办了10场科普报告会，6000余名中小学生聆听了报告；邀请中科院文联主席郭曰方为吕梁学院400余名师生作了题为《科技与人生》的专题讲座。

【科技助力经济转型发展】

2017年，吕梁市交城县新天源药业有限公司挂牌成立了院士工作站，岚县康农薯业有限公司、临县食用菌生产基地挂牌成立了专家服务站。离石区举办科技助力"美丽乡村建设"研讨会，临县举办"2017县域经济转型科技扶贫发展研讨会"和"临县红枣产业科技扶贫发展研讨会"，岚县举办马铃薯产业发展研讨会。临县、汾阳、孝义开展农业领域"五小"竞赛活动，市科协推荐上报省成果13项，其中获得专利2项，获一等奖1项，二等奖3项，优秀奖2项。受记功表彰一等功1名，二等功3名。市科学推荐上报了吕梁市农委土肥站站长牛建中、汾阳医院党委书记郭任维获山西省第九届优秀科技工作者表彰。市科协联合市科技局开展首个"全国科技工作者日"系列活动，命名表彰11名优秀科技工作者、21名先进科技工作者，邀请全市部分优秀科技工作者代表召开了座谈会。

【市领导关心科技工作者】

2017年，市人大常委会副主任孙晋军、市政协副主席薛爱平代表市委市政府分别慰问了市人民医院院长、骨科学博士、全国优秀科技工作者乔晓红，大土河焦化有限公司总工程师陈恩清，市水利局水资源研究所所长、高级工程师、省十佳优秀科技工作者卫三平，中阳钢铁有限公司工程师、市十佳优秀科技工作者杜海云共4名科技工作者，带去了党和政府的关怀和问候。

【科技助力精准扶贫】

2017年，市、县两级科协组织动员27个学会、协会，277名科技工作者，参与科技助力精准扶贫工作，支持巩固建设农技协27个，支持发展"一村一品"科技特色产业项目21个，引进推广试验新技术、新品种项目29个，助力建档立卡贫困户13238户、贫困人口37294人，开展专题讲座、技术培训等服务活动165场次，受益人数达55180人次，开展健康扶贫义诊1674人次。2017年4月，省科协与吕梁市政府签订战略合作协议，在全市实施科普中国·乡村e站吕梁全覆盖工程，建成e站306个。其中乡村e站293个、校园e站13个（每县1个），科普中国e站建设取得重大突破。2017年，全市基层科普行动计划共获得专项奖补资金395万元，其中农技协1个、科普示范基地2个、科普带头人2个获得山西省"科普惠农兴村计划"奖励表彰，1个优秀科普示范社区获山西省"科普益民计划"奖励表彰，在省农科院经济作物研究所（汾阳市）、吕梁市军民融合协同创新研究院、中阳钢铁有限公司分别挂牌成立学会服务站3处。2017年，市科协认真贯彻市委决策部署共有7名同志参与扶贫工作（新选派1名干部担任第一书记、3名干部驻村帮扶、3名干部挂职乡镇开展扶贫），市科协直接为帮扶村投资18万元，免费发放优质土豆种子0.75万公斤、优质谷子种子300斤，建成了小杂粮加工厂、核桃脱皮加工厂，组织开展了2次核桃技术培训及实地修剪培训，共培训村民150人次；成立了核桃专业技术协会。2017年定点帮扶的中阳县郝家圪塔贫困村实现整村脱贫。

（市科学技术协会）

吕梁市文学艺术联合会

【"两提一创"大讨论活动】

2017年，市文联为贯彻落实省委、市委宣传部关于开展"提高标准、提升能力、争创一流"大讨论活动精神，结合单位实际，制定具体的实施方案和详细的工作安排计划，召开动员会，安排部署大讨论活动。

2月28日，"提高标准、

提升能力、争创一流”大讨论活动开始，市文联对标“更好服务文艺工作者，推动文艺工作再上新台阶”总体目标，规定动作不走样，自选动作有特色，学习讨论重实效，干部群众得实惠。大讨论活动2月下旬启动，分学习讨论、提高认识阶段；对表对标、寻找差距阶段；制定措施、提高改进阶段三个阶段进行。

把握重点，确保学有所得。以“为文艺工作者服好务”为出发点和落脚点，把习近平总书记的系列重要讲话精神，特别是在文艺工作座谈会上的讲话和在全国第十次文代会、第九次作代会开幕式上的重要讲话以及中央省市重要会议和文件精神学透、悟透、吃透。为全市文艺事业大繁荣大发展奠定坚实的思想理论基础。在具体工作中，市文联注重以开拓创新精神引导广大文艺工作者发现问题、研究问题、解决问题。在文艺工作中先行一步，引领发展，以满足人民群众精神文化需求为最大追求，开展“文艺下乡”等文化惠民系列活动，集中学习，开展专题讨论，并报送简报。

坚持开门搞活动，充电促发展。邀请市直有关文艺家协会会员为文联机关工作人员举办书法、绘画、摄影等基本技能专题辅导、培训、现场进行交流，让学习讨论见人见事见思想。5月4日—6日，组织人员到延安市文联学习考察，对标对表、寻找差距。5月10日—14日，市作协组织青年作家到孝义市集中改稿，举办创作与培训座谈会，聚焦35岁以下青年作家，旨在培养、发现和激发他们的创作潜能，更好地出精品出成果。市美协、书协、摄协、音协等协会也积极开展了以农村题材文艺作品为主题的创作采风活动。

学用结合，自选动作有特色。在确保规定动作不走样的前提下，创新具有吕梁文联特色的自选动作。注重发挥抓总牵头的优势，切实履行“联络协调服务”职能，组织各文艺家协会开展健康有益的活动。

【农村现实题材文艺作品采风创作】

为落实市委宣传部关于开展农村现实题材文艺作品采风创作展演展示活动的相关要求，确保创作出一批紧扣主题,突出特色，既有思想性又有艺术性的文艺作品。市文联于2017年3月8日召集各艺术协会负责人，围绕农村现实题材文艺创作活动中活动主题、创作题材、采风安排、创作重点、方式方法等进行了专题讨论，形成了具体活动方案。聚焦农村脱贫攻坚、移风易俗和新农村建设3个重点，围绕农村经济建设、政治建设、文化建设、社会建设和生态文明建设等5个重大主题，创作不同类别的文艺作品。根据艺术特点,分批组织采风，其中摄影家协会、美术家协会各组织30名重点作者独立采风；作协、剧协、曲艺、秧歌、楹联学会、民间文艺等6个协会各组织10名重点作者综合采风。组织专人在确定选题、开展采风、集中创作各环节加强研讨、辅导，随时发现随时解决创作中的困难与问题，在时间与质量上,保证作品完成。通过系列活动，用一展、一刊、一栏、一集、一版“五个一”的成果，完成市委宣传部安排的工作任务，即：办好摄影、美术、书法综合展览；编好《吕梁文学》专栏、《吕梁风》专刊；印好剪纸作品集；出好《吕梁日报》专版。

【青年作家改稿会】

2017年5月10日至14日，市作协在孝义市组织举办青年作家改稿会，集中全市35岁以下15名重点作家，采取讲座与针对作品的主题辅导，旨在发现、扶持吕梁青年作家，激发他们的创作潜能，更好地出精品、出作品。此次活动邀请吕梁人民作家李三处、刘维颖，山西省赵树理文学奖获得者韩思中、康序、白占全、马明高、李心丽以及实力派作家常悍江、张金厚进行一对二辅导，特邀楹联学会会长李永民作了专题讲座。

【市书法协会工作】

2017年，市书协发挥优势，强化联络，改进服务，组织系列展览、讲座活动。继续开展“书法进万家”活动，先后组织会员到孝义鹏飞集团、嘉润国际、机关下乡扶贫点等书写春联，各县市书协都组织书法爱好者书写春联。2017年1月，组织全市200多人，书写春联3万余副。举办柳林三交笔会、美特好慈善、岚县饮马池、大地书协成立二周年等书法笔会，真正做到书法进万家。组织“中国梦、劳动美”维护核心，见诸行动全市职工书法作品展。由市总工会牵头、市书协承办，各级工会组织参与，这次活动征集370人的书法作品435件，共选出作品260件，于7月26日在离石市民广场展出，并出版《维护核心、见诸行动全市职工书法作品集》1000册。

【市作家协会的工作】

2017年，市作家协会承办青年作家改稿会。与吕梁市关爱青少年志愿者联合会下文，举办第二届大中小学生“追求真善美，圆梦你我他” 征文大赛。2月韩思中、李够梅、高迎新、张金厚、李迎兵五位人，赴孝义市参加孝义市作家协会、孝义市心理卫生协会共同组织的文学活动。各自介绍报刊选稿情况，并做了文学讲座。韩思中、张金厚赴交口县，为该县文学爱好者30余人，作了小说、散文文学讲座。4月推荐刘维颖、常捍江、李心丽参加由省作协组织的“重点作品扶持项目”。其中，李心丽、常捍江获得通过。5月，推荐王春雷、马鸿兵等7人参加省作协、山西文学院和鲁院联合举办的读书班，为期两周。组织21名作家，赴石楼县参加该县“槐花节”活动。其间，同石楼文学作者召开别开生面的文学座谈会。由韩思中、常捍江、李够梅、李心丽、张立新分别作了文学讲座。6月，由吕梁市委组织部、市直工委主办，市作协、市楹联学会承办的“不忘初心、继续前进”，关于纪念党96周年诗（词）、联、文有奖征文评奖活动。

【市美术家协会的工作】

2017年元旦期间，文联、文化局主办，吕梁美协承办，“吕梁油画家系列—迎春作品展”在市文化长廊展出，展出作品13幅。黄土·村落·窑洞—秦宝成油画作品展在吕梁山美术馆展出，展出作品52幅。春节期间承办百花迎春花鸟画美术作品展，在吕梁市群众艺术馆展厅展出，展出作品80余幅。

7月17日至27日，“国际版画·2017吕梁邀请展”在吕梁山美术馆开展。展览宗旨是：传承晋绥版画的民族斗志，借鉴国际版画的艺术精髓，推进吕梁版画的现代影响力。 展出分为3个单元，国际版画151幅，晋绥版画30幅，吕梁版画35幅。这次展出活动是吕梁有史以来规模最大、质量最高、影响最深的一次艺术展览活动。 8月，吕梁市文联、吕梁市美术家协会带着十几位书画名家走进吕梁消防支队警营，现场挥毫泼墨，共叙军民鱼水情，用一幅幅精美的书画作品，向建军90周年献礼，向吕梁消防官兵致敬并送上节日的祝贺！ 9月30日，由吕梁市文联，吕梁市文化局主办，吕梁市美协承办，金秋十月——王爱荣花鸟画系列展在市文化长廊展出。系列作品为；国色天香沁园春、夏日莲池醉芙蓉、姹紫嫣红香四溢、陶之韵味花自幽。12月1日，向故乡厚土致敬——秦宝成油画展在市文化长廊展出。

【市伞头秧歌协会工作】

2017年，吕梁市伞头秧歌协会成立。2017年年初，承办市委宣传部、市文化局交给的春节文化活动，伞头秧歌晚会。国庆节期间，主办喜迎接十九大、唱响主旋律、共圆中国梦，吕梁首届“青年杯”伞头秧歌擂台赛。

【市民间文艺家协会工作】

2017年，市民间文艺家协会组织省级、市级传统工艺美术大师评选命名工作。在省级的初评中，吕梁市有孝义、临县、岚县、石楼、汾阳、交城6县市的11名剪纸、雕塑、刺绣艺术者，入围省级大师的复评，共评选出省级工艺美术大师8名，选出市级工艺美术大师20名。

【市戏剧家协会工作】

2017年，市戏剧家协会承办“纪念中国人民解放军建军90周年、迎接党的十九大胜利召开暨吕梁市第八届戏剧剧本、小戏小品、曲艺、歌词征文”活动，共征回大型剧本3部、小戏小品18部、曲艺12部、歌词5部。完成吕梁市“小康路上一个都不能少”脱贫攻坚专题精品文艺调演相关的创作文本准备工作。共组织创作小戏小品、曲艺、歌词38件作品，选出13件作品进行专场组台演出。

（市文联）

吕梁市新闻工作者协会

【办好三份刊物】

记协创办的《新闻内参》《吕梁记者》《吕梁摄影》三份刊物分别从政治理论、业务素质、个人修养等各个方面成为新闻队伍提高学习的主阵地，也成为全市文化新闻事业的亮点。2017年记协以服务全市新闻战线为目标，继续下大力气、精益求精，办好这三份刊物，构筑新闻队伍培训阵地，为全市新闻工作者服务。《新闻内参》出刊12期，《吕梁记者》《吕梁摄影》各出刊3期。

【评优评奖】

为了进一步鼓励吕梁市新闻界培养“政治强、业务精、纪律严、作风正”的新闻队伍，市记协坚持每年一次的评优评奖工作。为加强“吕梁新闻奖”的公正性和权威性，记协在2017年进一步规范评奖流程，召集评委先后进行两次初评和一次终评，制定新的评选实施意见，共评选出了64件获奖作品，其中一等奖8件、二等奖22件、三等奖34件，评选出2016—2017年度“吕梁市十佳新闻工作者”。

【庆祝第十八个记者节活动】

2017年11月8日是中国的第18个记者节。11月6日，市记协举办全市新闻界庆祝第十八个记者节表彰大会，对“吕梁新闻奖”和“吕梁市十佳新闻工作者”进行表彰。吕梁市委副书记、市委宣传部部长张广勇出席会议，向全市新闻战线的同志们致以节日祝福和衷心问候，并向新闻战线提出新的要求。

【编印《吕梁，一个令人向往的地方》宣传册】

2017年，市记协按照市委书记李正印的要求，承担设计编排介绍吕梁的综合性宣传册《吕梁，一个令人向往的地方》任务。该项工作从4月开始筹备，7月底印刷完成，宣传册在大数据产业发展推介会、文博会等重大活动中赠阅，成为吕梁外宣工作的一项亮点工作。

【对外交流工作】

扩大对外交流是记协的一项重要工作。2017年8月2日，河南省焦作市记协主席杨法育来吕梁开展业务交流。8月8日，选送吕梁新闻界代表参加了全省“好记者讲好故事”活动。11月28日，省记协秘书处处长武献民一行到吕梁开展调研活动，与市直新闻单位进行了座谈。

（市新闻工作者协会）

吕梁市残疾人联合会

【残疾预防重点干预】

2017年，全市完成残疾儿童筛查诊断407名（任务数340名），完成率119.71%，全省排名第五；为疑似残疾人提供残疾评定服务8943名（任务数3300名），是任务数的2.7倍。

【残疾儿童抢救性康复项目】

2017年，残疾儿童抢救性康复完成1003名（任务数736名），完成率136.28%，全省排名第一。所包括的8个小项目进展情况分别如下：

0-17 岁聋儿人工耳蜗。分配指标 16 名，完成 16 名，完成率 100%。

0-6 岁聋儿助听器适配。分配指标 17 名，完成验配 17 名，完成率 100%。

0-6 岁聋儿机构康复训练。分配指标 57 名，已安置 53 名聋儿在定点机构进行康复训练，完成率 92.98%。

0-6 岁肢体残疾儿童康复训练。分配指标 135 名，已安置 226 名肢体残疾儿童在定点机构接受系统性康复训练，完成率 167.41%。

0-6 岁智障及孤独症儿童康复训练。分配指标 166 名，已安置 262 名智障及孤独症儿童在定点机构康复训练，完成率 157.83%。

0-17 岁肢体残疾儿童矫治手术。分配指标 20 名（手术 20 名 + 术后训练 20 名 + 矫形器装配 20 名），完成 12 名，完成率 60%。

0-6 岁残疾儿童基本辅助器具配发。分配指标 150 名，已配发 238 名，完成率 158.67%。

0-6 岁肢体残疾儿童矫形器装配。分配指标 135 名，完成适配 155 名，完成率 114.81%。

【民生实事保障】

2017 年围绕民生实事市本级投入 150 余万元，分别用于 0-6 岁儿童残疾筛查、贫困脑瘫儿童康复训练、残疾人基本辅具适配、康复资料及宣传品采购等。同时各县市区残联也筹集经费用于政府民生实事。

全面推进康复工作基础建设。做好基层社区康复协调员培训工作。开展精准康复服务行动工作，成立精准康复服务小组 1200 个，依托社区康复协调员，认真开展残疾人康复需求的日常调查登记以及《残疾人精准康复服务手册》发放、康复评估以及转介工作。加大康复人才培养力度。全年吕梁市选派孤独症专业技术人员 2 名，参加国家级培训；孝义市选派 5 名康复人员和产前筛查技术人员参加全国残疾预防试点县工作培训；选派听力专业技术人员 4 名，参加省聋儿康复教育中心组织的为期 10 天的听力语言骨干老师培训；市县两级分别选派 31 名康复管理干部参加省残联康复部组织的全省康复工作暨精准康复服务管理人员培训；选派吕梁市儿童残疾筛查项目诊断医院专业技术人员以及管理人员 28 名，参加省残联组织的全省残疾预防重点干预和残疾筛查专业技术人员培训；参加省残联组织的各类专业技术人员培训 40 名；选派 20 名专业技术人员，参加省康复研究中心组织的为期 10 天的康复专业学习；市残联组织儿童残疾筛查安排部署会暨项目管理人员和技术人员培训 7 个项目承担县市区共 76 人；市残联组织十三县精准康复服务培训 80 人。推进康复机构的规范化建设。2017 年市残联加强定点康复机构规范化建设。4 月 25 日，市残联理事长李春印带领市残联康复科人员，分别对吕梁市所属 12 所定点康复机构进行突击检查和暗访、回访，督促检查康复定点机构规范化管理，专业化训练情况。加强省政府民生实事对外宣传工作，提高社会知晓度。在全国“助残日”“爱耳日”“残疾预防日” 期间，市残联发放宣传活页资料 1 万余份，宣传品 8000 余件，同时在市区主要街道利用 LED 进行滚动播出宣传，收到了很好的宣传效果。

【残疾人精准康复服务】

截至 2017 年 12 月 20 日全市残疾人精准康复服务完成

32025 人，康复服务率 81.37%，全省排名第二。根据省残联安排，市残联多次召集卫计、教育、民政等部门共同研究，2017 年 4 月 17 日，市残联牵头联合市卫计委、市教育局、市民政局等 7 部门联合印发《吕梁市残疾人精准康复服务行动实施方案（2016-2020 年）》。采取发文通报、会议督导、对进度缓慢的县约谈等多种方式全力推进。

开展送辅具上门服务活动，着力推进基本辅具适配服务。在柳林、石楼、离石、兴县，采取上门服务、集中发放的形式，共发放低视力辅具1280件。3月，市残联将中央转移支付2016-2017年一般公共预算基本辅助器具服务项目，采购回2030件辅助器具分配到交城县、文水县、交口县、方山县、岚县5个县；7月将采购的3997件辅助器具分配到临县、兴县、岚县、石楼、柳林、中阳6县进行适配；10月采购4959件辅助器具分配到离石、汾阳、孝义、交城、文水、方山、交口7个县市区进行适配。全年装配大腿假肢127例、小腿假肢130例、上肢假肢35例、成人假肢25人、46例，总计338例。

【重度残疾人护理补贴发放】

配套资金落实情况。市级配套资金分两批下拨，第一批于2016年12月27日下拨资金147万元，第二批于2017年5月17日下拨资金55.12万元，两批共计202.12万元。县级配套资金均已落实。护理补贴发放情况。2017年吕梁市重度残疾人护理补贴核准人数为32568人，采取“分级负责、分级落实、分批发放”的原则发放，截至2017年年底，全市2017年度共发放重度残疾人护理补贴28884人，发放总额1706.45万元。

【“一店三基地”建设】

规范申报。2017年，市残联严格项目申报程序，数次下文要求县市区严格按照省残联、省财政厅《关于印发〈山西省残疾人实训基地 残疾人就业创业基地 农村残疾人扶贫基地及盲人按摩示范店建设实施方案〉的通知》（晋残联〔2015〕102号）的要求，规范申报。实地调查。市残联组成由调研员刘玉印任组长的调查组，在申报比较集中的平川4县市、离石区、中阳县、临县、岚县进行了实地调查。调查组采取见残疾人、见残疾人证、见劳动合同、见工资表等方式，对每个基地、盲人按摩店进行填表核实登记。对照标准，确定申报对象。4月7日，理事长办公会议，对照标准，重新筛选，确定申报对象。确定2017年度山西省农村残疾人扶贫基地5个：汾阳市汾农种植专业合作社、山西山宝食用菌生物有限公司、吕梁市蔡家崖农牧科技有限公司（离石区红眼川乡）、文水县永祥种植专业合作社、中阳县厚通科技养殖有限公司；残疾人就业创业基地2个：山西天宁漆油有限公司（交城县）、岚县怀亮豆芽加工坊；山西省盲人按摩示范店8个：汾阳市星峰按摩店、临县富康盲人医疗按摩所一、临县李强盲人按摩院、临县颐心堂健康理疗中心、文水县新华路舒怡养生理疗二部、岚县海龙按摩中心、吕梁市离石区爱康盲人按摩馆、吕梁市离石区建忠盲人按摩店。下拨补助经费。4月14日，《吕梁市财政局关于下达2017年残疾人“一店三基地”省级补助资金的通知》（吕财社〔2017〕35号）文件，下拨相关项目县经费87.5万元。

【农村基层党组织助残扶贫工程】

根据省委组织部和省残联《“农村基层党组织助残扶贫工程”实施方案》与市残联和市委组织部《关于认真实施好“农村基层党组织助残扶贫工程”的通知》文件精神，各县市区残联在认真调查的基础上确定帮扶对象，落实帮扶措施，制订帮扶协议，开展帮扶工作。2017年吕梁市任务指标480户、实际完成498户。根据省残联党组、理事会安排，2017年重点在临县打造“农村基层党组织助残扶贫工程”样板。临县是全省10个深度贫困县之一，农村建档立卡贫困残疾人数量8083，全省第一。助残扶贫工程项目集中在临县林家坪乡、安业乡实施，在省级项目指标80户下达的情况下，为了全覆盖林家坪乡南圪垛村建档立卡贫困残疾人，市残联为该县追加了18户，由市级财政补贴专项帮扶资金9万元，该县总共实施了98户。其中食用菌种植项目扶持40户贫困残疾人：为每户残疾人购买菌棒1086棒，投入本村食用菌种植专业合作社，参与分红；绒山羊养殖项目扶持58户贫困残疾人：为每户发放辽宁绒山羊6只，1公5母，全部实施完毕。市残联争取市级配套资金，市本级配套资金由1000元/户提高到3000元/户，项目资金由原来3000元/户增加到5000元/每户，确保扶持户在2至3年内稳定脱贫。

【农村贫困残疾人实用技术培训】

2017年吕梁市农村残疾人实用技术培训任务为1241人（其中省级任务400人，中央841人），在中央、省、市、县级配套资金落实的情况下，各县市区残联开展培训工作。全市除文水县外12个县市区完成培训任务1248人。

【城镇残疾人职业技能培训】

2017年3月，市残联组织残疾人在太原希望职校开展残疾人职业技能培训班1期，培训残疾人94名；11月组织第2期培训，培训残疾人34名。培训内容包括手机维修、糕点制作、电脑初级办公和计算机平面设计4个专业。

【阳光家园计划实施】

2017年，市残联制定出台《吕梁市"阳光家园计划"—智力、精神和重度残疾人政府购买托养服务实施方案》，明确要求将项目专项资金补助到具备服务能力的机构中。结合吕梁市实际，各县市区残联深入残疾人家庭进行调查研究，确定符合当地残疾人需求的服务内容。孝义市委托梧桐镇卫生院、胜溪湖街道卫生院开展服务，两个卫生院对辖区内的61户残疾人家庭开展上门体检、心理辅导、药品及日用品代购等多项服务。由于吕梁市托养服务机构数量少，县市区在开展此项工作中，在服务项目的选取，各项服务收费标准的确定、托养项目资金的监管等方面还存在一些问题，影响了2017年项目工作的完成。未完成任务的县市区残联已经确定好2017年度"阳光家园计划"受助残疾人对象名单，选定有资质的托养服务机构，开展服务工作。

【残疾人教育】

适龄残疾儿童少年义务教育招生入学统计工作。2017年，市县两级残联配合教育部门对6-14周岁的残疾儿童少年义务教育招生入学情况进行摸底调查统计。市残联发放调查表，各县（市、区）残联积极行动，走村串户，对居住在山庄窝铺、残疾程度重、未办理残疾证的适龄残疾儿童少年作为重点调查对象。共入户调查500多户，全市共有在校残疾学生1539人，其中2017年招生入学221人；1021名适龄残疾儿童少年未入学，其中视力残疾34人、听力残疾64人、智力残疾257人、肢体残疾457人、言语残疾110人、精神残疾42人、多重残疾57人，此次调查统计工作，准确掌握了吕梁市残疾儿童少年接受教育情况，为有关部门制定残疾儿童少年教育规划提供理论依据，以便提高吕梁市残疾儿童少年入学率。

扶残助学工作。通过残疾人事业专项彩票公益金助学项目（学前教育）资助56名3—8周岁残疾儿童少年每人3000元，共16.8万元；争取"省彩票公益金资助贫困残疾人家庭子女大学生"项目26名，每人救助3000元。各县（市、区）残联也积极开展爱心助学活动，使每一个残疾贫困学生不因家庭贫困而失学。

【省残联基层工作服务平台录入】

2017年9月25日—27日，山西省残联举办了基层工作服务平台暨全省残联教就业务管理数据库培训班。按照信息数据库的填报要求，市残联加强与省残联信息数据库管理员、各县市区残联业务录入人员的沟通和协作，对重度残疾人护理补贴、农村基层党组织助残扶贫工程、残疾人实训基地、残疾人就业创业基地、农村残疾人扶贫基地及盲人按摩示范店暨“一店三基地”创建以及残疾人教育等等教就科业务指标提出更加具体、细致的填报、上传要求，并对县市区残联上报的数据进行逐项审核，确保教就科业务数据真实、准确、完整。

【第二十七次“全国助残日”活动】

2017年，市政府残工委以吕残工委字〔2017〕3号文件下发了关于组织开展第二十七次“全国助残日”活动的通知，市残工委副主任、理事长李春印就离石城区开展第二十七次“全国助残日”活动进行了安排部署。

5月18日，市委常委、市政府副市长张敬平与市教育局、市残联负责人到市聋哑职业学校，走访慰问贫困残疾儿童、特教老师和贫困学生，送上2万元慰问金，并现场进行办公。

5月21日，吕梁市残联会同区残联以及市聋哑职业学校、市残疾人职业技能学校、离石区残疾人康复中心、离石区田家会康复中心、市春雷按摩专科医院、吕梁康明眼科医院等十余家部门和康复机构，在离石世纪广场设点开展了残疾人康复宣传、咨询大型活动，为各类残疾人发放《残疾人康复知识手册》《残疾人法律援助宣传手册》以及印制第二十七次“全国助残日”标志的环保购物袋、围裙等宣传品。市聋哑职业学校盲生军乐队在世纪广场进行了器乐演奏展演；听力残疾学生进行舞蹈表演，手工艺作品、书法、刺绣、烘焙等现场展示，并为过往的行人进行了义务理发。市残疾人职业技能学校听力残疾学生进行了舞蹈表演，并进行了手工艺作品、绘画等展示，盲人歌手贾江江在现场演唱歌曲、说书，将现场气氛推向高潮。吕梁康明眼科医院在世纪广场为残疾人进行义诊。市残联及相关部门向广大群众宣传有关残疾人的法律、法规、劳动就业、维权、康复等方面知识，接受残疾人咨询，并为残疾人及过往群众义诊300余人（次），为2000余人（次）提供咨询服务，发放宣传袋、围裙、宣传资料共计5000余件（套）。各县市区政府领导也带领残工委成员单位对福利企业、特校、贫困残疾人走访慰问，并给他们带去慰问品和慰问金。

5月24日，吕梁市残联理事长李春印来到离石区田家会社区残疾人康复服务中心，看望慰问正在康复训练的孤独症、脑瘫残疾儿童，并代表市委、市政府给康复机构送上2万元慰问金。

【“山西最美残疾人”评选活动】

2017年，根据省残联《关于推荐〈山西最美残疾人〉人选的通知》，市残联理事会高度重视，积极组织，全市共推荐12名各类别最美残疾人候选人参加了全省最美残疾人的评选，最后离石区残联副理事长高民、中阳县残联康复诊所主治医师陈海明被评为“山西最美残疾人”。

【山西省第九届残疾人艺术会演】

2017年，吕梁市推荐5个舞蹈、器乐参加汇演。《杨柳树下的亲圪蛋》荣获省第九届残疾人艺术会演表演奖舞蹈类三等奖，《桃花红杏花白》荣获省第九届残疾人艺术会演表演奖舞蹈类三等奖，《板蓝花儿开》荣获省第九届残疾人艺术会演舞蹈类优秀奖，《江湖途》荣获省第九届残疾人艺术会演器乐类优秀奖，《我的家在娜鲁湾》荣获省第九届残疾人艺术会演器乐类优秀奖。

【参加全省第五届特奥运动会】

2017年，吕梁市34名特奥运动员参加全国第五届特奥运动会田径、滚球、轮滑、篮球和足球5个项目的比赛，通过激烈的角逐，单项比赛以35金、34银、

9铜、11个纪念奖和团体项目男子足球、女子篮球团体均为第二名的优异成绩；11名运动员和6名教练员分别获个人体育道德风尚奖，吕梁市代表队获体育道德风尚奖。

【参加全国单项比赛】

2017年，吕梁市选拔优秀运动员参加全国单项比赛取得优异成绩。在2017年全国盲人柔道锦标赛中，吕梁市运动员马金鑫获得男子66公斤级第一名，贺妙琪获得男子90公斤级第三名；在2017年全国残疾人象棋、围棋锦标赛中，市聋哑学校运动员赵小艺获得围棋男子听力组第五名、高旋佳获得围棋男子听力组第六名。选送3名运动员参加在甘肃兰州举办的残疾人雪上项目训练营。

【组联工作】

重视残疾人工作者队伍的素质建设。为建立一批强大的残联工作者队伍，全面提高残联系统干部综合素质和专业化水平，市残联在2017年3月7日以会代训，对全市13个县（市、区）残联理事长、副理事长进行业务培训，培训80余人次，并按省残联的要求参加省残联各部室的业务培训。

做好阳光书包需求统计工作。根据省残联文件要求，吕梁市共上报29名盲童学生，并及时上报省残联。

推进残疾人证核发工作。残疾人证是残疾人享受国家和地方政府优惠政策的重要凭证，关系到残疾人的切身利益。截至12月20日，共为8943名残疾人办理了第二代残疾人证。

开展全国残疾人基本服务状况和需求信息数据动态更新工作，并于6月25日对县级残疾人师资进行为期两天的培训。

【维权工作】

贫困残疾人家庭无障碍改造工作。2017年全市共计实施471户（中残联两次分配项目286户，其中3个深度贫困县120户；吕梁市自筹资金为6个国定贫困县安排改造任务185户）贫困残疾人家庭无障碍改造，是改造任务最多的一年。除石楼、兴县由于任务下达迟未全面完成外，其余县市区全部完成。

残疾人机动轮椅车燃油补贴。2017年残疾人机动轮椅车燃油补贴工作，全市12个县市区（方山没有）符合条件的281辆机动轮椅车的燃油补贴全部发放到位。

残疾人信访工作。从市、县两级残联“一把手”做起，明确信访维稳责任，强化信访维稳意识。抓好信访窗口工作，以认真和蔼的工作态度，以高度负责的精神，做好信访接待工作；对上级批转的信访案件敢于上手，不推、不拖、不等、不靠，严格依法依规处理。截至12月20日全市共接待残疾人来信来访75件、81人次。2017年1月19日接到中残联批转的文水县残疾人孔繁强家的果园因村民焚烧秸秆受损的信访案件，市残联立即责成专人负责办理此事，并积极督促文水县残联会同当地有关政府部门详细调查核实，最终在残联和当地政府有关部门的积极协调下，妥善解决了此上访事件。

（市残疾人联合会）

吕梁市红十字会

【宣传工作】

2017年，红十字会通过各种形式加大宣传力度。在“5·8”世界红十字日、“5·12”防灾减灾日、“6·14”无偿献血日、“12·1”预防艾滋病日，制作宣传展板11块、散发各类宣传资料2万余份，传播红十字运动知识等。向中国红十字会报刊社、中国红十字会网站、省红十字会报送吕梁市红十字会活动的信息。通过《吕梁日报》宣传红十字应急救护培训工作，从而宣传红十字精神。通过市红十字会网站及时将“博爱一日捐”的捐款单位和捐款金额进行公示，提高红十字会捐款的透明度。通过志愿服务活动宣传“人道、博爱、奉献”的红十字精神，普及应急救护知识等。

【开展“博爱一日捐”活动】

“博爱一日捐”是由政府倡导，委托红十字会组织的募捐活动，旨在动员社会各界弘扬人道、博爱、奉献精神，致力于改善陷入困境中的人们的境况，解决部分因病返贫、因病致贫及上不起学困难人群的生活问题，以及救助受洪涝等自然灾害影响的灾民及困难家庭。2017 年吕梁市红十字会采取联合下文、上门劝募等多种方式动员社会各界捐款献爱心，截至 12 月 20 日，“博爱一日捐”募捐活动在市、县两级累计募集捐款 572640 元，市直有 23 个单位捐款共 116954 元。

【做好“三救”工作】

配合做好救灾工作预案。作为市政府应急管理体系的成员单位，2017 年，吕梁市红十字会认真参与市民政局《关于征求〈吕梁市自然灾害救助应急预案（征求意见稿）〉意见的通知》。柳林县部分乡镇遭受特大洪涝灾害，吕梁市红十字会及时向省红十字会总会上报了灾情。

开展人道救助活动。吕梁市贫困人口较多，每年都有因灾致贫、因病致贫的困难群众需要救助。2017 年拿出“博爱一日捐”总额的 70% 进行救助。救助范围为：参与“博爱一日捐”单位的贫困职工、直系亲属住院自费 2 万元以上者；在市红十字会求助的生活困难、贫困大学生、大病患者。开展“小天使救助行动”，为 11 名白血病患儿向省红十字会申请、审核、提交了资料，得到救助 24 万元；开展“天使阳光行动”，为 2 名先天性心脏病患儿向省红十字会申请、审核、提交资料。

加强应急救护培训工作。普及救护技能知识，进行初级卫生救护培训是《中华人民共和国红十字会法》赋予红十字会的职责。吕梁市红十字会高度重视救护培训工作，12 月 18 日 –27 日派 3 人参加中国红十字总会组织的第 44 期救护师资提高班，11 月 19 日 –24 日派 4 人参加省红十字会组织的全省生命健康安全教育项目—学校安全辅导员师资师资班，全市拥有卫生救护师资 23 名。充分利用“5·8 世界红十字日”“5·12 防灾减灾日”、9 月“世界急救日”等纪念日以及周末、节假日，多次在广场、社区、学校等场所发放宣传资料，开展急救演练，向公众普及卫生救护知识和技能。累计培训各类易受伤害人群 1.4 万多人次。培训人群进一步拓展。吕梁市红十字会 12 月 13 日针对 2017 年新考录的 135 名公务员进行了红十字应急救护知识普及性培训，培训结束后有 29 人积极登记为志愿者；文水县举办救护员班 9 期，培训乡村医生共 355 人，公益普及性培训出租车司机 1.1 万余人。

【开展“三献”动员工作】

稳步推动无偿献血工作。吕梁市红十字会在“5·8”世界红十字日、“6·14”无偿献血日等纪念活动中，发放无偿献血宣传资料，进行无偿献血的宣传教育。宣传无偿献血的科学知识，传播无偿献血的公益理念，动员全社会共同参与、支持和促进无偿献血活动。

做好造血干细胞捐献宣传工作。吕梁市红十字会及时与省红十字会造血干细胞捐献中心沟通，争取中心对吕梁市红十字会的支持，在 2017 年造血干细胞捐献工作结束的基础上对吕梁市血站的同志开通绿色通道，进行了一对一的业务培训。为做好“捐献造血干细胞”知识的宣传，动员和号召更多人士参与到奉献爱心，挽救生命的活动中来，吕梁市红十字会制作 2 套共 6 块造血干细胞捐献宣传展板，其中 1 套永久性在流动献血车展示。2017 年成功捐献造血干细胞 6 例，并逐一进行了回访，提高了入库率。

【红十字青少年活动和志愿服务活动】

2017年，孝义市红十字会积极开展红十字青少年工作，在孝义市实验中学成立校红十字会，全校师生会员围绕“人道、博爱、奉献”精神，积极学习、宣传红十字运动知识，使红十字会工作成为学子思想教育和政治教育的新载体，促进了学校精神文明建设和素质教育工作。孝义实验中学12月18日下午举办红十字知识竞赛，进一步强化学生对红十字知识的掌握。

【实施项目】

2017年7月，向中国红十字基金会争取“牛奶助学”项目，共争取牛奶6000箱，价值36万元。

2017年10月，向中国红十字会争取“博爱家园项目”2个，项目落地方山和石楼。

文水县生命健康安全教育项目作为全省样板工作进行推广，在全国名列前茅。

（市红十字会）

军 事

吕梁军分区

【概况】

2017 年，吕梁军分区党委团结带领全区部队，紧紧围绕迎接和学习贯彻十九大精神这条主线，始终扭住新时代强军目标这个总纲，突出深化国防动员体制改革和职能转换这个重点，着眼实现“抢占全省第一方阵排头兵、打造全国一流军分区”奋斗目标，戮力同心、攻坚克难、奋发作为，官兵面貌有了新变化、全面建设取得新发展。在省军区年度 6 项工作拉榜排名中，取得安全稳定和信息服务工作第一名、战备训练第二名的好成绩，吕梁军分区武器库山体滑坡处突群体和文水县人武部职工贾峰耀被评为首届“感动山西”国防动员新闻人物。

【思想政治建设】

2017 年，吕梁军分区坚持把学用习近平主席系列重要讲话精神作为全面建设之纲、创新发展之策，在融会贯通、学以致用、全面覆盖上有了新突破。区分 4 个专题（坚定维护核心、铸牢强军之魂、拥护支持改革、投身强军实践）开展“维护核心、听从指挥”主题教育，以基层党建为抓手深化“两学一做”（学党章党规、学系列讲话，做合格党员）学习教育常态化制度化，官兵“四个意识”（政治意识、大局意识、核心意识、看齐意识）更加坚定、“三个维护”（维护党中央权威、维护核心、维护和贯彻军委主席负责制）更加有力。突出“关键少数”，着眼提高政治站位，采取中心组学习、“强军大讲堂”等形式，狠抓习近平主席视察山西和“7·26”等重要讲话精神的学习，深扎拥戴核心、紧跟核心的思想根子，为喜迎十九大奠定了坚实的思想政治理论基础。贯彻“学懂弄通做实”“军队走在前列”要求，专题部署、印发意见、全面推开学习贯彻十九大活动，配套组织“3+10”（原文抄记一遍、原文诵读一遍、要点背记一遍；组织宣读辅导，围绕报告的新思想、新观点、新论断编印一本口袋书，制作下发一套“科学发展、辉煌成就”宣传展板，围绕两个报告一本党章的重要知识点每月组织一次函授作业，围绕十九大精神编排好一台戏，规范基层学习实践点联系建设，组织十九大精神知识竞赛活动，组织一次理论骨干培训，每月组织一次主题党团活动，发掘宣传一批学习贯彻十九大的先进典型）系列活动，广泛开展“四学四强”（学统帅品格强使命担当、学辉煌成就强匠心理念、学战略布局强规划意识、学党史军史强初心本根）教育实践活动，自上而下组织重温入党誓词、文艺创演、知识竞赛等群众性活动，促进十九大精神入心入脑。参加省军区知识竞赛获团体第 2 名、个人第1名。同步组织学习贯彻十九大精神理论集训，开展22个重大课题研究，全面抓好新思想、新战略、新任务、新要求的学习理解，推动习近平新时代中国特色社会主义思想，强军思想在军分区部队落地生根。

【改革任务推进】

2017年，吕梁军分区坚持把深化改革作为对师团两级党委的政治考验和党性衡量，以过硬作风和科学方法谋划推进改革。紧盯官兵活思想，扎实开展3个波次的改革强军主题教育，充分运用特殊时期政策倾斜优势，力所能及为官兵解决实际困难。严格贯彻军委规模结构和力量编成改革工作会议精神，积极稳妥推进以机关调整组建、人员落编定岗为重点的改革任务落地，周密组织82名干部和19名战士落编定岗，健全完善14个机关党支部和19个党小组，确保部队在转型重塑进程中保持高度集中统一和纯洁巩固。广泛开展“三新”（新体制、新职能、新使命）大讨论活动，研究制定《机关基本工作规范》，汇编印发调整改革相关政策法规、岗位要点、公文条例等内容，大力开展“三学一规范”（学机关工作规范、学岗位职责要点、学公文处理条例，规范机关运行秩序）活动，确保起步就规范、运行就顺畅。积极总结反应全区部队在适应新体制、履行新职能、担当新使命进程中的振奋精神和创新经验，柳林县、孝义市、离石区和临县人武部信息服务工作分列全区前3名。

【国防动员】

2017年，吕梁军分区围绕备战打仗核心使命，规范各级作战值班，始终保持了良好战备秩序。坚持战备训练中心地位，完成“太行-2017”人民防空演习。紧盯国防动员使命课题，采取理论学习、研究讨论、训练验证、阶段推进、攻关验收的步骤，指导柳林县人武部严密组织民兵交通运输分队试训，高标准撰写“四个一”（一份论证报告、一套训练教材、一份新大纲修改意见、一份量化考核评估标准和器材配套标准）理论成果，受到省军区首长机关充分肯定。依托孝义市人武部，完成了省军区赋予的保障火箭军64基地预编预备役人员集结点验任务。规范督导全市学生军训工作，印发《学生军训工作安排意见》等文件，以离石区人武部为试点，选拔培训265名教官持证上岗，圆满完成16570名高中生的学生军训任务。积极推荐优秀军官参加省军区、中部战区参谋骨干集训比武，取得个人单项第一的好成绩，为军分区争得了荣誉。全年全区共动用民兵5800余人次，完成抢险救灾、维护社会秩序、支援地方经济建设等任务37次。

【基层建设】

2017年，吕梁军分区坚持“三重”（重心下移、重抓基层、重打基础）工作指导，着力抓帮建、抓规范，推进人武部建设整体提高。制定下发《军分区帮建人武部实施方案》，分批组织基层帮建，着力帮理思路、帮教方法、帮带队伍、帮解难题。2017年军分区常委带机关集中2次下基层帮建、3次综合检查指导和1次“回头看”，梳理解决实际困难和问题19个。注重对典型单位的特色培树和典型个人的挖掘宣传，推广形成了一批全面建设、战备训练、贫困有为等不同类型的典型单位和贾峰耀、高维星等先进个人，13个人武部全部达标，先后迎接了陕西、福建等兄弟单位的参观指导。始终把办好官兵的事放在心上，协调市人社局、教育局落实2名随军家属就业安置，将随军未就业家属生活补贴提高到1000元，为全省最高，有效解决了基层官兵的后顾之忧。大抓基层武装部规范化建设，持续开展基层武装部等级评定和专武干部星级创评活动，命名表彰25名“五星专武干部”，去年以来，有13名提升正科、58名交流到重要岗位，有效激发了专武干部的工作热情。13个县(市、区)全部落实基层武装工作专项经费，为建设过硬基层阵地、高标准完成各项任务提供了有力保障。

【正风肃纪】

2017年，吕梁军分区坚持把作风建设作为加强党委班子、部队建设和顺利推进改革的重要切入点，开展作风教育整顿和专项清理整治。传达学习军委纪委违规违纪问题通报和官兵身边的“微腐败”典型案例，加强末端宣传和检查督导，深入搞好剖析自查，确保正已之弦始终紧绷、反腐利剑始终高悬。坚持市、县两级党委书记挂帅、军地成立联合工作组、依法依规强力推进全面停止有偿服务和马茂庄土地转让问题整改，协调停止11个驻吕部队涉及的有偿服务项目，及时清退3套地方领导干部住用的军队公寓房。围绕经费开支、公务卡使用管理、资产管理等内容组织财务自查整改，重点纠治违规开支、公务卡私用套现等问题，召开财务整治推进会，深刻汲取兄弟单位教训，整改21.94万元，退款13.84万元，确保全区财经管理有序运行。

【服务保障】

2017年，吕梁军分区坚持用制度管人管财管事，制定下发《调整改革期间财务管理暂行规定》，先后组织3次财务人员专项培训，不断深化从业人员依法管财管物的制度理念。紧贴部队建设需要跟进保障，全区全年投入1885万元，用于战备训练、信息化建设、帮扶参建、安全管理等工作，高标准完成武器库山体滑坡险情处置保障任务，持续提高大项活动、主要任务的投向投量，大力压减行政性消耗开支，保障打赢、保障大事、保障基层的导向更加鲜明。强化服务基层的理念，认真抓好人员工薪、保险、住房等政策落实，协调组织官兵健康体检、伤残病退和保健疗养，及时审核上报军队安置住房和军人公积金贷款申请，官兵满意度大幅提升。

【安全稳定和部队管理】

2017年，吕梁军分区着眼政治之年、改革之年、大事之年的特殊政治要求，坚持把安全稳定作为保底工程，党委统揽、主官主抓，持续加大依法治军、从严治军力度。以“争创安全年”活动统筹牵引安全工作，坚持形势常议、管理常抓、问题常查、隐患常治，保持大事大抓的强劲态势。突出抓好十九大、调整改革等特殊敏感时期部队管控，开展枪弹专项清查、安全大检查、管法创新研究等活动，连续3个波次拉网过筛查纠整改问题，确保了全区的安全稳定。交城县、交口县人武部和军分区机关迎接省军区安全检查，准备工作充分、各项秩序正规、应知应会内容熟练，受到省军区带队首长和机关的充分肯定。民兵武器装备仓库山体滑坡以来，军分区党委坚决贯彻上级党委首长“积极稳妥处置、确保万无一失”的指示要求，举全区之力处置险情，军地领导一线指挥，各部门密切协同，历时268天、15个单位、20多名专家集智攻关、350余名人员直接参战，圆满完成了弹药的清理转运销毁任务，中央电视台以《山谷拆弹行动》为题进行了报道，为全国提供了解决此类问题的吕梁方案，军委国防动员部、省军区党委首长均给予高度赞扬。

【队伍建设】

2017年，吕梁军分区把强动力、增斗志、鼓干劲作为加强班子和干部队伍建设的关键来抓。积极稳妥地调整了9个人武部党委班子，军分区常委结合调研时机对班子进行帮带指导，不断提高人武部党委凝聚力、战斗力。围绕“三对照、三查纠”(对照坚决维护核心要求，查纠绝对忠诚方面的差距；对照全面彻底肃清要求，查纠两个清理方面的差距；对照关键少数特殊要求，查纠担当自律方面的差距)召开两级党委常委民主生活会，党委成员相互批评开门见山、直奔主题，开出了“辣”味、“党”味。通过以会代训、主题党课党日活动，组织党员领导干部学习《习近平的七年知青岁月》《习近平讲故事》等内容，在潜移默化中夯实党员领导干部的“四信”（牢固树立对党的科学理论的信仰、坚定走中国特色社会主义道路实现“中国梦”的信念、增强对党和政府的信任、增进对以习近平同志为总书记的党中央的信赖）根基，提升党委科学决策、民主决策、依法决策能力。坚决树立政治选人、实绩用人的鲜明导向，推行干部山上山下交流，严格干部任前考核，不断提高选人用人的科学性、公信度、说服力。2017年调整使用的10名干部，均是群众公论好，综合素质优、工作实绩突出的优秀干部。

（吕梁市军分区）

武警山西省总队吕梁支队

【概况】

2017年，武警山西省总队吕梁支队党委坚持以习主席系列重要讲话精神为指引，坚决贯彻总队党委决策部署，紧紧围绕迎接、保卫、学习、贯彻党的十九大这条主线和“稳中求进，续写辉煌”总体思路，在看齐追随中维护核心，在练兵备战中聚力打赢，在从严治军中抓安创稳，在强基固本中厚实底蕴，在建强班子中树好形象，部队全面建设呈现出稳中有升、持续向好的良好局面。

安全基础更加瓷实扎实。按照上级统一部署，统筹推进改革整编、完善机制、规范秩序，认真开展改革专题教育和政策宣讲，理顺了情绪、稳住了心神、强健了筋骨，改革任务圆满落地。广泛开展“条令学习月”和“学法规、用法规、守法规”活动，官兵法治思维、法纪意识有效加强，部队精细化管理水平不断提升。常态落实安全工作“八个规范”，深入开展安全大检查和“百日安全竞赛”活动，下大力整治八个方面重点问题，巩固深化“三治三防”教育成果，抓安创安氛围逐步浓厚。

基层建设更加巩固厚实。注重提升帮建效益，健全精准帮建工作机制，常委包片、股室包队，责任明晰、成效明显，2个后进中队脱贫摘帽；注重回应官兵期盼，坚持“人往基层走、物往基层送、钱往基层投”，下大力解决“挠头事”，紧盯热点敏感问题，坚持阳光操作，赢得了官兵的理解支持。注重激发动力活力，推进“四心”工程，抓实“暖心行动”，着力解决转业安置、家属随军、子女入学、家庭涉法涉诉等困难，激发了干事创业的热情动力；深化“双争”评比，压实考评帮建和蹲点帮带，开展先进典型评选表彰，官兵“扎根吕梁，建功立业”的信念更加坚定。支队被总队表彰为退休干部移交安置先进单位，临县中队被总队表彰为基层建设标兵中队并荣立集体二等功。

后勤保障日趋综合完善。按照“后勤变前勤”要求，紧盯任务需求抓保障，投入500余万元建设“两室两站”、完善训练场地、购买战备物资和训练器材，圆满完成“1702”“1710”团一级加强警卫勤务、吕梁片区“魔鬼周”训练等重大活动保障任务。紧盯综合效益抓保障，组织集中采购49次，新建84套公寓房，购买改装车辆15台，完成保障大队饭堂、支队军械库、机关会议室改造，持续推行“1126”“6211”组伙模式，官兵满意率较高。紧盯官兵需求抓保障，持续开展被装“大篷车”活动，定期进行医疗巡诊、药品配送，先后开展“五大类”100余人次后勤队伍培训，服务保障效益明显提升。临县中队、柳林中队被总队表彰为先进食堂。

班子建设更加坚强有力。坚决贯彻军委主席负责制，狠抓政治能力建设，严格落实班子成员带头上党课、过双重组织生活、个人重大事项报告等制度，3波次肃清郭徐流毒，不断提高党内政治生活质量。贯彻民主集中制，规范党委议事决策程序，坚持重大问题集体研究，坚持用“七个任何时候任何情况下”统思想建班子，有效提升了科学民主依法决策水平。坚持抓政治纪律刚性落实，抓正风肃纪寸步不让，抓两个责任落地见效，努力在“严守纪律、维护团结、廉洁勤政”上为部队做出表率、当好样板。制定“两学一做”学习教育常态化制度化落实措施，围绕“三对照三查纠”“四个合格”召开专题民主生活会，从规范党费缴纳、组织生活入手，不断提纯党性、锤炼作风。支队党委书记杨辉被总队表彰为“好书记”。

【警卫任务】

2017年4月24日至27日，吕梁支队圆满完成了教育部有关领导一行17人到吕梁视察的一级警卫勤务。2017年6月21日，中央扶贫工作组一行到吕梁视察，圆满完成了首长视察调研期间的住地警卫和机动备勤等任务。

【兴县晋绥革命烈士陵园礼兵任务】

5月4日，中央电视台综合频道在兴县晋绥革命烈士陵园拍摄晋绥烈士散葬遗骸收迁安葬仪式和战斗纪念碑揭牌仪式。根据吕梁市兴县县委、县政府请求，吕梁支队动用兵力，圆满完成了兴县晋绥革命烈士陵园礼兵任务。

【情报共享商谈会】

为切实发挥情报侦察“抢占先机、引领实战”的作用，确保十九大期间安保任务圆满完成，吕梁支队联合市公安局建立情报共享机制，并于10月10日召开了情报共享商谈会。

【喜迎党的96周年华诞系列活动】

为热烈庆祝中国共产党成立96周年，7月1日，吕梁支队党委机关严密组织升旗仪式、重温入党誓词、党员签名承诺、开展党课教育系列活动喜迎党的96周年华诞，为党献上了一份最忠诚的贺礼。

【“坚定维护核心，自觉看齐追随”主题演讲比赛和“卫士辞章”诵读活动】

为进一步巩固和深化改革强军主题教育效果，增强官兵看齐、投身、服从的政治意识和行动自觉，7月6日至7日，吕梁支队严密组织“坚定维护核心、自觉看齐追随”主题演讲比赛和“卫士辞章”诵读活动。

【“军民携手奋进，同心合力筑梦”文艺晚会】

2017年，7月27日支队举办“军民携手奋进，同心合力筑梦”庆祝建军90周年文艺晚会。来自吕梁市军分区、吕梁市消防支队、63717部队及吕梁市歌舞剧院的同志们与支队官兵一起，用一个个高潮迭起，异彩纷呈的文艺节目，共同喜迎建军九十周年的到来。吕梁市委、市政府和吕梁驻军单位领导观看演出。

（武警山西省总队吕梁支队）

人民防空

【人防工程建设审批管理】

2017年，市人防办把人防工程建设作为工作重点，按照“六权治本”要求，进一步明确了人防审批权限、工作流程和风险防控机制，承接和落实国家、省下放的人防工程相关审批事项，重新审核公开人防审批程序、工作流程等，强化审批管理，有效提高了工作效率。市、县两级人防技术人员对人防建筑工地进行全方位的质量跟踪监督和安全监管，与各相关企业签订安全管理目标责任书，对早期、在建、竣工人防工程摸底排查，发现问题即抓即改，确保人防工程建设质量全部达标，实现了全市全年安全生产无事故。

【城市整体防护功能】

2017年，市人防办结合吕梁城市建设整体规划，编制完成《吕梁市人防工程建设总体规划》，并经省人防办和市政府批准正式施行。孝义市与规划局协调，也完成了人防工程建设规划的编制。全市人防工程审批、建设和管理工作步入正轨。抓住新区建设的契机，结合吕梁大医院建设项目，同步建设人防急救医院，该项目已通过施工图设计审查，破土动工。交城县疾控中心人防救护站工程也已经相关部门批准立项，正在完善设计方案。市委大院地下停车场人防工程建设基本竣工，“把人防工程建在政治中心”的目标得以落实。推进县级人防指挥所的建设。交城县、柳林县人防指挥所建设方案已提交县政府审批。争取筹划人防应急疏散基地建设。已初步拿出选址意见。重新核定了重要经济目标。组织人员对全市重要经济目标进行了摸底调查。

【人防应急指挥能力提升】

2017年，吕梁市健全完善了人防应急指挥机制。经与市政府、军分区多次请示汇报，并与相关部门沟通协调，制定出台“吕梁市深入推进人民防空改革发展军政联席会议制度”，重新调整了人防工作领导组成员，落实了人防指挥机构和具体人员，理顺了指挥协同关系。继续完善指挥信息化建设。经积极争取，人防机动指挥系统建设方案经市政府批准立项，市政府采购中心依程序进行招标采购，中标单位已着手装配建设。结合全省人防演习，配备了部分指挥通信设备，8126地下指挥所功能更加完善，运行保持正常。抓好人民防空实战化训练工作。制定完善人防专业队伍和机关工作人员训练方案，结合全省人防演习，进行了针对性训练，提高了专业队伍遂行任务的能力，并完成了上级安排的演练任务。结合“9·18”全省警报统一试鸣活动，检修保养了离石城区14台人防警报，城市建成区人防警报覆盖率达90%以上，鸣响率100%。

【人防融合发展】

2017年，市人防办把融合式发展作为工作重点，坚持不懈，积极推进。继续推进世纪广场地下空间开发利用工作。向市政府提出“利用社会资金在吕梁世纪广场建设大型平战结合人防工程”的项目建议报告，得到市政府的首肯和高度重视。将世纪广场地下空间开发利用项目列入旧城改造十项重点工程，市政府决定结合旧城棚户区改造一并实施。在吕梁体育场改造工程项目中同步建设一处大型平战结合人防工程，市政府安排市住建部门进行前期规划；利用吕梁新区广场建设的契机，建设下沉式广场和地下停车场，同步建设一处大型公共人防工程。市政府协调城建部门具体落实。主动协调，汾阳市政府利用社会资金采用PPP模式，在汾阳新建街开发建设15000平方米的地下商业街。完成项目选址，正在进行相关前期工作。

【人防宣传教育】

2017年，吕梁市、市县两级开展人防宣传“五进”活动，并利用“5·12”防灾减灾日、“6·16安全生产月”宣传咨询活动、“9·18”警报试鸣日等特定时段，集中上街进行宣传。全市悬挂人防宣传横幅标语40余条，散发宣传资料3万余份，发放人防法律法规汇编资料1000余本，受教育人数达12余万人次。结合秋季初中、高中开学军训活动，市人防办组织教官进行了人防知识宣讲，并组织城区两所小学师生开展人防自救技能和疏散演练活动，收到良好知识普及和宣传成效。

（市人民防空办公室）

法 治

政法委及综治办

【概况】

2017 年，吕梁市委、市政府坚持把政法综治工作纳入全市工作“一盘棋”统筹谋划，纳入“十三五”发展总体规划。先后出台《吕梁市 2017 年加强社会治安综合治理维护社会稳定工作要点》《吕梁市健全落实社会治安综合治理领导责任制若干规定》《吕梁市关于进一步完善矛盾纠纷多元化解机制的实施意见》等一系列政策性文件。市委书记李正印始终把维护稳定的第一责任牢牢扛在肩上，对维护稳定工作逢会必讲、逢件必批，先后 8 次主持召开市委常委会、常委扩大会研究平安吕梁和法治吕梁建设工作，5 次专题听取政法综治工作汇报，15 次对政法综治工作作出批示，17 次督查调研政法综治工作推进落实情况。市长王立伟对维护稳定工作高度重视，从财力、物力等方面给予重点倾斜和支持，切实解决了一批政法综治工作中存在的实际困难和问题，为维护全市社会稳定提供了重要保障和支撑。全市各级党委政府，把政法综治工作摆上了重要议程，进一步加大了人、财、物的投入，全年累计投入“雪亮工程”建设 5.65 亿元，投入综治中心标准化建设 9029 万元，有力推动了政法综治工作智能化、专业化。市委政法委把维护稳定作为主责主业，对影响社会稳定的各类问题紧盯不放、真抓实管，紧盯影响人民群众安全感和满意度的突出问题，坚持补齐短板和改进工作，持续深化平安吕梁、法治吕梁、过硬队伍三大建设，突出抓好政法综治“十项重点工作”，深入开展十九大保安全护稳定、社会稳定风险隐患大排查大整治、“打黑除恶”保障脱贫攻坚、优化营商环境、打击环境污染犯罪等一系列专项行动，营造了安全稳定的社会环境。严厉问责倒逼责任落实，对汾阳市 4 个乡镇（街道）因矛盾纠纷排查调处相关工作落实不力进行了全市通报批评；对文水县因“雪亮工程”建设进展缓慢，约谈该县政法委书记、公安局长；对 14 个市综治成员单位因大排查大整治工作信息报送不及时，分别下发了督办通知，限期整改；对离石区、兴县综治中心运行不规范，实行挂牌督办；对吕梁市人民医院实施“一票否决”；因汾阳市、岚县在 10 月份市综治办预考核中问题较多，直接书面通报当地党委、政府主要领导，要求党政主要领导要切实履行好“第一责任人”的责任，积极抓好整改。在市领导的率先垂范下，全市各级党政一把手把综治工作紧抓手上，市县乡村四级层层签订了综治工作“责任状”，形成了心往一处想、劲往一处使、上下同心齐力维护稳定的工作局面。

【严打整治专项行动】

严厉打击各类黑恶势力。2017年全市各级政法综治部门坚持把“打黑除恶”作为维护全市社会治安和社会稳定的首要任务，紧盯工程建设、市场流通、矿产资源、农村（社区）、公共娱乐场所“五大领域”，瞄准黑势力、恶势力、市霸、村霸、路霸、地下出警队、讨债公司、职业医闹、地痞流氓、组织策划非法上访人员、黑恶“保护伞”等十类重点人员，组织各级公安机关实施精准打击。全年共排查各类线索1106条，打掉恶势力团伙26个，抓获犯罪嫌疑人120人，打击处理各类“痞霸”1061人，训诫谈话158人、重点管控58人、行政处罚658人、刑事打击187人，有力为全市脱贫攻坚、转型发展保驾护航。

深入开展打击“盗抢骗”专项行动。2017年年初，市委政法工作会议要求，年内新发案件，破案率要达到70%，2016年以前的旧存案件破案率要达到60%。全市各级公安机关整合警力，逐案研究，开展串并案侦破。全年共立盗抢骗案件2844起，破1968起，全市新发“盗抢骗”案件破案率达69.2%，群众反映良好。

大力整治社会治安秩序。全市公安机关扎实开展政治安全、反恐防暴、信访维稳、严打整治、缉枪治爆、消防交通安全、队伍教育等“1+8”专项行动，着力解决治安突出问题，全力维护社会治安持续稳定。全市刑事案件发案同比下降22.43%、治安案件发案同比下降了13.32%，八类案件发案同比下降19.18%，刑事破案率为68.74%，同比上升7个百分点，人民群众的安全感和满意度明显提升。

地毯式排查整治各类风险隐患。按照全省的统一部署，市委政法委牵头组织27个市直主要综治成员单位，按照“条”“块”结合的原则，市直有关部门具体负责行业系统内的、各县市区具体负责本区域内的各种安全稳定风险隐患。市、县两级综治办建立排查整治台账，实行风险隐患月报告制度，落实整治责任单位和责任人，明确整治时限。全年共排查出各类风险隐患6123件，整治5913件，整治率达96.57%。对于省交办的5起、市交办的2起重点风险隐患，实行了市、县两级领导包案责任制，制定专项整改方案，限期整改并妥善处理。

【社会治安防控体系完善】

加快“雪亮工程”建设。2017年成立市、县两级党委书记挂帅的“雪亮工程”建设领导组，出台了“雪亮工程”建设实施方案。交城县、文水县、汾阳市、交口县、中阳县、离石区、临县、岚县等8个县市区公共视频监控全部接入县级综治中心，并实现与省综治中心联网应用，做到实时调用，实时查询。

持续开展“百警联百村”“一村一警一法律顾问”活动。建立了“一村一警”联系走访活动信息平台，通过平台上报的信息量来衡量干警联系走访情况。广大政法干警深入1157个重点村庄（企业），入户走访69086户，走访企业3270家次，各类行业场所10427家，摸排重点人口18151人，排查治安隐患7051处，切实推动了警力下沉、警务前移，维护了农村社会治安的持续稳定，真正发挥了政法干警当好农村社区治安信息情报员、矛盾纠纷调解员、治安防范组织员、法律政策宣传员、便民利民服务员的“五大员”作用。

健全完善城区专职巡防队伍。按照“20万人以上的县不少于100人、20万人以下的县不少于50人”的标准，各县市区配齐了城区专职巡防队伍，保有量达1121人，全部实现城区、城郊接合部“白天见警察、晚上见警灯”。

加强农村治安力量建设。抓住农村“三基建设”工作有利契机，坚持因地制宜，分类指导的原则，在经济发展较好的地区，分设分置、配齐配强治保会主任、调委会主任、网格员；在集体经济收入差和没有集体经济收入的村强力推行治保会主任、调委会主任、网格员"一肩挑"，工资报酬从转移支付中切出6000元，实行绩效挂钩，末位淘汰。2017年年初，在全市确定了30个乡镇先行先试，2017年8月召开的全市基层基础建设现场推进会予以全面推广。

【综治中心标准化建设】

2017年，按照国家标准委、国家质量监督检验检疫总局《社会治安综合治理基础数据规范》和《社会治安综合治理综治中心建设与管理规范》的要求部署，市级综治中心，完成了选址和规划设计。县级综治中心，除孝义市，其他县市区均在原有的社会服务管理中心的基础上进行改建或新建。孝义市重新建设综治中心。乡级综治中心，全市166个乡镇（街道）中96个已完成乡级综治中心建设。其中，中阳县投资1700万元打造县、乡、村三级综治中心标准化同步建设，全县7个乡镇全部建成高标准的乡级综治中心，100个村全部开展标准化建设。村级综治中心，1509个村（社区）完成了村级综治中心建设。全年各级综治中心共上报信息639461件，共协调处置536639件，处置率84%，涉及群众生产生活的各类事件得到了有效解决。

【矛盾纠纷化解体系完善】

规范县、乡、村三级矛盾纠纷排查化解中心（室）建设。按照"六统一""四落实"的标准要求，大力实施各级调解组织规范化建设工程。全市县、乡、村三级矛盾纠纷排查化解中心（室）已全部建立，三级矛盾纠纷排查化解中心（室）按不少于5人、3人、2人的标准，选聘专职调解员，全市共选聘调解人员9211人，其中专职调解人员2414人，兼职调解人员6797人。同时，各县市区按照不少于30万元的标准将县乡村三级调解经费纳入县级财政预算，全市共落实调解经费509.5万元，并实行了"以案定补"，极大地调动了乡村两级调解组织工作的积极性。

坚持矛盾纠纷定期排查定期上报制度。县、乡、村三级矛盾纠纷排查化解中心（室）实行了矛盾纠纷村级一周一排查一上报、乡级半月一排查一上报、县级一月一汇总一上报制度。全年共排查出村（社区）各类矛盾纠纷10692起，调处10243起，调处率95.8%，基本做到了矛盾不堆积、纠纷不激化，确保了农村社会稳定。

推行文水县"互联网+多元化解"工作方法。文水县在全省首创了"互联网+矛盾纠纷多元化解"网络平台，依托互联网实现了县矛盾纠纷调解中心与各乡镇、各村、各专业性行业性调解组织互联互通，矛盾纠纷受理登记、统计分析、跟踪督办、办结反馈、绩效评定、奖惩兑现、经验交流等全部网上运行，开创了运用信息化技术管理和化解矛盾纠纷的新途径。群众只需通过手机APP向县调解中心反映诉求，就能实现矛盾纠纷线上申请、线下调解，切实做到了让数据多跑路、群众少跑腿，打通了服务群众"最后一公里"。孝义市、柳林县、岚县、方山县、兴县、临县已引进该系统，并结合实际进行了改造升级，收到良好的效果。

【法治吕梁建设】

严格落实法治建设职责。按照中办、国办《党政主要负责人履行推进法治建设第一责任人职责规定》，将法治建设履职情况纳入年终述职内容。市县两级党委中心组每季度举行一次法治学习或法律讲座，每半年听取一次法治建设专题汇报，各市直机关、县市区法治建设领导组每季度专题研究一次法治建设工作，确保法治吕梁建设稳步推进。

积极推进聘用法律顾问和公职律师制度改革。制定出台《关于在全市推行法律顾问制度和公职律师公司律师制度的实施意见》，积极推进市县两级党政机关设立法律顾问和公职律师。市委14个部门全部聘用了法律顾问，市政府32个部门全部聘用了法律顾问，13个县市区委、政府均聘用了法律顾问。

圆满完成了法学会的换届工作。按照《中国法学会改革方案》总体要求，全力践行“繁荣法学研究，推进依法治国”重要使命，市级法学会完成第三次会员代表大会换届工作，设立并规范了法学会党组。各县市区也积极推进，实现了县级法学会全覆盖。

全力营造遵法守法、崇法尚法浓厚氛围。坚持示范引领，在各领域、各行业、各层面选树十个法治创建示范单位，以点带面推动法治创建工作。开展了法治意识提升行动，深入开展法治进农村（社区）、进企业、进学校、进机关等活动，建设了法治文化广场，全社会尊法守法、崇法尚法的氛围日益浓厚。组织新闻媒体开展了“看吕梁、讲法治、话平安，喜迎十九大”集中宣传活动，中国法制报、新华网、央视新闻网、山西政法网等20余家新闻媒体共发稿400余篇、45万余字，全面介绍了吕梁政法综治工作的好做法、好经验、好典型，全面增强了全民法治理念，赢得了人民群众的高度认同。省委政法委《山西政法》全面介绍了这次宣传活动，新华社国家高端智库以分析报告形式推出了《上半年吕梁市政法舆情简报》，充分肯定了这次宣传活动。

【执法司法规范化建设】

2017年，全市法院、检察院大力推进司法责任制改革，在圆满完成员额法官、检察官遴选的基础上，推进人员分类管理改革，办案质量和效率明显提高。按照科学高效的原则，推进内设机构改革，市中院以相对固定合议庭为主体，以“3名法官+1—2名法官助理+2—3名事务助理及书记员”为模式组建15个审判团队，市人民检察院将原来22个内设科室精简整合为现在的12个，基层检察院内设机构从9到11个减少至4到7个。两院均制定出台落实司法责任制实施意见、案件质量评查实施办法、案件流程监控实施办法，全面推行司法公开、全面保证案件质量。按照省人社厅、省财政厅《法官检察官和司法辅助人员工资制度改革试点实施意见》要求，员额内法院、检察官职务等级工资、工作性生活性津贴补贴以及原有的法官审判津贴、办案人员岗位津贴、法定工作日之外加班补贴均已落实。全市公安系统以原预审室为基础成立案管中心，完善细化配套措施，建立科学高效的内部管理机制，司法效能得到进一步提升。市委政法委充分发挥牵头抓总、统筹协调及监督指导作用。

强力推动“执行大会战”。3月初，市委政法委牵头10部门联合下发《吕梁市人民法院生效裁判执行大会战实施方案》，要求旧存案件执结率不低于60%、新收案件执结率不低于70%；5月，召开执行大会战推进会；7月，召开10个成员单位交账会；9月，召开了法院院长、执行局长交账会；12月，召开了全市两级法院交账会，综合运用阶段推进、成员单位包县督导、院局长交账等有效举措，不断掀起全市“基本解决执行难”的高潮。全年市县两级法院共受理执行案件11026件，其中旧存执行案件2966件，执结2667件，执结率为89.91%；新收案件8060件，执结7248件，执结率为89.92%，执结率分别超年度任务的29.91%、19.92%，有力提高了执法司法公信力。

深入开展执法巡查。根据省委政法委开展第二轮授权执法巡查工作的有关要求，吕梁市对中阳县人民法院开展执法巡查活动，对该院在队伍管理、执行工作及执法规范化等方面存在的问题和不足向市中院和中阳法院进行了专题反馈，中阳县法院已对照巡查组提出的问题照单整改，市中院根据中阳巡查发现的问题，牵头推动、以点带面、举一反三、全面改进，切实提升法院系统的执法司法规范化水平。

继续推进案件评查。对全市涉法涉诉的120件案件进行了分类别抽取评查，通过交叉评查和自查等形式，助推执法规范化建设，解决了一大批涉法涉诉老大难问题。

持续深化涉法涉诉积案清理工作。全市各级政法部门通过省、市、县三级纵横拉网式排查，共排查出到县（市区）以上的涉法涉诉信访案件195件，逐案建立台账，严格落实四包一的责任体系，通过集中调处疏导、释法说理、帮扶救助、依法终结，已结案182件，正在法律程序中的13件。对省交办的19件涉法涉诉进京非正常访案件，通过认真甄别、健全台账、依法处理、挂牌督办、重点打击，全部依法处理到位。

（市委政法委）

公安

【概况】

2017年全市共立各类刑事案件5870起，破各类刑事案件4035起，破案率为68.74%，同比上升七个百分点；全年共抓获犯罪嫌疑人2806人。查处治安案件12973起，查处违法人员16301人。在1+8行动中，市公安局被省公安厅授予“迎接十九大、全警保平安”1+8行动先进单位。

全市共上报省打黑办恶势力集团1个，恶势力战果25个，抓获恶势力团伙成员181人，破获各类刑事案件127起。在线索摸排方面，全市共摸排到黑、恶、霸线索1106条，打掉各类“痞霸”1061人。典型案例有：文水县公安局打掉了该县南安镇榆林村闫海全为首的欺行霸市、强迫交易的恶势力团伙，5名恶势力团伙成员被法院作出一审判决。中阳县公安局打掉一个以刘某为首盘踞在二手抵押车交易市场的恶势力团伙，抓获团伙成员8名，上网追逃9人，破获敲诈勒索案件2起，非法拘禁案件2起。

针对盗窃犯罪在刑事案件中所占比重加大，入室盗窃、盗窃机动车及车内财物、盗窃电动车等犯罪突出、人民群众反映强烈的情况，全市公安机关全面引深“四大行动”，以打击跨区域系列团伙犯罪、地域性职业犯罪群体、销赃犯罪、街面犯罪和惯犯累犯为重点，严厉打击“盗抢骗”等违法犯罪活动。全年共破获“盗抢骗”案件1968起，抓获犯罪嫌疑人665名。成功破获了省厅挂牌督办的离石“2·25”金店被盗案和文水系列恶性跨市抢劫案等一批大要案件。在打击电信诈骗犯罪方面，破获案件88起，抓获犯罪嫌疑人19名，返还涉案资金16笔共34.2554万元。

全市共抓获网上逃犯745名，其中历年逃犯66名、本年度逃犯679名、省督逃犯7名、市督逃犯43名、公安部B级逃犯1名、命案逃犯21名。成功抓获一名潜逃9年之久的公安部B级外省命案在逃人员尤某强。

全市共查获各类涉毒案件3562起，抓获涉毒违法嫌疑人3591人，强制隔离戒毒662人，社区戒毒850人，社区戒毒社区康复执行率达98.54%。缴获冰毒13.936千克，海洛因361.7014克，麻黄草23.412公斤，硫酸4.19吨，咖啡因7846克，三氯甲烷20余吨，盐酸15余吨，甲苯0.76吨。申报部目标案件一起、省目标案件两起。成功侦破“7·14”部督特大网络制造贩卖毒品案，涉案的13名犯罪嫌疑人全部移送起诉。

全年共破获经济案件231起，抓获犯罪嫌疑人214名，挽回经济损失22.23亿元。2017年6月17日，柳林县公安局破获一起非法吸收公众存款案，涉案金额达16亿余元。

【治安整治】

深入推进立体化社会治安防控体系建设。2017年，全市新建视频监控摄像机8697台，通过运用公共安全视频监控直接破获刑事案件369起，抓获犯罪嫌疑人292人、直接查处治安案件237起，处罚违法人员669人。

深入开展社会治安风险隐患大排查大研判大整治专项集中统一行动。全面启动了“迎接十九大全警保平安、千名民警访百企进千村入万户”排查整治活动，全市委派了2042名政治可靠、业务素质好、具有一定领导组织能力和解决基层问题能力的民警驻村驻企，力争通过入户走访，化解一批矛盾，整改一批隐患，确保十九大期间吕梁市社会治安环境绝对安全稳定。

扎实开展缉枪治爆专项整治行动。2017年，全市共破获涉枪涉爆刑事案件11起、刑事拘留30人；收缴炸药54.36吨、非制式炸药易制爆危险品43.798吨、工业甲醇19890公升、雷管93620枚、各类枪支(包括气枪、仿真枪)204支、各类子弹12998发、炮弹7枚、钢珠弹12249发、管制刀具157把。成功破获了“8·10”省督专案和“10·17”部督专案，受到公安部专项办和省公安厅的贺电表扬。

强化交通安全管理。继续深化“大循环”和“靠右行”交通组织形式，在兴县、岚县、临县、方山境内的209国道、313、218省道和中阳、交口、孝义境内的340、321、224省道，四轴以上货运车辆实行大循环，形成了良好的道路交通秩序，交通事故得到有效遏制。强力推进公路安全和城市畅通开展交通管理工作，在全市范围内确定了13条重点整治的国省路段，13条城区示范街和17个城区灯控路口，以“A+X”为基本模式，组织开展货车行车秩序专项整治“春季行动”“夏季攻势”、公路重点交通违法行为专项治理，公路行车秩序得到明显改善。

全面净化消防安全环境。全年共发生火灾事故394起，死亡1人，无人员受伤。全市消防部门共抢救被困人员248人，疏散被困人员180人，抢救财产价值1127万元；共督促整改火灾隐患19208条，临时查封165家，责令三停179家，罚款616.52万元，拘留133人。

【社会服务管理】

吕梁市公安局扎实开展企业周边治安环境治理专项行动。加大对企业周边治安环境秩序整治的力度，竭力优化营商环境，制订下发了优化营商环境33条措施。2017年9月3日，《人民公安报》专题报道“吕梁多措并举优化营商环境”的警企座谈会。全年共打击涉企违法犯罪案件55起，其中刑事案件4起、治安案件51起；共抓获违法犯罪人员83人。

严厉打击食品药品违法犯罪行为，切实保障人民群众“舌尖上的安全”。全年共侦办食品药品类犯罪案件73起，结案46起，抓获犯罪嫌疑人79人，刑事拘留42人，提请批准逮捕12人，移送起诉53人。申请发起部集群战役、全国协查案件2起，列为公安部督办案件3起，省督案件2起，待批准6起。

深入推进户籍管理制度改革。加快推进农村转移人口市民化。截至2017年年底，全市总人口为3926103人，其中城镇人口为1191774人，农村人口为2734329人，城镇化率30.36%。全力推进异地身份证办理。按照公安部、省厅的安排部署，全市各级公安机关根据当地流动人口数量、分布和地域情况，确定各县户政（办证）大厅和部分户籍派出所为跨省居民身份证换领、补领异地受理点，并向社会公布，全力做好异地受理各项工作。开展无户口人员登记户口工作。按照省政府《关于解决无户口人员登记户口问题的通知》文件精神，根据前期排查摸底情况，确定了“依法办理，分类突破，综合管理”

的总体思路，对长期存在的无户口人员落户难题逐人分析、分步落实、全力攻坚。全市共摸排无户口人员983人。切实做好流动人口服务管理。2017年，全市共登记并录入流动人口系统42298人，发放居住证3124个，核对流动人口5940余名。共主动上门为群众办理户口申报、户口变更、“二代证”等业务达840余件次，为群众送发居民身份证870余张，赢得群众的一致好评。

【安全警卫】

2017年，吕梁市公安局先后圆满完成各类警卫任务54起，特别是圆满完成了习近平总书记到吕梁考察调研安全警卫任务，实现“绝对安全、万无一失”的工作目标，受到省委书记骆惠宁的充分肯定。在此次任务中，吕梁市公安局“习近平总书记考察调研安全警卫工作指挥部”被省公安厅授予集体二等功。

【村（社区）“两委”换届选举】

2017年，在全市村（社区）“两委”换届选举工作中，全市公安机关采取了局领导带领机关队室包联乡镇、派出所所长包管乡镇的方法，将机关警力量化分解到乡镇，实行一管区一民警一协勤责任制，使整体换届选举安保工作条块化、责任化。认真梳理选情激烈、派系对立严重的重点村、难点村，根据选举过程中可能发生的问题，切实维护好选举工作现场秩序。对干扰破坏换届选举保持严打高压态势，坚决从严从快依法查处针对换届选举的违法犯罪行为。

（市公安局）

·公安交警·

【概况】

2017年，全市共查处各类交通违法行为150万余起，其中现场处罚62万余起，非现场处罚87万起，查处无证驾驶5893起，超速行153118起，超员2214起，货车超载4333起，泼酒24012起，不按规定车道行驶388904起，酒后驾驶2379起，醉酒驾驶424起，毒驾99起，疲劳驾驶6322起，假牌套牌151起，不礼让斑马线6524起，机动车实线变道加塞3614起，非机动车违法16204起，行人违法59257起，行政拘留1626人，暂扣机动车9564辆，扣留驾驶证6461本，吊销驾驶证558本，收缴非法装置283套。

【城乡道路交通秩序整治】

深化“大循环”和“靠右行”交通组织形式。提请市交通局批准继续在313省道、218省道、209国道实行四轴（含）以上货运车辆实行大循环的交通组织，缓解了作为陕煤、蒙煤外运主要通道的313省道、218省道、209国道日益增大的交通压力，形成了良好的道路交通秩序。在209、307国道和217、218、223、224、252、313、320、321、340省道等11条国、省道，严格实行重中型货车靠右行驶措施，道路交通行车秩序有了明显的好转，交通事故得到有效遏制。

全警动员强力推进公路安全和城市畅通开展文通管理工作。公路行车秩序得到有效改善。制定《公路重点违法行为专项整治工作案》，在全市范围内确定13条重点整治的国省道路段，13条城区示范街和17个城区灯控路口，以“A+X”为基本模式，组织开展货运车行车秩序专项整治“春季行动”“夏季攻势”、公路重点交通违法行为专项治理、酒驾毒驾专项行动、“三个不发生”创建活动和“迎接十九大、全警保平安”道路交通安全管理专项行动，公路行车秩序得到明显改善。圆满完成各类保卫任务20余次，完成“1702团”“1703团”“1705团”“1708团”和习近平总书记在晋考察调研安保交通警卫勤务任务，以及大型晚会、活动交通维护任务。城市道路交通秩序得到改观。制定《城市道路交通违法行为专项整治工作方案》，组织动员全市交警积极开展城市道路交通行为整治，在吕梁13个县市区确定19个重点路段、路口，进行示范路段、路口创建活动。出台《吕梁市区道路交通秩序整治方案》，从5月20日开始，集中100天时间整治吕梁市区机动车不礼让斑马线和实线变道加塞、非机动车和行人闯红灯、行人不走人行横道“三类重点”违法行为。对全市重点整治路段现有卡口172套，介入缉查布控系统的110套卡口进行摸排，对视频监控功能使用不正常的全部更换，进一步突显缉查布控系统的精准打击作用。同时在“双化”建设中在交通流量大的国省道路安装“中型货车靠右行驶”标牌134块，离石大队重新施划标线32000平方米，刷新隔离护栏15000平方米，新安装隔离护栏3000米。汾阳大队施划公交专用线6处，共280米。文水大队城区学校周边增设了3块禁止停车标牌，施划了网格线，城区各路口增设6块禁止大客车进城标牌。岚县大队刷新隔离栏1000米，增设禁止停车标牌8块，施划网格线6处，在学校周围增设警示标志牌2块。兴县大队新增标牌8块，新设隔离护栏3600米，挡车线100根。方山大队新增护栏800米。交城大队北环路新增中心隔离护栏2411米。

集全警全力开展“迎接十九大、全警保平安”道路交通安全专项行动。为迎接党的十九大胜利召开，吕梁交警支队积极行动，全市公安交警六月全面启动“迎接十九大、全警保平安”道路交通安全专项行动。一套方案、一组机构、一班人马高效运转。制定出台迎接十九大道路交通安全“1+8”方案，成立由市公安局副局长、交警支队韩毅支队长任总指挥，支队班子其他成员任副总指挥的十九大交通安保工作指挥部，设立八个工作组，明确各个工作机构的工作职责和工作任务，实行统一管理，集中办公，全面指挥调度全市十九大交通安保工作。把握重点，突破难点逐步推进。全市公安交警以当前影响道路交通安全的突出问题为重点，严格公路客运车、旅游客运、危化品运输车、学生接送车等五类重点车辆及驾驶人管理，严格督促运输企业落实主体责任，集全警之力加强路面车辆秩序管控，尤其是强化省级交通安全检查服务站管理，推动了十九大交通安保各项工作的开展。扎实基础，提升管理服务水平。为配合十九大安保行动，支队还开展了支队民警“访百企进千村入万户”活动，以“防事故、保安全、保物通”为目标，进行“大清查、大盘查、大巡防、大走防、大回访、大宣传”六大活动，全面强化交警基层基础工作，大力提高全体民警的群众工作能力和管理服务水平，助力党的十九大胜利召开。启动战时战备状态，高速运转，成效显著。2017年10月，全市公安交警进入战时战备状态，严明战时纪律，严阵以待，圆满完成十九大安保任务。十九大交通安保专项工作启动以来，全市未发生一次死亡3人以上交通事故，未发生一次交通堵塞，未发生一次有影响的涉路交通事件，赢得了人民群众和各级党委政府的支持和信任。

高标准严要求开展全市公安交警“三个不发生”创建活动。为进一步加强全市道路交通事故预防工作，实现吕梁全市不发生重特大交通事故的创建目标，吕梁市公安交通警察支队从7月20日起至年底在全市公安交警系统部署开展了“三个不发生”创建活动，通过打好隐患歼灭战、路面防控战、宣传攻坚战和共治合成战四场交通安全整治攻坚战，加强全市道路交通事故预防工作，确保吕梁市实现不发生重特大交通事故的创建目标，圆满完成了创建活动任务目标。隐患歼灭不留死角：创建活动开展以来，支队多次召开专门会议，分析研判四类重点车及重点驾驶人隐患清零数据，每日对各地清零数据和进度进行实时跟踪，定期下发通报，强力推动工作开展，各项指标明显上升，成效显著。特别是进入10月，全市大型公路客车、大型旅游客车、危险货物运输车检验率、报废率持续保持100%；重型货车报废率达到100%。路面防控持续发力：城市现场违法查处量明显增多，公路重点违法情况查处量持续增长，从城市机动车不礼让斑马线、实线变道加塞查处逐渐引起机动车驾驶人和行人及交通参与者的重视。宣传攻坚氛围浓厚：市各级公安交管部门按照省局和市局统一部署深入开展“大曝光”“大警示”“大直播”“大教育”“大矩阵”五大宣传攻势战，取得明显成效。全市累计共组织开展“执法直播月”“夜查统一行动执法大直播”等70余场次。共治合成成效显著：创建活动开展以来，各大队加强部门协作，加强联勤联动，强化措施，补齐短板，不断在隐患共治上下功夫，取得阶段性成效。共向安监和交通运输部门通报61次。共排查发现道路交通安全隐患39处，通报率达100%，各大队将排查发现的隐患，全部向相关职能部门下发隐虑整改通知书，并报告当地政府，抄告安监部门。事故预防持续稳定。

【重点车辆和重点驾驶人管理】

2017年，吕梁公安交警强化重点车辆源头治理。以十九大安保和“三个不发生”专项行动为契机，加大了对五类重点车辆及重点驾驶人的源头管控力度，大力组织开展公路客运、旅游客运、校车危化品运输车、“营转非”大客车五类重点车“双率”排查整治专项行动。2017年，吕梁市“营转非”大客车检验率总数60辆，未检1辆，检验率达98.33%；大型公路客运车总数694辆，未检1辆，检验率99.86%；大型旅游客运车总数65辆，全部检验，检验率100%；危货运输车总数1261，全部检验，检验率100%；校车24辆，全部检验，检验率100%。截至12月20日，全市“五类”重点车辆检验率、报废率连续四个月保持100%，圆满完成“双率”百分之百的目标任务。

强化重点驾驶人日常监管。落实重点驾驶人审验、换证工作，截至2017年年底，全市驾驶人保有量为791183，新增机动车驾驶人74565人。全市共办理机动车驾驶人业务68905人，换领驾驶证42447人、补领驾驶证13385人。严格执行驾驶人满分教育和审验教育制度，对520名驾驶人进行了培训教育。认真执行记满分情况月通报、月抄送制度，向重点企业抄报10余次。

强化重点企业安全责任监管。督促6户重点企业认真落实远程监控、GPS定位24小时动态管控手段，实时掌握车辆运行情况。特别加强对孝义信发化工厂等安全隐患企业的监管，严格检查进出货运车辆，严防非法运输车辆上路。针对五类重点车辆和重点驾驶人不能按时检审验、报废、换证、记满分学习教育等情况，责成各县市区交警大队深入企业督导检查，下发隐患整改通知书，对行动缓慢，力度不大的企业进行约谈。截至2017年年底，共抄告企业674家，督办重点车辆10012辆次，约谈企业16次，共27家，发放宣传单8000余份。

强化机动车辆和驾驶证监管。截至2017年年底，全市机动车保有量为39987辆，其中：小型汽车320043辆，大型汽车26096辆，挂车11353辆，低速货运车2441辆，摩托车39954辆。本年度新注册登记41121辆，共办理机动车业务156370辆。

强化驾驶证考试工作监管。2017年，对全市考试员队伍及驾考乱象进行整顿并制定了10项整改措施；同时严把驾驶人考试质量关，对全市29所驾校22个考试场进行了驾考质量考评，并通过媒体、微信平台等通报各驾校培训质量和考试排名情况，实现优胜劣汰。2017年，吕梁交警加大驾考改革力度，调整考试计划，继续推行小型车科目二、三连考模式，全部实现使用智能评判系统的科目三考场通过考试监管系统实时上传考试成绩。

强化“互联网+交管”服务监管。截至2017年年底，吕梁互联网服务平台共注册用户375357个，其中个人用户375255个，单位用户102个。共通过互联网系统办理机动车业务10547例，办理驾驶证业务1121675例，体检提交身体证明278344例，办理交通违法处理业务21490例。

完善扩展全市道路交通事故快处快赔服务。2017年，全市道路交通事故快处快赔服务中心运行良好，并在“12123”平台上增设了网上快处快赔处理软件，缩短了处理事故的时间。截至2017年年底，吕梁市共受理快处快赔交通事故3157起，其中，保险公司理赔或自行协商解决2014起，快处快赔中心出具简易认定书的11449起。通过全市人民调解委员会共受理各类交通事故785起，成功调解778起，调解成功率达到99.1%；共救助交通事故14起，救助基金42万元。

【安全隐患整改】

2017年，吕梁市公安局交通警察支队努力稳控交通事故“四项指标”。截至2017年年底，全市共发生道路交通事故368起，造成222人死亡，317人受伤，直接财产损失2136603元，共发生一次死亡3人以上交通事故1起，为岚县“8·10”事故。与上年同期相比，事故起数减少71起，下降16.17%，死亡人数减少9人，下降3.9%，受伤人数减少110人，下降25.76%，直接财产损失下降694575元，下降24.53%。吕梁市共有逃逸案件37起，侦破33起，侦破率达到89.2%。

加大协同治理交通安全隐患力度。道路交通安全领导组办公室积极组织公路、交通，安监、教育等部门开展“道路交通安全隐患治理”专项行动。公路部门排查治理了4处隐患路段；安监部门对危化品运输车辆进行专项检查，排查整改安全隐患54条、超载超限隐患15条；运输部门检查64户运输企业，检查312辆运输车辆，排查安全隐患12条，整改8条，查处“黑车”16辆；教育部门在永宁小学、城内小学开展了道路交通安全专题教育活动。省政府挂牌督办的313省道岚县137公里-143公里路段，降温池工程主体已完工。

集中开展道路交通隐患“清零”行动。在全市组织安全稳定风险隐患大排查大整治专项行动，同时开展道路交通事故多发、易发点、段排查工作，2017年新排查出事故多发点、段隐患4处，于第一时间整改完毕。排查出存在安全风险隐虑的人员117人，通知按期审验；排查出存在安全风险隐患的车辆89辆，隐患路段19处，危险货物运输车风险隐虑55辆，桥梁隐患8处，隧道隐患3处，全部下达隐患通知书限期整改。

稳控农村道路交通安全。2017年，全市公安交警贯彻吕梁市人民政府办公厅《关于加强农村道路交通安全工作的意见》，联合交通部门深入实施道路交通“生命防护工程”和“道路运输平安年”活动，完成对农村地区临水临崖、急弯陡坡等危险路段安全设施工程建设。充分发挥“两站”“两员”的安全劝导作用，吕梁市共81镇67乡，3311个行政村，72个公路中队。全市共有2621个行政村设立了交通安全劝导员，共计3989人。离石大队确定新增交通管理服务站12个，交通安全劝导站45个，劝导员90名；孝义大队在农村聘用617名交通安全员，协助开展农村交通安全管理；柳林大队建成乡镇级交通安全劝导站15个，配备劝导员60人，257个行政村建成劝导点305个，配备劝导员454人，并对劝导员进行了集中培训。从6月1日起在全市集中开展农村交通安全“大劝导”行动，全面启动劝导站，把每月1日和15日确定为集中统一行动劝导日，把交通安全隐患消除在出村上路之前，夯实了农村道路交通安全。

【集成指挥平台建设】

为推进全市公安交通集成指挥平台建设，吕梁市交警支队在2017年4月21日召开公安交通集成指挥平台建设推进会。根据推进吕梁公安交通集成指挥平台建设试点推广工作要求，制定《吕梁市公安交通集成指挥平台建设推广工作方案》，成立专门领导机构，明确20项建设任务和7个时间进度要求。

全力推进指挥中心升级改造，加强指挥调度系统和公安交通集成指挥平台建设。全市共接入集成指挥平台口128套，视频监控71路，备案执法取证设备75套，接入执法站12个，逐步实现车辆缉查布控、交通违法现场查处和审核入库、交警执法站信息管理、跨地交通事件监测共享及应急指挥勤务监督考核等业务统一联网监控。

积极拓展互联网交通安全综合服务管理平台功能，正在全力推广手机APP应用，分层逐步开通“互联网+交通管理”10大类131项服务功能，发挥“互联网+交通管理”的优势，最大限度地为群众提供快捷高效的交管服务。

不断加强执法监督审核。2017年共审核吊销驾驶证案件598起，交通肇事案件复核180起，印制发放各类文书14000余本，组织基层法制培训、指导办案区建设10次。组织全市事故处理专家在临县对第一季度、第二季度全市公安交警事故处理案卷质量进行考核评议，共对39个案卷质量进行了评议，同时对13个县市区大队开展执法规范明查暗访活动，对执法工作流程和执法办案场所进行了督导检查。2017年年底，全市公安交警534名民警执法记录仪配备率达100％，2039名协警配备执法记录仪1730台，配备率为85％，要求全市一线执法民警严格落实“执法必开机、开机必摄录、摄录必上传”的要求，执法记录仪使用率达100％。

【交通安全宣传】

丰富重要节点安全宣传。抓住重要节点110宣传日、“春运”“全国中小学生交通安全宣传日”“430道路交通安全日”、清明节、五一小长假、中秋节、国庆小长假、“12·2全国交通安全日”、12·4宪法日暨全国法制宣传日等积极开展形式多样的宣传活动，受宣教人数达5万人次。

深化新媒体教育作用。开展“手机微直播”活动，2017年发布微博1927条，发布微信980条。联合“新浪山西”推出了“交通秩序整治直播月”活动。

突出主流媒体宣传效应。在媒体发布各类稿件200余篇次，中央电视台2篇，省级媒体65篇，市级媒体150篇。通过MAS信息发布平台向社会发布文明交通宣传主题信息42条，接收人数159601人次。

建设道路交通安全教育基地。在吕梁市、孝义市、文水萨能驾校、文水吉宏达驾校、兴县宏恩驾校和临县一帆驾校6个道路交通安全宣传教育基地，开展宣传教育活动，共有28457人次参观学习。

（市公安局交通警察支队）

·公安消防支队·

【概述】

2017年，吕梁市公安消防支队围绕“抓基础、保稳定、重落实、谋发展”工作思路，奋勇争先，开拓创新，在深入学习贯彻“维护核心、听从指挥”主题教育、推进“两学一做”学习教育常态化制度化、提升部队实战能力、加快消防基础设施建设、加强社会面火灾防控等方面做了大量工作，有力地保持了部队管理和火灾形势“双稳定”。全年全市消防部队累计接警654起，出动消防车辆1348辆次，消防官兵7998人次，抢救被困人员248人，疏散人员180人，抢救财产价值1127.2万元。

【思想政治工作】

坚持固本筑魂。2017年，吕梁市公安消防支队以习近平总书记“四句话、十六字”总要求为指引，以“维护核心，听从指挥”、两学一做学习教育常态化、制度化和学习贯彻党的十九大精神为主线，将各项教育活动打包推进、统筹开展，从思想上行动上补钙、筑魂，确保任何时候任何情况下都能听党话、跟党走，筑牢信念之本和思想之魂。丰富警营文化生活。组织开展读书、朗诵、合唱、书画摄影、升旗等系列活动6次，分批次组织官兵赴电影院线观看主旋律电影20余场次，邀请艺术家与官兵开展书法、绘画、象棋等互动活动3次，成立文艺小分队并深入基层开展慰问演出7场，投资10万余元改造支队队史馆，累计投资304万元建成标准规模红门影院10个，投资50余万元完成8个中队荣誉室改造，投资34万元拍摄消防主题微电影并喜获全省三等奖。强化关爱暖心举措。支队利用春节、八一等节日，为基层单位和烈士、伤残、家庭困难官兵发放慰问金8.5万元、为基层发放篮球、乒乓球拍等小型文体器材100余件套，大力协调民政、教育等部门为官兵及专职消防人员子女办理初中、小学、幼儿园入学11人次。2017年，支队先后23人荣立三等功，10个集体和14名官兵受到总队表彰。

【灭火救援实战能力提升】

吕梁市公安消防支队抓安全保稳定。始终将安全工作放在第一位，通过签订责任书，定期召开安全形势分析会，编发安全提示短信，实时运用科技管控手段对全市消防部队重点区域实现“管、防、控”一体化监管，确保了部队的高度安全稳定。抓实战强素质。支队坚持从难从严从实战锤炼部队，推行“三严三先”教育管理思路，落实党委议教议训制度，党委常委带头参训，在全市消防部队掀起训练高潮，在全省组织的夏季比武竞赛中取得优异成绩，并将熟悉演练工作与“四长”包保、微型消防站调动、联勤联训等工作同步开展。全年开展熟悉演练1526次，与企业专职队、微型消防站联勤联训143次，修订完善预案909份、排查水源964处，成功处置“9·5”汾阳高速液化气槽车侧翻、“12·8”青银高速30吨纯苯槽罐车泄漏、“12·8”汾阳一土特产库房火灾等灭火和抢险救援任务。抓发展增实力。投入139.64万元购置4台无人飞行器和36台公网集群对讲机；投入117.5万元建设消防安全大数据研判平台及重点单位应急预案数字化项目、升级接处警系统程控调度交换机、更换支队网、FTP服务器和UPS不间断电源，对全市3G单兵升级为4G单兵，全面推进科技支撑信息化，保障随时拉得出、用得上，全面提升灭火救援实战能力。

【后勤保障】

消防经费稳步增长。2017年，全市到账经费总额8845.12万元（其中支队本级到账2959.84万元，大队级单位到账5885.28万元），同比增长17.8%；营房建设稳步推进。全年营房总投资8577万元，新增土地面积39653平方米，建筑面积22299平方米。兴县、交口消防站投入执勤，支队新建特勤消防站、柳林二中队完成建筑主体施工，石楼、方山、支队新建特勤消防站附属楼（公寓房）办理施工许可证并开始动工；装备保障稳步提升。全年共投入装备采购款3085.86万元，采购12台消防车、8473件（套）消防装备；同时构建“战区辐射、集中储备、社会联勤”的战勤保障体系，与社会单位签订各类型《消防联勤保障协议》72份，战时可一次性调派保障类消防车6辆，补给泡沫灭火剂40吨，保障抢险救援装备550件（套）。

【净化消防安全环境】

抓责任促落实。2017年，吕梁市委市政府、市公安局高度重视消防工作，多次召开会议安排部署，主要领导先后深入一线调研指导消防工作20余次；推动各县（市、区）政府、消防安全委员会成员单位签订《2017年度消防安全工作责任书》；以《吕梁市行业系统和社会单位消防安全标准化管理指导手册》为基础，通过召开会议、集中约谈、培训指导等方式大力推进消防安全重点单位“四个能力”建设，全市1132家重点单位全部落实“六加一”措施，群防群治消防工作格局全面形成。

抓源头除隐患。以党的十九大消防安保为主线，开展冬春火灾防控、夏季消防大检查、高层建筑及电气火灾消防安全综合治理，精准排查“一高、一低、一大、一化工、一文物”五大关键场所和“人员密集、易燃易爆、老旧住宅、三合一、群租房、电动车”六大火灾高发领域，严格落实“四长包保”责任制度和“每日一查”要求，依法从严整治火灾隐患。2017年，全市各级消防机构共检查单位15842家，督促整改火灾隐患17487处，临时查封156处，责令“三停”单位125家，罚款594.12万元，拘留125人，大幅净化了全市消防安全环境。

抓精准造氛围。支队邀请5名象棋世界冠军开展消防宣传代言，投放“全民消防我代言”海报1万余处，市级媒体开办专栏3个，专版2个，曝光火灾隐患70余处；全市高速公路、公交车、楼宇电视、设有LED屏幕的单位全天滚动播放自主拍摄并获全省评比第一名的消防微电影《我们的选择》和消防公益广告、消防安全提示标语3000余次，在电影院、KTV等娱乐场所积极播放开机前消防安全公益广告1万余次，印制张贴《电动车专项治理通告》4600余份，通过“消防安全进军训”培训师生27898人；山西电视台刊发新闻35条，省级报刊刊发新闻90条，发放消防知识手册10万余份，发送消防提示短信4万余条，营造良好的消防宣传氛围。

（市公安消防支队）

检察

【维护市场经济秩序】

2017年，吕梁市检察机关开展“发挥侦查监督职能、优化营商环境”和“发挥公诉职能、推进产权保护、优化营商环境”两个专项活动，共批准逮捕破坏社会主义市场秩序犯罪和侵犯财产权犯罪499件667人，提起公诉508件844人。开展“服务营商环境民事行政执行检察监督”专项活动，配合法院加大执行力度，共受理涉企合同执行监督案件147件，办结116件，涉案标的额7768万元。

【打击刑事犯罪】

2017年，吕梁市检察机关与公安、法院密切配合，充分履行批捕、起诉职能，共依法批准逮捕1221件1584人、提起诉讼2240件3129人。突出打击重点影响社会稳定的犯罪，办理故意杀人案件32件36人，依法审查起诉方山县张某某黑恶势力案件和公安部督办的宋某等21人贩卖毒品案件。依法惩治非法吸收公众存款、造成重大社会影响的非法民间借贷等涉众型经济犯罪，做好王某莲非法吸储案件后续工作，维护经济秩序稳定。

【惩治腐败】

2017年，吕梁市检察机关从“集中统一、权威高效”监察体制改革的总目标出发，严格执行省委政法委出台的“1+4”十项工作制度和省检察院制定的两个工作《规程》，共受理监委移送案件28件43人。经审查决定逮捕12件13人，决定取保候审16件30人，提起公诉14件17人，同步审查职务犯罪判决15件23人。与市监委、法院、公安、司法等召开联席会议，就案件移送、律师会见、补充调查等进行充分沟通，并与市公安局就执行逮捕职务犯罪案件嫌疑人措施形成会议纪要。开展贪污贿赂案件刑事审判监督专项活动，对全市办理的贪污贿赂案件进行了摸底自查，调取98份起诉内卷，全市检察机关提出抗诉2件6人，市检察院提请省检察院抗诉2件2人。

【化解矛盾纠纷】

2017年，吕梁市检察机关推进创建市检察院“全国文明接待室”，重新规划建设信访接待大厅，高标准建设候访接待、远程接访、心理疏导等7个专用接待室；加强制度建设，建立健全了日常信访接待、检察长接访、接待文明用语规范等11项制度。健全来信、来访、电话、网络“四位一体”群众诉求表达机制，发挥律师在化解涉法信访案件、维护群众合法权益中的重要作用，聘请吕梁太初律师事务所参与信访值班，共参与接访50次。突出纠正冤假错案，加大刑事申诉案件办理力度，共立案复查刑事申诉案件53件，在办理省检察院交办的运城市农机发展中心不服运城市人民法院作出的张某贪污、受贿罪判处无罪的刑事申诉案件中，抽调精干力量组成专案组，历时1个月在运城市调查核实证据50多份，询问相关证人20余名，认为法院判决确有错误，报请省检察院提出抗诉意见。

【刑事诉讼监督】

2017年，吕梁市检察机关加强对刑事立案和侦查活动的监督，监督公安机关立案51件75人、撤案38件，依法追捕33人、追诉94人，办理延长侦查羁押期限案件97人，纠正侦查活动违法行为126件，同比下降24%，监督行政机关移送案件10件10人，同比下降11%。加强对刑事审判活动的监督，重点监督定罪不当、枉法裁判、程序违法和量刑严重失衡，共提出抗诉47件，法院改判和发回重审44件，纠正审判活动违法134件。坚持“同步、全程、完整”命案介入侦查工作机制，介入命案42次，落实与市公安局会签的《介入侦查引导取证工作办法》，前移监督关口，严把侦查关、取证关、补侦关，提高办案质量和效率。

【民事检察监督】

2017年，吕梁市检察机关推进民事检察一体化建设，开展“基层推进年”专项活动，落实“十个一”要求，不断拓宽监督范围，重点监督民间借贷、破产清算、离婚财产分割等案件，共审查处理各类民事监督案件795件，提请抗诉20件。作为民事公益诉讼非试点地区，做好培训工作，邀请全国民行专家授课，针对污染环境、食品药品安全领域做好案件线索摸排工作，办理民事公益诉讼案件1件。坚持穷尽调解原则，加强检调对接，积极有效化解双方矛盾，取得了良好的社会效果，办理和解、撤诉等息诉案件58件。

【行政检察监督】

2017年，吕梁市行政检察部作为新成立部门，全面加强对行政生效裁判、调解和行政审判、执行活动的监督力度，对行政执行活动提出书面纠正意见53件，同比上升幅度较大；对行政审判程序违法提出书面纠正意见36件，对行政生效裁判提出再审检察建议1件；市检察院提请省检察院抗诉2件。大力推进行政公益诉讼，针对生态环境和资源保护、食品药品安全、国有财产保护、国有土地使用权出让等4个重点领域，行政公益诉讼立案41件，发出诉前检察建议37件，工作位居全省前列。在办理省检察院交办的岚县昌恒煤焦有限公司非法排污案件中，查明该公司向汾河上游水源地非法排放污水的事实，迅速决定对岚县水利局、环保局怠于履职的行为立案审查，并对岚县公安局发出立案监督检察建议，公安部门立即对涉嫌刑事犯罪的2名责任人立案侦查并移送审查起诉。开展“互联网+阳光百姓”工程，所辖网络平台全部上线运行，及时向社会公开涉农资金信息，全市共录入涉农项目1683个，纳入涉农资金138亿元。

【刑事执行检察】

2017年，吕梁市检察机关实现执行监督从“办事模式”向“办案模式”转变，共监督纠正刑事执行违法案件789件，提出羁押必要性审查建议被采纳131，纠正超期羁押49人。全面加强刑罚变更执行监督，对汾阳监狱提请减刑、假释、暂予监外执行的案件进行逐案审查，共审查三批次减刑案件547件。开展财产刑执行专项检察，发出纠正违法通知书246份，督促执行立案617件，监督执行金额759万，其中五类罪犯执行金额523万元，着力解决财产刑执行中有案不立、有案不移、涉案财物管理混乱等突出问题。做好社区矫正专项巡视检察，联合市司法局进行“回头看”，共发出纠正违法通知书80余份。

【司法体制改革】

2017年，吕梁市检察机关制定《关于落实司法责任制的实施意见》《业务部门年度工作目标》，细化业务类检察人员权力清单，明确员额检察官职责权限和办案数量，突出检察官办案主体地位。全面推行新的办案模式，市检察院3名入额院领导办案30余件，多名基层院检察长出庭支持公诉，员额检察官承办的案件无一涉检信访，通过政府购买服务形式招录77名聘用制书记员，增强办案辅助力量。在赋权明责的同时加强监督，采取“以随机分案为主、指定分案为辅”的案件分配方式，推行首办承诺、痕迹管理、专家咨询、案件评查等制度，加强案件管控，减少人为干预，提高案件质量，交叉评查案件40件。

【监察体制改革】

2017年，吕梁市检察机关贯彻落实中央和省委、市委关于深化国家监察体制改革试点工作的部署，统一思想认识，强化政治担当，做好人员转隶前的各项准备工作。按照市纪委的要求完成了对转隶人员“六查”工作，确保了吕梁市国家监察委员会能够按照既定程序、时间顺利挂牌成立，全市共转隶208人，占23.6%。市检察院转隶39人，占25.4%。做好车辆、设备、线索移送工作，市检察院移送314余万元的设施设备，其中车辆4辆、侦查设备102套，案件线索按规定全部封存移送。

【内设机构改革】

2017年，吕梁市检察机关配合人员分类管理，全市检察机关按照省检察院、省编办统一模式，全面完成了内设机构整合改革。市检察院按照“7+5”模式，内设机构从22个整合为12个；孝义市检察院按照“5+2”模式，交城、文水、汾阳、离石、柳林、中阳、临县、兴县、交口9个县院按照5个内设机构“基本”模式，方山、石楼、岚县3个县院按照“5−1”模式，内设机构分别从9至11个减少到4至7个。改革完成后，市检察院及时将改革情况梳理汇总，书面向市委、市人大、市政府和省检察院作专题汇报。

【推进公益诉讼】

2017年，在高检院全面部署开展检察机关提起公益诉讼工作后，市、县两级院迅速成立领导组，切实加强对工作的统一领导，主动向各级党委、人大、政府书面汇报工作开展情况。集中对一批线索进行严格审查，采取“分片包县”的方式，深入基层院蹲点督导，加大案件办理力度，基层院全部消灭立案空白。开展公益诉讼宣传周活动，印制并发放6万余本宣传册，邀请人大代表、政协委员、纪委监委、法院以及四个重点领域涉及的行政机关主要负责人进行座谈，在《吕梁日报》开辟公益诉讼专栏，拍摄公益诉讼专题片在全市电视台黄金时段播放，多措并举提升公益诉讼工作的群众基础和社会认同。

【认真接受省检察院巡视】

2017年，吕梁市检察机关认领认改，对省检察院党组反馈的36个问题照单全收，7次召开党组会，研究制定一个方案和“三大清单”，对照市委巡视“回头看”，又自查2个问题，提出108条整改措施，全员动员参与整改，全面推进从严治检。立行立改，针对办公用房不规范、违规使用公务用车等5个方面问题，严肃追究责任，逐一纠正落实，巡视期间全部整改完毕，同步开展了对两个基层院的巡察。建章立制，召开了专题巡视民主生活会，逐项安排检点、查漏补缺，制定完善29项规章制度，建立了长效抓落实的机制。

【班子队伍建设】

2017年，坚持严管厚爱结合、激励约束并重，吕梁市检察院配备了新的纪检组组长，提请市人大常委会任命了2名检委会专职委员，新提拔2名正县级调研员，调整了党组成员分工，规范了党组会议，班子执行力得到有效强化。全面加强“三基建设”，完善“两图三册”，加强了基础工作建设；制定《工作规则》《公文处理规定》《督办工作制度》，推行“工间操”制度，提升了队伍凝聚力和向心力。坚持以赛代训促进队伍建设，积极参加省检察院业务竞赛，3人分获刑事申诉检察“业务标兵”“业务能手”和案件管理“业务标兵”称号。

【纪律作风建设】

2017年，吕梁市检察机关落实主体责任，制定《党组落实全面从严治党主体责任清单》《贯彻落实中央“八项规定”实施细则》，利用谈话提醒和关爱教育等方式，及时发现和纠正问题，加强正面引导，规范干警行为。部署省检察院构建“五责”链条体系和规范党内“五谈”工作，就“两个责任”落实过程中存在的问题进行及时整改，重大节假日发送廉政提醒短信6000余条，提醒谈话5人，函询4件4人。强化执纪问责，开展专项检务督察18次，核查检察人员违法违纪举报线索19件，开展“纪律条规宣传教育月”活动，组织全市577名干警进行闭卷考试。

【执法司法规范化建设年】

2017年，吕梁市检察机关强化统一业务应用系统日常审核和流程监控，发现并纠正不规范问题2000余条，促进了司法办案规范化水平不断提高。组织开展法律文书释法说理大讨论等五项专项整治，从健全制度入手，做到执法办案各个环节制度化、标准化，接受省检察院两次检查和验收，并得到充分肯定。把好涉案财物出入库关，严格实行一案一账、一物一卡，切实加强对扣押、冻结款物工作的监督制约，建立涉案财物管理情况备案制度和通报制度，确保涉案款物管理工作有序运行。

【检务公开】

2017年，吕梁市检察机关拓宽宣传渠道，借力门户网站、微博、微信、今日头条等新媒体，结合检察工作实际，有层次、有目的地推进检察宣传工作，共发布案件程序性信息3776条，重要案件信息28条，法律文书2092份。强化服务意识，依法保障律师和当事人权利，共为律师提供阅卷312件次，复制卷宗294件1035册，为单位和个人提供行贿犯罪档案查询35234件次。开展检察开放日活动，邀请人大代表、政协委员和各界群众零距离感受阳光检察。

【接受监督】

2017年，吕梁市检察机关第一时间向党委、人大、政府、政协等报告内设机构改革、提起公益诉讼等重大改革推进情况，征求意见建议。配合市人大对全市司法改革情况进行了调研，人大常委会拟于12月底听取审议全市检察机关“深化司法改革、促进司法公正”专题报告。加强人民监督员工作，邀请人民监督员监督评议检察机关拟不起诉案件16件16人。

【社会综治和法治建设】

2017年，吕梁市检察机关做好十九大期间信访工作，专门制定应急预案，做好案件排查和重点人员防控，实行24小时值班制度，制定9条应急处置办法，全年无涉检赴省进京非正常上访。落实“谁执法谁普法”的责任制，开展“12·4”普法宣传周活动，围绕争议焦点释法说理，现场接受群众法律咨询，有效推动形成学法、守法、用法的良好氛围。加强对未成年人的司法保护，依托“法治进校园”活动，在全市10余所大中专院校开展法治巡讲，形成与学校、社区、社会的联动教育。

【智慧检务】

2017年，吕梁市检察机关强化科技信息手段在检察工作中的运用，提高远程视频提讯、接访系统的使用效能，先后投资150余万元对涉密机房和不间断电源进行升级改造、重新修建远程接访室，进一步发挥信息化建设为检察工作提级升档的保障作用。做好日常运营维护，调整办公用房160余人次，完成附属楼内外网络建设，保障全院视频会议正常运行。开通“吕梁检察移动检务”平台，实施“工作日志”制度，全体干警每天梳理工作情况上报日志平台，形成本职工作努力干、配合工作积极干、综合工作抢着干的良好氛围，增强检察干警工作的自觉性和主动性。

（市人民检察院）

法院

【概述】

2017年是吕梁市中级人民法院发展史上具有十分重要意义的一年。3月，第一批员额法官通过层层选拔诞生，开始以团队为单位组成合议庭开庭审案，司法改革落地见效。5月，省高院邱水平院长来到市中院考察，对市中院在党的建设、司法改革、审判监督管理等方面工作表示肯定。10月，党组班子配齐，3名副院长、1名纪检组组长到位。

2017年，全市两级法院以党建工作为统领，形成学用习近平新时代中国特色社会主义思想和党的十九大精神的浓厚氛围，大力加强审判执行工作，全面推进司法体制改革，着力打造过硬法院队伍，各项工作取得新进展。出现一批亮点工作：市中院在全省首次引入第三方评查案件，受到邱水平院长高度赞扬；妥善审理当前全国规模最大、涉案负债580多亿元的联盛32家公司破产重组案，召开第二次债权人会议，裁定批准联盛重整计划并终止联盛重整程序，实现省委市委提出的平稳重整和涅槃重生的目标，为防范和化解吕梁乃至全省金融风险作出巨大贡献。截至2017年12月，全市法院共受理各类案件37235件，新收30631件，同比上升1.68%，结案率为94.18%，比上年同期提高10.93个百分点；诉讼案件审结26194件，结案率95.98%，居全省第七。中院受理各类案件5073件，审结4754件，结案率93.71%，比上年同期提高3.24%；一举摆脱了全省末流的尴尬境地。

【队伍建设】

履行党组主体责任。2017年，吕梁中院党组书记杨泽民落实管党治党主体责任，主动扛起一把手首责主责全责，其他班子成员协调配合、明确分工、各司其职、各尽其责，实现工作无缝对接，凝聚工作合力。年初召开全市法院首次党建工作会议，年底集中听取基层法院党建汇报；建立健全《党组工作规则》《2017年度党建工作要点》《机关党委工作制度》《党支部工作制度》等机关党建工作制度和责任机制，重点解决党建工作散乱、组织生活不规范、政治生活质量不高的问题，提高党建工作的制度化、规范化、科学化水平。制定党风廉政建设党组主体责任清单，一把手与党组成员、中层部门负责人、基层法院院长签订责任书。

贯彻落实纪检监督责任。支持纪检监察部门依规进行执纪监督，建立完善《干警廉政档案》136份，实施《廉政监督卡制度》，发放《监察对象告知书》46份。

提高政治站位。牢固树立“党是领导一切的”政治意识，成立吕梁法院系统党校，党组书记杨泽民为全院干警讲党课2次，其他党组成员轮流讲党课6次，引导广大干警旗帜鲜明讲政治，严守政治纪律和政治规矩，牢固树立“四个意识”，始终在思想上政治上行动上同以习近平为核心的党中央保持高度一致。

强化意识形态教育。开展向党旗宣誓、法官入额宣誓、“12·4”宪法宣誓活动，自觉抵制“宪政民主”“三权分立”“司法独立”等西方错误法治观念和错误思潮，坚持办案的“三效”统一，确保人民法院司法“刀把子”始终掌握在党和人民手中。

严肃党内政治生活。认真落实《中国共产党廉洁自律准则》《中国共产党自律处分条例》，严格执行党组中心组学习和“三会一课”制度，按时召开支部党员大会、支部会议、党小组会议，按照规定主题、要求和程序召开专题民主生活和组织生活会，要求每名党组成员自定主题、自定内容，带领党组共同学习一个月，共召开中心组学习12次，专题讨论6次，班子成员以普通党员身份参加所在支部的组织生活32次，党内政治生活的政治性、时代性、原则性和战斗性不断增强。

以鲜明的选人用人导向引领党内政治文化建设。坚持德才兼备、敢于担当、公道正派的原则，将政绩、担当、能力、奉献和廉洁作为评价干部的标准，配齐配强党组领导班子，选拔副处级以上领导干部9名，任用中层干部6名，旗帜鲜明地反对拉关系、跑官要官和“潜规则”，确保选出的干部组织放心、干部服气、群众满意。

严格落实中央“八项规定”。制定《吕梁中院贯彻落实八项规定精神实施细则》，建立反“四风”长效机制。在五一、中秋、国庆等节假日期间开展落实“八项规定”和纠正“四风”问题专项监督检查。认真开展巡视巡查整改自行“回头看”，形成问题、目标、措施“三清单”。

加强党内监督。全市法院纪检监察负责人与监察对象谈话121人次，中院党组书记与班子成员、班子成员与分管部门负责人、部门负责人与干警开展廉政谈话147人次，让红脸出汗、咬耳扯袖成为常态。开展党员领导干部述职述廉，接受监督评议，其中县处级干部36人次，乡科级干部88人次。19名副处级以上领导干部严格依照规定向组织报告个人有关事项，主动接受组织监督。

开展纪律作风整顿。开展“把纪律挺在前面”专项活动和司法规范化建设年活动，党组书记、院长杨泽民以“讲规矩、抓纪律、强作风、促提升”为专题讲党课，集中整治“冷硬横推”“吃拿卡要”“慵懒散奢”等不良习气，下大力气解决“六难三案”，工作作风、司法作风进一步好转。

强化廉洁警示教育和执纪监督。受理、处置各类信访、网络举报线索70件，给予党内严重警告处分5人，行政记过或记大过处分2人，开除1人，因涉嫌刑事犯罪被移送司法机关1人。

加强队伍建设。加大教育培训力度，组织干警参加国家法官学院举行的培训30期123人，安排相关人员参加本级部门组织的各项培训共6期69人，参加中央政法委组织的政法干部视频讲座1000余人次以及其他各类讲座400余人次；开展技能比武、观摩庭审、裁判文书评比等活动，不断提高广大干警为民司法、公正司法的意识和能力。2017年有4名个人、3个集体获得省级以上表彰，中院继2人先后被评为全国模范法官、全国办案标兵之后，又有1名被评为全国法院先进个人。

【服务大局】

2017年，吕梁中院党组坚持重大事项向党委报告制度，如联盛破产重组案、柳林王某某非法集资案、“8·22”特大跨省团伙贩毒案，及时向省高院和市委政法委作书面请示汇报，庭前制定应急预案、庭审提纲、召开庭前会议，确保庭审活动安全高效进行。制定服务和保障经济转型发展和军队、武警部队全面停止有偿服务的实施意见，妥善审理全国规模最大、涉案负债580多亿的联盛32家公司破产重组案，基本实现省委、市委提出的平稳重整和涅槃重生的目标，为防范和化解吕梁乃至全省金融风险作出应有的贡献。

【刑事审判】

2017年全市两级法院共受理刑事案件3215件，新收2857件，结案率为96.36%。中院受理刑事案件645件，新收588件，结案率为98.30%。全市刑事、治安案件发案同比下降22.2%、13.3%，人民群众的安全感和满意度明显提高。从严惩处故意杀人、抢劫、绑架、盗窃、涉黑恶势力、涉枪爆等严重影响人民群众安全感的犯罪483件，推进平安吕梁建设；严格审理合同诈骗、非法经营、强迫交易、非法转让倒卖土地使用权以及假冒注册商标、销售假冒注册商标商品等犯罪87件；审理职务犯罪案件，审结贪污、贿赂、渎职等二审职务犯罪案件41件87人，为经济转型发展提供良好的法治软环境；依法妥善审理未成年人案件1件，坚持“教育为主、惩罚为辅”原则，“寓教于审”，切实体现司法的人文关怀，帮助未成年犯改过自新。坚持打击犯罪与保障人权并重，严把案件质量关，严防冤错案件，依法为4案6名被告人指定辩护人，依法宣告无罪2件3人，建议检察机关撤回起诉2件3人。深入推进量刑规范化，坚定不移贯彻落实省高院印发的15种《〈关于常见犯罪的量刑指导意见〉实施细则》，严格执行细化后的量刑标准，用实际行动向统一量刑尺度、准确高效量刑、量刑公开透明迈出坚实的步伐；坚持宽严相济政策，严格把握裁判尺度，共受理411件减刑案件，对382件案件从严变更减刑幅度，对1件减刑案件依法裁定不予减刑，该严则严、该宽则宽，充分体现罪刑责相适应，维护社会安定。

【民商事纠纷化解】

2017年全市法院主动服务全市经济工作主线，努力为吕梁经济转型发展创造良好的投资发展环境。全市法院共受理各类民事案件21176件，新收18017件，同比上升4.40%；结案20311件，结案率95.92%。依法保护产权，平等保护各类市场主体，审结各类合同纠纷案件492件，建设工程纠纷案件286件，通过正确认定合同效力，惩治恶意违约行为，积极营造投资发展良好法治环境。

【行政纠纷化解】

2017年，全市法院共受理行政案件1013件，新收915件，同比上升2.35%，审结970件，结案率95.76%。中院受理393件，审结360件。妥善审理土地征收、城建拆迁、工伤保险、治安管理等涉民生案件104件，坚持在维护公共利益的同时，统一裁判标准和处理方式，做到有错必纠，行政机关一审案件的实体败诉率达10.6%；主动延伸审判职能，自觉服务党委、政府中心工作，积极与晋中中院、晋中市法制办沟通协调，及时掌握第一手资料，传递党委、政府中心工作动态；切实解决不动产案件乱管辖问题，在吸收先进法院成功经验的基础上，大胆裁定移送管辖10余件，取得良好的社会效果与法律效果；依法裁定驳回2件长期反复提起诉讼案件，节约司法资源，努力维护社会秩序；向行政机关发放2份司法建议，确保将行政机关负责人出庭应诉工作纳入行政机关法制化轨道；认真推行庭审方式改革，坚持举证责任倒置的前提，利用人民陪审员的参审价值，努力实现繁简分流机制。

【信访维稳】

2017年，吕梁中院发挥院领导在处理涉诉信访工作中的作用，严格执行“周三院领导接待日”制度，共接待来访群众297人次；安排专人驻北京接待219人次、驻郑州共接待149人次；驻市委信访接待大厅接待118人次来访群众；及时处理各类涉诉涉访信件，转办省高院转来的群众来信36件，转办市人大信访介绍信17件，办理并答复社情民意通道服务热线办理卡29件，转交并督办群众寄给院长邱水平的信件16件；制定《律师接访工作制度》，与律师事务所签订法律服务合同，成立吕梁中院涉法涉诉信访案件专项法律服务团队，进驻律师共接待来访群众92人；在全市法院开展“清理化解赴省进京重复访滞留访案件活动”，提前对全市法院赴省进京访案件摸清底数、建立台账、归类分解，对114件信访案件甄别研判，综合施策，多元化解；对十九大期间重点涉诉信访人员进行认真排查，院领导包片督导化解案件，为十九大胜利召开营造了良好的社会环境。

【司法改革】

2017年，吕梁中院党组成员身体力行，亲自参加法官入额遴选考试，亲自带队组建审判团队，推动司法体制改革向纵深发展。

司法人员分类管理改革基本到位。员额制改革全面完成。全市共遴选产生278名员额法官，占中央政法专项编制总数的32.1%，中院47名，占比30.9%，实现了预定不超过39%的比例控制。按照“法官+法官助理/事务助理+书记员”的模式组建新型审判团队79个；建立院庭长办案工作机制，两级法院院庭长审结14 857件，占比47.60%，中院入额的19名院庭长共结案1 571件，人均结案数达83件，同比增长113.45%，占结案总数的37.51%。通过政府购买方式招聘书记员207名。

司法责任制得到有效落实。改革裁判文书签署机制，落实“谁审理、谁裁判、谁负责”的要求，不断完善审判委员会工作机制和审判权运行监督制约机制，探索建立刑事、民事专业法官会议制度，统一法律适用和裁判尺度。

司法职业保障制度不断完善。基本完成法官单独职务序列评定，兑现法官单独工资和各类津贴补贴。

人财物省级统管改革有序推进。完成编制人员上划以及人员经费和核对控制数的工作，稳步推进人财物省级统一管理。通过司法改革，激发工作热情和活力，促进审判质效提升。截至2017年12月，全市两级法院庭审直播率超过全省约束性指标要求、一审案件改判率3.91%、发还率3.51%、申请再审案件发回重审率0.39‰、久押未决案件清理率均达到约束性指标要求。

推进以审判为中心的刑事诉讼制度改革。完善冤假错案有效防范、及时纠正机制。2017年，全市两级法院刑事案件补查补正率达33%，建议检察机关撤回起诉2件3人；积极推进庭审实质化，通过完善证人、鉴定人、侦查人员出庭制度，强化控辩平等对抗，保障被告人和律师诉讼权利，使案件证据、争议焦点、控辩双方的意见等审判要素在庭审中得以充分展示，真正实现诉讼证据出示在法庭、案件事实查明在法庭、控辩意见发表在法庭、裁判结果形成在法庭。全市法院刑事一审案件证人、鉴定人、侦查人员出庭49件，出庭率为3.2%；当庭宣判155件，当庭宣判率为10%；依法为34名一审案件被告人指定辩护人，刑事案件辩护率达67%；严格落实非法证据排除规则，严格执行关于办理刑事案件排除非法证据若干问题的规定，依法保障被告人的合法权益。2017年共召开庭前会议26件次，开展非法证据排除19件，排除非法证据4件。

【执行工作】

2017年，全市两级法院共受理执行案件11042件，新收8061件，同比上升5.11%，已结9922件，结案率89.86%。

完善执行工作体制机制。由市委政法委牵头成立领导组，与检察、公安、国土、工商、银监等10部门联合开展执行大会战活动，形成党委领导、政法委协调、人大监督、政府支持、法院主办、部门配合、社会参与的综合治理执行难工作新格局。中院、离石、文水、岚县法院建成执行指挥中心，并与省高院执行指挥中心完成初步对接，基本形成统一管理、统一指挥、上下一体、内外联动的执行管理体制。

建立完善网络执行查控系统。全市两级法院与公安、国土、工商、银行等10多个部门建立网络执行查控系统，对每一执行案件进行房产、存款、车辆、股权等“四查”，为7451件案件提供查询冻结服务，共冻结资金1.86亿元，查封房产416套，执行到位标的额5.36亿元，有效维护了申请执行人的合法权益。

大力推进网络司法拍卖。全市两级法院全部入驻淘宝司法拍卖平台，全程接受网民监督，共有106件案件进行网络司法拍卖，成交额为817.476 3万元，成交率为84.21%，溢价率为11.48%，监督记录62件。其中，兴县法院网络拍卖67件，中院标的物成交率为100%，溢价率为10.98%，均居全市法院之首。

加强对失信被执行人的联合信用惩戒。联合多部门构建失信被执行人信用惩戒网络，通过《山西法制报》、《吕梁日报》、吕梁电视台、微博、微信平台等多形式公开曝光失信被执行人1 321人，失信被执行人名单纳入率超过32.07%，移送拒执犯罪6人，初步形成“一处失信、处处受限”的信用惩戒格局。

开展各类专项活动。开展“涉企合同执行难”专项整治和涉金融债权执行案件专项清理活动，执结相关案件432件，执行到位金额15067.88万元。开展执行大会战专项活动，受到了省高院和市委政法委充分肯定，执行局的四位人员在省高院召开的执行工作推进会上被评为全省执行工作先进个人；开展执行攻坚跨年大行动，制定“跨年攻坚大行动”工作方案，成立四个督导组，开展院长、院领导执行办案擂台赛，每名院长和院级领导带头办案，办“钉子案”，全面投入执行攻坚直接办案活动，为兑现“基本解决执行难”的庄严承诺不懈奋斗。

【信息化建设和司法公开】

2017年，全市法院基本完成了信息化3.0建设目标，智慧法院雏形已现。

加强基层基础建设，推进全业务网上办理。全市两级法院依托数字法院办案系统、执行办案系统，推进立案、分案、审判、执行等全业务网上办理；建成执行指挥中心，实现省、市、县三级法院对接；进行电子档案升级更新，完成新审判大楼弱电项目招投标；完成标准化机房改造升级，完善视频会议系统、远程视频提讯系统、远程视频接访系统，建成科技法庭31个，安装新浪直播系统6个。中院建成数字审委会系统，安装办公OA、电子签章、Cocall即时通信软件等系统，进一步推进办案、办公的自动化、网络化、无纸化、协同化。

构建开放、动态、透明、便民的阳光司法机制，推进全流程依法公开。全市两级法院全部建成审判流程、庭审活动、裁判文书、执行信息四大公开平台。推进审判执行流程节点信息及时公开，变当事人千方百计打听案情为法院主动告知。大力推进庭审公开，开展院庭长庭审直播月活动，中院院庭长带头庭审直播117场次，全市法院网络庭审直播 1 357 场次，庭审直播比率 3.87%，超过审判质效约束性指标 3% 的最低值。依法、全面、及时、规范公开生效裁判文书 24890 份，文书上网比率 85.43%，比上年同期提高 47.78 个百分点。通过法院政务网站、微博、微信、手机 APP 等方式，及时发布审判执行、司法政务等动态信息，中院官网访问量超过 81 万，微博粉丝量超过 60 万，微信用户数超过 5000，点击量和发稿量稳居全省中院前三。

深入应用数字法院业务系统，推进全方位智能服务。依托审判执行流程管理应用系统，强化节点管控和审限监督，促进审判质效提升。安装部署裁判文书直报系统、统一身份认证系统、电子卷宗随案同步生成系统、法官工作平台，提高智能辅助办案水平，减轻法官办案压力。中院率先使用便携式科技法庭，助力基层巡回审判，推动办案系统向移动延伸。文水法院推出手机 APP 客户端，完成与诉讼服务网及其微信公众号的深度融合对接，让法院和人民群众通过指尖上的互动实现“微”距离。

加强软件应用培训，让公开一“触”即发。开展书记员各类业务培训 10 余次；帮助孝义法院完善庭审直播系统，帮助文水法院解决视频会议黑屏问题；改造内网网格，实现各庭室全部接通内网，让法院内部越来越多的人学会如何公开，如何高效公开，让公开在指尖“一触即发”。

【审判管理】

坚持通报制度。2017 年吕梁市中级人民法院查询清理 3 年以上长期未结诉讼案件，书面情况分析并上报省法院；对 3 年以上长期未结诉讼案件、超期羁押案件进行督办，发出督办函 42 份，督办案件 62 件。截至 2017 年 12 月 31 日，5 年以上未结诉讼案件全部清理，3 年以上未结诉讼案件审结 55 件，审结率 88.71%。并按月编发《审判管理情况通报》《裁判文书上网情况通报》《长期未结案件督办函》，对全市法院审判执行的各项指标进行统计分析，查找问题，提出有针对性的建议及整改措施，2017 年共完成审判质效管理通报 14 次。

坚持案件评查。按季度在庭室之间交叉评查，组织案件评查 199 件，完成案件评查通报 5 次；组织对江苏省吉安市两级法院上网文书进行评查，共评查文书 140 份，书面上报相关材料于省法院、最高院；组织全市各基层法院上网文书进行互评，对评查情况进行通报并整改；组织对优秀裁判文书进行选评，选出优秀裁判文书 10 份。对个性问题，责成相关人员限期整改；对共性问题，及时层报审委会，由院长、审委会安排相关部门进行调研分析，统一指导审判工作。

首次引入第三方评查机制。组织外聘专家学者、律师、陪审员等 10 余名具有一定法律专门知识的人员，集中对两级法院 2016 年来的近百件改判发回案件、上级或有关机关提出意见要求评查的案件、其他影响较大或引发群体性上访的 100 件案件进行评查，将评查结果计入基层法院、中院法官的业绩考评档案，作为业绩考评依据，并书面上报省院相关材料。

对标对表，强化督促落实。对照全省法院审判质效约束性重点指标要求，制定中院落实方案，将审判管理作为“一把手”工程。党组书记、院长靠前指挥，坚持问题和目标导向，加强对标对表管理，年初亲自部署执法办案工作，7 月和 10 月两次召开全市法院审判质效约束性指标通报视频会议，分析审判运行态势，强化督促、督办，推进审判执行工作健康平稳有序运行。

（市中级人民法院）

司法行政

【社区矫正工作】

市司法局联合市公安局，市

中级人民法院和市人民检察院联合下发了《关于进一步推进社区矫正中心建设的指导意见》（吕司办〔2017〕83号）文件，推动建设吕梁市的社区矫正中心。7月11日，市局组织各县市区司法局局长、分管局长和社矫股股长去介休市和孝义市学习了社区矫正中心建设经验，并在孝义召开了社区矫正中心建设推进会，确保圆满完成此项工作任务。截至2017年低，吕梁市13个县市区基本完成社区矫正中心建设。累计在册社区矫正对象2632人。其中缓刑2528人，管制48人，假释8人，暂予监外执行48人。

【调解工作】

2017，全市各级调委会共调解案件10692件，涉及当事人共24521人，调解成功共10243件，疑难复杂案件有611件。协议涉及金额8172.86万元。不同主体调解情况：村调委会调解案件数7567件、居调委会调解案件数450件、乡镇调委会调解案件数2136件、街道调委会调解案件数156件、企事业单位调委会调解案件数171件、社会团体和其他组织调委会调解案件数366件。共排查纠纷2628次、预防纠纷1976件、防止民间纠纷引起自杀6件、防止民间纠纷转化为刑事案件57件、防止群体性上访34件。

【人民监督员工作】

在上年发布公告，组织报名的基础上，2017年吕梁市司法局重点进行人员选任，从个人报名，组织推荐的186人中，通过单位副科级以上人员评议，择优选取了70人进行了考察，通过考察确定63人为吕梁市人民检察院人民监督员。召开专门会议对63人集中发放人民监督员证书，举办了人民监督员初任培训。

【司法考试】

2017年吕梁市共有587人报名司考，有97人通过，通过率16.5%。

【律师工作】

2017年，吕梁市律师担任法律顾问185家，办理各类案件3248件，其中，民事2019件，刑事1274件，行政案件45件.代书1690份，法律咨询16997人次，公益活动1480人次。

2017年继续加强对律师的考核，规范律师行业管理，并组织律师参与信访接待工作，市直律师事务所以所为单位，轮流坐班市信访大厅，累计接访1000余人次，受到市委市政府及当事人的好评。同时市司法局还通过加强宣传和交流，提升律师的社会影响力。加强宣传，提升律师社会形象。开展多种形式的宣传活动。市直太初律师事务所2017年继续与广播电台合作，主办律师说法栏目，组织骨干律师每周二、五在广播电台接受法律咨询服务。加强与相关部门的交流合作，改善律师执业环境。采取多种方式就律师执业发展等问题加强沟通，改善从业环境。市司法局组织部分骨干律师，参加市政法委的综治工作会，组织离石城区部分律师参加吕梁市检察院、离石城区检察院举办的律师权益保障座谈会。11月18日，组织全市女律师培训会，邀请国家二级心理咨询师罗惠依讲授律师职业礼仪和律师自我化解负面情绪与压力的方法。

【公证工作】

2017年，吕梁市共办理国内民事经济业务约715件，涉外业务约309件，涉港澳台业务15件，收费共15万元。

2017年，吕梁市公证工作的重点任务在11月底前，将全市现有的四个行政体制公证机构（中阳、临县、汾阳、文水）全部转变为事业体制。为此市司法局先后组织各县市区司法局局长召开了全市司法行政工作座谈会、全市公证改革工作调研会，并主动与有改革任务的四个县（市）的县（市）委书记、县（市）长、编办主任主动沟通，确保公证体制改革顺利进行。经过各级各部门的协调配合，吕梁市所有行政体制公证机构于10月16日全部变为事业体制。

【法律援助】

2017年，全市共接待当事人来电、来访咨询18390人次，代书共566份，受理各类案件1815件。受援人总数达20771人次，为受援人挽回经济损失2000余万元。全市14个便民服务大厅全部建成，市中心“12348”法律援助服务热线运行正常，全年为困难群众解答各类法律咨询590人次。

开展便民服务，市中心在三八妇女节与吕梁市广播电台合作直播了一期《关爱女性维权，法律援助伴你同行》特别节目。市中心主任王君、副主任王艳红，太初所副主任褚志云做客直播间，就妇女享有哪些政治权利、文化教育权利、劳动和社会保障权益、财产权、婚姻家庭权益、劳动保护特别规定、妇女儿童遭遇家庭暴力等处置问题和听友进行了互动交流。市中心和离石区中心在吕梁市残疾人职业技能学校设立了残疾人法律援助工作站，6月29日在残疾人职业技能学校门口举行了揭牌仪式。9月29日市中心组织各市直所、鉴定中心等法律服务机构在吕梁市火车站开展了“保民生、促健康、建和谐，法律援助在行动”法律宣传活动。

【司法鉴定】

2017年吕梁市司法局主要开展司法鉴定机构违法违规执业问题专项整治活动，对开展整治的11项重点内容和预期达到的目标，细化活动步骤，制订保障措施，提出工作要求，确保活动取得实效。市司法局成立督导组赴5个机构开展督促检查，采取听取汇报和查看资料的方式进行，对存在的问题及时指出并要求整改。

【法治宣传】

2017年，为推动全市建立法律顾问制度和公职律师公司律师制度，市司法局根据市委办公厅、市政府办公厅《关于在全市推行法律顾问制度和公职律师公司律师制度的实施意见》，印发《关于在全市加快建立法律顾问制度和公职律师公司律师制度的督办通知》，从8月开始，每月月底对全市法律顾问等制度推进情况进行通报。截至2017年12月，市委14个部门、市政府32个部门均设立法律顾问；13个县市区委均设立法律顾问，13个县市区政府均设立法律顾问。柳林县、文水县、方山县、交口县、中阳县、孝义市县（市）委部门及县（市）政府部门全部设立法律顾问。全市13个县市区委部门设立法律顾问比例为60.5%，县市区政府部门设立法律顾问比例为67.6%。全市有7个部门设立公职律师。

（市司法局）

经济监督和管理

发展和改革

【概述】

2017年，吕梁市地区生产总值完成1310.30亿元，增长9.20%。规模以上工业增加值完成878.40亿元，增长11.30%；公共预算收入138.80亿元，增长54.90%；企业利润总额实现195.90亿元，增长44.60倍。固定资产投资增长6.20%，社会消费品零售总额增长6.40%。城镇居民人均可支配收入达25704元，增长6.30%；农村居民人均可支配收入达8232元，增长7.70%。

【项目投资落地】

吕梁市发展和改革委员会把抓投资和推项目作为2017年工作的重中之重。抓项目策划。初定吕梁市未来5年固定资产项目1178个，匡算总投资6840亿元，其中，2018年拟实施项目583个，计划投资880亿元。赴各县（市、区）就2018年固定资产投资盘子和重点工程项目进行调研，实地了解掌握各个项目具体情况，为2018年固定资产投资的平稳增长打下坚实的基础。抓项目审批。截至11月23日，共受理办结项目119件，其中审批类54项，核准类12项，备案类33项，上报类12项，转发类2项，节能审查类4项，节能备案类2项。抓项目储备。继续完善PPP项目储备库、签约库、在建库、运营库，实行动态跟踪管理，项目共有259个，总投资1616.8亿元。其中：储备库229个，总投资1192.5亿元；签约库13个，总投资332.6亿元；在建库14个，总投资85亿元；运营库3个，总投资6.7亿元。这些项目都已通过国家发改委重大建设项目库平台，纳入国家发改委PPP项目储备库中。又延伸建立了专家库和投资人库，专家库共收录专家80名，投资人库收录60个，以进一步推进全市PPP项目落地。

【投资融资】

2017年，市发展和改革委员会加强与上级部门的沟通对接，大胆创新工作思路，及时论证上报项目，积极争取上级资金。资金总量超额完成年度目标任务。共争取到资金104109万元（2017年目标任务为90965万元），其中：争取到中央投资103259万元，争取到省级投资850万元。争取上级资金数达到市政府下达目标任务的114%。PPP模式推广受到国务院通报表扬。2017年3月31日，省发改委对吕梁市推广运用PPP模式工作予以通报表扬。4月27日，国务院办公厅下发《关于对2016年落实有关重大政策措施真抓实干成效明显地方予以表扬激励的通报》(国办发〔2017〕34号)，对吕梁市推广PPP模式“成效明显、社会资本参与度较高”方面给予通报表扬。省内主流媒体给予广泛宣传报道，国内主流媒体网站也广泛关注转载。吕梁市在PPP模式推广方面，立足于“早行动”，放开准入领域，鼓励社会资本进入市政设施、交通能源、生态环保、农林水利等重点领域。按照“四原则”筛选项目，建立储备库、签约库、在建库、运营库，实行动态管理、滚动实施、分批推进。先后分5批发布吕梁市政府和社会资本合作（PPP）项目280个，总投资达1800亿元。举办全省首场PPP项目专场推介会，吸引200余位投资商、金融机构及PPP咨询机构参会，有17个项目在推介会上达成初步投资意向；立足于“可操作”，严格实行“三筛三审”“一案两评”，切实提高PPP项目的规范性可行性。一筛一审由分管领导牵头，主管部门负责，广泛征集备选项目，并向社会公示。二筛二审由发改、财政等部门牵头，综合分析制定推进计划。三筛三审由项目领导组审核后，报市政府常务会审定，确保项目筛选、编制符合实际和发展需要；立足于“见成效”，创新方式方法，推动PPP项目落地开工。积极探索实践BOT（建设－运营－移交）、BOOT（建设－拥有－运营－移交）、BOO（建设－拥有－运营）、BTO(建设－移交－运营)、TOT(转让－运营－转让)等多种合作模式，引进社会资本。离祁高速、静兴高速、国道209线吕梁新区改线工程、交城地下综合管廊等31个项目与投资人签订投资协议。加强投资监管。对吕梁市采煤沉陷区治理项目，存量资金调整项目，教育、卫生基础设施建设项目，农村饮水安全工程进行稽查，确保各个项目更加规范的实施，各项政策更加有效的落实，发挥好中央及省级预算内投资应有的社会效益。通过不断总结经验教训，探索稽查工作的新方法，新途径，确保稽查工作覆盖面更广、发现问题更深、调研针对性更强、情况反映更准、政策建议更实。认真落实对中央及省级预算内投资项目有关问题的整改工作，从制度和技术层面不断提高监管稽查工作效能，更好发挥稽查系统上下联动作用，确保稽查工作取得实效。

【推动重大专项工作】

2017年，市发展和改革委员会发挥综合职能部门作用，推动重大专项工作取得突破性进展。电力体制改革步伐加快。省经信委、省发改委联合批复《山西省铝循环产业园区局域电网运营试点方案》，标志着以建设吕梁局域电网为核心的吕梁电力体制改革进入实施阶段。逐步形成自我平衡、相对独立的局域电网以推动区域“煤—电—网”一体化发展。局域电网具备供电、用电条件，首个增量用户——兴县中铝华润一期合金铝项目用电将由现在的0.53元/千瓦时下降到0.3元/千瓦时左右，企业年可节约电费近16亿元，为吕梁市煤电铝材的发展打下坚实的基础。招商引资成果丰硕。配合兴县人民政府、中铝华润有限公司在上海成功举办“山西兴县中铝华润一期50万吨合金铝下游产品（产业）招商推介会”，与4家国内知名铝加工企业成功签署4个合作协议，签约总额25亿元。完成吕梁市2016年以来招商引资签约项目落地情况的两轮摸底工作，将全市122个签约项目的审批办理情况、未启动项目及其原因做了全面梳理汇总。社会信用体系建设着力推进。印发《2017年社会信用体系建设工作要点》《关于建立守信联合激励和失信联合惩戒制度加快推进社会诚信建设实施方案》，建立社会信用体系建设联席会议联络员工作制度，指导督促市直46个单位和13个县(市、区)开展了“双公示”目录编制和信用信息报送工作。截至2017年年底，共归集到省平台信用信息45000多条，位列全省第六。开展了政府机构失信问题专项治理工作。10月底“信用吕梁”网站开通上线运行，吕梁城市信用排名由9月的232名上升到了10月的202名。加快推进高铁项目。建立陕西、山西两省发改委和两市政府联合推进机制，联合行文请示中国铁路总公司协调开展前期工作，得到铁总的大力支持。编制单位计划与中国铁路总公司进行高层会晤，研究讨论太原至绥德高铁项目相关事宜。

【推进产业转型】

2017年，市发展和改革委员会把转型发展作为发改工作的重点和核心，按照打造现代产业集体目标，加快新兴产业培育，打造新的经济增长点。坚定不移推进煤电铝材一体化。吕梁市发展和改革委员会坚持把“煤—电—铝—材”一体化发展作为全市产业转型发展的首要抓手重点推进。建立完善产业推进机制。以市委、市政府“五个一”推进机制理念为指引，成立了吕梁市铝行业协会，印发《吕梁市铝工业规划实施方案》，建立了微信工作群；加大项目建设进度。中铝华润一期50万吨合金铝项目是全省最大、吕梁市首个合金铝项目，11月23日项目启动带电调试，2017年年底完成电解一区、八区首期投料试产。局域电网情况。自2017年5月吕梁局域电网运营试点方案批复以来，多次召开协调会议，解决并网发电、线路征询、规划选址、工程阻工等11个方面问题；谋划后续项目。交口伊电项目落实32万吨产能置换指标，2017年年底办理开工前相关手续。柳林森泽与辽宁忠旺、河南明泰达成合作意向，落实产能指标。孝义锦江与太原东铝合资组建的山西锦东铝业公司注册成立，将太原市阳曲县的10万吨电解铝产能转移到吕梁市发展，争取山西省停产的近20万吨产能指标。山东信发110万吨轻质合金、杭州锦江110万吨高精铝材项目可研编制完成，落实产能后即可开工建设。2017年4月，吕梁市在上海举办中铝华润轻合金下游产品（产业）招商推介会，与江苏昆山六丰、浙江永杰新材料等4家国内知名涉铝企业签署合作协议，签约总额达到25亿元，为打造“氧化—电解—深加工”为一体的全产业链奠定了基础；努力争取政策支持。围绕“争取煤电铝材一体化改革试点”“吕梁局域电网扩网增容”“建设航空用铝镁合金材料产业基地” 吕梁市发展和改革委员会多次向国家和省汇报争取，国家发改委铝产业专题调研组在吕梁市专题调研后充分肯定吕梁市一体化发展条件，表示支持吕梁开展一体化改革试点。省发改委安排调研组就吕梁市建设高端铝镁合金基地进行调研，柳林县启动前期规划编制工作。省发改委正在编制“煤—电—铝—材”一体化改革试点方案，根据安排吕梁市发展和改革委员会起草吕梁试点方案供省参考，并安排专人与省对接此项工作。在省发改委组织的煤电铝材一体化试点专家评审会中，吕梁市占参加评审会的全省12家企业中的5家，评审结果前5名的企业吕梁市占3家，分别名列第一、第三、第四。推进传统产业去产能。煤炭行业核减生产能力、产能置换共计244万吨。钢铁行业坚决打击制售“地条钢”等违法违规行为。大力延伸煤焦产业链。围绕延伸焦炉煤气制甲醇、煤焦油深加工、粗苯精制及深加工三大产业链，孝义鹏飞60万吨甲醇联产4亿立方米LNG项目投产，孝义金州50万吨煤焦油深加工等一批煤基精细化工项目加快建设。有序推进“煤转电”。全市电力装机近1000万千瓦（含核准在建）。低热值电厂方面，全市核准在建的低热值煤电厂项目3个，分别是临县京能吕临2×35万千瓦、离石晋能大土河2×35万千瓦、孝义晋能2×35万千瓦项目，装机容量210万千瓦。其中：晋能离石大土河1号机组11月18日并网投运；临县京能吕临主体工程完工，厂内电气系统具备带电调试条件；晋能孝义电厂完成投资20.8亿元，占总投资的63%，正在进行主体车间、烟囱钢平台、锅炉钢架等安置工作。新能源电力有序推进。风电方面，全市共核准风电项目27个，总容量168.35万千瓦，其中：建成项目4个，总容量19.2万千瓦。国电电力方山马坊4.8万千瓦、中电投岚县顺会4.8万千瓦和中电投岚县王狮4.8万千瓦3个风电项目并网发电。集中式商业光伏电站8个，总容量18万千瓦，其中：建成项目6个，总容量16万千瓦。光伏扶贫项目91个，总装机14万千瓦，并网发电89个；普通光伏电站方面，吕梁市共有普通光伏电站8个18万千瓦，截至11月建成6个16万千瓦；汾阳中节能5万千瓦、孝义太子3万千瓦、交城明科光电一期、二期6万千瓦、岚县追日1万千瓦、方山聚隆1万千瓦全部并网发电。中阳晟阳1万千瓦、孝义京明1万千瓦2个光伏电站正在建设中。发展壮大第三产业。出台《吕梁市支持服务业发展若干措施》《服务业引导资金管理办法》《服务业奖励资金管理办法》，前三季度，全市第三产业增加值318.7亿元，同比增长7.6%，比上年同期高出2.8个百分点。旅游业市场持续升温，1—9月，全市累计接待入境旅游者4469人次，同比增长6.46%，累计实现外汇收入187万美元，增长5.89%；接待国内游客3166.52万人次，同比增长34.89%，实现国内旅游收入281.61亿元，增长34.77%。

【社会民生服务】

2017年，市发展和改革委员会以脱贫攻坚为重点，加大民生领域服务力度，助力攻坚深度贫困，提高人民群众获得感。扎实推进光伏扶贫行动。完成2017年光伏扶贫计划，2017年吕梁市拟建光伏扶贫电站总规模49.176万千瓦，解决建档立卡深度贫困户58759户。其中：村级扶贫电站945个，总规模36.2348万千瓦，帮扶建档立卡深度贫困户52853户；集中式光伏扶贫电站5个，总规模12万千瓦，帮扶建档立卡深度贫困户4007户；户用光伏扶贫电站1899户，总规模0.9412万千瓦。向国家能源局争取光伏扶贫电站规模指标，完成项目备案工作。加强以工代赈工作。全年共下达以工代赈资金8465万元，其中中央预算内资金6260万元、省级财政预算内资金2045万元、公路建养补助160万元，共安排项目53个，投入资金7574万元，占争取到以工代赈资金的91%，其余9%的资金统筹整合用于其他脱贫攻坚项目。2017年吕梁市以工代赈项目主要安排用于基本农田、农田水利、乡村道路等3类工程建设。新增基本农田3700亩，发展节水灌溉面积1450亩，控制水土流失面积25平方公里，新建乡村道路43条167公里，中小桥28座。可使6个国家级贫困县和4个省级贫困县的49个乡镇178个村67896人受益。使项目区1345个贫困人口通过参与工程建设获得直接劳务报酬956万元。加强采煤沉陷区治理。2017年采煤沉陷区综合治理搬迁安置项目计划任务涉及柳林县、临县、孝义市、交城县4个县（市），11个乡镇、25个自然村，3991户，11783人。实际实施4个县（市），10个乡镇、24个自然村，3788户，11183人。交城、临县项目全部开工建设，孝义市1个项目完成审批开工，剩余1个项目进行可研评审。柳林县项目编制可行性研究报告。加强长输油气管道安全监管。按照油气输送管道保护工作要求，加大对管道隐患的核实、排查，及时协调解决重点难点问题，督促指导隐患的整改，及时反馈工作中存在的问题，确保油气管道安全运行。为切实加强吕梁市长输油气管网安全生产工作，消除安全隐患，在全市开展油气输送管道保护大检查中共出动工作人员33人次排查隐患9处，专题培训1期。

【体制改革】

2017年，市发展和改革委

员会坚持蹄疾步稳、重点突破，推出一批有质量、有特色的改革举措，改革成果加速落地。深化行政审批制度改革。实行项目审批统一受理、集中办公、并联审批，办理时限缩短一半以上，大大加快项目前期工作，切实营造良好的投资环境。开发区改革创新加快推进。按照省委、省政府安排部署，吕梁市将开发区建设作为转型发展的突破口和主引擎，市发展和改革委员会配合相关部门，按照“整合、改制、扩区、调规”方针和“三化三制”思路，编制《吕梁市开发区改革创新发展实施方案》，全市整合21个各类园区组建10个开发区。吕梁、兴县、岚县、交口、文水经济技术开发区已完成市级评审并报省，孝义经济技术开发区已顺利通过省级评审。生态文明建设创新发展。按照中央提出的“搭好基础性框架，构建产权清晰、多元参与、激励约束并重、系统完整的生态文明制度体系”相关要求起草《吕梁市生态文明体制改革实施方案》，提出今后的工作重点及各部门分工安排，征求相关部门的意见，并通过法制办合法性审查。积极巩固车改成果。对各县（市、区）的车改进展情况进行了新一轮摸底，对车改工作进度及落实中央相关文件要求进行自查，印发《吕梁市公务用车制度改革领导小组办公室保障基层乡镇工作用车实施意见》（吕车改办〔2017〕3号）。车改办正在牵头起草《吕梁市公务用车标识化管理实施方案》。

【市场物价稳定】

2017年，市发展和改革委员会细化稳控措施，全面加强价格管理、价格监测、成本监测、市场监督等工作，确保全市物价水平总体稳定。价格监管。受理各类价格举报538件，其中，政策咨询399件，投诉53件，举报案件85件，建议意见1件。办结478件，办结率88.85%。市本级共受理各类价格举报322件，其中，政策咨询322件，办结322件，办结率100%。收费管理。组织开展2016年度行政事业性收费统计工作。取消和停止41项行政事业性收费项目。办理8项民办学校学费和住宿费标准的调整工作。对市级公立医院取消药品加成，进行测算需财政补助资金和价格调整比例，此项工作属于省政府2017年重点工作。成本监审。顺利完成了省成本局布置的农产品成本调查任务和市级定价目录规定的调定价成本监审工作。价格改革。坚决贯彻落实中央有关资源性产品价格改革决策部署，市级水、气等价格改革工作顺利完成。

（市发展和改革委员会）

国土资源

【耕地保护与土地项目整治】

落实耕地保护目标责任制，2017年6月，吕梁市国土资源局将全市671万亩耕地保护目标任务分解下达到13个县市区。对文水县下曲镇、胡兰镇等两乡镇下曲村等6村高标准基本农田整理项目、岚县社科乡冯周村基本农田整理项目、汾阳市冀村镇东宋家庄村基本农田整理项目3个项目的可行性研究报告进行评审。推进永久基本农田划定，全市划定永久基本农田37.76万公顷。组织实施土地整理项目8个，可新增耕地68.43公顷。

【易地扶贫搬迁项目用地解决】

2017年3月，吕梁市国土资源局与扶贫办联合对10个县（区）2016年已开工建设和2017年易地扶贫搬迁项目规划建设用地指标缺口情况进行调查，通过统筹其他重点项目建设用地规划指标的办法，调剂解决7个贫困县2291亩的易地扶贫搬迁用地规划指标缺口问题。

【重点项目用地服务保障】

为推进重点项目用地手续办理，吕梁市国土资源局召开全市重点项目推进会议，和21个项目承载单位签订建设用地手续办理承诺书。全市共上报建设用地4038亩。对39个建设项目进行了土地预审，其中上报省厅审查13个，预审批复26个。全市供应土地54宗、832.13公顷，其中出让89宗、面积254.22公顷，土地出让价款10.68亿元；市本级供应土地5宗、面积9.33公顷，其中出让2宗、面积3.88公顷，出让价款1932.12万元。

【地质灾害防治】

落实地质灾害防治责任。2017年年初，为防范春季冰雪融冻期和汛期期间突发地质灾害，吕梁市国土资源局下发《关于做好冰雪融冻期地质灾害防治工作的通知》和《关于扎实做好汛期地质灾害防治工作的紧急通知》，督促各级做好冰雪融冻期和汛前的地质灾害防范工作。下发《吕梁市2017年度地质灾害防治方案》和《2017年度地质灾害防治工作要点》，为各县（市、区）开展地质灾害防治工作提供指导。省政府汛期地质灾害防治工作电视电话会议后，6月6日，吕梁市召开2017年度汛期地质灾害防治工作电视电话会议，对汛期地质灾害防治工作进行了深入的动员部署。各县市区建立主要领导负总责、分管领导牵头抓、各乡（镇）单位责任人具体落实的工作机制，实行市领导包县、县领导包乡（镇）、乡镇领导包村、村领导包户（组）和国土资源局领导包所的“五包”责任制度，完善地质灾害防治责任体系。四川茂县发生山体高位垮塌事故后，6月28日，召开全市地质灾害防治紧急电视电话会议，对汛期地质灾害防治工作进行再动员、再部署，下发《关于切实做好当前地质灾害防范工作的紧急通知》。8月对各县（市、区）地质灾害防治工作开展情况进行全面督查检查。

加强地质灾害隐患排查。2017年，开展人为地质灾害隐患排查整治，共排查出各类隐患163处，根据灾害规模、危险程度等因素分别采取了应急处置、监测、搬迁避让、工程治理等措施，确保人民群众生命财产安全。及时下发《关于做好2017年度汛前地质灾害隐患排查工作的通知》，要求重点对高陡边坡、城乡接合部、移民搬迁村庄、学校、旅游景区、公路、沟道建房；各类矿山工业广场周边、工程建设场地的临时工棚区和生产生活区等进行拉网式排查。对排查出的隐患，严格按照“六位一体”全面落实群测群防措施。各县（市、区）政府及国土部门领导深入到村、隐患点、重点区进行一线督促指导巡查工作。共发放防灾明白卡和避险明白卡17836份，签订责任书349份，送达告知书216份；落实群测群防人员12433人，对2459名监测人员实行由财政发放补助；对重要的地质灾害隐患点设置警示牌，划定危险区，制作警示牌238处，更新埋设警示牌89块。

加强地质灾害气象预报预警。坚持“资源共享，适时实用”原则，国土、气象、水利等部门加强协作配合，建立健全联合监测预警信息共享平台和信息相互通报机制。入汛以来，根据雨情变化，加密了观察分析和联合会商频次。共进行会商6次，发布地质灾害气象风险预警9期（其中黄色预警6次），发送预警短信4万余条，使群众能够及时获得地质灾害风险有关信息，及早避让。

全面开展避灾防灾宣传。2017年吕梁市共举办各类防灾培训18次，参加人数达3215人次；组织应急演练14次，参加人数1300余；科普讲座3次，参加人数达234人次。发放宣传资料7万余份，宣传教育不断向基层拓展，向群众延伸。

强化地质灾害应急工作。为提升遇有突发地质灾害时的处置能力，投资50万元购置了生命探测仪、GPS定位等装备，制作地质灾害应急指挥沙盘。聘请11名地质灾害应急专家组成技术支撑队伍。各县（市、区）政府、各乡（镇）街道办和市、县两级成员单位严格落实汛期领导带班和24小时值班制度，保持通信联络畅通，加强信息收集和处理工作，及时上传下达各项防灾指令，确保遇有防灾处置工作的及时有效。

推进农村地质灾害治理搬迁。省政府下达吕梁市2017年农村地质灾害治理搬迁任务743户。开工662户，开工率89%（文水18户、兴县35户、方山28户未开工）；竣工300户，竣工率40%（交城64户、文水18户、汾阳69户、孝义42户、交口22户、石楼15户、兴县40户、临县123户、岚县22户、方山28户未竣工），孝义、方山、岚县于2017年年底前竣工。市级配套资金1795.088万元已经分配到各县市区。针对吕梁市治理搬迁工作进展缓慢的现状，先后下发农村地质灾害治理搬迁进展情况通报5期。

【打击国土资源非法违法行为】

2017年，结合土地矿产卫片执法检查整改，吕梁市对612宗违法用地立案查处，收缴罚款709万元，没收非法建筑物面积38.7万平方米，拆除非法建筑物面积10.7万平方米，处分244人，追究刑事责任3人。吕梁市违法占用耕地面积占用实际新增建设用地比例为13.54%。配合北京督察局完成2017年的例行督察，对抽查反馈的问题督促及时整改。开展全市露天采石场专项整治行动，全市230户企业参与整合，初步拟保留80户，整合、关闭150户。配合开展城乡建设领域涉及国土资源领域稳定风险隐患源头化解专项行动。

【矿产资源市场化配置改革】

根据2017年9月6日国土资源部印发的《矿业权交易规则》，结合实际情况，吕梁市国土资源局印发《吕梁市矿业权公开出让实施细则（试行）》和《吕梁市矿业权交易实施办法（试行）》，市级发证采矿权全部由市场化配置，采取公开出让的方式投放市场。2017年以公开出让方式挂牌成功出让一宗采矿权，采矿权价款收益1800万元。矿业权转让超额收益调节机制待部省相关办法出台后制定。

完成矿业权人勘查开采信息公示，全市应公示勘查项目（探矿权）30个，实公示项目30个，公示率100%；应公示开采项目（采矿权）564个，实公示项目525个，公示率93.09%。市级未公示矿权按规定列入异常名录并公示。

【不动产统一登记】

2017年8月底前，吕梁市本级和12个县（市）的不动产统一登记全部接入国家信息平台。向市政府申请不动产统一登记数据整合平台建设经费1200万，进入采购程序。全市颁发不动产权证书2004本、证明1429份。提请市政府研究确定已购公房、经济适用住房上市交易补交出让金的办法。

【深化改革推进】

2017年，围绕“创新生态修复体制机制”这一重点改革任务，吕梁市国土资源局强化矿山地质环境恢复和综合治理，改善矿山生态环境，推进生态吕梁建设。

科学制定规划。制定出台《吕梁市关于加强矿山地质环境保护和综合治理的实施意见》（吕地灾防治办发〔2017〕10号），提出规划编制、废弃矿山地质环境治理、农村地质灾害治理搬迁、加大政策支持、探索多元资本投入等5个方面的具体任务和工作措施。向市政府申请矿山地质环境保护与治理规划资金。

开展矿山地质环境详细调查。以地表工矿废弃地、地下采空区和尾矿堆场为重点排查对象，要求各县市区尽快完成详查成果。组织13个县市区参与矿山地质环境详细调查的调查队伍在交城县进行业务培训，聘请省地质环境监测中心专家授课。吕梁市国土资源局对县级详查成果进行审核，汇交市级详查成果。

突出治理重点区域。以解决废弃矿山和在生产矿山弃渣场地质环境问题为突破口，申报孝义市山西汾西矿业集团高阳煤矿、柳湾煤矿、水峪煤矿等3个省级采煤沉陷区地质环境综合治理项目。山西汾西矿业集团高阳煤矿地质环境治理项目进行勘察设计招标。柳湾煤矿地质环境治理项目可研通过专家评审。水峪煤矿地质环境治理项目专家进行现场踏勘，根据专家意见修改可研。

加强制度建设。研究制定《吕梁市矿山地质环境保护管理办法（试行）》和《吕梁市关于进一步加强矿山地质环境保护与恢复治理和矿山地质环境监测工作的实施意见》，用于指导全市矿山地质环境保护工作。

（市国土资源局）

国有资产投资集团公司

【政府融资平台工作】

国有资产投资集团公司承担的政府融资平台任务主要由城投公司负责实施，主要做了以下工作：

市政府重大城市基础设施建设项目融资工作

2017年，根据市政府重点工作计划安排，城投公司承担着12项城市基础设施建设项目融资任务，申贷额度为324000万元。截至2017年12月，已与国开行山西分行签订三个项目贷款合同121600万元，发放到位41200万元，分别为：新城北川河治理项目110000万元，发放到位41000万元；吕梁市方山县安置区大武小学建设项目5800万元，吕梁市方山县安置区大武医院建设项目5800万元，其余9个项目贷款合同由于受财预〔2017〕87号文件政策要求，对这9个项目实行PPP转化，国开行根据吕梁市项目转化情况，以重新授信或贷款变更的方式继续进行贷款发放。

项目贷款还款情况

2017年底，城投公司与国开行签订项目贷款余额累计为209031.3664万元，其中需2017年偿还本金31623.26万元，利息2989.2356万元，公司已全部偿还到位。

已完工项目工程款支付情况

截至2017年年底，城投公司需支付工程款18196.1664万元。支付完工项目工程款3582.65万元，特别是河北华信公司承建的吕梁北城区基础设施BT项目，由于建设变更规划原因而导致工程停工后施工方反应激烈，屡次上访，要求市政府支付工程款、合同内利息、停窝工损失费共计10099.29万元。经过三年艰苦谈判，河北华信公司作出重大让步，同意放弃停窝工损失费及部分合同内利息2981.61万元，使事件得到圆满解决，避免了外地企业对政府的法律诉讼风险，也为吕梁财政挽回近三千万元的资金损失，大大提升了政府的公信力。对已审计纳入债务系统工程款2073.74万元及其他具备支付条件工程款1773万元已报市财政局申请拨付予，对于已完工但未进行审计决算项目，公司已报请市政府尽快安排结算审计。

【投资企业工作】

国投保安服务有限公司2017年，紧紧围绕“提升人员素质，大力开辟市场”中心任务，国有资产投资集团公司从提升服务水平入手，顺利与原保安服务单位续约。并与方山法院签订法警服务合同，挑选素质过硬、作风过强通过岗前培训后的队员担任司法警察，为社会多元化服务提供了良好的开端，为维护法制建设做出了一定的社会贡献。在壮大保安业务的基础上，努力发展汽车租赁业务。2017年，公司认真分析市场需求，加大对汽车租赁市场的投入，投资1000多万元，购置了丰田牌考斯特中巴车7辆，13座丰田海狮牌面包车

3辆，9座改装丰田牌海狮面包车2辆，丰田越野车2辆，别克GL8商务车6辆，本田艾力绅商务车1辆，总计21辆。并与吕梁市机关事务管理服务中心、石楼县机关事务管理局达成年租协议并已投入使用，吕梁市机关事务管理服务中心因执法平台启动又新增7名驾驶员，公司发展形势良好。

吕梁押运护卫有限公司 2017年继续国有资产投资集团公司以“保安全、强素质、讲信誉、增收益、上科技、抓规范”为总目标，围绕安全第一、开拓思路、持续发展的原则，进一步深化公司管理体制和押运机制改革，深入开展“树典型、抓先进、创第一、提素质”的队伍建设，积极开展科技管控枪、弹、车辆、金库等，进一步完善了各项规章制度及各类奖惩考核机制，打牢押运工作的基础，保障了守押工作的持续健康发展。

加强法制安全教育，健全完善各项规章制度，认真落实依法规范上岗，提高服务质量，赢得良好的社会信誉。开展交通法规、法律等各种安全行车专项教育，为了进一步提高驾驶员的交通安全意识，提高工作责任心，明确开押运车的绝对安全性。加大了运钞车的更换力度，2017年由于业务的扩展，新购置了二辆全顺运钞车充实到公司运钞业务的行列中，使全年押运工作有序的顺利开展。始终秉持“押运无小事”，“枪弹无小事”的工作理念，细化管理，保障枪弹万无一失，做到了全年安全生产无事故。

信源拍卖行 2017年抓住吕梁市直机关公务用车制度改革的机遇，实现了拍卖业绩的新突破，全年共举办拍卖会11场，社会反应良好，累计完成成交额636.59万元，实现营业收入57.17万元，在实现利润增长的同时，锻炼了队伍，提高了企业知名度。

国投地产 实施的吕梁国投财经中心一期项目建设工作于2017年5月25日完成不动产登记手续，7月13日完成设计方案报审工作，8月18日完成建设用地规划许可证手续，11月6日完成建设工程规划许可证等手续的办理工作，12月底完成项目施工招标工作，已经开工建设，2018年完成主体工程。

国投基建项目管理公司 国有资产投资集团公司参与吕梁市城市基础设施建设基金的设立与管理。吕梁市德广城市建设基金中心（有限合伙）于2017年3月8日完成工商注册登记，首期募集资金10亿元，到2017年12月底共投放项目资金7500万元，用于吕梁市新城湖面生态治理工程（如意湖）项目使用。

根据吕政办发〔2017〕100号文《关于印发吕梁市中小企业产业转型升级发展基金设立方案的通知》，要求公司代行政府出资人职责，具体负责与社会出资人共同设立基金；参与基金的决策与管理；对基金投资运作、资金使用、财务收支情况等进行监督检查，对基金投资形成的资产进行监管；定期向理事会报告基金的运作情况及重大事项。公司已在工商局核准本基金的名称为：吕梁德晟中小企业产业发展基金中心（有限合伙）。

吕梁公交 深入落实“安全第一、效益第二”的安全工作理念，提高服务质量，向管理要效益，向服务要市场，不断加强精神文明建设，取得了较好的经济和社会效益。营业收入全年计划1200万元，实际完成948.25万元，完成计划的79.02%；客运量计划1200万人，实际完成1300万人，完成计划的108.33%；运行里程计划700万公里，实际完成708万公里，完成计划的101.14%；客运周转量计划18000万人公里，实际完成19500万人公里，完成计划的108.33%；车厢服务合格率达98%，正点率达97%，乘客满意率达98%以上；完成建设公交站台、站牌69个，在建工程火车站公交首末站基本完工；全面开通了市政府近期规划公交线路 11 条和机场巴士线路 1 条；新增中通纯电动公交车 54 台，使公交车辆达到 198 台，基本上满足了广大市民出行需要。

中铝吕梁矿业 2017 年全方位推动资源获取工作，重实效开拓矿石贸易。

2017 年营业收入实现 22896.04 万元，同比增加 20282.3 万元。实现盈利 269.31 万元；完成供矿 58.98 万吨；6 个矿区出让计划报至省国土厅；7 个靶区矿纳入省矿产资源规划；与 11 家单位 16 座煤矿对接推动煤下铝资源勘查。全程追踪矿权出让进程，开展矿区技术尽调工作。持续跟进山西省 8 宗拟出让铝土矿矿权出让进程。结合各兄弟企业及矿区实际情况，公司完成五台白家庄和原平黄草坡两矿区资料收集、分析整理和现场踏勘，经综合分析，请示总部拟获取五台白家庄矿区矿权。根据批复，公司于 9 月 27 日完成了五台白家庄矿区尽职技术调查招标，11 月 22 日完成该矿区技术尽职调查实施方案的评审，12 月 18 日，完成该矿区技术尽职调查报告的初审。

信源小贷有限公司截至 2017 年 12 月，资产总额 11803.12 万元，负债总额 3530.98 万元，所有者权益总额 8272.14 万元，未分配利润：1395.28 万元，2017 年 1—11 月实现营业收入 1174.53 万元；上缴税金 127.63 万元；实现营业利润 343.67 万元。

【企业改制】

根据中共吕梁市委办公厅、吕梁市人民政府办公厅印发《关于加快推进市属国有企业改革的实施方案》的通知精神，按照“政企分开、政资分开、全面脱钩，先脱后改”的要求，公司进行全面脱钩改制。公司企业的国有产（股）权从原主管部门市财政局脱钩，全部整体划转市国资委，由市国资委履行出资人职责并监管，2017 年 12 月底前全部完成。

（市国有资产投资集团公司）

工商行政管理

【商事制度改革推进】

2017 年，市工商局在注册资本登记制度改革的基础上，落实“先照后证”登记，放宽住所登记条件。推行“多证合一”。企业名称核准实行全程电子化登记，企业注册登记实行网上申请。全年全市新发展企业 7105 户，比上年同期增长 46.92%，个体工商户 23448 户，比上年同期增长 9.17%，农民专业合作社 2527 户，比上年同期增长 56.96%。截至 2017 年底，全市企业总量达 34249 户，个体工商户 139687 户，农民专业合作社 11265 户。

【市场监管新机制完善】

2017 年，吕梁市工商局推进国家企业信用信息公示系统部门协同监管平台的运用，建立完善了随机抽查名录库，实时开展随机抽查工作，对市场主体实行有效监管。此系统共有市场主体信息 182640 条（包括注销、吊销户），行政许可信息 6622 条，行政处罚信息 1674 条，备案登记信息 126 条，良好记录 342 条，失信记录 5592 条，动产抵押信息 222 条，股权出质信息 342 条，经营异常信息 11527 条，抽查检查信息 1712 条。全年组织了年报公示企业综合抽查一次，抽取企业 2272 户，组织了 2017 年移出异常名录企业抽查一次，抽取企业 134 户，成品油市场主体随机抽查一次，抽取 45 户，由离石局试行跨部门联合抽查一次，抽取食品经营户 23 户，共列入经营异常名录 271 户，责令改正 59 户。

2017 年，根据国家工商总局和省工商局的安排部署，经市政府批准，建立了由市工商局、市网信办、市发改委、市公安局等八个单位组成的吕梁市网络市场监管联席会议制度，联合印发了《2017 网络市场监管专项行动实施方案》，建立完善网络经营主体数据库，对“山西省网络交易监测中心系统”数据进行核对、甄别和梳理，对1494条网站数据、2902条网店数据、436条微信公众号数据进行比对。引导企业申请电子标识，完成身份认证，为52户企业网站核发电子标识，逐步落实《网络交易管理办法》关于网络经营者网上亮照的要求。加强对网络交易平台的行政指导，督促其建立健全相关管理制度。查处网络案件4起，罚款12500元。网络市场监管分阶段、有步骤地良好展开。

【服务地方经济】

2017年，吕梁市工商局继续开展“双打”工作。全系统查处侵权假冒案件19起，罚款11.96万元，其中万元以上案件4起。结合吕梁实际培育地理标志商标。挖掘和培育“汾州核桃”“汾州小米”、临县青塘粽子、暖泉会粉皮、麻峪豆腐、兴县胡麻油、柳林盘子、方山麻地会土豆、岚县界河口莜面、孝义皮影、碗碗腔等品牌，逐步申请注册为地理标志证明商标。培育和推荐山西省著名商标有新进展。市工商局向省工商局推荐山西著名商标35件，同时开展吕梁市知名商标认定工作，有35件商标申请认定吕梁市知名商标。全市有效注册商标8477件，在全省排名第三位（太原33222件，运城13091件）。全市中国驰名商标8件，山西省著名商标97件，吕梁市知名商标46件，马德里注册商标7件，地理标志证明商标“柳林红枣”1件，全国实施商标战略示范企业山西杏花村汾酒集团股份有限公司一个。组织开展全市民营企业品牌建设专题培训。为进一步贯彻落实习总书记山西视察重要讲话精神，引导地理标志主体发挥作用，带动区域经济发展的农户增收，在市委党校组织了由全市150家民营企业和行业协会负责人参加的民营企业品牌建设专题培训，达到了预期目的。加大地理标志商标培育注册方面的工作力度。按照市委李正印书记要求每个县市至少注册一个地理标志证明商标的指示，市工商局指导挖掘和培育了孝义尉屯大蒜、交城黄芥子油、文水南武度长山药、岚县土豆等地标性土特产品，开展申报注册地理标志证明商标。

【营造公平竞争市场新秩序】

2017年全系统共办结各类案件445件，一般程序案件222件，简易程序处理案件223件，法制机构核审案件445件，核审率100%。2017年全市共查处“傍名牌”不正当案件25起，罚没款17.64万元。在公安系统的配合下，共驱散7起疑似传销的非法聚会，共驱散参会人员282人。配合省工商局对120个加油站经销的281批次的油品进行抽样检测，合格256批次，不合格25批次，合格率91.1%。共立案查处成品油案件33起，收缴罚没款39.3万元。根据《吕梁市2017—2018年秋冬季大气污染综合治理攻坚行动方案》的安排部署，开展车用尿素、汽柴油专项检查，共抽检车用尿素37批次；汽柴油32批次，不合格商品案件正在调查处理中。同时还配合省工商局抽检流通领域商品质量393批次，对不符合标准的批次进行了处罚。推荐认定省级守合同重信用企业109户，认定市级162户，为企业办理动产抵押82件，融资39.91亿元，拍卖备案15件，拍卖金额822万元。全市申请商标62件，注册商标26件，其中帮助企业申请商标注册41件。广告监管工作连续四年被评为一类，在广告数据监测中，吕梁市违法广告率全省最低，百分比全省第一。

【消费环境优化】

2017年，吕梁市工商局继续大力宣传新修订的《中华人民共和国消费者权益保护法》和新出台的《消费者权益保护法实施条例》，充分发挥“12315”平台作用，进一步扩大消费投诉信息公示范围，加强“12315”数据分析应用，做到了一月一报一公示，推进“12315”“五进”工作向新消费领域延伸，推动消费维权工作关口前移。“12315”指挥中心以“服务人民、奉献社会”为宗旨，以“热情、快捷、公正、高效”为特色，建立了“三必”“四快”工作制度，“三必”即有诉必接、有案必查、有假必打，“四快”即出动快、调处快、转办快，反馈快，使消费者投诉“事事有着落、件件有回音”。2017 年，全市共受理 8089 件，比上年 7098 件增加 13.96%，其中申诉 1586 件，比上年 1315 件增加了 20.61%；举报 247 件，比上年 266 件下降了 7.14%；咨询 6255 件，比上年 5517 件增加了 13.38%；办结率 98.75%，比上年 93.23% 提高了 5.52 个百分点，为消费者挽回经济损失 21.81 万元。为打造“12315”品牌，2017 年市工商局每月发一次数据分析，每季度发一次汇总通报。数据分析和汇总通报发到各县局和市局各领导各科室并报送市政府分管领导，让各方面全面了解全市消费投诉情况和“12315”工作情况。

（市工商局）

质量管理

【质量管理工作】

全力打造山西省名牌产品。2017 年，根据《山西省名牌产品推选方案》，结合吕梁九大转型发展的主导产业，吕梁市质量技术监督局主动帮助、引导 19 户企业的 23 个产品争创名牌，吕梁市 17 户企业的 21 个产品荣获“山西省名牌产品”称号，“山西杏花村汾酒厂股份有限公司”荣获“山西省质量奖”。

生产许可证企业产品质量提升。根据《工业产品生产许可证后续监管规定》，吕梁市质量技术监督局组织开展全市工业产品生产许可证获证企业 2016 年度自查工作。共涉及 55 户企业，其中 44 户企业进行了自查，自查率占 80%。通过年度自查，全市获证企业质量管理水平得到提高产品质量得到保障。对涉及民生领域的 2 户电缆生产企业、2 户钢筋混凝土用热轧钢筋生产企业、全市的所有水泥产品和食品相关产品获证企业进行了监督检查，共提出 6 项整改建议，并跟踪、监督企业进行了整改，确保全市重要工业产品的质量安全。

【特种设备监管】

全面提升特种设备检验率。2017 年为确保特种设备“本质安全”，按照应检必检、无一遗漏的原则，特检所全年共检验锅炉 905 台、压力容器 1517 台、电梯 6106 台、起重机械 978 台、厂内机动车 238 台、压力管道 900 千米，安全阀校验 7517 只。为确保全市特种设备安全运行提供了强有力的技术支撑。

全面落实各级监管责任。市政府同各县（市、区）政府签订《吕梁市特种设备安全工作目标责任书》，明确特种设备安全工作考核要求；市政府与 30 个行业主管部门签订《特种设备安全工作目标责任书》，明确各相关部门特种设备安全监管的任务和责任；全市所有特种设备生产、经营、使用单位都签订《特种设备生产、经营、使用单位落实企业主体责任承诺书》，明确企业主体责任。

开展特种设备安全专项整治。在电梯安全攻坚战中，共排查出 15 年以上老旧电梯 30 部，拆除 2 台，停用 6 台，22 台经检验符合安全性能要求；在油气输送管道安全攻坚战中，共检查油气管道 850 千米，发现安全隐患 196 米，全部整改到位；在锅炉安全攻坚战中，共检查危险性较大的 209 台小型立式蒸汽锅炉和管理要求较高的 129 台电站锅炉，整治取缔 10 吨 / 时及以下燃煤锅炉 170 台；在大型游乐设施和客运索道隐患排查和治理中，共检查 45 台大型游乐设施、2 条客运索道，发现隐患设备 2 台，已整改到位。在各类专项整治中，全市累计出动执法人员2686人次，检查企业884户，发现安全隐患469条，下达安全指令324份。

【执法监督】

开展“质监利剑行动”。吕梁市质量技术监督局印发《吕梁市质监局2017年“质监利剑”行动工作方案》，围绕六大领域全面开展整治，全系统累计出动执法人员400余人次，检查各类生产销售企业40余家，开展宣传活动20余次。

开展煤炭产品专项整治。接到《中共吕梁市委吕梁市人民政府关于印发〈吕梁市贯彻落实中央环保督察组反馈意见整改方案〉的通知》后，局领导班子高度重视，立即成立“煤炭产品专项监督检查工作领导组”，出台了《煤炭产品专项监督检查工作实施方案》《开展煤炭产品专项监督检查工作方案实施细则》，全市先后出动执法人员2000人次，执法车辆600台次，检查涉煤企业190户，抽取煤样品285个，出具检验报告234份。

开展违法案件查处工作。2017年全市共办理各类行政执法案件65起，查获涉案产品货值13万元，累计罚没款78.8万余元，受理群众举报投诉61起，挽回经济损失5万元。

【技术基础工作】

全面做好标准化工作。市政府高度重视标准化工作，调整成立了以市长王立伟为组长标准化统筹协调机制；根据吕梁产业发展特点，全面推进了“吕梁市农业标准化示范市”建设；孝义市作为全国百强县之一，结合发展实际，正式启动了“国家级美丽乡村建设标准化试点”的建设工作；孝义市国家级农业综合标准化示范市和柳林联盛农业标准化示范区通过国家标准委的终期评估；文水县乡镇卫生综合服务标准化试点基本完成，正准备迎接国家标准委的终期评估；方山县凯农马铃薯、柳林凌志蔬菜种植、石楼谷子栽培三个省级农业标准化示范区通过省质监局组织的年度考核。

全面做好计量工作。从4月1日起，严格执行了财政部、国家发改委《关于清理规范一批行政事业性收费有关政策的通知》，对强制检定计量器具全部实行了免费检定，切实减轻企业负担；为加强计量管理，对6家法定计量机构、4家企业计量检定机构进行了专项检查，对发现的问题进行了限期整改；全年法定及授权计量检定机构，共检定强检计量器具55767台件，其中用于贸易结算的26104台件、用于医疗卫生2056台件、用于安全防护的27393台件、用于环境监测的204台件。

全面做好认证认可工作。石楼县“国家有机产品示范县”建设全面启动，并得到国家认监委的同意，为全市有机产品产业发展起到极大推动作用；为规范全市检验检测机构的证后监管，吕梁市质量技术监督局组织全市57家检验检测机构开展信息统计和年度报告，并先后开展省级和市级的监督抽查；开展以“认证认可助力质量提升”为主题的大型宣传活动，有力推动全社会创建绿色产品认证的舆论氛围。

（市质量技术监督局）

安全生产

【概况】

2017年，吕梁市委、市政府高度重视安全生产工作，始终把安全生产与经济社会发展同安排、同部署、同落实、同考核，并纳入经济社会发展考核评价指标体系，作为考量班子的政绩、考量干部的业绩、衡量发展的标准，严格实行“一票否决”。2017年年初市政府以1号文件出台《关于做好2017年安全生产工作的意见》，并明确责任部门和单位。在市委全体会议、经济工作会议、人代会等大型会议上，市委书记、市长都对安全生产工作亲自安排、亲自部署；市委常委会议、市政府常务会议先后12

次研究安全生产工作；市政府安委会坚持季度例会制度，先后5次召开安全生产专题会议，传达上级安全生产有关精神，分析研判全市安全生产形势，研究解决重点难点问题，部署阶段任务、推动工作落实。

【事故指标控制情况】

2017年1—10月，全市共发生各类生产安全事故153起，死亡103人，同比事故起数减少77起，下降33.48%，死亡人数减少62人，下降37.58。较大事故发生1起、死亡3人，同比事故起数减少1起，下降50%，死亡人数减少3人，下降50%。全市未发生重大生产安全事故。

【安全生产责任落实】

落实党委政府领导责任。2017年，吕梁市以建立“党政同责、一岗双责、齐抓共管”的安全生产责任体系为抓手，推进“五个全覆盖”向乡镇（街道）、行政村和企业延伸。全市13个县市区、161个乡镇、1126个有工矿企业的行政村全部落实五级五覆盖安全生产责任。落实部门监管责任。按照“三个必须”的原则，先后对安委员会成员单位和油气输送管道、洗煤厂等行业领域安全监管职责进行明确，并督促各级各部门认真查找监管漏洞和薄弱环节，进一步厘清和细化部门监管职责；并把辖区内工商注册登记的11.8万户生产经营单位安全监管责任，逐户落实到各乡镇和有关部门，实行分级分类监管；开展工商注册备案生产经营单位挂牌责任制工作，全市57371户正常生产经营单位已落实挂牌责任。落实企业主体责任。督促企业开展安全生产“知责履责、失责追责”活动，严格落实企业领导现场带班、安全隐患排查治理、重大危险源监控等制度，建立了岗位责任清单，把安全责任落实到岗、到人；在煤矿、非煤矿山、道路交通、建筑施工、危险化学品等高危行业开展了为期四个月的反“三违”专项行动，督促企业按照“班组日查、车间周查、厂矿月查、公司季查”要求，健全完善了全方位安全生产责任体系。

【隐患排查治理】

严格重点行业企业节后复工复产验收工作。2017年年初，市煤炭、安监部门分别制定了煤矿、非煤矿山企业复工复产的验收标准和工作程序。坚持“谁验收、谁签字、谁负责”和“合格一个，验收一个”的原则，在逐户组织企业复工复产验收的同时，对所有煤矿和非煤矿山进行了不间断突查、暗查，严防企业未经批准私自组织生产。全市共复工复产煤矿70座（生产矿井53座，基建矿井17座），非煤矿山80户（采石场、砖瓦黏土企业37户，地下矿山26户，尾矿库12户，露天矿山5户）。

开展煤矿打非治违“利剑行动”和全面安全体检工作。“利剑行动”中，采取重点抽查、夜间突查等方式，共检查各类煤矿47座，查处隐患201条，责令停止作业6处、停产整顿1处、停止建设1处。从3月中旬开始，开展煤矿全面安全“体检”工作，完成体检矿井122座，体检率达100%；查出各类隐患4120条，已整改4060条，整改率98.5%；责令停止作业34处、停止设备使用28台，行政罚款498万元。

开展小型露天采石场专项整治工作。吕梁市露天采石场数量多、分布零散、生产规模小、管理水平低、不利于管理，吕梁市政府成立由市长任组长，市安监、国土、发改等14个部门主要负责同志为成员的全市露天采石场整治领导组；制定了实施意见，对全市开采石灰岩、白云岩、石英岩的采石场进行集中整治；对资源枯竭、有违法违规行为和发生安全生产事故的企业彻底关闭；对证载面积小于0.1平方公里、矿区范围边界距离不足300米的采石场进行资源整合。全市纳入整治范围的227户露天采石场，批准单独保留52户，暂时保留25户，纳入整合的89户，列入关闭的61户。

推进各行业领域安全生产专项整治工作。煤矿领域：紧紧围绕“一通三防、防治水、顶板和劳动用工”开展专项治理，共检查煤矿51座，洗（选）煤厂（场）49家，共排查整治问题隐患1360条，全面停产停建整顿1座。非煤矿山领域：开展了地下矿山安全基础管理、采空区和尾矿库头顶库专项治理，不达标准的一律停产停建整顿。两家开采铁矿企业制定了采空区治理方案，一家完成，另一家治理中。危险化学品行业：组织对生产、储存、经营、运输、使用、废弃物处置等各环节进行了专项治理。油气输送管道领域：对7处已整改的安全隐患进行了“回头看”。道路交通领域：开展“两客一危”等重点营运车辆的专项整治，严厉查处酒后驾驶、无证驾驶、货车违法载人、超员超速等严重违法行为。建筑施工领域：以防坍塌为重点，集中治理高空施工平台，起重机械、架桥机、脚手架等作业中的违规行为。消防安全领域：以人员密集场所、易燃易爆单位、文物古建筑、高层建筑和电气火灾为重点，开展专项治理。共下发责令限期整改通知书29份，责令三停企业16家，罚款49.5万元。特种设备领域：集中开展15年以上老旧电梯和使用20年以上的老旧压力管道进行集中整治，共检查企业284户，发现隐患169条，下达指令124份。

开展安全隐患大排查、大整治活动。从上年年底开始到2017年3月，开展为期4个月的安全生产隐患大排查活动。按照“全覆盖、零容忍、严执法、重实效”和“五个100%”（重点地区执法覆盖率100%、重点行业领域执法覆盖率100%、重点企业执法覆盖率100%、企业自查自纠覆盖率100%、隐患销号率100%）的要求，对全市各行业、各领域、各生产经营单位进行了全面彻底的安全生产隐患排查整治，检查企业17818户次，排查治理隐患15839条。6月，按照省政府要求，吕梁市又组织在煤矿、非煤矿山、危险化学品、道路交通等6个重点行业领域开展为期3个月，其他行业为期1个月的安全生产大排查、大整治活动，共检查企业3237户次，排查治理隐患3417项；责令限期整改企业588家、停产停业整顿26家，实施行政罚款698.5万元。

安全生产大检查。吕梁市安委会2017年7月12日下发大检查实施方案，明确大检查的目标、内容、方法步骤和工作要求；成立由市长、市安委会主任为组长，各位副市长、市政府秘书长为副组长，各县市区长、市安委会成员单位主要负责人为成员的安全生产大检查领导组；7月27日召开了全市第三次安委会全体会议暨安全生产大检查动员部署会议；8月30日召开了全市煤矿安全生产工作会议，针对大检查工作中存在的问题又进行了安排部署；9月27日召开全市安全生产会议，通报国务院、省、市大检查督查情况，并就下一步大检查工作做了安排；10月12日召开全市安委会第四次全体会议暨做好十九大期间安全生产工作电视电话会议，对安全生产大检查工作再安排、再部署、再落实。全覆盖检查。各县市区、各部门按照“五个一批”的总要求，坚持全面检查和严格执法相结合、企业自查和部门检查相结合、垂直督导和属地督查相结合，集中力量认真组织开展了本地区、本行业、本系统的安全生产大检查；制定大检查督查考评方案，把大检查工作纳入安全生产年度工作考核（占年度总分的10%）；组织四个考核督查组，由副县级领导带队，对13个县市区政府和29个市重点部门展开了两轮督查。无死角排查。吕梁市安委会组织对安全隐患进行了“拉网式”“地毯式”排查，要求各生产企业按照实施方案对每个环节，每个岗位，每个部位进行全过程自查，确保不留死角和盲区。市政府及市直25个部门、单位共查出问题131条，对查出的问题全部制定了整改措施、明确了整改期限和责任单位、责任人，已全部整改；正常生产建设经营的企业和单位全部进行了自查自整，共排查隐患26925条、已经整改26445条，整改率98.2%，投入整改资金250.6万元。大力度执法。全市累计出动检查（督查）组9831个，出动检查（督查）人员52343人（次），抽调专家824人（次）；检查（抽查）生产经营单位28922户（次），排查一般隐患36516条，已整改31221条，整改率为85.5%；列入市级挂牌督办的重大隐患4条，已整改完成2条，正在整改2条。检查（抽查）重点行业领域企业13333户（次），责令限期整改企业3060户，责令停产停业整顿企业104家，暂扣证照企业1户，实施行政处罚罚款846.28万元，关闭取缔企业61户；对大检查期间存在严重违法违规行为、弄虚作假、发生安全生产事故的5户企业和18名职工进行了处理；对因大检查工作开展不力的19政府部门和企业的77名主要负责人和相关责任人进行问责，其中约谈62名，诫勉谈话12名，书面检查3名。多角度宣传。利用各种媒体、采取各种方式，对安全生产大检查进行广泛宣传发动；充分发动群众通过“12350”举报电话，举报安全隐患和违法违规行为，营造浓厚氛围。加大集中曝光力度，在吕梁电视台和吕梁电视台微信平台集中对全市大检查以来发现的41户关闭取缔企业、104户停产停业整顿企业和3户存在重大隐患企业进行集中曝光，起到震慑违法，以儆效尤作用。

整改国务院、省政府督查组反馈的问题。根据《山西省人民政府安全生产委员会办公室关于对国务院安全生产大检查第一综合督查组反馈问题进行整改的通知》和《山西省人民政府安全生产委员会办公室关于对九月份安全生产大检查综合督查的情况通报》，吕梁市以吕安办发电〔2017〕35号和38号文，把国务院、省督查组反馈的问题逐条分解落实到各县市区政府及有关部门，涉及整改的县市区和有关部门立即行动，制定整改方案跟踪督促问题隐患整改。同时各级各部门对照国务院、省政府督查组发现的问题，举一反三，对前一阶段安全大检查工作进行了认真总结和梳理，按省政府安委办的要求分别建立隐患问题整改清单、领导挂牌督办清单、追责问责清单、安全生产失信行为联合惩戒和黑名单清单，对单整改、照单督办。

【十九大期间安全生产工作】

2017年，吕梁市委、市政府将确保十九大期间安全生产作为一项重大的首要政治任务，多措并举、狠抓落实。党政领导齐抓共管。市委书记李正印9月26日深入市煤炭、安监、国土等市直安全生产重点部门调研安全生产工作，对做好中秋、国庆和十九大期间安全生产进行专门部署，提出具体要求；10月11日，市长王立伟深入离石区大土河集团、中阳县中钢集团就安全生产和环保工作进行督导。10月12日市政府安委会在全省视频会议之后，又接着召开全市安委会第四次全体会议暨做好十九大期间安全生产工作视频会议，杨巨才副市长对做好十九大期间安全生产工作进行再部署、再安排、再落实；实行市委常委、副市长十九大期间安全生产包县，县市区常委、副县市区长包乡镇、包重点企业责任制。严格执法推动整改。各级各部门根据近期气候变化特点和进入四季度安全生产工作特性，提前研判本县市区、本行业领域安全生产工作中可能存在的风险隐患，对易发事故的重点区域、重点环节、重点部位进行重点排查；安监、煤炭、公安、交警、消防等负有安全监管职责的重点部门十九大期间不休息，班子成员带队重点抓好煤矿、非煤矿山、危险化学品、民用爆炸物品、天然气长输管道、建筑工地、水电气、人员密集场所、特种设备等重点行业领域的安全生产工作，对存在重大隐患、停产整顿的企业进行突查抽查，确保真停实整。对关闭取缔企业进行巡查，严防死灰复燃。对限期整改的企业跟踪督查，按期消除隐患。强化值守严密防范。十九大召开期间，各县市区、各部门严格执行每天“零报告”制；煤矿、非煤矿山、危化企业主要负责人和重要岗位管理人员不能请假、不能外出。强化综合督查。市政府安委会成立四个督查组，从10月17日至10月30日期间，对全市13个县市区开展第三轮督查，扎实推进安全生产大检查深入开展。

（市政府安委会办公室）

食品药品监督管理

【概况】

2017年，吕梁市委、市政府高度重视食品安全工作，及时召开全市食品安全工作电视电话会议，明确工作任务，落实监管责任。市食药监局充分发挥食安办作用，组织协调部门协同作战，开展一系列食品安全专项治理。市卫计委健全完善覆盖全市的食源性疾病监测网络，扩大食源性疾病县乡村一体化范围，对13个县市区卫计、疾控以及22个哨点医院和112个县乡村一体化试点单位进行培训。食品中污染物及有害因素监测实现辖区内全覆盖。市农委全力推进农产品质量安全监管，强化农业投入品管控，扎实开展了禁限用农药、农资打假、瘦肉精、生鲜乳、生猪屠宰等专项整治，全市共查获假劣、过期失效农资2500余公斤，下达整改通知书29份，整顿不规范饲料兽药经营企业5家，完成了方山、孝义两地省级农产品质量安全创建县的考核验收。市质监局根据《中华人民共和国食品安全法》《中华人民共和国产品质量法》等法律法规，扎实开展了视频相关产品监督管理工作。全系统出动执法人员400多人，排查相关企业60余家，对发现的违法行为进行了查处。市工商局依法加强广告事中事后监管，组织开展打击虚假广告专项执法行动，严肃查处食品广告违法违规行为，全市出动执法人员150余人次，检查各类广告经营单位230户。市商务局加强酒类管理信息平台建设，积极举办酒类从业人员岗前培训，做好酒类批发许可、年审工作，全年新办核发酒类批发证36户。市盐务分局积极开展食盐市场专项检查，加强碘缺乏病宣传活动，全年出动执法人员33人次，查获涉盐违法案件98起，没收盐产品79.1吨。市公安局全力推进食品犯罪侦查队伍建设，配齐配强食药侦察工作人员，加大食药犯罪案件办理力度，全年办理5起公安部督办案件。

【信息化建设】

2017年，市食药检局大力加强信息化建设。建设食品药品应急指挥系统。2017年初，由省食药局统一招标，市局配套投资2万余元，建设全市食品药品应急指挥系统，实现了省局和市局及各地市局之间的交互式会议、远程培训、应急指挥协调、联合办案等互联互通。打造政务办公信息平台。以办公自动化、公文无纸化为重点，使用省局电子公文传输系统和市政府协同办公平台，大力推进办公OA系统应用。市局与省局、市局与市政府的公文流转全部实现网上办理，大大提高了行政办公效率。完善“12331”投诉举报平台。从提升服务、提高效率入手，督导各县加快投诉举报平台标准化、规范化建设，进一步理顺了工作流程，持续在投诉举报派送、处理、督办、反馈上提速，实现了普通问题县级受理、重大问题市级处置的工作模式。全年食品药品投诉举报638件，其中投诉574件，咨询建议64件，全部依法依规妥善处处置。推进食品生产信息化追溯建设。在企业原有追溯平台基本功能的基础上，提出了大数据应用、小作坊简易版等系统开发方向，进一步激发了中小企业建设食品生产信息化追溯系统的主动性，开发了追溯与“互联网+”有机融合的多功能信息化平台，极大提高了企业使用的积极性。全市共有161家食品生产企业建立了信息化追溯系统，其中全市104家酒类企业和5家肉类制品企业全部建立了信息化追溯平台。食品生产信息化追溯体系建设取得了初步成效，受到省局的充分肯定，先后有甘肃、陕西等省局来吕梁市观摩考察。

【综合整治】

2017年，市食药监局以保障群众饮食用药安全为核心，密切关注食品药品市场动态，在加强日常监管的同时，集中开展学校食堂、旅游景区餐饮、特殊药品等各类专项整治，通过专项整治“组合拳”，为全市人民筑牢食药安全“防火墙”。

食品生产方面：组织开展食品生产企业标签标注、桶装饮用水、白酒等七项专项整治，累计检查企业300余户，排查风险隐患200余条，责令整改12家，依法取缔无证白酒生产小作坊42家，关停无证生产白酒44户，有力整治了食品生产市场秩序。

食品流通方面：及时开展婴幼儿配方乳粉标识、进口食品、校园及其周边食品安全、禽类销售市场、含“瘦肉精”肉及肉制品、农村食品市场等专项整治，截至2017年年底，全市各类检查出动人员38000人次，共检查食品流通经营户12500户，责令改正4414户，立案526起，结案512起，罚没款金额130余万元。

餐饮安全监管方面：联合市教育局开展学校及周边餐饮单位专项整治，全市共出动执法人员6480人次，检查学校食堂、托幼机构1757家，责令整改1383户，约谈学校食堂负责人89次，立案查处8户，罚没款2.45万元。组织开展了旅游景区餐饮服务专项整治工作，全市出动执法人员1085人次，检查旅游景区餐饮单位136户，责令整改72户。

药品生产方面：积极推进企业主体责任落实，完善药品质量风险档案，对药品生产企业、医疗机构制剂室开展监督检查，对中药饮片生产、医疗机构制剂配制情况专项检查；加强特殊药品监管，按照规定频次对辖区内特殊药品经营企业、麻醉药品和第一类精神药品定点经营企业开展日常巡查。共检查药品生产企业11家次，医疗机构制剂室3家次，检查发现一般问题37个，已全部整改。

药品经营方面：组织开展了疫苗质量安全风险排查，安排各县市区局对辖区疾控机构、接种单位疫苗质量安全风险进行全覆盖专项检查，建立了疾控机构、接种单位基本信息档案。切实加强药品流通领域监管，采取跨区域交叉检查的办法，组织全市药品监管骨干对4户批发企业、2户零售连锁总部、13家县级医疗机构、52家重点药品零售企业、350户普通药品零售企业进行飞行检查，责令整改305户，立案24起；对5户未按规定整改的药品零售企注销了“药品经营许可证”。

医疗器械方面：组织开展角膜塑形用硬性透气接触镜监督检查，市辖区内暂未发现角膜塑形镜生产经营企业、进口代理商等单位。组织开展了医疗机构在用大型医疗设备专项检查工作，全市共检查、登记医疗机构98家，通过检查，促进了吕梁市医疗机构在用医疗器械管理、使用更加规范，确保临床医疗器械使用质量安全。截至11月底，全市共出动执法人员6000余人次，检查经营企业530家、使用单位1040家，责令整改生产企业3家、经营企业212家、使用单位485

家，查处案件7起，罚款14.5万元。

保健食品化妆品方面：以通过免费体验等形式销售保健食品的体验馆、养生馆等场所为重点场所，以经营的缓解体力疲劳、增强免疫力等功能的保健食品为重点品种，组织各县市区局开展了保健食品流通领域违法经营行为、保健食品欺诈和虚假宣传等各类专项整治。截至11月底，全系统共出动人员600人次、车辆43台次，检查食品保健食品生产和经营企业600余家，限期整改生产和经营企业215家，责令停产停业企业1家，立案19起，罚款3.3万元。

【稽查办案】

开展“冬季行动”推进稽查办案。2017年年初，为确保两节期间人民群众饮食用药安全，市食药监局采取市局督查和各县市区局检查相结合、分管领导包片和督查小组具体负责相结合的方式，由三个副局长带领九个督查小组，重点对辖区内投诉举报比较集中企业、偏远乡镇、大型批发市场等高风险企业严查严打。“冬季行动”中，全市共检查“四品一械”生产经营使用单位7000余家，取缔非法经营户2家，吊销“餐饮服务许可证”1家，停业整顿4家，捣毁窝点1家；立案查处480起，移送案件1起。组织开展重点领域整顿推进稽查办案。针对吕梁市酒类、肉制品生产企业集聚的区域特点，市食药监局积极组织监管人员对文水县、汾阳市辖区内违法违规肉制品、白酒生产经营企业、小作坊进行了清理整顿。市县两级共出动执法人员900余人次，检查白酒、肉制品生产经营企业536家，查扣不合格酒类400余件、散酒400余公斤；依法取缔无证白酒生产小作坊42家，立案查处22起，罚没款21万元；集中销毁酒类1700箱，货值金额27万元。紧盯问题产品核查推进稽查办案。以抽样检验结果为主要依托，强化不合格产品处置，加大了食品药品抽检不合格企业的处罚力度。重点突破大要案查处，共办理抽检检测不合格产品案件19起，结案16起，罚没款15万元，严厉打击各种违法违规行为，对违法犯罪形成了有力震慑。

2017年，全系统共出动执法人员11万人次，检查四品一械生产经营使用单位32000户次，责令整改12000户，查处案件1552件，罚没款428万元，罚款额比上年同比增长22%。

【监督抽验】

全面落实食品层级抽检。根据省局抽检计划和要求，依据靶向性、全覆盖原则，市药监局科学制定了食品安全抽检工作实施方案并积极组织实施。2017年，市药监局安排食品安全抽检1052批次，其中市局负责国抽270批次、省抽82批次、市抽700批次，县抽食用农产品3120批次（每个县240批次）。11月底，国抽、省抽、市抽工作已经全面完成，县级食用农产品抽检工作完成2501批次，年内可完成抽检任务。开展药品抽检。加快药品抽验工作进度，扩大抽样覆盖面，加大了对基层涉药单位的抽样力度。全年计划抽检药品514批次，截至2017年底完成563批次，超额完成任务10%。开展食品快速检验。不断加强食品快检能力建设，加大食品快速检验力度，延伸检验触角。13个县局均已开展食品快速检验工作，柳林局、离石局、孝义局、兴县局在城区抽检力度不减的基础上，持续加大快检范围和频次，重点加大了与老百姓日常生活息息相关的米、面、油、肉及肉制品的抽检力度，共完成快检3000余批次。

通过大范围、高频次的食品药品抽检检验，第一时间对不合格或问题产品启动核查处置，及时督促企业采取停止销售、下架封存、产品召回、监督销毁、无害化处理等措施，有效发挥了抽样检验在监管工作中的技术支撑作用。

【示范创建】

打造标准化餐饮服务单位200家。2017年，市食药监局制定出台《关于开展餐饮服务标准化规范实施方案》，开展标准化管理，积极引导大中型餐馆、学校食堂、小餐饮摊点等四类餐饮服务经营主体向集约化、标准化发展。从食品经营场所及设施设备、原料采购及仓储管理、餐厨废弃物处置、食品留样和人员管理等方面对200户餐饮服务单位进行了标准化规范，有效带动了餐饮服务质量全面提升。持续推进吕梁市“明厨亮灶”建设工作。持续推进餐饮服务“明厨亮灶”建设。2017年，全市新创建明厨亮灶餐饮单位153家，累计完成“明厨亮灶”餐饮单位达到343家，超额完成省局下达的2017年年底吕梁市“明厨亮灶”餐饮服务单位达到200家的任务指标。开展“放心肉菜示范超市”创建。遵循企业自主、政府推动、多方参与、分步推进的原则，通过严格筛选，确定各县区创建单位26户。督促指导创建单位在食用农产品的进货、贮存、运输、销售各个环节制定标准，自觉规范经营行为，落实食品安全主体责任。孝义、汾阳、离石3县区正积极推进创建活动，打造了沃尔玛孝义崇文店、家家利超市华美店、物美生活广场等示范标杆超市。积极参与“食品安全示范县”创建。把打造食品示范单位作为提升食品质量安全管理水平的重要抓手，示范引领、典型带动，着力提升行业整体水平，孝义市取得第一批“食品安全示范县”荣誉称号。在巩固创建成果的基础上，鼓励支持离石区、汾阳市申报全省第二批食品安全示范县。

【“双随机一公开”监管制度落实】

全面推行“双随机一公开”监管，2017年，市食药监局将198项行政检查事项、四品一械2000余户重点单位和行政执法50余人全部纳入随机抽查事项清单、市场主体名录库和执法检查人员名录库。制定《随机抽查工作细则》，结合风险程度、检查任务、执法力量等因素，随机选派执法检查人员落实检查计划，并及时公开随机抽查结果。通过“双随机”检查，有效规范执法人员监督检查行为，既保证必要的抽查覆盖面和工作力度，又防止检查过多和执法扰民。

【食品药品领域社会诚信建设】

2017年，市食药监局强化对食品药品生产经营企业的信用管理，以日常监管信息为基础，建立健全信用管理制度及生产经营者信用档案，制定出台《食品药品安全信用体系建设实施方案》和《食品药品生产经营者信用信息管理规定》，动态评定企业信用，实行信用分类监管，逐步建立食品药品领域守信激励、失信惩戒的监管模式。

【行政审批制度改革】

2017年，市食药监局全面落实行政审批“两集中、两到位”，在落实《行政审批工作制度》《行政许可人员工作守则》的基础上，制定《行政审批审查工作细则》，建立行政许可职责到岗到人、流转有序、相互监督制约和责任追究的行政审批工作运行机制。

【培训活动开展】

结合辖区内监管工作实际，对监管对象进行形式多样的培训。在市食药监局层面，2017年上半年投入8万元，分批对全市300名监管人员进行业务知识培训。在县食药监局层面，柳林县局、孝义市局、临县局累计组织300多家食品生产销售企业负责人开展食品安全集中培训。通过培训教育，提升了从业人员的法律素养和知识技能，使食品从业单位充分认识到了自身工作的重要性，增强了企业第一责任人意识。

【食品安全进校园活动】

2017年，将食品安全法律

法规和科学知识送入学校，宣传活动中，展出假劣食品样品10多种，共散发宣传册2000余份，接受师生咨询200余人次。各县局也积极开展了食品安全进校园、进社区、进企业活动。

【食品药品安全科普宣传】

2017年，市食药监局贴近公众需求，充分利用电视台、广场大屏幕等平台，投入10余万元，播放食品药品科普视频和公益广告，进一步扩大了食品药品安全宣传范围，有效提高了群众饮食用药安全意识和自我保护能力。

（市食药监局）

审计

【概况】

2017年，全市审计机关完成审计和审计调查项目816个，延伸审计和审计调查255个单位，对109名党政领导干部进行经济责任审计；出具审计报告、审计调查报告和综合报告791份，提出审计建议1089条。通过审计，查出违规金额100.2亿元，管理不规范金额222.84亿元，非金额计量问题602个；责令责成被审计单位纠正问题755个，建议单位自行纠正问题507个，警告、通报批评131个单位，移送案件46件（其中移送纪检监察机关14件，移送主管部门32件）；完成政府投资工程竣工决算（结算）审计项目426个，送审金额15.02亿元，核减工程建设资金1.59亿元。

【中央和省市重大政策措施落实情况跟踪审计】

2017年，市审计局通过审计督促相关单位整改问题125个，整改资金16.34亿元；促进存量资金规模减少9.92亿元，促进盘活存量资金1.29亿元，资金配套到位2.42亿元，资金筹集、拨付到位2.49亿元；督促44个工程项目完善工程手续、加快实施进度；完善放管服、房地产去库存和精准扶贫等方面制度19项；促进简政放权、保障性安居工程、生态环境和节能环保、精准扶贫、项目建设、民生保障等方面30项政策措施落实到位。

【财政审计】

2017年，市审计局开展市、县两级预算执行审计，对130个预算执行单位的2016年度预算执行情况进行审计，其中市审计局对市本级财政、地税、市纪委、市信访局等11个单位2016年预算执行情况进行审计，对兴县、交口县财政决算情况进行了审计，对新城15个建设项目部2012-2016年财务收支情况进行审计。

【对重大民生资金与项目的审计监督】

2017年，市、县审计机关上下联动，对吕梁市2016年扶贫资金，全市新型农村合作医疗机构整体移交，全市2015、2016年住房公积金，全市全面改善贫困地区义务教育薄弱学校基本办学条件，运城市城镇保障性安居工程等专项资金进行了审计。

【政府建设项目审计】

2017年，全市审计机关认真贯彻落实市政府工作要求，全年共完成政府投资建设项目竣工决算（结算）审计426项，送审金额15.02亿元，核减工程建设资金1.59亿元，核减率10.59%；其中市审计局完成26项，送审金额29254.88万元，核减3575.69万元，核减率12.22%。审计同时对部分工程建设程序不合规、财务管理不严格、工程管理不规范等问题进行了严肃查处，规范了建设行为，节约了建设资金。

【领导干部履行经济责任情况审计】

2017年，市审计局对109名领导干部进行经济责任审计，包括县处级干部17名，乡科级干部92名。其中市审计局受市委组织部委托，对17名县处级领导干部进行了经济责任审计，对4名县（区）审计局长进行了经济责任审计。

（市审计局）

统计

【贯彻落实《关于深化统计管理体制改革提高统计数据真实性的意见》《关于深化统计管理体制改革提高统计数据真实性的实施意见》】

认真学习领会。市统计局通过召开全市统计工作会议、局党组中心组学习会等多种形式，传达和学习贯彻文件精神，专题研究贯彻落实的具体举措和分工。要求全市统计系统和广大统计人员要迅速行动起来，切实将学习领会和贯彻落实中央《关于深化统计管理体制改革提高统计数据真实性的意见》和山西省《关于深化统计管理体制改革提高统计数据真实性的实施意见》（以下简称《意见》和《实施意见》），作为当前和今后一个时期的重要任务。

加强部门联系。8 月 3 日、8 月 27 日，书记李正印、市长王立伟分别就贯彻省《关于深化统计管理体制改革提高统计数据真实性的实施意见》做出批示。在听取市委、市政府主要领导贯彻意见的基础上，市统计局根据《实施意见》要求，就其中的有关事项分别向市委组织部、纪委监委、宣传部、市人社局、市编办等相关部门进行专题报告。推动建立科学的政绩考核机制和领导干部统计工作考核机制，建立健全防范和惩治统计造假弄虚作假的责任制和问责制，为统计工作营造了良好社会环境。

推进统计法进党校。通过与市委组织部、党校联系沟通，从 6 月开始，统计法律法规相关内容已纳入党校各类培训班必修课程，已受邀针对全市县处级干部做了两期统计法治专题讲座。部分县也已陆续落实了统计法进党校。

完善相关制度措施。根据《意见》《实施意见》文件要求，市统计局逐步制定完善一系列相关制度。《吕梁市统计局统计检查随机抽查实施方案》《吕梁市统计行政处罚自由裁量基准》《关于印发推行行政执法公示制度执法全过程记录制度重大执法决定法制审核制度工作方案的通知》《落实省深化统计管理体制改革主要任务措施分工方案》已正式印发，《关于贯彻落实〈关于统计机构负责人防范和惩治统计造假弄虚作假责任制规定（试行）〉的实施意见》《县级统计业务工作考核实施办法》正在修改完善，《关于加强统计领域信用建设的若干意见》《企业统计信用管理办法（试行）》《统计从业人员统计信用档案管理办法（试行）》相关落实制度正在起草制定。

加大了统计数据核查力度。加强了对统计数据采集过程监控，完善了联网直报平台数据监管机制，坚持按月通报平台监测结果制度，构建严密的事前事中事后监控长效机制，将防范和惩治统计造假、弄虚作假纳入政府机关和统计机构工作人员依法行政、依法履职责任范围。

加强了对县级统计局领导班子的管理。根据文件要求“各级统计局主要负责人的任免、调动，其人选在提交常委会讨论前需征得上一级统计局党组同意的规定”，市统计局严格按照文件要求，对方山县、临县、汾阳市、孝义市拟任命局长进行了组织考察。

完成了县乡基层统计人员信息摸底工作。已对县乡基层统计人员个人基本情况、从事统计工作年限情况、岗位情况、基本技能掌握情况、居住地情况等情况做了初步摸底。全市 13 个县 164 个乡镇现在共有 260 名乡镇统计员，其中 109 名从事统计工作年限为 5 年及 5 年以下，221 名为专职统计员，196 名为正式干部，178 名能完成联网直报工作。同时对乡镇统计人员委派征求了各县（市、区）统计局意见，下一步拟同有关县市协商乡镇统计人员实行派出制试点工作。

【统计普法执法】

开展统计普法宣传。2017年，以《中华人民共和国统计法实施条例》为契机，以省统计局统计法治宣传教育“七五规划”为指导，以依法行政宣传月、中国统计开放日等重要节点为载体，以全面推进依法治国和信用体系建设、“统计改革创新年”为抓手，市统计局充分利用传统媒介以及网络、短信、微信等潮流媒介，集中开展主题普法宣传活动，点面结合营造了“依法治统”的社会舆论氛围。临县统计局以《中华人民共和国统计法实施条例》颁布施行为契机，把8月确定为全县统计法制宣传月，在县电视台滚动播放统计法治宣传标语口号，局长郭原在临县调频广播上做了一期统计法治访谈节目。孝义市统计局充分利用广播和“两微一端”等主要媒体进行广泛统计普法宣传，并编印《统计法知识宣传册》300册报送市四套班子各位领导。中阳县统计局利用宣传车在全县范围进行了巡回宣传，编制统计法治节目融入全县慰问下乡活动剧目。其他各县也都开展了形式多样的普法宣传活动。

组织开展执法培训。通过组织参加或开展对执法人员的专项培训，从统计执法程序、统计执法技巧、网络知识和财会知识等方面，进一步提高统计执法人员的法律素养和统计执法实务水平。3月10日吕梁市邀请离石区公安局案管大队大队长吴宏绩作了统计法治专题讲座。5月5日举办了全市县级统计执法人员培训。并将执法培训有针对性地延伸到乡镇和村级统计员、“四上”企业，进行了统计法律法规、执法流程、技巧方面的培训。

完善统计法治制度。建立完善了统计违法行为举报制度、统计执法“双随机”抽查制度、行政执法公示制度、行政执法责任制、统计行政处罚自由裁量制度、统计违法案件案卷管理制度、统计行政执法监督检查制度等。根据市委、市政府的要求，聘请2名法律顾问，签订《法律顾问合同》，明确法律顾问的工作职责和权利义务。同时，市统计局配备笔记本电脑、便携式打印机、执法记录仪、照相机等必要的执法设备和用品，全力支持统计执法工作。

配合做好社会信用体系建设。按照《统计上严重失信企业信息公示暂行办法》的规定，加强了统计诚信制度建设，完善了统计弄虚作假举报制度，大力实施统计严重失信企业公示制度和联合惩戒制度。按照省统计局要求，执行统计上严重失信企业公示制度，对统计法上的失信企业在相关平台上（山西统计信息网、信用山西、国家企业信用信息公示系统山西平台）及时予以公示，建立统计从业人员诚信档案工作。

加大统计执法力度。在全市统计工作会上，与县市区统计局签订《统计依法行政承诺书》，明确要求各县市区全年随机抽查数量占统计执法检查任务总量的比重不低于30%，查处统计违法案件3件以上。市县两级统计部门加大对统计违法案件的查处力度，3月3日，对2016年全市统计违法行为处罚案件完成情况进行了通报，对未完成执法任务的县市区进行了约谈。8月8日，再次发文，对全市1–7月份统计违法案件查处情况进行通报，省局副局长卢永良对此作出“吕梁市统计局依规立案，依法查处，成效明显，继续努力”的批示。全市两级统计机构共立案58件，结案55件。其中，市局立案13件，结案12件，县局立案45件，结案43件；给予警告处罚的58起，给予罚款处罚的8起，罚款金额117000元。

有序推进“双随机”执法检查工作。2017年，市统计局在巩固上年“双随机”执法检查的基础上，完善“双随机”统计执法检查实施方案，规定统计检查随机抽查事项清单、建立“双随机”抽查机制和随机抽查的比例和频次、完善更新“随机抽查执法人员名录”和“随机抽查对象名录库”、明确抽查结果的运用及监管信息的共享和公开方式。

【统计方法制度改革】

跟进国家、省 GDP 统一核算改革步伐。2017 年，吕梁市统计局牢固树立创新、协调、绿色、开放、共享发展理念，认真执行 GDP 核算制度和地区数据质量评估指标体系，强化和规范基础数据的支撑作用，从严审核评估各季度 GDP 核算的基础数据，确保了生产总值与全市数据的合理衔接。

推进固定资产投资统计改革。严格按照固定资产投资统计改革试点方案的部署要求，积极落实支出法和形象进度法双轨运行制度，完成了 500 万元及以上投资项目网络直报工作，确保了统计单位不重不漏、应统尽统。做好了新制度下投资数据的比对、衔接，并积极查找差异原因，及时搞好分析研判。截至 10 月底，全市共有 644 个 500 万元及以上投资项目纳入网络直报。

开展“三新”统计调查。认真完成了提质增效转型升级统计、工业战略性新兴产业统计、工业新产品和新能源产品统计、高技术产业和新技术统计；继续实施了商业综合体调查，推进企业研发、创新调查、“四众”调查等重点领域专项调查。同时，进一步强化部门合作，使行政记录和部门统计资料成为“三新”统计的重要数据来源。

推进服务业统计改革。认真贯彻落实《关于推进落实 2017 年服务业各项指标任务的通知》（晋政办发电〔2017〕20 号）、《山西省大力发展服务业实施方案》（晋服务组发〔2017〕1 号）文件精神，不断加强了新产业、新业态、新商业模式统计方法的研究和实践，通过抽样调查、典型调查、重点调查、与部门合作等多种形式，完成了规模以上服务业企业、电商平台企业核查、入库工作，客观全面地反映了“大众创业、万众创新”的发展趋势和积极作用。

深化统计单位调查制度改革。以“五证合一”登记制度改革为契机，充分运用“五证合一”部门信息共享资源，加快了获取新设立单位及单位变动信息的频率，进一步提高了基本单位源头数据质量。通过整理民政、编办、工商、税务等部门提供的新增、变更、注销的信息资料，全年共收集编办、民政、工商、税务资料 6 万多条，完成名录库维护更新 9.4 万余条。

【统计监测服务】

做好区域经济转型升级考核评价。为确保吕梁市转型升级考核评价监测工作落实到位，2017 年市统计局加强部门联动，积极与商务局、农委、旅发委、财政局、环保局、水利局、国土局等相关部门取得联系，沟通协调，确保考核指标监测真实、及时、有效。同时针对易错易漏指标有选择性重点审核，对疑问数据多次与相关部门沟通、核实，对汇总数据充分结合实际情况进行数据评估分析，做到数出有据，确保调查数据真实可信。对季度未达标指标，及时向指标承载单位提出预警。

积极开展绿色发展综合评价工作。7 月 25 日，市委办、政府办联合印发《吕梁市生态文明建设目标评价考核办法》。为了保证评价工作的顺利、有序开展，市统计局积极协同配合有关部门，建立健全相关工作机制，积极推进相关制度建设，努力做好绿色发展评价工作，省统计局于 11 月 7 日，已对《吕梁市绿色发展统计报表制度（试行）》批准通过。

开展供给侧结构性改革重点领域监测。围绕“三去一降一补”，加大了煤炭行业淘汰过剩产能情况的关注度，加大了房地产供应结构和销售结构变化的关注度，加大了国有企业所有制改革进展情况的关注度。突出了煤炭钢铁电力去产能跟踪监测，完成了战略性新兴产业常规统计调查、改进和完善了工业产能利用率统计工作、丰富了工业提质增效转型升级指标体系，加强了对房地产项目库存量以及相关指标的监测分析。

开展住户调查监测样本轮换工作。通过召开会议研究部署，从人、财、物方面给予了充分保障，并结合吕梁实际制定了具体的工作实施方案。通过积极与地方政府、相关部门协调沟通，得到了地方政府和相关部门的大力支持。对参加样本轮换工作的分管领导和业务人员进行了全面培训，确保专业人员对每个流程每个环节的工作了如指掌；对选聘的辅调员进行了具体业务培训，确保样本轮换所有工作环节严格执行按照国家的样本轮换方案和实施细则不走样。加强了对辖区内样本轮换工作的督促、检查和指导，同时会同市队加强了对县级统计局地方调查点的工作指导，确保了全市住户调查大样本轮换工作的顺利开展。

【第三次全国农业普查工作】

2017 年是农业普查数据采集、数据审核、质量抽查和数据评估等工作的重要实施阶段。自 1 月 1 日正式登记开展以来，吕梁市各级农普办高度重视，精心组织，周密安排。

以紧密的宣传推动普查效果。12 月 29 日，吕梁市电视台就第三次全国农业普查工作对市农普领导小组副组长、市统计局局长吴建军进行了专访。12 月 31 日，市农普领导小组组长、副市长李俊平通过吕梁市电视台发表正式登记动员讲话。1 月 1 日，吕梁市第三次全国农业普查入户登记工作全面启动。市长王立伟以一名普通普查员的身份，深入交城县西营镇城头村农户家中，开展入户登记，指导普查工作。市长李俊平在大武镇杨家塔村开展农普入户登记，就家庭成员、住户收户等进行了详细登记。各县（市、区）长和农普领导组组长也十分重视，亲临现场，带头入户，极大地鼓舞了基层人员。

以严密的审核保证数据质量。在普查期间，市统计局农普人员通过添加一些必要的审核公式，严把数据质量，做到了普查不止，查补不停，边登记、边审核、边补漏。创新性地添加 100 余条审核公式，并充分利用查询系统进行筛选，通过业务指导、数据处理 QQ 群、微信群、统计内网 FTP 进行反馈。在审核期间，多次进行数据排查，在 4 月份的奇异值排查中，先后共反馈下发 excel 文件 58 个 9 万余条疑问问题。在 6 月的异常数据查询中，又下发馈下发 excel 文件 45 个 8000 余条疑问问题。

以细密的执法规范统计环境。在正式登记开展之初，市统计局建立了农普登记对象电话回访、实地核查制度。随机抽查已经上报的调查对象，对违法现象予以通报、约谈。6 月 5 日，市农普办主任吴福保调研员、常务副主任任长才队长一行三人深入临县、兴县对两县农普领导小组组长、农普办主任、相关乡农普领导小组组长进行了约谈。2017 年，全市在第三次全国农业普查调查中两级统计机构共查处统计违法案件 26 件。

【统计服务研判水平提升】

全面准确反映发展。2017 年吕梁市统计局一是在原有基础上，对月度发行的《吕梁经济运行监测》内容进行了充实，增加了主要经济指标历史数据图表等，使广大读者能够更直观地对全市经济社会发展情况有全面的了解。二是紧跟经济社会发展形势，及时开通了“吕梁统计微讯”微信公众号，及时发布统计数据、统计信息、统计分析以及统计改革发展动态，让党政领导、企事业单位和社会公众能够及时了解掌握吕梁经济社会发展情况以及统计工作动态。三是为提高统计服务水平、增强服务科学决策的能力，创办《党政专报》专刊，定期刊登全市经济运行情况以及农业、工业、投资、财贸、能源、价格、居民收入等专业分析材料，为党政领导和有关部门科学决策提供信息参考。

积极作为促进发展。2017年，市统计局紧紧围绕党委、政府战略部署和重点任务，突出强化统计监测预警职能，深度开发挖掘宏观经济数据、结构数据、产业数据以及市场主体数据，密切跟踪经济运行态势，深入开展分析研究，为党委、政府提供更加真实准确、完整及时的统计数据和针对性强、参考价值高的咨询建议。2017年，共编印《统计简报》10期，《统计专报》11期，《统计快报》53期(日监测47期)，《党政专报》13期。

立足基础推动发展。充分发挥联网直报平台作用，紧密跟踪产业运行态势；不断健全调查研究制度，建立健全重点企业经常联系和重点行业定点观察制度；不断深入基层和企业一线研判经济形势和发展变化，切实提高统计服务的及时性和有效性。以部门联席会议为载体，及时与发改、经信、财政、税务等部门分析交流当前经济发展形势，拓宽了统计部门掌握信息的渠道，提高经济运行分析的权威性。

（市统计局）

工业经济

工业经济

【概况】

2017年，吕梁全市规模以上工业增加值878.4亿元，同比增长11.3%，增速高于上年同期8.7个百分点，高于全省4.3个百分点。

超七成行业实现增长。前三季度，全市24个工业大类行业中有17个增长，增长面为70.8%。

主要产品产量增长较快。全年全市16种主要工业产品产量13增3降。其中，产量增长的有：原煤10924.9万吨，同比增长2.83%；炼焦用洗精煤7317.2万吨，同比增长5%；焦炭1929.8万吨，同比增长9%；发电量183.5亿千瓦小时，同比增长17.6%；铁矿石成品矿752.6万吨，同比增长5%；铝土矿813万吨，同比增长34%；饲料81.6万吨，同比增长15.1%；饮料酒118670.3千升，同比增长39.4%；氢氧化铝610.4万吨，同比增长10%；水泥427.4万吨，同比增长3.2%；钢材287.4万吨，同比增长6.4%；氧化铝1102.6万吨，同比增长7.1%；化肥8.4万吨，同比增长22.9%；全市轻工业龙头产品白酒产量继续延续2016年3月以来的较快增长，同比增长40.5%。产量下降的有：其他洗煤产量3198.6万吨，同比下降1.9%；铁矿石原矿2305.1万吨，同比下降13.4%；生铁395.4万吨，同比下降2.7%。

非煤工业和非传统工业稳步增长。2017年，在总量中，非煤工业增加值434.2亿元，占规模以上工业增加值的比重49.4%，同比增长11.3%，拉动规模以上工业增加值增长6个百分点；在总量中，非传统工业增加值143.5亿元，占规模以上工业增加值的比重16.3%，同比增长22.4%，拉动规模以上工业增加值增长4.2个百分点。

主导产品价格大幅上涨。工业生产者出厂价格指数（PPI）为134.2，同比上涨34.2%。其中，煤炭开采和洗选业价格同比上涨42.6%，农副食品加工业价格同比上涨0.7%，炼焦加工业价格同比上涨65.3%，黑色金属冶炼和压延加工业价格同比上涨27.8%，有色金属冶炼和压延加工业价格同比上涨45.8%。

战略性新兴产业和高技术产业较快发展。2017年，在总量中，战略性新兴产业增加值16.4亿元，同比增长16.9%，占规模以上工业增加值比重1.9%，拉动规模以上工业增加值增长0.3个百分点；在总量中，高技术产业增加值1.5亿元，同比增长14.3%，占规模以上增加值的比重0.2%，拉动规模以上工业增加值增长0.03个百分点。

工业产品销售率稳步提高。

全年全市规模以上工业企业产品销售率99.3%，较上年同期提高0.5个百分点。

企业利润大幅增长。1—11月，全市454户规模以上工业企业实现主营业务收入2007.5亿元，同比增长53.4%；税金169.8亿元，同比增长95.8%；从业人员平均人数19.5万人，同比增长0.02%;利润总额181亿元,而上年同期为6.5亿元；亏损企业137户，同比下降29.4%；亏损面30.2%，比上年同期收窄15.5个百分点；亏损企业亏损额28.9亿元，同比下降47%。

企业成本明显下降。1—11月，全市直报规模以上工业企业每百元主营业务收入中的成本为74.54元，较上年同期减少7.24元；每百元主营业务收入中的三项费用为13.31元，较上年同期下降2.03元；主营业务收入利润率9.02%，同比提升8.52个百分点。

企业成本下降，盈利能力增强。规模以上工业企业每百元主营业务收入中成本为74.33元，比上年同期减少9.31元。

【综合能耗】

2017年，吕梁全市规模以上工业企业综合能源消费量1696.3万吨，同比增长6.8%。七大高耗能行业能源消费量五个行业增加，两个行业减少。有色金属冶炼和压延加工业综合能源消费量399.3万吨标准煤，同比增长23.5%；电力、热力、燃气及水生产和供应业综合能源消费量306万吨标准煤，同比增长18%；黑色金属冶炼和压延加工业综合能源消费量253.4万吨标准煤，同比增长9.4%；非金属矿物制品业综合能源消费量66万吨标准煤，同比增长3.9%；化学原料和化学制品制造业综合能源消费量23.4万吨标准煤，同比增长20.3%。煤炭开采洗选业综合能源消费量341.8万吨标准煤，同比下降8.7%；炼焦加工业综合能源消费量254万吨标准煤，同比下降1.4%。

经济和信息化

【经济运行调控】

加强经济运行监测调度。2017年，吕梁市经信委每月提前预报主要经济指标，进行分析监测，通报指标完成情况并下达下月目标任务；每季召开一次经济运行分析会，组织一次督导检查；每半年给各县市区长写一封信，分析经济运行和项目建设情况，提出工作建议，对指标任务完成差的县市区进行约谈，做到问题导向、靶向施策。全市规模以上企业工业增加值领跑全省，全年完成878.4亿元，同比增长11.3%，增速从2015年全省末位逐步上升，上年4月份开始连续9个月增速、总量居全省第一。汾阳、临县、柳林、方山四个县市增速超过全市平均水平。规上工业企业利润在2016年11月由负转正的基础上，2017年实现利润195.9亿元，同比增长44.6倍，增速全省第一。临县、中阳、方山排在全市前三位。重点推进的85个工业转型项目中，投产或部分投产35个，设备订购或安装18个，土建施工19个，前期准备13个，累计完成投资153.5亿元。石楼、方山、孝义、离石、中阳五县市区工业固投实现正增长，增速高于全省平均水平。

全面提升服务企业水平。市经信委成立服务企业办公室，创新服务企业常态化工作机制，创建“服务企业专栏”和服务企业平台，实现全天候全方位在线服务。坚持普遍服务与重点帮扶相结合、服务规上企业与服务小微企业相结合、市级服务企业与县级服务企业相结合、市（县）领导服务企业与部门包联相结合、帮扶困难企业与服务重点项目相结合等“五个结合”；落实重大问题会商、分级分层负责、网上在线服务、现场办公等“七个机制”，全年全市共受理企业反映问题和诉求283条，办结283条，办结率100%。

【改革任务完成】

2017年，吕梁市经信委组织召开改革工作会议10次，开展调研9次，以市委、市政府名义印发改革类文件25个，推动各项改革工作的完成。

国企改革。成立国有企业改革发展和党建工作领导小组。出台《关于深化国企国资改革的指导意见》等9个改革文件。确定离柳焦煤集团、吕梁中药厂等18户改革试点企业。离柳焦煤集团以债转股为重点的股权多元化改革迈出了坚定步伐，吕梁中药厂专业化的股权多元化改革、吕梁新城建投科技发展有限公司法人治理结构改革、市云计算运营公司增资扩股及股份制改革等改革工作全面启动。山西第四纺织机械厂下岗职工养老保险费缴纳等问题得到了较好解决。全市87户国有企业完成了公司制改革，56户企业将党建工作总体要求纳入公司章程，125户企业完成了与党政机关的脱钩改革，3户市属企业和9户省属企业分别与当地政府和有关单位签订“三供一业”移交框架协议。

供给侧结构性改革。2017年，印发《关于深化工业领域供给侧结构性改革的实施意见》，去产能、降成本、补短板。淘汰汾阳文峰焦化公司2×1.2万千瓦机组；落实各类行政事业性收费和政府性基金减负项目49项，减负0.9亿元；推动38户用电企业参加电力直接交易，交易电量达28亿千瓦时，为企业节约电费1.5亿元；出台《关于推进煤焦化、白酒、光能、大数据五个产业集群落实“五个一”工作机制的实施意见》，推进产业集群发展；印发《电力供给侧结构性改革实施方案》，推进售电侧改革，新成立的9户售电公司开展售电业务。

大数据产业发展。2017年，印发《大数据产业发展应用规划（2017-2020）》《2017年行动计划》《促进大数据发展应用的若干政策》，建立大数据智库。举办“数谷吕梁·智赢未来”吕梁大数据产业发展推介会，4位院士以及全国近100家知名大数据企业参会，18家中央、省级媒体对会议进行了宣传报道，签约总投资21亿元的12个项目。重点推进的大数据产业项目中，吕梁云计算中心项目部分建成并投入运营，华为山西云计算中心项目过渡机房落地投运，建设离石吕梁国际数据产业园中心项目，推进孝义智慧城市建设，大数据产业成为吕梁经济增长的新引擎。

【产业结构优化】

2017年，吕梁市优化产业结构，新兴产业实现大发展。白酒产业成为经济发展新亮点，汾酒集团与中汾酒城实现整合发展，文水龙泉酒业与北京牛栏山二锅头合作打造西北地区生产基地。2017年，白酒产量达到11.5万升，增长40.5%，白酒产业增加值59.9亿元，占工业增加值比重达到6.8%。光能产业项目取得新进展，文水晋能年产400兆瓦太阳能电池及300兆瓦太阳能组件、交城国利天能600兆瓦太阳能聚光热发电用反射镜等项目建成投产。铝工业成为吕梁市又一支柱产业，2017年，全市氧化铝（氢氧化铝）产量达到1713万吨，同比增长32.6%。交口兴华科技年产55万吨铝基新材料、中铝华润50万吨轻铝合金项目建成。新材料新能源加快发展，投资120亿元的孝能移动能源产业园项目加快推进，利虎玻璃年产200万套汽车用安全玻璃等项目建成投产。

传统产业实现新提升。2017年，出台推进传统产业提质增效、加快焦化企业转型升级、促进建材工业稳增长调结构增效益等实施意见，加强政策引领。组织召开“第四届中国煤炭深加工及焦化产业绿色发展交流会暨吕梁市招商引资推介会”，25位专家及100余家焦化、煤化工企业参会，签约项目16个，引进资金379亿元。印发《关于促进规模以上工业企业技术改造提质增效工作的实施意见》，组织45个项目申报省级技术改造资金，15个项目获得5065万元的资金扶持。延伸焦化产业链条，孝义金达150万吨、金岩250万吨焦化项目投产；孝义鹏飞40万吨费托合成蜡、90万吨超级悬浮床焦油加氢，金岩45万吨焦炉煤气合成甲醇联产3亿立方LNG，金达2×5亿立方米LNG等项目开工建设。

绿色发展成为新模式。实施能源消费总量、强度“双控”工程，倒逼经济转型升级。执行固定资产投资项目节能审查制度，从源头控制能源消费总量。针对2017年上半年节能指标不达进度的情况，启动节能应急调控措施，对焦化、钢铁、氧化铝产业实施限产、错峰生产等措施。出台《进一步加强大宗工业固废综合利用实施意见》，推进8个资源综合利用项目，孝义金辉兆隆2万吨PBS可降解塑料等3个项目建成投产，金辉兆隆可降解塑料入选工信部第一批绿色设计产品示范公示名单。

科技创新成为新动力。2017年，市经信委加强企业技术中心建设，创建10个市级企业技术中心，超目标任务5个，新创建省级企业技术中心5个，省级以上技术中心达到11个，超目标任务4个。推进企业开展产学研合作，兴安化工、方山衡宝等企业与北航、中国科协进行产学研合作；中钢—北航转型升级技术研发中心建成运行，螺纹钢防腐、喷煤枪材质改造等合作项目完成。2017年全市开展产学研合作企业所占比重达到3.35%，超目标任务0.55个百分点。

融合发展实现新拓展。印发《深化制造业与互联网融合发展实施方案》，推进互联网向生产领域渗透拓展。继续开展两化融合示范和管理体系贯标试点申报工作，孝义鹏飞和新龙重工被省经信委确定为两化深度融合示范企业，文水晋能完成贯标工作。

【环保问题整改】

2017年，吕梁市经信委印发《贯彻落实省第二环保督查组反馈意见整改方案》，并针对具体问题出台了焦化、大宗工业固体废物综合利用、取缔“散乱污”企业等整改方案。落实政策，形成倒逼机制，对因环保排污超标被环保部门通报或处罚的企业，取消参与电力直接交易、节能先进企业评优评先、省市技术改造专项资金申请等资格。参与环保集中整治督查，配合有关部门打击“土炼油”，依法依规取缔“散乱污”企业，规范引导小企业集群发展。全市30万千瓦以上机组全部完成了超低排放改造，3457户居民完成“煤改电”。

【精准扶贫】

2017年，根据全市脱贫攻坚工作安排，吕梁市经信委开展“春季行动”“夏季攻势”“秋季会战”“冬季对标”。2017年，制定《规模以上企业精准扶贫方案》，推动242户规上企业开展精准扶贫。开展“聚焦深度贫困爱心慈善捐助”和“老区行活动”，企业捐助2458万元。完成信息扶贫和电力扶贫任务，2017年拟退出的445个贫困村中，438个村通互联网，完成率98.4%。中阳、柳林两个摘帽县的行政村互联网覆盖率均超过全省平均水平，拟退出贫困村全部通动力电。全年机关研究扶贫工作12次，班子成员人均下乡6次，为两个扶贫村争取资金420余万元，捐赠办公用品等价值16万元。

（市经信委）

民营经济

【概况】

2017年，吕梁市新创企业6573户，全市中小企业总数发展到33907户（不含个体工商户和农民合作组织）。全市中小企业营业收入完成1302.71亿元，同比增长17.38；工业总产值完成1304.15亿元，同比增长19.26%；工业销售产值完成971.42亿元，同比增长13.04%；实现利润128.29亿元，同比增长26.92%；实现劳动者报酬96.31亿元，同比增长7.10%；上缴税金101.49亿元，同比增长19.89%，从业人员33.90万人，同比增长-8.52%。

【省级考核任务完成】

2017年，吕梁市中小企业局承担省委省政府考核吕梁市的目标任务共两项：规上企业净增数量和民营经济增加值占比及提高率。

规上企业净增数量。2017年省下达目标任务为规模企业总数达到459户，其中：规模工业企业净增11户，培育“小升规”企业26户。

为确保任务完成，市中小企业局积极作为，建立培育库，按照1∶2的比例，从吕梁市现有企业中筛选了59户营业收入在500万-2000万元的且发展潜力好、市场竞争力强的企业进入培育库进行培育。同时，建立领导干部包联企业制度，各县副县级以上领导干部分别包联3-5户在库规模企业，帮助企业解决生产经营中存在的相关问题，力争现有在库的规模企业不退库。抓好重点项目、重点工程，尽快投产达效，增加新办企业的规模企业数量。实施奖补政策，对2017年新入库的小升规企业，在省级30万元/户的奖补基础上，市级配套奖补20万元/户，并鼓励有条件的县市设立配套资金给予奖励（对重复入库的企业不予奖励）。

全年共入库企业48户（其中：新办企业入库7户），退库企业45户，净增3户，达到451户。未完成任务的主要原因是受环保影响，不少洗煤企业、铝土矿粗加工企业关停转产。孝义净减10户、交口净减5户、柳林净减2户企业。

民营经济增加值占比及提高率。2017年省下达目标任务为民营经济增加值占比提高2个百分点，达59%。

建立数据库，做好在线监测、精准分析、预警预测、跟踪服务工作。发挥民营经济领导组办公室作用，落实领导小组各项工作，加强与成员单位的沟通联络，分工协作，共同配合，培育壮大民营企业规模，抓好民营经济发展工作。加强考核监督，考核指标层层分解，落实到位，全力保障民营经济增加值占比及提高率。全省民营经济增加值占比提高率目标任务为2%，完成1.4%，完成任务60%以上的只有吕梁完成70%、朔州完成63%。吕梁排名第一。

【推进企业股份制改造】

2017年，吕梁市中小企业局承担改革目标任务，引导民营企业加快股权结构和管理改革，推进企业上市，全年完成5户民营企业股份制改造。建立企业改制上市挂牌资源库，年末入库企业132户。举办1期民营企业股改推进培训，参加了2次省中小企业局举办的全省中小企业股份制改造挂牌上市及金融知识普及培训班，参加培训人数210人次。组织民营企业股改挂牌上市观摩学习交流。建立推进民营企业改制上市推进合作机制，与山西证券吕梁分公司等服务机构合作共同推进民营企业改制上市工作。借助专业力量推进工作的开展。一对一的专业服务，推进股改上市工作落地。强化资金支持，为推动吕梁市民营企业改制上市，吕梁市中小企业局从2017年中小企业发展专项资金中切出专项资金支持企业改制和挂牌。加强工作调研，对交城、文水、汾阳、孝义四县市股改挂牌上市推进情况进行了工作调研，走访部分企业，召开座谈会，收集梳理企业反映的问题，宣传政策解答疑问。

截至2017年年底，5户股改的目标任务完成。分别是：吕梁市三川河食品科技股份有限公司、山西牧标牛业股份有限公司、山西粮缘金土地科技股份有限公司、山西鑫东大物业管理股份有限公司、山西皇后园农产品股份有限公司。

【市级考核任务完成】

2017年，吕梁市中小企业局承担的市级考核任务共11项都完成。

全年新培育“小升规”企业20户。2017年培育“小升规”企业51户。

实施“3个1”经营者素质能力提升工程。实施100名企业家创新转型高端培训。2017年7月和10月，市中小企业局和市委组织部、市委人才办在中山大学联合组织举办了两期民营企业创新转型高端培训，涉及煤炭、化工、冶炼、铸造、农副产品加工、旅游、医药、电子商务等行业的130余名董事长或总经理以及各县市区分管领导和中小企业管理部门负责人参加了培训。2017年11月，市中小企业局邀请华南理工大学崔毅教授来到吕梁市开展民营企业家大讲坛，坚持“走出去”与“引进来”相结合，持续发力，提升吕梁市民营企业家整体素质。实施1000名企业经营者能力提升培训，2017年市县两级共完成1465人次的专题培训。实施1万名企业技术骨干自主培训，据统计，2017年完成11000人次。“3个1”工程的实施，促进吕梁市企业家、企业管理人员和技术人员素质提升。

推进企业股份制改造，全年完成5户企业的股份制改造。2017年，5户企业股份制改造的任务全部完成。

新认定10个以上市级中小企业技术中心，加快推进中小企技术创新。市中小企业局按照省中小企业局要求开展了中小企业技术中心建设的技术指导，协助企业进行技术中心规划等工作，2017年6月市中小企业局印发《关于开展2017年吕梁市中小企业技术中心认定工作的通知》（吕企发〔2017〕27号）。2017年共申报23个企业技术中心，经第三方专业机构评审，确定18个市级中小企业技术中心，超额完成8个。

发展2个市级创业基地，带动和促进社会创业创新。2017年新认定4个市级双创基地（中阳新晋界中小微企业创业创新基地、孝义市柱濮镇兴柱加工创业孵化基地、汾阳市蓝森小微企业创业创新基地、文水聚宏双创基地）。超额完成2个。市中小企业局还上报1个省级示范基地（山西省大万源中小企业创业基地）和5个省级双创基地（新认定的4个市级双创基地和山西省新世纪小微企业创业创新基地）。截至2017年年底，全市共有交城县铸造产业创业基地、山西省中小企业（汾阳）创业基地等7个省级基地和吕梁市中小企业（离石泰化）创业基地、孝义经济开发区中小微企业创业基地等5个市级基地。

做好孝义市“双创”基地示范县指导监督工作。市中小企业局成立“双创”基地示范县工作指导组，与孝义市“双创”领导小组沟通协商，加强对“双创”基地示范县创建、运营工作统筹协调指导监督。2017年，孝义市被确定为首批省级“双创”示范基地。市中小企业局还建成中阳县、交城县2个市级“双创”基地示范县。

完成中小微企业固定资产投资60亿余元。为确保全市中小企业固定资产投资平稳较快增长，市中小企业局建立了月度调度会议制度、月度完成情况通报制度和后进单位重点剖析制度。2017年，全市中小企业完成固定资产投资52.50亿元，新开工重点项目完成固定资产投资12.92亿元。

深化政银企保合作，完善客户推荐机制，组织开展多层次产品推荐会、银企洽谈会，创新融资模式，提高金融机构供需对接成功率。不定期向金融机构、担保机构推荐成长性好有融资需求的中小微企业，全年向金融机构推荐中小微企业客户182户。

创新融资模式，2014年以来，累计贷款企业户数128户，累计贷款额32593万元，放大倍数4倍。2017年新增贷款企业23户，新增贷款额6900万元。

完善中小微企业公共服务。通过印发《中小微企业法规政策汇编》《中小微企业政策百问百答》，深入企业开展“6·27”联合国中小微企业日，以及在吕梁日报开辟专栏专版，在吕梁市中小企业网设立企业风采栏目等多形式多渠道宣传扶持中小微企业发展政策措施。就新修订的《中华人民共和国中小企业促进法》进行宣传和解读，为中小企业发展营造良好政策环境。开展“三送”活动。2017年11月市中小企业局联合省级和部分县局，邀请律师事务所、投资公司、银行、研究所等机构，组织35户企业开展送政策、送服务、送专家服务活动。完善全市中小微企业公共服务平台网络建设。2017年，按照要求市综合服务平台、汾阳白酒产业平台、交城铸造产业平台完成了省中小企业局组织的建设验收。市级平台通过对湖南长沙和晋城市平台进行参观学习，理清了思路，找准了定位。加强小微服务站建设，全市已建成103个小微企业服务站，2017年市中小企业局出台了《中小企业服务联盟管理办法》《小微企业服务站管理办法》，加强全市中小企业服务联盟和小微企业服务站运营管理。

推进市场开拓。组织企业参加2017年亚欧商品贸易博览会。2017年8月，市中小企业局与市商务局组织3户企业参加了在乌鲁木齐举办的2017年亚欧商品贸易博览会，给企业与“一带一路”国家提供合作交流的平台，促进双方共同发展。组织企业参加了第十四届中国国际中小企业博览会。2017年10月，市中小企业局组织5户企业赴广州参加了第十四届中国国际中小企业博览会，企业参加各种论坛、推荐会，宣传企业文化和产品。汾阳市杏花源酒业与广东省某企业签订了1000万元的合作协议。

加强经济运行监测，为领导决策、企业发展提供服务。按照新的中小企业划型标准，建立完善中小企业分类统计、监测、分析制度，完善中小微企业经济运行监测平台，重点监测企业由年初的110户扩大到150户，实现每月数据网上直报，了解中小微企业生产经营动态。每月召开中小微企业经济运行分析会，周密进行经济运行信息数据分析，密切跟踪变化情况，为各级各部门指导中小微企业发展提供决策依据。每季参加市政府召开的经济形势分析部门联席会议，及时做好预警预测分析工作，协调解决企业生产经营中遇到的困难和问题。

【中小企业发展专项基金设立】

2017年，吕梁市财政预算安排了1000万元设立吕梁市首支产业基金——吕梁市中小企业产业转型升级发展基金。未来四年会分期继续注入，政府出资要达到1亿元，基金总规模达到5个亿。加强基金的运营管理，成立以副市长杨巨才为主任的基金理事会，理事会办公室设在中小企业局。确定了基金管理人和基金托管银行。基金管理人和吕梁国投进行合伙企业的登记注册。市中小企业局按照上级指示，协调各部门，做好基金管理运营工作。

【中小微企业转贷专项资金设立】

2017年，为进一步帮助中小微企业解决“倒贷”困境，吕梁市政府出资0.5亿元，山西焦煤集团金土地农业开发有限公司出资1亿元参股吕梁扶贫开发投资有限公司，共同设立1.5亿元中小微企业转贷专项资金。专项资金启动运营，降低企业融资成本，提高资金的利用效率，优化金融生态环境。

（市中小企业局）

煤炭工业

【主要指标任务完成情况】

煤炭产量情况：2017年，全年煤炭产量指标6500万吨，实际完成6517万吨，完成目标任务的100.3%。

矿井建设情况：全年计划完成10座矿井联合试运转和竣工验收，实际完成10座，完成目标任务的100%。

安全指标情况：全年煤矿死亡人数和百万吨死亡率不突破省、市控制指标，控制一般事故发生起数，坚决遏制重特大事故发生。实际发生煤矿事故1起，死亡1人，完成了省市目标任务。

供给侧改革情况：2017年，山西省未对吕梁市下达煤炭去产能任务。市委四届三次全会提出要力争在2017年全市完成煤炭减量置换产能176万吨。实际完成254.6万吨，完成市委下达任务的144%。

平台完善情况：市县企矿根据《关于加快推进煤炭监管信息平台建设有关事项的通知》（吕煤办发〔2017〕150号），加快推进平台建设完善。年底，组织专家对平台建设项目进行了竣工验收，并健全了项目管理档案。

标准化、高效化矿井建设情况：全年计划建成10座安全高效矿井，新增安全高效产能1500万吨，实际建成安全高效矿井10座，新增安全高效产能1520万吨，分别完成目标任务的100%和101.3%。共申报安全生产标准化矿井51座，其中一级31座，二级20座，通过国家局验收1座，其他50座全部通过省级验收（或初验）。

【安全生产】

2017年，吕梁市全行业按照“党政同责、一岗双责、企业主责、失职追责”和“管行业必管安全、管业务必管安全、管生产经营必管安全”的要求，层层压实部门监管责任和企业主体责任。2017年年初，市、县、企、矿四级层层签订安全生产责任状，95座煤矿实现安全责任挂牌管理；十九大期间及四季度，全市煤矿落实“双盯守”行动，主体及煤矿主要负责人认真落实安全生产承诺制度，与部门签订《安全承诺书》，全员安全生产责任制得到有效执行，“层层负责、人人有责、各负其责”的安全生产工作体系逐步构建完善。全市全年发生煤矿事故1起（中阳荣欣高家庄煤矿“6·2”顶板事故），死亡1人，较好地完成了省、市控制指标任务。

【重大灾害治理】

推进瓦斯综合治理。2017年，吕梁市全年共完成瓦斯（煤层气）抽采3.79亿立方米，瓦斯利用2.09亿立方米，分别完成省厅下达指标的102%和117%；地方监管煤矿按照时限要求全部完成专用排瓦斯巷的淘汰整改工作；44座矿井完成瓦斯等级鉴定（测定）工作并上报省厅。

推进防治水分区管理。在上年组织开展重组整合煤矿水患补充调查和防治水专项整治两项重点工作的基础上，深化防治水工作，根据全省统一部署，全面推行煤矿防治水“可采区”“缓采区”“禁采区”分区管理，70座矿井完成了《煤矿防治水分区管理论证报告》的编制，并委托权威机构进行了审查认定。

【煤矿安全检查】

2017年，吕梁市坚持全年安全执法检查不断线，组织开展了“三类”煤矿及煤矿主体企业（上一级公司）安全“体检”、综合执法检查、隐患大排查大整治暨反“三违”专项行动、安全生产专项整治暨“打非治违”专项行动、煤矿机电运输专项检查、资源整合矿井专项整治和安全生产大检查等，共出动检查人员2100人次，下达执法文书428份，督查意见书3份，查处一般隐患6491条，其中重大隐患13条，责令停产停建64矿次，局部停止作业31矿次，停止使用设备3台，行政处罚389万元，行政问责1矿次。督促矿方严格按照“五落实”要求整改存在隐患，隐患整改率100%。

【双重预防机制构建】

2017年推进全市煤矿安全风险分级管控和隐患排查治理双重预防工作机制构建，推动安全生产关口前移，进一步提高安全生产整体预控能力。选取4座矿井作为试点，以点带面，全面推进，全市69座煤矿企业制定了双重预防机制方案，62座矿井建立了数据库、编制了四色图。全行业立足于“查大系统、治大灾害、除大隐患、防大事故”，始终将隐患排查治理作为遏制煤矿重特大事故的重要抓手，深入推进隐患排查治理工作常态化、制度化、规范化，紧盯变化环节，开展风险辨识评估，确保做到重点环节管理到位、重大风险管控到位、重大隐患治理到位，严防风险演变、隐患升级导致事故发生。

【基础建设工程】

2017年，吕梁市煤炭全行业牢牢抓住基础建设这个重点，着力夯实煤矿安全生产基础，强化各生产环节精细化管理，推进各生产系统标准化建设，煤矿安全保障能力稳步提升。规范全市生产矿井改造建设项目管理。出台《关于加强全市生产煤矿水平延深等项目管理的通知》和《补充通知》，共完成立项告知备案矿井23座，初步设计告知备案矿井23座，开工建设告知备案13座，竣工验收7座。稳步推进矿井改造建设。全年共完成10座矿井联合试运转和竣工验收，共申报安全生产标准化矿井51座，其中一级31座，二级20座，通过国家局验收1座，其他50座全部通过省级验收（或初验）。完成安全高效矿井建设10座，省厅批复现代化矿井7座。完善煤炭监管信息平台建设。以完善平台软硬件为重点，严格督促各主体、煤矿全面加强信息平台后续整改升级。安全监控、调度管理、矿领导跟班、产运销数据采集与填报等各大系统全部正常运行，市、县、企、矿实现了双链路数据传输，确保各类监管信息的正常上传。开展煤矿减人提效。按照《山西省煤矿减人提效工作方案》，实施煤矿机械化、自动化、信息化和智能化改造，推进“机械化换人、自动化减人”，推进“一优三减”，优化井下劳动组织，加强井下劳动定员管理，减少井下作业人数，提高生产效率。

【供给侧结构性改革】

2017年，吕梁市煤炭全行业围绕市委、市政府提出的“争当全省能源革命排头兵，打造资源型经济转型示范市”目标，以“三去一降一补”为抓手，推进吕梁市煤炭供给侧结构性改革。按照习近平总书记“四个亲自”抓改革的要求，调整工作思路，落实改革举措，明确了一把手亲自抓，分管领导具体抓、责任科室全力抓的责任分工，完成了年度承担的改革任务。实施煤炭减量置换，为发展安全高效产能让出空间。2017年，吕梁市按照《山西省煤炭供给侧结构性改革实施意见》和国家发改委《关于在建煤矿项目落实化解过剩产能任务有关事项的通知》要求，督促建设矿井严格落实化解产能任务，共完成煤炭产能减量置换254.6万吨，超额完成市委四届三次全会提出的176万吨工作任务。深化煤炭领域改革。深化煤炭管理体制改革，按照行政审批“两集中、两到位”的要求，成立了行政审批科，所有审批事项全部进驻政务大厅。优化审批流程，推进技术审查与行政审批分离改革，提高审批效率和服务水平。完善综合办公系统建设，及时完善更新系统模块，逐步实现文件收发、审批办理全部线上运作，提高企业办事效率。推进煤炭监管体制改革，深入基层调研、广泛听取建议，起草《吕梁市煤炭监管体制改革实施意见（征求意见稿）》，同时，向市法制办、安监局、人社局、编办等7个单位征求意见，将最终讨论稿报送吕梁市安监局。

（市煤炭工业局）

·煤炭运销集团吕梁有限公司·

【企业经济运行】

2017年，山西煤炭运销集团吕梁有限公司营业收入实现31亿元，同比增幅72%。利润总额实现-9944万元，同比减亏29989万元。原煤产量完成150万吨，同比增幅24%。生产进尺完成8695米，同比增幅38%。贸易总量完成849万吨，同比增长37%。纳入考核的全资（控股）企业中有17个单位实现了减亏。金达煤业盈利2.3亿元，为公司超额完成利润指标做出了突出贡献。经济运行质量明显改善，呈现大幅好转态势。

【体制机制改革】

2017年，山西煤炭运销集团吕梁有限公司优化公司机关组织机构，通过撤销合并，削减部室11个，提高了工作效率。在重组整合工作中，公司上下主动作为，真抓实干，削减法人75户，超额完成集团公司下达的任务，在企业瘦身健体方面迈出了坚实的步伐。荣获“全民所有制企业公司制改制先进单位”称号。

建立覆盖各个专业的管理制度。在安全管理方面，出台《安全生产管理制度》《采煤工作面安全确认制度》《煤矿复产或复建验收制度》《煤矿（选煤）技术文件审批制度》《煤矿安全生产标准化考核定级办法(试行)》。在经营管理方面，出台《费用报销管理制度》《办公用品管理规定》《资产处置规定》《合同管理办法》《公务接待管理规定》《招投标管理实施细则》《非招标管理实施细则》《建设项目工程管理办法》《领导干部外出报备规定》《“13710”工作制度》《安全绩效考核办法》《机关、金达煤业安全绩效奖励办法》《机关岗位绩效工资制试行办法》《“三重一大”决策实施办法》《担保管理办法》《工程建设领域农民工工资监督管理办法》及《节约能源工作管理办法（试行）》。使企业走上了用制度管人、用制度管事的轨道，提高了组织力和执行力，增强了风险控制能力，调动了广大干部职工的积极性。

【法人治理结构规范化】

2017年，龙峰煤业、龙山煤业、新工煤业、陈盛煤焦化、华运煤电、益锦煤业、孝龙集运、锦瑞煤业8个股份制企业召开股东会，对董事会、监事会成员调整委派，“三会”正常召开并发挥作用，解决了很多长期想解决而没有解决的问题，混合所有制企业的公司治理走上了规范化轨道。

【安全生产管理】

公司以贯彻落实集团安全生产一号文件精神为主线，构建“双控机制”，加强了“三基”建设。坚持问题导向，狠抓专项治理，强化了学习培训，深入开展了煤矿安全“体检”、周四安全活动、月度安全大检查活动、“安全生产月”“雨季三防”“冬季三防”等活动，狠抓重要节点、重要时段的安全管理工作，确保了两节两会、中秋国庆、十九大期间的安全生产。各项活动达到预期效果，实现安全生产无事故。8月以来，公司开展了以“提高安全生产标准化水平、构建安全生产长效机制”为目标的精细化管理活动，提高质量标准化水平，夯实安全基础。金达煤业通过了煤炭厅组织的国家一级标准化水平验收。

【煤矿生产建设】

2017年，金达煤业通过对采煤工艺、支护方式、供电系统、监测监控、皮带运输、主井提升等生产工艺和环节能力的改造，提升了生产能力；通过采掘衔接、材料管控、用工控制、避峰用电等精细化管理，控制了生产成本。坚决推广集团办矿模式，实现后勤业务社会化，剥离分流130人。

锦瑞煤业促成了49%民营

股东的股权变更工作，完善法人治理结构；组建领导班子和工作机构，消除隐患，完善技术资料，规范施工队伍，摘掉“不放心矿井”的帽子，领取开工报告，具备开工建设的条件。龙峰煤业开工报告批复，进行开工前准备工作。新工煤业准备开工建设。

【煤炭贸易物流】

山西煤炭运销集团吕梁有限公司通过撤销公路公司、公路煤炭销售公司、公路贸易经营公司、自产煤销售公司，成立新的煤炭贸易物流公司，探索公、铁两路合并统一经营管理机制。通过对贸易物流的过程控制、重点优质用户的选择、资金的管控，稳步扩大贸易规模，物流贸易的效益明显改善。通过完善合同签订流程及工作制度、培训开票点工作人员等手段，规范自产煤销售行为。孝龙集运站专注于铁路发运业务，发运量得到大幅增长。离石公司通过政府购买服务的模式，利用现有队伍和设备进行源头超限监管。

【多元产业优化】

山西煤炭运销集团吕梁有限公司对多元产业进行了优化整合，以劳动服务公司为主体，吸收合并机焦公司、中心化验室、东槽物资经销处、骏瑞物业公司及后勤服务分公司，走出了一条多元企业分类处置的新路子。

【旧欠清收工作】

2017 年，山西煤炭运销集团吕梁有限公司公司成立清欠领导组，设置专门清欠机构，对债权进行统计、分析、分类，制定清欠目标和措施，每月召开专题会议总结分析、安排部署清欠工作，使此项工作达到了预期目标，累计清收旧欠 89866 万元。

【巡视整改工作】

山西煤炭运销集团吕梁有限公司切实履行巡视整改主体责任，将巡视整改同党的建设、党员干部作风建设、反腐倡廉工作相结合，组织召开党委会、巡视整改专题民主生活会、全系统巡视整改工作推进情况汇报会，制定巡视整改方案和巡视整改“六定表”，巡视整改问题实行“清单制”。公司“一把手”与公司班子成员、公司相关部室和下属单位负责人签订《巡视整改目标责任书》，确保巡视整改工作层层落实。公司纪委每月定期督查并及时通报情况。110 条问题已整改 81 条，按计划推进 28 条，未整改 1 条（柳林公司 104 名违规用工问题）。

【企业环保】

山西煤炭运销集团吕梁有限公司树立“环保是政治，也是效益，环保工作永远在路上”的思想，抓好废气、废水、固废及扬尘污染等环境问题整治，金达煤业推广空压机余热回收技术，升级改造污水处理厂，安装燃煤锅炉脱硫除尘设备，按技术规范填埋处置矸石。各集运站、各煤场小锅炉全部停用，减少了大气污染，日常工作中积极采取遮盖、洒水的措施来减少扬尘污染。聚晟公司穆村集运站通过进行环保设施整改，安装自动点喷淋系统及货运车辆轮胎清洗池，获得柳林县环保局认可并全县推广。

（山西煤炭运销集团吕梁有限公司）

·离柳焦煤集团有限公司·

【主要经济指标完成情况】

2017 年，离柳焦煤集团有限公司全年生产原煤 282.6 万吨，其中：兑镇煤矿 119.4 万吨；佳峰煤矿 89.7 万吨；鑫瑞煤业 27.1 万吨；内蒙古杨家梁煤矿 14.3 万吨；朱家店煤矿 6.3 万吨；宏岩煤矿 25.7 万吨，剔除杨家梁煤矿因资源枯竭停产因素，原煤产量比上年增加 25.65 万吨。

全年精煤产量 166.4 万吨，比上年增加 49.56 万吨。

全年完成发电量 1968 万度。

全年完成进尺 15950 米，比上年增加 1315 米。

全年销售原煤 132.14 万吨，比上年减少 23.92 万吨；销售精煤174.67万吨，比上年增加38.62万吨。

实现销售收入16.29亿元，比上年增加9.11亿元。其中：原煤销售收入4.26亿元，精煤销售收入12亿元，电力收入约39.4万元。

利润总额5600万元，比上年增加5.14亿元。

全年共上缴税费1.85亿元，比上年增加1.08亿元。

【矿井建设】

按照2017年年初既定目标，离柳焦煤集团有限公司重点项目推进工作领导组坚持以问题为导向，对标对表，挂图作战，全面组织领导，多方奔走协调，全方位跟踪项目建设，全过程督促工程验证。率领各矿井和职能处室，以破釜沉舟的决心，舍我其谁的信心，坚忍不拔的恒心，打响西部三矿项目建设的攻坚战，用艰辛的努力获得西部三矿项目建设的突破性进展。朱家店煤矿联合试运转已于2017年12月28日获得省煤炭厅批复，建矿20多年来未投产的“耻辱帽子”一举扔到黄河去了。根据上级政策要求，鑫瑞煤业、宏岩煤矿两座资源整合矿井必须承担化解产能任务后方可进入联合试运转，为此，多方筹措资金3300万元，于2017年12月28日购买到新增产能18.47万吨，这两座矿的联合试运转已无障碍。鑫瑞煤业联合试运转于2017年12月29日上报省厅，已于2018年1月17日获批；宏岩煤矿初设修改已获批复，矿建工程基本完成，各类单项工程认证有序进行，2018年2月底可按计划进入联合试运转。集团公司与孝义市政府沟通协商，以期切实加快采煤沉陷区村庄搬迁工程，尽早释放如来、孟家庄两村下覆煤炭资源，最大限度拓补集团公司总部资源。拨付移民搬迁资金4000万元，孟家庄村基本搬迁完毕，如来村2018年6月底可完成搬迁。与柱濮镇大窊村资源置换整村搬迁的协议签订，2018年6月底开始实施。这3个村全部搬迁后将增加可采储量1950万吨。

【转型发展项目】

2017年年内，离柳焦煤集团有限公司一批转型项目相继开工并顺利投运。依托停产的化肥厂，采取“企业建设、政府补贴、市场化运作”的模式，高起点规划、高标准建设、高效能运转，成立山西吕安危化应急救援公司（吕梁市危险化学品应急救援大队）。投资6000万元的一期工程全部完成，人员装备均已到位，初步具备了仿真实训和应急救援能力。组织一次危化品应急救援演练；与北京诗安国际合作建设的梦诗月母婴护理中心工程装修全部完工、设施设备全部进场，工作人员全部培训到位，具备了试运营条件；与孝义科尔峰合作的新型建材公司完成了工商变更和检修维修，启动生产准备。与金达集团合作建设的150万吨/年（一期）焦化项目投产试运行；与山西都宝集团合作建设的瓦斯发电项目土建工程全面完工，并网发电申请已获批。

【国企改革】

2017年，按照《中华人民共和国公司法》的要求，离柳焦煤集团有限公司调整企业组织架构，精减职能部门，减少管理层次，健全组织机构；不断规范企业管理，陆续制定出台了干部管理、资产管理、财务管理、销售管理、合同管理、印章管理、机电管理、招投标管理、物资采供管理等一系列管理制度，形成按制度办事，用制度管人、管事的良性运行机制；制定下发《2018年集团公司全面推行绩效考核暨职工实行绩效工资实施方案》；化解金融风险，提早谋划债转股之路；着手实施“三供一业”移交工作。

【企业内外发展环境改善】

离柳焦煤集团有限公司企地关系进一步优化，银企关系进一步改善，商企关系进一步稳定，2017年年内未增加新的涉诉案件，企业社会形象日益提升。与集团公司存在借贷关系的18家金融机构，有4家金融机构与华融晋商签订了债转股协议，其他机构均给予了展期、延期、续贷等政策，企业金融环境明显改善。

【环保工作】

离柳焦煤集团有限公司全面贯彻绿色发展理念。2017年完成兑镇矿区矸石山的整治及改造建设；建成了全市首家封闭式环保储煤棚；对煤炭集运系统进行联合改造，启用环保节能的管状皮带；完成汽源厂脱硫脱硝设施建设，实现烟气达标排放；西部三矿“两站”工程全部验收投运；启动朱家店煤矿、鑫瑞煤业矸石山治理工程；朱家店煤矿、吕安危化救援公司燃煤锅炉全部改造为符合环保要求的节能高效的天然气模块式蒸汽机；抽调专人美化亮化矿区环境，加强矿区河道整治，生态环境治理明显加强，环境状况得到明显改善。全年环保投入近1.2亿元。

（离柳焦煤集团有限公司）

·华晋焦煤有限责任公司·

【主要指标完成情况】

2017年，华晋焦煤有限责任公司主要生产经营指标实现创纪录、创水平。其中原煤产量、精煤产量同比分别增加271.11万吨、108.13万吨，创华晋历史最好纪录；销售收入完成48.76亿元，在弥补历史亏欠的基础上，利润完成7.15亿元，创近五年最好水平，实现质量效益双提升的目标；人均产量、人均进尺、经营现金净流量、净资产等指标均创建企以来最好水平，职工工资实现恢复性增长，“双清”目标完成，各项工作取得长足进步。

华晋焦煤有限责任公司主要指标完成情况

指标（单位）＼完成情况	实际完成	完成计划	同比增减	同比幅度
原煤产量（万吨）	791.68	103%	271.11	52.07%
精煤产量（万吨）	335.08	78%	108.13	47.64%
发电量（万千瓦时）	19017	100.09%	1008	5.6%
掘进进尺（米）	26154	90%	6285	31.63%
瓦斯抽采量（万立方米）	22587	117%	1743	8.36%
瓦斯钻孔进尺（米）	722542	106	58192	8.76%
原煤制造成本（元/吨）	214.89	比计划降低23.11元/吨	降低2.32元/吨	同比降低1.06个百分点
销售收入（亿元）	48.76	106%	1.08	2.37%
利润（亿元）	7.15	477%	7.04	--

【安全生产】

2017年，华晋焦煤有限责任公司坚持“838”安全理念，全面落实“1234”工作部署，着力推进瓦斯治理、防治水、三基建设、隐患整治、环境保护等重点工作，多措并举，狠抓落实，保持了连续四年安全生产零事故的目标，被集团公司评为“安全生产模范单位”，沙曲一矿被评为“安全生产模范集体”，明珠矿、吉宁矿被评为“安全生产先进集体”。

强化瓦斯和防治水治理。通过无煤柱开采、底抽巷、保护层开采、地面水平分支井等技术的实践，公司瓦斯治理取得阶段性成果。沙曲一矿、沙曲二矿坚持“一矿一策、一面一策”，纵深推进瓦斯治理“五项治本之策”，推动沙曲瓦斯治理模式成果转化。通过开采保护层，主采煤层得到有效保护，沙曲一矿单产单进水平实现了翻番，突破多年单产单进水平低的瓶颈。吉宁矿严格执行“物探先行、钻探验证、化探跟进”综合探测手段，全面摸排周边小窑老窑积水情况，为矿井安全生产提供了技术保障。

抓实“三基”夯实安全根基。按照建设“1666”班组管理模式，修订完善了班组长管理制度，推进基层班组长达标竞赛活动，使班组管理由经验管理逐步向科学管理转变。以“井下标准化、地面规范化”为目标，推动质量标准化水平上台阶。吉宁矿、明珠矿通过了一级安全生产标准化初验。有序推进“一通三防”、防治水、机电运输三项安全工程。推进导师带徒、新型学徒试点、大师工作室、素质提升等工程，全员综合素质明显提升。全年完成全员培训22525人次，完成率116.5%。

落实“四铁”措施坚守安全红线。按照“党政同责，一岗双责，齐抓共管、失职追责”和“三必管”要求，落实“四铁”措施。明珠矿、吉宁矿“一公司一矿”管理体系和“契约化”管理模式取得新突破，明珠矿“契约化”管理模式得到了省国资委的肯定和全面推广。全面落实隐患整治攻坚活动要求，推行“一公示”“两条线”“三台账”的隐患闭合管理制度，有效提高了隐患整改闭合。全年查出各类隐患3534条，整改3447条，整改率97.5%；集团公司挂牌督办的4条隐患整改2条。

【科技成果创新】

2017年华晋焦煤有限责任公司“薄煤层智能开采与卸压瓦斯抽采及清洁高效利用关键技术研究”项目获得山西省科技厅科技进步二等奖；“近距离突出煤层群资源安全高效开采及利用技术集成与示范”项目获得中国煤炭工业协会三等奖。

【环境保护】

华晋焦煤有限责任公司针对国家对环保要求越来越严的形势，华晋焦煤有限责任公司将环保与安全生产摆在同等重要位置，严格落实“党政同责、一岗双责”，把环境保护纳入经营业绩考核，扎实有效地做好环保工作。重点围绕矿井水综合利用、煤场、矸石山治理、矿区环境等开展动态检查，消灭了环境污染隐患。2017年冬季采暖期，公司已全部淘汰燃煤锅炉，实现清洁能源替代。

【产销量同步增长】

在煤炭市场逐步回暖的有利时机和国家去产能政策支持下，2017年华晋焦煤有限责任公司围绕做精做优煤炭主业，充分释放先进产能，实现了量价提升，企业经营效益稳步增长。

生产组织稳定有序。按照“稳产高效”的原则，优化布局，科学组织，先进产能得到逐步释放，原煤产量和精煤产量实现增长。扎实开展掘进竞赛，对标管理挖潜，各项指标持续提升。全年单产11.84万吨/面·月，同比提升26.49%；全员效率121.9吨/月·人，同比提高53.14%；原煤生产效率148.2吨/月·人，同比提高36.34%。

煤炭销量稳步增长。按照集团煤炭销售“一体两翼”总体布局，大力实施精煤战略，巩固战略用户，初步建立以战略用户为中心的定制化生产组织模式。坚持铁路销售和公路地销两条腿走路，合理资源配置，加强储装运管理，销量保持稳步增长。公司所属资源整合矿全部纳入集团统一销售序列。全年煤炭总运量完成709.95万吨，其中自产精煤运量216.9万吨，同比增加10.6万吨。

【全面预算管理】

2017年华晋焦煤有限责任公司以全面预算管理为抓手，坚持以效益为中心，突出成本管控，推进降本增效，企业精细化管理水平明显提升。

全面预算管理成效明显。实施“一矿一策”管理策略，深入推广阿米巴经营管理模式，定期召开经营分析会，对一些居高不下的成本指标进行专项“会诊”，“五小创新”产生成果73项，实现经济效益2310万元，电耗及“三公经费”等可控成本得到了较好控制，集团公司下达的年度经营指标也提前完成。原煤制造成本214.89/吨，应收款项清收1.81亿元，净资产收益率23.61%，国有资本保值增值率142.92%，总资产报酬率10.36%，总资产周转率0.4次，资产负债率82.97%，较计划降低5.25个百分点。

加强经营业绩考核。按照集团公司“4+1”考核办法要求，公司将生产经营计划、项目资金计划、重点工作等全部纳入考核体系，逐级签订经营目标责任状，层层进行责任分解，加大考核力度，各单位效率效益意识明显增强，绩效考核的激励作用得到有效发挥。

风险防控力度逐步加强。全面推进内控体系建设，“三重一大”事项严格按程序决策。进一步完善工程设备招投标、贸易公司合同管理、法律诉讼等制度，实现风险防控源头治理。加强审计监察，全年完成审计项目5项，节约工程造价3474万元，完成效能监察成果1618.5万元；加大审计问题的整改力度，全面梳理历年审计整改问题，实行“清单式”管理，明确责任单位和整改时限，各项整改任务正在有序推进。

【企业改革推进】

2017年华晋焦煤有限责任公司抓住改革发展的“窗口期”，贯彻集团公司“20+N”改革部署，坚持问题导向，从公司实际出发，明确了18项改革任务，并稳步推进，“三项制度”、契约化管理、后勤系统、科技创新等方面取得明显成效，彰显了“小公司、大舞台”“小窗口、大视角”和“小试点、大作为”的辐射带动作用。

推进“三项制度”改革。在机构改革方面，按照扁平化和大部制管理要求，完成了沙曲二矿“四部两科一中心”的机构设置，建立了吉宁公司大矿井小公司的管理模式；在公司机关将功能业务相近的13个部门合并为5个部门。在劳动用工管理方面，将转岗分流安置工程与劳动用工整顿、定编定员相结合，制定新的三年转岗分流实施办法，转岗分流480人。在薪酬改革方面，实行差异化分配，建立处级以上管理人员薪酬与职工工资变化的联动机制，机关及直属单位一般管理人员在原有的绩效工资中拿出20%进行二次分配，拉开收入档次，提高职工工作积极性，实现职工收入随业绩变化能增能减的目标。同时，在工资总额全面预算的基础上，对公司重大项目、重点工作进行考核激励，激发了干部职工干事创业的工作干劲。

“契约化”管理。2017年华晋焦煤有限责任公司在明珠公司、吉宁公司、贸易公司3家单位大力推行契约化管理。明珠公司遵循“公司化运作，契约化管理”模式，保持了持续盈利能力，2017年实现利润2亿元，提前完成全年利润指标。吉宁公司立足“大矿井、大管理、大思维”管理模式，主动推进契约化管理，实行了80元/吨成本总承包的契约化管理，全员工效3700吨/年，投产验收后的次年就实现了达产达效，实现利润4.78亿元。贸易公司突出“防风险、抓清欠”两大重点工作，主动收缩战线，以市场主体承担公司外采统销业务，依法依规自主经营，解决了部分历史遗留问题，也未发生新的贸易风险。

推进后勤系统改革。借鉴明珠公司后勤系统市场化运行管理经验，调整公用事业管理分公司职能定位，整合离柳矿区后勤系统资源，为后勤系统实现集约化经营、“契约化”管理、专业化服务、市场化运行管理目标创造条件。围绕“三供一业”分离移交改革重点，坚持“分账经营”“主辅分离”“整体移交”三步走的思路，明确分离移交总体目标。与太原市迎泽区、吕梁市柳林县分别签订了分离移交框架协议，迈出了分离移交的重要一步。

推进企业整体上市。按照集团公司要求，完成公司资产摸底，编制华晋公司整体上市工作方案，配齐整体上市人员力量。同时，邀请集团董监办和中德证券专家进行了专业辅导。

科技创新助推企业安全发展。发挥“中国工业大奖”的荣誉动力和科研精神，组织开展重大科研专项攻关，一批科技创新成果得到转化应用。1 项“五小创新”成果荣获省煤炭总工会一等奖；大采高沿空留巷采空侧单体支柱安全回撤技术在沙曲一矿、沙曲二矿推广，提高了安全系数，降低了原煤成本；吉宁公司依靠现代科技的力量，不断提高工作效率，采煤自动化率达到100%、矿井回采率 93%，在提高安全保障能力的同时节约了劳动成本，促进了单产能力大幅提升。

【千万吨级焦煤企业建设】

华晋焦煤有限责任公司高度重视重点项目的证照手续推进工作，坚持每月组织专题讨论会，沟通信息，研究情况，加快办证进度。2017 年成立证照手续办理攻坚组，有针对性地与发改委、国土、财政部等部门，协调解决沙曲一矿、沙曲二矿产能置换、资源价款缴纳等相关工作，努力解决制约企业发展难题。与出让方签订了煤炭产能置换指标交易协议，取得国家发改委产能置换批复，全面启动采矿许可证办理，通过了竣工验收。在资源整合矿管理上，简政放权，放管结合，明珠矿、吉宁矿均实现“三真”管理，对公司的贡献率逐年加大。吉宁矿运煤通道完成贯通（全长 3522 米）。华晋焦煤有限责任公司总体产能达到 1190 万吨 / 年，形成千万吨级精品焦煤企业发展规模。

（华晋焦煤有限责任公司）

·山西中吕能源（集团）有限公司·

【国企国资改革推进】

2016 年 12 月 13 日，市政府王立伟市长、杨巨才副市长、市国资委王子康主任一行赴榆林，就基泰集团竞买榆林市榆阳区沙炭湾煤矿（以下简称“沙炭湾煤矿”）13% 股权一事与榆林市政府及基泰集团召开专题座谈会。

2017 年，在市政府和市国资委的支持和帮助下，最终于 2017 年 11 月 21 日，在天津二中院的主持下，基泰集团同意将其所竞买的沙炭湾煤矿 13% 股权转让给山西鼎兴伟业能源有限公司，并签订《股权转让合同》。

【债务诉讼纠纷案件处理】

2017 年，太原铁路运输中级人民法院因中吕焦化的四起债务纠纷案强制执行煤矿股权。对此，山西中吕能源（集团）有限公司采取多种措施：积极和法院沟通执行调解事宜，多次与四家债权人商谈和解措施、拟定还款计划，同时向太原铁路运输中级人民法院、山西省高级人民法院多次提出执行异议。

吕梁市政府领导也多次出面并行文与省高院协调，并与 2017 年 11 月 27 日致函省高院、省检察院，一直未果。太原铁路运输中院定于 2017 年 12 月 19 日启动公开拍卖程序。

2017 年 12 月 16 日，市政府向山西华瑞煤业有限公司借款 1.68 亿元，用于偿还上述四家债务。中吕公司于2017年12月18日和上述四家企业签订和解协议，所有款项委托市经信委汇入太原铁路运输中级人民法院账户。终止了低评、贱卖行为，防止国有资产的流失。

【配合城南主题公园建设】

市政府决定在中吕焦化公司厂区内建设“主题公园”，这对于推进市区建设提档升级，完善城市功能，提升城市品位，为市民解决休闲、健身、娱乐场所，提升公共服务水平，具有重要意义。此事市住建局于2017年2月10日专题报市政府，分管城建的副市长和市长皆批示同意分两期实施主题公园建设，同时，分管市经信委（国资委）副市长召集相关部门负责人又专题工作进行了安排；山西中吕焦化公司厂区内的安全保卫工作由住建局接手。山西中吕能源（集团）有限公司和市住建局协商，按照市领导批示精神，先实施第一期“环境整治、园林维护、道路修补和苗木补栽为主，达到对群众开放，休闲健身”的条件，对中吕焦化公司的生产设施设备进行原地封存，露天仓库的材料进行集中存放，并在其他方面给予大力配合。

【为磺口煤矿启动创造条件】

磺口煤矿已纳入全省煤炭行业未来五年规划和2018年项目计划。2017年3月，根据省煤炭厅项目规划（晋煤办明电〔2017〕64号）文件精神，山西中吕能源（集团）有限公司将磺口煤矿逐级上报省煤炭厅，纳入全省煤炭行业未来五年项目规划和2018年项目计划。

完成磺口煤矿矿区生态环保红线划定工作。接到省政府《关于划定并严守生态保护红线工作方案的通知》，2017年5月完成了磺口煤矿矿区内地质公园、旅游公园等八大类生态环保资源的红线划定工作，彻底实现了矿区内自然资源零障碍。

省政府常务会议批准磺口煤矿保留。2017年12月13日《山西省人民政府常务会议纪要》（〔2017〕168次）把磺口煤矿列入全省“煤矿资源整合遗留问题处置范围予以保留”，享受豁免3亿元减量置换款的政策。

（山西中吕能源（集团）有限公司）

电力工业

·国网吕梁供电公司·

【概况】

2017年，国网吕梁供电公司贯彻市委、市政府和省电力公司决策部署，以服务地方经济社会发展为己任，以客户为中心，各项工作取得新进展。1–12月，全区最大负荷253.7万千瓦，同比增长30.3%；售电量完成149.13亿千瓦时，同比增长21.16%；售电单价累计完成440.78元/兆瓦时，同比下降13.07元/兆瓦时。安全生产记录达3802天。

【安全生产】

2017年国网吕梁供电公司贯彻市委市政府和省电力公司安全生产工作要求，开展安全生产大检查、“安全生产月”等专项行动，推行作业现场军事化管理和“四不两直”督（纠）察，高效完成28座35千伏及以上变电站、238条10千伏及以上线路综合检查任务，治理缺陷隐患1987项，依靠政府整治外部隐患68项。专项治理高跳闸线路，主、配网跳闸率分别同比降低55%和18%，供电可靠性明显提升，综合供电电压合格率城市达到100%.农村达到99.963%；供电可靠率城网达到99.9476%、农网达到99.8314%；年平均停电时间城镇用户4.59小时、农网用户14.76小时；平均故障抢修时间129.6分钟，同比减少25.3%。优化运行方式，强化应急管理，完成特高压跨越吕梁电网六线同停及十九大等重大保电任务。在市公安局的支持下，成立电力警企联合办公室，出警执法 18 次，有效打击通道外破、偷窃电等违法行为。

【电网建设】

国网吕梁供电公司滚动修编电网建设“十三五”规划，以提升网架结构及对风电、光伏等新能源发电机组的消纳能力为重点，统筹考虑产业发展、“煤改电”和易地搬迁等用电需求，争取电网建设资金，加强供电设施建设。“十三五”期间，110 千伏及以下电网规划储备项目 14 亿元，公司经营区内变电站双电源比例达到 100%、全部消除长期“低电压”，户均配变容量不低于 2 千伏安、智能电表覆盖率达到 100%，满足新能源、分布式电源及电动汽车等多元化负荷发展需求。2016 年以来，共下达投资 6.37 亿元。其中常规电网网架完善工程投资 8207 万元，新能源送出工程投资 2520 万元，35 千伏及以下配电网改造投资 5.29 亿元。榆横—潍坊、上海庙—山东全面架通，陕北—武汉、蒙西—晋中前期工作顺利完成，古交电厂三期等重点工程属地协调按期推进。开工文水国金 2# 机组送出等 8 项工程，投产 110 千伏孝义迎宾输变电等 8 项工程。

【优质服务】

2017 年，国网吕梁供电公司推广“互联网 +”供电服务，“网上营业厅”实现了营销服务事项“应上尽上，全程在线”功能，高、低压客户业扩线上办理率均达 90% 以上。推广电力微信、“掌上电力”手机 APP 等线上渠道缴费与业务办理功能，公司智能缴费实施户数 51.53 万户，占比 98.8%，大大方便了客户缴费的便捷性。建设供电服务指挥平台，建立生产、营销联动服务机制，加强配抢信息数据共享分析，实现故障抢修信息高效传递、快捷处置。110 千伏龙交风电接入工程实现了最佳工期，创造了电网建设的“吕梁速度”，诠释了服务新能源发展的“吕梁精神”。开展“秋季大走访”，主动听取政府和客户对电网建设、优质服务的意见和建议，针对性地改进公司运营发展中存在的不足，以更加科学合理的方式优化营商供电环境。

【电力体制改革】

2017 年，国网吕梁供电公司公司参与改革，立足服务全市经济社会发展大局，推进大用户直接交易，主动服务发电、售电、用电等各方主体，让改革红利更多地惠及全社会。研究改革政策，先后为《吕梁市产业经济发展战略规划项目落地路径》《吕梁市电力供给侧改革实施意见》提出了符合中央电改政策的反馈意见。与地电公司精诚合作，按照批复的《山西省铝循环产业园区局域电网运营试点方案》，协助推进各项工作，确保按期完成中铝华润供电及吕梁市区冬季供热目标任务。按照《2017 年山西省电力直接交易工作方案》，配合市经信委开展电力用户与发电企业直接交易。2017 年，累计完成大用户直购电企业 94 户次，直接交易电量 35.95 亿千瓦时，同比增长率为 74.18%，占总售电量 24%，大用户直购电为企业节约生产成本约 1.46 亿元。

【服务绿色发展】

2017 年，吕梁在建及待开工清洁能源电站 25 座 /169.96 万千瓦（其中：风电 11 座 /134.5 万千瓦，光伏电站 13 座 /29.46 万千瓦，垃圾焚烧发电项目 1 座 /6 万千瓦）；全市规划中的分散式风电项目 46 个 /61.1 万千瓦，光伏领跑示范基地 1 个 /50 万千瓦。国网吕梁供电公司通过机制建设、科技攻关和管理创新，在新能源接入、并网绿色通道、调度运行控制、新能源消纳等方面进行专题研究，加快建设风电和光伏接入工程，按政策全力服务并网、交易、消纳全过程管理，全力服务新能源发展。紧跟山西大气污染防治和产业结构调整步伐，推动实施工业产业等电能替代，完成替代电量 4.26 亿千瓦时，节约标煤约 17 万吨，减少二氧化碳排放约45万吨。服务绿色交通，新建2座高速快充站和1座公交车充电站，累计替代电量280万千瓦时。

【电力扶贫】

国网吕梁供电公司优质高效完成配电网“两年攻坚战”，与各县政府签订了电网建设框架合作协议，2017年，配网建设投资1.6亿元，完成11个中心村改造、2618眼机井通电、3个贫困村通动力电等系列民生工程。大力支持光伏扶贫。开通“绿色通道”，简化并网流程，实现光伏扶贫电源的“无障碍接入”，同步做好电量消纳、上网电费和补助资金结算，确保扶贫政策落实到位。总投资309万元的6个光伏扶贫电站接入工程于5月底超前完成，惠及交城、岚县41个贫困村，为820户“建档立卡”贫困户每年增收约2600元。吕梁电视台专题报道《“砥砺奋进的五年”光伏扶贫，围绕“一毛三”，决战“630”》。

（国网吕梁供电公司）

·山西地方电力有限公司吕梁分公司·

【概述】

2017年，山西地方电力有限公司吕梁分公司围绕年度经营目标，对接八县（区）分公司，增大售电业务，每月参加吕梁经济运行调度，分析影响供售电量、工业电量变化因素，分析经济结构调控因素，创新管理，全力增大售电量，效果非常明显。

2017年1-10月供电量完成46.651亿千瓦时，比上年同期的42.395亿千瓦时增长10.04%；预计2017年全年供电量可以达到57亿千瓦时。

2017年1-10月售电量完成43.853亿千瓦时，比上年同期的39.685亿千瓦时增长10.5%；预计2017年全年售电量可以达到53.5亿千瓦时。

其中1-10月工业用电量29.77亿千瓦时，比上年同期的26.63亿千瓦时增长11.79%。

【安全管理】

2017年，随着吕梁经济止稳回升，用电需求日益增加，用电负荷明显高于上年同期。吕梁八县（区）分公司1—11月最大负荷95万千瓦，最小负荷31万千瓦；其中3季度最大负荷95万千瓦，最小负荷为34万千瓦；上年同期最大负荷84万千瓦，最小负荷29万千瓦。

扎实开展安全大检查。2017年，公司按照吕梁市政府、晋能电力和地电公司的工作指示，先后接受了国务院、省政府安全生产大检查督查组、市安委办的安全生产大检查的督查检查4次，参加了吕梁市安委办组织的安全生产大检查会议3次，并及时上报了安全生产大检查工作情况及安全大检查工作总结。同时，配合吕梁市经信委对吕梁八县（区）分公司及岚县电力公司进行了安全生产大检查活动，针对查出的72项问题，现场下达了整改通知单，并将结果反馈到八县（区）分公司及大用户。

扎实开展突发事件应急处置。为快速处置故障报修等突发事件，以及吕梁市政府应急值班随机工作的安排，公司严格执行24小时值班制度和领导带班制度，要求应急值班人员正确对待，规范用语，熟知应急预案和保电方案。同时吕梁分公司接受吕梁市政府应急值班室、市经信委的不定时查岗，经常向吕梁市政府报送安全生产情况。发生突发事件时，吕梁分公司快速响应，会同所涉分公司启动应急预案，密切关注事件发生地及所涉用电户的供用电情况，圆满完成了突发事件应急处置工作。

扎实开展安全生产月活动。按照吕梁市政府和吕梁市安委会的要求，制定了吕梁分公司安全生产月活动开展方案，举行了2017年“安全生产月”活动启动暨签名仪式和宣传咨询活动，组织全体员工观看了电力安全生产事故警示教育片，用事故教训警示员工落实安全措施，推动公司落实安全生产主体责任。

扎实开展电网风险管控。为了确保“一交一直”特高压跨越顺利进行和吕梁电网安全稳定运行，编制了“六线同停”工作方案，并会同吕梁市经信委、山西能监办、国网山西分公司、国网吕梁公司多次深入特高压线路施工现场督查施工进度，保证了国家特高压工程在吕梁段的施工顺利完成。

扎实开展隐患排查整治。公司按照隐患排查治理工作规定，收集八县（区）分公司隐患排查治理的相关情况，分析研判，对接吕梁市政府、市经信委、市安监局，协助处置电网隐患和设备隐患。协助国网吕梁吕梁公司、电网公司和离石分公司对220千伏罗临Ⅰ回线路、离石110千伏车莲线路和离三110千伏线路三处重大隐患开展了排查工作，多次深入现场进行指导、督查、协调，督促国网吕梁公司加固处理，实现了隐患闭环管理，防止了重大电力事件的发生。

扎实开展防汛、“过夏六防”“冬季三防”等工作。根据吕梁市政府、晋能电力、地电公司的安排部署，公司围绕防汛工作、过夏六防、冬季三防任务制定了专项工作方案，成立了专项领导组，明确专职领导，由专人牵头开展工作。并通过微信、短信、OA等方式及时向吕梁八县（区）分公司传达工作要求，提出落实措施，完成了2017年度不同时段的各项工作任务。

扎实开展保供电任务。按照吕梁市政府的安排，公司先后制定了春节、两会、招生考试、国庆、中秋、十九大等保供电工作方案，保电任务短则一天，长则达到20余天，公司精心安排部署，会同相关单位完成保供电任务次数达35次，完成了多项保供电任务。

【项目建设】

2017年，吕梁市政府跟踪的项目工程共3项，总投资33622.09万元。第1项为35千伏农网改造工程项目，投资11760万元，完成投资8672.01万元；第2项为吕交220千伏线路工程，线路长度27.7千米，投资5241万元，进行施工、监理招标；第3项为2017年贫困村通动力电、2016年和2017年机井通电、中心村通电项目，投资16621.09万元，开工建设。

贫困村通动力电情况。2017年，新建及改造10千伏线路43.79公里；新建及改造配变197台，配电容量26440千伏安；改造低压线路298.68千米，接户线5.94千米。投资4877.79万元，其中阳分公司486.83万元，柳林分公司263.19万元，交口分公司273万元，临县分公司3854.77万元。

中心村、机井通电情况。

2016年中心村、机井通电项目情况。

中心村项目：建设低压线路及配变台区改造等2项工程，涉及12个村，26个台区。其中新建改造10千伏线路4.302千米，配电变压器26台，配电容量14865千伏安，低压线路11.331千米，户表改造1205户。

机井通电项目：建设低压线路及配变台区改造等8项工程，涉及268个村，112个台区。其中新建改造10千伏线路46.711千米，配电变压器112台，配电容量9735千伏安，低压线路43.346千米，户表改造85户。

投资4001.3万元，中心村改造项目投资2224.6万元，其中交口2003.6万元，中阳221万元；机井通电项目投资1776.7万元，其中离石分公司211.1万元，柳林分公司697.8万元，方山分公司50.6万元，兴县分公司143.8万元，临县分公司673.4万元。

2017年中心村、机井通电项目情况。

中心村项目：新建及改造台区等配变121台，容量30995千伏安，新建和改造10千伏线路30.38千米，低压线路204.34千米。

机井通电项目：新建及改造台区等配变109台，容量10150千伏安，新建和改造10千伏线路41.69千米，低压线路20.21千米。

投资7742万元，中心村改造项目6035.6万元，其中柳林1928.7万元，交口606万元，临县3500.9万元；机井通电项目1706.4万元，其中离石71.3万元，柳林516.2万元，方山226.9万元，临县892万元。

公司及时对接八县（区）分公司，按月收集工程进展情况，参加市政府月度项目建设推进会，及时汇报进展情况和存在的问题。

【营销管理】

2017年，吕梁分公司围绕吕梁经济社会发展大局，以服务地方经济为宗旨，树立了良好的企业形象。

报装业务。2017年，会同有关建设单位和设计单位对离石分公司、方山分公司、临县分公司和兴县分公司共6项35千伏以上输变电工程报装项目进行了会审，主要涉及吕梁机场II回电源、晋能大土河发电、兴县铝工业发展、铁路牵引、光伏发电等项目建设和运营用电，通过研讨提出了指导意见，解决了存在的问题，使设计更科学合理，形成统一意见后以会议纪要的形式下发所涉分公司。

自然人光伏发电并网。2017年1—10月，共收到吕梁八县（区）分公司上报自然人光伏发电项目582户，发电容量为5952.84千瓦。其中：中阳分公司11户、交口分公司387户、方山分公司3户、石楼分公司121户、临县分公司6户、兴县分公司54户。对以上项目的相关资料进行了审核整理汇总后，分四批报市发改委行政审批科审批备案。

煤改电工作 。根据市政府《关于印发推进城乡采暖“煤改电”工作实施方案的通知》（吕政办发〔2017〕35号）精神，吕梁分公司协助各县（区）分公司与政府职能部门及用户积极沟通联系，结合各地特点，深入挖掘电能替代项目。并多次联系政府尽快出台相关政策，明确“煤改电”配套电网建设项目的占地、补偿、通道清理、配套的电价等补贴政策。该项工作正在有序进行。

电力供给侧改革。2017年，收到吕梁市委、市政府、市经信委《关于吕梁市电力供给侧结构性改革实施方案（征求意见稿）》及推动电力供给侧结构性改革等相关文件后，吕梁分公司第一时间组织相关人员对方案进行了认真学习领会，分析研判，提出具体建议，及时进行回复，阐明公司的观点。

【业务指导】

2017年，吕梁分公司继续加大对吕梁八县（区）分公司关口计量的安装与检定以及对各分公司计量工作的业务指导管理工作。

每季度与国网大用户中心参与核算网损电量并分摊到相关县（区）公司。对兴县220千伏变电站新增中铝华润出线计量部分、离石车家湾220千伏变电站新增大土河热电公司出线计量部分进行了安装试验；配合省国网计量中心对晋能集团大土河热电有限公司关口表计进行了调试；组织各分公司计量人员参加吕梁市质量技术监督局组织的《JJF1033-2016计量标准考核规范》宣贯会议；组织山西省计量科学研究院电学室试验人员对吕梁分公司计量中心（包括各分公司计量检测室）计量器具进行检定试验工作。

（山西地方电力有限公司吕梁分公司）

白酒制造业

·汾酒集团·

【概况】

2017年，汾酒集团公司完成

工业总产值79.07亿元，同比增长24.97亿元，增幅达46.14%。

实现营业收入164.21亿元，同比增长15.22%，其中酒类收入70.76亿元，同比增长41.23%，完成年度考核目标的106.4%，其中酒类出口完成430万美元。

实现利税35.04亿元，同比增长54.21%。实现利润12.2亿元，同比增长93.75%，其中酒类利润14.72亿元，同比增长68.04%，完成年度考核目标的140.43%。

商品酒销量9913.7万升，同比增长3204.7万升，增幅达47.77%；其中汾酒的销售量创下历史最好水平，达到4815.6万升，同比增长25.72%；商品酒产量10197.6万升，同比增长3104.9万升，增幅达43.78%。

企业资产总额达到133.33亿元，较年初增长15.08亿元，增幅达12.76%；企业净资产71.14亿元，较年初增长5.61亿元，国有资本保值增值率108.97%；不良资产率0.91%，较年初下降1.05个百分点，优于国资委考核目标值0.09个百分点。

截至2017年12月29日，上市公司市值较年初累计增长281.10亿元，总市值达到了493.53亿元，增幅高达132.33%，上市公司预期获利能力得到了资本市场普遍看好。

【经营状况特点】

2017年，汾酒集团酒类销售收入创出新高。酒类收入突破70亿元，超额完成国资委下达增长30%的考核指标，创下汾酒历史新高。

酒类利润指标快速增长。酒类利润同比增长高达68.04%，不仅在省属企业中独占鳌头，更全面超越了行业的平均增速。

高端酒销售大幅提升，大单品雏形已具规模。青花系列增长了49.39%，金奖系列增长56.71%；超5亿元的核心大单品有三个，42度金奖20销售额实现14.59亿元，增长59.06%。

省外市场快速扩张。省外市场实现销售额27.36亿元，同比增长34.3%，占总销售额的41.92%，省外市场取得良性快速扩张。

【深化企业改革】

蹄疾步稳，凝聚共识。2017年全省国资监管暨党建工作会议结束后，公司立即成立了整体上市工作组、体制机制改革工作组、目标责任书改革工作组、权利责任负面清单工作组、舆论宣传工作组等五个改革工作组，并召开11个营销单位目标责任书签订大会。会上，李秋喜董事长提出了“唱好三首歌、下好五步棋”的改革工作总要求。3月召开汾酒集团党委工作暨党风廉政建设工作大会，4月组织中层以上干部分三期到省委党校围绕改革和党建进行集中轮训，7月召开青年对话改革座谈会，8月召开全面深化改革暨经济运行工作会，组织公司优秀党员干部，分批到井冈山参加专题党课和红色教育；10月召开汾酒集团第一次党代会，12月深入基层开展大调研活动，宣讲党的十九大和公司党代会精神。一系列高频而密集的改革会议和培训，不仅统一了思想，而且全方位凝聚了改革共识。通过媒体电台宣传、网络文化传播、贴近基层宣讲等形式，营造出人人理解改革、支持改革、关心改革、参与改革的氛围，为汾酒深化改革奠定了坚实的思想基础。

提纲挈领，顶层设计。抓好改革顶层设计，确立了汾酒改革的指导思想，就是要突出做强做优做大白酒核心主业，聚焦经营业绩目标，遵循以年度保任期、以任期保“十三五”规划目标实现的逻辑，靠做大蛋糕和提高发展质量解决发展中的问题。明确了汾酒的两条改革主线，即以集团混改为主要实现形式的体制改革和以进一步深化三项制度改革为抓手的机制创新。与国资委签订责任书以来，公司体制机制改革工作争分夺秒，经过密集调研、反复讨论、审慎论证，形成以《汾酒集团体制机制改革整体推进方案》为统领的“1+35”改革配套文件体系，其中集团整体上市、整合优化组织体系、大监督体系构建等28项子方案审议通过，汾酒改革的顶层设计基本到位。

系统布局，统筹推进。自整体上市工作组成立以来，公司积极与券商、律所、会计师事务所等中介机构协同，通过详细尽职调查和反复征求意见形成《汾酒集团混合所有制改革框架方案》，并于10月得到省国资委正式批复。同时，为统筹推进集团混改的步伐，公司对优质酒类生产资产整体并入上市公司进行统一管理；成立汾牌系列酒营销公司，对酒类资源进行深度整合，有效解决了集团内部同业竞争问题；推进筹备产业并购基金，组织对省内外白酒企业进行洽谈并购工作；积极与有实力、有渠道的战略投资者进行深入洽谈，力求实现引资、引智；加大不良资产清理力度，公司财务部门狠抓落实，股份公司、汾酒大厦等10家子分公司结合自身情况定目标、制方案、多举措、重成效，上下齐心，积极推进，全年清理不良资产1.13亿元。此外，“三供一业”分离移交工作已与汾阳市政府签署移交协议；全民所有制企业改制工作全面完成，汾青劳动服务公司、太办招待所等遗留问题已按法定程序进行注销、清算。这一系列扎实而有效的举措，有力地推动了集团混改工作进程。

精简机构，重塑作风。以深化“三项制度”改革为抓手，在公司内部推行大规模的机构和人事调整。坚持精简高效、专业协同原则，通过探索公司职能管理部门“大部制”模式，合理设置机构，归并职能重叠、相近或不适应目前发展形势的部门，切实推进管理的扁平化和集约化。出重拳推行机关作风建设考核，对考核排名后三位的单位处级干部实行行政降级处理，这三家单位工作作风得到重塑，强激励、硬约束的用人导向深入人心；大力实施人才强企战略，遵循人才成长规律，建立员工调岗考试常态化机制，在纪委、团委、市场部、汾酒销售公司、打假办等单位实行竞聘上岗模式，破除了束缚人才发展的机制障碍。

【市场营销】

重点突破，激活机制。2017年，公司重新与11家营销单位签订了目标责任书，并一次性下放机构设置、人事调配、考核激励、投资决策等12项权利。同时还明确奖惩措施、负面清单，并制定出台关于考核、激励的一系列办法。通过集体解聘汾酒销售公司经理层、部门负责人及基层干部职务，采用“组阁式”聘任的新机制，落实了营销单位的用人自主权，有效地推进了营销人员能进能出，职位能上能下，收入能高能低的改革进程。特别是汾酒销售公司推行的模拟职业经理人制度，充分激发了营销队伍的活力和动力，得到了省委省政府和省国资委的高度肯定。

科学谋划，创新布局。2017年，公司领导层以上率下，全方位、高频次地调研服务市场一线，并结合行业形势和汾酒实际，科学谋划战略布局，明确以“一个目标导向，两种布局思维、三条发展路径、四大市场板块、五项管控原则、六大体系保障”为支撑的汾酒营销新思路。营销系统班子成员临阵督战，相继召开京津冀、山东、河南、陕西、山西、内蒙古等重点市场的营销工作会议，营销队伍的精神面貌、执行力得到明显提升，整个行业、整个市场，听到了汾酒声音，看到了汾酒速度，感受到了汾酒迸发出的巨大能量；大胆尝试营销改革，创新营销模式，逐步形成了“以入股优质企业成立混合所有制公司、联合区域经销商成立大平台公司和以产品系列为主体成立的混合所有制公司”三种符合汾酒市场拓展的“混合所有制合资联销公司”新模式。在股权层面，成立的象屿汾酒（福建）销售有限公司，成为公司推进营销改革的又一次探索。在渠道层面，持续布局电商，线上销售额同比增长150%，天猫汾酒旗舰店业绩位列行业第五。

举措得力，品牌协同。主抓汾酒品牌建设，本着去芜存菁、优势聚焦的原则，下大力气构建以青花系列、金奖系列、老白汾系列、商务汾酒系列和玻汾系列为主的五大汾酒核心产品体系，并通过优化产品结构，实行“半控价、全控价”和“价费分离”的价格管控模式，实现主销产品的顺价销售；加大市场投入的同时，转变费用投放的方式，强化费用落地，有效遏制窜货行为；提高“营商”服务效率，构建星级联盟，可控经销商客户增至750余家，辐射终端数量达到约17.14万家，专卖店数量达到600余家；扩充销售人员队伍，打造专业营销“铁军”，招录地聘人员1080人，营销团队规模突破1700人，每天有超过3000人的汾酒团队在服务终端，进行市场维护。公司开展门头、产品维权等一系列的专项打假行动，做好端窝点，抓流通，扫终端三个打假任务，同时，积极创新打假模式，与阿里巴巴集团建立协作关系，开通投诉举报直通窗口，拉黑涉假网店145家，全年对2276家网点进行了重点监控，大大净化了市场环境、维护了营销的安全稳定。协同各品牌系列发展，主动将竹叶青酒营销公司并入汾酒销售公司进行一体化运作，进一步整合营销资源，实现了两大品牌协同发展；杏花村品牌实行杏花村酒和藏酒项目双轮驱动的营销思路，销售业绩实现新突破；头锅原浆酒借势酒博会，销量再创新高，并适时推出诞生纪念酒，不断满足消费者个性化定制的需求，个性化酒类销售总共实现了6.49亿元。

【汾酒品牌树立】

高举高打，提升形象。2017年，公司高举“中国酒魂”旗帜，深入传播酒魂文化，通过重大事件传播和权威媒体发布，先后推出了“一五一十说汾酒”“2017欧亚经济论坛青花汾酒立体营销”“2017山西（汾阳·杏花村）世界酒文化博览会”等活动，以“公关线+传播线+互动线+终端线”四线齐发的立体营销新模式，极大地提高了汾酒品牌的影响力和公信力，推动汾酒品质文化历史三大核心竞争力向品牌力、营销力进一步有效转化。相继举办了“清香品格论坛”、“南绍北汾”双雄会和《中国汾酒史》首发等一系列活动；积极参加中联部“中国共产党的故事——全面从严治党”专题宣介会、第十届中博会、山西品牌中华行、上海国际酒交会等宣传推介活动，并得到省委、省政府的重点推介。

文化传播，着力推广。2017年，公司通过提升高度、塑造形象、引领消费、扩大传播的“四位一体”文化推广方式，实现了品牌知名度、品质美誉度、顾客忠诚度的三重提升。成功整合新旧媒体资源，推出了公司第一个新媒体聚合平台“汾酒集团云平台”，协同汾酒集团公众号、汾酒集团文化中心公众号，最大限度地发挥了媒体资源的传播效能；“一五一十说汾酒”系列宣传全网累计发布12900余篇，为提升品牌黏性打开新的路径；聚焦线上热点媒体传播与线下互动活动开展，着力培育符合当下社会潮流的消费文化，策划了“让世界看到骨子里的中国”全球交流文化活动、《朗读者》公益活动、《遇见大咖》、《味道》、“酒·无界——汾酒现酿温饮之夜”等线上互动以及古法工艺展示系列活动、“豫见汾酒·中国酒魂巡回路演”、“青花汾酒·清香盛宴”等与消费者互动的系列活动，全方位地彰显了汾酒深厚的文化底蕴，向全社会传播了汾酒好声音。

在2017年世界品牌实验室发布的《中国500最具价值品牌》榜单中，“杏花村”以162.77亿元的品牌价值名列241名，连续

14年位居山西榜首。

【企业管理】

产业布局，板块联动。2017年，持续推进汾酒原粮绿色产业链建设，高粱、大麦、豌豆基地种植管理水平不断提升，保证了产品品质和价格稳定，为公司未来的酒类生产、销售提供了有力保障；加快推进酒类包装印刷项目建设，各项前期准备工作正在有序进行；拓展国际贸易业务，以多种方式主动走向国际，开展加拿大、俄罗斯建厂相关接洽工作；文化旅游产业方面，与西安曲江文旅公司、中青旅公司等多家国内知名的文旅公司进行合作洽谈；金融投资板块稳健发展，出台《汾酒集团产融互动实施意见》，利用上海荣大公司资本运作平台，在投资新三板、转融通业务、项目培养孵化投资等方面进行有益尝试。“一主三辅两新型”的业务板块布局稳步构建、协同发展。

强化落实，提质增效。严格执行目标责任书考核制度，紧抓决策落实，通过将各部门考核结果与考核激励挂钩，不断强化考核力度；推行“13710”工作督办制度，对公司重大决策、重要部署实行建档立卡、实时跟进、动态跟踪、催办督办，明确了时间节点，促实效、抓落实效果明显；ERP项目上线并稳步运行，为公司的产供销数据抓取、收集、分析提供了智能决策平台，实现了销售、库存、生产、财务等全方位的数据掌控；推进“双增双节”活动，通过严格控制非生产性费用开支、生产材料的比质比价、盘活存量资产、节能降耗以及税务筹划等一系列降本增效工作的开展，全年累计创造效益1.26亿元。

多措并举，全员营销。在科技方面，成立了科学技术协会，统筹整合了公司科研资源；技术部门进一步加大科研力度，研发专供竹叶青酒、新品玫瑰汾酒、新品白玉汾酒和膳食纤维酒等新酒体；经过班组试验和周期性跟踪分析，起草《投产大曲标准草案》，并正式实施。在质量方面，成立山西酒类产品质量检测中心；不断完善针对产品质量和责任落实的“两个可追溯”体系建设。在安全方面，全面提升生产、质量、营销、治安、资金、网络安全的管控能力，“大安全体系”建设更加完善。在人力资源方面，人才队伍结构不断优化，公司现拥有大专以上学历5068人，其中硕士以上113人，80后员工人数达到4520人，公司人才的学历和年龄结构持续优化；全年共组织干部职工培训968场，参训58800人次，汾酒商学院在营销与管理学院的基础上，增设了酿造学院，培训体系进一步完善。

【职工生活改善】

2017年，公司不忘民生初心，共享改革红利，尽心竭力增强“汾酒职工幸福感”，共建“六个酒都”。2017年，公司共投入7500余万元为职工增资，全体职工岗位工资基数上调至1100元，年终奖基数增加2000元，人均年收入达到了7.98万元，增长幅度超过10%；全年累计安置职工子女就业253人；进一步提高职工社保管理效率，全年共计缴纳工伤保险444.54万元；开展“送温暖”活动，为236名困难职工、103名职工遗属送去了温暖，为20名离退休老职工送去慰问，为亡故职工家属办理生活补助60余人次，共计金额24.25万元，并为职工进行健康体检7000余人次，为考取二本以上院校的116名职工子女给予“金秋助学”奖励53.3万元。

改善职工生产生活环境，酒都大道亮化美化工程项目、综合服务中心项目有序推进，西区天然气入户改造工程顺利完工。不断创新文体活动开展模式，先后举办“颂歌献给党，喜迎十九大”歌咏比赛、“汇聚改革正能量，同心共筑汾酒梦”运动会等文体活动，丰富了职工群众的精神文化生活，增强了企业的凝聚力和向心力，汾酒职工幸福感大幅增强，汾酒人收入高、心情好、身体好的状态充分诠释了“幸福酒都”的内涵。

（谭忠豹）

制药工业

·吕梁中药厂·

【主要经济指标完成情况】

2017年，吕梁中药厂累计完成销售收入2794万元，实现税费244.9万元，实现利润-85万元，期末资产总额9602万元，负债总额8671万元，所有者权益931万元。

【2010版GMP技术改造工作完成】

药品生产质量管理规范（简称GMP）认证是国家药品监督管理局对制药企业强制实施的行业规范，吕梁中药厂原有生产车间洁净区、空调系统以及部分设备已不能适应认证要求和生产需要。本次新版GMP认证，按照既满足认证，又兼顾生产的要求进行设计，项目总投资概算2090.5万元，建设期1年。项目建设过程中，吕梁中药厂克服资金短缺、施工技术难度大等重重困难。顺利通过专家组的现场验收，取得GMP证书。

狠抓安全生产，致力于提高员工的安全意识。一把手亲自抓安全，多次召开安全工作会议，认真学习相关文件政策，增添了必要的安全生产设施和消防器材，警钟长鸣，一抓到底。在时间紧、工作任务重、施工人员众多的情况下，各部门安全责任人认真履职，严格按安全生产规范组织施工，确保了全年安全无事故。

全面完成GMP技术改造工作。全年累计完成投资1700万元，其中：新建1500平方米的成品库房1座，新建260平方米的采暖泵房一座，新增成品包装车间600平方米；车间净化装修近4000平方米，车间一般装修4700平方米；购置、安装、调试各类设备、仪器40余台（套）；完成与生产、安全相适应的配电、消防、采暖、供水、室外硬化、绿化、美化、亮化等相关配套设施的维修改造工作。完成《产品工艺规程》《岗位操作规程》《设备操作规程》《产品质量标准及检验操作规程》和再验证等两千余份软件资料的编写工作。依据新版GMP认证要求，对所有品种的内外包装、说明书进行重新备案，制定适应新版GMP要求的检验标准和生产标准，为复产后按新版《药典》及《规范》组织生产做了充分准备。

面对企业资金紧张，投资不足的实际情况，吕梁中药厂不等不靠，动脑筋、想办法，反复优化设计方案，修旧利废，全年累计修复、改造各类生产设备20余台（件），充分利用大量废旧管道、彩钢板、保温棉等废旧材料，节省资金200余万元，也有效培育职工勤俭节约，爱厂如家的主人翁思想。

【药品监管信息平台建设】

吕梁中药厂将原药材进厂、产成品出厂、生产企业及经销企业库存、销售、批号、效期等相关信息全部录入信息平台，实现了生产过程、经营销售、成本管控信息共享，大大提高了商品流转速度。同时也有效地减少了经营费用，提高了经济效益。

【职工培训】

吕梁中药厂聘请专家和本厂业务技术骨干，全面开展职业道德、社会主义核心价值观、岗位职责、厂规厂纪、《中华人民共和国药品管理法》、《药品生产质量管理规范》等相关法律、法规和专业知识培训，要求全员参加，历时40余天。培训结束后组织了闭卷考试，合格率达90%以上，将考试成绩作为上岗重要依据，在全厂掀起了学习热潮。

开展岗位技术培训，依据各工段、岗位技术要求和特点，选取技术骨干，采用帮、扶、带等办法，对各类设备、仪器操作工进行岗位培训。依据实际操作，对照检验各类操作规程，适时修改、补充、完善，提高工作效率，全方位保证产品质量。

组织技术人员参加中国食品药品检定研究院主办的全国中药材鉴定和标本管理人员培训等各类学术性会议，和省市药检所、山西生物应用技术学院等科研单位开展深度合作，有效提高了从业人员的业务水平。

多次委派技术骨干参加国家和省药监局认证中心举办的新版GMP研讨会议，针对企业在新版GMP认证过程中存在的问题和困难，探索合理解决方案，已在软件编写、厂房、设备、生产工艺、公用系统再验证等方面取得成效，为年度顺利通过GMP认证奠定基础。

广泛吸纳专业技术人员。全年招聘各类专业技术人员10余名，充实职工队伍，加强技术力量，为企业发展提供了人力资源保障。

（吕梁中药厂）

城镇集体工业联合社

【脱贫攻坚】

2017年，吕梁市城镇集体工业联合社的中心工作是脱贫攻坚。帮助石楼县和合乡南割毡村委进行危房改造159户，每户享受补助1.3039万元。利用市直单位拨付12万元专项扶贫资金修建通往小前山村过水桥1座。和市、县相关部门协调争取18万元人畜吃水专项资金，解决困扰南割毡村多年的吃水难的问题。成立专业造林合作社。2017年前半年，造林合作社承揽土社村委的4000亩核桃经济林种植项目开工，全村委参与造林劳力20余人，贫困户劳力7人，人均日收入可达220元，全部工程完工后，参与造林的劳动力每人可创收7000至8000元。发展经济林种植面积。2017年，南割毡村委新增种植2200余亩核桃经济林，国家免费提供种苗、免费给农户种植。种植所需劳动力全部在南割毡村委产生，每亩种植人工费达80元，2200亩为全村委带来直接经济收入17.6万元，凡是参与种植的劳力，平均每人可直接创收2000至3000元。据统计，2200亩核桃经济林，涉及贫困户50户，600余亩。沟域经济治理。2017年，南割毡村委完成12户农户5道沟渠治理工作，新增沟坝耕地面积200余亩，其中覆盖贫困户6户，新增沟坝耕地面积60余亩。经为贫困户争取500亩绿色小杂粮种植，每亩补助价值100元的肥料，总计5万元。通过和县委组织部协调，争取10万元基层阵地建设专项资金，用于修葺党务活动室、添置会议桌椅。利用干部大调研活动2个月的时间，市城镇集体工业联合社主任马小军走遍了南割毡村委6个自然村，210余户，看望了在家所有的乡亲。2017年度，马小军担任扶贫工作队长以来，市城镇集体工业联合社脱贫攻坚工作得到市、县两级认可。石楼县委推荐马小军主任为吕梁市委驻石楼县脱贫攻坚唯一的优秀工作队长，赴全市13县市区巡回演讲。吕梁市城镇集体工业联合社帮扶工作同时也得到王立伟市长的高度评价，王立伟市长讲：“马小军是我市党员干部的一面旗帜，马小军是我市党员干部学习的榜样。”南割毡村委赠与市城镇集体工业联合社一面锦旗。

（市城镇集体工业联合社）

农林水利

农业

【概况】

粮食总产与肉蛋奶产量。2017年全市粮食播种面积530万亩，粮食总产为9.91亿公斤，超省下任务9.23%。

农民收入：全市农村居民人均可支配收入8232元、增长7.7%。

农林牧渔增加值：完成57.9亿元、增长3.1%。

农业标准化生产：认证“三品”130个、产地面积137.84万亩、养殖规模59.58万头（只）、地理标志产品2个，分别是计划任务的3.25倍、6.56倍、7.45倍和2倍。

企业销售收入：全市农产品加工企业销售收入156.4亿元，其中销售额500万元以上的龙头企业销售收入155亿元、超省任务2.6%。

农业产业扶贫：带动贫困户10.5万户次、贫困人口33.1万人次，人均增收2000元以上，6.8万贫困人口脱贫。

信息进村入户工程：按“六有”标准，在临县建设完成100个益农信息社。

【重点工作】

2017年，吕梁市坚持特色优质导向，推进农业供给侧结构性改革。市委、市政府出台《关于深化农业供给侧结构性改革着力推进农业农村可持续发展的实施方案》，吕梁市农业委员会印发《关于进一步调整优化粮食种植结构的指导意见》，调减籽粒玉米5.8万亩，增加马铃薯、杂粮等优势产业种植面积8.4万亩、食用菌1300万棒，实施退耕还草和粮改饲7.8万亩。大力发展有机旱作农业，在全省率先制定出台了市级实施意见，召开了全市有机旱作农业现场观摩会，累计推广渗水地膜、全膜多垄沟、水肥一体化、秸秆还田等旱作农业技术174.82万亩次。

以标准化示范市创建为抓手，大力推进特色农业产业扶贫。市政府印发《关于创建国家农业综合标准化示范市实施方案》，按照“整县示范、产业突破、典型引路、梯次推进”的思路，全面开展创建活动。一是整县示范推进。启动建设了孝义国家级农业标准化示范县、4个整县创建试点和50个标准化生产示范区，初步形成了岚县20万亩马铃薯、兴县20万亩杂粮、方山5万亩中药材、交口2000万棒食用菌、孝义2万亩设施蔬菜等一批标准化生产基地县；二是推广标准生产。修订完善各类生产标准50项，推广种植无公害、绿色、有机杂粮67.9万亩，占到全市杂粮种植面积的34%；种植无公害、绿色马铃薯71.7万亩，占到全市马铃薯种植面积的80%以上。三是狠抓“三品”认证。全年认证“三品”产地面积137.84万亩、产品130个、养殖规模59.58万头（只），认证数量分别位居全省第一、第四。

狠抓“一村一品一主体”建设，建立完善利益联结机制。市政府印发《关于推进“一村一品一主体”产业扶贫行动方案》《关于推进产业扶贫精准到户的若干意见》和《关于开展农业龙头企业帮扶贫困村活动的实施意见》，多措并举、全力推进。一是龙头企业帮扶。组织动员181户农业龙头企业，采取签订购销协议、企业组织包销、负责加工转化、提供市场信息、联系销售渠道等办法，集中帮扶1083个贫困村。孝义王老吉公司和临县农户签订收购1.2万吨红枣、5000吨杂粮的收购合同。二是强化利益联结。在巩固提升“借羊还羊”、大象“211”、“1111”养猪、兴县山花烂漫订单保底收购、岚县绿色脱毒马铃薯发展、交口庭院食用菌等模式的基础上，总结推广交城县资产收益扶贫模式、文水县“政府+企业+金融+合作社+贫困户”的利益联结新机制、中阳县“3X+4145”产业扶贫模式、方山县“3415”主体带动模式等一批典型。三是建立完善了市、县、乡、村四级产业扶贫项目库，其中115个项目入选市级项目库、总投资86亿元。4月7日，组织省、市130户企业、合作社负责人，召开了产业扶贫企业与项目对接洽谈会，现场签订合作项目22个，总投资38.4亿元、引资额19.7亿元。四是强化推进机制。采取了目标责任考核、进展情况旬报、排名后进约谈三项工作机制，1083个贫困村全部达到“五有”要求，户均新增产业收入3253元。8月7日，全省产业扶贫观摩培训会在岚县召开，总结推广吕梁的做法。

培育壮大龙头企业，积极拓宽销售市场。一是大力发展会展经济。组织95户企业、350多种特色产品参加了第五届中国（山西）特色农产品交易博览会，举办了“吕梁优质小杂粮展推介会”，市、县两级主要领导对全市13个名特产品进行了重点推介。二是加大招商引资力度。全市共落实招商引资项目34个、总投资53.88亿元、引资额46.96亿元，并在农博会上全部进行了签约。三是积极推进龙头企业挂牌上市。全市先后推荐申报了9户企业，分别在山西股权交易中心企业展示板、企业培育板、企业晋兴板上挂牌。四是狠抓企业、电商培训。全市先后培训企业负责人和电商骨干1020人次，培育线上销售千万元以上企业15户、百万元以上的35户，带动全市电商交易额达到5.5亿元。4月6日，全省功能食品、药食同源产品项目建设现场推进会在吕梁市召开，市政府进行了交流发言。

扎实推进农村环境集中整治，全面改善农村人居环境。认真贯彻全省农村环境集中整治长治会议精神，制定下发《吕梁市美丽乡村“百村示范、千村整治”实施方案》《吕梁市农村环境集中整治专项行动方案》和《关于对农村环境集中整治进行专项督查的通知》，1439个村基本完成整治任务。同时，积极推进美丽宜居示范村创建工作，启动建设了14个省级美丽宜居示范创建村和1个美丽乡村集中连片区，对前三年确定的36个省级美丽宜居创建村进行了“回头看”，累计实施3100万元的巩固提升项目。

加大畜禽粪污整治力度，防治农业面源污染。市政府出台《吕梁市加快推进畜禽粪污处理和资源化利用工作实施方案》，投资405万元，扶持75户规模养殖场配套建设了粪污处理设施，超省下任务87.5%。同时，对文峪河上游散养密集区的10户散养户畜禽粪污进行了整治。全面启动农药、化肥零增长行动，推广测土配方施肥面积580万亩，绿色防控面积160万亩，主要农作物统防统治面积102万亩，农药、化肥施用量较上年分别下降3.01%、3.1%，秸秆综合利用率达到85%以上。

【监督执纪】

2017年，吕梁市依纪开展监督检查。春季开展2015年度至2017年度强农惠农资金的专项检查，有效防范惠农政策上搞变通、打折扣的情形，确保惠农政策不走样、不变形；在“农业支持保护补贴、设施农业建设工程、畜牧产业提升工程、新型职业农民培育、美丽宜居示范村建设、中药材崛起工程”高廉政风险领域，开展了“查处不正之风、保障涉农政策落实，查处腐败问题、保障涉农资金安全”为主题的“两查两保”活动，确保项目建设公开透明，项目资金使用安全和公职人员政治生命安全。

依规疏堵结合。按照市委的统一安排，党员领导干部常将“廉政谈话薄”携带在身，密切关注党员级干部职工思想动态、作风行为，经常咬耳扯袖、提醒警示，对分管领域内的干部随时发现苗头性、倾向性问题开展谈心谈话，累计谈话44人次；凡重大节日重申中央八项规定，严把公款支付、公车使用关，要求各单位看好自己的门管好自己的人，严禁变相公款吃喝、变相收送礼品礼金等行为。

（吕梁市农业委员会）

农业综合开发

【概况】

2017年，吕梁市积极开展农业资源遥感动态监测工作，大力实施农业遥感监测技术的应用。采用现代遥感系统技术手段对全市13个县市区的农业种植业结构和玉米样方情况进行全面监测，记录并及时上报省遥感中心。完成对玉米播种期、出苗期、三叶期、七叶期、拔节期、大喇叭口、抽雄期等七个阶段的监测工作。

按时完成国家级地面样方网点县监测工作。对国家级地面样方网点县进行监测调查，获取信息，拍摄图片，并及时汇总、整理、上传，定期向国家农业资源区划办上报，为全省农业资源数据库建设及农业规划决策提供科学依据。全年共完成监测调查22次，获取信息66组，拍摄图片信息330张。

（吕梁市农业综合开发局）

农村经济

【农村土地承包经营权确权登记颁证】

2017年，省要求吕梁市至少完成8个县（市、区）的数据成果成功录入国家农业部数据库。

截至2017年年底，全市累计完成权属调查的村3054个，占总村数的97.4%；完成数据入库的村有2876个，占总村数的91.7%。吕梁市13县市区全部完成向农业部汇交数据任务，数据库成果已成功导入国家农业部数据库，完成省下任务8个县的162.5%。其中，吕梁孝义市是全省第一家向国家农业部提交数据库成果的县市（提交日9月15日），离石区是全省第一家通过国家农业部质检验收，顺利完成数据库成果汇交的县区（9月29日）。为山西省及吕梁市农村土地承包经营权确权登记数据库成果汇交提供了可借鉴、可复制、可推广的典型经验，更为吕梁市数据库成果汇交任务的顺利完成奠定了坚实的基础。

【农村集体产权制度改革】

2017年，省定孝义市为全省农村集体产权制度改革省级试点（全省共布设4个试点），要求年底完成3个试点村的清产核资工作。吕梁市委、市政府主要领导高度重视此项工作，先后召开市委常委会、市政府常务会对此项工作进行专题研究，成立吕梁市农村集体产权制度改革领导小组，进一步明确了工作职责，确保了此项工作顺利开展。2017年，孝义市作为省级试点，在市、县两级共同商讨和谋划下，试点工作进展顺利，截至12月底，72个村完成清产核资，超额完成69个村（省市任务3个村）；88个村完成成员资格界定；42村具备成立股份经济合作社条件；13个村成立股份经济合作社，并颁发《孝义市农村集体经济组织证书》。8月29日，孝义市委副书记、市长王廷洪在全省农村集体产权制度改革电视电话会议上作了典型发言；农业部叶贞琴副部长对孝义市农村集体产权制度改革试点工作督查后给予充分肯定。

【农村“两委”干部任期与离任经济责任审计】

2017年，是吕梁市第十一届村民委员会换届之年，各县市区对全市3129个行政村进行全面审计，于10月顺利完成了农村“两委”干部任期与离任经济责任审计任务（完成省下任务的100%），在省厅9月、10月的2次通报中，吕梁位居全省第一。

【农村土地流转】

2017年，全市土地流转面积94.22万亩（较上年同期的74.38万亩，增加了19.84万亩，同比增加26.67%），占家庭承包面积的14.1%。其中：转包54.03万亩，转让0.31万亩，出租22.34万亩，互换7.82万亩，股份合作0.72万亩，其他方式（含代耕代种）9万亩。从流转形式看，主要以转包、出租为主。

【新型经营主体培育】

2017年，吕梁市农村改革深入，全市通过出台发展意见、规范管理制度，农民专业合作社的发展逐步从量的扩张转向质的提升。据统计，全市农民专业合作社已发展10660家（较去年同期的8515家，增加2145家，同比增加25.19%）；入社农户15.045万个，占总农户数的13.1%；带动非成员农户17.1588万个，占总农户数的14.9%，合作社成员年户均收入1.97万元。2017年新培育省级示范社38家（完成省下任务30家的126.67%），市级示范社52家（完成省下任务50家的104%），县级示范社130家（完成省下任务80家的162.5%）。

【农村土地仲裁体系建设】

2017年省确权与土地流转工作领导组办公室《全省农村土地承包经营纠纷调解仲裁考评情况通报》下发后，吕梁市确权办对上年全市农村土地承包经营纠纷调解仲裁考评情况进行了通报，并对各县市区提出整改要求；市政府市长王立伟对工作滞后、进展缓慢的县市主要领导进行了约谈，副市长李俊平对副县市区长也进行了约谈。2017年年初，确定了石楼县为农村土地承包经营纠纷仲裁体系规范化建设县，柳林县为开展农村土地承包经营纠纷调解仲裁工作示范县，2县已按照建设标准积极建立完善了办公场地，配备了人员和办公设备，基本达到建设标准。其余县市区严格按照综治考评要求，积极准备完成了仲裁体系建设任务。

【“三资”管理规范化建设】

2017年，全市3129个村委全部实行了财务公开，其中，规范公开的村2827个，占到村委总数的90%。农廉网上公开的村有1880个，占到村委总数的60%。各县市区继续完善农村会计、“三资”委托代理制度。在县级范围内统一会计凭证、票据和账簿，统一建立财务操作流程。全市165个乡镇街道办3129个行政村建立了资金、资产台账，设立会计档案柜，并以二轮延包土地和经济合同为依据建立了资源台账，有效防止集体资产管理混乱、流失问题。2017年年初，市农经局确定交城县为农村集体三资管理规范化建设示范县，引领、带动和加快了其余县市区规范化建设的步伐。同时，积极筹建“三资”网络平台建设，落实了资金及办公场地，办公设备及人员正在配备中。

【农村产权流转交易市场建立】

农村产权流转交易市场是与

确权登记颁证同安排同部署的，根据省委要求，农村土地承包经营权确权登记颁证工作完成之日，就是农村产权流转交易市场建成之时，为确保2017年年底乡级全部建成农村产权流转交易市场，在督导检查的基础上，4月13日、4月28日、6月29日，吕梁市政府、市农经局先后组织召开13县市区农经局长会议，分管副县长，各县农经局长、副局长、业务股长，各乡镇长、农经站长会议，市委、市政府主要领导出席会议并对参会的县乡主要领导提出了明确要求。截至10月底，县、乡两级农村产权流转交易市场已全部建成，完成省下任务的100%。

【资产收益扶贫】

资产性收益扶贫是2017年由农经局牵头的一项新工作，为认真贯彻落实全省“践行总书记讲话、深化脱贫攻坚”现场推进会精神，扎实推动资产收益扶贫工作，通过盘活农村集体闲置资产和合作社自有土地资源、利用农户土地经营权入股“龙头企业”、整合上级资金、企业担保农户贷款＋入股企业分红等模式，有效增加了村集体及贫困户收入。如：石楼县村集体经济组织采用工程措施整理村集体闲散土地，低价租给贫困户，发展了种养产业的沟峪经济；方山县桥沟村将财政补贴资金、扶贫资金、扶贫工作队投入经费等，转化为村集体资产，入股合作社、龙头企业等其他经济组织，临时量化为贫困户股份，使入股农户根据自己的股份获得收益，另外还有一些县市利用光伏发电增加资产收益模式、农业设施＋贫困户模式等，创新了体制机制，并在贫困村建立农民专业合作社，充分发挥合作社对贫困户的辐射和带动作用，增加了农村集体经济收入，带动了农民增收致富。全市贫困村1204个，共建立合作社1135个，占贫困村数的94.3%。

【农民负担监管】

按照中央、省减负办文件精神，市农经局转发了农业部等六部委《关于做好2017年减轻农民负担工作的意见》，并针对农民反映和检查发现的突出问题，市县两级开展了农民负担专项治理和规范一事一议筹资筹劳项目，重点解决计划生育、农民建房、农村义务教育等领域乱收费乱罚款及向村级组织、农民专业合作社乱收费、乱摊派问题。为让各项惠农政策深入人心，市农经局编印《强农惠农政策汇编》一书，共5000余册，全部发放至县、乡、村。市农经局与市财政局联合下发文件《关于对村级公益事业“一事一议”奖补资金筹集使用专项检查的通知》，县级进行了自查检查，市级会同财政部门，兵分三路赴13县（市、区）对“一事一议”财政奖补工作进行了专项检查，检查工作已全部结束，从检查结果看，总体工作良好，各县（市、区）都围绕村级公益事业建设，制定和出台了一系列相关措施，实施一大批群众急需急办的公益事业项目，全市3129个行政村的财政奖补项目已全覆盖，得到了群众的认可。

【基层宣讲调研】

2017年，市农经局结合巡视巡察整改和大调研工作，进一步完善了机关内部管理制度100余条，并组织科级以上干部深入13县市区开展了农经政策下基层宣讲活动。对《农村土地承包法》《农民专业合作社法》和《农村土地承包经营纠纷仲裁法》等相关知识编印成册，分发至乡村，分发至贫困户，并现场解答老百姓提出的难点、热点问题，有效提高了基层群众的法律意识，调动了脱贫致富的积极性，为维护农村和谐稳定提供了法律保障。市农经局在吕梁电视台宣传报道农经工作5次，共编写上报省厅、省局农经信息各145条，超额报送109条，完成任务的403%。

【易地移民搬迁流入土地大户奖补】

在鼓励引导农户通过土地入

股、代耕代种等形式将承包地经营权向新型经营主体流转的基础上，市局紧密结合资产性收益扶贫工作，开展了易地移民搬迁专题调研，基本摸清易地移民搬迁村现状，并向市里争取专项资金，主要用于易地移民搬迁对流入土地大户奖补，鼓励土地流转。为使易地移民搬迁顺利进行，市农经局5月份制定出台《关于促进易地移民搬迁村土地流转实施规模经营资金奖补的意见》，并向县级农经部门下发《关于申报易地移民搬迁土地流转资金奖补的通知》。根据各县申报的奖补项目进行实地考察和筛选，对75家农业龙头企业、农民专业合作社、家庭农场、专业大户等经营主体进行了奖补，奖补资金416万元。

【资产性收益扶贫】

资产性收益扶贫是2017年由农经局牵头的一项新工作，为认真贯彻落实全省“践行总书记讲话、深化脱贫攻坚”现场推进会精神，扎实推动资产收益扶贫工作，吕梁市通过盘活农村集体闲置资产和合作社自有土地资源、利用农户土地经营权入股“龙头企业”、整合上级资金、企业担保农户贷款+入股企业分红等模式，有效增加了村集体及贫困户收入。如：石楼县村集体经济组织采用工程措施整理村集体闲散土地，低价租给贫困户，发展了种养产业的沟峪经济；方山县桥沟村将财政补贴资金、扶贫资金、扶贫工作队投入经费等，转化为村集体资产，入股合作社、龙头企业等其他经济组织，临时量化为贫困户股份，使入股农户根据自己的股份获得收益，另外还有一些县市利用光伏发电增加资产收益模式、农业设施+贫困户模式等，创新了体制机制，并在贫困村建立了农民专业合作社，充分发挥合作社对贫困户的辐射和带动作用，增加农村集体经济收入，带动农民增收致富。起草《吕梁市农村集体资产性收益扶贫指导意见》。召开推进会。市政府4月28日组织召开了全市农经重点工作推进会，会上，市政府副市长李俊平就吕梁市资产性收益扶贫工作作了重点强调；开展调研。5月初，市农经局围绕资产性收益扶贫工作开展了易地移民搬迁、农民专业合作社、农村土地承包经营权流转等工作的专题调研，形成《吕梁市农经局关于资产性收益扶贫工作的调研报告》。

【村级集体经济收益“破零”】

市农经局配合市委组织部、市财政局，多次进行座谈、工作交流，总结吕梁市农村集体经济收益“破零”工作现状，分析存在问题，推广农村集体经济收益“破零”工作中的典型经验，探索符合吕梁市农村经济社会发展实际的农村集体经济收益“破零”新模式、新机制，通过深入调研、督促检查，交通便利、基础条件好的村均已实现村级集体经济收益“破零”。如中阳县，共有7个乡镇87个行政村，实现村集体经济“破零”的村有66个，占比75.86%，共有收益4485.67万元；柳林县，全县15个乡镇、257个行政村，已有168个行政村（包括15个贫困村）实现村级集体经济收益“破零”任务，“破零”村集体占行政村总数的65%。

【“一村一品一主体”实施】

吕梁市农民专业合作社边发展边规范，已进入以规范和创新促发展的阶段。按照省委、省政府“一村一品一主体”的要求，市农经局要求新建一批合作社，要在每个贫困村至少建一个合作社，通过资产性收益扶贫机制带动贫困户增收致富，充分发挥合作社在资产收益扶贫，村集体经济破零中的主导作用，创新合作社和农民的利益连接机制。通过市县两级农经部门协调配合，多次组织开展农民专业合作社培训，并利用检查调研之机，鼓励贫困户加入农民合作社，通过将土地等入股合作社，享受股份红利，增加贫困村和贫困户的资产性收益。截至2017年年底，全市贫困村1204个，已建合作社1135个，占贫困村总数的94.3%，已基本实现农民专业合作社贫困村全覆盖。

【农经政策基层宣讲】

针对部分村干部农经政策、法律法规意识模糊的问题，市农经局制定《农经政策下基层宣讲实施方案》，组织全体科级以上干部深入基层，开展农经政策法律法规下基层宣讲活动，主要讲解农村政策、农经法律、条规及合作社、家庭农场相关知识，并引导农户在土地确权后，将承包地经营权流转给新型经营主体，通过分红增加农民收入；同时，经过实地查看，走访先进典型，在农民专业合作社和家庭农场中选择培育了一批示范社，从而引领带动了周边农户增收致富的积极性。另外，在宣讲过程中，对一些存在上访苗头的群众，进行了面对面谈心，消除了他们心中的疑虑，遏止了群体性上访事件的发生。

【农经干部大调研】

为把脱贫攻坚各项目标任务落到实处，市农经局结合全市开展的干部大调研活动，精心制定调研提纲，由班子成员分别带队，深入13县市区对资产收益扶贫、村级集体经济“破零”、易地移民搬迁开展了专题调研，形成《吕梁市农经局关于搞好土地流转工作的调研报告》《吕梁市农经局关于资产性收益机制工作调研报告》《吕梁市农经局关于村级集体经济收益“破零”情况的调研报告》以及《吕梁市农经局关于方山县峪口镇阳崩村移民搬迁调研报告》，并报送市委、市政府。调研中，各试点县结合农经业务，积极推广“龙头企业＋基地＋合作社＋农户”的模式，利用村集体资产资源优势，创新和培育新型农村经营主体，实施产业扶贫文水新大象集团“211发展模式”，并鼓励贫困户加入农民合作社，创建家庭农场，引导农户在土地确权后，将承包地经营权流转给规模经营主体，并将土地入股，通过分红增加农民收入。

【助推脱贫攻坚】

制定扶贫工作计划。市农经局以全市开展扶贫攻坚“春季行动”“夏季攻势”“秋季会战”“冬季行动”为契机，按照“在基层一线发现问题，研究解决问题的办法”的原则，机关扶贫工作队多次来到乔子头村，与村干部进行座谈，深入田间地头、深入农户院落，与农民交谈，了解民生，体恻民意；特别是走访了老党员、致富能手，了解群众需求、了解村情和农村发展变化情况，在此基础上，召开了多次干部会议，与村两委班子成员研究分析该村发展方向，出台切合本次村实际的年度扶贫工作计划，明确工作措施，经过一年的努力，年度工作计划已付诸实施，并取得明显效果。

发展培育农民专业合作社。结合全市“三基建设”和“一村一品一主体”产业扶贫工作安排部署，市农经局扶贫工作队与贫困户沟通，帮助其规范成立农民专业合作社，该项工作已经由市农经局局务会议研究通过，2017年年底前建设完成。对该村的瑞丰油用牡丹农民专业合作社给予3万元的扶持补助，并将该合作社定为吕梁市资产收益扶贫试点合作社，充分吸纳贫困户，带动贫困户增收致富。

继续完善村级学校建设。为稳步提升扶贫村村级小学的教育质量，上半年，市农经局在继续完善学校的设施、充实教师队伍、制定规范科学的管理机制方面，配合村委，加强了教师队伍的素质培训和管理，充分发挥了教师的主观能动性，确保了该村小学教育质量的提高。

解决了人畜吃水问题。该村一半村民的人畜吃水问题早年已解决，但居住在高处的村民吃水仍然需要在供水点肩挑，很不方便，解决这些人的吃水问题是他们多年的愿望，市农经局领导和扶贫工作队和裴沟乡政府多次找相关部门协调，争取到16万元专项资金，在山顶上修建了一个110立方米的蓄水池，并组织铺设了管道，彻底解决了半数村民的人畜吃水问题。

实施贫困户土窑洞改造。为解决贫困户中土窑洞危房问题，扶贫工作队在裴沟乡保持干部的相互配合下，根据石楼县贫困户土窑洞改造工作安排，完成了全村67户贫困户的土窑洞改造工程，基本通过了工程验收。

开展各类主题宣讲活动。一是结合“讲帮树”宣讲活动，市农经局扶贫工作队长、队员和第一书记在该村开展了以习近平总书记关于精准扶贫、精准脱贫系列重要讲话精神、中央、省、市脱贫攻坚方针政策和安排部署、脱贫攻坚故事、脱贫攻坚先进典型、脱贫攻坚实用技术为主要内容的4次脱贫攻坚宣讲。11月1日，市农经局局长史兴唐、市政协副主席刘继隆深入乔子头村，组织村党员干部开展党的十九大精神宣讲活动，集中宣讲党的十九大精神及习近平总书记关于深化农业供给侧改革和实施乡村振兴战略的重要论述。

开展“结对帮扶”活动。为切实发挥好党支部战斗堡垒和党员先锋模范作用，根据市委《关于进一步加强机关党的建设工作的意见》和市直工委《关于在市直机关开展“讲帮树”主题活动助推脱贫攻坚的实施方案》文件部署要求，市农经局局长史兴唐先后3次深入扶贫村，带领局支部和党员干部与扶贫村党支部和党员群众深入开展了结对帮扶活动。3月30日，由局长史兴唐带领，市农经局局支部与帮扶村党支部进行了支部结对子活动，有力地促进了精准扶贫和农村党建工作的良性互动。为扶贫村健全组织、完善制度、规范党内活动等基层党建工作，提出了建设性的建议，充分发挥了党支部落实脱贫政策、脱贫项目、脱贫投资、脱贫措施、实现稳定脱贫，成为带领群众脱贫致富的战斗堡垒作用；2017年年初，机关每名党员干部，都作出个人脱贫攻坚帮扶承诺；6月27日，市农经局党支部组织本局党员干部深入扶贫村，与该村贫困户开展“结对帮扶”，党员和贫困户进行了面对面交流，开展“一帮一”或“一帮多”帮扶活动。

组织开展“七一”活动。6月27日，市农经局支部和扶贫村党支部，在扶贫村村委召开“支部组织生活会”。会上，局长史兴唐代表局班子进行了发言，村党员一次进行了发言，积极查找扶贫工作中的问题，探讨解决问题的方法；局长史兴唐、扶贫工作队队长韩培茂分别为扶贫村党员干部上了一次“纪念建党96周年、迎接十九大召开”专题党课，并结合当前脱贫攻坚和农经工作实际对该村下一步学习贯彻提出意见建议；针对该村党员提出了问题和该村村委班子中存在的实际问题，市农经局局长史兴唐积极和裴沟乡政府高书记沟通，研究解决问题的有效途径和具体办法；就乔子头村党支部强化基层组织建设与村“两委”干部、党员群众展开亲切座谈，帮助该村党支部在健全组织、完善制度、规范党内活动的基础上，落实脱贫政策项目以实现稳定脱贫。

组织开展“节日”慰问。春节前为乔子头村每户村民送去了1袋白面，共136袋;6月1日，市农经局扶贫工作队在扶贫村小学，慰问了该村小学师生，为他们送去了节日的祝贺和慰问品，同该校师生共同度过一个有意义的“国际儿童节”；6月27日，党的生日来临之前，由市农经局局长史兴唐带领局支部、扶贫工作队一行8人，慰问该村村党员，为他们送去了节日的问候和慰问品。先后3次到扶贫村，开展节日慰问活动。组织开展春节、六一、七一等节日贫困户、老党员和教师的慰问活动。

开展乡村精神文明建设。

开展“传承好家风、争创文明户”活动，引导村民守法诚信、弘扬美德，教育子女孝敬父母，乡村孝老爱亲、赡养老人的良好道德风尚。把扶贫与扶志结合起来，着力激发贫困群众发展生产、脱贫致富的主动性，着力培育贫困群众自力更生的意识观念，引导群众依靠勤劳和意志实现脱贫致富。

（市农村经济管理局）

农机

【概况】

2017年，吕梁市农业机械化原值达到9.05亿元，农机总动力达到115.5万千瓦；机械化综合水平达到53.78%，增加了3个百分点。经营效益总收入达到6.6亿元，实现利润2.26亿元。拖拉机保有量达到14671台，其中大中型拖拉机达到6764台，小型拖拉机达到7907台，各类配套农机具达到18026台。

全年完成机耕作业面积411.02万亩，任务为396.57万亩，完成率为103.6%；完成机播作业面积323.6万亩，任务为314.955万亩，完成率为102.7%；完成机收作业面积197.8万亩，任务为196.74万亩，完成率为100.5%。

玉米生产全程机械化作业：完成作业面积112.7万亩，占年计划任务110万亩的102.4%。新增玉米收获机112台，完成任务110台的101.8%。

马铃薯生产全程机械化作业：完成作业面积29.35万亩，占年计划任务29万亩的101.2%。新增马铃薯全程机械化装备101台，完成任务100台的101%。

机械化农作物秸秆综合利用：完成还田面积121.4万亩，占年计划任务100万亩的121.4%。

【农机重点工程建设】

（1）农机生产：①机械化保护性耕作：累计实施面积达到102万亩，完成保护性耕作面积2.6万亩，占全年计划任务的100%。②农机深松作业：完成深松面积42万亩，占年计划任务42万亩的100%。农机深松补贴作业：任务数36.5万亩，9个县整合21.2万亩，4个县共完成15.3万亩。

（2）跨区机收小麦工程：夏收工作从6月13日孝义下栅乡开始，到6月29日结束。共投入小麦联合收割机138台，机收小麦面积2.5万亩，夏收期间全市共组建跨区机收服务队2个，成立跨区机收接待服务站3个，培训机手、修理工89人，检修各类收获机械45台件，投入服务人员60人，保证了机收工作顺利完成。

（3）农机化引领示范工程：交城县印发《交城县2017年率先实现农业机械化综合示范县建设项目实施方案》的通知出台，确定三项创建内容，分别是：在山区建设机耕道；开展新型先进适用农机装备引进及试验，引入新型、先进农副产品加工装备8台以上及加工车间场地建设；购置农机生产卫星定位设备、建设智慧农机管理平台。柳林县印发《2017年率先实现农业机械化综合示范县建设项目建设方案》，确定了四项创建内容，分别是：购置农机作业监测系统25台（套）；智慧农机指挥调度系统建设；建设2个农机服务组织的机库；开展全程机械化试验示范引入新型、先进农机装备3台（套）。各县创建工作均按照实施方案创建中。

同时在交城县夏家营镇的段村、连家寨村和西营镇的西营村、大陵庄村，柳林县陈家湾乡的贺家社村、赵家庄村和各庄上镇的前元庄村、付家塥村四个乡（镇）八个村开展了示范乡、村创建工作。各示范乡、村创建工作基本完成。

【农机购置补贴】

2017年根据山西省农机购置补贴辅助管理系统内数据，全市系统内资金共计2786.219万元，使用1964.488万元，使用率为70.5%；已结算资金1363.473万元，约69.4%的使用资金已结算；全市共录入补贴机具5864台，完成市政府下达任务的101.1%；全市共有5226户农民受益，完成市政府下达任务的104.5%。

【农机监理培训】

全市共新注册登记入户拖拉机、联合收割机580台，完成省局下达指标任务600台的96.7%；新注册登记入户拖拉机、联合收割机全部配备了正式驾驶员，完成省局下达指标任务的100%；年度安全技术检验各类机车2937台，占指标任务16321台的18%。全市未发生一起农机事故。

【农机社会化服务体系管理】

（1）农机合作社全年新建农机合作社指标5个，实际完成8个，占到计划任务的160%。创建示范合作社任务3个，正在培育中。全市农机合作社总数达到172个。

（2）创建示范机械化家庭农场任务数1个，正在培育中。

（3）新增农机大户任务15个，实际完成15个，占到目标任务的100%。创建农机示范大户任务2个，正在培育中。

（4）完成新型职业农民培训418人，占年计划任务数390人的107%。

【农机合作社资产收益扶贫试点】

2017年，吕梁市在岚县有两个省级资产收益性扶贫试点项目。岚县珍贵农机合作社于2015年登记注册，原有动力机械29台件，吸纳贫困户10户27人，扶贫资金形成固定资产达36.75万元，作业面积达1400亩，纯收入3.7万元。惯惯农机合作社于2017年正式注册，原有动力机械10台件，吸纳贫困户142户342人，扶贫资金形成固定资产达40余万元，作业面积达2800亩，纯收入5.6万元。其余兴县、临县、石楼、方山县的资产收益性扶贫项目开展，中阳、交城县相关资金已经被整合。

【农产品加工】

2017年，吕梁市积极扶持农业合作组织和种植大户开展农产品初加工处理，完成示范推广小杂粮初加工以及特色农产品储藏、保鲜、烘干等新型农产品初加工装备85台套，占目标任务80台套的106.2%。

【丘陵山区机械化】

2017年，交口县农机局承担丘陵山区农业生产全程机械化示范项目，召开现场演示会2次，按要求11台机具已全部引进。岚县丘陵山区农业机械化项目资金被当地政府整合使用。

【电动农机奖补政策落实】

2017年，临县实际销售电动农机2041台，使用项目资金1000万元，资金实际使用率100%；柳林县实际销售电动农机1088台，使用项目资金499.96万元；交城县实际销售电动农机374台，使用奖补资金149.8万元，三县电动农机项目资金已使用完毕，奖补资金都已兑付至补贴对象。

（市农机局）

林业

【概况】

2017年，吕梁市加强林业工作取得了如下成绩：

大力实施造林绿化，完成营造林合格面积105.78万亩，占省任务105.78万亩的100%。

大力实施新一轮退耕还林工程，完成退耕还林81.03万亩，占省任务81.03万亩的100%。

大力实施经济林提质增效，完成红枣、核桃标准化管理示范基地建设46.36万亩，占市任务20万亩的230%。

严格责任落实，强化制度约束，全年未发生重特大森林火灾，森林火灾受害率为零。

认真开展林业有害生物监测、检疫、防治工作，林业有害生物成灾率1.96‰，低于省林业厅考核指标3.8‰。

创新造林绿化机制，建立扶贫攻坚造林专业合作社1008个，吸纳社员24760人，其中贫困社员18784人，占75.8%，高于省林业厅60%的考核指标。

【工程建设】

2017年全市有114个乡镇969个村铺开造林绿化工程，共规划万亩以上造林工程18处，5000-10000亩工程9处、3000-5000亩工程5处、1000-3000亩工程8处。方山县实施的吕梁机场周边绿化二期工程，投资11133万元，绿化面积1.01万亩，栽植油松、白蜡等各类苗木90.6万株。

【身边增绿】

2017年，吕梁市林业工作人员将造林工程优先布局在高速两侧、交通沿线、城周可视山体和旅游景区等人员活动频繁的区域。北部五县围绕太佳高速、环城高速、西纵高速，全面铺开通道绿化歼灭战，完成绿化面积15万亩，实现高速通道两侧和第一山脊线绿化全覆盖，身边增绿取得明显效果。

【资金投入】

2017年，吕梁各县（市区）依托林业项目支撑，整合各类扶贫资金，多形式融资，全力保证林业建设投入。全市2017年用于林业建设投资达34.5亿元，其中上级投入10.6亿元、县级投入7.6亿元、社会投入0.3亿元、尚有资金缺口16.1亿元。

【四大增收项目】

一是退耕奖补。2017年实施退耕还林81.03万亩，共涉及108个乡镇、1141个村委、118103农户、364303人，其中贫困户33341户、101078人，涉及退耕还林面积222109亩，贫困户人均可享受第一年政策补助资金1098元。

二是造林务工。全市有956个合作社通过议标承担造林任务96.3万亩，涉及贫困社员19648人，人均可增收6000元以上。

三是管护就业。各县调整吸收贫困管护员，全市森林管护员已调整到6348人，其中建档立卡的贫困管护员4896人，占管护员总数的77%，人均年工资7000多元。

四是经济林产业增收。发展以油用牡丹、连翘、沙棘为主的特色经济林20万亩。完成干果经济林提质增效46.36万亩，涉及1332个村、8.4万户、23万人。

（市林业局）

水利

【水利规划编制】

为准确把握未来水利发展方向，科学界定今后发展重点，给重大水利项目的争取奠定基础，吕梁市水利局委托全国顶级的水利规划编制单位（水利部直属的水利水电规划设计研究总院）为吕梁市编制《吕梁市现代水利发展规划》。经过专家的反复审查和讨论，2017年规划的编制工作已基本完成，未来10—15年全市“三网并重、七水兴市”的战略思路初步成型。

与现代水利发展规划相辅相成的《吕梁市“十三五”水利扶贫专项规划报告（2016-2020年）》《吕梁市水利发展“十三五”规划》《吕梁市汾河流域生态修复规划（2015-2030年）》等各类专项规划工作齐头并进，编制工作全部完成并通过评审，具有吕梁特色的水利发展大蓝图已经形成。

【农村饮水安全巩固提升工程】

2017年全市农村饮水安全工作的重点是退出贫困的村庄，投资大幅向贫困县和2017年脱贫的建档立卡贫困户倾斜。全市计划建设525处农村饮水安全工程，解决559个自然村、25.89万人（涉及483个贫困自然村、8.54万贫困人口）的饮水安全不达标问题，总投资14195万元。2017年年底，全市已开工建设524处农村饮水安全工程，开工率达到99.8%，已经完工514处，

551个自然村、8.05万户、25.16万人已经受益（其中：涉及贫困自然村509个、贫困人口7.01万人），共完成投资14130万元，占总投资的99.5%。

【水保生态治理】

2017年省厅下达给吕梁市水土流失治理任务是71.25万亩，通过大力实施国家、省级重点水土保持治理项目，完成水土流失治理71.25万亩，占任务的100%。

【八大重点工作推进】

1. 中部引黄和县域小水网工程建设。中部引黄工程是我市构建吕梁供水网络体系的基础和依托，2017年年底前将完成隧洞连通工程，在市县两级协调机构的全力配合下，工程得以快速推进。与此同时，吕梁市的配套小水网规划取得重大进展，截至2017年年底，9个县（市、区）已全部完成省级技术复核；除兴县外，其余8县（市、区）已完成县级批复工作。县域小水网调蓄水库前期工作同步展开，汾阳花枝水库已完成前期审批工作，计划年底开工建设；中阳后师峪水库、孝义东许水库、交口南河水库已通过省水利厅技术审查；柳林成家庄、汾阳北榆苑、河北三座调蓄库正在进行可研报告的编制。

2. 重点水利工程建设和前期工作。柏叶口龙门供水工程通水运行，2017年年底正在进行工程扫尾和竣工验收准备。峪口沟水库前期工作正在积极推进。新区北川河治理一期附属工程正在开展工程验收准备工作，二期工程前期工作同步展开。

3. 防汛抗旱减灾。2017年吕梁市全市共经历了四次强降雨过程，市县两级防汛指挥部通力配合，严格按照防汛责任制落实"纵向到底、横向到边"总要求，按照分级分部门的原则，积极推进党政同责、一岗双责的防汛责任体系，通过细化实化各级党委政府及各部门各行业承担的防汛责任，实现了从被动防汛向主动防汛的转变，成功应对了强降雨，全年未出现一起防汛安全责任事故，防汛工作得到省、市两级的高度肯定。

4. 农田水利基本建设。2017年全市农田实灌的任务是完成实灌面积182.39万亩，其中，新增高效节水面积0.3万亩，截至2017年年底，已完成灌溉面积172.74万亩，占目标任务的95%。

5. 水库除险加固。离石吴城、孝义市梁家垣、文水县神堂3座水库应急专项除险加固工程竣工验收；兴县天古崖，岚县岚城，临县阳坡、曹家岭，交城瓦窑5座水库应急专项除险加固项目正在开展验收前各项准备工作。列入灾后水利薄弱环节建设规划的西山、阁老湾水库已经完成建设任务。

6. 水资源管理工作。2017年，市县两级水利部门深入落实最严格水资源管理制度，强化"三条红线"刚性约束，全力推进水资源消耗总量和强度"双控行动"。截至2017年年底，全市总取水量为62亿立方米，控制在省考核的6.9亿立方米以内，全市万元地区生产总值用水量较2016年下降3.2%，超过计划任务3%；万元工业增加用水量较2016年下降2.1%，超过计划任务2%，水资源费征收9503万元，占计划任务9000万元的105%。此外，为加强地下水的管理与保护，按照《吕梁市柳林泉域水资源保护条例》，吕梁市持续督促落实横泉水库供水范围内的关井压采工作，2017年年底压缩地下水开采量达411万立方米，是计划压采量400万立方米的102%。

7. 河道综合治理。重点中小河流治理项目建设快速推进，蔚汾河兴县段、屈产河石楼县城段、孝河孝义市白壁关－达苏段、禹门河汾阳市段、中阳县南川河、岚县岚城河、兴县岚漪河7个重点中小河流治理项目已完成建设任务；文峪河汾孝节制闸、跃进闸、磁窑河演武闸、汾平公路桥闸、孝义市五楼庄水闸5座病险水闸除险加固工作如期完成。汾河干流核心区堤外调蓄水工程迅速推进，一期工程涉及的杨乐堡、西社西、西社东、阎家堡、石家堡5处湿地工程已全部完工，二期工程涉及的阎家堡西、高车、云周、世泰湖4处调蓄水（湿地）工程，已全部开工建设。

8. 库区移民后期扶持。按时完成大中型水库移民后期扶持人口年度核定工作，1140.3万元直补资金全部发放；组织石楼、柳林两县完成了黄河古贤水利枢纽所涉我市的征地移民实物调查工作，为项目开工创造良好的社会环境。

【河长制推行】

河长制是2017年水利改革的重点，吕梁市切实按照中央、省、市关于“河长制”工作的部署和要求，全力推进河长制各项工作，市、县、乡三级河长制体系全部建立并完成省、市验收。截至2017年年底，市管7条主要河流及汾河吕梁段、黄河吕梁段、县管122条河流的市、县、乡三级河长名单都已通过政府网站、新闻媒体向社会公布。市级、13县（市、区）、162个乡（镇）全面推行河长制的实施方案和河长会议制度、信息报送制度、工作督察制度、工作考核制度、信息共享制度、工作验收制度等6项工作制度全部出台，市、县两级管理机构全部成立；河长公示牌设置、入河排污口摸底排查工作已全部完成，“一河一策、一河一档”编制工作完成60%，河长制信息平台建设全面启动，河长制推行工作在全省排位靠前。

【农田水利产权制度改革】

作为全国的改革试点，汾阳市按照“试点先行，典型带路”的工作思路大力推进农田水利产权制度改革，全力推进改革项目的实施方式、明晰和移交工程产权、创新运行管护模式3个试点任务。截至2017年12月底，汾阳市的202个适宜改制村的改制工作全部完成，小型农田水利设施改制达1906处，成立农民用水户协会182个，发放所有权证、使用权证2500份，试点涉及工作内容全部圆满完成，顺利通过市级验收。

【水利投融资体制改革】

为给县域小水网建设提供一个融资、投资的平台，2017年市级财政出资1000万元，中部引黄工程受益9县（市、区）财政各出资100万元共同组建吕梁水务投资有限公司，7月中旬完成了公司的注册工作，2017年已投入运行，正在积极与金融机构和社会资本对接。

（市水利局）

文峪河水库管理局

【概况】

2017年，吕梁市文峪河水库管理局完成财务总收入2255万元，占预算收入1580万元的143%。其中农业灌溉收入442.42万元，占预算收入320万元的138%；工业供水收入735.26万元，占预算收入450万元的163.4%；发电收入352.83万元，占预算收入180万元的196%；财政补贴690.14万元，综合经营及其他34.57万元。

完成春、冬浇引水5775万立方米，占年初计划5500万立方米的105%；完成灌溉面积25万亩；完成工业供水1886万立方米；发电供水7100万立方米（包括重复用水5000万立方米）。

截至11月15日，水电站安全生产无事故，完成发电1300万千瓦时，占年初计划667万度的195%。

完成文峪河灌区续建配套节水改造骨干工程2013年度项目建设投资285万元，完成渠道防渗改造长度1.7公里，建筑物配套5座；完成文峪河灌区续建配套节水改造骨干工程2015年度项目建设投资960万元，完成渠道防渗改造长度5.5公里，建筑物配套54座。

完成了文峪河渠首闸、古贤节制分洪闸除险加固工程竣工验收。

水库、电站、灌区、工程建设全年安全运行无事故。

【服务社会经济】

2017年4月12日，市人大农工委主任高永安一行就全市大中型水库和灌区建设管理报告审议研究处理意见到文峪河水库进行调研，促成文峪河水库汛限水位由高程827米提高到832米，为服务三农，提高农业效益提供有力支撑。

【防洪保安】

文峪河水库是吕梁市管理的唯一大型水库，承担着下游6个县（市）、22个乡镇、182个村、45万人口、20公里铁路、公路干线的防洪保安任务。2017年文峪河水库管理局严格按照批复的控运计划调度。4月27日省水利厅对文峪河水库管理局的蓄水及防汛准备情况进行检查。整个汛期，水库共经历了四次较强降雨过程，最大入库洪峰流量124.53立方米/秒。面对连续发生的强降雨，文峪河水库管理局密切关注天气状况，加强对降雨量的监测，密切关注水库水位变化情况，对库水位实施加密监测，及时推算入库洪水流量，进行实时洪水调度。

2017年年初，为保证龙门供水工程顺利完工，按照上级要求需降低文峪河水库蓄水水位，文峪河水库管理局弃水1300万立方米。文峪河水利管理局从4月30日起实施生态修复放水，共计580万立方米。

【工农业供水】

文峪河水库管理局2017年年初根据上游来水量科学分析，合理调度，保证水库水量充足，满足春灌用水。2017年3月4日启动春浇，共引水2580万立方米。2017年冬浇，受土墒充足、粮食跌价、村干部思想不稳等诸多因素影响，各村灌溉积极性普遍不高，面对有水无人用的困境，文峪河水库管理局逐村逐户动员，让先进典型发挥引领作用，冬浇供水从11月15日开始，到12月29日共引水3700万立方米。灌溉亩用水量由过去的300立方米减少为现在的200立方米，为浇更多的地打下基础。

【水力发电】

2017年水电站增效扩容改造项目已竣工验收，文峪河水库管理局根据水库来水合理调度，保证机组运行平稳，发挥最佳效益，截至11月15日，共计发电1300万千瓦时，综合效率达到94%。水电站以创新绿色发展为理念，决策上马800千瓦高电站项目，进入设计报批阶段。开展绿色小水电建设，经过努力被国家水利部评为2017年度山西省3家“绿色小水电站”之一，工作走在全省同行业前列。

【工程项目推进】

2017年文峪河水库管理局抓水利基础设施配套建设，积极争取项目资金，已完成：文峪河灌区续建配套节水改造骨干工程2015年度项目建设投资960万元，渠道防渗改造长度5.5公里，建筑物配套54座；文峪河灌区续建配套节水改造骨干工程2013年度项目建设投资285万元，渠道防渗改造长度1.7公里，建筑物配套5座；文峪河跃进闸及磁窑河平汾公路桥节制闸除险加固工程建设投资230万元；局水费自筹工程设计13项目，工程预算投资102万元；编报文峪河水利管理局2017年应急度汛水毁修复工程计划，工程申报投资452万元。

在推进项目进度的同时，文峪河水库管理局组织专家对已完工项目进行验收，已完成：文峪河渠首闸、古贤节制分洪闸除险加固工程竣工验收；文峪河灌区2014及2015年中央资金运行维护项目竣工验收；文峪河灌区续建配套节水改造工程2011-2015年度5个项目分部及单位工程验收，并提交竣工验收申请报告；

【安全生产】

2017年，文峪河水库管理局狠抓渠道安全管理，在新党委班子的带领下，开展渠道内淤积、隐患整治工作，完成渠道清淤累计70公里。出台《关于做好2017年水利安全生产工作的通知》按照“党政同责、一岗双责、失职追责”的要求，健全完善了安全生产监管责任制度，按照业务分工明确责任清单，使安全管理责任“横向到边、纵向到底、职责明晰”。组织开展了安全生产月活动，下发《关于开展2017年安全生产月活动的通知》《关于集中开展“反对违章指挥、违章作业和违反劳动纪律”专项行动的通知》。把防洪保安作为安全工作的重中之重，研究出台了《2017年文峪河流域防汛工作安排意见》《2017年文峪河水利管理局在建水利工程安全度汛方案》，并逐项予以落实。针对81天高位蓄水，水库管理站专题研究，专门部署，责任到人，加密观测和巡查，高水位蓄水期间共完成加密观测89次，加密巡查106次。永田渠马东渡槽建成43年，老化失修，伸缩缝出现严重渗漏，安全隐患多，处理难度大，高空作业危，在防渗加固过程中，把安全施工作业放在首位，实现了质量、安全双保证。不断加大安全生产投入力度，2017年共安排安全隐患排查整治资金102万元，实现了安全生产无事故的工作目标。

（市文峪河水库管理局）

横泉水库管理局

【确保水库稳定运行】

2017年，在日常管理、工程维护、大坝监测、水库调度、库周巡查、安全保卫等方面，做到科学管理、高效运作，确保水库稳定运行。

建立健全相关制度，修订和完善《横泉水库防汛抢险应急预案》《防汛值班制度》等制度，为水库的安全运行提供了制度保障。

加大巡查排查力度，对大坝、库区每天进行两次以上巡查，渔政执法船经常不定期在库区水面进行巡查，同时加大对库区违法行为的打击力度。

加强基本设备管理，在夏季每周进行一次水面清渣，每月对大坝杂草进行根除，入冬后对泄洪洞和供水洞设备周围除冰，确保水面清洁，坝面整洁，设备运行良好。

做好监测预报工作，按时完成水库安全管理信息月报，定时对雨情、雨量等进行监测和报送。

【确保水库安全度汛】

严格按照上级批准的调度方案运行，严格按照市防汛抗旱指挥部批复的防汛预案，认真落实各项防汛措施，确保水库安全度汛。

汛前汛后大检查，汛前对枢纽工程进行地毯式的隐患排查工作，汛后组织进行安全大检查，发现问题及时处理。

落实水库防汛责任制，制定和落实“行政负责制、技术责任制、分级责任制、岗位责任制、值班责任制”等各项责任制，明确了从领导到职工每个人在防汛工作中的责任。

加强防汛值班执勤，入汛以来，整合全局力量，局领导带头，全体科级干部充实到水库一线值守，实行24小时轮流值班制。

加强防汛演练及物资储备工作，储备了铁锹、雨衣、编织袋等防汛物资，同时抢险队伍进行应急演练，提升了横泉水库防汛处置能力。

【工程项目建设】

横泉水库闸门及止水维修更换工作全部完工并已验收。

横泉水库水质水位监测系统设备及安装项目已经通过竣工验收。

横泉水库下游护坡马道及排水沟改造项目已经完工，将组织初验。

横泉水库左岸护岸项目的前期工作已经完成，省投资金190万元已经到位，因中标单位没有在规定期限内签订合同，按照有关规定将重新招标。

防汛抢险指挥中心主体工程

于2017年12月5日投入运行，整体项目还在续建中。

城市生活供水全年共计1175万吨，工业供水全年共计351万吨。

编制完成《横泉水库集中式饮用水水源地规范化建设实施方案》，项目已经市财政局评审中心评审。

（市横泉水库管理局）

吕梁市柏叶口水库供水建设管理局

【概况】

吕梁市柏叶口水库供水建设管理局2017年度目标工作任务主要为三部分：五一前完成龙门供水工程剩余工程内容，实现通水；2017年内完成龙门供水工程调蓄池项目前期工作；2017年年底前启动龙门供水工程整体竣工验收工作。完成情况为：

1. 工程于6月29日实现试通水。制约龙门供水工程试通水的主要障碍为土建五标镇墩下沉问题，吕梁市柏叶口水库供水建设管理局于3月份起克服各种困难，对下沉镇墩进行了处理。同时，暂停隧洞内施工作业，清除洞内施工垃圾，调试水机电气设备，在不具备试通水条件的情况下于5月26日进行了试通水，完成了市政府下达的配合交城县世行节水灌溉项目验收任务，6月29日配合交城县举行了龙门供水工程试通水仪式。

2. 调蓄池项目前期工作全面开展。2017年，吕梁市柏叶口水库供水建设管理局和交城县国土局积极沟通联系，完成项目所涉及的基本农田调整工作；完成所涉及的土地规划调整报批工作；编制完成项目土地预审报告；编制完成项目选址论证报告，具备项目立项条件。

交城县整体土地利用规划已通过市政府审核，正待省政府批复。如年内该规划能够获批，则龙门供水工程调蓄池项目年内完全能够立项落地。

涉及项目初步设计批复的刚才压覆矿产资源调查报告、地质灾害评估以及土地勘界等工作也全面铺开。

3. 工程验收工作艰难推进。龙门供水工程共有五个土建标段以及一个房建标段。影响工程验收通水的主要问题是遗留的隐患多，情况复杂。5月以来，吕梁市柏叶口水库供水建设管理局聘请独立第三方质量检测机构，对隧洞工程衬砌质量进行了地质雷达扫描，对工程所涉水机设备进行了专项质量检验。根据此次检查结果以及之前遗留的问题，吕梁市柏叶口水库供水建设管理局组织参建单位委托西安理工大学岩土研究所对隧洞不达标部分处理设计了科学的处理方案，并组织业内权威专家进行了审查，工程原设计单位对此方案也予以批复认可。

完成土建一标和四标的分部工程验收，正着手开展工程单位工程验收；其余标段正在努力推进工程分部工程验收。

（市柏叶口水库供水建设管理局）

交通运输

交通管理

【重点工程建设】

2017年，吕梁市政府将交通重点工程建设作为构建综合交通运输体系，推动吕梁经济转型，推动脱贫攻坚的重要举措，市政府常务会议多次研究交通重点工程建设。市政府成立吕梁市交通重点工程建设领导小组以及国道209吕梁城区段改线、沿黄扶贫旅游公路及生态绿道建设等专项工作领导组，由分管领导统一挂帅。市交通局按照省交通运输厅和市政府的安排部署，分管领导牵头、专人负责重点项目建设管理，制定出台吕梁市静兴、祁离高速公路建设、209国道改线等重点项目征地拆迁补偿标准，协调推进规划、土地、环评等前期事宜，重点工程建设进展顺利。一是高速公路建设加快。静兴高速公路前期工作基本完成，具备全线开工条件。2017年开工的控制性工程—大万山隧道，累计开挖230余米。共完成投资30亿元，完成省厅下达年度任务的2倍。祁离高速公路正在加快设计和拆迁工作，准备全面开工。已开工的控制性工程—吕梁山隧道至2017年年底累计开挖260米。共完成投资25亿元，完成省厅下达年度任务。离石至隰县高速公路前期工作基本完成。二是国道209改线已经开工。该工程全长59.9公里，估算投资69亿元。已完成投资人招标，已开工的控制性工程——碌碡梁隧道便道完成300米，完成路基施工便道150余米，完成路基清表15000平方米。三是沿黄扶贫旅游公路及生态绿道项目一期工程正在紧张施工。8月10日举行了开工仪式。2017年重点推进10公里试验段建设，路基全面开工，控制性大桥工程已完成桩基9根，完成防护工程1300余立方米。四是大武高速与国道209互通工程进展顺利。临时改造工程10月份完成已投入使用。立交改造方案已经确定，工可基本编制完。

【农村公路建设】

2017年吕梁市政府高度重视交通扶贫工作，成立由分管扶贫领导和分管行业领导“双组长”制交通扶贫专项工作领导组和“四好农村路”建设领导组。5月份，市政府与省交通厅签订了“四好农村路”共建协议，明确省市共拿出概算投资的30%补助资金予以支持。市政府出台《吕梁市“四好农村路”建设实施意见》，9月13日，组织召开了全市“四好农村路”建设和交通扶贫工作会议，调动了县级政府积极性，加快了农村公路建设进度。市交通局认真贯彻落实习近平总书记视察山西重要讲话精神和全市扶贫工作会议精神，深入推进“三五工程”攻坚深度贫困，扎实落实“春季行动”“夏季攻势”“秋季会战”各阶段安排部署。按照全省“四好农村路”建设要求，成立了交通扶贫“双通”（通硬化路和通客车）全覆盖工作领导组，设立“四好农村路”办公室，强力推进农村公路建设，为全市脱贫攻坚奠定了坚实基础。

全市共完成农村公路建设投资26.5亿元，是省厅任务的1.5倍，是市政府任务的2.65倍。其中农村旅游公路完成投资1.7亿元，超出省厅任务0.4亿元。全年共完成新改建农村公路1210公里（含旅游公路），是省厅和市政府任务的2倍多；完成农村旅游公路24.5公里，是省厅任务的3.5倍；实施农村公路安全生命防护工程805公里，是省市任务的1.3倍；改造危桥23座，完成省厅下达计划。

全市6个国定贫困县累计完成农村公路建设投资12亿元，完成农村公路新改建里程889公里。包括：窄路基路面拓宽工程396公里，超出省厅任务74公里；农村旅游路资源路和产业路建设（县乡公路改造）51.3公里，超出省厅任务0.3公里；通客车村道安全生命防护工程199公里，超出省厅任务34公里；通客运线路村道危桥改造2座，建设乡镇客运综合服务站3个，完成省厅任务。

按照市委统一部署，市交通运输局加大“脱贫摘帽”贫困县贫困村的工作力度，率先推进贫困村通硬化路、通客车工程，全年计划实施143个贫困村547公里通村公路提质改造，到12月，共完成231个贫困村691公里提质改造任务，完成年度计划的1.3倍。计划148个贫困村通客车，除40个不具备通客车条件外，其余已全部通客车。

【农村公路养管】

2017年，市交通运输局认真贯彻习近平总书记的指示精神，深入推进“四好农村路”建设，加大农村公路管护力度，确保农民群众出行更加便捷通畅安全。一是加强农村公路养护工作。认真贯彻交通部《农村公路养护管理办法》，进一步落实县级政府的主体责任，健全完善县乡农村公路养护管理机构，争取政府对养护工作的支持。2017年年底，全市已经有文水、汾阳、孝义、中阳、离石5个县市区将农村公路建设、养护、管理机构运行经费及人员基本开支纳入一般公共财政预算，其余县政府已经承诺，2018年人代会后正式列入财政预算。2017年，县级政府配套养护资金达到3300余万元。二是实行各具特色日常养管模式。各县根据实际，建立起各具特色的日常养护管理模式，推动养护质量进一步提升，全市县乡公路养护优良路率达到76.6%。汾阳市按线路实行承包责任制，明确养护标准和考核办法，与承包人签订承包协议书和安全生产协议书，推动落实养护责任；中阳县成立专业养护队伍，按路线承包管理，各队伍分路段明确承包责任人，统一评比考核管理，调动养护积极性；文水县实行日常养护和突击养护相结合，有效保证了路面及时恢复和畅通。三是加强路政治超工作。持续加大路政管理和路面治超巡查，保持路面管控高压态势，做到全覆盖、无死角。依法拆除非公路标志43块，新增设公路标志（警示）牌76块，增设限宽限高设施2处，维修公路限宽设施8处，安装路面监控1处，收取路产赔补偿费320万元。新建成无人值守治超检测系统5处，发现并办结超限案件320余起，共查处非法短途超限超载车辆210余辆次，罚款36万余元，卸货150余吨，有效保护了农村公路路产路权。四是强化路域环境整治。市交通局落实中央关于推进生态文明建设的精神，成立交通运输环境保护工作领导组，出台关于道路绿化、扬尘污染、治理抛洒、“铁腕治污”、卫生整治、新能源推广、黄标车淘汰等一系列关于公路路域环境整治的文件，将环保理念贯穿到公路建、养、管、运全过程，重点推进了规划城区外5公里范围内县乡公路扬尘污染进行整治，积极推进600公里的市级文明路建设。2017年全市共新增更新电动公交车辆136辆，全市新能源公交车辆占比达到90%以上。

【贫困村通客车工程】

2017年，吕梁市交通运输局根据脱贫攻坚要求，大力推进贫困村通客车工程。充分利用现有客运网络，将贫困村通客车与城乡公交一体化改造有机结合，通过优化、延长线路等方式实现通车；适当增设站点，探索开通隔日班、周末班、节日班或赶集班等固定或非固定班次，实现偏远和人口稀少村庄开通客车；通过电话预约班车、便民服务、区域微循环等方式，努力实现贫困村客车通达，为贫困县贫困村脱贫摘帽提供坚强支撑。全年共新增108个贫困村通客车。

【打击非法营运】

2017年4至7月，吕梁市、县两级联合行动，集中开展打击“黑客运”百日专项行动，严厉打击道路运输非法经营。共检查车辆4031辆，查扣非法营运车辆133辆，查处违规经营车辆67辆，处罚金额43.1万元，有效维护了客运市场秩序，维护了群众安全利益。

【公共交通服务】

2017年市政府出台了公交财政补贴办法、公交IC卡管理办法，群众优惠乘车，有了更多获得感，惠民措施得到落实，公交公益性充分体现，2017年市区两级财政补贴城区公交达3700万元；市区出台了公交发展和服务质量考核暂行办法，推动公交运营管理进一步加强，公共交通服务水平进一步提升，群众出行有了更好的体验；吕梁市区优化6条公交运营路线，调整3条路线，新增1条路线，市民出行更加便捷；市区投入2500余万元，进行了技术装备升级和基础设施建设，新购置投入运营54辆纯电动公交车，新建成1个公交首末站，调整50多个公交站台位置，市民候车更加方便；增设6.2公里公交专用车道，公交运营时间有效缩短，提升运营效率。2017年内，全市共新增更新公交车辆136辆，是年度任务的2.72倍，全部为纯电动车型；新增公交线路里程63公里，圆满完成年度下达任务。公交方面总投入5100万元。

【发展智慧交通】

2017年市政府开通了协同办公系统，与市政府实现无纸化办公；开通“13710”电子督办系统，政务办理更加快捷高效；市政府出台了《吕梁市网络预约出租汽车经营服务管理实施细则》，网络预约出租不断规范，吕梁市网约车监管平台启动建设，通过公开招标确定施工单位；“95128”全国统一出租汽车电召服务号码开通工作进入招标程序，12月底开通服务；吕梁市区“掌上公交”手机应用上线，公交运营情况尽在掌握；市区公交IC卡升级改造由中国交通信息中心负责积极推进，12月20日可完成省、市、县三级联网。

【农村物流发展】

2017年吕梁加大县乡村三级物流网络和“多站合一”物流节点建设力度，年初计划推进4个乡镇客运站作为物流综合服务站建设试点。截至12月，共有离石吴城、汾阳杨家庄、中阳暖泉、交口双池、交口康城以及文水南安6个乡镇客运站作为“多站合一”物流节点挂牌试运行。

【创新改革】

2017年，为推动综合交通运输发展，吕梁市政府专门成立了吕梁市综合交通运输协调领导小组，协调解决全市交通运输发展中遇到的困难和问题。市交通运输局积极推进综合交通行政执法体制改革，完成了改革调研工作。特别加大改革力度，将融资改革作为年度重大改革的重点事项。将农村路网改造和贫困地区道路建设全部纳入“四好农村路”建设范畴，确定了“四好农村路”建设规模，并全力推进政府与社会资本合作（PPP 模式），努力通过积极创新筹资，破解资金短缺的难题，取得较好成绩，为交通发展注入新的活力。成立市交通运输局“四好农村路”建设 PPP 项目推进工作领导组，负责协调、指导、推进 PPP 项目的实施。印发了《吕梁市“四好农村路”建设项目政府和社会资本合作（PPP）模式操作指南》，指导各县（市、区）规范推进与社会资本合作建设农村公路。委托省交通科学研究院和省交通规划勘察设计院分别编制各县（市、区）《“四好农村路”建设专项规划（2017—2020 年）》，并聘请省交通运输厅专家对《专项规划》进行评审，确保项目的科学性、严谨性、可行性，为项目的顺利实施奠定了坚实基础。市交通运输局多次召开“四好农村路”建设推进会议，召开专门的 PPP 项目推进培训会议，对项目的规划、工可编制等前期工作以及 PPP 项目的具体推进实施进行指导和安排。2017 年共规划 2017—2020 年投入“四好农村路”建设资金 170 亿元。全市已有中阳、交口、临县、兴县、岚县、石楼、离石、文水、方山、交城、孝义等 11 个县市区，采取公开招标方式，积极与社会资本成功对接，通过 PPP 模式推进“四好农村路”建设，全市 PPP 模式建设农村公路总规模已达到 4788 公里，总投资达到 119 亿元。市交通运输局在推进 PPP 项目的同时，与国开行、农发行主动对接沟通，为 PPP 项目公司融资创造条件，争取项目早日落地，确保早日建成“四好农村路”，为全面建成小康社会做出应有的贡献。

【交通与旅游融合发展】

2017 年，吕梁市推动启动了沿黄扶贫旅游公路及生态绿道建设前期工作，为将交通与旅游融合发展，打造绿色、生态、环保的旅游公路，市交通运输局参照贵州赤水河谷旅游公路的建设模式，邀请交通运输部安全与环境研究中心主任孔亚平亲赴吕梁进行专题讲座，聘请孔亚平等交通运输部专家对沿黄扶贫旅游公路进行策划咨询，委托山西省交通科学研究院对沿黄扶贫旅游公路及生态绿道进行了规划，完成工程可行性研究报告。市政府主要领导多次听取工作汇报，研究建设事宜，有效推动了沿黄公路建设进程。市交通运输局贯彻落实山西省旅游发展大会精神和省委、省政府关于打造黄河、长城、太行三大旅游板块，创建国家全域旅游示范区，加快把文化旅游业培育成山西省战略支柱产业的部署，分管领导多次就旅游公路建设和资源通道建设进行调研，交通部门完善了旅游公路发展规划，创新旅游交通产品，提升旅游交通服务品质，目标是进一步推动交通运输业与旅游业融合发展，促进吕梁资源型经济转型发展。

【维护安全稳定】

2017 年，市交通运输局牢固树立安全是最大的发展理念，切实落实企业主体责任、行业监管责任，扎实开展安全隐患大排查大整治，开展打非治违，开展安全专项治理行动，开展信访矛盾化解活动，保证了行业安全稳定。一是严格落实安全责任。坚持“谁主管谁负责，谁分管谁负责，管业务必须管安全”的原则，坚持“一岗双责”，制定年度安全工作要点，认真分解落实安全责任。坚持全年深入企业，突出检查、随机抽查企业落实主体责任的情况。强化现场检查和日常监查，时刻掌握企业安全情况，拧紧企业安全发条，确保安全责任不留空当、落实到位。9 月份重点对 9 个运管所和 36 户危货企业进行了约谈。二是深入开展“平安交通”专项活动。深入开展“反三违”、安全生产标准化建设、危险化学品道路运输安全综合治理、平安交通专项整治、“安全生产月”、安全隐患大排查大整治等一系列专项整治活动，市交通局全年检查（抽查）企业 35 家，排查一般隐患

35条，已全部整改完毕，未发现重大安全生产隐患。通过专项行动，较好地管控了重大风险，有效消除了重大隐患，切实防范和遏制了重特大事故，促进交通运输安全生产形势总体稳定。三是加大培训教育力度。为树立安全发展理念，提升从业人员素质能力和业务水平，全年我市对道路运输企业主要负责人和安全管理人员1059人进行了培训。四是加强应急保障演练。6月和8月，分别组织吕梁公共交通有限公司和吕梁顺达运业有限公司公交公司先后举行了公交客运安全应急演练，组织吕梁汽车运输有限公司客运总站举行了反恐防暴应急演练，运输安全保障能力进一步提升。五是加强交通战备工作。积极推进6条国防战备公路的立项，完成国防交通信息管理系统6.0版数据更新，重新修订完善了交通战备七项保障预案方案，组织勘察完成重点保障目标。六是做好信访稳定工作。服务群众来信来访，深入基层主动为群众化解纠纷、排忧解难。全年化解信访矛盾纠纷8起，结案信访事项3件，解答信访疑问100余件。接受群众“12328”交通运输监督服务电话信息咨询、投诉举报、意见建议93626件，电话10秒接通率达90%，全部及时办理答复，答复满意率100%，赢得了群众的一致好评，维护了交通行业和谐稳定。

（吕梁市交通运输局）

道路运输管理

【概况】

2017年，吕梁市道路运输管理处为确保省局年度目标任务的圆满完成，推进各项重点工作任务的有效落实，5月初，下发《2017年度重点工作目标责任考核指标》，对村村通客车、农村物流发展、安全监管等重点工作进行细化和分解。采取“谁负责、谁安排、谁督促、谁验收”的工作措施，强化分管领导和科室负责人的“一岗双职”意识，为圆满完成全年目标任务奠定坚实的基础。

2017年吕梁市共完成客运量1286万人次，同比增长−7.6%；客运周转量111187万人公里，同比增长−7.6%；货运量10491万吨，同比增长28.6%；货运周转量1122537万吨公里，同比增长28.3%。

【推进村村通客车】

为全面贯彻习近平总书记关于精准扶贫精准脱贫的系列重要讲话精神，组织开展好2017年脱贫攻坚工作，确保吕梁市“村村通客车”工作落到实处，年初制定并下发了《2017−2018年“村村通客车”实施方案》，明确了贫困村通客车任务及时间表，探索建立适合偏远地区行政村通客车模式；2月、7月、10月和12月分别组织专人对全市建制村（贫困村）通客车工作进行了督导检查，实地勘察了部分未通客车的建制村（贫困村）通客车情况，以促进工作进度。吕梁市各县（市、区）都以政府文件出台《农村道路客运班线通行条件联合审核实施细则》，其中中阳、柳林、临县等政府出资购置小型客车7—11座，并将运营补助纳入财政支出。另外结合实际对地域偏远、村民少、客流量小的建制村采取了区域经营、线路延伸（包括公交线路）、电话预约等方式。

截至2017年12月底，新增通客车建制村数291个，是年度目标任务的14.5倍，具备条件的建制村（含贫困村）通客车率达100%。

【城乡客运一体化推进】

2016年吕梁市作为全省城乡客运一体化试点后，2017年吕梁市结合实际制定了《吕梁市城乡客运一体化实施方案（试行）》，明确了利用三年时间基本建成分工明确、衔接顺畅、保障有序、安全高效的城际、城市、城乡、镇村四级一体化的客运网络体系的总体目标。8月召开了全市城乡客运一体化推进会，11月研究下发《吕梁市交通运输局关于开展城乡道路客运一体化发展水平评价考核工作的通知》，从11月23日至12月2日由市运管处组织对各县（市、区）的城乡道路客运一体化发展水平进行考核，对工作突出的县市予以奖励。

2017年吕梁市区完成了城市公交运营体制改革任务，，由原来的7条调整为12条，增加公交车辆150部，延长公交线路120多公里，线路通达到了离石区30多个村镇，大大方便了城区周边老百姓的出行，同时有效地带动了周边中阳、柳林、方山县的城乡客运一体化工作的推动。另外结合村通客车工作的推进，在安全运行的前提下，中阳、汾阳对现有公交线路进行延伸，石楼、柳林、中阳、文水、兴县对现有农村班线进行了延伸，通过线路的延伸，扩大服务范围让更多的老百姓享受出行的方便快捷；同时汾阳至孝义开通了城际公交，极大方便了两市人民群众的出行。

【物流网络节点建设】

为加快县乡村三级物流网络和“多站合一”物流节点建设，提升城乡物流一体化发展水平，2017年3月吕梁市道路运输管理处召开了专门会议进行了研究讨论，同时作为年度目标责任考核的内容对各县所进行安排部署。4月1日至4月30日吕梁市道路运输管理处又组织专门人员对全市的道路运输物流企业的发展情况、站点布局及农村客运站运行等情况进行了摸底了解，结合实际初步确定将中阳暖泉客运站、交口双池客运站及文水县南安客运站、胡兰客运站、下曲客运站作为物流综合服务站建设试点。截至12月底，临县临泉镇、木瓜坪、城庄镇、中阳暖泉客运站、交口双池客运站及文水县南安客运站、胡兰客运站、下曲客运站等15个站点已作为“多站合一”物流节点挂牌试运行。

【“平安交通”建设】

1. 完善安全生产责任体系，落实安全监管职责。为进一步完善机构、明确责任，市处重新调整了安全生产领导组，按照“党政同责，一岗双责，齐抓共管”的安全生产机制，坚持“管业务必须管安全”的原则，细化分解安全监管责任，制定《2017年安全生产监督检查工作计划》，要求市处主要领导每季度至少一次深入企业开展指导检查，采取安全生产巡视、“双随机”、“四不两直”等方式，强化现场监督检查和日常监督检查。同时，为认真履行监管职责，市处与各县（市、区）运管所签定了道路运输安全生产责任书。2017年共召开了12次安全工作例会和4次全市季度安全工作例会，从而做到安全生产工作警钟长鸣，全力遏制道路运输安全生产事故的发生。

2. 开展安全生产大检查专项行动。为了严格落实道路运输安全主体责任，进一步提高安全生产保障水平，构建安全隐患排查治理的长效机制。2017年年初印发《2017年道路运输安全生产监督检查工作计划》《2017年道路运输安全工作要点》和《2017年道路运输安全监管工作目标考核指标》。吕梁市道路运输管理处采取处领导包片督导的方式，开展《全市道路运输行业集中开展“反三违”专项行动实施方案》《吕梁市道路运输行业安全生产标准化建设工作方案》《吕梁市危险化学品道路运输安全综合治理实施方案》《开展安全生产“知职履职”、“失职追职”活动方案》《深入开展平安交通专项整治行动方案》《2017年“安全生产月”活动方案》《全市开展道路运输安全指导检查的通知》《关于立即开展道路运输安全生产大排查大整治专项行动的紧急通知》等8次专项活动。通过专项治理行动，很好的堵塞了安全生产漏洞，有效防范了各类安全生产事故的发生。

3. 对全市危险货物运输企业

进行“全身体检”。为迎接“十九大”的胜利召开，确保吕梁市道路运输行业安全运行，2017年7月份吕梁市道路运输管理处在全市范围内开展了道路危险货物运输企业安全生产专项检查活动，同时抽调各县运管所的业务骨干组成专项检查组，并根据“安全生产法”等法律法规制定了“危货运输企业检查清单”。专项检查组在二个月时间内，对全市36户危货企业进行了“全身专项体检”，对检查中发现395个安全隐患，全部下达了安全隐患清单，并将存在的安全隐患通报各县运管所。9月14至16日，吕梁市道路运输管理处组织召开了五次约谈会议，对9个运管所和36户运企业进行了约谈，要求企业限期进行整改。到年底所有安全隐患已全部整改完毕，并由当地运管所验收合格。

4. 落实安全生产责任牌制度。为了贯彻上级文件精神，我处印发《关于落实道路运输行业安全生产责任制度的通知》（吕道安〔2017〕32号），要求各县运管所以本辖区内工商注册道路运输企业为目标，在监管企业醒目位置悬挂安全生产责任牌，标明监管部门、责任领导和具体监管人员等。截至2017年底吕梁市666个道路运输企业（包括60个“两客一危”企业）已全部挂牌，完成挂牌任务。

5. 组织安全教育培训，提高安全监管从业人员的执法能力和水平。为树立安全发展理念，弘扬“生命至上、安全第一”的思想，进一步提高道路运输从业人员的安全生产知识和管理能力，切实提高道路运输行业安全水平，10月，由市运管处组织，山西省交通职业技术学院的老师分4期对吕梁市辖区内的道路运输单位主要负责人和安全管理人1059人进行了培训，培训主要内容有《中华人民共和国安全生产法》、《山西省安全生产条例》解读、《风险源辨识和防控》、《事故处理及应急预案编制》和《安全管理及安全文化》等内容，具有很强的针对性、指导性和实效性。经考试合格后颁发合格证书。

【道路运输扬尘污染治理】

为了进一步推进扬尘防治，有效改善大气环境质量，2017年吕梁市道路运输管理处把大气污染防治纳入重要议事日程，并在6月和10月分别开展了道路运输行业扬尘污染专项整治工作，在整治工作中成立了领导组，明确了主要工作重点，细化了工作措施，从而确保了道路运输大气污染防治行动的有序开展。截至2017年12月底，整治行动中全市共出动执法人员7119人次，检查重点货源企业30余户，检查货运车辆6265辆，处罚未采取必要措施防止货物脱落扬撒的违法行为87起。另外按省局要求按时上报有关报表。

【行业管理】

1. 源头治超成果得到巩固。为了进一步巩固源头治超阶段性成果，杜绝车辆非法超限超载运输，稳步推进全市运管系统源头治超工作，市道路运输管理处下发《2017年全市货运源头治超工作要点的通知》和《关于进一步推进全市运管系统源头治超工作的通知》。同时严格按照“立足源头、依法严管、标本兼治、长效治理”的原则，认真行使监管职责。截至11月底，全市运管系统共巡查货运源头企业16200次，出动执法人员19700人次，无抄告案件和移送案件，无被列入源头治超黑名单的源头企业、驾驶员和车辆。

2. 进一步加强“12328”系统平台运行管理。为进一步提升“12328”交通运输服务监督电话服务水平，年初市道路运输管理处邀请省运管局有关专家对座席人员进行业务培训。6月，市局重新明确业务部门的职责，确定了专人办理“12328”平台受理的业务，从而进一步提高了运行效率。中心有电话接线员11名，管理人员1名，实行24小时5班制。2017年底共接投诉举报、信息咨询、意见建议等来电93626个，日均接受电话260个，即时答复满意率达到100%。

3. 加强学习，规范执法，着力整治道路运输市场秩序。从年初开始，市处稽查支队就将“提高人员素质，强化思想意识”作为首要任务来抓，建立健全了台账、档案，加大深入基层督导检查的频率和力度。同时为进一步提高全市运政执法水平，规范执法程序，12月4日举办为期三天的“全市运政执法实务培训班”，全市一线运政执法人员共150余人参加了培训。

“打击非法营运，维护运输市场的健康发展”是市道路运输管理处的本职工作。为此根据省局的安排部署，结合实际，4月开展打击“黑客运”百日专项行动。在专项行动期间，为促进各县工作有效开展，支队加大了对各县所督导督查力度，特别是对群众反映强烈的非法、违规现象或重点区域采用了联动机制，配合当地县所开展联合整治，收到了明显效果。行动期间，全市出动稽查人员4084人次，出动稽查车辆1069车次，检查车辆4031辆，查扣非法营运车辆133辆，查处违规经营车辆67辆，处罚金额43.1万元。另外在“春运”“五一”“十一”等节假日期间，稽查人员放弃休息时间，深入到车站、高速服务区、旅游景点，对途经客车及旅游车进行重点安全检查，对发现的违规违法车辆给予纠正处理，使客运车辆及时消除隐患。

4. 组织开展企业质量信誉考核和车辆年度审验工作。2017年依法对18家客运企业、29家危货企业、107家维修企业、10个汽车站、4家旅游企业进行了质量信誉考核，对存在问题的企业责令其所在地运管所监督其限期整改。其间：共审验县际以上客运车辆567辆（其中：省际班车26辆、市际班车306辆、县际班车235辆），审验危险货物运输车辆595辆，对车辆技术状况不达标和经营行为不规范的车辆进行了严格的把关。

【窗口服务】

2017年，为不断提高窗口服务效率和服务质量，以便民为核心，把各项工作做实、做细、做好。结合“三基工作”的推进，将原审批许可时限7天缩短为5天。同时重新修订《吕梁市道路运输管理处首问责任制度》《吕梁市道路运输管理处限时办结制度》《吕梁市道路运输管理处AB角工作制度》《吕梁市道路运输管理处一次性告知制度》，并将办事流程及申请表格等制作成电子版公布于市处内网以便于群众下载，在窗口也为办事群众免费提供电子版表格，通过这一小创举，更加拉近了吕梁市道路运输管理处与办事群众的心灵距离，也提高了办事效率。截至12月底，共组织召开了6次市处行政许可委员会许可会议，办理行政许可类项目35件，非许可类项目481件。

（吕梁市道路运输管理处）

治超工作

【打击短途非法超限超载】

2017年年初，根据吕梁市脱贫攻坚“春季行动”城乡环境专项整治工作的实施方案，按照市委、市政府提出的“五城联创”的安排部署，市治超办在全市范围内集中开展了为期3个月的整治货运车辆污染环境的专项行动，对全市的货运源头企业进行了整治，有效的改变了脏、乱、差的道路运输环境。

7月24日，为进一步巩固治超成果，根据全省电视电话会议精神，在全市相关部门联合开展了以整治短途非法超限超载运输为重点的百日专项行动，大力打击了源头企业货运车辆超标准装载行为和无牌无证、非法改拼装车辆上路行使的行为。

8月30日，为进一步遏制短途非法超限超载行为，在杨巨才副市长的安排下，对全市非法储售煤、砂、石料厂进行为期15天的突击行动，结合百日专项行动，部门参与，双管齐下，短途非法运输行为得到有效遏制；

9月12日，为迎接党的十九大，营造平稳的交通运输环境，进一步深入开展“百日专项行动”，市治超工作领导组在全市范围内开展为期十天的打击短途非法超限超载异地交叉执法检查，进一步打击了货运源头企业和重点工程超标准装载。

2016年9月21日到2017年10月，全市共查处非法超限超载车辆1263辆次，卸载货物6065.15吨，罚款390余万元，记分5981分，处罚源头企业36户，罚款44.6万元，查处无牌无证、私改车辆1296辆次，复原罚款14万元，不盖篷布抛洒70辆次，处罚11余万元，闯卡拒检890辆次，处罚17.8万元。责任追究两起，处理工作人员29人。

【科技治超】

2017年，吕梁市已实现三级联网，所有治超站点均采用不停车检测系统，全部重点路段已安装无人值守智能检测系统。为了杜绝超限检测站受检货运车辆闯卡拒检行为，吕梁市汾阳庄子超限检测站上年率先完成了闯卡抓拍系统。2017年，根据全省治超工作要点，结合全省治超电视电话会议精神，吕梁市要求全部19个超限检测站全部安装闯卡抓拍系统，直接接入交警处罚系统平台。除兴县西洼站点升级改造，离石崔家崖、孝义南小堡超限检测站因路段施工未能正常使用外，其余站点已经全部正常运行，有效控制了非法超限超载车辆的闯卡行为。

【跨市合作】

2017年，为深入贯彻落实国家五部委《关于治理车辆超限超载有关精神》和《山西省政府关于进一步加强货车超限超载治理工作确保公路运输秩序和交通安全的通告》要求，吕梁市孝义市和交城县分别与晋中介休市和长治潞城市签订友好协议，建立两市合作长效机制，实现信息共享，共同打击非法超限超载行为，逐步形成联防联控格局，推动形成完善的区域治超体系。

【治超宣传】

广泛开展治超宣传是治超工作开展以来的一条宝贵经验。从上年9月21日起，各县（市、区）有效利用新闻媒体对政策法规、治超工作进行宣传。并在常规宣传的基础上，采取电子屏幕、电台播放治超知识，微信、微博、发放传单、书写标语等多种形式，内容以宣传治超成果、治超政策法规为主，及时宣传治超工作中的先进人物、创新经验。全市共发放宣传单、资料、挂件、小皮夹、光盘等达205970余份，企业公示新标准挂图、版面、条幅等近2万幅，电视滚动播放新规420余次，短信1万余条，微博76次，LED播放158次。通过多渠道宣传，治超工作更加深入人心。10月31日，市治超办组织召开全市治超系统贯彻十九大精神会议，再次传达《中国共产党第十九次全国代表大会关于十八届中央委员会报告的决议》等内容，要求全市治超系统把宣传贯彻十九大精神作为当前和今后一个时期的首要政治任务，认真贯彻新发展理念，引领全市治超工作迈向新台阶。

（吕梁市治超办）

高速公路

【通行费征收】

2017年吕梁高速公路公司以优质高效的服务和畅通优美的行车环境取得了较好的经营收入。通行费收入方面，交城至军渡段全年收取通行费14.3亿元，完成年度计划任务的130%，较上年同期增长30%，日均通行费收入391.8万元，年公里收费达831万元；“绿色通道”减免通行费4263万元，累计减免车辆10.2万车次；重大节假日小型客车减免通行费3024.9万元，累计减免102.3万车次。

【服务区管理】

2017年吕梁高速公路公司服务区经营管理方面，薛公岭服务区与中石化吕梁公司签订联网经营合同，将中国石化的营销网络引入了服务区，实现了专业连锁营销；杏花服务区充分依托地域优势，与汾酒集团公司和杏花酒都酒业公司签署了战略合作协议，成为汾酒集团公司散酒指定经销商和“七必坊酒”的合作伙伴。2017年杏花、薛公岭服务区日均分别接待车流及客流1066车次、1001人次和971车次、1792人次，分别完成营业额6590万元和6093万元。

【收费系统规范管理排查整治】

2017年吕梁高速公路公司按照省高管局收费系统规范管理专项活动总体要求，开展“绿色通道”、逃费车辆等“跑冒滴漏”问题的排查整治。一是制定《开展打逃堵漏专项治理活动方案》，召开通行费打逃堵漏治理专题会议，对活动进行安排部署，4月20日至30日开展对逃费可疑车辆的筛查工作。二是加强对“绿色通道”车辆查验和放行的全过程控制，为各收费站配发3台专用执法记录仪和2台数码相机，全程无死角监控记录查验过程；配备专用计算机，规范“一车一档”电子档案，进一步完善了“绿色通道”资料；“绿色通道”现场稽查和后台稽查相结合，对现场查验发现的伪装、混装假冒“绿色通道”车辆信息进行详细记录，依法追缴通行费，2017年累计查处假冒绿色通道车辆152台次，追缴通行费75020元。三是联合公安局高速治安支队开展冲卡逃费车辆治理行动，排查逃费车辆1086台次，核实逃费车辆31台，行政拘留恶意冲闯卡司机1人，立案查处重大冲卡逃费车辆1起，对15起冲卡逃费车辆进行查处，追缴通行费35650元；各收费站治理逃漏费车辆共计98车次，追缴通行费24526元。

【路域环境整治】

2017年，吕梁高速公路公司按照省交通运输厅、省高管局和吕梁市政府路域环境整治的总体部署和有关要求，积极行动，全员动员，制定实施方案，累计投入人力12140人次、机械设备795台件次，累计投资2019.06万元，在全公司范围内开展了路域环境综合整治，成效明显。一是路容路貌美化亮化方面。投资499.73万元，集中清洗全线护栏板累计528.14公里，清洗八盘山隧道内瓷砖4.1万平方米，油漆桥梁防撞墙13.2万平方米、防眩板6160米、防眩网82.4公里，汾离、离军隧道内粉刷防火涂料69540平方米，补贴八盘山隧道瓷砖1273平方米，中央分隔带补植绿化苗木1800株，离石东、吴城、杏花收费站粉刷外墙7610平方米，对各收费站岗亭、岛头、公示栏进行清理，对12个收费站岛头和隔离墩进行油漆，对各治超岗亭、车道和治超设备及车道隔离墩等设施设备进行全面清洁。二是路面及上边坡的修补方面。投资872.58万元，对全线路面下沉、跳车路段进行集中处治，处治面积3.4万平方米，补划路面标线6696平方米，补划杏花服务区北区广场标线673平方米，修复上边坡护面墙693立方米。三是新增更新设施方面。投资336.81万元，为交城、离石东、吴城等7个收费站和薛公岭、杏花两个服务区办公楼等区域加盖彩钢顶16456.5平方米，更换柱式轮廓标1753根、防眩网1288块、防眩板660块，更换、增补隧道内反光轮廓标4800个，离石西匝道增设警示灯、标志牌等4套、监控设施3套。四是环境整治方面。投资309.94万元，集中清理边坡、边沟、排水沟杂草垃圾181.57公里，清理中央分隔带、硬路肩283.02公里，清理10座隧道内积土垃圾19.6公里，修剪碎落台绿化73.42公里，修剪中央分隔带绿化62公里，对遮挡标志路段的树木进行修剪。通过全面的路域环境整治，道路通行质量有效提升，公路质量状况指数夏汾、汾离、离军段第四季度达到 91.1。

【安全生产】

2017 年，吕梁高速公路公司贯彻落实“一岗双责、党政同责”的安全生产责任制，不断强化安全生产和应急管理，开展安全生产大排查大整治，消除安全隐患，全公司安全生产形势稳定，未发生安全责任事故。深入开展“平安交通”专项整治和“安全生产月”活动，制定了“安全生产月”活动和“平安交通”专项整治行动实施方案，成立了工作领导组，开展了“安全生产宣传咨询日”活动，同时设立了责任公示牌，制作了宣传展板和宣传展报，印发宣传单 2 万余份，结合“安全生产大排查大整治”专项行动，组织开展了安全生产自查自纠和安全隐患排查。

【应急管理】

2017 年，吕梁市高速公路公司推进应急工作纳入地方政府应急管理体系。按照应急管理属地为主的工作原则，对《吕梁高速公路（青银线吕梁段）交通运输突发事件应急预案》进行了重新编制修订，2017 年 8 月 17 日组织召开应急预案评审会，经省政府法制办、应急办和省高管局、吕梁市政府专家评审，按照专家意见对应急预案进行修改完善，于 2017 年 12 月 6 日在吕梁市应急办备案，公司应急工作正式纳入吕梁市政府应急管理体系。加强应急演练。公司隧道、路政、养护、应急办、收费等单位和部门与高速交警、消防和 120 急救等部门联合，于 6 月 29 日在薛公岭隧道 K962+400（太原方向）开展了危化品运输车辆交通事故应急处置联合实战演练，7 月 12 日在八盘山隧道 K1047（陕西方向）开展道路交通事故综合应急演练，两次演练共计投入设备 33 台，参与人员 120 多人。演练活动的开展，对于加强地方联动、提高吕梁高速公路应急救援处置能力起到了积极的作用。

【隧道值守】

2017 年，吕梁高速公路公司贯彻执行省高管局 6 月 13 日《关于设立隧道临时值守点实施方案》，分管领导紧急安排隧道管理处实施，两天的时间里该项工作全部落实到位。全线 500 米以上的八盘山、薛公岭、上白霜和闫家条 4 条隧道全部设立值守点，共设立值守点 6 个，负责应急值守工作的 18 人全部到位。为确保隧道值守工作落在实处，制定了隧道值守实施方案、值守点职责、值守点制度、值守点突发事件处置工作流程，落实值守点值班记录和值班排班制度，做到值守点制度化、规范化管理。

【路政和双超治理】

2017 年，吕梁高速公路公司把路政和治理超限超载工作作为高速公路运营管理工作的重点工作来抓，规范执法行为，文明阳光执法。一是路政大队坚持每日 4 次道路巡查不间断，对全线路面附属设施、广告牌进行安全隐患排查，对汾离、离军段大货车抛洒问题进行集中治理，同时离军路政大队联合离军养护工区和吕梁市离石区环卫处对离石区滨河街道办张家庄村村民、莲花街道办南关村村民倾倒垃圾、排放污水影响高速公路安全畅通的行为进行整治。二是抓案件查处和路产恢复，2017 年交城至军渡段共发生路政案件 280 起，发现 280 起，查处 280 起，发现率、查处率均达 100%，共计收取路赔款 246.96 万元。三是开展“路政宣传月”活动。制定路政宣传月实施方案，采用形式多样的宣传方式，在吴城服务区设置了展板、展台，播放宣传音频，设置咨询点现场解答群众疑问；在高速公路沿线利用可变信息板滚动播放宣传标语、悬挂条幅；在收费站入口发放宣传资料和便民服务卡。2017 年路政宣传月活动中 3 个路政大队共接受群众咨询 2000 多人次，发放法律法规宣传单 6000 多份，悬挂横幅 36 条。四是规范双超治理，严禁非法超限超载车辆驶入高速公路，2017年交城至军渡12个治超检测站点共检测车辆6628593车次，劝返17295车次，放行6611298车次，双超控制率为0.26%。

【防汛工作】

2017年，按照省交通运输厅、省高管局防汛工作要求，吕梁高速公路公司早安排、早部署，保证吕梁高速公路汛期道路的安全畅通。一是调整防汛工作领导组，修订《防汛抢险应急预案》，编制值班表，同时保持与地方防汛、气象部门的密切联系，通过手机短信、企信通、QQ工作群、微信平台等多种方式及时发布汛期气象信息，第一时间掌握天气变化情况，为应对极端天气做足准备。二是汛期到来之前，对全线桥梁、边坡、隧道、排水系统等易引发水毁部位和易积水路段以及高填深挖路基、挡土墙、护面墙等防护设施进行了全面的安全隐患大排查，对全线的排水设施进行疏通，对损坏的边沟和桥下排水设施及时进行修复。三是储备了充足的防汛物资和应急设备，保证了道路水毁的及时修复。汛期共计储备水泥167吨、砂石1060立方米、编织袋15800条，并对应急机械设备进行了维护保养。组建应急小分队，24小时待命，遇水毁第一时间抢修，保证水毁道路的及时修复，各路段均未发生因水毁中段交通的问题。

（市高速公路公司）

吕梁公路分局

【日常养护】

2017年，吕梁市公路路面病害处治共332972平方米，路面加铺和碎石封层428838平方米，路面粘贴创可贴和灌缝1529239米，修复挡墙、护面墙4393立方米，维修桥梁4座，维修涵洞22道，修复边沟47258米，整修路基边坡和平台429902平方米，开挖边沟270940米，疏通涵洞2155道，种植花草4850平方米，粉刷树木1000余公里。第三季度公路技术状况MQI指数为85.47，公路优良路率81.19％，保持和创建文明路182公里。

【路域环境集中整治】

2017年，吕梁公路分局清理边沟垃圾45230立方米，拆除违法建筑1627平方米，路店分离设施修建4500米，规范和整治加水点175处，封闭违法开设平交道口32处，治理车辆抛洒1456车次，依法清理控制区内乱搭乱建85处。清理非公路标牌984块，更换增设交通标志牌92块。补植绿化树木8352株，砍伐枯死行道树922棵。

【中央环保督查扬尘治理】

省道汾柳线预算批复约30758.8万元，2017年下达计划投资1000万元，吕梁公路分局根据省局投资计划情况，签约3个合同段，先对K29+000—K46+000段17千米开始施工，该段下行车道小矮墙已全部完工，料场、拌和场等已安置，备碎石料1万吨，计划冬季全部备完，下年春天气温回转后立即铺筑路面，完成投资630万元。

分局投资自有资金560万元，对省道岢大线K43+000—K51+200段8.2公里薄弱路段，采取加铺18厘米水稳碎石基层和4厘米沥青混凝土面层、完善边沟及沿线排水设施的技术措施，进行了环保扬尘处治，10月底交工验收。

交城段投资自有资金436万元，对国道307线交城绕城K601+500—K617+500段一级路共16公里路面，上行方向行车道宽7.8米范围进行了微表处，下行方向重车道宽3.5米范围内进行了铣刨3厘米后，加铺改性沥青混凝土，进行环保扬尘处治，10月2日完工。

【养护工程】

2017年，与省局签订养护工程目标任务共26项，计划投资9184万元，除国道307线开栅桥危桥改造工程，由于按原工可批复方案完成施工图设计评审未通过，需重做工可，未开工外，其余25项均已完工，完成投资9034万元（4座隧道安全隐患治理工程，2项灾毁恢复工程，1项路基塌陷治理工程，2项水毁恢复工程，2项路面改造工程，2项安全生命防护工程，11座危桥加固工程，1项干线公路安全隐患治理切块工程）。

【工程建设】

1. 吕梁公路分局负责项目3项，2017年计划目标任务投资为4.18亿元（太克二期2.8868亿元，孝辛线1.2442亿元，小算沟－马坊段500万元），全部完成，预算执行率100%。

太克二期工程：全长50.771公里，项目总投资8.49亿元。2015年9月开工，2017年11月底完工。

孝辛线工程：全长32.21公里，项目总投资3.25亿元。2016年5月开工，2017年11月底完工。

国道339（吕梁境内）小算沟－马坊段公路改建工程：全长14.8公里，项目总投资1.61亿元。11月28日完成了施工及施工监理招标工作，完成2017年计划目标任务500万元。

2. 吕梁公路分局监管政府负责项目4项，目标任务投资4.95亿元，截至2017年年底，共完成投资2.43亿元，完成目标任务投资的49%。其中：省道汾屯线3975万元，完成1650万元，占年度目标任务的41.5%；省道祁方线500万元，全部完成；省道340中阳过境2.1亿元，完成投资18560万元，占年度目标任务的88.4%；柳林县城区段改线2.4亿元，完成投资3618万元，占年度目标任务的15.0%。

【前期工作】

2017年，省局共下达吕梁公路分局前期计划10项，及2016年延续项目6项，所有前期可研报告全部上报，截至2017年底批复8项。

【路政治超收费】

2017年，共查处损坏公路案件405起，收取赔（补）偿费2374447.92元，发现率、查处率、结案率均达100%。办理超限运输通行证4967份。办理行政许可案件11起，超限固定检测点检测车辆6557484辆，超限率0.007%。完成通行费收入3661万元。

【路桥监管】

2017年，吕梁路桥经营（中标）额10349万元，国有资产保值率达87.82%。修缮改造了王营庄基地，基本上解决了吕梁路桥部分基层单位“游离”的状态，有效地增强了职工的“归属”意识和自豪感。

2017年9月19日路桥全票通过申请加入交控集团。顺利完成了已完项目审计和资产设备核查（清产核资）等相应工作。

【“四好农村路”督导】

2017年，完成吕梁农村公路普查总里程16264.615公里，其中县道2457.604公里，乡道4092.570公里，专道16.871公里，村道9697.570公里。

核查完成吕梁市“四好农村路”建设专项规划（2017–2020）备案工作，规划建设总投资170亿元；督导完成吕梁市2017年农村公路建设投资24亿元，完成新改建农村公路1093公里，农村旅游公路15公里，安全生命防护工程763公里。

完成吕梁市各县省级补助资金拨付7项前置条件的督导落实等工作。配合省厅进行了两次督导检查，较好地完成省厅四好办安排的各项督导工作任务。

（山西省公路局吕梁分局）

山西汽运集团汾阳运业有限公司

【2017年主要指标完成情况】

营业收入：2017年集团下达的年度考核指标是3500万元，1—10月应完成2916.67万元，实际完成2250.52万元，完成进度计划的77.16%，完成年度计划的64.3%。

利润总额：2017年集团下

达的年度考核指标是120万元，1—10月应完成100万元，实际完成42.93万元，完成进度计划的42.93 %，完成年度计划的35.78 %。

上交服务费：2017年集团下达的年度考核指标是50万元，1—10月应完成40万元，实际完成40万元，完成进度计划的100 %，完成年度计划的80%。

换算周转量：2017年集团下达的年度考核指标27000万吨公里，1—10月应完成22500万吨公里，实际完成16392.29万吨公里，完成进度计划的72.85 %，完成年度计划的60.71%。

增加值：2017年集团下达的年度考核指标是1700万元，1—10月应完成1416.67万元，实际完成1478万元，完成进度计划的104.33 %，完成年度计划的86.94 %。

【定制客运快速发展】

在传统道路运输供给已经不能满足旅客日益多元化出行需求的情况下，门到门、个性化、高品质、定制式出行服务成为客运发展新业态。根据山西汽运集团客运转型发展指导意见，2017年，汾阳运业有限公司抢抓机遇、主动出击、大胆实践、全力以赴开辟客运新市场。通过前期深入市场调研，统筹协调，采取市场化运营模式，于1月11日，上线33台瑞风七座定制车，开通了汾阳—太原，孝义—太原定制客运服务，提供“门到门”无换乘服务。实行“五统一”管理，设立了400—专线服务电话，推广“晋畅行”微信公众平台，取得良好效果。运营10个月以来，从运营初期每台车3天一循环到现在2天一循环，平均实载率从40%提高到现在的80%。发送旅客1.7万人次，完成营收105.25万元。汾阳—太原定制车从开始的每月载客700人，到现在载客2000人，月客票提成8000元，实现了经营效益的稳步增长。承揽了山西旅游发展大会举办的《人说山西好风光》栏目组在汾阳市贾家庄举办活动的接送任务，受到了社会各界的好评。为公司全面推进向定制客运转型奠定了良好基础。

【物流货运自营发展】

按照山西汽运集团货运抓自营发展战略，汾阳运业有限公司勇于改革，大胆实践公车自营发展路径，自筹资金，上马10台欧曼（福田戴姆勒）天然气牵引车开展公车自营，突破经营阻碍，采取灵活经营的策略，人歇车不歇、倒三班运营模式，加快推进货运发展。自6月23日正式投入运营以来，经营质量稳步提升，有效降低了自开票经营风险。11月1日，又新增2台，加快做强、做优货运产业，提升核心竞争力不断增强。

【新兴产业创新发展】

云仓项目作为战略性新兴产业，由于受经济大环境和地域区位影响，发展缓慢，为解决“有量质低”的经营困局，汾阳运业有限公司按照市场化理念创新运营机制。一是发挥云仓仓储优势，开展云仓+商贸业务，通过拓展商贸业务，提高营业收入和盈利能力。二是拓展当地土特产品网上销售网络，增加发单数量。双十一期间，发单达到2400单。

【酒品销售业务】

顺应市场需求，转变经营思路，加快推进销售增量增效。2017年，一是转变品牌发展模式，为客户提供多样化选择，多种品牌同时推进，与“汾酒”品牌合作开展营销活动，取得了实效。二是开发定制酒、低端价位酒，以物美价廉为突破点，采取薄利多销的办法，推进销售上量，以量取利。三是制定有效的激励机制，实行精准营销、全员营销。四是推进建立稳定成熟的销售渠道，走品牌连锁店模式。2017年6月25日阳泉公司晋善晋美品牌连锁店“集贤老号”分店正式开张运营。7月2日介休汽车站品牌连锁店，正式挂牌运营，效果明显。五是开展清欠攻坚战，责任到人分期分批清收酒款。目前已按进度计划收回欠款的50%，为保障全年目标任务完成奠定了坚实基础。

【站场经营协调发展】

2017年，受多元化运输方式竞争加剧的影响，吕梁汽车站票款营收逐年下降，汾阳运业有限公司坚持站场经济与地方经济融合发展的经营策略。一是积极协调，争取政策补贴。各汽车站加强政策研究学习，有效对接当地政府。孝义汽车站争取城市创卫资金28万元以落实到位。石楼汽车站站场维修补助资金50万元获得省厅审批。柳林汽车站政府安全补助资金100万元已审批。文水汽车站南安分站城乡站场维护补助资金20万元。二是提升服务，增加客流。公司坚持“客流下降，服务不减”的思想，提升服务质量，加大组客力度，在大专院校和社区设立售票点，开展联网售票，挖掘客源，加强二检补票，持续开展打黑行动，稳定客源；三是发挥优势，延伸产业链。发挥站场资源优势，推进翔鸽快运、晋宝源超市、酒品销售等业务创收增效能力，不断提升站场综合经营能力，四是加快“站运游”三结合，发展新业态。各汽车站积极对接公司旅游集散中心，谋划开展旅游业务、开展旅游直通车业务，文水站已建立旅游集散分中心。各汽车站逐步清退拖欠票款235.96万元，清理了拖欠总额的33%，保障了经营稳定。

【旅游客运】

2017年新增旅游客运车辆4台，公司旅游客运车辆达到30台，旅游客运规模不断壮大，在吕梁区域形成了一定优势。2017年9月27—29日，承揽国际酒博览会接送中、外客商业务，取得良好的经济效益和社会效益。旅游集散中心在开通榆次乌金山旅游直通车的基础上，2017年又开通灵石红崖大峡谷旅游直通车，积极争取政策支持，挂牌成立省政府授权经营的“山西省旅游咨询服务点”，经营效益逐年上升。

【驾培汽修产业品牌发展】

2017年，汾阳运业有限公司驾校适应驾培改革新形势，全面推进智慧驾培发展，以建设“品牌驾校”为核心，向农村延伸建立了训练场和招生点，发挥自有考试场优势，提升了考试通过率。开展向清洁工献爱心早餐、助力高考送水活动，和交警队联合举办了驾驶员安全知识竞赛活动，扩大了社会知名度。近期联合市政府启动了建档立卡贫困户驾培业务，开通贫困户精准脱贫渠道，拓宽驾培服务范围，驾培质量和效益同步提升。在驾培产业竞争加剧的情况下招收学员2000余名，完成公司上缴指标68万元。

（山西汽运集团汾阳运业有限公司）

孝柳铁路有限责任公司

【安全生产】

2017年，孝柳铁路有限责任公司牢固树立“安全第一”意识，始终把安全工作摆在各项工作的首要位置。全力推进安全生产标准化创建工作，制订、完善26项安全管理制度，构建安全风险管控和安全隐患排查治理双重预防机制，优化安全监察系统功能，完善发牌问题库，将环保问题纳入考核范围，安全管理效能稳步提升。强化安全问题闭环管理，坚持“日点评、周分析、月总结”，对典型设备故障和“红线”安全问题实行重点分析通报，实行安全问题整改复查制度，确保安全问题得到有效整改销号。持续加大安全整治力度，强化监督检查，重抓安全关键，广大干部职工坚守岗位、认真履责，经受住了春节春融、防洪防汛、防寒过冬、十九大召开等关键时期的多重压力考验；全年公司各级干部下现场累计7230人次，有针对性地开展轨道电路分路不良、供电设备质量、线路桥隧等8项安全专项整治和3项专项检查，完成了铁路安全保护区图纸的绘制及上报确认工作。深入开展安全专项活动，扎实开展“落实作业标准，提升设备质量、确保安全稳定”安全反思活动和各类安全专项活动，检查整改各类问题830件；全国“安全生产月”期间开展了救援起复、路基流塌水害、消防安全等多项应急演练活动。严格抓好各项施工组织，合理严谨安排施工计划，强化综合天窗利用率，全年下达施工计划130项，综合维修天窗作业计划102项，施工计划兑现率100％，维修作业计划兑现率98.5％，全年施工安全高效。加强沿线治安整治，在加大日常治安防范的同时，开展3次沿线治安环境和消防安全专项整治，对沿线各类机动车辆、大型牲畜进行了摸排，有针对性地进行安全宣教，全年化解各类矛盾纠纷41起，制止抢越道口、上线行走人员384人次、车辆108台次，确保铁路行车安全。

【运输生产】

面对2017年因环保停装影响、运输任务持续处于低位、运用车保有量居高不下等不利因素，公司围绕运输生产中心工作，狠抓增运增收和降本提效，在逆境中奋力拼搏，在困难中努力进取。

做好货运营销工作。坚持“瞄准大户、争取小户、打好管内”的思路，继续与管内“十大客户”建立稳定的客户关系，用好煤炭中长期运力运量互保协议、到重运输协议、灵活运价等政策，努力实现运输上量增收。全年十大客户货物发送量占公司发送总量的83%。克服环保因素影响。上半年在环保因素对运输生产造成巨大影响的情况下，公司不断调整运输组织，协调货主发运，确保了公司在环保压力最大的五月份仍能保持日均200车的装车量，没有造成全线停装停运。苦练内功挖潜提效。以提高运输组织效率和调度指挥水平为抓手，优化细化装车、交车、机车使用、车流调整、零散车移动、机列衔接等运输组织措施，确保了管内和分界口畅通。在装车不足，运用车保有量长期处于高位的困难情况下，一方面加强与路局调度所协调、沟通，积极申请备用车；另一方面，深入开展调度员劳动竞赛，在狠抓分界口交车工作的同时，侧重无效车辆的集结、排出，千方百计加速货车周转，努力压缩管内保有量，切实压缩运输成本。提高机车使用率，压缩运输成本。根据运输生产实际，公司积极调整机车运用，停止租用机车，封存公司机车2台，合理安排机车入厂中修，积极优化组织，努力提高在用机车的使用效率。抓好到重卸车和焦炭装车。努力以卸补装，积极创收，全年完成卸车447.6万吨，创近三年来最好水平；持续抓好五麟、大土河焦炭装车组织，合理实行阶梯性下浮运价和“一口价”协议运输，使焦炭发运自去年回归以来始终保持稳定发运状态。拓展运输新业务。与太原局集团公司、介休车务段相关主管部门对接，做好管内各货运站集装箱运输申报开通工作，经过积极努力，东槽站集装箱运输于12月正式开通并发运151车，为公司历史首次。今后，集装箱运输将成为公司全新的运量增长点。抓好自管内运输组织。努力保持华晋—柳林电厂，穆村、离石—东槽五麟的“小倒”运输良好势头，完成协议运量，努力增运创收，全年“小管内”发运量完成78万吨。推进货运票据电子化。完成13个车站到主机房、公司到太原局的10M网络带宽扩容，配备硬件设备并对系统环境进行全面升级；搭建货运票据电子化仿真测试环境，按照时间节点及时升级，并将发现的问题及时汇总上报；组织职工开展电子商务、货运站、货票、现车等相关系统的实操培训，熟练掌握新技能，积极适应运输模式新变化。拓展路企合作。完成与拥有现代化储运和装车设备的大型煤炭集运企业——汇丰物流公司王家会专用线的接轨，该专用线运输现已正式开通，今后将为公司运量的稳定增长提供有力保障。

2017年货物发送量累计完成1298.71万吨，同比减少66.97万吨；货物到重量累计完成447.57万吨，同比增加133.73万吨；货物周转量完成143751万吨公里，同比增加2205万吨公里。

【经营管理】

积极应对环保压力。2017年1月18日，穆村站货场和离石站6、7、8道站台以及快装系统因环保问题停产整治。穆村、离石两站发运量占公司发运总量的近60%，运输收入约占70%，影响程度可想而知。随着5月中央环保督察组的进驻，公司其余的货运站也相继被要求整改甚至停产，针对这一情况，公司全力协调当地环保部门办理相关环评手续、及时组织开展环保工程建设。在公司积极努力下，朱家店站、枝柯站得以边整改边生产；同时通过不断调整运输组织，协调货主发运，确保了公司不至于陷入全线停装停运的窘境。在环保工程建设方面，公司按照“统筹安排、整体推进、卡死进度，确保工期”的原则，全力组织沿线各站环保工程施工，离石站6、7、8道环保工程于3月15日开工建设，于5月28日竣工，6月19日离石站6、7、8道环保工程正式通过环保部门验收，恢复运营。穆村站环保工程于7月底竣工恢复装车。朱家店站、枝柯站于5月中旬开工建设，于7月初竣工并通过环评验收，恢复正常运营。实施全面预算管理。公司本着“过紧日子”思想，先后多次召开专题会议，合理统筹安排，精心研究制订2017年度经营计划及成本费用，大力控制生产成本和非生产性支出；实施《全面预算管理考核办法》，进一步明确了责权利，大力提倡节支降耗，务求做到年度预算刚性控制，确保年度经营计划的全面落实。全面规范合同、招标和工程管理。强化依法经营，规范合同管理和招标管理，全部做到了程序规范，依法合规。严格工程管理和预算审查，克服资金困难，集中有限资金加大重点设备的整治维修，全年完成大修、基建、更新改造、设备购置共90项。完善考核激励机制。实施《基层单位领导干部月度绩效综合考评办法》，将生产单位中层干部岗位工资与安全管理业绩挂钩；将全员收入与公司运输收入紧密挂钩，由原来岗位工资的50%扩大到100%加月度生产奖，根据年度任务目标，按照每月确定的公司运输收入实际完成比例进行考核，进一步明确了“岗位靠能力、收入靠效益”的薪酬分配导向。

【职教培训】

2017年，山西孝柳铁路有限责任公司坚持“拓宽培训方式、强化培训实效、改善职教条件”的原则，全面提高职工职业道德和技术业务素质，增强安全生产保障能力。全年实施防洪防汛、防寒过冬及人身和劳动安全等3项共4482人次全员培训考试；组织实施营业线施工、救援设备使用、调车人员实训等15批172人次的委外培训；分别开展全员学规背规、职业技能竞赛活动，对活动中涌现出的学规背规26名优胜选手、3个优胜集体和职业技能竞赛46名优胜者给予表彰奖励；为进一步提升职工学习兴趣，实现无纸化培训考试，公司立项研发了微信学习考试系统，并于年底投入试运行。

（山西孝柳铁路有限责任公司）

吕梁机场

【概况】

2017年，吕梁机场未发生机场责任原因的不安全事件和事故征候，整体安全形势平稳，完成一次重要飞行保障任务。

2017年，吕梁机场共实现收入1443万元，同比增长5.2%，完成全年预算指标的127%。其中完成主营收入1294万元，同比增长 26%。全年发生成本、费用 2470 万元，同比增长 0.5%，完成全年预算指标的 99%。实现利润 -307 万元，同比减亏 27 万元。完成 2015-2016 年房产税、城镇土地使用税减免，共计 464 万元。

截至 12 月，共保障运输起降 3081 架次，同比增长 15.13%，完成年计划 2900 架次的 106.24%；完成旅客吞吐量 25.03 万人次，同比增长 26.61%，完成年计划 23 万人次的 108.82%；完成货邮吞吐量 42.677 吨，同比增长 131.25%，完成年计划 35 吨的 121.93%。

【安全保障】

2017 年，吕梁机场不断强化责任体系建设，建立责权清单层层压实责任，建立干部下基层常态化机制强化日常监管，强化隐患排查与风险管理，强化岗位作业指导书落地，加强应急能力建设，加强空防安全、净空管理等，整体安全形势平稳。圆满完成习近平总书记的专机保障任务。

加强人才培养和选拔工作，强化和完善管理队伍梯队建设。2017 年度公开竞聘选拔三级干部 4 名；空管等专业技术岗位人员资质能力成效显著，已有 4 名管制员放单，气象、情报等岗位均已实现自己运行，鼓励专业技术人员多取证，对空管局的技术依赖已减到 1-3 人。

以班组建设夯实基础管理。制订了班组标准化建设指导意见，从 16 方面对班组建设提出要求，各个班组发挥主观能动性，结合自身班组工作特点各自创新和发展。

【运输生产】

2017 年，机场坚持“开的起、稳得住、要发展”的思路，在现有资源条件下，不断优化航线航班结构、大力开拓客源市场、积极发展中转联程业务，生产运输不断提升。2017 年吕梁机场航线使用预算 1.2 亿元，旅客单人补贴由最初的 948 元降低至现在的 440 元，财政资金使用效率逐年提高。2017 年随着吕梁经济复苏，航线发展总体向好，北京、西安、上海航线单班收入提升 0.3-1 万元，确保全年补贴基本控制在预算范围内。以“吕梁中转”为依托，强化中转业务，积极拓展空铁联运、利用机场周边“山口村庄”一小时旅游圈打造航空加旅游模式，全年吸引西安、榆林、兰州等地 1 万余人的中转旅客。

【经营管理格局】

2017 年，通过适度授权，调动管理层积极性，事权清晰明了，组织和运行体系进一步顺畅和高效；强化预算化管理分级控制费用，效率得到提升，企业经营的本质得到了体现；尝试利用政府补贴政策使用实习生解决发展中辅助岗位人力需求问题；提质增效深入人心，探索原先平整碾压、跑道灌缝、打印机维修等外包项目实施内包，激发了员工工作热情，懒、拖、闪的现象减少，企业减支、让员工增收。

【机场服务】

2017 年，通过自助值机、手机值机、手机二维码过安检等智能化手段完善机场服务保障功能；引接吕梁市气象局多普勒雷达信号，提升气象服务能力；增加贵宾通道、母婴候机室、军人优先通道等措施改善旅客乘机出行体验；引入离石方山两条公交车、出租车等便利交通畅通旅客出行；美化航站楼、机场周边环境，打造吕梁对外开放接待平台；完善服务保障预案、优化服务流程，大面积航班延误处置能力明显提升；旅客综合满意度和机场航班正常率保持较高水平。

【基础设施建设】

2017 年，二路供电改造项目 732 万元，已完成竣工；生产保障用房 902 万元已进入开工阶段；防洪防汛系统改造项目 1400 万元是局方重点关注项目，现该项目正在组织招标，明年雨季前完成，项目完成后将大大提高机场保障能力；机场跑道错台及 5 号机坪沉降治理 100 万已完成，跑道处于有效监控中，逐渐探索积累特殊地质防御控制经验；由空管局支援的 A-DSB 飞机监视系统年底前将投入使用，机场管制手段得到进一步提升。

【节能减排】

2017 年，吕梁机场有限责任公司尝试探索新能源在机场节能减排方面应用的可行性：锅炉煤改电项目 269 万元已完成实现稳定供暖，吕梁机场有限责任公司通过分布式热源，储能式热源以及充分利用峰谷电价等措施在满足供热温度下通过精准管理确保能耗费用不增，每年可减少燃煤消耗 2000 吨，对区域大气污染防治和环境改善发挥了重要作用；通过 BOT 方式在屋顶等处尝试实施光伏供电，200 千瓦项目进入实施阶段；引进离石方山电动公交车完善地面交通体系；在闲着场地设置充电桩，完善新能源支持保障体系，助力地方新能源项目推广。

（吕梁机场有限责任公司）

邮政通信

邮政

【概况】

2017年，吕梁市全市邮政业务总收入实现28370万元，完成省公司计划的100.58%，增幅10.06%，列全省第1位，实现利润2565万元，完成省公司计划的100.02%，较上年增长114.2%，取得了自邮电分营以来上缴利润的新高，为全省邮政实现“利润元年”目标作出的贡献。市分公司荣获集团公司“企业文化建设示范单位”、“2016年度全国邮政用户满意企业”、2017年度山西邮政“优质服务杯”以及2017年度全省邮政内控先进单位、吕梁市精神文明建设标兵等荣誉。孝义市分公司、离石区分公司分别跻身全省30强县分和10强区分。

【金融业务】

2017年，吕梁市价值余额稳步增长。明确价值余额、中间业务发展导向，全年新增金融总资产16.99亿元，排全省第5位，其中，新增储蓄余额6.01亿元，排全省第6位，二年期、三年期存款较上年同期减少2.5亿元，余额总规模突破128亿元；首季跨赛提前59天完成了省公司目标，连续迈过了6亿、9亿两个台阶，净增考核余额实现9.6亿元，完成省公司计划的201.7%，列全省第1位。四季度以来，面对保险补收、价值余额的双重压力，各县分阵脚不乱，稳扎稳打，全部顺利实现跨赛第一阶段3亿元的价值余额目标。代理保险攻坚克难。在金融收入缺口较大的不利形势下，从二季度开始，全市连续启动了保险补收攻坚竞赛活动，吕梁市分公司与国华人寿争取到1亿元的产品，通过制定阶段性的激励政策，充分发挥领导人员的带头营销作用，进一步激发了金融战线的发展积极性，全年累计实现保费9.28亿元，实现收入3449万元，为打赢金融补收攻坚战起到了决定性作用。结构调整初现优化。将手机银行作为调整结构的重要抓手，在全省率先通过微信红包的形式次日兑现发展奖励，全年累计实现手机银行激活数36313户，完成计划的138%，成为全省第二家提前撞线单位。将商户“扫码付”作为提升活期余额沉淀的重要措施，积极组织外拓推广，离石区分成功在328辆出租车上实现“扫码付”功能。截至年底全市累计新拓“扫码付”商户2732户，新增价值余额7317万元。

【包裹快递】

2017年，吕梁市保持标快高速增长。全年累计完成标快收入415万元，同比增幅达36%，列全省第2位。其中，岚县分公司有效拓展政务类标快形象封市场，汾阳市分公司成功开发税务账单同城寄递项目，兴县分公司通过建立与户籍民警的长效沟通机制，身份证转化率达到37.36%。加快了快包规模扩张。全年累计实现快包寄递量136万件，增幅143%，实现收入819万元，增幅57%。其中，汾阳市分公司开发的迅达、白酒网等6个协议客户，全年实现快包收入240万元，成为全市快包业务开发的标杆。临县分公司克服上年“农梦成真”项目的巨大压力，快速扭转了负增长的被动局面。市分公司“尖刀排”成立以来，精耕电商和政务市场，经过销号式走访及营销攻关，成功开发天龙日化、宝源农业等协议客户25户，实现收入146万元。主动融入地方经济。2017年，全市包快业务紧密围绕地方经济重点产业，以红枣、白酒、醋、杂粮等产品为主，为72个种植、加工企业提供优质的农产品寄递服务。市分包快部先后与吕梁商会等部门联合举办了5期“全市电商扶贫培训会”，收集电商客户信息300余条，成功对接38户，形成收入近30万元。全年累计实现包快收入1650万元，完成省定计划的104.76%，同比增幅达34.69%，列全省第6位。4个托管县合体实现收入690万元，同比增长45%。

【文化传媒】

2017年，吕梁市坚定“断老路、走新路”的决心，紧盯“产品、渠道、活动”三要素，全市上下克服重重困难，全年实现收入3597万元，顺利实现省公司底线目标。集邮业务，精心组织开展压库竞赛活动，13个县分公司均圆满完成压库计划，实现收入224万元。文水县分公司成功开发《生的伟大、死的光荣》系列邮品，创收21万元；孝义市分成功开发《孝义千秋》专题册，创收19万元；汾阳市分公司成功开发酒博会纪念邮折和纪念封，创收9万元。函件业务，主动转变发展思路，选派人员赴江西上饶邮政学习函件转型发展经验，组织人员赴大同市分学习主题邮局建设经验，通过运用学习成果，村志、电影票和毕业生纪念册等项目均有了突破。报刊业务，紧贴时政热点，集中组织开展了十九大图书专项营销活动，累计实现销售额223万元。2018年报刊一次性大收订流转额超额完成计划，实现6014.33万元。岚县分持续挖掘报刊进校园潜力，校网报刊流转额实现79万余元，增幅达到61%。

【渠道平台】

代收税款业务持续发力。2017年全市实现收入595.36万元，增幅达173%，继续保持占比全省70%的领先优势，拉动渠道收入实现1207.2万元，提前一个月完成全年收入计划。

邮乐购规模不断扩大。全年新增“邮乐购”站点594个，完成计划的109.2%，累计达到1373个，累计建成农村金融服务站605处，交易总量达3.48万笔，交易金额达4018万元。

线上线下融合发展。全市拓展“邮乐小店”13650个，“邮乐吕梁馆”8月开馆，累计上线产品82款，实现订单数2779笔，销售额近7万元。组织开展创维电器特惠购活动12场，回馈金融客户1475人，实现销售额336万元。推进“邮农合作社”发展模式，累计发展会员2.4万余人。

创新农资销售模式。岚县分公司通过优选经销商，实施预订缴款享优惠政策，全年实现农资销售560吨，销售额140万元；交城县分紧抓林业系统扶贫助农的契机，成功实现果树肥销售101吨，销售额30万元。

【综合性营销活动】

2017年，吕梁市分公司成功举办首届“邮乐919购物狂欢节”暨“邮政扶贫助农”新闻发布会。组织开展“幸福生活在三晋”广场舞大赛活动，共征集195支队伍3769人参与，依托此次活动共收集老年客户信息3132条，有效提升了老年客户服务品质；依托“万人返乡”惠民活动，服务外出务工人员1218人。临县、离石区分公司率先推出外出务工人群“四节一日”慰问活动，分层分类维护客户一百余人。学习太原南屯支局借力引流经验，在全市59个网点全面推行，共建立特色客户微信群70余个，吸引客流8948人次。围绕金融转型工作，金融VIP客户分户管户率达到100%，“积分商城”客户注册率、兑付率分别列全省第3、第4位；8个具备条件的网点实现卫生间对外开放，重点打造了2个金晖俱乐部；为全市金融网点配备老年客户折叠椅118把，厅堂VMD建设以及服务功能更加深入人心。

【运行能力提高】

加大设备投入。2017年全年累计新增CRS和ATM机15台，配备营业终端61台，PC机130台，票据打印机50台，身份证鉴别仪25台，捆钞机31台，多功能一体机77台、PDA77台等，网点的服务能力进一步增强。促进能力提升。累计增配邮运及投递汽车30辆，投递电动、摩托车85辆，新增代揽投点53处，新配15台皮带机。为柳林、交城、岚县、兴县四个县分安装了报刊分发系统，为汾阳、孝义、柳林三个县分租赁了新的网运生产场地。全市整体生产能力进一步增强，带动了时限指标的提升，标快城市当日妥投率达94.42%，农村及时妥投率达97.69%。加强基础建设。完成岚县向阳路、交口龙泉街、方山方正街、离石凤山路、临县胜利坪等旗舰店网点的装修改造工程；完成了交城西营、文水县分、孝义镇三个轻型网点建设；岚县普明镇和临县雷家碛仓储中心改造完成并投入运行；柳林县分经过多方努力顺利搬入新的办公场地。强化安防管控。新增和更换监控探头300余台，更换监控主机35台，显示器35台，存储硬盘140块，灭火器20具，同步建立了微型消防站，完成了9个网点的安防设施改造工作，安防能力提升。

【企业管理】

财务管理更趋精细。2017年启动零基预算模式，严格执行并创新多项财务标杆；制定出台了“县分公司战略绩效考核办法”，加强了经营过程管控；大幅压缩管理成本费用，规范房屋维修、招待、“点策”等费用支出，全年成本费用支出较年初预算下降了3.9%。人力资源管理更加扎实。在全省率先完成了经营组织架构改革工作，市分机关组织了竞聘上岗，县分优化12人充实到生产一线；修订了“内部绩效分配办法”，进一步细化了各条线的激励考核，全市人均劳动生产率达16.37万元，较上一年度增长10.8%；积极争取省公司投资，为全市59个网点统一安装了交互式白板培训系统；全年累计举办各类培训班46次，参加人数达4029人次；率先在全省启动了网点负责人双向选择机制，对未完成跨赛计划目标的全市后五位支局长进行了末位淘汰。服务能力不断提升。开展服务质量专项检查和无着邮件清理整治活动，用户服务满意度达94.92分，超上年同期0.44分。圆满完成“两会”、“一带一路”高峰论坛以及党的十九大等国家重大活动的服务保障任务。机要通信质量继续保持全红，实现“三十五连冠”。全面落实安全管理责任。制定出台全市车辆及驾驶员管理制度，组织开展驾驶人员技能考试。开展全市安全隐患整改销号专项排查工作，对发现的46处安全隐患全部进行整改。设备运行水平明显提升。全面实行“备品备件+集中维护”，设备的使用率达95%以上，较往年提高了20%，平均寿命延长了1.2倍；对全市内线电话进行了集中改造，每年可为企业节约20余万元的成本。

（邮政吕梁分公司）

无线电管理

【“两摸一排”工作】

2017年4—7月，吕梁市无

线电管理局开展了摸查“村村响”及擅自设台、摸底销售市场、排查重大干扰隐患的“两摸一排”工作。摸排工作行程约4000公里，基本完成交城县、文水县、汾阳市、孝义市、方山县和离石区等重要县(市、区)的摸排工作，摸排过程中坚持人机见面、技术监(检)测、宣传教育，登记“村村响”51台，登记擅自设台单位4个、192部对讲机，登记销售无线电发射设备商店43个。

【广电台站数据核查专项工作】

2017年7月中旬，根据省局安排部署，对辖区内全部广播电视台站(47个)进行了核查，对其设置使用地点、设备使用情况、重要工作参数等进行了登记，并现场进行了检测。不仅进一步掌握了广播电视台站的运行情况，而且为保护航空无线电专用频率工作奠定了良好的基础。

【航空无线电频率保护工作】

在圆满完成广电台站数据核查专项工作和“两摸一排”工作的基础上，重点对武宿机场吕梁航线和吕梁机场周边及航线的电磁环境进行了监测，对干扰隐患进行了排查。同时，主动联系吕梁机场，建立了动态联系协调机制，确保响应及时。另外，配合省站完成了吕梁市广电中心新建项目电磁环境测试评估工作，为新建项目顺利开工创造了条件。

【实施频谱使用评估专项活动】

2017年，吕梁市无线电管理局严格按照省局的统一安排部署和工作方案，利用移动监测车和评估软件，对市辖13县(市、区)进行了测试，行程约1200公里，保存测试数据86GB，测试数据已按时移交华日公司进行分析和处理。

【示范台站选树与换发执照】

严格按照示范台站选树要求和程序，充分调动和发挥台站积极性，经过严格比对，2017年选树孝义广播电视台为示范台站，并完成了前期检查指导和资料报送等工作。为孝柳铁路、孝义沃尔玛、吕梁机场、文水广电等单位换发了电台执照。

【打击“伪基站”“黑广播”】

2017年，吕梁市无线电管理局充分利用B级站和小型站等监测设备进行常规性重点监测，确保早发现、早处置；积极参加市反诈骗中心相关工作，并承担“伪基站”线索跟踪、发现、处理工作。在公安机关的配合下，排查“伪基站”线索2起；积极与市文化、广电、公安等部门联系沟通，形成了打击“黑广播”的应急体制。考试保障期间，查获作弊设备3台(套)，1名作弊人员由公安部门进行了处理。

【销售监管】

2017年，吕梁市无线电管理局为了完成好新条例赋予的销售无线电发射设备备案管理任务，一方面组织开展了“两摸一排”工作，对销售市场初步进行了摸底；另一方面，局领导带头牵线，深入工商、质监等部门进行了调研和协商，并就加入部门协同监管平台和开展联合执法达成了一致意见。

【重大活动保障工作和考试保障工作】

2017年，在“两会”、春节、汛期、国庆、“一带一路”峰会、十九大等党和国家重大活动、重要节假日、特殊时期加强无线电监测和干扰隐患排查，累计实施专项监测1440小时，圆满完成了重大活动无线电保障任务。组织21次考试无线电保障工作，累计出动人员329人次、动用监测设备236台(套)、动用监测车77车次，查处作弊信号7起、查获作弊器材3台(套)、查获作弊人员1人并由公安部门进行了处理，形成了威慑作弊分子的高压态势，较好地维护了考试公正公平秩序，受到了有关部门的好评。

【监测设施】

2017年，吕梁市无线电管理局根据省局、省站关于日常监测工作和特殊时期、特定频段监测工作的要求，累计完成监测任务2100小时，同时编报《无线电频谱监测统计报告》12期，积累了准确翔实的监测数据，对辖区内各频段无线电业务工作情况做到了心中有底，为管理工作提供了决策依据。及时发现和反映监测设施运行中的问题，积极配合厂家进行设备维护升级，较好地发挥了监测设施作用。

【干扰排查迅速高效】

2017年，吕梁市无线电管理局共排查无线电干扰6起。其中2起是因柳林县、离石区商人擅自设置使用手机信号放大器引发的对移动通信的干扰。干扰排查过程中公安机构积极配合，排查人员勇于担当、甘于奉献，优良的作风和良好的排查效果得到了吕梁电信公司的高度赞扬，吕梁电信公司发来“感谢信”，还赠送了“无线电波的守护者、服务人民的践行人”的锦旗。另外，排查瓦日铁路移动基站干扰1起，配合省站在平遥排查航空干扰1起，排查2起普通群众投诉的疑似卫星电视干扰和移动基站干扰。干扰排查快速高效，有效维护了空中电波秩序，受到了有关部门和群众的称赞。

【基础设施建设】

2017年，吕梁市无线电管理局配合省站顺利完成了3座航空小型站的建设任务。利用两年来机房建筑运行维护费，完成了监测机房消防地沟管道改造、停车场改造、外墙装饰等工程。工程建设中严格按照规定和程序进行，创造了庄重、简朴、功能较为完善、文化特色较为突出、便民利事的工作环境，为进一步创建吕梁市文明单位奠定了基础。

【宣传工作】

2017年，吕梁市无线电管理局开展了系列宣传活动，宣传工作力度大、范围广、重点突出（突出新条例的宣传）。主要有：针对农村、气象、水利、广电和销售商的“两摸一排”宣传；针对重要设台用户、市直单位领导的定向宣传；针对学生和社会的高考保障宣传；针对大学生的“进校园”科普宣传；针对大企业的“进企业”调研宣传。宣传活动中散发《吕梁日报》条例专版1500余份、散发新条例1000余份、散发《吕梁无线电管理简报》（2016年度）120余份、散发“高考反作弊、你我共努力”宣传单1000余份，吕梁电视台报道2次，《吕梁日报》刊发稿件3篇，省局网站刊发信息约90条，中国无线电管理网站刊发信息7条。

在做好对外宣传工作的同时，采用多种办法用新条例武装干部职工头脑。集中学习5次，全体干部职工手抄条例1遍，开展新条例知识答题1次，科以上干部撰写论文6篇，王维松局长撰写的“把握条例新亮点、开创工作新局面”由《中国无线电》《人民邮电报》等媒体刊发。宣传活动有声有色，有效提高了社会对无线电的认知水平，为顺利开展工作奠定了良好的基础。

【应急机制建设】

2017年，吕梁市无线电管理局大力发展无线电爱好者，无线电爱好者由零起步，发展到300余人。主要依靠各县无线电爱好者骨干参与的无线电应急机制初步建立，并受到市政府应急办重视，将其纳入吕梁市应急体系和吕梁市道路交通安全应急指挥体系。调整和充实了《无线电安全保障应急联动通信录》，57个部门、113人录入系统，为应急状态下工作联络提供了基本保障。

（吕梁市无线电管理局）

通信

·吕梁电信分公司·

【概况】

截至2017年11月底，全业务收入累计完成16792.5万元，同比增长7.03%，预算完成率为84.35%，全省排名第八。其中有线宽带累计净增用户12578户，预算完成率58.8%。移动业务收入累计完成45042万元，预算完成率80%。移动业务累计净增1789户，预算完成率11%。有线宽带累计净增8284户，预算完成率59%。吕梁政企渠道已发展落地大单（大单标准为本年新增移动用户100户及以上，或年收入在10万元及以上的大单）5个。

新建LTE800M站点936个，1.8G站点20个；城区覆盖率达98.51%，乡镇率100%，行政村覆盖率63.5%。

【市场经营管理】

1. 业务经营

融合主推：月新装宽带融合率70%；大网融合率由年初38%提升到54%；年新增高清38310户；高清渗透率由年初15%提升到40.3。

价值运营：套餐迁转，线上累计迁转135600户；副卡叠加，针对套餐不饱和用户进行副卡推荐，提升价值。

产品组合：宽带高清；不限量+理财；红包卡+分期；爆款+语音包

市场细分：方山、孝义细化不限量目标客户，进行针对性营销，不限量新增占比40%，全省第一。

宣传优化：全网通三波次宣传；小区营销：楼层贴、楼号帖覆盖；微信营销

划小优化：主管下县，全公司名主管下县。孝义，柳林、临县、城区网格二次划小。

2. 业务支撑方面

佣金工作：

明确佣金工作目标，即佣金当月支付率达90%；

开展“历史佣金专项清理”工作，具体开展了各四级单元负责人与所属代理商历史佣金核对与确认、报账员佣金发票未报销原因分析、代理商佣金发票未开具原因分析等，重点针对驻地网代理商佣金发票开具难问题进行了深入调研和研究，针对产生问题的原因，联合网发部加快推进驻地网工程验收和资产确认工作；联合渠道销售部支局中心，督促合同流转、发票开具进度；联合财务部优化驻地网佣金支付手续等，经过近3个月的努力，截至2017年8月底历史佣金专项清理工作基本结束，各单位支付进度紧跟时序要求。

开展“当月佣金支付率提升”工作，学习和对标全省佣金工作标杆单位，学习佣金结算和佣金支付流程细节，优化吕梁本地化流程，下发和执行《关于进一步规范和明确佣金结算和佣金支付流程的通知》（中国电信吕梁〔2017〕51号）。

稽核工作：

从降低业务差错类的用户投诉量切入，明确工作目标为业务差错投诉量降低至0笔；

针对业务差错类用户投诉原因进行整理和分析，重点针对可选包订购问题进行解决，与省公司相关主管沟通，研究数据口径，调取历史疑似问题用户明细，组织相关人员进行逐笔核查并整改。大幅度降低历史遗留问题；结合当前营销政策，针对容易出错的环节开展每日手工稽核工作；下发《关于明确吕梁分公司业务稽核体系、稽核内容及考核办法的通知》（中电信吕梁〔2017〕68号），明确了吕梁稽核工作体系，鼓励各四级单元开展自查工作。截至2017年业务差错类投诉由60笔/月下降至17笔/月。

卡管理：梳理卡管理流程，首先针对卡MSS系统、CRM系统、实物数据进行梳理和比对，截至年底达到账实相符。其次将卡实物全部移交第三方中通服管理，实现了账实分离管理体系，规范了每月账实盘点工作流程，降低了经营风险。

码号经营：变更码号支撑为码号经营思路，每日针对普通号码予特殊意义进行推广，提升码号使用率；同时针对低效渠道开展码号专项促销，拉升低效渠道单店产能。

（吕梁电信分公司）

·移动·

【概况】

2017年，吕梁移动分公司全年通信服务收入累计完成12.68亿元，收入份额完成61.32%。实现净利润2.42亿元，平均长期资产净利润率完成17.24%。无线上网收入累计完成5.73亿元，同比增幅2.58%，占收比达到45.2%。家庭宽带收入累计完成4066万元，同比增幅145%。客户规模达到236.9万户，通信客户市场份额完成68.26%。

4G经营取得新成效。全年100M以上4G用户渗透率达到55.32%，增幅16.2%，增幅全省第一；38元以上统一套餐占比达到49.35%，增幅12.3%，增幅全省第四；4G用户DOU达到1478M，较16年提升370M，增幅全省第五。4G经营困境得到明显改善。

宽带发展取得新优势。全年累计新增宽带12.5万户，较16年增长2倍，宽带客户总规模达到18.1万户（剔除LAN用户）。其中校园宽带实现零突破，累计发展1.18万户；宽带份额到达28.1%，较年初提升9.5PP，提升幅度全省第一；家庭智能产品中魔百和电视渗透率到达35.2%，全省第六；家庭宽带月均ARPU快速提升，达到26.6元，全省第三。

集客经营取得新进展。全年通信和信息化产品收入累计完成1.21亿元，云企信成员新增76万户，物联网新增1.96万户，村医通新增1878户；全年，共计签约交口县“平安县城”二期、吕梁市电子政务外网一期、二期等大型信息化项目14项，新增专线942条，每年可带来信息化收入940万元。

新业务发展取得新提升。全年围绕公司整体战略，通过挖掘个人产品亮点，全面提升产品规模，不断强化数字化服务收入能力贡献。数字化服务收入占比完成13.39%，其中个人业务完成9743万元，收入规模全省第四，个人业务收入占比全省第一；咪咕业务收入累计完成5478万元，收入规模全省第四。咪咕业务付费用户数达到20万户，用户渗透率全省第二。

【客户服务】

2017年，吕梁移动分公司通过深入开展协同工作，逐步完善贬损客户修复体系，进一步贴近客户、满足需求，服务能力持续增强。全年整体满意度领先完成6.08，全省排名第三。网络满意度领先完成4.49，全省第一。创新利用“吕梁移动”微平台，开展一线人员业务知识竞赛及短板专项提升活动，窗口监测整体表现稳步提升；实现升级投诉全过程管理，实名制、电信诈骗、不明扣费等焦点难点问题得到有效解决，圆满完成行风纠风工作红线目标。

【渠道运营】

2017年，吕梁移动分公司通过加强渠道管理，强化营销工具推广使用，全面提升渠道运营能力。通过客户分包系统和营业指引系统的应用，全年新增38元以上全网套餐48万笔，咪咕业务办理量达198万笔，助力公众市场经营；依托微厅和云微客两个电渠入口，提升电渠销售能力。全年微厅粉丝净增50.5万，月均活跃度58.5%，全省第二；线上号卡订单量占比13%，全省第二；云微客办理业务量达31.4万笔，全省第五。电渠销售能力初显成效。

【业务支撑】

2017年，吕梁移动分公司全年共配置营销活动226例，精准营销74例，BOSS系统精准指引接触率达70%，触点短信推荐率达60%，进一步助力一线精准营销；通过建立长效沟通机制，全年共处理各类一线问题3239件，一线支撑应答率100%。完成了全市自办厅100M带宽扩容，实现了营业设备故障报修APP全覆盖，营业设备完好率

100%，业务支撑能力不断提升。

【网络规模扩大】

2017年，吕梁移动分公司全年共完成资本开支3.04亿元，新建基站1357个，基站总数到达到5437个，新建宽带小区1198个，新增端口20.48万个，端口总数达到39.5万个，移动宽带家庭覆盖率达到78.27%；新建光缆8598皮长公里，累计达到4.86万公里；新建管道31.96管程公里，累计达到827管程公里，管道覆盖率从年初81.45%提升至84.73%；新增汇聚机房54处，新增核心骨干层ptn设备28端，完成传输实验网骨干层架构搭建；完成了离石城区153个NB-IOT基站的入网，实现了主城区物联网全覆盖；通过核心路由器扩容，实现吕梁出口带宽由100G提升至400G，完成吕梁IDC业务演示机房的建设，初步具备20个机架的装机能力。

【网络质量提升】

2017年，吕梁移动分公司创新建设方案，攻克疑难站址，解决2年以上疑难站址134个；转变管理模式，同步解决孝义旧城区、西纵高速吕梁段长期弱覆盖问题，全省率先完成4G五期建设任务，4G综合覆盖率从94.94%提升到95.77%，市区综合下载速率从25.11M提升到44.26M；坚持预检预修、改造薄弱环节、调整网络结构，PON端口故障率从1.19%下降到0.12%，整治弱光ONT数2178台，ONT弱光占比由10.18%下降到5.59%，家客投诉处理满意率达到95.59%；积极开展网络应急演练，提高网络应急保障能力，全年网络零重大故障，保证了网络安全稳定运行。

（吕梁移动分公司）

·联通·

【概况】

2017年，面对生产经营困局，联通公司上下齐心协力、攻坚克难，主营业务收入连续两年同比正增长，经营业绩稳步提升。截至12月底，全市主营收入完成59834万元，预算完成率100.16%，排名全省第4；同比增幅2.88%，排名全省第5。围绕铁塔成本、能耗等效益类提升项目以及基础管理，公司运营指标日益趋好，收入质量逐步改善。截至12月底，全市利润完成-654万元，预算完成率168.4%，排名全省第1，同比改善64.08%；收现比完成101.78%，排名全省第5，同比改善5.99%；用户欠费较年初减少92万元。在市分公司经营业绩考评中，吕梁得分137.80分，排名全省第二，其中：收入类得分39.32分，排名全省第二；效益类得分45分，排名全省第一。

【重点业务】

2017年，联通公司以移网和固网“三大战役”为抓手，细化工作举措，灵活资费政策，强化帮扶支撑，积极应对市场竞争。截至12月底，全市移动业务收入完成33475万元，同比增幅16.81%，全省排名第一，其中：2I2C实现收入5272万元，占移动业务收入比例达到15.75%。移动业务发展48.17万户，其中：2I2C用户发展26.92万户，占移网发展用户的56.03%，出账用户到达84.18万户；净增22.47万户。宽带业务发展6.57万户，出账用户到达30.66万户，净增621户；从7月开始，宽带净增连续6个月为正，下滑局面基本得到控制。

【管理服务】

2017年，联通公司围绕客户感知提升，开展网络提质提速、重点场景优化、宽带480服务承诺等工作，将主动服务作为工作主线，听心声找痛点、抓典型促改进，通过小CEO倒三角服务支撑发现并解决产品政策、流程管理、网络支撑等方面问题160个，前后台人员的服务意识得到强化，客户感知改善明显。截至12月底，全市移网NPS和固网NPS稳步提升，同比改善明显，其中：移网自改善18分，全省排名第二；固网自改善 1.9 分。聚焦服务问题短板，在网络线和市场线开展客户感知攻坚专项行动，全市装移满意度、修障满意度达到 91.3%、83.85%，分别较年初提升 1.4%、0.83%；宽带通信质量类投诉由年初 723 件下降为 648 件；用户投诉率 25.45 次/万户，较年初下降 3.3 次/万户。

【网络支撑保障能力】

2017 年，聚焦网络能力持续提升，面向重点区域、重点场景，完成 428 个 4G 基站的网络完善和 47 个 4G 基站的提升，LTE 人口覆盖率达到 56%；4G 网络资源利用率达到 66.76%，全省排名第 4，较年初提升 47.48%。新增 FTTH 端口 1.9 万线，全市宽带端口到达 74.6 万线；完成 13 个县（市）794 个行政村电信普遍服务的宽带覆盖勘察、设计和 113 个行政村的施工；通过网络资源挖潜，宽带端口利用率到达 51%，全省排名第七。引入“抢单”机制，建立工单实时监管调度及掌上抢单行为分析的支撑体系，到 12 月底，抢单率达到 58.09%，全省排名第二，工单时长缩短 25%。开展隐患排查，排查隐患 329 处，整治重点机房 6 个，接入机房 58 个，隐患整治率 100%。圆满完成“一带一路”峰会、D19、“双十一”等重要通信保障 179 次。

（吕梁联通分公司）

住房和城乡建设
环境保护

住房和城乡建设

【房地产市场】

2017年，吕梁市围绕贯彻落实住建部和省住建厅房地产去库存工作精神，以住宅商品房去库存为重点，严控增量，消化存量。市政府制定出台《关于化解房地产库存的实施意见》《吕梁市化解房地产库存2017年行动计划》《关于推进棚户区改造货币化安置工作的实施意见》《吕梁市政府购买棚户区改造服务管理办法》等政策文件，吕梁市住建局会同市房产局、市财政局联合印发《吕梁市规划区鼓励购买新建普通商品住房实施方案》，会同市房产局印发《关于加快培育和发展住房租赁市场的意见》。通过购房奖励、降低相关收费、补助补贴等形式，积极促进住房消费，消化商品住房库存。全市商品房累计可售面积119.65万平方米，同比下降30.45%，其中商品住房107.71万平方米，同比下降24.38%；全市商品房去化周期为13.82个月，其中商品住房去化周期为13.19个月。市政府出台了《培育和发展住房租赁市场实施意见》（吕政办发〔2017〕118号）。截至2017年12月，全市房地产开发投资38.35亿元，完成目标任务的63.92%。上级转办的涉及房地产信访案件调处率为100%。未发生造成重大社会影响的房地产矛盾纠纷事件。

【城市建设和管理】

1. 市政基础设施情况。2017年，全市市政基础设施完成投资65.89亿元。新建和改造城市道路96.22公里，新建和改造城市供水管网65.44公里，新建城市雨水管网90公里，改造雨污合流制管网56.29公里，新建污水处理配套管网86.46公里，新建改造供气管网130.665公里，新增供热面积1176.61万平方米，新建改造供热管网281.08公里，新增城市绿化面积148万平方米，全部完成省厅下达的目标责任。市区20个重点项目中10个项目已竣工，为袁家庄道路完善工程、北川河生态治理一期工程、学院路暗涵工程等；2个项目进入收尾，分别为市区集中供热全覆盖工程、城南传统工业主题公园项目（一期工程）；3个项目正在建设，分别为新区7、8号桥工程、吕梁广场工程、新安大道地下综合管廊工程；正在办理手续5个，分别为呈祥路南延三期工程、吕梁大道二期工程、北川河生态治理二期工程等。

2. 地下综合管廊、海绵城市：市本级新安大道地下综合管廊2.036公里的试验段完成550米；交城县地下综合管廊完成可行性研究报告和可研的立项工作；交口县完成地下综合管廊1.48公里。海绵城市建设完成新区生态治理投资1.6亿元，治理面积

1.209平方公里。

3. 黑臭水体整治：市本级完成了炭窑沟、兴南市场南关排洪渠黑臭水体整治，黑臭水体消除比例达到60%；汾阳市东二环西侧臭水坑黑臭水体整治工程前期手续基本办理完毕。

4. 数字化城管工作：市本级成立了数字化城市管理平台领导小组，组织人员前往太原、忻州等地进行了考察学习，吕梁市数字城管指挥调度中心场所正在比选确定，项目设计和前期工作正在抓紧进行，该项目将于2018年5月底全部完成。其他县（市）数字化城市管理平台建设工作已陆续启动。

【城市人居环境改善】

2017年，全市设施提升、城市安居、城中村改造和环境提质“四大工程”完成投资170.13亿元，完成112.67%；其中，设施提升工程投资55.16亿元，完成149.08%；城市安居工程（含城中村）投资95.02亿元，完成95.02%；环境提质工程投资19.95亿元，完成142.5%。城市品位进一步提升，城市人居环境得到明显改善。

【村镇规划建设】

2017年，吕梁市住建局贯彻落实全市改善农村人居环境工作有关精神，加强农村规划建设，统筹城乡发展。完成临县碛口镇寨则平村、文水凤城镇前周村、交口回龙乡韩家沟村等8个传统村落保护规划编制，完成临县碛口镇李家沟村、西湾村，孝义新义街道贾家庄村等5处中国传统村落保护工作，申报了62个中国传统村落、55个绿色村庄，资料已全部上报省住建厅。加强了特色小城镇建设，汾阳贾家庄、离石信义2个镇列入全国小城镇名录，临县碛口、孝义梧桐2个镇被确定为省级特色小城镇培育对象。围绕脱贫攻坚“两不愁、三保障”，加大对农村危房改造力度，全部完成10002户的改造任务。深入推进农村垃圾治理工作，配套市级乡村清洁资金500万元，创建乡村清洁达标村398个，启动兴县、交城县、文水县、临县、方山县、兴县、石楼县、离石区农村垃圾治理示范县建设，试点县均编制完成农村垃圾治理专项规划并通过评审，可研、环评、土地、规划许可、立项已办理完成，正在办理土地选址和PPP项目手续。

【建筑市场秩序规范】

2017年，吕梁市进一步加大监管力度，规范建筑市场秩序，全面清查工程建设领域保证金，有效减轻企业负担。指导企业做大做强，10户建筑企业完成11个资质等级三升二，1户建筑企业完成2个资质等级二升一。建筑业统计数据上报率、公开招标率、项目台账及处罚信息报送准确率和建筑工程款拖欠及投诉举报案件办结率、双随机检查事项达100%。建筑业产值55.14亿元，同比增长14%，增加值同比增长预计可达6%以上，为促进全市经济发展发挥了重要作用。

【安全质量工作】

2017年，吕梁市严格落实安全生产责任，充实调整了市住建局安全生产管理委员会组成人员，将安全生产监管责任细化分解到具体部门和人员，召开了全市建筑安全生产工作会议，印发《在全市住建系统开展安全生产“职责履责、失责追责”活动实施方案》，全年未发生较大以上安全生产事故。新注册的20项工程均建立“两书一牌一档”制度，竣工验收的4项工程设立了永久性责任标牌，工程质量监督覆盖率、竣工验收合格率、住宅工程质量分户验收率均为100%。

【建筑节能及装配式建筑】

2017年，全市新开工建筑面积135.1万平方米，全部按新建建筑节能65%的标准执行，执行绿色建筑面积54.48万平方米，执行率达40%，新建建筑中可再生能源应用比例达45%；绿色建筑行动投资计划共完成投资2.17亿元；3个绿色建筑集中示范区规划编制全部完成。市政府印发

《吕梁市大力发展装配式建筑实施方案》，新区如意阁被确定为我市装配式建筑试点项目；开展了智慧城市建设，制定《智慧建设计划》；山西晶旭新能源有限公司微通道光伏光热（PV/T）模块新型太阳能供热及发电系统项目等3项建设科技成果上报省厅。

【房地产去库存】

2017年，全市商品房累计可售面积119.65万平方米，同比增加-30.45%，其中商品住房107.71万平方米，同比增加-24.38%；全市商品房去化周期为13.82个月，其中商品住房去化周期为13.19个月。棚改货币化安置完成7207套，安置比例达61.08%。指导库存较大的所辖县（市）出台政策，目前市政府办公厅出台《关于化解房地产库存的实施意见》（吕政办发〔2016〕60号），各县市区已出台实施细则。

【城市执法体制改革】

一是完善领导机构。吕梁市住建局成立了由市政府分管负责人任组长，市住建、编办等部门为成员的吕梁市深入推进城市执法体制改革改进城市管理工作领导小组，领导小组办公室设在市住建局。二是出台实施方案。对全市城市管理执法队伍现状情况进行摸底调查，于12月15日，以市委、市政府名义印发《吕梁市深入推进城市执法体制改革改进城市管理工作实施方案》（吕发〔2017〕25号）。三是理顺管理体制。将市城管中心的市城管执法综合支队划归市住建局主管。各县（市）城市管理综合执法机构设置、职能、编制等根据实际情况自行制定。四是推进综合执法。由市住建局加挂城市管理综合执法局牌子，于12月29日正式挂牌成立。市本级住房城乡建设领域行政处罚权（除房地产方面的处罚权委托市房产局行使外）委托市城市管理综合行政执法队集中行使，其中涉及规划方面的处罚权由市规划局委托、城市管理方面的处罚权由市住建局委托市城市管理综合行政执法队行使。环保、工商、交通、水务、食药监管等5方面的处罚权按照“成熟一项、调整一项”的方式进行。五是加强队伍建设。9月中旬，完成了全市897名执法人员服装测量工作，并与服装制作厂商签订采购合同，市本级现有执法人员已全部统一着装，其他县市也陆续统一着装。12月18日至19日，举办吕梁市城市管理干部和执法人员培训班，全市13个县（市、区）城市管理部门的负责人约200余人参加了培训。

【“十大特色镇”创建】

2017年，制订《吕梁市“十大特色镇”实施方案》，培育了离石区信义镇、汾阳市贾家庄镇、孝义市梧桐镇、临县碛口镇等13个特色小城镇建设，根据十镇创建实施方案总体目标，分三年（2017-2019年）分步完成。6月24日组织离石区信义镇、汾阳贾家庄镇、临县碛口镇、孝义梧桐镇参加省住建厅组织的申报全国特色小城镇答辩会；7月21-23日组织离石区信义镇、汾阳贾家庄镇参加住建部全国特色小城镇申报答辩会。全省共推荐10个，吕梁市有2个成功入围，汾阳贾家庄镇、离石信义镇成功入选第二批全国特色小镇名单。

【北方地区冬季清洁取暖】

一是推动市区集中供热全覆盖工程。该项工程是吕梁市2017年市政建设的头等大事和一号民生工程，包括建设一次管网36公里，二次管网162公里，隔压站、中继泵站各1座，换热站77座。建设中发现的问题。全年共完成一次管网铺设59.36公里，二次管网铺设55.5公里。总计完成换热站建设73座，已投运43座。其中河西片区完成22座，全部投运；交口片区完成24座，已投运18座；城东片区完成27座，投运3座；已实现新增供热面积322.9万平方米。二是推进“煤改气”。从5月起各县（市、区）住建局对未集中供热区域进行摸底调查。出台印发《吕梁市“煤改气”工作实施方案》（吕政办发〔2017〕71号），制定“煤改气”补贴标准。督促指导各县（市、区）尽快组织属地燃气公司，启动实施拟定的煤改气区域燃气主管网铺设工程，同步推进燃气二次管网和燃气采暖设备改造。煤改气与集中供热确村确户合计108362户，煤改气20232户，完成21525户；新增集中供热90450户，完成105068户。三是对西南、城北供热站提标改造。认真落实环保整改要求，严格执行环保主要污染物排放限值标准，对城南、城北供热站7座锅炉进行脱硫、除尘、脱硝提标改造工程。10月底，7台锅炉改造完成并投运，烟气在线监测数据显示，烟尘、二氧化硫、氮氧化合物浓度分别低于30毫克/立方米、200毫克/立方米、200毫克/立方米，执行了特别排放限值，符合环保要求。

【垃圾分类推进】

按照中央、省关于推进城市生活垃圾分类的精神，认真推进吕梁市垃圾分类工作。一是出台工作方案。印发《吕梁市生活垃圾分类工作实施方案》（吕住建发〔2017〕77号），下发各县（市、区）。二是召开全市城市生活垃圾分类工作推进会。9月28日，吕梁市住建局组织召开了全市城市生活垃圾分类工作推进会议，并对城市生活垃圾分类工作进展情况进行了通报。三是推进生活垃圾分类工作。11月7日下发《关于推进全市城市生活垃圾分类工作的通知》（吕住建函〔2017〕273号），要求加快推进生活垃圾分类工作。目前，各县（市、区）制定工作方案并以正式文件出台，基本都落实了垃圾分类试点单位，共65个；离石区、孝义市、汾阳市、岚县、中阳县、方山县和石楼县大件垃圾回收处置设施正在筹备中，其余各县都已建立，共23个。吕梁市生活垃圾焚烧发电项目，已完成选址，《可行性研究报告》已出初稿，《环境影响评价报告书》《节能评估》正在编制中。

【住房租赁市场规范】

2017年5月，吕梁市住建局对全市住房租赁市场进行了摸底调查。下发《关于加快培育和发展住房租赁市场的意见》，要求各县（市、区）及市房产局从发展住房租赁企业、鼓励房地产开发企业开展住房租赁业务，规范住房租赁中介机构行为，支持和规范个人出租住房及新建租赁住房等方面着手，培育和发展吕梁市住房租赁市场。制定出台《关于加快培育和发展住房租赁市场实施意见》（吕政办发〔2017〕118号）。12月8日，省住建厅与建行山西省分行联合下发《关于规范住房市场管理 推进住房租赁综合服务平台建设的通知》（晋建房字〔2017〕269号），成立平台推广领导组与工作组，并拟定吕梁市于2018年1月6日第三批上线。12月13日，吕梁市建行技术人员与市住建局进行了对接工作，按时完成上线。

（吕梁市住房保障和城乡建设管理局）

重点工程建设

【全市重点工程推进情况】

1. 全市总体情况

2017年吕梁市共有重点工程项目217个，总投资1506.47亿元，年度计划投资338.78亿元。其中省重点工程32个，总投资467.14亿元，年度计划投资77.2亿元；市重点工程185个，总投资1039.33亿元，年度计划投资261.58亿元。

截至2017年11月底，全市省市重点工程共计完成投资323.7亿元，完成率95.5%。2017年新建项目140个，开工105个，开工率75%；续建项目77个，复工77个，复工率100%。

省重点工程共32个，2017年计划投资77.2亿元，其中省重点工程完成投资67.7亿元，完成率87.7%。2017年新建项目19个，开工13个，开工率68.42%；续建项目13个，复工13个，复工率100%。2017年全年预计完成70亿元，完成率90%。

市重点工程共185个，2017年计划投资261.58亿元，市重点工程完成投资256亿元，完成率97.9%。2017年新建项目121个，开工92个，开工率76.03%；续建项目64个，复工64个，复工率100%。

省重点工程全年完成投资70亿元，完成率90.67%；市重点工程预计全年投资270亿元，完成率103%。

2. 分县（市、区）情况

2017年1-11月底，全市重点工程在建率为83.87%。超过全市在建率平均水平的县（市、区）有：石楼100%、柳林94.12%、临县93.33%、孝义86.67%、文水84.62%、岚县84.62%、离石84.21%；不达全市在建率平均水平的县（市、区）有：中阳83.33%、交城83.33%、兴县83.33%、汾阳82.76%。方山77.78%、交口57.14%。

2017年1-11月底，全市重点工程投资完成率为81.48%。超过全市投资完成率平均水平的县（市、区）有：方山109.39%、临县105.65%、岚县100.52%、兴县96%、离石88.73%、孝义88.71%、文水83.94%；不达全市投资完成率平均水平的县（市、区）有：中阳78.01%、汾阳73.13%、柳林72.61%、交口72%、交城40.57%、石楼35.72%。

【无障碍施工专项行动】

2017年，吕梁市重点项目发展管理办公室加强“13710”项目督办系统工作，加强对项目存在问题的摸底、调查，认真分析问题存在的原因，针对不同的问题，采用不同办法加以解决，确保在建重点工程项目顺利推进。针对省交办的“13710”工作事项，积极落实，认真研究，依法依规解决问题，确保人民群众利益不受损害，针对无理取闹，恶意阻工扰工的人和事要依法严厉打击。特别是在收到重点工程项目“13710”关于临县北铁路专用线的督办通知后，临县政府高度重视，组织专门队伍，县重点办进驻企业上班。在不到一个月的时间内，解决了影响临县北铁路专用线项目施工的大量问题。

【领导班子成员带队分县督查】

2017年，吕梁市重点项目发展管理办公室领导班子成员先后三次，分别带队赴13县（市、区），到项目，进工地；看进度，查问题。亲自调查了解，掌握具体情况，并解决了部分问题。通过督查，摸清所有省、市重点工程项目推进中存在问题，并建立问题清单和责任清单，要求责任单位提出整改措施和整改时间，并建立整改清单。

针对临县、兴县、离石、交城、文水、柳林进行了专项督查，解决了大量问题，有效推进了重点工程建设。

【无障碍施工】

古交电厂500千伏送出工程是省政府确定的省级重点工程项目，直接关系到太原市20万户60万人口的冬季供暖。送出工程共涉及吕梁市交城、文水2县9个乡镇，铁塔共计183基。7月6日，省政府召开古交电厂送出工程专题会议后，吕梁市高度重视。各部门密切配合，同心协力，积极推进送出工程建设。由重点办抽调专门人员，组成督查组，进驻交城、文水县进行跟踪督促。交城县除涉及林地手续审批的11基和出现阻工反复问题的6基外，其余塔基已全部进场施工。文水县除5塔基出现阻工反复现象外，其余都在正常施工。

为保障中铝华润吕梁轻合金基地一期项目的电力供应，吕梁市重点项目发展管理办公室召集离石区、方山县、临县和晋能电力集团售电公司于9月20日召开晋能大土河电厂局域电网建设协调工作会。离石区、方山县、临县政府高度重视，召集相关部门，责成专人牵头，组织专门队伍，全力解决项目施工中存在的问题。截至2017年年底，离石区24基线路全部开始架设施工。方山县施工受阻的5基和临县施工受阻的4基，经协调已全部正常施工。

（吕梁市重点项目发展管理办公室）

吕梁市建筑勘察设计院

【抓好主营业务】

2017年，吕梁市建筑勘察设计院在国家禁止修建楼堂馆所的形势下，面对前所未有的压力，破解发展难题，增创发展优势，通过不懈努力，奋力扭转了业务下滑局面，全年主营收入完成1400余万元。充分利用每周一例会，准确研判市场行业态势，扬长避短全力加快市建筑勘察设计院发展。在勘察设计业务中抓大不放小，在大项目上，院领导放下架子、扑下身子，不厌其烦地主动与相关单位对接联系，争取他们的支持，使得吕梁晋西民居建筑设计工程、离石城区集中供热勘察设计工程，兴县大医院建筑勘察设计工程等一些百万元以上的项目相继落地市建筑勘察设计院，为完成全年任务提供了坚强保障。在坚持抓好大项目的同时，紧紧抓住中小项目不放，想方设法提高市建筑勘察设计院经营收入。坚持收入向一线职工倾斜，对2016年度做出突出贡献的9名工程技术人员予以不同形式的表彰奖励，着力在全院营造感情留人、事业留人、待遇留人的氛围。

【提高设计质量】

2017年，市建筑勘察设计院以打造精品工程为重点，通过增强五种意识，主动服务重点项目及民生工程，为吕梁市建筑行业的发展提供了强有力的技术服务与保障。不断强化前瞻意识。市建筑勘察设计院充分发挥吕梁市龙头设计企业引领作用，将设计理念与城市特色、生态环保、人文需求、可持续性发展相结合，形成了层次齐全、内涵丰富的建筑设计指导体系，全力助推吕梁市城市建设加快发展。不断强化精品意识。在承接的所有项目上，均按照“高标准、人性化、出亮点”的要求，在方案设计、技术出图上狠下功夫，不断提高和完善设计质量，力争将每一个工程项目都打造成精品工程，着力提升城市品质和内涵。不断强化责任意识。通过管理精细化、责任具体化，逐步实现项目招标、合同签订、方案设计、专业出图、图纸审查、项目施工、竣工验收、资料归档等环节无缝对接。不断强化服务意识。市建筑勘察设计院坚持以“规范化管理、人性化管理、亲情化服务”的理念，强化宗旨意识，不断更新服务。在工作中全面推行首问负责制、限时办结制、服务承诺制等制度，确保服务与管理两到位。不断强化安全意识。工作中，要求广大干部职工始终保持清醒头脑，时刻绷紧质量安全这根弦，防微杜渐，全力确保每个设计项目质量安全。

（吕梁市建筑勘察设计院）

吕梁市建筑安装总公司

【生产经营】

2017年，面对经济下滑凸显，施工任务严重不足的困难局面，公司领导多次召开会议研究对策，想办法、找出路、群策群力，全年共参与投标工程项目78个，中标项目50个，在全省企业中标个数排名第56名，中标总价18549万元；全年合同签订129项，合同签订总额21773万元；全年完成产值4.82亿元。实现税金1726.8324万元，在上年的基础上提高了15%，圆满完成了年初生产目标计划任务。

2017年，公司承建长4000余米，产值2600多万元的河滩供暖土建工程，此项工程是铁十三局总承包，在赶汛期竣不了工的情况下，市政分管领导责令吕建公司分包部分土建工程，并要求公司作为一项政治任务无条件来完成，工期为10天。在时间短、任务重、资金不到位的情况下，公司积极组织人员，迅速投入施工现场，经过13天的昼夜奋战，提前2天圆满完成了市政府下达的指令性任务。随后公司又承建了暖气换热站42个，1万多平方米，产值1960万元。10月份全部竣工，经有关部门检查验收，全部达标合格。

项目投标方面，由于2017年吕梁市率先实行了电子招标平台，从项目投标报名到项目中标，全程无纸化电子网络投标，为了与全国公共资源交易平台接轨，公司重新购置了电脑等相关设备，在公共资源交易大厅进行了企业入库、法人入库、项目经理入库及电子印章的申领等一系列工作。公司专门到兄弟单位进行交流学习，在电子标书编制完毕后采取自检和互检，在电子标书网络上传之前大家逐一对每份标书实行相互检查，发现问题及时纠正，确保投标的合格率。

【施工安全】

2017年是国家安全生产治理年，总公司将安全生产月主题确定为：强化安全发展观念，提升职工安全素质。查隐患、严治理、防事故、保安全。通过开展内部培训、宣传教育、现场检查，大大提高了全体员工安全质量意识，全年没有出现一起施工安全事故，主要抓了以下三个方面的工作。

层层签订安全责任状。为了确实加强对安全生产工作的组织领导，强化安全生产管理，2017年年初，总公司与各基层经理负责人签订《安全生产责任状》，把安全目标层层细化、量化，落实到每一个人，签订率100%，形成了领导总负责，层层抓落实的安全生产责任模式。

强化安全培训教育。2017年强化对职工的安全教育培训力度，重点是新工人入场，公司组织工人进行“三级”安全教育，从宣传国家的法律法规，安全管理规章制度，施工场地危险源的辨识，最后到班级的操作技能和操作规程培训，确保新员工受到一个系统的、有层次的全面职业健康安全环境教育。2017年组织安全专项培训多次，其中企业负责人培训A类5人，B类项目经理延期教育40人，新增7人，C类专职安全员30人，培训特种作业人员40余人，新增一级建造师2人，做到全员培训，人人持证上岗。通过一系列的培训，从根本上解决了安全生产意识不强的问题，有效地加强了安全生产管理。

加强源头管理工作。全年组织各类检查10余次，对查出的安全隐患及时进行了整改措施，做到把安全隐患消除在萌芽状态。2017年，公司承建的市委地下车库和福鑫佳苑被市住建局评定为安全标准化工程。国家安检委、省安全站、省质安处、市住建局先后4次来公司进行安全检查，均对公司安全管理、防护设施、施工现场比较满意。

【质量管理】

施工中，公司狠抓质量管理，把质量当作“质量大堤”来建设，提出了“质量是政治、是生命、是效益，要以对党和国家、对人民、对历史负责的精神，以党性人格抓质量，建优质工程，建精品工程”的口号，不断强化全员质量意识，建设精品工程。树立强烈的质量意识和责任感，强化落实质量责任制，完善质量网络建设，积极开展质量月活动。坚持质量第一的方针，把质量作为评价工程的首要因素，作为衡量干部工作的重要标准。要求各工程处、各项目部一把手亲自抓质量，落实质量责任，保证ISO 9001质量保证体系的有效运行。严格质量管理标准和质量检查制度。在施工中，实施质量管理目标从高、过程从细、标准从严的内部管理监督检查措施。质检部门充分发挥职能作用，加强施工过程中的质量预控、监控，全年公司先后组织质量检查10余次，形成了班组、质检员、项目部三级质量保证体系。从而有力地促进了施工生产，全年未发生任何工程质量事故，为工程施工的顺利开展提供了有力保障。

（吕梁市建筑安装总公司）

房地产管理

【保障性住房目标任务完成】

2017年省下达吕梁市的保障性安居工程目标任务是：新开工建设棚户区改造11800套，基本建成7500套，完成投资45亿元。其中棚户区改造货币化安置不低于60%。公租房累计分配不少于21550套，即2017年需分配12066套。为确保完成2017年度各项目标任务，吕梁市自加压力分解下达市县区目标任务是：新开工建设棚户区改造13000套，基本建成8700套，完成投资50亿元。其中棚户区改造货币化安置不低于60%。公租房2017年计划分配15140套。

截至2017年底，省考核的各项指标完成情况是：

开工：全市棚改开工13668套，占省任务的116%、占市任务的105.3%。

基本建成：全市基本建成17683套，占省任务的235.8%，占市任务203.3%，提前半年完成全年任务。

完成投资：全市共完成投资51.67亿元，占省任务的114.8%、占市任务的103.4%。

货币化安置：全市货币化安置完成7207套，占省目标任务的101.8%，占市任务88.5%。

公租房分配：截至2017年底，全市累计分配公租房24105套（包括盘活项目2619套）。其中2017年分配公租房14883套（包括盘活项目2619套），占省目标任务12066套的123.3%, 市任务的98.3%。

融资情况：全市加大了棚改的融资力度，争取国开行和农发行的贷款。2017年已授信项目15个，涉及8县市授信金额50.42亿元，其中，国开行4个项目、22.4亿元；农发行11个项目、28.02亿元。

租金补贴发放情况：全市2017年租金补贴家庭10797户，受益29047人，发放资金2323.2342万元。其中市本级244户、670人，发放资金105.047万元。

【化解房地产库存抑制房地产泡沫情况】

2017年年初，市区累计可售面积45.33万平方米、3556套；累计新增可售面积11.56万平方米、1066套；2017年市区商品住房累计销售25.18万平方米、2414套，平均月销售2.10万平方米。2017年底市区累计可售面积31.71万平方米、2208套，其中待售面积21.48万平方米、1764套，商品房库存面积10.23万平方米、444套；去化周期按可售面积算为15.1个月，按待售面积算为10.2个月，去化周期已在合理区间（12-18个月）。

2017年，市区商品房供应量比上年同期减少4.9万平方米；销售量比较稳定，销售价格比较平稳，未出现暴涨暴跌，去库存周期已在合理区间。

加大市场调查力度厘清底数。2017年市房地产管理局用了20天时间，对市区房地产项目进行一次拉网式排查，完成对市规划区内开发项目房屋库存量调查工作，拿到详尽的第一手资料。

优化住房供应套型结构。吕梁市新建商品房以中小面积为主，套型建筑面积90平方米以下住宅所占比例大幅提高，达到75%以上。同时，为加快推进房地产去库存对部分120平方米以上的户型进行了分割。制定出台《吕梁市区2017商品房去库存行动方案》和实施细则。

合理调节商品房上市进度。建立商品房施工许可、预售许可批准规模与实际销售规模相挂钩的动态调整机制。每月商品房施工许可、预售许可批准规模要小于月均实际销售规模，实现库存总量稳步下降。市本级范围内所有新开工项目在主体封顶后才核发“商品房预售许可证”。

提高棚户区改造货币化安置比例。根据省厅关于棚户区改造货币化安置比例不低于60%的要求，进一步提高棚户区改造货币化安置比例，全年任务超额完成。

落实购买新建商品房补贴政策。2017年1月出台了《吕梁市规划区鼓励购买新建普通商品住房实施方案》，为农民或外来农民工、乡村医生、乡村老师、近10年毕业的大中专以上学历的学生、大学生村干部等发放200-300元/平方米购房补助；所有购买普通商品住房的购房人均可享受购房价1%的购房补贴。为使这一政策家喻户晓，先后在吕梁电视台、吕梁广播电台做宣传，购买新建商品房补贴政策的实施，推动了市区商品房去库存工作，全年商品房月平均销售由上年的1.5万平方米增加到2.10万平方米。

【住房租赁市场规范】

经调查统计，市区有非住宅租赁房屋3600余户，面积约16万平方米；住宅租赁房屋1.1万余户，面积约49万平方米。

会同市住建局制定印发《关于加快培育和发展住房租赁市场的意见》，认真做好化解房地产库存相关工作。

会同工商管理部门对市区房屋租赁中介行为进行规范，清理无照、无证经营、违法经营的中介机构，规范房屋租赁中介行为，培育、扶持具有良好品牌的房屋中介企业，鼓励品牌中介企业开展连锁经营，建立以房屋中介企业和物业公司为主的房屋租赁信息采集和对外公布渠道，为租赁当事人提供方便、快捷的信息服务。

完善租赁管理水平、增强服务意识，保障租赁双方的合法权益，做到市区房屋租赁情况明、底数清、控得住、管得严、服务好，确保规范化管理工作取得实效。

【建立健全中央、省补助资金绩效评价制度】

2016年和2017年连续两年与市财政局联合下发《关于城镇保障性安居工程有关情况和绩效评价报告相关事项的通知》和《关于城镇保障性安居工程财政资金绩效评价办法的通知》，形成评价报告并报省保障处。

【房地产市场管理】

2017年，吕梁市房地产管理局组织召开了物业行业协会第二届三次会议，表彰了物业管理示范小区6家、物业管理先进企业31家、物业管理优秀经理27名、物业管理先进工作者26名，有力地推动区物业管理工作健康有序发展。配合市城乡建设领域信访专项行动工作组，调查处理省交办信访案件9件，按上级要求顺利完成了各项任务。对《吕梁市物业管理办法》进行第三次修改，删除了资质管理内容。增加了部门职责，明确了属地管理、停车管理等几项重要内容。5月26日上午在吕梁宾馆二楼召开听证会，邀请行业专家、物业公司和社会各界人士听证。指导业主依法召开业主大会，成立业主委员会，推进业主依法自主维权，成立13家业主委员会。根据小区调研情况答复政协提案4份；处理社情民意服务热线案件16份，日常信访13件。

完成房屋档案查询工作。市房地产管理局配合省住建厅、市委组织部、市住房保障办、市公积金中心、民政部门及离石区相关部门核查档案2万份，出具房地产证明1.5万份。配合省住建厅、市委组织部完成干部有关事项申报工作中的房产核查工作，确保抽查核实工作稳步开展，未出任何纰漏。与市住建局协调配合，组建二手房交易备案系统，实现二手房交易及时联网上报。产权交易工作正常开展，完成二手房交易确认210户，交易面积32434平方米，新建商品交易确认308户，交易面积

38509平方米。

全年共测绘面积533625.64平方米，其中有华达房地产1-6幢，泰鑫房地产1-2幢；益众房地产1-7幢；新佳荣房地产5幢；分户图500多份。

【民生工程】

2017年，吕梁市房地产管理局完成了不动产登记中心26名工作人员的划转调动手续；做好年度财政预（决）算工作，确保职工经费来源。2017年在保障全员财政供养的基础上，争取财政支持，为市房地产管理局下属改制企业装潢公司职工（退役安置军人）齐忙乐一次性补交“五险一金”9万余元。为郝新生一次性解决医药费15.32万元，将护理费标准由1500元提高到了1950元，并将其医药费列入了年度财政预算；对市房地产管理局退役士兵安置工作进行全面自查，摸清了基本情况，并一一进行走访慰问，根据市、区民政局的要求，完成市房地产管理局安置的退役士兵安置期间生活补助的发放；推进原离石房屋建筑装潢公司改制工作，多次向政府领导专题报告，争取到财政支持，为职工每月发放400元生活补贴；完成市房地产管理局系统参公、事业人员历年来已缴个人部分养老保险清算和2016-2017年全部养老保险清算工作；理顺执法大队退伍安置人员王艳文的编制和工资手续；草拟《关于职称评聘晋级实施办法》，将事业人员职称待遇逐步推向常规化运作的轨道。

（吕梁市房地产管理局）

住房公积金管理

【概况】

1. 缴存金额创新高。截至2017年12月，全市实际缴存单位共4016个，缴存职工21.98万人，缴存金额17.56亿元，完成年度目标任务17亿元的103.29%，其中：市本级缴存职工5.06万人，缴存金额5.04亿元。累计归集总额103.81亿元，突破百亿大关，归集余额41.26亿元。

2. 提取任务超额完成。截至2017年12月，全市办理提取业务1.69万笔，提取金额3.90亿元，完成年度目标任务3亿元的130%，其中：市本级办理提取业务2264笔，提取金额0.96亿元。全市累计办理提取业务22.20万笔，提取金额62.55亿元。

3. 贷款发放稳步推进。截至2017年12月，全市发放贷款1888笔，金额5.82亿元，完成年度目标任务10亿元的58.2%，其中：市本级发放贷款396笔，金额1.32亿元。全市累计发放贷款18065笔，贷款金额33.07亿元，贷款余额20.65亿元。

4. 扩面工作成效明显。截至2017年12月，全市新增缴存单位497户，缴存职工17828人，完成年度目标任务20000人的89.14%，其中：市本级新增缴存单位139户，缴存职工1743人。

【掌握库存情况】

为了进一步了解掌握吕梁市区房地产库存情况，中心在上年集中对吕梁市区各大房地产公司库存情况进行调研的基础上，2017年，继续加强与房地产交易部门、楼盘开发单位的沟通和联系，先后多次深入各大房地产开发公司，实时了解、动态掌握吕梁市区房地产市场基本情况。经统计，从2011年至2017年11月底，在中心备案的共有开发商23户，26个项目，11823套房，总面积为302.37万平方米，已在中心备案的开发商楼盘中，已售11249套，库存574套。

【学习先进管理模式】

根据市政府领导安排，为了解决中心人员严重短缺问题，2017年4月27日，中心赴忻州市中心，就劳务派遣用人模式、信息化建设情况以及业务大厅建设情况进行了学习考察。按照省住建厅安排，为了加快推进中心信息化建设进程，12月3日-6日，先后赴朔州、大同、太原等兄弟市，就信息化建设、“双贯标”验收、综合服务平台建设、综合服务大厅管理及业务运行和管理等方面的先进经验和做法进行了学习考察。先后形成《调研报告》4份。通过广泛交流、讨论学习成果，使大家既开阔了视野、认识到了差距，又受到了启迪、增强了信心。

【加强政策业务研究】

2017年，中心一是开展全市建立住房公积金制度情况调研。按照省工会关于社会保险相关调研的有关要求，深入机关、企事业单位，特别是各类民营企业，扎实开展了为期1个月的住房公积金建制情况调研，全面了解和掌握住房公积金建制现状。二是开展新市民自愿缴存住房公积金调研。按照住建部《关于请协助做好新市民自愿缴存住房公积金政策调研工作的函》的有关要求，中心组织有关人员，重点对当前新市民缴存住房公积金的现状及建立自愿缴存机制的可行性进行了专题调研，并与住建部调研组进行了广泛而深刻的座谈，通过调研和座谈，对进一步加强住房公积金管理、规范住房公积金各项工作起到了强有力的推动作用。三是积极探索住房公积金“最多跑一次”对策。根据省住建厅大调研有关要求，就住房公积金“最多跑一次”改革进行了专题分析、研究、讨论，确立了“最多跑一次”改革的总体思路，制定了具体的工作措施，并向省住建厅调研组作了专题汇报。

【扩大公积金制度覆盖面】

2017年，中心实施政府推动、宣传发动、信息互动、执法带动“四个联动”工作机制，不断扩大收缴规模。

取得政府支持，全力推动缴存工作。主动向当地政府领导汇报并取得支持，同时，加强了与当地财政部门的沟通和协调，按规定缴存公积金，确保公积金均衡入库，满足公积金使用需要，全力推动缴存工作。

加大宣传力度，确保政策深入人心。全市上下联动，充分利用电视、报纸、微信、街头广告、宣传手册等宣传媒介，全方位宣传住房公积金低息贷款的惠民政策，持续提升社会知晓度和群众关注度。在吕梁市区、火车站、离石师范等大型LED屏进行滚动播放有关政策6万余次；印制《住房公积金政策须知》宣传册6万份；《住房公积金缴存贷款宣传单》2万份；《住房公积金缴存贷款宣传彩页》3万份，深入全市各大机关、企事业单位、个体工商户、集贸市场广泛散发，让更多的人了解公积金的有关政策。截至12月，全市报纸宣传累计21次，动态宣传56次，电视台20次，微信宣传48次，通过各种途径发放宣传资料10万份。

加强部门联动，摸清缴存基础信息。主动与当地人社、工商、金融等部门沟通、协调，逐步建立健全联动机制，及时更新社保、工商等部门提供的信息数据，进行精准化的对比筛查，为增强扩面工作针对性提供准确的数据支持，全面掌握和重点筛查全市企事业单位和社会团体等组织的公积金缴交情况，努力做到应缴尽缴。截至11月底，全市新增缴存单位497户，缴存职工17828人。

不断规范缴存，加大征稽执法力度。为了贯彻落实省住建厅《关于进一步做好企业阶段性降低缴存比例和缓缴住房公积金工作的通知》及《2017年省〈政府工作报告〉重点任务》工作要求，中心印发《关于规范和阶段性适当降低缴存比例及缓缴住房公积金工作的通知》。对欠缴停缴的单位，根据实际情况，确有困难的，可办理有关缓缴或降低缴存比例手续；对于经营正常，但不缴、少缴、漏缴等违规行为，要加大执法力度，确保按时足额缴纳公积金。

【房地产市场健康发展】

2017年，中心坚持以民生保障为重点，以政策调整为抓手，主动适应房地产市场的新变化，满足缴存职工住房消费的需求。

加强部门沟通协调。针对因不动产登记制度改革，对个人贷款业务形成的较大影响，中心高度重视，多次主动与国土、房产等部门沟通、协调，采取有效措施，最大限度降低影响程度。除汾阳市外，其他县市区均能正常开展装修贷款业务。

深入推进政策落实。在贯彻落实去年中心印发的《关于进一步放宽住房公积金贷款有关问题的通知》12 项贷款优惠政策的基础上，2017 年，中心又先后印发《关于进一步加强住房公积金贷款管理的通知》和《关于调整住房公积金提取贷款有关政策的通知》，新增了自然人担保单位，放宽了借款人担保限制，提高了担保额度，简化了贷款流程，全市 13 个县级管理部实现了贷款业务独立审批，大大提高了工作效率。同时，不断创新委托银行合作模式，推进“商转公”业务开展，与民生银行的“商转公”业务已实现正常业务办理，中国银行相关报告已报送市财政局。

结合实际加强支取。中心结合吕梁市公积金资金情况，认真执行中心在住房公积金提取方面的有关文件，进一步降低公积金支取门槛，完善支取流程，不断简化提取方式，竭力满足广大缴存职工的住房需求，切实做到应提尽提。截至 11 月底，全市办理提取业务 1.69 万笔，提取金额 3.90 亿元，完成年度目标任务 3 亿元的 130%。

【调查研究公积金现状】

按照年初对全市住房公积金缴存、使用情况开展调查研究的工作安排，2017 年，中心通过深入机关事业单位、国有企业及民营企业，重点就全市住房公积金缴存、使用情况开展调研，调研的内容包括：全市住房公积金归集扩面，缴存比例核定，是否有漏缴、断缴现象；住房公积金贷款需求、意向；了解收集住房公积金个人提取政策的意见和建议等。通过为期 1 个月的调研，对吕梁市住房公积金现状有了比较全面的了解，经认真梳理，存在的困难和问题主要为：企业缴存有困难，断缴停缴较普遍；信息化落后制约缴存工作的正常开展；管理人员缺乏，难以满足缴存业务正常需求；住房公积金制度宣传还不够全面，对公积金贷款认识不足；公积金拖缴、欠缴现象严重，严重影响职工贷款需求；对公积金贷款中担保方式的选择较难。通过调研，理清了困难和问题所在，为下一步不断完善吕梁市住房公积金制度明确了重点、指明了方向。

【风险防控体系建设】

2017 年，中心强化防控措施。坚持“一查、二问、三核实”的原则，实时查询掌握职工的购房、贷款等有关信息数据，一旦发现骗提行为立即冻结账户，对于情节恶劣的人员通报单位处理，大大减少骗提套提公积金事件的发生。执行“贷前严审、贷中规范、贷后跟进”贷款风险管理机制，强化日常监控，严格落实银行、担保公司考核细则，督促受托银行、担保公司加强对到逾期贷款的跟踪和催收工作。通过中心、受托银行、担保公司的共同努力，截至 11 月底，共追回逾期贷款 65 户，金额 143.73 万元，有效遏制了不良贷款的产生，防止了贷款风险的出现。

加大内审力度。严格落实内部审计制度，结合公积金业务拓展不断扩充审计覆盖范畴，以内审促规范、防风险。

为了不断完善住房公积金管理和使用行为，做好管理部负责人之间移接交工作及贷款审批权下放后的发放管理工作，中心印发《关于对有关县级管理部进行内部审计的通知》。重点对有关县级管理部，在缴存、提取、年度结息、贷款发放和归还及会计核算等方面进行内部审计。同时，在资料的真实性、政策的合规性、报表的准确性三个方面，对审计提出了具体要求。通过为期1个月的内部审计，共发现5个方面15个问题，都得到整改落实，进一步规范了全系统内部管理。

主动接受监督。按照全省审计工作的统一安排，全市审计部门对我市住房公积金管理系统2015年、2016年住房公积金归集、管理和使用情况进行审计。为了全力配合审计，中心高度重视，主动接洽，召开专门会议，进行安排部署，成立了领导组，印发《关于做好审计工作的通知》，制定《全市住房公积金审计工作实施方案》，确保审计工作顺利进行。市县联动进行审计工作，全系统审计工作进展顺利。中心规范业务管理，提高服务水平。对审计中发现的问题，不回避、不推诿，结合实际，进行深层次的分析，查找原因，从法规、政策和制度上提出有针对性的整改措施并认真加以落实，以达到运作规范、监管有效的目标，不断促进全市住房公积金管理工作的规范化、制度化和程序化。

整改落实。市审计局印发的《审计报告》和《审计决定书》下达后，中心及时召开有关人员会议，认真组织学习。经中心认真梳理，主要涉及住房公积金政策落实、管理体制、归集、扩面、提取、贷款、核算、增值收益、业务管理、管理费用支出等10个方面，共计30个问题。对于审计发现的问题，中心高度重视，先后召开主任办公会议、中心办公会议及县级管理部负责人会议等多次专题会议，根据存在的问题和不足，深刻分析主要原因，并就下一步严格整改落实进行了安排部署。印发《关于对审计发现问题进行整改的通知》，提出了具体的整改意见，明确了整改努力方向、整改责任科室（管理部）、整改责任人及整改时限。并结合中心实际，进行了认真整改落实。除了需要长期坚持重点整改的4个问题外，其他26个问题均已得到整改落实。

【信息化建设】

2017年，中心重视“双贯标”和综合服务平台建设工作，组织相关人员完成了项目可研、概算、评估、建设方案等前期准备工作，及时与云计算中心进行了对接，积极推动住房公积金信息化建设工作。

完成政府采购。通过多方沟通协调，于4月27日，在中国山西政府采购网发布《吕梁市住房公积金管理中心信息系统建设项目招标公告》。于5月23日，在中国山西政府采购网发布《吕梁市住房公积金管理中心信息系统建设项目中标公告》。

建立联动机制。为了顺利推动异地转移接续工作，于3月1号，与省建行建立工作联系机制，并与吕分行电子营行部完成了〔2017〕2号工作联系单，及时沟通和解决工作中遇到的各种困难和问题，异地转移平台建设已经完成，上线运行正常。

开展银行对接。积极与相关业务银行进行对接，保证公积金信息系统建设能够顺利进行。先后发文与工行、建行、交行、农行等进行对接，每个业务行都抽出5个由行长、分管行长、部门负责人、业务负责人和承办人组成的工作组。主任亲自带领中心技术人员去见每个银行的具体负责人，高度重视“双贯标”工作，并与银行的相关人员开展座谈，就遇到的实际困难进行现场办公，加快推进与银行进行的“双贯标”工作内容的落实，工作进展顺利，取得了各个银行的大力支持和配合。

推进数据录入。由于吕梁市大部分县级管理部还处于手工半手工状态，开展信息化建设，基础数据录入工作量非常大。为早日完成工作任务，中心先后抽调30名业务骨干深入管理部，充分发扬艰苦奋斗、勇于奉献的精神，集中1个月的时间，出色地完成13个县市区的基础数据录入工作。

项目顺利实施。6月22日，

中心与中标单位山西锐祺科技有限公司签订了合同；7月4日，该公司正式入驻中心，进入项目实施阶段；8月31日，完成软件需求对接；9月30日，基础数据录入结束；10月30日，数据移植全部完成；11月，中心先后组织了5次信息系统软件测试培训会，对系统需求进行了细化，对系统性能进行了联合测试，确保各项需求功能落实到位；于11月24日，经请示省住建厅同意，向住建部上报测试报告，并递交信息化建设系统上线申请，新的信息化系统12月下旬正式上线。

【办公条件改善】

市中心及13个县级管理部一直没有自己的办公场所，主要靠租借银行的办公场所来办公，且大部分管理部只有两间办公室，面积不足40平方米。中心高度重视，主动与委托银行沟通、协调，结合各地实际，竭力增扩办公场所。2017年，市中心及13县管理部办公条件均得到极大改善，大部分已经入驻。

【业务大厅建设】

根据信息化建设业务大厅建设标准，2017年中心集中人力、物力、财力，着力加强综合服务大厅建设。市中心及13县管理部业务大厅都得到落实，年前均可入驻。为了加强综合服务大厅管理，市中心增设了大厅服务科，并严格按照中心“三基”建设要求，进行了岗位设置。同时，要求各县级管理部要按照市中心“三基”建设要求，完善业务大厅岗位设置工作，为下一步建立全市住房公积金综合服务平台奠定基础。

【打造一站式服务平台】

2017年，中心按照“以服务树形象、以管理求效益、以创新求发展”的服务理念，不断改造内部和外部业务流程，提高业务办理效率，为广大缴存职工提供更加便捷、优质、高效的服务。一是提供一次性告知服务。制作住房公积金缴存、提取、贷款业务办理《一次性告知单》，并在中心业务大厅张贴和门户网站公布。二是推进“一窗受理，集成服务”。优化中心内部机构设置，将全部业务岗位前移至一线柜台，并增加授权，实现一个窗口办理所有类型业务。三是开展综合业务办理。依托中心综合业务大厅，邀请房管、不动产登记、银行等部门和单位入驻，实现职工一地一次性办完所有手续。

【干部队伍建设】

2017年，中心学习教育常态化制度化。为了进一步加强全系统政治理论学习，中心一直把学习教育“融入日常、抓在经常”，在抓长抓细抓实上下功夫、求实效，切实做到学深悟透武装头脑，全面践行推动工作，着力提高工作人员的政治理论素养。一是集中学习《习近平总书记系列重要讲话读本》。印发了《关于认真组织学习习近平总书记系列重要讲话读本的通知》，从2月14日开始，组织全系统集中学习《习近平总书记系列重要讲话读本》（2016年版）。共开展集中学习26次，专题学习讨论2次，二是开展学习《全面从严治党面对面》活动。印发了《关于组织学习全面从严治党面对面的通知》，从8月22日开始，利用6周时间，进行了11次集中学习和2次大讨论。三是自学《“七五”普法学习读本》。每位工作人员结合自身实际，利用空闲时间，对《“七五”普法学习读本》了认真自学。每位工作人员学习笔记达5万次以上，并认真撰写了心得体会3篇，开设学习专栏2期，交流学习成果。

加强业务知识培训。邀请省住建厅专家，深入13个县级管理部，开展了为期1个月的现场业务指导，通过专家的指导和培训，基本上理清了存在问题的根源，掌握了业务基本操作技能，提升了工作人员的业务素养。8月27日，全系统召开了住房公积金资金管理暨业务培训会。

强化干部队伍建设。在市委、市政府的全力支持下，中心干部队伍得到全面加强。一是新招录的4名工作人员，正在办理人事手续，为中心增添了新生力量。二是县级管理部选聘10名工作人员，先后完成了现场报名、资格审查、选聘测试、体检考察等选聘程序。三是招聘160名劳务派遣人员。为了创新用工模式，弥补全系统人员短缺问题，经请示市政府同意，按照公开、公平、公正的原则，向社会招聘了160名劳务派遣人员，进一步充分了全系统工作力量。

（市住房公积金管理中心）

环境保护

【概况】

2017年，吕梁市按照省委、省政府安排部署，紧紧抓住中央、省环境保护督察和铁腕治污行动的机遇，坚持问题导向、创新工作方法，以查处群众反映生态环保问题为抓手，以整改环保督察指出的问题为突破口，以生态环境质量改善为目标，全面落实生态环保“党政同责、一岗双责”，强化环保执法监管，制定下发《吕梁市2017-2018年秋冬季大气污染综合治理攻坚行动方案》，明确11方面29项任务。2017年10月初，吕梁市委、市政府召开中央和省环保督察反馈意见整改落实暨环保攻坚推进会议。会议要求全市各级各部门再发动、再部署、再加力，采取超常举措，坚决打赢秋冬季大气污染综合治理攻坚这场硬仗。在攻坚行动开展过程中，书记、市长亲自抓，负总责，多次主持召开市委常委会、市政府常务会专题研究部署环保工作，带头领办环保突出问题和重点工程，连续深入现场督查调研环保攻坚行动推进落实情况，全市上下“市、县、乡、村、企”五级联动，持续高压推进环境污染防专项整治。

通过一系列强有力的措施，秋冬季大气污染综合治理攻坚行动取得积极进展，吕梁市区环境空气质量同比好转。2017年10月1日至12月31日，吕梁市区空气质量综合指数7.68，同比下降11%，PM2.5平均浓度73ug/m³，同比下降13.1%，SO_2平均浓度80ug/m³，同比下降33.9%，二级以上天数48天，同比增加了17天，未发生重污染天气。虽然经过全市上下共同努力，环境空气质量有了较明显的改善，但由于吕梁市产业结构偏重单一，环境基础设施建设滞后等问题，实施生态环保整改整治，实现环境质量持续改善压力仍然巨大。

【环境整治】

2017年，市委、市政府以中央环保督察整改为契机，强化存量问题整改整治。市委书记李正印和市政府市长王立伟牵头抓总，其余市县党委政府班子成员和相关部门主要负责人按照“管行业必须管环保、管发展必须管环保、管环保必须抓落实”要求，认真落实环境保护“党政同责、一岗双责”，积极推动环保问题整改落实。市委常委会、市政府常务会多次研究部署环保工作，主要领导以上率下，带头领办环保事项，市县两级645人共领办环保事项1242项；中央、省环保督察反馈的36个问题75项整改任务，已完成43项，其余正在按时序要求整改。全市33家焦化企业二氧化硫不能稳定达标排放问题，全部完成提标改造，基本做到稳定达标排放；966台燃煤锅炉和城区10吨以下燃煤锅炉全部取缔；市区划定了“禁煤区”，20蒸吨/小时以下燃煤锅炉全部淘汰，对所有烧烤摊点进行了规范化整治；对477户选（储）煤厂、237户石料厂进行整治，关停选（储）煤厂100户、关闭石料厂61户、整合99户。全市先后安排部署“五城联创”“十大特色镇”创建、“千村整治百村示范”工程，全方位、宽领域开展环境综合整治。

【环境治理】

2017年，全市共排查“散

乱污”企业355家，纳入取缔的317户企业已全部取缔，纳入整改的38户企业正在停产整改；建成区淘汰1087台燃煤小锅炉；完成集中供暖、“煤改气”、“煤改电”清洁采暖改造12.57万户，其中，集中供热完成10.15万户，煤改气完成2.08万户，煤改电0.34万户；334台燃煤工业锅炉完成了对标提质改造；29户企业挥发性有机物治理工程全部完成；176家重点行业生产企业经监测评估实现达标排放175家；对733户企业采取了错峰限停产措施；对吕梁市区周边20公里范围内51个村8684户居民置换硫份低于0.6%、灰分低于10%的清洁煤18141吨，收缴劣质煤2818户11695吨，汾阳市市区周边供应居民清洁型煤1万余吨。

【环保执法监管】

2017年，中央、省环保督察交办吕梁市群众反映的883件（中央交办31批307件，省交办31批576件）问题全部查处办结，省强化督察发现问题710件，整改办结638件，市县两级环保部门接收到的702件群众举报环境问题，查处办结693件。坚持以铁的心肠处罚问责，形成环保执法执纪的高压态势，全市整改环境问题1856个，先后关停取缔企业78户，停产整改企业57户，对604户企业作出经济处罚，共罚款6466.05万元，对4户企业进行按日连续处罚，对17户企业采取了查封扣押措施，对188户企业采取了限制生产或停产整治措施，移送公安机关涉嫌环境违法犯罪案件39起，公安机关对46人进行行政拘留，对19人采取刑事强制措施；对214名责任人进行问责，其中党内警告61人，党内严重警告29人，行政记过2人，行政警告48人，诫勉谈话57人，免职2人，书面检查2人，通报批评4人，批评教育9人。通过案件的查处，集中解决了一批突出环境问题。

【制度建设】

2017年，市委、市政府先后制定《吕梁市党政领导干部和企业法人领办突出环境问题工作制度》，将领办事项纳入年度目标责任制进行考核，下发《关于改善生态环境质量的实施意见》，印发《吕梁市取缔散乱污企业》《吕梁市区扬尘污染专项整治实施方案》等8个环保专项整治实施方案，市人大《吕梁市扬尘污染防治条例》完成立法，印发《关于进一步完善落实各级网格化环境监管工作的通知》《关于进一步加强对生活用散煤质量进行管控的通知》《吕梁市区及周边地区大气污染控制十条措施》等制度。加大对环境保护的考核督查，市政府与13县市区政府签订了环保重点整改工作任务责任状，加大环境保护工作在责任制考核中的分值，大气、水4项考核指标由3分增加到11分，同时增加3项差异化考核环保项目，党政领导干部领办环保事项3分，淘汰燃煤锅炉2分，水污染防治工程建设2分；把环境保护分值由5分提高到7分，并实行“一票否决”，为有效实施环保攻坚奠定了一系列制度基础。

【环保宣传】

为了有效推进问题整改，2017年，市政府采取“四个一批”的推进措施落实污染整改整治，即：公开约谈8个生态环保问题突出的县市区党委政府；挂牌督办了一批环保工程建设项目；公开通报一批查处的环保典型案件，领导领办一批重点环保整改事项，有力推动了环保整改工作的顺利进行。充分利用广播、电视、报纸、互联网等媒体，宣传环保先进典型，公开曝光环境违法行为，全年省、市电视台播放环保新闻164件，《吕梁日报》刊报生态环保新闻260余条，吕梁环保门户网站发布吕梁环保信息1920余条，开通了“吕梁环保发布微信公众号”“吕梁环保微博”双微信息平台，及时公开环境信息，广泛接受群众监督。在市区及周边安装投运了48个空气质量微观监测站，充分运用

"人防、技防、联防""四个一批""四不两直"等生态环保监管方法和制度，加密对区域和企业的检查频次。下发《关于进一步加强露天焚烧污染物管控的通知》，以县（市、区）、乡镇（街道办）、村（组）为责任主体，建立有奖举报制度，实行巡查问责、分片监管。市政府印发《吕梁市秋冬季工业企业错峰生产实施方案》，对213户企业实施了错峰生产，其中停产159户，限产54户。重新修订下发《吕梁市重污染天气应急预案》，进一步完善了重污染天气预报预警工作机制，启动预警响应12次，橙色8次，黄色4次，持续43天。733户工业企业按照应急预案要求，实施了限停产措施，有效遏制了重污染天气的发生。

（市环境保护局）

城市管理服务

【巡察整改】

按照市委安排部署，2017年1月17日至5月3日市委第四巡察组对中心落实两个责任、落实中央八项规定精神、加强党风廉政建设和城市管理工作等方面进行为期三个多月的专项巡察。根据市委第四巡察组反馈的巡察情况，中心直面问题、立说立行，以整改落实为契机，进一步完善制度、强化了管理，要求各部门举一反三、吸取教训，紧盯整改问题不放，坚决做到"不达目的绝不罢休、不见成效绝不收兵"，确保整改工作落到实处、见到实效。成立巡察反馈意见整改工作领导小组，先后召开党总支、党总支扩大会议、主任办公会议、主任办公扩大会议共6次，认真学习讨论《关于市城管中心的巡察反馈意见》（吕巡办发〔2017〕9号）文件精神，认真剖析、深刻反思、对号入座、认领问题，专题研究部署，强力推动了巡察反馈整改工作的落实。制定《吕梁市城市管理服务中心关于市委第四巡察组巡察反馈意见的整改工作方案》，围绕反馈问题、逐条对照、逐项梳理，列出问题清单、责任清单和整改清单，明确了具体整改任务、工作措施、完成时间、分管领导和责任部门，形成"一把手负总责、分管领导亲自抓、科室负责人具体抓、一级抓一级、层层抓落实"的工作机制，既从点上抓具体事具体人，又从面上抓管党治党的落实。完善规章制度。坚持边查找、边整治、边完善，先后制定完善《市容市貌管理办法（试行）》《关于领导干部到下乡点调研指导的通知》《进一步贯彻落实中央八项规定实施细则》《关于从严管理业务用车和公务用车的通知》等规章制度，逐步构建配套衔接、切实可行、管用长效的制度体系。加强党的建设。出台《三基建设工作方案》，制作"一目录三手册"，完善《党支部民主生活会制度》《党支部发展党员制度》《党支部大会制度》《党支部表决制度》等制度，按时完成总支、各支部的换届工作，按市委组织部、市直工委安排召开专题民主生活会、基层组织生活会，积极培养入党积极分子，组织全体党员、干部职工参加"两学一做"知识竞赛等。基层组织的战斗堡垒和党员的模范带头作用得到了明显加强。规范管理行为。一线工作人员上岗期间必须坚持"四个做到"：即做到按规定穿着制服和佩戴标志标识，不穿制服的一律不得参与执法行为；做到从事执法工作时主动出示执法证件，事业招聘人员和协管员必须佩戴上岗证；做到执法过程中坚持语言文明和举止规范；做到执法活动实行全过程记录，要按规定使用执法记录仪，不得无故闲置不用。根据工作需要，给市容、广告、建筑垃圾等一线执法部门发放执法记录仪30余部。坚持处罚与教育相结合，对违规暴力执法，引发严重后果的，对部门负责人和当事人采取相应的组织措施。

【建筑市场管理】

2017年，吕梁市城市管理

服务中心根据市人民政府办公厅《关于印发吕梁市区国有土地上存量违法用地违法建设集中处置办法的通知》精神，加大控新查旧力度。推进“两违”处置。作为吕梁市“两违”集中处置领导组办公室，城管中心负责协调市住建局、市国土局、市房产局、市城管中心按照各自职责处置“两违”项目，为简化流程、提高效率，拟定《吕梁市“两违”集中处置领导组关于存量“两违”集中处置有关问题的规定》，明确处置流程、时限规定、部门责任、测绘、评估等10方面的问题，促进“两违”项目的查处。通过执法支队再三督促，市区国有土地上67项“两违”项目，提出接受“两违”处置申请资料的项目50个，已对40个项目的“两违”行为进行了调查，并集体研究提出了初步处理建议。打击违建行为。执法支队、建筑垃圾办、协管办协同配合，形成网格化监管体系，全年共制止违建行为40余次，立案29起，下达《停工核查通知书》《责令停止违法建设行为决定书》《责令改正通知书》《违法建设处罚决定书》等各类执法文书32份，收缴罚款227.42万元。及时移送、告知离石区城建执法大队集体土地上的违法建设65项。强化工地管理。坚持提前介入监管，及时制止私自开挖行为10余次，处置建筑垃圾20余万吨。加强扬尘管理，城区棚户区改造等建筑物拆除全部采取喷淋措施降尘，国有土地上建筑工地出入口一律进行了硬化，临街工地设置砖结构围挡，墙体喷绘了公益性宣传广告。针对城区供热、中水、污水等工程项目集中，施工垃圾数量大、分布广的问题，进一步加大督促监管，对于裸露的建筑垃圾全部要求绿网覆盖或临时硬化，有效遏制扬尘污染。

【市容环境管理】

2017年，吕梁市城市管理服务中心结合全市开展的春季行动、夏季攻势、秋季会战、三基建设现场会等工作，进一步强化市容环境管理工作，每次集中行动中心领导班子都亲自带队，走遍城区主要街道，深入一线现场督办。根据不同区域的实际情况，组织世纪广场贺昌路、莲花新区昌平路、凤山路等地段的集中整治。全年清理取缔主次干道两侧占道经营、店外经营、露天烧烤摊点1500余户，拆除各类违章搭建的铝合金房、彩钢瓦房、活动板房100余户，整改不合格牌匾80余块，拆除违规乱设电子屏、立体灯箱、广告牌匾500余块，倾倒无主建筑垃圾、渣土、废弃杂物5000余立方米，清理乱贴乱画、乱搭乱挂条幅、喷绘、橱窗小广告5万余条。为便于市民、商家张贴广告，新增34个便民信息张贴栏。为方便市民购物，建成投运了城北农贸市场，疏导周边商贩入市经营。针对露天烧烤、餐饮油烟的问题，组织3次集中整治，印发《关于对市区烧烤摊点进行规范化整治的通知》300余份，《市区餐饮服务经营场所安装高效油烟净化设施的通知》500余份，取缔违规露天烧烤摊点10余户，暂扣烧烤架20余个，规范200余户烧烤经营者入室经营，说服动员餐饮服务业经营者安装使用高效油烟净化设施108家。加强公厕、特种垃圾管理，强化对厕所管理人员保洁培训和日常督察工作，新建的20座公厕严格按星级标准保洁运行。

【重点项目建设】

2017年，吕梁市城市管理服务中心负责第二污水处理厂一期工程建设、生活垃圾焚烧发电厂前期手续办理、公共自行车项目设施等重点项目。

第二污水处理厂一期工程。位于柳林县李家湾乡梁家会村，远期至2030年日处理能力5万吨，近期至2020年日处理能力3万吨，工程一次设计，分期实施。一期工程占地87亩，投资概算22460.5万元，年处理能力3万吨/日，2016年9月开工。

工程建设一波三折，涉及离石区、柳林县2个乡镇，5个自然村，隔三岔五就有阻工现象，致使工程不能如期推进，为此中心主要领导经常驻守工地，既协调解决问题，又协助制定方案，既督察检查，又协调推进，有力地推进了建设进度。共铺设管网6771余米，完成建筑物约6000平方米、构筑物约4000平方米，安装设施设备700余台。

污泥处置中心建设。根据省住建厅《2017年全省住房和城乡建设工作目标责任书》，市政府办公厅《关于印发吕梁市改善城市人居环境2017年行动计划的通知》《关于印发吕梁市水污染防治2017年行动计划的通知》等文件精神，2017年底市区须建成投运污泥处置中心。针对新的要求、新的任务，市城市管理服务中心本着“节约投资，加快进度”的原则，多次与天津市政设计院（第二污水处理厂设计单位）对接讨论，经市政府同意将原日处理38吨污泥的第二污水处理厂污泥脱水车间改建为日处理50吨污泥的市区污泥处置中心，与第二污水处理厂同步建设、同步运行。

市区公共自行车项目。该项目是2017年市委、市政府确定的“六大民生”工程之一。投资1600余万元，在市区建设自行车租赁点100个，每个站点根据市区人流量多少设置自行车数量不等，共配置自行车2000辆。服务范围东至滨河南东路永宁嘉苑，西至西崖底，南至龙凤南大街泰化学校，北至火车站。项目于10月中旬开始施工，12月20日正式投运，极大地方便了市民的出行。

生活垃圾焚烧发电项目。根据2016年第37次市长办公会议纪要精神，中心负责按PPP模式筹建生活垃圾焚烧发电厂，经过多方论证、协调，项目选址在柳林县下白霜村沟内，占地约85亩，建设规模为日处理生活垃圾约1000吨，投资估算约5.6亿元，建成后可处理离石区、柳林县、中阳县、方山县大部分生活垃圾。已完成项目建议书、选址研究论证报告书，可研报告编制，能评、环评已招标正在编制。

【生活污水处理厂】

2017年，针对污水处理量不足和水质不稳定的问题，中心要求污水处理厂全面排查，全面整改。投资299余万元对北川河河道内DN1500的混凝土管455.5米，DN1500的钢带波纹管24米进行了改造，日增加污水量4000余吨。科学调度，合理使用药剂，最大限度减少设备故障对水处理的影响，提高出厂水质。2017年共处理生活污水702.95万吨，平均日处理2.07万吨，处理污泥5005.4吨，含水率为73%，全部运往生活垃圾处理场卫生填埋，出水指标达到国家一级A标准。

【生活垃圾处理】

2017年，中心严格按照倾倒、铺摊、压实、喷药、覆盖的标准规范作业，确保生活垃圾无害化处理率达到百分之百，2017年生活垃圾处理场累计消纳生活垃圾21万余吨，平均日处理580余吨，处理垃圾渗滤液2.37万吨，出水水质符合国家垃圾渗滤液排放标准。

（市城市管理服务中心）

园林绿化

【“三山”绿化管护】

2017年，市园林绿化管理局主要承担市区龙、凤、虎“三山”林木的管护工作，按照市政府投资安排，实施“三山”林木管护，确保“三山”林木健康生长，创造绿色宜居环境。

从2016年9月起至2017年10月，市园林绿化管理局按市政府预算投资安排跨年度组织实施以“三山”清除蒿草、护林防火、道路维护、树木移植保护、病虫害防治五大项工作为重点的管护工作三个轮次。实施管护面积3.8万亩，管护各类苗木734.87余万株（穴），清除蒿草面积达2.9871亩。在具体实施过程中采用政府购买服务方式，将“三山”按地域划分若干个管护区域，采取专业队清除蒿草，增派护林员分段负责，加大病虫害预防监控，确保“三山”林木全年未发生病虫害、森林火灾及盗砍事件，促进林木的健康生长。2017年进行第二次林地蒿草清除及水毁道路修复，到10月底全面完成任务。随着年林木积蓄量的增加，生态功效开始显现，市区的空气质量大大改善，而且实现了市区“三山”范围内春花、夏绿、秋景、冬青的良好绿化效果，成为吕梁市区最大最美的绿色生态景观屏障。

【吕梁新区“两山”绿化】

吕梁新区东西两山绿化项目，西山南起西属巴村，东至大武村；东山南起苏家崖村，北至环城高速路西。绿化面积14000亩，预算投资15000万元。根据市政府安排，2017年实施西山绿化，2017年年底可行性研究报告编制完成，并完成作业设计，工程预算已上报市财政评审中心。市园林绿化管理局向市政府专项请示审定投资规模及建议采用PPP融资模式。待批复后立项。8月9日，市长王立伟调研新区两山绿化后，对绿化工作提出新的指导意见，要求按山地公园建设标准重新规划设计。由市新区办与天津园林规划设计院对接处理历史遗留问题，重新签订合同进行详规设计。经审定设计和投资规模后确定建设模式组织实施。

（市园林绿化管理局）

旅　游

旅游发展委员会

【概况】

2017年，吕梁全市累计接待旅游者总人数4570.44万人次，同比增长32.69%，实现旅游总收入389.24亿元，同比增长32.89%，高于任务将近8个百分点。旅游总收入增幅排名全省第二。

【旅游宣传】

市委、市政府领导重视旅游宣传。2017年4月16日“乘汾酒号列车 赏吕梁山风光”旅游季活动启动，市委书记李正印、市长王立伟分别接受媒体记者采访，从吕梁推出的精品线路，到吕梁独特的文化旅游优势，从景区的“自我革命”，到文化旅游业对吕梁的重要意义，逐一深度解码，大力宣传吕梁旅游。在《人说山西好风光》第二季电视竞演汾阳贾家庄主场录制现场，李正印一口气道出了30多个“吕梁”，全方位盛情推介吕梁，7月15日又在总决赛现场参加“黄金100秒”环节，在全省乃至全国影响深远、意义重大；王立伟在长治八泉峡吕梁客场的竞演现场谈起吕梁旅游如数家珍；市政府分管领导在客场以“超级导游”的身份对吕梁旅游进行全方位的介绍，在主场又带领旅游、文化等部门人员参加“超级问答”环节的竞演。在8月31日召开的“2017亚洲旅游产业年会”上，吕梁市荣获2017年“亚洲旅游‘红珊瑚’奖——最受欢迎旅游目的地”奖，李正印荣获2017“年度产业贡献人物”奖。9月17日，在“山河多娇、英雄吕梁”首届山西艺术节吕梁文化艺术周开幕式上，王立伟在致辞中大力宣传吕梁市的文化旅游资源，展示吕梁新形象新成果，提升吕梁知名度美誉度。在2017年山西省旅游发展大会上，王立伟从红、黄、绿等不同角度，向来自海内外的600多位嘉宾浓墨重彩地介绍了吕梁旅游的多姿多彩、特点特色，并诚邀社会各界来吕梁旅游观光、投资发展。7月7日和7月9日，市分管领导李月勤带队赴内蒙古呼和浩特市和包头市举办两场吕梁旅游推介会。呼和浩特、包头市旅发委，130余家旅游企业和40余家新闻媒体参加。市旅发委和旅游协会分别与包头市、呼和浩特市旅发委、旅游协会签署了《旅游合作协议》，交城县红马甲等3家旅行社分别与内蒙古6家旅游企业签署合作协议。当地多家新闻媒体对吕梁丰富的旅游资源进行报道。

在2017年4月16日开通的“汾酒号”特快城际列车的车厢内外喷印“山河多娇·英雄吕梁”的旅游宣传主题、投放吕梁旅游简介、重点景区图片等进行宣传。借助“汾酒号”列车的开通，启动为期3个月的“乘汾酒号列车 赏吕梁山风光”旅游季活动，推出六条精品线路，出台“奖、免、补”三大优惠政策。继“乘汾酒号列车 赏吕梁山风光”旅游季活动后，吕梁市又先后启动“吕梁 一个令人向往的地方”旅游季和冬季旅游活动。活动开展以来，书记市长亲自部署，带头推介吕梁旅游；分管领导和旅游部门精心组织，全力推动活动落实；各县（市、区）党委政府、旅游部门、景区景点、旅行社积极响应，开展各项工作。

市旅游发展委员会组织各县局、重点景区和部分旅游企业先后赴北京、广州、天津、安徽、重庆、平遥等地开展旅游宣传促销，发放宣传资料，进行推介洽谈，推出旅游精品线路、特色产品、景区景点、奖励政策等，让更多的国内外人士对吕梁有了更深的了解与感知，吕梁悠久的历史、深厚的文化和丰富多彩的旅游资源也赢得了在场所有嘉宾的好评。

吕梁市发行吕梁旅游“惠民一卡通”首发，仅需100元可畅游吕梁方山北武当山、碛口风景名胜区、柳林昌盛农场、孝义三皇庙、汾阳贾家庄等20余家景区。11月24日，吕梁市旅发委、旅游协会、吕梁学院联合举办“游天下品美食”感恩晚会，主题推介吕梁旅游一卡通的20个景区。

全市在高速沿线和干道增加和丰富旅游广告宣传牌，增强宣传力度。2017年在吕梁境内的7条高速路出入口、吕梁火车站、吕梁机场的广告牌、电子屏上进行“山河多娇·英雄吕梁”“游廉吏成龙故里 赏美丽山口村庄”等主题形象宣传。部分县市区也纷纷在高速沿线、县城内设置大型宣传牌，如交城县投资62.5万元在高速口设立马踏飞燕形象堡垒。

各县市区通过新闻发布会、旅游推介会，借助微信公众平台、新闻媒体渠道大力宣传本地旅游资源和节庆活动，纷纷推出了丰富多彩、特色鲜明的文化旅游主题活动，如汾阳市“乡村风车节”；离石区大型民俗文化实景剧表演《沟梁上的土疙瘩》；交城县“褐小美带您游交城”系列活动；柳林县“相约穆村，情牵古镇”集体婚礼暨啤酒文化节；临县第三届“青塘粽叶香”民俗文化节；文水“苍儿会杯”2017首届吕梁旅游形象大使评选暨世界旅游小姐大赛吕梁赛区选拔赛；中阳县首届道棠“端午民俗文化节民歌大赛”活动；岚县第三届“土豆花开了”旅游文化月；方山县北武当山“第五届中国北武当道教文化旅游月”；孝义市《水舞孝·义》大型水上灯光实景剧；石楼县“赏槐花、品槐蜜”等富有特色的活动，助推吕梁市生态旅游、乡村旅游、红色旅游全面开花。

【旅游景区体制机制改革】

2017年，吕梁市参加全省旅游景区（景点）体制机制改革的景区共20个，涉及11个县市区，占全省149个参加改革景区的13.4%。其中，碛口、北武当山是省政府挂牌督战的重点改革景区。19个景区都按时完成体制机制改革任务（方山南阳沟景区已关闭，退出改革任务）。其中：3个事业单位管理的景区在这次改革中实现“两权分离”。7个景区在改革前实现“两权分离”，按照省委、省政府〔2016〕34号文件精神，改革进行经营机制创新和引进战略投资、专业化管理团队。9个公益性景区按照省委、省政府〔2016〕34号文件精神，增加了经营项目，丰富了旅游业态。

【旅游规划编制】

2017年，吕梁市编制的《吕梁市沿黄旅游发展规划》论证稿进入评审阶段。《吕梁市关帝山旅游发展规划》市政府同意编制，进行公开招标，规划工作启动。方山县、兴县旅游总体规划编制完成，已经评审。临县、柳林县、孝义市、中阳县旅游总体规划正在编制。汾阳市、石楼县、离石区的旅游总体规划启动。交城县卦山＋玄中寺＋英雄广场创建

AAAAA 的规划已报省旅发委；孝义市孝文化国家 AAAAA 级旅游景区的创建规划正在编制；方山县北武当山与北京江山多娇规划院签订创建 AAAAA 规划合同。兴县晋绥边区革命纪念馆、黑茶山创建国家 AAAA 级景区提升规划编制完成；岚县白龙山、饮马池、土豆花开了，柳林县抖气河创建国家 AAAA 级景区提升规划正在编制；离石区千年景区已将创建国家 AAAA 级景区的申报资料提交省旅游发展委员会。

【旅游基础设施建设】

2017 年，交城县规划设计 4 座游客服务中心，交城县游客服务中心已正式运营；装修文旅双创基地游客中心；投资 780 万元建设规模 1500 平方米的庞泉沟游客服务中心和投资 4000 万元建设规模 11410 平方米的城区游客集散中心，正在办理手续。方山县北武当山景区投资 6000 万元启动了索道建设，已完成地桩 8 个。交口县积极打造以红军东征指挥部旧址为中心的红色旅游景点，投资 720 万元完成规划，进行拆迁等前期工作。兴县晋绥边区首府旅游区、黑茶山景区旅游交通标识牌完成设计；蔡家崖旅游富民工程三星级旅游厕所项目通过了验收，具备投入使用条件。石楼县黄河第一弯大型活动广场的征地工作结束。中阳县启动了凤凰山生态公园维修项目及拓展项目，打造城区休闲生态文化景观；柏洼山停车场平整垫压 70 余亩。临县陕甘宁晋绥联防军和中央后委的维修工作已经接近尾声，其中，中央后委陈列室已经开始陈列布展工作。11 月 4 日国家旅游局推出 10 个国家旅游示范基地，山西汾酒文化景区入围。11 月 19 日，以“世界名酒·共享荣耀”为主题的 2017 上海国际酒交会在上海举办，同期举行的“世界名酒价值论坛”颁布了世界烈酒十大产区名录，吕梁汾酒榜上有名。

【旅游厕所革命】

2017 年，吕梁市按照“数量充足、干净无味、免费使用、管理有效”的水冲式旅游厕所标准推进厕所革命，市旅发委给各县市区旅游局签发责任状，将旅游厕所作为景区建设的一项硬性指标。2017 年省旅发委要求吕梁市完成 92 座旅游厕所。吕梁市完成旅游厕所 97 座，超额完成目标任务。

【旅游市场秩序整治】

2017 年，吕梁市开展了旅游市场秩序整治活动，继续牢固树立安全“红线”意识，确保安全旅游，不断加强对旅游安全工作的组织领导。建立“一岗双责”安全工作包联制度，将各项工作落到实处，责任到人。在国庆、中秋小长假期间，市旅游发展委员会和相关单位组成检查组，进行旅游市场秩序和安全督查排查整治；8 月 7 日至 10 日省旅发委对吕梁市 13 个景区和 14 个旅行社进行检查，提出存在问题，要求限期整改。相关县市区政府及时召开专题会议研究，出台整改方案，明确整改时限，整改任务顺利完成，全市旅游市场秩序和安全工作平稳可控。

【吕梁市“十三五”红色旅游实施方案起草】

吕梁拥有丰富的红色革命资源，主要分布在临县、兴县、石楼、交口等县，是红军东征的主战场，也是中央后方工作委员会驻地、晋绥边区革命根据地、革命烈士纪念地，蕴含着丰富的革命精神和厚重的历史文化内涵。2017 年 6 月 21 日，习近平总书记在吕梁兴县考察时说：“革命战争年代，吕梁儿女用鲜血和生命铸就了伟大的吕梁精神。我们要把这种精神用在当今时代，继续为老百姓过上幸福生活、为中华民族伟大复兴而奋斗。”为充分发掘和利用好历史文化资源，积极发展红色旅游，广泛开展爱国主义和革命传统教育，大力弘扬和培育伟大民族精神，不断增强民族凝聚力，推动老区经济社会协调发展，根据《2015-2020 全国红色旅游发展规划纲要》山西省“十三五”红色旅游实施方案》，市旅游发展委员会起草了《吕梁市“十三五”红色旅游实施方案》。

【文物保护】

2017年，市旅游发展委员会组织上报《全市国保、省保文物单位的保护和利用情况调查表》和《吕梁市各级文物保护单位内宗教活动场所统计表》等。全市国保、省保文物单位的保护和利用情况调查涉及26处国保单位和55处省保单位，经调查其中12处国保单位和6处省保单位已开放，8处国保单位和13处省保单位基本具备开放条件。各级宗教部门对54个文物保护单位审批为宗教场所（31处文物保护单位为省宗教局批准，其余为有关县宗教局批复），其中8个为国保单位，6个为省保单位，4个为市保单位，36个为县保单位。

督促各县市区文物保护规划和修缮方案及时编制。交城县聘请山西省古建筑有限公司编制完成《卦山—天宁寺文物保护规划》；临县、兴县、汾阳、柳林等县聘请省文物专家编制了宿皇寺、晋绥日报社旧址等文物保护单位的修缮设计方案；方山县南村城址配套设施项目初步设计已编制完成，等待县发改局批复；交口县编制了郭家掌毛主席路居和云峰观（地藏殿、鬼谷殿、三官殿）的修缮方案。

指导孝义、临县、兴县、岚县、方山、文水等县完成全市18处第五批省保单位保护范围及建设控制地带划定工作，对孝义、柳林、临县、文水、方山县、岚县所绘图提出了修改意见；与市住建局联合上报吕梁市18处第五批省级文物保护单位划定保护范围及建设控制地带的文件和图纸等资料。

【文物修缮保护项目】

2017年，吕梁市新开工维修古建维修工程15项，续建项目5项，已招投标和正在办理开工的项目有7项，完成投资近1800万元。已招投标和正在办理开工的项目包括碛口古建筑群修缮（包括详记烟草、长兴店和西湾东财主院等）、石楼县殿山后土圣母庙修缮、兴县晋绥日报社旧址修缮、交口县千佛洞、孝义市慈胜寺和天齐庙、文水县麻家堡关帝庙修缮等。方山县基本完成于成龙故居院外改造工程；交口县对省级历史文化名村、中国传统古村落西庄古村进行了修缮，修缮麟厚堂（毛泽东路居地）、幸福泉；兴县晋绥革命纪念馆投资4300万余元开展了晋绥分局旧址修复。

【文物保护项目管理】

2017年，市旅游发展委员会组织上报了临县碛口古建筑群黑龙庙等文物维修方案申请评审报告；对汾阳法云寺、汾阳铭义中学6号楼修缮和7号楼养护工程等4个勘测设计方案进行评审批复，及时向省局文物处进行备案；对方山县大武鼓楼、文水梵安寺塔保护修缮工程和汾阳太符观彩塑壁画保护修复工程开工备案工作提出审核意见；组织柳林、汾阳、交城等县填报了申请中央专项转移支付项目绩效目标申报表，对全市“十二五”期间国家重点文物保护专项补助资金安排使用情况进行汇总上报；参加汾阳太符观西窑洞等修缮项目检查验收。

【文物项目申报认领认养】

一是安排部署汾阳、临县等9县填报2017年和2018年申报国家文物保护专项补助经费项目计划书，组织申报全市2017年和2018年省级文物保护专项补助经费项目，孝义市慈胜寺、方山县于成龙故居及墓地等20处国、省保古建筑保护单位申请列入2018年省级养护资金使用计划。二是组织汾阳、柳林、方山、文水县申报6个国保单位文物保护项目计划书。三是组织申报全市2017年和2018年省级文物保护专项补助经费项目。2017年申报国家文物保护专项补助经费项目13个，争取到北齐长城魏家滩段抢险加固、孝义慈胜寺修缮、石楼后土圣母庙修缮等6个项目的国家文物保护专项补助经费738万元；申报省级文物保护专项补助经费项目13个，争取到汾阳市虞城五岳庙、文水县麻家堡关帝庙方山县贺龙中学等7个项目的省级文物保护专项补助经费880万元。2018年申报国家文物保护专项补助经费项目13个，申报省级文物保护专项补助经费项目14个。四是编制吕梁市动员社会力量参与文物保护利用"文明守望工程"实施方案，组织上报了需社会力量参与文物保护项目15项，经过多次督促，离石、文水、孝义、交城各有1个项目被社会有识人士认领认养，离石烈士楼最先被吕梁晋绥边区文物研究院有限公司认领认养。

【文物考古勘探】

2017年，市旅游发展委员会对吕梁护理学院、吕梁师范、孝义大医院、方山新兴矿业陶瓷土露天开采工程、307国道改线中阳和柳林段、中阳县境内的所有发电项目等线路路径选址开展文物调查工作，调查面积100余万平方米；对临县三交等地移民安置房、吕梁市新建群众艺术馆、吕梁救灾物资储备库、吕梁大医院开展了勘探工作，勘探面积共计30余万平方米；对山西湘电古冶新能源有限公司交城县横尖、会立99.5兆瓦风电场项目用地开展文物勘探和发掘工作，使地下文物得到妥善的挖掘、保护，有效地遏止建设工程对地下文物的破坏，确保地下文物的安全。

【博物馆、纪念馆建设与陈展】

2017年，吕梁市组织市汉画像石博物馆、汾阳和交口县文物旅游局的12件套文物参加了运城市博物馆承办的四省瓷器展览。

吕梁市汉画像石博物馆对展厅进行改造，新增展厅面积500多平方米，提高了博物馆的整体功能。举办"包罗万象·玄幻纷呈——全国汉画像石拓片精品展"，精选从河南、山东、江苏、安徽、四川、陕西、山西等地不同时期、不同内容、不同风格的代表性拓片120余幅，呈现一个异彩斑斓的汉代世界。联合吕梁山古兵器博物馆和吕梁山革命博物馆举办古兵器展和红色革命文物展。出版"全国汉画像石拓片精品集"图书。还与省艺术馆、陕西绥德汉画像石馆、安徽定远县博物馆进行馆际交流活动。

晋绥边区革命纪念馆投入700余万元对新旧馆陈列展览进行重新布展和充实完善，旧馆增加作战室，7月前竣工向游客全面开放。开展晋绥边区文物、资料大征集活动，进一步增加馆藏文物数量，充实了展陈。新编晋绥边区革命纪念馆纪念册一份，印发2万余册。

交口县对红军东征指挥部旧址进行陈列布展前期工作，准备在指挥部旧址成立管理服务中心，更好地完成修缮保护工作，交口县编办已通过审定，并上报市编办等待批复；岚县开始收集整理八路军120师司令部在岚县的历史资料，筹划八路军120师旧址革命文物展示；石楼县开展"石楼史话"陈列展览；文水县在5月18日世界博物馆日精心遴选了60余件极具代表性的馆藏青铜器珍品，在县博物馆举办了"青铜时代·吉金华章"青铜器展。

【因公出访管理】

市旅游发展委员会严格执行2017年全市临时因公出国（境）计划，贯彻落实新修订的因公临时出国审批流程。凡是吕梁市组团，必带"7项任务"即：友城建设、领保巡查、海外侨团联络、晋籍新侨民慰问、公共外交、民间外交和"太原论坛"外宾预邀请。2017年，吕梁市共9批12人申报因公临时出访。

【完成两项目标责任考核任务】

2017年，市旅游发展委员会完成年初与省外办签订的两项目标责任考核任务，一是2017年12月18日市旅游发展委员会副主任郭雄与匈牙利索尔诺克州蒂萨弗雷德市市长签署发展友好城市关系备忘录，二是办理APEC商务旅行卡22张（目标任务20张）。

【国际交流与合作】

2017年，市旅游发展委员会简化和规范外事礼宾活动，配合市政府和相关单位为外事活动提供礼宾服务和指导，做好重要团组的来访接待。3月30日至31日，以法国人民援助会理事会成员、依视路基金会主席艾莎·默克达丽女士为团长的法国人民援助会代表团一行3人访问兴县。3月30日至4月1日，以中国区副总裁吕勇为团长的美国欧喜集团代表团一行3人访问兴县。澳大利亚中澳煤层气能源控股有限公司于5月23日至25日邀请澳大利亚驻华使馆官员及澳大利亚本土投资人前往中澳投资的山西天然气和煤层气项目进行参观和调研。

（市旅游发展委员会）

旅游资源建设

·晋绥边区革命纪念馆·

【宣传宣讲工作】

2017年，晋绥边区革命纪念馆多次开展讲解员业务培训与晋绥革命历史研讨会，相互点评，互帮互学，提高解说技能，针对实际解说过程中存在的不明白、不清楚或者含混不清的环节、问题进行探究，在查阅相关资料后，对解说词做进一步调整，改进讲解方法，做到通俗易懂。在挖掘晋绥革命历史的基础上，对新馆进行重新布展，扩展红色旅游内涵，增强陈列展览的感染力和吸引力。2017年6月21日，习近平总书记视察晋绥边区革命纪念馆，晋绥边区革命纪念馆的红色旅游迎来新高潮，全国各地的游客到此参观学习接受革命传统教育，最高峰时期每天接待前来重温入党誓词、缅怀革命先烈活动的党政团体和企事业单位达80余个，2017年游客参观流量达29.82万人次，团体单位达1306批次，收到显著的爱国主义教育和革命传统教育的效果。

【景区基础设施建设】

北坡村原中共中央晋绥分局旧址历史风貌修复工程竣工，基本具备参观开放条件。

加强景区人防和技防的协调配合，增设旧址和新馆监控摄像头，实现景区24小时全程监控不间断。

针对景区原来的绿化带植物单一，色彩不够丰富，绿化层次不明显的绿化现状，进行改造提升，引进花卉苗木和大型盆景，对景区周边和展览序厅进行了绿化，景区内的绿化带都做了补植，广场四周人行道沿线做了花箱，搭配栽植各种高低不同、颜色不同的花卉，形成错落有致的绿化景观效果。

拆除原有供暖燃煤锅炉，升级改造为燃气锅炉，加强景区保洁工作，使景区旅游环境得到有效改善和提升。

为解决新馆展厅温度、湿度、除尘和通风换气等问题，在展厅内安装20台空调和8台空气交换机。

在旧址停车场北侧，改造原有墙体照壁和简介牌，以极具视觉震撼力和冲击力的浮雕表现方式，再现晋绥边区波澜壮阔的革命斗争史。

请资质消防设施施工单位对新馆消防设施的管道、喷淋、消火栓、高位水箱、消防报警系统等进行彻底的维修维护。

对新馆广场群雕的大理石基座及台阶进行全面维修，群雕四周不锈钢围栏全部更换为仿古木制围栏，并对群雕像进行翻新和喷漆处理.

新旧址景区的多媒体场景和实物模拟场景及新馆办公区北侧的不锈钢隔离栏全部更换成仿古木制隔离栏；新馆办公区和主体窑洞造型的门楣加固木制仿古门窗；对旧址办公区窑洞门窗进行

重新着漆处理；对新旧址的内外墙、新馆门厅、景区广场不锈钢围栏和铁制围栏进行粉刷和着漆处理。

对新旧址广场地面、台阶、卫生间、新馆主体顶部、旧址脑畔进行翻新和维修。

【文物安全】

2017年，晋绥边区革命纪念馆完善并规范文物安全制度，加强人防和技防的协调配合，旧址和新馆区实行全程监控24小时不间断，同时配备专人夜班值守，不定期巡查景区各部位的安全情况，作好安全交接日志和记录工作，在讲解接待过程中，安保人员坚守工作岗位，严禁游客在参观过程中使用镁光灯对文物拍照、触摸文物等违禁行为。

对旧址多年来运行陈旧的监控设备进行改造，对新馆主监控室设备和户外监控线路、监控摄像头进行维修更新，保证设备的正常运行，对警示标志进行完善和更新，同时，配合消防部门进行景区消防安全演练，对消防器材和设备进行年检，保证消防设备的正常使用。改造旧址的消防管网和消防水井，使旧址的消防管网和生活用水分离并独立使用，满足消防用水量需求。

做好文物件数和文物状况底清数明，作好馆藏文物藏品的日常维护，防止出现虫蛀、潮湿、锈蚀等有损文物质地的防护工作。全年没有发生文物安全事故。

（晋绥边区革命纪念馆）

·北武当山风景名胜区·

【概况】

北武当山风景名胜区成世番旅游服务区详细规划评审通过。6月10日，北武当山与山西省城乡规划设计院签订合同，启动编制北武当山详细规划工作。11月底评审通过。《详规》主要编制内容涉及武当村至成世畈游览大道、北武当山索道及上下站等项目。

索道基础工程已经竣工。正在进行架空索道的前期准备工作。索道以景区北侧成世番的刘家岔为起点，险秀峰顶西北平坦区域为终点，中间主要沿道回沟设置，形成刘家岔——道回沟观光索道，全长约1.5公里。索道建成后，游客将乘坐索道缆车，不仅节省了体力和时间，还能从不同角度观看到步行路线所不能看到的风景，给游客带来更多美的享受，给景区增添新的生命和活力。

完成曹家沟至后山索道口道路基础工程。工程全长7.1公里，总投资500万元，拟建成7米宽二级旅游路。目前已完成道路基础工程，预计2018年铺油并投入使用。

完善了景区标牌标识设置工作。完成安装北武当山标牌标识90余块，主要有警告标识牌、指示标识牌、提示标识牌、名称标识牌、周边沿线公路标识牌等。

强化旅游安全责任。2017年，北武当山管委会组织旅游安全检查组深入景区，定期对景区进行森林防火、道路安全、消防安全、食品安全和因极端天气引发的地质灾害等状况进行全面细致的排查，对重点部门、重点路段、重点环节、重点岗位进行了重点检查和督导，对检查出的易发生安全隐患的环节和路段要求立即进行有效整改，确保了景区游览活动的安全有序。

开展景区环境卫生和市场秩序综合整治工作。一是加大了市场秩序综合整治力度，方山县人民政府办公室出台了《关于印发北武当山风景名胜区旅游市场整治工作方案的通知》（方政办发〔2017〕94号），成立了以方山县人民政府县长、北武当山管委会主任李溢涛为组长、方山县人民政府副县长、方山县公安局局长王灏、方山县人民政府副县长、北武当山管委会常务副主任张瑞雪、北武当山管委会副主任韩奋勤为副组长，各职能部门负责人为成员的北武当山风景名胜区旅游市场综合整治工作领导组。由北武当管委会联合旅游、发改、交通、交警、宗教、国税、安监、公安、市场管理等部门及北武当镇政府，从9月25日开始到10月15日，进行为期20天的北武当山风景名胜区旅游市场综合整治工作。此次整治内容包括：规范景区和沿途村庄路口的标志、标牌；净化景区环境，规范商铺、商贩经营秩序；规范交通营运秩序，保障道路安全畅通；加强对景区管理和服务人员、导游的素质培养和业务培训工作；规范景区宗教活动场所的宗教活动和道教人员的执业行为；依法查处从事旅游市场经营的纳税人偷逃税款，虚开发票等税收违法行为；开展景区设施的专项检查，确保安全无事故。通过开展集中整治，打击和查处扰乱北武当山景区的不法行为，进一步规范景区旅游市场秩序，提升北武当山景区的旅游美誉度和游客满意度，保障景区旅游业的健康有序发展。二是强化景区环境卫生治理力度，将景区卫生分区、分片、分段包干，责成专人负责清理，形成了优化环境卫生长效机制。三是加大干部队伍培训和景区从业人员培训工作。委派专业人员赴新疆、重庆等地参加了A级景区提升与运营管理培训、风景名胜区信息宣传工作等培训会议，同时要求景区内旅游企业加强员工培训，提高旅游从业人员的综合素质。

举办三月三春游庙会、“五一”“十一”黄金周等旅游活动。三月三春游庙会和“五一”“十一”黄金周期间，我委通过积极组织，会同县直各职能部门密切配合、相互协调，确保了节日期间旅游环境、道路交通、游客观光、庙宇景点等方面的井然有序和安全。在三月三庙会期间，组织举办大型道教活动，开展唱社戏、手工艺品展览、土特产品展销等各种民俗活动，既为游客提供丰富多彩游览环境，又为景区旅游宣传取得良好的效果；在“第五届中国北武当道教文化旅游月”活动期间，通过组织抖空竹、舞龙表演，迎来游客的阵阵喝彩。

景区机制体制改革完成两权分离。按照省市安排，方山县政府出台北武当景区改革方案，坚持以政府主导，企业开发的原则，对北武当山景区的资产收益、债权债务进行了全面、合理的评估，引进大型国企、上市公司等资金实力雄厚的企业入驻方山县开发北武当山旅游资源，推动旅游产业全面转型升级，使景区从“单一门票型”尽快过渡到“综合服务型、体验型”景区，拉动周边旅游服务等第三产业，促进全县经济社会跨越发展。目前，方山县组织晋旅集团等企业及相关部门对北武当山景区的资产收益、债权债务进行全面、合理的评估，已进入深度洽谈阶段。

【组织参加2017第17届中国平遥国际摄影大展】

为迎接2017山西省旅游发展大会的顺利召开，进一步宣传方山县的自然资源、优美环境，提升方山旅游知名度、美誉度和影响力，积极推动北武当山风景名胜区打造国家AAAAA级景区进程，9月19日至25日，北武当山管委会会同山西省摄影家协会北武当分会联合组织参加2017第17届中国平遥国际摄影大展活动。影展以“绵绣新方山·雄奇北武当”为主题，甄选北武当山风景名胜区及方山县其他景区景点100幅图片，在平遥古城西大街柴油机厂东展区集中展示。期间，将邀请中国摄影家协会、山西省摄影家协会、人民网山西频道和吕梁电视台等众多社团、媒体，为此次影展宣传造势，使之更好地把方山丰富的旅游资源和秀美景色展现给大众。活动还将印制3000本“绵绣新方山·雄奇北武当”主题摄影宣传画册。

（北武当山管委会）

·碛口风景名胜区·

【景区体制机制改革】

科学改革创新景区体制机

制。以全省景区体制机制改革创新为契机，吕梁市委、市政府进一步理顺碛口景区管理体制机制，加强市、县综合管理力量。吕梁市编委已经出台文件（吕编字〔2017〕17号）将碛口风景名胜区管理局调整下放，并更名为吕梁市碛口风景名胜区管理中心，调整下放为市政府直属事业单位，临县人民政府代管，人、财、物全部由临县政府管理。调整下放后，市碛口风景名胜区管理中心主任由临县县长兼任，设常务副主任1名，副主任1名。

市场投资主体逐步建立。经努力争取，碛口风景名胜区特许经营权在临县县委县政府的重视下，已经由山西碛口达盛源旅游开发有限公司于2017年6月15日成功竞拍，计划投入17亿元打造碛口景区水上游乐、文化演艺等经营性项目。该公司已投入麒麟滩游乐、北入口旅游基地、高家塔游乐等项目资金约7000万元。碛口景区运作机制正在由政府事业型管理向企业市场化运作转变，为下步碛口旅游发展注入无限活力。

【资源保护管理】

2017年，碛口风景名胜区编制景区规划。碛口风景名胜区总体规划已通过国家八部委评审，正式文本上报国务院待批；《碛口风景名胜区详细规划》于2017年5月召开大纲初审会，其修改稿已基本完成，近期组织规划大纲评审。指导山西碛口达盛源旅游开发有限公司委托北京江山多娇规划院铺开《临县黄河碛口旅游区总体规划》《碛口旅游目的地详细规划》，已完成初稿，正在修改完善最终成果。积极协助招贤镇小塔则村、曲峪镇白道峪村申报中国传统村落，并为两村编制保护规划。

国保院落修复。完成广生源、兴盛韩两处国保院落修缮保护施工的竣工验收和结算编制；完成西湾东财主院、陈家祠堂，碛口长兴店、祥记烟草、义记美孚和洋火店5处国保院落文物保护修缮施工的招投标及开工审批工作，拟于2018年3月开工；完成碛口天聚隆、永顺店、黑龙庙三处国保院落的修缮设计方案报批工作，正由市财政评审方案预算。

环境综合整治。2017年，碛口景区管理中心积极配合、督促碛口镇政府大力实施了环境综合整治。全年完成三碛线保植绿化；打造园林式景观绿化点3处；清理碛口镇沿川5条沟道垃圾；整治湫水河河道；新建西头村、寨子山村蔬菜销售点2处；整顿市场秩序，建设仿古临时商铺58个；砌筑公路边墙、小矮墙5公里，外环路休闲小道1公里，新建旅游厕所5处。碛口景区环境面貌得到较大改善，受到广大游客和社会各界的赞扬和好评。

【景区形象宣传】

为了多层次、多形式、全方位提升碛口景区知名度，利用电视、网络、报纸、杂志等多媒体途径进行宣传。参加旅游推介活动。积极参加内蒙古旅游推介会、“乘汾酒号列车 赏吕梁山风光”、“吕梁——一个令人向往的地方”等宣传推介活动，并在“汾酒号”太原到吕梁直达特快城际列车首发活动中，邀请吕梁黄河民间艺术团在碛口麒麟滩广场举办了大唢呐和扭秧歌大会演活动。举办重大节庆活动。2017年国庆节前，临县县委、县政府在碛口古镇成功举办第二届“枣儿红了”红枣旅游文化节；在西湾古村策划了民俗婚礼表演；编排碛口古镇为主题的节目参加《人说山西好风光》第二季电视竞演《乡长的小目标》活动，成功向社会宣传碛口旅游文化。举办第五届“碛口杯”山西省风景名胜区摄影展。

【项目建设】

2017年碛口景区利用中央资金200万元，立项实施西湾村应急救援项目、李家山进村道路改造项目。工程由临县发改委以临发改审字〔2016〕19号文件立项，由中招康泰项目管理有限公司招标，由山西宇通建设工程项目管理有限公司负责工程监理。2017年4月开工，工程已经全部完工并验收。

【人才队伍建设】

2017年碛口景区管理中心干部队伍建设成效突出。由县长兼任主任，县政府副县长兼任常务副主任，有利于协调各方力量支持碛口发展；争取市编委批复新增了规划科、环卫管理科等2个科室，4个科级职数，并提拔任用科长1名，副科长4名。通过公开招考新进事业人员1名。临县县政府专门为碛口景区成立综合执法大队和交警中队进驻碛口，进一步加强景区综合执法管理力量。

（碛口风景名胜区管理中心）

财政税务

财政

【财政收入由“疲”转“兴”】

2017年，吕梁市委、市政府高度重视财政工作，王立伟市长多次听取财政工作汇报，多次作出重要指示要求。张敬平常务副市长多次主持召开财税联席会议和收入分析会议，及时研究解决财税运行突出问题。与此同时，各级财政部门主动作为、综合施策，通过组织专项督查、领导包联、按月通报、后位约谈等有效措施，内挖潜力，外补漏洞，财政收入实现了从持续下行的“断崖期”到强劲增长的“上升期”重大转折。全市一般公共预算收入完成138.78亿元，为年计划的138.99%，超收38.93亿元，同比增长54.89%，增收49.18亿元。收入总量和增幅均为2014年以来最高水平，总量连续11个月稳居全省第二位，增速连续9个月稳居全省第一位。

【服务脱贫攻坚】

2017年，市财政局以脱贫攻坚统揽财政工作全局，以“农业更强、农民更富、农村更美”为目标，以改善农村民生、增强农村活力、增加农民收入为重点，支持脱贫攻坚再战再胜。加大财政扶贫资金投入力度。全市累计安排财政专项扶贫资金18.19亿元。其中市级1.8亿元，同比增长461%，县级4.02亿元，同比增长273%，10个县（区）增幅超过100%，全市和市本级财政扶贫专项资金投入全部实现“双增长”目标。加强财政涉农资金整合。出台实施意见，在中央和省级基础上，扩大整合范围，创新整合方式；指导10个贫困县全部出台统筹整合实施方案、资金管理办法和2017年具体整合方案；狠抓典型引领。创造了引领全国的“三跟三走”和“四以四有”的临县、中阳经验。临县在全省统筹整合资金推进会上作了典型发言，中阳县顺利通过国务院扶贫办、财政部对统筹整合财政涉农资金工作的试评估。特别是上年11月以来，市财政局主动对全市涉农资金整合总体情况进行调查研究、自主评估，针对工作中存在的问题，积极与省财政厅沟通对接，掌握最新政策要求。组织召开了全市统筹整合财政涉农资金现场推进会。联合市扶贫办对吕梁市9个贫困县进行了集中督查指导，对照中阳经验，坚持问题导向，列出问题清单，对标对表，狠抓整改，在年终中央和省考评中，10个整合资金试点县计划整合规模和实际整合率全部达到100%，支出进度全部超过90%的考核目标，取得了令人满意的成绩。2017年，吕梁市计划整合资金30.11亿元，实际整合30.11亿元，整合率100%，完成支出28.61亿元，占实际整合资金的95%。支持易地扶贫搬迁。吕梁市扶贫开发有限公司挂牌以来，累计筹集易地扶贫搬迁资金27.7亿元，并足额下达到各县（市、区）易地扶贫搬迁共管账户，资金申请下达和支出进度均列全省第一，惠及搬迁人数7.47万人，有力地推动了扶贫工作的开展。创新财政扶贫方式。设立农业产业扶贫贷款风险补偿基金。抓住农发行总行把我市列入全国产业扶贫试点区域的机遇，积极推进农业产业扶贫贷款风险补偿基金的建立和运作，成立领导小组，出台《实施方案》，农发行以放大5—10倍的比例对扶贫企业予以信贷支持。已在全市13县市区筹集风险补偿金1.18亿元，并为34户符合条件的企业申报支持贷款1.95亿元。农发行总行在我市召开现场会，在全国推广风险补偿产业扶贫贷款“吕梁模式”。设立中小微企业转贷专项资金。以吕梁扶贫开发投资有限公司为平台，与山西焦煤集团合作，设立1.5亿元的中小微企业转贷专项资金，重点支持吕梁市吸纳带动贫困户脱贫致富的中小微企业和农业产业化龙头企业，解决企业贷款难、贷款贵的问题。设立扶贫周转金。在省级下达资金6476万元的基础上，县级利用整合资金1:1配套，按照1:2吸纳政策性银行贷款，可在吕梁市形成规模达2.5亿元的扶贫周转金，培育带动贫困户脱贫的新型农业经营主体，扎实推进特色产业扶贫。注资三个平台公司。安排专项资金4000万元，设立了市贫困村提升工程、林业发展和水务发展三个投资运营公司，着力支持深度贫困县光伏电站、生态脱贫、农林立业园区及企业流转农民“三产”建设。推动帮扶村村集体经济破零。以方山县后则沟、赤坚岭两个帮扶村为“试验田”，以百亩马铃薯原种扩繁、发展规模养牛、山楂经济林及林下中药材项目为依托，探索建立了“村集体＋合作社＋农户”“公司＋村集体＋合作社（贫困户）”“村集体＋合作社＋贫困户”的驻村帮扶新模式，全年两村共实现村集体收益13.3万元，帮扶模式得到了市委、市政府的高度肯定，经市委李正印书记批示后在全市进行学习借鉴，并在6月全市加强“三基”建设工作推进会上进行了交流发言。

【经济转型创新】

2017年，市财政局认真落实建设现代财政制度重点工作任务，支持全市调结构、转方式、增动能，推动经济质量变革、效率变革、动力变革。按照“完善财政投入机制，切实扩大有效供给”的整体思路，积极推进设立吕梁市中小企业创业投资基金，加大对吕梁市企业发展的支持力度。积极推广实施政府和社会资本合作模式，拓宽民间资本投资渠道，全市纳入财政部PPP综合信息平台新建项目48个，总投资345.47亿元，项目涉及公路、集中供热、污水处理、地下管廊等方面，其中，12个项目被认定为国家或省级示范项目，9个国家级第四批示范项目正在审定中。以市中小企业融资担保公司为平台，设立企业资金链应急周转保障金5000万元，为吕梁中药厂、山西新元太生物科技有限公司等37户中小企业提供融资担保3.94亿元，其中，山西新元太生物科技有限公司在多年担保支持下，在新三板成功上市，成为吕梁市唯一上市的中小企业。安排中小微企业技术改造及创新创业发展专项资金4000万元，推动传统产业提档升级和高新技术企业发展。落实减税降费政策，清理取消、整合规范各类行政事业性收费和政府性基金项目37项，全年为企业减负5.6亿元，切实减轻企业负担。

【民生保障】

2017年，全市财政用于民生方面的支出达259.9亿元，占一般公共财政预算支出的82.5%，在保证全市财政供养人员工资及时足额发放的基础上，各项民生政策如期兑现。落实强农惠农富农政策。全面推进农业“三项补贴”政策改革，及时下达补贴资金3.35亿元，补贴面积512万亩，有力支持了耕地力保护和粮食适度规模经营，充分调动了种粮农民积极性。落实新一轮退耕还林补助，在国家补助标准的基础上，贫困县、非贫困县范围内实施的退耕还林每亩分别增加800元和500元，达到2300元和2000元。兑现低收入农户冬季取暖货币化补贴，共发放补贴资金2.06亿元，惠及农户103万户。加强农村综合改革。落实“一事一议”奖补政策，共安排下达资金1.29亿元，极大地提高了农村居民的生活水平。推动美丽乡村试点建设，择优选择孝义市、离石区、方山县为省级试点县，整合引导各类资金投入1.54亿元，受益人口3.2万人，促进了农村产业发展，促进了农民稳定增收。试点启动扶持村集体经济发展，在省级选择4个扶贫试点县的基础上，市级再择优选择3个扶贫县作为试点，全年共安排下达补助资金7000万元，撬动各类社会资本5.06亿元，涉及79个村的扶持项目，受益人口11.91万人，实现了全市深度贫困县、国定贫困县扶持村集体经济发展试点工作全覆盖。推进教育事业发展。积极支持学前教育，安排资金334万元改扩建幼儿园20所，落实学前教育幼儿资助专项经费1941.86万元，1.9万余名家庭困难学童得到补助。全年共下达农村中小学公用经费和寄宿生生活补助35564.4万元，惠及学生40.6万余名。此外，根据市委、市政府开展教育扶贫要求，市级下达配套资金1383.94万元，支持6个国家级贫困县农村学前幼儿营养餐改善计划、10个贫困县高中贫困家庭住校生生活补助、中职建档立卡贫困家庭生活费补助及高职吕梁籍建档立卡贫困家庭生活费补助，惠及学生3.23万人。健全社会保障体系。在省级要求城乡低保标准每人每月提高20元基础上，市级另外安排4300万元，先后三次提高农村低保标准，确保了13县市区农村低保标准均高于国家扶贫指导线。全年下达中央、省、市困难群众救助资金10.93亿元，35.93万城乡低保、临时救助人员、特困供养人员、孤儿及流浪乞讨人员等困难群众基本生活得到保障。完善养老服务体系，全年足额安排下达中央、省、市城乡居民养老保险补助资金4.24亿元，保障了全市44.67万60岁以上老人的基本生活。坚持就业优先战略政策，全年市级财政拨付就业资金6650.45万元，确保了公益性岗位人员、灵活就业人员、高校毕业生补贴及农村劳动力开展劳动技能培训等资金需求。提高行政事业单位人员福利待遇。参照省级机关取暖费提标政策，市级在原基础标准上提高40%；提高工作目标责任制考核奖标准，由原优秀3000元、良好2000元、一般1000元调整为优秀5000元、良好4000元、一般2000元；调整机关事业单位工作人员福利费提取标准，由原来每人每月2.5元调整为按本单位工资总额的3.5%提取。促进医疗卫生事业发展。基本公共卫生服务补助标准由每人每月45元提高为50元，惠及群众385.49万人；城乡居民基本医疗保险财政补助标准由年人均420元提高到450元，受益群众316.22万人。此外，在省级保障未脱贫建档立卡贫困人员的基础上，吕梁市将已脱贫建档立卡贫困人员一并纳入保障范围，专项安排1142万元用于资助已脱贫人员参加城乡居民医疗保险，专项安排548.28万元用于救助已脱贫人员补充医疗保险补助，有效解决贫困人口“因病致贫、因病返贫”的问题。加强三基建设。制定《吕梁市财政局关于加强“三基建设”财政投入保障的若干措施》，督促指导13个县（市、区）全部制定了“三基建设”投入保障实施方案，建立了月报制定，完善了资金绩效考评体系，完成了政策制度与投入的无缝对接，全市“三基建设”累计投入8.95亿元，保障了乡镇工作补贴、乡镇干部周转房建设、村级运转经费等项目资金需求，确保全市“三基建设”工作顺利推进。

【财政改革】

2017年，市财政局加快建设现代财政制度。推进预决算公开。市本级和市直107个部门全部提前公开了政府预算、本部门预算及“三公”经费预算。强化政府债务管理。出台了政府债务化解工作规划、风险预警及应急处置预案等办法，实行政府债务限额管理，建立了新增债券资金项目库，对违法违规担保举债行为进行了核查整改，市本级及13县市区均未超出核定债务限额。盘活财政存量资金。通过盘存量、调结构等举措，及时收回支出较慢、闲置沉淀资金；调入预算稳定调节基金5.2亿元，统筹用于经济社会发展急需资金支持的领域；制定建立财政存量资金与预算安排相结合的制度，进一步完善激励约束机制。推进内控制度建设。根据市财政局内部控制工作实施方案和基本制度要求，各科室结合各自工作职责，制定内部控制管理办法和操作规程，初步形成“1+10+8”的内部控制制度体系。通过“以评促建”推动全市2051个行政事业单位按时完成内部控制建立与实施，完成了内部控制报告的编报汇总任务，并及时开展内部控制监督检查和自我评价工作。完善政府购买服务管理制度。制定《吕梁市政府购买服务工作实施方案》，完成市直政府购买服务目录编制管理工作，推进事业单位政府购买服务改革。

（市财政局）

世行项目办

【概况】

2017年，市世行项目办管理实施的亚行贷款农业综合开发项目和世行贷款节水灌溉二期项目均已完工关闭。

【世行节水项目工程】

2017年，一是做好项目竣工预验收工作。2017年是世行节水项目的关闭之年，为全面检验和考核项目工程质量，市世行项目办对历年实施的工程全部进行了回头看，对项目实施标准、管理方法、资金使用、档案管理等方面都提出了明确要求。市世行项目办组织有关专家对三个项目县工程进行了竣工预验收，对存在的问题提出整改意见，积极督促整改。项目实施五年来吕梁市共累计完成投资27223.66万元，完成率达100%，其中水利工程节水措施完成投资18766.88万元，农业节水措施完成投资5116.56万元，管理节水措施完成投资723.2万元，环境保护及管理完成投资2462.34万元。二是做好财务监管和报账工作。组织各县项目办进行了财务管理和财务核算培训，协助县级项目办建立健全了各项财务内控制度，监督各县按照世行项目会计核算办法做好会计核算工作，及时完成了2016年财务决算，配合审计部门完成了2016年度审计工作，协调市县财政部门尽力到位配套资金。对完工工程严格按照项目模式和设计要求，按验收的程度和规范，及时组织专家进行了复验，做到完工一处，验收一处，报账一处，加快了工程进度，加快了报账进度。截至2017年，项目累计报回资金13857.44万元，报账率100%。三是深入基层调研，切实解决问题。2017年市世行项目办接待了三次世行官员检查团的现场检查，在水利部项目办、省项目办指导下，市世行项目办多次深入项目县（区）检查和指导工作，对存在的项目调整、工作滞后、配套资金不到位、合同谈判、项目工程进展缓慢、工程质量差等方面的问题，进行了专题调研。多次与项目县（区）政府领导协商座谈并协助解决问题，取得了很好的成效，多次受到了水利部项目办、省项目办的好评。四是项目效益初见，成功典型起到引领作用。吕梁市干旱少雨，项目区水资源不足，供需矛盾突出，灌溉水利用率低。通过世行节水项目的实施，可提高水的利用效率和效益，缓解吕梁市农田水利干旱缺水的状况。如交城县项目可使汾河流域交城段农田年节水 370 万立方米，年增产粮食 384 万公斤。临县项目的实施不仅有效提高了当地的农田灌溉，还可解决临县多年来城区居民生活用水的紧张局面。临县庙坪大棚园区利用世行项目的供水，83 个大棚实现年产值 983 万元，纯利润 380 万元，安排本村和邻村男女劳力 150 个，协会会员户均收入 16.52 万元。园区建设受到世行和中央、省、市项目办的肯定，先后接待省内外考察 60 余批次，近 4000 人次的观摩学习，真正起到了典型引路，效益当先的作用。

【亚行项目的后续管理】

一是开展后续管理工作大调研活动。如何将项目效益持续长期地保持下去，是市世行项目办当前及今后的工作重点。为此，市世行项目办 2017 年开展了为期一个月的亚行项目后续管理大调研活动，领导干部带头深入项目区调研，掌握项目后期存在问题。在此次的调研中，市世行项目办发现项目县普遍存在着后续管理意识不足、政策落实不到位、环境污染和管理理念落后等问题，整理形成《落实十九大精神，加强项目后续管理》的专题报告。二是建立后续管理的长效机制。根据省下发的后续管理暂行办法，市世行项目办督促指导各项目县制定了具体实施意见，做到有章可循。对项目相对集中的村，建立了村级管理小组，对项目相同、利益相关的项目户，成立专业合作社，利益共享，风险共担，加强后续管理的力量。三是加强项目基础设施的管理维护。市世行项目办坚持建设与管护并重，层层落实工程管护目标责任制，做到了责任到户、责任到人、责任到地块，形成了一年建成、长期受益的良好机制。四是强化基层服务，解决农户后顾之忧。督促项目县对项目户继续进行培训，提高农户的技术素质。特别是把亚行项目培训和县里其他专业培训结合起来，提高项目户的专业素质，基本保证项目村都有一支技术队伍，争取每户家庭有一人掌握基础技术。如中阳县专门成立的经济林服务中心，为全县核桃种植户服务，免费培训、免费修剪、免费指导。五是争取政策支持，加大项目发展后劲。亚行项目虽然已经实施竣工，但还必须继续有足够的资金投入，才能保证项目的发展后劲，才能保证项目的整体效益。市世行项目办不定期地与项目区企业、合作社、农户进行座谈，了解他们在经营发展中的困惑与需求，把国家的惠农政策、环保政策及时向项目区企业、合作社、农户传达，并帮助他们积极争取政策支持。

【新项目争取】

山西包容性农业产业融合发展项目是山西省利用亚洲开发银行贷款完善农业产业体系的农业产业化项目。项目以促进农民增收、农业增效、产业发展并减少农村贫困为最终目标，通过包容性商业孵化和农业全产业链建设，推动农村一、二、三产业融合发展，稳定和拓宽农民增收渠道，从而改善农村居民（尤其是贫困农民）生计和促进农村经济可持续发展。项目总投资 6334.92 万元人民币，其中：亚行贷款 845.71 万美元（折人民币 4200 万元），贷款期限 20 年，含建设期 5 年，国内转贷利率 4.9%。涉及吕梁市石楼县的 1 个农副产品加工企业和柳林县的 1 个养殖合作社。项目总可研和资金申请报告已于 6 月、7 月顺利通过省发改委和国家发改委批复，亚行也已经批复。一是协助省项目办完成了技术援助团财务、采购、环境、社会、土地、包容性、产业链等方面专家对子项目企业进行的全面评估，进一步完善项目内容。二是协助省项目办完成子项目企业的可研报告编制，协调市发改委于 2017 年 4 月底完成相关审批工作。三是根据国家财政部相关规定，协助省项目办完成了项目资金循环利用管理办法和项目后续管理办法草拟稿。

（吕梁市世行项目办）

税务

·国家税务·

【概况】

2017 年，吕梁市各级国税机关抓住有利形势相机施策，依法依规组织收入工作，全市国税收入累计完成 214.34 亿元，同比增长 93.09%，增收 103.34 亿元，超序时进度 52.25 个百分点。收入的规模和增幅都刷新了历史同期纪录，为全市经济发展提供了充足的财力保障。

【税收组织】

2017 年，面对逐步好转的税收收入形势，全市各级国税机关紧紧抓住有利契机。强化组织收入工作调研督导。先后 8 次由局领导带队深入基层开展督导调研，进一步理顺基层组织收入工作机制，摸清行业经济走势、重点税源运行等情况，时刻做到心中有数。提升税收分析预测水平。每月下发关于税收预测的通报，积极提高预测准确率，把握组织收入主动权。同时，进一步改进税收分析机制，增强组织收入工作的科学性、计划性。加强征管堵漏增收。及早谋划组织收入工作，多措并举，挖潜增收，依法用好用足征管手段，加大欠税清理力度，共计增收税款 153877 万元，占入库税款 7.42%。全市国税系统清理欠税入库税款 130453 万元（其中：清理新欠 66840 万元，清理陈欠 63613 万元，陈欠清理率为 34.07%），纳税评估增加收入 7551 万元，稽查查补税款入库 15873 万元，清理欠税入库税款 130453 万元（其中：清理新欠 66840 万元，清理陈欠 63613 万元）。

【落实税收优惠政策】

2017 年，吕梁市各级国税机关严格落实各项税收优惠政策，认真学习贯彻国务院支持山西深化资源型经济转型发展意见。开展“大调研”活动。成立调研工作组，分批多次在全市范围内开展调研，了解行业经济发展情况以及企业对税收优惠政策的掌握和享受情况、实际经营状况及在办税过程中遇到的堵点、痛点和难点问题。开展了与煤炭、财政、国土、交通和经委等部门的走访和座谈活动，就行业经济发展现状、资源型经济转型发展的方向、途径及税收优惠政策给予的支持等方面问题进行了详细的交流和探讨。开展“大宣传”活动。充分利用多平台，加强优惠政策的宣传和解读工作，力争做到了家喻户晓。举办各种形式地在线访谈，解答回应纳税人关注的问题。有针对性的发放各类优惠政策宣传资料 4 万余份。分行业举办政策宣讲培训 36 期 4000 人次。开展“大辅导”活动。市县两级国税部门及时制定税收优惠政策大辅导工作实施方案，结合企业实际，精心挑选小微企业、高新技术企业、资源型转型企业作为辅导重点，依托纳税人之家、纳税人学校，开展优惠政策辅导。在全市范围集中开展了资源型企业转型摸底调查，对相应纳税人发放了“办税提示卡”和相应的税收政策宣传手册，使纳税人了解政策变化，熟悉办税程序。开展“大服务”活动。进一步优化岗责体系，落实优惠政策做到专人负责、优先受理、优先审核、优先审批、限时办理。推出减免税审批资料网上初审，方便纳税人及时办理减免税办税备案。设立“税收优惠政策审批绿色通道”，提供政策咨询和纳税辅导服务，切实提高落实优惠政策的工作效率。开展“大保障”

活动。建立减免税资料台账专人管理定期更新工作机制、税收优惠红色预警机制和动态管理运行机制，对税收优惠审批、执行情况及时清查清理，对即将到期的纳税人及时提醒，对已到期的纳税人及时恢复正常税收管理，确保政策执行的连续性、进一步提高了税收优惠政策的管理质效。2017 年，吕梁市国税系统根据各项税收优惠政策规定，减免税规模已达 15.4 亿元，创历史同期新高，全市市场主体呈现递进式增长，全市新增登记 13695 户，市场活力得到进一步激发，为实施创新驱动发展战略和推动大众创业、万众创新拓展了更为广阔的空间，有效带动了创业和就业。

【依法治税】

夯实工作基础。健全组织机构强化工作落实。2017 年，吕梁市调整充实吕梁市国家税务局依法行政工作领导小组、重大税务案件审理委员会、税务行政复议行政诉讼委员会等机构，建立《依法行政工作领导组议事规则（试行）》，每季度至少召开 1 次会议，研究部署依法治税工作规划，统筹推进法治税务建设重点任务。制定规划目标统筹协调运转。结合吕梁市工作实际，制定《全市国税系统贯彻落实“十三五”时期税务系统全面推进依法治税工作规划的实施方案》，明确十项规划，53 项具体工作内容的牵头部门，配合部门及完成时限，并印发了任务分解表。加强法治培训突出能力培养。建立税务人员法治培训长效机制，坚持把领导干部带头学法、模范守法作为树立法治意识的关键，制定领导干部依法行政知识培训计划，把宪法法律列入党组中心组学习内容，确保每人全年法律知识学习不少于 80 学时，提高领导干部和税务人员运用法治思维和法治方式解决问题的能力。积极推进法治税务示范基地建设。充分发挥法治税务示范基地在引领、推动和深化依法治税工作中的重要作用。全系统 2 个单位被省局命名为“全省国税系统法治税务示范基地”，1 个单位被省委依法治省领导组命名为“省级依法治理示范单位”，1 个单位被市委依法治市领导组命名为“市级依法治理示范单位”。明确职责做好税收政策执行反馈。市、县两级国税机关均成立由局领导牵头负责、多部门参加的反馈报告工作领导小组，2017 年度共收到各基层单位上报的税收政策执行反馈意见及报告 45 篇，共撰写税收政策执行反馈意见及报告 3 篇，完成专题调研 3 篇。

规范税收执法。全面规范行政处罚裁量行为。2017 年，针对处罚过程中存在的模糊性、细节性问题，明确了处罚的条件和范围，并在市局层面统一优化处罚流程，简化办理环节，合并执法文书，在此基础上定期开展日常执法督察，确保检查跟进。规范进户执法工作。加强进户执法统筹，对市、县两级国税机关计划开展的进户执法项目开展清理“回头看”，对进户执法前已不存在的、进户执法作用不大的、可进可不进的、可以通过信息共享或其他途径解决的进户执法项目，坚决予以取消。全年召开统筹会议 2 次，有效避免了重复进户 34 户次，减轻了纳税人负担。开展执法大督察及日常督察工作。认真制定方案指引，明确责任细化内容、排出节点挂图作战扎实开展好内部税收执法大督察工作，督察共发现 7 个方面 29 类，涉及纳税人 205 户次，涉及税款 180.95 万元，其中补缴增值税 2.9 万元，滞纳金 0.15 万元，抵退企业所得税 100.05 万元。将督察发现基层存在的 29 类问题，认真分析问题成因，仔细排查制度漏洞，共完善改进各项管理措施 30 余条，彰显执法督察的保障性和服务性作用。严格把关重大税务案件审理。重新设立重大税务案件审理委员会，刻制专用章，采取书面与会议审理相结合的方式，严控文书流程，切实做到一案一卷，并认真开展案卷开展评查监督力度，确保审理程序合法、处理意见适当、执行严格到位。全年全市国税系统共审结重大税务案件38件，其中市局审结30件，县局审结8件。

健全法治制度。修订完善重大决策制度。2017年，修订《吕梁市国税系统重大决策实施办法（试行）》，用“六个明确”即重大决策内容明确、形式明确、程序明确、审定明确、责任追究明确、执行和跟踪反馈明确，确保决策质量。开展“三项制度”试点工作。一是试点执法公示制度，创建阳光税务。在全市15个单位开展“事前”公开税企双方权利义务和执法事项清单、“事中”公开执法证件和执法文书、“事后”公开七项执法决定要素，确保权力在阳光下运行。二是试点执法全过程记录制度，创建规范税务。在全市3个单位开展试点，一规范记录形式，二明确记录主体，三强化记录使用，做到税收执法有据可查。三是试点重大执法决定法制审核制度，创建法治税务。在全市5个单位开展试点工作，通过明确法制审核主体和审核内容，细化法制审核程序，不断规范法制审核的工作方式和处理机制，逐步建立起权责一致、科学合理的责任追究机制。充分发挥公职律师作用。全面构建内用公职律师、外聘法律顾问格局，形成联合协同、优势互补、良性互动、合作共赢的工作机制，全年全程参与吕梁市重大税务案件审理、文件起草等重大决策事项，累计办理各类法律相关事项126项，对涉及的法律问题有针对性的提出意见与建议13项，有力推进了吕梁市税收法治化进程。全面加强内控机制建设工作。在认真分析机关、科室的权力运行关键点和内控风险防范着力点的基础上，制定工作方案、摸清现有制度底数，并进行统一梳理归纳，有序推进内控制度建设工作，确保内控制度的科学性、系统性、整体性、连贯性和可操作性，制定并完成了吕梁市国家税务局相关内控制度（1个内部控制基本制度+8个内部控制专项制度），各县（市、区）局结合当地实际，有针对性地提出建立健全制度和保证制度落实的具体意见，并形成配套完备的管理制度。

【税收改革】

2017年，吕梁市全面深化国地税合作。积极主动联系市地税局，以国地税联合办税为起点，积极探索合作方式，多头推进项目联合，2017年逐步将国地税合作范围覆盖到税收工作全方位，持续推动国地税合作向纵深发展。建立联合机制，形成合力。成立国地税联合工作领导小组，明确了“增进互信、全面推进、深度合作、创新方式、打造特色”的工作思路，统筹组织推进各项改革。联合印发了“国地税联合办税实施方案”，按月召开联席会议，按照“树典型、创示范、带全面”的要求，抓好一个省级示范区（岚县）和两个市级示范区（离石区、交城县）建设，承担合作事项先行先试任务，不断扩大示范区的影响力，并形成可复制、可推广的先进经验做法，逐步在全市推开，引领国地税合作深入开展。优化纳税服务，快捷便民。联合开展纳税申报培训，针对全面“营改增”之后，纳税申报平台整合为一体，纳税申报表变化较大等问题，联合组织开展全市纳税申报培训累计36天，培训纳税人4700余人次，培训税务干部260余人次。联合试点“涉税事项一人通办”，在岚县、离石区、交城县3个国税、地税合作县级示范单位于5月启动了“涉税事项一人通办”试点运行，要求每个办税服务厅至少有2个以上窗口试行五类业务的“涉税事项一人通办”。联合开展税法宣传15次，联合对2058户纳税人开展了信用等级评价，联合为42户大企业提供个性化纳税服务措施。强化税收征管，堵塞漏洞。联合做好税源管理，共同开展户籍管理，定期交换税源管理信息，2017年联合办理税务登记

11960户、变更登记41227户、注销登记3813户。共同开展税源调查，分析研究税收收入形势，为制定征管措施和工作重点提供依据。共同开展欠税清理，定期交换欠税数据，对共同欠缴税款的纳税人联合进行欠税情况分析、调研，有针对性地采取清缴措施。联合加强税种管理，统一所得税政策执行口径，统一所得税管理工作方式，积极探索在金融保险业、房地产业、核定征收企业所得税管理以及股权转让所得税管理等方面的合作，联合落实税收优惠政策。联合开展税收政策效应分析，向市委、市政府提出支持和服务地方经济建设的意见和建议。联合召开税收分析会议，着重分析组织收入过程中存在的问题，认真查找薄弱环节，发现管理漏洞，及时调整工作计划，有针对性地加强管理。加强纳税信用体系建设。与地税局联合开展了2017年度纳税人信用等级评价工作，吕梁市参评纳税人5573户，其中：A级252户，B级3734户，C级979户，D级608户，在吕梁市国税局外网网站和办税大厅进行了公示，为纳税人分类管理提供了依据。同时，拓展纳税信用评价结果应用范围，对纳税人实施分类别、差异化、精准化的税收管理与纳税服务。

着力夯实征管基础。加强欠税管理工作，按时发布欠税公告。针对欠税余额居高不下的问题。一是严格落实欠税公告制度，按期发布了4期欠税公告；二是严格审批延期申报和延期缴纳税款申请，延期税款到期后必须及时催缴入库；三是积极参与企业清算，对欠税人有解散、撤销、破产、重组等情形的，依法参与清算，按照法定清偿程序将税款追缴入库。开展单管户疑点数据核查。联合全市地税系统在全市范围内开展了单管户疑点数据核查工作，对提取比对后的10574条国税单管户，14481条地税单管户疑点信息逐户进行了核实调整，共核实确认了约7026户地税单管户和约6246户国税单管户，对因实际不经营符合注销条件的5131户纳税人做出注销税务登记的处理措施；对其他由于国地税登记信息不一致造成的5190户单管户进行了相关信息的变更调整，切实把好税务登记进入和退出关口，夯实了管理基础，堵塞了管理漏洞，提升了数据质量。

加强"营改增"后续管理。持续深化营改增税负分析。加强基础登记和申报数据质量管理，做好新登记营改增纳税人的身份界定工作，深入剖析四大行业中的增税户，从所属行业、经营规模等角度进行结构分析，掌握税负上升的主要原因，选择重点行业，分析典型案例，有针对性地提出完善政策、改进服务意见建议。全面开展营改增政策大辅导工作。成立了6个营改增政策大辅导工作组，针对营改增"建筑业、房地产业、金融业和生活服务业"对全市营改增纳税人开展政策大辅导活动，共计培训小规模纳税人3248户，一般纳税人504户，真正帮助纳税人正确掌握政策，切实降低了纳税人的税负。全面总结营改增工作成效。对全面推开营改增试点一周年的运行情况进行系统总结分析，梳理和总结先进做法和典型案例，形成两篇3000字左右具有特色性和创新性的营改增典型工作经验材料和三篇1500字左右营改增减负增效、稳增长、增活力、促进供给侧改革的典型案例。

切实强化风险管理。一是承接好国家税务总局、山西省国税局下发的风险任务。全年共完成国家税务总局、山西省国税局推送风险应对任务16批383户次，入库税款1353.65万元。二是自行开展税收风险评估应对。充分利用国家税务总局大数据平台、山西省国税局数据综合应用平台、金税三期核心征管系统和增值税发票系统升级版，全年共计有效开展风险评估546户次，入库税款6688.44万元。

做好进出口税收管理工作。全市出口货物退（免）税资格企业共计58户，出口产品主要有铸件、玻璃器皿、医药中间体、农产品等，全年共审核审批出口额8348万美元，审核通过出口退（免）税额4703万元（其中：退税1106万元，免抵3597万元），省局下达退税计划1106万元，调库计划0万元，国库已办理退税总额1106万元，调库0万元，受调库计划影响待调库额3597万元。

【放管服改革】

2017年，吕梁市简政放权做减法，到位不越位，激发企业创业活力。

坚决落实国务院“不再保留非行政许可审批”的决定，严格按照征管、纳服、出口退税和国地税合作规范的要求，全面推行审批事项“集中受理、内部流转、限时办结、窗口出件”模式，通过整合工作流程、规范表证单书、简并涉税资料、简化审批程序和减少进户执法，推进税务管理事项全面前移，不断深化国地税联合办税“一窗式受理”模式，基本实现国地税关联业务一窗办理“内动外不动”，积极推进商事制度改革，扎实开展“三证合一”登记工作，最大限度放宽准入门槛，实现了服务水平和管理效率双提升。

规范管理做加法，放权不放责，持续释放改革红利。积极推行实名制办税，让企业办税人员的身份信息成为企业和税务部门之间的“信用密码”，既有效避免了他人盗用办税人员名义从事违法活动，更保护了纳税人的合法权益，让守信纳税人享受到了“一次身份确认，终身零障碍办税”的优质服务，确保“放得下、接得住、管得好”。组建实体化的风险管理团队，通过采取风险提醒、风险核查、纳税评估等多种方式进行风险管理。加强对个体工商户的监管，对纳税人超定额未及时调整和关键时间节点突击调高个体工商户定额等问题进行严格细致的自查，确保监管到位。在打击虚假注册、套票虚开等税收违法违规行为和促进诚信体系建设方面起到了重要作用。

优质服务做乘法，减政不减效，着力提升纳税人满意。从“纳税人所盼，税务人所向”出发，认真贯彻落实“就近、自愿、方便”“马上就办、我帮你办、办就办好”“最多跑一次”的服务原则和服务理念，推出一系列便民服务的新举措，让纳税人办税“痛点”变亮点，办税“堵点”变通路，为纳税人办税再提速、再减负。进一步拓宽国、地税联合委托邮政公司代开增值税普通发票、代征税费业务，在全市范围内设置邮政委托代开发票网点51个，实现市县及中心城镇全覆盖、365天办理时间全覆盖，为零散代开票纳税人建立起了“10分钟便民办税服务圈”，取得了“进一网点、办两家税、四方共赢”的良效，赢得了纳税人、国税人、地税人、邮政的四方“点赞”。进一步拓展国地联合办税，共在全市国税实现大厅联建1个，互设窗口61个，同时进一步增强自助办税终端配备68个，新增四大快速服务功能。一是“一人一机双系统单POS”的办税模式，实现纳税人进一个厅，排一次队，在一个窗口，一个POS刷卡、缴两家税，纳税人办理单笔业务时间平均缩短了10分钟；二是24小时自助办税服务可随时为纳税人办理发票代开、发票发售、认证、报税等业务；三是涉税事项一厅式办理，纳税人所有涉税业务均可在联合办税服务厅办理，内部流转，减少纳税人办税环节，提升质效；四是发票领用“线上申领、线下配送”，实现了纳税人足不出户网上办理发票领用，邮政特快专递上门配送的吕梁服务新模式。

开展千名税干入企服务专项行动。积极创新“团队、清单、精准、责任”的工作模式，将“千名税干入企调研服务专项行动”不断推向深入，在全市迅速掀起了送政策问需求、优化服务水平的工作热潮。一是确定服务企业467户，每户企业由国、地税各1名税务干部参加，组成由市县两级934名税干参加的467个调研服务小组，统一制定《入企服务工作清单》明确调研事项，规范服务流程，严格工作纪律，开展一对一入企帮扶服务。二是营造工作氛围，采取平面和立体相结合的方式广泛宣传，充分运用传统媒体、互联网媒体等平台，增强政策宣传的针对性和时效性，实时发布和交流“一对一上门宣传”等入企服务工作动态及进展，营造了良好的舆论环境和工作氛围。三是精准入企对接，入企前全面了解企业信息，针对结对企业行业特点及经营现状，“对症入企”确保种好“责任田”。通过“点对点”“面对面”等形式召开政策宣讲会、座谈会，为企业宣传辅导税收优惠政策，征集纳税人在经济转型过程中存在的难点，并形成问题的收集反馈机制，限时快速为企业解决涉税问题。截至2017年底，已联合地税机关组织集中宣讲201场，入企467户，现场解决涉税问题135个，提供财务优化建议432条，收集改进意见112条，充分发挥了税务干部了解企业、熟悉税收财务管理的优势，积极为企业转型发展、提升效益提供了高质量的精准服务。打造亲商、安商、富商的“六最”税收营商环境，全力构建亲、清新型政商、税企环境。

开展“银税互动”，助力小微企业发展。吕梁市国税局牵头，联系地税、银监、中小企业局以及24家银行业机构，成立“税银互动”工作领导小组及其办公室，成功举办“银税互动”合作协议签字仪式，大力推广“银税合作”扩面升级，积极探索“互联网+税务+金融+企业”模式，共开发银税金融合作产品17个，累计向315户纳税人贷款358笔，共计36亿元，较上年同期增长360%，收到了良好的社会效益。

（市国税局）

·地方税务·

【概况】

2017年，吕梁市地税局组织全系统累计完成各项税费收入109.63亿元，同比增长57.11%，增收39.85亿元。其中税收收入累计完成94.78亿元，同比增长57.57%，增收34.63亿元；非税收入累计完成14.85亿元，同比增长54.25%，增收5.22亿元。税收收入中，一般公共预算收入（省市县级）累计完成78.68亿元，同比增长50.06%，增收26.25亿元，比省地方税务局下达计划超收32.68亿元；市县级税收收入累计完成46.92亿元，同比增长32.19%，增收11.42亿元。吕梁市税收收入增幅、超收额始终稳居全省首位，创近年来最好水平，为全市经济社会发展提供了坚强的财力保障。

【信息管税效能提升】

2017年，吕梁市地税局开展金税三期数据质量治理工作，对地税管户基础信息的完整性、一致性、标准性进行了修正，开展国地税双方管户数量、状态一致性审查，实现了国地税同一纳税人基础信息、征管状态、征收方式、纳税期限、双定户定额核定基本同步一致。对涉及的17大类问题，进行分析加工，查找错误数据成因，前台共整改错误数据30115条，报省地方税务局后台处理错误数据2824条。扎实推进税收风险管理工作，2017年通过税收风险管理系统共下发税收风险任务23批，完成税收风险任务8230个，入库税款1337.6万元，入库滞纳金136.37万元。继续做好金三运维，遵循“事前注重防范、事中实时解决、事后及时处理”的管理理念，共解决问题1235个，其中：问题管理平台105个，接听电话解决1510次，微信及短信答复3100个。加强欠税管理，2017年市地方税务局依法对253户次欠税

200 万元以上的纳税人进行了欠税公告。

【国、地税合作深化】

2017 年，吕梁市按照“需求导向、互助共赢、资源共享、求同存异”的原则，采用“共同进驻、同址办公”的方式在岚县、交口等县局成立国、地税联合办税服务厅。岚县局实现“国、地税联合办税窗口”，全面启动“一人一机双系统”窗口办税模式，真正实现“进一家门、办两家事，到一个窗口、办两家业务”。同时，不断简化办税程序、优化办税流程，构建了以“一机双网、互通互办、信息共享”为基础，以“国、地税联合办税窗口”为保障，以“一站式办结”为目标的高效联合办税工作机制，实现办税服务厅职能统一、流程统一、职责统一、服务标准统一、绩效考核统一。以深化国、地税合作为契机，充分发挥邮政部门营业网点密集的优势，携手吕梁市国税局开展委托代征业务，有效遏制了临散税款的跑冒滴漏。截至 2017 年年底，吕梁邮政部门作为全省唯一开展全市范围代征税款的单位，累计代征税款 1.37 亿元，占全省邮政委托代征的 50%，名列全省第一，大大减少了纳税人涉税业务长途跑、排长队等现象。

【税种管理】

2017 年，吕梁市规范所得税汇算清缴工作流程，完成 2016 年 3941 户企业的所得税汇算清缴工作，总计应纳税额 8.06 亿元，已缴税额 7.74 亿元，应补税额 3156.35 万元，申报率达 100%。加强个人所得税全员全额扣缴明细申报工作，全系统应申报单位共计 21018 户，正常明细申报个税单位 21015 户，电子明细申报率达到 99.99%。完成个人所得税完税证明打印邮寄工作，共打印邮寄 192382 份个人所得税完税证明。开展企业所得税风险管理工作，通过对 314 户各类风险企业进行纳税评估，应对反馈，查补企业所得税 39.52 万元，入库 9.06 万元，加收滞纳金 1.45 万元。推进小型微利企业优惠政策落实，全市共有 449 户小型微利企业，减免企业所得税 483.63 万元，享受面达到 100%。做好大企业管理工作，对省地方税务局统筹下发的 53 户千户集团及其部分成员单位开展税收风险分析，已经分析 52 户企业，入库税款 219.44 万元。深入开展水资源税开征前的调研工作，并与水利局对接，确保水资源税的如期开征。

【服务转型发展】

深入开展“带好队 收好税 造环境 促转型”大调研大讨论活动。按照省地方税务局统一部署，吕梁市地方税务局及时召开局长办公会议对省局活动精神进行了传达学习，研究制定吕梁市地税局大调研大讨论实施办法，并围绕省地方税务局的 5 个活动内容，确定了以“三访、三问、三看”为主要形式的七项活动。编印了学习手册，以党组中心组学习、党支部学习、科室学习等多种形式进行了系统学习，做到学习有笔记，学后有心得。活动中，共组织各种座谈会、讨论会 33 场，形成了“税干心声大传送”“税收管理大起底”等 5 项活动总结，为地税工作进一步发展提供决策参考和意见建议。

积极推进万名干部大调研活动。结合省地方税务局和市委市政府确定的调研课题，联系吕梁地税工作实际，细化 8 个方面的调研子课题，分别由 8 名处级领导干部领题调研。各调研组先后在 13 个县（市区）局、3 个直属分局、30 个基层税务所、13 个办税服务厅、52 个企业、3 个村、85 户农户深入调研，在掌握大量翔实的第一手资料的同时，动员全体干部积极投身于服务转型发展的大局之中，调研结束后形成了 8 个调研报告。

深入开展万名税干入企活动。及时召开了动员会，编印了“十九大报告要点导读”“促进资源型经济转型发展文件汇编”“税收优惠政策指引”“简政放权优化服务”四个部分的服务手册6000套，由入企税干向企业和纳税人宣讲和发放，共有500余名税干参与入企服务，入企467户，收集各类意见和建议406条，解决企业实际问题326个，提出需要上级部门解决的问题80个。以“万名税干入企活动”为契机，积极落实各项税收优惠政策，共减免税款1107.81万元，得到了企业的一致好评。

全面推进落实28条措施落地。省地方税务局《优化税收营商环境服务经济转型发展的实施意见》印发后，市县两级分别召开了动员部署会议，对《实施意见》精神进行了传达学习，并将《实施意见》中四大类28项措施具体分解为56项任务，制定《责任清单》，确定工作任务和时间要求，在全市系统形成落实28条措施的共识。同时，将28条措施的落实与万名税干入企服务、万名干部大调研活动相结合，努力在抓紧、抓实、抓出成效上下功夫。其中，28条措施落实以来，共为32户纳税人审批延期缴税款2.74亿元。严格落实“将房产计税余值的扣除标准由现行的20%、30%统一为30%”的优惠政策，共减免房产税752.44万元。国地税共同向个体工商户发放2万份《致个人工商户纳税人的一封信》，落实月销售额不超3万元的个体工商户个人所得税征收率核定为0%政策，全市22451户纳税人获得了实实在在的好处。其他各项措施也正在省地方税务局的统一部署下有条不紊地推进。

提升纳税服务质效。与国税部门联合开展了2016年度纳税信用评价工作，共评出256户A级纳税人，并在“吕梁地税”微信公众号、各办税场所，各县局微信平台进行了发布。举办了落实总局6项减税政策纳税服务培训，对简化增值税税率、扩大享受企业所得税优惠小微企业范围等减税政策进行解读学习，确保纳税服务人员熟知减税政策，掌握具体操作。开展了第26个税收宣传月活动，利用户外LED显示屏、办税场所显示屏播放税收公益片，印制发放宣传资料8万余份。

【税收法治进程推进】

2017年，吕梁市地税局开展了重大行政处罚决定备案工作，对2016全年已办结的重大行政处罚案件进行了汇总统计，按照规定的范围、标准、时间等要求做好备案。严格落实公职律师工作，2017年全市公职律师参与办理各类事项806件，进一步提升了涉税法律服务水平和能力。大力推进行政许可和处罚的“双公示”工作，梳理出公示行政许可3项，行政处罚25项，并明确了职权类别、行政决定部门、项目名称、设定依据和行政相对人，编制上报《吕梁市地方税务局“双公示”目录》。全面落实《全国税务稽查规范1.0版》，对被查企业发放“地税稽查人员跟踪监督卡”，保证执法的公正性和规范性。推进督察内审工作，制定了《全市地税系统重点督察方案》，对交城局、汾阳局、孝义局、交口局进行重点督察，推动日常执法规范。在交城地税局进行领导责任经济审计，指出存在的问题、提出改进建议、督促其进行纠正。开展扶贫工程资金审计，对兴县、岚县、交城、文水、汾阳、孝义地方税务局的扶贫资金进行审计，确保扶贫资金用在真正的扶贫项目，保证真扶贫扶真贫。

【打击涉税违法】

2017年，吕梁市地税局加大对涉税违法犯罪活动的打击力度，与国税、工商、公安等单位的联系沟通，维护了正常的纳税秩序。对总局2016年确定的22户重点随机抽查对象进行立案检查，并对省地方税务局确定的110户资源税、企业所得税重点税源企业和旅游行业安排了自查督导，同时完成了太原市地税局稽查局转办的协查案件和部分检举案件的查处工作。突出稽查打击效能和威慑力，实现稽查工作的集约化管理和对关联企业的辐射指导功能。2017年，全市共立案检查34户，督导企业自查107户，入库各项查补收入1.89亿元，其中稽查直接查补入库税款372万元，滞纳金139万元，罚款189万元。

【政务管理】

2017年，吕梁市地税局开展绩效管理工作，对省地方税务局指标体系进行分解，结合实际制定了本系统的指标和考评标准细则，从3月起正式实现上线考评。加强个人纪实申报卡的填写监督，按月随机抽查部分单位的完成情况，初步做到了个人绩效的精细化管理。开展2012年-2016年度档案整理工作，文书档案、计会档案、声像档案、实物档案等进一步规范。规范财务工作，按照省地方税务局财务检查相关文件精神，组织财务人员赴兴县、岚县等县局开展财务督查。加强政府采购管理，收集采购项目信息，编制采购申请表，协同办理政府采购手续，按时上报政府采购报表。

（市地方税务局）

金 融

中国人民银行吕梁市中心支行

【支持吕梁实体经济发展】

2017年，中国人民银行吕梁市中心支行加强“窗口指导”。制定《吕梁市金融机构信贷支持地方经济发展考核办法(试行)》，编印《货币信贷政策指引》，引导银行信贷资金脱虚向实，回归本原。积极推动货币信贷政策的贯彻落实，深入金融机构、企业、农村调查，推动政银企有效对接，鼓励支持金融机构创新金融服务，增加信贷投放。汾阳支行积极推动政银企平台建设，与政府联手开通“汾阳市中小企业网”，组织召开政银企对接会，帮助企业项目与银行资金实现对接效果好。进一步完善支农再贷款、扶贫再贷款、支小再贷款、再贴现管理操作规程，引导金融机构扩大涉农、小微企业信贷投放和扶贫开发信贷投入。2017年使用扶贫再贷款总额达到10亿元，占全省扶贫再贷款总量的24.39%，使用量全省第一，人民银行已向地方法人金融机构发放9.98亿元；支农再贷款限额2亿元，已全部向地方法人金融机构发放；支小再贷款限额4亿元，已向地方法人机构发放3亿元；再贴现限额2亿元，累计发放4.54亿元，余额1.99亿元。加强存款准备金日常管理，按照规定，对2016年度达标的10家地方性金融机构执行低于同类机构1个百分点的存款准备金率；对涉农贷款增速、涉农贷款占比考核达标的6家农业银行县级三农金融事业部执行比中国农业银行低2个百分点的存款准备金率。通过多种货币政策工具的运用，拓宽了辖内金融机构资金来源，金融服务地方经济发展的能力不断提升。截至2017年12月底，吕梁市金融机构各项存款余额为2018.57亿元，比年初增加207.46亿元，增长11.46%，同比多增12.78亿元；各项贷款余额为1035.83亿元，比年初增加84.91亿元，增长8.93%，同比多增26.26亿元。

推动金融机构做好金融精准扶贫工作。提请市委、市政府成立了“吕梁市金融扶贫工作领导组”和办公室，印发《关于推进金融扶贫指导意见（试行）通知》，起草《吕梁市扶贫小额信贷风险补偿金管理办法(试行)》，制定《吕梁市“五位一体”扶贫小额信贷工作推进方案》，国家扶贫小额信贷政策得到进一步贯彻落实。引导金融机构创新信贷模式，支持贫困农民通过农业特色产业、订单农业、劳务就业等多种形式，实现造血脱贫、持久发展，促进了吕梁市金融扶贫工作的整体推进。截至12月底，全市扶贫小额贷款余额16.89亿元，较年初净增16.23亿元，超额完成了省政府下达9亿元全年任务、市政府下达的12亿元秋季攻坚目标任务，惠及建档立卡贫困户3.29万户。交口、兴县支行引导辖内金融机构创新扶贫贷款发放模式，助推金融精准扶贫效果好。

【维护区域金融秩序稳定】

金融稳定工作不断加强。2017年，中国人民银行吕梁市中心支行运用“山西省金融风险监测系统”，加强对金融风险的分析、预测和评估，按月采集银证保、小额贷款公司、融资性担保公司、典当行等286家金融机构的风险监测数据，并按要求撰写风险分析报告。撰写并上报2016年度吕梁市金融稳定报告，并组织指导柳林、汾阳、文水、兴县4家支行编写、上报县域金融稳定报告。完成全市23家地方法人银行业金融机构2017年上半年保费核定与交纳工作；抽调全辖金融稳定业务骨干，完成辖内23家法人机构的存款保险风险评级和总结工作。认真开展金融机构稳健性现场评估工作，对离石区联社等4家农村信用联社开展经营情况现场评估，对辖内10家村镇银行开展主要业务现场评估。建立“吕梁市县域金融生态环境建设评价体系”，设置信用环境、法制环境、政策环境、金融运行、经济环境5个一级指标、17个二级指标、50个三级指标，通过对全辖13个县（市、区）各项指标的评价打分，得出各县（市、区）县域金融生态环境的综合排名，为政府部门改善当地金融生态环境、助推金融更好地支持实体经济发展提供了重要的信息借鉴。

“两管理、两综合、一保护”工作继续深化。加强日常管理，重新修订了重大事项报告管理办法，认真落实金融机构重大事项报告制度和机构设立规划报备制度。严格开业申报管理，重新修订开业管理办法，办结3个机构的开业申报事项。组织对全辖农业银行17家分支机构、12家农村信用联社、2家农商行开展综合执法检查。开展了对银、证、保等共45家市级金融机构2016年度经营状况的综合评价。认真做好金融消费权益保护工作，制定印发《吕梁市中心支行关于推进普惠金融发展的实施意见》和相关实施办法，开展“3·15”、“守住钱袋子”“金惠工程”“金融知识普及月”宣传活动。人行汾阳支行、文水支行、岚县支行创新宣传方式、扩大宣传范围，“金融知识普及月”宣传示范效应明显。启动“金融与诚信”主题教育活动，统一订购“金融与诚信”课本5万套，全市13个县（市、区）小学5年级全部开设“金融与诚信”课程，受教学生达46000多名，实现小学5年级“金融与诚信”课程全覆盖任务，金融知识纳入国民教育体系试点工作稳步推进。积极维护金融消费者权益，全年共受理咨询投诉32起，全部得到有效解决。

【支持外向型经济发展】

2017年，中国人民银行吕梁市中心支行引导金融机构按照《外汇管理支持吕梁涉外经济发展指导意见》的要求，加大对涉外实体经济的支持。全面落实全口径跨境融资宏观审慎工作，支持辖区3户企业办理了全口径跨境融资7548万美元，缓减了企业资金周转困难问题。严格按照法规和行政许可的各项要求开展日常业务和检查工作，对违反外汇管理规定的2户企业、3个居民、1家银行进行了行政处罚，共计罚款41万元。针对部分银行、企业相关人员对政策法规、业务流程等了解不到位，业务办理问题频出的实际，创新推出“外汇风险防范1卡5示双释疑”工作，进一步规范外汇业务办理流程，有效防范风险，该工作受到山西外汇管理分局外汇管理处的肯定，计划在全省范围内推广。认真做好进出口收付汇工作，截至2017年12月底，全市进出口收付汇总额2.53亿美元，同比下降12.15%，其中：出口收汇

1.74亿美元，同比增长0.07%；进口付汇0.79亿美元，同比下降37.30%。

【推进征信体系建设】

2017年，中国人民银行吕梁市中心支行与市发改委等部门联合印发《吕梁市2017年社会信用体系建设工作要点》，构建了守信激励和失信惩戒机制。加大征信宣传力度，组织金融机构开展了“6·14信用记录关爱日”宣传月活动，在兴县成功举办了征信知识进校园启动仪式，深入吕梁学院开展了“诚信文化吕梁学院校园行”主题活动。借助第十一届国家非物质文化遗产——岚城面塑文化艺术节，邀请吕梁山国定贫困县金融精准扶贫协调机制成员单位，即太原中支娄烦支行，忻州中支静乐支行、岢岚支行，吕梁中支兴县、方山、临县支行等6个县支行开展征信宣传活动，营造征信助推金融扶贫工作的浓厚氛围。全面推进中小微企业和农村信用体系建设，积极与地方扶贫办、涉农金融机构联系，完成辖区建档立卡贫困户数据信息采集工作，已录入建档立卡贫困户信息54.56万人。继续做好机构信用代码证的发放和推广应用工作，截至12月底，累计办证10848户。应收账款融资服务平台推广工作进展顺利，在平台上完成融资24.93亿元。

【金融服务水平提升】

支付体系建设稳步推进。2017年，中国人民银行吕梁市中心支行大力做好农村“金融综合服务站”建设工作，截至12月底，农村金融综合服务站建设有2464个，覆盖行政村2390个，剔除因移民并村和常住人口较少等不具备建站要求的行政村外，覆盖率已达100%；各农村金融综合服务站办理取款、汇款、缴费、消费等业务131.6万笔，金额6.51亿元。加强对申请加入支付系统金融机构的审查工作，对12家接入现代化支付系统的金融机构进行了初审。积极引导交城太行村镇银行、孝义农商银行等3家地方金融机构接入电子商业汇票系统，协助审查市农业银行营业部、离石支行成功加入电子商业汇票系统。

国库管理和服务水平进一步提高。积极推进国库标准化建设，在文水、临县、柳林、交口4个县支库国库标准化建设试点成功的基础上，推动全辖人民银行开展国库标准化建设，进一步规范国库会计行为，防范资金风险，提升经理国库工作能力，这一做法受到了太原中心支行的认可。推动国库惠民工作，制定《国债收款单催兑工作实施方案》，对留存的178份国债收款单进行了催兑。认真做好国库收支核算工作，实现了国库资金收支“零差错”，确保了国库资金安全。

会计财务管理进一步规范。为推动会计财务管理的依纪依法合规，组织对机关及各县（市）支行贯彻落实八项规定、执行各项会计制度、实施维修改造情况进行了全面检查。自主研发“基建及维修改造项目信息管理系统”，实现基建及维修改造信息电子化管理，便于上级行对已建、在建、拟建项目进行科学监控和管理，该系统在总行举办的地市中支会计科长培训会上进行了交流发言。

人民币管理不断加强。加强发行库管理，严格落实和执行各项规章制度和操作流程，确保库款安全无事故。深化人民币净化工程，督促各金融机构按要求完成全额清分、冠字号码同步流转及硬币自循环工作。做好发行基金调拨工作，保证合理的现金供应，截至12月底，全市净投放现金77.8亿元，较去年同期增加13.6亿元，增长21.18%。切实抓好残损人民币回收和反假货币工作，共回收残损币13.17亿元，收缴假币71.3万元。

反洗钱职能得到有效履行。完善非现场监管体系，对辖区57家纳入反洗钱监测系统的金融机构2016年反洗钱工作进行了评估，对评估为C、D级的

20家金融机构给予通报批评。做好《金融机构大额和可疑交易报告管理办法》（3号令）的贯彻落实，督导辖区法人机构完成相关制度修订、培训学习以及系统升级改造等工作。组织对全市保险业从业人员150余人进行反洗钱知识培训，强化了保险业的反洗钱意识。对辖区两家法人机构柳林汇泽村镇银行和离石区信用合作联社进行了洗钱风险评估，通过评估了解掌握了辖区法人机构的洗钱风险状况。开展对孝义汇通村镇银行、中阳太行村镇银行、人保财险吕梁分公司的反洗钱专项检查，处罚二家机构共40万元，处罚个人共2万元。加大可疑交易线索报送工作力度，经过仔细甄别，向市公安机关移送重点线索2条，其中1条可疑交易引起了人总行反洗钱局的关注。

调查统计水平继续提高。按时准确完成统计数据生成任务，提高经济调查广度和深度，为上级行及吕梁市政府等相关部门提供有价值的参考资料。在上级行刊物上发表文章69篇，其中国级14篇、省级55篇。重点调研课题创历史最好成绩，上报天津分行的《金融支持PPP项目的信贷风险研究》等4个调研课题，获一等奖1个，二等奖2个，三等奖1个；上报太原中心支行的《金融支持三农发展研究》等2个调研课题，获一等奖1个，二等奖1个。作为总行在山西的储户问卷调查样本市之一，吕梁中支宣传方案和方法引起总行关注，并在全国景气调查培训会上做了经验交流。继续推进金融业综合统计工作，开发“金融业综合统计监测管理系统”，大大提高了金融业综合统计信息化服务水平，该项工作受到太原中心支行的充分肯定，并在总行金融业综合统计培训班进行了经验交流。

科技服务保障能力明显增强。建立健全了全市金融业信息安全组织协调机制，加强对辖内金融机构的行业指导，完成了孝义市农村商业银行三类编码变更，积极推动辖区金融IC卡的发展应用和使用质量的提升。开展了科技活动周宣传活动，做好金融标准化和移动金融的宣传工作。加强信息安全工作，顺利完成一体化终端管理系统部署工作，做好辖内“永恒之蓝”勒索软件的防范工作。积极做好技术保障服务工作，对软硬件技术故障请求、网络线路维护等任务快速响应，确保了全行所有应用系统的正常、稳定运行。

（中国人民银行吕梁市中心支行）

吕梁银监分局

【支持实体经济发展】

2017年，吕梁银监分局通过监管工作会、监管通报、审慎监管会谈、约见会谈等多种形式，督促银行机构服务实体经济发展。全年银行业各项贷款余额增量84.94亿元，较上年同比多增26.27亿元，增速同比上升2.36个百分点。配合市政府出台《创优金融生态环境 打击恶意逃废债银行债务的指导意见》，与市中级人民法院联合印发《关于推进涉金融案件专项执行活动的通知》，与市金融服务中心等部门联合开展摸排督导工作，打击逃废银行债务行为，不断优化全市营商环境。督导银行业机构坚持“有扶有控”的差别化信贷政策，支持煤企转型升级和债务重组，共为煤企转贷续贷36.61亿元，退出去产能贷款3.62亿元。持续引导银行机构落实“降成本”要求，2017年，督促全市银行业机构共取消收费项目86个，降低收费标准项目24个，减免服务收费企业1176个、1872万元，减免利息109户、6361万元，转贷续贷1525户、202.85亿元，共出台降成本政策27条。

【金融服务】

2017年，吕梁银监分局组

织召开普惠金融工作会议，制定普惠金融工作实施意见，推动银行业机构大力发展普惠金融。重点推进“村村通”基础金融服务，通过专题会议部署、建立“村村通”管理台账、明确“空白村”任务清单，并实行销号管理，促进农村基础金融服务覆盖率不断提升，全市3150个行政村基础金融服务实现了全覆盖。

【助力脱贫攻坚战役】

2017年，吕梁银监分局积极与当地扶贫办、人民银行联系沟通，了解建档立卡贫困户按乡镇包干情况，组织召开精准扶贫工作推进会、扶贫小额信贷推进会，与各机构签订责任书，推动银行加快扶贫贷款投放，实现了小额信贷按乡镇包干全覆盖。进一步细化省局扶贫意见并强化考核督导，先后印发《吕梁银行业金融机构金融扶贫服务考核暂行办法》《吕梁银行业扶贫金融服务督查方案》，进一步推动各机构落实扶贫工作责任。召开专题座谈会1次，走访政府相关部门15个，贫困村96个，贫困户368户，积极了解扶贫工作困难和需求。截至12月末，全市各机构累计走访建档立卡贫困户149998户，发放贷款30792户、14.86亿元，完成全市扶贫小额信贷投放计划的165.08%；累计发放易地扶贫搬迁专项贷款13.42亿元，涉及9个县市、22个项目，惠及建档立卡贫困人口37733人，非贫困人口11747人。

【助推小微企业发展】

2017年，吕梁银监分局推动银行创新小微企业还款方式，落实无还本续贷、循环贷款；持续推动银税合作，按月监测按季通报进展情况；组织开展小微企业融资难融资贵问题现场检查；开展深化银税合作暨小微企业金融服务宣传月活动；推动优惠政策落地，银行业机构获得小微企业风险补偿金61万元。截至12月末，小微企业贷款余额363.31亿元，增速高于各项贷款增速12.09个百分点，户数高于上年同期4361户，申贷获得率高于上年同期1.49个百分点，圆满完成“三个不低于”任务目标。

【风险管控】

1. 下大力气防控信用风险。建立不良贷款风险监测与责任追溯工作机制，按季开展不良贷款“五个一批”分类处置监测工作，督促机构综合采用“盘活”“核销”“优化”“处置”“清收”等措施，全年合计处置不良贷款79.16亿元。通过对大土河焦化贷款重组、联盛集团“债转份额”、兴县和柳林农商行改制、贷款平移管理等措施，成功化解了辖内部分大额不良贷款。2017年12月末，全市银行业不良贷款余额96.48亿元，较年初减少52亿元，降幅35.02%；不良贷款率9.31%，较年初下降6.3个百分点，为近五年来首次实现不良贷款“双降”。摸清风险底数，开展了不良资产风险专项排查、不良贷款风险监测、信用风险专项排查、个人消费贷款排查等工作，督促银行机构加强对重点行业、重点企业、重点业务、重点行为的信用风险排查和防控工作。做好常规风险监测，按月开展银行业主要经营指标和风险特征、客户风险预警、十大行业信贷情况等方面的分析工作，按季对20户重点集团企业融资风险情况开展调查和监测。推动债委会发挥作用，督促银行业机构对于发展前景好的企业增贷8户、22.61亿元；对于长期亏损失去清偿能力的煤炭、焦化等产能过剩行业企业减贷9户、37.76亿元。

2. 综合法人机构风险化解。建立领导包社责任制，明确监管工作任务；指导吕梁市联社成立改制化险工作领导组，列出任务清单，科学制定规划；召开传导会，与市联社共商高风险社改制化险途径和措施；指导市联社制定出台“一社一策”化险改制工作方案，推进高风险农村信用社改制化险工作。推动农合机构全面清降不良贷款，开展团队式“清不良、打老赖”专项活动，全市农合机构全年累计清收处置不良贷款18.53亿元，其中“清不良、打老赖”专项活动清收2.65亿元。截至2017年12月末，柳林、兴县农商银行已经开业；离石、岚县联社启动改制；其余联社积极开展改制前期准备工作。

【整治银行市场乱象】

1.开展检查，督促银行整改。集中和合理配置监管资源，一次进点，统筹开展现场检查工作。共成立6个检查组，对7家机构开展检查，其间召开三违反、三套利现场检查情况汇报会。召开吕梁银行业“四项治理”专项工作推进会，对机构自查及整改问责提出要求。截至2017年12月末，监管检查的“三违反”、“三套利”及“市场乱象”问题整改率分别达到71.84%、82.5%、77.5%，银行业机构针对监管检查问题内部追责101人。

2.严惩违规，增强监管震慑。针对上年现场检查和非现场监管发现的违法违规行为，多次派出调查组对行政处罚立项案件情况进行调查，先后4次召开行政处罚委员会会议，落实“双罚”原则，处罚机构10个，金额300万元；处罚人员23人，金额15万元。其中：对“两加强、两遏制”“回头看”中发现的3家违法违规机构共处罚90万元，给予2名责任高管罚款共10万元，给予4名责任高管警告，并责令机构给予8名责任人不低于警告的行政处分，以高压态势遏制银行机构违规经营等市场乱象。

【弥补监管工作短板】

1.完善行政许可和行政处罚规程。2017年研究制定《吕梁银监分局行政处罚实施规定》，提高行政处罚工作规范化程度。结合工作实际，进一步修订完善《吕梁银监分局行政许可规程》，行政许可事项由原来的议论制改为票决制，流程更为规范。

2.提升现场检查能力。统筹现场检查，合理配置监管资源，深化EAST系统运用，完善查前培训、查中交流、查后汇报、集中裁量机制，全年共派出检查组52个，对45个机构的9个项目开展检查，检查共发现问题289个，涉及业务金额215.09亿元，共发出现场检查意见书29份。

3.完善非现场监管制度。制定《关于进一步加强和改进非现场监管工作的通知》，从数据质量、信息系统、信息共享、报告内容、开展分析、例会研究、监管联动、强化处罚等8个方面对非现场监管工作进一步规范与加强。

4.强化监管履职问责。制定《工作人员监管履职问责实施细则》，并成立监管履职问责委员会，为强化监管再监督奠定了制度基础和组织基础。

5.提高财务保障服务水平。加强预算管理，不断提高预算执行水平；规范政府采购行为，加强固定资产管理；认真组织开展办公用房清理整改“回头看”；加强财务管理，合理安排各项支出，实现了保工资、保运转、保监管。

（吕梁银监分局）

吕梁市金融事务服务中心

【建立政银企沟通合作机制】

一是建立了规模为5000万元的应急周转保障资金。与11家驻市各银行业金融机构建立合作关系，专项支持基本面良好、资金周转困难，银行有意续贷支持的企业融资。截至2017年年底，已累计为50个项目发放企业应急周转保障金22240万元，为企业成功续贷61350万元。二是强化银企对接服务。围绕强化信贷投入，有效破解重点工程项目融资难题，着力强化政府推动、银企合作的融资服务。三是面对企业不良贷款增加、信贷风险暴露的现象，出台《关于加强县级金融信用环境建设的指导意见》《关于严厉打击恶意逃废银行债务创优金融生态环境的指导意见》《关于优化诚信意识树立中小微企业良好形象的实施意见》等文件，形成了全市防范金融风险、维护金融稳定的协调机制和工作责任制。

【推进“两类公司”的监管工作】

一是截至2017年年底，46户小额贷款公司，注册资本28.21亿元、资产总额31.74亿元、贷款余额26.35亿元。二是健全制度、规范管理，根据省金融办监管业务要求，不断完善“两类公司”相关制度措施，加强风险防范。三是引导融资担保公司通过增资扩股做大做强。文水县、交城县中小企业融资担保有限公司增资扩股到5000万元，支小支农的能力进一步提升。截至2017年年底，全市共有融资担保公司15户，资金总额79354.79万元，负债2895.8万元，净资产76458.99万元。实现担保收入240.35万元。担保责任余额37803.5万元，担保户数71户。

【推动发展多层次资本市场】

一是推进企业上市。针对吕梁市无上市企业的现状，宣传资本市场知识，推进优质企业上市融资。二是组织企业知识培训。联合市中小企业局组织具有成长潜力的中小企业参加“新三板企业”培训，通过学习培训，提高企业融资知识水平，有效对接资本市场。三是实现了新三板公司零的突破。2017年3月30日，山西新元太生物科技股份有限公司在新三板成功挂牌，实现了新三板公司零的突破。

【开展防范和打击非法集资工作】

一是扎实开展了防范和处置非法集资集中宣传活动和涉嫌非法集资广告资讯信息排查活动，严厉打击非法集资，净化经济金融环境。二是加强非法集资风险排查工作。重点对各类农民专业合作社、典当行、非融资性担保、投融资中介、各类投资公司和各类网络借贷平台进行了排查。三是加强新发非法集资案件统计报送工作。根据处置非法集资部级联席会议及省处非办工作安排，从2017年6月起启用了新的非法集资案件统计报表。截至2017年年底，全市共发生非法集资案件7起（其中：非法集资吸收公众存款案件3起，集资诈骗案件4起），涉及金额21098万元，涉及人员1014人。

【打击恶意逃废金融机构债务】

2017年，市金融中心牵头开展打击恶意逃费金融企业债务专项行动，及时成立了市打击恶意逃废金融企业债务联席会议，制定了工作制度。经过反复集体研究确认，9月中旬，吕梁市最终确定了25笔逃废债务，涉及企业15户，个人10户，逃废债务金额2.75亿元，债权行已全部起诉至法院，部分案件已进入执行阶段；市金融中心组织市农信社对国家公职人员拖欠农信社逾期贷款进行了摸底并草拟《清收国家公职人员拖欠信用社贷款实施方案》并以市政府文件印发。按照方案规定，清收工作分宣传发动、主动归还、谈话督促、强制清收四个阶段分步进行。截至2017年年底，全市公职人员在农信社逾期贷款累计清收177笔4503万元，其中本金2691万元，利息1812万元。

（市金融事务服务中心）

中国工商银行吕梁分行

【主要指标经营情况】

2017年，实现拨备前利润3.76亿元。截至2017年年底，全部存款时点余额为281亿元，较年初增加22亿元，各项贷款时点余额为149亿元，较年初增加18亿元。

【资产质量管控】

2017年，中国工商银行吕梁分行围绕“三增三降三优化”。在清收处置措施上，除了进一步加大考核奖惩，层层传导压力外，持续加强行领导挂牌清收机制，针对重点清收转化难点户，省、市、县行多级联动，上门催收，并定期碰头研究“一户一策”清收处置方案，确保整体清收工作按既定时间进度有序开展，全年累计清收转化1.4亿元，通过资产证券化、批量打包处置转化2.2亿元，实现全行不良贷款余额和不良率首次“双下降”。尤其是10户大额法人不良贷款企业，通过多级联动，消灭4户，剩余6户18.43亿元。其中联盛债转股协议即将签订、金州重组方案也将完成审批、金岩和楼俊的化解方案已经获批正在落实。

【信贷业务】

2017年，中国工商银行吕梁分行加大对储备项目营销力度，通过实地走访沟通、行内定期滚动汇报，引入融资租赁等手段，拓宽融资渠道，成功完成一笔20亿元银团贷款的投放，跟踪锁定33个项目共计250多亿元，大力支持辖内铝工业项目、高速项目、风电项目等新兴领域发展，2017年已为企业融资22.9亿元，还有审批待提款21亿元，报审批117亿元。为山西胡兰食品有限公司流资贷款1200万元；山西北武当山旅游开发有限公司发放小企业短期循环贷款2150万元；山西利虎玻璃（集团）有限公司发放流动资金贷款1.7亿元；为山西中阳钢铁有限公司发放流动资金贷款3.68亿元；中国工商银行吕梁分行为吕梁市城市基础设施建设基金设计的通过工银瑞投出资24亿元的《吕梁市城市基础设施建设基金工作方案》已递交至市财政局。该基金项目的设计与参与，将有力提升中国工商银行吕梁分行支持地方经济建设的社会形象，也将进一步融洽和密切银政关系。金融精准扶贫方面，中国工商银行吕梁分行制定《2017年金融精准扶贫工作要点》《吕梁分行金融精准扶贫工作方案》及《关于积极推进金融精准扶贫工作的通知》，召开了专题工作会议，先行先试，积极探索，成功在全国工行系统首家投放精准扶贫小额贷款标准化产品，2017年累计为780户发放扶贫贷款3484万元，顺利完成各项脱贫攻坚任务。

【存款业务】

2017年，客户规模不断扩大，客户结构不断优化。2017年中国工商银行吕梁分行落实“以客户为中心”的经营理念，全面提升客户服务，完善留客机制，持续做大中高端客户规模，做优客户结构。之前，在已组建私银财顾团队、POS收单团队、个人信贷专业团队、大堂经理团队的基础上，强力打造理财经理精英团队、外拓营销团队、产品支持团队。对财政、公积金、汾酒、烟草、电力等重点大客户，制定“一行业一策略”综合金融服务方案。多次赴烟草公司沟通对接，为其出具了集融资、结算、理财、个人金融和银行卡等领域的全产品综合金融服务方案，旨在为烟草公司提供个性化、全产品、全方位的金融服务，提升客户满意度；获悉汾酒国企准备改革后，中国工商银行吕梁分行联系上级行出台改革方案，并赴总行沟通学习，通过多渠道介入改革为其提供综合金融服务。

【中间业务】

2017年，全行大零售营业贡献实现3.89亿元，比同期多增7896万元，增幅25.43%，占全行营业贡献的78.75%，居全省第三位。储蓄存款在大零售营业贡献中发挥了核心作用，营业贡献达23647万元，占大零售营业贡献的61%，个人理财（理财、基金、保险、国债）营业贡献达1219万元，零售业务成为全行经营利润的“压舱石”和“支撑点”。此外，机构、养老金、托管业务实现了突破性发展。

【内控案防工作】

2017年，全行以内控合规“执行年强化年”教育活动为契机，加大合规文化核心理念、新时期“十大禁令”、新版员工违规行为处罚规定宣传，深入基层网点开展了合规文化宣讲，将合规文化“内化于心，外化于行”；在全行范围开展“学规定、守纪律、防风险、保安全、促发展”学习教育活动，组织全行副处级以上管理干部阅看吕梁市纪委制作的《忏悔录》反腐倡廉警示教育片，组织机关及城区支行管理干部赴于成龙廉政文化教育基地现场学习。扎实开展“十大重点风险领域和关键环节”专项检查、综合整治工作、违反中央八项规定精神和“四风”专项整治工作、开展违规公款购买消费高档白酒问题排查。加大视频监控非现场检查和员工异常行为排查力度，完成了对全辖一级支行（直管二级支行）内控评价工作，认真组织开展71个业务项目检查，以控制运营风险为重点，采取调阅监控，现场核查、非现场核查、下发核查通知书、电话核查等方式对省分行下发的准风险事件逐笔进行核实，全辖核查准风险事件5363笔，确认风险事件2080笔，风险事件占比为38.78%。同时，加大对违规问题责任人问责力度，共涉及各类风险事件160笔、追究违规责任人214人次，即：违规积分211人次，累计积分619分。通报批评3人次、核减绩效1人次。召开四次内部控制管理委员会会议、召开三次全辖2017年案件形势分析会、召开四次吕梁分行资产损失责任认定联席会议，组织开展以“贯彻落实3号令，维护金融秩序”为主题的反洗钱宣传活动，全年对各支行进行各类安全检查6次，提升了内控安防工作水平。

（中国工商银行吕梁分行）

中国建设银行吕梁分行

【主要业务经营基本情况】

存款方面。2017年一般性存款日均余额226.2亿元，新增19.83亿元，系统排名第三。其中，个人存款日均余额132.06亿元，新增8.87亿元，系统排名第五；对公存款日均余额94.14亿元，新增10.95亿元，系统排名第四。

贷款方面。全行贷款余额108亿元，较2017年初增长854万元，四行排名第四。其中：个人类贷款（含信用卡）45.08亿元，新增12.33亿元；对公类贷款63亿元，比年初减少12.25亿元。

不良贷款方面。全行不良贷款余额8.87亿元，较2017年初减少9.63亿元，不良率8.2%。

中间业务方面。实现中间业务毛收入1.1亿元，四行占比38%，四行排名第一。

经营效益方面。实现账面利润收入2.85亿元，同比减少6017万元。

重点业务推进情况。社保卡业务方面，共拓展县（市、区）社保批量代收付11个，实现了兴县、文水两个县域的突破，社保存款时点余额比年初新增5.73亿元，占到机构类新增时点存款占到的63.9%。电子银行账务性交易量在全渠道中的占比高达86.56%，全省排名第三；善融交易额新增2.6亿元，扶贫交易新增2.47亿元，得到省行尚行长贺信嘉奖。票据池业务累计4户，入池票据1708张，金额总计8.85亿元。加强源头营销，积极与吕梁市印章管理中心合作，带来结算户的快速发展，余额和新增在四行排名第一。小企业全年实现了26357万元的不良处置不良率和不良额较年初大幅下降，延续了二季度以来双降的态势。2017年年末，中国建设银行吕梁分行普惠金融业务完成18316.99万元，超额完成了省行下达的任务。

（中国建设银行吕梁分行）

中国农业银行吕梁分行

【概况】

1.存款业务持续快速发展，增量份额稳居第一。至12月底，全市农行各项存款达成258.5亿元，较年初净增33.68亿元，实现了年初增量突破30亿元的既定目标，同比多增2.51亿元，各项存款增量四大行排名第一，增量市场份额四大行占比43.3%。其中，个人存款较年初净增17.08亿元，同比少增7.54亿元，四大行占比45.77%，排名第一，对公存款较年初净增16.6亿元，同比多增10.06亿元，四大行占比38.78%，排名第一。

2. 信贷政策导向明确，贷款结构得到调整。至12月底，农行各项贷款余额92.2亿元，较年初净增4.99亿元，其中，增量四大行第二；其中个人贷款增加3亿元，增量四大行占比35.19%，排名第二，累计办理贴现19.79亿元，贴现余额7.34亿元，个贷和贴现作为2017年重点工作，均实现了年初既定目标。在贷款结构调整上，按照政策要求对潜在风险客户实行压降，截至12月底，对列入压降名单的3户企业共压降贷款1.07亿元。

3. 扎实开展金融扶贫，履行农行政治责任。至12月底，农行发放小额精准扶贫贷款1.01亿元，发放带动帮扶扶贫贷款3000万元，通过直接扶持、间接带动模式有效帮扶建档立卡贫困户脱贫致富。同时推进金融普惠“三农”。共建立惠农服务点4012个，免费发放惠农卡近90万张，人民银行验收的农村金融综合服务站达693个。针对农民信贷需求，先后推出“农民安家贷”“惠农易贷”等“三农”金融产品，极大地满足了农村居民生产生活资金需求。

4. 网点转型成效明显，电子产品和线上业务快速发展。至12月底，全行已装修改造人工网点41个，占全部网点的91%，离行式自助网点新开设1个，退出1个，总数52个，网点总量和自助网点全部领先四大行。全行贷记卡新增有效客户18778户，全省排名第七；信用卡业务收入2244万元，全省第五；掌上银行活跃客户净增32760户，全省第五；企业网银及电子商务有效客户净增3732户，全省第三。

5. 不良贷款清收处置力度加大，资产质量优于同业。至12月底，全行不良贷款5053万元，不良占比0.55%，较年初上升0.01个百分点，四大行最低。实现了自营不良资产目标任务四项考核有三项超额完成省行任务，排名均在全省前五；按时完成了7.64亿元的已处置重接委托资产核查封账，对两户敏感资产191万元进行了认定，委托资产现金清收13.67万元，完成存量已核销呆账的首次分类。

6. 经营效益稳步提升，利润指标基本符合预期。至12月底，全行实现中间业务收入6407万元，同比少收1430万元，完成省行任务的82.86%；实现拨备前利润28401万元，完成全年计划的101.96%；实现拨备后利润25439万元，完成全年计划的227%。

【存款和客户建设】

2017年，中国农业银行吕梁分行将年初制定的《吕梁分行2017年存款业务及客户建设考核办法》作为推动全年存款上台阶、争市场的纲领性文件，围绕份额第一的目标，把资源倾斜网点、把激励带给员工。

1. 坚持激发网点活力，将营销个人存款放在首位。持续开展网点“比贡献、上台阶”竞赛活动。市行将45个网点按照营业部级网点和非营业部级网点分序排队考核，按旬监测、按月通报、按季兑现。同时，将人财物等发展资源最大限度地倾斜网点，直接配发网点维护客户、推介产品所需的专项费用。持续推进代发工资专项营销。通过深入开展“进机关、进企业、进市场、进社区”活动，从源头上找客户、争储源。

2. 深入开展扩户提质，夯实公存增长基础。按照“拓宽渠道、增存增效”的基本原则，农行突出重点、强化激励，推进新业务发展，持之以恒抓好客户建设。抓住重点客户，加大“保抢挖”力度。在市行班子的大力营销下，2017年6月先后有市级社保户和医保户落户我行，增加了14亿的对公存款；5月又成功营销了电力公司集体企业账户，并在汾阳、石州、龙凤支行成功开立5个基本账户，给农行带来了3000余万元的对公存款和200余人代发工资户；通过继续扩展住房公积金业务，全市各支行积极开通公积金委托贷款服务，推进了公积金存款的稳步增长，全年公积金累计缴存余额达7.94亿元。利用新业务新产品来吸引客户。充分发挥特色产品对公司类存款的拉动作用，通过企业票据池的建立和资金运作，强化企业理财、票据融资与存款的良性互动，有效扩大公司存款来源；通过“校园一卡通”和“银医一卡通”等新型电子网络服务产品，拓宽增存渠道、占领市场份额。落实烟草公司及卷烟零售户专项营销方案。公司部、电子银行部、个人金融部在做好归集户、借记卡、贷记卡的考核外，现场指导和协助支行客户经理公私关联组合营销产品。四是全面推进网点办理对公业务覆盖面。对符合条件的分理处市行督促指导申办大小额支付系统，将对公业务的重点放在辖区商业客户和中小企业客户，加大对乡镇、村级站所等基础性财政账户资金的营销。

3.强化渠道服务能力，做优存款营销基础工程。围绕人工网点、自助银行、惠农服务点、电子银行、移动终端，整合线上线下资源，进一步发挥我行网点网络优势。通过强化大堂经理、客户经理建设，发挥引导客户、指导业务、推介产品、维护客户的能动作用。通过固化“千网工程”的软转成效，依托农银人寿人力资源，逐步向其他支行和网点推广。

【个贷、贴现业务规模发展】

2017年，针对煤焦铁行业信贷限额管理的不利因素，中国农业银行吕梁分行努力破解贷款投放困局，顺应政策环境、市场需求变化，做到有进有退、有保有压。

1.力促个人贷款快速增长。以个人住房、个人生产经营、个人短期消费需求为重点，深耕细作个人信贷市场，破解思想顾虑。针对各支行对发展个贷业务提出的市场需求、政策支持、客户资质、人员素质、风险管控等方面的焦虑，查原因、找出路。抓住政策机遇。充分利用国家“去库存”的一系列优惠刺激政策，抓住房公积金集中释放，形成后发制人优势，打造农行消费金融品牌。强化团队建设。市行抽调城区支行业务骨干，组建了市行个贷营销中心，在市区率先开展直客式营销。充分利用掌银优势，大力推广了网捷贷等网络金融业务。

2.加快贴现业务规模发展。在经济下行、优质信贷资源紧张的情况下，在有效防范风险的前提下，加大贴现业务发展力度。通过动员全行员工找票源；以企业票据贴现多的柳林为营销重点；安排专业人员审核贸易背景，审查票据真伪，市行及时发布贴现政策，灵活指导各行提高贴现竞争力。

【中间业务多元发展】

1.深度挖掘传统业务、产品和客户潜力。通过利用“大数据”，分析现有客户和传统产品服务，将全行所有对公账户，按照一般客户、集团客户、机构类客户、有贷客户分类营销，对一般性客户集中营销单位结算卡、企业网银等产品，对集团客户推销银企通、资金归集业务，对机构类客户推销代收代付、监督支付等业务。通过最大限度挖掘客户资源价值，提高对中间业务的收入贡献度。

2.全力抢占新兴业务制高点。通过扩大企业票据池的保有融资量，推进资金管理等业务联动发展；通过国际业务的市场营销发展，开辟新的市场和扩大创利领域。

3.努力扩大互联网金融和移动金融覆盖面。通过加快拓展消费金融、财富管理和私人银行等个人新兴业务，做大净值类理财、信用卡分期、网上银行、手机银行等电子业务规模。

4. 做大做强信用卡客户规模。各支行通过重点产品营销，推动有效客户提升，主要围绕漂亮妈妈卡、ETC捆绑信用卡、悠然白金卡、环球商旅卡、房贷卡和美特好联名卡等重点产品，开展特色专属促销活动。

【“清收个人类不良贷款”专项活动】

从2017年8月开始，中国农业银行吕梁分行开展了为期5个月的“清收个人类不良贷款”专项活动。从12月末数据分析情况看，活动期间（较6月末）反弹145.04万元，完成任务1657.94万元的-6.15%。其中：个贷不良贷款余额压降399万元，三农个人不良贷款余额增加627.68万元，信用卡不良贷款余额压降83.58万元。全行个人类不良贷款（含信用卡）不降反增，主要是三农个人不良贷款反弹幅度大，清收效果很不理想，需要创新思路，拿出“咬定青山不放松”的意志把这块硬骨头啃下来。

【打好风险防控攻坚战】

1. 守住信用风险底线。把好新增贷款质量关。通过对新准入客户深入细致的调查，确保信贷资金用于实体经济、优质客户和重点业务。通过坚持合同面签制度和抵押质押品现场亲自核实制度，防止虚假合同和虚假抵质押品，防止在未落实贷款条件或客户经营发生重大不利变化情况下发放贷款。把好贷后监测管理关。明确各支行“一把手”是贷后管理第一责任人，前台部门是贷后管理主办部门，通过强化贷后管户责任，综合运用贷后管理例会、系统监控监测等措施，提高贷后管理水平。通过信贷前后台部门的相互监督制约，杜绝以贷谋私、虚假套贷和不按标准、流程办理信贷业务的违规现象。严格风险管理。审慎客户、商户准入、贷记卡审核、严格电子商务拓展、智付通上线、审核和审批流程，规范内部操作，防范电信网络欺诈专项治理、业务尽职监督、操作风险评估工作、零容忍发生责任风险事件和声誉风险事件。

2. 严防死守案件风险。开展全面风险自查，严守不发生系统性风险底线。做好“两加强、两遏制”整改落实，三次现场检查共发现问题38个，涉及内控机制风险管理案件防控、信贷业务、传统票据业务、理财业务、同业业务、存款业务、其他业务七大业务领域，涉及65户、84笔业务，涉及金额3366737.58万元，至2017年6月底已整改38个，整改率100%。累计责任追究33人次。对“四项治理”进行全面自查，即分别对“三违反”工作、市场乱象工作、“三套利、四不当”工作进行了认真细致的检查，并及时进行了整改。2017年，中国农业银行吕梁分行对发生在不良资产核销、固定资产管理、责任追究工作不到位、柜台服务、员工账户大额交易、员工民间借贷等方面的6起违规问题进行核查，对11名相关责任人进行认定和追究。狠抓安全生产责任制落实和“三化三达标”的考核验收。不断加强人防、技防、物防能力，对存在安全隐患的网点和离行式自助银行实施重点整治，对守押、巡检等外包业务加大跟踪检查力度，发现问题立即督促纠改，确保全行安全稳定。

（中国农业银行吕梁分行）

中国农业发展银行吕梁市分行

【概况】

2017年，中国农业发展银行吕梁市分行各项工作取得明显成效，亮点突出，呈现出业务发展快、经营效益好的良好态势。

业务总量稳步攀升。1-12月全行累放各类贷款20.1亿元，同比多放5.8亿元，再创历史新高，12月末贷款余额43.43亿元，比年初净增加12.97亿元，增幅42.58%，不良贷款8964万元，占比2%。存款余额47.43亿元，较年初增加9.39亿元，日均存款余额38.42亿元，较年初增长17.76亿元，增幅86%，创历史新高，年初以来连续10个月保持存差行，为全行盈利做出了突出贡献。1–12月实现账面利润1.21亿元，同比增盈7257万元，增幅150%。

中间业务发展迅猛。1–12月实现中间业务收入81.3万元，同比增长16.1万元，在全省系统排名第一；国际业务结算实现两年来零的突破，完成国际结算量310.57万美元，完成省分行下达的170万美元完任务的183%。

脱贫攻坚成效突出。12月末，全行扶贫贷款余额34亿元，占总贷款的78%，占比较年初大幅增加40个百分点。创新打造产业扶贫“吕梁模式”，通过省市县三级行的共同努力，已经投放到位2000万元；已进入贷款审批环节的企业4户，可提供贷款2700万元；进入客户评级授信的企业10户，拟贷款5000万元，正在收集资料的企业20余户，拟贷款1.18亿元。2017年，中国农业发展银行吕梁市分行获全市银行业“服务实体经济先进单位”荣誉称号，在人民银行全市银行业综合考核中位列第二。

【全力服务脱贫攻坚】

1.聚焦精准发力，全力支持脱贫攻坚。一是全力支持易地扶贫搬迁。坚持把易地扶贫搬迁作为服务脱贫攻坚的重中之重和头号工程，积极配合地方政府组建投融资主体，主动与市扶贫办等部门沟通协调，协助指导账户开立等工作。精准对接各县市区易地扶贫搬迁规划，积极指导配合地方政府项目申报。加大力度与上级行沟通请示，全力推动贷款投放。截至12月底，中国农业发展银行吕梁市分行累计发放易地扶贫搬迁中央财政贴息专项贷款13.42亿元，惠及兴县、岚县、临县等9个县域建档立卡贫困人口37733人，同步搬迁人口11747人，充分发挥政策性金融支持易地扶贫搬迁主力军作用。二是大力支持棚户区改造。全面对接县域年度棚改计划，重点支持贫困地区棚户区改造，优先满足2017年度棚改目标任务需求，支持在建和新开工项目，进一步加大货币化安置类项目的支持力度。截至12月末，获批棚户区项目贷款37.41亿元；累计投放14.57亿元，支持项目23个，涉及6个县；营销储备项目10个、涉贷资金22.31亿元，覆盖全部贫困县域。三是积极支持贫困地区基础设施建设。在农村路网、水利、城乡一体化等领域发力，全面对接政府，大力营销，融资与融智相结合，积极介入项目的前期规划，指导帮助贫困县域整合担保资源，有效破解融资瓶颈。加强督促指导，抽调优势兵力，集中开展办贷，有力推动了基础设施建设扶贫。2017年，累放基础设施类扶贫贷款13.46亿元，在中国农业发展银行吕梁市分行贷款支持下，兴县蔚汾南路道路拓宽项目、蔚汾河河道综合治理项目、离石区滨河路建设等民生工程顺利推进，有效改善了贫困地区生产生活环境。

2.加快创新驱动，打造产业扶贫“吕梁模式”。2016年11月，总行行领导深入吕梁开展扶贫调研，其间与吕梁市委市政府主要领导座谈，双方商定，发挥政策性金融引导和协同作用，设立吕梁市农业产业扶贫贷款风险补偿基金。中国农业发展银行吕梁市分行认真贯彻执行，从补偿基金方案的起草着手，多次与市政府及省分行请示沟通，对接协调市金融办、财政局、农委等部门，召开专题会议研究讨论，提出修改意见二十余条，先后十易其稿，打通了方案落地的“最后一公里”。2017年7月19日，市政府办公厅正式印发《吕梁市农业产业扶贫贷款风险补偿基金方案的通知》，9月初，2000万元产业扶贫贷款投放到位，标志着农业产业扶贫贷款“吕梁模式”正式落地。在总行召开的吕梁现场观摩会上，总行领导给予了充分肯定。此后，中国农业发展银行吕梁市分行不断加大产业扶贫“吕梁模式”的办贷力度，与市政府相关部门沟通，协调实施方案修改以及出台细则事宜，推动项目库组建，共有93户市级龙头企业入库。加强与省分行沟通，每个企业贷款办理前，提前请示协调，力求将问题控制在最小程度。强化督促指导，2次下发做强做大产业扶贫“吕梁模式”的通知，要求各行组将此项工作作为政治任务和重中之重抓实抓牢，对辖内企业进行摸排筛查，择优选择符合条件的企业上报市分行；组建市分行贷款调查中心，抽调全市骨干力量，组织优势力量开展办贷；建立通报制度，根据工作进度，及时在全市副科级以上人员组成的微信群进行通报，督促各行组在最短时间对所安排的工作作出回应。截至2017年年底，已进入贷款审批环节的企业4户，可提供贷款2700万元；进入客户评级授信的企业10户，拟贷款5000万元，正在收集资料的企业20余户，拟贷款1.18亿元。

【项目营销成效明显】

一是明确发展目标。新一届领导班子成立以来，认真分析业务经营总体情况，提出要“转作风、强管理、快发展”，明确了发展重点和目标，并进行动员部署，凝聚了全行力量，为业务发展指明了方向。二是加大工作力度。市分行加大对高端优质客户的营销，频繁对接市政府和各县市区主要领导，加强对基层行的指导，各行组主动作为，上下级行密切沟通配合，进一步提高办贷效率，中长期项目营销办贷成效明显。全年累计获批项目25个、金额50.89亿元；上报省分行待审批项目15个、金额13.85亿元；市分行受理调查评估的项目2个，金额10亿元；营销储备项目10个，融资需求127亿元，涉及棚户区改造、水利、农村人居环境改善、公路等多个领域。三是加快已审批贷款投放。针对2017年以来新获批贷款项目多、数额大的实际，主动做好与政府和承贷企业的沟通协调，逐项目梳理制约投放的因素，上下级行紧密协作，全力以赴，协同作战，切实加快了贷款投放。全年累放中长期贷款18.02亿元，同比多投放1.4亿元，有力支持了当地经济社会发展。

【努力化解风险贷款】

新一届党委班子成立以来，针对已经暴露的风险贷款，全面反映资产质量，并积极采取措施清收不良。一是严格落实责任，出台不良贷款清收考核办法，提出清收目标，明确清收时限，厘清清收责任，加大奖惩激励力度。约谈不良贷款所在行负责人，督促采取实效加快清收。二是实行行领导包片督导，行领导现场办公，现场解决遇到的困难和问题，现场安排部署下一步工作开展。制定详细清收处置方案，建立不良贷款清收周报告制度，及时掌握清收进度，进一步强化了不良清收处置管理，力求加快推进不良的清收处置。三是坚持“一企一策”实施清收。对于汾州裕源，针对企业负债高，无现金流，已经停止生产经营活动的实际，采取了法律诉讼手段维护中国农业发展银行吕梁市分行权益。法院已依法判决中国农业发展银行吕梁市分行胜诉，下一步，将继续与法院、律师和当地政府密切配合，做好依法执行清收工作。对于山西山宝，一方面提起法律诉讼，冻结企业股东、法人近亲属个人资产，查封了企业160亩城郊土地，另一方面给企业负责人施压，开展心理攻势，不断向企业施压，现金清收取得实效。现金清收103万元，企业正在寻求拍卖土地归还中国农业发展银行吕梁市分行贷款。对于文水振兴，坚持法律诉讼和现金清收两手抓，一方面不断与企业负责人进行沟通座谈，持续向企业施压，要求企业尽快归还贷款。另一方面，中国农业发展银行吕梁市分行拟定专项清收方案，并积极收集诉讼资料，加快法律诉讼程序。

【加强业务经营核算】

2017年，中国农业发展银行吕梁市分行紧抓存款组织、中间业务发展、收贷收息管理，全行赢利能力和水平进一步提升。全年实现账面利润1.21亿元，同比增盈7257万元，增幅150%。

1. 持续稳存增存，存款余额高位攀升。一季度以来，受贷款支付等因素影响，中国农业发展银行吕梁市分行存款大幅下降。面对存款下滑的严峻形势，新一届党委审时度势，把稳存增存工作摆上更加重要位置，深入分析存款结构，提出重点加大财政性存款和企事业单位存款的组织力度，抓好抓实扶贫资金共管账户的监管维护，并准确测算存款目标，专题安排部署，约谈行组负责人，加大考核激励，加强指导监督。全行上下联动，不断加强营销，以贷引存，以服务留存，延伸上下游客户营销链条和提升金融服务，极大推动了存款的稳存增存。年末，各项存款余额为47.43亿元，较年初增长9.39亿元，其中扶贫资金共管账户存款余额15.5亿元，较年初增长5.27亿元，确保了全年存款的稳中有升，年初以来连续10个月保持存差行，为全行盈利做出了突出贡献。

2. 强化全面发展，中间业务实现突破。在强化存贷款发展的同时，中国农业发展银行吕梁市分行鼓励各行组按照合规原则开展中间业务，要求各行组在营销办贷过程中，围绕客户需求，重点在保险代理上下功夫，既保障项目安全又增加全行收入。12月末全行共实现中间业务收入83.1万元，位居全省系统第一位。对于国际业务，市分行多次专题研究部署，出台专门考核办法，加大奖惩力度，不定期通报业务办理情况；各行组克服全市出口型企业较少，客户资源稀缺等诸多不利因素，充分挖掘客户资源，不断加强营销，取得明显成效。汾阳支行、柳林客户组等相继取得零的突破，助推全市系统打破了两年来国际业务为零的僵局。年末全行共完成国际结算量310.57万美元，达到省分行下达170万美元任务的183%。

3. 努力增收节支，经营效益有效提升。强化收息管理，全行信贷、会计等部门紧密配合，加强沟通，正确计息，密切关注企业还本付息情况，督促企业按月、按季结息，确保利息的及时收回，全年利息综合收回率达到100%。严控费用支出，严格大额费用支出审查审议，坚持勤俭办行理念，坚持少花钱，办好事原则，提倡“合理出差、合理招待、合理支出”，会议、招待等一切从简，不讲排场，有效减少了费用支出。全年实现账面利润1.21亿元。

【基础管理不断深化】

1. 稳步开展信贷队伍建设年活动。一是加强组织领导。出台实施方案，明确分工职责，确定重点内容，提出目标要求，为活动开展提供了坚强保证。制定信贷基础管理示范方案，确定示范行，在全市范围广泛开展，以点带面，全面提升信贷管理水平。二是开展信贷专项检查。9月，抽调骨干力量，组成检查组，对全市系统13个行组进行集中检查和专项辅导工作，通过以查代训方式，提升了基层员工信贷操作水平，夯实了信贷管理基础，防范了信贷风险。三是举办信贷系统操作培训班。9月29日，组织开展全市系统信贷操作人员贷款资金支付管理办法培训，对CM2006系统运行管理办法、数据质量管理、贷后管理、征信系统、客户风险系统填报及审核等要点进行了重点解读，提升员工信贷操作水平。四是开展信贷档案展评竞赛活动。组织全市系统信贷客户经理现场观摩先进行组的信贷档案，分别评选出集体和个人奖项。通过以奖促学，促进员工进一步了解掌握操作标准、细节，规范了信贷档案规范管理操作流程，提升了全行信贷档案合规操作水平。

2. 加强业务领域管理。一是落实信贷管理制度。扎实做好客户信用等级评定、授信管理工作，全年组织召开贷审会12次，审议贷款项目6个、审议贷款金4578万元，对96户企业进行信用评级，对62户企业进行授信，充分发挥了信贷管理的政策指挥、风险把关和综合管理作用；加强贷款支付管理，落实省分行整改要求，上收资金支付权限，成立贷款支付管理中心，不断促进贷款资金的合规支付。二是加强财会管理。扎实开展财会专项整治活动，下发实施方案，对活动目标、检查重点、保障措施等进行了明确，为活动开展奠定了基础。组织开展专项检查，共开展财会对接检查1次，工会财务、经审自查1次，财务经费专项检查1次，对发现的问题，要求相关行组制定整改措施，落实相关责任人，认真整改到位，不断提高财会精细水平。组织进行两批次为期两个月的坐班主任异地交流，互相取长补短，提高了财会人员执业水平。三是加强资金计划管理。认真执行资金计划制度，把握贷款投放节奏和进度，合理掌握资金头寸，促进已审批贷款的早日投放。四是认真做好法律合规工作。聘请专业律师，坚持对法律文本、业务合同等进行严格把关、细致审核，保证了各项业务开展的合规合法性。

3. 不断提升办公室工作水平。一是提升办文质量。围绕党的建设、业务发展、风险防控、内部管控等重点工作，准确领会和把握党委意图，努力发挥以文辅政作用。全年共起草讲话、汇报、总结等各类材料123篇，编发信息、简报、工团通讯等72期，在《山西日报》、《金融时报》《农业发展与金融》、中国财经网、新华网等主流媒体刊发稿件8篇，有效提升了农发行的对外形象。二是强化基础管理。完成2016年度各类档案的归档移交以及入库工作，规范了档案管理；严格用印管理，执行用印审批登记制度，有效防范了各类用印风险；组织开展保密教育，提升全行员工保密意识；积极开展舆情监测，防止负面舆情的发生；推进思想政治工作，教育引导员工为全行发展作贡献。三是加强安全保卫工作。按季组织开展检查，对发现的问题及时进行整改，消除了风险隐患；组织开展消防、防抢防盗等安全演练4次，提升了员工安全意识；强化机关值班管理，明确了带值班人员职责，值班人员按时到岗，为机关安全提供了保障。四是加强企业文化建设。对市分行机关进行粉刷装修，重新设计悬挂楼内宣传版面，改善职工就餐环境和饭菜质量，开展慰问老党员、困难员工送温暖活动，组织登山、征文、绘画等竞赛，进一步丰富了员工业余生活，提升了全行的凝聚力和向心力。此外，工青妇、信息科技、后勤管理等工作也取得新成效。

（中国农业发展银行吕梁市分行）

交通银行吕梁分行

【经营情况】

截至2017年12月末，吕梁分行实现净经营收入4,433.00万元，实现经营利润1394.23万元，任务完成率57.58%，经济利润-1424.05万元。

截至2017年12月末，人民币各项存款余额20.66亿元，较年初增长7.33亿元。其中对公存款12.66亿元，较年初增长4.91亿元；储蓄存款7.99亿元，较年初增长2.42亿元。人民币同业存款2.26亿元，较年初增长1.75亿元。人民币各项贷款余额9.16亿元，较年初减少2.88亿元。

主要指标方面。截至12月末，人民币对公存款平均余额增量5.48亿元，任务完成率102.03%，排省辖分行第2；增量日均3.16亿元，任务完成率76.20%，排省辖分行第一；人民币对公全口径低成本负债日均增量3.23亿元，任务完成率

152.48%，排省辖分行第二；人民币对公活期存款日均增量1.41亿元，任务完成率144.79%，排省辖分行第一；人民币对公表外T+0理财日均增量0.02亿元，任务完成率20.23%，排省辖分行第七；对公AUM日均增量14.27亿元，任务完成率224.8%，排省辖分行第二。截至12月末，储蓄存款时点增量2.89亿元，任务完成率137.79%，排省辖分行第四；增量日均余额6.92亿元，较年初净增1.34亿元，任务完成率89.46%，排省辖分行第五。对私AUM日均余额12.12亿元，较年初净增3.55亿元，任务完成率77.11%，排省辖分行第六。人民币同业存款平余增量1.20亿元，任务完成率100.25%，排省辖分行第五；同业AUM日均增量1.20亿元，任务完成率82.97%，排省辖分行第三。

截至12月末，交通银行吕梁分行对公板块非利息净收入114.11万元，任务完成率20.75%，排省辖分行第九；投行业务收入16万元，任务完成率8.89%，排省辖分行第八；财管中收262.46万元，任务完成率62.49%，排省辖分行第八；银行卡中间业务收入1213.43万元，任务完成率151.68%，排名省辖分行第六。

截至12月末，交通银行吕梁分行小微贷款增量-704.82万元，任务完成率-15.66%，排省辖分行第八；个人房贷净增10407万元，任务完成率200.1%，排名省辖分行第二。

截至12月末，交通银行吕梁分行公司业务有效客户净增数4户，任务完成率23.53%，排省辖分行第七；小微客户净增数61户，任务完成率762.50%，排省辖分行第一；投行优质客户数为0；机构业务有效客户3户，任务完成率75%，排省辖分行第六；私银客户净增2户，任务完成率40%，排名省辖分行第七；沃德客户净增154户，任务完成率140.00%，排名省辖分行第二；交银客户净增1024户，任务完成率146.29%，排名省辖分行第三；有效客户净增637户，任务完成率159.25%，排名省辖分行第二；代发有效客户净增282户，任务完成率122.61%，排名省辖分行第四。

市场占比方面。截至2017年12月末，从总行考核口径吕梁同业来看，吕梁市同业银行中，交通银行吕梁分行各项存款20.66亿元，比年初增加7.33亿元，份额占比2.02%，较年初增加0.58%。增量排名第五名，较年初上升二名，次于农行、工行、建行、民生。其中，对公存款12.66亿元，比年初增加4.91亿元，份额占比3.8%，较年初增加1.06%。增量排名第五名，较年初持平。储蓄存款7.99亿元，比年初增加2.42亿元，份额占比1.16%，较年初增加0.3%。增量排名第六名，较年初上升一名。同业存款2.26亿元，较年初增加1.75亿元，份额占比53.41%，较年初增加32.22%。增量排名第一名，较年初持平。

从离石区同业来看，13家同业中，交通银行吕梁分行各项存款份额占比4.6%，较年初增加1.26%。增量排名第三名，较年初上升五名，次于农行、晋商银行。其中，对公存款份额占比6.11%，较年初增加1.54%。增量排名第四名，较年初上升二名。储蓄存款份额占比3.3%，较年初增加0.87%。增量排名第三名，较年初上升四名。同业存款份额占比67%，较年初减少7.28%。增量排名第一名，较年初持平。

业务拓展方面。2017年，为实现年初提出的“提升经营规模”、“提升盈利能力”目标，全行上下齐发力，在增存、拓户等方面做了大量工作。对公业务方面，一是抢抓机遇，财政性资金营销取得成效，如成功营销吕梁市住房公积金管理中心定期存款13000万元、吕梁扶贫开发投资有限公司扶贫资金8000万元、吕梁市离石区机关事业养老保险管理服务中心1800万元等。二是通过保险债权计划成功为大土河热电公司投放资金10亿元，实现了投行业务的突破，同时带动了公司存款。三是同业营销取得突破。2017年成功营销文水县润都村镇银行有限责任公司、交口县融都村镇银行有限责任公司、吕梁市农村信用合作社联合社等同业客户。四是票据业务有成效。全年累计贴现39730.73万元；表外业务方面累计开立银行承兑汇票11060万元；山西地方电力有限公司票据池业务进展顺利，截至2017年12月末，承兑5160万元。

个人业务方面。一是常态化开展厅堂微沙龙活动及客户活动，强化厅堂交叉销售。二是抓好棚改项目营销。离石凤山街道办棚改项目涉及77户，累计赔付金额7000多万元。交通银行吕梁分行各经营单位联手，分组深入棚改区进行宣传，通过近半年的追踪，最终确定棚改资金落地交通银行吕梁分行。通过这一项目，交通银行吕梁分行留存金额为2000余万元，新增中端及沃德客户30多户。三是公私联动，大力发展代发业务。7月20日起，交通银行吕梁分行在全行范围内开展代发业务专项劳动竞赛，前中后台共努力，正式员工与外包人员齐动手，截至12月末，共联系了29家代发单位，其中14家达成代发意向，11家已签订代发协议，实现代发工资483人。四是注重个贷业务发展。通过整合个贷队伍，配置专项资源，抢抓总行资源等手段，交通银行吕梁分行个人资产业务发展势头强劲。截至12月末，共办理个人一手房按揭贷款329笔，合计金额12525万元，公积金委托贷款76笔，合计金额2599万元，扶贫贷款60笔，合计金额300万元。

资产质量方面。2017年，资产质量是交通银行吕梁分行面临的最为严峻的问题。为改善资产质量，交通银行吕梁分行建立风险贷款清收处置工作机制并严格落实。由行领导挂牌、牵头督办清收处置方案的制定与落实，一是加大对企业实地查访频次查看企业状况，多次与企业实际控制人了解企业自救进展、沟通还款、协商化解措施等；二是召开清收处置推进会议，挂牌行领导及管户客户经理逐户对企业近况、与担保公司、抵押人、省分行沟通情况进行汇报，并逐户制定下一步清收处置措施；三是推进诉讼工作，对于经营停滞、偿还能力不足、配合度不高、逾期时间长的客户，交通银行吕梁分行均已提起诉讼，通过法律途径进行清收此外；四是加强临期管理，提前梳理到期业务，每月提前落实还款、还息资金，在预测还款能力不足的情况下及时与企业协商化解方案，从而降低逾期几率；五是高度重视贷款抵质押率提升工作，交通银行吕梁分行以追加有价值的抵质押物作为信贷重组重要目标，同时积极开展存量业务抵质押率提升工作；六是针对全年e贷通2.0业务集中到期、逾期情况增多的情况，交通银行吕梁分行成立个贷催收小组，通过梳理到期业务清单、重点关注客户清单，每日通报逾期情况，客户经理提前提示、催收，行领导带队赴逾期客户工作单位实地查访。此外，制定企业贷款清收奖惩办法，划分业务管理阶段，明确奖惩条件，对各阶段业务管理人员根据办法结合清收效果进行奖惩；制定绿通、信用卡逾期奖惩办法，将绿通与营销人收入挂钩，个贷逾期与贷款发放人、管户人、网点负责人、个金部负责人和授信与风险管理部负责人收入挂钩，按逾期金额的1%罚，收回款项的2%奖。截至2017年12月末，交通银行吕梁分行累计清收处置逾期、不良贷款7237.94万元，资产质量管控管控取得了一定效果。其中，通过总行统一组织的不良资产批量转让处置公司贷款2户、金额5770万元；通过向借款人催收、与担保公司协商代偿方式完成小企业清收1户、金额75.34万元，压降小企业贷款2户、金额1177.19万元；清收不良个贷19户、金额215.36万元；正在通过诉讼方式对3户公司贷款、2户小企业贷款、3户个人贷款进行清收。

【渠道建设及面积压降方面】

2017年新设普惠网点永宁路支行于2017年8月26日对外营业；拟筹建的县域支行—孝义支行获得总行批复，并已报备当地银监分局。此外，紧跟省行步伐，积极开展面积压降工作。分行大楼6层除职工餐厅之外的房产（约211平方米）出租给吕梁市静乐丰润至兴县黑峪口高速公路建设指挥部，7层整层（约793平方米）出租给吕梁邮政管理局。除去闲置房产外，交通银行吕梁分行对使用率不高的房产积极进行压降，3层部分房产（约300平方米）出租给吕梁市离石区佳信德投资管理有限公司，1层部分房产（约30平方米）的出租事项也在跟进中。

（交通银行吕梁分行）

中国银行吕梁市分行

【主要业务指标情况】

1.本外币存款。2017年年末，各项人民币存款时点余额98.34亿元，较年初新增8576万元，全口径市场占比4.89%，较年初下降0.51个百分点，其中：储蓄存款时点余额79亿元，较年初新增2.6亿元；公司存款时点余额19.3亿元，较年初－1.74亿元。各项外币存款时点余额2138万美元，较年初新增41万美元，全口径市场占比60.77%，较年初下降2.4个百分点。

2.贷款投放。2017年年末，各项贷款余额44.57亿元，较年初增加4.1亿元，全口径市场占比4.29%，较年初上升0.06个百分点，其中：公司类贷款余额40.38亿元，较年初新增4.49亿元；零售贷款余额4.18亿元，较年初下降3793万元。

3.资产质量。2017年年末，全口径不良贷款余额1.37亿元，不良率3.06%，较年初下降6215万元、1.88个百分点，实现不良贷款持续“双降”。其中：其中：公司类不良贷款企业8户，较年初减少3户，公司不良贷款余额1.26亿元，较年初下降0.61亿元，不良率为3.11%，较年初下降2.12个百分点；个金类不良资产余额1122.03万元，较年初减少89.97万元，不良率2.59%，较年初下降0.37个百分点。

4.非息收入。全年完成非利息收入4644万元，较去年同期增加1338万元，任务完成率97.8%，同比提升42个百分点。其中：公司条线中间业务收入1084万元（公司业务收入211万元，金融市场收入749万元，机构业务收入122万元），任务完成率为81%；贸金条线中收619万元（贸易金融业务收入376万元，国内结算条线收入243万元），完成率93%；个金条线中间业务收入完成1373万元（个金条线542万元，财富私行条线830万元，个贷1.5万元），任务完成率109%；银行卡条线实现中收1566万元，任务完成率104%。

5.经营效益。全年实现经营净收入21952万元，同比增加2329万元，完成率110%；拨备前利润12356万元，同比增加1910万元，完成率110%；实现考核利润12692万元，同比增加12865万元，完成率132%。

【围绕收入抓发展】

存款基础不断夯实。结合工作实际，下大力气补短板。一是发挥好授信投放、国际结算、票据贴现、表内理财等产品对存款增长的带动作用；二是加大队伍考核力度，实施客户清单式管理；三是引导各行密切与行政客户的联系，继续加强当地财政、社保和医保中心的沟通营销，强化行政存款在我行份额；四是继续发挥个人存款优势，依托代发薪业务和对重点客户群体的维护、综合化产品绑定，多措并举持续提升存款日均规模。

授信规模有效扩大。一是按照省行授信政策，积极营销优质授信客户和重点项目，主动对接政府重点建设项目。在2016年5月和吕梁市政府签订战略合作协议的基础上，2017年3月与孝义市政府签订战略合作协议；二是高度关注授信规模管控及资本管理要求，按照总行“三个打通”，推进重点项目的授信落地，分别为吕临铁路新增投放1.3亿元，为兴安化工组合授信投放2亿元（其中流资5000万元、50%敞口银承2亿元、50%敞口信用证1亿元），为汾酒集团投放2亿元流动资金贷款，实现了近年来与该集团业务合作的新突破；三是加大个贷业务投放力度，本年度个贷余额净增1777万元，其中投放中银E贷266万元。

创新发展成效初显。2017年全行积极叙作票据贴现、福费廷业务，分别实现21.64亿元、24.96亿元的业务量，地市行排名均列第二，分别贡献收入2277万元和348万元；叙做债券分销2笔合计2亿元、资金交易1笔、保函业务2笔、利率掉期2笔、电子交易平台1户、跨境人民币业务2笔合计4亿元、国内信用证+福费廷一级市场业务1笔、远期结售汇2笔，上述业务的创新发展对收入增长的贡献实现了突破。

【围绕考核抓管理】

资产质量持续好转。面对不良贷款清收的严峻形势，全行上下积极应对，通过制定清收化解方案，细化考核，分组跟进，采用财务监管、应收账款跟踪、依法催收、呆账核销等多种措施全力清收处置。截至年末，累计清收化解不良6803.26万元，其中现金清收11户1686.8万元（表内6户共1006.69万元、证券化3户共585.32万元、已核销2户共94.79万元），核销2户2422.38万元，批量处置1户2696.08万元。依法起诉不良企业18户，进入执行阶段15户；达成和解协议企业2户。

内控案防扎实推进。按照“案例警示教育活动”方案、“内控案防提升年”活动方案，扎实推进内控案防各项工作，一是通过全面排查、重点排查从重处理了孝义大众路支行、兴县支行两起员工严重违规行为；二是加强检查整改和问责力度，2017年全行检查计划已执行39条（共计43条），执行率91%，问题库中问题（共计66个）已整改验证完成63个，验证率95.45%，反洗钱系统可疑交易甄别合格率100%，并上报省分行可疑交易1笔，针对各项检查发现问题加大问责力度，完成合规档案记分145人次合计58.1分；三是结合实际研究出台吕梁市分行基层机构负责人内控案防管理工作若干必做事项和全员内控能力评价办法；四是开展员工家访和谈话教育，从正面引导员工树立正确的世界观、人生观、价值观；五是组织开展全辖派驻业务经理履职、支付清算业务、渠道ATM自助设备管理、内控案防基层网点风险管控“50条”排查问题整改回检等运营条线业务专项检查，检查共发现并整改问题72条，对网点案件防范起到了保驾护航的作用；六是组织对各级机构本年度学习与培训开展情况的验证考试，以“合规在我心中”题库、风险管控50条措施、“双十禁”和“案例警视教育”为主要考试内容，达到“以考促训”、“以考促学”的效果。

精细管理不断提升。一是持续开展智能柜台建设，2017年，智能柜台上线网点数达到10个，压降实体柜台12组，释放柜台人员9人，充实营销队伍；二是持续加强库存现金管理，降低非生息资产占用规模，实现了实体金库寄库；三是强化运行监控、银企对账等考核管理，持续降低业务差错率，截至年末，运行监控风险值由年初的0.173‰降至0.086‰，电子对账签约率98.66%，超过全省平均值1.33个百分点，单一网银签约率96.17%，超过全省平均值2.5个百分点；五是智能柜台的投产上线，进一步提升了网点生产力，解放了柜面人员，利于产生一批围绕现有优势形成发展特色的专业网点。

【围绕客户抓服务】

认真贯彻省年度、年中、三季度工作会议和11月份业务发展会议精神，加大对各类客户群体的维护力度。以智能柜台建设为契机提升服务效能，以打造特色专业网点为抓手提升客户服务体验。8月，柳林支行获得总行票贴中心资质成为票贴业务特色支行；9月，吕梁市分行信用卡分期付款专业支行在北城支行正式挂牌成立，成为吕梁首个消费金融特色网点；永宁东路支行创新业务领跑全辖，形成模范工作法，成为创新业务特色支行。通过各类服务创新手段有效提升基础客户规模。截至12月末，全辖新增公司有效户79户，完成率225%；个人加权客户数21.84万户，新增1.95万户，增长率9.79%，客户基础进一步夯实。

【围绕全局抓党建】

一是全行以学习宣传贯彻党的十九大精神为核心，深入推进两学一做常态化制度化，围绕各项中心工作，推进党建+工作机制建设；二是狠抓廉洁文化建设和工作作风建设，开展警示教育活动和双创活动，进一步提升党建促发展的意识，实现基层机构网点的党支部全覆盖；三是深入开展扶贫攻坚工作，加大“公益联盟”合作单位拓展力度，定点扶贫村马铃薯产业配套项目、卫生所项目及文化广场等项目建设基本完成，为加大金融小额精准扶贫贷款力度，如期超额完成省行下达任务，实现全辖300户、1500万元的投放，其中在兴县、临县、石楼三个深度贫困县共投放860万元，为早日助力地方实现脱贫奠定了良好基础。

（中国银行吕梁市分行）

中信银行吕梁支行

【整体经营情况】

截至2017年12月末，中信银行吕梁支行各项存款余额43.65亿元，较年初减少10.61亿元。其中对公一般性存款时点余额21.63亿元，较年初减少5.44亿元；一般性个人储蓄存款时点余额21.86亿元，较年初减少27.13亿元。零售管理资产时点余额65.25亿元，较年初新增14.05亿元。

各项贷款时点29.70亿元，较年初减少21.21亿元。对公贷款余额27.24亿元，表外业务余额14.21亿元，银承贴现余额1.13亿元；零售贷款余额2.46亿元。其中，正常类贷款26.95亿元，占比90.74%；关注类贷款1.32亿元，占比4.44%；不良贷款1.43亿元，占比4.81%，较年初的29.95%下降了25.14%。

实现营业净收入16106.11万元，中间业务收入3278.13万元，拨备前利润7700.72万元，净利润1237.56万元，成本收入比46%。

【风险管控】

加强制度建设，夯实管理基础。制定并下发《中信银行吕梁支行兼职合规员管理办法》，进一步规范各支行、各部门兼职合规员日常职责，推动我行内控合规工作有序进行；重新修订《中信银行股份有限公司吕梁支行印章管理办法》及《中信银行吕梁支行重要证照管理实施细则》，规范用印用证流程，明确职责范围，加强合规管理。

组织专项活动，加强行为管控。以“五统一四深入三评比”为主题，开展反洗钱宣传活动，提高员工及广大群众思想认识；通过自查、员工之间互查和单位排查，全面开展员工行为专项排查活动；组织员工学习《中信银行员工个人案防指引》，并签订案防承诺书；组织召开“一把手讲案例”暨季度案防分析会，贯彻落实“平安中信”活动要求；召开风险合规督导交流座谈会，强化“红线”意识，树立“底线”思维；准确把握监管政策，全面开展“三违反”“三套利”、“四不当”和“市场乱象”专项整治活动；顺利完成转授权工作，明确支行对辖属机构的转授权事项，规范基层网点业务范围及权限。

加强贷后管理，严控贷后风险。持续加强风险预警的督导和指导，全面提升客户经理风险预警意识；不断夯实首笔贷后检查工作，对客户贷款资金用途及支付，严格按照银监局规定执行，严防贷款用途不合规，贷款挪用等情况的发生。

积极推进重组，化解问题资产。采取“一户一策”的方式，推动问题贷款重组，截至12月末，重组贷款15户，金额12.87亿元，其中对公重组客户11户，重组金额127909.21万元（还旧借新重组4户，金额31150万元；借新还旧重组10户，金额96759.21万元）；零售重组客户1户，金额840万元。

（中信银行吕梁支行）

邮储银行吕梁市分行

【概况】

收入利润完成三年来最好。2017年，全行累计实现收入1.52亿元，同比增长15.45%，全省排名第三；实现利润3913万元，较去年增加4123万元，同比增长全省排名第一；业务及管理费1.21亿元，同比增长8.81%，资产减值准备77万元，同比减少2154万元，降幅96.55%。收入、利润完成预算进度三年来最好。

资产类业务量质双增。截至2017年底，银行各类贷款总结余21.8亿元，较年初增加3.85亿元；不良金额3905万元，较年初下降3733万元；不良率1.79%，较年初下降2.46个百分点，资产质量明显好转。

负债类业务稳中有升。截至2017年底，全行个人存款余额达到49.89亿元，占全市邮政储蓄存款比重的28%，同比下降0.37个百分点；当年累计净增1.53亿元，完成省行计划58.49%，全省排名第四。

对公存款余额17.54亿元，全省排名第八，当年净增5.37亿元，全省排名第五；累计日均存款余额12.82亿元，全省排名第十一，净增2.88亿元，全省排名第六。

【个金业务稳中有升】

一是调结构、强激励，增强了发展动力。全年累计新增代发工资82个标准单位，月代发新增877万元。利用“聚合支付”快捷方便灵活的特点，深度挖掘各类中小型商户，累计注册4379户，交易金额1400余万元；二是持续开展“悦享”系列活动，提高信用卡的发卡、交易量。截至2017年底，全行累计进件2.4万张，发卡1.72万张，结存4.48万户，进件合格率95.45%，审批通过率72.12%，卡片激活率75.89%。其中孝义支行信用卡存量达到1.1万张，成为全省首个突破万张的一级支行；三是抢占市场资源，提高中间业务收入占比。代理保险累计销售1.63亿元，完成省行计划的102%，全省排名第七；基金业务完成1.03亿元，完成省行计划的573%，同比增加52%，全省排名第三，中间业务收入占比有了较大提高；四是借助证券平台，实现三方存管业务快速发展。全行推广国泰君安证券公司理财产品，全年证转银资金约1600余万元。

【三农金融业务稳健发展】

一是小额贷款规模大幅增长，近三年来首次完成省分行计划目标。2017年，小额贷款实现净增1.04亿元，完成省行计划的173%，全省排名第四，提前四个月完成省行计划，小额贷款结余 1000 万元以下支行，从年初 7 个下降为 3 个；二是扶贫贷款增速明显。全年扶贫小额贷款放款 1.13 亿元，净增 1.03 亿元，放款量达到前两年放款总额的 6.38 倍；三是项目挖潜取得一定成效，客户结构进一步优化。全年通过对文水肉牛养殖、汾阳核桃加工行业客户的挖潜拓展，带动余额增长 1800 万元；四是信贷产品多样化发展，担保方式不断创新。陆续开办运输车辆抵押贷款、专业市场商圈流水贷款、小额信用贷款、个商快捷贷、E 捷贷、与省农担合作“农保贷”等产品，担保方式从单一的房产抵押、自然人担保扩大到车辆抵押、担保公司担保、信用担保，担保方式更加灵活。

【公司业务稳中有进】

一是新业务成功“三突破”。成功突破贸易融资业务，成功签发京能吕临公司 3 笔全额保证金承兑业务，成功办理山西煤炭运销集团金达公司票据大管家池融资业务。公司信贷业务累计授信 3 户，授信总额 18.07 亿元，结余 5.36 亿元，累计投放 2.24 亿元。票据贴现 221 批次，金额 19.82 亿元，结余 9.94 亿元；托收票据 561 笔，金额 10.63 亿元；票据承兑 5 批次，金额 3210 万元。二是持续稳固财政类客户。通过积极营销财政局及扶贫办，新增非税资金、扶贫资金以及社保资金 6.23 亿元，占新增款项的 98%。公司存款余额达到 17.54 亿元，净增 5.37 亿元，全省排名第五，完成省行计划的 512%，全省排名第三。三是省分行重点项目完成有突破。成功签署国网山西省电力公司吕梁供电公司“电力批扣业务三方合作协议”。非税项目收缴合计 6.57 亿元，同比增幅 190%。烟草项目累计收缴 7.33 亿元，同比增幅 18.84%。

【小企业贷款实现恢复发展】

2017 年，小企业实现放款 1.16 亿元，其中，医院贷实现放款 300 万元，供水贷 360 万元，快捷贷 1340 万元，银行承兑汇票质押贷款 900 万元。兴县、汾阳支行的政府采购贷合作申请获省行批复。累计走访企业 146 户，平台机构 19 家。重点产品相继落地，成效明显。不良贷款核销 6 户，金额 3000 万元，主动退出 1 户，金额 400 万元，基本甩掉历史包袱，实现轻装上阵。

【消费贷款企稳回升】

2017 年，消费贷款实现放款 6089 万元，净增 1363 万元，虽然在全省仍处于后位，但已实现三年来最好水平，逐步起底回升。

【风险管理工作稳步推进】

2017 年，持续推进风险管理体系框架建设，充分发挥风险与内控委员会决策督导作用，并以信贷资产质量管控为重心，不断完善信贷资产质量检查机制，提高风险化解能力。全年坚持自主清收、司法清收、委外清收三位一体的清收办法，累计清收 1515 万元，完成计划的 101%；累计核销 4078 万元，完成省分行计划的 121%。

【加强基础管理】

加强合规管理。全面提升案防管理水平，强化制度执行力，有效防范法律、合规与案件风险。印发《中国邮政储蓄银行吕梁市分行问题整改管理实施细则》等新制度 4 项，扎实开展反洗钱日常督导工作。积极组织全行员工巩固学习《十条禁令》《五十个严禁》，让员工自觉远离违规的“高压线”，坚守合规底线。

加强财务管理。全面落实“营改增”各项规定，全年共取得增值税专用发票 2390 张，进项税额抵扣 223.76 万元。同时，调整业务结构、降低资本消耗、提升综合效益。全年邮储银行吕梁市分行经济资本占用 1.2 亿元，经济增加值（EVA）为 1929 万元，全省排名第六，资本回报率（RAROC）为 25.3%，全省排名第三。

加强会计与营运管理。全年累计上划资金28.84亿元，全市资金三率平均值为0.71%，低于省分行核定目标值的0.16个百分点，较上年上升了0.02个百分点。加强业务培训，规范履职能力，全年组织各类业务培训6次，参训人数达400多人次。强化会计履职检查，全年组织会计业务检查6次，自营网点覆盖率达200%。强化沟通协作，进一步加强邮银协作，提升邮银联动能力。

加强信息科技服务能力。强化科技管理，优化网络性能，各项业务系统安全、稳定运行，加快全行金融设备安全体系建设，计算机知识应用和系统业务扎实推广，为全行提供强有力的技术保障。

（邮储银行吕梁市分行）

招商银行吕梁分行

【存贷款平稳增长】

截至2017年12月底，招商银行吕梁分行各项存款余额103185万元，较年初增长22943万元，其中储蓄存款余额48056万元，较年初增长14511万元；对公存款余额55129万元，较年初增长8432万元。各项贷款余额273068万元，较年初增长84395万元，其中个人贷款余额8805万元，较年初增长1023万元；对公贷款余额264263万元，较年初增长83372万元。

【客群资产增势强劲】

截至2017年12月底，招商银行吕梁分行零售管理客户月日均总资产13.53亿元，较年初增加4.48亿元，任务完成率为117%。零售客群总数50266户，较年初新增20342户，增幅达到68%。其中：有效基础客户数13501户，本年净增5176户，任务完成率126%；金卡客户2602户，2017年净增735户，任务完成率133%；金葵花客户538户，本年净增117户，任务完成率73%；钻石客户14户，私人银行客户7户，任务完成率100%。金卡以上客户折标金葵花1896户，AUM1000元以上客户16662户。公司客群方面，招商银行吕梁分行共有对公客户1148户，当年新增328户。其中对公有贷户7户；机构客户46户，当年新增15户；无贷结算户新增313户（2017年当年招商银行吕梁分行新增基础有效户152户，价值提升有效户29户、大中价值有效户17户，均超额完成太原分行全年任务）。

【不良清收成效明显】

截至2017年12月底，招商银行吕梁分行不良贷款余额1.1亿元，较年初下降了1.44亿元；不良率为4.92%，较年初下降8.23个百分点，实现了不良额和率的双降。对公贷款29.50亿元，其中正常类贷款10.30亿元，占比34.91%；关注类贷款18.10亿元，占比61.35%；不良贷款1.10亿元，占比3.74%。成功压退各类风险客户授信14639万元，其中大土河5100万元，东江煤业3000万元，森泽煤铝2970万元，鑫飞能源1000万元，永宁煤焦1000万元和汇丰兴业200万元，同时完成了所有授信客户的重组转化工作。零售贷款0.88亿元，其中小微贷款0.39亿元，消费贷款0.39亿元，住房贷款0.10万元，表内零售不良贷款132.31万元，不良率1.5%，现金清收不良6.37万元。

【内置信用卡部开局良好】

新成立的内置式信用卡部，一是促进了客群增长。通过线下特惠商户“9元观影”、餐饮“周三五折”等活动，8个多月时间里新增信用卡18661户，任务完成率达186.6%，排名全行60家内置卡部（平均154.6%）第9名。提前117天超额完成总行信用卡部全年任务（10000户），提前49天超额完成太原分行下达的全年任务（15000户）。人均产能月均143户，内置卡部平均118.3户，排名第九；新户活跃度年度累计79.0%，内置卡部平均76.3%，排名14；新户过件率年度月均77.9%，内置卡部平均76.4%，排名18；掌上生活绑定率年度累计77.8%，内置卡部平均77.8%，排名15；伪冒BP0.5，内置卡部全年伪冒BP5.3，排名第九；年平均流失率6.9%，内置卡部年平均流动率12.2%，排名第三。二是拓展特约商户。全年洽谈商户70余家，开展特惠活动商户累计40家。三是开展商圈活动。全年开展了泰和城市广场试吃、摩拜单车骑行和“双十一”刷卡等三场商圈活动，有效提升了招商银行在当地商圈的知名度和美誉度。

【代发业务】

2017年，零售客群的有效增长，很大程度上得益于代发业务的快速增长。实现了一大批重点优质单位的代发业务，新增代发有效户8850户，任务完成率高达340%，占新增零售客户总数的43.5%。

【票据业务】

2017年，在信贷业务经办权限被暂停的不利局面下，招商银行吕梁分行依托低风险业务有效实现了资产业务的逆势增长，流动资金贷款较年初新增了7.23亿元。全年新拓展6户票据池授信客户，授信总额达41亿元。其中票据池项下累计提用流动资金贷款8.27亿元，大票换小票5.93亿元，付款代理1.44亿元。全年完成票据直贴18亿元，票据再贴现1.42亿元。同时促进了对公存款和利息收入的双丰收。通过票据池业务累计吸收对公时点存款11.46亿元，日均存款2.25亿元，利息净收入4012万元，非息收入163万元。

（招商银行吕梁分行）

晋商银行吕梁分行

【主要经营指标完成情况】

2017年年末，晋商银行吕梁分行一般存款时点余额49.66亿元，较年初增加11.17亿元（消化了单位结构性存款走款14.19亿元和孝义市财政局走款3.82亿元）。其中，单位存款时点36.18亿元，较年初增加9.16亿元；个人存款时点13.48亿元，较年初增加2.01亿元。核心存款时点余额48.62亿元，较年初增加24.73亿元。其中，单位核心存款时点36.08亿元，较年初增加23.35亿元，个人核心存款时点12.55亿元，较年初增加1.38亿元。核心存款日均余额24.13亿元，较年初增加3.03亿元，其中，单位核心存款日均12.89亿元，较年初增加1.84亿元，完成全年增量任务的71%；个人核心存款日均11.24亿元，较年初增加1.18亿元，完成全年增量任务的93%。

2017年年末，分行各项贷款时点53.87亿元，其中贴现时点余额3.27亿元，一般贷款时点余额50.59亿元，较年初新增28.92亿元。一般贷款（时点）中，公司一般贷款时点44.50亿元，较年初增加27.67亿元，零售一般贷款时点5.65亿元，较年初增加1.48亿元。各项贷款日均37.46亿元，其中贴现日均余额4.24亿元，一般贷款日均余额33.22亿元，较年初新增12.32亿元，一般贷款（日均）中公司一般贷款日均27.71亿元，较年初增加11.15亿元，完成全年增量任务的283%；零售一般贷款日均4.89亿元，较年初增加1.42亿元，完成全年增量任务的75%。

2017年年末，应收款项类投资时点余额23.50亿元，较年初增加20.36亿元，日均余额4.36亿元，与年初持平；票据直贴17.03亿元，完成全年任务114%。

2017年年末，分行实现问题及不良资产率0.19%，中间业务净收入909万元，风险调整后利润1787万元，还原拨备后风险调整利润完成1715万元。分行绩效考核得分83.64分。

【业务转型】

公司业务方面，2017年晋商银行吕梁分行聚焦八大板块，积极介入机构客户、政府项目、品牌房地产等领域，及时营销大型央企、省属国企开展合作，一改过去以煤焦客户为主的单一业务现状，从传统的流资银承业务转向贸易链融资、债权融资、股权融资、结构化融资、投行标准化等创新业务，并通过销售同业理财、大力开展委托贷款、直销银行等业务，实现了客户结构、资产结构的初步优化和增长，逐步迈上了客户多层、业务多元、收入多方的高效发展之路，在分行转型升级和创新驱动中迈出了坚实的一步。分行成功营销了阳光城集团、山西汾西正帮煤业、山西华兴铝业有限公司、天凯房地产开发有限公司、山西中铝华润有限公司等大型企业，成功对接了吕梁市范围内已改制的孝义、交城农商行和村镇银行、信用社等并与区域外的介休、榆林农商银行建立合作关系，销售同业理财业务；成功与九州证券公司就青海省投债权融资计划达成一致；与总行网络金融部对接，落地全行第一笔直销银行业务300万元。

截至12月31日，分行新增落地资产项目共计23.90亿元，实现贸易融资业务量3.63亿元，成功分销标准化业务12亿元，在总行公司条线考核中获得“优胜单位奖”并获得全行条线排名第一的成绩。

零售业务方面，2017年，分行围绕总行深化转型发展总基调，始终抓好“以客户为中心”的业务发展主线，不断强化零售条线的指导引领作用，不断深化支行的特色精准营销模式，不间断地掀起一轮又一轮的营销热潮，开创了营销工作的新局面。2017年零售指标特别是储蓄存款在年初严峻压力的情况下实现了稳步增长，理财销售实现了历史性的突破，代销产品量质齐升，信用卡业务开局良好，中间业务收入形成了新的增长点，为2018年零售各项业务的开展奠定坚实的根基。

实现按揭贷款的重大突破。在吕梁市符合总行准入要求的房地产项目匮乏的市场环境下，各支行深入挖掘，重点跟进，四个楼盘项目获得总行授信审批，授信金额34200万元。推动资产配置工作引向深入。通过利用财富管理系统细化客户分层管理、规范理财经理一日流程、提升资产配置知识技能，开展厅堂微沙龙活动等，打造专业理财经理队伍，引导传统的销售服务向财务管理服务延伸。实施社区银行试点改革。为有效提高社区支行盈利与市场适应能力，分行采用阶段性发展的工作思路与考核政策，依托社区、深入社区、服务社区，深度挖掘客户资源，满足客户多样化金融需求，致力于打造亮点社区支行。借力互联网+拓展获客渠道。2017年，分行在大力“建商圈、拓客户”的基础上，努力运用互联网思维来促进零售转型，利用新兴媒体如微信、朋友圈、公众号等逐步打造营销的自媒体平台，以孝义支行为试点，逐步形成通过微信APP批量获客的新渠道。引入网点竞争力项目夯实营销基础。年初，分行引入网点核心竞争力项目，强化对厅堂一体化营销的能力提升。落地金融小额扶贫贷款。在多方协调、共同努力下，分行践行社会责任，上报准入扶贫实施主体，采取“四位一体”模式，成功为888户贫困户发放扶贫贷款4440万元，如期完成总行下达的投放任务，为吕梁市脱贫攻坚履行了本土银行的社会职责。

小企业业务拓展方面，分行坚持“两手抓、两推进”，一手稳中求进抓客户，一手优化资产提效益，使小企业业务在风险有效控制下，良性稳步发展。

风险控制方面，分行全力以赴，加大不良贷款处置力度。

一方面通过多种方式转化处置问题违约贷款，一方面不断加大诉讼清收处置工作。通过不懈努力，分行信贷风险正逐渐趋降走低，全年共清收转化问题不良贷款96210万元。在处置不良贷款的过程中，分行逐步建立和完善了风险控制体系，建立了诉讼例会工作制度和贷后预判分析会制度。分行进一步加大违约问责力度，出台违约贷款风险处置流程及问责管理办法等，探索预防违约贷款发生的新举措，防范各类信贷风险。

【精细化管理】

强化中层管理人员的管理。2017年，晋商银行吕梁分行下大力气抓部门、抓行长、抓中层，要求管理人员全面领会贯彻总行转型发展思路，贯彻落实总分行各项工作部署和要求，紧跟上全行快速发展的步伐；要求支行行长深入分析总行业务政策、研究吕梁当地市场和经济环境并参考同业策略，提升经营分析能力，成本核算意识，研究发展自身的长项业务和特色业务；要求各职能部门、支行行长，深入一线，服务基层，切入业务调查，为经营决策和服务基层提供第一手资料。

强化条线职能管理。2017年，分行强化突出条线引导和工作督导的作用，不仅在业务开展过程中，提高了业务技术指导的针对性和有效性，而且强化了对客户经理的监督和考核，更加细化了各项业务的工作要求，优化各业务条线的支撑服务功能。加强对信贷资产的风险监测和预警，防范业务风险。

强化全员执行力考核。2017年，分行在内部管理方面，重点建立行之有效、可量化的考核办法，并运用奖惩结合的方式，在全行开展执行力考核，从前台到中后台、从员工到中层干部，实现每个岗位、每个层级执行力考核的全覆盖，使每项工作责任落实到人、任务落实到位，确保总分行规划、目标顺利落实。

【内部改革】

根据总行2017年内部改革相关指导意见精神，分行紧扣总行改革措施，立足分行实际，大力优化整合现有人员和业务，制定了分行公司、零售、风险、运营四个条线的改革方案，按照进度落实，加以推进。根据晋商银行分行内部改革有关要求，在公司条线，分行设立了五支综合业务团队，服务覆盖各支行，并制定了配套的管理考核办法，目前正为提升对公客户经理队伍的专业化水平和服务支行能力而努力；在零售条线，分行以“三分两化”为工作重点，在辖内各支行均配备了零售分管副行长/行长助理，在客户分层、厅堂一体化、服务社区化方面也采取了有效考核措施正在加以改进。同时，根据网点运营劳动组合优化配置实施方案的要求，分行完成了网点运营人员和高低柜的优化配置及组合。风险条线内部改革将根据总行派驻风险管理部经理实施方案，全力配合有关人选的选拔、招聘工作。公司、零售、风险、运营条线改革初步架构已经完成，正在向精细化和纵深推进。

【内部管理】

2017年，晋商银行吕梁分行强化内部管理工作，将一系列经营管理措施转化为做好工作的强大动力，为吕梁分行业务发展走出新路子，全力摆脱业务落后的局面树立更大的信心和勇气。案防合规方面，进一步提升案防高压态势，建立健全考核机制，发挥检查的再监督作用，不断强化员工行为管控，严格落实轮岗强休工作，持续推进合规文化建设，通过开展合规面对面交流、内控合规辩论赛、拍摄情景剧等一系列合规自创活动，在全行营造出“重操守、讲合规、促案防”的良好氛围，使员工在业务操作中，都能够严格遵循法律、制度和标准，全力维护吕梁分行安全稳健运行。运营条线持续开展业务检查及技能培训、比武，强化了差错管理，有效提升人员业务素质和柜面工作效率；保卫条线开展了安全生产和“两节”及十九大期间安全保卫大检查，强化了网点安全管理和人员安全教育，为经营管理工作提供了安全保障。

（晋商银行吕梁分行）

民生银行吕梁分行

【经营指标完成情况】

截至12月21日，吕梁分行各项存款余额60.42亿元，较年初增长11.56亿，其中对公存款余额24.91亿元，较年初增长9.97亿元，储蓄存款余额35.51亿元，较年初增长1.6亿元；金融资产101.39亿元，较年初增长22.90亿元；各项贷款余额6.78亿元，较年初下降2.49亿元。

客户营销方面（截至12月21日），全行零售客户总数303571户，较上年新增47953户，其中零售贵宾客户新增4323户，完成全年计划的199.7%；有效户新增701户，完成全年计划的67.7%；私银客户新增37户，完成全年计划的154.2%；小微价值及核心客户714户，完成全年计划的119%。对公有效户147户，较年初新增49户，完成全年任务指标的136.11%。

【公司负债业务】

2017年，民生银行吕梁分行加大对机构负债营销力度，集全行之力攻关财政类存款项目和城建、水利、公路建设等市重点工程项目，对公存款余额突破30亿。其中，孝义、柳林扶贫公司合计进款2.5亿元，水利局下属工程项目对合计进款1.3亿元，碧水源项目合计进款1.8亿元、山西静兴高速公路有限公司进款3亿元，有效拉动了全行存款的增长。

【资产业务转型】

2017年，民生银行吕梁分行改变对公资产业务发展思路，大胆尝试“走出去”战略，坚持合作共赢的业务方针，主动与总行、事业部及兄弟分行寻求合作机会，资产业务转型初见成效。2017年年初落地首笔发债业务，金额2.8亿元；与沈阳分行合作开发华润电力（盘锦）有限公司，批复金额3亿元，经过长期跟踪营销于12月完成提款；与总行集团客户部合作开发静兴高速公路项目并成功获批，3亿元资本金已到位，下阶段将以股权、债权融资方式提款。积极储备优质资产项目，包括兴县中铝系国企项目（中铝华润、华兴铝业）、柳林县环城公路建设管理有限公司（银团贷款）、汾阳市碧水源水务有限公司、汾酒集团产业链项目，资产业务预期发展潜力巨大。

【零售创利能力提升】

2017年年初，民生银行吕梁分行将“以创利为导向，以保险、基金、信用卡三项重点产品为抓手”作为零售业务发展主线，引导各机构针对零售客户进行资产结构调整，取得了良好的效果。通过加强保险、基金等重点产品销售，实现零售金融资产突破“百亿”目。在提升客户体验的同时进一步增强了零售财富类业务创收能力。截至12月，吕梁分行期缴保险销售共1927万元；趸交保险销售共1.46亿元；基金销售（含货币基金）4698笔，金额3.83亿元。同时将信用卡交叉营销作为零售客户增长的重要途径，全年增信用卡客户14031户，激活9010户，激活率64.2%；关联还款客户达2490户，关联率17.7%；近半年交易笔数17.48万笔，交易金额4.36亿元。

【小微结算业务】

按照“结算先行”发展思路，引导各机构大力营销云账户、乐收银二维码等结算产品。基于产品应用特征和地域特点，在外拓模式基础上，依托平台、商圈渠道批量开发，快速上量，逐步做大结算客群基础，提升结算存款规模与价值客户数量，开辟了优质结算存款新渠道。全年新增云账1070户，新增二维码收银台556户，月均交易量达到4000万元，月均贡献手续费中收3万元；年末小微存款达到5.2亿元，小微客户金融资16.9亿元，机构小微客群经营能力稳步提升。

【合规内控管理】

2017年，民生银行吕梁分行以学习培训、自查检查、整改问责为抓手，进一步强化合规内控管理工作，提升合规管理水平。结合全年工作重点，先后开展了“三三四”监管文件学习、汾阳监狱现场警示教育、法治民生宣传教育，并定期对各机构进行辅导培训。先后组织开展“三三四”专项治理、金融乱象整治自查，接受人行吕梁中支征信合规管理现场检查、吕梁银监分局风险管理与内控有效性现场检查、总行审计检查等，并对发现的隐患和存在的问题进行了积极整改。

【降本增效】

2017年，民生银行吕梁分行持续推动降本增效工作，永宁西路支行在租金成本下降50%的情况下完成续租及重装开业。关闭火车站贵宾厅、幸福家园社区支行等低效网点，累计降低网点成本190万元。通过整顿员工宿舍利用率、梳理闲置办公电话、强化办公用品管理等方式，有效压降全行管理费用。并积极拓宽缴款渠道，持续推动机构压缩库存，降本增效工作取得了阶段性成绩。

【综合管理工作】

一是顺利完成运营监控岗竞聘选拔，通过全行公开竞聘方式顺利完成6家机构运营监控岗的派驻，并不断对厅堂岗位工作进行梳理，各项工作有序落地。二是完成全行印章OA系统上线，积极配合总分行开展印章管理OA系统上线工作，对全行印章管理进行全面深入排查，对业务流程进行认真梳理，在规定时间内完成了所有印章的线上管理和新旧系统的顺利过渡。三是人才培养取得成效，全年新增通过基金从业资格考试13人，新增通过CFP/AFP 8人，通过ICBRR资格考试13人，在太原分行组织的“基金投资大赛”，两名员工分别获二、三等奖。

（晋商银行吕梁分行）

吕梁市农村信用社

【概况】

2017年，吕梁市农村信用社完成了全年主要目标任务。经营指标实现趋稳向好。资产总额达到860.87亿元，增长11.34%。各项存款余额达到631.63亿元，较年初增长75.56亿元，完成45亿元增长目标的167.9%；各项贷款余额411.39亿元，全年净投放贷款34.66亿元，存贷比保持在合理区间。不良贷款余额57.72亿元，较年初下降18.53亿元，不良占比为14.03%，较年初下降6.21%，实现“双降”。各项收入达到44.66亿元，较上年增加8.88亿元，增幅为24.82%，完成37.13亿元经营目标的120.3%；实现利润总额7.02亿元，同比增加3.58亿元，增幅为104.07%，完成5.3亿元经营目标的132.45%。资本充足率由上年的-3.98%转为1.03%；拨备覆盖率达到41.89%，较上年同期提高了10.13个百分点。各项监管指标反映真实、稳中有升，经营发展的质量和效益明显提高。

改制化险取得进展。全年实现2家农商行挂牌开业，启动2家高风险机构清产核资，改制化险的进度明显加快。全面启动了“清不良、打老赖”行动，累计清收处置不良贷款6918笔、本金23216.8万元、利息3342.63万元，其中现金清收表内不良4092笔、本金12057万元、利息2803万元；现金清收表外不良2642笔、本金3762.3万元、利息179万元，在全社会营造了“守信光荣、失信可耻”的正能量。

服务质效稳步提升。坚定做好地方金融的主力军、金融精准扶贫的担当者和普惠金融的践行者，全年新增贷款34.66亿元，贷款增量居全市金融机构之首；电子渠道累计交易1038.8万笔、673.97亿元，电子渠道业务替代率达到46%。全市扶贫贷款余额达到37.98亿元，带动贫困人口4.15万人，净投放“5321”

扶贫小额信用贷款9.88亿元，净投放单位扶贫贷款13.41亿元，为全市贫困户脱贫摘帽和区域经济持续稳健发展提供了有力金融支撑。

治理结构调整优化。“四会一层”治理架构全面搭建。信贷结构调整深入实施，小微专营机构加速建立，福农卡用信。治理机制和结构的优化升级，对强管理、促升级、防风险发挥了突出作用，正在推动吕梁农信发生深刻变革。

思想文化建设有力。以党建为引领，广泛弘扬社会主义核心价值观和中华优秀传统文化，扎实开展群众性精神文明创建活动，系列开展了明星网点、柜员、大堂经理系列评比活动、职工运动会、晨会开讲、高管谈案防、助学送爱心、困难职工帮扶等活动，积极组织参加省总工会、省直工委、省联社、吕梁市各项文体活动。通过系列活动的开展，市联社获2016年度省直文明单位荣誉称号，县级机构和个人获全国、省总工会、省银协、市政府各级各类众多荣誉表彰，受到中央、省级、市级主流媒体的广泛宣传报道。全市农信社主旋律更加响亮，正能量更加强劲，文化自信得到彰显，干部职工思想上的团结统一更加巩固，农信品牌家喻户晓，农信形象全面提升。

【推动结构性改革】

推动存款结构改革。在资金组织上引导各行社推动存款业务从重总量向重客户转变，从单纯重存款规模向重创效能力转变，积极抓好客户营销和客户账户管理。鼓励各行社在控好成本、夯实基础的前提下，开展各类存款营销活动，开展“雄鸡报晓、百日攻坚”竞赛活动，利用金融扶贫工作，重点营销扶贫类的账户，大力营销预算单位，实现资金落地。如：孝义农商行争取到孝义市现代煤化工转型升级基金等部分财政账户、大项目账户以及中小企业融创公司近5亿元资金落户、归行。同时，调整考核导向，侧重“偏离度”“储蓄存款”“核心负债依存度”考核监测，强化组织资金的日均指标，存款稳定性管理，引导各行社杜绝不计成本拉存款、粉饰报表冲时点的行为。

推动信贷结构调整。以做小、做精、做强为原则，全面调整信贷结构，出台《调整全市信贷结构实施意见》，制定《大额贷款报备制度》，明确调结构、限大额，全力推广小微、小贷业务的经营思路，全力推进县级行社集中办贷中心建设，指导孝义、离石、兴县等行社组建小微团队，积极推广福农卡授信业务；稳步推进三级体系建设，加快推进“三个办法”落地实施。

【创收增效】

在做好传统业务的基础上，积极开展了理财产品代销业务，拓展中间业务收入，有序开展资金业务，促进收入水平不断提高。全年实现手续费收入2171万元，其中银行卡手续费收入1011万元，代理业务手续费收入565万元，结算业务手续费收入520万元；资金业务收入14.2亿元（其中：同业利息收入9.55亿元），占各项总收入的31.87%；市联社资金营运收入1.88亿元、支出1.60亿元，账面盈余2846.61万元，实际盈余4363.95万元，弥补中阳亏损1785万元、石楼1120万元。全市资产收益率达到4.66%，完成省联社下达任务3.9%的119.49%，自有资金收益率达到4.75%，完成省联社下达任务4.2%的113.10%。

【推进改制化险】

市联社坚持全面发力、多点突破、纵深推进，压茬推进兴县、柳林、离石银行化改革，启动汾阳、方山、岚县改制，压实临县、文水、交口化险责任。年初，市联社制定出台了《吕梁市农村信用社高风险机构达标升级、改制化险实施方案》，与各县联社签订改制目标责任书，邀请省银监局专家现场对辖内十家高风险机构35高管及改制办人员就农商行改制政策及申报注意事项进行了现场培训，并督促各联社全部出台改制方案，推出监管评级与高管绩效挂钩考核举措，认真贯彻落实楼阳生省长在有关农信社改制化险工作会议上的讲话精神，向市政府提交《关于恳请吕梁市人民政府帮助清收处置不良贷款的请示》，协调政府在招商引资、优惠政策落地和不良贷款清收等方面优化顶层设计，倒逼全市坚决啃下改制化险这块硬骨头。

【支持地方经济发展】

加大“三农”支持力度。继续保持支农支小的战略定位，以服务“三农”为指导思想，出台《信贷工作指导意见》，重点加大对精准扶贫、创新创业、春耕备耕、城乡居民消费升级、基础设施建设等方面的信贷投放，在传统“农贷通”“商户通”“白领通”基础上，推出了“强农贷”“富农贷”“枣贷通”“妇惠通”等信贷产品，满足广大农户的信贷需求。全年农户贷款累计净投16.52亿元，同比增加2.65亿元；农村经济组织贷款累计净投2.40亿元，同比增加2.65亿元；农村企业贷款累计净投6.73亿元，同比增加1.88亿元。

加大小微支持力度。在风险可控的前提下，市联社加强银税合作，扩大银税合作范围，创新银税合作方式，通过银税合作，为客户提供更多元化、全方位的金融服务，提高客户满意度、忠诚度与黏合度。截至12月末，利用税务部门推送企业挖掘客户198户37.33亿元，其中小微企业贷款98户4.33亿元，本期累计发放15户4.05亿元，发放小微企业贷款6户0.23亿元。全市各行社均有银税合作贷款投放。

加大精准扶贫力度。该市联社与13个县级机构一把手层层签订“军令状”，压实了扶贫工作主体责任，明确了扶贫任务目标。举全市农信社之力启动了“千名客户经理进村入户”行动计划，建立了“七专”工作机制，发放宣传资料21万份，设置宣传栏851个，刷写宣传标语996条，发放精准扶贫知识问答手册6.77万册，制作并下发金融扶贫操作手册15余万份，投资230余万元在贫困县行社服务的1365村的醒目位置安放进村公示牌，在10.98万户对接的贫困户家门口悬挂上了入户公示牌，走访贫困户17.32万户，支持符合条件有合理信贷需求的建档立卡贫困户1.8万户，发放贷款9.7亿元，实现贫困户收集资料全覆盖、评级授信全覆盖、有合理信贷需求全覆盖的“三个全覆盖”目标任务，确保了精准对接、精准发力、精准投放。同时以优化扶贫贷款审批流程为重点，降低准入门槛，缩短审批环节；以“四有两好”为标准，结合实际，为建档立卡贫困户设置以定性指标为主的评级授信模型，实现扶贫贷款贷得到、放得出、收得回、有成效。与此同时，积极创新扶贫金融产品、扶贫模式、科技手段等，努力满足贫困户的需求。先后推出了脱贫贷、脱贫卡等多样化扶贫金融产品，积极探索开展资产收益、电商扶贫、订单收益、就业收益、四位一体等金融扶贫模式。深入贯彻落实习近平总书记山西讲话精神，精准实施了深度扶贫“1234工程”，切实发挥了金融扶贫“杠杆”作用，有力“贷”动贫困户脱贫致富。

【确保安全经营无事故】

全面加强案防体系建设。2017年年初，全市农信社层层签订了案件防控目标责任书、风险防控责任书，制定《吕梁市农村信用社2017年案件防控工作安排意见》，修订完善《吕梁市农村信用社案件防控工作规则》。市县两级机构全部设置合规部门和专职人员，制定出台《合规案防条线管理目标考核办法》，按季召开案防分析会议，组织开展了“案防大家谈、全员述合规”案防主题系列活动、金融消费者权益保护系列工作、无纸化学法用法考试，整理完善制度电子书。开展申退诉讼费用工作，组织辖内13个县级行社对胜诉并提出申请退费案件共122件、涉及预交诉讼费用1053936元，申请退费935882元，已退费25件、金额112587元，维护了全市农信社自身合法权益。

全面加强稽核查改工作。持续开展了案防、安全、科技等各类风险排查，开展了“三违反”“三套利”“四不当”和“市场乱象”专项整治，修订完善了14项稽核内控制度，对截至2017年11月底，省、市、县三级和外部检查共发现的各类问题9102笔6185102.48万元的整改情况全面进行了梳理，对未整改问责问题会同条线部门与所涉县级行社进行了约见谈话，确保违规违纪问题查得出、改得了、处得彻，真正促使全员职工敬畏规矩、忠诚事业，助推全市农信事业稳健合规运营、持续发展。

全面加强安全保卫管理。组织开展了安全突发事件应急处置演练，安全教育、消防培训等工作，开展了节假日安全检查、自助设备安全检查、安防设施安全检查、值守人员在岗情况检查等检查，在市联社及13个县级行社监控中心安装了远程摄像头。对照《银行营业场所安全防范要求》（GA38—2015）对县级行社报警设施未与110报警联网的，建立台账，逐项逐步督促整改。做好接送款管理系统上线运营，会同保安公司对库存枪支弹药全部移交市公安局。

全面加强信访维稳管理。建立规范了市县两级信访、舆情上下联动的联络承办制度，设立新闻发言人和声誉风险管理工作制度，对声誉风险进行分级、分岗管理，全市设立专职人员26人，兼职人员300余人，达到了上下联动，左右协调，管理与报告路径清晰顺畅。年内，共合规受理各类信访举报20件，已全部办结。在党的“十九大”召开前后，组织召开了全市农信社的“十九大”期间安全维稳动员部署专题会议，对信访维稳、舆情监控工作进行专题安排，明确了处置原则、路径和纪律，全力守住不发生任何事件、事故的底线，圆满地完成“十九大”期间的安全维稳任务。

（市农村信用社）

吕梁市保险行业协会

【概况】

协会组织机构情况。吕梁市保险行业协会设综合部、业务部和快处中心三个部门，共有会员公司31家（新增安邦人寿公司），其中产险公司17家，寿险公司14家。全市共有保险机构165家，保险从业人员12000人。

保险业务发展情况。2017年，全市累计完成保费收入55.2亿元，同比增长11.29%，其中产险完成保费收入12.2亿元，同比增长5.2%；寿险完成保费收入43亿元，同比增长13%。市场运行健稳向好，保障作用进一步发挥。

【助推脱贫攻坚】

部署领导小组，夯实工作责任。协会根据《山西保监局 山西省扶贫办关于山西保险业精准扶贫示范县的实施方案》及《山西保监局关于在临县创建山西保险业精准扶贫示范县的实施方案及有关政策分工的通知》等一系列保险扶贫措施，2017年初组织30家会员单位召开会议，对照政策部署及分工安排，对2017年的精准扶贫、精准脱贫工作进行了精心的部署和安排，要求各公司明确工作任务，明确责任领导、责任部门及责任人，并逐级落实到三、四级机构。

为增强各公司推进精准扶贫和精准脱贫工作的责任感和紧迫感，协会根据保监局要求制定《关于在临县创建扶贫示范县建设考评机制》，将各公司对示范县的扶贫工作作为全年的重点考评内容，并进行按月督导、按季通报、年终考核，确保各项工作按时完成。

开展多方调研，落实扶贫任务。与临县县委书记和县长再次拜访了保监局主要领导，对联合打造“保险精准扶贫示范县”进行了意见交流，共筑以农业保险、大病保险为核心，民生保险为补充的多层次、全险种保险扶贫保障网。

陪同保监局财险处处长高奇志一行在临县组织召开精准扶贫试点工作会议，学习讨论《山西省人民政府办公厅关于推进“一村一品一主体”产业扶贫的实施意见》和《中国人民银行太原中心支行 山西省财政厅 山西省扶贫开发办公室 山西银监局 山西保监局关于“五位一体”推进全市扶贫小额信贷工作的指导意见》精神，全面征求了《山西省精准扶贫小额贷款保证保险实施方案》的意见。通过先后四次在临县政府与分管副县长及相关单位召开会议，确定在临县开展小额贷款保证保险，推出“156金融资产收益增收扶贫计划”，并将此作为一个创新项目，在临县试点推行。

陪同分管金融副市长深入临县、兴县调研指导金融扶贫工作，通过对临县丰林现代农业发展有限公司、临县朝阳农牧有限公司、临县白文曜头异地搬迁安置项目等企业现场调研，了解了企业农户对金融扶贫工作的意见及当前面临的困难，针对一系列问题，竟市长对保险、银行等部门提出应对措施。

陪同保监局副局长景晋生、省扶贫办副巡视员张伟勤和中国人寿公司相关领导一行赴吕梁技校观摩了吕梁山护工实操课堂及中国人寿公司为护工带来的保险知识专题讲座课堂。次日，一同赴临县青凉寺政府召开“中国人寿保险扶贫暨集中理赔现场会”。

先后三次配合保监局朱金渭局长等主要领导及中保投资有限责任公司调研组一行分别与吕梁市市长、分管副市长等领导就临县、兴县、石楼深度贫困地区产业扶贫投资项目的运行情况、申请资金的规模和用途、合作方式和模式、精准对接项目等相关情况进行座谈交流，并深入临县朝阳农牧有限公司、枣源地生物科技有限公司、兴县“山花烂漫”工厂等地进行了实地考察、调研，针对此项工作，协会全面发挥了桥梁纽带作用，配合双方，做好对接工作，确保了合作项目的有序进行。

开展进村慰问活动。协会携手人保寿险、泰康人寿等6家公司，分别对临县6个贫困村进行扶贫捐赠，主要包括：对贫困户捐赠人身意外伤害保险，对建档立卡贫困户捐赠白面、大米等生活用品，对贫困村学校捐赠学习用品、教育用具等，通过实地捐赠等一系列系民生、暖民心的扶贫活动，促进建档立卡贫困人口早日脱贫致富。

组织省协会及地市协会领导在“七一”建党节期间赴临县安家庄乡武家湾村开展了“拥护核心 践行党章”革命老区慰问活动，向该村党员捐赠了白面、食用油等日用品。

扶贫举措深入民心。通过保险业精准扶贫的各项举措，扶贫工作有了显著的成效：一是对临县建档立卡贫困户的玉米、马铃薯保险自付部分进行减免；二是中国人寿公司针对新农合大病保险建档立卡贫困人口的赔付起付线由10000元降低到5000元。

【推动市场规范发展】

开展车险理赔服务质量检查。为了推动吕梁市财险公司加强和改进车险理赔服务工作，提升车险理赔服务质量和水平，协会根据《山西省机动车辆保险理赔服务质量评价办法》对所辖财险公司开展了五次车险理赔服务质量检查评价。检查评价结果客观公正，受到了各公司的高度重视，促进公司不断提升车险理赔服务质量，对推动行业提高车险理赔服务水平起到了积极作用。

按照省协会自律检查联动统一部署和要求，历时一个礼拜完成了对全市17家财险机构自律公约执行情况进行检查。在自律检查中，采取“精”“准”“稳”等措施。有效遏制违规违约行为，促进市场良好发展。

与山西保监局统研处联合开展市域监管巡查。2017年，协会配合山西保监局3次分别对汾阳、文水等9个县进行监管巡查及实地调研，了解保险业在参与脱贫攻坚工作中的各种做法及吕梁市大病保险相关政策落实情况，了解当地保险机构的经营状况、服务情况及市场存在的问题。

根据山西保监局《规范人身保险公司赠送保险有关行为的通知》和省协会《关于印发山西省人身险公司销售行为自律检查方案的通知》，协会组织召开人身险自律工作专项检查启动会，并根据文件要求，对13家寿险公司的销售行为进行了详细的检查，并将检查结果作了详细报告。

根据《山西省保险专业中介机构巡防工作方案（2017）》的有关要求，协会做好巡防工作安排，成立巡防组对全市93家保险专业中介机构持续开展了1个月的全面巡防，查阅了各类资料300余份，查验代理人持证信息100例，并在规定时间内完成和报告了巡防工作情况。8月2日，陪同山西保监局稽查处处长王俊国一行赴部分机构就保险市场运行及合规经营情况进行了调研，对整治车险乱象情况进行了巡查，并在全市就整治车险乱象工作进行了自查，同时对巡查过程中发现的问题，限期督促相关单位整改落实，全力维护保险市场秩序。

与市工会积极开展星级柜面评审活动，对申报星级柜面的12家寿险公司进行了现场评审工作，并形成评审报告报送至省协会。

【营造金融环境】

开展诉调对接工作。为切实维护消费者权益，完善诉调对接工作机制，协会加强与市中院相关部门多次沟通，2017年，诉调对接工作在各部门大力支持配合下取得一定成效。截至2017年12月，诉调对接工作共接受委托调解案件3件。其中，诉前调解2件，诉中调解1件。调解成功1件，调解成功率63%。调解金额6万元，在诉讼金额的基础上，经过调解减少赔付金额2万元。

开展打击保险欺诈工作。为打击保险欺诈犯罪行为，协会建立与市公安局联合打击工作机制，并开展了一系列反欺诈活动。5月15日，协会与市公安局在世纪广场举行了反保险欺诈宣传活动，取得了明显成效。在平时的案件处理中，协会在收到会员公司反映的情况后，第一时间通过信息共享平台上传疑似案件信息，进行对比排查，针对部分会员公司反映的10余起可疑案件，协会及时与市公安局经侦队政委沟通、联系，终止一切可能造成的保险欺诈行为，给会员公司避免损失50万余元。2017年，共受理欺诈案件7起，查处虚假案件2件，其中立案1起，挽回经济损失19万元，有效保护了保险消费者的合法权益，维护了保险市场秩序。

开展非法集资风险摸底排查。为了全面摸清吕梁保险业防范和处置非法集资风险情况，维护市场平稳健康发展，4月13日，协会启动非法集资排查工作，要求各公司完善制度机制，对日常风险、苗头性风险监测及时报告，重点摸排保险机构假借保险名义从事非法集资活动、高管人员及其他从业人员假借保险名义或者挪用保险资金从事、参与非法集资活动进行大范围排查，确保案件风险早发现、早处置、早化解。

贯彻落实《金融机构大额交易和可疑交易报告管理办法》（3号令），进一步增强社会公众对反洗钱的认识，营造良好的反洗钱社会舆论氛围。协会组织30家会员公司代表、证券公司、银行联合举办了主题为“贯彻落实3号令，维护金融秩序”的反洗钱宣传活动。

提升“快处中心”服务水

平。“快处中心”自成立以来，充分体现了四个“快”，即事故当事人撤离现场快、处理事故快、保险理赔快和车辆修理快。2017年，共受理案件1095起，协议884起，简易事故认定342起，自行协商236起，让保险机制和交通管理警力得到有效整合，群众满意度得到提升，受到了社会的广泛赞扬。

【对外宣传】

开展“3·15”国际消费者权益日宣传活动。“3·15”来临之际，协会根据保监局、省协会通知要求，组织开展了“3·15”保险消费者权益保护系列活动。突出活动主题，在全市各保险机构营业场所悬挂宣传标语、设立宣传栏、散发宣传折页、播放行业形象宣传片。“3·15”当天组织30家保险公司在世纪广场对保险纠纷人民调解委员会、反保险欺诈工作进行宣传，现场新增风采展示环节。各公司精心编排节目，轮番上阵，用最饱满的士气，展示出阳光英豪的团队风采，展现了公司企业文化，大力提升了保险业的社会形象。

组织开展“7·8”全国保险公众宣传日活动。协会在吕梁大道隆重开展了“7·8”全国保险公众宣传日活动暨“7.8公里保险扶贫公益跑”活动，以实际行动宣传保险理念，助力扶贫公益事业。吕梁市30家产、寿险公司工作人员及保险业精英共计1000余人参加，共同掀起了吕梁保险业“7·8”系列宣传活动的高潮。吕梁市文化局副局长、吕梁广播电视台台长、离石区交警大队队长和吕梁市蓝天救援队大队长等领导受邀出席活动并发表讲话。吕梁电视台、吕梁广播电台、第一民生等吕梁各大主流媒体全程跟拍，并进行了现场直播。

组织17家财险公司与有关部门在世纪广场举行“全市食品安全宣传周”活动，并以“尚德守法 共治共享食品安全”为主题展开宣传。活动现场，由人保财险吕梁分公司运用宣传展板、宣传折页等方式向广大群众散发资料，并积极开展食品安全责任保险宣传；其次，协会以本次宣传活动为契机，通过微信公众平台、吕梁保险网等渠道，宣传保险在推动食品安全方面的重要作用，营造良好的宣传氛围。

组织业内人员参加吕梁市“泰化杯”篮球赛，倡导以人为本、健康工作、健康生活的企业文化理念。比赛吸引了众多从业人员的热情参与，各参赛选手竭尽所能、敢打敢拼，充分展现了保险人积极向上、勇于拼搏的精神风采，引来当地媒体的争相报道。

加大吕梁保险门户网站维护，精心做好网站的升级和维护。共编制工作简报12期，更新吕梁保险网稿件278篇，网站点击率12万次。另外，协会申请建立了吕梁市保险行业协会微信公众平台，为政府和社会公众认知吕梁保险业，了解行业动向，普及保险知识起到了极大的促进作用。

协会向市政府及有关部门赠阅保险报刊和自办刊物，拓宽行业宣传渠道，提升各部门对保险行业的关注度。

【发挥服务、协调沟通职能】

认真受理保险咨询和投诉处理工作。2017年，纠纷调解工作在各方面都有了很大改进，同时，会员公司由原来的被动参与调解变为主动申请调解，很大程度上反映了会员公司对此项工作的认可度和积极性。1-12月，共受理调解案件58起，成功化解41件，涉案金额80.2万元。协会通过调解保险纠纷发现行业存在的问题，采取针对性自律措施，提高保险公司合规经营水平，更好地发挥协会履行服务职能，提升服务会员和行业的能力。

积极应对突发事件。2月15日8时许，柳林县公安局大院西侧挡墙倒塌，造成墙底19辆车被埋受损。协会在接到事故通知后，第一时间赶往现场，成立以协会秘书长为组长的应急小组，并召开会议要求各公司内部开通绿色通道，简化理赔手续，公司之间互相合作，统一行动，在最短时间内进行了迅速、准确、合理的赔付。

协助配合市政府做好红枣保险理赔事宜。由中华联合财险公司承保的红枣保险在理赔过程中出现问题，协会通过与分管副市长李俊平和承保公司省级负责人协调沟通，并于5月26日，在协会会议室召开座谈会就吕梁市2016年度红枣保险理赔中存在的问题进行了专题研究，会议达成：由承保方按照《吕梁市2016年度红枣保险指导意见》精神和保险条例等有关法律法规条款，尽快制定理赔方案，立即启动理赔工作；政府承担的红枣保费要及时到位；由协会监督承保方认真履行保险责任，尽快完成理赔工作。会后，协会秘书长、市政府副秘书长和中华联合财险公司主要负责人赴临县召集11个乡镇的乡、镇长召开会议确定赔付方案，在刘家会乡先行搞理赔试点，其他10个乡镇参照该乡进行推广，在协会的督导下，兴县、石楼和柳林全面铺开红枣保险理赔工作，切实维护了行业的利益及枣农的权益。

指导各公司推进玉米保险理赔工作。由于2017年吕梁市降雨量普遍较少，导致玉米严重受灾。为防止因理赔不统一而损害保险行业形象、引起群体性事件等负面影响事件的发生，协会及时召开座谈会，针对玉米险在同一县域内几家公司共同承保的情况，统一了理赔标准。对理赔过程中存在的一些问题，协会与所涉公司理赔经理亲自赴县（市）指导，并与当地市委领导和农委部门进行沟通、协商，使得问题得到及时解决。

为切实做好吕梁市医疗救助与城乡居民大病保险有效衔接工作，根据省民政厅等6部门《医疗救助与城乡居民大病保险有效衔接的实施方案》（晋民发〔2017〕46号）与吕梁市人民政府印发的《吕梁市农村建档立卡贫困人口医疗保障帮扶实施方案》（吕政发〔2017〕32号）文件精神，协会结合吕梁市实际情况，与市民政局、财政局、人社局、卫计委、扶贫办主要领导协调沟通，联合下发，《吕梁市医疗救助与城乡居民大病保险有效衔接的实施方案》，切实做好保险业与相关部门的协作，提升困难群众综合救助能力，切实减轻困难群众的医疗费用承担。

参与政府部门组织的各类会议；2月13日，参加了全省召开的“一村一品一主体”和“五位一体”产业扶贫电视电话会议；3月28日，参加了全国医改工作会议；4月20日，参加了全市财政电子化票据管理系统改革会议；6月8日，参加了吕梁市医改推进会议；8月18日，在市政府参加省政府组织的全面推行县乡医疗卫生机构一体化改革工作电视电话会议；10月20日，参加了吕梁市民政局举办的社会团体党建工作培训会议。在参加市政府机构组织的各项会议后，协会逐一传达了各会员公司。

2017年年初，组织对30家会员公司的信息、业务数据报送优秀人员进行了表彰，分析了信息报送和数据报送工作中存在的问题，提出了相关意见和建议，并就业务数据报表作了详细培训，进一步丰富了数据交流内容，提高了业内数据交流的时效性。

配合省协会在临县组织召开《第一届地市协会专业委员会第二次会议暨诉调对接工作座谈会》，并陪同省协会及各地市协会领导在临县林家坪镇南圪垛村进行党员学习。

根据山西保监局要求，组织

对辖内保险机构的145名高管人员进行了为期两天的集中培训，提升了吕梁保险业高管从业人员的综合素质，提高了全员守法经营意识，建设高素质从业人员队伍，推进吕梁保险业健康发展起到积极作用。

（市保险行业协会）

商 贸

招商引资

【概况】

2017年，全市招商引资：30亿元以上省外招商项目任务8个，完成12个，占年度任务的150%。国内外500强、大型央企投资项目任务6个，完成6个，占年度任务的100%。新兴产业项目任务12个，完成64个，占年度任务的533%。新兴产业项目到位资金任务97亿元，已到位144.97亿元，占年度任务的149%。签约项目任务811亿元，完成1672.09亿元，占年度目标任务的206.18%。签约项目到位资金任务270亿元，完成458.24亿元，占年度目标任务的170%，其中，2017年当年签约项目到位资金154.18亿元，2011–2016年签约项目2017年到位资金304.06亿元。2011–2016签约项目于2017年开工项目任务20个、投资总额任务250.6亿元，完成开工项目108个，占年度任务的540%；完成总投资额1299.83亿元，占年度任务的519%。

总体来说，截至12月底，吕梁市7项指标全部完成全年任务。

【山西省逐月通报的四大主要指标完成情况】

签约项目234个，项目总投资额1672.09亿元。

落地项目184个，项目总投资额1941.3亿元。其中，2017年当年签约并落地的项目76个，项目总投资额586.6亿元；2011–2016年签约、2017年落地项目108个，项目总投资额1354.69亿元。

开工项目189个，项目总投资额1869.14亿元，其中，2017年当年签约并开工项目81个，项目总投资额569.31亿元；2011–2016年签约、2017年开工项目108个，项目总投资额1299.83亿元。

签约项目到位资金458.24亿元，其中，2017年当年签约项目到位资金154.18亿元，2011–2016年签约、2017年到位资金304.06亿元。

截至2017年12月底，此四项指标，签约项目到位资金总额位居全省第三，签约、落地两项指标均位居全省第五，开工位居全省第六，达到中上游水平。

【招商引资项目签约落地】

2017年，吕梁市举办、参加了一系列招商引资活动，一大批大项目、好项目、转型项目签约落地。2017年，全市共签约项目234个，项目投资总额达到1672.09亿元；落地项目184个，项目投资总额1941.3亿元；开工项目189个，项目总投资额1829.1亿元；签约项目到位资金452.8亿元。四项指标在全省总体排名靠前。

【招商引资顶层设计】

2017年，吕梁市把招商引资推动项目建设作为全市转型发展的重要抓手，出台《吕梁市改革和创新招商引资工作实施意见》，使得全市招商引资工作在政策指引及推动项目落地上有据可依，相关配套政策的制定工作正在有序推进之中。

【招商引资方式创新】

2017年8月，在“数谷吕梁·智赢未来”大数据产业发展推介会上，吕梁市与北京九次方信息集团有限公司等27家大数据公司签订了57项合作意向，市招商引资局签订的“大数据招商引资项目决策管理平台”等两个合作意向得到市委、市政府认可，并以市政府办公厅文件印发推动落实，为实现系统定向精准招商奠定了坚实基础。

【项目落地工作机制建立】

2017年，吕梁市开展了优化营商环境“1+9”专项行动，建立了推动项目落地督查、考核、通报制度，开通了“13710”电子督办系统。出台《吕梁市加快招商引资项目落地专项行动工作方案》和《吕梁市招商引资签约项目落地情况专项督查工作方案》。6月组织开展了全市招商引资签约项目落地情况专项督查，对于发现的问题纳入“13710”系统跟踪督办。11月市招商引资局分三组到各县（市、区）开展专项督查，对已纳入“13710”系统整改事项以及全年目标任务和县（市、区）主要领导带队招商活动等方面进行督查落实，效果显著。截至12月底，资金到位率较6月提高17.6%；19个已受理未审批的项目完成4项审批的4个、3项审批的4个、2项审批的6个、1项审批的4个、未审批的1个。

【招商引资活动】

2017年，市招商引资局组织两次项目征集工作，两次网上发布招商引资项目，根据不同的招商目的地和招商活动，编印招商引资项目册，项目前期工作扎实，项目质量稳步提升，市县主要领导带队“走出去、请进来”，组织了系列招商引资活动，签约项目无论从数量、质量相比，较上年有了提升。

组团参加省级以上举办的8场重大招商推介活动。2017年，吕梁市参加山西党政代表团天津学习考察活动、晋商晋才回乡创业创新工程启动大会、第十届中国中部投资贸易博览会、山西招商引资（珠三角）推介会、第十一届中国—东北亚博览会、2017厦门投资贸易博览会、第19届中国国际高新技术成果交易会、中国循环经济与可持续发展论坛及2017中国国际循环经济展览会，签约项目5个，总投资额187.52亿元，占全年签约项目总投资额的11.2%，项目涉及新材料项目1个、新能源项目1个、新型信息产业项目2个、特色农业项目1个。离石区与广州市米罗壁纸装饰材料有限公司签约新型环保无机纤维壁纸生产线项目投产；孝义市与汉能集团签约的移动能源产业园一期工程项目正在建设；离石区吕梁国家数据产业基地项目一期工程开工；交城县中交西部数据中心项目开工；临县特色农业及休闲食品综合产业园项目正在进行前期工作。

组织参加市级举办的6场重大招商引资活动。2017年，吕梁市举办了吕商吕才回乡创业创新座谈会、铝深加工企业招商引资会、“数谷吕梁·智赢未来”大数据产业发展推介会、2017山西（汾阳·杏花村）世界酒文化博览会、第四届全国煤炭深加工及焦化产业绿色发展交流会暨吕梁市招商引资推介会、吕梁特色优质产品进民航进铁路项目推介会。累计签约项目43个，总投资额709.37亿元，占全年签约项目总投资额的42.4%。项目涉及传统产业15个，文旅产业3个，食品加工产业1个，现代服务业1个，战略新兴产业23个；已落地项目2个，已开工项目2个，正在进行前期工作的41个。

组织指导县市区举办12场招商引资活动。交城县“一季一个主题”围绕文旅产业、大数据产业、新能源新材料、产业升级改造开展主题招商，举行山西（交城）大数据产业园奠基暨大数据工程招商引资签约仪式、汾河流域交城县磁窑河与瓦窑河生态修复治理工程签约仪式、现代煤化工政产学研基地签约仪式，签订新动能战略合作框架协议、“中国铸造产业电子商务基地”项目合作协议，在“互联网＋工业”等方面迈出了新步伐。文水县举办了“迎老乡、回故乡、建家乡”活动，共设立了16个省级招商引资联络工作站，聘请79位在外知名人士为招商大使。孝义市举办山西紫晨大健康2017年全国经销商大会，王老吉46款产品全球首发，直接锁定订单10亿元以上。石楼县举行“石楼县招商引资引智推介会暨项目签约会”，现场签约项目16个，投资总额达118.3亿元。中阳县与北航建立中汇科技企业孵化器，引进13个企业入驻。召集22个外省驻山西商会开展“光彩事业中阳行”活动。柳林县举行招商引资引智恳谈会，现场签约涉及引智项目、工业项目、基础设施建设项目共14个。离石区在东莞召开招商引资座谈推介会，现场新龙重工与当地装备制造企业达成协议，投资1.85亿元。岚县在北京举办土豆经济全产业链系列产品北京展销会新闻发布会暨启动仪式，扩大了岚县系列产品的影响力。临县在北京举办临县红枣等农产品进京宣传推介系列活动，临县30多家红枣生产加工企业参会，推出100多个红枣系列产品，签订价值2867万元的红枣加工购销合同。

（市招商引资局）

商务

【概况】

2017年，吕梁全市商务工作坚持务实奋进、攻坚克难、开拓创新，全市开发区数量增加到5个，管理体制和运行机制进一步优化。一批大项目、好项目签约落地，招商引资7项考核指标全部超额完成目标任务。社会消费品零售总额完成461.6亿元，同比增长6.4%，净增限额以上企业37户。外贸出口完成12.20亿元，同比增长16.7%，新增一般贸易企业21户，新增有实绩的外贸企业6户。全年新设5个外资企业，实际到位外资1215万美元。全国电子商务进农村综合示范县建设引领全市电子商务发展。

【开发区改革创新】

2017年，按照“整合、改制、扩区、调规”方针和“三化三制”思路，开发区改革创新发展工作扬帆启航，在数量规模和体制机制上都有了较大的突破。开发区整合新设扩区有序推进。2016年底，全市有交城、文水、孝义、汾阳杏花村4个省级开发区，数量不多、规模不大。2017年，吕梁市全面启动开发区整合设立扩区工作，兴县经济技术开发区获省政府批复设立；吕梁、岚县、交口3个经济技术开发区，设立可研报告通过省级评审，报省政府待审议；方山、临县2个生态文化旅游开发区设立可研报告报省待评审；石楼、中阳、柳林3县也启动开发区设立前期工作；孝义开发区扩区获批，面积从7.5平方公里扩大到78平方公里；文水开发区扩区通过省级评审，报省政府待审议。吕梁市经省政府批复设立的开发区数量增加到5个，占全省开发区总量40个的1/8，开发区数量全省位列第二，5个经济开发区批复规划面积达到151.3平方公里，占全省工业类或综合类开发区（37个）批复规划总面积的6.32%，为进一步承载省市重点项目和企业落地提供了空间保障。开发区体制机制逐步完善。开发区体制机制改革创新，重点是建立“专业化、市场化、国际化”的管理运行机制（三化），实行“领导班子任期制、全员岗位聘任制、绩效工作制”为引领的人事薪酬制度（三制）。2017年，5个开发区管委会机构编制全部获批，全部为正县级建制。除新设的兴县开发区外，其余开发区管委会领导班子全部配齐，聘任的内设机构工作人员全部到位，制定出台绩效工资实施办法和考核办法，“三制”改革全部完成，并于2018年1月起正式执行；4县（市）政府分别批复开发区管委会“三定方案”，明确管理职能；孝义开发区试点企业投资项目实行承诺制无审批管理，项目建设投产步伐加快；各开发区探索通过市场化方式将开发区开发、建设、规划、招商、运营等事务委托专业团队、专业公司实施，开发区管理体制和运行机制进一步优化。土地城建规划调整完成。结合各县（市、区）开发区发展意见，市国土局制定《吕梁市土地利用总体规划调整完善方案》，为全市开发区安排规划建设用地58450亩，并向各县（市、区）开发区进行了分解；吕梁市城镇体系规划已调整完毕，相关规划的调整完善为开发区整合设立和扩区提供了坚实的保障。完成省考核任务。2017年省委省政府考核吕梁市区域经济转型升级评价指标共50分，开发区5项指标占7分。其中，开发区入区企业数目标任务314个，完成414个，完成率达131.8%；经营销售收入目标任务534亿元，完成737亿元，完成率达138.0%；投资强度目标任务262万元/亩，完成339.2万元/亩，完成率达129.5%；当年实际利用省外直接投资目标任务136亿元，完成149.2亿元，完成率达109.7%；研究与试验发展经费目标任务3亿元，完成4.6亿元，完成率达153.3%。5项指标全部完成全年目标任务。

【招商引资】

2017年，吕梁市招商引资工作立足招大商、招好商，切实加强招商引资项目规划、论证、策划、包装及项目落地等工作，理顺体制机制，创新招商方式。项目签约落地成果显著。省政府逐月通报的四项指标在全省总体排名靠前。全年共签约项目234个，项目投资总额达到1672.09亿元；落地项目184个；开工项目189个；签约项目到位资金452.8亿元。年终考核项目签约在全省排第四、资金到位排第三。体制机制得到理顺。明确市商务局作为招商引资工作的牵头职能部门，市招商局在市商务局统筹指导下具体负责招商活动、项目储备签约、数据统计、推进落地开工、督查、通报、考核、信息报送等工作。体制机制理顺后，商务、招商部门形成了工作合力，与省级招商引资机构实现有效对接，切实加大了招商引资工作推进力度。顶层设计基础不断夯实。出台《吕梁市改革和创新招商引资工作实施意见》，从体制机制、产业指引、创新方式、优化环境等方面，提出20条实施意见，全市招商引资工作在贯彻落实新发展理念及政策指引上有据可依。招商方式创新走在全省前列。加强与北京九次方信息集团有限公司合作，积极筹建九次方吕梁市大数据公司，共同搭建大数据招商引资项目决策管理平台，应用大数据技术开展招商引资工作迈出坚实步伐。项目落地推进机制初步形成。市委、市政府印发《吕梁市加快招商引资项目落地专项行动工作方案》，起草的《吕梁市招商引资签约项目落地情况专项督查工作方案》已经市领导审定同意，招商引资项目管理水平稳步提升。

【电商扶贫工作】

2017年，商务部门负责牵头开展电商扶贫工作，帮助贫困人口利用电商创业、就业，拓宽增收渠道，加快贫困地区脱贫攻坚进程。在2017年全省电商扶贫考核中，吕梁市整体排名靠前。推动电子商务进农村综合示范工作。吕梁市电子商务进农村综合示范工作自2015年启动，到2017年底共有兴县、临县、岚县、方山4个县被列为全国电子商务进农村综合示范县。各示范县围绕推动电子商务和农民增收等形成良性循环的总体要求，重点构建“农村电子商务公共服务体系、农村电子商务物流体系、农村产品电子商务供应链体系、农村电子商务培训体系”等四大体系，各项工作进展顺利。电子商务公共服务中心在规划布局、功能分区、内部装饰、外部形象等方面有了较大提升，物流配送中心整体布局合理，公共服务功能高效便捷，各大快递服务企业入驻进度明显加快，发展步入正轨。兴县于2017年年底顺利通过商务部组织的第三方评估机构进行的第二轮绩效评价；临县在2017年3月初接受商务部组织的第三方评估机构绩效评价后，受到充分认可；岚县通过中央电视台财经频道“厉害了我的国·中国电商扶贫行动”直播宣传岚县土豆；方山建立“方山网商圈”社交电商模式，被《山西日报》作为典型报道。加快贫困地区电商网络结点建设。加强与阿里、京东、苏宁、乐村淘、农芯乐、易田网购等电商企业合作，京东设立吕梁、柳林、岚县馆，乐村淘设立离石、岚县、中阳、石楼、柳林、兴县馆，苏宁设立兴县、柳林、岚县馆，淘宝设立临县、孝义、文水、岚县馆，百依尚品设立方山馆。全市10个贫困县共建成13个县级电商服务中心，1096个村镇电商服务站。完善县乡村三级农村物流配送体系。充分发挥电商扶贫工作领导组办公室职能，与市邮政局、市供销社通力协作，不断扩大快递物流在农村的覆盖面。截至2017年年底，吕梁市10个贫困县的快递乡镇网点覆盖率已由2014年年初的不足10%增加至95.5%，基本解决了农村物流配送“最后一公里”和农产品上行“最初一公里”的问题。开展贫困地区电商人才培训。市、县两级上下联动统筹开展电商人才培训，2017年，全市共开展电子商务培训17187人次，提高贫困地区电商人员的技能和水平。

【开放型经济发展】

2017年，吕梁市外贸工作稳步推进，各项考核指标在全省排名靠前。出口目标、对自贸区出口目标、对“一带一路”国家出口目标、对新兴市场国家出口目标、外贸主体建设考核目标和自主出口品牌建设考核目标全部超额完成，全省排名第一。对外贸易降幅趋缓，出口实现增长。2017年，全市出口完成12.20亿元，增长16.7%，超额完成全年目标任务；受重点企业的进口波动影响，进口完成4.94亿元，下降42.5%；进出口总额完成17.14亿元，同比下降10.1%，降幅比2016年收窄了13.1个百分点，趋势向好。外贸主体不断壮大，竞争力进一步增强。2017年，吕梁市坚持培育外贸主体，有进出口业务的企业数量实现较快增长。全市一般贸易企业，2017年新增21户，总数达到289户；有实绩的外贸企业，2017年新增6户，总数达到60户。组织企业参加各类展会，拓展国际市场。全年共组织金兰化工、金晖兆隆高新科技、立信化工等25户企业参加“山西品牌丝路行”（印度、哈萨克斯坦、波兰、美国等）多站活动和广交会、亚欧博览会、东盟博览会等商务部重点支持的各类境内外展会20余次，企业国际市场发展潜力进一步被挖掘，竞争力进一步增强。外资外经平稳发展。2017年新设5个外资企业，全年实际到位外资1215万美元，较2016年零到位有了小幅度回升。2017年末全市共有14个境外投资企业。

【内贸流通】

2017年，吕梁市消费市场稳步增长。加强消费市场监测，全年督促6个商务部市场监测统计系统的42家样本企业按时完成各类年报、季报、月报、周报、日报等报表432次。继续坚持“四个一”通报制度、报表期间联合办公等工作机制。建立拟达限企业名录，及时开展达限企业入库。与统计部门联合开展统计业务培训，规范企业统计工作。全市社会消费品零售总额完成461.6亿元，增长6.4%，限额以上企业由377户增至413户，限上企业增速由负转正，消费规模稳步扩大，消费结构持续改善。培育新的消费增长点。紧抓消费旺季开展消费促进工作，依托行业协会及各类企业联盟，结合本地产业优势和风俗特点，组织开展“春节系列促销活动”“全国消费促进月”“山西购物季”等促消费活动，有效提振消费信心，推动消费市场平稳健康发展。全年共组织23户企业参加8站“山西品牌中华行”活动；4户企业参加中联部中国共产党的故事－山西品牌推介活动；组织相关企业先后参加了第97届全国糖酒商品交易会、2017中国（西安）电子商务博览会、2017中蒙博览会、第121和122届中国进出口商品交易会、第19届高新技术成果交易会等展洽会议，推动本土品牌对外输出。组织举办吕梁市特色优质食品进民航进铁路专项展示推介会，促成5家企业进入高速列车，1家企业进入普速列车，1户企业与东航达成合作协议，14户企业通过太原铁路局客运段食品招标资质审核，探索吕梁优质品牌推广新路径。组织开展特色商业街区创建工作，指导汾阳贾家庄贾街、孝义市隆福广场成功申报“山西省特色商业街”，特色商业街区创建工作名列全省第三。以生鲜直销模式等项目为抓手，推动“电子商务进社区”工作，指导汾阳市新合作公司“新贵网超”电子商务平台创建全省“电子商务进社区”示范企业。改善消费市场环境。推动吕梁市家政企业协会和吕梁市现代物流商会完善内部管理机制，充分发挥行业协会的推动作用。推荐吕梁贝亲好家政服务有限公司等4户家政服务企业成为吕梁市家政服务优秀企业。支持面食连锁餐饮企业“走出去”发展，指导吕梁育民食品配送有限责任公司东谷仓放心早餐经营部荣获“工人先锋号”称号。依法履行行业监管职责，全面加强对成品油、典当、拍卖、报废汽车回收拆解、新车销售、二手车交易、药品流通、单用途商业预付卡等行业的监管和服务。认真履行“双打”工作职责，组织成员单位开展以打击“三黑”加油站点、“土炼油”为重点的成品油市场专项整治，以及互联网领域、农村和城乡接合部市场、中国制造海外形象维护等专项整治行动。2017年，全市“双打”领导组各成员单位共立案62件，办结54件，移送司法机关2件，抓获犯罪嫌疑人22人，批捕13人，起诉23件，审结27件，办结案件信息公开率100%。

（市商务局）

粮食

【落实粮食安全责任制考核】

2017年，吕梁市粮食局根据省市粮食安全责任制考核工作要求，精心组织，及早部署，强化沟通，狠抓落实。3月底前，按期完成2016年度省市粮食安全责任制考核，在全省考核中，吕梁市被评为优秀等次，首考取得圆满成功。提早安排部署2017年粮食安全责任制考核工作，8月，召开粮食安全责任制考核工作协调推进会，对市直15个考核成员单位的考核工作提前进行安排和部署，同时与各县（市、区）政府签发《吕梁市人民政府粮食安全责任书》，9月，制定印发《关于认真开展2017年度吕梁市粮食安全责任制考核工作的通知》，10月，下发《关于做好2017年度吕梁市粮食安全责任制考核自评总结工作的通知》，对各县（市、区）粮食安全责任制考核工作进行了部署。全市粮食安全责任制考核工作正在扎实有效推进。

【粮食保供稳价工作】

2017年全市购进粮食约6.5亿公斤，其中面粉5亿公斤、大米1亿公斤、食用油0.5亿公斤；销售或转化粮食约8亿公斤，其中玉米3亿公斤、其他杂粮5亿公斤，无“卖粮难”“打白条”等现象，粮食收购市场秩序良好。市级储备粮完成1亿公斤，其中成品粮615万公斤，小包装油180万公斤。县级储备粮及成品粮完成近4500万公斤，成品油30万公斤。全市建立应急供应网点182个，应急配送中心13个，应急加工企业18家，应急储运企业8家，应急供应体系基本形成。组织对全市“放心粮油”产品进行了抽样检验，经评审，确认“放心粮油”工程建设示范单位22家。发展粮食产销合作关系，与河南濮阳、山东济宁粮食局分别签订粮食购销战略合作协议。全市设立27个监测点，对全市粮食市场行情实行无盲区监测，按时报送和发布粮食市场价格信息。

【储粮安全管理】

2017年，吕梁市粮食局组织对全市粮油仓储企业进行备案统计，经统计，全市符合粮油仓储备案资格的企业有39个。通过市粮油批发市场公开招标竞卖竞买方式，完成2120万公斤市储小麦轮换任务。经摸底调查，筛选审核，选定上报省18个储备库作为全省智能化粮库提升改造项目重点支持对象，上报8个市、县粮食质检体系建设项目。组织对全市81户粮食收购企业进行秋粮收购专项检查，对86个粮油经营企业进行元旦、春节期间粮油食品安全检查。按期组织并完成全省粮食库存交叉检查，全市库存粮食数量真实、质量良好，储存安全。先后分别组织对市级储备粮轮换入库的跟踪监督检查及质量抽检，对全市纳入粮食统计范围的63家企业进行粮食流通统计制度执行情况专项检查，对全市180万公斤市级政策性油脂库存进行了专项检查 。4月和10月，分别成立检查组对全市14个储粮企业进行了春秋两季安全储粮大检查。组织全市粮食安全分管领导和业务骨干开展全市安全储粮、安全生产、质量安全突发事件应急演练等培训，不断提升安全储粮水平。组织举办全市第二届粮食行业职业技能大赛、粮食科技活动周以及世界粮食日和全国爱粮节粮宣传周活动。

【国有企业改革】

2017年全市13个县（市、区），临县、交口县、岚县、交城县、汾阳市、孝义市、离石区7个县（市、区）完成国企改革，人员全部分流。全市所有国有粮食购销企业，全部按照“一县一企”“一企多点”改革制模式完成了改制重组。开展民营资本参与政策性粮食收储等基础设施建设，离石国家粮食储备库与山东济宁粮食储备库和企业职工入股投资组建三川河面业有限公司，为全市发展混合所有制经济带头试点，作出典范。市直储备库率先选择粮食经营户和粮食经纪人参与省、市储备粮轮换收购。落实60万元粮食安全责任制工作经费纳入财政预算，落实市级储备粮油、应急成品粮油各项费用补贴1272万元。

【实施服务民生工程】

2017年，吕梁市粮食局组织各县（市、区）参加“好粮油行动计划”，上报省“中国好粮油”示范企业1个，“山西好粮油”示范县1个，“山西好粮油”示范企业8个。山西汾州香米业有限公司被国家粮食局评为“中国好粮油”示范企业，山西汾州香米业有限公司和兴县山花烂漫农业综合开发有限公司所生产的小米被省粮食局评为“山西好粮油”品牌。9月，组织30户粮油企业在太原参加第五届中国（山西）农业博览会、2017山西粮食（杂粮玉米）产销衔接会及2017年山西优质粮油产品展示交易会，吕梁市小杂粮颇受省外客商和消费者的青睐。组织实施粮食“产后服务”工程，全市审报省7个县（市）14户企业作为吕梁市粮食产后服务中心试点建设企业，计划项目总投资 5220 万元。

（市粮食局）

供销合作

【概况】

2017 年，全市供销社系统商品购进完成 29.15 亿元，同比增长 37.20%。其中：从农业生产者购进的农产品 12.26 亿元，同比增长 52.70%。商品销售总额完成 29.80 亿元，同比增长 34.50%。其中：消费品零售额完成 17.24 亿元，同比增长 25.00%；售给农民的农业生产资料 1.18 亿元，同比增长 39.10%；连锁经营销售额完成 13.11 亿元，同比增长 26.10%；其中电子商务销售额完成 2707 万元，同比增长 188.10%。1－12 月，汇总实现利润 745 万元，同比增长 22.13%。全系统主要经济指标大幅增长，经济运行呈现出快速增长的势头。

【推进供销社综合改革】

统一思想，学习宣传全省深化供销社综合改革电视电话会议精神。3 月 31 日，全省深化供销社综合改革电视电话会议召开，市供销社及时组织全市供销社系统有关干部职工参加会议，并加强全系统对会议精神的宣传，切实领会精神，明确方向，坚定信念，统一思想。

明确任务，凝聚全系统干部职工深化综合改革的精神和干劲。为了贯彻落实全省供销社工作会议和全省深化供销社综合改革电视电话会议精神，把全系统干部职工的思想统一到全面深化供销社综合改革上来，市供销社在充分调研和精心准备的基础上，召开了全市深化供销社综合改革推进会，并对全年综改工作任务进行了细化分解，做到任务、要求、责任人三明确、三到位。

加强试点，形成综合改革梯次推进局面。为了有效地发挥、推广省级试点县（市）在综合改革工作中形成的好经验、好做法，有效发挥综合改革探路者和先行者的示范引领作用，增强示范带动效应，促进综改工作由点及面稳步推开，经研究市供销社确定孝义、兴县、交口三市县为全市供销社综合改革市级试点县（市），以进一步形成全面深化供销社综合改革梯次推进的良好局面。

出台文件，加强县级供销社推进综改工作的引领。2017 年，市供销社积极发挥指导、协调职能，加强与各县（市、区）党委、政府的沟通和联系，推进对供销社工作的领导、重视和支持。中阳、交口、汾阳三县（市）出台了深化供销社综合改革的实施方案，其他各县（市、区）正在按程序加快文件的出台，对促进工作发挥了重要的作用。

政府推动，及时签订供销社综合改革任务责任状。为了切实推动全市供销社综合改革工作，变部门行为为政府任务，市供销社多次向市政府汇报反映工作，取得市政府的支持。8 月，吕梁市政府与各县（市、区）政府签订 2017 年度深化供销社综合改革任务目标责任状，从而把供销社综合改革工作摆上了政府的议事日程，有力地促进了各项工作的落实。

勇于开拓，积极争取重点综改项目的落地。为了推动全市供销社综合改革取得突破性进展，市供销社把争取重大项目的落地作为推进综改工作的倍增器。为此，吕梁市供销社先后向省社争取了“山西供销供货港吕梁分拨中心”及“三纵四横”全市农村物流充电桩等项目的引进、落地，为全市供销社农村物流体系建设打开了突破口。

加强督查，推动各项工作的顺利完成。为了圆满完成全年各项工作任务，市供销社进一步加强对各县（市、区）工作推进情况的督查。市供销社先后于 4 月和 8 月两次组织对全市供销社系统综改工作的督促检查，以发现问题，强化指导，推进工作，取得了明显的效果。

【营造深化供销社综合改革的舆论氛围】

为了及时反映吕梁市供销社综合改革工作情况，鼓舞全系统干部职工工作热情，营造宽松的社会舆论环境，推动综合改革顺利开展，市供销社进一步加强新闻宣传工作，取得了明显的效果。2017 年，全系统共采写上报各类信息 55 期，《中华合作时报》宣传报道吕梁供销社工作 9 篇，《山西供销合作报》采用吕梁市社信息和调研文稿 26 篇，吕梁电视台播报供销社新闻20次，《吕梁日报》宣传供销社工作 11 篇。

【股份制改造基层合作社工作】

2017 年，全系统根据省合作社要求，在基层供销社建设上，紧紧抓住“农民”和“合作”这两个要点，广泛引进和吸纳农民社员加入基层社，不断强化与农民在组织和经济上的联结，并主动与农业、扶贫等部门的联系，以“产权变股权、资金变股金、农民变股东、收益有分红”为指导，大力推进股份合作制改造基层社工作。2017 年 1—12 月，全系统完成股份制改造基层社 3 个，联系新增入社入股社员 12000 余户，股份制改造基层社工作稳步推进。规范化农民专业合作社建设进一步发展。

【专业合作社建设】

2017 年，全市供销社在加快农民专业合作社发展数量的同时，更加重视专业合作社的发展质量。全系统在巩固提升传统合作社的基础上，进一步把“合作”摆在突出位置，加强合作社与农民在经济、利益上的紧密联结，大力培育管理民主、制度健全、产权清晰、带动力强的专业合作社示范社。1—12 月，全系统完成农民专业合作社示范社建设 5 户。以创建星级社为动力推动了综合服务社的发展。2017 年，全系统按照省社要求，结合自身实际，继续加快农村综合服务社的发展。在工作中，全系统进一步优化布局，积极吸纳社会力量共同推进综合服务社的建设，不断拓展服务功能，提升服务水平。全系统已完成星级创建综合服务社 10 个，圆满完成全年任务。

【物流体系建设】

2017 年，市政府对吕梁市供销社建设物流体系给予高度重视和大力支持，将 100 万元专项扶持资金列入年度预算。省供销社把吕梁列入全省供销社系统六个区域性物流配送分拨中心之一，同时在全市建设四个县级分拣中心，结合区域特点，形成覆盖全市、联结全省的物流网络。市供销社抓住有利的政策机遇，发挥政府扶持资金“四两拨千斤”的引导带动作用，根据发展规划，对市邮政局物流公司、山西鑫琪贸易集团全境通物流有限公司等大型物流企业进行了考察。并根据考察情况，加快组建由供销社控股的吕梁供销物流有限公司，形成利益共同体，实现资源整合、优势互补，并充分利用全市供销社系统 10 万平方米的仓储设施和网络优势，全力推进农村物流体系建设。市供销社还坚持把依托便民连锁店、农资店、农村综合服务社、农民专业合作社、农产品购销代办站等基层网点，按照加强合作、多点融合、惠民共赢的原则，整合乡村闲散运输工具，配送电瓶物流车，铺开充电桩建设工作提上议事日程，努力建设从村镇服务站到村民手中的物流配送，解决农村物流“最后一公里”瓶颈。

【完善农业社会化服务体系建设】

2017 年是吕梁市供销社全面深化综合改革的关键之年，全市供销社系统围绕综合改革要求，坚持以土地托管服务为重点，创新农业生产服务方式和手段，建设经营性与公益性相结合的为农服务平台，为农民和各类新型农业经营主体提供农资供应、良种推广、配方施肥、节水灌溉、农机作业、统防统治、收储加工、信息化管理和市场营销等农业生产服务，推动农村一、二、三产业融合发展和农业适度规模经营，努力把惠农服务中心（站）打造成服务“三农”的综合骨干力量。根据省供销社有关文件精神及重点工作任务安排，吕梁市供销市于2017年5月22日召开全面深化供销社综合改革推进会，下发《吕梁市供销合作社关于对2017年度重点工作目标任务进行分解的通知》（吕供办发〔2017〕26号）及《吕梁市供销合作社关于下达2017年“农业社会化服务惠农工程”任务指标分解的通知》（吕供业发〔2017〕15号）等两个文件将社会化服务工作目标任务下达、分解到各县（市、区）供销社。在工作中，各县（市、区）供销社明确职责要求，树立交账意识，精心部署，积极实施，狠抓落实，为农服务工作目标任务进展顺利，为农服务能力得到进一步提升。 全市新建或改造的惠农服务中心完成11个，新建、提升惠农服务站28个，新建庄稼医院7个，新增土地托管面积完成48800亩，新增土地服务面积178700亩，各项指标全部超额完成省社下达任务。

【推进社有企业改制】

根据吕梁实际，市供销社把组建“吕梁供销集团”作为2017年的一项重要工作任务。上半年，市供销社已完成了对市直各公司的审计和调研工作，推进“吕梁供销集团”的组建。在操作上，市供销社坚持四条原则：一是整合资源。紧紧围绕农业供给侧结构性改革要求，以提高参与农村产业化市场竞争，提升社有企业核心竞争力和为农服务能力为根本目的，按照发展规划要求，加快调整资产布局和资产结构，变分散型为集中型，把优势资产向优势企业聚集，提高资产运营质量，变资产优势为发展优势，促进社有资本优化配置和高效运行。二是建立现代企业制度。把建立和完善现代企业制度作为组建吕梁供销集团首要解决的问题，推进以产权制度为核心，以股份制为主要形式，引入现代经营管理理念，创新经营管理机制的企业改革。三是加强联合合作。运用市场化手段，辅以必要的组织推动，吸收系统内和社会资本，进一步强化系统联合战略，推进系统设施、技术、劳动、品牌等资源整合、改造重组和联合合作，通过利益联结机制，以产权纽带促联合，形成集团化优势，加快培育具有较强辐射带动力和市场竞争力的社有企业。四是树立项目意识。下大力气找项目，引项目，上项目，靠项目推动企业的发展。上半年，市供销社已建立总投资3.86亿元、各类项目达45个的项目库。

【农村合作金融发展】

2017年上半年，市供销社在对申请开展资金互助试点的4个单位进行考察的基础上，确定产业基础好、发展潜力大的文水县永祥种植专业合作社和孝义市森源果蔬专业合作社为2017年资金互助试点单位，并组织试点单位所在县及试点单位有关人员参加了省社财会处举办的农村资金互助合作试点培训。两个试点单位的有关工作正稳步开展。

【历史债务核实登记上报】

根据省供销社〔2017〕40号〈山西省供销社关于对历史债务摸底调查的通知〉精神，市供销社及时对全系统历史债务进行了核实登记和上报工作。截至2016年年底，吕梁市供销社系统在各大银行不良贷款本金总额是18377.47万元，其中：农业银行贷款本金7471.45万元，发展银行323.2万元，工商银行25万元，建设银行1000万元，其他银行4562.7万元，划转到资产管理公司未处置4995.12万元。

【吕梁市农产品流通协会成立】

5月22日，吕梁市农产品流通协会正式成立。吕梁市农产品流通协会由吕梁市供销合作社牵头成立，是吕梁市农产品龙头企业、农产品流通企业、农民电商平台、农民专业合作社在自愿平等的基础上组织起来的行业联合社团。正式入会的会员有82名，理事会单位17名。

吕梁市农产品流通协会作为组织和指导全市农产品流通行业的社团组织，按照“自愿、自主、自强、自律”的原则，在国家、法律、法规和政策的范围内，通过为会员提供联系、沟通、信息等方面的服务，加强市场、加工、营销等农产品流通领域经营者与农产品生产者的协作联合，不断提高组织化程度，推动全市农业结构战略调整，促进特色农产品产销结合，提高农产品的市场竞争力。吕梁市农产品流通协会的成立对于实施吕梁农产品“走出去”战略，促进吕梁农产品流通行业做强做大，推进吕梁市农业供给侧结构性改革，为吕梁市农业和农村经济发展发挥积极的作用。

【农村电子商务建设】

2017年5月4日，吕梁市电子商务运营中心建成启动。吕梁市电子商务运营中心是由吕梁市供销合作社直属企业吕梁市云合电子商务有限公司负责运营的综合性电商服务中心，现拥有电商交易大厅1200余平方米，下设运营部、市场部、拓展部、客服部、培训中心等职能部门，各类专业电商从业人员100余人，由多年电商从业经验的团队负责中心的整体运营。中心的成立是吕梁市供销合作社深化供销社综合改革和落实电商精准扶贫工作的重大举措，标志着吕梁市打造“网上供销社”迈出了坚实的一步。中心将充分发挥供销合作社网络资源优势，借助全国“供销e家”、省供销社“农芯乐”及市社“易农购”电商平台，推进“农产品进城”和“工业品下乡”的双向流通。

【贫困村电商人才培训】

吕梁市是山西省贫困人口最多的市，现有贫困村1439个，脱贫攻坚任务艰巨。市供销社以电商扶贫为着力点，积极开展贫困村创业青年电商培训，已为来自全市11个县200余名贫困村创业青年参加了培训。2017年市供销社培训七期，每期培训时间为一个月，力争为全市培训出一支留得住、用得上、实用型的农村电商人才队伍。

【助推吕梁农产品“走出去”战略】

2017年5月，吕梁市政府以吕政函〔2017〕26号《关于对吕梁市供销合作社申请注册“印象吕梁”集体商标的批复》同意市社对“印象吕梁”集体商标的注册申请，使市供销社在品牌建设上迈出了重要的一步；6月，市政府办公厅以吕政办发〔2017〕47号印发了《吕梁市人民政府办公厅关于印发吕梁市马铃薯“进出去”营销战略行动方案的通知》，使市供销社推进全市农副产品外销从部门层次上升到了政府层次，这两项工作的有机结合，有力地提升供销社在吕梁农产品购销上的作为，加快实施农产品“走出去”战略。11月，市供销社组织有关人员专程对北京新发地农产品批发市场进行了考察，设立“印象吕梁”特色馆的工作也在稳步推进。市供销社将通过制定吕梁农产品品牌建设规划、加强宣传推介等措施打造吕梁农产品市场品牌，为打通流通瓶颈、搞活吕梁市农产品流通打下坚实基础，未来5年将实现农产品销售目标3亿元。

【推进“电商+物流+金融”扶贫新模式】

吕梁市供销合作社以“供货港”项目为载体，积极实施“电商+物流+金融”扶贫新模式，打造城乡商品流通供应链。“供货港”是由上海世康实业股份有限公司与浙江义乌众联投资有限公司共同发起、以“义乌小商品”为主体，由线上电商平台和线下实体体验供货平台共同组成的综合性批发供货平台，经营品种达170万种。9月30日，山西供销供货港吕梁分拨中心和离石直供中心正式启动运营，是吕梁市供销社建设区域性农村物流体系迈出的有力一步。供货港的落地将联合县域供销社共同建设县域物流中心，对进一步整合全市供销系统优势资源，优化产品产业结构，壮大新型产业业态，激发内生发展活力发挥着重要的作用，并带动吕梁各县域经济的发展，加快吕梁市物流体系建设，最终形成覆盖全吕梁市的供货物流体系，解决农村物流“最后一公里”问题，助力电商精准扶贫。

【农村物流体系建设】

为了深入贯彻落实中共十九大提出的乡村振兴战略，加快推进全市供销社综合改革，发挥供销社在脱贫攻坚中的独特作用，市供销社在深入考察论证的基础上，于11月中旬成立由市供销社直属吕梁市合众资产管理有限公司与13县（市、区）供销社直属企业共同投资的吕梁畅达物流有限公司。市供销社积极推进“供销物流+金融+贫困户+保险”扶贫新模式，引进新能源物流车和充电桩项目，建设农村物流体系。经过前期紧张的工作，首批新能源物流车成功引进。12月25日，市供销社举行隆重的授车仪式，标志着吕梁市供销社农村物流体系建设迈出了实质性的步伐。市供销社根据综合改革发展要求，对未来3—5年全市农村物流体系建设进行了科学规划。

（吕梁市供销合作社）

烟草专卖

【营销管理】

2017年，吕梁市烟草专卖局坚持“总量控制、稍紧平衡、动态调整”的调控方针，持续推进规范经营，及时出台要求严格、内容全面的《卷烟规范经营责任追究制度》。严格落实国家局、省局规范经营要求，逢会必讲，三令五申，全员规范经营意识显著增强，全年全市未出现违规经营案件。持续引深“三精一转”，不断推进“三精”流程优化、体系完善和方法创新，稳步推进客户经理职能转型，需求预测吻合度达到96.93%，交易协议变更率降低至4.2%。持续推进营销网络建设，在汾阳召开全市自律互助小组推进会，省局领导亲临指导并给予充分肯定，全市建成现代终端示范店45户，自律互助小组85个，在大武机场建设吸烟室1个、吸烟点2个。持续强化品牌培育，坚持工商协同，新品以“一品一策”选点精准培育，“条盒一价”执行基本到位，成功率达到85%，全年引进新品36个，退出74个，2017年年底全市在销卷烟规格172个，品规布局进一步优化。持续推进“控大扶小”，合理确定对大户供货频次和数量，销售大户占比下降到20%，有效满足中小户货源需求，客户盈利能力明显增强。通过市县两级的共同努力，市场状态持续向好，主要经济指标呈现出“四个同比增长”的良好态势：一是卷烟销量同比增长，全年完成13.40万箱，同比增长1.24%；二是销售收入同比增长，实现33.75亿元，同比增长6.32%，增幅排名全省第三；三是卷烟结构同比增长，条均价100.77元，同比增长4.82元，增幅排名全省第四；四是税利总额同比增长，实现7.99亿元，同比增长6.46%，增幅排名全省第四，荣获全市纳税贡献突出企业奖。

【专卖管理】

2017年，吕梁市烟草专卖局加强与公安、工商、邮政等部门的协作联动，出台卷烟市场快速响应机制及奖惩办法，探索推进市场监管与专卖执法查管分离模式，重点打击利用互联网销售卷烟和物流寄递环节涉烟违法犯罪活动。全市共查处各类涉烟案件851起，查获违法卷烟807万支，价值699万元，向公安机关移送案件7起，刑拘10人，检察机关批准逮捕5人；打掉符合国家局标准的制售假烟网络案件3起（分别是柳林“11·21”、汾阳“8·2”、离石“12·4”网络案，其中离石“12·4”网络案被列为公安部部督案件），超额完成省局下达的打网络任务。继续开展依法严管违法违规卖烟大户专项行动，制定《实施细则》，按月开展卷烟市场秩序督查，查处5万元或5万支以上的大要案件9起，暂停14户，注销3户，降级降档27户，全市守法经营率达到96.2%。继续贯彻"宽进严管"的许可证管理要求，推广网上办证，精简办证流程，缩短办证时间，定期检查零售户亮证经营情况，积极推进无证户转化入网工作，全市共延续3569户，注销227户，新办1604户，保证了许可证的规范使用。加大治理卷烟非法流通力度，认真履行专卖内管监督职责，将监管延伸到卷烟购进、协议拟定、新品引入、货源投放等全过程，开展规范经营自查自纠两次，接受了省局规范经营专项督查，进一步增强了规范经营意识。

【企业管理】

2017年，吕梁市烟草专卖局优化绩效考核，构建以"层级阶梯激励、月度动态考核、季度规模考评、年度综合评价"为核心、以销量和销售收入为重点指标的考核评价体系，全年共兑现考核奖励150余万元。不断强化降本增效，对标省局，注重管控，坚持"季度卡死、月度微调"，六项费用支出同比下降9.94%，"三项费用率"同比下降0.47%，办公费、水电费、车辆燃油费都有较大幅度下降。不断强化审计监督，全年实施审计项目21项，出具审计报告及意见书36份，提出审计意见105条，节约资金77万元。进一步严肃财经纪律，规范经营行为。不断加强精益物流配送管理，配送线路整合19条，包装箱回收任务超额完成，异型烟分拣线利旧改造项目顺利推进，单箱物流费用同比下降7.77%。不断深化法治吕烟建设，组织无纸化学法用法考试，审核合同91份，开展法制宣传活动，严格监督专卖执法行为，促进专卖执法程序化、规范化。加强采购管理，出台《三项工作管委会议事规则补充规定》，制订《集中采购目录》，采购管理更加规范有序。全年共实施采购项目41项，金额1003万元，节约预算68.5万元。不断加强安全管理，分级层层签订了安全责任书，全年开展4次安全隐患排查整改，举办两次安全知识培训，为考试合格的驾驶员发放上岗证，夯实安全基础。

（市烟草专卖局）

吕梁石油分公司

【概况】

2017年，全市系统销售各类成品油36.53万吨，其中：汽油18.14万吨、柴油18.38万吨，完成市公司下达进度计划37.33万吨的97.8%，欠量0.8万吨，较上年同期的37.88万吨减少1.35万吨，减幅为3.69%。

其中：零售完成25.9万吨，完成年度计划27.51万吨的93.7%。直批完成7.9万吨，完成年度计划6.87万吨的115%。

非油品实现营业额12717万元，占全年任务指标14270万元的89%，较上年同期的8412.7万元增加了4304.3万元，增幅为51%。其中：毛利额为1072.35万元，毛利率为8%。

财务指标完成情况：差价收入情况。累计实现考核毛利6881万元。其中：轻油零售环节实现考核毛利4159万元，吨油149元；轻油直销环节实现考核毛利2722万元，吨油318元。全年累计费用总额为17577万元。利润情况，全年实际考核利润为-9508万元。

【零售业务】

在省公司营销指导下，"点对点"营销达到历史新水准，油非互促达到历史新高度，市场控制力得到新提升。现场氛围、赠品把控、总量投放、组合营销，都做到了"严（格）、细（致）、实（惠）、恒（久）"，确保了赠品提示醒目、赠送到位、管控有效。从8月初逐月止跌回升，年初拉下的步子迅速收窄。4月底开始实施“点对点”竞争以来，共对80站/次的“点对点”价格进行了调节。到10月底，吕梁公司共有汽油“点对点”加油站23座，柴油“点对点”加油站19座，抢回了一定的市场份额，稳定了汽油零售水平，削弱了系统外竞争对手蚕食汽油市场的势头，较为有效地把控了汽油市场。开展油非互促活动，按照省公司的工作要求，在10座加油站开展了高速服务区及高速出入口专项营销活动、42座加油站开展了高标号汽油油非互促活动、19座国省道加油站“加柴油、送积分”活动。活动开展以来，汽、柴油零售量下降幅度趋于收窄。开展加油卡营销活动，结合省公司的工作部署，先后开展3期加油卡专项营销活动。开展汽油新开卡积分优惠活动，组织加油卡客户经理、汽油零售大站开展汽油新开卡优惠积分宣传活动，吸引现金用户转为加油卡用户。制定《吕梁石油分公司联名卡专项营销奖惩办法》，以月按柴油零售量的6.5%，下达联名卡发行量和充值额两项指标计划，奖优惩劣。配合吕梁军分区、农机管理部门，办理军队卡和惠农卡。在规范管理的前提下，服务于军队用油和“三农”用油，彰显了中国石化的社会责任、政治责任和品牌形象，扩大了市场份额。根据省公司经理书记座谈会确定的后44天营销目标，分解了后40天的目标计划，制定了吕梁石油分公司“大干四十天、拓量保增长”活动奖励办法。强化基础管理，在市、县区公司、加油站不同阶层开展微信对标工作，采取分享优秀对标模板（只要发现优秀的对标内容，均共享于吕梁站长营销管理群），相互学习借鉴，逐步完善分析内容的办法，达到全市加油站零售对标水平共同提高的目的。

【非油品营销】

抓住核心商品的特色，开展综合营销，提高品牌影响力。策划和组织高考送水公益活动，全市13个县区公司的16个考点同时进行，各县区的电视台进行了采访报道，加大了核心商品宣传，提高了中石化易捷品牌的影响力。组织开展了燃油宝专项竞赛活动，以培训促竞赛开展，以竞赛促销售增长，以销售增长带动员工收入提高。特别是在第二季度竞赛期间，各县区公司燃油宝销售均出现了不同程度的增长。涌现出了临县公司的秦启等一批售宝标兵。组织了品鉴会，精准营销，扩大品牌影响力。组织了赖茅和波尔蒙多葡萄酒大型品鉴会，市公司班子，市公司部门负责人，县区公司班子和大客户计100多人参加，通过专业的讲解营销和现场热烈互动，员工和客户对赖茅酒和波尔蒙多酒有了更深入的了解，熟知了商品特性和有益性，为这两款的进一步推广奠定了基础。当天销售超过40万元。开展核心商品促销活动。用印发海报，微信圈转发，现场竞赛等方式，使得卓玛泉、长白山泉水、枸杞、鸥露纸、赖茅酒、燃油宝、尾气处理液等核心商品逐步走近人们的生活，扩大了公众的认知和熟悉度。积极维护润滑油大客户，瞅准目标客户，进行友情营销、品牌营销，免费送货上门，稳定维护了四家大客户，大客户月均购润滑油30吨以上，促进了润滑油的销售，实现润滑油销售同比大幅增长。拓展了代缴费等新业务。在市县公司的共同努力下，吕梁石油分公司首次开展了电费、话费充值等代缴费业务。和兄弟市公司不同的是，吕梁电费业务，分为国电和地电两大块，其中交城、文水、汾阳、孝义和岚县属于国电负责，其他县区属于地电负责。对稍大些的用电户实行“走收”的便利方式，把代收电费做为国电职工增收的一个渠道。在代缴电费业务开展上坎坎坷坷，其中国电还在10月停止银联POS机的代缴费业务。在这种情况下，广开思路，一方面设法与9家地电进行沟通，争取银联和地电相关县区电业局支持，在每台POS机上加装了加密卡，逐步理顺着关系，地电合作有了突破，9家地电现已有7家顺利合作；通过多次与国电市局和县区电业局协调沟通，国电代缴电费再次启动。另外，开辟新的服务类项目。在开展代缴电费业务的同时，吕梁石油分公司把代还信用卡业务作为服务类新的增长点，克服渠道不占优、代还金额限制和代还笔数限制的种种困难，服务类销售实现了突破。吕梁石油分公司把烟草从县区公司分散的资金账户集中为市公司一个账户，实行一个资金账户下的各县公司分散要货的模式。既降低了资金风险，又保证了各县公司按自己的需求要货。库存管理是非油品经营管理的一个重点。吕梁石油分公司想方设法努力降库。对滞销商品采取了全区调拨、油非互促、降价促销等手段，消化了滞销的酒类和烟草库存。吕梁石油分公司紧紧围绕经营管理，采用集中与分散相结合的方式培训，增强了非油品经营发展的软实力。组织开展了市、县两级燃油宝营销专题培训。组织了服务类业务开展的培训。在开展服务类业务前，吕梁石油分公司就服务类业务开展的意义，服务类业务与基础品类业务的关系，服务类业务的考核奖励与风险防控，具体操作流程等事项进行了培训，为服务类业务的顺利开展打下了基础。

【直销和分销业务】

2017年内开展了7次市场调研，充分掌握了区域内的直分销市场情况，还对全市潜在客户进行了排查建档；开展了电动车专项市场调研，10月对区域内LNG市场进行了调研，为经营决策提供了有效地支撑。严格客户经理行为规范，严肃经营纪律。签订客户经理岗位履约承诺书，增强岗位操守意识。并重新修订了客户经理考核办法，对客户经理由原来按年进行评级，改为按季进行了等级评选工作。重新修订县区公司及客户经理直销管理办法，对县区公司将每月的直销完成情况，根据同比及完成的计划数进行考核，并将考核情况列入经营量考核指标中；对客户经理，将收入全部和油品及非业油绩挂钩，体现出多劳多得，不劳不得的原则，充分调动客户经理的主动性。参加了大土河每年一度的成品油采购招标，在和中油及山东地炼三家单位的角逐中，最终通过中标取得了大土河2017年的油品供应资格。在汽油的销售方面，以开发社会加油站为重点，建立社会站点的档案，平时加强沟通和联系，摸准对方的进货渠道，在价格合适时引导对方来吕梁石油分公司采购。在营销策略上，直（分）价格在阶梯定价的基础上，本着“一户一策”差异化政策，以稳定客户，不丢客户为原则开展营销。在大客户销量大幅下滑形势下，吕梁石油分公司在稳定大客户的基础上，寻求发展中小客户，开发新客户。在LNG市场的开发方面，参加省公司的对LNG的培训，使所有客户经理对LNG的知识及营销方式有的基本了解，并通过月度例会对全市各县公司经理，进行LNG销售知识的宣贯；全市LNG的市场情况进行了调研，摸清客户类型，吕梁市的LNG目标客户全部是LNG加汽站。针对这一特点。对LNG汽站多次上门了解，接洽，在其中一家透露出愿意和吕梁石油分公司合作的想法后，主动多次上门找对方的负责人洽谈。在国庆前利用对方LNG需求突然加大的时机，及时介入，给对方供应了一周时间的汽，共销售130吨，但是因在一周内，两次出现不能及时保供，引起客户脱销，对方又转向原客户合作。

【完成年度改革目标任务】

2017年持续深化改革。全面落实省公司一系列组织机构和干部人事制度的改革措施，优化资源配置，提高劳动效率，推动长远发展。

县区公司优化调整：撤方山并离石，撤石楼并交口，撤高速并汾阳，已全部到位。高速实行两站一长，其他具备条件的自营站正逐步实施。

不在岗人员清理：根据省公司下达的《人力资源工作整改事项督办清单》，在全面梳理、自查核实的基础上，制定下发了整改实施方案。截至11月12日，清理在编不在岗人员157人，占应清理人数的76%。其中，清退86人，复岗71人。待清理50人。

升晖车队改制：在省公司坚强有力的领导下有序推进，一是理清家底，清理账户，上缴资金资产。二是完成中介评估、审计。三是聘请律师、劳动仲裁，清算欠缴社保及补偿补助。四是根据上级要求修订整体改制方案。

委托管理：根据省公司《关于下发〈规范加油站委托管理工作指引〉的通知》，吕梁公司结合自身存在的问题，制定了《吕梁石油分公司规范委托管理加油站整改实施方案》，待审核批准后实施。

【增强企业挖潜增效能力】

财务管理方面，以股改审计评估工作为出发点，规范资产管理工作。按照省公司要求，市公司组织，财务结算部牵头，配合省分公司开展了股改审计评估工作。通过股改审计评估工作，对现有的账面资产进行了一次全面梳理，本次股改审计评估工作共梳理、完善吕梁公司所属各项实物资产信息4000余条，采集各类实物资产照片900余份，完善土地、房产手续30项，为后续资产管理工作奠定了良好的基础。股改审计评估工作历时3个月，圆满完成了省公司安排的各项工作任务。提高资金回笼速率，努力降低“两金”指标。按照省公司全年工作总体安排，2017年10月，正式上线了资金监管系统，通过系统手段进一步加强了对各站、便利店、网点资金回笼情况的监管力度，通过监管系统的日常清账工作，及时发现资金回笼异常的情况，核实异常原因，防范资金风险。以提高营业资金回笼管理、加大应收款项清欠力度和坚持低库存运作为重点，全面加强资金管理。加强资金监管与考核力度，增强了委派会计、核算人员的审核力度，加快了货款回笼速度；加强应收账款的日常管理，切实加强资金风险的日常防控。加强税务管理，充分使用政策，切实减轻企业税负。通过与税务部门的积极协调，吕梁公司率先在全省系统实现了土地税异地缴纳工作，解决了存续土地的土地税缴纳难题。落实了全区土地税消防减免工作，全市系统全年土地税可减免172.96万元。结合实际，实施财费降本措施。面对上门收款费用居高不下的问题，经过与银联公司沟通，通过使用银行卡划交加油站营业款的方式回笼货币资金，截至2017年年底，该项工作共涉及全区9个县公司，31座加油站，年可节省上门收款费用100余万元。防范资金管理风险，加强了对零售网点银行卡刷卡POS机的管理，按县保留1台POS机，用于公车改革单位的公务卡刷卡消费，加大了对POS机规范使用的监督、处罚力度，对使用POS机套现行为，一经发现，员工开除，站长撤职，县公司经理处分。

资产管理方面：吕梁石油分公司按股改要求需规范土地26宗，已规范24宗，其中：领新证10宗，原证备注14宗，规范率92.31%。需规范土地上房产所有权证26项，有1宗为铁路专用线无房产，应为25项，已规范房产11项，其中办理不动产4项，原证备注4项，办理房产原证3项，规范率44%。未规范土地权证情况。按股改要求土地未规范的共有4宗，分别为：岚县城关加油站等待办证，离石永宁加油站、不动产中心已受理，还需完善有关手续。国土资源局没有土地档案资料的有2宗，为文水东夏祠加油站和西韩加油站，已办理备注更名。“四供一业”

分离移交工作情况：供水项目2项，涉及离石永宁东路106户、货源街45户和孝义石油小区132户。供电项目1项，涉及孝义石油小区239户。上述三项改造项目移交实施方案上报省公司，批复后进行施工改造。通过资产专项清查，吕梁公司共有闲置待用资产27项，其中土地23宗、房产4处。已盘活的项目有4宗土地和4处房屋，完成出租收入30.88万元，有19宗土地闲置。

【安全环保数质量工作】

2017年，吕梁石油分公司认真贯彻上级安全环保及数质量工作会议精神，牢固树立“以人为本,安全发展”的理念,坚持“安全第一 、预防为主、综合治理”的安全生产方针,以“强三基、反三违、严管理、抓落实”为手段，强化全员对安全环保工作的重视。践行“每一滴油都是承诺”的社会责任，贯彻落实“质量永远领先一步”的质量方针和“质优量足，客户满意”的质量目标，大力推进安全环保数质量各项工作。认真贯彻落实省公司安全工作会议精神,层层落实安全生产责任制，按照“谁主管、谁负责”，“一岗双责”的原则将安全环保职责纳入班子分工。制定完善《吕梁石油分公司危险废物收集储存转移处置管理规定》《吕梁石油分公司油罐清洗安全管理规定》等安全管理制度。为贯彻落实集团公司《安全管理手册》，吕梁公司成立了HSE专业分委会。HSE委员会下共设立了工程建设、零售、物流、非油品业务、信息、实物资产、后勤7个分委员会。依据《山西石油分公司落实京津冀及周边地区大气污染防治及安全环保整治工作推进会会议纪要》，组织开展了环保专项检查，检查了企业风险识别开展情况及防控措施落实情况。为深刻汲取汾阳化中加油站交通事故教训，举一反三，查找安全管理漏洞，组织开展风险识别和评估工作，全员、全方位、全过程查找风险隐患，进行风险评估，建立风险清单，规范作业操作规程，落实管控措施，进行风险培训告知，确保风险可控，编制完成吕梁公司的十大安全风险台账。组织开展上半年设备检查活动，对27座加油站进行检查，共查出问题126条，已整改101条，整改率80％。对孝义旧油库油罐及管线清洗。10座内浮顶油罐、所有油罐罐线已经清洗完毕。推进地罐验收工作。在上年工作的基础上，对方山、临县公司7座加油站的液位仪进行调试，对有偏差的进行修正，保证手工计量数据与液位仪数据的一致性和准确性。加强数质量管理，确保所售油品数量、质量均合格。要求加油站定期聘请计量部门对加油机进行抽检，确保加油机付油精度不超±3‰，严格执行卸油流程十步法，对入库油品从数量到质量落实到责任人，要求入库油品的感官检验、甲醇检测与闪点测试做到100%。加油站地罐进行清洗，其中因质量升级清洗地罐106个，因双层罐改造清洗地罐118个。

（吕梁石油分公司）

科学技术

综述

【概况】

2017年，市科学技术局推动省考核指标任务的完成和科技创新重点工作的开展，发挥科技创新对转型发展的支撑引领作用。山西吕梁国家农业科技园区通过科技部验收，成为全区首个国家级园区，全年新增高新技术企业9个，省级众创空间5个，省级科技企业孵化器1户，市级工程技术研究中心1个，市重点实验室1个，省级民营科技企业10个，每万人有效发明专利拥有量0.65件，有效发明专利拥有量252件，发明专利申请量达到了179件。申报2017年度山西省科学技术奖5项，其中晋能清洁能源科技有限公司申报的"新型抗电位诱导衰减太阳能电池组件的研发"获山西省科技进步二等奖。

【省考核指标完成情况】

2017年，省定考核指标为产业转型指标和创新驱动指标两大类8个指标，任务重分值高。局党组就完成省定考核指标工作召开了全市科技局长（主任）会议，分解了任务，并组织了专题培训，年中对各县（市、区）完成情况进行了督查，为全年顺利完成省考核任务打下了坚定的基础。截至12月底完成情况如下：

产业转型指标完成情况。高技术产业增加值占工业增加值比重省考核指标为1%，完成情况为0.2%；高新技术企业数指标为25个，完成情况为26个。

创新驱动指标完成情况。R&D经费投入强度省考核指标为0.59%，完成情况为0.32%；发明专利申请量省考核指标为120件，完成情况为179件；每万人口发明专利拥有量省考核指标为0.6件，完成情况为0.65件；省级及以上工程技术研究中心省考核指标为6个，完成情况为6个；省级及以上科技企业孵化器省考核指标为2个，完成情况为2个；省级及以上众创空间省考核指标为6个，完成情况为9个。

【科技体制改革】

2017年，一是根据《吕梁市深化市级财政科技计划(专项、基金等)管理改革方案》（吕政发〔2015〕17号），将过去9类科技计划(农业攻关计划、工业攻关计划、星火计划、火炬计划、科研基础条件平台建设计划、科技产业化环境建设计划、软科学研究计划、国际科技合作计划、专利推广实施资助计划)整合为5类计划（重大专项计划、重点研发计划、科技成果转化引导专项计划、平台基地和人才专项计划、应用基础研究计划），解决了科技计划界限不清，交叉重复的问题；二是局和市财政局共同研拟《吕梁市科技创新券实施管理办法》，出台《吕梁市科技创新券实施细则》，进一步降低科技型中小微企业创新投入成本，盘活科技创新资源，激发全社会创新创业活力，促进产学研合作。创新券管理服务系统共注册了14户科技型中小微企业，2户平台基地，全年共申请到18.3万元创新券经费，资助2户企业10.0828万元。

【科技成果转移转化】

2017年，一是搭建科技成果转化和知识产权交易服务平台。在充分利用发挥省科技成果转化和知识产权交易服务线上平台的同时，通过加强与科技部创发司、火炬中心、人才中心、科技日报社、全国技术转移公共服务平台的沟通合作，开展“百家院校科技成果走基层走进吕梁”活动。6月13日，市政府与科技日报社签订《关于开展百家院校科技成果走基层活动的合作协议》，挂牌成立“全国百家院校科技成果走基层吕梁联络处”，着手建立吕梁市科技成果转化和知识产权交易管理服务线下平台，通过线上线下平台的互动，努力实现高校、科研院所、企业和服务机构的互通互联。二是围绕吕梁市产业技术发展现状，多渠道分层次面向全市开展征集技术需求活动，共征集到1448户企业的1519项技术需求，提高了科技成果转移转化的可操作性和精准性，夯实了开展科技成果转移转化活动的基础。三是山西吕梁国家农业科技园区通过科技部等“六部委”（科技部、农业部、水利部、国家林业局、中国科学院、中国农业银行）验收，成为科技部等“六部委”支持的农业科技成果转移转化和示范基地。

【推进科技扶贫】

2017年，一是以10个贫困县县域主导产业科技需求为突破口，大力实施科技示范项目。2017年为10个贫困县争取省级“三区”人才示范项目30项366万元。二是选派“三区”科技人才进行科技服务。根据全市10个贫困县主导产业对科技人才的需求，从山西农业大学、山西省农科院、山西省林科院，山西省农业厅和山西省林业厅的下属单位及市直科研院所、高等院校协调选派具有中级以上职称的科技人员183名（省派驻吕梁三区人才102人，吕梁市直选派54人，各相关县市区选派27人），深入全市10个贫困县组织开展各类科技培训167期，受训人员29274人，培养乡土人才319名，推广实用技术7项，通过微信和电话开展技术咨询600余次，发放实用技术资料30余种万余份。三是全面实施科技扶贫培训计划。按照“缺什么，培训什么，需要什么，培训什么”的原则，重点组织“三区”科技人才、第一书记、扶贫下乡工作队组织实施培训计划，同时根据贫困县主导产业人才培养需求，11月6日重点选派153名本土人才在山西农业大学进行了畜牧业、食用菌、设施蔬菜等方面的技术培训。四是探索精准扶贫新模式。通过科技日报社与中信国安集团国安社区共同开展了吕梁特色农产品进京行动，首批6家企业的21种特色农副产品已经进入国安社区在北京100多个社区设立的“一县一品”扶贫专柜开展销售，还有36家企业的100多个产品正在品控审核中。

【发展创新创业服务平台】

2017年，贯彻落实《吕梁市大力推进大众创业万众创新工作实施方案》文件精神，出台《吕梁市科技企业孵化器认定和管理办法》和《吕梁市众创空间认定和管理办法》，积极鼓励支持吕梁市企业、高校、科研机构、投资机构、行业组织等社会力量投资建设众创空间和科技企业孵化器。同时积极组织创建吕梁农村“星创天地”。按照“政府引导、社会参与、市场运作、专业高效”的原则，争取在每个贫困县创建一个省级重点“星创天地”，为全市农村大众创业、万众创新，加快农村脱贫致富提供科技支撑。2017年全市新增省级众创空间5个，省级科技企业孵化器1个。同时组织申报了国家级和省级“星创天地”13个,3个已在科技部备案。其中临县惠淘星创天地目前已引进6家网络平台，在全县23个乡镇全面铺设乡级运营服务站，全县228个村建立起了村级服务点，2017年仅红枣一项，通过电商销售突破1亿元，带动约1000户2200人的贫困人口脱贫。

【科技人才引进】

2017年，为增强吕梁市开发区发展动力和活力，加快实施创新驱动发展战略，集聚、引进高层次科技创新人才，助推开发区招商引资、转型升级。市科学技术局起草由市政府出台《关于吕梁市开发区引进高层次科技人才的实施意见》，率先在吕梁学院、交城开发区及中阳开发区落实此项政策。吕梁学院8名新引进博士作为首批吕梁市开发区引进高层次科技人才进行了研发项目申报，其中6个项目通过专家评审，拟支助金额244.4万元，其中支助国家万人计划入选者、国家科技进步奖二等奖获得者熊继军150万元，其他引进博士100万元；中阳钢铁有限公司承担的攻克新型管内铸造陶瓷管道质量问题的研发项目，通过评审，拟支助30万元；交城开发区新天源医药有限公司院士工作站也通过了评审，拟给予50万余的经费支持。以上经费支助申请已提交市政府审定。

（市科学技术局）

气象

【公共气象服务】

2017年，吕梁市气象台共发布《重要气象信息》15期，《专题天气预报》9期、《雨情快报》96期、《一周天气预报》46期、《气候影响评价》4期；发布预警信号72次、城市内涝风险预警1次，预报、预警信息、雨情短信服务30多万人次。接受电台、电视台采访20多次。全年气象服务工作得到了各级党委政府和社会各界的高度赞扬。

2017年年初，吕梁市、县两级政府均成立气象防灾减灾领导组和工作机构，出台气象灾害应急政府专项预案。局领导多次出席防汛抗旱、地质灾害防御等政府重要会议，通报天气气候情况并提出工作建议。进一步完善部门联动机制。与交通、国土、水利、农业、林业、环保等多个部门合作，联合开展地质灾害、交通气象、防汛抗旱、森林火险监测预警等气象防灾减灾工作。年初，市武警总队值班室接入国突平台，有效地提高了应急救援力量的指挥和调派。8月，吕梁市气象局与吕梁军分区正式签订战略合作协议，积极推进军民融合建设。

【气象为农服务】

吕梁市气象局对扶贫村临县姚家山村派驻第一书记，2017年又对兴县恶虎滩村派了驻村第一书记。市气象局对扶贫点姚家山村累计投资45万元，对姚家山村学校和村委进行维修、新建养猪场，采取集体饲养种猪模式，向贫困户和集体提供仔猪自行养殖滚动发展。帮助恶虎滩村村民在300亩机修地（梯田）上改种药材（其中：柴胡100亩；白芷50亩；苦参100亩；黄芪50亩），同时开展种植香菇产业，采取“合作社＋基地＋贫困户”的经营模式，引导当地贫困户发展香菇种植。

【生态文明气象服务】

2017年6月，省委、省政府环境保护督察组督导吕梁期间，市气象局作为吕梁市重污染天气应急预案成员单位，书面报告重污染天气气象服务情况，主要领导参加谈话，并安排相关人员参加督察组的走访调研活动。

【气象业务能力建设】

吕梁市气象局提高气象设备保障能力，推进气象业务能力建设。2017年完成吕梁市气象部门市、县视频会商系统升级改造项目，满足了参加国家局和省局联动视频会议、市、县会商的需求；配合北京敏视达雷达有限公司、省大探中心完成了吕梁新一代天气雷达汛前巡检工作，并对保障人员进行了培训；组织技术人员对方山、离石、岚县、兴县、临县、柳林、石楼、中阳、交口10个县局的降水天气现象仪或串口服务器进行安装调试工作；在离石区气象局安装和调试了三维闪电定位仪。

严格规范人影管理。全市共有炮点35个(15个固定作业点，20个流动作业点)、高炮数量15门，其中临县6门、中阳2门，柳林、交城、孝义石楼、方山、离石和岚县各1门，已建成标准化炮点7个（临县6个、柳林1个）；全市弹药库存量为火箭弹122枚，“三七高炮”为324枚。2017年3月陕西中天火箭技术有限责任公司对全市13套火箭架进行了年检，除汾阳火箭架建议报废，剩余全部合格，并发放年检合格证书；2017年5月，兰州北方机电有限公司技术员对全市9县15门高炮进行年检，发放年检合格证书。2017年，全市人影作业十次，共发射增雨弹163枚(其中高炮56枚，火箭弹107枚)，作业效果明显。

干部人才队伍建设加强。组织开展专业业务培训。吕梁市气象局组织开展气象科技业务和预报服务等多次培训，邀请省气象台专家莅临授课，学习有关业务规定和省市业务部门的先进经验，提高业务平台和系统应用水平。

【气象改革和法治建设】

2017年是开展防雷减灾体制改革和推进吕梁市防雷安全监管的关键之年，吕梁市气象局贯彻落实国务院和中国气象局相关文件精神，完善《吕梁市气象局随机抽查规范事中事后监管办法》《随机抽查事项清单》《吕梁市气象局执法检查人员名录库》等相关制度，调整市、县两级权力清单和责任清单，并通过政府门户网站进行公示，为防雷安全监管工作做好了制度保障工作。

4月至10月，吕梁市气象局组织防雷行政执法检查组分赴各地，对全市防雷安全重点单位进行现场检查，并根据发现的问题建立了安全生产大检查“四个清单”，定期督导复查，确保各重点企业将整改措施落实到位。

（市气象局）

水文

【防汛测报工作】

2017年汛期，吕梁市降雨量和暴雨过程与历史同期持平，降雨呈强度大，持续时间长，笼罩面积大等特点。汛期平均降水量370.3毫米，比上年（420.2毫米）少12%，与多年平均（356.7毫米）持平。主要降水时段为7月、8月。整个汛期共发生4场较大的暴雨洪水，分别为：“7·23”暴雨、“8·21”暴雨、“8·27”暴雨及“10·8”暴雨。

7月23日13时至27日10时，普降中雨，部分地区降大到暴雨。全市平均降雨量86.0毫米。受降雨影响，临县湫水河阳宇会站24日5时12分流量396立方米/秒；柳林县三川河李家湾站27日6时48分流量335立方米/秒；方山县北川河圪洞站24日9时6分流量186立方米/秒；交城县葫芦河逯家岩站25日9时36分流量133立方米/秒；方山县北川河南村站27日6时流量96.2立方米/秒；交城县中西河双家寨站27日7时流量68.9立方米/秒。

8月21日14时至23日8时，普降小到中雨，全市平均降雨量48.0毫米。受降雨影响，临县湫水河阳宇会站22日19时流量125立方米/秒；柳林县三川河李家湾站21日19时6分流量82.3立方米/秒。

8月26日13时至29日18时，普降小到中雨，全市平均降雨量64.4毫米。受降雨影响，交城县中西河双家寨站27日22

时30分流量72.2立方米/秒；方山县北川河圪洞站28日1时流量44.5立方米/秒。

10月8日2时至10日8时，普降中雨，部分地区降大到暴雨。全市平均降雨量84.1毫米。受降雨影响，柳林县三川河李家湾站10日5时12分流量82.3立方米/秒；方山县北川河圪洞站9日21时流量54.3立方米/秒；交城县中西河双家寨站10日8时30分流量34.5立方米/秒。

【水文测验常规工作】

2017年，吕梁市水文水资源勘测分局圆满完成了地面水、地下水、水质及土壤墒情的测、整、编等常规工作，在全省水文资料评比中赢得好评，确保了水文工作正常运行。

【第三次水资源评价工作】

2017年，吕梁分局水情科参与第三次水资源评价前期课题山西省典型流域年径流变化影响因素调查分析研究。

选择受强人类活动影响的典型流域，对水循环过程中的降水、蒸发、下渗和河川径流等天然要素进行趋势分析和相关分析；对流域内的强人类活动进行调查，分析强人类活动对水循环过程的扰动机理及扰动过程；建立数学模型，对强人类活动要素进行定量化描述，分析不同要素综合作用下对地表径流变化的影响程度。

根据相似流域试验区的历史试验结果，深入分析土地利用类型变化、水土保持活动、水利工程建设等人类活动对流域产汇流规律的影响；构建适应于黄土高原半干旱区的水文模型，结合数值模拟建立河川径流变化归因定量识别方法，分析人类活动的方式和强度对流域水文循环要素的影响，定量揭示气候变化和人类活动等对流域水文循环影响的相对贡献，识别典型流域河川径流变化的成因。

编制《山西省典型流域年径流变化影响因素调查分析研究》并通过验收。

【洪水预报试点工作】

2017年，吕梁分局承担山西省洪水预报试点工作。通过对吕梁市境内的水文站、水位站有针对性的分析，为每一站点编制不同的作业预报方案；建立暴雨洪水档案库，将历史暴雨洪水的特性和信息有效地组织和表达，实现与实时预报系统的无缝连接，真正发挥历史暴雨洪水在实时防洪决策中的作用，提高洪水预报精度和时效；完善吕梁水文分局现有的洪水预报系统，进行洪水预报全域化可行性试验；搭建三维展示平台，对洪水预报成果三维场景模拟；编写了《山西省洪水预报试点工作方案》并通过审查。

【水文巡测工作】

2017年，吕梁分局汛前对吕梁辖区12个巡测站的水准点、水尺零点高程进行校测，对大断面进行测量，并绘制了各站点的水位、流量关系线，提交水情科。2017年各巡测站不同程度发生洪水，站网科及时启动应急巡测预案，测得了各站不同水位级流量，最大流量发生在柳林县三川河李家湾站27日6时48分流量335立方米/秒，及时修正水位、流量关系线，圆满完成应急巡测任务。2017年巡测站的资料已经整编完。根据山西省水文局要求开展了新仪器比测的工作，《2016年水文仪器比测报告》出版成册，2017年水文仪器比测报告初稿已定。

【国家地下水工程】

吕梁分局国家工程井35眼，其中新建井21眼、改建井14眼。土建阶段工程已于2017年8月31日完成合同工程验收。仪器设备购置与安装阶段于11月9日完成合同工程验收。高程引测及坐标测量阶段于9月10日至17日完成全部外业测量任务，9月30日完成全部内业整理工作，10月27日分局完成委托合同验收，山西省标段已顺利通过水利部合同验收。2018年初水利部水文司配发发电机、潜水泵、水温计等设备已陆续到位，软件接收平台已开放，国家工程井正式进入运营维护阶段。长观监测井安装5眼自动监测设备，由原来人工观测改为自动观测，吕梁分局地下水长观井自动监测井已增加至11眼，占比34.4%。修建地下水长观监测井井台4处。

【对生态文明建设提供技术支撑】

2017年，受黄河流域水环境监测中心和吕梁市水资办的委托，吕梁市水文水资源勘测分局承担4处省界断面的监测任务、15处地下水的监测任务、19处市水功能区和2个渗漏断面的监测任务、44处入河排污口的监测任务、非国定贫困县888处农村饮水安全工程监测任务。全年共对外出具检验检测报告251份。

（市水文水资源勘测分局）

防震减灾

【防震减灾保障】

2017年，市政府分管领导李月勤多次听取市地震局汇报并对防震减灾工作作出重要指示、批示，对2017年市、县防震减灾目标责任亲自审核把关，并要求将农村危房改造、异地扶贫搬迁、地质灾害治理等安居工程项目的抗震设防监管纳入市直机关防震减灾责任书内，3月17日亲自组织召开了2017年度市防震减灾领导组暨地震系统工作会议，安排部署防震减灾工作并给13个市县区政府、9个市直牵头部门下达了防震减灾目标责任书。5月9日，市政府分管领导李月勤参加吕梁市防震减灾科普馆开馆仪式并揭牌。6月5日，李月勤会见中国地震局震害防御司副司长黎益仕一行，并就推进吕防震减灾工作深入交换意见。6月13日，组织住建、民政、安监、地震等部门召开会议，安排部署2017年全市地震应急准备和抗震设防工作实地检查工作。7月3日，市财政下拨地震监测中心建设资金28万元。9月20日，省地震应急准备和抗震设防工作检查组莅临吕梁市进行检查，市政府分管领导李月勤推迟参加全省旅游大会时间，亲自向检查组汇报吕梁市应急准备工作并安排政府副秘书长陪同检查组检查。因各级政府对防震减灾工作的高度重视、督促落实，各相关部门的相互配合、创新工作，吕梁市防震减灾各项责任目标圆满完成。

【地震监测预报】

加强地震前兆建设，夯实地震监测预报基础。2017年，市政府投资28万元，建成吕梁市地震监测中心，实现省、市、县地震观测数据的整合和信息共享；离石区政府投资36万元，安装四分量钻孔应变仪，解决了多年想解决而没有解决的前兆观测手段；岚县政府下拨专项资金65万元，启动“一县一台”建设，地震钻孔应变工程项目破土动工，仪器设备进入招投标阶段；兴县大地电场观测项目已具备了验收条件；交城、孝义、交口等县市针对地震观测存在的故障及时更换配件进行维护，保证了仪器的正常运转、资料的完整准确。

加强台站管理工作，确保台站制度化标准化运行。为了提高地震观测质量，保障观测台站及监测仪器的正常运行，吕梁市地震局通过完善制度、日常巡监、突击检查等手段，强化对台站的管理，先后制定完善《吕梁市地震局震情会商制度改革实施方案》和《台站管理实施细则》，下发《地震监测技术性标准手册》等，有效地提高了地震观测质量，全市前兆监测设备运行率达到了98%，地震信息节点运行率达99.98%，地震观测资料均符合技术性规范要求。宏观测报点实行“日记录、月上报”，有异常即时上报。继续坚持了24小时震情值班制和零报告制度，确保地震信息处置“三及时”（及时记录、及时上报、及时落实）。

强化震情监视和短临跟踪工作。为了强化地震监视和短临跟踪工作，吕梁市地震局制定了《吕梁市2017年度震情监视跟踪工作方案》，充分利用高科技通信工具，及时掌握地震活动图像的细微变化，发现、落实、收集和分析各类地震前兆信息，坚持月、季、年度会商和有异常及时会商制度；积极与兄弟市地震部门多沟通、多联系，共同商讨分析研判吕梁市及周边邻近地区的地震活动趋势。全年编写会商纪要12期、会商分析报告1份。做好震情跟踪监视、宏微观异常收接落实等工作，做到了有异常一起，核实一起，决不遗漏任何一点有预报价值的地震前兆信息。

【抗震救灾组织体系、预案体系完善】

2017年，吕梁市、县政府及时调整防震减灾领导机构，建立防震减灾领导组成员AB角制度，并根据省应急检查组提出地震应急预案修订滞后等问题，及时整改，市、县（市、区）、乡、村四级地震应急预案基本完成，抗震救援指挥部成员单位、学校、企业地震应急预案逐步完善。与市公安、电力、民政等8个单位建立了地震应急信息共享平台，初步畅通了地震应急信息沟通渠道。

【地震应急准备和抗震设防工作检查】

根据省防震减灾领导组办公室《关于开展2017年地震应急准备工作检查的通知》要求，市防震减灾领导小组下发《关于开展2017年地震应急准备和抗震设防检查的通知》，各县（市、区）政府、市直有关单位认真对照检查内容，按照“谁主管、谁负责、谁排查、谁督促”的责任体系，对吕梁市地震地质次生灾害、化工、易燃易爆、大型水电站、水库、输油气管线、公路桥梁等开展排查与治理，做到了排查全覆盖，治理“五落实”（落实隐患整改的责任、措施、资金、时间、预案）。6月26日至29日，市防震减灾领导组组成由市住建、安监、民政、地震等部门参加的检查组实地检查了各县（市、区）地震应急准备和抗震设防情况，针对存在的问题提出整改意见并限期予以改正。9月20–21日，由省地震局副局长田勇任组长的应急检查组到吕梁市检查工作，充分肯定了吕梁市总体工作，并实地察看了市民广场、孝义胜溪湖公园应急避难场所建设情况、吕梁地震灾害紧急救援队、吕梁新区棚户区改造项目及文峪河水库、孝义应急物资储备库的地震应急准备情况。

【应急队伍建设】

全市建立各级应急综合救援队伍11支。2017年，吕梁市将应急队伍综合能力的提升作为重点来抓，所有应急救援人员实行封闭化、准军事化管理，统一领导，统一指挥，统一管理，统一训练，确保在灾害发生后，队伍拉得出、用得上、战必胜。补充完善地震救援专业装备、设备、队员装备100余台套；7月选派5名综合素质高的人员参加兰州陆地搜索与救护培训；8月邀请参加过国家级培训的队员对全市地震系统应急人员进行业务再培训；9月吕梁消防支队（市地震应急紧急救援队）、吕梁武警支队参加了全省比武大赛并取得优异成绩。通过日常严格考核训练、专业知识培训、参加拉动演练等活动，吕梁市地震应急救援能力得到较大提高。

【地震应急演练】

为了进一步熟悉预案、磨炼机制、锻炼队伍，有效应对突发事件，吕梁市把地震应急演练工作纳入了重要日程，开展了不同层次、不同规模的各类演练70余场次。7月11日，参加省地震局的平遥6.8级地震应急演练；11月14日，全市地震系统完成孝义5.5级地震演练；12月12日，在交城县进行吕梁市县地震应急联动实战演练，市、县13个单位200多名救援人员参加，出动救援车12辆，演练分四大模块16科目进行，整个演练过程组织严密、配合协同、应对有序、处置科学，收到了非常良好的效果。

【吕梁市救灾物资储备库建设】

为保证地震灾害事件发生后，地震应急物资准备充足，根据地震灾害风险和本地实际能力，采取政府实物储备、企业协议储备等办法，存储帐篷1425顶；折叠床2631个；棉被16647条；棉褥57274条；棉衣裤9100套；储备大型运输车辆32台，小型载人汽车36台，大型装载机45台，挖掘机48台，大型自卸汽车100辆；配备生活必需品和救助物资120吨，医药物资储备160万元。吕梁市救灾物资储备库建设项目已经启动，该项目总投资2888万元，选址位于吕梁新区后赵家庄村，占地20亩，总建筑面积4099.8平方米，其中库房3307.52平方米，生产辅助、管理用房757.02平方米，于2017年7月14日完成招投标，正在建设。

【保障应急通讯畅通】

为确保地震信息畅通，市地震局先后建立地震信息短信平台、地震应急信息交换平台、吕梁市地震微信群；建设无线短波电台网；同时，市地震局加强地震应急值守，实行24小时值班制，做到“三及时”，即：有电话及时记录、有异常及时上报、有情况及时妥善处置，实现“三个一样”，即：有震无震一个样、震大震小一个样、平时节假日一个样。

【应急避难场所建设】

孝义市政府以PPP方式投资1300万元继续推进胜溪湖国家Ⅰ类标准的应急避难场所建设，在上年建设的基础上，2017年新建1050平方米的应急指挥中心；其他县市在临时应急避难场所悬挂了统一标识标牌；市住建局制定市民广场应急避难场所管理办法，明确责任主体，规范日常管理、应急启用、安置运行等内容，对最大程度发挥应急避难场所功能，指导民众的疏散安置行动，提高政府和相关部门的应急处置能力具有重要作用。

【震害防御】

2017年，严把建设工程抗震设防监督管理关。把好建设工程选址关。所有建设工程在规划选址阶段都要征求地震部门意见，避让开活动断层、滑坡、崩塌、地裂缝等地震地质灾害危险区。把好抗震设防要求审批关。市地震局行政审批项目入驻市政务大厅，建设工程抗震设防要求审批实行“一站式”办理，做到了“一个厅进入，一个口办理，一条龙服务，一次性办结”，一般建设工程项目由市或县级地震工作主管部门根据地震小区划结果或新一代《区划图》确定抗震设防要求；学校、医院等人员密集场所按提高一档确定抗震设防要求。2017年全市抗震设防要求审批95项。严把建设工程抗震设防审查关。市政府各职能部门通力协作、相互配合，切实将抗震设防贯穿于工程选址、规划、勘察、设计、施工图审查、施工、监理、验收、使用、管理的全过程。

着力抓好城乡危旧房屋改造、地质灾害治理搬迁工程、采煤沉陷区治理。为了改善城乡人居环境，市政府先后出台《吕梁市城乡危房改造实施方案》《吕梁市地质灾害治理实施方案》《吕梁市采煤沉陷区治理实施方案》，着力推进城乡危旧房屋改造、地质灾害治理搬迁工程、采煤沉陷区治理等工作，2014-2016年完成采煤沉陷区治理搬迁安置10401户，2017年完成农村危房改造2640户，完成地质灾害治理搬迁工程743户，方山县新建6个安置区，24幢安置楼，可容纳3万人；离石新建10个安置区，45幢安置楼，所有建设工程全部按当地抗震设防要求设防，有效提高了城乡建筑抗御地震灾害的能力。

有效推广减隔震技术的应用。市地震局与市住房和城乡建设局联合发出《关于积极推进建筑工程减隔震技术应用的通知》（吕震发〔2017〕29号文件）文件，要求试点先行，逐步推进，高烈度区（8度以上）地区的学校、医院等工程率先试行。2017年汾阳市中医院住院部投资1834万元采用减隔震技术，建造5787.9平方米，减隔震应用可有效缓少地震能量的冲击，极大地减轻地震灾害损失。

开展建设工程抗震设防检查。为了有效提高建筑物抗震性能，消除地震安全隐患，11月份市地震局与市住房和城乡建设局联合下发《关于开展建设工程抗震设防检查的通知》（吕震发〔2017〕35号文件），对2016年以来新、改、扩建建设工程进行了抗震设防执法检查，具体检查了13项内容，针对建设工程存在的问题，下发责令整改通知书，要求限期整改。

继续推进活动断层探测，完成交城断裂验收任务。坚持以人为本，服务社会的要求，继续推进交城断裂室内外研究，完成了交城断裂探槽探测、浅层地震探测与综合解释、电阻率层析成像勘探、钻孔联合剖面探测及断层活动性初步鉴定等项目的验收。

加强群测群防工作，完善“三网一员”体系。为了进一步加强地震群测群防工作，规范群测群防队伍建设，有效发挥群测群防在防震减灾工作中的作用。市地震局下发《关于开展地震群测群防工作的通知》（吕震发〔2017〕28号），各县（市、区）按照文件要求，调整、补充、完善了“三网一员”队伍，建立队伍台账，明确其工作职责、奖励办法，交口、汾阳、离石等县市区对防震减灾助理员进行知识培训，充分发挥他们在宏观观测、知识普及、灾情速报等方面的作用。

【防震减灾宣传教育】

2017年，吕梁市按照“主动、稳妥、科学、有效”的工作方针，突出防灾减灾救灾新理念、新要求、新任务以及《山西省建设工程抗震设防条例》和新一代区划图等法律、法规的宣传教育，强化地震高风险区和农村地区防震减灾科普宣传教育，务力消除宣传教育盲区，确定了“减轻社区灾害风险，提升基层减灾能力”“人人参与防震，家家幸福平安”“关注校园安全，提升避险能力”“依法推进防震减灾，创建平安法治社会”四个宣传教育主题。

扎实开展“5·12”、“7·28”防震减灾宣传工作。在“5·12”、“7·28”期间，吕梁市将传统宣传媒体和现代宣传媒介相结合，创新宣传方式，充分利用电视、报纸、手机微信公众号、广告屏幕等形式，大力开展宣传教育活动。宣传活动期间，市县地震部门在主要街道、公共场所、单位楼前共悬挂防灾减灾宣传标语200余条，制作防灾减灾宣传版面650余块，张贴宣传画5000余张，电视台黄金时段播放地震科普知识200多小时、报社登载地震小常识32次，发放宣传资料17万余份，散发《防震减灾知识顺口溜》《防震减灾宣传手册》《地震灾害知识手册》图书10000余册，发放围裙、手提袋、圆珠笔等宣传产品15000。《吕梁日报》开辟防震减灾知识小专栏10期，吕梁电视台在黄金时段滚动播放宣传口号10次。播放《快板迎亲奇遇记》《音乐快板》和《老头老太太聊地震》等地震宣传系列片165次。

推进“平安校园”“平安社区”“平安乡村”创建工作。经市地震局和市教育局联合审定，认定孝义市柱濮小学等16所学校为市级防震减灾科普示范学校，授予王振慧等36人为2017年度防震减灾优秀辅导员，文水县东南街小学等28所学校被省局认定为省级地震科普示范学校；孝义市崇文街道办事处马家坪社区被认定为国家地震安全示范社区，孝义市胜溪湖街道湖滨社区、交口县水头镇第三社区被认定为省级示范社区。

认真开展“平安中国”防灾宣导系列公益活动。根据中国地震局统一安排，2017年，在汾阳市开展“平安中国”防灾宣导系列公益活动。5.12期间在城市广场散发了防震减灾宣传品乐乐熊手机支架500个。10月11日至18日，在汾阳市敬仁学校、汾阳四中、禹门河小学、英雄街初中、禹门河幼儿园播放防灾科普电影并悬挂宣传活动横幅。通过电影的形式，有效增强学生的防震减灾意识，提高地震应急避险能力，真正做到地震知识进校园。从5月11日起，在汾阳电视台综合频道和金色年华频道连续一周播放第六届平安中国防灾宣导系列公益活动组委会提供的“平安社区”10集防灾科普短片《警钟长鸣》、“平安校园”10集科普短片《乐乐熊地震避险儿歌》和《2017撑起一片天－防震减灾公益广告》。

吕梁市防震减灾科普教育基地建成并对外开放。该项目选址离石区袁家庄小学，总投资80万元，总面积约400平方米，共设“地震成因及危害展示区”“抗震设防互动区”“地震体验区”“逃生技能训练区”“应急救援展示区”“尾厅”六大展区、19个展项。5月9日，市地震局举行了吕梁市防震减灾科普馆开馆暨首个开放日宣教活动，邀请市政府分管领导李月勤参加了剪彩仪式，在开馆日当天进行了现场演练活动。仅“5·12”宣传周期间就有3000多市民及中小学生进馆参观，每周的免费开放日参观人员也是络绎不绝。

（市地震局）

山西省农业科学院经济作物研究所

【概况】

2017年，山西省农业科学院经济作物研究所共承担国家、省、院等各级课题63项，包括省级以上课题27项，院级项目36项。其中新增课题25项、结转课题38项。全年到位经费1103.39万元，其中横向经费482.56万元、项目经费620.83万元。省级以上课题：合作承担国家自然科学基金面上项目1项、国家重大科研协作攻关项目1项、科技部转基因重大专项子课题1项、国家重点研发计划子课题2项、国家星火项目1项、农业部项目9项、省攻关项目9项、省财政支农3项、省青年基金1项。院级课题：院育种工程12项、院攻关9项、院种业发展专项6项、院示范推广项目4项、院所长引导专项1项、院博士基金项目2项、院农牧交错带项目1项、院有机旱作项目1项。

【2017年新增课题25项】

合作承担国家自然科学基金面上项目1项：大豆抗旱遗传网络的挖掘与重要基因的克隆和功能鉴定；

省攻关项目3项：大豆种质资源的创制及新品种选育，芝麻种质资源成株期抗旱性鉴定及关联分析，高油核桃品种选育及商品化开发技术研究；

院攻关项目6项：半野生大豆牧草青贮技术研究，适应大豆机械化收货配套栽培技术研究，核桃优良种质资源征集与利用研究，优质高产多抗小麦种质资源创新研究，山西生态环境下鹅育雏期专用饲料及添加剂研究，林下花生单粒精播栽培模式研究；

院博士基金项目1项：胆碱对扬州鹅生长发育、生产性能和脂质代谢的影响及其调控机制；

院农牧交错带专项1项：草、药兼用黄芪品种鉴选及综合利用研究；

院有机旱作农业研发专项1项：高粱大豆间作水分高效利用研究；

院育种工程12项：优异黑皮大豆种质创新及新品种选育，高产优质多抗绿豆类新品种选育，利用轮回育种体系培育优质高产大豆新品种，优质多抗广适谷子新品种选育，芝麻高产、优质、抗逆新品种选育，高产优质多抗花生新品种选育，工业大麻特色种质创制及新品种选育，食用葵种质创新及高商品性杂交种选育，优异蓖麻种质资源创制与杂交种选育，山西柴胡资源征集鉴定评价及杂交育种研究，山药化学诱变育种，优质谷子杂交种选育。

【2016 年结转课题 38 项】

国家重大科研协作攻关项目 1 项：黄淮海地区大豆良种重大科研协作攻关。

农业部学科群建设 1 项：农业部黄淮海大豆产区农业科学观测实验站。

科技部转基因重大专项子课题 1 项：抗病虫转基因大豆新品种培育。

国家星火 1 项：晋葵 11 号配套简约化栽培技术示范。

国家重点研发计划子课题 2 项：大豆优异种质资源抗旱性精准鉴定与创新利用，黄淮海大豆优质高产广适新品种培育。

农业部产业技术体系试验站 8 项：大豆试验站，芝麻试验站，高粱试验站，大麻试验站，花生试验站，向日葵试验站，谷子试验站，中药材试验站。

省财政支农项目 3 项：汾蓖 11 号在吕梁山旱作农业去的推广与示范，绿色、优质山药新品种晋山药一号示范推广，干旱半干旱区蓖麻高产高效集成技术示范。

省攻关项目 6 项：晋产黄芩种质资源品质评价及规范化栽培技术研究，山西与中国主产区芝麻种质资源遗传多样性比较，食用葵抗耐菌核病种质资源创新及杂交种选育，谷子优质不育系选育及杂交利用研究，玉米早熟、半矮秆、耐密和适应机械化的新技术研究——高效耐旱玉米自交系的创制及杂交种选育，大豆多四粒荚种质创新及理想数据模型构建。

院博士基金项目 1 项：夜蛾类害虫种群发生动态及机制研究。

院推广项目 4 项：晋产道地药材新品种新技术集成示范推广，林下规模化生态养鹅示范推广，汾阳向日葵谷子优质高效栽培模式示范推广，汾州核桃优质丰产集成技术示范推广。

院所长青年引导专项 1 项：山西省远志病虫害动态机制研究及农药安全性评价。

院种业发展专项 6 项：远志种质资源库创建及良种选育研究，优质大粒专用型食用葵种质创新，高 CBD 新型工业大麻种质创新及多功能综合利用研究，高油核桃品种筛选及配套技术示范，强筋专用冬小麦种质资源创新及利用，玉米单倍体加倍关键技术及其利用研究。

院攻关项目 3 项：基于 GIS 的山西道地药材远志土壤养分特征时空分析及施肥效应研究，晚实核桃集约化栽培丰产机理研究，晋麦 86 号高产高效简约化栽培技术研究。

【2017 年取得的科研成果及科研新苗头】

2017 年，山西省农业科学院经济作物研究所取得的成果如下：获省科技进步二等奖 1 项，省级审（认）定品种 4 个，获得植物新品种权 2 个，获国家专利 3 项（实用新型专利），制定山西省地方标准 3 项，新品系晋汾 107 被评为国家一级优质米。

全年共发表论文 27 篇，其中核心期刊 5 篇、其他 22 篇。开展学术活动 6 次。

1. 获山西省科技进步二等奖 1 项

“耐旱耐连作国家鉴定绿豆新品种晋绿豆 6 号选育与应用”获山西省科技进步二等奖。

该成果以“连作高压胁迫法”为技术核心，在“连作高压胁迫法”集成技术理论指导下，创造出绿豆新品种晋绿豆 6 号的突出特点：

品质优良：2011 经农业部食品质量监督检验测试中心（杨凌）检测晋绿豆 6 号（原名汾绿

豆2号）碳水化合物（干基）含量为56.5%，脂肪（干基）含量为0.9%，蛋白质（干基）含量为27%。达到国家一级绿豆标准。

高产潜力大：晋绿豆6号(区试编号LD05-05)在国家区试多试点达到高产水平：2010年陕西延安试点2831.7千克/公顷，山西大同试点2195.7千克/公顷；2011年内蒙古达拉特试点2433.3千克/公顷，内蒙古赤峰试点2121.0千克/公顷，河北张家口试点单产2363.3千克/公顷；2011年生产试验河北宣化试点平均单产2070千克/公顷。晋绿豆6号高产潜力大。

抗旱性强：高代材料水旱穿梭鉴定在于锻炼其抗旱性。经国家食用豆产业体系绿豆新品种抗旱鉴定试验中（新疆），晋绿豆6号2011年表现为抗旱性强，抗旱指数为1.14，2012年表现为抗旱性极强，抗旱指数为3.04。

连作产量稳定性好：2013—2015年在山西农业大学农学院绿豆新品种进连作鉴定：晋绿豆6号2013年亩产109.80千克，2014年108.50千克，2015年110.00千克。三年平均亩产109.43千克。

晋绿豆6号的育成促进了山西绿豆种植区种子升级换代，农家种作为主栽品种的局面得到改观。为国内旱垣区连续种植优质绿豆提供了技术支撑。该品种耐连作性对绿豆特色种植区域的环境、生态、资源持续高效利用提供了可能。

晋绿豆6号新品种育成以来，在省内外逐步推广，2011-2015年间累计在内蒙古、陕西、山西推广应用面积达255.85万亩，累计新增社会效益21008.24万元。

2. 省级审（认）定品种4个

（1）汾核1号

“汾核1号”2017年12月8日通过山西省林木品种审定委员会认定。

“汾核1号”属雌先型晚实类型品种。植株干性较强，生长势较旺，树姿开张，分枝角度50°。短枝率40%～60%，双果率50%，三果率19%，偶有4果、5果。树冠3.2米×3.7米，树高4.5米，亩产坚果80千克。坚果扁圆形，纵径4.1厘米，横径4.3厘米，侧径4.2厘米，平均坚果重17.8克。壳面光滑，色浅，缝合线平，结合紧密，壳厚1.10毫米，内褶壁退化，易取整仁。核仁浅黄，涩味轻，口感香脆，出仁率55%，高接8年生亩产120千克。

该品种耐瘠薄，丰产性、抗病性较强。嫁接苗三年挂果，修剪时应注意开张角度和摘心。适宜机械化采收、脱青皮、清洗。

该品种的突出优点是：品质优良、品相美观、坚果特大。

适宜推广生态区域：山西省南部吕梁、临汾、运城等地市海拔600-1100米的平川或丘陵地区栽培。

（2）汾豆牧绿2号

“汾豆牧绿2号”2017年5月16日通过山西省农作物品种审定委员会认定。

该品种主要突出特点是鲜草产量高。株高1.7～3.0米，分枝4～11个，2014～2015年参加山西省绿肥大豆区域试验，两年平均亩产鲜草平均亩产1715.68千克，比对照品种汾绿肥豆8号平均亩产1438.66千克增产19.26%，两年12个试点全部增产，增产点率100%。2016年参加绿肥大豆生产试验，平均亩产鲜草2259.30千克，比对照汾绿肥豆8号增产43.41%，5个试点全部增产，增产点率100%。另外，该品种种子百粒重仅6.3克，是理想的芽用大豆品种。

适宜区域：适宜山西省吕梁地区春播种植。

（3）汾豆92（省外审定）

“汾豆92号”大豆新品种2017年2月通过甘肃省农作物品种审定委员会审定。

该品种通过有性杂交、系统选育而成。杂交组合：晋大78×晋豆39。2015年参加甘肃省大豆生产试验，4个试验点亩产水平133.92-218.34千克，平均亩产180.28千克，较对照陇豆2号平均增产14.68%，居参试品系第一位。春播生育期125-135天，亚有限结荚习性。株高74.2-115.8厘米，单株结荚32.5-58.2个，单株粒重20.2-32.6克，百粒重22.1-30.0克。白花、灰毛、卵圆叶，种皮黄色，黄色脐，籽粒椭圆形。粗蛋白质（干基）42.40%，粗脂肪（干基）21.74%。

该品种分枝少，单株结荚数较多，产量高、稳产性好，抗倒伏、高抗黑斑病，综合性状优良，2017年通过甘肃省农作物品种审定委员会审定，审定编号：甘审豆20170002，适宜在甘肃省中部沿黄灌区、河西灌区和陇东旱塬区种植。

（4）优质中筋面条小麦品种晋麦104号，2017年12月通过山西省农作物品种审定委员会审定。

3. 获得植物新品种权2个

（1）品种名称：汾豆92（大豆）

培育人：马俊奎等

品种权号：CNA20150714.6

（2）品种名称：汾豆93（大豆）

培育人：马俊奎等

品种权号：CNA20150715.5

4. 获国家专利3项

（1）“一种能自动调节连播和穴种的下料结构”发明人：刘文萍等，授权专利号：ZL 2017 2 0608436.8，专利类型：实用新型；

（2）“一种谷子去雄装置”发明人：麻慧芳等，授权专利号：ZL 2017 2 0151879.9，专利类型：实用新型；

（3）“一种适宜干旱丘陵区的微型机械化小粒作物播种机”发明人：刘文萍等，授权专利号：ZL2017 2 0609857.2，专利类型：实用新型。

5. 制定山西省地方标准3项

山西省农业科学院经济作物研究所制定的山西省地方标准“籽用工业大麻旱作高产栽培技术规程”“芝麻旱地保苗技术规程”“商品肉鹅饲养管理技术规程”经山西省质量技术监督局审核于2017年5月30日发布,2017年7月30日实施。

6. 新品系晋汾107被评为国家一级优质米

晋汾107，2017年参加全国联合鉴定西北春谷中晚熟组试验，在全国各试点汇总，平均亩产379.8千克，比对照增产11.49千克，排第二。2017年12月16日在全国第十二届优质食用粟评选中被评为“一级优质米”，生育期110天，适应范围广。

7. 科研新苗头

（1）已参加和将参加区域试验品系15个：

谷子2017比12、汾豆93、汾豆97、汾豆98、汾豆牧绿9号、汾豆99、汾9002-7、汾9002-4、经麦5917、汾4519、汾麦4811、晋花10号、汾花8号、汾绿豆3号、汾绿豆4号、晋汾芝1号、汾核2号、山药汾sy1418。

（2）汾豆105

杂交组合名称：晋豆31×汾豆71，春播生育期138天，株高136厘米，主茎节数25.3个，底荚高度7.3厘米，分枝数2.3个，单株荚数58.6个，单株粒数145.6粒，白花、棕毛、圆叶，黄种皮、褐脐，百粒重18.8克。折合亩产215.6千克，比对照增产8.9%，连续两年小区试验综合测评第一名。

（3）小麦汾4519：2013-2014年度、2014-2015年度参加山西省中部晚熟冬麦区旱地组区域试验，两年平均亩产369.0千克，比对照长6878（下同）增产5.6%，两年12个试点全部增产，增产点率100%。其中：2013-2014年度平均亩产349.8千克，比对照增产5.1%；2014-2015年度平均亩产388.2千克，比对照增产6.0%。2015-2016年度、2016-2017年度参加山西省中部晚熟冬麦区旱地组生产试验，两年平均亩产351.9千克，比对照增产8.0%，两年10个试点全部增产，增产点率100%。其中：2015-2016年度平均亩产339.5千克，比对照增产8.5%；2016-2017年度平均亩产364.2千克，比对照增产7.5%。2017年5月通过山西省品种审定委员会组成的专家进行的田间考察鉴定。已报请品种审定。

该品系是一个旱肥地品种，有如下特点：a .2014-2017年度连续通过山西省农科院植物保护所进行的抗病鉴定，是所有参加区试及生产试验的品系中的唯一。从田间鉴定情况看白粉病的普遍率，严重度反映型均为0级。分析它的系谱可以看出，抗病性主要来源于它的父本陕旱8756，属于垂直遗传，它是山西省农业科学院经济作物研究所创造的一个新种质；b. 它是一个优质中筋面条小麦品种，2016年农业部谷物及制品质量监督检验测试中心（哈尔滨）检测：容重775g/L，粗蛋白(干基)15.46%，湿面筋34.4%，吸水量57.6mL/100g，面团形成时间3.0min，稳定时间2.1min，弱化度151F.U，粉质质量指数43mm，评价值40。

（4）汾sy1418：是2014年从叠氮化钠诱变处理的闻喜山药后代中选育的优异变异单株，生育期145--150天，叶形为箭形，茎蔓长为3.5米，栽子长为15-20厘米。根茎长40厘米以上，直径3.5 ~ 6.5厘米，单株重0.5-1.5千克，亩产1600千克，比对照晋山药一号增产8%。此材料明年计划参加生产试验。

（5）葵花JK1406、JK1408两个杂优组合，通过2015、2016两年的鉴定，筛选出JK1406、JK1408两个杂优组合，其中JK1406籽粒商品性及产量均较表现较好，JK1408籽粒大、产量高。2017年进行网室隔离小面积制种。对上年搭配的515个杂交组合进行鉴定，从株型、整齐度、育性、籽粒性状、花盘大小等性状筛选出60个苗头杂优材料，待下年进行二次鉴定。

（6）另外，高粱、蓖麻、玉米等创制优异种质材料9份。

【技术推广】

山西省农业科学院经济作物研究所积极探索创新思路，加快科技成果的转化推广步伐。2017年山西省农业科学院经济作物研究所在全省的28个市（县）、区共展示16种作物、31项栽培技术、158个优良品种，养殖猪4万头、鹅25万只、蜜蜂500箱，技术培训8856人（次），发放各种技术资料34900份，示范面积8680亩，推广面积达158.63万亩，创造社会效益126904万元。

针对当地区域农业发展的新特点，以山西省农业科学院经济作物研究所科技成果为主，整合中国农业科技创新中一批新品种和新技术，借助贾家庄现代农业科技园区示范引领优势，建设的具有科技领先性的高标准高端展示示范基地。汾阳经济作物科技创新引领示范园位于汾阳市贾家庄镇贾家庄村，占地200亩。

全年集中示范展示了大豆、高粱、谷子、花生、向日葵、芝麻、玉米、大麻、红小豆、绿豆、中药材等11种作物、142个新品种（系），其中：大豆（6个）、谷子、（18个）、高粱（19个）、向日葵（29个）、绿豆（1个）、红小豆（1个）、芝麻（15个）、花生（3个）、玉米（27个）、小麦（1个）、中药材（22个）；集成配套15项高产栽培技术：大豆覆盖渗水地膜高产栽培技术、大豆简约高产栽培技术、花生简约化集成栽培技术、向日葵复播简约化高产栽培技术、小麦简约化高产高效栽培技术、芝麻抗旱保苗栽培技术、谷子轻简化免间苗栽培技术、高粱机械化高粱“两增两防”轻简栽培技术、玉米旱作机械化轻简高效栽培技术、绿豆"一精两免"高产高效栽培技术、大豆种肥同穴高产栽培技术、玉米花生间作模式及高产高效栽培技术、晋产远志优质高效栽培模式、晋产黄芩优质高效栽培模式、柴胡优质高效栽培模式。

技术培训8856人（次），发放各种技术资料34900余份。

（一）特色油料作物提质增效工程建设

大豆：在汾阳、孝义、临县等地示范展示汾豆93、汾豆牧绿2号新品种和大豆覆盖渗水地膜高产栽培技术527亩，亩均增产52千克。

蓖麻：在石楼、兴县、临县等地示范推广汾蓖10号、汾蓖11号杂交种407亩，亩均增产43千克；蓖麻蚕的养殖推广，亩均增收250–400元。

向日葵：在定襄县示范盐碱地栽培技术200亩，麦茬复播技术60亩；在孝义市示范复垦田高产栽培技术800亩；平均亩产达192千克。

花生：在汾阳、孝义、兴县等地建立晋花7号、晋花9号、晋花10号新品种和旱薄地花生综合技术、花生农机农艺融合关键技术示范基地1050亩，平均亩产400千克，亩均增产64千克。

大麻：在榆社、和顺、交口等地示范“汾麻3号”447亩，辐射1.3万亩，麻籽产量比当地农家种增产10%以上，麻秆产量300–500千克/亩，亩均收入1240元。

（二）山西省杂粮新技术新品种示范推广及产品开发

在柳林、临县、兴县等地示范晋谷21、54、57等品种950亩，亩均增产50–100千克，同时免间苗技术亩均节省用工投入180元。

在汾阳贾家庄和孝义司马乡等6个村安排适于机械化作业的高粱新品种及配套栽培技术试验示范603亩，平均亩产506.1千克，最高亩产551.7千克。核桃林下套种高粱示范154亩，平均亩产496.3千克，最高亩产533.2千克。

在朔州市平鲁区凤凰城示范种植晋草4号、晋草18号、晋牧1号3个饲草高粱品种118亩，产量分别为6089千克/亩、7010千克/亩、7626千克/亩。

（三）山西道地根类药材种质资源库、品种选育及良种繁育基地建设

在新绛阳王镇北池村、汾阳市贾家庄、平遥县喜村、孝义市示范晋远1号、汾选1号、汾柴3号等5个新品种和药材艺机一体化生产技术、晋产黄芩平地密植栽培技术、柴胡“一增两促”简约化栽培技术170亩，建设资源圃16亩。

（四）汾州核桃系列品种示范与苗木扩繁工程

“汾核1号”通过认定，“汾核2号”已完成区域试验。在汾阳市杏花镇杜村、栗家庄乡牧庄村、临县兔坂镇圪垛头等地建立6个示范点，示范“一高两低三促技术”技术186亩，平均亩产117.3千克，较汾阳市核桃平均单产增产36.3%，建设苗木繁育基地289亩。

（五）山西鹅业标准化养殖产业培育

在永和、汾阳、交口等地建立大三花、泰州鹅养殖示范点10个，示范核桃林下养鹅、枣林养鹅、山沟放养、大鹏养殖等技术模式养殖7550只，辐射带动25万只养殖，养殖利润10元/只。

【成果转化】

2017年，山西省农业科学院经济作物研究所以股权为纽带，以多赢为目标，与汾阳皇米业有限公司筹划成立山西汾都香种业科技有限公司，筹备工作基本就绪。2017年，山西省农业科学院经济作物研究所转化科研成果3项：

1. 汾豆牧绿2号品种权以30万元转让给山西大丰种业有限公司。

2. 汾豆79品种权以9万元转让给河南辉耀盈门农业科技有限公司。

3. 汾豆72品种权以3万元转让给河南省科育种业有限公司。

因为涉及转化费税款缴纳事宜，转化费尚未到账。

【人才建设】

2017年，山西省农业科学院经济作物研究所通过公开招聘

硕士研究生 2 人、大学本科 2 人；退休干部 4 人、工人 3 人；调出干部 1 人。截至 2017 年 12 月，山西省农业科学院经济作物研究所有在职职工 165 人，其中干部 130 人，工勤 35 人。

干部职称结构：高级职称 46 人，其中研究员 11 人，副研究员 35 人，中级职称 56 人，其中助理研究员 54 人，会计师 2 人；初级职称 14 人；未聘 4 人；正科 5 人；副科 5 人。

工人等级结构：技术师 28 人；高级工 5 人；初级工 2 人。

职工学历情况：博士 2 人、硕士 46 人，本科 70 人，大专 12 人；在读全日制博士研究生 5 人，在读全日制硕士研究生 4 人。

【科研条件改善】

2017 年，山西省农业科学院经济作物研究所积极争取上级领导和有关部门的支持，集中有限的财力、物力，多方筹措资金 6168537.23 元，进一步加大了对科研设施和基础设施的建设、改造力度，为提升科技创新能力提供了硬件支撑。

2017 年，山西省农业科学院经济作物研究所购置：全自动化学分析仪、光合仪、叶面积仪、高精度冠层测温仪、野外植物生理生态监控系统、物联网系统等仪器设备等 647 台（套、件），计 5599374.4 元。

2017 年投资 415939.13 元，用于山西省农业科学院经济作物研究所基础设施、环境维修及改造，进一步改善了山西省农业科学院经济作物研究所的科研条件和工作、生活环境。

1. 办公、生活环境改善及维修（329414.13 元）。

（1）投资 108420.49 元对所内部分道路进行了重新铺设。

（2）投资 20191.78 元维修所大门、新建镀锌钢架结构自行车车棚 51.6 平方米。

（3）投资 11820 元对生物楼顶部外墙等进行拆除及维修。

（4）投资 14975.53 元，对配电室和水塔供水场所进行维修，包括：（1）配电室屋面维修及更换钢门、钢窗 9717.9 元；（2）水塔院围墙维修 5257.63 元。

（5）投资 35281.5 元更换供电计量装置及不锈钢箱 13 个，对部分故障线路进行了及时抢修等。

（6）为加强山西省农业科学院经济作物研究所精神文明建设，投资 30456 元，装饰了荣誉室。

（7）投资 28495.83 元对办公供水管道及自来水分户进行改造。其中：管道维修费 9190 元，自来水分户改造工程费 19305.83 元(入户费、水表、分户改造工程)。

（8）投资 37400 元对六吨锅炉进行了维修。

（9）投资 22185 元维修田间道路及垃圾清理等。

（10）投资 20188 元维修水利田间设施等。

2. 强化环境卫生和治安消防安全（68725 元）。

（1）投资 18711 元，购置灭火器 81 组。

（2）投资 2560 元，维修消防供水管道系统。

（3）投资 9780 元，对办公楼、卫生间墙面进行了维修。

（4）投资 4175 元，购置垃圾桶 34 个。

（5）投资 4980 元，对所内爬山虎、丁香树、柿子林进行修剪和整修。

（6）投资 19469 元，制作宣传牌匾、宣传栏以及喷绘版面，对办公楼及所区进行了装饰美化。

（7）投资 2050 元，在所区安装了凸透镜和减速带。

（8）投资 7000 元。对所区干枯树枝进行了清除。

3. 公改房产权办理

（1）由孝义市乾程测绘工程有限公司对公改房，房屋进行了测绘，测绘费 5000 元。

（2）由孝义市正诚房地产经纪估价有限公司对房屋进行了评估，评估费 12800 元。

（山西省农业科学院经济作物研究所）

教　育

教育管理

【实施第三个学前教育三年行动计划】

2017年，全市改扩建农村幼儿园建设任务20所：文水县、汾阳市、孝义市、柳林县、离石县、临县、兴县各2所，交城县、交口县、石楼县、中阳县、岚县、方山县各1所，共计20所。已全部完工，完工面积11596平方米，完成投资1722万元。

吕梁市制定《第三期学前教育行动计划实施方案》《吕梁市普惠性民办幼儿园认定及奖补办法》，并开始实施。继续实施优质幼儿园对薄弱幼儿园的帮扶工作，着眼于提升整体办园水平，共遴选43所优质幼儿园，与146所薄弱幼儿园结成帮扶关系，帮扶期限为三年，2017年进入到第三年，正按照帮扶计划扎实推进。全年认定30所普惠性幼儿园，开展幼儿教师订单式培养，扩大学前教育资源和提升办园质量。

【义务教育学校标准化建设】

开展全面"改薄"（改造义务教育薄弱学校）和义务教育均衡验收工作。全面"改薄"项目的实施是通过义务教育发展基本均衡验收的基础。2017年，在10县通过验收的基础上，剩余兴县、临县、石楼县顺利通过国家级验收，吕梁市13县全部通过义务教育发展国家级验收，提前一年完成任务。截至2017年年底，吕梁市全面"改薄"校舍建设类开工面积103.2万平方米。开工率93.82%，竣工面积96.38万平方米，竣工率达87.12%，设备购置类完成采购47084万元，完成率达77.72%。

提高农村办学水平。推进义务教育一体化改革发展。2017年吕梁市政府制定下发《切实办好农村教育的若干意见》（简称"办好农村教育40条"）和《吕梁市人民政府关于印发统筹推进县域内城乡义务教育一体化改革发展实施方案的通知》（简称"城乡一体化改革发展60条"），从学校布局、办学条件、师资队伍、教育经费等方面加大力度改造农村薄弱学校，推进农村教育的发展，加快缩小城乡教育差距。

【城区教育规划与建设】

推进中心城区中小学幼儿园建设。2017年吕梁市中心城区中小学幼儿园建设任务是：主城区由离石区负责建设幼儿园5所、小学4所、初中2所；新区离石区范围内由离石区负责建设3所幼儿园，5所小学，1所初中；新区方山县范围内由方山县负责建设1所幼儿园，1所小学，1所初中；市新区开发办负责吕梁一中、吕梁市职业中专学校、吕梁高等师范专科学校3所学校建设。

截至2017年年底，主城区幼儿园完工1所，其余4所正在办理前期手续；小学开工1所，其余3正在办理前期手续；初中1所办理前期手续，1所完工；小区配套幼儿项目3所已开始招生,1所已投入使用，1所主体工程和装修完成。

新区离石区范围内由离石区负责新建公办幼儿园1所投入使用，1所正在补办手续年底完工，1所正在办理前期手续；新建小学1所已开始招生，2所前期手续已办理未开工，1所正在办理前期手续，1所在建；初中1所已投入使用。

新区方山县范围内由方山县负责新建公办幼儿园1所已完工；小学1所前期手续全面办结近期开工；初中1所未开工。

市新区开发办负责的吕梁一中、吕梁市职业中专学校、吕梁高等师范专科学校3所学校建设正在办理前期手续。

根据市委、市政府提出的“优化学校布局，提升办学质量，实现‘一年大起步、二年见成效、三年大提升’目标”，为了全面提升市区学校的管理水平和教育教学质量，针对社会反映的热点问题，特别是吕梁市区“择校热、上学难”的问题，市教育局开展建设性的调研工作，制定措施和办法。同时针对市区学前教育学位不足、小学教育薄弱学校多、初中教育公民办比例失衡、普通高中教育办学质量不高的问题，参照市政协就市区监督性调研反馈协商会议提出的建议，按照市委、市政府领导的指示要求，经充分调研、外出考察、多方论证，拟定吕梁市人民政府加强市区基础教育改革发展的意见（草案），已上报市政府。

【中职教育健康发展】

县级职教中心建设稳步推进。2017年接受验收的文水县、汾阳市、中阳县，汾阳市完成200亩征地，正在办理前期土地手续；文水县200征地已接近尾声，第一期80亩土地手续正在办理，正在进行勘探设计的招标工作。中阳县级职教中心在原二中旧址改造，进行改造招标工作。

着力提升职业教育质量。借吕梁市政府与山西省教育厅战略合作的大好时机，推进现代职业教育改革发展；组织开展全市2017年职业教育活动周宣传活动；召开全市职业教育座谈会，研究探讨职业教育改革发展问题，推进职业教育管理体制改革探索；向省教育厅申报吕梁“十三五”期间高校建设任务，吕梁高等师范专科学校获批准；组织协调中职学校申报开设新专业，对接吕梁转型升级中新兴产业发展，向省教育厅申报新开设21个专业并通过审批；推进实训基地和重点专业的申报工作，2017共有16个重点专业和12个实训基地项目通过评审；对全市中职学校建档立卡学生进行统计，为市政府推行的中职扶贫补助政策的顺利实施做好基础性工作；完成农村实用技术培训42万人次，社区教育培训完成67万人次。

加大职业教育工作督查力度。市政府将职教中心建设、地方教育附加费用于职业教育的比例不低于30%等的落实情况作为重要指标，纳入县级政府年终目标责任考核体系，加大考核权重，对工作不力、职教发展滞后的县市要进行问责。吕梁市政府教育督导室对柳林县职教中心建设缓慢的问题进行通报，并要求其严格整改。

【教育精准扶贫行动计划实施】

自2016年起，吕梁市在国家教育扶贫政策的基础上，结合实际出台贫困学生的地方“5+5”资助政策。2017年吕梁市教育扶贫资金下达1.09亿元，其中中央资金0.84亿元，省级资金0.14亿元，市级配套资金0.11亿元。总共资助贫困学生17.5万人次，其中各类建档立卡贫困学生8.2万人次，做到建档立卡贫困家庭学生全部享受各类资助。吕梁教育扶贫政策的实施受到教育部陈宝生部长的高度评价，《中国教育报》5月16日和《山西日报》

8月27日予以报道。

落实贫困县大学生顶岗支教工作。根据与省厅战略合作协议，结合吕梁教育实际需求，从2017年秋季学期起，吕梁市开展为期4年的大学生顶岗支教活动。410名省内师范类高校的高年级本科生、研究生到吕梁市农村和县城中小学顶岗支教；同时市教育局安排200名顶岗置换出的农村教师到高校进行教育教学专业素养提升培训，提高农村中小学师资教学水平。5月中旬至6月20间，吕梁学院10个学科的75名支教大学生到离石城区4所中学、11所小学一线支教，为全面铺开顶岗支教工作积累宝贵的经验。9月，太原师院和吕梁学院2所高校支教学生进项目校正式开始支教工作，1月顶岗支教结束。10月，初中教师90人到太原师范学院，小学教师110人到吕梁学院进行专业素质提升培训，12月结束。

争取国内、省内高校对吕梁扶贫攻坚的支持。结合北京航空航天大学在中阳县、北京理工大学在方山县定点扶贫的优势，中阳县选派部分校长和教师到北航实验中学进行培训和邀请北航实验中学优秀教师到中阳讲学，北京理工大学选派8名研究生到方山县进行扶贫支教，同时，两校出台政策，降低30分照顾两县参加高考的学生，参与学校自主招生。

省内高校认真贯彻落实省委省政府领导对《脱贫攻坚是一堂生动的国情教育课》重要批示精神，吕梁市与省教育厅对接、合作，4月16日启动山西省12所高校驻兴县、临县开展扶贫攻坚社会实践活动（太原太原理工大学、山西省医科大学、太原师范大学、山西省煤炭职业技术学院、山西省建筑职业技术学院、山西省林业职业技术学院6所高校对接兴县，山西大学、山西农业大学、山西中医学院、山西财税专科学校、山西工程职业技术学院、山西职业技术学院对接临县），分别在兴县6个乡镇和部分学校挂牌思想政治教育基地、扶贫支教基地，并开展深入农村、深入贫困户，与老百姓同吃、同住、同生活，体验农民生活，参与脱贫攻坚工作，针对农村教师设立培训计划，对当地贫困儿童的生存和教育现状以及空巢老人的需求现状进行摸底，进行帮扶；在临县6个乡镇和部分学校从旅游发展、职业教育、设立“贫困学生助学教育基金”、乡镇小学支教帮扶和心理辅导、电商项目等方面进行对口帮扶。

【教师队伍建设】

做好教师补充工作。2017年，吕梁市5个国家级贫困县通过特岗教师招聘补充224名人，接收17名国家级免费师范生和37名省级免费师范生共54人全部落实岗位；全面推进县（区）域内义务教育学校校长教师交流轮岗工作。各县（市、区）结合当地实际情况，出台具体实施办法，推进校长教师交流工作，于秋季开学之前完成吕梁市义务教育学校校长教师交流任务（交流人数和比例）。做好优秀教师的表彰和评比工作。向省厅共推选晋绥儿女优秀奖65名，在教师节表彰95名优秀党员教师。开展学科带头人和骨干教师的评比活动。举办吕梁市第十三届教学能手评比暨推荐参加山西省第十二届教学能手活动，评选出104名市级教学能手，并择优按要求、名额向省推荐第十二届省级教学能手的评选。做好教师提升工作。开展中小学教师职称评审工作和第十批18名特级教师评选工作；多管齐下提高管理人员和教师业务水平，组织中小幼教师参加信息技术能力提升网上远程培训、教师工作坊网络高端研修培训、中小学教师置换脱产培训等十多个项目的专题培训；组织县（市、区）教育局长、中小学校长和教育信息管理人员、实验教师、图书仪器装备管理人员等多项业务培训。全年累计培训中小学幼儿教师达39769余人次。开展“县管校聘” 改革管理试点工作，推进方山、孝义、离石中小学人事制度改革工作，落实市政府批准实施的方案，年内完成改革任务。

【中小学德育建设】

2017 年，全省未成年人思想道德建设工作吕梁测评考核会议召开，并通过考核评估。吕梁市大力推进学校精神文明建设，在全市中小学开展山西省第一届省级文明校园创建工作，中学 4 所、小学 10 所获得评选表彰。成立吕梁市家庭教育工作指导委员会，推动吕梁市家庭教育规范、有序、快速的发展。加强民办学校、中小学校党建工作，市教育局联合市委组织部对吕梁市民办学校和中小学党建工作进行督查，针对经验做法和存在问题向省委组织部和教育厅党组建言献策，推动出台《山西省关于加强中小学党的建设工作的实施意见》，并在全市贯彻落实。

【中小学校体育艺术教育】

2017 年，吕梁市中学生田径运动会、篮球比赛在岚县举行。继续全面开展青少年校园足球活动，2017 年教育部认定吕梁市 25 所足球特色学校，有 6 所学校加入山西省学生体育协会理事单位，并有 3 所学校承办 2017 年国际足联 Live Your Goals 活动。在吕梁市原有的基础上重点完成农村中小学每校每名体育教师的配备工作；加强对体育教师的培训工作，参与国培计划的培训和考级，吕梁市外派参加山西省和全国的足球教练和篮球教练的培训，通过吕梁市足协进行为期一周的培训。通过培训使优秀的体育教师考取省市国家的裁判证。各类活动的开展，有力促进体育、艺术教学工作，在全市形成实施素质教育的浓厚氛围。

【学校国防教育】

2017 年，吕梁市所有高中新生入学，都要开展国防教育和军训。同时，在一批有条件的示范初中和职业中学，也形成军训的氛围。吕梁市根据省教育厅国防教育的安排，申报 17 所国防教育特色学校和 2 所国防教育示范学校。

【语言文字工作】

2017 年，吕梁市进行计算机辅助普通话水平测试 3 县 3 学校 4500 余人，并发放相应等级证书。完成 13 县市区的县域居民普通话普及情况调查。推进三类城市语言文字工作评估，中阳县积极申请评估专用经费 30 余万元，对全县机关公务员及事业人员进行语言文字工作专题培训，并进行普通话水平培训及测试工作。文水县申报 6 所语言文字规范化示范校、书写教育特色校工作。

【教育信息化建设】

推进教育城域网、班班通、数字化校园建设。2017 年，文水、交城、孝义、兴县、中阳、交口、汾阳、离石、岚县 9 个县(市、区)建成并开通教育城域网，柳林、石楼和方山已招标。交城、文水、孝义、汾阳、中阳、交口、柳林、离石、方山、岚县 10 个县(市、区)基本实现班班通；全市 389 所学校有校园网，有电子备课室 369 座，有录播教室 67 个，简易录播教室 71 个。兴县开展网络教研工作，且效果明显。推动“班班通”设备在教学中的应用。吕梁市除临县、兴县和石楼 3 个县外，其余县已完成农村义务教育薄弱校改造计划“班班通”项目。市教育局以“班班通”设备教学应用为抓手，狠抓“班班通”的教学应用工作，经过市教育局的工作，“班班通”应用从开始的强制使用，发展到自觉应用。“班班通”教学应用在 10 个县里已稳步推进。狠抓教育信息化试点校建设。吕梁市汾阳中学、汾阳四中、中阳县北街小学教育信息化试点校建设被评为优秀，特别是汾阳中学作为省级“人人通”试点校，在全国、全省“人人通”研讨会做经验交流。加大中小学图书馆(室)标准化建设力度，加强图书馆(室)的使用率，提高馆藏图书的流通率，全市不少中小学图书馆（室）均实现计算机自动化管理。吕梁市有5所学校达省定一级图书馆标准，达二级图书馆的学校达20所。开展“互联网+教育”概念下的优质教学资源建设和使用课题研究，组织孝义、汾阳的15名教师参加由省装备中心组织的“教育信息化与中学课程改革”国际研讨会，吕梁市部分教师的作品进行交流。

吕梁市部分县市利用优质教育资源优势凸显，汾阳市禹门河小学获2017年世界教育机器人大赛积木赛冠军，这是山西省获得的最高奖项；离石代表队荣获机械创新赛季军；山西省第十七届中小学电脑制作活动，吕梁市获最佳组织奖（全省5个），在全省组织的机器人大赛上，吕梁市高级中学的2个队获全省高中组冠军和亚军。

【“平安校园”创建】

2017年，吕梁市在抓好学生安全教育的同时，排查学校各类安全隐患，努力创建“平安校园”，确保全市各级各类学校没有发生一起校内重大安全事故。积极开展“法制进校园”宣讲活动，走进学校60多所，集中教育师生近14000人次。申报两个国家级青少年维权岗。配合市综治委推动设立吕梁职业中专为市区不良行为青少年阳光教育基地，各县（市、区）职业中学也加挂“青少年阳光教育基地”牌匾，推动相关学校吸收不良行为青少年就学，建立心理疏导室，聘请心理疏导教师，逐人建立管理档案。全市52所学校被评为省级平安校园，366所学校被评为市级平安和谐校园，11所学校被评为省级防震减灾科普示范校，4所学校被评为全省、全国消防安全示范校，全市学校“平安校园”建设率达到82%。

【教育综合领域改革】

2017年，吕梁市实施普通高中招生制度改革，彻底解决普高抢夺生源、恶性竞争的痼疾，中考高分学生外流现象得到有效遏制，中职学校生源得以保证；稳步推进义务教育段教学管理体制改革，深入推进小学学区、初中联合体建设，确保新的管理体制焕发强劲的活力。离石、孝义、方山3县市区率先启动中小学人事制度改革；全面深化中小学教师职称制度改革工作，充分调动广大教师的积极性奠定坚实的基础。推进吕梁市区民办学校管理体制，进一步规范理顺民办学校的审批和管理。

【严密组织各级各类考试】

2017年，吕梁市教育局组织开展中考加试理化实验操作考试和信息技术考试工作。组织专人深入各县校对考试的准备情况进行督查检查，对各县的监考教师、考务人员代表进行培训，完成考试工作任务。

吕梁市组织全市高考、对口升学考试和中考。二本B类以上达线人数14133人，清华、北大人数18人，实现历史性的突破，应届学生逐渐成为高考的主力军；中等职业教育对口升学考试一批本科达线人数810人，连续4年居全省前列。中考高分段人数增长迅速，在参加中考人数历年减少的情况下，600分以上优生人数增加到4525人，优生人数的不断增加，为普通高中的发展奠定基础，稳定生源。

（市教育局）

招生考试管理

【概况】

2017年，吕梁市招考中心以办人民满意的招生考试事业为目标，严格管理，规范操作，强化措施，从严治考，确保了各类考试的公平、公正。各类考试再一次实现了安全保密零事故、考风考纪零投诉、服务考生零距离、考务管理零差错的工作目标。

高考：全市普通高校招生报名人数为37326人，比上年增加了211人。全市共设13个考区、30个考点和1257个考场。

中考：全市共有40173人参

加中考报名，比去年减少 2983 人。共设考点 38 个，考场 1346 个。

成考：全市共有 4980 人报名参加成人高考，其中，专升本 3221 人，高起本 306 人，高起专 1453 人。共设置考点 4 个，考场 169 个。

自考：上半年全市报考人数为 1631 人，3833 科次；下半年报考人数为 1339 人，3213 科次。

对口升学及专升本：全市对口升学报名人数为 4180 人。设 4 个考点，142 个考场；全市普通高校专升本报名人数为 662 人。设 1 个考点，23 个考场。

教师资格证考试：全市笔试报名人数为 8287 人，17628 科次，6 个考点，253 个考场；参加面试人数为 4219 人，共设离石、孝义 2 个考点。

研究生：全市报名人数为 5474 人，设 4 个考点，185 个考场。

【招生考试措施】

加强舆论正面引导、营造良好考试氛围。利用新闻媒体、电视广播，各有关学校利用宣传栏、黑板报、校园广播、班会等不同形式，对考生进行考风考纪宣传教育。设立招生咨询电话，直接向考生和家长宣传招考政策，释疑解惑。加大对考生的考前教育力度，签订《诚信考试承诺书》，制定下发有关考风考纪文件，对各学校提出严格要求，加强对考生进行严格的考风考纪教育，市招委与参考学校和考点、学校与考生、考点与监考工作人员层层签订责任状，确保考试工作顺利完成。注重做好高考、中考志愿填报的咨询工作。

强化教育培训，落实考试安全责任。制定工作计划。根据招生考试工作要求和当地的实际情况，制定《安全工作方案》和《应急预案》，依照“谁主管、谁负责”的原则，对每个环节的工作进行认真细致的安排部署，落实到具体人头。做好人员的抽调。在 2017 年工作人员的抽调问题上严格把关：保密人员、试题（答题卡）接送人员由县（市、区）教育局局长负责抽调，政府分管领导审核把关。监考人员、工作人员、高考中考评卷教师由县（市、区）学校校长、招办主任负责抽调，教育局局长审核把关。做好考前教育和培训。以校为单位，提前对考生进行了考风考纪、诚信考试和考试期间的安全教育，中学校长做动员讲话，通报违纪舞弊案例和处罚的力度。同时签订诚信考试承诺书。对监考教师等工作人员的培训由专人负责，按照工作性质进行分类培训。组织相关人员进行督促检查。5 月底，市招生考试管理中心联合市教育局、保密局、无委会等单位进行一次全面督促检查，让各县（市、区）尽早准备到位，确保考试的顺利进行。特别是对考点考场的设置、监控设备的运行情况、外语听力设备的检查情况、保密室的安全问题进行全面检查，检查情况全面符合考试、保密的条件。

强化安全保密，确保试题卷万无一失。严格保密工作制度。试题、答题卡安全保密工作坚持“谁主管、谁负责”，“谁使用，谁负责”的原则，其运送、发放、保管、回收等环节要严格执行四部局的《国家教育考试安全保密工作规定》要求，制定严密、细致的工作程序，严格按照程序进行操作。严格执行保密值班制度。保密值班人员除要按上级要求配备外还要求新旧人员搭配，以便更好地相互监督；保密室落实 24 小时值班制度、零报告制度和第一时间报告制度，保密室重点时段的一切活动，务必有 3 人（必须有一位教育局纪检的同志）通过监控来观察完成，保密室外围实行 24 小时值班巡逻，堵塞一切漏洞，切实做到万无一失。试题、答题卡运送、发放、存放场所实现视频监控；考务室到考场的通道实现视频监控或流动监考值班看管的办法，确保试题、答题卡的安全。加强信息安全保密。严格执行教育部和省关于信息安全方面的有关文件精神，各招办、报名站工作的任何人员不得透露考生信息，对接触考生信息的所有人员分别设定权限、明确责任，不得越级违规操作，严防信息泄露和篡改，保证了考试信息的安全。

强化考务管理，确保考试顺利进行。招生考试的组织按照“属地管理，责任到人”的原则，认真抓好各项措施的落实，维护招生考试的公平公正。加强考点及考务人员的管理。所有涉考人员一律佩戴工作证进出考点，严格人员进出管理；考生进出考点也必须凭身份证、准考证。坚决杜绝任何人携带手机等通信工具设备进入考场；涉考人员按规定要求上岗、不越位、不脱岗、不离岗、不串岗。实行县与县交叉流动监考。考场的监考一名来自本县，另一名来自外县，外县来的监考具有双重身份，既是监考又是监督员，全市接送流动监考人员达到 1555 人。把好考生入场关。必须依据准考证存根，对入场考生的证件、相貌必须认真核实，以防冒名顶替。考生考试工具必须装入下发的透明塑料袋内，监考必须充分利用金属探测仪等工具，对考生所带物品认真检查，严禁携带手机等与考试有关的材料和电子产品。严查通信工具作弊。所有考场实施电子监控，并配置无线电信号屏蔽仪和金属探测仪，堵截通信工具作弊渠道。考试期间，市无线电管理委员会出动无线电信号监测车对考点周围的宾馆、家属区进行排查，对可疑无线信号进行监测，杜绝利用现代信息技术实施作弊等重大事件的发生。强化综合治理，营造良好考试环境。

建立协调联动机制。为加强考试的组织管理工作，由市招委、县(市、区)招委牵头，组织教育、公安、宣传、保密、交通、卫生防疫、电信、环保、供电等有关部门建立了高考协调联动机制。高考期间集体办公，根据各自在高考中的工作职责，共同处理在高考中可能出现的突发事件。加大层层督查的力度。考试期间，省招委派出巡视检查团，市招委也派出由招委委员单位负责人和纪检人员组成的 13 个联合巡视检查组，对全市的考试工作进行督促检查。各县（市、区）招生委员会也组成相应的巡考检查组配合省、市巡视人员监督检查；同时还邀请市、县人大、政协的领导、新闻媒体进行视察指导和监督，进一步改变工作作风，实现平安考试。

落实招考政策，继续实施“阳光工程”。在招生考试的全过程中，开展宣传咨询和服务活动，宣传招生考试的政策规定，录取原则、程序，招生计划、志愿填报等热点问题；宣传特殊类型招生的规定和程序；宣传各考改革的内容、形式；宣传各种招生诈骗行为和防范措施，及时提醒考生不要上当受骗；宣传招生考试纪律处罚规定及诚信考试教育等内容。报考考生名单和享受照顾加分考生名单等。按照“六公开”的要求，在市、县(市、区)两级招办查询录取信息；热心开展咨询，零距离、面对面解答问题，全方位、多渠道为考生服务。宣传、新闻部门对招考工作给予了极大的支持和配合，结合招考工作进程和社会关注焦点，把握宣传时机、重点和方式，及时、准确、规范地向媒体和社会公布有关信息，避免了炒作误导。

（市招生考试管理中心）

贺昌中学

【提前离岗教师重返讲台】

近几年来，因部分教师提前离岗，导致贺昌中学一边是教师紧缺，花钱雇佣代课人员；一边是部分教师在编不在岗，这种现象给学校造成了很大的负面影响。2017 年，学校新班子上任召开提前离岗教师会议，晓之以理动之以情，要求所有离岗教师限期返岗，为学校的振兴再出力再流汗。教师们全部按时返岗。缓解了排课困难，挽回了学校声誉。

【严禁教师外出代课】

针对社会反响强烈的贺中教师外出代课现象，2017年，新班子上任后把严禁教师外出代课作为抓教师队伍管理的突破口，利用各种会议宣讲省市有关政策，开展“规范从教行为，拒绝外出代课”主题教育会，设立外出代课教师举报箱。校长亲自与部分教师谈话，严禁教师替民办培训机构进行招生宣传，到民办教育机构授课，以及诱导学生到民办培训机构进行补课，坚决杜绝“课堂不讲课外补”的行为。学校出台相关制度明确规定，经教育不改的教师，学校将上报教育主管部门或市政府，要求严肃处理，直至调离学校。通过系列举措，教师外出代课现象得到有效遏制，爱校爱岗、敬业奉献精神得以回升。

【学科专家组成立】

2017年，贺昌中学为加强对教育教学工作的管理和指导，促进教师专业成长，抽调具有丰富教育教学经验，在学科教学中起带头作用，能及时掌握国内外教育教学发展动态，适应新课程改革的需要，并在学科教学研究中有一定造诣，教学成绩突出的一线骨干教师，成立学科专家组。专家组负责对课程管理、教学研究、考试命题、教师专业发展等方面组织课题研究、进行跟踪指导，并举行专题学术讲座，以此全面提高全校教师的学术素养。

【教科研强化】

2017年，贺昌中学教师参加吕梁市高中各学科的教研活动，10月，组织并参加市教育局“同课异构＋网络直播”教研活动，贺昌中学教师王晶、付小艳、孟凡明的讲课，受到兄弟学校教师的好评。11月，贺昌中学承办“2017年全国中小学智慧教育暨混合式教学研讨会”，来自湖南、河北、河南、甘肃、湖北等6省25个学校的207位教育同仁参加研讨会，共同观摩贺昌中学101智慧课堂，贺昌中学付晓燕、白玉良、李旭珍、呼青珍、李倩、郭红红、薛亚琼、张艳丽、王艳、赵雪艳等10位教师展示了数学、语文、英语、生物和历史五个学科的智慧课堂教学和自主学习活动，与会代表赞赏混合式教学模式。12月，贺昌中学参加由市教育局组织的“新高考下高中教育教学的管理”和“关于公布吕梁市教学教研室2017年度课题立项及课题负责人”的培训会。与《德育报》社共同举办“全国中小学班主任班级管理方法创新暨创建幸福教室”高级研修班，“中国班主任专业化发展第一人”陈宇、全国“心理辅导之星”心理健康特级教师耿喜玲、山东省特级教师李虹霞老师做了专题报告，贺昌中学50余名教师参加研修培训。

学校派骨干教师、班主任参加省外的教研活动，强力推进教学改革，构建生动活泼、开放探究的课堂模式。贺昌中学倡导同学科教师集体备课，共同探讨教材和教法，提高教学效果。年级组每月组织一次班主任工作经验交流会，每学期组织示范观摩课和新秀大赛课，充分发挥特级教师、省市学科带头人的示范作用，以赛带学提高教师业务水平。

学校出台教科研奖励方案，每年拨出一定资金作为科研论文奖励经费，激励教师积极探索教育规律，总结教学经验，2016—2017年度付小艳、田小龙、孟凡明等几位教师发表论文、论著，并获奖励。

【学习型学校建设】

2017年，贺昌中学鼓励老师博览群书，读经典，读名著，读教育专著，让书香飘逸在每位教师的身上。为了营造浓郁的校园书香文化，学校成立教师书友会。书友会以实施素质教育为宗旨，以推进课程改革为载体，以端正教育思想、丰富专业知识、提高专业技能为重点。已有100余名教师加入书友会，学校花费4000余元首次购书100余册，发放到教师手中。

【第六教学环节创设】

2017年，贺昌中学探索新的教学模式，在抓好常规教学五环节的基础上，创造性地开展第六教学环节—即学情分析，在培优促尖保边补弱方面狠下功夫。各年级每月组织一次考试，每次月考后，以班为单位组织教师对学情进行分析，教师既要分析自己所代科目成绩在年级中的走向和在班级中的比重，又要对边缘生和科目弱势生逐个分析。对照试卷帮助学生查找不足，并提出下一阶段努力的方向，教师针对学情中找出的问题制定出近期帮教措施。通过学情分析，教师能发现教学中的薄弱环节，及时调整教学策略，学生能及时查缺补漏，有效规划今后的学习。这样大大提高了教师教学的针对性，增强了教学的有效性；学生的学习方法能及时改进，成绩得以较快提高。

【校园环境净化】

贺昌中学西校区校园内原有小卖部8个，存在了10多年。每当课间活动时间，买零食的、买烟的学生比比皆是。这里被老师们形象的称为“食品一条街”。因为“食品一条街”的存在，学生逃课、抽烟、打架、斗殴等不良行为有了滋生的土壤，由于这些小卖部均由学校职工家属经营，关停比较困难，多年来成了学校的老大难问题。新班子上任后敢于动真碰硬，采取果断措施，彻底关停校园内所有小卖部。净化育人环境，规范校园秩序，消除安全隐患。

【“5+2”混合式教学模式】

2017年，贺昌中学实现以学生为中心的个性化学习目标，探索信息技术与教育教学深度融合的有效方式，与北京101远程教育网校合作，开设信息实验班，实行“5+2”高效混合式教学模式。即基于101智慧课堂平台，周一至周五除常规教学外，每天加一节101网校课，由学生自主学习，解决当天出现的问题，或者进行专题训练等。周六周日学生在网络教室或家中按照101网络课堂自主学习。这样就把网络教育与学校教学有效结合起来，打破了传统课堂对时间和空间的限制，学生既能随时随地学习（自习课、休息时间、周末），又能根据自己的学习情况自主安排收听课程，有利于培养学生的自主学习能力，从而实现“效率＋能力”的综合教育目标。教师也可利用101教师专业发展平台学习全国优秀教师的精品课堂，提高自己的教学水平。2017年高考成绩揭晓，网络班的高考成绩远超同层次其他班级。在“全国第八届中小学教育信息化课堂教学应用实践研讨会”上贺昌中学被评为“教育信息化示范基地”“智慧课堂示范校”，获10万元教学资源奖。贺昌中学“5+2”混合教学模式还荣获吕梁市科技进步二等奖，并申报为山西省教育成果。

【学生全面发展】

贺昌中学创办校园广播站、校报教师版、校报学生版，让学生自采自编自录自播。校园电视台每周播出新闻、时事聚焦等节目，校园广播站每日按时播报三次，校报教师版已出版99期、学生版已出版56期。2017年，贺昌中学当选全国普通高中共青团工作联盟成员单位。校团委借助联盟力量，发挥优势强项，打造共青团特色品牌。以建团95周年、党的十九大为契机，抓好节点广泛开展爱党、爱国主题思想教育活动，强化学生的爱国情怀和历史使命感。

【帮助贫困学子圆梦】

由于生源结构的调整，贺昌中学学生有相当一部分来自农村贫困家庭。为帮助贫困学子圆梦，除学校资助外，还争取各种社会资金、国家助学金，采用“奖、补、助、减”的助学办法帮助贫困学子，2017年享受各类资助的学生达905人次，资助金额达150余万元。

（贺昌中学）

吕梁实验中学

【师资队伍建设】

2017年，吕梁实验中学加强教师职业道德，举办“爱与责任”主题演讲会，开展师德师风专项整治活动。初中、高中分别开展“教师课堂教学技能大赛”63名教师参加比赛，教师节表彰模范教师、优秀班主任，为高中19名教师晋升中级职称，3名教师晋升高级职称，新招聘录用16名教师。

组织教师继续教育、普通话培训、汉字规范书写、课件评比等活动，承办吕梁市高中地理学科教学研讨会，王艳青、李瑞教师做了公开课。200多名教师参加省市各类培训。开展“一师一优课，一课一名师”活动，300多名教师在网上晒课。

【办学行为规范】

严格规范招生秩序。吕梁实验中学初中招生坚持“免试、就近、划片、分配”原则，根据教育行政部门安排，接收所有户籍在服务区范围的学生和符合条件的进城务工人员随迁子女在本校就读。没有提前招生，也没有举行任何形式的选拔性考试。高中招生严格按照市教育局下达的计划招生，并严格执行高中学籍管理政策。

全面实行义务教育均衡编班。初中实行均衡编班、均衡配备教师制度，不举办“快慢班”“强化班”“特优班”“实验班”及其他变相的重点班，严格控制班容量，初一、初二年级最大班容量52人。

严格执行作息时间，严格规范课程开设。严格执行国家课程设置方案，开全开足课程。不占用法定节假日、自习时间组织集体补课。

严格规范收费行为。认真落实国家治理教育乱收费规定，严格按照省、市教育、财政、物价等有关部门核定的收费项目和标准执行。严格教辅材料选用，严格按照一科一辅的原则，在省颁布的《中小学教辅材料评议推荐公告》范围内进行征订和选用，教师不组织学生购买《推荐公告》以外的教辅材料。

加快推进高中办学体制改革。市政府调整了学校公办工作领导组，委托审计机构对学校固定资产，债权债务，财务收支情况进行了全面审计。

【素质教育推进】

2017年，吕梁实验中学举办秋季田径运动会、第九届校园文化艺术节。通过活动培养兴趣和技能，使体育、艺术素质成为学生一生的兴趣和特长。学校被教育部命名为全国足球特色学校。对高一年级、初一年级学生进行军训，举办读书会、歌咏比赛、书法比赛、作文比赛、篮球比赛、足球比赛。

学校认真落实学校体育工作条例，开展阳光体育运动，完善早操、课间操活动，保证学生每天一小时的锻炼时间。积极预防传染病。

【办学条件改善】

2017年学校投资80多万元为高中所有教室装备校园监控系统。投资100多万元维修学生宿舍楼、食堂、教学楼顶防水处理，购置部分音体美器材，配备教师电子备课室。保证每名学生都能上机操作；有线网进入每个班级，实现“班班通”；添置理化生实验室仪器设备，初二、三学生实验都能按照教学要求进行，保证每名学生都能动手操作。高中实现集中供热，取缔燃煤锅炉，燃煤茶炉，新购置发电机一台，燃气茶炉一台。高中家属宿舍楼保温节能工程列入省市改造项目，全部由国家、省、市投资，共计6万多平方米，顺利完工。

美化校园环境，粉刷楼道和教室，制作宣传版面、名人名言等，营造浓厚的文化氛围，为广大师生提供舒适的学习工作环境。

（吕梁实验中学）

吕梁学院

【“1331 工程”建设】

2017 年，吕梁学院成立实施“1331 工程”工作领导小组，制定“1331 工程”建设方案，建立完善工作推进和责任落实机制，持续加强无人系统研发与应用协同创新中心、实用新型功能材料重点科技创新平台、矿山装备智能化重点科技创新平台的建设，材料科学与工程学科被列为 2017 年度省优势特色学科，特色植物资源化学实验室被确立为吕梁市重点实验室、吕梁市特色植物功能成分工程技术研究中心，申报“1331 工程”省级重点工程中心。

【人才强校“双百工程”】

2017 年，吕梁学院下大决心，全面规划高端人才培养与引进，强力实施人才强校“双百工程”，出台《吕梁学院引进博士暂行办法》《吕梁学院教职工攻读博士学位管理办法》等一系列政策规定，每年投资 1000 万元以上，在住房、安家、科研启动费、家属安置等方面为优秀人才全方位落实待遇，同时整合省政府、市政府优惠政策资源，加大公开招聘与人才引进工作力度，鼓励、支持教师在职提高学历学位层次，取得阶段性成效。

【学科专业建设】

2017 年，吕梁学院全面梳理学校科研成果与服务地方经济情况，全校 15 个系规划 18 个一级学科，凝练学科方向，明确学科带头人，组建学科团队，学科建设迈出坚实步伐。成立优势特色学科建设领导组，投入 300 万元，落实材料科学与工程学科年度建设目标。调整优化本科专业结构，停招 3 个专业，间招 3 个专业，申报文化产业管理、绘画 2个本科专业,冶金工程、会计学、机械工程等 7 个专业获得学士学位授予权，具备学士学位授予权本科专业达到 31 个。与中北大学签署联合培养硕士研究生协议，推进与山西大学联合建设硕士研究生培养基地工作，学校办学层次转型升级获得重要突破。

【“双提升”工程推进】

2017 年，吕梁学院推进“课堂教学质量提升工程”“实践教学质量提升工程”，制定 2017 版培养方案及课程标准,搭建“平台 + 模块”课程体系，出台本科教学工作评估考核指标体系、专业带头人遴选及管理办法、实验室开放等一系列加强内涵建设的重要文件，组织检查组及领导干部深入课堂听课，启动系级教学督导工作，立项建设 33 个校级教改项目，4 个校级教改项目获得省级以上立项。课堂教学系统规范，实践教学逐步强化，毕业论文与毕业设计质量明显提高，学校正式入选教育部“科学工作能力提升计划（百千万工程）”首批试点院校。

【推进创新创业教育与就业创业工作】

积极支持大学生科技竞赛、创新创业活动，立项建设 75 个校级大学生创新创业训练项目，15 个校级大学生创新创业训练项目获得省级以上立项。学校机器人团队在“第十届国际水中机器人大赛”中，获得一等奖 5 项、二等奖 6 项、三等奖 6 项的优异成绩。全年召开专场招聘会 180 场次、大型双选会 2 场，毕业生综合就业率达到 77.18%。

【实施“科研攻坚”战略】

2017 年，吕梁学院以增量提质为目标，进一步明确科研工作的总体思路和具体举措。围绕“实行以增加知识价值为导向的收入分配机制”，出台一系列松绑加激励的管理制度与优惠政策，设立专项项目基金启动校级研究所建设，召开科研工作会、年轻教师科研工作座谈会、新入职博士座谈会、国家基金项目申报专项指导交流会，给相关部门与教学系下达科研工作任务并签订目标责任状，实施教师分类管理，对有科研潜力的个人和团队实行一人一策、一团队一方案的跟踪服务措施，有效激发了广大教师的科研积极性。

【借智借力提升科技服务效能】

2017 年，吕梁学院与地方企业合作，核桃青皮生物活性物质的高效分离及其产业化生产基地建设、治疗耐药性念珠菌的苦瓜蛋白抗体研制、新型（改性）聚合转移剂研发等研究项目在应用转化方面取得显著进展。与国土资源部国土资源经济研究院、《中国会计评论》理事会共同主办“资源型城市经济转型与可持续发展”吕梁论坛。与北京理工大学合作，建立远程教育点，并推进学生跨校学习、青年教师读博、干部挂职锻炼、联合申报科研项目等方面的深度合作。

【拓展社会服务领域】

2017 年，吕梁学院参与教育扶贫，成立顶岗支教工作领导组，出台“师范生顶岗实习支教实施办法”。2017 年，选拔 263 名师范类优秀学生分两批到吕梁市离石区、方山县、临县、岚县、兴县 5 个县（区）的 70 所中小学校开展顶岗支教工作，受到地方教育部门与基层群众的一致好评。举办“吕梁山工匠”（建筑专业）培训班、吕梁市临县伞头歌手综合能力提升培训班、顶岗支教项目乡村小学教师培训班，培训学员 600 余名。推进与交口县人民政府合作建立的交口实习实训基地，将其建设成为吕梁各类职业技能培训的重要平台。

【“美丽校园”建设】

2017 年，吕梁学院加快工科楼、文体馆建设并完善其功能论证，启动文理楼立项调研工作，新征土地 279 亩，新增绿化面积 8335 平方米。集中改善系部办公条件，做到全校教师人人都有相对独立的学习、工作场所。改善 8 个系实验室与图书馆的基础条件，实现校园无线网络全覆盖。

（吕梁学院）

吕梁学院汾阳师范分校

【教师队伍建设】

2017 年，吕梁学院汾阳师范分校教职工共发表论文 52 篇，论著 5 篇。以新思想、新理念武装教师头脑，开展教科研活动，营造浓厚的学术氛围。学校领导鼓励学校干部、教师走出去，参加学术交流，组织青年教师聆听了山西大学梁晓燕教授所作的“教师科研能力的形成”专题讲座。为青年教师提供了多形式多途径的锻炼舞台，提高教师的各项能力。

【美丽校园建设】

2017 年，吕梁学院汾阳师范分校塑胶操场建设顺利完工；清理学校死角垃圾；整理花草树木，对花园中树木进行修剪维护，对短缺树木进行了适当补栽。对破损陈旧围墙楼体全部进行了维修粉刷，教室地板和顶棚、墙裙、门窗进行了更换更新；对部分体育设施、健身器材、各楼楼梯铁栏杆进行了油漆处理或更新；对陈旧破损的地下供暖管道进行了维修更新，对变压器线路及开关等部件进行了更换维修。及时维修更换供水、供电、供热设施，并重新制定相关制度。更换照明设施，对校园内路灯、灯箱、广场华灯进行了更新。教学楼前广场设置 40 米系列宣传栏，学校简介、校训、校徽、校歌、校风、教风、学风、教师工作规范、学生守则、政策制度纪律等全部纳入其中，充实了宣传教育内容，同时进行了吕梁学院汾阳师范分校校报的编印工作和校园网站建设。极大地改善了全体师生工作、学习、生活的环境，营造了美丽和谐的育人氛围。

【教学条件改善】

2017 年，吕梁学院汾阳师范分校图书馆除保证图书借阅，阅览服务外，还选购约三万册图书，预定 2018 年教育类报刊，装订 2016 年报刊，对馆内现有图书进行了整理归类。购置 67 电脑、55 套一体化讲台、12 台教学投影、5台打印机，改善学校的教学条件。

（吕梁学院汾阳师范分校）

吕梁学院离石师范分校

【教学工作新局面】

2017年，吕梁学院离石师范分校面对生源锐减、质量较差的严峻现实，主动作为，主动担当。5月中旬，先后召开老干部、学生代表、教师代表和中层干部四个座谈会，开展大调研活动，主动了解学校办学存在的问题困难，做到问计于民；6月初，又到班级教室、教研室、系部办公室进行教学检查调研，利用早晚自习，不打招呼，不发通知，对全校39个班级进行多次突击检查。全面调研，掌握实际情况，找到问题所在，理清工作思路。

常规教学全面向好。学期初，各系部做好了课程安排、教学计划制定、教学任务分配等工作；学期中，教务处牵头组织常规教学检查；学期末，召开考试工作会议，严肃考风考纪。在日常教学管理方面，制定校级领导和中层干部值班制度，坚持晚自习由一名校级领导带班对全校班级和系部晚自习值班情况进行检查考核。根据多数教师的意见建议，取消上下课签到签退制度，重新启用教室监控，安排专人值班记录课堂教学并坚持每月公示上课到岗情况。同时，各系部加强教师、班级和教室日志的管理。各教研组坚持每周四的教研活动，做到有计划总结，有内容记录，教研相长作用明显。教务处制定出台师德师风整治方案，每位教师进行反思剖析，撰写对照剖析材料。通过扎实工作，教学秩序明显好转，教风学风显著改善。

特色教学成效显著。吕梁学院离石师范分校的办学定位是为吕梁培养合格的幼儿小学全科教师，发展方向是成为吕梁合格的幼教小教师资培养基地。为实现办学目标，凸显“师范”特色,2017年，各教学系部创新教学模式，开展丰富多彩的特色教学活动：教务处牵头组织全校班级早自习普通话辅导，加强普通话教学；幼师部根据学生兴趣爱好利用晚自习开设泥塑、合唱、绘画、葫芦丝、二胡、舞蹈、书法等特色教学活动，彰显师范特色；中文系举办“学生课堂教学技能大赛”，强化学生教学技能训练；数计系在毕业生中开展毕业生创业服务月活动，提高学生就业竞争能力；外语系组织开展英文朗诵比赛，提升学生专业素质；基础部举办“钢笔”字和“粉笔”字比赛，强化师范技能基本功。科研处牵头组织21名师生参加山西省第十一届职业院校师范教育专业教学技能大赛，武金兰、高瑞芳荣获比赛三等奖，王华荣获优秀指导教师奖，冯旭梅等5名学生荣获技能比赛三等奖。 教学改革创新推进。在学校转型发展的重要时期，教学改革是提升教学质量的关键一招。2017年，学校围绕社会需求、教学实际和师生诉愿，以问题为导向，坚持需要什么人就培养什么人的教学改革思路，组织相关教师重新修订教学计划，增设教师资格证、特岗教师考前辅导等课程，加大教育学、心理学、普通话等课程的考核和选修课的开设力度，申报英语、数学教育等两个专业，在教代会上选举产生首届学术委员会，制定出台教师绩效工资考核方案，引导工作量不足的教师转型转岗。邀请首都师范大学博士生导师易晓明教授到校讲学，开拓师生文化视野，并聘为学校客座教授，科研兴校迈出坚实一步。

【管理服务新台阶】

行政管理和后勤服务工作是学校健康有序的运转的重要保障。2017年，学校坚持“管理育人、服务育人”的工作理念，蹄疾步稳推进行政后勤改革，坚决破除不合理不科学的体制机制弊端。

“三基建设”全面推进。制定学校《基础工作目录》《管理手册》和《应知应会手册》，基础工作达标任务提前完成。根据工作实际，取消装备处和基建处两个科室；重新修订出台《教职工上下班考勤制度》，实行上午下午签到签退制度，改善上班期间找不见人，敲不开门的懒政怠政现象；推进全校绩效工作改革，较好地解决干与不干一个样，干多干少一个样，干好干坏一个样的突出问题，全校上下干事创业的积极性得到充分调动。利用暑假时间组织全校 27 名中层以上干部到浙江大学继续教育学院进行业务素质培训，干部队伍整体素质和管理服务能力得到提升。

办学条件不断改善。后勤处利用暑假重新铺设停滞一年多的篮球塑胶场地，为师生提供重要的活动场所；改建学生澡堂，解决学生洗澡难和外出洗澡不安全的问题；改造附属幼儿园，作为幼师专业的实习实训基地；重新启用教职工餐厅，为全校教职工生活带来便利；改建一个小会议，对大会议室重新布置，功能布局更加合理；完成了办公楼一、二、三层房间的清理整顿工作，改建一个艺术文化展厅，优化资源配置，排除安全隐患；按照分管部门跟分管领导的原则重新调整分配办公室，做到科学设置，规范管理。

财务内控规范运行。实行财务内控机制，将财务室独立建制，专门负责学校各项预算的审核和工程决算的审计，逐步完善财务制度，严格控制经费支出，筑牢财务制度的堤坝，扎紧制度的笼子，做到节俭办学。制定出台《学校公务车辆租用办法》，取消公务用车，实行一事一议租车制度。制定实施《日常办公用品购领办法》，建立出库入库账单，实行耗材用购分离，规范购置领用程序，降低公务运行成本。实行“校园一卡通”，方便学生就餐购物降低管理成本。学校实行临时用工劳务派遣制度，及时调整了那些政策依据不明确甚至没有依据的经费开支，解决长期困扰学校财务一些棘手问题。

服务水平不断提升。2017 年工会对全校困难教职工进行全面摸底，建档立卡，大病救助 4 人，困难救助 6 人；教师节期间，工会严格按照规定发放米面油生活用品。三八节期间，妇工委组织全校女职工进行妇科体检，建立健康档案；学校充分利用职工福利政策，年底对全校教职工进行健康体检。利用五层舞台闲置资源建立教职工活动中心，铺设可供健身、比赛的羽毛球场地三块，乒乓球场地四块，解决教职工长期无固定健身场所的困境。

【文化建设新面貌】

校园文化是学校发展的灵魂，是凝聚人心、展示形象、内涵底蕴的重要体现。2017 年，学校坚持“文化立校”发展战略，狠抓师生文化建设。

强化立德树人，以社会主义核心价值观引领学校文化方向。加强学校思想政治品德课和马列主义理论课教学，占领学校文化建设主阵地，牢牢把握意识形态。坚持每周按系部升国旗活动，进行国旗下演讲，将爱国主义教育融入日常教育之中。加强优秀传统文化和红色文化教育。加强校园文化宣传。充分利用有线电视、校园广播、《离师报》、《晨曦》、黑板报、电子屏和报刊栏等多种形式，进行校园文化宣传。

注重以文育人，开展丰富多彩的校园文化活动。各系部根据学生实际，利用课余时间开展各项活动。中文系举办“我的大学生活”主题征文活动；数计系利用晚自习时间组织学生集中观看百科知识视频；外语系组织学唱英文歌曲活动；幼师部组织开展艺术特色活动课；基础部邀请知名家庭教育讲师陈明灵举办“今天青春无悔，明天幸福一生”的专题讲座；工会举办全校教职工羽毛球比赛；校团委组织开展师生迎新生篮球赛、棋类公开赛、轮滑表演、主持人大赛及新年新诗会。利用节日节点组织开展活动。2017 年上半年，教务处牵头以各系部为主体组织举办春季运动会；妇工委组织妇女参加“DIY手工皂”制作。2017年下半年，学校利用元旦节，组织精干力量，举办主题为“接力新征程，圆梦新时代”的2018年元旦联欢晚会。这些活动的开展既丰富了师生精神生活，又促进了师生之间的情感交流，形成积极向上、健康和谐的校园气氛。

【转型发展走出新路子】

随着吕梁市师范资源整合升级的有序推进，学校招生难生源差问题长期存在的客观现实和幼师专业学生长期缺乏实习实训基地的困境，转型成为学校生存发展的唯一选择。经充分调研，学校决定筹建附属幼儿园。2017年6月开始筹建，10月10日按时开园办学。附属幼儿园的举办得到学校师生的拥护，家长们的称赞，社会的认可。

（吕梁学院离石师范分校）

山西医科大学汾阳学院

【党委换届】

中共山西医科大学汾阳学院第三次代表大会于2017年12月29日召开，大会全面总结第二次代表大会以来学校各项事业所取得的主要成就和基本经验，客观分析学校发展过程中面临的形势与问题，确定今后一个时期学校发展的目标和战略，提出今后五年的主要任务，确立“三步走”战略思路，进一步统一思想、坚定信心、明确方向。大会选举产生了中国共产党山西医科大学汾阳学院新一届的党委和纪委，在随后的第三届党委一次全会和纪委一次全会上选举出了党委书记、副书记和纪委书记、副书记，圆满完成了党委的换届工作。

【思想政治工作】

2017年年底，学院制定《山西医科大学汾阳学院加强和改进新形势下思想政治工作的实施意见》《山西医科大学汾阳学院关于进一步加强和改进思政理论课教育教学的意见》《山西医科大学汾阳学院关于加强和改进“形势与政策”课教学的实施意见》；举办思想政治工作能力提升研修班，开展《坚持立德树人，积极推进大思政教育》调研活动；推出“天使系列活动”“新生转型教育”等思想政治教育品牌项目；组织在校学生开展思想政治理论课学习成果展示系列主题活动，充分发挥思政课课堂教学主渠道主阵地作用；为提升辅导员、班主任专业技能和业务素养，选派6人参加山西省辅导员职业能力大赛，4名班主任参加省教育厅组织的大学生就业指导培训，均取得优异成绩。

【“三基建设”】

2017年，学院开展“两学一做”学习教育、维护核心见诸行动主题教育活动，“三基建设”工作卓有成效。学校党委按照上级要求，印发《中共山西医科大学汾阳学院委员会关于推进“两学一做”学习教育常态化制度化开展维护核心见诸行动主题教育的实施方案》，增强“四个意识”，把坚决维护核心这一根本政治要求全面落实到行动上，全面推进“两学一做”学习教育常态化制度化，基层党组织完成重点任务13项；印发《中共山西医科大学汾阳学院委员会关于在推进“两学一做”学习教育常态化制度化中加强“三基建设”的工作方案》文件及重点任务清单，完成重点任务27项，基本完成32项。开展管理岗位工作人员专业能力标准和专业技术岗位工作人员通用能力标准的学习，基本完成事业单位基础工作达标任务。

【“1331”工程推进】

2017年，学院紧紧抓住国家统筹推进“双一流”建设的发展机遇，对接山西省“1331”工程，成立了山西医科大学汾阳学院实施“1331工程”工作领导小组，拓展合作办学渠道，优化专业学科设置，从教育、教学、管理、服务等多方面打造“一系一特”，改进人才培养模式，升级质量管理系统，建立完善工作推进和责任机制，促进学校内涵式发展。

【临床医学专业认证】

2017年，学院顺利通过教育部认证，以吕兆丰教授为组长的认证工作组对学院以本科临床医学专业为主的教育教学状态考察给予充分肯定，明确指出：学院具备本科医学教育办学能力和水平；能够满足本科医学教育的基本需要；教育教学体系能保证人才培养质量；临床教学基地能满足临床医学本科教学需要。以此为契机，学院不断完善人才培养方案，制定新的培养目标，并认真研究认证反馈建议，更新教育理念，深化教学改革，解决教学突出问题，提升人才培养质量，持续推动改革发展。

【引智聚才】

2017年，学院成立教师发展中心，健全完善师资队伍建设体制机制，制定出台《鼓励我校毕业生硕士、博士毕业后返校工作的规定》《关于调入副高级以上专业技术人员办法》，修订完善《引进和稳定人才办法》，畅通人才引进渠道；通过提前招聘、公开招聘两种方式，招聘到17名专职教师。

【校园基本建设】

2017年，学院校园改扩建二期工程建设稳步推进，图书馆项目主体工程接近完工，二期工程雨水、污水地下管网和绿化浇洒用水管线校园室外部分的铺设工作等场地准备工程已完成；二期工程临床护理楼、教学楼的立项工作启动实施，正在编制可行性报告；校园环境综合治理明显改观，校园环境品位着实提升，环境育人功能不断丰富。

【"双年"活动开展】

2017年，学院以"两提一创两实现"专项活动为抓手，切实开展"作风建设深化年""提质增效年"活动；制定《开展"提高标准、提升能力、争创一流，实现作风建设深化，实现提质增效"专项活动的通知》，科学谋划和推进重点学科、实验室、创新团队建设，制定任务清单、项目清单和工作台账；修订党政职能部门工作职责及中层干部岗位职责，完善综合事务的跨部门协同协调机制；从抓"关键少数"入手，推动作风建设实现常态化长效化；在全校范围内开展作风建设突出问题的专项治理，加强年度工作目标任务的督查督办，实现标准提级、质量提升、办事提速、落实提效；全面梳理现有规章制度，本着于法周延、于事简便的原则，稳步推进制度"废、改、立"工作，规范了学校内部治理和办学行为。

【教育教学改革】

学科建设不断强化。2017年，学院首批5个院级重点学科确定并下达经费；第二批临床院级重点学科申报工作全面展开；推进临床医学硕士学位点建设，推荐10名专硕指导教师参加山西医科大学遴选；修订《山西医科大学汾阳学院研究生管理工作办法》《山西医科大学汾阳学院科技项目管理办法》和《山西医科大学汾阳学院科技经费管理办法》，规范研究生管理工作。

课程体系改革继续深化。以各专业人才培养方案为指南，制定完成本科各专业课程教学大纲，开设超星尔雅通识课平台的网络视频公开选修课程60门次；建立国家级、省级和校级精品课程组成的三级精品课程体系和培育机制，新申报立项2门省级精品资源共享课，完成14门校级精品课程和46个教学项目的建设上线工作；更新完善新版试题库建设，与南方医科大学签订协议，引进"考易"网络试题库与考试库；完善临床医学、护理学等专业的OCSE考试与专业执业资格考试接轨，客观评价临床专业学生专业综合能力的考核模式。

教学质量保障体系日益完善。制定修订《本科生创新学分实施细则》《教育教学改革研究项目管理办法》《大学生创新创业训练计划项目管理办法》《网络选修课程管理办法》等制度，保障教学过程管理和教学质量监控，强化教学纪律约束机制；严格执行年初教学计划，完成总计10.7万余标准学时的教学任务，见习时数4100余学时。

实践教学管理水平大力提升。根据培养目标和学科专业特点，组织开展实验教学大纲、实验指导编写与修订工作，优化整合部分实验项目，重新修订本科毕业实习大纲，推进实验教学改革；修订《关于加强本科生实践教学的意见》，规范实践教学，强化监督管理，完善信息化管理，建立学生对实践教学的监督评价反馈机制；结合校内外学科竞赛，依托校内7个（科技中心实验室、颈肩腰腿疼痛研究所、基础医学部机能实验室、形态1实验室，医学检验实验教学中心、临床护理实验教学中心、附属汾阳医院科研中心）大学生创新基地实施大学生创新创业教育，有效提高学生创新实践能力。

教学基地建设和管理不断加强。落实临床实习巡视、检查办法，保障实践教学质量；通过实习巡视、检查、电话沟通、座谈会等方式与实习生及时进行沟通与协调，加强对实习工作的监控与反馈；积极挖掘实践教学资源，将汾阳市西河社区卫生服务中心、汾阳市文峰社区卫生服务中心、汾阳市三泉中心卫生院、汾阳市杏花中心卫生院、汾阳市太和桥社区卫生服务中心等5所基层医疗卫生机构设立为山西医科大学汾阳学院社区医学实践教学基地；与孝义市人民医院、汾阳市人民医院签署协议，成为我校教学医院，进一步满足临床医学专业实践需要。

教学改革与教学研究不断改善。推进教学方法改革，实践PBL学习法，制定印发《PBL学习法实施方案》、教师及学生PBL手册，培养学生自主学习和终身学习的能力；依托学校教育教学研究中心，组织立项校级教学改革与研究项目15项，获批省级教改项目2项，推荐上报国家级大创项目3项，省级大创项目7项，成功申报“十三五”省教育科学规划课题3个项目；申报省级教学成果奖3项，其中一项获得省级教学成果一等奖。

继续教育工作亮点纷呈。在成人业余本专科学生招生规模缩小的情况下，开拓思路，“吕梁山护工”精准扶贫培训项目共举办11期培训班，培训学员2014人，其中近千名护工已经走出大山，分别到北京、太原、青岛等地就业，护工培训质量受到社会各界广泛认可；反映吕梁山护工培训工作的专题片在央视黄金时间的连续报道，进一步提升学校的知名度和影响力。

【学生教育与管理】

2017年，学院从校、系（部）、班级三个层面深入推进学生成人成才教育；实施“两早一习一讲”（早操、早读、晚自习和课前五分钟演讲）工程和“五个一”活动；心理健康教育与咨询工作全面深化，2017年共测查新生2230名；成立心理委员联合会，并对心理委员进行专题培训，确保学生健康成长；完善学生奖助贷工作体系，全年共有6741名学生获得奖助学金达717.3万元，3000余名学生获得国家助学贷款，开展用人单位专场招聘会，组织毕业生参加大型双选会；建立毕业生信息反馈制度，实施跟踪服务，对家庭困难的毕业生给予每人1000元的一次性求职补贴，多途径多模式提升毕业生就业率。在“第二届全国职业院校助产专业技能大赛中”，学院5名学生分别获得一等奖一个，二等奖两个，三等奖三个；在“首届泽众杯全国医学检验技术专业大学生在线形态读片大奖赛”中，我校获得优异成绩。

【招生工作】

2017年，学院坚决贯彻执行“公平竞争、公正选拔、公开透明、德智体美全面考核、综合评价、择优录取”的原则，认真制定招生计划，通过校园网、咨询会、宣传册进行广泛宣传，2017 年本专科共计录取 2424 人，招生情况良好，在山西招生的 900 余所高职院校中，学院文理科的最低投档分数位居省内前列。

【创新创业教育】

2017 年，学院全面实施大学生创新创业教育、模拟招聘、创业就业咨询活动，就业指导教学活动实现常态化；成立大学生就业与创业协会，并聘请校外专家进校园作报告；举办三期创业意识培训班；选派 3 名教师参加省人社厅组织的创业师资培训；在教育厅主办的“建行杯”山西省第三届“互联网 +”大学生创新创业大赛中，学院筷子团队“晋膳至美”创新项目荣获大赛省级二等奖。

【师资队伍建设】

2017 年，学院在成立教师发展中心的基础上，制定出台《学术、教学沙龙管理办法》；与天津医科大学达成了合作培养教师的初步意向；开展网络远程教育“教研室主任岗位能力”“教研室团队建设与教改实践探索”培训班；选送 22 人赴省高校师资培训中心进行培训学习，选送 4 名教师参加国内访问学者学习，30 余人外出参加学术会议或进修学习，资助 17 人暑期赴香港学习 PBL 教学方法；有 8 人外出攻读博士、硕士学位；在首届“人卫杯”全国高等院校医学检验技术中青年教师讲课比赛中，张晓延获“一等奖”，张笑添获“三等奖”，任吉莲得优秀奖；与教育部网络培训中心合作，购买 55 门网络在线课程，供全校教师网络在线学习培训；完成部分系（部）教研（实验）室调整及主任、副主任的增补工作；修订《教师教育培训管理办法》《教职工攻读博士、硕士学位学历规定》，加大教师培养培训的支持力度。

【巡视整改“回头看”工作】

2017 年，学院对照省委巡视整改工作的问题、责任、任务清单，依据建立的工作台账，对整改工作再次进行“回头看”，聚焦省委巡视反馈问题和意见，对 8 方面 40 项整改任务清单实施“回头看”，强化制度落实，推进标本兼治，不断巩固和深化巡视整改成果。

【学术治理机制完善】

2017 年，学院落实建设中国特色现代大学制度的要求，完善“党委领导、校长负责、教授治学、民主管理”治理模式；修订《学术委员会章程》《教学指导委员会章程》《教学督导委员会章程》，明确各类学术组织的功能定位；对教学指导委员会、督导委员会进行调整换届，并实行学术委员会例会制度，加强学术委员会统筹行使学术事务的责权，充分发挥学者治学的作用。

【筹资渠道和平台扩宽】

2017 年，学院多渠道筹集资金，争取到省教育厅政府债券 1000 万元，争取到教育厅拨付校图书馆专项经费 350 万元，争取到安全隐患和维修资金 110 万元，图书馆目前二期专项经费已经到位5650万元财政经费支持，有效缓解学校二期工程建设经费紧张问题。

【财务管理制度改革】

2017 年，学院修订《山西医科大学汾阳学院学生收费与退费管理办法》，印发《山西医科大学汾阳学院内部控制制度（试行）》《山西医科大学汾阳学院经济合同管理办法（试行）》制度，经济合同起草、审查、签章程序正式运行；加强经费统筹，合理安排支出，严格控制“三公”经费等一般公务性开支，重点保障教学科研、校园改扩建二期工程建设、民生工程等经费；推进“学习型、规范型、责任型”财务文化建设，财务管理服务水平着实提升。

【后勤改革】

2017 年，学院深化后勤体制机制改革，制定出台《山西医科大学汾阳学院关于推进后勤管理改革的意见》《后勤保障处考勤管理办法（试行）》《后勤保障处值班制度（试行）》《山西医科大学汾阳学院学生食堂食品卫生安全工作管理办法（试行）》《山西医科大学汾阳学院食堂安全、卫生考核办法（试行）》《山西医科大学汾阳学院物业管理考核办法（试行）》《山西医科大学汾阳学院校园绿化管理办法（试行）》《山西医科大学汾阳学院校园绿化日常管护考核办法（试行）》《后勤保障处消防及安全工作组机构设置及职责》等文件；按程序开展修缮工程，加强水暖电气的日常维修和管理，采用BOT模式对学生浴室、直饮水、食堂进行整体托管，加强食堂饮食安全管理。

【智慧校园建设】

2017年，学院推进学校网络建设，成立信息化建设领导组和网络信息安全工作领导小组，出台《山西医科大学汾阳学院网络信息安全管理办法》；校园网实现无线网络全覆盖，建立校园网信息点约3500个，实名认证的注册用户数近1万名，校园网带宽总出口已达6G；进一步优化教务管理、课程建设、专业建设、MOOC应用、校园“文档云”非结构化应用等公共服务平台的建设；完成校内精品资源共享课、特色专业、示范中心、临床医学专业主干课程等二级网站的建设、改造和升级工作；电子校务OA协同办公系统、文档云、站群、慕课等项目完成立项。

【资源管理和使用】

2017年，学院完善资产管理和物资设备采购制度，修订《采购和招标管理办法》《资产管理办法》等规章制度，进一步加强资产购置论证；做好资产管理与保值增值，摸清家底、完善制度、规范管理、注重效益，增量资产扶优补缺，存量资产优化调配，提高资产管理的科学化、精细化、信息化水平。

【校园安全】

2017年，学院深入贯彻落实创建“平安校园”实施方案，层层签订《治安安全工作责任书》《消防安全工作责任书》，调整6个安全工作领导机构，3项安保制度、15个校园安全岗位职责；扎实开展隐患排查和综合治理工作，在招聘保安、升级改造监控设施、检测和更换消防设施设备等方面，经费投入超过150万元；依托“校园安全月”“宿舍安全教育月”“安全消防月”等活动载体，开设安全知识讲堂，邀请省政安消防科教中心以及汾阳市交通局的专家作辅导讲座；开展消防、地震安全应急演练，做到“安全教育进课堂、应急演练全覆盖”。

（山西医科大学汾阳学院）

吕梁电大

【国家开放大学吕梁学院建设】

2017年，吕梁电大更新办学理念，强调向所有社会成员开放，为每一个有愿望、有能力学习的人提供教育机会和便捷服务；特别关注广大基层、农村的教育需求，承担社会责任，促进教育公平；强调适应学习主体多样化和学习需求多样化的趋势，为不同学习主体提供不同层次、不同形式、不同类型的教育服务。优化办学模式。不只依靠自身力量办学，还与国内若干所大学合作，提升办学能力和水平。框架结构体系更加完整。依托国家开放大学（中央广播电视大学）、山西省广播电视大学、县级电大，按照“统一战略、共同平台、资源共享、相对独立、错位发展、各具特色”的原则运行，形成了完整的国家开放大学内部体系。技术支撑与学习模式日趋完善。应用现代信息技术在教学管理上发挥作用充分，远程开放教育平台、各种网络系统和学习终端全面使用，实现了教学、管理、科研、服务的信息化。形成了学习者基于网络自主学习、远程学习支持服务和面授相结合的学习新模式。

【学历教育】

按照国家开放大学建设总体部署，2017年，以筹建“国家开放大学吕梁学院”为目标，实施“六位一体”导学体制教学改革，充分利用教务管理体系，完善教学监控办法，加强导学员重要作用；按照要求有序组织教学活动，特别注重教师网上教学的培训和网上教学、实践性教学环节的实施，网上作业完成率在98%以上；严格机房管理、维护，尽量使设施设备充分发挥效率，保证教学和考试工作的正常进行。教务管理系统软件在学籍管理、考务管理中得到很好的应用。全年组织全国网络课程统一考试3次，考试人数达1321人，未发生任何故障和事故；强力整顿考风考纪，严肃组织期末考试，专科考试7341科次、本科考试6587科次顺利完成。“一村一名大学生计划”进展步伐加快，方山县、交口县、孝义市工作站自开展这项计划以来共培养“一村一名大学生”3000余名。截至2017年底，“一村一名大学生”在校生88人，开放教育在校生1496人。学校持续健康发展。

【招生工作】

2017年，吕梁电大按照有关规定严格开展招生工作，采取印发招生宣传资料、电视台广告、自媒体宣传、设立招生咨询点等方式深入机关厂矿广泛发动，真实宣传，热诚服务，2017年招生人数达565人，突破年初300人的招生目标，扩大学校办学的社会知名度和影响力，办学规模保持基本稳定。

（吕梁电大）

吕梁教育学院

【科研工作】

创造科研条件。吕梁教育学院始终把教育科研工作列入2017年度工作的重中之重。加大科研经费投入，2017年投资4万余元，新装修学术报告厅，教师阅览室，并配备相关设施设备。为教师阅览室、两个研究所订阅学术期刊、杂志432种，方便教师及时了解和掌握国内外教育科研信息创造条件。开通中国知网，方便教师上网查阅、检索科研成果。继续认真执行《专业技术人员科研成果考核奖励实施方案》，对完成科研工作的67名教师给与奖励。

开辟学术讲堂。利用每周一的业务学习时间，举办多场学术讲座。邀请专家教授来学院作学术报告，全年先后有山西大学教授刘庆昌、刘守恩，省教育科学院副院长、研究员卢红等给全院教职工作精彩的学术讲座。学院4名教师，也主动登上讲堂，结合自己的研究成果进行学术讲座，反响强烈。出台《吕梁教育学院教师及专业技术人员进修培训、学历学位提升管理办法》，有2位老师先后到北京大学及南开大学进修学习。7月11日，学院14名中层干部到浙江大学学习，开阔视野，增长知识。派出学院骨干教师到上海进行为期1个月的学习，为学院服务基础教育教研修奠定坚实基础。

科研成果丰硕。2017年，学院的科研工作取得历史性突破，本年度省级课题4项申报成功，67名教师在省级以上学报发表学术论文77篇，出版学术著作1部，《吕梁教育学院学报》被评为全国高职高专优秀学报，主编当选全国高职高专学报副理事长。

【帮扶交口县基础教育】

2017年7月25日，吕梁教育学院领导班子全体成员到交口县调研，了解交口县基础教育现状，并与交口县四大班子领导座谈，经过协商双方达成吕梁教育学院帮扶交口县基础教育合作意向。帮扶工作开始后，学院主要领导、部分骨干教师，以及借助两个研究所平台，吸引吕梁学院教育专家及英杰中学骨干教师组成帮扶团队。帮扶团队多次到交口县听课、评课，召开教师座谈会，学生座谈会，具体选定交口三中作为帮扶工作的突破口并制定了切实可行的《帮扶方案》。12月13日学院邀请交口县及交口三中部分领导及教师代表召开座谈会，把英杰中学管理及教学模式引入交口三中，做到两所学校教学同步、考试同步、试卷分析同步。12月25日学院组织交口县小学校长、教研员50余人到上海闵行区教育学院集中培训。12月底，院长赵清明带领学院骨干教师，英杰中学骨干教师到交口进行现场示范教学及学情分析，帮扶工作开局良好，各项工作步入正轨。

【人事与财务制度规范】

2017年，吕梁教育学院重新科学设定岗位并进行双向选择，36名教辅人员全部签订劳动合同，以崭新的精神面貌在新的岗位上努力工作。学院鼓励部分专职教师主动到行政科室承担部分行政工作，有5人分别到党委办、院长办、人事处等部门工作。出台《规范下派农村第一书记、扶贫下乡、乡镇挂职、教育对口帮扶人员经费保障的（暂行）规定》，规范上述人员财务、差旅报销制度。院人事和财务部门密切配合，按照政策完成全体人员的工资提高调整和差额补偿工作、绩效及奖金发放等。

（吕梁教育学院）

吕梁职业技术学院

【专业内涵建设】

2017年，吕梁职业技术学院立足学校实际，建立专业结构动态调整机制，及时对个别专业进行调整，使专业布局与学校的总体发展相适应。优化专业结构，学院召开专门会议，根据各专业招生情况及社会需求情况，对现开设的16个专业进行调整。将招生情况好、社会需求量大、专业发展前景广阔的专业如会计、机电一体化技术、计算机类专业作为重点专业加以培育和建设。同时对招生情况较差的专业如煤矿开采技术、有色冶金技术等专业暂时停止招生。调整专业方向，根据行业及产业发展要求，及时调整专业方向，如机械制造与自动化专业向3D打印、工业机器人等方向转变，物联网应用技术向VR方向转变。主动适应吕梁区域经济社会发展的需要，根据区域经济社会发展与行业、企业的需求设置新专业，申报增设了云计算技术与应用、信息安全与管理两个专业。

【理实一体化教学模式】

理实一体化教学模式，是整理融会教学环节，把培养学生职业能力的理论与实践相结合的教学作为一个整体考虑，构建职业能力整体培养目标体系，通过各个教学环节的落实来保证整体目标的实现，是培养高素质的技术技能型人才有效模式。2017年，学院会计、工程测量技术、建筑室内设计等专业率先试行理实一体化教学模式。修订人才培养方案，选用理实一体化教材，根据区域经济社会发展对人才培养的需求，基于“理实一体化”教学理念，制定了电气自动化技术、计算机网络技术、大数据技术与应用、旅游管理等5个专业的人才培养方案，修订完善了会计、建筑室内设计，汽车检测与维修技术等专业的人才培养方案，构建了理论与实践相融合、知识学习与能力提高相统一的课程体系。重视理实一体化的教材建设，会计、工程测量技术、建筑室内设计、汽车检测与维修技术等专业核心课程选择理实一体化配套教材。培养适应一体化教学的“双师型”教师队伍，以“双师型”教学团队建设为核心，采用“请进来、走出去”的方式努力培育“双师型”教师队伍。聘请实践经验较为丰富的高级工程技术人员、高技能人才来学院任教，2017年共聘请高级工程技术人员、高技能人才13人承担教学任务；同时，创造条件，积极组织教师外出交流、学习、培训及到企业顶岗锻炼，提高教师的实际操作能力，从而能够更好地指导学生实习、实训。改革教学方法，基于理实一体化教学模式要求，学院教师积极探索适应理实一体化的教学方法，如项目教学法、模块式教学法，充分利用实验实训教学资源，将课堂搬进实验实训室，在教学中，教师针对学习项目或模块进行讲解或演示操作，为实际操作打下“理论”基础，学生在教师的指导下进行操作练习，用所学的理论知识来指导实践，通过实践操作又加深对理论知识的理解，使知识与技能掌握更加牢固，真正做到了“学中做，做中学”。理实一体化教学模式的试行，提升学生的实践动手能力。以会计专业为例，在第十三届全国大学生“新道杯”沙盘模拟经营大赛山西省总决赛技能大赛中，学院会计专业12名两组学生参加比赛，获得一个团体一等奖，一个团体二等奖的好成绩。

【实训基地建设】

2017年，学院校内实训基地建设方面，进一步加强实验实训室的管理，加强设备的检查、维护工作，确保设备正常运转，满足教学要求；同时完善实验实训室运行机制，鼓励教师积极开展实践教学，努力提高实验实训室的使用效率，普通电工实训室、PLC实训室、矿山机电实训室、测量实训室、会计专业实训室、计算机类实训室，实训开出率均在90%以上，基本做到应训尽训。秉承“理念来于企业、标准接轨企业、设施同步企业、技能适于企业”的建设思想，基于“生产性、实用性、开放性”和适度超前的原则，规划机加工仿真实训室、汽车检测与维修仿真实训室、机电一体化实训室等实验实训室建设方案。探索校企合作共建校内生产性实训基地建设与运行的长效机制，与北汽福田共建校内汽修实训基地。校外实训基地建设方面，秉承“校企一体、产学链接、战略合作、共建共赢”的合作理念，积极与相关企业开展合作，12月下旬与孝义市正达汽车销售服务有限公司、孝义市新天标汽修服务有限公司、孝义市鑫峰鑫轿车维修服务有限公司等3家企业签订合作协议，3家企业成为学院汽车检测与维修技术专业的校外实训基地，为汽车检测与维修技术专业学生的实训打下了坚实的基础。学院的校外实训基地已达10个。

【信息化建设】

学院不断深化数字化校园建设工作。学院成立“网络信息中心”，配备专职网络和信息管理人员负责校园网络建设和维护。做好规划，继续完善基础设施、教学资源、教育管理平台和数字校园用户平台建设。实现学生宿舍等学生主要活动场所无线网络的全覆盖，总出口带宽500Mbps，校园网主干最大带宽10000Mbps，网速畅通，上网行为有审计和管理，为广大教职员工、学生提供方便、快捷的网络服务。正在建设的“网络学习空间人人通”，使校园网真正成为学院教学与管理资源的重要平台，成为运用信息技术改造传统教学方式的必备条件。建成运行畅通、信息更新及时的校园网站。制定《吕梁职业技术学院门户网站信息发布制度（试行）》，实现在门户网站上及时发布重要信息，使学院门户网站成为学院对外宣传和交流的一个重要窗口。强化全员信息化意识和应用能力的培养。开展全体教职工应用现代信息技术能力的培训，提高全体教职工运用信息化的水平。

【教师队伍建设】

师资队伍结构不断优化。2017年，根据教师队伍的现状，学院采取“内部培养、外部引进、聘训结合”等措施，不断提升师资队伍整体水平。学院把培养专业带头人、骨干教师和提高专业教师“双师”素质作为师资队伍建设的重点。采取引进与培养相结合的措施，紧紧围绕专业建设，加大人才的培养和引进力度，根据学院发展需要，重点培养和引进重点建设专业中紧缺的专业带头人和骨干教师，培养和引进计算机网络技术、建筑室内设计、物联网技术与应用、电气自动化技术等专业带头人和骨干教师5名，同时聘请有专业经验的高级工程、技术、技能人才来学院任教，全年共聘请了工程技术、技能人才13人承担教学任务。针对学院教师队伍数量不足尤其是部分新建专业教师严重不足的问题，科学制定教师招聘计划，面向社会公开招聘的31名研究生以上学历教师的工作正在实施。

教师队伍整体素质不断提高。坚持把立德树人放在首位，加强教师队伍的师德建设和思想政治建设，认真落实《吕梁职业技术学院教师考核评价制度改革实施方案》，将师德考核摆在教师考核的首位，加强教师队伍的师德教育和思想政治及形势政策教育，提高育人水平。鼓励教师更新知识、提高专业技能，安排专项经费用于教师培训、参加国内学术会议、专题进修和企业顶岗锻炼，全年外出培训及参加国内学术会议教师30余人次，争取更多的机会选派专业带头人、骨干教师到国内高校和企业事业单位研修学习，已与北航教育集团达成意向，每年选派5名专业骨干教师去北京航空航天大学研修学习。8月10日—16日，利用假期聘请北京航空航天大学教育培训中心10余名专家教授来校为全体教师开展为期7天的教学改革与能力提升培训班。

青年教师培养成果显著。严格执行教师认定制度、准入制度和岗前培训制度。创造条件，组织青年教师进行企业顶岗锻炼、校内培训、外出培训、教研课题研究等活动，切实加强青年教师的专业实践能力、教学基本功、教学设计能力、教科研能力和社会服务能力的培养，7名青年教师取得了高校教师资格证，外出培训青年教师10余人次。

兼职教师队伍建设不断提高。修订《兼职教师聘任和管理办法》，建设75人左右的兼职教师资源库。组织兼职教师参与学院专业建设、人才培养方案的制定、课程开发、实训项目开发、课程考核评价、社会调研以及教研活动，不断提高兼职教师的教育理论素养和教学技能水平。

【招生就业工作】

加大招生宣传，稳步扩大招生规模。2017年招收新生1124人，首次突破千人大关，其中大专生689人，中专及委培人员501人，超额完成学院年初制定的完成700人、力争达到1000人的目标任务，全日制在校生接近2000人。按照省教育考试院统一部署，推进招生制度改革，开展自主招生工作。2017年学院招生人数取得历史性突破，关键是单独招生人数由往年的几十人增加到近400人，考生报到率达到75%，为全年招生目标的实现奠定了基础。深化中高职一体化教学培养模式，积极探索五年一贯制招生。完善就业工作制度，强化就业服务，为学生顺利和高质量的就业创造良好条件。组织学院2018届毕业生就业校园招聘会，参加企业19家，提供就业岗位数达300多个。2017年安排首届毕业生87人，通过自主择业和学院推荐两个渠道，初次就业率90%。

【社会服务能力提升】

2017年，按照《吕梁市实施“百千万”人才工程的意见》文件精神，学院实施高技能人才开发工程，围绕吕梁市主导产业集群发展和新兴产业发展对技能人才的需要，深入开展岗位技能培训，着力培养具有“工匠精神”的高技能人才。2017年，学院大力开展企业在职人员技能提升培训，为山西离柳焦煤集团有限公司培训100人的领导干部素质提升班及后备干部培训班，为期一年；为华晋焦煤有限责任公司培训114人的职工岗前培训班，为期半年。按照用工企业要求，学院认真组织对学员的考核及考试工作。加强培训与技能鉴定机构建设，巩固现有培训项目优势，拓展新的培训领域，提升社会服务能力。

【校园安全保卫】

2017年，学院完善应急处置预案，提高突发事件的预警、防范和快速处置能力；坚持院、处室两级领导带班值周巡查制度，安全例会制度，坚持出入校园登记制度；成立维护安全稳定领导小组，建立卫生、安全和稳定的巡查机制，建立巡查档案和整改督办制度，进行安全隐患大排查5次，并及时整改。投资9.9余万元安装视频监控64头，实现学生宿舍全覆盖无死角。坚持校园消防隐患长效排查整改，加强消防应急演练，完善消防设备设施。严格落实安全教育进课堂制度，进行集中安全教育31次，开展安全生产、网络安全、消防安全及法制宣传等主题安全教育活动。同时通过落实安全稳定工作责任制、签订安全稳定工作责任书、加强安全检查，排查隐患，强化人防、技防措施，坚持服务师生、服务大局，扎实做好安全防范工作，保证了学校正常教学、工作、生活秩序的稳定。

（吕梁职业技术学院）

吕梁卫校

【岗位设置工作】

2017年，吕梁卫校按照事业单位岗位设置管理“先入轨、后规范、再完善”的原则，为了全面推进聘用制度和岗位管理制度，优化教职工队伍结构，在全校范围内深入推进各类人员岗位设置管理工作。通过竞聘程序，先后聘用38名科级干部、39名教研室主任和附属医院室主任、81名专任教师、19名实验实习指导教师、64名行政后勤人员。增设资产管理科、档案科，同时将党办从行政办公室分离出来独立办公。配套出台《绩效考核办法》《年度责任制考核实施办法》《专业技术职务聘任管理规定》，通过一系列管理措施，调动教职工工作热情，激发学校内部活力，使岗位设置工作取得明显成效。

根据“三基建设”要求，吕梁卫校推动各项基础工作标准化、制度化、信息化，开展以科学划分职能、明确职责、分类鉴定履行职能的基础性业务和管理工作为重点的基础工作达标任务。通过全面梳理，细化职责分工，明确具体工作标准和工作流程，严格各类管理制度，完善基础工作资料，编制《基础工作目录和工作流程图》《管理手册》《应知应会手册》《便民服务手册》。通过推行精细化管理，强化效能建设，基础工作扎实到位，学校管理水平和信息化水平明显提高，教职工工作效率得到了提升，形成良性工作格局。

【教学管理】

2017年，吕梁卫校认真制定招生计划，广泛进行招生宣传，严格审批程序，2017年招收新生460人。其中“三二分段”学生252人，三年制中专218人。通过校园招聘会、专场招聘会等形式，达成就业意向589人次；组织对口升学考试报名289人，升学87人；3+2转段升学215人；使2017年学生就业率达到85%以上。

加强对学生的教育和管理。通过入学教育、学生班会、主题活动、专题讲座、节日文化活动、优生优干评比表彰等形式进行正面教育；通过与学生家长的沟通与反馈、建立手机微信平台，形成教育共识；通过国家助学金、学生奖学金的评定发放、树立文明和优秀典型等引领形成激励；通过校园禁毒宣传、传染病防治宣传、食品安全宣传、防震避险演练、法制教育、纪律教育、建立《学生安全协议》台账等，促使学生遵章守纪，学会保护自己人身安全和财产安全；通过学生课前诵读活动、课间操宣讲教育等形式，强化学生良好行为习惯养成；通过学生操行成绩管理、通报批评、纪律处分等形式惩戒学生违章违纪行为；通过班主任竞聘选拔、班主任工作例会、《班主任论坛》交流、师生拓展训练等形式提升班级管理水平。学生“两操”开展已成常态化，成效显著。学生自治管理已趋规范化，日臻完善。目前学生纪律严明，学习氛围浓厚。全年无校园暴力、无校园欺凌现象发生。健康校园、平安校园建设稳步进行。

推行推门听课制度和上下课逐时检查制度，狠抓课堂教学质量。组织每两周一次的教研室教研活动。实施专业课程设置，完成学期教学计划、教学进度和课程安排，明确工作任务。完成38个班级20516学时的教学，培训对口升学考试辅导3000多学时，家政护工培训8736学时。安排555个学生全部到4所三级医院和4所二级医院临床实习，1040人通过考试办理了技能证。开展了心肺复苏进亿家活动8次。全年有42名教师参加教材编写，有2人任主编，9人任副主编，31人次任编委。共有34人次撰写并发表论文，其中国家级26篇，省级10篇；先后组织30多人次外出参加各类相关培训；举办一期为期三天的137人参加的翻转课堂、微课制作等培训。派10名计算机教师进行专业提升培训一周，组织21名教师参加校内讲课比赛。

通过提升教师素质，加强教学管理、规范学校督导，狠抓教学过程的质量，确保了教学质量的稳定提升。5月在教育部等37名联合举办的“2017年全国职业院校护工技能大赛”中，吕梁卫校再次荣获二等奖，成绩居全省其他院校之首。6月由全国卫生职业教育教学指导研究会举办的“第二届全国职业院校助产技能大赛”中，吕梁卫校获理论考试一等奖，实践技能考试团体优秀奖。10月参加“全省职业院校护技大赛”荣获三个一等奖、一个二等奖，这也是吕梁卫校史上最好成绩之一。

【护理护工培训】

2017年，吕梁卫校护理护工培训工作取得新突破并受到社会各界的广泛关注。在认真总结2016年护理护工培训工作中取得的成就和存在问题的基础上，探索并制定“吕梁山护工”培训新举措，从各个方面全方位加以改进。优化课程结构，增加企业文化、拓展训练、素质教育等内容。加强观念转变，提高服务意识，实行半军事化管理，安排丰富多彩的课外文化活动。与多家企业合作，试行订单培养。贴近学员、贴近市场的培训方法，提高就业率。2017年共完成7期2611人的培训（其中406人现在校培训），实现就业1151人，就业率提高到60.8%。实现就业率高、学员满意、企业满意、政府满意的“一高三满意”。由于“吕梁山护工”培训成绩突出，全国总工会授予培训科“工人先锋号”荣誉称号。培训工作也受到社会各界广泛关注，先后接待了国务院扶贫办刘永福主任等9批次到校考察和调研。护理护工培训，中央电视台《走基层》栏目作过专题报道。

【后勤管理】

2017年，吕梁卫校通过政府采购招标，确定新一轮物业公司，签订物业合同和考核细则，对校园环境绿化美化和卫生工作，做到及时检查、记录、发现问题及时纠正，保障全校整洁保洁。保障全校水、电、煤气、暖气的正常供应。全年维修更换门、窗、床铺、厕所门等设施350件次。利用暑假，投资30余万元，更换1000平方米的楼体瓦片，确保人流车辆安全。配合路灯部门维修3800根灯管。配合教务科改建七楼集体办公室。维修六楼楼顶，七层铺设400平方米地砖，对北小二楼进行维修改造等。

为了确保全校师生食品安全，坚持每天每餐督导检查，全年开展食品安全检验检测 783 次。米、面、油定点采购，对从业人员加强管理和培训，规范操作，提升服务水平。全年学生灶营业额近 160 万元，职工灶近 39 万元，学生超市 20 万。同时通过教育和引导督促，文明就餐行为进一步得到巩固。

【附属医院工作】

2017 年，附属医院在保障医疗安全、创新医院管理原则指导下，开展了导诊服务，设立分诊台，收费公示，受到社会各界好评。全年 2 人参加继续教育，5 人进修。组织开展传染病防治，心肺复苏，礼仪等项目培训，竭以提高医务人员素质。全年门诊 350 余人次，护工体检 3300 人次，学生体检 455 人次，业务收入约 82.78 万元。康复医学科渐成体系，业务水平不断提高，已成为附院骨干科室。

（吕梁卫校）

吕梁农校

【基础设施改善】

2017 年，吕梁农学增加投入，完善基础设施条件，在使用移动 50 兆光纤专线网的基础上，又投入 5 万元新接入电信 100 兆光纤专线网，提高了学校网络信息化教学效率和教学效果；完善规范了新建成的果蔬花卉生产技术实训室，保证了该实训室的正常运作，使园林园艺这个省级示范专业有了较为先进的实训实验设备，进一步提升了学校整体办学水平和服务能力。

【助力脱贫攻坚】

1. 将涉农专业招生培养工作与县域经济社会发展和产业扶贫紧紧结合在一起，积极为有关县市培养核桃、红枣、畜牧兽医等基层农业技术人员和农业产业化发展所需的新型职业农民。2017 年，学校充分发挥厚实的农业职业教育教学资源，挖潜提效，在深入调研的基础上，结合县域经济发展所需，特别是根据农业产业扶贫所需，与部分国定贫困县实行了精准对接，先后与石楼、柳林等县市签署了合作培养协议，并承担了 164 人马铃薯、核桃、红枣、畜牧兽医等 4 个涉农专业的基层农业技术人员的培养任务。从目前看，因管理力度较大，培养目标明确，教学手段先进，教育教化到位，有效激发这部分学生的学习积极性，整体看，培养态势良好。

2. 积极承担市政府培训任务，全力服务全市“脱贫攻坚”中心工作。2017 年前半年，学校圆满完成了市政府实施的扶贫攻坚造林合作社 2120 名技术人员、管理人员和会计人员的培训任务；完成了 3 期共 616 名贫困村电子商务人员的培训。2017 年 12 月份与林业局合作培训了 450 名基层林业技术人员，为全市生态脱贫和生态建设打下了人才基础。同时，学校积极发挥农村干部培训的职能，深入文水县与文水县委组织部共同组织对全县新换届的“两委”主干进行了培训，收到了良好效果。

3. 继续增派扶贫下乡挂职干部，为脱贫攻坚工作助力。为强化扶贫下乡工作，在上年派出第一书记的基础上，吕梁农校本着“抽硬人、硬抽人”的工作要求，2017 年又新调整一位第一书记。同时，又选派了 7 名干部赴汾阳、交城在乡镇挂职助力扶贫下乡工作。在 2017 年扶贫帮扶工作中，学校予以大力支持，以实际行动营造脱贫攻坚的浓厚氛围和良好导向，让全校教职员工关心脱贫攻坚工作、关注脱贫攻坚工作、支持脱贫攻坚工作，形成了全员参与、合力攻坚的良好脱贫工作机制。

4. 抓投入，夯基础，全力做好驻村下乡帮扶工作，为驻村下乡点如期脱贫做保障。一是争取资金，改善生产生活条件。按照方山县整体脱贫工作路径和时间节点要求，吕梁农校驻村下乡点方山县麻地会乡韩家沟村在前几年工作的基础上，2017 年，积极争取项目资金 10 万元，修筑护村排洪坝 180 米；种植绿化树 20 棵，完善文化广场建设；争取民政资金 10 万元修缮了老年活动中心，改善了村集体办公条件；协调县交通局新铺了 0.8 公里油路；配合村委新建了卫生室、图书室、公厕。村里的基础设施得到很大的改善，服务村民的功能得到了进一步加强。二是成立合作社，发展产业，实现集体经济破零。2017 年，帮助成立了扶贫造林攻坚和马铃薯种植合作社。同时，学校垫支 2 万元，选调优质脱毒种薯，村集体种植 40 亩，带动全村贫困户种植 280 亩，发展马铃薯产业，增加了贫困户的收入，村集体经济首次实现了零的突破。三是在春节、“六一”、“七一”共投入两万七千元对全体村民、学生、老党员进行慰问。

【招生就业工作】

2017 年，在市、县两级政府和涉农部门的大力支持下，吕梁农校共招中职学历教育学生 217 人，完成了年初确定的 200 人计划任务，使学校在校生规模继续保持在 600 人的态位；成人教育完成招生 59 人。学校网络教育在册人数达到了 276 人，稳定在 300 人左右规模。

（吕梁市农业学校）

吕梁会校

【重视师风建设】

2017 年，吕梁会校以德育为先导，提高教师境界。举办“道德讲堂”“优秀教师报告会”“模范教师座谈会” “师德师风建设专题讲座”等活动，宣传优秀教师的高尚品德和先进事迹，把“学高为师、身正为范”的为师标准灌输给每位教师，树立教师立足本职、教书育人的良好形象。以业务能力提升为根本，提高教师本领。通过外出培训、校内听课、集体研讨、组织赛讲等形式为教师提供了相互学习、交流平台，全面提高了教师理论水平和实践能力。

【深化课程改革】

2017 年，吕梁会校调整教学计划，完善课程体系。根据教育部合理设置学校专业的教学标准，结合实用性、技能型要求，适时调整了教学计划和教学结构，科学安排专业课程，合理设定学时比例，使课程设置更加科学、更加完善。突出实践教学，开拓办学思路。新增新建会计实习实训基地，以满足实践教学需要；加大实训实践课时比例，以提高学生实操能力；将企业搬进校园，让学生真实体验企业会计核算过程，真实操作企业实际会计核算办法。近两年吕梁会校在校生初级会计师考试的通过率明显提高，在山西省职业技术院校会计技能大赛的成绩骄人。

【加强教学管理】

2017 年，吕梁会校强化日常教学运行管理。规范教学秩序，提升教学品味，保障师生利益，进行科学管理。引入教学管理系统以减轻工作量，提高教学管理的科学化；植入教学管理新理念以激发灵感，提高教学管理效能；加入人性化管理新方法以增强满意度，提高教学管理水平。完善教务网络信息化建设管理。更新设备，培训教务管理人员、工作人员，为现代化教学管理奠定了基础。加大教学督导力度，加强对教师教案、教研、参加活动和教学全过程的检查，促进教学相长和教师间的交流协作。

【创新招就工作模式】

2017 年，吕梁会校面对现阶段中职学校招生困难的严峻形势，学校结合实际，制定具体的招生方案，采取科学招生办法，完成年初制定的招生计划。积极引导学生树立正确的职业观、择业观、创业观，结合企业大讲堂、市场招聘会宣讲、网络招聘技术支持，为学生搭建平台、寻求机会。学校创新人才培养模式，兴办企业冠名，现与凌志集团、联盛集团、山西宏特煤化工有限公司等10多家大中型企业签订协议，实行订单培养，实现“零距离”就业。学校与吕梁市离石区人民政府华唐科技集团联合培养大数据、云计算实用人才，与吕梁市农经服务中心、吕梁市财政局联合为村级培养培训一线财会人才，取得了良好的社会效应和经济效益，扩大了学校的社会声誉。学校拓展学生就业渠道，与北京商锟教育控股集团、北京启辰纪元科技有限公司、达内时代科技集团有限公司三大校企合作单位签订了联合办学协议，与大土河焦煤集团公司、凌志集团公司签订了办学就业协议，提高了学生的就业率。

【拓宽招生培训渠道】

2017年，吕梁会校为弥补招生不足给学校带来的问题，学校实行多条腿走路的办法，坚持“立足在校生，辐射毕业生，争取社会生”的函授教育理念，积极与吉林财经大学、山西省财政税务专科学校联合举办大学本科与专科函授班，现在校函授生规模稳定，函授课程安排严谨合理，教学管理规范，教学质量与水平得到了社会的认可，已经成为学校办学的重要组成部分，为学校下一步发展探索出了一条可供选择的途径。

【强化后勤管理】

2017年，吕梁会校坚持以人为本，服务育人的理念。加强和改进后勤管理工作，在物品采购方面，按规定程序有计划及时地采购各类办公用品，确保开展各项工作所需物资及时足额到位。对固定资产实行严格的登记制度，详细记录各类固定资产的使用地点和使用人，确保固定资产的完整性，对于一般消耗物品，实行严格的领用核销制度，做到节约使用；在设施设备维修方面，做到及时维护维修各类教学设备设施，保证其正常运转，提高其使用效率，延长其使用寿命；在食品卫生安全方面，坚持炊管人员岗前培训、持证上岗制度，按照《学生食堂管理办法》和《食堂卫生操作规范》要求炊管人员的操作行为，严格食品卫生安全制度，确保所售食品符合卫生要求，进一步完善了物资采购、台账制度和索证制度，从源头消除了食品卫生隐患；在学生食堂管理方面，坚持灶房卫生检查和餐厅值班制度，不断完善伙食委员会例会制度，发挥了学生伙食委员会的作用，使学生餐厅管理到位，服务质量不断提高；在校园环境卫生方面，对餐厅周围的环环境进行了路面硬化、绿化、美化，对教学楼前的、操场的花草树木进行及时的管护，做到长绿、长青、长新，进一步改善了校园环境，为广大师生创造了良好的学习工作环境。

【创建平安校园】

2017年，吕梁会校把校园安全防范和综合治理放到突出位置，实行“三防”并举，责任到人。调整充实学校综合治理工作力量，制定了相应的工作制度，层层签订了安全责任状，形成了强有力的“人防”，按规定配置了灭火器等消防器材，重点部位安装了必备的防盗窗、防盗门，薄弱部位进行了加强加固，实现了“物防”，安装与修缮升级了校园电子监控系统，提高了“技防”。组织相关科室多次对校园各个区域进行安全隐患大排查，对发现的问题及时登记在册，及时解决。充分利用墙报宣传法制常识，安全知识，提高广大师生的安全意识。学校综合管理工作卓有成效，全年无任何事故发生，平安校园的建设，为学校其他工作的有序开展提供了保证。

（吕梁市会计学校）

吕梁艺校

【教学改革】

1. 及时增设专业、调整教学内容，适应精准扶贫和就业需求。2017年，吕梁艺校根据政府精准扶贫的要求和目标，主动调整教学内容，重点加强了面向农村贫困家庭子女生源的晋剧表演、社会文化艺术（舞蹈、器乐唢呐演奏方向）等专业建设。将“教育扶贫”作为重点，采取对国定贫困县生源每生给予2000元助学金；对建档立卡贫困户学生再给予每生每年500元生活补贴；晋剧表演专业学生在给予助学金、生活补贴的基础上，一次性免除六年公寓费的多项优惠政策，进行教育帮扶，助力吕梁市精准扶贫。

2. 打破专业界限，成立4个团队，实现学生一专多能。学校组建了管乐团、合唱团、民乐团、舞蹈团，利用课余时间进行教学排练和活动，既丰富了学生专业知识，又增强了一专多能的本领，为学生毕业拓展了就业空间，得到家长和社会高度认可。

3. 对学生实行全封闭军事化管理。内容涵盖学生在校期间的各个方面。如：新生入学聘请专业教官进行军训；日常学习生活中班主任和学生一起吃住，无论是跑操、上课，还是排队点名，分区进餐、就寝，时时处处进行监督和管理；节假日正常上课，不留空当；校园内包括所有教室全部安装了视频监控，上到领导下至相关科室管理人员，随时都可通过电脑或手机实时对教学过程进行全程监控和了解等。整体校容校貌、校园卫生有了明显好转；杜绝了学生睡懒觉、上课迟到早退等不良现象，课堂教学秩序有了很大改观；就餐时没有了拥挤和杂乱，这些都是实行军事化管理的成效。

4. 提高教学标准和提升教学能力。为拓宽专业教师知识视野、增强业务本领，提高教学标准和提升教学能力，利用五一假期聘请山西戏剧职业学院副教授詹俊芬、晋中市艺术学校高级讲师何治广二位戏剧专家到校为师生授课。二位专家在近一周的教学进程中，通过课堂教学、示范辅导、座谈交流等形式，迅速提升了艺校学生的专业技能和教师的业务能力。同时为全体戏曲专业教师留下了他们宝贵的教学经验和丰富的授课方法。这些经验和方法将成为艺校提升戏曲专业教学能力的标杆和标准。

【招生就业工作】

1. 将晋剧班招生工作委托对市场更了解、更具发言权的戏迷协会，该会推荐学生近百名。

2. 将舞蹈精英班和唢呐班招生委托在本校任教、并且在业内小有名气的教师，发挥“名人效应”两个班共吸引学生100余名。艺校2017年报名人数共计260余名，经过面试最终选拔其中素质较好的182个孩子。通过大胆改革招生工作取得质和量的重大突破，连续二年招生人数均保持在近200人。受到市委、市政府和社会各界的高度评价和肯定。2017年艺校通过组织洽谈会、推荐就业等形式，就业工作取得新成效，毕业生就业率为100%，稳定率达85%以上，超过了70%的要求。通过对毕业生的跟踪调查，用人单位对艺校毕业生工作技能和整体素质予以了较高评价。

【学生管理规范化】

建立电子学籍档案。新生入学后全部进行电子信息录入。学生对口升学报名全部采取电子录入上报。按程序为学生办理医疗保障保险上报和办证。助学金严格按照程序审核发放。坚持班主任值周制度。为规范班主任考核，制定出台《班主任工作质量考核办法》《学生管理手册》，通过对学生规范的管理，得到学生和家长的认可，2017年学生无一流失。

【信息数据管理规范化】

学校为规范信息数据管理，2017年6月成立信息中心，现在所有通过系统和其他方式上报的各种数据信息全部由该中心负责，确保数据准确，报送及时。

【改善办学条件】

2017年，在经费极度困难的情况下，筹集资金50余万，新建专业教室2个，并对文化教室、专业教室、学生公寓、学生餐厅、全校供暖系统等设施进行了必要了填置和改善。通过不懈努力服务能力逐步提升，办学条件明显改善。

【服务社会】

2017年1月，为宣传党和国家的扶贫政策、展现受益群体的感恩之情、树立帮扶干部的良好形象、营造帮扶与被帮扶群体的互动氛围、引导春节元宵文化活动的主题，按照市委领导安排，由校心海乐团组织演职人员110余人，精心编排《唱支山歌给党听》（歌舞）和《春涌吕梁》（音乐）两场主题晚会赴临县、岚县、方山、中阳、石楼等6个国定贫困县开展“贫家学子感恩扶贫巡回义演”活动，共义演了8场，有近万人观看了演出，提振了贫困群众脱贫致富的信心和决心，提高吕梁市春节文化活动档次，提升了吕梁形象。受到了社会各界人士、群众的热烈欢迎和高度评价。依托吕梁艺校社会培训部，成立“吕梁市少儿艺术教育学会”，起到了规范引导全市民营艺术培训业快速发展的作用。

（吕梁艺校）

吕梁经济管理学校

【教学改革】

1. 按照吕梁经济管理学校的办学理念,2017年围绕专业知识技能的提高与职业素质的养成进行课程改革，在教学中加大诸如《现代礼仪》《职业生涯规划》《经济政治与社会》《哲学与人生》等德育课程，加强师德师风建设，强化学风。

2. 组织教学研讨，创新课程设置。每个教研室都组织教师进行教学研讨，还邀请企业专家，针对本校学生的特点和生产实践对员工技能的要求，认真制定符合职业要求的课程设置，确保学生既愿学，又能懂，努力实现教学内容与职业标准，教学过程和生产过程的无缝对接。

3. 加大实训课教学和实习力度、重视技能提升。加大实训实操课时，努力创造条件让学生增加动手的机会，实习实训课开出率达80%。加强到企业顶岗实习、工学结合力度，到三年级第二个学期时整班安排到企业第一线实践。

4. 在教学管理中加强监督检查力度：一是继续坚持领导值班制度，中层以上干部轮流值班，24小时吃住在校，重点对教学秩序、宿舍管理、门卫、餐厅等加强检查，发现问题当场处理。二是建立查课制度。安排专职查课人员，对每节课各班级的教师出勤情况进行检查登记，并当天汇总上报。校领导和教务科领导每天都不定时对教学秩序进行抽查；三是建立教学指导委员会评价制度。成立“教学指导委员会”专门负责教学督导工作，每学期组织两次教学质量综合检查，重点对教师讲课、教案、作业等情况进行检查，检查结果与教师绩效工资挂钩。

【学生管理】

1. 实行军事化管理制度。2017年学校与吕梁市西北战神企业管理咨询服务有限公司签订协议，聘请4名退伍军人对学生的两操、宿舍、作息等进行管理，减少了学生打架斗殴的行为，杜绝学生翻墙上网的行为。

2. 建立班主任轮流值班制度。把全校所有班级的班主任分组，每天对班级学生的出勤、两操、早晚自习、宿舍卫生秩序等情况进行检查，对学生的思想状况进行监控，发现问题及时处理。

3. 建立学生自我管理制度。利用学生会组织，检查从早操、课间操、早晚自习、午休到晚上宿舍熄灯后的人员在岗情况和宿舍教室卫生情况，每天公布、按月汇总，考核结果与班主任津贴挂钩。另外，学生会还对学生食堂的饭菜质量及卫生、价格情况进行监督，每周一下午召开有学生食堂管理人员参加的例会，反馈学生的意见，及时处理出现的各类问题。

【采取措施促进招生工作】

1. 以联合办学促进招生。2017年学校采用上靠下联的办法，一是与五寨师范学院、大同煤炭职业技术学院、山西省金融职业技术学院等院校联合办学。挂靠这些院校，在幼师、电子商务、机电技术应用、会计电算化、计算机技术应用等专业上采取3+2办学模式，满足部分家长与学生追求更高学历，掌握更高技能的要求；二是与柳林凌志集团、离石大土河有限公司和吕梁天源物流有限公司等大型企业签署订单培养办学协议，为企业培养员工。

2. 以就业促进招生。学校与省内外大型企业联系，安排毕业生就业。对于不满意自己岗位的毕业生，实行5年内无偿跟踪就业服务，直到学生找到满意的工作为止。学校幼师专业就业形势喜人，2017年召开的招聘会，来招聘的单位达到30多家，学生被“抢购”一空。对于不想就业的学生，学校安排专门的对口升学班，2017年学校的对口升学班成绩喜人，升学率达到100%。2017年学校招生185人。

【护工护理培训工作】

2017年，全年共培训7期学员共计1620人，学员就业稳定率在同类学校中位居前列。就业学员中的优秀学员不仅自己走出大山，用技能改变命运，还带领家人、邻居、同乡走出大山，勇闯大城市，成为众多吕梁山护工中的佼佼者。既赢得客户的认可，又得到政府的表扬。

（吕梁经济管理学校）

吕梁职业中专

【教研教改】

1. 加强教学研究。2017年，吕梁职业中专专门召开教研活动安排部署会议，统一规范教师观课议课本，明确观课议课的要求和标准，以教研组为单位组织听评课活动，青年教师上汇报课，优秀教师上示范课，对参加中高级教师职称晋升的10余名教师组织了述课评课活动，促进教师授课能力水平的提高，全年教师参与听课评课人数累计563人次。

2. 加强教学考核评价。2017年，学校分别于4月27日、6月28日、11月20日、1月26日4次对教师教案，作业批改进行了检查评比，共评出优秀教案41人次，良好教案31人次，合格86人次；作业批改优秀33人次、良好34人次，合格96人次，并给予优秀和良好的教师进行绩效奖励。

3. 注重教师基本功技能培养提高。12月28日，学校开展了“践行十九大精神”教师板书比赛活动，71名教师参加了比赛，共评出一等奖2名，二等奖4名，三等奖6名。

4. 多渠道检验教学成果。抓教师提升的落足点是在学生的学习质量。因此，在检验教学效果上，学校除了严格组织期中、期末考试的同时，也开展各类比赛。5月9日开展幼师专业音乐、舞蹈、绘画技能比赛，5月26日开展计算机专业学生图文混编技能比赛等。

【安全教育工作】

以六个坚持为手段，把安全工作置于重中之重的位置，即坚持教官、保卫人员值班、管理人员24小时巡查制、坚持日常值班与假日值班不断档，坚持安全隐患排查不放松，坚持法制教育不懈怠，坚持应急演练不麻痹，坚持安全常识教育不间断。学校至上而下层层压实安全责任，实行一岗双责，层层签订安全责任状，从而形成安全工作齐抓共管的良好局面；召开全校师生安全动员大会，对学生日常行为、交通、饮食、网络等方面的安全工作进行安排部署；邀请太原市社安消防中心主任为教职工进行消防安全知识讲座；在春季三、四月份分别组织学生进行了楼道紧急疏散演练和火灾消防安全演练；定期对校园水、暖、电、气等管网进行自查自纠，不定期对学生危险物品进行检查，消除安全隐患；对消防器材进行年检，给30余个灭火器更新了灭火粉；

对过期化学实验药品进行分类整理，加强管理，安装了双锁防盗门，利用校园广播、板报、国旗下的演讲以及班会等途径形式进行安全教育，增强学生安全意识，确保校园安全稳定。

【招生工作】

2017 年，吕梁职业中专继续利用各种途径渠道对招生工作进行大力宣传、先后在吕梁电视台播发广告 40 天，发放招生简章 3 万余份，派出招生宣传人员 80 多人次，吕梁交通台播发广告 30 天。制作学校宣传视频 20 余分钟。

（吕梁市职业中专）

吕梁高级技工学校

【创建省级文明单位获得通过】

在 2012—2015 年连续两届获市级文明单位标兵的基础上，吕梁高级技工学校积极申报省级文明单位。学校党总支始终把德育工作放在首位，在全校师生中开展了社会主义核心价值观、“弟子规”传统文化、雷锋精神、企业文化、工匠精神“五进课堂”教育活动，通过潜移默化，从灵魂深处激发学生做人做事的基本规矩和干事创业的积极性；加强师德师风建设，评比表彰师德师风建设十佳标兵，激发了教师的工作积极性和爱岗敬业精神；举办 4 次道德讲堂，邀请受吕梁市表彰的孝老敬老道德模范离石区李家沟村王晓云为全校师生讲述了他的感人故事，引起全校师生的强烈共鸣；组建青年教师和学生两支志愿者服务队，开展了志愿服务系列活动；同时，充分发挥了工、青、妇群团组织联系群众的纽带作用，开展了各种文体活动，丰富了校园文化生活。通过实地上门学习兄弟院校和市直有关单位的创建工作，学校大力开展校园文化建设，有效整治校容校貌和环境卫生，营造了良好的校园环境，并号召全体师生积极投身创建工作。12 月 5 日，学校顺利通过省级文明单位初评验收，并在山西文明网予以公示。

【开启吕梁技师学院建设新进程】

建设吕梁技师学院是吕梁市“十三五”期间的重点工程项目，经过学校多次向市委、市政府汇报争取，在张广勇副市长带领有关人员到离石霜雾都村进行实地考察论证后，市政府已将吕梁技师学院与吕梁一中、广电中心等 6 个建设项目列入吕梁市 2017 年重点建设项目，并统一安排由市新区建设管理中心进行建设。为此，市里撤销了原来组建的建设项目部，学校向市新区建设管理中心移交了相关资料，并积极配合开展后续的项目推进工作。2017 年 12 月，吕梁市新区建设管理中心重新成立了吕梁技师学院筹建领导组，吕梁高级技工学校根据筹建领导组的要求，向市新区建设管理中心递交了拟建吕梁技师学院建设规模的报告，申请用地 586 亩，开启了吕梁技师学院建设新进程。

【校企合作迈上新台阶】

学校在总结过去校企合作经验的基础上，与山西东义煤电铝集团有限公司签订了合作办学协议，成立了吕梁高级技工学校东义校区，在校企合作上迈出了全新的一步。山西东义煤电铝集团按照办学要求，对原厂区进行了维修改造，高标准配置了硬件设施设备；学校通过竞争上岗，选拔了一支优秀的管理和教学团队。2017 年 8 月 20 日，东义校区迎来了首届 300 名新同学。根据市场需求，东义校区开设了火电厂热力设备运行与检修、机械设备装配与自动控制、新型煤化工等 6 个专业。开学以来，学校制定了教学管理、考勤考核、开支审批等共 9 大类 49 项管理制度，加强了教学管理工作，为东义校区顺利开展工作提供了有力保障。经过近一个学期的教学运营，目前学校已经走上了正常、规范化的教学轨道。校企双方通过紧密合作，实现了共搭管理平台、共组师资队伍、共创培养模式、共商专业规划、共议课程开发、共同招工招生、共评培养质量、共建实习基地，为学校校企融合发展奠定了坚实的基础。2017年12月19日，山西省人大常委会副主任、省总工会主席田喜荣、吕梁市委常委、孝义市委书马文革、吕梁市人大常委会副主任、总工会主席刘凯等一行到东义校区进行调研，对该校区工作表示了充分肯定。东义校区被确定为“孝义市总工会职业技能培训基地”。

2017年，学校继续加强校企合作，和海尔集团、大地财产保险公司、山西新龙重工高分子有限公司及等企业分别签订了委托培养协议；与山西阳府井实业有限公司合作建设“吕梁高级技工学校临县实训基地”，为学生实习实训开辟了新的途径。

【狠抓一体化教学】

2017年，在原先建成的电气自动化设备安装与维修、矿山机电、计算机应用与维修三个省级实训基地的基础上，学校通过公开招标，投入资金248万元购置实训设备，新建了煤化工实训基地，建成110平方米机加工实训室、40平方米供配电综合实训室和64平方米的煤化工实训室，基本满足了学生的实训需求。学校大力推行一体化教改，新编“大型机床电气控制线路安装与检修”教材，增设了“简单电子线路的装接与检修”一体化教学课程，组织了教育新技术“课件制作培训”，并选派20名专业教师外出参加国家级和省级的学习培训，一体化教师的教学能力得到了有效提高。

【技能大赛获佳绩】

通过选拔和积极备赛，学校派出20名学生参加6月25日至30日在大同机车技师学院举办的山西省第十三届技工院校职业技能大赛。其中，12名学生参加机电一体化专业组比赛，4名学生参加瓦斯检查工项目比赛，4名学生参加矿井测风工项目比赛。经过激烈角逐，在全省99所技工院校中，吕梁高级技工学校夺得了团体第8名的好成绩，贾小东同学在理论知识竞赛中勇夺全省第一，学校受到省人社厅的表彰。

【招生就业工作】

2017年，吕梁高级技工学校面对中职学校招生竞争非常激烈的大环境，加强了招生工作力度，提早动手，采取了有效措施：一是制定了完善的招生章程，进一步明确了学校教学目标、培养方法、就业方向、资助政策等问题；二是加大对学校特色、教学管理的宣传力度，特别是实训基地建设等优势条件的宣传；三是创新招生模式，广设招生网点，先后在孝义、兴县、岚县、临县等多地设立了招生点，并组织20余名老师深入乡镇、村庄、学校，走村入户进行招生；四是组织举办了三次招生推介会议，离石、柳林、岚县等多所中学的学生和家长参加了学校的推介会，实地参观了学校的教学设备实施、教学环境，宿舍餐厅等场所；五是进一步加强校企合作，强化了就业保障，解除学生及家长的后顾之忧；六是加大学校在对口升学方面的投入，把对口升学单独列为一个板块，大力宣传对口升学招生。通过多方努力，2017年学校共招生注册566人，比2016年增加29%，比年初制定的目标任务400人多招166人，超额41.5%。其中，主校区招生266人，东义校区招生300人。

学校总招生位居吕梁市直各中职学校招生人数之首，在全省开展招生的67所技工院校中位居前列。2017年新生专业10个，教学班12个，开办专业种类创学校历史之最。在学生就业方面，通过考察协商，2017年学校安排361名学生赴青岛海尔集团、山西新龙重工集团等企业进行顶岗实习，推动校企合作逐步走向健康、可持续发展的道路。

【职业培训】

作为吕梁市委、市政府确定

的“吕梁山护工定点培训学校”、市人社局、财政局确定的“创业培训定点机构”和离石区确定的“新型职业农民培训基地”，学校紧紧围绕“一条主线、两项举措、三个创新”的培训方式，从转变学员思想观念这条主线入手，通过技能比赛和优秀学员现身说法，创新入户体验、企业对接和跟踪服务工作，2017 年培训工作开展得有声有色，培训质量稳步提高。全年共培训吕梁山护工 7 期、1819 人，就业 1362 人，就业率达到了 84%；其中，北京就业 142 人，天津就业 69 人，陕西就业 129 人，太原就业 452 人，吕梁就业 588 人。此外，受吕梁市人社局委托，学校开展首期“吕梁山护工提升班”试点培训，培训护工 49 人。完成离石区新型职业农民培训 3 期，共 269 人；完成离石区“建档立卡”农村贫困劳动力培训 81 人，其中：家政专业 24 人，电商专业培训 57 人。全年完成“吕梁山护工”和离石区新型职业农民等培训合计 2218 人，比年初制定的 1500 人的目标任务多培训 718 人，超额 47.9%。

【校园环境展现新气象】

一是投资 100 万元，对学校男生宿舍楼进行了全面改造。对 110 个宿舍地面铺设瓷砖，更换房门、吸顶灯，粉刷内墙；宿舍楼一到四层的厕所、盥洗间进行了彻底改造；门厅及走廊进行了吊顶；一到四层的台阶铺设花岗岩瓷砖。二是对小操场护工楼、护工办公室、实训室、餐厅刮、办公楼门厅、办公楼内墙等刮外墙涂料、仿瓷涂料 2635 平方米。三是对护工公寓楼、职工活动室、餐厅、茶楼房、教学楼等房屋屋顶进行了防水处理，累计 1193 平方米。四是更换新的 2T 茶炉，更换 3T 新的蓄水箱；五是栽种修剪树木，添置绿化盆景，加强了校园绿化美化工作。通过努力，学校教学、生活环境有了明显改善。

（吕梁高级技工学校）

吕梁市聋哑职业学校

【课堂教学管理】

加强教导处管理效能建设。2017 年，吕梁市聋哑职业学校进一步规范和明确了副主任、教研组长等教学管理人员的职责，分工明确、责任到人，确保教导处布置工作的有序推进和顺利完成。进一步规范和强化常态课管理，严格上午和、下午第一节课和上午最后一节课的准时上下课，对违纪者每周一通报，全年共通报 50 余人次，进一步克服了慵懒散漫的不良习气，督查教师按部就班地完成课程计划，上好了常态课。

加强教研工作，强化对教研组的管理指导，语文、数学教研组实事求是制定学期教研任务，坚持开展每周一次的教学研讨活动，并由教师轮流对每次教研活动的内容做成美篇进行了展示。2017 年着重新课标和差异化教学理论学习和开展同课异构教学实践研讨，并组织 1 次全员理论学习考试。按照教导处的安排，组织开展每学期两次的教学常规检查、上学期的学科带头人、骨干教师示范观摩教学活动，和下学期参加省区域教研活动赛讲人的选拔活动。

在学习提升上，认真组织教师参加省教科所和省特殊教育专业委员会开展的培训活动。上学期安排教研组长参加了省教育科学研究院教研室举办的“山西省特殊教育学校教师科研能力提升培训会”，暑假期间分别组织 9 位聋教学教师、7 位盲教老师在忻州和太原举办的“山西省特殊教育学校聋盲专业骨干教师新课标培训”学习，对国家新颁布的盲聋新教材课程标准有了基本的了解。

在促进教师自我成长及教学水平提升上，2017 年组织了两个活动。上学期是在 4 月 10 日—5 月 10 日一个月的时间内，组织省市教学能手、省市学科带头人、省市骨干教师郝瑞娟、李艳兰、康中莲、刘瑞英、张改荣、解宏、李小莲、王瑞华、李云等老师开展示范观摩教学活动。9位老师开出了9节课，210人次教师参加了听课。之后，语文、数学和盲部教研组分别组织有李校长和史主任参加的集中评课研讨会，授课教师做述课，听课教师做评课，大家人人发言，讲感受、谈收获、说得失、道建议，对提高课堂教学质量、提升教师教学素养、进一步加强和深化课改起到很强的现实推动作用。下学期，着重围绕省特殊教育专业委员会安排的区域教研活动，开展全员差异化教学理论学习和选拔参讲人员活动。为确保此项工作扎实有效展开，教导处先后组织召开10余次教务会议，推进该活动。在明确区域教研的目的与意义的基础上，教导处数次组织教务管理人员及教研组长，结合学校教育教学实际情况，认真讨论本次研讨活动的方法步骤。首先安排全员理论学习。要求语文和数学教研组收集整理下发有关差异化教学理论和实践的经验资料，并组织教师学习研讨，贯彻落实到一次次的教学实践中，并进行理论学习考试。其次是进行实践探索。要求全体教师应用差异化教学理论，尝试差异化教学，每人至少准备一节观摩教学课，开展起全员差异化教学实践和听课活动。在全面深入开展起差异化教学的探索性实践基础上，通过查看教案和工作业绩及平时工作表现，主要考量重点培养年轻教师和教师参与的积极性，鼓励自我推荐，语文科目的郝瑞娟、李艳兰、张玉珍、李云，数学科目的孟琴琴、王炎、曹英、解红等8位年轻教师主动请缨，报名参加差异化教学展示课的竞选，进入探索差异化教学实践的竞争角逐。对每位选手进行了两至三轮的听评课，课后以教研组为主进行全方位的分析点评，通过现实课堂和上上下下的全面训练和展示，基本了解掌握了每位教师及所选课的可塑性、可感度和可听性等优劣状况和明显差异。为了保护大家的积极性和荣誉感，采取了自我淘汰的方式，最后语文教师郝瑞娟、数学教师孟琴琴两位教师分别从语文和数学教研组中脱颖而出。在确定两位选手后，又继续对两人进行了3轮的听评课，并邀请市教育局教研室教研员参加听评课，进行针对性强的评议指导，终于把这两位教师推上了参与区域教研竞技的舞台。同时，在参与整个听评课的学习、讲授和观摩指导评议中，也考察和确定了语文教研组组长王瑞华为参与本次区域教研活动的点评教师。11月初在太原聋校参加的区域教研活动中，3位教师都较好地完成了交流研讨任务，获得好评。整体看，在参与这次活动中，听评课人数达到200人次，老师们普遍加大了研究教材、探究教法的力度。大家都认真备课，从确定教学内容到确定重点难点，从研究教法到问题设计，从时间安排到讲课过程，再到互相听课评课等各个环节，对每位老师来说是一次特教理念的转变更新，是一次能力的聚合提升，是一次心理的煎熬挑战。大家通过教研活动，每一位教师都经过备课、听课、评课等形式加大理解教材、使用教材的广度和深度，体现了团结合作的团队精神，加深了彼此之间的沟通交流，各位老师都有不同程度的提高。

2017年，为了培训教师的学习、积累和总结经验能力，学校要求教师每月写出教学反思。上下学期，每位教师写出8篇教学反思。大家在教学反思中检查是否达到教学目标，分析教学中的不足，记录教学中的困惑，感觉某种教育教学行为是否不妥当，发现自己的教育教学方法是否适合学生等。通过教学反思，经过回顾教学—分析成败—查找原因—寻求对策—以利后行的过程，逐步培养和发展教师对自我教学实践的判断、思考和分析能力，激发出教师的教学积极性和创造性，提高教师自我的教学监控能力，提升教师的专业素质和综合水平，成为教师进步的阶梯，自我提升的重要途径。

【校园文化节活动】

2017年，学校开展以班级课本剧表演为主的首届校园文化节活动，从3月份安排布置到6月初汇报演出，从学前语训班到高职班共13个班编排出了13个课本剧，内容丰富多彩、形式种类齐全，有童话剧、寓言故事剧、情景剧、课文独幕剧等等。课本剧表演使师生致力于一项创造性活动中，整个编排和表演的过程，让学生自己体验，调动学生的积极情感和表演兴趣，激发学生的主体参与意识，营造出轻松、愉快、活泼的课堂气氛，他们对文本的感受更加深刻，成为学生情感态度、人格品质个性化再生成和体现的过程，大家的心情变得开朗，目光变得敏锐，成为开启学生智慧的一扇新的窗口。充分调动学生学习的积极性，促进学生的主体参与、合作学习、整体发展及反思，成为学校以课改的理念指导和组织课堂教学，使学生的语文素养和学习的能力得到提高的一次有益实践。

【“学困生”的转化工作】

2017年，学校要求全体教师都要关注每一个学生的学习状况，落实“因材施教、分层教学”。教导处上学期制定 “学困生”培养提高档案，下学期老师们全部完善档案内容，着力“学困生”学习情感、态度和习惯的培养，使其逐步形成基本的学习习惯和积极进取的心理品质，让每一个孩子都能感到自己被老师关爱、被学校重视，从而使这部分学生的学习成绩有所提升，精神面貌有所改变。

【学前语训工作】

2017年又添置了近百万元的设备，继续派出语训教师参加高端专业培训。学生数由上年的3名扩展到2017年的6名。现在个训课、集体课、区角课完全成型，开展的深入浅出、生动活泼。丰富多彩的个别化教学、家长会、亲子游戏、公开评课活动进行的层次分明、有条不紊。激发出学生接受康复训练和参与学习活动的兴趣和热情，进一步焕发出学生家长参与和配合聋儿康复训练的主动性、积极性。经过对学生的详细评估表明，他们的听觉康复级别、语言康复级别、智龄、智商和学习能力较入学时都有了明显提升。

【学生表达训练】

2017年，学校教导处继续根据不同年级学生的认知水平制定编印了校本教材《积累与应用》。各班学生人手一套校本阅读《积累与应用》教材。编办二期《盲聋之声》校刊，刊登教师文章51篇，学生日记、作文163篇，不断巩固了师生交流学习的阵地建设。

【强化考务管理】

2017年，学校从出题制卷，到考场管理、批阅试卷、合分登分等各环节，严格标准要求，确保考试秩序规范正常，保证考试结果的客观公正，为衡量教师的工作业绩和做好绩效考核提供了真实有效的依据，维护教风、学风、考风的风清气正。

【职业技术教育】

2017年，学校在要求教师按照校本教材备课、上课，根据专业特点，规划教学行为的同时，强调以实用教学为主，讲练结合，提高学生学习兴趣，提升动手能力。要求每位教师根据自己的专业特点，至少完成2件示范作品。组织学生在制作作品中，渗透技能和审美教育。共制作成品，编织专业组完成4幅作品，手工专业组完成作品283件，实用美术专业组完成作品215幅，缝纫组完成作品101件，剪纸组完成作品139套，美容美发专业组整理发型共计1465人次，书法兴趣小组共完成作品210件，沙画培训从上年6月开始，柳林卷毛孩沙画张老师义务为我校学生每周上一堂沙画课，并与柳林县仁爱志愿者协会共同为我校捐赠6台沙画台，2017年下半年又捐赠2台。从2017年9月开始，每周六下午1:00–5:30授课，每次培训分三组进行，每组8人。学生人数已经发展到24人，不光有聋生，还有盲生。

组织评审和参赛活动，通过评比决定作品的优胜劣汰，引导作品质量的提升。在举办庆“助残”迎“六一”学生手工作品展览时，展出的剪纸、雕刻、绘画、布艺等二十余种成品，是评审小组从200余件作品中，按高、中、低段分别评选，并划分出一、二、三等奖。2月—5月，组织8名同学参加《青少年书法报》擂台赛，赵小艺在《青少年书法报》二月擂台赛中获二等奖，冯美云、闫鹏飞在《青少年书法报》4月擂台赛中获三等奖。6月，组织10名同学参加《青少年书法报》举办的“梦彩杯”第四届全国青少年书画大赛。其中霍汝汝、贺慧敏的素描作品获少年组一等奖。杜靖瑶的简笔画作品获儿童组二等奖。冯美云、赵小艺、闫鹏飞的书法作品分别获青年组一等奖。9月，李泽林老师参加“全国第15届优秀课例大赛”，课例《有趣的彩泥》获三等奖。

在助残日世纪广场宣传时，学校学生为市民义务理发10余人次，现场进行了书法、串珠、剪纸工艺制作等才艺展示，共展出作品100余件，其中美术作品10件、手工作品45件、编织作品5件、剪纸作品30件、书法作品10件。6月，理发组在校党支部组织的带领下，深入到八一社区聋哑职业学校家属院开展党员进社区“分享快乐，分享美丽”活动。为20多户居民进行了义务理发服务，受到一致好评。全年共接待各级领导专家检查、参观职教作品10余次，约200余人次。赠送礼物41份，其中手工作品34套（包括鱼、香皂、剪纸）、纸巾盒7个。

【艺术体育教育】

音、体、美教育在规范课堂教学的同时，向培养学生竞技能力努力。艺体教研组全年共开展33次教育教学研讨活动，提高教师的理论及实际教育教学水平。在5月、12月分别开展二次公开教育教学活动。加大学生课外活动力度，根据学生特长及对各专业课的学习兴趣，组织起课外活动小组，开展课外活动训练，特别是针对现在学生普遍年龄小、基础差教学设施设备不足的情况，坚持开展好每周一至周四下午的音乐、律动小组训练活动，对学生的舞蹈、音乐专业技能进行强化训练，在学生新老交替、良莠不齐的困难条件下，老师们加班加点达几十次，排练出11个舞蹈节目，音乐组排练1个演唱、10个器乐节目，圆满完成学校的所有演出任务。体育课在没有场地的条件下，坚持开展课间操及阳光体育跑步，课堂教学及课外活动。组织学生参加竞技比赛活动，七位盲生于4月13—17日参加在浙江嘉兴举办的国际陶笛艺术节比赛活动，获得陶笛七重奏金奖，个人均得优秀奖。4月28–30日盲生参加柳林县团县委开展的仁爱志愿者义演活动。6月13日参加在太原市举办的风雅陶笛原创音乐大赛活动，李安成、李东进、冯波浪均获得金奖。朗诵课在学习作品朗诵中，进行初步表演自信心及各个环节把握的舞台朗诵感觉练习，李安成、李东进、刘宇、冯波浪同学于6月14日参加吕梁市电视台，中央人民广播电台第五届夏青杯朗诵比赛，均获得纪念奖。体育课教师主要组织学生并配合市体校教师开展了备战2018全运会的强化训练。围棋组在强化基础课教学的同时，着重培养赵小艺、高旋佳、房宁等三位同学的实战能力，确保在2017年吕梁市段位赛中，与正常人同场竞技荣升2段，并在参加杭州2017全国残疾人象棋、围棋锦标赛中获得第五、六、七名的好成绩，高旋佳还获得体育道德风尚奖。

【职业高中教育】

吕梁市聋哑职业学校2016

年创办职业高中之后，经过多次考察学习，逐步完成选定专业、确定办学机制、创办实习基地、招聘专业教师、设置购买专业教材、招生宣传、购制灶具等工作。2017年开设烘焙和烹饪两个专业。有两个年级、三个班，共25名学生接受上高中职业技术。2017年，职高班以每日一上午的时间进行实训课，每周上三节烹调理论知识课、五节文化课。着重强化专业技能训练。以组织开展每月一次的职业技能比赛，激励和鞭策学生勤学苦练，不断总结和丰富经验，夯实教学质量，使学生真正掌握一技之长，为成才就业奠定扎实的基础。

烹饪专业学习原料的初加工和100余种菜类的切配；果蔬雕刻的各种手法和雕刻刀具的应用；凉菜的制作；临灶操作；各类热菜的制作；面塑制作；卡通兔、莲花、金鱼、孔雀、刺猬、花卷等6类酵面的制作。鸡、鱼、海鲜类的制作。烘焙专业学习国内最流行的干点、糕点品种以及裱花打边技术；关于配料的配比；各种西点类品种的制作；糖油拌合法和直接搅拌法两种常用的搅拌方法；各种糕点类的制作；十二生肖的裱花制作；抹胚练习；卡通生日蛋糕的制作及各种面包类的制作。

在着重强化职业训练的同时，加强思想教育和理论知识的学习。班主任及专业教师利用课余时间和周会课经常对学生进行思想道德教育及职业理想教育。以“学生课堂评价表”为载体，专业教师每天对每位学生当日课堂表现给予中肯的评价，写出评语，并给予打分，逐渐形成“比学赶超”的良好氛围。每月进行一次职业技术理论测试，每月组织一次职业技术比赛活动。在每次的比赛和展示活动中邀请校中层领导、班主任、科任教师，对学生参赛内容进行打分，并在公示栏公示分数，予以奖励。开展宣传展示，2017年5月21日，在迎接第27次全国助残日广场宣传活动中，职高班学生在世纪广场展示雕刻拼盘艺术、糕点蛋糕的制作，得到了吕梁市残联理事长及社会各界人士的广泛好评。

【安全管理】

加强安全责任管理，全面落实“一岗双责”制度，层层签订了安全责任书，做到责任到人；定期组织安全排查，发现问题及时处理或上报安全隐患；开展法制、安全知识宣传教育，以班为单位，组织学生观看校园安全视频，以吕梁市安全教育平台为依托，开展法制安全教育主题班会，出“法制安全教育”主题黑板报，普及法律、安全知识，提高了师生安全防范意识；开展一次全校师生的防范逃生及灭火器的使用演练，提高抵御和应对突发事件的能力；加强“三防”建设，人防方面，坚持领导24小时值带班和夜间巡查制度，加强对门卫的管理，做好出入登记，严格控制无关人员进入校园。技防方面，管理好现有设备，加强对校园的安全监控。为学校及各科室组织的集体和户外活动保驾护航，安排人员积极配合，责任到人，保证各项活动的安全有序进行。

【后勤服务】

加强师生饮食卫生安全管理，饭菜做到质量保证、味道可口，坚决做到了生熟食品分开存放，每日食物留样备查；组织食堂工作人员和生活教师定期进行体格检查，杜绝带病上岗操作，全面安全周到地为学生提供了优质餐饮服务，并为加值班教师服务3060人次；及时为前勤采买3.7万余元的办公用品，做到账物相符、按时发放，出入库手续完善；后勤人员勤巡视、常检查，深入一线发现问题，了解需求，及时解决了暂时和突发性水、暖、电问题，确保全年水电通达；加强对校园建筑物和设施设备的管理维护，花费6.5万元重修大门前路面；6.7万元重修教学楼大门厅前台阶，增修了绕墙绿化池，维护了教学楼楼面瓷砖；严格按照规范程序，通过政府采购添置49.52万元的学生课桌凳、聋儿测听设备、学生单人床、会议室桌椅、主席台条桌等设备；医疗室规范医疗卫生档案，做好卫生防疫工作。为学生看病500人次，为学生熬制二次预防季节病的中药汤剂。配合卫生部门筛查结核病，为50人次师生注射疫苗，配合省眼科医院专家为114名学生检查视力，查处近视眼14人、眼病2人；加强财务管理，严格执行财经纪律，实现财务管理程序化、规范化、精细化和预算化，保证了学校经费和职工工资的正常运转。

（吕梁市聋哑职业学校）

文 化

文化管理

【文化扶贫抓点带面工程】

2017年，吕梁市文化局以脱贫攻坚统揽全市文化工作全局，承担了贫困县退出14项考核指标中“行政村综合文化活动场所（地）覆盖率达到或接近全省95%的平均水平”的指导建设和考核评估工作。2017年，吕梁市文化局重点突破，全面推进，圆满完成了贫困县行政村综合文化活动场所的建设任务。中阳、柳林覆盖率达到100%，并顺利通过了省市抽查验收；交城、交口覆盖率达到100%，离石达到67%，方山、岚县80%，兴县、临县、石楼25%。

1. 科学制定贫困县退出文化行业考核评估标准。市文化局依据《山西省推进基层综合性文化服务中心建设实施方案》，科学制定了行政村综合性文化活动场所的建设的考核评估标准，即：贫困村综合文化服务中心须按照“2+5+2+1”标准建设（“2”即村级综合文化服务中心文化活动室建筑面积100平方米以上，配套建设文体广场面积不低于300平方米；“5”即文化器材、广播器材、体育器材、阅报栏广告牌、灯光音箱5项设施配套；“2”即每个行政村确定1名两委成员兼任村综合文化服务中心主任并至少配备1名文化管理员，“1”即有一套管理制度）。

2. 抓点带面培养文化扶贫示范村。按照吕梁市委安排，市文化局决定在临县林家坪镇南圪垛村实施文化扶贫试点工作。其中，在“文化娱乐村”高家圪台自然村，建设综合文化服务中心150平方米、文体广场面积1400平方米；安装了体育器材、音响、灯光和报刊公示栏等，配备了必要的文艺器材；按照图书馆、文化馆总分馆制试点要求，设立临县图书馆南圪垛服务点、临县文化馆南圪垛服务点、高家圪台棋牌室、高家圪台健身房等文体活动用房；维修戏台一座，增加文化艺术元素，建成了农村示范剧场；南圪垛村委副主任兼任高家圪台自然村综合文化服务中心主任，一名村委委员担任文化管理员。在“文体健身村”沙垣自然村，建设了沙垣综合文体活动中心，硬化场地面积1500平方米，建成一个带简易看台的国标灯光篮球场、一个标准门球场、一个综合健身场地和一处室内健身用房。在“红色传承村”南圪垛自然村，设立“吕梁图书馆南圪垛分馆”和“吕梁群众艺术馆南圪垛分馆”。新增藏书1500册、电脑4台和电子图书借阅机1台，实现了图书借阅全省联网，并免费开通了无线网络。在“南圪垛村综合文化服务中心院内”建设1个羽毛球场地、安放2张乒乓球桌，配套文化器材和体育器材，设置报刊公示栏一个。

3. 实施文化扶贫“六大工程”。一是实施公共文化服务扶贫工程。投入670多万元，为全市335个村统一采购配送文化器材和灯光音箱等设施。投入725万元建设文体广场，统一采购配送体育器材，涉及101个村。投入124万元为全市80个村配备了广播器材。为全市6个国贫县各配送一辆流动文化服务车。二是实施文化产业扶贫工程。招聘中国数字文化集团和跨国智库（北京）决策顾问有限公司进行吕梁市文化产业发展规划。三是实施艺术创作扶贫工程。围绕脱贫攻坚生态建设多次组织全市文艺工作者开展"深入生活、扎根人民"采风创作活动，创作了50部以上以脱贫攻坚为题材的戏剧、曲艺、音乐和舞蹈等门类优秀作品，并组织脱贫攻坚文艺调演。四是实施文化惠民扶贫工程。以130万元专项资金采购70场戏曲、60场歌舞用于惠民演出。组织市晋剧团、青年晋剧团深入贫困村开展了脱贫攻坚夏季攻势百日百场巡回演出。组织市、县两级文艺院团积极开展“免费送戏下乡”惠民演出活动。2017年，完成2017年免费送戏下乡任务1385场，覆盖全市13个县市区、161个乡镇、近650个行政村，惠及观众近30万人次，超额完成省政府下达吕梁市送戏下乡1045场指标任务。五是实施“非遗”传承和红色文化扶贫工程。针对吕梁沿黄四县红色文化资源集中连片特点，市文化局与沿黄四县联合着力抓红色文化扶贫工程，兴县在蔡家崖举办了红色文化旅游活动。六是实施文化人才扶贫工程。全市农村（社区）综合文化服务中心统一选聘1至2名宣传文化员。

【文化精品创作工程】

1. 围绕“中国梦”主题和重大时间节点，开展文化精品创作。市文化局举办“庆祝中国人民解放军建军90周年、迎接党的十九大胜利召开暨吕梁市第八届戏剧剧本、小戏小品、曲艺、歌词征文活动”，共征集优秀作品36件，为全市各院团创排剧（节）目提供了文本上的储备。

2. 挖掘本土文化资源和历史人物风采，开展文化精品创作。市文化局立足本土文化资源，新创作或加工提炼现有剧目。一是挖掘历史人物和当代人物风采。汾阳市创排晋剧《汾阳王》，并获得国家艺术基金资助。该剧6月10日在太原市尖草坪区文化活动中心隆重首演，之后在太原、吕梁等地完成40场巡演，服务群众5万人次。吕梁市民间艺术团加工提炼励志歌舞剧《山里娃》。兴县加工提炼晋剧《孙嘉淦》。二是挖掘中国历史文化名镇文化资源。策划创排舞剧《碛口雁来》，该剧申报2017年国家艺术基金并参加答辩会；创排了皮影小戏《梦回碛口》。三是挖掘红色文化资源。深入挖掘沿黄兴县、临县、柳林、石楼4县红色文化资源，制作6集红色文献纪录片《吕梁革命根据地》。该纪录片由中国数字文化集团有限公司拍摄制作，2017年已召开讨论会并完成部分前期资料的收集和取景工作。吕梁市民间艺术团重点提炼红色经典舞剧《吕梁英雄传》，11月底至12月初在宜春、惠州、东莞、珠海进行红色经典巡演。吕梁市晋剧院有限公司提炼晋剧《刘胡兰》。孝义市取材于真实故事，创排人偶说唱小戏《红军娃》，获首届延安戏剧节金奖和全国第八届中华颂小戏小品大赛金奖。此外，孝义市还创排皮影戏《刘胡兰》《母亲之歌》《邓小平在下堡》和《鸡毛信》等。四是挖掘脱贫攻坚题材。2017年新创排脱贫攻坚题材剧目3部，分别是：碗碗腔现代戏《枣花》、临县道情戏《吕梁护工》和石楼道情戏《彩凤》。其中，《吕梁护工》被省文化厅选调，代表吕梁市参加了山西省文化扶贫剧目展演活动。

3. 传承中华优秀传统文化，移植、复排优秀传统文化精品。

吕梁市晋剧院有限公司和青年晋剧院有限公司强强联手，推出精缩版晋剧《打金枝》《金沙滩》，孝义市移植碗碗腔《赵武娘》《福寿镜》，复排晋剧《花中君子》、大型木偶戏《孙悟空三打白骨精》、皮影戏《闹东海》等10多部传统剧目。这些传承中华优秀传统文化的剧目，进农村、入校园，在演出中收到了良好的社会效益。

4. 组织文艺工作者开展“深入生活、扎根人民”主题创作实践活动。2017年，市文化局组织市直文艺院团文艺工作者分赴临县林家坪镇南圪垛村、兴县蔡家崖，参观中央西北局、晋绥联防军司令部旧址和兴县晋绥边区革命纪念馆，重温红色记忆；赴市文化局帮扶点方山县积翠乡冯家庄和凤翼村，了解农村群众生活现状和脱贫攻坚实效。文艺工作者每到一处，为当地村民献演优秀舞台剧（节）目，全面共组织4次创作演出采风活动，演出20余场。通过与基层群众交流互动，文艺院团工作者汲取了新鲜营养，提升了艺术品格，为提炼文艺创作选题打下了坚实的基础。

【“全民阅读·书香吕梁”工程】

1. 组织开展“全民阅读月”系列活动。2017年是倡导和开展全民阅读活动11周年，为营造浓厚的全面阅读氛围，4月22日，市文化局举办了“全民阅读月”系列活动启动仪式暨“诵读经典·演绎书香”主题晚会。系列活动共举办“沐春风·诵经典·品书香”主题诗文朗诵会、百种优秀读物展示展销等10余场主题活动。市文化局微信公众号“文化吕梁”定期向读者推荐图书，共33期264册；定期向读者分享读书心得48篇，阅读量达9000人次，大大激发了广大市民的阅读热情，推动了“书香吕梁”工程的实施。

2. 组织开展“我的书屋·我的梦”农村少儿阅读实践活动。2017年，围绕“我的书屋·我的梦”主题，市文化局鼓励农村中小学生、农民在参加农家书屋阅读实践活动的基础上，用自己生动质朴的语言书写在农家书屋读书、实践的收获和感受。有条件的农家书屋组织高年级学生开展了“暑期我当管理员”活动、学生家长伴读“小手拉大手”等活动。全市共收到征文54篇，筛选出优秀文章小学组和中学组各3篇。

3. 组织开展农家书屋出版物补充更新工作。按照国家新闻出版广电总局和省新闻出版广电局印发的《2017年农家书屋重点出版物推荐目录》要求，根据农家书屋补助资金政策，完成了岚县、柳林、中阳、孝义、方山、石楼等县的农家书屋出版物更新计划报批和采购清单报送工作，采购图书12万余册，涉及金额269万元。

【公共文化基础设施建设】

1. 市图书馆暨文化广场和市群众艺术馆暨文化广场“两馆”建设等项目取得重大进展。市图书馆暨文化广场建设项目总建筑面积26500平方米，于2017年11月30日主体完工封顶。市群众艺术馆暨文化广场建设项目已完成开工前全部工程手续，2018年春即可开工。市体育馆停车场、路面、健身广场及休闲健身场所维修改造工程已经完工。吕梁游泳馆试运营成功。积极推进市体育场维修改造工程，着手体育场维修改造的前期准备工作，做好调查摸底和数据统计。

2. 服务社会，惠及群众，群众文化体育活动更加活跃，人民群众参与度大幅提升。印发《吕梁市“欢乐度两节·喜迎十九大”系列文化惠民活动方案》。春节、元宵节“两节”期间，组织举办了8场文艺专场晚会；组织“和谐吕梁·文化惠民”消夏文化活动，举办市区专场文艺演出8场；2017年全市各级共举办有规模的群众文化活动140余场（项），参加活动群众人数约

66万人次。在全市3111个行政村完成公益电影放映37332场；在全市250所学校，放映2250场电影，圆满完成了“一村一月一场”和县级以下寄宿制学校“一月一场”的公益电影放映任务。贯彻落实《吕梁市全民健身实施计划（2016-2020年）》，积极开展以“强健体魄·共享青运”为主题的全民健身活动。8月8日，举办吕梁市“全民健身与青运共行”系列活动启动仪式。全市共举办体育活动近1000场，参与群众人数90万人次。贾家庄拔河代表队代表山西参加农民健身秧歌及广场舞比赛获得一等奖；离石区代表队参加江西宜春农耕大赛，获得团体第六名；吕梁市广场舞协会参加全国广场舞总决赛，获得三等奖。

3. 竞技体育各项工作圆满完成任务，基础更加稳固。完成田径、乒乓球、篮球等9个项目340名运动员的注册。省运会上，吕梁获得2金、2银、13铜，64个名次，总分278。同比增加2金、1银、8铜，88分，增幅45%。省锦标赛上，吕梁获得武术16金、田径6金、足球1金、羽毛球1金、乒乓球2金。承办主办体育赛事活动。文水县承办“吕梁英雄杯”全省桥牌比赛；中阳县承办山西省武术套路锦标赛。做好“二青会”吕梁赛区前期筹备工作。

【非物质文化遗产传承保护】

1. 推动非物质文化遗产传承保护立法。2017年8月9日，《吕梁市非物质文化遗产保护条例》经吕梁市第三届人民代表大会常务委员会第十六次会议通过；9月29日山西省第十二届人民代表大会常务委员会第四十一次会议批准，于11月1日起施行。《条例》的施行，在法的层面，为吕梁市非物质文化遗产的传承保护提供了依据。

2. 做好非物质文化遗产传承保护常规性工作。公布第9批市级非物质文化遗产名录项目和第5批市级非物质文化遗产项目代表性传承人。推荐7个国家级非物质文化遗产项目、10个国家级代表性传承人和国家级晋中文化生态保护区吕梁片区申报2017年度中央补助资金。组织国家级非物质文化遗产——岚县面塑参加了第六届中国成都国际非物质文化遗产节。组织第12个文化与自然遗产日期间的宣传展演展示活动，举办吕梁市伞头秧歌交流大赛。组织完成125个“乡村文化记忆工程”展览馆的普查工作，其中，已建好展览馆68个、正在布展14个、筹建中43个。2017年全市组织非物质文化遗产培训班百余场，受益人数2600余人次，尤其是市文化局与岚县文化局联合开展的以脱贫攻坚为主要内容的岚县面塑培训班。

【文化与旅游融合】

1. 利用展览展会平台，文化体育产业宣传力度加大。组织文化体育企业和项目参加深圳文博会、东盟博览会、第三届山西文化产业博览会及2017中国体育文化博览会和中国体育旅游博览会“两博会”等展览展会。“两博会”上吕梁5个文化体育旅游项目进行推荐，其中吕梁山苍儿会生态文化旅游景区和交城县果老峰户外休闲运动小镇成功入选“2017中国体育旅游精品项目”。山西文博会上，吕梁市6条文化旅游融合发展的旅游路线、22家文化企业、33类展品进行了展示，共发放宣传资料2万余份，签约金额达27.12亿元。东盟博览会上，中阳剪纸进行了展示，市文化局获“优秀组织奖”。

2. 推进非物质文化遗产、演艺、体育项目进景区。非物质文化遗产项目进景区。交城县非遗保护中心在卦山景区设立非遗创意产品和文化旅游产品推广展销平台；孝义市以国家级非遗项目孝义皮影、木偶、碗碗腔为主要项目，建成含展示、传习、演艺、产品展销为一体的非遗文化体验中心，在AAAA级景区三皇庙免费开放。做好演艺活动进景区。

2017年，全市共组织戏曲、演艺节目进景区480余场。离石区打造的《烽火吕梁》《血战王营庄》等乡村实景剧有力地带动了当地旅游业的发展。孝义市创排了大型实景水秀表演《水舞孝·义》国庆节成功试演。组织体育活动进景区。汾阳贾家庄、交城庞泉沟、离石信义景区成功组织了拔河、马拉松、山地自行车等体育活动。这些非遗项目、演艺、体育活动进入景区，有力地促进了文化、体育、旅游的融合发展。

3.打造品牌文化节，宣传当地特色文化，带动经济发展。一年一度的孝义市贾家庄“三皇文化节”、岚县的面塑文化节均已经成功举办了十一届，成为吕梁市在省内外的文化节庆品牌。临县碛口的“枣儿红了”红枣旅游文化节、前青塘村的“青塘粽叶香”民俗文化节，柳林盘子年俗文化节等节庆品牌，在带动当地经济发展的同时，提升了当地的文化知名度。

4.打造文化产业园区、基地。汾阳市贾家庄腾飞文化传播公司被评为“山西省文化产业示范基地”后，市文化局继续加强与该公司的联系，指导贾家庄腾飞文化传播公司在已有汾州民俗文化园、贾家庄村史博物馆、马烽纪念馆、工业文化创意园和三晋民俗文化体验地“贾街”的基础上，着力打造作家村，为下一步建成国家级文化产业园区奠定基础。离石区信义镇大力培育文化体育产业，发展体育项目的同时，积极融入乡村实景剧、民俗街等文化元素，逐步向文体旅游小镇方向发展。市文化局命名山西大万源有限公司为“市级文化产业示范基地”。

5.做好文化体育产业项目和资金申报工作。项目申报方面：向省新闻出版广电局改革发展项目库推荐改革发展项目10个，推荐实体示范书店7个，其中吕梁广播电视台的“掌上吕梁”和文水广播电视台的智慧城市手机APP平台建设项目被列入国家项目库。推荐3个单位和项目申报国家体育产业示范基地。推荐8个体育产业项目参加全国体育产业大会展示，并全部入选2018年全国体育产业重点项目招商专题平台。资金申报方面：文水县公共体育场田径跑道和足球场项目申请建设资金480万元。交口县体育场申请中央预算内补充建设资金120万元。文水苍儿会雪恩集团申请中央文化产业贷款贴息补助资金100万元。推荐10个文化广电体育项目申报中央财政文化产业发展专项资金和省级文化产业专项资金。

6.体育彩票销售实现历史新高。2017年，吕梁市体育彩票销售额继续保持总量全省第三的成绩。全年体育彩票销售达到3.36亿元，同比增长1.19亿元，增长幅度达54.83%，超额完成省体育局下达的2.9亿元销售任务，实现了吕梁体彩销售的历史新高。在2018年全省体彩工作会议上，市文化局作经验交流发言。

【构建先进文化安全传播体系】

1.重大时间节点安全播出工作。2017年按照属地管理和分级管理的要求，根据“一把手”负总责和“谁主管，谁负责；谁运营，谁负责”的安全播出保障工作责任制，成立吕梁市广播电视安全播出指挥部。层层落实责任，排查整治隐患，加强值班值守，完善应急预案，及时汇报工作，完满完成元旦春节、五一长假、“一带一路”、沙场阅兵、金砖国家领导人厦门会晤、国庆中秋和党的十九大等重大时间节点的安全播出任务。

2.中央无线发射台站基础设施改造工程。按照省新闻出版广电局要求，完成市龙山电视转播台、市4648台、市4841台、市广播电视转播台等7个无线发射台站基础设施改造工程；完成吕梁市微波电路的升级改造，4个高山台站全部更换了转播吕梁电视台的发射设备。

3.境外卫星电视转播秩序得

到明显好转。完成广播电视直播卫星户户通工程建设任务。制定《吕梁市非法卫星电视地面接收设施专项整治实施方案》，调整吕梁市非法卫星电视地面接收设施专项整治联席会议制度，加大整治力度，2017年全市出动执法车辆580辆次，执法人员1560余人次，对酒店宾馆、电子市场、批发零售企业门店多次进行检查，共查封接收设施20套，取缔非法销售地面卫星接收设施经营户33户，取缔非法地面接收设施110余套，查处非法经销点52处，收缴小锅盖82个、高频头131个、机顶盒52个，有力遏制了全市非法卫星电视地面接收设施的蔓延。

4. 新闻出版行业管理。开展新闻出版记者证年度核验工作，全市14家媒体近400名记者参加年检；开展连续性内部资料性出版物年度核验工作，18家内部资料性出版物通过年检；开展出版物发行单位年度核验工作，151家单位通过年检，其中，新华书店系统16家、民营单位135家；开展印刷企业年检工作，全市94家印刷企业参加了年检；在"4·26"世界知识产权日期间，开展2017年侵权盗版及非法出版物集中销毁活动，对全市收缴的2万多册（盘）盗版图书（光盘）进行了集中销毁。积极开展"世界知识产权日"系列活动，在《吕梁日报》刊发知识产权公益广告，在广场、新华书店、电影院等地张贴绿书签，海报30余份。继续巩固政府机关软件正版化工作成果，将政府机关单位规范经费保障、使用管理、日常监管、年度报告等4方面的检查作为考量软件正版化工作的关键环节。

【文化行政综合执法改革】

2017年，由市文化局代拟稿，以市委办公厅、市政府办公厅名义印发《关于进一步深化文化市场综合执法改革的实施方案》（吕办发〔2017〕59号）。《实施方案》的出台，为吕梁文化市场综合执法改革任务的完成打下了坚实的基础，改革将于2018年上半年全部完成。

【文化经营场所日常安全生产监管】

2017年，吕梁市文化局开展"两节"期间专项保障行动；做好2017年春节中小学教辅材料出版发行专项检查；加强文化经营场所安全生产监管；集中开展校园及周边文化市场专项整治；规范网吧市场经营秩序，安装系统监管软件"文网卫士"，全市软件安装率达到100%，软件在线率超过98%。在党的十九大召开期间，由副市长李俊平带队，市、区两级文化市场行政综合执法深入吕梁市城区文化市场进行了3次实地检查。2017年，全市各级文化市场综合执法队出动执法人员5421人次，行政执法车辆余880台次，检查文化经营户5100家次，责令停业整顿42家，检查互联网上网服务营业场所382家，停业整顿32家，取缔无证经营网吧6家。检查书店130家，查缴非法出版物、盗版图书、格调低下口袋本7200余册。检查娱乐场所76家，责令停业整顿10家。检查广播、电视地面卫星接收设施销售点30家。检查印刷经营单位70家，责令停业整顿2家。

【"扫黄打非"】

2017年，吕梁市文化局发挥"扫黄打非"文化执法主力军作用，组织开展网络淫秽色情信息专项治理，深化查堵非法有害出版活动治理、全市印刷企业专项治理等多个专项行动。开展"扫黄打非·护苗2017""秋风2017""净网2017""清源2017""固边2017"专项行动，出动执法人员240余次，车辆15台次，检查书店62余家、网络视频直播间8家、印刷厂31家、收缴非法报刊200余份，责令关闭违规开展视听节目服务直播间8家，全面净化了文化市场。

（吕梁市文化局）

新闻办

【新媒体传播】

2017年市新闻办创办有“一网四新”宣传阵地，“一网”为“吕梁网”，是省里备案的市属三大新闻网站之一；“四新”为“吕梁发布”微信公众号、“吕梁发布”官方微博、“吕梁发布”今日头条号、“吕梁发布”澎湃政务号。“一网四新”是市新闻中心开展对外宣传的主要渠道，年刊发、转载各类稿件近万条。为进一步提升“吕梁发布”新媒体群的影响力，2017年，市新闻办从内容筛选、版面设计等方面入手，大力改进新媒体宣传内容和形式，在确保权威性的同时，尽可能增强发布内容的可读性和吸引力，使“吕梁发布”四个新媒体平台粘合力越来越强。“吕梁发布”新浪官方微博，粉丝19万；“吕梁发布”微信公众号，粉丝33万，传播力超过全国86.53%的公众号，其中《温家宝到山西吕梁农村中学作地理讲座》阅读量超过10万+，在中新社发布的山西政务微信影响力排行榜中，“吕梁发布”微信公众号长期位列首位；“吕梁发布”今日头条号，累计阅读量已突破793万，相关指数超过全国93%的头条号，在7月政务头条号排行榜中，“吕梁发布”位列全国地市头条号影响力排名第六位，是山西省唯一一家上榜的地市宣传头条号。2017年8月20日，市新闻办又与澎湃新闻联系，将吕梁发布正式入驻澎湃新闻问政平台，四个月累计发稿100余条，阅读量达到97万次，澎湃新闻网专门发函对吕梁发布做出的努力和取得的成绩表示感谢。通过一系列的举措，“吕梁发布”成为吕梁市对外宣传一张靓丽的“名片”，不仅市内干部群众关注，市外各界人士特别是媒体记者把“吕梁发布”作为了解吕梁发展变化的重要窗口。作为媒介融合改革举措的一部分，“吕梁发布”新媒体群的建设受到了省、市改革办的充分肯定，《吕梁改革信息》46期专门就新闻办的此项工作进行了刊发，并收入2017年度《吕梁市全面深化改革成果汇编》。

【对外宣传】

2017年，按照市委“塑造吕梁美好形象”的决策部署，吕梁市新闻办公室借助国家、省级媒体宣传资源，以重大活动、重要会议为载体，上下联动、集中发力、立体传播，形成了对外宣传的三个全新格局：形成了中央、省级媒体直接参与吕梁重大活动的新格局。2017年市新闻办加强与新华网、中新社、人民网、山西新闻网的合作，在市委、市政府组织的欢送“吕梁山护工”、脱贫攻坚推进会、大数据产业发展推介会、全国林业扶贫现场观摩会、汾阳酒文化博览会等大型会议和活动期间，直接把中央、省级主流媒体采访团队请到吕梁、请到会议和活动现场进行报道，组团采访报道吕梁的重点工作，在各大媒体刊发了《政府扶志 市场孵技 脱贫品牌“吕梁山护工”见闻》《撸起袖子抓扶贫！吕梁打响2017脱贫攻坚“第一枪”》《“春”去“夏”来，吕梁市“脱贫攻坚”不停歇…》《吕梁市生态扶贫进行时！增绿、增收兼具，吕梁有“秘籍”》《吕梁脱贫攻坚新动作！“三五工程“攻坚”深度贫困》《数谷吕梁！“秀”出资源吕梁的全新打开方式》等一批富有现场感和传播力的稿件。形成省、市、县外宣部门联动开展外宣活动的新格局。与省外宣办对接，争取各种重大外宣活动落户吕梁。2017年，先后组织了“中国民航看山西”吕梁采访活动，在中国民航报和民航杂志刊发《走进吕梁：古老热土的产业转型》《吕梁：山水浸润红色浓》等7篇大篇幅的报道；组织了由国务院参事忽培元带队的“美丽中国梦、生态中国行”吕梁行大型采风活动，在“新华网”“人民网”“中国新闻网”等媒体刊发相关报道40余篇。

组织了刚果（金）新闻媒体人员研修班到晋采访活动、荷兰国家电视台在碛口采风活动。形成省级以上媒体日常采访上下联络、市县配合的新格局。2017年，市级层面共接待省级以上媒体记者76批次290余人，包括中央电视台、新华网等大媒体的数次专题采访，每批次采访市县新闻办都积极配合，协调相关部门尽可能为记者提供详尽资料，为市外记者讲好吕梁故事、传播吕梁声音全力服务，全年市县新闻部门通过多种渠道在省级以上媒体刊发宣传吕梁的稿件达3000余篇（条），其中中央主流媒体发稿达300余篇，无论是数量和质量都创历史新高。此外，还制作外宣片《韵动吕梁》，以10万张图片凝结成4分钟的短片，在深圳文博会和2017年组织的各场新闻会上进行宣传展示，彰显了生态家居、幸福美丽的吕梁形象。

【政务信息公开】

2017年，市新闻办贯彻落实市政府《关于进一步加强全市信息发布和政策解读工作的实施方案》，加强新闻发言人队伍建设，以新闻发布会为主渠道，积极推动政务信息发布和政策解读工作的制度化、规范化。一是新闻发言人队伍进一步健全。对市县两级28名新闻发言人进行重新核准、登记，并报省政府新闻办向外界进行公布；重新报送、审核、确定市直各单位新闻发言人139名，将通过“吕梁发布”向全市公布。组织85名新闻发言人在武汉大学进行为期一周的专题培训，为新进新闻发言人开展工作提供了理论和实战指导。二是新闻发布工作增量提效。实施了新闻发布会通报制度，加强了对市直单位和各县市区新闻发布工作的督促指导，全市年召开新闻发布会50余场，其中市级层16场，主要围绕汾酒号列车开通、大数据产业推介会、旅游季活动、脱贫攻坚青春榜样评选、迎接十九大全警保平安、公安重大案件通报等工作进行了新闻发布，特别是市新闻办在太原组织召开的几次新闻发布会，每次邀请媒体达40余家，发稿50余篇，被新浪、搜狐、网易等门户网站转载数百次，为相关工作的开展营造了强大的舆论声势。三是政务信息发布及时有效。本着推进政务公开透明、便捷人民群众的原则，加大了政务信息的公开，《关于进一步放宽户口迁移政策深化户籍制度改革的实施意见》《关于继续下放一批行政职权事项的决定》及“吕梁市区2017—2018年度采暖季供热应急方案”“吕梁市重污染天气预警”“吕梁市实施重中型货车靠右通行交通组织通告”等一批涉及老百姓切身利益的党委政府决策部署和有关部门的通知公告，在吕梁网和吕梁发布进行了刊发推送。

【舆论引导工作】

舆情预警研判处置工作进一步加强。2017年，市新闻办向市委、市政府报送《媒体动态》24期，通过新华网舆情服务平台编制《每月舆情分析报告》12期，《专项舆情报告》4期，为市委、市政府和有关部门把握舆情处置的“时、度、效”提供专业化、精细化的服务。重点舆情正面回应适时适度。针对媒体报道的中阳七旬老人倒鸡蛋、世界史不是历史等舆情，与相关单位认真研究起草回应稿件，通过各种平台积极进行回应，维护了政府在公众中的形象；针对可能引起炒作的交城一企业金属镁燃烧事件、石楼任石生事件、柳林公安围墙坍塌事件等，及时指导相关县妥善处置，通过“吕梁发布”进行了回应，化解了舆情危机。媒体沟通协调效果良好。针对媒体有负面报道意向的中华财险为枣农入保、交城文水汾阳土炼油、方山于成龙廉政文化园等事项，主动与中央电视台、《南方周末》、《财经》杂志、澎湃新闻等媒体进行沟通，协调有关部门向媒体提供准确真实的数据和资料，主动向媒体做好解释沟通工作，务力把负面影响消除在萌芽阶段。

【脱贫攻坚】

2017年，按照市委以脱贫攻坚统揽经济社会发展全局的部署要求，市新闻办从两个方面扛起了脱贫攻坚的重任。一方面，高起点策划、高规格布局，借助中央、省级主流媒体全方位、多角度、立体化、融合式推进脱贫攻坚新闻宣传和舆论引导工作，仅中央媒体就推出《山西吕梁力推生态扶贫、让绿水青山变金山银山》《山西吕梁：健康扶贫“治贫病开富方”》《山西吕梁奋力脱贫攻坚：干群同心打好组合拳》等100余篇反映吕梁胶脱贫攻坚工作的大稿件，特别是中央电视台《朝闻天下》栏目和《生态中国》频道，分别就吕梁山护工和生态建设分别推出8集和9集专题报道，每集达15分钟。强有力的新闻宣传，为吕梁打赢脱贫攻坚战役的胜利，吹响了冲锋号，鼓足了精气神。另一方面，狠抓单位定点扶贫。2016年，市委确定市新闻办定点帮扶岚县岚城镇双井村以来，双井村的脱贫发展就成了单位的头等大事，双井村每一个项目的实施、每一户贫困户的脱贫都倾注了工作队员、第一书记的汗水。2017年协调水利部门为该村实施了73米、日出水4吨的深井项目，解决了双井村梁上用水问题；协调发改部门投资80余万元实施了村主干道排水和硬化、田间路整修项目，解决了田间路不能通行农机具、雨天无法出行的问题；协调交通部门修建了邻村阳弯的另一条道路，解决了双井村入村和出村能够循环的问题；协调农经部门修建了双井梁上小广场建设项目，同时利用扶贫经费投入8万余元为双井沟底修建了文化广场；协调组织部门为该村修缮了标准化村级组织活动场所；帮助100余户贫困户落实了农机具补贴、粮食植补、危房改造、门窗更换、种子地膜补贴、低保、光伏扶贫等10多项惠农政策；加强了村级组织建设，协助完成了村“两委”换届工作。同时，单位在前期派出3名第一书记的基础上，2017年又响应组织部门的号召派出乡镇挂职干部3名，为全市脱贫攻坚工作给予大力支持。

（市新闻办公室）

吕梁日报社

【“两学一做”学习教育宣传】

2017年，吕梁市“两学一做”学习教育活动开展以来，《吕梁日报》新闻报道点面结合、把握重点、反映亮点，宣传学习贯彻十八届六中、七中全会精神，学习贯彻习近平总书记系列重要讲话精神的动态新闻，在报纸一版、三版开设了《“两学一做”在吕梁》《学党章党规、学系列讲话、做合格党员》《学好讲话、维护核心、讲好故事》《第一书记的故事》等专栏，共发稿240余篇。在报纸一版、三版开设《认真学习习总书记视察山西重要讲话精神》《撸起袖子加油干，建设美好新吕梁》等专栏，共刊发专题稿件100余篇，全面展示全市各界学习贯彻落实习总书记视察山西讲话精神的新面貌。

【脱贫攻坚系列报道】

2017年，吕梁日报社采取多渠道、大范围、深层次等方式宣传报道各县（市、区）、各级各部门脱贫攻坚“春季行动”“夏季攻势”“秋季会战”及“冬季对标”工作，在一版、二版、三版和晚报版开设《记者新春走基层 讲述脱贫好故事》《精准帮扶 脱贫攻坚》《精准帮扶 脱贫攻坚·春季行动》《脱贫攻坚·夏季攻势》《脱贫攻坚·秋季会战》《脱贫攻坚·冬季对标》等专栏，采访部室派出大量骨干记者来到田间地头，深入采访脱贫攻坚中的先进人物和典型事迹，写出了一大批有温度、沾泥土、带露珠的好稿件，共发稿1000余篇。特别是进行了专栏、专刊化报道，形成大规模、大气势、大影响。

【"两提一创"大讨论宣传】

2017年,《吕梁日报》在一版、三版开设《扎实开展"两提一创"大讨论活动》动态专栏,共发稿100余篇。

【"民生"新闻报道】

2017年,吕梁日报社坚持服务群众的理念,围绕衣食住行、教育、医疗等老百姓关心关注的问题,多角度、全方位地报道吕梁的"民生民事"和讲述"吕梁好故事"。政教专刊围绕群众关心的热点、焦点问题,在特点时段节点组织推出了《春节系列特刊——回家的故事》《关注中考》《我市共享单车观察》等专刊;《吕梁日报》晚报版围绕脱贫攻坚、社会主义核心价值观等主题,主动策划宣传报道主题,开设"脱贫攻坚""孝老敬老、爱满吕梁""魅力吕梁精彩故事""吕梁故事 红色记忆""传承好家风""关注今年供暖""暖心暖意"等专栏,刊发《米志兵:与群众"结穷亲"帮群众"挪穷窝"》《石楼县:甜蜜公益在行动》《一门三孝子 尽孝在床前》《家风是润物无声的力量》《赶上好时代,我们享福了》《唯有担当能成事》《汾阳市供热升级做加法 空气污染做减法》等稿件,共发稿200余篇。

【环保宣传】

2017年,为展示吕梁市环保工作成效,《吕梁日报》开设《铁腕治污行动》《环保督查 边督边改》《环保整改进行时》等专栏,共发稿160篇,刊发了中央督察组、省委督察组环保督察处理结果公示40余批;围绕集中供热全覆盖、棚户区改造等重点工作,开设了《聚焦棚户区改造》《聚焦市区集中供热全覆盖》等专栏,共发稿30余篇,使建设生态吕梁的观念深入人心。

【"三基建设"宣传报道】

2017年,《吕梁日报》开辟《"三基建设"在吕梁》专栏,刊发大量"三基"建设方面的稿件,在全省学习贯彻十九大精神加强"三基建设"市县现场推进会报道中,以通版的方式刊发《强基固本 浴火重生》《风清气正筑堡垒》《"梁宝精神"引领脱贫路》等30余篇稿件,全方位、多角度地展示了全市"三基建设"工作成效。

【"吕梁山护工"宣传报道】

2017年,吕梁日报社确定采访选题,策划采访方案,采取"消息+侧记+评论"的方式,全方位、多角度地宣传报道了市委书记亲自欢送十三批"吕梁山护工"活动;在吕梁山护工北京就业推介会的新闻报道中,不仅报道简单的会议消息,还精心设计了版面,并配发了侧记、评论、摄影专刊,在会前刊发《走出大山幸福来》《凝心聚力开启新征程》等3篇工作综述;为讲好"吕梁山护工"故事,吕梁日报社派出几路骨干记者深入省内外的家政公司和医疗机构,采访"走出去"的护工和家政服务员培训就业中的感人事迹,采访自主创业的"吕梁山护工"典型,为打响"吕梁山护工"特色品牌营造了浓厚的舆论氛围,共刊发各类稿件150余篇。

【"走转改"宣传报道】

2017年,吕梁日报社围绕"脱贫攻坚""生态扶贫""文化旅游扶贫"等主题,组织全体记者到工矿企业、田间地头,进行体验式、调研式采访,全方位地展现了全市各行各业投身脱贫攻坚工作的成效,并配发记者采访手记和短评,在《记者新春走基层 讲述脱贫好故事》栏目,刊发了《科普东风暖人心》《精神食粮惠民生》等稿件30余篇,全年共刊发各类稿件200余篇。

【中共十九大宣传报道】

1. 在十九大召开前,吕梁日报社以全方位、大视角的方式,开辟《砥砺奋进的五年——喜迎党的十九大系列报道》大型专题报道,刊发《策马扬鞭再奋蹄》《产业扶贫星火燎原》等11篇系列报道,又推出系列子栏目4个;转载《将改革进行到底》等一系列政论专题片解说词；在十九大召开前夕开辟《十九大时光》栏目，刊发各类喜迎十九大稿件50余篇，及时转发了人民日报评论员文章等，为十九大胜利召开营造了良好舆论氛围。

2. 在十九大召开期间，《吕梁日报》与《人民日报》进行对版，高水平、高质量地转发了党的十九大会议盛况；用八个晚报版整版全部刊登《进入新时代 谱写新篇章——党的十九大报告关键词》，分报告原文、会内解读、会外连线三部分，对报告关键词进行解读；综合人民日报、新华网等主流媒体稿件，分《坚持以人民为中心》《十九大报告为什么用了57个“心”》《百姓更有获得感幸福感》等八个部分对十九大报告加以解读。

3. 十九大召开后，推出《全面学习贯彻落实十九大精神》栏目，刊发全市学习十九大精神的新闻50余篇；开辟《新时代新气象新作为》栏目，发稿100余篇，在政教专刊开辟了《十九大知识百问》栏目中共发稿34篇；在晚报版继续加大对十九大精神的宣传力度，在《新时代 新气象 新作为》专栏刊发了《脱贫路上不掉队》《猪粪用来养蚯蚓 环保致富两不误》等贯彻党的十九大精神的稿件，为全面贯彻落实十九大精神营造了浓厚的舆论氛围。

【打破常规，勇于创新】

2017年，吕梁日报社在重大事件宣传报道方面寻求创新，在做“精”“深”“准”“活”四个字上下功夫，即“精”，就是倾力选好稿件；“深”，就是增加报道深度，加强系列报道策划；“准”，就是时政报道、会议报道要及时、准确；“活”，就是形式上灵活多样，内容上丰富多彩，加大版面的视觉冲击力，利用大照片、组图等形式，提高版面的审美效果。在“汾酒号”开通报道方面，从4月12日开始在报纸报眼位置刊发“汾酒号”开通标语，刊发关于“汾酒号”正式开通新闻发布会、首发仪式活动新闻报道的消息，专门开辟“乘‘汾酒号’专列，游吕梁山风光”“打造最美旅游季”等专栏，刊发部分搭乘“汾酒号”列车旅客的深切感受，并配发新闻图片和相关链接，受到社会各界的好评。在“打造最美旅游季”、省农博会、“数谷吕梁，智赢未来”、全国林业扶贫现场观摩会、吕梁山护工北京就业推介会、全省加强“三基建设”市县现场推进会等重大活动的宣传报道中实行提前总体策划、通版设计，好中选精地组发稿件，给人以耳目一新的感觉，达到版面视觉效果精美的目的。

【突出专题评论，强化旗帜引领】

为了更好地服务全市中心工作，2017年，吕梁日报社在理论评论版上开设“深入学习习近平同志系列讲话精神”“深入学习贯彻党的十九大精神”以及“思想纵横”“理论”“观察与思考”等专栏，编发了45个版，发稿170余篇；结合全市重点工作，共撰写《弘扬吕梁精神 深化落实举措 勇于改革创新 把习总书记视察山西重要讲话精神引向深入》《强化“三基”建设 夯实执政基础》《狠抓“六个坚持” 实现“六新目标”》《书写“既要青山绿水又要金山银山”大文章》《以酒为媒 拥抱世界》《走出去，打响“吕梁山护工”特色品牌》等专题社论、评论员文章20余篇。吕梁日报社在做好评论撰写工作的基础上，在做好言论引导方面狠下功夫，围绕市委中心工作精心选择数十个话题，开设“今日论点”等专栏，共刊发《一万年太久 只争朝夕》《扶贫违纪不可恕》《“夏季攻势”要成势》《以“作风对标”促进“冬季对标”》《唤起贫困人口千百万，同心干》等小言论200余篇，有效强化了宣传舆论引导能力。

【作品获奖】

2017年，吕梁日报社编辑

出版《吕梁日报2016年度好新闻作品集》，围绕市委重点工作起草宣传报道方案，参加山西新闻奖、中国城市党报新闻奖、吕梁新闻奖报送工作，共推荐30篇作品，其中20篇作品获奖。

【公益广告宣传】

2017年，按照市委宣传部文明办要求，《吕梁日报》全面发布各类公益广告版面70次，中缝129次，在一版报眼位置多次刊发了介绍吕梁旅游文化的公益广告，为全市经济社会发展营造了良好的氛围，并多次受到市文明办的表扬。

【推进媒体融合发展】

吕梁日报社为了加快媒体融合步伐，2017年7月，涵盖头条、政务、社会、文旅、问政、吕梁、直播、纵览、美食、汽车、健康等10余个栏目的“一指吕梁”APP正式上线运行。推出一批有一定影响力的原创采写、视频直播和H5等特色宣传和开机焦点设计图作品共计100余件。其中《机器人登陆离石城》《暴雨中吕梁在行动》《崔海威，工匠精神伴他修车三十年》《张文锦，点燃生命的火炬》《夜跑一族，新型生活方式引爆吕梁》《“吕梁骑士”的骑行日记》《吕梁精神H5版》《“助力高考”直播》《首届山西省艺术节开幕式直播》《数谷吕梁，智赢未来直播》等作品在社会上产生较好反响，为吕梁日报实现矩阵式发展奠定了坚实的基础。

（吕梁日报社）

广播电视

【主题宣传】

1. 围绕全市贯彻习总书记视察山西视察吕梁重要讲话精神，进行浓墨重彩的报道。2017年6月26日，《吕梁新闻》推出三集总书记视察吕梁的系列报道。26日当天同步推出“牢记总书记嘱托 撸起袖子加油干”专栏，《第一民生》推出“牢记总书记嘱托 弘扬吕梁精神”专栏，之后又推出“牢记总书记嘱托 县市区书记谈落实”、“学好讲话 维护核心 讲好故事”等专栏，深入学习贯彻习近平总书记视察山西重要讲话精神，全年发稿190余条。

2. 围绕党的十九大重大主题，进行浓墨重彩的报道。2017年，吕梁电视台、广播电台新闻栏目以“迎接十九大、学习十九大、贯彻十九大”为主题，会前推出“砥砺奋进的五年”“喜迎十九大”“看吕梁 讲法治 话平安 喜迎十九大”“岗位做贡献 喜迎十九大”“喜迎十九大 身边看变化”等专栏，发稿392条。会中推出“十九大时光”专栏，会后推出“全市各界深入学习贯彻十九大精神”“深入学习贯彻十九大精神”“深入学习贯彻落实十九大精神”“新时代新气象新作为”“十九大精神进农村万人万场面对面”“贯彻十九大精神 撸起袖子加油干”“学习贯彻十九大精神 打赢脱贫攻坚战”“寄语新时代·学报告 话未来 做贡献”“学习十九大 奉献新时代”“新时代里晒幸福”等专栏，发稿296条，及时报道和呈现全市干部群众学习贯彻十九大精神的新气象新作为，充分反映十九大精神在基层的强烈反响，全面展示干部群众岗位做贡献、奉献新时代，奋发有为、干事创业的精神面貌。

吕梁广播电视网、“掌上吕梁”手机台、微信平台等新媒体平台进行同步宣传，推出“十九大时光”“学习贯彻党的十九大精神”专题，共推送权威媒体权威专家解读文章229篇，推送本台十九大视频新闻98条。手机台以图文、视频的形式推送“掌上吕梁——一起学十九大报告”“砥砺奋进五年吕梁人说变化”“为了总书记的嘱托”“各县市学习贯彻十九大精神”等专题报道89条。以全媒体呈现、多矩阵发布，着力把十九大精神宣传到千家万户，为全市学习宣传贯彻十九大精神营造浓厚的舆论氛围。

3. 围绕全市中心工作，开展主题宣传和重点报道。2017年，吕梁电视台、电台新闻栏目中推出了“春季行动见行动 撸起袖子加油干”“发起夏季攻势 决胜脱贫攻坚”“推动三五工程 打响秋季会站”“三基建设在吕梁”“记者新春走基层 讲述脱贫好故事”“走基层·春耕备耕进行时”“传承好家风、争当文明户”“环保督察 边督边改”“环保整改进行时”“绿水青山就是金山银山”、“两学一做在吕梁”“维护核心 见诸行动”“贯彻市委全会精神 县市区在行动”“数谷吕梁 智赢未来”“重点项目引领 推动转型发展”“乘汾酒号列车 赏吕梁山风光”“聚焦省第三届文博会”、“众志成城 打赢防汛保卫战”“光伏扶贫在路上”“攻坚供热全覆盖”“吕梁山护工”“转型发展第一线”“三基建设在吕梁”等方面主题宣传和战役性报道。电视台、电台共开设主题性宣传专栏65个。

【外宣工作】

2017年，吕梁电视台在山西电视台发稿490条，其中，《山西新闻联播》发稿250条，《晚间新闻》发稿41条，《新闻午报》发稿199条，位居全省市级台第三。在中央电视台发稿38条，发稿数量再创新高。其中，2月1日，“脱贫攻坚战 再踏新征程”报道首次在中央电视台《新闻联播》头条播出。与中央电视台联合制作的八集走基层系列报道《摆脱贫困：十万护工出吕梁》，作为中央电视台国庆期间新闻频道特别节目在《朝闻天下》栏目连续八天进行播出。2017年，吕梁广播电台在《山西新闻》和《全省各地联播》发稿205条，全省排名第二。在中央人民广播电台发稿162条。

【民生新闻】

2017年，吕梁电视台《第一民生》紧跟社会民生热点，采制播出了“共享单车走进离石 公共交通进入2.0时代”“现实版‘光明区’业务窗口 现身离石苏家崖停车场”“‘汾酒号’昨日开通 两地距离缩短至1小时27分”等一系列老百姓关心的民生新闻，影响很大。2016年12月，“8331890”热线直播搭载第一民生微信平台正式上线，采取主持人现场直播的形式，热线由“听”增加至“视听”，2017年，“8331890”热线直播88余期，共计观看人数达201.5万人次，平均每期2.3万人次，单期最多观看人次超过7.5万人，通过直播为老百姓解决问题650余个，平均每场解决问题13个。“8331890”帮办热线建立了问题登记台账，执行日报告、周汇总、月简报制度。自开办以来，共接到观众诉求电话两万余通，记录问题9000多条，解决问题6100多条，解决率达66.5%。电台《听众热线》2017年共播出494期，受理 问题2960个，解决2815个，反馈率达100%，落实率95%，真正把帮办热线办成群众的连心线、党和政府的放心线，矛盾问题的消声器、社会问题的化解器。

【新办节目栏目】

2017年8月7日，吕梁广播电视台与市卫计委联合开办的《健康吕梁》栏目正式开播，栏目以聚焦全市医疗卫生动态、解读医改惠民政策，展现健康扶贫亮点、推进健康吕梁建设、提高全市人民健康生活水平为宗旨，每周一、三、五播出，每次15分钟。7月18日，音乐广播经国家广电总局批准并试播，电台频率由两个增加为3个。

【融合传播】

2017年，吕梁广播电视台融合传播形成“一网两微一端一窗口”的架构。3月25日，吕梁广播电视台正式入驻中央电视台新闻移动网，成为山西省首家入驻此平台的市级广播电视台，至2017年底上传新闻2164条，成为宣传吕梁的一个重要窗口；掌上吕梁手机台是全省市级广播电视台首家运行的客户端APP。在原有十几个版块的基础上，开设《山西挂号》，方便群众在省内三甲医院网上挂号预约就医，手机台浏览量突破246万次；探索利用新媒体进行直播，开展民生“8331890”热线常态化直播，每周二、四下午固定直播两个小时。并对全市传承好家风争当文明户、数谷吕梁、山西艺术节、山西文博会等重大活动进行了新媒体现场直播，开创了广电媒体融合发展的全新业态。为推动新媒体发展，吕梁广播电视台成立了吕梁广电新媒体有限公司。

【主题活动】

1. 举全台之力，申办全省旅发大会，取得第4名的好成绩。在2017年全省旅游发展大会申办活动中，吕梁广播电视台制作拍摄了碛口、汾阳、北武当山等旅游景区的宣传短片，组织创作长治客场竞演、汾阳主场竞演、太原决赛竞演三场活动的竞演节目，承办汾阳主场竞演活动，竞演活动得到市委书记李正印的大力支持，市委书记李正印亲自参加现场竞演。全面展示吕梁大力发展生态旅游、文化旅游、休闲旅游、红色旅游、全域旅游以及旅游扶贫的新举措、新业态、新变化、新面貌，达到宣传吕梁、展示吕梁的良好效果。

2. 开展“传承好家风 争当文明户”巡演。2017年，按照市委、市政府脱贫攻坚“春季行动”的安排部署，吕梁广播电视台抽调采编播骨干力量兵分6路赶赴13县（市、区）对文明户典型事迹进行了采访拍摄，制作短片35个。在13县（市、区）成功举办巡演14场，直接受众1.2万人，网络直播观看人数70万人次，现场发放宣传册3000份。《吕梁新闻》《第一民生》《直通县市区》3档新闻栏目同步推出“传承好家风、争当文明户”事迹展播50期，集中报道全市孝老敬老文明户。对促进全市移风易俗、文明乡风建设起到了积极的舆论引导作用。

3. 结合“两提一创”，启动“走基层、访百村、话脱贫”活动。脱贫攻坚是吕梁市最大的政治工程和民生工程，吕梁广播电视台于2017年3月10日启动“走基层、访百村、话脱贫”大型采访活动。在全市遴选了100个贫困村，全体记者每人确定1—3个采访村，全方位、多角度，追踪报道吕梁市脱贫攻坚战役中产业扶贫、电商扶贫、特色种养殖、光伏扶贫、县际帮扶、生态帮扶等方面的新经验、新作法、新成效。吕梁广播电视台记者进入150个贫困村进行蹲点采访，播出记者从基层一线发出的采访报道260条。

4. 承办全省省市县广播电视台新媒体发展研讨会暨台长论坛。2017年9月2日，由中国市县电视委员会云媒体数据中心和千城智联网络科技有限公司主办，吕梁广播电视台承办的山西省市县广播电视台新媒体发展研讨会暨台长论坛在吕梁市举行，全国10个省份的10个市级台和33个县级电视台领导参加会议，共同探讨新媒体发展大计，会议取得圆满成功。

5. 完成全国林业扶贫现场观摩会、全省脱贫攻坚现场推进会相关任务。2017年，吕梁广播电视台制作合作社造林、吕梁山护工、生态扶贫、光伏扶贫、全市脱贫攻坚、城市形象片等6个专题片，制作随车播放视频4个多小时，受到与会人员好评。圆满完成两次现场会的随车解说任务和全国现场会的视频连线任务。

（吕梁广播电视台）

地方志

【《吕梁市志》编纂】

2017年，吕梁市地方志办公室组织《吕梁市志》编纂人员对志稿进行深加工，形成《吕梁市志》送审稿，送交山西省地方志办公室审读。2017年12月20日，《吕梁市志》评审会在吕梁宾馆召开。省方志办主任张志仁出席并讲话。省方志办副主任刘益龄、副巡视员马正英，吕梁市政府分管领导李月勤出席。省方志办处长郝世文、焦永萍、董剑云、郭建平，调研员杨颖、冯翠兰等专家参加评审。《吕梁市志》全体编纂人员参加会议。评审会上，山西省地方志办公室各位专家围绕《吕梁市志》篇目、体例、资料、行文等进行了深入评议，提出许多有价值的意见和建议。会后，吕梁市地方志办公室将专家意见整理、归纳，分发到《吕梁市志》全体编纂人员，督促编纂人员对志稿进行修改完善。

【市县两级年鉴编纂】

《吕梁年鉴》在中断十几年后，重新复刊，74万字的《吕梁年鉴》（2016）在2017年6月由方志出版社出版。市地方志办公室组织人员收集资料，编纂79万字的《吕梁年鉴（2017）》报送山西省地方志办公室审定。并督促各县（市、区）完成本县（市、区）年鉴编纂任务。

【启动吕梁市、孝义市方志馆建设】

市地方志办公室编制吕梁市方志馆可行性研究报告，多次向市政府请示有关方志馆建设事宜，经过不懈努力，方志馆建设工作取得较大进展。市政府研究决定吕梁市方志馆与档案馆、党史馆合建在一栋楼上，三家单独设馆。规划已出，正在由市新区管理中心筹建。孝义市也正在筹建孝义方志馆。

【完成《山西年鉴》供稿任务】

吕梁市地方志办公室承担着每年为《山西年鉴》提供吕梁市相关资料的任务，2017年，为《山西年鉴》提供吕梁2016年度资料，并督促13个县（市、区）为《山西年鉴》提供资料。2017年，全部完成市级和13个县（市、区）的供稿任务。

（市地方志办公室）

档案

【扩大档案接收范围】

吕梁市档案局2017年接收市直单位2011年前形成的档案179555卷/8605件，其中包括市人民医院的病历档案174788卷，是建区以来接收档案总量的3倍之多，馆藏量从2012年的51884卷增长到现在的263939卷。对档案利用频繁、暂时不能移交的单位实行档案目录移交先行一步，接收目录5630条。接收领域逐年拓展，将档案接收单位延伸至市直机关的二级局，新接收了25个二级单位的档案；对由于历史原因保存在晋中、忻州、临汾等档案馆的吕梁历史档案开展了摸底征集工作。同时扩大接收门类，接收整理实物档案133件，其中包括兴县黑茶山"四八"烈士遇难飞机残骸15块；声像档案约200GB；照片档案500余张，其中包括吕梁籍革命烈士张叔平在山西省立一中的毕业照；接收了名人（个人）档案300余卷（件）、原生电子档案5697件。继续开展口述档案征集工作，市档案馆征集了"追寻吕梁红色记忆""习近平在吕梁"两个专题的口述档案。大力度征集图书资料，共征订和接受捐赠图书资料432册。各县市区档案部门也加大接收力度，想方设法增加馆藏。有的县档案局通过在电视台播放《关于向社会公开征集档案资料的通告》，面向社会公开征集档案资料，有的深入基层一线征集档案资料，石楼县龙交乡征集档案资料486卷（件），中阳县档案局对全县18名参加抗美援朝的老兵开展了口述历史档案录制，岚县档案局征集到抗日战争时期的石碑等实物档案。

【国家档案局10号令的落实和重大建设项目档案验收】

2017年，完成国资委监管的在运行企业《文件材料归档范围和档案保管期限表》的审核备案工作。其中市局除完成了4个在运行国有企业的审核备案外；对7个科技事业单位也进行了审核备案。

【机关和企事业单位档案目标管理】

2017年，全市共有266个单位达省（市）级标准，其中省一级15个、省二级（市一级）18个，省三级（市二级）211个。企事业单位晋升AAA级4个，AA级7个，A级23个。

【新农村建设档案工作】

2017年，吕梁市共有9个县创建社会主义新农村建设档案工作示范县，其中包括1个国家级、8个省级示范县，其余4个县都在积极开展工作，保证2018年全部达到省级标准。

【拓宽档案利用渠道】

做好接待查阅工作。市档案局简化查档手续，利用电话微信等查档手段方便群众，2017年接待查阅查阅利用582人次，利用档案3400卷，资料228册。

充分挖掘馆藏档案资源，依托爱国主义教育基地展厅，成功举办“中国共产党历届党代会”“党建统领聚合力 抓好党建促发展”等主题展览，共接待参观者768人次，成为全市开展爱国主义教育的重要场所。各县市区档案部门也举办了多种形式的展览，柳林县档案局举办“柳林古镇记忆”图片展；临县档案局与宣传部、文联联合举办“维护核心颂党恩、全民喜迎十九大”主题书法美术展；岚县档案局将土豆产业、岚县非物质文化遗产“面塑”和“剪纸”为主题进行展览宣传。

【档案信息化建设】

2017年，市档案局案卷级、文件级目录全部实现数字化，全文数字化率达到85%以上，实现48万幅馆藏档案的原文数据批量挂接；与黑龙江省黑河市档案局合作研发适用于全市各县(市、区)和市直单位的文档一体化管理软件。吕梁市政务信息平台建设年前开始运行，档案信息化工作将和其他部门的工作一样，很快会融入全市政务信息平台。13个县(市、区)全部开展了文件级、案卷级目录数字化工作，11个县（市、区）开展纸质档案的全文扫描，特别是柳林县实现当天扫描、当天挂接、当天备份，取得了边扫描边利用的良好效果。

【编写档案检索工具和参考资料】

2017年，市档案局（馆）完成了108个单位的《组织沿革》、《全宗介绍》续编，完成《职称评定人名索引》的续编、完成《吕梁市大事记》《吕梁市档案局大事记》《基础工作目录》、《重大建设项目档案工作手册》《历届党代会》的编写工作。孝义市档案局编撰《风雨征程复兴路》，兴县史志档案馆编印《兴县日军暴行录》和《抗日战争人员伤亡和财产损失调研》。

【确保档案实体和档案信息绝对安全】

推动档案馆新馆建设，确保档案保管安全。“十三五”期间，吕梁市10个县级综合档案馆列入《中西部地区县级综合档案馆建设规划》名单，石楼县档案馆已破土动工，进展顺利。市委、市政府对档案馆建设工作相当重视，市长王立伟到市档案馆调研并对新馆建设工作作出批示，市政府督查室印发《关于对全市部分县（市、区）县级综合档案馆建设工作进行督查的通知》（吕政督字〔2017〕49号），所有未建新馆县（市、区）都在积极开展工作，全部将档案馆新馆建设列入了“十三五”规划中，力争按时按要求完成新馆建设任务。建立健全档案实体和档案信息安全管理制度。市档案局开展消防安全知识培训和实地演练，建立健全档案安全应急预案，及时排除馆库安全隐患；对3个已撤销单位的2643件到期档案开展了鉴定销毁工作；为了确保档案信息化安全，对2800多期约3.5T视频档案进行了抢救迁移，将市县两级综合档案馆馆藏重要档案数据在江苏省镇江市档案馆进行了备份，在2013、2015年两次备份的基础上，2017年又新增备份数据280G；吕梁档案信息网于2013年正式开通，共设有7个子栏目，共发布信息1361条，2017年通过优化栏目设计，及时更新维护，提升了的管理水平和服务能力。各县（市、区）档案部门也加大涉密档案处理力度，孝义市、汾阳市、中阳县档案局都开展了档案鉴定划控工作。

【推进国家重点档案保护与开发】

市档案局先后召开专题会议和专家参与的研讨会，结合吕梁市市县两级档案馆馆藏国家重点档案的情况，认真分析研究，制定《重点档案保护与开发计划和实施方案》，对国家重点档案的保护与开展进行了全面系统地安排部署，明确2017年的工作目标，转发省档案局有关文件，督促相关县市区结合馆藏情况积极申报。市档案馆保存有“党和国家领导人在吕梁”活动等重点档案，为减少利用过程中对原件的破坏。市档案局对馆藏国家领导人的珍贵墨迹进行了仿真复制，扫描了馆藏国家领导人来吕梁的照片等，整理编撰了《党和国家领导人在吕梁》《吕梁市档案馆馆藏集锦》两书，同时利用馆藏资源举办了展览，并向省档案局报送了“《党和国家领导人》档案展览”项目。有5个县级档案馆向省局报送项目申报书，岚县、临县的《抗日战争档案汇编》项目通过了审核，进入了国家重点档案保护与开展项目数据库。2017年的实施项目有两个目录数据库建设项目，其中兴县档案馆全部完成684卷晋绥抗战档案目录录入（其中案卷级目录864条，文件级目录15400条）；汾阳市完成了413卷民国档案目录录入工作（其中卷级目录413条，文件级目录8639条）。

【推进《抗日战争档案汇编》编纂】

吕梁市档案局于2017年2月28日召开局务会议专门就《抗日战争档案汇编》工作做了明确安排，下发关于报送《抗日战争档案汇编》有关材料的通知（吕档函〔2017〕1号），并于3月16日召开了有关专家参与的研讨会。专门研究吕梁市如何开展抗日战争档案汇编工作，听取专家建议，市档案局和13个县（市、区）全部制定《抗日战争档案汇编》规划、2017年《抗日战争档案汇编计划》、《抗日战争档案汇编编撰计划项目表》并按时上报省局。制定《吕梁市抗日战争档案汇编工作实施方案》，要求各县市区要扎实做好汇编基础工作，13个县（市、区）全部按方案要求完成2017年抗战档案的征集、收集和已有馆藏档案的清理、统计、鉴定划控、初步分类工作。根据省档案局要求，组织临县、岚县、兴县、汾阳四个馆藏抗战档案数量较多的县统一按重点档案保护与开发项目申报，其他档案数量少的县由市局整合分批申报。2017年，岚县、临县编制《国家重点档案保护与开发任务申报书》已通过省局审核，项目已进入国家档案局数据库，兴县档案局编写的《兴县日军暴行录》和《抗日战争人员伤亡和财产损失调研》的初稿已完成。

【重大活动档案管理】

2017年，吕梁市人民政府办公厅印发《关于贯彻落实山西省重大活动档案管理办法的实施意见》，全市重大工程、土地确权、精准脱贫、三基建设、国企改制、文化产业调查等工作，市档案局均列为成员单位，参与指导档案工作。每年全市“两会”将档案局两人列入两会工作人员当中，负责照片、视频等资料的采集；2017年全国林业现场会在吕梁市召开，市档案局及时征集了会议相关照片资料；收集吕梁市监察委员会挂牌成立的资料；习近平总书记在山西调研期间，市档案局业务人员第一时间赴兴县对习总书记接见过的群众代表进行口述档案的征集，并将电视台拍摄的视频档案资料征集进馆；市委办将温家宝2011年至2017到吕梁的照片及影像资料全部以光盘和照片图册的形式移交市档案局；“三基建设”是2017年全省一项重要工作，吕梁市把档案作为“三基建设”中的基础性工作来抓，率先在离石区部分乡镇、街道办创建“三基”建设和档案工作互促互进的模式，选派业务骨干打造了交口、西属巴、吴城等多个示范点。

交城、汾阳、交口、孝义、柳林、文水、临县等县（市、区）都以党委或政府名义下发了《重大活动档案管理通知》。方山县委、县政府在“三月三北武当山庙会”中将方山县档案局列为管理成员单位之一，进行档案指导和照片采集工作；汾阳市档案局主动参与了首届国际白酒博览会档案指导和收集工作；交口县接收了先进性教育、群众路线教育档案；文水县档案局参与了精准扶贫档案业务指导整理工作。

【档案行政执法】

2017市档案局对全市档案工作开展了档案行政执法检查，目前已对市委办口、党群口的33个单位开展了执法检查，共下达档案执法通知书33份。

【档案宣传】

2017年在“6·9”国际档案日和“9·5”《中华人民共和国档案法》颁布日，编印《法律知识进万家》宣传册和档案法律法规宣传单，制作漫画图解档案违法行为，通过“一走六进”（走街头，进单位、进学校、进社区、进企业、进家庭，进农村），把档案宣传渗透到社会的各个领域，在传播档案知识的同时增强全民档案意识和法制观念。2017年充分利用《吕梁档案》信息和新开通的“吕梁档案信息网”网络平台，及时刊登和发布档案工作新政策、新信息，同时鼓励机关干部、档案工作者在人民网、新华网等各大网络，省市级新闻媒体，中国档案报、全国档案论坛等踊跃投稿，全年共发表档案学术论文12篇、信息和新闻报道30余条。汾阳市档案局与市委宣传部联合开展“知家乡、爱家乡”汾阳人文历史有奖知识竞赛活动，在《汾州乡情》杂志上连续4期刊登1000道竞赛试题，大大提高了档案工作影响力度。

【档案干部培训】

为全面提高吕梁档案干部队伍综合水平，吕梁市县两级档案部门举办了各种形式的档案业务知识、档案法律法规、专题讲座等各类培训班。2017年3月16日和7月18日，市档案局邀请省档案局业务处支佐红处长、馆室处安祥生副处长就《数字化档案馆（室）创建工作》《国家重点档案目录体系和国家重点档案开发项目申报工作》作专题培训，13个县（市、区）档案局的业务骨干及市直单位档案员共计400余人参加培训；4月16-21日，经市委组织部同意，组织各县（市、区）和市直部分单位的分管领导、档案局长和业务人员共79人参加中国人民大学培训学院举办的档案信息化培训。同时，市档案局还采用人员包口包县的方式，将全市所有立档单位和13个县（市、区）进行分组，责任到人，个性问题一对一现场指导，共性问题通过培训讲座解决，2017年在市直单位和13个县（市、区）开展专题培训和业务培训15次，受训人员达1200余人，有力推动了全市档案工作者整体水平的提高。

（市档案局）

卫　生

卫生和计划生育

【医改工作】

2017 年 7 月 1 日，吕梁市城市公立医院实施“取消药品”加成改革，吕梁市市级 3 所公立医院所有药品（中药饮片除外）实行“零差率”销售，医疗服务价格、人事管理、绩效考核等改革同步跟进，全市公立医院综合改革实现了全覆盖。10 月 27 日前，县乡医疗卫生机构“一体化”改革 13 个县市区“医疗集团”全部成立并挂牌运行，圆满完成了国家、省改革任务。一是医疗服务能力明显提升。随着公立医院综合改革持续深化，各级公立医院发展稳步向好，服务能力不断提升。吕梁市人民医院、汾阳医院门诊人次增加 16.67%、住院人次增加 11%。孝义市医疗集团新增省级重点专科 5 个，市级重点专科 14 个，新开 140 余项新技术、新项目，就诊率由 73% 提高到 90%，群众医疗费用个人负担比例降至 33.8%。二是优质资源下沉效果凸显。首批省级试点孝义、岚县、交口从县级医院抽调科主任和业务骨干担任集团分院副院长，协助各分院开展常见病、多发病的诊疗服务。定期组织专家到乡镇卫生院坐诊，初步解决了卫生院的“人才困境”。各县市区医疗集团巡回医疗下派专家 1031 人次，服务群众 14794 人次；县级医院派驻 1607 人次帮扶基层，培训基层医疗卫生人员 3770 人次。三是人民群众得到实惠。市人民医院、汾阳医院门诊次均费用下降 5.1%；住院次均费用下降 7.3%。大型设备、部分检验项目降价让利患者约 329.6 万元，取消药品加成让利患者约 1258 万元。四是调动了医务人员积极性。各县市区公立医院医务人员收入不同程度提高，如孝义市学科带头人和业务骨干每月绩效部分均达 1 万元以上，一线人员月绩效部分普遍在 3000 元以上，人均年收入增长 16.1%，高于社会平均工资 2 倍以上。

【健康扶贫工作】

吕梁市委、市政府高度重视健康扶贫工程，出台《2017 年健康扶贫若干意见》《吕梁市进一步加强对贫困人口医疗救助脱贫的实施办法》《吕梁市农村建档立卡贫困人口医疗保障帮扶方案》等政策文件，各部门也下发了健康扶贫各类文件或工作方案。全市各级卫生计生、人社、民政、扶贫等部门把健康扶贫工作作为统揽全局工作的主抓手，把健康扶贫紧紧抓在手上，主要领导亲自抓，分管领导具体抓，全市上下形成了一级抓一级，层层抓落实的良好局面。

精准识别，分类施治。吕梁市按照大病治愈一批、慢病管理一批、重病兜底保障一批的原则进行了精准设别、分类施策、精准施治，实行有进有出的动态管理，在精准核实的基础上开展疾病救治和健康干预。吕梁市卫生计生委组织县乡村医疗卫生人员到达全市所有乡镇，走访贫困户177547户、贫困人口467553人（此人数包括继续享受各类扶贫政策人员），精准设别患慢病人数100766人、患大病人数5606人、患重病人数260人。对普通患病人群和健康人群，吕梁市卫生计生委组织市、县、乡三级医疗卫生机构医务人员开展了328场次义诊和帮扶活动，出具23.6万个诊疗处方和健康处方进行健康干预，从源头上遏制因病致贫返贫；对患慢病人群实施家庭医生签约和健康扶贫“双签约”服务；对患大病、重病人群在二级以上定点医疗机构实施救治。全市组织印制“健康扶贫医疗服务卡”60余万张，覆盖了全市所有的建档立卡贫困人口，贫困户人口只要持有“健康扶贫医疗服务卡”就可以在市、县定点医疗机构享受国家健康扶贫优惠政策。

扎实开展“三个一批”救治活动。截至12月31日，经系统核准，大病救治方面，全市应救治人数5083人，已救治5080人，救治率99.94%；慢病签约服务方面，全市应签约人数39825人，已签约39807人，签约率99.95%；重病救治方面，全市重病应救治189人，已救治188人，救治率99.47%。全市大病专项救治贫困群众患病住院自付比例为13.0%，11个县（市、区）控制在20%以下。

贫困人口家庭医生签约及“双签约”服务任务完成。2016年底全市共有建档立卡贫困人口426942人（其中未脱贫人口315846人），签约393827人，签约率为92.24%。全市组建1769个家庭医生服务团队和2693个乡村干部服务团队，到2017年12月底，经核准的因病致贫返贫数100766人，吕梁市全部开展“双签约”服务，签约率达100%。

推行县域内就医先诊疗后付费“一站式结算”。除文水、交城贫困人口住院时交纳10%的押金外，其余县市区全部实行县域内就医“先诊疗后付费”政策。岚县、石楼县、柳林县、交口县、中阳县、兴县、临县、交城8个县“一站式结算”信息系统上线运行。

认真落实“四免”政策。截至2017年年底，国贫县妇女宫颈癌筛查完成65370例，完成率95.69%；乳腺癌筛查完成68265例，完成率99.93%。全市免普通门诊挂号费43.03万人次，免费金额116.39万元。全市孕产妇住院自然分娩免费7905人，免费金额418.68万元。免费产前筛查诊断完成23325例，完成率87.82%。

脱贫县、脱贫村卫生室全部达标。2017年全市计划退出贫困村445个，445个贫困村的卫生室标准化建设全部达标。柳林县、中阳县是我市2017年脱贫摘帽县，柳林县257个行政村设置村卫生室257个，达标率100%（39个贫困村卫生室全部达标）；中阳县100个行政村设置村卫生室104个，达标99个，达标率95.19%（32个贫困村卫生室全部达标）。

【医疗服务质量提升】

整体服务能力提高。2017年，吕梁市医疗服务质量得到提升。县域医疗集团全部和省内三甲医院签订了医联体协议。山西医科大第一附属医院、汾阳医院对吕梁市石楼县人民医院进行医疗精准扶贫。2所三级公立医院和5所县级综合医院已加入预约诊疗平台。持续推进“无陪护病房”试点工作，两所三级医院为患者提供规范的陪护服务，拓展护工就业岗位。

实施中医药服务能力提升工程。市政府与山西中医药大学签订了“加快推进吕梁中医药事业发展战略合作协议书”。遴选了吕梁市第二批山西省名中医，岚县与交口县建设2个名老中医药专家传承工作室。完成市级名中医学术经验继承人遴选工作，创建8个中医药特色基层医疗卫生机构，文水县刘胡兰镇卫生院等10个基层医疗卫生机构中医馆建设进一步加强。

加快发展社会办医。落实社会办医与公立医院同等待遇各项政策。从5月初起至7月底，集中三个月时间开展卫生计生干部入民营医院服务工作，每一个科室负责一个民营医院，每组不少于2人，引导和促进社会办医提高水平、诚信经营、良性发展。

探索医养结合新模式。全市发展医养结合试点单位63个，其中，12个市、县级医疗机构开设了老年病科，建成乡镇级别医养结合试点单位22个，村卫生室与乡村老年人日间照料中心融合发展试点单位29个，床位数1018张，入住老人641人。

做实二级以上医疗机构对口支援乡镇卫生院工作。组织10个项目县的人民医院，共派出96名主治医师以上职称的人员对口支援本辖区32所乡镇卫生院，受援卫生院门诊量达21.55万人次，住院量达1.99万人次，开展巡回医疗478次，开展新业务、新技术62项，开展业务培训470余次，培训业务人员9013人次，开展健康教育宣传1154次。

基层医疗机构服务能力建设加强。创建国家级群众满意的乡镇卫生院25所（累计40所）；省级群众满意的乡镇卫生院32所（累计79所）。国家级社区卫生服务提升工程示范单位2所，省级社区卫生服务提升工程示范单位2所。成功创建市级社区卫生服务机构示范单位7所（累计10所），县级社区卫生服务机构示范单位8所（累计13所），申报省级社区卫生服务提升工程示范单位1所(累计2所)，申报国家级社区卫生服务提升工程示范单位2所。

人才队伍建设力度加大。完成全市基层卫生计生服务机构人员编制、财务状况、文化结构、岗位设置调查。落实百千万人才培养计划，共完成3名高端领军人才、40余名骨干精英人才和180名基层适宜技术人才培养工作。开展医卫双优下基层系列活动，邀请省级专家讲授常见病多发病的新知识、新技术，新的临床指南进展及相应的适宜技术，培训市、县、乡镇（社区）医疗卫生机构人员共计2000余人。完成了36名免费订单定向医学毕业生的安置和2017年的招录工作。

行业自律加强。开展医疗卫生行风建设"九不准"自查自纠专项工作和各级医院"三级回访"工作，持续加强行风建设和医德医风建设。深化"平安医院"创建工作，深入开展医患纠纷矛盾排查整治，及时处理因医患纠纷引发的信访事件。

【健康教育】

2017年，吕梁市卫生计生委员会和吕梁电视台、《吕梁日报》合作开设《健康吕梁》专栏，全面、权威、及时报道和宣传国家、省、市卫生计生健康扶贫政策法规和工作亮点，宣传新形势下党的卫生与健康工作方针和健康山西总体部署，宣传卫生计生发展显著成就和系统先进事迹。组织为全市123万户城乡居民印制健康教育知识宣传折页，健康教育知识送到千家万户，大众健康知识得到有效普及。健康教育"六进"活动扎实开展。累计开展活动4200余次，其中进家庭2100余次，进社区（农村）1000余次，进学校320余次，进医院150余次，进机关和单位230余次，进公共场所410余次。健康促进与教育水平不断提升。市政府出台《关于全面加强健康教育工作的实施意见》，评选并成立20人的健康教育专家库，公开征集大、中专院校学生和优秀青年组成100多人的"健康教育"志愿者队伍，大范围开展健康教育巡讲活动，向城乡居民提供健康教育宣传信息和健康教育咨询服务，传授基本健康知识和技能，倡导健康文明的生活方式。汾阳市被确定为国家级健康促进县，全市居民健康素养水平达到12.5%。

【卫生计生信息化工作】

2017年，吕梁市电子病历和健康档案数据也上报省级平台，并通过省级的初步校验。市级承担的全市13县市区县级全民健康信息平台搭建任务全部完成，县级数据分别上传至县级平台。三大数据库初步融合。全员人口、电子健康档案、电子病历三大数据库均已建成，其中全员人口数据409.43万人、电子健康档案数据339.75万人、电子病历数据0.87万个，实现三大数据库的初步统一、融合。启动县乡医疗机构一体化信息化建设。汾阳医院、吕梁市人民医院、孝义市人民医院已接入“健康山西”平台，其余12县市区人民医院正在积极筹备。

【疾病防控和卫生监督】

加强重大疾病预防。全市扩大免疫规划疫苗报告接种率达到98%以上。严重精神障碍患者救治救助、结核病管理、艾滋病防治工作有序开展。

开展食品安全风险监测。继续扩大食源性疾病县乡村一体化试点范围，新增汾阳、文水、石楼、离石、中阳5个县。食品中污染物及有害因素和食源性致病菌监测实现县市区全覆盖，各完成监测108份，任务完成率均达111%。全市22家哨点医院共采集并报告食源性疾病病例信息1945例，任务完成率为115.8%。全市25个职业病诊断和体检机构信息系统使用率达100%。

开展健康支持性环境建设。启动“三减三健”专项行动和健康支持性环境建设，市级及汾阳市、中阳县、方山县、岚县启动了全民健康生活方式行动第二阶段行动。汾阳市、孝义市等10个项目县创建7类66个健康支持性环境。

卫生执法监督力度加大。狠抓环境卫生、放射卫生、学校卫生和公共场所卫生监督，全市日供水千吨以上供水单位监督覆盖率达到了100%。量化公共场所1098户，量化率达到了100%。强化了新生入学体检筛查和传染病防控监督工作。利用国家对口支援政策，邀请国内知名卫生计生监督专家开展了案例评查专题培训，同时组织全市13县市区和市卫生监督所开展了技能竞赛活动。对企业医院、社会办医、专科医院和投诉举报集中、既往被处罚的医疗机构进行了检查，有效规范了医疗机构依法执业行为。积极推动卫生计生综合监督执法改革，形成《卫生计生综合监督执法改革实施方案》并上报编制部门。

应急处置能力有效提升。完善《突发公共卫生事件应急预案》等各类卫生应急预案4个，围绕“以赛促学、以赛促练”目标，开展了卫生应急培训和演练工作，举办了卫生应急培训暨学校结核病疫情处置桌面推演。

【计划生育政策落实】

2017年全市确认“4+2”奖扶人数55111人，共落实资金3895.92万元，市级配套942.18万元，全部足额发放到位。市财政投入128万元为116名市直单位历史遗留领证独生子女退休父母落实一次性奖励。县级以上医院全部开辟了计生特殊家庭“绿色通道”，特扶家庭人员在“绿色通道”医院看病就医一律免挂号费。特殊危重的特扶人口住院期间检查、检验、手术费、康复理疗等费用给予适当减免。严格落实计划生育一票否决制。审查副科以上提拔人员289名，因违反计划生育政策否决提拔县团级干部1人，科级干部1人，审核入党对象58人，评先评模76人，审查各种先进单位286个，否决1个。卫生计生深度融合进展顺利。下发《关于加强基层卫生和计划生育工作融合发展的实施方案》，所有乡镇全部成立了卫计办，悬挂了卫生和计划生育办公室、计划生育协会办公室、卫生和计生监督所三合一牌子，明确了卫计办职责。将公共卫生监督考核管理行政职能纳入乡政府的重要职责，乡镇医院统一加挂"计生和妇幼保健站"牌子，设立了计生服务专区。以孝义市、汾阳市、临县为试点推广母子健康手册，共发放1684册，手册使用率达到100%。落实妇幼计生公共服务。岚县、石楼县创建省级优质服务县，完成8个妇女、儿童规范化门诊建设，确定了2所市级危重症孕产妇和新生儿救治中心、13所县级危重症孕产妇和新生儿救治中心。免费孕前健康检查项目完成28180个，完成率为100.3%；0－36个月儿童系统管理率为88.78%；累计7岁以下儿童健康管理率89.06%；累计孕产妇系统管理率为86.58%。性别比综合治理有效开展。为全市2740个机构、诊所、药店等统一派发了"禁止非医学需要的胎儿性别鉴定禁止选择性别人工终止妊娠"醒目标志。对出生人口性别比数据偏高、被列为2017年重点管理的7个县市区进行了明察暗访式监督检查。流动人口卫生计生服务基本实现均等化。对外开启了省内跨市层级和跨省层级流动人口计划生育服务管理区域协作关系。对内实施"计生提供信息、卫生主动服务"的合作搭档机制，以26个县级计生妇幼保健中心和疾控中心为龙头，167个社区卫生服务中心和乡镇卫生院（乡计生服务中心）为主体，6285个社区卫生服务站、村卫生室和村计生服务室为网底，基本形成了就近服务、方便可及、覆盖全面的公共卫生计生服务圈。开展了流动人口动态监测工作。

【爱国卫生工作】

2017年，开展农村环境集中整治专项行动。治乱方面，共拆除违章建筑1432处，面积5.8万平方米；拆除残墙断壁、废弃建筑5178处，整治面积9.5万平方米，还绿面积7.9万平方米；整治取缔占道洗车、无排水设施洗车、加水经营点4559处；整治占用公路打碾、晾晒粮食和乱堆乱放1.1万处；整治影响村容村貌的乱搭乱建、乱写乱画、乱贴乱挂等19万处；整饰、美化临路、临街墙体立面15万处。治垃圾方面，共清理煤堆、柴堆、粪堆、料堆等四堆6.9万多处；整治村内垃圾3.2万处，清运61万吨；清理环景点垃圾2万吨、城乡接合部垃圾18.5万吨、沿路垃圾4.6万吨，绿化沿路面积51.8万平方米；清理河面飘浮垃圾5356吨，涉及长度15万米；清理河道、水渠岸垃圾14.4万吨，涉及长度24万米。治污水方面，共整治臭水坑、臭水池、臭水沟3419处，减少污染面积26.7万平方米；整治生活污水直排河道、水渠977处，整治工业污水直排河道、沟渠204处，直排田间967处；综合治理黑臭水体6707处；开展农村公厕卫生防治1.4万处，开展中小学校公厕卫生防治1316处。治农村环境污染物方面，共排查规模养殖场是否配套粪污处理设施1654处，整改870处，关闭35处。统一收集、无害化处理病死动物4.2万头。整治秸秆乱扔乱堆乱放2.2万处；整治农业固体废弃物乱扔、乱堆、乱放2.1万处，其中收集、无害化处理农药、化肥包装物3162吨，收集、无害化处理废弃农膜2214吨。巩固卫生创建成果。全市以"五城联创"为目标，开展了多项创建活动。健康村镇试点工作共申报1个健康城市、1个健康县城、25个健康村镇、2个健康学校、7个健康社区、1个健康企业、1个健康机关和1个健康医院。开展了以"为了人民的健康""65年的历史与展望"为主题的第29个卫生月宣传活动。卫生创建工作又上新台阶，孝义市通过国家卫生城市复审检查，石楼县通过省卫生县城暗访。推进农村改厕工作。2017年农村无害化户厕改造年度目标为42000座，各县市区将改厕任务细分到各乡镇、各村，制定了符合当地实际情况的具体实施方案，户厕的选址符合国家农村改厕技术规范要求。完成7100多座改厕任务。

（市卫生计生委员会）

卫生监督

【概况】

2017年，吕梁市卫生监督系统共查处各类卫生计生违法案件256件，其中警告114户，罚款218户，罚款金额53.82万元。其中市卫生监督所自查案件27件，警告22户，罚款14户，罚款金额5.31万元。加强日常监督检查，及时发现违法线索，提高监督覆盖率。全市应监督8543户，实际监督户数8463户，监督覆盖率达99.06%，监督频次12397户次，发现违法线索226件。市卫生监督所直管单位监督覆盖率100%。

【医疗卫生监督】

日常监督。2017年，全市共有被监督医疗卫生单位3161户，其中县级以上医疗机构37家、民营医疗机构55家、乡镇卫生院（社区卫生服务机构）199家、村卫生室2409家、门诊部诊所461家，全年监督3149户，监督覆盖率98.38%。2017年，全市共查处医疗机构违法案件89起，给予警告32户，罚款82户，处罚金额18.22万元，没收违法所得1户、1401元。查处无证行医54起，罚款51起，罚款金额13.66万元，没收违法所得15户、4.8821万元，有效地打击了医疗服务违法行为。

市卫生监督所直管单位31户，监督覆盖率100%，下达现场笔录和卫生监督意见书各76份。2017年市卫生监督所共查处6起案件，处罚金额49000元，没收违法所得3424.17元。分别是：中阳县职工医院聘用非卫技人员处罚2000元；吕梁华康烧伤专科医院聘用非卫技人员处罚2000元；吕梁肛泰肛肠医院未建立抗菌药物管理制度给予警告；吕梁市人民医院未经省级卫计委行政部门许可开展产前诊断处罚15000元，并没收违法所得3424.17元；吕梁微创疼痛医院医师侯鑫未变更执业地点处罚5000元；医师侯鑫未变更执业地点处罚25000元。

“双随机”抽检。统筹安排各县市区开展了对医疗机构依法执业的交叉监督检查，市卫生监督所对直管医疗机构的“吕梁华康烧伤专科医院”和“吕梁市中医药研究院美沙酮药物维持治疗门诊部”进行了监督检查，对其违法行为依法给予行政处罚。

计划生育监督。全市应监督计划生育单位41户，实监督39户，监督覆盖率95.12%。实施行政处罚2户，其中警告2户，罚款1户，罚款金额15000元。没收违法所得1户，没收金额3424元。对41所单位全部建档。

【传染病防治监督】

2017年，吕梁市卫生监督所针对传染病防治只监督不信息报告的实际，加大督查力度，要求各县市区网报全覆盖，取得了成就：网报传染病防治应监督2834户，实监督2788户，监督覆盖率98.38%。共查处违法案件47件，给予警告31户，罚款38户，处罚金额11.2万元，制止了院内传染病的流行。

国家传染病防治抽检任务完成。根据国家卫生计生委的抽检文件要求，对辖区内的医疗卫生机构传染病防治情况进行了抽检，全面完成抽检任务：一是预防接种二级以上医院抽检15个，抽检率为62.5%；一级医院抽检18个，抽检率为22.5%；疾控机构抽检13个，抽检率为92.86%；其他医疗机构抽检243个，抽检率为12.29%。二是传染病疫情报告抽查疾控机构14个，抽检率为100%。三是消毒隔离二级以上医疗机构抽查24个，检查16个，抽检率为66.7%；一级医院抽查29

个，抽检率为 36.25%；其他医疗机构抽查 232 个，抽检率为 11.73%。四是医疗废物一级医院抽查 34 个，抽检率为 42.5%；其他医疗机构抽查 334 个，抽检率为 16.89%。五是病原微生物实验室二级以上医疗机构实验室检查 8 个，抽检率为 30%；疾控机构实验室抽查 6 个，抽检率为 42.86%。以上指标均达到了国家监督中心规定的抽检率。

消毒产品监督检查任务完成。根据国务院、省政府、省卫计委和市“双打”办安排的消毒产品生产企业抽检计划，市卫计委下发《关于进一步加强打击侵犯知识产权和制售伪劣商品工作的通知》（吕卫监督发〔2017〕7 号）文件，专门针对消毒产品生产企业、经营单位和使用单位的消毒产品进行专项检查。经统计，全市共出动人员 265 人次，车辆 80 余次，检查单位 150 户次，对检查中发现的台账建立不全、标签说明书不规范、索证不全等问题下达卫生监督整改建议累计 45 条，其中文水县卫生监督所在对消毒产品经营单位检查时发现的“该单位部分消毒产品未能提供相关资质证件”的问题，根据《消毒管理办法》的规定给予 4000 元处罚。市所会同文水县卫生监督所对文水县境内的 3 个消毒产品生产企业进行了监督检查，发现其中 2 个企业一直没有投入生产，其中 1 户处于半停产状态，监督员现场下达了执法文书。

省、市卫计委规定的专项整治完成。开展餐饮具集中消毒单位监督检查。全市共有餐饮具集中消毒服务单位 9 个，分布在汾阳、孝义、方山、岚县、离石、交口和兴县 7 个县市区，全部进行了日常监督检查，监督覆盖率达 100%。对 1 个单位进行了行政处罚，罚款 500 元。

开展消毒隔离专项整治。消毒隔离制度落实情况抽查。市县两级卫生监督机构按照各自职责管理权限，完成了 20% 的一级医院医疗机构、二级以上医疗机构和 5% 的其他医疗机构的消毒隔离监督检查共计 66 个单位。其中检查 2 个三甲医院，13 个二甲医院，4 个中医院，31 个乡镇卫生院（包括社区卫生服务中心），16 个其他医疗机构的消毒隔离制度落实情况。同时，对 9 个开展血液透析和 15 个开展内镜诊疗活动的二级以上医疗机构的重点科室消毒隔离情况进行了监督检查，覆盖率达到 100%。器械消毒的抽检。3 月 21—23 日，市所传染病监督科专门组织人员对吕梁市人民医院和山西省汾阳医院两个三甲医院各采集 2 份胃镜和肠镜样品，对离石区和汾阳市人民医院各采集 1 份样品，共采集 6 份胃镜和 6 份肠镜样品进行了培养检验，结果全部合格。同时对 4 个单位现场随机抽取手术器械灭菌包 8 个，按照《医院消毒供应中心第二部分》清洗消毒及灭菌技术操作规范（WS310.2—2009）要求进行查验、判定，结果全部合格。

市直管单位的日常监督检查。根据 2017 年年初制定的所对科岗位目标责任制，完成了 9 个医疗机构、1 个市级疾控机构和 3 个消毒产品生产企业的日常监督，监督覆盖率达 100%，累计下达整改建议 23 条，其中对 4 个医疗机构存在的违法行为进行行政处罚。

狠抓薄弱环节，消除盲点。摸清托幼机构卫生保健日常管理情况。全市共有托幼机构 427 个，其中公立托幼机构 139 个，私立托幼机构 288 个，其中取得卫生评价报告的有 44 个；设立卫生室的 11 个，设立保健室的 209 个；饮用水符合国家标准 313 个，自备饮用水的 30 个，自备水开展消毒的 12 个；建立传染病管理制度的 412 个，入园查验预防接种的 404 个，开展传染病知识宣传的 401 个，开设健康教育课程 403 个，开展日常消毒的 373 个，开展工作人员开展健康体检的 344 个，儿童入园开展健康检查的328个，建立健康档案的312个，建立传染病疫情报告392个，因病缺勤病追查有登记的396个，实行晨检全日健康观察的374个，制定传染病突发事件应急预案的406个；本年度发生传染病疫情的有10个单位，累计报告14人名儿童。

托幼机构专项整治。根据《托儿所幼儿园卫生保健管理办法》的要求，以市卫计委和市教育局名义联合下发了《关于进一步加强学校和托幼机构卫生监督检查》的通知(吕卫发〔2017〕11号)文件，全市根据文件精神和要求扎实开展工作，取得了突破性进展。据统计，共计检查托幼机构276个，监督覆盖率为97.18%。在检查过程中，执法人员对发现的问题依据《托儿所幼儿园卫生保健管理办法》规定累计下达整改意见书384条，进一步为全市广大儿童提供安全舒适的学习和生活环境。

案件查处。2017年，市卫生监督所加大了办案力度，主动查办案件，全年累计作出行政处罚案件6起，其中2起警告，4起一般程序，罚款1.6万元。

医疗废物监管。为整顿和规范吕梁市的医疗废物管理，市卫生监督所先后两次出台了关于医疗废物专项整治的文件和函（吕卫监所函〔2017〕8号函和吕卫监所〔2017〕22号文件），安排两次关于医疗废物专项整治大型活动。

【公共场所卫生监督】

1. 加强日常监督。2017年，全市共有从业单位1358户，监督1358户，监督覆盖率100%，从业人员6758人，持证6616人，执证率97.89%。成立卫生组织机构设立卫生管理员的98.75%，建立卫生管理档案94.36，增设禁烟标识95.28%。2017年卫生许可审核635户，其中新发383户，延续127户，复核124户，便更1户。共处罚37户，其中警告31户，罚款29户，罚款金额3.98万元。

2. 推行量化分级管理制度。要求全市对住宿业、理发美容业、公共浴室、游泳场所在去年的基础上进一步吃透标准，摸清底数，做到任务到科室、单位到个人，户户抓落实，确保此项工作按期完成。应量化1358户，实量化1358户，量化率100%，其中A级13户、B级34户、C级1311户，并统一格式、统一内容、统一标准制定公示栏对公共场所卫生进行信息公示，收到良好的社会效益。

3. 完成3次大型活动卫生安全保障服务工作。通过制定公共卫生安全保障监督工作方案，成立领导组、采用会前提前介入和会中跟踪监督检查、现场快速检测水质、客房用品用具清洗消毒效果等措施，保障了市“两会”和习总书记来吕梁视察活动的饮用水、住宿卫生安全。

4. 对市直管单位监督监测。共检查各类从业单位18户，从业人员186人，体检培训186人，持证186人，持证率100%。监测采样空气质量389项次，合格389项次，项次合格率100%。针对部分单位的服务人员未按期进行健康体检、未按照规定进行卫生检测、用品用具消毒记录不规范等问题，下达卫生监督意见书51份，整改建设46条，对8户违法经营单位依法给予行政处罚，其中警告8户，罚款3户，罚款金额3600元，对存在问题对相关人员进行现场针对性培训，使从业单位卫生服务质量明显提升。

5. 国家双随机抽检任务按期完成。游泳场馆卫生。检查游泳场所9户，发现游泳场所存在浸脚消毒池设计不合理、池水自检项目不全、不能按照“游泳场所卫生规范”要求对监测项目进行公示、消毒不规范、部分单位消毒产品未能出示产品有效卫生许可证批件，均下达责令限期整改建议。通过检查4户按照规范要求对浸脚消毒池进行更改、1户按要求进行水质检测公示、2户规范了禁浴用语，2户健全消毒制度，游泳场所卫生状况得到明显好转，根据国家双随机抽检要求进行委托抽检，所检项目全部合格，结果按期上报。集中空调卫生。按照《集中式空调通风系统卫生规范》要求对全市集中式空调单位进行摸底调查，2017年全市共有使用集中空调单位33户，分布在8县市区，经检查除市直管5户按《集中式空调通风系统卫生规范》要求进行每年一次清洗消毒外，其余单位多数由空调维修商在每次使用前进行清洗消毒，但全未取得清洗资质，清洗消毒后也不进行采样化验卫生评价，清洗消毒很不规范。

6.开展全市公共卫生重点抽检。

顾客用品用具抽检单位74户，合格74户，合格率100%。其中床单卧具合格率100%（32/32）、毛巾合格率100%（74/74）、茶具合格率100%（32/32）、理发剪刀合格率100%（42/42）、梳子合格率100%（42/42）、美容工具合格率100%（42/42）。

空气质量共抽检单位37户，合格37户，合格率100%，其中CO_2抽检合格率100（37/37）、甲醛合格率100%（26/26）、PM10合格率100%（26/26）。

卫生管理制度共检查各类单位339户，各项内容全部合格312户，占92.04%，责令限期改进27户。

【生活饮用水卫生监督】

1.强化日常监督。2017年，吕梁市供水单位141户，监督113户，监督率80.14%；其中千吨以上31户，监督31户，监督率100%；百吨以上110户，监督82户，监督率74.55%；二次供水63户，监督56户，监督率88.89%。

2.按期完成城乡供水单位摸底排查。全市共有千吨以上供水单位31户，其中城镇22户，农村9户；百吨以上供水单位110户，分布在49个乡镇，其中城镇1户，农村99户；居民二次供水63户，做到底数清，情况明。

3.完成国家双随机抽检。检查集中供水单位46户，所查项目全部合格28户，占60.87%，其中，持供水卫生许可证29户，占63.04%；供水人员经体检培训37户，占80.43%；水源卫生防护符合要求30户，占65.22%；使用涉水产品合格水厂27户，占58.70%；有消毒设施27户，占58.70%；开展水质自检水厂27户（包括委托），占58.70，现场检测出厂水6项指标全合格26户，占56.52%；责令限期改进43户。检查二次供水单位44户，所查项目全部合格19户，占43.18%，其中，供水人员经体检、培训31户，占67.39%；卫生防护合格31户，占70.45%；周围环境无污染34户，占77.27%；水池定期清洗消毒27户，占61.36%；开展自检23户，占50%；现场检测6项指标均合格34户，77.27%；责令限期改进25户。

【学校卫生专项工作】

2017年，全市应监督学校788所。实监督781所，监督覆盖率99.11%。对存在违法行为的3所学校给予了警告的行政处罚。

1.开展学校卫生专项检查。2017年3月10–20日，市卫计委联合教育部门开展为期10天的以传染病管理为重点的学校卫生专项检查。共出动执法人员312人次，检查学校256所，针对部分学校传染病防控制度不健全、校医或保健教师数量不足、职责不明、学生因病缺课和晨检记录不规范、学生宿舍制度不健全、部分管理员无证上岗等问题，逐一下达责令限期整改卫生监督意见159条。

2.组织开展专项督查。针对省卫计委督查组在孝义、离石检查11个单位时发现的问题逐一下达责令限期整改意见，督促当地监督机构依法给予行政处罚并将处罚结果上报省卫计委，对责令限期整改情况进行跟踪复查。

吕梁市卫计委按照督查方案

（吕卫监督函2017年第14号），8月15日至25日，由市卫计委监督科抽调执法人员深入7个县市区就2017年学校卫生工作情况进行再次专项督查，有力地推动此项工作开展。

3.完成国家双随机抽检任务。

教学环境卫生检查学校数598所，课桌椅配备符合要求333所，占55.69%；黑板照度符合要求435所，占72.74%；教室采光符合卫生要求583所，占97.49%，教室灯管垂直黑板531所，占85.79%，安装黑板控制灯符合要求500所，占83.61%，桌面照度符合要求的385所，占64.38%，针对存在问题责令限期改正学校数273所。

传染病防控监督检查学校593所，有专人负责疫情报告的学校数568所，占95.78%；有晨检记录的学校569所，占95.95%；有因病缺勤病因追查与登记记录的学校549所，占92.58%，有新生入学接种证查验登记的300所，占50.59%；有学生健康档案学校550所，占92.75%；每年进行学生健康体检学校412所，占68.9%。针对存在问题，责令限期改进学校172所。

学校饮用水卫生检查自建设施集中式供水学校数420户，所查水源卫生防护合格学校数44所，占10.48%；配备供水消毒设施的学校18所，占4.29%，水质检验合格学校35所，占8.33%；二次供水检查学校数6所，蓄水池周围无污染的6所，占100%，蓄水池定期消毒的5所，占83.33%，水质检验合格学校6所，占100%，分散式供水检查29所；水源无污染学校9所，占31.03%。针对存在问题责令限期改进学校426所。

学校卫生综合评价开展评价的学校295所，其中优秀17所，合格258所，不合格20所。

【放射卫生监督】

1.加强日常监督检查。2017年，全市开展放射影像诊断的医疗机构共99家，有放射设备239台，其中CT机26台，DR 34台，CR 19台，乳腺DR 2台，乳腺CR1台，胃肠造影机12台，普通X线摄影机84台，影响增强透视机15台，口腔全景机7台，牙科X机10台，移动X光机11台，其他X射线机18台。99家放射诊疗机构持有放射诊疗许可证的96家，持证率达96.9%；有放射诊疗工作人员379人，对356名放射工作人员进行了培训，放射诊疗工作人员的培训率达93.9%，对376名放射工作人员进行了体检，体检率达99.2%；379名放射诊疗工作人员中有290人进行了个人剂量监测，放射诊疗工作人员个人剂量监测率达76.5%。有96家放射诊疗机构配备了受检者放射防护用品，受检者放射防护用品配备率达96.9%；全市有39户放射诊疗机构的108台放射诊疗设备进行了状态检测，放射诊疗设备的状态检测率达45.2%，99户放射诊疗机构的226个放射工作场所进行了放射防护检测，放射工作场所的放射防护检测率达100%。全市各级卫生监督机构对放射诊疗机构的监督覆盖率达100%，共提出监督意见325条，对16户医疗机构进行了卫生行政处罚，其中警告14户，罚款10户，共罚款4.25万元。

2.加强放射工作人员的培训、体检，搞好放射工作人员健康监护工作。贯彻落实《放射诊疗管理规定》和《放射工作人员职业健康监护管理办法》，加强和规范吕梁市放射诊疗工作人员健康监护管理，保障放射诊疗工作人员的身体健康。市卫生监督所组织全市放射诊疗机构的376名放射诊疗工作人员进行了职业健康体检，并委托省卫生监督协会对全市356名放射诊疗工作人员进行了放射卫生法律法规、放射防护卫生知识等相关知识的培训，提高了放射工作人员的放射防护能力和放射诊疗质量，为搞好放射诊疗工作人员健康监护工作奠定了基础。

【职业健康检查机构规范】

1. 摸清底数。2017 年，吕梁市共有职业健康检查机构 24 户，其中甲级 4 户（由省所直管）、乙级 5 户、丙级 15 户，乙级和丙级均有市所监管。5 户乙级职业健康检查机构中，1 户为县级人民医院、2 户为企业职工医院、2 户为民营医疗机构；15 户丙级职业健康检查机构中，5 户为县级人民医院、2 户为县级中医院、1 户为县级疾病预防控制中心、1 户为乡镇卫生院、6 户为民营医疗机构。全市共有 1 户职业病诊断机构。

2. 清理整顿职业健康检查机构。为贯彻落实《职业病防治法》《职业健康检查管理办法》和“山西省卫生计生委办公室关于开展职业健康检查机构专项清理整顿的通知”文件精神，提高吕梁市职业健康检查质量，市卫生监督所对直管的 23 户职业健康检查机构进行了全面的监督检查和考核，严格按照省卫计委制定的考核标准，对每一户职业健康检查机构的体检场所、检查设备、检查医师资质、职业健康检查质量等项目进行了打分，在检查的同时，对存在的问题提出了整改意见并对专业知识方面进行了培训指导。通过考核，山西省汾阳医院等 13 户职业健康检查机构予以考核通过，交口县中医院等 5 户职业健康检查机构为整改后通过，离石区疾病预防控制中心等 3 户职业健康检查机构为考核不予通过。对 1 户职业健康检查机构给予了警告的行政处罚。通过这次专项清理整顿，完善了吕梁市职业健康检查机构的基础条件，提高了全市职业健康体检水平。

3. 直管单位监督全覆盖。市卫生监督所对直管的 20 户职业健康检查机构和 1 户职业病诊断机构进行了监督检查，监督覆盖率达 100%。共提出监督意见 40 条。1 户职业病诊断机构未进行职业病诊断活动。

【专项稽查】

2017 年，吕梁市对全市查处无证行医情况、行政执法责任制落实情况、无证行医黑名单建立与运用、制着装管理情况、2017 年日常执法文书和行政处罚案卷进行了专项稽查，书写执法文书 32 份。

【业务培训】

2017 年 9 月 25 日至 27 日，由国家卫生计生委卫生和计划生育监督中心举办的“卫生计生监督执法案例评查吕梁培训班”在吕梁开班。国家卫生计生委监督中心稽查处处长王永芳、山西省卫生监督所副所长宋猛、吕梁市卫计委副主任翟光华、吕梁市卫生局卫生监督所所长孟明珍出席了开班仪式并作了讲话，开班仪式和培训由国家卫计委监督中心稽查处副调研员鲁杰主持。吕梁市 13 个县市区以及市卫生监督所的 60 名卫生监督业务骨干参加了培训。

国家卫计委监督中心邀请全国卫生监督的 5 位知名专家（苏州市卫生监督所副所长蔡平、浙江省卫生监督所研究员王正飞、江苏省卫生监督所研究员李锡玲、北京市卫生监督所稽查科科长郭丽、四川省卫生计生执法总队的副支队长袁莎）为学员进行了案例评查标准解读、卫生行政执法文书常见问题与应用能力、如何写作行政处罚案例评析等授课。

（市卫生监督所）

疾病预防控制

【传染病防控】

2017 年，市疾病预防控制中心加大传染病防控工作力度，主动开展各类传染病监测、处置，重点是加强各学校、托幼机构等重点场所、重点人群、重点时段传染病防控工作，有效防控传染病暴发流行。全市共报告乙、丙类传染病 9127 例，与上年同期相比，上升了 11.11%。发病前五位的疾病依次为：乙肝 3158 例，占发病总数的 34.60%；肺结核1517例，占发病总数的16.62%；梅毒1166例，占发病总数的12.78%；手足口病758例，占发病总数的8.31%；其他感染性腹泻病620例，占发病总数的6.79%。与上年同期相比发病率上升的前五种疾病分别为急性出血性结膜炎、百日咳、丁肝、甲肝、伤寒+副伤寒，分别上升了2299.62%，466.54%，200%，130.23%和100%；发病率下降的四种疾病分别为手足口病、肝炎（未分型）、布病、流行性腮腺炎，分别下降了66.74%、46.15%、24.26%、11.74%。

按照市卫计委安排，2017年11月，对交城县、文水县以及汾阳市的卫生行政部门、疾控预防控制机构和县（市）、乡两级医疗机构共63个单位（其中地市级医疗机构1个，县区级医疗机构16个，乡镇级医疗机构40个）开展了法定传染病报告质量和管理现状调查。共抽取传染病病例13种1019例（县级以上898例，乡镇级121例），报告1015例，报告率为99.61%；网络报告1015例，报告及时率100%；实查纸质报告卡数276张，填写完整的纸质（电子）报告卡数265张，完整率96.01%；填写完整的纸质报告卡数39张，填写准确的纸质报告卡数35张，准确率89.74%；纸质报告卡中进行网络报告卡数223张，纸质报告卡与网络报告卡一致的报告卡数198，一致率88.79%；实查纸质（电子）报告卡数276，填写有效证件号的报告卡数275，填写完整率99.64%。

全市共收到传染病预警信息288条，覆盖除交口县外的12个县（市、区），涉及传染病病种12种；其中时间序列预警286次（占比99.31%），单病例预警2次（占比0.694%）。及时响应信号数为276条，及时率为95.83%。手足口、流感、禽流感、人感染H7N9禽流感等重点传染病监测工作规范开展，疫情网络与信息安全管理工作进一步加强，成功处置了交口县康城镇小学及幼儿园水痘疫情。

【地方病防治】

2017年，市疾控中心和全市13县（市、区）疾控中心完成国家级盐碘实验室质控考核，结果全部合格；市疾控中心和交城、离石、中阳、岚县4个县完成国家级尿碘实验室质控考核，结果全部合格；市疾控中心、汾阳市疾中心完成国家级水砷、尿砷实验室质控考核，结果全部合格。市疾控中心和汾阳市疾控中心参加省级布鲁氏菌病实验室质控考核，考核样品送至省疾控中心，等待考核结果。

按照吕梁市2017年碘盐监测方案要求，全市完成共计25个乡镇100个村1500份居民用户盐的定量监测。高碘地区文水、汾阳、孝义共完成9个乡镇36个村共计540份居民户盐的半定量监测任务。按照吕梁市碘缺乏病监测方案要求，交城、汾阳、临县、方山、岚县、离石、中阳、兴县完成碘缺乏病监测任务，共完成1600份8–10岁儿童盐碘样品和尿碘样品、800份孕妇盐碘样品和尿碘样品的采样检验任务。同时，完成交城、汾阳、临县、方山4个项目县19个乡镇24所中心校827名8–10岁儿童的甲状腺B超检查，对交口县、石楼县的5个村进行克山病病情监测，做临床、心电图检查1528人。

【艾滋病防治】

2017年，全市新增管理的HIV/AIDS 112例，其中艾滋病病毒感染者80例，艾滋病病人32例，既往HIV转化为AIDS 15例，死亡病例9例。完成流调108人，完成比例100%。全市累计存活的HIV/AIDS共490人，年内进行CD4检测395人，检测率80.6%。全市新增艾滋病抗病毒治疗成人99例，全市累计402例成年艾滋病病人接受抗病毒治疗，正在接受治疗的成年艾滋病病人383例，占累计治疗成年病人数的95.3%。

开展“世界艾滋病日”宣传

活动，12 月 1 日至 3 日，先后在离石区世纪广场和吕梁学院进行了艾滋病防治案例视频教育宣传，开展了免费自愿检测送礼品活动，共采集血样 550 份。发放宣传折页 8000 份、宣传册 5000 册、宣传画 2000 张、宣传笔 1000 支、宣传扑克牌 500 副。

【结核病防治】

2017 年 1-12 月，全市共登记活动性肺结核病人 1317 例，其中新涂阳病人 182 例，完成全年任务的 68%。2016 年 12 月 -2017 年 11 月非结防机构实际报告患者数 1418 例，需结防机构追踪的可疑肺结核病人为 1265 例，无追踪信息 6 例，实际追踪 1259 例，追踪率为 95.7%。做好学校结核病疫情处置工作，规范有效地处置了吕梁学院附属高级中学的结核病聚集性疫情。

【免疫规划】

加强疫苗和冷链管理，维持较高水平的儿童基础免疫接种率。2017 年 1-11 月，全市累计报告乙肝首剂接种率 99.83%、乙肝首剂及时率 97.27%、乙肝第 3 剂 99.67%、卡介苗 99.79%、脊灰第 1 剂 99.68、脊灰第 4 剂 98.91、百白破第 1 剂 99.71%、百白破第 4 剂 99.46%、白破 98.01%、含麻疫苗第 1 剂 99.68%、含麻疫苗第 2 剂 99.59%、A 群流脑第 1 剂 99.71%、第 2 剂 99.63%、A+C 群流脑第 1 剂 99.24%、第 2 剂 98.34、乙脑第 1 剂 99.63%、第 2 剂 99.56%、甲肝 99.56%。完成了 1 至 4 季度免疫规划疫苗的冷链运转工作，规范疫苗出入库登记和温度记录，确保全市免疫规划工作安全有效开展。

【实验室检验检测】

2017 年，市疾控中心完成哨点医院的流感病毒核酸检测 764 份、环境标本的禽流感核酸检测 220 份、麻疹风疹抗体检测 1 份，完成手足口核酸检测 254 份，阳性数 188 份。复检 HIV 抗体初筛有反应的样本 97 份，经复检有反应的样本 67 份送至太原市疾控中心进行确证，其中确证 55 人，不确定 6 人，阴性 6 人。完成 CD4+ 细胞检测 618 人次，病载分浆 153 份。自愿咨询检测 468 份，全部为阴性。完成离石城区枯水期和丰水期饮用水水质检测 100 份、食品中化学污染物和有害因素检测 97 份、食源性致病菌 136 份。

【卫生应急】

为有效应对突发公共卫生事件，完善卫生应急机制，2017 年，市疾控中心对方案、预案进行修订补充和完善，加强应急物资储备，添置了应急相关装备，购置了防护用品，调整充实突发公共卫生事件应急处置队伍。规范人感染 H7N9 病毒病例的发现、报告、流行病学调查、实验室检测、病毒变异监测和密切接触者管理等防控工作，制定《吕梁市人感染 H7N9 病毒疫情防控方案》，并于 5 月 25 日对全市各县（市、区）疾控中心主任、分管副主任、传染病科科长、应急办主任、检验科科长、病媒消毒科科长共计 60 余人，进行详细讲解培训，提高了应急处理能力，确保一旦发生人感染 H7N9 禽流感等突发和应急事件，能够快速有效进行处置。

【公共卫生监测】

食品安全风险监测方面，2017 年全市 22 家哨点医院共采集并报告食源性疾病病例 1953 例，任务完成率 116.3%。通过食源性疾病病例信息采集系统发现可疑聚集事件 53 起，通过食源性疾病暴发监测系统网报 45 起，网报率为 84.9%，追踪落实率为 100%。食品中化学污染物监测及有害因素监测和食品中食源性致病菌监测实现 13 个县（市、区）全覆盖，其中，化学污染物监测及有害因素监测共采集样品 108 份，任务完成率为 111.3%，共产生 1278 个数据；食源性致病菌监测共采集样品 136 份，任务完成率为 100%，共产生 635 个数据。生活饮用水水质卫生监测方面，全市 13 个县（市、区）全覆盖，共614个监测点，其中城区122个，农村492个（学校48个），枯、丰水期各检测一次。全年完成生活饮用水监测1234份，任务完成率100.5%，其中城区生活饮用水完成246份，任务完成率100.8%，合格率91.4%；农村生活饮用水完成988份，任务完成率100.4%，合格率60.5%。重点职业病监测方面，共审核用人单位信息77家，职业健康检查个案卡8041张，有毒有害工人健康监护卡67张，疑似职业病报告卡91张，职业病报告卡2张，尘肺病报告卡133张，其中新病例129张，再次晋期病例4张，农药中毒报告卡18张。

【慢病综合防控】

2017年，市疾控中心启动第一次全省重点慢性病流行病学调查吕梁调查点工作，推进吕梁市所涉及的临县、交口县、文水县的调查工作。参加全国第二届“万步有约”职业人群健走激励大奖赛活动，中阳县作为吕梁市的省级慢性病综合防控示范县，首次代表吕梁参加“万步有约”大奖赛，并取得优异成绩。市疾控中心获得银牌、中阳县获得三等奖，传播了健康理念，普及了健康知识，为建设“健康吕梁”起到了推进作用。开展全国公共卫生人才继续教育现状调查，对市疾控、汾阳疾控、岚县疾控进行问卷调查，相关数据汇总上报。

2017年，市疾控中心还开展各种防病知识宣传等健康教育工作。围绕“3·24”结核病防治日，“4·25”计免宣传日，“4·26”疟疾宣传日，“5·15”碘缺乏病防治宣传日，“5·31”世界无烟日等卫生日，在离石区世纪广场开展宣传活动，印发各种健康知识宣传资料单、宣传手册，设置宣传咨询台向广大群众普及健康知识。共制作宣传横幅10幅，宣传展板10块，印发各种宣传材料3万余份，接受现场咨询5000余人次。

（市疾病预防控制中心）

吕梁市人民医院

【概况】

2017年，吕梁市人民医院门急诊345201人次，同比下降0.49%；出院21662人次，同比上升2.74%；病床使用率82.04%，同比上升8.18%；平均住院日10.52天，同比增加1.84%；手术9378例次，同比上升0.93%；危重病人抢救成功率86.28%，同比下降0.57%；药占比36.47%，同比下降2.82%；出院患者对医院的满意度达到了98.58%，未发生影响正常工作秩序的不良事件。

【对外宣传】

2017年，吕梁市人民医院共编辑出版《吕医人》12期、整理汇编医院动态信息20期。对外发送宣传报道稿件及图片15余篇/幅，及时维护更新医院外网、官方微博，上传新闻300余条，图片100余幅。报送日常卫生信息、政务信息、党建信息共百余条。定期检查院内标识、图标、牌匾完好情况，及时规范科室各种标识。完善医院形象宣传片，加强了医院的对外宣传形象。

【医改工作】

2017年，吕梁市人民医院从7月1日起正式实施公立医院改革，实行药品零差价，并对部分医疗服务价格进行调整。为做好医改配套工作，制订下发《综合改革实施方案（试行）》，成立由院长任组长的改革领导组，明确医院医改的指导思想、基本目标、主要任务。为深化医改各项指标和任务，结合《吕梁市公立医院综合改革考核办法的通知》，制订《2017年吕梁市人民医院综合改革任务考核分解表》，明确各项任务的责任科室、责任人。按照市级医院实行按病种收费工作要求，完成106个病种费用测算工作。随着医改各项措施的推进，医院药品和耗材费用占比不断降低，收支结构不断优化，药品费用月平均让利患者约150万元，大型仪器设备检查、化验费用月平均让利患者约50万元，医院逐步实现良性运行，普惠百姓政策落地见效。

【专业技术职务评审】

为适应医药卫生体制改革的需要，逐步建立完善的专业技术职务评审机制，按照上级文件要求，结合医院实际，对2017年卫生系列高级职称采用评聘分离的举措，完善工作流程，成立专家评审小组，对符合条件的130人进行了确认申报、资格初审，最终申报61名晋升人员。

【设备耗材及药品“阳光采购”】

2017年，设备耗材网采率达93%以上，其中骨科材料、介入材料等网采率达100%；先后对28种产品进行价格调整，切实降低了采购成本，减轻了患者看病负担。药品购进严格执行山西省医疗机构药械集中网上采购程序，招标品种占药品总购进的97%；认真执行《山西省推行公立医疗机构药品采购“两票制”实施方案（试行）》精神，从8月1日起药品购进全面实行了“两票制”。

【医疗质量管理】

2017年，一是严格落实行政、护理、门诊总值班制度，门诊、病区业务查房制度，做到了重点环节日日督查、日常业务周周评价、交班内容件件落实，确保医疗核心制度进一步落实。二是加大十八项核心制度的执行和落实力度，深入到科室，参与科室交班、三级查房、分组查房，确保医疗质量，规范诊疗行为，杜绝医疗事故的发生。三是重视危重症患者的督导检查，要求科室及时上报相关信息并备案，医务科及时到科室查阅病历、组织全院会诊，有效提高了科室救治危重患者的成功率，降低致残率和病死率。四是加强临床输血管理，每月对临床输血进行重点质控，从输血科进行追踪，确保每例大量用血都有备案、审批，符合临床用血管理要求。五是规范病历管理，提高病历书写质量，每月通过不定期抽查环节病历及终末病历，组织全院病历评比，将各项规章制度落实到工作中的每个环节，保障医疗质量与安全，维护了医患双方的合法权益。

【优质护理服务】

2017年，一是将精细化管理的理念逐步延伸，贯穿到护理管理的全方位，从物资管理、病区管理，延伸到病人管理、护理质量管理等，逐步提高护理管理工作质量。二是各科室制定出台了以本科室特色服务为主题的优质护理服务实施方案，并积极开展工作，进一步提供了专业化的护理服务。三是落实下巡下视制度，强化落实护士长每日工作“五件事”，2名高年资护士深入病房指导低年资护士评估、观察、发现患者病情的能力，总值班护士长加强对危重病人的下巡下视。四是通过科室自行培训、“YY语音网络直播微信平台”等授课方式，对16项护理核心制度进行了全员培训及考核，进一步规范了护士工作行为。通过修订护理绩效考核方案，加大对主动发现病情变化，收到患者表扬信、锦旗以及回访中心满意度调查提名表扬护士的奖励力度，与护士评优评模相结合，充分调动护士的工作积极性。

【规范药事服务行为】

2017年，一是重新编制全院辅助类药品目录，并组织临床医师每月对1000份门诊处方、150份病历医嘱进行辅助类用药点评，对无指征用药等行为进行警示、诫勉谈话。二是每月进行全院抗菌药物使用情况的统计、点评、分析、评估，重点检查围手术期病历，抗菌药物使用的合理性，对出现的问题纳入当月考核并提出整改意见。三是临床药师参与临床查房、特殊使用级抗菌药物会诊工作，开展药物临床应用的评价，对患者进行用药教育、指导安全用药。四是高度重视药品不良反应上报，通过医、护、药各环节相互配合，全年共收集到全院药品不良反应报告263例并及时上报，确保患者的用药安全。

【医院感染管理】

2017年，一是按照省卫计委关于开展医院感染信息化监测试点工作的要求，完善13项医院感染管理质量控制指标，确保了各项数据记录标准化，数据采集规范化。二是组织全院医务人员对新出台的医院感染管理12项新标准进行培训和考核，通过日常考核要求各科室按照标准落实院感工作。三是对全院医务人员进行医疗废物处理、手卫生、清洁消毒、传染病防治等培训，进一步强化全员控制医院感染的意识。四是切实抓好院感重点部门、重点部位、重点环节的管理，多次深入重症医学科、血液透析室、内镜室、介入科、产科、新生儿室等科室督促指导医院感染管理日常工作。

【预防保健】

2017年，一是加强控烟管理，完善全院禁烟标识，对各科室控烟工作进行定期督促、检查，强化无烟医院所取得的成绩。二是对全员进行H7N9禽流感相关病例排查及工作报告流程进行培训并考试，并组织了突发传染病应急演练。三是利用“三八”妇女节、结核病日、爱国卫生月等重大节日，进行相关疾病科普知识宣传。四是举办医务人员职业安全防护知识全员培训及考试，有效提高工作人员职业安全防护意识及报告意识。

【科研教学】

2017年，医院新招收1名硕士研究生，7名带教硕士研究生顺利完成学业；接收了583名本科、大、中专院校医疗、护理、检验等专业临床实习生；先后接收8名县级骨干医师、20名西医类别全科医生、83名基层医疗机构进修生、90名百千万基层适宜技术人员开展临床实践培训；先后组织8次实习生临床技能操作培训与考试。

申报专科医师规范化培训基地；成为第二批住院医师规范化培训专业基地；骨科和护理学作为省市共建学科顺利通过省卫计委的年度验收审核；与天津肿瘤医院达成初步合作意向，计划通过引进专家开展为期2年的帮扶，使肿瘤外科初具规模；为提升心脑血管疾病医疗救治水平，启动了医院胸痛中心和脑卒中中心建设；在市委、市政府的大力支持下积极创建山西医科大学直属附属医院。

2017年医院培养的7名在职研究生完成学业。根据2016年《吕梁市市直部分事业单位公开招聘工作人员方案》，新招聘56人已入科开展工作，为医院健康稳步发展注入了新鲜血液。坚持请进来送出去相结合的管理办法，通过举办山西省脑血管疾病论坛、全市急诊、口腔、骨科年会等活动，邀请全国知名专家莅临我院对口帮扶指导；有计划、有目的选送外出进修人员26名，参加学习交流及培训班386人次。

举办国家级继续医学教育项目2项、省级继续医学教育项目4项、市级继续医学教育项目17项、院级继续医学教育项目97项。参与国家级课题1项、省级科研课题立项2项、省科技厅组织的科研项目验收4项。开展应用新技术、新项目26项，增强了医疗技术能力，提高了学术水平。

与解放军总医院开展临床会诊2例，影像会诊2例；参加北京大学人民医院远程病例讨论18例，专题讲座9例；分别向兴县人民医院、离石区人民医院进行远程视频讲座各1次。

【信息化建设】

2017年，医院正式实行病案一号制，更新了住院系统，增加了身份证读卡器，使身份证号成为患者唯一标识，实现患者一人一号制；在医院的微信公众号平台中开通了住院押金微信支付功能；在医院各收费窗口增加POS机17台，使广大患者可快速便捷地支付各项费用，为患者提供了便利，减轻了收费窗口工作人员压力；开通了新农合医保实现跨省异地结算功能，方便新农合医保患者就医报销；在吕梁市“云计算”中心搭建互联互通信息平台，实现共享全市各级医疗卫生机构健康数据；启动“医院综合运营管理系统”建设，进一步规范全院经营活动。

【医院“三防”建设】

2017年，医院为确保重点部位的安全，在人防上狠下功夫，医院保安由原来的40人增加到67人，人员得到充分的保障，重要岗位达到双岗，坚持24小时巡逻检查制度。在技防上下大力气，设置视频监控系统，全院视频监控探头达到了229个，实现了医院重点部位全覆盖。在物防上大力投入，全年消防安全维护资金投入达30余万元。此外，保卫科还不断加强治安与消防巡查相结合，保卫人员坚持每2小时巡查1次，加大治安巡逻力度，全年抓获小偷3人，有效制止全院的偷盗现象。

【对口支援工作】

2017年，一是为充分发挥医院专家的技术优势和资源优势，继续与山区9县32所县乡医院建立更加紧密的医联体关系，通过定期深入帮扶单位查房、出诊、会诊、业务指导及来院进修学习，逐步提升了乡镇卫生院的医疗服务水平。二是结合省卫计委《关于实施2017年城乡医院对口支援和县级医院骨干医师培训项目工作的通知》等文件精神，与各受援医院签订了医联体帮扶协议，长期派驻医务人员进行定点指导帮扶，医务科每季度对派驻人员工作情况进行督导和检查，保障了帮扶工作效果。三是为了深入贯彻中央、省对口支援新疆工作要求，根据市委安排部署以及对口援疆单位实际工作需要，选派了刘进和秦新荣赴五家渠市人民医院进行为期一年半的对口援助工作。援疆医务人员舍小家顾大家，牢记援疆使命，以高度的责任心、过硬的业务本领和技术专长，得到了当地群众的认可和肯定。

【医疗安全专项整顿】

2017年，为深刻吸取浙江省中医院和青岛城阳医院因违规操作发生医疗安全事件教训，加强医院管理，提高医疗质量，确保医疗安全，医院于2017年3月份启动了医疗安全专项整顿活动，此次活动以省卫计委依法执业大检查等专项活动发现问题持续整改和迎接第二周期“三甲”评审准备工作为载体，重点排查整改了全院医疗质量管理与控制制度建设及落实情况、医疗安全风险排查与处置情况、医疗安全风险重点部门和重点环节管理情况、医疗安全与风险防范意识教育培训情况。通过各科室自查和职能科室督查，对全院医疗安全管理存在的薄弱环节进行了整改，切实维护了人民群众的健康权益。

（吕梁市人民医院）

山西省汾阳医院

【概况】

2017年，山西省汾阳医院各项工作取得新突破。2017年业务总收入5.3447亿元，同比增长5.77%；门诊426776人次，同比增长3.88%；出院32136人次，其中重症监护病人1980人，占比6.16%，同比增长1.02%，累计完成特级护理128364小时，同比增长21.06%；完成手术与操作20525例，麻醉手术8490例，其中3级以上手术2569例，占比30.26%，腔镜手术1590例，同比增长5.5%；急诊22600人次，抢救成功率95.56%；平均住院日9.01天，病床使用率91.69%，病案甲级率99.89%，入院与出院诊断符合率99.61%，治愈好转率97.56%，临床与病理诊断符合率99.33%，无菌手术切口甲级愈合率97.07%；门诊人均医疗费317.56元，出院患者人均医疗费11757.26元；健康体检14642人次，同比增长24.71%；血液透析11816人次，同比增长20.55%，输血量198849ml，同比增长9.15%，开展成分输血比例100%；药占比从38%下降到29.44%；卫生材料占比20.67%；医疗服务占比22.08%，各项重要医疗指标基本符合三级甲等医院要求和公立医院改革要求。

2017年4月，国家级“胸痛中心”通过认证，汾阳医院成为全省第四家正式挂牌医院；5月，汾阳医院被山西省劳动竞赛委员会授予“山西省五一劳动奖状”；7月1日，信息系统升级改造工程进行切换，门诊实行一卡通就诊，同时实行药品零加成销售；8月，药品采购实行两票制；9月，汾阳医院被省编办批复成为山西医科大学直属附属医院，10月，顺利通过教育部临床医学专业认证；11月，汾阳医院心血管内科护理品管圈参加全国大赛获得二等奖；12月，正式挂牌“山西医科大学汾阳医院”“山西医科大学汾阳临床医学院”；12月，整合汾阳药材公司实行一体化管理；产科批复为省级临床重点专科，全科医疗科批复成立，精神科门诊开诊。

2017年，汾阳医院获吕梁市责任制考核2016年度优秀单位；获国家卫计委脑卒中防治工程委员会颁发的“2016年度脑卒中高危人群筛查和干预项目先进集体”；被山西省社会管理综合治理委员会、山西省公安厅授予“二O一六年度省级平安单位”；被评为“全国地市脑血管病防治百强医院”；院长王富获全国卫生计生系统先进工作者；书记郭任维被评为第九届山西省优秀科技工作者；副院长郭建平副及王耀勇被山西省卫计委授予“山西省首届好医生”称号；徐艳娥被评为全国脑卒中宣传教育工作先进个人；汾阳医院被评为山西省医院品管圈活动先进集体，感染性疾病科、检验科、手术室的品管圈项目获得三等奖，心内科品管圈项目获得一等奖，心内科吕晓春被授予“2016-2017年度优秀圈长”荣誉称号；汾阳医院获得全省三甲医院青年护士岗位技能竞赛团体二等奖，神经外科冯红获得个人二等奖；检验科获得山西省检验技能大赛集体二等奖，营养科获得山西省医师学会举办的“健康杯”营养病历比赛一等奖。

2017年，汾阳医院引进硕士研究生、本科生50多名，为60多名在院职工办理了视同工同酬待遇，年内职工收入增长8.2%；招收各专业硕士研究生10人，毕业硕士研究生10人，招收住培学员67人。获得2015年-2016年度吕梁市科学技术自然科学一等奖4名，技术进步一等奖5名，二等奖8名。完成2017年省卫计委6项课题立项，吕梁市科技局7项课题立项，发表科研论文166篇，主编参编著作17部。全年开展新技术项目101项。医联体由28家增加至50余家，扶贫包村石楼县灵泉镇薛家垣村按计划顺利整村脱贫。4人对口援疆，1人援非，3人挂职下乡。

2017年，汾阳医院儿科楼改建工程招标并开工建设；液氧站已投入使用，新大楼国家再次投资600万元，安装装修工程顺利进行。

【学科建设】

2017年，汾阳医院加强省市共建重点学科耳鼻喉、呼吸、心内、消化、护理学科建设，在省级终末汇报和阶段汇报中得到充分肯定；产科通过评审成为省级重点专科；增加全科医疗科；呼吸科更名为呼吸与危重症医学科，烧伤整形科更名为烧伤、创伤修复重建外科；多学科诊疗工作有序推进，胃肠肿瘤MDT开展30期，41人次，乳腺肿瘤MDT开展2期；成立了眩晕诊疗协作组，安宁疗护专家协作组；呼吸治疗师制度及技术全省领先，呼吸科收治危重患者超过40%；胸痛中心成功通过中国胸痛中心总部认证，全年开展心脏介入手术1031例，急诊PCI 241例；高级卒中中心建设工作有序推进，对脑卒中病人的精确诊断及合理治疗、预防提供了更有效的措施，DSA检查11例，颈动脉支架置入1例，开展急性缺血性脑卒中的静脉溶栓治疗57例，其中r-tPA治疗46例，尿激酶治疗11例；全年四个重症监护病房收治病人1980例，其中综合重症61例，呼吸重症337例，心内重症1125例，新生儿重症457例；产科分娩病人4742人，高危妊娠3469人，占比74.5%；组织医疗交叉二级质量控制每月一次，实行了医技科室交叉检查二级质量控制每月一次；组织院内大会诊40人次；医疗安全不良事件上报93例。

【一批新技术应用于临床】

2017年，汾阳医院共开展101项新技术并应用于临床，推动医疗服务水平不断提高。骨科一病区开展9项，其中标志性手术—膝关节置换术2017年独立完成18例，椎间孔镜手术15例（独立完成14例，外请专家完成1例），全髋关节翻修2例；骨科二病区规范老年患者骨质疏松症的治疗，开展踝关节，肱骨近端骨折的微创复位，内固定术，2017年住院患者70岁以上老年患者达107人；普外一病区开展了省内领先的直肠癌经肛全系膜切除手术，急诊腔镜手术成为常规；普外二病区开展乳腺、甲状腺规范精准治疗；心胸外科全年开展24例胸腔镜手术；消化内科成功开展内镜下早癌治疗，内镜下右半结肠支架植入术；眼科白内障手术83例；烧伤科在独立完成断肢再植的基础上，完成多例大血管神经严重损伤患者的再造与修复手术，其中完成山西省首例右手脱套毁损患者，历时17个小时成功用5个游离组织块再造拇指、手掌、手背；介入血管科积极开展新技术，开展手术基本涵盖综合介入诊疗及外周血管介入技术中95%以上的项目。全年质控病历27368份，反馈16155份，质控危重病历1896份，反馈1726份。

【服务项目扩展】

2017年，汾阳医院对各科室执业项目及未注册项目全部进行排查，诊疗科目中增加健康体检科，完成山西省病原微生物实验室备案工作，完成血液透析室增加透析机申报工作，完成向省卫生计生委呈报增加传染病区执业地点的申请，完成吕梁市产前筛查机构备案工作，现接收汾阳市、文水县、交城县三个县区及来汾阳医院就诊的山西省境内免费产前筛查的血标本，2017年度共接收标本4467例，其中高风险284例。完成与省妇幼保健院开展孕妇外周血胎儿游离DNA产前筛查与诊断转诊合作协议，完成产前诊断申报相关资料准备工作，完成人类辅助生殖技术服务两年一次校验工作。组织人员参加山西省性病规范化门诊培训，为性病门诊过期校验做准备。规范妇幼管理工作，爱婴医院、新生儿“两病”筛查、新生儿听力筛查、产前筛查、危重孕产妇、危重新生儿、母婴传播疾病专项工作在省级各类检查中名列前茅，7月7日人工辅助生殖、母婴保健服务、计划生育依法执业专项检查受到监督所的表扬。

【教学工作】

2017年，汾阳医院与汾阳学院通力合作，形成5个总目录，111个子目录，1500份支撑材料，顺利通过教育部临床医学专业认证，促进汾阳医院的教学工作，人才培养质量不断提高。2017年，教学办不断完善教学管理制度，修订完成《教学规章制度》《实习生临床护理操作技能》《教学查房记录本》《教学工作记录本》《教学病例讨论记录本》《社区实习日志》等；规范教学行为，提高教学质量。2017年，完成汾阳学院理论教学任务8000余学时，其中高级职称授课比例为80%以上；完成山西医科大学、山西医科大学汾阳学院等20个院校的临床医学、医学影像学、医学检验等14个专业的临床实习带教任务，实习生人数588人；完成汾阳学院临床医学、医学影像、口腔医学、护理学、助产专业见习4000人；

完成汾阳学院临床带教任务1000余人。汾阳医院各规培专业基地2017年度招收住培学员67名，在培学员达到264名，自主研发住培软件系统管理平台，规范住培教学流程，实现住培管理的信息化和科学化。优化住培责任导师队伍，责任导师达140人，专业导师205人，基层实践基地10人，115人有省级以上师资证，占比32%。检验专业基地经省卫计委专家组评估通过验收，2018年开始招生。超声医学科专业住培基地接受了中国医师协会的现场检查评估，专家组给予了充分肯定。

【科研工作】

根据“2017年度山西省科学技术奖励推荐工作的通知”，汾阳医院组织并协助完成三项科技奖项目的审核，上报省科技厅；组织17项科研课题参评吕梁市科学技术奖，其中获自然科学一等奖4名，科学技术进步一等奖5名，科学技术进步二等奖8名。组织完成2017年省卫计委6项课题的立项，吕梁市科技局7项课题的立项。2017年招收各专业硕士研究生10人，毕业研究生10人，全部在三甲医院或国内一线城市就业。全年共发表论文166篇，其中中华19篇，参编论著17部，规划教材2部。2017年在山西医科大学的统一安排下，首次为申报国家自然基金做了大量的思想保障和制度保障工作。

【护理服务】

1. 质量管理不断强化。2017年，汾阳医院按照《三级综合医院评审标准实施细则》要求，护理部完成护理管理制度、病房工作制度、岗位职责等5章110节规章制度的修订，完成44项护理应急流程与规范、9章285项护理行政工作流程与规范、临床护理和特殊部门工作流程与规范的完善与修订。2017年继续加强护理质量控制管理委员会运行监督、评价体系，倡导全员参与的质量控制管理理念，组建了护理信息管理委员会。完成了卫宁系统的升级改造、信息系统操作培训以及运行过程中的反馈协调等问题。鼓励护理人员主动上报护理不良事件，全年累计上报护理不良事件353例，较2016年增加91例。组织开展系列护理突发事件应急演练活动，对31个临床科室114项应急演练项目完成了全程督导与评价。完成21项护理新技术的准入认证、中期验收、年终成果评审工作，完成8个护理新技术新项目的推广工作，完成对2018年度申报的44项护理新技术新项目的准入认证工作。

2. 学习型护理团队逐步成型 汾阳医院与省市共建重点学科帮扶单位——山西医科大学第一医院开展学术交流，先后邀请护理部张文光主任、李育玲副主任以及精神卫生科李忻蓉博士多次来院进行专题培训和现场指导。举办“人本位整体护理临床实践论坛”和“基层医院静脉治疗护理技术创新与发展研讨会”两项国家级继续教育项目。举办吕梁市第四届静脉治疗规范化提高班等市级护理继续教育项目9项，156个学时，共计培训市级、县级以及乡镇基层医院护理人员2005名。选送89人次护理人员赴上级医院参加短期培训及各种护理学术活动，其中包括护理管理人员80人次，护理骨干护士9人次。院内强化护士“三基三严”训练，累计完成各类护理业务培训20余项，培训护理人员2064人次，完成护理管理人员、N3、N2等各层级护理人员理论考核910人次，合格率为98.90%，操作培训示教533人次，以及操作考核480人次，合格率为85.42%。举办“护理管理人员成长训练营”专项培训，开展阅读交流活动和护理微课大赛，聘请西安交通大学医学部顾炜教授为医院外聘专家，定期亲临医院对护理科研工作及科研人才进行专项培训和指导。

3. 人本位整体护理深入推进

引入“人本位整体护理”模式，先后邀请张中南、张菁虹、潘红英、朱红芳等国内知名护理专家，深入临床科室进行护理业务查房示教和现场指导工作，“人本位整体护理”理念逐步渗透到了每位临床护士工作过程中。引入SBAR等标准化沟通模式，有效改善护患关系、医护关系。组织临床科室开展护理业务查房20余次，并建立护理业务查房评价细则，骨科二病区、心血管内科以及呼吸内科等科室被评为护理业务查房示范病区。神经外科一病区、神经外科二病区、骨科一病区、骨科二病区、呼吸内科、神经内科等15个病区开展无陪护试点病房。全院使用持证护工10余人，累计服务住院患者陪护240余人次，陪护320余天。成立山西省红十字护理志愿服务队山西省汾阳医院分队，开展红十字护理志愿服务活动200余人次。在汾阳职业高中、社区、大型商场、汾酒厂以及校园等单位，开展“心肺复苏普及进万家精准健康工程”，累计培训各类人群达800余人次。

【院感防控】

1. 医护人员院感防控意识提高。2017年，按照《山西省三级综合医院评审标准实施细则》院感方面评审条款，修订职责制度30项，细化标准21项。编印《医院感染专辑》4期。接受山西省、吕梁市及汾阳市各级检查10次。开展全院不同岗位职业防护培训5场，参加科主任、护士长例会12次，对有关科室（产科、普外科、康复科、针灸科、ICU、RICU、NICU等重点部门）开展专科医院感染防控知识现场培训和考核，提高了医务人员院感防控意识和执行力。

2. 加强院感监督。通过环境卫生学及消毒灭菌效果监测，督促设备科对全院的空气消毒机进行维修、清洗滤芯、更换活性炭、负离子发生器、静电吸附装置，后勤部门对中央空调、单机空调彻底清洁维护，滤网清洗；对重点部门进行每月、每季监测共采样691份，其中物表132份，合格率90.15%，工作人员的手131份，合格率91.6%，无菌物品48份，合格率100%，消毒物品25份，合格率100%，使用中的消毒液101份，合格率99.01%，透析液监测131份，合格率100%，内镜监测22份，合格率100%，专项调查血透室、新生儿、重症监护病房采样101份，监测结果在院感专辑上进行通报。

3. 施行感染病例监测。全年共监测住院病人32130例，发生医院感染314例，医院感染发病率0.98%，同比上升0.08%；感染例次数327例，感染例次率1.02%，同比上升0.08%；漏报人数6例，漏报率1.91%，较上年2.74%下降0.83%；医院感染现患率0.93%，较上年1.13%下降0.2%；继续开展目标性监测，重症监护病房呼吸机相关肺炎的监测感染例数19例，VAP发病率21.9‰，日感染率17.3‰，调整日感染率3.61%，导尿管所致尿路感染的监测感染例数0例，导管相关血流感染的监测感染例数1例，日感染率1.2‰；骨科无菌关节手术部位目标性监测，两年共监测140例；新生儿重症病房全年新生儿医院感染监测1890例；全年共检出195株多重耐药菌；开展全院三管监测，血管内导管相关血流感染发病率1.2‰，导尿管相关泌尿系感染发病率0.5‰，呼吸机相关肺炎发病率13.8‰；全年共发生医务人员职业暴露17例，均给予及时处理。

【预防保健】

2017年，在汾阳医院出生新生儿4306例，接种3740例，接种率为86.86%，其中汾阳籍出生2655例，接种2381例，接种率为89.67%；儿童保健门诊就诊人数2917人；共报告传染病1763例；共报告死亡病例129例；共报告食源性疾病信息169例；进行艾滋病病毒抗体筛查26919例；调查住院急性心肌梗死患者216例、脑卒中患者564例、肿瘤患者429例；组织59位放射人员进行了放射职业卫生体检，69人参加在岗放射工作人员培训，其中9人进行岗前培训和体检。圆满完成各级政府下达的指令性任务。

【保障合理用药用血】

1.2017年，汾阳医院药品采购实行两票制，药品实行零加成销售，破除“以药补医”初见成效。药学部2017年调整“药事管理与药物治疗学委员会”成员，全年召开6次会议。2017年，共销售药品1.81亿元，比2016年下降0.05亿元，自7月1日起，药品零差率销售，让利于患者1000万元。全院药占比平均为33.89%，同比下降3.05%，从年初的39.21%降到最低29.44%的水平，其中7-12月药占比平均为30.76%。对排名前20位的药品品种进行2次干预，停用11个重点监控的品种，限量销售6个重点监控的品种。下调34个科室中33个科室的药占比。分2次引进新药品种16种，临采超过5次的转84个品规，淘汰30个品种。全年共点评处方12000张，增长6360张，点评病历6440份，其中质控用药点评4080份，I类切口手术使用抗菌药物点评2000份、抗菌药物监测点评360份。参与临床大会诊10余次；药房调配处方79万张，比2016年的72万张增长7万张，增长9.72%；静脉用药配置中心审核处理医嘱339062条。对药品进行指标量化管理：数量、金额、报损比例，因破损、过期等报损的药品报损比例为万分之一点三（要求万分之二以下）。依据药品质量管理制度，对1个药品（喜炎平）因质量问题暂停使用。每季度编印《汾医药讯》。每月统计、分析抗菌药物使用并编写《抗菌药物管理专辑》在OA网上公示。对全院的药品不良反应进行监测并上报，全年共上报382份，同比增长46.92%（2016年260份）。组织医师、药师4次全员培训，内容包括抗菌药物、特殊药物、辅助类用药等。

2. 输血科严格执行《医疗机构临床用血管理办法》《临床输血技术规范》，严格掌握输血适应证，把“科学合理用血”作为输血工作的重点目标，加强临床用血的监督管理，全年输血总量1988495ml，比上年增加9.15%，其中红细胞8798 U，增加4.7%，血小板246治疗量，增加24.9%，冷沉淀1373U，增加97.3%，成分输血率100%。指导临床用血15次，参与会诊3次，病例讨论1次。全年未发生任何差错事故，完成本年度的输血任务，满足临床用血需求，保证临床工作正常进行。

【人才培养】

2017年 医疗外出进修7人次，短期培训学习、参加学术活动47人次，挂靠汾阳医院的吕梁市医学会各专业委员会、质控部开展省市级继续医学教育活动16次，组织院内输血知识培训1次，抗菌药物临床应用管理知识培训2次，核心制度培训2场，病历书写规范培训1场，积极深入各科室培训病历首页填写。多层次、多维度、全方位组织培训，保证医院可持续发展。年内共派临床教师赴上海、滨州、牡丹江、郑州、北京等学习30余人次。年度送出全科、内科、外科、麻醉、全科基层实践等专业人员参加全国及省级师资培训100人次。

【职工待遇提高】

2017年，汾阳医院组织实施高、中级、初级职称内聘工作和初级职称聘任工作，内聘正高人员12名，副高人员25名，中级人员37名，初级83名；聘任初级人员4名；组织48名符合条件考生进行了卫生系列高级专业技术职务晋升申报工作（评审通过41人）；完成74人卫生中级职称、72人初级职称报名工作；汾阳医院录用33名卫技人员成为汾阳医院在编人员，招聘53名卫生技术人员到院工作并享受视同工待遇，组织引进3名专业技术人员到院工作，并享受视同工待遇。从2017年1月起，调整在编802人薪级工资，月增资63337元，人均月增资80元；对退休人员工资进行了调整；为19名遗属发放2017年遗属补助75672元；发放取暖补贴5143520元，其中：在编3250240元，离退休人员1038800元，视同工774800元，合同人员79680元；完成2016年视同工人员工资定级工作；2017年职工人均年工资性收入（包含工资、绩效、科室基金、值加班费、诊疗费）较上年增加7745元，增幅为8.2%，后半年全院职工绩效人均上调400余元。

【医院安全运行保障】

2017年，汾阳医院后勤中心全年网络组小维修836次，中维修191次，大维修196次；管道组小维修2569次，中维修575次，大维修96次；电工组小维修2631次，中维修591次，大维修89次；锅炉组顺利完成了采暖季节的供暖。设备科加强医学工程学科建设和发展，夯实人才梯队，以保障质量与安全为核心，落实各类设备的维修保养；全年制氧7920小时，折合39600瓶氧气共产生166万余元经济效益，保障了医院的良性运行。财务科围绕医院的医疗、教学、科研及保健预防工作，以更精、更细、更深为目标，扎实做好会计基础工作，不断完善财务管理，优化工作流程，提升服务水平，按要求完成了各类经济业务工作，保证了医院正常运行。

消毒供应室年度处理工作总量155576件/套，增长26.4%，其中手术室器械清洗36759套，增长6.5%，门诊及病房各科室118817套，增长34.17%，全年各种感染检测全部合格，参加培训学习，开展新技术新方法，满足临床供应，保证全院工作正常开展。

2017年7月1日，汾阳医院信息系统的升级改造工作启动，信息中心工作人员紧密配合卫宁健康公司，进行新信息系统的筹备和上线实施工作，制定信息安全管理制度，配合物价、财务、设备、医保等部门进行药品零加成后价格核算、新收费价格录入、项目调整等工作，并协调银行自助机、药房包药机、电脑设备等厂商进行程序对接和系统安装，通过不断测试、调试，医院系统切换后基本业务正常进行。

医保科全年共完成25665人次的报销（补偿）工作，报销（补偿）金额达14178万元，完成3200人次年度新农合慢性病补偿工作，为30余名建档立卡贫困人口按有关政策办理二次补偿，2017年底顺利完成新农合和城镇居民医保整合为城乡居民医保的工作。

保卫科为医院各类会议和参观活动等安全执勤25次；开展治安、消防安全培训2次；制止车辆乱停乱放50余次；及时处理医患纠纷15次；停车收费1272404元；逐科进行消防知识、灭火器使用、消火栓使用、防毒面具使用、初起火灾的扑救等消防安全培训；新建大楼右侧着火施救过程中，保卫科所有在岗人员奋战22分钟后终于将火扑灭，保证医院的平安运行。

【公立医院改革】

为贯彻落实中央、省及吕梁市深化医药卫生体制改革要求，加快公立医院综合改革步伐，破除以药补医，推动建立科学补偿机制，理顺医疗服务价格，汾阳医院依据《山西省省级公立医院医药价格综合改革实施意见》，从2017年7月1日开始，药品实行零加成销售，重新调整医疗服务价格。8月15日开始，汾阳医院药品实行两票制采购。截至12月，医院药占比从38%下降到29.44%，卫生材料占比20.67%，医疗服务占比22.08%，医疗收入增幅5.77%。2018年1月起，全院103种单病种实施按病种收费并全部纳入临床路径管理。

【等级医院评审工作】

2017年，汾阳医院成立评审领导组，起草《山西省汾阳医院等级医院评审方案》，制定《山西省汾阳医院等级医院评审考核细则》，与各科室主任、职能部门负责人签署《等级医院评审目标管理责任状》，积极推进评审工作。利用职能科室例会、科主任例会、全体中层会议、质控员培训等会议对全体职能部门负责人、主任护士长、质控员进行《如何迎接三级综合医院评审》《等级医院评审标准解读》《管理工具的应用》等内容的多场培训。对标准进行分解、下发，要求各临床、医技科室，认真学习标准，对照标准进行自查，查找问题进一步改进。11 月 8 日至 10 日，汾阳医院院接受国家卫计委医管所的评价检查，专家们经过认真细致的评价检查，指出了汾阳医院管理中存在的问题与缺陷，医院下发检查整改实施方案。

【医疗质量控制体系完善】

2017 年，汾阳医院开展监督与检查，将医疗质量检查的考评结果，作为科室的绩效评价指标的重要组成部分，与科室绩效挂钩。质考办每月发布《月度全面质量分析报告》，以《科室质量持续改进反馈表》在医院 OA 网上公示进行反馈并要求整改。落实医院医疗质量管理院、科两级责任制，加强一级质控。组织质控员观摩学习，分享质控经验等活动，不断提高质控员质控意识、质控方法和质控水平，推动科室医疗质量管理。加强医疗质量（安全）不良事件上报，全年上报不良事件 860 件，年度上报例数超出等级医院评审要求。2017 年，汾阳医院接受省市卫计委、卫生监督所各种专项检查督导 10 余次，全年共行政查房 40 余次。多部门协调，解决医疗质量服务问题，每月针对满意度调查及出院患者回访反映的问题，质考办组织院内相关部门（后勤中心、财务科、检验科、医保科、医院二部等）及院外服务单位（洗涤中心、保洁公司、餐厅）协调解决。

【优质医疗资源下沉】

2017 年，为落实国家卫计委关于推进三级医院医联体建设的文件精神，在原有已签约 14 家医疗联合体的基础上，汾阳医院与具有一定规模乡镇与个体诊疗所 36 所、室签订了医疗联合体协议，医联体达到二级医院 7 所，乡镇卫生院 18 所，厂矿医院 2 所，私营医院 5 所，个人卫生所（室）18 所（室）。为医联体医院患者开展预约挂号和绿色通道服务，全年为患者预约挂号 966 人次，安排住院患者 102 人次，预约辅助检查项目检验科 1069 人次，其中放射科 230 人次，超声科 393 人次，CT229 人次，核磁 169 人次，心电图 134 人次，胃镜 27 人次，病理检查 85 人次。全年共接收 54 位医联体医院人员免费进修学习。全年我院 40 余位医疗医技人员对石楼县人民医院、交口县人民医院、中阳县人民医院、方山县人民医院、交城县人民医院等 5 所二级医院进行帮扶。试点推开文水中医院、临县二院、临县三交卫生院专家定点坐诊医联体协作，开展了耳鼻喉科、中医针灸科结对帮扶工作。圆满完成 2016 年度脑卒中筛查任务，启动 2017 年脑卒中筛查工作，组织人员对中阳县宁乡镇中心卫生院及汾阳西河乡社区卫生服务中心所辖脑卒中高危人群进行危险因素筛查。

（山西省汾阳医院）

社会生活

人力资源和社会保障

【创业就业】

2017年，全市城镇新增就业人数44201人，完成年度任务的110.5%；城镇登记失业率实际控制在2.7%；创业及带动就业6597人，完成年度任务的103.08%；就业困难人员就业人数1926人，完成年度任务的113.29%；农村贫困劳动力免费职业培训19110人，完成年度任务的124.4%；农村转移劳动力3.92万人，完成年度任务的105.84%。

全市“吕梁山护工”已培训结业七期，共培训12942人，其中贫困人口5296人，实现就业6924人，就业率达53.5%，其中贫困人口实现就业2879人，就业率达54.3%。

【社会保障】

截至2017年年底，全市参加城镇职工基本养老保险人数为38.76万人，完成年度任务的106.34%；城乡居民基本养老保险参保人数为187.14万人，完成年度任务的102.26%。城镇职工基本医疗保险参保人数为33.67万人，完成年度人数的101.71%，城乡居民基本医疗保险参保人数为315.71万人，完成年度任务的101.71%。工伤保险参保人数为37.8万人，完成年度任务的100.1%。失业保险参保人数为31.92万人，完成年度任务的100%。生育保险参保人数为33.60万人，完成年度任务的100%。全市社会保障卡已制卡308.69万张，完成年度任务数的101.81%。

【人事人才工作】

2017年，吕梁市共招聘事业单位工作人员1147人，招录公务员135人。成功申报山西省新兴产业领军人才3名，向省厅推荐了柳林县环境与能源院士工作站。根据省厅推荐选拔“国家级百千万人才工程”文件安排，向省厅推荐符合申报条件人员1名，推荐省级学术技术带头人2名。根据山西省人社厅《关于公布2016年享受政府特殊津贴人员名单的通知》（晋人社厅函〔2017〕92号），吕梁市梁桂星通过了2016年国务院特殊津贴专家评审，成为全市唯一一位通过评选享受国务院特殊津贴专家。

【信访监察】

2017年，吕梁市人社局共受理劳动争议案件115件，结案105件，结案率为91%，其中调解结案64起，占案件总数的61%，裁决结案41起，占案件总数的39%，撤诉3件，争议可计算标的320.15万元。网上信访系统共受理案件11件，已结案11件，结案率达到100%。

截至12月底，全市共检查用人单位2384户，涉及劳动者12.84万人，查出未依法支付工资案87件，涉及职工2423人，清理拖欠工资2376万元，查出未依法进行社会保险登记案166件，全部督促进行了登记；查出未缴纳社会保险案195件，涉及职工6283人，督促补缴社会保险费3944万元。全市受理投诉举报案件147件，结案147件，结案率100%。

【扩大城乡就业规模】

组织高校毕业生创业培训。2017年组织山西医科大学汾阳学院1571名毕业年度大学生进行创业培训，其中1556人培训合格，合格率达99%。加强“双创”基地建设。2017年向省厅申报“柳林双创商贸创业孵化基地”为省级创业孵化基地。全市已建成创业孵化基地6个，筹建3个正在中。为家庭困难大学生发放求职补贴。向吕梁学院的2678名和山西医科大学汾阳学院791名2017年毕业大学生发放一次性求职创业补贴，每人1000元，共计346.9万元。

【职业技能培训】

为进一步提高贫困劳动力职业技能，规范全市范围内的培训工作，2017年市人力资源和社会保障局选定6所公办学校（山西医科大学汾阳学院、吕梁学院汾阳师范分校、吕梁市卫生学校、吕梁高级技工学校、吕梁经济管理学校、临县白文职业技校）和4所民办职业培训学校（吕梁精准职业培训学校、吕梁好大姐职业培训学校、吕梁远航职业培训学校、吕梁富康职业培训学校）为定点培训机构。各县（市、区）根据《关于印发〈吕梁“建档立卡”农村贫困劳动力免费职业培训实施方案〉的通知》精神，有8个县在当地选定定点培训机构，并开展培训工作，其中交城、文水、汾阳、孝义、柳林、临县、兴县、岚县开展了大规模的“建档立卡贫困户”免费汽车驾驶员培训，共培训3584人，就业2860人；中阳、方山开展了“建档立卡”农村贫困劳动力“互联网+手工编织”培训，共培训517人，就业311人；柳林、岚县、方山开展森林管护员培训，共培训579人，就业579人。

【为“吕梁山护工”服务】

为了保障护工权益，市人力资源和社会保障局着力构建强有力的政府跟踪服务机制。先后在太原贝亲好家政公司、太原红马甲家政公司分别挂牌成立了两个“吕梁山护工”驻并联络部，在北京挂牌成立了“吕梁山护工”北京服务部和5个“吕梁山护工”服务站，安排专门力量进行跟踪服务。根据市护工护理培训就业工作领导组要求，各县（市、区）人社部门派驻联络员，精准对接每位外出就业护工，为他们排忧解难。动员贫困村第一书记、大学生村干部、包村干部、基层组织为外出就业人员家庭开展贴心服务，解除后顾之忧。吕梁总工会、吕梁妇联也相继成立“吕梁市家政服务护理护工行业工会联合会”“吕梁山护工驻并妇女联合会”，积极开展跟踪服务。

2017年，市人力资源和社会保障局共承办7次“吕梁山护工走出大山欢送仪式”，欢送2017年已培训合格的6924名“吕梁山护工”走出大山，赴北京、天津、太原、青岛、包头、呼和浩特、神木和本地就业。

2017年12月12日，吕梁市与国家卫计委在北京联合召开“吕梁山护工”北京就业推介会，吕梁市与北京家政服务协会、中国医院协会后勤管理委员会签订了吕梁山护工就业合作协议；吕梁山护工培训学校和北京家政公司、养老陪护机构签订了就业合作协议；吕梁家政公司和北京家政公司签订了劳务合作协议，为211名立志在北京就业的吕梁山护工全部找到了“婆家”。央视新闻频道《走基层·摆脱贫困—十万护工出吕梁》8集联播，对吕梁市“吕梁山护工”的做法进行了集中报道。

【民生保障】

一是完成城乡居民基本医疗

保险制度整合工作。2017年吕梁市将原城镇职工医保、城镇居民医保、新农合医保经办机构整合为“吕梁市医疗保险管理服务中心”，完成三保合一机构整合。孝义、中阳、岚县、临县、柳林等县市完成了机构整合工作。

二是做好全民参保登记工作。6月16日印发《吕梁市人力资源和社会保障局关于印发〈吕梁市全民参保登记计划实施方案〉的通知》（吕人社字〔2017〕119号），并于8月30日召开了全市全民参保登记工作动员会。全市参保基础数据入库人数为321万人。

三是启动跨省异地就医住院费用直接结算工作。正式启动吕梁市医疗保险跨省异地就医直接结算系统开发工作，并于6月底通过人社部验收，正式接入国家跨省异地就医直接结算平台。

四是开展医保付费方式改革工作。为了推进付费方式改革工作，同时切实保障基金安全，确保参保人员权益，根据实际情况确定孝义市作为改革试点，在城乡居民医保开展108种常规病种按病种付费。

五是全面推动机关事业单位养老保险制度改革。利用各种载体大力宣传和讲解机关事业养老保险改革的重要意义、基本政策，组织市、县两级经办机构工作人员赴省参加专题培训。《吕梁市机关事业单位工作人员养老保险制度改革实施方案》（吕政发〔2017〕24号）出台后，市人力资源和社会保障局按照相关要求，开展各项工作。全市共入库2539个单位，入库率79. 51%；入库总人数为132508人，入库率达到85.92%。

六是抓好健康扶贫工作。认真落实“三保险、三救助”政策，拿出了一揽子兜底保障政策。以市政府的名义出台《关于印发吕梁市农村建档立卡贫困人口医疗保障帮扶实施方案的通知》市人社局、市财政局联合下发《关于印发吕梁市城乡居民门诊慢性病管理实施细则的通知》。全市所有建档立卡贫困人口参加城乡居民医疗保险，参保缴费全额救助。35种慢性病门诊目录内医疗费用100%报销，已有2023人次享受到政策待遇，报销金额达163.56万元。省定35种慢性病以外的慢性病，报销比例全部按照60%执行，已有141821人次享受到政策待遇，报销金额达758.8万元。住院目录内费用实行“136”封顶，全市共有10592建档立卡贫困人口享受到相关政策，共产生医疗总费用6070万元，其中“136”政策支付2122万元；目录外补充保险报销85%，补充保险支付290.5万元，个人自付585.7万元，个人支付率9.6%。大病保险从7月1日起全部执行起付标准5000元、报销比例75%的优惠政策，已支付443万元，回补工作正在有序进行。建立起了基本医疗保险、城乡居民大病保险、补充医疗保险、民政救助和商业保险相结合的一站式医疗保障服务平台。

【人才队伍建设】

一是深化职称制度改革。2017年，吕梁市根据国家和省深化职称制度改革的精神，取消计算机、外语等限制性条件，市、县两级人社部门负责人在《吕梁日报》、各县（市、区）电视台作出公开承诺。同时优化职称评审条件，改进职称评审工作，进一步明晰评委会、人社部门和市直单位主管部门在职称评审过程中承担的工作职责和工作任务。

二是深化人事制度改革。制定出台《关于进一步规范事业单位岗位设置管理工作的通知》下放岗位设置审批权限，全市岗位设置及结构比例由各县（市、区）自行管理审批，进一步提高办事效率。联合吕梁市委组织部、市财政局出台《关于全市开发区深化人事管理制度改革的实施意见》，起草《吕梁市开发区管委会实行岗位全员聘用制实施办法》，在孝义市试点。

三是加强人才引进和培养。市人社局草拟《吕梁市关于人才引进、培养的实施办法》《吕梁市机关事业单位人才流动试行办法》和《吕梁市事业单位公开招聘人员实施办法》。联合市委组织部举办全市组织人事业务骨干培训班和“全市高层次人才知识更新培训班”。

【信访源头治理】

2017年，市人力资源和社会保障局坚持从改革、发展、稳定的大局出发，高度重视和加强信访工作，及时解决人民群众反映的各类突出问题，妥善处理涉军信访维稳案件，为全市经济社会发展创造良好的社会环境。开展“农民工工资支付专项检查”“清理整顿人力资源市场秩序专项行动”和“用人单位遵守劳动用工和社会保险法律法规情况专项检查”等活动。完成农民工欠薪案件“三个消零”的目标任务。按照国务院和省政府提出的“三个一批”（切实解决一批拖欠农民工工资问题、集中曝光一批典型案件、严肃问责一批失职失责人员）的工作要求，提出做好解决拖欠农民工工资问题的具体措施，保障和维护农民工合法权益。

（市人力资源和社会保障局）

人才中心

【人事代理工作】

2017年，吕梁市人才中心新接收流动人员档案652份，出具联系函156份，出具证明47份，代办户口16人，接收66人职称评聘材料，接转流动人员党组织关系42人，预备党员转正17人。根据市委组织部要求，对274名流动党员档案手续进行整理规范，完善流动党员管理制度。按省就业局要求，对全市人事代理进行统计汇总，并每季度及时上报。积极实行人事代理单位回访制度，了解单位对人事代理工作新的需求，增加服务内容。根据省就业局要求，对全市人事代理人员进行统计汇总，并按季及时上报。

【人才招聘就业工作】

1. 组织召开新春招聘活动。2月16日吕梁市人才中心召开新春招聘活动，共81家单位参与，提供就业岗位1567个，初步达成就业意向1011人。

2. 组织召开春风行动招聘活动。3月29日，在吕梁世纪广场举行2017年吕梁春风行动招聘大会，共有80家企业单位参加招聘活动，提供就业岗位数8000个。通过双向选择有3600人与企业签订就业意向。

3. 组织召开退伍军人专场招聘会。4月26日，举办退伍军人专场招聘会/民营企业招聘周活动，组织全市74家企业单位参加招聘活动，提供就业岗位数1728个，达成初步就业意向838人。印发各类人才政策宣传品1000多份。

4. 组织召开校园招聘会。5月13日，在山西大学商务学院举办校园招聘会。共有有93家企业进校招贤纳才，提供就业岗位1236个，初步达成意向248人。同时邀请部分企业人力资源负责人与学生们分享了他们的就业创业经验和看法。5月20日，举办吕梁学院校园招聘会，组织全市200多家企业单位参加招聘活动，提供就业岗位数2771个，达成初步就业意向431人。发放人才信息册、人才信息报3000份。

5. 参加山西省人才智力交流大会。12月9–10日组织26家单位参加山西太原智力交流大会参会，需求730人，达成意向263人。印发各类人才政策宣传品5000多份。

6. 就业见习信息工作。9月在全市范围内开展“2016年山西省高校毕业生就业服务月”活动，完成市直见习394人。共完成离校未就业高校毕业生实名登记8330人。2017届吕梁籍高校毕业生省厅传输数据6462

人，现已电话回访完成并上传系统。2017 年发放就业失业登记证 1849 人。

7. 开展人才就业信息统计工作。根据省就业局要求，吕梁市人才中心认真填写并上报省就业局《返回原籍高校毕业生情况统计表》《用人单位需求信息台账》《离校未就业应届高校毕业生情况》《吕梁市大中专毕业生就业情况月报统计表》《离校未就业高校毕业生信息汇总表》和《人力资源市场职业供求状况分析报告》等，每项统计工作，吕梁市人才中心本着实事求是精神，如实填写，所有数据都是经过再三核实，真实有效。

【政府购买基层公共服务岗位工作】

根据省就业局出台山西省政府购岗人员管理办法，2017 年吕梁市人才中心对吕梁市 1500 多名政府购岗位人员进行日常管理、考核。并及时为这部分人缴纳养老、医疗、生育、工伤、失业保险。对 2014 年 12 月上岗的第一批公岗人员对照省委组织部、省人社厅、省财政厅联合下发的《关于做好政府购买基层公共服务岗位劳动合同期满高校毕业生有关工作的通知》（晋人社厅〔2017〕号 62 号）文件精神进行摸底调查和政策解读。按省就业局的安排做好服务期满公岗人员后续服务工作，十九大期间做好公岗人员的维稳工作。

【吕梁山护工培训就业扶贫工作】

1. 制订方案，明确任务。“春季行动”动员会议之后，吕梁市人才中心积极行动，和市人社局其他科室一起在前期调研、准备的基础上，于 2 月 4 日提出了“吕梁山护工（护理）”培训就业 2017 年工作计划，并于当天以《关于对吕梁山护工（护理）培训就业 2017 年工作计划审定的请示》（吕人社字〔2017〕11 号）报市政府办公厅。确立了 2017 年完成 12500 名吕梁山护工培训任务，力争 1 万名实现就业，其中本地就业 5000 名，输出就业 5000 名，全年举办了 7 期培训。

2. 组织召开“春风行动”招聘会。从 2 月 10 日至 3 月 3 日，组织召开各县市区“2017 年春风行动暨吕梁山护工招聘会”活动，邀请北京、太原以及吕梁本地家政企业进场招聘，620 名“吕梁山护工”初步达成就业意向。

3. 参加人社局组织召开的太原家政公司工作座谈会。2 月 18 日，在太原市召开了 11 户家政企业代表和驻并联络员座谈会，宣传“吕梁山护工”培训就业计划，落实就业岗位。人才中心和人社局其他科室，逐一走访红马甲、贝亲好、中华好月嫂、好家政等龙头企业，落实太原就业岗位 3500 个。同时积极与北京医护家、爱依、无忧草等龙头企业对接，已落实北京市就业岗位 2500 个。与北京医护家、爱依、无忧草等龙头企业对接，已落实北京市就业岗位 2500 个。

4. 做好培训监督工作。2017 年吕梁山护工培训工作已于 3 月 1 日正式开展。共培训 7 期 13015 人，培训期间，中心安排驻校监督员，全面监管负责各培训机构培训进展情况，发现问题，及时纠正，确保培训部不走过程，不走形式。

5. 编辑吕梁山护工宣传资料。根据市护工护理领导组会议研究决定，为充实吕梁山护工大礼包，人才中心负责编写印制宣传吕梁风土人情、历史名人、旅游资源、产业特色以及吕梁山护工培训就业系列政策等方面的宣传册，将吕梁的精神文明和物质文明一同送到“吕梁山护工”服务的每一个家庭，推广吕梁，宣扬吕梁。共印刷《吕梁山护工手册》1 万余份。编辑印刷《吕梁山护工故事》1 万余册，设计编辑印刷《吕梁山护工》宣传画册 6000 余份，编辑印刷发行《吕梁山护工简报》24 期。

6. 组织好广场欢送会。2017 年组织了 7 次大型的吕梁山护工走出大山欢送仪式，完成每次欢送会前期的准备、策划、筹备、布置会场等一系列工作。

7. 完成吕梁山护工培训任务。根据局党组的安排，人才中心组织完成了汾阳医学院七期吕梁山护工培训工作和汾阳师范吕梁山护工师培训工作。培训期间，人才中心工作人员和培训教师一起，认真研究分析每期学员的基本情况和心理动态，有针对性地开展思想教育、理论培训，让所有参与培训的吕梁山护工真正认识到参与吕梁山护工培训的重要性。教育所有参与培训的吕梁山护工改变择业观念，加入到家政服务行业。

8. 完成吕梁山护工北京就业推介会准备工作。根据市委、市政府的安排部署，2017 年 12 月 12 日在北京召开“吕梁山护工北京就业推介会”，人才中心承担了会场布置、宣传资料编辑和大礼包等方面的工作。人才中心工作人员提前入驻北京，实地查看会场，联系广告公司，设计宣传资料，安排布置会场，装订会议资料，完成了本次会议安排的各项工作任务。

【人才派遣工作】

人才派遣是实现人才资源合理配置、用人单位科学用人的新举措。吕梁市人才中心本着合作双赢的理念，深入用人单位规范用人方案，根据岗位职责要求派遣所需人才，并为所派遣人才代发工资、代缴养老保险、医疗保险、失业保险、工伤保险。2017 年与吕梁学院 114 名派遣人员续签合同，与吕梁英杰中学 84 人续签派遣合同，吕梁统计局国家调查队 12 人。每月积极和保险和银行部门联系，及时发放和交纳派遣人员的工资及“五险一金”。

【网络信息工作】

2017 年吕梁人事人才网站共年累计发布人事信息、动态、公告约 600 多条，为 500 余家企事业单位发布招聘信息，网上个人注册登记发布求职信息 960 多条。根据省就业局要求，积极开展网上人才市场招聘业务。吕梁人才网站点击率达到 1900 多万人次，实现了与国家级、省级人才市场资源共享，网上人才市场建设框架已经形成。充分利用吕梁人才市场微信平台，加强就业信息化服务，2017 年共发布信息 3300 条，为广大老百姓了解就业政策、热点问题及服务信息提供了方便快捷的渠道。

（市人才中心）

民政

【社会救助体系持续健全】

推进低保工作规范化、精准化、制度化。2017 年，吕梁市居民家庭经济状况核对平台基本建成，12 月底开展核对工作。市民政局代市政府起草《吕梁市农村最低生活保障制度和扶贫开发政策有效衔接实施方案》（代拟稿），报送市政府法制办审核。在落实全省城乡低保保障标准每人每月统一提高 20 元政策的基础上，经市政府批准，先后 3 次调整提高农村低保保障标准，确定每人每年为：孝义 3636 元，柳林 3924 元，中阳 3500 元，文水、汾阳、方山、交口、交城、离石 3300 元，兴县、岚县、石楼、临县 3228 元，较上年标准平均提高 552 元 / 年，13 个县（市、区）农村低保保障标准已全部高于今年国家扶贫标准指导线，实现“两线合一”、补差救助。2017 年，全市共为 4.5068 万名城市低保对象社会化发放救助金 18753.7 万元；共为 18.2561 万名农村低保对象社会化发放救助金 46395.1 万元。

【特困人员供养制度建立】

2017 年，吕梁市按照“特困人员基本生活标准原则上不低于当地低保标准的 1.3 倍”的要求提高供养标准，分三个档次确定为 4000 元、4500 元、5000 元，全市农村特困供养人员全部实现兜底脱贫。2017 年，全市共为 2.0316 万名农村特困人员供养对象社会化发放救助金 8992.5 万元。

【医疗救助制度落实】

2017年，吕梁市将农村建档立卡贫困人口全部纳入医疗救助范围，在资助城乡低保对象、特困人员供养对象参加基本医疗保险工作基础上，提高农村低保、特困人员供养等重点救助对象住院自付医疗费用救助比例和年度最高救助限额。2017年，全市共为16430名城乡患病困难群众社会化发放医疗救助金7516.2万元。

【临时救助制度健全完善】

2017年，吕梁市对遭遇突发事件、意外伤害、重大疾病或其他原因导致基本生活陷入困境，其他社会救助制度暂时无法覆盖或救助之后基本生活暂时仍有严重困难的家庭或个人给予应急性、过渡性救助。全市共发放临时救助金7624万元，有4.4708万名困难群众得到有效救助。

【社会保障体系完善】

加快建设农村老年人日间照料中心。2017年，吕梁市新争取到方山县峪口镇峪口村、中阳县车鸣峪乡河底村2个全省移民新村建设农村老年人日间照料中心试点（全省共10个），每个补助建设资金70万元。高标准建设临县林家坪镇南圪垛村老年人日间照料中心，打造柳林县柳林镇于家沟村、方山县马坊镇四皓村为全市样板，典型引领、示范带动。出台《吕梁市农村老年人日间照料中心管理办法》，着力规范管理。截至10月底，80个农村老年人日间照料中心全部完成建设工程。

开展养老院服务质量建设专项行动。2017年，市民政局与卫计、公安、质监、老龄办等联合出台《吕梁市开展养老院服务质量建设专项行动方案》，组织开展以“五查五改、对标达标”为主要内容的养老院服务质量大检查、大整治，推进养老院服务质量大转变。结合吕梁实际，确立“培养典型，打造样板，全面带动，整体提升”的工作思路，印发《关于进一步做好养老院服务质量建设工作的意见》，在对推进养老院服务质量建设提出整体要求的前提下，在全市范围内培养不同类型的10个典型，打造一批质量有保证、服务有标准、人员有专长的标准化养老院。市政府在交城县召开“全市养老院服务质量建设现场推进会”，通过现场观摩、经验交流等方式，推进大整治工作的深入开展，养老院服务质量建设专项行动有序推进。养老院服务质量提升难点问题有所突破，利用市级福利彩票公益金229万元为全市53所养老院普遍建立微型消防站，安装独立式感烟报警器，提高养老院消防防范能力。

着力构建特殊群体关爱体系。2017年，市民政局拨付孤儿保障补助资金1580.04万元，发放城乡低保家庭中高龄老人生活补贴835.72万元、失能老人和困难残疾人生活补贴1472.28万元，投入83.6万元对流浪乞讨人员1156人次实施救助，建立健全农村留守儿童关爱服务体系，组织开展吕梁市农村留守儿童“合力监护、相伴成长”关爱保护专项行动，出台《吕梁市特殊群体关爱行动2017年工作计划》，建设了25所“留守儿童之家”，着力加强农村留守儿童、留守妇女、留守老年人和贫困残疾人各项保障制度的落实。

【优抚政策落实】

2017年，根据全省统一安排，对因战、因公一级和二级伤残军人护理费标准月人均提高90元；对因战、因公三级和四级伤残军人护理费标准月人均提高70元；对因病一至四级伤残军人的护理费标准月人均提高50元；对在乡红军老战士、伤残军人、在乡老复员军人、“三属”“两参人员”等各类重点优抚对象的抚恤补助标准普遍提高10%左右。全年共筹集拨付各类优抚资金13031.36万元（除市本级配套533.6万元外都是省以上资金），其中优抚补助资金12163万元、优抚医疗补助资金677万元、老党员补助资金191.36万元，基本保障了各类重点优抚对象的基本生活。评残体检工作稳步推进，276 名 2016 年底集中体检对象的评（提）残材料完善上报，32 名参试人员进行病种范围内疾病复检上报，并对 2017 年 48 名申请评（提）残对象和 382 名参试人员进行集中体检。准确审核认定新增优抚对象 1032 人，慰问“两参”人员 2482 人，发放光荣牌 77048 块，“五包一销账”重点对象 718 人。市民政局与离石区政府联合举行烈士纪念日公祭活动。

【安置工作】

2017 年，市民政局坚持“政府安置和扶持就业并举，治旧控新和源头化解并重”的工作思路，健全完善了“三三”工作机制，采取“五公开安置法”，安置退役士兵 261 名，解决安置遗留问题 558 人；发放待安置期间生活补助费 7671 人、4496.7 万元，彻底补齐了历史欠账；对 534 名退役士兵进行机动车驾驶员技能培训，着力提升退役士兵就业技能。投入资金 676.24 万元，对全市 274 名失业下岗转业志愿兵欠保欠薪全部清欠；筹资 132.13 万元，对 886 人（户）家庭生活困难的退役人员进行针对性帮扶。抽调人社、民政、军队政治部门等军地部门骨干，成立了由政府分管领导牵头、民政主抓的退役军人服务站和工作专班，做到部门联动、协作配合。军休服务规范化建设扎实推进，军休干部的“两个待遇”得到很好落实。

【“双拥”工作】

2017 年，市委、市政府调整充实吕梁市拥军优属拥政爱民工作领导小组，印发《吕梁市双拥工作要点》，并将“双拥”工作纳入经济社会发展和部队建设的总体规划。召开军地协调会，面对面研究解决驻吕梁部队热点难点问题 15 条。出台《吕梁市创建国家级和省级“双拥”模范城实施方案》，召开全市创建“双拥”模范城动员会，全面铺开“双拥”模范城创建工作。广泛开展国防和“双拥”宣传教育活动，印发《吕梁市纪念建军 90 周年系列活动方案》，举办“双拥”文艺晚会，广泛宣传吕梁市“双拥”先进事迹，激发军地双拥模范城的创建热情。协调军分区牵头对 11 处规模较大的红色基地进行高规格修缮，全面提升国防教育宣传者的外在形象和内在素养，增强社会各界的国防观念和“双拥”意识。扎实开展走访慰问活动，“八一”期间市四大班子领导分组走访慰问 6 个驻吕梁部队、3 个涉军单位，各县（市、区）也进行不同形式的慰问。2017 年，全市共发放慰问金 130.8 万元、慰问品价值 384 万元。选树优秀军队退役人员典型，教育引导全市广大军队退役人员以先进典型为榜样，投身脱贫攻坚实践。

【基层民主政治建设】

全市村（居）委换届工作全面推进。2017 年，吕梁市成立全市村（社区）“两委”换届工作领导小组，出台《吕梁市第十一届村民委员会换届选举工作实施方案》，召开全市村（社区）“两委”换届工作动员会，并邀请省民政厅基政处处长张丽霞对 1100 余名市县乡村换届选举骨干力量进行专题培训。11 月 9 日前，市委组织部部长秦书义组织市领导听取 13 县市区委书记关于换届选举准备情况汇报，逐一研究，细化举措，并组织骨干力量对交城、石楼、柳林进行督查，加快推进。全市 3069 个行政村中，有 2990 个完成换届选举，占比 97%；其余 79 个村已全部确定了选举日。着力加强城乡社区建设，争取到 160 万元的社区居委会建设省级补助项目，投入使用；向省民政厅新申报 20 个项目，共申请补助资金 1600 万元。

社会组织管理进一步强化。2017 年，研究出台吕梁市行业协会商会脱钩实施方案，联合多部门成立政会脱钩专项检查组，重点对市畜牧行业协会、白酒行业协会等 9 家行业协会就脱钩情况进行全面检查。同时，加强源头管控，防止未脱钩的行业协会商会成立。组织开展涉企社会团体收费清理规范行动，规范行业协会商会涉企收费，全面实施社会组织“双公示”和统一信用代码登记制度。以市委、市政府名义出台《加快推进行业协会商会改革发展的意见》，新增社会组织30个。有1045个社会组织参加年检并合格，对拟撤销106个社会组织进行公示。

社会组织党建工作稳步开展。在广泛调研和考察学习的基础上，成立吕梁市社会组织综合党委；争取15万元培训经费，对市县两级社会组织党建骨干力量210余人进行党建培训。全市1639个社会组织中共有党员1902人，建立党组织1162个，占比70.9%；在361个社会组织党组织中选派了党建工作指导员，占比33.8%。

社会工作专业人才建设。邀请专家对民政部门、街道社区骨干140余人进行为期4天的职业能力提升培训，着力提高参训人员专业知识技能及实践经验，其中有24人通过了国家资格考试。完善了吕梁志愿者服务平台，全市注册志愿者86715名、志愿团体1564个，其中2017年新增1496个，注册志愿服务项目1066个，服务总时长累计达13万小时。

【防灾减灾】

针对吕梁市旱情，国家减灾委、民政部于7月26日17时启动了国家IV级救灾应急响应，吕梁争取旱灾应急资金1820万元。同时，根据冬春需求救助情况，争取到冬春救灾资金4150万元，全年共争取上级资金7060万元，市级配套300万元，共计7360万元，全部下达各县（市、区），有效地解决了广大灾民的生活困难，确保灾区社会稳定。起草《吕梁市自然灾害求助应急预案（修订稿）》，市政府审定印发。新创建“全国综合减灾示范社区”2个，“山西省综合减灾示范社区”19个，深入开展防灾减灾宣传，着力提高增强民众防灾减灾意识和能力。市救灾物资储备库存建设项目完成招标。

【行政区划调整】

2017年，吕梁市开展撤县设区行政区划调整工作，成立行政区划调整工作领导小组，聘请专家组开展调研论证，召开吕梁市行政区划调整座谈会，柳林撤县设区调整方案已通过政府常务会、市委常委会和市委全委会，申报资料、请示文件报省政府研究。完成孝义市设立胜溪湖街道办调研论证，初步审核意见报市政府批复。完成1条市界、5条县界的联检外业工作，进行资料汇总和联检报告的起草工作。开展全市第二次全国地名普查工作，共整理出第二次全国地名普查地名词条38196条，普查成果上报民政部进行第二轮验收。完成《地名词典》吕梁部分的编辑工作，共采词546条，并全部完成词条释文资料的编写工作。

【民政服务设施建设】

2017年，吕梁市儿童福利院建设项目A1、A2楼主体封顶，进行二次结构填充工程。市社会福利院建设项目已完成施工图纸设计，进行施工图审核和工程规划许可证办理。吕梁民政特仪工程项目已重新选址在离石区吴城镇南海滩村，调整土地规划和地形测量。市救灾物资储备库建设已动工修建。成功申请2017年中央预算内投资交城、方山、孝义养老项目3个，分别是社会福利院养护楼项目，岚县殡仪馆项目1个、骨灰楼项目1个，共计争取资金8500余万元。

（市民政局）

民族宗教

【贯彻落实全国全省宗教工作会议精神】

2017年3月，吕梁市召开各县市区民宗局长会议，总结2016年民族宗教工作，推动全国全省民族宗教工作会议精神的贯彻落实，推动全市民族宗教工作各项任务全面开展。13县市区于4月底前全部召开了民族宗教工作会议，传达学习全国、省、市会议精神，就贯彻落实会议精神进行安排部署。市、县两级强化完善宗教工作机制，成立（或调整）宗教工作协调领导组，明确相关部门职责。县市区建立完善了县、乡、村三级宗教工作网络，街道、乡镇均明确由统战委员或组织委员、宣传委员分管宗教工作，社区、村委确定负责宗教工作的干部，由村支书、主任或者联络员担任，实现了宗教管理工作全覆盖。

【安全稳定隐患大排查大调研】

2017年，吕梁市坚持各县市区民族宗教领域安全稳定隐患排查情况月报制度。加强与宗教界人士的沟通联系，召开宗教界代表人士专题座谈会3次，个别走访座谈宗教界代表人士30次，确保宗教领域矛盾纠纷及安全风险隐患早发现早处置。4月，抽调12个熟悉民宗工作的县市区民宗局长和市局骨干，组成3个检查组，对13个县市区所属的208处宗教活动场所和少数民族流动人口情况进行了为期半个月的安全稳定全覆盖大排查大调研。通过排查调研，更新了民族宗教基础信息，排查出宗教干部队伍、宗教团体、宗教教职人员、宗教活动场所、信教群众等5个方面存在的14类150个具体问题，并及时将问题转交对应县市区民宗部门牵头整改。截至2017年年底，已有138个问题得到整改解决，其余12个问题正在督促解决过程中。

【部门联动机制建立】

2017年，吕梁市健全完善民族宗教工作协调机制，加强与公安、国安、信访等部门的沟通联系。5月，配合市公安局处理了一起发生在孝义的维吾尔族与汉族纠纷导致伤亡案。密切关注有关少数民族流动人员、藏传佛教和外来天主教、基督教在吕梁市的活动情况。孝义市民宗局建立了由市委统战部牵头，宣传、文化、公安、旅游等部门协调配合的工作机制，确保基督教天主教圣诞节、吕祖文化节、三皇文化节等宗教活动的有序开展。方山县民宗局与公安等部紧密配合，加强对新疆籍少数民族流动人口的管理，密切关注基督教家庭情况。文水县出台《文水县民族宗教群体性突发事件应急预案》，各部门联动，及时制止了发生在文水县区的一起天主教非法活动。

【宗教教职人员素质提升】

全市共组织教职人员培训29期，培训人员800余人次。2017年，市民宗局先后举办了天主教、基督教、佛教、道教教职人员培训班3期，培训教职人员210余人次，做到主要宗教活动场所主要教职人员培训全覆盖。举办了基督教教职人员知识竞赛和佛道教讲经交流活动。采取设立宣传咨询点、悬挂横幅、报刊登载宗教知识、利用宗教节日和宗教活动宣传、印发《宗教知识问答百题》等多种形式宣传党的宗教政策法规，强化宗教界人士的政治意识、公民意识、法律意识以及宗教知识。

【宗教团体建设】

2017年，市民宗局协调指导，新成立3个县级宗教团体并依法进行登记注册，4个县级宗教团体做好了换届基础工作；为市级宗教团体解决办公用房4间；申请市级财政将宗教协会经费列入预算；宗教丛书收集整理工作有序推进。

【天主教选圣祝圣】

2017年3月，2017年吕梁市民族宗教事务局在山西省财政培训中心举办了为期4天的天主教教职人员学习习近平总书记重要讲话及全国全省宗教工作会议精神培训班，就全国全省宗教工作会议精神、党和国家宗教政策法规、依法做好天主教管理工作、天主教爱国团体建设、天主教选圣祝圣及教区管理工作进行培训。省委统战部、省宗教局领导，天主教长治主教丁令斌、省局有关处长进行培训讲解。吕梁市委常委、组织部部长、统战部部长秦书义，市政府分管领导李月勤出席会议并作了重要讲话，各县市区民宗局局长、天主教神甫、县级天主教爱国团体负责人共42人参加了培训班。外出考察学习。6月12日至17日，组织各县市区宗教局长、天主教教职人员、团体负责人28人赴山西长治、河南安阳、山东临沂进行学习考察。考察组实地察看长治市城区天主教堂、安阳市城区天主教堂和安阳县天主教堂、临沂市城区天主教堂和兰山区天主教堂等5所教堂，听取各教区主教关于“独立自主、自办教会”以及加强民主管理、办好教会的工作经验介绍，并与当地统战民宗部门领导进行了座谈，听取经验介绍。此次考察学习，学到了长治、安阳、临沂三市在选圣祝圣工作中需要把握关键人员、关键部位、关键环节“三个关键”，需要做到舆论安全、公共安全、政治安全“三个安全”的成功经验，学到了天主教爱国团体机构建设、管理机制建设、宗教工作队伍建设等方面的有效做法。

【交城玄中寺住持推选备案工作】

玄中寺员住持根通长老2015年冬圆寂。市民宗局在玄中寺教职人员和居士代表中做了大量思想沟通和协调指导工作，2017年8月30日完成住持推选工作，10月10日经中国佛教协会批准为玄中寺住持。

【专项排查整治大型露天宗教造像】

2017年，吕梁市民宗局召开全市民宗局长会议安排部署专项排查整治工作，各县市区高度重视，迅速对本地的大型露天宗教造像开展进行细致排查。经查，有临县义居寺三面观音、孝义市崇孝寺金龙山观音、方山北武当真武三宗大型露天宗教造像。11月14日审批手续全部上报省民宗局。

【宗教活动场所建设】

2017年，离石、中阳、柳林3县区宗教活动场所问题有了新进展。柳林县天主教活动场所2016年5月开工，主体工程已竣工；中阳天主教活动场所问题已经得到解决；离石区天主教活动场所土建工程基本完成，基督教活动场所进行选址议定，经协调，争取到10万元的房屋租赁资金予以支持，保证城区天主教、基督教信教群众能够正常开展宗教活动。

【民族团结】

做好清真食品企业的监管工作。为解决清真食品企业存在的食品安全问题，2017年，市民宗局与省清真食品监督管理员深入清真食品企业进行监督检查，对检查发现的问题现场下达整改通知书，并要求相关县民宗局做好后期整改检查工作，规范了清真食品企业的生产经营；对全市10家清真食品企业的清真食品生产许可证和标志牌进行了更换。

开展民族团结进步“进企业、进社区、进学校”宣传月活动。市民宗局联合离市区民宗局、汾阳市民宗局深入吕梁学院、山西医科大汾阳附属医院开展民族团结进步“进学校”活动，召开座谈会，了解学校民族团结进步工作的开展情况，通过悬挂宣传横幅，散发宣传传单2000余份等形式，宣传党的民族宗教政策，同时对学校餐厅清真窗口以及从业人员的资质进行了监督检查。

少数民族代表人士和少数民族流动人口管理。市、县两级民宗局召开少数民族代表人士座谈会，听取少数民族代表人士的诉求；为少数民族流动人口提高服务，帮助他们解决实际困难；妥善处理民族领域矛盾隐患，维护少数民族的合法权益。

（市民族宗教事务局）

老龄

【编制《吕梁市老龄事业发展“十三五”规划》】

为加快推进老龄事业发展，

根据《中华人民共和国老年人权益保障法》《山西省实施〈中华人民共和国老年人权益保障法〉办法》和《吕梁市国民经济和社会发展第十三个五年规划纲要》，结合吕梁市实际和“十二五”期间贯彻实施《吕梁市老龄事业发展“十二五”规划》完成情况，起草《吕梁市老龄事业发展“十三五”规划》，经各级老龄部门和各成员单位认真审定，积极配合，建言献策。《吕梁市老龄事业发展“十三五”规划》基本完稿，已上报市政府审定印发，除老龄工作先进县柳林县已经出台外，老龄工作基础好的其他7个县（市、区）也在紧锣密鼓地起草制定之中，年底前正式出台该县级《老龄事业发展“十三五”规划》。

【开展“传承好家风争当文明户”活动】

2017年春节期间，由吕梁市精神文明建设指导委员会主办，中共吕梁市委宣传部、吕梁市文明办、吕梁市老龄办、吕梁广播电视台承办，在全市开展“传承好家风争当文明户”活动。3月23日，市委、市政府在吕梁影剧院举办“传承好家风争当文明户”孝老敬老颁奖晚会，市委书记李正印为15位敬老孝老文明户颁奖，对受表彰的15户文明户给予每户2000元的现金奖励，为了将“传承好家风 争当文明户”活动引向深入，市委、市政府决定持续开展这项活动，提出到2020年年底全市农村至少有50%的农户要成为“文明户”的目标要求。截至4月15日，全市已有80%的村开展“文明户”评选活动，已评选出村级文明户14498户，由各县（市、区）分级进行了表彰和挂牌。下一步将尽快完成剩余20%的村级文明户评选工作，开展“家风家教家训”传承、教育工作，广泛宣传“文明户”的典型事迹，掀起学习文明户、争当文明户的热潮。同时，落实好市文明办、吕梁军分区、吕梁市农信联社联合下发的《关于对全市农村“文明户”实行奖励的有关规定》的文件精神，落实好市、县民政部门关于对“文明户”中的贫困户进行慰问和救助的优惠政策。

【参与起草出台五个涉老重要政策文件】

2017年6月下旬，经过与交通、民政、财政、军分区、残联等部门多次沟通协调，以市政府办公厅出台《吕梁市区公交财政补贴暂行办法的通知》（吕政办发〔2017〕48号）《吕梁市区公交管理暂行办法的通知》（吕政办发〔2017〕86号）文件，其中文件规定：市区60-64周岁老人持公交“一卡通”刷卡票价为基准票价的5折，65周岁以上老人持爱心卡免费乘坐。截至12月，市交通局客运办公室将市区所有原持有的“老年证”全部更换办理为老年人爱心卡和优待卡。

根据省有关单位的文件精神，经过前期市卫生计生委、市民政局、市发展改革委、市财政局、市人社局、市国土资源局、市住建局、市教育局、市老龄办的共同努力，6月30日，市政府办公厅转发市卫生计生委、市老龄办等9部门《关于加快推进医疗卫生与养老服务相结合工作实施方案的通知》（吕政办发〔2017〕51号）文件。吕梁市已被列为全国7个医养结合试点市，孝义市、方山县已被列为吕梁市医养结合试点县市。吕梁市还积极支持民办医养养老机构的发展，推动了由市政府规划，设计床位800张的吕梁市康寿老年医养中心建设。

5月上旬，市民政局、市公安局、市卫生和计划生育委员会、市质量技术监督局、市老龄办联合出台《吕梁市开展养老院服务质量建设专项行动方案的通知》（吕民发〔2017〕34号）文件，此项工作正在积极推进中。

5月下旬，市卫计委、市民政局又联合出台《关于开展村卫生室与乡村老年人日间照料中心融合发展试点工作的通知》，此项工作正在筛选过程中。为了落实习总书记视察吕梁讲话精神，吕梁市委、市政府提出深度贫困县千人以上行政村和移民新村老年人日间照料中心全覆盖的目标任务，2017年80个日间照料中心建设任务改善农村老年人养老基础条件。

【老龄办领导班子的调整】

2017年，经过两个多月的推荐、考查、公示等程序，6月下旬，吕梁市人民政府对市老龄办领导班子进行了调整，市老龄办主任不再由市民政局长兼任。经市人民政府常务会议研究决定，任命了市老龄办主任和副主任，结束了专职副主任空缺5年的现状。6月23日，市委常委、常务副市长、市老龄委主任张敬平、市委组织部负责人到市老龄办宣布老龄办新班子。

【开展失能、半失能老人摸底大调查】

按照省老龄办《关于开展全省失能、半失能老年人生活状况摸底调查的通知》要求，2017年吕梁市以吕老龄办字〔2016〕6号文件及时进行转发，市、县两级都成立了以老龄办主任为组长，联络员为成员的市县两级"失能、半失能老年人生活状况摸底调查工作领导组"，建立了"吕梁市失能、半失能老年人生活状况摸底调查联络员微信通信网"，并先后四次督促各县市工作进度；临县老龄办下发通知，在县人民医院按照失能、半失能国家标准，统一开展失能、半失能老年人体能鉴定；方山县尽管因人事变动此项工作开展较晚，仍按时完成了任务；经过半年来的认真调查，2017年3月底已将汇总摸底调查结果上报省老龄办。全市共有100周岁以上老年人数为60人、失能老人26201人、半失能老人35711人、低保救助老年人202120人、"五保"老人15643人、贫困老人76475人。2017年7月份有6万余名因家庭主要劳动力失能的65岁以上老年人被市政府列为深度贫困帮扶对象。

【春节救助生活困难老人活动】

2017年春节前后，市老龄办开展农村特困老年人救助活动。全市共救助120位农村特别困难老年人，每位特困老人发救助金500元，共发放资金6万元。期间，在临县配合省老龄办开展以贫困山区失能、半失能老年人照料及护理为内容的"暖心关爱行动"工作，救助对象100名，每人救助1000元，各县（市、区）老龄办也普遍开展了慰问困难老年人活动。

【提高老年人防骗意识宣传活动】

根据省老龄办的统一部署，2017年1月15日至5月31日，在全市认真开展"谨防电信网络诈骗，提高老年人防骗意识"宣传活动。市老龄办发放以"谨防电信网络诈骗，提高老年人防骗意识"为内容的宣传扑克；在机关党建微信平台中加入"谨防电信网络诈骗，提高老年人防骗意识"宣传内容；市老年大学在编排课程中专门加入谨防电信网络诈骗的内容；各县（市、区）也举行了不同形式的防诈骗活动。通过以上举措，普遍提高了老年人的防范意识。

【开展"关爱银龄、助老御险"活动】

全市各县（市、区）老龄办与中国人寿吕梁各分公司通力合作，继续开展老年人意外伤害保险工作。2017年，全市"助老御险"工作完成承保4.1万人，保费44.86万元，其中交口3500人，保费30万元；岚县1500人，保费2.9万元；石楼500人，保费2.3万元。

【"敬老月"系列活动】

2017年9月下旬，根据省老龄委《关于转发全国老龄工作委员会关于开展2017年全国"敬老月"活动的通知的通知》（晋老龄字〔2017〕1号），市老龄办以（吕老龄字〔2017〕1号）文件及时转发各县市区、市老龄委各成员单位，研究制定了详细的“敬老月”活动方案，并在市委大院内悬挂宣传条幅，为开展吕梁市“敬老月”活动拉开序幕。

“敬老月”期间，市老龄办开展了系列宣传活动：为获得“全国敬老文明号”集体汾阳市老年公寓、柳林县三交镇老年活动中心、离石区法律援助中心分别举行隆重授匾仪式；深入孝义市、交口县、石楼县为四位获得“全国敬老模范先进个人”举行颁奖仪式，同时，在孝义市敬老院、崇文街道留义村老年公寓、交口县万寿山老年公寓、石楼县辛关镇开展老龄工作调研。组织参加2017年山西省老年普法知识总决赛，经过激烈角逐，吕梁代表队获三等奖。“老年节”前夕，市老龄办在吕梁广播电台录制“九九重阳节，传承敬老情”专题节目，就涉及老年人保障权益优待政策等方面的问题为老年朋友们做详细解读，并通过热线电话与老年朋友直接互动交流；市老干部局主办，市老龄办参与，市老年大学承办，在离石市民广场举办了“欢歌十九大、情满重阳节”快闪活动，参加人员约1000余人。“老年节”当天，市老龄办在离石世纪广场举行了“庆祝老年节”，宣传老年法及山西省老年法实施办法活动，在显著位置设立摆放老年法图文彩画展板，为群众发放宣传资料及书籍2000余份。同时，组织吕梁志愿者协会的志愿者、市荣军医院的医务人员开展老年人义诊活动，活动中温勇主任接受吕梁电视台记者的专访，并通过电视媒体向全市53万老年人致以节日的问候和祝福。

“敬老月”期间，市老龄办开展了系列慰问救助活动：市老龄办主任温勇、副主任任五星带领科室负责人先后到离石区信义镇后石村慰问高龄特困老人，到吴城镇敬老院对“五保”老人进行慰问，发放慰问金1000元和价值1000元的米、面、油等，到交口县回龙乡茶坊村为“百岁老人”马够翠举行挂匾（省政府赠予的长寿匾）并慰问500元现金及其他物品。市老龄办、团市委、吕梁交通广播携手泰化幼儿园土星班26名小朋友及家长走进信义镇崖窑湾村举办“小善大爱”重阳节慰问孤寡老人活动，市老龄办赠送老年人文化智力用品，参与活动家长也送上了米、面、油等物品。市老龄办联合离石区滨河街道办七里滩社区、锦绣社区、市青年志愿者协会、童英幼儿园、哈弗国学幼儿园和市教育健康协会共同举办《九九重阳节、浓浓敬老情》重阳联欢会，市老龄办为社区老年人赠送象棋、军棋、跳棋、五子棋各十套，发放山西省老年法实施办法宣传册200余册，青年志愿者为老人们赠送了爱心衣物150套，教育健康协会为老人们捐赠图书120册，控油壶120只等。市老龄办联合市立德社会工作服务中心，市荣军医院的医疗专家和吕梁志愿者团队在方山县北武当镇河庄村开展“九九重阳节，浓浓敬老情”敬老服务活动，为村老年活动室捐赠十套象棋、军旗、跳旗、五子棋等老年文体益智用品，吕梁志愿者团队捐助80件爱心衣服。在“老年节”当天，吕梁市蓝天救援队在离石、交城、文水、汾阳、孝义、交口、中阳等县市区同步组织“九九重阳、七队连发”关爱老人行动，200余名蓝天志愿者走上街头、走进社区开展“黄手环”活动，旨在通过“黄手环”和“定位帖”的普及发放，呼吁更多的人关注老年人群体中容易走失的人群。在中阳县武家庄镇石口头村市慈善总会和吕梁广播电视台开展了情暖重阳慰问活动，为122名贫困老人每人发放一条价值150元保暖羊绒裤。

“敬老月”期间，各县市区也开展了系列宣传、慰问活动：柳林县“敬老月”开展了系列活动，发放农村老年人特困救助金10万元，为70周岁以上老年人办理意外伤害保险。孝义市委书记马文革和四大班子领导深入9名百岁老人家中进行走访慰问并为每位老人送上500元慰问金、精品果篮、两箱牛奶。孝义市老龄办为8720名80周岁以上的老年人发放高龄津贴，共发放高龄津贴210.09万元。组织孝义市玛利亚女子医院15余人的志愿者服务团队前往临县碛口镇向阳村，为村里的老人进行了体检并为村民送上了常用药品、预防性药品、血压计、血糖仪、听诊器等一些简单的医疗器械，价值共计7000余元。汾阳市老龄办联合市卫计局开展“九九重阳节”“关爱老人、呵护生命、珍爱健康”义诊活动，抽调市人民医院、市中医院、杨家庄镇卫生院的内科、中医科、眼科、心内科和B超科的骨干医师，为敬老院的老年人提供免费检查。汾阳市举办了首届石盘山重阳登山运动会。汾阳市老龄办联合市关工委，市老干局、市司法局、团市委组织离退休老干部、老专家、老教师、老战士、老模范与汾阳二监服刑在教人员、少管所失足青少年、社区矫正人员开展“一帮一，结对子”帮教活动。兴县同城爱心公益协会联合爱心商家、志愿者及各界爱心人士在兴县社会福利中心开展“九九重阳节 浓浓敬老情”重阳节活动。为老人们准备了猴菇饼干、牙刷、牙膏等老年节礼物。石楼县隆重举行喜庆十九大暨九九重阳节颁奖大会，对“十佳敬老楷模”“十佳老有所为、阳光寿星”“百岁老人”等22名先进个人及9名提名人员进行表彰，县委书记油晓峰代表县委、县政府向全县老年朋友致以节日的问候。此外，临县、交口县、中阳县、交城县、文水县、方山县等县也开展了形式多样的“敬老月”活动。通过“敬老月”的系列活动，进一步增强了全社会尊老、敬老、爱老、助老的意识，激发全社会为老年人办实事，办好事，献爱心，让老年人切实感受到党和社会的关怀，安享幸福晚年。

（市老龄工作办公室）

脱贫攻坚

【概况】

2017年，吕梁市抓住责任压实、工作做实、政策落实、帮扶扎实，全力推动全市减贫目标任务完成，即中阳、柳林2个县脱贫摘帽，文水、汾阳、孝义三个非贫困县贫困人口全部减贫，退出445个贫困村，减贫14.8万贫困人口。贫困县农村居民人均可支配收入达5935元，比上年增加554元，同比增长10.3%，增幅高于全省平均水平。全市农村低保标准、适龄儿童学前入园率、义务教育巩固率、养老保险参保率、贫困村卫生室标准化建设等基本公共服务领域主要指标达到或超过全省平均水平，减贫人口均达“两不愁、三保障”要求。

【部署实施“四大战役”】

2017年，吕梁市脱贫攻坚“四大战役”的开展，为全市脱贫攻坚实现再战再胜奠定坚实基础。2月3日，春节后上班第一天，部署开展了以万名干部进村入户到一线发现问题、解决问题为主要方式的脱贫攻坚“春季行动”，突出抓好“七项重点”任务，集中开展“五个一”活动，打响了全年脱贫攻坚战的“第一枪”；5月4日，召开脱贫攻坚“春季行动”总结暨“夏季攻势”动员会议，破解“六个”突出问题，引深三个专项行动，解决三个薄弱环节，抓点连线带面，深入推进问题整改，努力提升脱贫攻坚工作成果；8月17日，部署“夏季攻势”总结暨“秋季会战”，动员全市上下以“推进‘三五工程’攻坚深度贫困”为主题，以“抓项目、保增收、促脱贫”为主线，开展脱贫攻坚年度目标任务大盘点、存在问题大整改、项目建设大推进，形成全方位、立体式脱贫攻坚大会战格局；11月16日，召开“秋季会战”总结暨“冬季对标”部署会，以思想对标、工作对标、成效对标、能力对标为主要内容，查问题、找不足、补短板、促整改、见实效、迎考评，要求全市党员干部再鼓干劲，全力冲刺，圆满完成年度脱贫攻坚目标任务，为做好下年工作奠定坚实基础。

【实施“三五工程”】

2017年，吕梁市全面贯彻落实习总书记视察山西重要讲话精神和在深度贫困地区脱贫攻坚座谈会上的重要讲话精神，认真贯彻落实省委“两个意见”，出台《中共吕梁市委实施“三五工程”攻坚深度贫困工作方案》，提出了突出生态建设、易地搬迁、特色产业、光伏扶贫、培训就业“五大重点”，补齐健康扶贫、教育扶贫、兜底扶贫、公共设施、区域发展“五个短板”，强化基层党建、社会帮扶、资金投入、内生动力、责任落实“五个保障”的攻坚深度贫困举措。确定了临县、兴县、石楼、岚县为深度贫困县，793个需要整体搬迁自然村为深度贫困村；因病、残、灾和年龄等因素，家庭主要劳动力失能的6万贫困人口为深度贫困群体，深度贫困攻坚对象共涉及14万人。

【生态扶贫】

2017年，吕梁市完成营造林合格面积105.78万亩，占省任务105.78万亩的100%；完成退耕还林81.03万亩，占省任务81.03万亩的100%；完成红枣、核桃标准化综合管理示范基地建设46.36万亩，占市任务20万亩的230%；建立扶贫攻坚造林专业合作社1008个，吸纳社员24760人，其中贫困社员18784人，占75.8%。全市森林管护员已调整到6348人，其中建档立卡的贫困管护员4896人，占管护员总数的77%，人均年工资7000多元。9月25日–26日，全国林业扶贫现场观摩会在吕梁召开，同时国家、省给予吕梁重大支持，享受到了国家储备林建设试点、三北工程退化林分改造试点、易地移民搬迁退耕还林试点、林业新兴产业发展示范区“三试点一示范区”优惠政策。

【整村搬迁】

市县密集部署，部门合力攻坚，督导强力跟进，易地扶贫搬迁工作稳步推进。截至12月底，2016年37个安置点，竣工率100%，入住率100%，承接上级资金6.91亿元，累计完成投资12.52亿元，占计划总投资8.86亿元的141%。2017年58个安置点全部开工，竣工52个，竣工率80%；承接上级资金6.53亿元，累计完成投资13.57亿元，占计划总投资13.32亿元的102%。整村拆除工作拉开序幕，在探索中稳步推进，全市已完成拆除15个整自然村。

【产业扶贫】

一是产业扶贫路径初步确定，全市种植标准化杂粮67.9万亩、标准化马铃薯74.6万亩，发展食用菌3770万棒，中药材计划发展2.5万亩，实际完成4.13万亩，退耕还草6.8万亩、粮改饲1万亩，培育牛、羊、驴和特种动物养殖户6047户。二是“一村一品一主体”产业带动格局基本建立，全市1083个贫困村全部达到“五有”标准，带动贫困户8.5万户；贫困村的产业项目有了带动主体，与带动主体通过紧密、半紧密联结的贫困户有8万余户，占带动贫困户数的94.3%；1034个村有了以吸纳贫困户为主的合作经济组织，占贫困村总数的95.5%；7.5万户有劳动能力的贫困户中有增收项目的7.4万户，占总数的98.6%，并带动2165户无劳动能力的贫困户有了增收项目，户均新增产业收入3048元；1083个贫困村有劳动能力的贫困人口为14.4万人，其中有技能的13.2万人，占91.8%。8月7日，全省产业扶贫观摩培训会在岚县召开。三是建立了省级、市级龙头企业分别带动5–10个贫困村农产品收购办法，努力解决红枣、核桃等农产品销售不畅的问题，促进贫困群众增收。

【光伏扶贫】

光伏扶贫效应初显，村集体经济和丧失劳动能力及鳏寡孤独的特困人群收入有了保障。截至12月底，第一批89座、68.95兆瓦村级光伏电站全部并网发电，已发电3308万千瓦时，结算3214万千瓦时，共结算电费1042万元，已分配到村303个、到户3643户，共分配425万元；集中式电站已全部并网发电，共发电497万千瓦时。2017年计划建设第二批总规划344.625兆瓦光伏电站，已有6个县开工建设183.725兆瓦光伏电站，占计划任务的53.3%。市贫困村提升工程投资开发有限公司与国开行合作，采取“统贷分还、专项投资”方式，有效解决光伏项目建设资金短缺问题。

【转移就业培训】

2017年，全市建档立卡农村贫困劳动力免费职业培训2.1万余人，占年度培训任务的136.97%。全市“建档立卡”农村贫困劳动力经政府免费职业培训后就业人数达8004人，全市小微企业吸纳就业3057人，两项合计转移就业11061人，就业率52.6%。2017年全市“吕梁山护工”培训结业七期12940人，占市下达任务104%，其中贫困人口参训6924人，参训率53.5%；实现就业六批5928人，占已培训人数的54.1%，其中贫困人口实现就业2434人，占参训贫困人口的46.6%。10月2日至10日，中央电视台《朝闻天下》栏目连续报道了《摆脱贫困十万护工出吕梁》。

【健康扶贫】

2017年，吕梁市健全了“三个一批”保障机制，对24种重大疾病，明确了定点医院，实行单病种付费，控制费用总额。截至12月底，大病救治方面，全市应救治人数5468人，已救治5245人，救治率95.9%。慢病患者签约率达100%。重病救治方面，全市重病需救治150人，已救治142人，救治率94.7%。先诊疗后付费“一站式结算”目前全市已有6个县上线运行，通过一站式结算共服务住院患者2708人，总费用748.74万元，个人自付费用132.04万元，个人自付比例17.63%；家庭医生签约服务393827人，签约率为92.24%。建档立卡贫困户“双签约”达到100%。

【教育扶贫】

国家教育扶贫政策方面，2017年全市教育扶贫资金下达1.15亿元，其中：中央资金0.88亿元，省级资金0.15亿元，市级配套资金0.12亿元，共资助贫困学生11.86万人次，其中各类建档立卡贫困学生8.2万人次，做到了建档立卡贫困家庭学生全部享受各类资助；市级教育五项政策方面，共计投入资金6044.64万元，资助贫困学生50160人次；教育扶贫个人资助账户方面，完成3个深度贫困县的普通高中三年级建档立卡贫困家庭学生账户建立工作，共建立贫困学生家庭账户1648人；共有12所省级示范高中帮扶贫困县9所高中，11所职业教育学校帮扶10个贫困县；“雨露计划”共资助建档立卡贫困在校生11864人。

【民政兜底】

深入推进“两线合一”，柳林、孝义、文水、汾阳、中阳、方山、离石、交城、交口9县市区农村低保达到3300元以上，兴县、岚县、石楼、临县提高到3228元。全市共为1.99万名农村特困人员供养对象社会化发放救助金8715.3万元；为9043名城乡患病困难群众社会化发放医疗救助金3597.8万元；为3.2万名临时困难群众社会化发放临时救助金2949.2万元；为2.5万困难残疾人发放每月50生活补贴共1472.28万元；为2.9万重病残疾人发放每月600元护理补贴共1733.04万元。全市80个老年人日间照料中心主体建成，养老保险兜底作用进一步稳固。

【不断加大投入力度】

一是财政投入保持“双增

长”。2017年，全市财政预算安排财政专项扶贫资金13.7亿元，较上年增长88.94%，其中：市级安排1.02亿元，较上年增长184.15%；7个县增幅达到上年的2倍以上，实现年度投入总量和增幅“双增长”目标。2015年资金结余全部清零；2016年资金结余率低于2%；2017年资金拨付率达到98.3%，达到省考核要求。建立了市级绿化、小水网、贫困村提升、农业产业扶贫等融资平台，有效解决了融资难问题。二是涉农资金应整尽整。2017年全市纳入整合范围资金29.54亿元，已整合29.53亿元，整合率99.9%，基本实现应整尽整；完成支出27.98亿元，占整合资金94.8%，有力支持了贫困村、贫困户农业生产发展和农村基础设施建设。三是金融扶贫推进有力。小额扶贫贷款覆盖面不断扩大，全年发放扶贫小额信贷16.7亿元，覆盖建档立卡贫困户3.3万户，是上年全年的4倍，完成省办下达任务9亿元的180%。9月21日，中国农发总行在吕梁召开现场会，在全国推广风险补偿产业扶贫贷款“吕梁模式”。四是保险助推作用明显。全面落实贫困户大病补充、意外伤害保险政策，共为53.29万贫困人口投保，总保费1722.3万元，累计赔付案件4700余件，预计赔付1050万元。

【公共配套设施完善】

全市启动143个村547公里村通硬化路任务，完工134个村，完工率99.8%，其余9个路面硬化完工，符合省考核要求；启动148个村开通客车任务，115个具备通车条件的贫困村已全通车。全市525处安全饮水工程，完工524处，完工率99.8%。445个村退出贫困村全部通互联网。3103个村级卫生室达到建设标准。农村综合文化中心建设顺利推进，宣传文化员配备基本到位。金融服务网点进一步向贫困村扩展。完成省下达10002户危房改造和8883户危险土窑洞改造任务。“百村示范千村整治”取得初步成效，农村环境面貌明显改善。

【精准帮扶到村到户到人】

一是领导干部包联帮扶。全市33名市级领导包联10个贫困县33个贫困村103个贫困户，各贫困县根据实际，制定出台领导干部包联帮扶方案，实现了市县乡三级领导干部贫困村包联帮扶全覆盖。二是“三支队伍”驻村帮扶。中央、省、市共下派驻村工作队1601支，队员5359人，第一书记1806人，国定贫困县市级以上派驻第一书记比重达64.7%，2735名工作队员党组织关系转到村支部，全脱产开展驻村帮扶；数万名党员干部投身脱贫攻坚主战场，与贫困户“结对”帮扶。组织255名省直单位驻村工作队长和农村第一书记参加了全省组织示范培训班，全市驻村帮扶“三支力量”800人参加了“吕梁市脱贫攻坚第三方评估专题讲座”，干部帮扶工作能力逐步提高。三是县际结对帮扶，由孝义市、汾阳市、文水县分别结对帮扶临县、石楼县、岚县、兴县，广泛开展了项目、资金、人才、技术、管理等方面帮扶。孝义市派出了103名干部任临县农村第一书记，鹏飞集团等民营企业集资捐助3000余万元，结合财政投入帮扶资金，设立了专项帮扶基金，在临县启动了基础设施、农业产业等十大帮扶工程项目，开展全方位帮扶；文水县野山坡公司在帮扶村建成2座12m³的冷冻库，帮助发展沙棘产业；文水县大象集团在岚县投资4000余万元实施年存栏3600头种猪建设项目，已经投入使用。汾阳市汾都香米业和汾阳王酒业结对帮扶石楼县，帮助石楼县购买优质谷种和酿酒高粱种子，实行订单收购。四是企村合作帮扶。积极动员引导规模企业开展企县、企村合作帮扶，充分发挥企业项目、用工、信息优势，采取投资建厂、入股合作、代种代养等模式帮扶贫困县贫困村。出台《吕梁市规模以上企业精准扶贫方案》，全市已有242户生产经营相对较好的规上企业结对帮扶372个贫困村；70余户规上企业正积极落实跨县结对帮扶；201户民营企业帮扶294个村，530户小微企业和个体工商户结对帮扶2698个非贫困村的贫困户；累计实施了281个帮扶项目，投入2.3亿元，涉及4.4万贫困人口。五是社会力量帮扶。大力开展卫生、教育帮扶，市政府与北航、北理工、山西农大等院校签订合作协议，开展多形式帮扶；全市两所三甲医院对口帮扶10个贫困县综合医院，县级医院共派出96名主治医师以上资格医师支援32个乡镇卫生院；全市10所示范高中分别帮扶深度贫困县7所普通高中，7所重点中专对口帮扶深度贫困县4个职教中心；积极开展“聚焦深度贫困爱心慈善捐助”公益捐助活动，全市共接受捐款3606万元，主要用于救助特困群体。出台《吕梁市聚焦深度贫困爱心慈善捐助资金募集管理使用办法》，已经在7个县开展救助对象摸底工作，12月底善款拨付到贫困户手中，春节前在全市范围内全面开展救助活动。开展科技扶贫，吕梁市政府与山西省科协签订了战略合作协议，山西省科协投入1600万元，市财政配套700万元，在全市范围内建设300个乡村e站，村民可以通过乡村e站的网络平台购买或销售农资，获取农产品价格信息，学习农村实用技术、脱贫攻坚相关政策等。

【宣传培训】

2017年，全市开展的科技培训累计达1150余场，受众9万人以上，培养乡土科技人才2000余名，推广优良品种和实用技术200余项，开展各类咨询6200余次，发放使用技术资料30余种20余万份。开展“传承好家风、争创文明户”活动，表彰了市级文明户15户、县级766户、乡级3233户、村级18154户，各县市区结合实际组织开展“家庭家教家风”主题活动和“家风家教家训”学习培训，对“文明户”兑现了物质奖励，同等条件下优先参军、优先贷款，对符合条件的困难户实施社会救助，有效引领培育了文明风尚。开展“脱贫攻坚先进典型巡回报告”活动，先后两次组织了26名先进典型在全市范围内巡回演讲，有效激发基层干部帮扶、贫困群众脱贫动力。

【精准把握识别退出】

2017年，吕梁市开展“档外贫困人口识别、脱贫不实核查整改、贫困户家庭成员补录、识别不准贫困户出列”四类贫困人口动态调整工作，2017年全市贫困人口总规模为35.98万；按照贫困人口、贫困村、贫困户退出标准和程序要求，开展2017年度扶贫对象动态管理工作，完成线下调整、线上标注，实现“进出有序，脱贫有据”；调整了吕梁市“十三五”脱贫攻坚滚动规划和年度计划，脱贫退出更加科学合理；吕梁市精准扶贫大数据管理平台开发完毕，服务器软件部署完成，硬件设施配备齐全，正在录入数据。

【组织领导】

1. 压实领导责任。全市各级各部门坚持以脱贫攻坚统揽经济社会发展全局，各级党政一把手坚决扛起打赢脱贫攻坚战的主体责任，进一步压实了县乡两级党委政府的主体责任、市县定点帮扶单位的包扶责任、各级帮扶责任人的帮扶责任。市委常委会统揽全市扶贫工作全局，先后主持召开11次常委会、8次脱贫攻坚领导小组会议、7次推进会研究部署脱贫攻坚工作。签订“双签”责任书3216份，层层立下军令状。先后约谈8个贫困县县委书记，责令省考核排名靠后的2个县县委书记大会公开认责表态，4个县县委书记就问题整改向市委常委会专题汇报，形成了党政一把手负总责、四级书记一起抓、挂图作战、痕迹管理、严格督查考核“五位一体”责任体系和落实机制。

2. 充实工作力量。一是调

整专项扶贫工作领导组。按照省委专项扶贫领导组实行分管扶贫领导和分管行业领导“双组长”制要求，及时调整吕梁市脱贫攻坚领导小组，调整和新成立了15个专项扶贫领导组。二是加强脱贫攻坚领导小组办公室力量。市扶贫中心改制为行政单位，编制增加到39个，从各县市区抽调12名副科级干部挂职脱贫办，充实工作力量；扶贫中心与脱贫办合署办公，集中力量统筹协调全市脱贫攻坚工作，“参谋部”和“智囊团”的作用得到充分发挥。

3. 完善政策支撑。市脱贫攻坚领导小组成员单位切实发挥行业扶贫作用，制定出台《关于推进扶贫攻坚造林专业合作社规范运行促进生态扶贫的意见》《关于进一步加强易地扶贫搬迁工作的若干意见》《关于推进金融扶贫的指导意见（试行）》《关于2017年教育扶贫的若干意见》《关于民政兜底扶贫的若干意见》《关于2017年健康扶贫的若干意见》等20余个文件，有力推动了各项工作深入开展。

4. 狠抓问题整改。组建4个脱贫攻坚督查组，围绕省际交叉检查、国家部委专项检查、省委、市委督导组综合督查发现的问题，进行跟踪督导整改。要求各县制定问题清单、措施清单和整改清单，明确责任人、整改时间，切实抓好整改落实。共整理出共性、个性问题302条，下发《市委脱贫攻坚督查整改意见书》共33期，目前问题已基本整改到位。

5. 加强“三基”建设。发挥示范点引领带动作用，市县两级领导包联农村党建示范点149个；对427个软弱涣散基层党组织进行了集中整顿；实施干部大培训和本土人才回归工程，培训基层干部2.7万人次，吸引农村本土人才回归656人，已有411人进入“两委”班子；投入5.4亿元，全面推进乡镇“五小”设施和村级组织活动场所建设，提高乡村干部待遇；全市3084个行政村中，有村级集体经济收入的村2617个，集体经济收益村占比由年初的48.5%增长到85%，超过省75%的平均标准；“两委”换届工作稳步开展，一批素质过硬的优秀农村干部，扛起了脱贫攻坚一线责任，一支不走的工作队正在形成。12月13日至14日，全省学习贯彻十九大精神、加强“三基建设”市县现场推进会在吕梁召开。

6. 严肃考核问责。对第一批1800名第一书记进行了集中分析评价，对评定为基本称职或不称职等次的第一书记，进行留岗培训、谈心谈话、召回；先后对驻村帮扶工作不力和履职较差的18个单位和8名农村第一书记进行了通报，对工作不力的15名乡镇书记进行约谈，免职乡镇书记5名。在《吕梁市农村第一书记管理办法》的基础上，又出台《县市区干部驻村帮扶工作考核办法（试行）》《吕梁市市直单位包村帮扶考核办法（试行）》《吕梁市干部驻村帮扶驻县大队长考核办法（试行）》等三个文件，进一步加大对干部驻村帮扶工作的考核力度。市脱贫攻坚4个督查组通过专项督查、随机抽查等办法在全市范围内开展督查，促进各县市区整改补短板。持续改进干部作风，扎实开展扶贫领域不正之风和腐败问题专项治理，全市共查处扶贫领域违纪案件165件，党政纪处分271人，撤职以上处分50人，其中乡科级46人，乡科级以下16人，村干部205人，其他人员4人。

（**市脱贫攻坚领导小组**）

县市区概览

离石区

【概况】

离石区位于吕梁市中部，总面积1324平方千米，下辖2镇3乡，7个街道办，194个行政村，43个居委会。总人口32.5万人。

旅游资源有凤山、汉化石像博物馆、安国寺、白马仙洞、天贞观、马茂庄汉墓群等。

离石区2017年地区生产总值完成81.4亿元，增速6.4%；规模以上工业增加值完成18.55亿元，增速7.2%；固定资产投资完成55.7亿元，增速30.7%；公共财政预算收入完成9.6亿元，增速20.3%；社会消费品零售总额完成71.3亿元，增速6.3%。城镇居民人均可支配收入达到28035元，农民人均可支配收入达到5907元，分别增长6.4%和7.9%。

【产业建设】

2017年，离石区推进项目建设，引进项目14个，概算投资224.26亿元，实施重点项目58个，完成投资41亿元，竣工投产12个。推进传统产业提档升级，大土河甲醇项目、天然气项目建成投运，晋能热电联产项目并网供热；中磁尚善、中包凌云等新材料项目投产；华为云服务大数据项目84个机柜投运，进入数据迁移阶段。引进中天智慧、中国网库、华唐集团等行业知名领军企业，铺开大数据、新能源、新材料等战略性转型项目，山西东方拉格罗斯文化旅游项目、宏泰广场商贸项目启动运行。

【城乡建设】

2017年，离石区配合吕梁新区建设，开展房屋土地拆迁征收，配合完成两山防洪、吕梁大道、医疗园区、新区如意湖、新区安置回迁等重点项目建设。坚持新区建设与旧城改造统筹推进，启动主城区棚改项目，拓展旧城发展空间。实施城区集中供热全覆盖工程，全年新增集中供热面积501.20万平方米，惠及28983户城乡居民。投资700万元，实施29处饮水安全提质工程，解决1452户2911人饮水安全问题。规划总投资22.70亿元的“八纵九横十循环”交通项目，打通信义至交城界、离石至碛口两条东西山骨干公路，开工建设7条87.50千米循环公路，硬化村通公路106千米，形成互联互通大交通格局。

【环境建设】

2017年，吕梁市离石区落实大气、水、土壤污染防治三项行动计划。以大气污染为整治重点，控煤、治污、管车、降尘四管齐下，在城区7个街道办41个村配送清洁煤9010吨，回收劣质煤1117吨，对高耗低效企业实行停产或限产，万元GDP能耗涨幅下降3.31%，市区二级以上天数达246天，全省排名第二。推行“河长制”，对主要河流实施一河一策监管治理，启动大小东川河道综合治理工程。推进全省农村生活污水综合整治试点工作，启动刘家庄沟、枣林沟、刘家湾沟黑臭水体整治工程。在大小东川沿线实施大规模生态修复工程，完成造林绿化8万亩，实施高速通道绿化63千米，推进森林公园建设，投资2.90亿元，完成道路景观绿化工程。

【社会事业】

2017年，吕梁市离石区民生支出8.08亿元，占公共财政支出的84.20%。社保覆盖面扩大，城乡基本养老保险、医疗保险和失业保险覆盖率均保持在95%以上，新增城镇就业岗位4108人，城镇登记失业率控制在3.50%以内。对符合农村低保条件的贫困户，实行差额救助、分类施保，低保标准提高到3300元，提前一年实现低保线和贫困线“两线合一”。加大政府救助力度，救助各类困难群众2391人，发放救助资金894.90万元。

【脱贫攻坚】

2017年，吕梁市离石区发展特色种植、规模养殖、农产品加工等脱贫富民产业，培育乡村旅游、休闲农业、光伏、电商等新兴产业，实现85个贫困村产业全覆盖，带动2148户5155人户均增收3000元以上。全年完成退耕还林6万亩，经济林提质增效7.40万亩，带动72个专业合作社943名贫困户收益1410万元。实施贫困村基础设施提升工程，完成道路提升57条，改造危房4973户，新建改建卫生室72个，新建文体活动场所58个，村通互联网66个，推进移民搬迁工作，3500户贫困户喜分新居。为2305名贫困户发放扶贫小额信贷1.14亿元，1908名贫困人口享受护理护工、种植养殖、丝网编织等技能培训。全年退出53个贫困村、3249户7606人，贫困发生率下降至2.87%。

（任凯）

交城县

【概况】

交城县位于吕梁市东北部，总面积1822.11平方千米，下辖6镇4乡，148个行政村。总人口24.16万人。

旅游资源有卦山、天宁寺、玄中寺、华国锋陵园、庞泉沟等。2017年，交城县获全省依法行政先进县、中国生态魅力县等称号。

2017年，全县地区生产总值完成72.2亿元，同比增长7.8%，全市排名第6；规模以上企业工业增加值完成50.2亿元，同比增长10.5%，全市排名第五；一般公共预算收入完成5.2亿元，同比增长26.6%，是经济下行以来全市财政收入唯一连续正增长的县；固定资产投资完成37.4亿元，同比增长45.4%，全市排名第二；社会消费品零售总额完成19.2亿元，同比增长6.6%，全市排名第五；城镇常住居民人均可支配收入完成21114元，同比增长6.9%，全市排名第二；农村常住居民人均可支配收入完成9429元，同比增长7.6%，全市排名第十。

【产业建设】

2017年，交城县经济结构支持财政收入能力和财政偿债能力增强。规模以上工业企业上缴利税超过10亿元，达12.88亿元。第一产业利用脱贫攻坚政策机遇，探索构建“政府+龙头企业+基地+合作社+贫困户+非贫困户”稳定利益联结机制，培育宝迪、新瑞利邦、山西老农民、西域果农、嘉荣农业等一大批农业龙头企业，完成产值3亿元，同比增长4.20%。第二产业利用环保倒逼机遇，提升集群化、循环化、高端化水平，形成新元太苯酚深加工系列产品、义望铁合金废渣循环再利用、古特金风电全产业链开发等新循环链条，完成产值43亿元，同比增长8.10%。第三产业围绕全域旅游，实现文旅、农旅融合发展，完成产值19亿元，同比增长6.70%。全县规上企业开展产学研合作35户，占全县规上企业的80%；培育高新技术企业12个，占全市的40%。实施科技兴县，全年申报国家技术专利15件，投入科学研究与试验发展（R&D;）经费1.60亿元，投入科学研究与试验发展经费名列全省第八、吕梁第一。引进各类高层次人才177人，院士陈芬儿受聘新天源院士工作站。全年完成招商签约项目11个，总投资134亿元，占市任务75亿元的178.69%。招商项目签约数、开工项目数、到位资金总额、到位资金完成率居全市前列。

【城乡建设】

2017年，交城县加强基础设施建设，龙门供水工程全线竣工通水，交城山旅游大通道工程前期开工，永宁路、却波街拓宽改造工程基本完成。实施两河治理生态修复工程，完善城市水系建设。旅游大通道和社会福利院养护楼建设项目，成为全省第四批PPP示范项目。加强行政效能建设，“互联网＋政务服务”系统平台投入运行，落实“13710”工作制度。实现县乡互通，推行“两随机一公开”工作机制，提升政务效率。

【环境建设】

2017年，交城县开展城乡环境集中整治暨“垃圾不落地，城市更美丽”全民动员活动。完成7个城市小游园建设，绿化面积1.72公顷，绿地率增加1.50个百分点，达34.50%。开展环保1+7“百日攻坚”行动，整治散乱污企业244户，对焦化、硝酸盐、铸造、化工等135户企业进行达标改造。在全市率先开展“煤改气”工程，万户居民用上取暖清洁能源。

【旅游】

2017年，交城县重点培育以翠丰、宏禾园等为代表的休闲、采摘、观光旅游产业，以文旅双创基地田家山“非遗”文化村为代表的文化消费产业，以如金、薰衣草庄园、社会福利院养护楼为代表的康养消费产业。建成游客服务中心2座、文化旅游星级厕所17座；代表吕梁参加第二季“人说山西好风光”电视竞演，展出全省首个以褐马鸡为原型的文旅双创产品吉祥物“褐小美”。

【民生事业】

2017年，交城县城镇登记失业率控制在3.30%，新增就业人员3100人，下岗失业人员再就业700人，帮助就业困难人员再就业140人，转移农村劳动力2600人，创业带动就业人数400人。推进城西小学、交城二中、交城职中改扩建工程，山大一院交城分院医疗综合楼封顶，县级医疗集团挂牌，31个农村老年人日间照料中心投入运行。维护安全稳定，开展安全生产大检查大整治活动，化解各类信访案件，开展社会综合治理，全县安全稳定形势总体平稳，百姓安全感增强。全县全年完成农村贫困人口脱贫10036人，贫困村退出23个，完成移民搬迁2345人。

（李大斌　燕保平　苏婷婷）

文水县

【概况】

文水县位于吕梁市东部，总面积1068.57平方千米，下辖7镇5乡，199个村民委员会。总人口43.60万人。

旅游资源有文峪河水库、狄青庙、上贤梵安寺塔等。

2017年，全县地区生产总值完成66.13亿元、增长7.8%，规模以上企业工业增加值完成37.15亿元、增长10.5%，一般公共预算收入完成2.44亿元、增长16.5%，固定资产投资完成21.8亿元、增长6.8%，社会消费品零售总额完成21.6亿元、增长6.5%，城镇常住居民可支配收入完成20955元、增长6.6%，农村常住居民可支配收入完成9692元、增长7.1%。主要经济指标完成全年目标任务，经济运行走出低位徘徊困境，进入合理增长区间。

【“三农”】

2017年，文水县粮食生产

总量达25.20万吨。推进农业供给侧结构性改革，减少玉米种植面积2万亩，发展蔬菜、杂粮等特色种植3.75万亩，建成直供港澳果蔬基地3000亩。贤美牛肉等6个农产品通过国家“无公害农产品”认证。实施3.56万亩高标准农田建设和部分沿汾河村庄蓄洪排涝工程，完成虎喊沟水库除险加固。特色农业服务业综合改革、农村一、二、三产业融合发展、农民工返乡创业、秸秆综合利用、村集体经济试点取得成效。

【产业建设】

2017年，文水县晋能科技分布式发电、水木新碳锂电池、鑫明泰煤焦油深加工、小牛娃食品、华晟源玻璃制品等项目投产达效，推进赤峪煤矿、国金固废综合利用等项目。出台招商引资重点产业指导目录，对外推介6方面25个重点项目，确定“十三五”期间PPP项目18个。牛栏山二锅头瓶装白酒生产线、都宝瓦斯发电等项目落地。文水县加快开发区改革创新和“一区三园”建设，完成区内道路、供热供气、绿化亮化、污水处理等基础设施建设。举办“请老乡、回故乡、建家乡”活动，设立省级“联络工作站”16个，聘任“招商大使”100名，海朗德电子元件、颐心苑养老中心、馨领地农庄等成为返乡创业典范。电子商务创业园入驻企业31户，167个行政村设立电商体验店375个，交易额突破1亿元。海威铁路集运站建成通车。与中国科学院、中国农大等科研院校开展合作，建成晋能光伏实验室和沙棘、梨果等研发中心。光华铸管、吉港水泥、野山坡、牧标牛业等6户企业产品被评为山西省名牌产品，省著名商标21件。

【城乡建设】

2017年，文水县编制完成县城北片区控制性详规、南庄镇总体规划和凤城镇前周村、下曲镇北辛店村国家级传统村落保护性规划，启动开栅镇特色小镇规划编制。开展城乡环境卫生整治，凤城镇、开栅镇、孝义镇33个村环卫一体化试点取得成效。开展县城基础设施建设，完成西山公园、狄青大街中段景观绿化、公交停车场建设和部分街巷提质改造工程。开展城乡公路建设，完成307国道至马西机场国防公路、307国道6千米路面改造和148千米“四好”农村公路建设，启动320省道城区段改线工程，滨河西路建成通车。

【环境建设】

2017年，文水县开展铁腕治污专项行动，落实大气、水、土壤污染防治行动计划。按照“两断三清”标准，关停取缔轮窑、小石灰窑等“散乱污”企业。实施县城集中供热扩面，供热面积达500万平方米。实施刘胡兰镇、开栅镇、杨乐堡村等污水处理设施建设，完成开发区污水处理厂改造，县城污水处理厂第二条处理线投入使用，新增污水收集管网2.80千米。推行河长制，配齐县、乡、村三级河长，对汾河、文峪河、磁窑河沿线51个地段排污、垃圾等问题开展专项整治。实施文峪河城区段1350米综合治理，配合汾河蓄水工程推进沿线堤外湿地建设。

【民生事业】

2017年，文水县民生领域支出占财政支出83％。文东新区第一小学主体完工，县职教中心开工建设，与北师大合作“校长教师队伍素质提升”工程。实施家庭医生签约服务、新农合打包付费措施，西城卫生院被评为全国百佳乡镇卫生院。落实积极就业政策，新招聘事业人员153人，城镇新增就业2112人。启动胡兰大街棚户区拆迁改造，一期签订征收协议210户。

【脱贫攻坚】

2017年，文水县开展精准扶贫，33个贫困村退出、5304名贫困人口脱贫。实施产业扶贫，推广“政府贴息、公司担保、合作社贷款、贫困户获利”模式，建成马西村肉牛育肥、河西村生猪养殖等产业扶贫项目，累计为扶贫专业合作社发放贴息贷款7577万元、为贫困户发放扶贫小额信贷3054万元。开展兜底扶贫，1732名符合条件的贫困人口纳入低保范围。开展贫困人口“吕梁山护工”、驾驶员等培训，贫困群众实现稳定就业。推进易地扶贫搬迁，凤城镇集灵源、曹家山整村搬迁。

（彭秀芳）

汾阳市

【概况】

汾阳市地处吕梁市东部，总面积1178.91平方千米，下辖9镇2乡5个街道，262个行政村，37个社区。常住人口434733人。

旅游资源有文峰塔、汾酒工业园林、贾家庄生态园、太符观等。2017年，汾阳市获山西省文明城市称号，被评为全省创新驱动助力工程示范市、全省县级文化馆图书馆总分馆制试点市、全省慢性病综合防控示范市、全省首家“厨师之乡”。“汾州小米”获国家农产品地理标志保护产品。

2017年，全市地区生产总值完成132亿元，同比增长17.7%，总量在吕梁排名第三、增速排名第一；规模以上工业增加值完成76.38亿元，同比增长32.5%，总量在吕梁排名第三、增速排名第一；财政总收入完成32.44亿元，同比增长36.71%，总量在吕梁排名第四、全省排名第二十一；一般公共财政预算收入完成8.69亿元，同比增长19.91%，总量在吕梁排名第五；社会消费品零售总额完成64.54亿元，同比增长6.3%，总量在吕梁排名第三；城镇居民人均可支配收入完成22821元，同比增长7%，总量在吕梁排名第四、增速排名第二；农村居民人均可支配收入完成13289元，同比增长7.2%，总量在吕梁排名第二。

【农业】

2017年，汾阳市粮食播种面积58.54万亩，粮食总产量13.04万吨。按照“一村一品一主体”要求，财政投入1000万元发展特色农业，实施核桃林提质增效工程6000亩，全年核桃产量2.10万吨。减少玉米种植5万亩，扩大酿酒高粱、汾州小米、红薯等经济作物种植，种植面积分别达3.50万亩、5万亩和1.89万亩。发展林下养鹅18万只，建成三泉镇万头种猪繁育基地和石庄镇、杨家庄镇2个万头生猪养殖基地。加强农业产业化发展，有38个农业产业化龙头企业和300余户农产品加工企业，实现销售收入21.36亿元。

【产业建设】

2017年，汾阳市开展“招商引资年”活动，聘请北京中建政研集团对全市产业布局及招商项目进行整体规划和包装策划，委托上海东方龙商务咨询有限公司面向全国开展招商，先后签约汾阳市政务链数据中心、贾家庄影视田园文旅小镇等55个项目，概算投资278.90亿元。争取国开行贷款9.10亿元，报请金砖国家新开发银行贷款11.45亿元，通过PPP模式融资31.70亿元，全部用于棚户区改造和基础设施建设。总投资13.50亿元的汾河流域生态修复与保护31个项目和总投资7.80亿元的市政基础设施建设19个项目开工。棚户区改造8个项目中，完成文峰西街和汾阳监狱宿舍南院两处拆迁工作，总投资16.50亿元。307国道改线工程完成前期工作，总投资7.60亿元。杏花村经济技术开发区基础设施建设4个项目，通过省财政厅审核，总投资2.78亿元。

【环境建设】

2017年，汾阳市投资4.49亿元用于环保整治，投资1亿余元用于植树造林，投资4000余万元用于城乡环境卫生整治。城市建成区17.60平方千米，绿化覆盖面积644.17万平方米，绿地面积559.77万平方米，建成区公园绿地面积117.30万平方米，建成区人均绿地面积为9.31

平方米。

【社会事业】

2017年，汾阳市城镇职工基本养老保险参保5.30万人，城乡居民基本养老保险参保20.88万人。基本医疗保险参保38.72万人，其中城镇职工基本医疗保险参保3.71万人；城乡居民基本医疗保险参保35.01万人。失业保险参保3.20万人，工伤保险参保3.75万人，生育保险参保4.07万人。有3789人享受城市居民最低生活保障，全年发放城市最低保障资金1598.73万元；26269人享受农村居民最低生活保障，发放农村居民最低保障资金962万元。1735人纳入农村五保供养。

【世界酒文化博览会】

2017年9月27日至30日，山西（汾阳·杏花村）世界酒文化博览会在汾阳市举行。这是中国首次在县级市举办的大型酒文化博览会，主题是“相约汾阳·品味世界清香”。博览会分5个展区，举行11项系列活动，参展企业512家，参观人数20万人次，展出3673个系列酒品。专业采购商1500家，签单率90%，签约成交额3.90亿元。组织行业商会、协会合作对接洽谈活动8场，展商一对一对接洽谈活动20次，参与对接洽谈的客商1300人次，签订合作项目36个。签约广东碧桂园房地产项目战略合作协议、农商行改制战略合作协议、循环经济产业园等10个项目，签约金额142.50亿元。

（郭宇霞）

孝义市

【概况】

孝义市位于吕梁市东部，总面积945.80平方千米，下辖7镇5乡，5个街道办事处，379个行政村，50个社区。总人口49.06万人。

旅游资源有临黄塔、琉璃塔、慈胜寺、永福寺、三皇庙、中阳楼、关帝庙等。2017年，孝义市获“第五届全国文明城市”称号，获“全国群众体育先进单位”称号，入选首批“山西省食品安全示范市”。

2017年，全市地区生产总值完成438.94亿元，增长6.3%；规模以上工业增加值完成223.86亿元，增长6.6%；公共财政预算收入完成20.98亿元，增长34.9%；固定资产投资114.14亿元，增长17.6%；社会消费品零售总额137.15亿元，增长6.4%；城乡居民人均可支配收入分别完成32575元、16027元，增长7.1%和7%。综合实力位列全国百强县市第81位。

【产业建设】

2017年，孝义市开展“百项千亿项目攻坚大会战”，85个重点项目完成投资121.30亿元，新开工亿元以上项目16个。签约24个新兴产业项目，协议投资404.80亿元，5个项目实质性落地。开展干部入企服务，累计解决各类问题191条，为7户企业提供应急转贷资金1.16亿元。培育市场主体，新增小微企业673户，培育规模以上企业8户、限额以上企业4户。

【转型综改】

2017年，孝义市“2+3”现代产业集群基本形成。新型焦化产能突破1200万吨，氧化铝产能达1050万吨，初步形成两大千万吨级产业基地。金岩乙二醇联产LNG、东义甲醇联产液氨等一批新煤化工项目落地，鹏飞甲醇联产LNG、金晖兆隆可降解塑料分别入选国家绿色工厂和绿色设计产品。紫晨大健康产业园项目7天落地、产品110天下线；核桃、杂交构树、设施蔬菜等特色农业产量产值提升。新开通太原—孝义旅游专线，新建成“水舞孝·义”灯光水秀表演等6大旅游项目，全年累计接待游客570.90万人（次），旅游总收入达47.30亿元，同比增长32.90%。推进软通动力城市综合体项目建设。29家企业入驻，推进总投资120亿元的孝能移动能源产业园项目。争取和推进35

项省级以上改革试点，完成转型综改2017年行动计划，基本完成国家级循环经济示范县创建。实施经济开发区“三化三制”改革。铺开国企国资改革，启动“最多跑一次”改革。推进公立医院改革。促进义务教育均衡发展、农村集体产权制度改革。

【城乡建设】

2017年，孝义市铺开总投资23.82亿元的九大城市重点工程，消除一批“三供”覆盖盲区，城市老旧道路分步改造，建西街改造完成，启动“文化十馆”规划。推进采煤沉陷区搬迁安置、农村危房改造。开展“治违、治乱、治污、治路、治河”城乡环境集中大整治，城乡环境秩序提档升级，通过国家卫生城市评选复审。

【环境建设】

2017年，孝义市开展“十大环保整治专项行动”，实施生态环境治理“八大工程”，整治环境突出问题。执行秋冬季大气污染综合治理措施，城区空气质量二级以上天数达227天，优良率62.50%。实施开发区污水处理厂、农村垃圾中转站、垃圾无害化处理场和污水集中处理厂建设等一批重点工程。落实“河长制”，推进“六河一渠”生态治理，全市饮用水源地水质达标率100%。启动4个国有矿矸石山治理，完成新一轮退耕还林2万亩，全市森林覆盖率达32.90%，绿化覆盖率达43.51%。

【民生事业】

2017年，孝义市财政投入民生20.20亿元，占财政支出的80.90%。开展“十大惠民工程”。精准施策脱贫攻坚，建档立卡贫困人口约束性指标全部超过退出标准，实现整体脱贫。实施中小学均衡办学工程，试点“县管校聘”改革。推进市乡医疗卫生机构一体化改革试点，公立医院综合改革入选第二批国家级示范县名单，推进药品零差价、分级诊疗等7项医改任务，市域内就诊率达90%以上。建成14个乡镇养老院、39个农村老年人日间照料中心，市乡村三级养老服务体系基本形成。市综合福利中心养护院开工建设。国家农业综合标准化示范市通过国标委验收。委托式、定单式就业培训4000余人(次)，转移闲置劳动力近万人，城镇登记失业率控制在3.10%。落实城乡居民养老保险、低保补差救助等政策。

（张彩琴）

交口县

【概况】

交口县位于吕梁市西南部，总面积1259.92平方千米，下辖4镇3乡，95个行政村，381个自然村。总人口12.47万人。

旅游资源有云梦山、元代千佛寺、西庄历史文化名村、红军东征总指挥部旧址、毛主席路居地等。

2017年，全县地区生产总值完成55.12亿元，增长6.8%。规模以上工业增加值完成49.4亿元，增长7%。县级公共预算收入完成6.35亿元，增长37.1%。社会消费品零售总额完成8.2亿元，增长6.8%。城乡居民人均可支配收入分别完成19481元和7389元，增长6.5%和8.2%。

【产业建设】

2017年，交口县建成华瑞国家一级安全质量标准化和特级安全高效露天矿，工业行业增长面回升达到87%。煤、焦、氧化铝等主要产品产量分别实现增长11.70%、36.30%和7.20%，县域经济实现6.70%的合理增长，人均生产总值、公共预算收入较全市分别高出1万元和1505元。优化产业结构，煤、铝两大行业占比分别实现29%和53%，“一煤独大”结构性矛盾得到扭转，“煤电铝材”一体化产业格局形成。

【城乡建设】

2017年，交口县铺开总投资48亿元的30余项市政项目，中心商贸区、东征文化广场、体育场等一批重点项目建成投用。9个棚户区改造、南山河两岸环境整治、南山生态综合治理等项目开工。保障性住房开工956套，竣工698套，分配1376套。城市供热、雨污管网新建22.30千米，改造7.20千米，城市建设步入新里程。实施水电路等骨干项目，汾石高速签订战略合作协议，中部引黄县域涵洞工程基本完工，220千伏输变电线路架设具备开工条件，全县基础设施投资完成2.40亿元，实现159%的高位增长。

【环境建设】

2017年，交口县完成集中供热改造2363户，“煤改气”2523户。淘汰燃煤小锅炉107台、黄标老旧车1004辆。取缔“小散乱污”企业23户。完成14户重点企业水污染防治提标改造和21户规模化养殖场粪污无害化处理。集中治理煤矸石1800余万吨。推进中央、省环保督察问题整改，开展道路扬尘、矿山生态修复等突出问题整治，61户企业全部硬化出厂道口，完成露采区域土地复垦2.50万亩，生态修复1.20万亩。完成营造林2.60万亩。

【民生事业】

2017年，交口县完成民生支出9.20亿元，占总支出的80.50%。高考二本B类以上达线361人，其中一本达线106人，首次突破百人大关。初、高中优秀学生留县就读比例达85%，教育质量低下、学生无序外流的被动局面得到扭转。县医疗集团挂牌成立，实现管理运营“六统一”。率先完成“两线合一”，实现农村低保标准高于扶贫标准。改善农村人居环境，完成32个村安全饮水工程，危房改造506户。

【脱贫攻坚】

2017年，交口县推进易地扶贫搬迁，完成67个自然村3766人的9个安置点主体工程，实现“三年任务两年完”。完成55.60亩搬迁村复垦土地交易。发展特色扶贫产业，新增项目139个，规模龙头企业6个。加快城市拆迁改造，农发行授信10.20亿元，到位3.41亿元，完成1050户25万平方米的棚户区拆迁。创新“交口模式”，激发贫困群众内生动力，形成龙头企业订单回购带动、“房前屋后”领棒自养参与、政策性资金入股分红兜底等产业扶贫模式。破解支出型贫困，建立慢病补充险、慢病报销“一卡通”、大病报销县内县外双“一站式”服务等健康扶贫模式。创新形成“5+3”金融扶贫模式，净增扶贫贷款3.80亿元，其中扶贫小额贷款1.10亿元，带动5644户贫困户实现增收。拓展销售渠道，在全市率先建立中国夏菇、中国沙棘两大单品种电商交易平台，全国30余个省、2100余家企业级会员入驻，交易额突破亿元，构建形成农批农超直供、线上线下联动的特色农产品营销模式。展示“交口形象”，参加全省农博会、特色农产品展销会，开展“中国夏菇之乡、三晋避暑胜地”专题推介。举办山西首家直供港澳生猪品牌发布会，吕粮山猪、云梦香菇、维仕杰、晋骄香、雅汇刺绣、回龙老布鞋等地域品牌走向全省全国。

（武允明）

石楼县

【概况】

石楼县位于吕梁市西部，总面积1808平方千米，下辖4镇5乡，134个行政村，常住人口11.60万人。

旅游资源有红军东征纪念馆、黄河湾、郝家大院等。2017年，石楼县获“有机农产品认证示范创建县”称号。

2017年，全县地区生产总值完成9.59亿元，增长5%；规模以上工业增加值完成1263万元，增长6.7%；一般公共预算收入完成4353万元，增长51.35%；社会消费品零售总额完成3.28亿元，增长6.7%；固定资产投资完成8.2

亿元，增长55.2%；城镇居民人均可支配收入达到1.38万元，增长5.6%；农村居民人均可支配收入达到3277元，增长13.9%。可喜的是，这七项主要经济指标中，一般公共预算收入增速由负转正，固定资产投资和农民人均纯收入增幅全市排名第一。

【农业】

2017年，石楼县推进农业供给侧结构性改革。玉米种植减少2万亩，优质谷子增加到12万亩，高粱2万亩。完成林果业提质增效4.40万亩，新增单季槐、油牡丹特色经济林2万亩。“金鸡计划”开工建设，“银狐计划”投入生产，“善农计划”获得“石楼县枣花蜂蜜”地理标识农产品认证。推进“一村一品一主体”，涌现出草莓、黑木耳、蝎子、肉驴等一批特色合作社，合作社数量增加到569户。建成5000亩有机示范基地，与太原现代双语学校签订“放心粮蔬基地”合作协议。

【产业建设】

2017年，石楼县营造“六最”营商环境，推进3大类40个重点项目。火车站站前广场大桥、全民健身活动中心、鼓楼街棚户区改造、3个县级沟域经济示范点等一批重点项目推进；30兆瓦集中式光伏发电项目获得国家能源局立项批复；天然气勘探试钻出气，具备开工条件；50兆瓦中广核风电项目并网发电，清洁能源开发取得历史性突破。推进招商引资，签约19个项目有12个落地。举办山西石楼招商引资引智推介会，签约16个项目。

【城乡建设】

2017年，石楼县创建省级卫生县城。推进农村清洁工程，投资3000余万元，新增保洁面积20余万平方米，安装河道护栏、护网2600余米，清理陈年垃圾和河道淤泥6万立方米。新建38个公交候车站，启用电子警察执法，查处1.40万余起交通违法行为。双石线改造和马村至小蒜道路拓宽实现通车，推进农村“四好公路”PPP项目建设。集中供热面积一期达到80万平方米，完成“煤改气”4760户，“煤改电”600余户。

【社会事业】

2017年，石楼县投资6000万元建设14处中小学“改薄工程”，配备信息化教学设备，通过义务教育基本均衡国家级验收评估认定。全年普高二本以上达线460人，3人考入清华和北大。职中对口升学率50.70%。开展健康扶贫“双签约”活动，实施“先诊疗、后付费”一站式收费服务，组建石楼县医疗集团，构建城乡一体化医疗服务体系。光荣院改造开工建设，贫困线和低保线实现“双线合一”，落实优抚安置、特困供养、救灾救济等政策。文化下乡演出100余场，农村“大喇叭”覆盖所有行政村，成为全省第一县。680套廉租房分房到户，5700余户农村危房完成改造。

【脱贫攻坚】

2017年，石楼县贯彻落实习近平总书记视察山西重要讲话精神，坚持精准扶贫、精准脱贫方略，推进“春季行动”“夏季攻势”“秋季会战”“冬季对标”行动。统筹整合财政涉农资金3.90亿元，实施“三五工程”。落实教育扶贫、健康扶贫、兜底扶贫政策，组建57个造林合作社，3900余名贫困社员人均增收4000元；737户易地搬迁分房到户；3.10兆瓦光伏扶贫电站并网发电，574户深度贫困户享受资产性收益；3000余户贫困户享受到1155万元产业补贴；822人参加护理护工培训。全县22个贫困村整村退出，10250人脱贫，超额完成脱贫任务。

（郑凤斌）

中阳县

【概况】

中阳县位于吕梁市西南部，总面积1438.61平方千米，下辖5镇2乡，100个行政村（居）委员会。总人口155635人。

旅游资源有柏洼山、石堡寨、仙明洞、龙泉湖、车鸣峪、黄土源等。

2017年，全县地区生产总值完成67.1亿元，增长6.7%；规模以上工业增加值53.5亿元，增长7.5%；固定资产投资24亿元，增长3.1%；社会消费品零售总额14亿元，增长6.1%；公共财政预算收入6.34亿元，增长68.9%；城镇居民人均可支配收入21560元，增长6.8%；农民人均可支配收入6723元，增长8.3%。其中，财政收入和城乡居民收入三项指标增幅排名进入全市前四位。

【农业】

2017年，中阳县农业总产值实现29200.30万元，农作物播种面积13.78万亩。

【产业建设】

2017年，中阳县对接招商项目30余个，落地亿元以上项目12个。培育新能源产业，华润一期12万千瓦风电项目完成设备安装；中汇科技孵化器申报省级“双创”空间，航电新能源、硕为思大数据转化落地，安置劳动力500余人。

【环境建设】

2017年，中阳县规划区面积23平方千米，建成区6.80平方千米。公共绿地面积66.65万平方米，人均9.65平方米，建成区绿化覆盖率33.69％，绿化率29.75％。城区供热面积360万平方米，供热覆盖率58.60％，换热站76个，受益居民8.50万余人。

【交通电力】

2017年，中阳县公路总里程933.83千米。其中，国道55.54千米、省道4.41千米、县公路7条193.10千米、乡公路24条233.18千米、村通公路157条445.92千米，公路密度65千米/100平方千米。公交车33辆，出租车122辆，客车26辆，有硬化路的行政村通客运班车。变电站9座。其中，110千伏5座，3万5千伏4座，220千伏1座（金罗站），500千伏变电站1座（吕梁500千伏变电站）。全年完成供电量6.89亿千瓦时，售电量6.49亿千瓦时，综合线损5.80％。

【邮政通信】

2017年，中阳县邮政业务收入累计完成1006.94万元，邮政储蓄余额54126.40万元。移动营业网点20个，代办网点20个，手机用户8万户，普及率65％，接入互联网用户7800户，基站258个。联通营业网点3个，代办网点28个，宽带用户1.30万余户，手机用户2.30万余户，营业额2000余万元。电信营业网点2个，代办网点40个，宽带用户6800户，手机用户8100户，年营业额860余万元。

【科教文卫】

2017年，中阳县有中小学、幼儿园58所。其中，普通高中1所，职业高中1所，单办初中6所，单办小学32所，九年一贯制学校4所，单办幼儿园15所。在校生26397人。其中，普通高中3220人，职业高中623人，初中4849人，小学11742人，幼儿5963人。大型广场2个，乡镇文化站7个，农家书屋87个，社区文化中心8个，新建图书流通点1个。初步完成投资120万元的“无线数字电视覆盖工程”，投资200万元的制播大厅和卧龙岗无线发射塔基础设施建设主体完工。直播卫星“户户通”工程设备安装和调试任务完成工作，通过验收。各级各类医疗卫生机构154个，护理人员92名，乡镇卫生人员195人，村级卫生人员155人。床位数338张，其中县医院拥有287张，乡镇医院拥有129张。

【民生事业】

2017年，中阳县城镇新增就业人数2308人，城镇登记失业率4.20％以内；就业困难人员就业122人，转移农村劳动力2410人，新农合参保率达98.16％。投资646万元实施20个村人畜饮水工程，投资485万元对67个村人畜饮水工程进行防护维修，解决农村人畜饮水问题。扩大养老、医疗、失业、工伤、生育等保险产保面，发放各类补贴救济金4000余万元，保障困难群众生产生活。全县30个贫困村退出，4637户、11605名贫困人口脱贫，贫困发生率降为0.70%。

（李晓中）

柳林县

【概况】

柳林县位于吕梁市西南部，总面积1287.29平方千米，下辖8镇7乡，5个街道办事处，257个行政村。

旅游资源有香严寺、孟门南山寺、联盛农业园、南山公园、玉虚宫、黄河三峡等。

2017年，全县地区生产总值完成175.8亿元，同比增长16.1%；规模以上工业增加值完成136.2亿元，同比增长20.7%；公共财政收入完成24.07亿元，同比增长125%，继2012和2013年之后创历史第三高水平；全年县属企业原煤产量2307万吨，与2016年基本持平，洗精煤产量1899万吨，同比增长14.6%；社会消费品零售总额完成40.6亿元，同比增长6.9%；服务业增加值完成46.4亿元，同比增长10.2%；城镇和农村常住居民人均可支配收入分别达到30120元、11408元，分别增长6%和7.8%；全年二级以上天气达到198天。柳林县主要指标三年来第一次实现由负转正，县域经济呈现了全面回暖的良好态势。

【产业建设】

2017年，柳林县建设全国煤电铝材一体化发展试点县。与省内外战略合作者签约招商项目22个，协议投资额120亿元。与中国矿业大学合作设立“柳林能源和环境院士工作站”，启动推广“无煤柱自成巷110工法”和“地质灾害远程实时监测预报”技术。与韩国爱德林智慧能源研究院签订总投资53亿元的煤矸石综合利用项目。中南铁路孟门战略装车点和孝柳铁路王家会集运站开通运营，形成现代交通运输物流产业雏形。规划旅游产业，编制《全县旅游发展总体规划》和《AAAA级抖气河景区提升工程规划》，启动抖气河景区二期工程建设。与中石油、中海油等大型国企合作开发，全县煤层气探明储量超过500亿立方米，日产气量达18.50万立方米。

【城乡建设】

2017年，柳林县推进基础建设。307国道城区段改线工程解决新增投资问题。聚雅公路完成安防工程和道路绿化工程通车。柳林明清街保护更新工程入列山西省历史文化街区示范工程和山西省重点建设项目，开展规划范围征收拆迁工作。三川河两河口湿地工程建设项目开工，是全市首家在三川河道口建设的湿地工程。热电联产项目供热首站开始供热，和青龙片区部分管网成功并网，新增覆盖180万平方米，总覆盖面积300万平方米。完成饮水安全工程38处，完成造林绿化13.61万亩。

【民生事业】

2017年，柳林县出台《关于加快教育改革和发展的若干意见》，庙湾小学建成投用，城东小学开工，新建山头、下嵋芝2所农村幼儿园，启动上青龙村和龙门会村幼儿园建设，足额落实教育经费，招聘农村特岗教师50名。山西省重点抗战题材电影《下柳林》首映并启动全省放映活动。柳林新医院主体封顶，县医疗集团挂牌。全县各项社会保障实现应保尽保，城市低保和农村低保救助标准平均每人每年提高240元，分别达到5460元、3924元。完成4所中心敬老院消防改造和10个老年人日间照料中心建设任务。实行全民意外伤害保险、免费公交、高中教育免学费等县定惠民政策。

【脱贫攻坚】

2017年，柳林县用于脱贫攻坚的投资累计达15.90亿元。

通过“一村一品一主体”产业扶贫措施，因地制宜实施20余个特色产业项目，贫困户产业覆盖率达80%以上。通过发动企业吸纳劳动力、开发公益岗位和培训护理护工等方式，帮助3800余名贫困人口实现就业。注入1000万元风险补偿金，撬动金融扶贫发放贷款5.46亿元，支持贫困群众发展产业。加大基础设施和公共服务建设力度，贫困村交通、电力、饮水、医疗、教育等各项指标全部达标。建立“三保障”电子平台，落实上级各项扶贫惠民政策，结合实际进行补充或兜底，保障贫困户基本生活。全年有24个村2788户8614人实现脱贫。

（张景尧）

临县

【概况】

临县位于吕梁市西北部，总面积2979平方千米，下辖13镇10乡，631个行政村，11个街道委员会。总人口65.54万人。

旅游资源有碛口风景名胜区、晋陕黄河大峡谷、黑龙庙、西湾民居、义居寺、善庆寺等。

2017年，全县地区生产总值完成55.04亿元，同比增长14.2%；固定资产投资完成27.8亿元，同比增长8.7%；规模以上工业增加值完成20亿元，同比增长28.7%；社会消费品零售总额完成44.57亿元，同比增长6.2%；服务业增加值完成27亿元，同比增长9.9%；一般公共预算收入完成6.32亿元，同比增长57.04%；城镇居民、农村居民人均可支配收入分别完成17204元、4971元，同比增长6.4%、11.8%。主要经济指标增速排名全市前列，全县经济呈现出稳中向好、好中提质的强劲态势。

【农业】

2017年，临县农作物种植面积83783.40公顷，粮食产量139925.20吨。

【城乡建设】

2017年，临县编制完成《临县县域农村生活垃圾专项规划》《临县地下综合管廊专项规划》《临县县城绿地系统专项规划》《临县北城新区控制性详细规划》4个规划，经县政府批准实施。棚户区改造任务970套，信用联社片区、城南安业棚户区、城北东关棚户区、凤凰南街片区等4个改造项目完成政府棚户区改造单一来源采购工作，经省农发行授信融资贷款10.69亿元，到位资金5.30亿元。

【环境建设】

2017年，临县开展城乡环境卫生整治活动。空气质量二级以上天数236天。城市污水集中处理率达33.40%；城区集中供热普及率达91%，天然气普及率达78%，绿化覆盖率达26.80%，公共供水普及率98%，生活垃圾无害化处理率100%。农村自来水普及率73%。

【旅游】

2017年，临县《临县旅游总体规划》编制项目通过公开招标，确定由北京江山多娇规划院编制全县旅游总规，实施《碛口国家级风景名胜区详细规划》《前青塘详细规划》，全县旅游产业步入规范化发展轨道。中共中央西北局旧址陈列布展，对外开放。举办中国·碛口第二届“枣儿红了”红枣旅游文化节。接待海外旅游者669人次，接待国内旅游者351.25万人次，分别增长5.40%和35.24%；旅游外汇收入106.90万美元，国内旅游收入262000万元，旅游总收入262106.90万元，分别增长5.10%、33.43%和34.41%。

【社会事业】

2017年，临县城镇职工基本医疗养老保险参保33940人；新型农村社会养老保险参保368550人；城镇基本医疗保险参保20990人；失业保险参保20113人；工伤保险参保19800人；生育保险参保23322人；城乡居民基本医疗保险参保526294人。纳入城市最低生活保障1443人。纳入农村最低生活保障 22345 人。纳入农村五保供养 4993 人。各类提供住宿的生活服务机构 5 个，其中养老服务机构 4 个。各类福利院床位 322 张，收养 97 人，国家抚恤、补助各类优抚对象 4026 人，接收社会捐赠款 31.70 万元。

【脱贫攻坚】

2017 年，临县对照贫困村提升工程 14 项重点任务及标准要求，聘请专业机构编制《临县美丽乡村暨农村基础设施提质改造项目可行性研究报告》。报告涉及临县 23 个乡镇，631 个行政村，其中 333 个贫困村，规划总投资为 119092.13 万元，重点规划实施农村安全引水工程、农村环境综合整治工程、农村田间道路改造工程、义务教育“全面改薄”工程、村级卫生室改造工程等六大工程，改善饮水、道路等基础设施，提升基础教育、医疗卫生等公共服务水平。全年全县新增贫困人口 2335 户 5015 人，返贫 550 户 1288 人，家庭成员补录 1996 户 2613 人，出列贫困人口 1041 户 3348 人，家庭成员删除、自然减少 2661 户 2984 人。实现 88 个贫困村退出、35022 贫困人口脱贫。截至 2017 年底，有贫困村 246 个、贫困人口 39094 户 90448 人，贫困发生率降至 15.38%。

（张海红）

方山县

【概况】

方山县位于吕梁市西北部，总面积 1434.10 平方千米，下辖 5 镇 2 乡，169 个行政村。总人口 14.60 万人。

旅游资源有北武当山、南村古城遗址、张家塔村堡遗址、大武木楼、太和宫等。

2017 年，全县地区生产总值完成 35.8 亿元，增幅 11.4%；规模以上工业增加值完成 25.1 亿元，增幅 15.4%；固定资产投资完成 10.8 亿元，增幅 22.2%；财政收入完成 11.8 亿元，增幅 57.6%；公共财政预算收入完成 4.1 亿元，增幅 31.7%；社会消费品零售总额完成 9.66 亿元，增幅 6%；城乡居民人均可支配收入分别完成 20195 元、4461 元，增幅分别为 5.8%、7.7%。

【产业建设】

2017 年，方山县发展煤铝材产业。霍州煤电木瓜、店坪矿和汇丰新星、金晖凯川、金晖瑞隆通过安全生产标准化验收；汇丰新星、金晖瑞隆煤水平延伸项目投产；庞泉工贸矿山机械厂技改扩建项目建成投运。开展新能源建设。国电马坊 48 兆瓦风电项目一期工程、马坊 20 兆瓦光伏发电农业综合项目一期工程并网发电。发展招商引资，引进深圳中苋公司，流转土地种植苋草 2500 亩，建成年产 10 万吨饲料加工厂 1 座；与北京易诚蓝天合作，完成“煤改电”公益性单位 16 个 2.40 万平方米；与山西文旅和北京东方园林达成合作意向，北武当山开展创建 AAAAA 级景区工作，推进全域旅游开发。

【城乡建设】

2017 年，方山县编制完成县城总体规划和城区控制性规划，通过省级专家评审。县城垃圾处理厂、公共体育场改扩建、水质提升及峪口镇污水处理厂项目完工，东一区、东二区棚改项目开工建设，方圆大道项目四项审批手续办结。推进吕梁新区方山安置区建设，累计完成拆迁 4107 户、驻镇企事业单位 20 处，建成安置楼 23 栋 3746 套，分配安置房 1675 套；大武小学开工建设，市政配套基础设施项目及大武医院启动招投标程序。实施城区集中供热扩面工程，新建换热站 14 个，投运 100 吨锅炉 1 台，新增供热面积 106 万平方米，覆盖城区居民 8700 户。

【民生事业】

2017 年，方山县教育总体规划通过市级评审，全县中小学校长竞聘、中小学及幼儿园核编定岗完成，义务教育“改薄”扫尾工程和新高中建设项目一期工程基本完工。全县7个乡镇卫生院全部实行基本药物零差率销售，城乡居民医疗保险参保率稳定在95%以上；完成健康扶贫“双签约”2775户，签约率97%；深化医药卫生体制改革，整合县乡两级医疗机构组建成立方山县医疗集团。农村低保线提标到3300元/年，实现“两线合一”；新建农村老年人日间照料中心5所；总投资5006万元的社会福利院养护楼项目开工建设。

【脱贫攻坚】

2017年，方山县实现贫困村退出64个，减贫5901户15208人。推进农村基础设施建设，实施总投资2.60亿元的农村基础设施建设“10+1”工程，完成总工程量70%。开展光伏扶贫。新建光伏电站48.53兆瓦，装机总容量68.15兆瓦的光伏电站全部并网，结算收益347万元分配到68个贫困村。实施易地扶贫搬迁，全年完成总工程量60%。开展生态扶贫。采取“合作社+贫困户”方式，投资3.65亿元完成吕梁机场周边二期绿化、新一轮退耕还林、高速通道绿化等生态建设工程7.06万亩，累计使用扶贫造林专业合作社226支次，惠及贫困劳力6306人，人均增收约8280元。向1868户贫困户发放扶贫小额贴息贷款9547万元；完成教育扶贫、“雨露计划”贫困生资助1271人，新型职业农民培训等各类技能创业培训1086人；完成护工护理培训7批833名，就业527人；机关干部及社会各界捐款1406万元，实现农村人口慈善慰问全覆盖。

（刘林林）

兴县

【概况】

兴县位于吕梁市西北部，总面积3168平方千米，下辖7镇10乡，376个行政村，常住人口28万人。

旅游资源有晋绥革命纪念馆、石楼山、石猴山等。

2017年，全县完成地区生产总值85.89亿元，增长8.5%；规模以上工业增加值完成73.14亿元，增长9.8%；固定资产投资完成30.8亿元，增长30%；社会消费品零售总额达到15.79亿元，增长7%，增速全市第一；一般公共预算收入13.33亿元，增长87.3%，总量全市第三、增速全市第二；城镇居民人均可支配收入20148元，增长5.7%；农村居民人均可支配收入4471元，增长11.6%。

【产业建设】

2017年，兴县中润公司50万吨轻合金项目具备试生产条件，进厂道路路基全部完成，配套的50万吨合金铝项目前期工作基本结束。临兴区块煤层气连接线项目建成并投入使用，全县煤层气日产达到45万立方米。蔡家崖火车站建成，肖家洼煤矿专运线建成投运，推进豫能兴鹤煤炭集运站建设。兴县旅游发展总体规划和蔡家崖、黑茶山两个AAAA级景区规划编制完成，晋绥边区革命纪念馆重新布展，建成蔡家崖红色风情街，举办首届“红色兴县”旅游文化季活动。兴县经济技术开发区获得省政府批准。

【环境建设】

2017年，兴县加大环保攻坚力度，加强环境治理，蔚汾河、岚漪河2个断面水质达到考核要求，全县饮用水源地保护区水质达标率达100%，城区空气优良率达71.20%。开展社会稳定风险隐患大排查大整治，排查治理安全隐患，对全县露天采石场进行集中整治。

【社会事业】

2017年，兴县120师学校改扩建工程、友兰中学教学楼续建工程、政务服务中心和老年大学主体工程完工，改造薄弱学校55所，充实教师68名，全县义务教育均衡发展通过国家验收。完成县医院迁建项目主体工程，改扩建乡镇卫生院2所，公开招聘卫生专业技术人才87名，挂牌成立兴县医疗集团，在县人民医院建成先诊疗后付费“一站式结算”系统，在县医保中心建立“一站式”服务平台，建立家庭医生服务团队384个，服务覆盖11.40万人。新建9个行政村文化服务中心，完成县综合福利服务中心扩建工程，新建10个老年人日间照料中心、5个“农村留守儿童之家”。对6707户农村低保户、分散供养五保户、残疾人家庭、贫困户的危房、土窑洞进行改造。新区湿地公园基本建成，南山生态公园完成绿化1.60万亩，园林景观工程开工建设，第二水厂和城区全天候供水管网改造工程全部完工，城市棚户区改造一期工程基本完成，新增集中供热44万平方米，煤改气7008户。

【脱贫攻坚】

2017年，兴县推进“春季行动”“夏季攻势”“秋季会战”“冬季对标”四大行动，突出抓好生态建设、易地搬迁、特色产业、光伏扶贫、转移就业五大重点。完成造林22.88万亩；搬迁贫困人口4290人、同步搬迁一般农户928人；建设无公害杂粮基地12万亩、绿色杂粮基地7万亩、有机谷子基地5000亩，绿色谷子种子基地1000亩；发展无公害马铃薯3万亩、绿色马铃薯2万亩；栽培食用菌400万棒；种植中药材1.30万亩；总规模11.50兆瓦的11个光伏电站建成并网；培训护理护工1700人，就业率达到60%。落实健康、教育、社保扶贫政策，46163名贫困人口享受健康扶贫政策，10994人得到医疗救助，救助对象住院医疗费用报销比例达90%以上；投入教育扶贫资金1548万元，受益学生27842人次；2121名特困供养人员纳入保障范围，城乡特困家庭实现应保尽保；推动低保线和贫困线“两线合一”，将农村低保标准提高到每人每年3228元。实现55个贫困村摘帽、16050人脱贫。

（兴兴）

岚县

【概况】

岚县位于吕梁市西北部，总面积1508.90平方千米，下辖4镇7乡，1个城区管委会，167个行政村，336个自然村，常住人口18万人。

旅游资源有白龙山、隋城遗址、北魏秀容古城、饮马池高山草甸风景区、中国土豆花风景区等。

2017年，全县地区生产总值完成32.98亿元；固定资产投资完成15.1亿元；公共财政预算收入完成4.0亿元；社会消费品零售总额完成11.6亿元；城乡居民人均可支配收入分别完成19213元、5064元。

【产业建设】

2017年，岚县推进传统产业提质转型，继亨铸造20万吨矿渣棉保温材料形成规模性生产，佳昌汽配5万吨矿渣棉生产线完成试产。新材料园区电感绕线项目、绿缘锦环保科技有限公司聚乙烯超分子成型项目完成生产线改装。发展风力发电、光伏发电等新兴产业，30兆瓦集中式和4兆瓦村级分布式光伏扶贫项目全部并网发电。全年签约招商引资项目17个，签约资金44.36亿元，完成率103%，落地资金22.57亿元，完成率150%。

【环境建设】

2017年，岚县加快路、水、电、气、讯“五网”建设，开展大气污染防治、环保突出问题督促整改、垃圾处理、污水治理、村庄绿化等工作。淘汰不达标燃煤锅炉34户47台118蒸吨，取缔散乱污企业10户，整改1户。新增集中供热面积44万平方米，推进冬季清洁取暖。推进污水处理厂二期投入运行。投入1400余万元新建改建污水收集管网6505米，新增管网覆盖面积45000平方米。启动国家园林县城创建工作，新增山体绿化面积8万平方米，建成区绿化覆盖率42.93%，绿地率36.84%，人均公共绿地面积11.70平方米。完成造林13.87万亩，全年优良天数235天。

【旅游业】

2017年，岚县接待游客68万人，拉动经济增长近5.10亿元。推进全域文化旅游产业，按照“主导产业＋旅游＋文化＋互联网”融合发展模式，将马铃薯产业与生态旅游、特色餐饮、红色遗迹、非遗项目等县域文化旅游要素深度融合，举办“中国·岚县·土豆花开了”第三届旅游文化月。

【民生事业】

2017年，岚县民生支出13.44亿元，占财政总支出的83％。全年完成各类培训3524人，城镇新增就业2194人，创业带动就业432人，城镇失业人员再就业520人，就业困难人员就业107人，转移农村劳动力2486人，全部超额完成全年任务，城镇登记失业率为2.80％，基本实现五大保险全覆盖。城乡居民最低生活保障实现应保尽保，推进社会保险、社会救助、社会福利和慈善事业，实现“两线合一”，广覆盖、保基本、多层次、可持续的社会保障体系基本建成。

【脱贫攻坚】

2017年，岚县安排扶贫资金5750万元，整合各类涉农项目资金1.87亿元用于脱贫攻坚。实施马铃薯产业减贫工程，推进马铃薯脱毒种薯全覆盖，完成“四品一标”认证，岚县马铃薯获“全国百强农产品区域公用品牌”称号，带动8000余名贫困人口实现稳定脱贫。实施生态扶贫，探索创新推动合作社造林、林业资产性收益等生态扶贫新机制，102个扶贫攻坚造林专业合作社承接13.87万亩造林任务，带动5155名贫困人口增收2000万元。推进科技扶贫，启动由中国科协组织的“中科馆大讲堂走进岚县”下基层科技扶贫专项活动。释放政策红利，全省率先实现先诊疗后付费“一站式结算”全覆盖，为贫困人口办理大病补充保险、意外伤害保险，对因病致贫人口开展“四个一批”兜底保障。开展易地移民搬迁，1061户3313人分房到户。提升脱贫技能，完成护理护工培训1013人，实现北京、太原等外出就业496人，完成农民工职业技能培训2450人，劳动力转移2486人。举办以“弘扬工匠精神，助力改革攻坚”为主题的2017全国国有林场职业技能竞赛。全年实现35个贫困村退出，4909户14511名贫困人口脱贫，贫困发生率下降至13.60％。

（赵丽）